PARIS CHARITABLE

ET

BIENFAISANT

« On ne demande pas à un malheureux : De quel pays ou de quelle religion es-tu? On lui dit: Tu souffres; cela suffit. Tu m'appartiens, et je te soulagerai. »

PASTEUR.

PARIS CHARITABLE

ET BIENFAISANT

PUBLIÉ PAR

L'OFFICE CENTRAL DES ŒUVRES DE BIENFAISANCE

Reconnu d'utilité publique

PRÉFACE

PAR

LE COMTE D'HAUSSONVILLE

de l'Académie française

PARIS

LIBRAIRIE PLON

PLON-NOURRIT ET Cie, IMPRIMEURS-ÉDITEURS

8, RUE GARANCIÈRE — 6e

1912

L'Office central des Œuvres de bienfaisance sera très reconnaissant aux Présidents, Présidentes, Directeurs et Directrices d'Œuvres d'assistance de Paris et du département de la Seine de vouloir bien lui signaler toutes additions ou rectifications jugées nécessaires pour la prochaine édition.

Paris, 175, boulevard Saint-Germain.

PRÉFACE

Toujours j'ai nourri un goût prononcé pour les dictionnaires et entretenu une grande reconnaissance pour les hommes qui prennent la peine de les composer. Que ce soit un dictionnaire de science ou d'histoire, je prends grand plaisir à le feuilleter et je sais un gré infini à ces patients travailleurs qui viennent ainsi en aide à ma paresse, suppléent à mon ignorance et rassemblent par avance sous ma main les renseignements sommaires dont, à un moment donné, je pourrais avoir besoin. C'est pourquoi, sur une planche spéciale de ma bibliothèque, s'aligne une rangée respectable de volumes massifs dont j'avoue humblement que je me sers beaucoup. Pour un peu, je me laisserais aller à l'entraînement d'en lire plusieurs pages à la suite, et sans m'imaginer, comme certains, que, si j'avais le courage de poursuivre ma lecture jusqu'au bout, je saurais tout ce qu'on peut savoir au monde, j'aurais le sentiment de n'avoir pas complètement perdu mon temps.

Si même il existait un dictionnaire qui, tout en étant scrupuleusement fidèle à la vérité, ne nous entretînt que de nobles actions, ne fît passer sous nos yeux que les résultats toujours heureux de luttes héroïques et nous donnât con-

fiance dans le triomphe final du bien, ne croyez-vous pas que la lecture, ou tout au moins l'usage fréquent de ce dictionnaire serait fortifiant et salubre, en particulier à ces heures trop fréquentes où le découragement vous gagne et vous fait douter de l'efficacité de l'effort?

Mais, me direz-vous, ce dictionnaire n'existe pas; il ne peut pas exister, à moins que les matériaux n'en soient tirés exclusivement de la vie des saints; alors, c'est un ouvrage d'édification, ce n'est plus un dictionnaire.

Pardon! Ce dictionnaire existe depuis quinze ans, car c'est en 1897 *que l'Office central des œuvres de bienfaisance a fait paraître la première édition d'un gros volume de plus de sept cents pages in-octavo, qui avait pour titre* Paris charitable et prévoyant. *Ce volume constituait une sorte de* Bouillet *de la charité parisienne. Chaque œuvre qui y était mentionnée était accompagnée d'une notice où son histoire était racontée. Ainsi l'on pouvait suivre pas à pas, en quelque sorte, les péripéties par lesquelles ont passé les œuvres aujourd'hui les plus florissantes, les difficultés avec lesquelles leurs fondateurs se sont trouvés aux prises, l'admirable persévérance qu'ils ont mise à en triompher. C'était une entreprise considérable, de nature à encourager ceux qui consacrent leur vie, souvent au prix de mille peines, à l'exercice de la charité, et à relever en même temps dans l'estime publique notre pauvre Paris, si calomnié, qui apparaît aux étrangers comme la ville des plaisirs, et qui, les initiés seuls le savent, est aussi la ville de la charité.*

Mais cette publication avait un double défaut. Un dictionnaire, lorsqu'il est très complet, coûte toujours cher, et le prix élevé de celui-ci en faisait un peu une publication de luxe. Et puis, ce dictionnaire avait vieilli. Quinze ans s'étaient écoulés depuis la date de la première publication, et durant ces quinze ans, bien des événements se sont passés dans le monde de la charité, bien des changements sont survenus que trois éditions successives n'avaient pu mettre au point ni même enregistrer et qui auraient nécessité un remaniement complet. D'où le besoin d'un nouveau répertoire qui fût à la portée des modestes bourses et qui, en même temps, tînt compte des changements survenus, des disparitions et des créations. C'est ce nouveau dictionnaire dont je voudrais signaler l'utilité.

***

« On ne dit pas à un malheureux : De quel pays ou de quelle religion es-tu? On lui dit : Tu souffres; cela suffit. Tu m'appartiens et je te soulagerai. » Ces belles paroles de Pasteur servent d'épigraphe à ce nouveau Compendium *de la charité parisienne, et les auteurs de ce dictionnaire s'en sont pénétrés. Ils ont compris dans leur nomenclature toutes les œuvres qui s'inspirent d'une pensée de bienfaisance et d'assistance directe ou indirecte, quel que soit leur caractère confessionnel, catholiques, protestantes, israélites, et aussi celles qui n'ont aucun caractère confessionnel, car il s'en est créé, depuis quelques années, un assez grand nombre. On m'assure que, dans le monde catholique, quelques bonnes âmes se sont émues de cette promiscuité. Elles auraient voulu que, dans ce recueil, il ne fût question que des œuvres catholiques, sauf à ce que protestants, israélites, libres penseurs publiassent leur dictionnaire à part. J'ai quelque peine à comprendre leur émotion, car ces bonnes âmes sont, je n'en doute pas, des âmes charitables. Si ces excellentes personnes étaient témoins dans la rue de quelque accident, si elles voyaient par exemple*

un malheureux à demi écrasé par une automobile, avant de le ramasser, de le conduire peut-être elles-mêmes chez le pharmacien ou à l'hôpital le plus voisin, elles ne lui feraient assurément point passer un examen théologique et se comporteraient vis-à-vis de lui comme le bon Samaritain que l'Evangile nous offre comme modèle. Pourquoi les auteurs de ce Compendium *n'en auraient-ils pas fait autant et n'auraient-ils pas mis à la disposition de chacun les renseignements dont il peut avoir besoin, suivant que le malheureux auquel il veut venir en aide appartient à telle ou telle religion ou n'appartient à aucune religion quelconque? Pour Dieu! n'imposons pas des frontières à la charité et ne rétrécissons pas son domaine.*

Ce nouveau dictionnaire est donc le plus complet qui ait été publié jusqu'à présent. Il comprend plus de huit cents pages de petit texte, composées avec beaucoup de soin par la grande maison Plon, dont le désintéressement permettra de le mettre en vente pour le prix modeste de cinq francs. Le nombre des œuvres de tout genre qui y sont visées s'élève à plus de 5 000. *Dans la dernière publication du même genre éditée par les soins de l'Office central, ce même nombre était de* 3 775, *et la comparaison entre ces deux chiffres suffit à montrer combien à Paris la bienfaisance est active, avec quelle ardeur elle s'ingénie à venir en aide aux misères nouvelles que l'observation révèle, ou bien à trouver de nouveaux moyens de venir en aide aux misères anciennes et déjà connues.*

Veut-on quelques exemples de la multiplication rapide de certaines œuvres, lorsqu'elles répondent à une idée juste

et qu'elles ont su captiver l'imagination publique, qui a ses caprices? Mais plût à Dieu que tous les caprices de la mode, puisque la mode se mêle de tout, fussent aussi judicieux que les deux exemples que je vais citer!

En 1904, l'idée commençait à naître qu'il serait bon, qu'il serait juste de procurer aux enfants qui fréquentent les écoles, tant publiques que privées, de la Ville de Paris, ce que nous procurons aux nôtres : des vacances à la campagne, et même d'étendre ces vacances aux jeunes filles qui vivent de leur aiguille et pour lesquelles les mois d'été sont une période de chômage et de morte-saison.

En 1904, 62 œuvres de diverse nature, quelques-unes de date déjà assez ancienne, s'occupaient de procurer à ces enfants et à ces jeunes filles des vacances dans des conditions hygiéniques, c'est-à-dire à la campagne, au bord de la mer ou à la montagne. C'était déjà un chiffre. Veut-on savoir combien il existe aujourd'hui à Paris d'œuvres de cette nature? 360. A la vérité, ce chiffre comprend les œuvres de la banlieue, que la publication de 1904 avait laissées de côté, mais je ne crois pas que le nombre en fût grand. Voilà donc, en huit ans, un progrès immense réalisé par la bienfaisance en faveur d'une catégorie de misères particulièrement intéressantes : celle de l'enfance et de la jeunesse indigente et souffreteuse. Ces chiffres n'ont rien d'absolu et il est possible qu'en 1904 quelques colonies de vacances déjà existantes aient échappé aux recherches des enquêteurs de l'Office central, de même que quelques-unes ont pu leur échapper encore aujourd'hui, mais le progrès n'en est pas moins immense.

Veut-on un autre exemple? Il y a une quinzaine d'années, il n'y avait qu'un certain nombre de philanthropes tels que MM. Georges Picot, Cheysson, Siegfried, ou des sociétés charitables comme la Société philanthropique, que préoccupât la question du logement populaire. Aussi le Paris charitable *de* 1904 *ne contenait-il guère qu'une vingtaine d'indications relatives aux œuvres de ce genre. Le* Paris charitable *de* 1912 *en compte plus de* 60 ; *une note préliminaire au chapitre qui leur est consacré dit, avec raison, que leur nombre va s'accroissant chaque jour et que, dans l'intervalle inévitable entre la rédaction du chapitre et la mise en vente du livre, il est probable que de nouvelles sociétés se seront fondées ou de nouvelles maisons auront été construites. En effet, une des plus importantes Compagnies d'assurances françaises, la Nationale, qui possède de nombreux immeubles à Paris, dans les quartiers riches, vient de décider qu'elle consacrerait une somme importante à la construction d'une première maison à logements économiques, et si elle persévère dans cette voie, si, comme on peut l'espérer, son exemple est suivi par d'autres Compagnies d'assurances, un grand pas aura été fait vers la solution du problème que la hausse des loyers a, depuis deux ans, rendu singulièrement aigu.*

On pourrait encore multiplier les exemples : ainsi l'augmentation du nombre des maisons de famille pour jeunes gens et jeunes filles, qui ont passé de 29 *à* 93, *celle des œuvres d'alimentation gratuite ou à très bon marché qui ont passé de* 115 *à* 232, *et encore celle des cours gratuits d'enseignement professionnel et bien d'autres institutions encore, qui toutes ont un but sinon de secours direct, — ce qui dans bien des cas demeure indispensable, — au moins d'assistance indirecte, car, de plus en plus, la charité tend à se faire prévoyante, ingénieuse et à prévenir encore plus qu'à soulager. La lecture de ce petit volume est donc singulièrement réconfortante. Elle console de bien des tristesses et réconcilie avec notre temps. Pour moi, je voudrais le voir, sur bien des tables, à côté du* High Life *ou du* Tout-Paris, *comme un* Vade mecum *facilitant à ceux qu'on appelle les heureux du monde, et qui ne le sont pas toujours autant que les malheureux le croient, l'exercice d'une autre forme du devoir social dont je suis bien loin de dire que les heureux du monde se désintéressent, qui tient au contraire, dans bien des vies d'apparence exclusivement mondaine, une part plus grande, j'en suis persuadé, qu'en aucun temps, mais qu'il ne faut jamais perdre de vue, parce qu'à notre époque troublée, et dans nos vies frivoles, l'accomplissement de ce devoir peut être un moyen de rachat individuel et de salut social.*

***

Je ne veux pas terminer ces quelques lignes sans rendre hommage à ceux de mes collègues de l'Office central qui se sont consacrés, depuis plus d'un an, à cette œuvre écrasante. Réunir, en effet, tous les renseignements contenus dans ce petit volume, les provoquer, les contrôler, les classer ensuite dans un ordre judicieux et méthodique a été tout simplement un travail de bénédictin, et dont l'achèvement fait le plus grand honneur à ceux qui l'ont mené à bien.

Je ne veux pas insister, mais je suis sûr de répondre au contraire à leurs sentiments en faisant honneur de ce travail à celui qui fondait, en 1890, l'Office central des œuvres de bienfaisance et qui a disparu l'année dernière, à mon confrère et ami Léon Lefébure, car cette publication nouvelle de l'Office central n'est que la suite et le perfectionnement de la pensée qu'il avait eue, lorsqu'il a créé l'institution à laquelle son nom demeure attaché.

Léon Lefébure appartenait, comme moi, à cette génération

qui arrivait à l'âge d'homme au moment de la guerre. Il fut, sous l'Empire, le dernier député libéral nommé par l'Alsace. Réélu à l'Assemblée nationale comme député de Paris, il compta parmi ceux auxquels le suffrage universel ne sut aucun gré d'avoir remis la France sur pied, refait ses finances, son armée, et de lui avoir donné même, autant que les circonstances le comportaient, un gouvernement. S'il ne se représenta pas en 1876, c'est qu'il savait que le premier candidat radical venu, à Paris ou ailleurs, lui serait préféré.

Lefébure avait le goût des lettres. Un très agréable volume d'études qu'il a rassemblées en 1905 sous ce titre : *Portraits de croyants*, en demeure le témoignage. Il aurait pu, comme l'ont fait, dans sa génération, d'autres qui ont subi le même sort que lui, se consacrer à écrire. Mais il pensa avec raison qu'il y a meilleur parti à tirer d'une vie condamnée à l'inactivité que de publier d'inutiles volumes de critique ou d'histoire destinés à moisir sur les rayons des bibliothèques très complètes. Il se consacra aux œuvres sociales. Il les servit par la plume en écrivant, sur les questions que ces œuvres soulèvent, plusieurs beaux livres. Il les servit surtout par le dévouement et par l'exemple. La protection des apprentis, le patronage des libérés, l'assistance par le travail, d'autres œuvres encore dont l'énumération serait longue occupèrent sa vie. Mais sa véritable création demeure l'Office central des œuvres de bienfaisance. A un moment où la charité était tout à la fois attaquée à tort dans son principe et critiquée, avec assez juste raison, dans quelques-unes de ses méthodes, il intervint. Il créa une institution, aujourd'hui florissante, destinée à coordonner, à régulariser, à codifier enfin l'action de la bienfaisance et à en faciliter l'exercice aux hommes de bonne *volonté. Il avait vu juste, et les imitations, pour ne pas dire les contrefaçons, dont l'Office central des œuvres de bienfaisance a été l'objet en fourniraient la preuve au besoin.*

Bien qu'il se fût contenté du titre modeste de secrétaire général et qu'il eût prié le marquis de Vogüé, bien digne assurément d'honorer cette œuvre de son patronage, d'en accepter la présidence, il est demeuré l'âme de l'Office central jusqu'au jour où sa santé déclinante l'a contraint d'en confier la direction quotidienne à des collaborateurs plus valides. Mais il n'a pas cessé de l'inspirer, de l'assister; elle a été sa constante pensée jusqu'au jour où, à la lettre, il s'est endormi « dans la paix du Seigneur », car on l'a trouvé un matin mort dans son lit. Si quelqu'un pouvait mourir en paix, c'était assurément bien lui. Mais pour continuer à laisser parler l'Ecriture, « ses œuvres le suivent », et ceux qui l'ont vu à la tâche pendant vingt ans me sauront gré de lui faire honneur de ce dernier travail, où se retrouve et se continue sinon sa main, du moins sa pensée constante, qui était celle-ci : apprendre et aider à bien faire le bien.

Comte D'HAUSSONVILLE,
de l'Académie française.

NOTICE EXPLICATIVE

Au mois de novembre 1895, le regretté fondateur de l'Office central, M. Léon Lefébure, présentait dans un rapport au Conseil d'administration les résultats d'un recensement général et méthodique de toutes les œuvres charitables de la France. C'était le préliminaire indispensable au fonctionnement même de l'Office. Ce recensement allait donner lieu, pour la province, à un ouvrage de près de 1 400 pages, publié en 1896. L'année suivante, en 1897, devait paraître la première édition du volume spécialement consacré à Paris, sous le titre de *Paris charitable et prévoyant.*

M. Lefébure, qui avait conçu la pensée et pris l'initiative de cette publication, exposait au Conseil à travers quels tâtonnements et quelles difficultés elle avait pu être menée à bonne fin. Il avait eu successivement trois collaborateurs, avant de rencontrer l'homme dont le concours devait décider du succès. Nul n'a oublié, parmi nous, M. Fernand Giraudeau, son intelligence d'élite, sa puissance extraordinaire de travail, son dévouement, sa modestie. Secondé par M. Béchard, administrateur de l'Office central, il accomplit alors une tâche immense. Son nom y restera à jamais attaché.

Sept ans après, parut la seconde édition du livre *Paris cha-*

ritable et prévoyant : 50 œuvres de bienfaisance ou de prévoyance mentionnées en 1897, avaient disparu en 1904, mais près de 500 œuvres d'assistance, presque autant de sociétés de prévoyance, avaient été nouvellement fondées, et devaient naturellement figurer au Répertoire déjà fort répandu parmi nos adhérents. En un petit volume sur *la Charité à Paris au XIXe siècle*, publié en 1900 sous les auspices de l'Office central, à l'occasion de la dernière Exposition universelle, nous pûmes dresser l'inventaire de 2 696 œuvres d'assistance publique et privée, de 1 079 œuvres de prévoyance, soit au total 3 775 œuvres parisiennes.

Depuis lors, de grands changements sont survenus. Des mesures législatives ont atteint gravement, transformé, supprimé bon nombre d'institutions, notamment des garderies, des asiles, des orphelinats, dirigés jadis par des associations religieuses. Il en est résulté beaucoup de modifications d'adresses ou de spécialités des fondations. Par ailleurs, des œuvres d'un caractère spécialement *prévoyant* sont apparues en grand nombre, surtout pour les mères et bébés. La charité, en effet, s'ingénie sans cesse à perfectionner les modes d'assistance des temps passés. Ses vues sont infiniment plus larges et plus éclairées, ses formules plus efficaces. Elle ne se contente plus, comme autrefois, de soulager pour un moment ; aujourd'hui, elle prévoit, elle préserve, elle forge des armes pour conjurer le mauvais sort. Ses méthodes préventives, autant qu'ingénieuses, depuis peu d'années mises en vogue, ont transformé en partie l'outillage dont disposait la bienfaisance privée.

L'Office central pouvait-il continuer de propager sous ses auspices une édition du *Paris charitable* ne correspondant plus à l'attente du chercheur, forcément erronée pour les adresses de beaucoup d'œuvres, incomplète aussi quant aux institutions nouvelles? Son Conseil d'administration ne l'a pas pensé. Il décida, l'année dernière, qu'une nouvelle publication, très complétée et mise exactement à jour, serait, au plus tôt, offerte au public, et la Commission des enquêtes, consultée sur les moyens d'exécution d'un tel projet, reçut mandat de le faire aboutir.

Tâche délicate et difficile, parfois même ingrate et pénible! Labeur minutieux, compliqué, exigeant des correspondances et des démarches incalculables! Nos lecteurs devinent, en effet, quelles obligations cette tâche impose, par suite des variations constantes des institutions, de leur siège, de leurs conditions, de leurs méthodes, de leur esprit, et quels soins elle exige, pour tenir constamment à jour un tel recensement de la charité publique et privée.

Pour faire à la fois vite et bien, nous commençâmes par renforcer la *Commission des enquêtes sur les œuvres charitables.* Il était essentiel que ce service fonctionnât, dans la circonstance, avec une grande activité. Très heureusement secondé par son dévoué directeur, M. de Goyon, guidé surtout par l'idée maîtresse de son fondateur, celle de rendre, chaque jour, de plus en plus efficace l'exercice de la charité, l'Office continuera à travailler ainsi d'une manière permanente, et la Commission des enquêtes restera l'un de ses organes les plus vigilants, les plus nécessaires, en même temps que les plus conformes à ses statuts.

Les membres de cette Commission furent tout d'abord unanimes à penser qu'il fallait écarter, pour l'édition nouvelle du *Paris charitable,* ce qui concerne la Prévoyance, la Mutualité, les Retraites, toutes les institutions, si nombreuses aujourd'hui, qui dépendent en réalité d'un domaine bien différent. Ils furent également d'avis qu'il n'y avait pas lieu de modifier le plan général, c'est-à-dire la division de l'ouvrage en trois parties, et le classement des œuvres suivant les trois âges de la vie : *Enfants, Adultes, Vieillards.* Enfin deux innovations recueillirent tous les suffrages : celles du format du livre et du prix de vente au public. On choisit, comme type de manuel, le *New-York charitable,* format écu, facile à manier. On décida que le prix de 4 à 5 fr., si c'était possible, ne devait pas être dépassé, afin que cet *Indicateur général de la bienfaisance* fût mis à la portée de toutes les bourses. Bientôt un traité intervint entre le représentant de l'Office central et la Maison Plon. Nous sommes heureux de saisir aujourd'hui l'occasion qui nous est offerte d'exprimer hautement notre vive gratitude, pour l'extrême bonne grâce avec laquelle cette Maison, si respectée et si célèbre parmi les grands éditeurs parisiens, voulut bien acquiescer à tous nos désirs. C'est ainsi que les éditions futures du *Paris charitable,* tenues constamment à jour, pourront paraître à de courts intervalles, comme cela se pratique, d'ailleurs, par les soins des Offices centraux de Londres et New-York.

Trois séries d'opérations très distinctes s'imposaient. La première, sans contredit la plus difficile à poursuivre, ne fut, pendant plusieurs mois, qu'une longue leçon de patience.

Dresser des listes complètes, par catégories, des œuvres, institutions et sociétés de bienfaisance, dépister les nouveautés, rechercher et découvrir des adresses exactes et précises, consacrer des mois aux démarches dans les bureaux des Ministères, des Préfectures et des Mairies des vingt arrondissements, correspondre avec les soixante-dix-huit Municipalités du département de la Seine, fouiller dans les bibliothèques les documents officiels et privés, y dépouiller d'innombrables brochures, puiser à toutes les sources d'informations et de contrôle des sociétés de propagande, interroger enfin les personnes les plus dévouées du monde charitable : telle a été la première phase du travail qui nous fut confié.

Quand furent bien établies, pour nos soixante-dix chapitres, ces listes d'œuvres par noms et adresses, des questionnaires imprimés, indiquant les réponses et les renseignements à donner, furent remis à des enquêteurs salariés ou bénévoles, choisis par le directeur de l'Office central. Ces divers enquêteurs s'acquittèrent de leur mission délicate avec une parfaite diligence. Munis des listes préparées par les soins des commissaires, ils rapportaient — souvent au prix de quelles instances, on le devine ! — les questionnaires dûment remplis, et, comme annexes, des papiers de toute sorte : annuaires, bulletins, prospectus, rapports, comptes rendus, règlements et statuts, glanés dans leurs visites aux quatre coins de la capitale.

Il restait une dernière opération à accomplir : l'emploi des matériaux ainsi amoncelés. L'heure était venue, pour les commissaires, de rédiger chacune des notices afférentes à leurs chapitres respectifs. Nous n'avions plus qu'à nous entendre sur la manière de les énumérer dans une forme à la fois concise, pratique, homogène, dépouillée de certains détails qui n'auraient pu que les allonger sans nécessité.

Il serait superflu de raconter à quels travaux il fallut se livrer pour répartir la besogne, écarter les dossiers suspects, contrôler les doubles emplois, préciser quantité d'adresses et de chiffres, démêler, dans cette avalanche de plus de cinq mille enquêtes, ce qui devait ou non figurer sur l'Indicateur et strictement servir l'intérêt du public. Pour donner, cependant, un exemple des difficultés, des problèmes, des déceptions avec lesquels nous fûmes bien souvent aux prises, relatons ce fait entre beaucoup d'autres :

Les enquêteurs étaient chargés de visiter à 10 ou 15 adresses les institutions suivantes : Œuvre populaire du lait de l'enfance, Œuvre du lait naturel, Œuvre du lait, Œuvre du meilleur lait, Œuvre du lait pur, Œuvre philanthropique des fermiers normands, Le bon lait pour tous, etc. Que rapportaient-ils? Des prospectus de boutiquiers, vendant leur lait à 0 fr. 30 ou à 0 fr. 50 le litre, offrant sans garantie beurre et œufs au cours du marché. Une trompeuse enseigne empruntait au mot Œuvre l'apparent bénéfice recherché par la clientèle. Journées perdues ! peines inutiles !

Faut-il parler aussi des démarches ingrates qu'il fallut faire auprès de certains directeurs d'œuvres bienfaisantes, aussi défiants de nos bonnes intentions que dédaigneux de nos efforts? N'est-ce pas à l'un de nous qu'un fondateur de Colonies de vacances adressait cette boutade : « Nous n'avons que faire de vos réclames, et n'avons rien à vous dire ! » — A quoi notre commissaire de répliquer, non sans raison : « Monsieur, ce ne sont pas des réclames, mais des exemples. Ce n'est pas vous qui gagnerez à notre publicité, ce seront vos imitateurs. »

Comme toute chose humaine, hélas ! le *Paris charitable* de 1912 que nous offrons au public est loin d'être sans défauts. Sans doute, il y manque encore quelques indications d'œuvres, les unes parce qu'elles tiennent à rester ignorées, et qu'elles nous ont prié de les laisser dans l'ombre, les autres parce qu'en dépit de nos investigations, elles n'ont pu parvenir à notre connaissance. Aussi serons-nous heureux d'accueillir, à ce sujet, tous avis adressés en vue d'un prochain tirage, prévu dans deux ou trois ans.

On trouvera, par contre, dans ce Répertoire, certains avantages pratiques sur lesquels on voudra bien nous permettre d'insister. Il ne contient ni recommandations, ni descriptions, ni théories. Passant volontairement sous silence l'historique des œuvres, leur fonctionnement, leurs résultats, leurs comptes budgétaires, les concours généreux qui les font vivre, détails pleins d'intérêt qu'il est facile de retrouver dans la volumineuse édition de 1904, il renferme, en ses notices, les renseignements strictement nécessaires pour *seconder la bienfaisance.* Ce sont des noms et adresses, dates de fondations, conditions de placement, jours et heures de réception, nombre de lits, lieux de secours, modes d'assistance, prix demandés. Nos références, puisées aux sources mêmes, garantissent l'exactitude des informations publiées.

Enfin, suivant en cela l'exemple de nos prédécesseurs, nous nous sommes fait une loi de conserver l'impartialité la plus scrupuleuse. Le recensement comprend toutes les œuvres charitables et philanthropiques que nous avons pu découvrir ; elles ont été inscrites sans préoccupation confessionnelle, sans distinction de tendances politiques. Nous avons la conscience d'avoir exploré de notre mieux le domaine si vaste de la bienfaisance. Il y a de beaux exemples à citer dans tous les milieux. Paris n'est-il pas, d'ailleurs, rempli de bons Samaritains ! Et tous ceux qui souffrent ne sont-ils pas dignes de pitié !

Vingt-sept chapitres sont consacrés à l'enfance : Œuvres de maternité et du premier âge, si nombreuses et si nécessaires, puisque, de toute part, retentissent des cris d'alarme sur la dépopulation et sur la mortalité infantile ; — Œuvres de protection des enfants pauvres et débiles (Asiles, Orphelinats), Dispensaires, Hôpitaux, Sanatoriums, Colonies de vacances, devenues si populaires, depuis qu'on s'est ému de cette belle parole de Michelet : « L'enfant, de toutes les plantes, est celle qui a le plus besoin de soleil » ; — Œuvres gratuites d'éducation (Bibliothèques populaires, Associations et cours professionnels, Apprentissage, Enseignement ménager) ; — Œuvre de Préservation (Patronages, Cercles et Maisons de famille), etc.

Trente-neuf chapitres concernent les adultes : Secours de toute nature aux indigents ; — Alimentation gratuite ou à prix réduits (Soupes populaires, restaurants, réchauds d'ouvrières) ; — Vestiaires ; — Asiles de jour et de nuit ; — Secrétariats du peuple ;

— Habitations à bon marché ; — Sociétés amicales ; — Assistance par le travail (Jardins ouvriers, Ateliers, Ouvroirs) ; — Œuvres de mariage ; — Œuvres de relèvement ; — Soins des malades (Hôpitaux, Dispensaires, Écoles d'infirmières) ; — Œuvres antituberculeuses et antialcooliques ; — Maisons de convalescence et de repos à prix réduits, car nous n'avons pas cru devoir citer les autres ; — Œuvres pour infirmes, incurables, aveugles, sourds-muets, aliénés ; — Œuvres pour militaires et marins ; — Sociétés d'assistance pour les provinciaux et les étrangers ; — Principales institutions patronales de bienfaisance, etc.

Enfin quatre chapitres intéressent les vieillards à recueillir : Asiles, Hospices, œuvres spéciales mettant les malheureux à l'abri du besoin pendant leurs dernières années.

Tel est le tableau touchant de la bienfaisance parisienne en l'année 1912. Comme la gerbe d'épis gonflés de grains promet les semences les plus fécondes, ce petit livre donne lieu de penser que le bien qu'il révèle au grand jour se propagera. Souhaitons qu'il ait sa place dans toute bibliothèque, mieux encore, sur la table et sous la main de tous les honnêtes gens. Qu'il soit un guide à l'usage de ce grand public, soucieux de savoir s'y prendre pour être utile à ceux qui souffrent ! Qu'il instruise, édifie, touche le cœur de tous ceux dont les généreuses impulsions demeurent hésitantes ! Il démontre qu'il reste encore bien des lacunes à combler, malgré le nombre et la diversité des œuvres. Qu'il suscite de nouvelles initiatives et qu'il multiplie les offrandes !

Ce n'est pas seulement aux lecteurs, c'est aux historiens que ce nouveau travail pourra rendre des services. N'est-il pas le témoignage des immenses progrès accomplis dans l'ordre philanthropique, l'une des pages les plus belles et les plus consolantes des annales de notre époque ? Tant de sublimes interventions de la bonté, tant de prodigalités en faveur de toutes les misères — rappelons-nous les souscriptions en faveur des inondés en 1910 — sont éminemment suggestives et rassurantes pour l'avenir. Nos descendants reconnaîtront que, si notre société a su perfectionner sans trêve *l'art de bien donner*, elle ne fut surpassée, à ce point de vue, dans aucun temps et dans aucun pays. Ils sauront quelque gré, sans doute, aux membres du Conseil d'administration de l'Office central d'avoir, par leurs publications, entretenu la flamme sacrée du dévouement, provoqué l'émulation des œuvres de toute nature et favorisé leur essor. Combien de savants ouvrages, combien d'études et de travaux, féconds en enseignements, sur les questions si complexes d'assistance publique et privée, sont dus à leur compétence d'initiateurs ou d'apôtres ! Une telle bibliographie serait beaucoup trop étendue pour trouver place dans ces pages. Qu'il suffise de citer ici les livres publiés par les soins de l'Office central, comme autant de services rendus aux riches, aux pauvres, aux œuvres mêmes, ainsi mises en lumière, comme le disait, il y a seize ans, l'éminent président de la Commission des enquêtes, M. Cheysson, pour les rendre populaires et décupler leurs bienfaits :

La France charitable et prévoyante (édition de 1896) ;

Paris charitable et prévoyant (éditions de 1897 et 1903) ;

Recueil des œuvres, associations et sociétés reconnues d'utilité publique, si nécessaires aux donateurs soucieux d'assurer l'avenir de leurs libéralités ;

Tableau de la charité à Paris avant la Révolution et pendant le XIXe siècle;

Enfin *Paris charitable et bienfaisant* (édition de 1912).

C'est la « Chronique du bien » servant d'antidote au poison des récits malsains que répand une certaine presse ; la contrepartie des « Échos du mal », en un temps où le moindre exploit des gredins, la plus vulgaire opération d'apaches, sont jetés chaque jour en pâture à la curiosité publique. Aussi l'Office, « l'œuvre des œuvres », selon l'expression de M. le marquis de Vogüé, est-il heureux d'avoir pu jusqu'ici remplir son rôle avec honneur, plus fier encore d'avoir été appelé de la sorte à proclamer qu'il est une vertu souveraine, capable, plus que toute autre, de réconcilier les hommes, c'est-à-dire la Bienfaisance.

EUGÈNE PLANTET,

Président de la Commission des enquêtes sur les œuvres charitables de France (1).

Paris, 1er mars 1912.

(1) La Commission du *Paris charitable et bienfaisant* se composait ainsi :

Membres : MM. Dupré-La-Tour, Gavoty, Robert Georges-Picot, de Goyon, comte de Lapparent, Eugène Lefébure, de Monicault, Eugène Plantet, Vallery-Radot, Védie, de Witt-Guizot. — *Membres adjoints :* MM. Baussan, Delpérier, Desjardins, Hans, de Jessey, comte Armand de Kergorlay, comte René Lestre, Lenormand.

TABLEAU DES ŒUVRES

ET DES INSTITUTIONS DE BIENFAISANCE

DE PARIS ET DU DÉPARTEMENT DE LA SEINE

AGE ADULTE

VIEILLESSE

SIGNES ABRÉVIATIFS

Apprentis et jeunes ouvriers............	*App. et J. ouvr.*
Assistance publique....................	*Assist. Pub.*
Association post-scolaire laïque.........	*Assoc. Post. scol. laïque.*
Bureau de Bienfaisance................	*Bur. de Bienf.*
Confessionnel..........................	*Confes.*
Consultations..........................	*Consult.*
Convalescence........................	*Conval.*
De tous cultes.........................	*De t. cultes*
Dimanches et fêtes....................	*Dim. et Fêtes.*
Dispensaire	*Dispens.*
Distinction............................	*Distinc.*
Dis ribution...........................	*Distrib.*
Établissement.........................	*Établ.*
Gratuit................................	*Grat.*
Heures	*H.*
Hôpital................................	*Hôp.*
Jeudi..................................	*Jeud.*
Lundi..................................	*Lund.*
Mardi	*Mard.*
Matin	*Mat.*
Mercredi	*Merc.*
Œuvre	*Œuv.*
Patronage catholique..................	*Patron. cath.*
Patronage protestant..................	*Patron. protest.*
Patronage laïque......................	*Patron. laïque.*
Placement.	*Placem.*
Reconnu d'utilité publique.............	*Recon. ut. pub.*
St. Vincent de Paul....................	*St. V. de P.*
Samedi.................................	*Sam.*
Sanatoriums	*Sanat.*
Société	*Sté.*
Société anonyme.......................	*Sté anon.*
Société économique....................	*Sté économ.*
Société philanthropique................	*Sté philant.*
Sœurs de St. Vincent de Paul...........	*Sœurs de St. V. de P.*
Soir...................................	*S.*
Tous les jours.........................	*Tous les j.*
Vendredi	*Vend.*

PARIS CHARITABLE
ET BIENFAISANT

CHAPITRE I

ADMINISTRATIONS ET OFFICES

Direction générale de l'assistance et de l'hygiène publiques, au Ministère de l'Intérieur, 7, rue Cambacérès (1886). — Réunit dans ses attributions toutes les dépendances des divers services charitables de France.

1er *Bureau :* Service des aliénés, Surveillance des établ. pub. et privés, Sté de patronage, Aliénés étrangers, Rapatriements, etc.

Service des aveugles et des sourds-muets. Établ. spéciaux, Bourses, Stés d'assistance, de placement, de patronage.

Établ. nationaux de bienf., Jeunes aveugles, Institut des sourds-muets, Quinze-Vingts, Asiles de Vincennes, Vésinet, Vacassy, la Providence, Charenton, Bourses, Admissions grat. et à prix réduit.

2e *Bureau :* Service des enfants assistés. Enfants sous la tutelle ou la protection de l'Assist. pub. Application de la loi de 1904. Domicile de secours des enfants. Attribution des dots Henry Giffard. Rapatriements, dons et legs aux départements pour enfants assistés.

Protection des enfants du premier âge. Application de la loi de 1874.

Œuvres en faveur de l'enfance. Orphelinats, Stés protectrices de l'enfance, Sté de charité maternelle, Gouttes de lait, Consult. de nourrissons, Stés de patronage, Crèches et Garderies, Dispens. pour enfants malades. Recon. d'ut. pub. Asile Antoine Königswarter. Répartition du crédit de secours aux crèches, aux Stés de charité maternelle, aux œuvres de préservation contre la tuberculose.

3e *Bureau :* Assist. obligatoire aux vieillards, infirmes et incurables (loi de 1905). Assist. médicale grat. (loi de 1893). Hôpitaux et hospices. Établ. et Bur. de Bienf. Monts-de-piété. Dépôts de mendicité. Affaires générales de l'Assist. Établ. recon. ut. pub. Subventions à des institutions de bienf. et d'assist. par le travail.

4e *Bureau :* Service de la salubrité et de l'hygiène publiques. Hygiène. Alcoolisme. Admissions grat. aux établ. thermaux de l'État.

5e *Bureau :* Prophylaxie et Épidémies. Bureaux municipaux d'hygiène. Services de la vaccine, de la désinfection, etc.

Administration générale de l'Assistance publique de Paris, 3, avenue Victoria, et place de l'Hôtel-de-Ville (1801). — Dirigée sous l'autorité du Ministre de l'Intérieur et du Préfet de la Seine par un directeur assisté d'un Conseil de surveillance.

1. *Service des hôpitaux et hospices.* — Régime intérieur des établ. hospitaliers. Admissions dans les hôpitaux, maisons de retraite, fondations, quartiers de chroniques. Recouvrement des frais de séjour des malades reconnus solvables.

2. *Service des secours et de l'assistance obligatoire aux vieillards, infirmes et incurables privés de ressources.* — Fonctionnement des Bur. de Bienf. et des Dispens. Secours accordés par l'Administration centrale. Placement dans les hospices affectés à l'Assist. obligatoire.

3. *Service des enfants assistés.* — Enfants trouvés, abandonnés, maltraités, délaissés ou moralement abandonnés, orphelins pauvres, enfants en garde, en dépôt ou temporairement recueillis. Admissions, placements et tutelle desdits enfants.

4. *Service des enfants secourus.* — Secours préventifs d'abandon, placements en nourrice. Consult. de nourrissons et distrib. de lait stérilisé.

5. *Services divers.* — Direction. Personnel administratif, médical, hospitalier, enseignant, pharmaceutique, ouvrier. Retraite, pensions et secours. Service de l'approvisionnement, de l'exploitation et du matériel. Service du contentieux, dons et legs. Service du domaine et des travaux. Service du droit des pauvres sur les spectacles, bals, concerts, etc. Comptabilité générale.

Le budget général de l'Assist. pub. en 1911 s'élevait à 69 259439 fr.

Cette Administration dispose de 15 574 lits d'hôpitaux, 7 849 lits d'hospices, maisons de retraite et asiles, 60 lits à l'hospice des Enfants-Assistés, 1 822 lits dans les Fondations, 1 969 lits pour aliénés, 790 lits pour enfants assistés, 3 764 lits pour l'Assist. obligatoire, soit au total, compris 1 061 berceaux : 31 828 lits.

Office central des Œuvres de bienfaisance, 175, boulevard Saint-Germain. Fond. par M. Léon Lefébure (1890). — Recon. ut. pub. Non confes. A pour but de remédier à l'utilisation imparfaite des ressources charitables et à l'exploitation par la fausse indigence, en coordonnant les efforts du monde bienfaisant. Il renseigne sur les pauvres et sur les œuvres ; rapproche à la fois les bienfaiteurs, les pauvres et les œuvres ; indique et met en mouvement, dans chaque cas de misère, l'œuvre appropriée ; assure l'efficacité du secours, en le transmettant, sous la forme voulue, avec la rapidité désirable. Il provoque la création ou aide au développement des œuvres nouvelles dont l'expérience aurait démontré l'utilité.

Services de l'Office central :

1° Enquêtes sur les pauvres ;

2° Enquêtes sur les œuvres charitables de Paris, des départements et de l'étranger ;

3° Relations avec les Offices centraux de province et les institutions charitables de l'étranger ;

4° Relations avec l'Assist. pub. et autres administrations pub. ;

5° Placement des enfants et des vieillards dans les orphelinats et asiles ;

6° Rapatriement des indigents ; facilités de voyages aux convalescents pauvres.

Les bureaux sont ouverts au public, au siège social, tous les j. de 9 h. à midi et de 2 h. à 5 h. Bibliothèque charitable grat.

Succursale de l'Office central :

Quartier de la Villette : 115, rue d'Allemagne, ouverte le mard. de 1 h. et demie à 3 h. et demie, et le vend. de 2 h. à 4 h.

La Succursale remet aux indigents du quartier où elle est installée les secours qui leur ont été destinés par des personnes charitables ; on y reçoit également toutes demandes intéressant les différents services de l'Office central ; ces demandes sont transmises au siège de l'œuvre, où elles reçoivent la suite qu'elles comportent.

Office du travail, au Ministère du travail, 127, rue de Grenelle. — Recueille des informations de toute sorte sur l'état et le développement de la production, sur la condition des ouvriers, l'organisation et la rémunération du travail en France et dans les pays étrangers, et les publie dans un bulletin mensuel.

L'Assistance par le travail, Fondation Mamoz, 170, rue du Faubg-St-Honoré (1871). — Service d'enquêtes et de renseignements fournis à ses membres, au prix de 0 fr. 50 payés avec des timbres achetés d'avance, sur la situation matérielle et morale des solliciteurs. Voir *Assistance par le travail*.

Conseil supérieur des habitations à bon marché, 127, rue de Grenelle, Ministère du travail. — Institué par la loi du 12 avril 1902, et placé auprès du Ministère du travail, pour examiner toutes questions concernant les habitations à bon marché, avec direction générale dans toute la France des Comités de patronage des habitations à bon marché, qui lui soumettent les statuts des Stés et tous leurs *desiderata*; il statue sur les demandes en les transmettant au Ministre.

Bureau de Consultations judiciaires, Palais de Justice (1895). — Composé d'un avoué et de deux avocats stagiaires ; donne, le mard. de 10 h. à 11 h. du mat. et le jeud. de 2 h. à 4 h. du soir, des consult. judiciaires grat. aux indigents.

Secrétariats du peuple, dans tous les arr. Fond. par M. Harmel (1891). — Services grat. de renseignements administratifs, juridiques ou autres (assistance, placement, mariages, etc.) pour toute personne qui se présente. Voir *Secrétariats du peuple.*

Secrétariats des familles de la Société de Saint Vincent de Paul, 6, rue Furstenberg. — Organisés par les Conférences de St. V. de P. dans leur quartier respectif et à des dates diverses, pour donner, par l'intermédiaire de membres délégués, à toutes les personnes qui s'y présentent, des consult. et des renseignements sur les démarches qu'elles ont à faire, soit pour obtenir le bénéfice de l'Assist. judiciaire ou l'admission dans un établ. charitable, soit pour tout autre objet.

École d'éducation familiale, 88, rue du Moulin-Vert. Fond. par M. l'abbé Viollet (1908). — A pour but la formation et l'éducation des enfants du peuple par l'initiative, selon les méthodes de Pestalozzi et de Frœbel.

Elle prévient la désorganisation de la famille ouvrière, en donnant à la jeunesse le goût du foyer, et en instruisant les jeunes filles dans la science et l'art ménagers.

L'École a ouvert une Galerie familiale, dite Jardin d'enfants, pour les enfants du peuple de 3 à 6 ans, qui, à partir de cet âge, sont envoyés dans les écoles du quartier, et reviennent le soir compléter leur éducation familiale, en attendant de pouvoir achever leur formation par la création d'ateliers. L'École forme à ses méthodes, par des cours pratiques et théoriques, de futures directrices de Garderies familiales, ainsi que les parents, pour leur permettre de continuer à la maison l'œuvre commencée à l'École.

Association de bienfaisance parmi les protestants luthériens de Paris et du département de la Seine, 16, rue Chauchat (1905). — Recon. ut. pub. A pour but de centraliser et coordonner la bienfaisance de l'Église luthérienne, en s'interdisant toute discussion étrangère. Elle vient en aide aux indigents luthériens domiciliés à Paris et dans le département de la Seine, en recherchant des ressources pour cette assistance, et en payant les dépenses auxquelles elle donne lieu.

Association de bienfaisance parmi les protestants réformés de Paris et du département de la Seine, 4, rue de l'Oratoire (1905). — Recon. ut. pub. A pour but de centraliser et coordonner les œuvres charitables de l'Église réformée. Accorde des secours aux vieillards, infirmes et orphelins de religion protestante, excepté en cas de grands sinistres, où les secours sont attribués sans distinct. de religion.

Bureau central de renseignements pour la charité protestante, 14, rue de Trévise (1898). — Représente les 32 Diaconats des paroisses. Fournit des renseignements sur les indigents protestants et au besoin, à la demande de ses adhérents, sur les non-protestants. Des bons de renseignements numérotés sont donnés aux souscripteurs, pour être remis au Bureau avec le nom et l'adresse du solliciteur, moyennant 1 fr. par renseignement pour Paris et 2 fr. pour la banlieue. Bur. ouverts tous les j. sauf dim., de 3 h. à 5 h.

Comité de bienfaisance israélite de Paris, 60, rue Rodier (1809). — Recon. ut. pub. Sert d'intermédiaire à la bienfaisance parmi les israélites.

Association Zadoc-Kahn, 17, rue St-Georges (1906). — Recon. ut. pub.. Sté de bienfaisance israélite, ayant pour but de centraliser les efforts charitables de cette confession.

Institut social de l'enseignement (laïque), Office central mutuel, 89, boulevard Voltaire (1906). — A pour but de donner à tout membre de l'enseignement, des deux sexes, l'aide, le concours et l'appui nécessaires pour la défense de ses intérêts particuliers, et son amélioration sociale et matérielle. Douze Commissions :

1° Renseignements généraux, retraites, veuves, orphelins ;
2° Voyages, Colonies scolaires, Cartes de circulation ;
3° Assurances, Secours immédiats, Mutualités ;
4° Hygiène, Anormaux, Tuberculose ;
5° Amicales, Œuvres post-scolaires ;
6° Économie domestique, Coopératives ;
7° Habitations à bon marché ;
8° Bibliothèques, Matériel scolaire ;
9° Récompenses ;
10° Musée de l'enseignement.
11° Aide et appui aux professeurs libres, Enseignements spéciaux ;
12° Langues vivantes, Relations internationales.

La Maison du Pauvre, 119, boulevard Voltaire (1819). — Office grat. de renseignements pour les indigents de tout âge, de tout sexe et de toute religion.

Office international d'hygiène publique, 195, boulevard St-Germain (1907). — Recon. ut. pub. Recueille et porte à la connaissance des États participants les faits et documents d'un caractère général qui intéressent la santé pub.

Office de placement des anciens élèves de l'enseignement libre, 23, quai Voltaire (1905). — Voir *Placements*.

Office du courtage d'assurances au profit des Œuvres catholiques, 205, rue St-Honoré (1880). — A pour but de procurer des ressources à toutes les institutions catholiques, sans rien coûter à personne, ces ressources provenant des remises ou bonifications accordées par les Compagnies d'assurances, chaque fois que l'Agent général d'une Œuvre leur apporte une assurance à contracter ou à renouveler.

Union nationale des colonies de vacances et œuvres du grand air, 8, rue Jouffroy. — Voir *Stés d'études et de propagande*.

Union des associations ouvrières catholiques, 82, rue de l'Université

(1871). — A pour but de fournir aux directeurs d'œuv. ouvrières cath. tous renseignements nécessaires à la fondation, au soutien et au développement des cercles cath. d'ouvriers, patron. d'ouvriers, d'apprentis et d'écoliers, assoc. professionnelles, conférences d'œuv., etc.

Unions fédérales professionnelles catholiques, 368, rue St-Honoré. — Service d'intermédiaire de renseignements et de placem. entre les membres fédérés, etc.

Bureau d'informations religieuses et sociales, 42, rue de Grenelle (1906). — A pour but de recevoir de France et de l'étranger, par un service de correspondants, des nouvelles et informations sur les œuv. et institutions religieuses et sociales, de les faire parvenir à la presse, et de provoquer ainsi un échange de renseignements sur ces questions.

Secrétariat féminin, 55, rue St-Jacques (1911). — Voir *Stés d'études.*

Association générale des étudiantes de l'Université de Paris, 55, rue St-Jacques. — Voir *Placement.*

Commission centrale d'assistance aux vieillards, infirmes et incurables, au Ministère de l'Intérieur, rue Cambacérès.

Comité d'assistance aux vieillards et aux incurables, 92, rue du Moulin-Vert. — A pour but de faciliter aux ayants droit l'accomplissement des formalités légales, pour obtenir l'Assist. obligatoire, et de prendre leur défense, s'il y a lieu, devant les juridictions compétentes. Une Commission fonctionne dans chaque arrondissement, à Montrouge et à Neuilly. Le Comité ne distribue pas de secours.

CHAPITRE II

SOCIÉTÉS D'ÉTUDES ET DE PROPAGANDE

Ier ARR.

Comité de défense des enfants traduits en justice, au Palais de Justice. Fond par M. Rollet (1890). — A pour but de grouper les hommes qui, par leurs fonctions judiciaires ou administratives, leur participation aux œuv. de charité privée ou leurs études personnelles, ont à s'occuper des questions d'assist., de patron., de procédure et de pénalité intéressant les mineurs. Il s'attache à signaler les abus et les imperfections des lois pénales concernant les mineurs des deux sexes soumis à des poursuites judiciaires, à organiser d'une façon pratique, avec le concours du barreau, par l'alliance de l'initiative privée et des Pouvoirs publics, la défense des enfants soumis à une instruction judiciaire ou renvoyés devant les tribunaux. Il se réunit une fois par mois dans la salle du conseil de l'Ordre des avocats, au Palais de Justice.

Comité de patronage des habitations à bon marché, à l'Hôtel de Ville. — A pour mission d'encourager toutes les manifestations de la prévoyance sociale, notamment la construction de maisons salubres et à bon marché, soit par des particuliers, soit par des Stés, en vue de les louer ou de les vendre à des personnes peu fortunées, travailleurs vivant de leur salaire, soit par les intéressés eux-mêmes pour leur usage personnel. Donne des avis sur les statuts des Stés.

Comité de patronage des hôpitaux de Paris, 3, avenue Victoria. Dépendant de l'Assist. pub. Fond. par M. P. Strauss (1897). — A pour but d'établir un lien entre l'hôp. et le Bur. de bienf. S'occupe de visiter les malades dans les hôp., de les réconforter moralement. Il étudie leur situation, et signale au directeur de l'Assist. pub. ceux qu'il serait nécessaire de secourir. Dons de vêtements.

Des dames patronnesses, munies d'une carte donnée par le directeur de l'Assist. pub., visitent un ou plusieurs hôpitaux, mais n'ont aucun droit de s'immiscer dans l'administration.

Ligue de Protection sociale. Siège social, 6, rue de la Poterie. — A pour but de réclamer des Pouvoirs publics, de préparer et de poursuivre le vote de lois sévères contre les excitations à la débauche et à la prostitution, les détournements de mineurs, les abus de puissance paternelle et maternelle, les viols, les vols à main armée, les attaques nocturnes, les individus qui vivent de la prostitution; de réclamer l'application de la peine capitale aux criminels; d'organiser des compagnies de Volontaires de la sécurité publique; d'organiser des comités de préservation; de rechercher et de poursuivre l'application de moyens propres à assurer la réforme du régime pénitentiaire dans les bagnes et les prisons; de créer des comités juridiques et de propagande; enfin de récompenser pécuniairement ou sous toutes autres formes le courage civique, les services rendus à la morale publique et à la sécurité des personnes et des biens privés.

Ligue française des mères de famille, 4, rue Richepanse (1901). — A pour but d'apporter aide et assistance aux mères dont la maternité aggrave les misères, d'assister à domicile les femmes et les enfants malades. Le service est assuré dans chaque arrondissement par une ou plusieurs inspectrices secondées par des infirmières, chargées de répartir le linge et objets nécessaires aux assistées, déposés dans un coffre spécial dans chaque arrondissement. Voir *Maternité.*

Société anonyme des logements économiques pour familles nombreuses, 17, rue de Valois (1903). — A pour but d'établir à Paris des maisons contenant des logements sains et à bon marché destinés aux familles nombreuses, en achetant, en mettant en valeur ou en prenant en location des terrains ou constructions convenables.

Société générale des prisons, 14, place Dauphine (1877). — Recon. ut. pub. A pour but de contribuer à l'amélioration du régime pénitentiaire en France, par des réunions périodiques où sont examinées toutes les questions pénitentiaires, en assurant la publicité aux réformes accomplies à l'étranger, en encourageant les Stés de patron. formées pour venir en aide aux prisonniers libérés.

Trois sections : Législation, Patronage, Étranger.

Renseignements donnés, au Secrétariat général, à toutes les personnes qui s'occupent du placement d'un libéré.

Bureau de convergence du Comité général des Unions amicales de l'enseignement libre catholique, 368, rue Saint-Honoré. — A pour but de faciliter l'essor de tous ces groupes, concernant l'enseignement libre catholique, et de placer gratuitement tous les membres faisant partie de ces groupes.

Ligue patriotique des Françaises, 368, rue St-Honoré (1901). — A pour but le rétablissement de l'ordre social chrétien; organise des conférences, publie des tracts, propage les journaux de son choix, crée des œuvres sociales, écoles ménagères, colonies de vacances, etc.

Ligue française de l'enseignement, 14, rue J.-J.-Rousseau. Fond. par M. J. Macé (1866). — Alloue des subventions aux caisses des écoles, cantines scolaires, patronages laïques, colonies de vacances, etc.

IIIe ARR.

Société française de tempérance, 34, boulevard Beaumarchais (1872). — Recon. ut. pub. A pour but de combattre l'ivrognerie, en instituant des conférences et en encourageant toutes les publications sur les dangers de l'intempérance; en accordant des récompenses à toutes les personnes qui lui sont signalées pour leur zèle en faveur de la tempérance; en publiant un bulletin trimestriel où sont traitées toutes les questions relatives à l'alcoolisme.

A fusionné (1905) avec la Ligue nationale contre l'alcoolisme.

IVe ARR.

Société d'hygiène de l'enfance, 10, rue St-Antoine (1887). — A pour but de vulgariser la science qui conserve et perfectionne la vie des enfants, de déraciner les erreurs qui font dévier l'amour maternel; d'assurer l'hygiène de l'enfant, au berceau, à l'école, à l'atelier; en un mot d'aider et de guider la philanthropie dans ses actes envers l'enfance.

Ligue française du coin de terre et du foyer, 26, rue Lhomond. Fond. par M. l'abbé Lemire (1896). — Recon. ut. pub. Comité d'action ayant pour but d'étudier, de propager et de réaliser, soit par lui-même, soit par des sections locales, et par la coordination des efforts faits dans le même but, tout ce qui tend à consolider la famille par la possession de la terre et du foyer.

La Ligue se propose notamment de favoriser la création de jardins ouvriers et de maisons ouvrières, et, d'une façon générale, de développer la petite propriété par la constitution des biens de famille et par la diffusion des dots terriennes; d'aider au développement des écoles ménagères et des industries familiales; de vulgariser l'art et l'hygiène du foyer, et généralement toutes les initiatives publiques ou privées tendant aux mêmes objets.

Le Secrétariat féminin, 55, rue St-Jacques. Fond. par Mme Cruppi (1911). — Centre de renseignements ayant pour but d'aider et d'éclairer les femmes qui cherchent du travail. Intermédiaire national et international par suite de l'étendue de ses relations, le Secrétariat féminin centralise les renseignements relatifs aux carrières et aux occupations d'ordre intellectuel accessibles aux femmes, et les met gratuitement à la portée des intéressés; facilite les relations et les échanges entre les associations, les syndicats ou les fédérations; fait connaître aux personnes qui lui sont adressées par ses membres les offres de situation et les indications de travaux en rapport avec leurs besoins et leurs capacités. Bur. ouverts tous les j. sauf le sam. et le dim. de 2 h. à 5 h.; le sam. de 9 h. à 12 h. Voir *Placement*.

Association pour le développement de l'assistance aux malades, 10, rue Amyot. Fond. par Mme Alphen Salvador (1900). — Recon. ut. pub. A pour but de développer et perfectionner l'assistance aux malades :

1° En créant et entretenant des hôpitaux, hospices, crèches et tous autres établ. d'assist.;

2° En formant par l'éducation professionnelle et par l'instruction pratique des infirmières qui puissent être mises à la disposition des malades, dans les services hospitaliers ou à domicile. L'œuv. a comme filiale l'Hôpital Alphen Salvador (École d'infirmières privées et consult. de nourrissons).

VIe ARR.

Ligue nationale contre l'alcoolisme, 147, boul. St-Germain (1872). — Recon. ut. pub. A pour but de :

1° Unir et coordonner les efforts faits dans le pays contre l'alcoolisme, avec adhésion de presque toutes les Stés antialcooliques (Croix-Blanche, Croix-Bleue, Jeunesse française tempérante, Étoile universitaire, etc.);

2° Combattre directement l'alcoolisme par tous les moyens, mais essentiellement en formant par l'école les œuvres post-scolaires et l'armée, grâce à des sections cadettes d'adolescents et de militaires, une génération qui prenne l'engagement et l'habitude de s'abstenir des liqueurs et apéritifs, en ne consommant le vin et le cidre qu'avec modération. Organe mensuel : *l'Étoile bleue*.

Société amicale et d'études des administrateurs et commissaires des Bureaux de bienfaisance, à la Mairie du VIe arrondissement (1903). — A pour but de défendre les intérêts des indigents, en jugeant leurs réclamations. La Sté donne des consultations orales ou par correspondance sur des cas spéciaux d'assistance qui lui sont soumis par ses adhérents. Elle fait des conférences; enfin elle s'interpose pour aider les pauvres et les mettre en rapport avec le genre de secours qui leur convient, soit dans l'Assist. pub., soit dans les œuv. privées.

Ligue sociale d'acheteurs, 28, rue Serpente. Fond. par Mme J. Brunhes (1902). — A pour but de chercher à obtenir des améliorations progressives des conditions du travail, en demandant à ses adhérents de faire des achats quotidiens, éclairés et organisés, afin de ne pas entraîner le travail de la veillée ou du dimanche.

La Ligue populaire pour le repos et la sanctification du dim., 35, rue de Grenelle, s'est adjointe à cette Ligue.

Société antiesclavagiste de France, 23, rue du Cherche-Midi. Fond. par Mgr Lavigerie (1888). — A pour but de poursuivre sur les territoires d'influence française la répression de la traite, l'abolition de l'esclavage, la protection et le patronage des esclaves libérés. Elle a créé en Afrique 30 villages de liberté, et a participé à l'organisation de la mission de la maladie du sommeil.

La Croix-Blanche, Vie heureuse, 79, boulevard St-Germain (Librairie Hachette) (1910). — A pour but de venir en aide à l'enfance, en faisant connaître les œuvres qui s'en occupent, et en servant de lien entre ces œuvres et les personnes qui s'intéressent à l'enfant. Cours donnés salle de l'Étoile, 17, rue de Chateaubriand.

L'École des mères, 19, quai Malaquais. Fond. par Mme Moll-Weiss (1857). — Occupe utilement la jeune fille, de sa sortie de pension au mariage, en la préparant à son double rôle de maîtresse de maison et de mère. A la fin de l'année scolaire, elle décerne un diplôme, qui permet aux jeunes filles munies de leur brevet supérieur ou du certificat de travaux manuels, d'obtenir un rapide placement dans les écoles primaires supérieures et dans les cours secondaires; l'École prépare aussi à l'enseignement dans les écoles maternelles.

Société internationale des études pratiques d'économie sociale, 54, rue de Seine. Fond. par M. Le Play (1856). — Recon. ut. pub. A pour but de constater par l'observation des faits, dans toutes les contrées, la condition physique et morale des ouvriers des deux sexes. Elle décerne des prix pour honorer les vertus de famille et l'attachement à l'atelier. Elle réunit les documents sur les questions philanthropiques, les publie dans la *Réforme sociale*, etc.

Ligue fraternelle des enfants de France, 50, rue St-André-des-Arts. Fond. par Mlle Lucie Félix-Faure (1895). — Recon. ut. pub. Propagande en vue de développer chez la jeunesse les sentiments de charité et de solidarité, et de l'inciter à venir en aide aux enfants malheureux. Sections dans les principales villes de France.

Unions de la paix sociale, 54, rue de Seine. — Assoc. de propagande ayant pour but de vulgariser les doctrines scientifiquement démontrées par les observations qu'a recueillies la Sté d'économie sociale, et de faire pratiquer les réformes auxquelles elles tendent. Constituées dans chaque province, les Unions tiennent des réunions et des congrès.

L'Étoile Blanche, Ligue contre l'immoralité publique et privée, 46, rue de Vaugirard (1899). — A pour but d'associer toutes les consciences droites contre le fléau de l'impureté, et de lutter contre l'immoralité sous toutes ses formes et contre la décadence qui menace le pays. S'adresser 25, rue Brézin (XIVe).

VIIe ARR.

Musée social, 5, rue Las-Cases. Fond. par le comte de Chambrun (1894). — Recon. ut. pub. A pour but de recueillir et transmettre gratuitement aux intéressés des renseignements ou documents sur les diverses matières de l'économie sociale; conseiller et guider les personnes ou les associations désireuses de fonder ou de perfectionner les institutions ayant pour objet l'amélioration de la situation matérielle et morale des travailleurs. Il s'occupe des caisses de secours, de retraites, d'assurance ou de prévoyance, de Stés d'habitations à bon marché, de participation aux bénéfices, des coopératives de consommation, de production ou de crédit, des institutions patronales, syndicats ouvriers, agricoles et organisations annexes, cours professionnels, œuv. de patron., etc. Le Musée social répond par des consult. orales ou écrites, et fait des conférences. Bibliothèque grat. ouv. tous les j.

L'Association française pour la protection légale des travailleurs, au Musée social (1901). — Section de l'Association internationale dont le siège est à Bâle, ayant pour but de centraliser et de faire connaître tous les documents relatifs à la législation du travail.

L'Alliance d'hygiène sociale, 5, rue Las-Cases, au Musée social (1903). — A pour but de coordonner et seconder les efforts faits en faveur de l'hygiène sociale en France, en réunissant les représentants élus des fédérations et associations de l'initiative privée dans le domaine de l'hygiène sociale, en provoquant les initiatives locales, et en se faisant l'organe des intérêts généraux vis-à-vis de l'opinion, des administrations publiques et du Parlement.

Association centrale française contre la tuberculose, 15, rue de l'Université. Fond. par le professeur Landouzy (1902). — Affiliée à l'Alliance d'hygiène sociale. A pour but de grouper les œuv. antituberculeuses, de favoriser leur propagande, d'en créer de nouvelles, d'instruire le public sur tous les moyens de combattre le fléau, d'intervenir auprès des Pouvoirs publics, et de participer efficacement aux travaux des Conférences et des Congrès antituberculeux.

Association catholique internationale pour la protection de la jeune fille, 4 *bis*, rue Jean-Nicot (1897). — S'occupe de fédérer les œuv. et institutions locales visant la protection, le patronage et le placem. des jeunes filles. Crée de nouveaux comités régionaux et entretient leurs relations communes. Service de renseignements.

Ligue populaire pour le repos du dimanche en France, 35, rue de Grenelle (1854). — A pour but de démontrer la nécessité du repos dominical au point de vue de l'hygiène, de la morale, de la vie de famille, et de chercher à en assurer la jouissance à tous, spécialement aux ouvriers et employés. A fondé des comités dans les principales villes de France.

Comité catholique de Paris, 35, rue de Grenelle. — Favorise la diffusion des œuv. populaires et ouvrières.

Commission centrale des patronages et œuvres de jeunesse, 20, rue de Varenne (1889). — Sert de lien entre les très nombreuses œuvres de ce genre.

Société anonyme des orphelinats agricoles, 24, rue de Martignac. Fond. par le marquis de Gouvello (1890). — Possède quinze propriétés dans plusieurs départements et dans lesquelles existent ou existeront des orphelinats. — A pour but de multiplier en France les établ. ruraux destinés à recueillir, à élever et à moraliser les enfants abandonnés et les orphelins pauvres, pour en faire d'utiles travailleurs des champs. Voir *Adoption*.

Ligue nationale pour le relèvement des industries rurales et agricoles, 35, rue Vaneau (1908). — A pour but de provoquer, de coordonner et de seconder les initiatives locales et régionales et tous groupements en faveur du relèvement ou de la création d'industries rurales ou agricoles, destinées à retenir les familles au village et à combattre la désertion des campagnes ; de servir de trait d'union entre les Stés qui se proposent ce but. La Ligue institue des comités provinciaux qui lui servent d'agences et de représentants pour grouper les Stés locales et provoquer la formation de nouvelles Stés. Elle est l'organe de toutes ces Stés vis-à-vis de l'opinion, des administrations publiques et du Parlement.

Société générale d'éducation et d'enseignement, 35, rue de Grenelle. Fond. par M. Émile Keller (1867). — Étudie toutes les questions qui se rattachent à l'enseignement. Trois comités : 1° de l'enseignement primaire ; 2° de l'enseignement secondaire et supérieur ; 3° du contentieux. Consultations grat.

La Sté alloue de nombreuses subventions aux écoles primaires libres de Paris et de province et aux bibliothèques populaires, patron. et œuv. de jeunesse.

Un Bulletin mensuel publie les travaux élaborés par les comités, et les solutions d'intérêt général données par les jurisconsultes qui s'occupent du contentieux.

Le Foyer, 37, rue Vaneau (1900). — Cercle féminin, donnant des renseignements, faisant des cours ménagers, des conférences, et donnant des secours aux jeunes ménages d'ouvriers.

Ligue de la liberté d'enseignement, 42, rue de Bellechasse. — A pour but de seconder les initiatives régionales ou locales, en offrant aux Assoc. scol. ou Comités, aux propriétaires, directeurs et instituteurs des écoles libres, un ensemble de services qu'il est de leur intérêt de s'assurer : consultations juridiques, renseignements, conseils sur l'organisation scol. et post.-scol., étude de statuts d'Association, placement du personnel, etc. Syndicat des instituteurs privés.

VIIIe ARR.

Conseil supérieur de l'Assistance publique, Ministère de l'Intérieur, 11, rue des Saussaies (1888). — Chargé des études et de l'examen de toutes les questions qui intéressent l'organisation, le fonctionnement, le développement des divers modes et services de l'Assist. pub.

Comité supérieur de protection des enfants du premier âge, au Ministère de l'Intérieur, 7, rue Cambacérès. Voir *Protection du Premier âge*.

Comité national des Congrès d'assistance publique et privée. Siège, 49, rue de Miromesnil. Fond. par M. Casimir-Perier (1889). — A pour but : 1° de coopérer à la préparation des Congrès internationaux d'assist. pub. et de bienf. privée, d'accord avec le comité international des Congrès d'assistance ; 2° de provoquer et patronner les Congrès nationaux faisant suite à ceux tenus à Lyon (1894), Rouen (1897), Reims (1909), etc.

Des Congrès internationaux d'assist. pub. et privée ont tenu leurs assises à Paris (1889), Genève (1895), Paris (1900), Milan (1906), Copenhague (1910).

Action sociale de la femme, 17, rue de Chateaubriand. Fond. par Mme Chenu (1900). — A pour but de développer l'éducation sociale de la femme, et de promouvoir toutes les initiatives féminines sociales.

Société française des habitations à bon marché, 4, rue Lavoisier. Fond. par M. Siegfried (1889). — Recon. ut. pub. A pour but d'encourager dans toute la France la construction par les particuliers, les industriels ou les sociétés locales, de maisons salubres et à bon marché, et notamment de propager les moyens propres à faciliter aux employés, artisans et ouvriers, l'acquisition de leur maison. S'interdisant toute action directe, elle pousse à l'action par la communication grat. aux intéressés de tous les documents qui peuvent les intéresser ; par la publication d'un Bulletin trimestriel qui contient les données législatives, statistiques, économiques et sociales, sur les questions des habitations ouvrières ; par des conférences, organisations de concours et d'enquêtes avec prix ; elle a ainsi aidé à la formation de nombreuses Stés. Enfin elle a contribué à la mise en application de la législation nouvelle (lois de 1894 et 1906), en se faisant l'auxiliaire le plus actif du Conseil supérieur des habitations à bon marché, créé par ces lois.

Ligue contre la mortalité infantile, 6, rue St-Philippe-du-Roule. Fond. par M. Th. Roussel (1902). — A pour but de combattre par tous les moyens la mortalité des enfants du premier âge. Elle provoque la création ou favorise le développement des œuvres d'initiative privée. Elle se met à la disposition des municipalités et des initiateurs, pour aider à la fondation de refuges-ouvroirs, de maternités hospitalières, de Stés d'assistance maternelle à domicile, de secours d'allaitement maternel, de consult. de nourrissons, de pouponnières, de crèches et dispensaires, de patronages, de colonies infantiles, etc. ; pour coopérer à toutes les institutions et œuvres de protection des mères nécessiteuses et des nourrissons élevés dans leurs familles, en nourrice, assistés. Elle prend toutes les mesures utiles de propagande.

Société centrale de Crédit immobilier, 4, rue Lavoisier. — Intermédiaire entre les Stés de constructions à bon marché et la Caisse des dépôts et consignations, cette Sté représente une fédération de toutes les Stés de crédit, qui peuvent se constituer avec un capital quelconque; elle ne fait pas d'opérations elle-même, et ne consent pas de prêt directement.

Société internationale pour l'étude des questions d'assistance, 49, rue Miromesnil. Fond. par M. Théophile Roussel (1889). — Recon. ut. pub. A pour but la recherche des moyens efficaces et les plus immédiatement applicables de soulager la misère et de combattre le paupérisme, par l'institution de réunions mensuelles où sont étudiées les questions d'assistance dans les différents pays, par la publication d'un Bulletin périodique, par l'institution de visites aux institutions d'assistance, et par son concours qu'elle offre aux Stés qui s'occupent de venir en aide aux diverses formes de la misère.

Nations représentées : Allemagne, Angleterre, République Argentine, Autriche, Belgique, Brésil, États-Unis d'Amérique, Danemark, France, Italie, Luxembourg, Principauté de Monaco, Pays-Bas, Portugal, Russie, Roumanie, Suisse, Suède.

Cours spéciaux sur l'Assist. pub. et privée, au siège social.

Comité central des Œuvres d'assistance par le travail, 49, rue Miromesnil. Fond. par le docteur Bouloumié (1891). — Réuni à la Sté internationale pour l'étude des questions d'assistance, dont il forme la 5e section. A pour but de vulgariser l'idée de l'assist. par le travail; d'en généraliser les applications et d'en déterminer les moyens pratiques; de favoriser le développement des œuv. de travail qui fonctionnent, et la création dans les quartiers de Paris et dans les départements qui en sont dépourvus de nouveaux établ.

Société de crédit des habitations à bon marché, 4, rue Lavoisier (1898). — Cette Sté a pour objet spécial et limité de consentir en France, aux Stés de construction à bon marché, constituées en conformité des lois de 1894 et 1896, des prêts avec ou sans garantie hypothécaire, en représentation du montant desquels elle reçoit des obligations négociables.

Société protectrice de l'enfance, 19, rue de St-Pétersbourg (1865). — Recon. ut. pub. A pour but, outre l'assistance des mères et bébés, de répandre les préceptes d'hygiène, d'ordre et de propreté dans les familles, de préparer des générations saines, et de diminuer les chances de mortalité par de bonnes conditions d'allaitement et de nourriture. Inspections régulières des enfants en nourrice, et renseignements sur leur santé tous les mois. Prix en espèces.

Association pour la répression de la traite des blanches et la préservation de la jeune fille, 10, rue Pasquier (1900). — A pour but de prévenir et de réprimer la traite des blanches avec le concours des Pouvoirs publics et des Stés charitables. A fondé à Clamart un asile de préservation (rue de Trosy, 42). Comités dans plusieurs villes du littoral, notamment Bordeaux, Marseille et Cherbourg.

Société centrale contre la licence des rues, 10, rue Pasquier. Fond. par M. Bérenger (1891). — A pour but de lutter par tous les moyens légaux contre l'immoralité de la rue, et notamment contre son envahissement par les publications et exhibitions propres à corrompre la jeunesse.

IXe ARR.

Société nationale d'encouragement au bien, 94, rue de la Victoire. Fond. par M. Honoré Arnoul (1862). — Recon. ut. pub. A pour but de propager dans toutes les classes les principes de religion et de moralité, les habitudes d'ordre, de tempérance et de dévouement ; de combattre l'habitude du cabaret et du chômage volontaire du lundi.

Elle encourage les écrivains à publier des ouvrages moraux auxquels elle attribue des prix, et distribue des distinctions honorifiques (couronnes, médailles, livrets de caisse d'épargne) pour récompenser des actions méritoires d'explorateurs, de philanthropes, de vieux serviteurs, etc.

Œuvre de la tuberculose humaine, 9, rue de Bellefond. Fond. par le Docteur Bernheim (1900). — Affiliée à l'Alliance d'hygiène sociale. A pour but de fonder des dispensaires antituberculeux, ayant une administration autonome, ou d'en provoquer et d'en faciliter la création.

Œuvre des Sanatoriums populaires pour les tuberculeux adultes de Paris, 56, rue de la Victoire (1900). — Recon. ut. pub. A pour but de créer des sanatoriums populaires destinés à soigner les tuberculeux ou d'en favoriser la création ; d'entretenir des tuberculeux pauvres et adultes dans ces sanatoriums ; de secourir la famille de ces tuberculeux.

A installé un sanatorium pour hommes et un sanatorium pour femmes à Bligny (S.-et-O.).

Société de préservation contre la tuberculose par l'éducation populaire, 33, rue Lafayette (1899). — A pour but la vulgarisation des mesures d'hygiène préventive les plus propres à enrayer l'extension de la tuberculose. Conférences, affiches, brochures, etc.

Association contre la tuberculose et l'alcoolisme, 66, chaussée d'Antin. — A pour but de faire connaître et appliquer dans toute sa rigueur et dans toute son efficacité la méthode du Docteur Paul Ferrier, en mettant à la disposition des œuv. d'assistance, des groupements ouvriers, des mutualités, des malades et des médecins, deux établ. : une clinique, 50, avenue de Clichy (XVIIIe), et une maison de cure, à Montigny-Beauchamps (Seine-et-Oise).

XIe ARR.

Union nationale des Œuvres du trousseau, 185, rue de Charonne. Fond. par Mme Béguin (1908). — A pour but de provoquer en France et dans les colonies la création d'Œuv. du trousseau, de centraliser tous documents concernant ces institutions, en vue de faire profiter chacune d'elles de l'expérience des autres, de favoriser le développement des Œuv. du trousseau adhérentes, et de les grouper pour l'étude et la défense de leurs intérêts.

XIVe ARR.

L'Amélioration du logement ouvrier, 88, rue du Moulin-Vert (1902). — Recon. ut. pub. A pour but d'améliorer le sort de la famille ouvrière, particulièrement des familles nombreuses, en tout ce qui concerne l'habitation. On se propose, en stimulant l'effort personnel des familles, de les aider au paiement du loyer, de répandre parmi elles les notions élémentaires d'hygiène, et d'embellir leur logement, afin de le rendre plus sain et plus agréable, et de combattre ainsi la fréquentation des cabarets.

La Sté a une caisse des loyers, qui accorde des primes pour compléter le loyer (ces primes varient suivant le budget de la famille); une caisse de prêt gratuit. Elle lutte contre la tuberculose, en signalant à la commission municipale les logements insalubres.

Elle préserve de la vente des mobiliers, en les recueillant dans son garde-meuble ; elle augmente le nombre des lits, et aide les familles nombreuses qu'on ne veut recevoir nulle part auprès des Stés de constructions ouvrières. Des sections de la Sté existent dans plusieurs arrondissements.

Œuvre des tuberculeux adultes, 66, rue Vercingétorix. Fond. par Mlle Chaptal (1894). — Recon. ut. pub. A pour but d'organiser des dispens. spéciaux, avec consult. grat.

XVe ARR.

Secrétariat social de Paris, 5, avenue du Maine. Fond. sous les auspices de l'Association catholique de la jeunesse française (1910). — Fournit à toutes les organisations et à toutes les œuv. de la région parisienne tous les renseignements dont elles peuvent avoir besoin. Il est divisé en cinq sections :

1° Section de la documentation, destinée à aider les conférenciers, les promoteurs d'œuv. et d'institutions, par la consult. de dossiers à étudier sur place ou à préparer sur demande pour être livrés.

2° Section de l'enseignement social populaire, chargée de préparer les programmes pour cercles d'études, conférences sociales. Cours sociaux au service des œuv., patron., etc.

3° Section du contentieux des œuv. et institutions sociales.

4° Section de la création des œuv. et institutions sociales.

5° Section chargée de préparer les campagnes et de les soutenir pour la défense des intérêts populaires et les réformes sociales. Le Secrétariat social a créé la Caisse parisienne du crédit au travail.

Institut Pasteur, 25, rue Dutot. Fond. par M. Pasteur (1886). — Recon. ut. pub. Centre de recherches pour les maladies infectieuses, et centre d'enseignement pour les études relevant de la microbie.

Traitement grat. au Service de la rage. Distrib. grat. et vente de sérums. Voir *Dispens.* et *Hôp. spéciaux.*

XVIe ARR.

Galeries de la Charité. Fondation Miller Gould, 25, rue Pierre-Charron. Fond. par Mme la comtesse B. de Castellane (1900). — Organisation des expositions d'œuv., des ventes de charité, etc. C'est aux Galeries de la Charité que se trouve le siège social des Fondations du comte Bruneel, institutions philanthropiques comprenant :

1° Nouveau Bazar de la Charité, à la disposition des œuv. pour leurs ventes de charité ;

2° Musée de la Charité, exposition permanente d'Économie sociale, réunissant les documents d'œuv. de bienf. dues à l'initiative privée, afin de faire connaître ces institutions ;

3° Union charitable et sociale, qui permet aux personnes dirigeant les œuv. de se rencontrer et de causer de leurs intérêts communs. Cette institution a pour but d'apporter des ressources pécuniaires et des avantages moraux aux œuv. de bienf. de Paris.

Conseil national des femmes françaises, 1, avenue Malakoff (1901). — A pour but d'établir un lien de solidarité entre les diverses Stés et œuv. s'occupant de la condition et des droits des femmes, pour les questions relatives à leurs intérêts sociaux et matériels, à leurs droits et à leurs devoirs dans la société et dans la famille.

Ligue internationale des mères de famille, 22, avenue Friedland. Fond. par le Docteur et Mme Suarez de Mendoza (1905). — A pour but d'enrayer l'action isolée ou collective des grands fléaux du siècle : la tuberculose, l'avariose, la neisserose, l'alcoolisme et la mortalité infantile. Les moyens qu'elle a à sa disposition sont : le Bulletin, les conférences, les causeries, les auditions phonographiques, les brochures, les expositions, la création d'un service de consult. par les médecins adhérents à l'œuv., et enfin la création de Dispens.

Association médicale humanitaire. Siège à la Mairie. Fond. par le Dr Hulmann (1903). — A pour but de servir, à l'aide de médecins, d'intermédiaire entre les infortunes de toute sorte et les œuv. d'assist. ou les générosités privées. Organe : *Revue médico-sociale.*

XVIIe ARR.

Union nationale des colonies de vacances et œuvres du grand air. Siège, 8, rue Jouffroy. Fond. par le Dr Boureille (1907). — L'Union a pour but la poursuite des avantages matériels communs à toutes les œuv., en particulier les transports, les assurances, les installations de colonies de vacances pouvant être utilisées par plusieurs œuv. Elle centralise tous documents sur les œuv. du grand air en France et à l'étranger. Elle prête son appui moral aux œuv. unies et suscite de nouvelles colonies de vacances. Elle n'intervient en rien dans le fonctionnement des œuv. adhérentes, qui conservent leur entière autonomie; elle s'interdit toute immixtion dans les questions religieuses ou politiques.

Conditions de l'affiliation : 1° Verser en adhérant 8 fr., plus 1 fr. par groupe de 100 ou fraction de 100 colons envoyés cette année par l'œuv. en colonie; 2° verser les années suivantes 5 fr., plus 1 fr. par 100 ou fraction de 100 colons; 3° produire en outre : demande au Secrétaire général, adhésion aux statuts de l'Union, statuts et règlements de l'œuv. adhérente, adresse du siège, date de fondation, noms et adresses des dirigeants.

L'Union se charge de procurer aux œuv. affiliées des billets de chemin de fer à prix réduit pour enfants et surveillants; de les assurer contre les accidents (0 fr. 25 par colon); de leur fournir un type de fiche individuelle pour constatations médicales : de les renseigner sur les visites médicales, pesées, mensurations, etc.

148 œuv. privées sont adhérentes à l'Union en 1911. La liste en est publiée au *Bulletin mensuel de l'U. N. C. V.*, au siège social.

XVIIIe ARR.

Le Retour à la terre, impasse du Mont-Viso, 34, rue du Poteau (1910). — A pour but de favoriser la désertion des villes et la restitution à la terre des bras qui lui ont été ravis. L'œuvre place en province des enfants, soit chez des cultivateurs, soit dans des usines ou verreries.

BANLIEUE

COURBEVOIE. — **Association pour le développement de l'activité féminine dans l'Église évangélique luthérienne de France**, 12, rue de la Montagne (1907). — De cette Association, qui a remplacé l'Œuvre des Diaconesses de paroisse (1874), dépendent au siège même : 1° une Maison de diaconesses, 12, rue de la Montagne; 2° une Maison de santé; 3° une École de gardes-malades (dite « les Amis des malades »); 4° une Maison de retraite dite « les Tilleuls », 30, rue Kilford; 5° une École ménagère.

SAINT-MANDÉ. — **Ligue populaire des pères de familles nombreuses**, 141, rue de Paris. Fond. par M. Maire (1911). — A pour but d'obtenir des Pouvoirs publics les modifications des règlements d'administration pub. en faveur des familles nombreuses; de recommander aux industriels, aux chefs de maisons de commerce et des grandes usines, les ouvriers pères de famille, sans travail, pour leur faire obtenir des emplois; d'aider par des secours provenant de dons les plus nécessiteux des adhérents. Adhésion grat., sans autre condition que la nationalité française, et avoir au moins trois enfants.

CHAPITRE III

ŒUVRES, ASOCIATIONS ET SOCIÉTÉS RECONNUES D'UTILITÉ PUBLIQUE

PARIS ET SEINE

(*Liste arrêtée au* 31 *décembre* 1910.)

Les institutions de bienfaisance peuvent, suivant certaines conditions, être reconnues d'utilité publique, par un décret rendu après avis du Conseil d'État. Cette reconnaissance confère tous les avantages de la personnalité civile, et notamment la capacité de recevoir des dons et legs. Des modèles de statuts pour les Assoc. qui sollicitent la recon. d'ut. pub. sont à leur disposition au Conseil d'État. La présente liste, n'ayant aucun caractère officiel, ne saurait engager les responsabilités de l'Office central. Il est donc indispensable, avant de faire une libéralité entre vifs ou testamentaire, de vérifier si le Décret de reconnaissance d'utilité publique n'a pas été rapporté depuis sa promulgation.

Par exception, nous comprenons ici les Stés de prévoyance et de mutualité bénéficiant de la reconnaissance d'utilité publique, afin que ce chapitre soit aussi complet que possible.

Nous connaissons à la date du 31 *décembre* 1910 *un total de* 1 027 *établissements reconnus d'ut. pub. pour Paris et les Départements. Un Recueil général, tenu constamment à jour, est publié à part par les soins de l'Office Central.*

1° ASSISTANCE

DÉCRETS

30 septembre 1807. **Refuge de Notre-Dame-de-Charité, dit de St-Michel (correction paternelle p. les filles).** Rue St-Jacques, 193. (1724.)

DÉCRETS	
5 mai 1810. 5 août 1895.	**Sté de charité maternelle.** Boulevard des Batignolles, 43. (1784.)
24 décembre 1817.	**Asile national de la Providence (vieillards).** Rue des Martyrs, 77. (1804.)
2 décembre 1827.	**Infirmerie Marie-Thérèse, pour prêtres âgés et infirmes.** Rue Denfert-Rochereau, 92. (1819.)
11 juillet 1833.	**Maison de refuge des sourdes-muettes indigentes.** *Paraît disparue.*
16 avril 1836.	**Établissement des orphelines de la Providence.** *Paraît disparu.*
27 septembre 1839. 14 mai 1883.	**Sté philanthropique.** R. de Bellechasse, 15. (1780.)
27 septembre 1839.	**Sté pour le placement en apprentissage des jeunes orphelins.** Rue du Parc-Royal, 10. (1822.)
5 juin 1843.	**Sté de patronage des jeunes détenus et libérés.** Rue de Mézières, 9. (1833.)
2 août 1843.	**Asile-ouvroir de Gérando (pour jeunes filles repentantes).** Rue Blomet, 82. (1839.)
18 juillet 1844.	**Sté de patronage pour le renvoi dans leurs familles de jeunes filles sans place et femmes délaissées.** *Paraît disparue.*
16 mars 1849.	**Sté de patronage et asile pour les aliénés qui sortent convalescents des asiles de la Seine.** Rue du Théâtre, 52. (1841.)
6 novembre 1849.	**Sté des jeunes économes (éducat. gratuite de jeunes filles pauvres).** R. de l'Université, 159. (1823.)
5 février 1852.	**Sté Fénelon (éducat. et patron. de jeunes garçons pauvres de la Seine et de Seine-et-Oise).** Voir *Enseignement.* Vaujours (S.-et-O.). (1843.)
20 décembre 1852.	**Orphelinat du Gros-Caillou.** Rue St-Dominique, 105. (1803.)
20 décembre 1852.	**Orphelinat de la Providence.** Rue Oudinot, 3. (1820.)
10 janvier 1855	**Orphelinat du St-Cœur-de-Marie.** Voir *Enseignement.* Rue de Picpus, 60. (1849.)
30 juin 1855. 15 septembre 1862.	**Œuvre de Notre-Dame-des-Sept-Douleurs, Asile Mathilde (traitement des jeunes filles infirmes et incurables).** Neuilly-sur-Seine. (1853.)

DÉCRETS	
15 septembre 1856. 27 mars 1896. 28 juin 1899.	**Orphelinat du Prince-Impérial, devenu depuis Œuvre familiale pour les orphelins de la Seine.** Préfecture de la Seine. (1856.)
24 août 1857.	**Maison des Sœurs aveugles de St-Paul.** Rue Denfert-Rochereau, 88. (1853.)
14 avril 1858.	**Sté de secours des amis des sciences.** Boulevard St-Germain, 79. (1857.)
11 juin 1858.	**Orphelinat dit « Providence Ste-Marie ».** Rue de Reuilly, 77. (1850.)
1er octobre 1858. 1er décembre 1873.	**Orphelinat du faubourg St-Antoine (jeunes filles).** Rue du Faubourg-St-Antoine, 254 (1856.)
28 août 1858.	**Maison de refuge du Bon-Pasteur.** Rue Denfert-Rochereau, 71. (1819.)
13 avril 1859.	**Sté de Ste-Anne (éduc. de j. filles pauvres).** Voir *Enseignement.* R. Chardon-Lagache, 27. (1824.)
27 août 1859. 6 août 1878.	**Œuvre de St-Nicolas (éducation de jeunes garçons de la classe ouvrière).** Voir *Enseignement* Rue de Vaugirard, 92. (1827.)
1er février 1860.	**Institution des Diaconesses (préparation de femmes protest. aux emplois charit. Secours aux protest. pauvres).** R. de Reuilly, 95. (1821.)
4 avril 1860. 26 mai 1863. 1er mai 1874. 17 mai 1885. 27 mai 1885.	**Sté des anciens élèves des écoles nationales d'arts et métiers.** Rue Chauchat, 6. (1846.)
18 avril 1860.	**Œuvre des jeunes convalescentes de Ste-Marie-Mathilde (sortant des hôpitaux de Paris).** Asile Ste-Hélène, à Épinay-sur-Sénart. (1859.)
6 août 1861.	**Œuvre du Refuge Ste-Anne pour les jeunes filles pauvres.** Châtillon-sous-Bagneux. (1854.)
25 décembre 1861.	**Œuvres des Sts-Anges (pour jeunes orphelines).** Rue de Vouillé, 8. (1844.)
28 janvier 1863.	**Orphelinat de St-Frambourg.** Ivry-s.-Seine. (1835.)
10 décembre 1864.	**Association des anciens élèves du lycée Louis-le-Grand.** Lycée Louis-le-Grand. (1837.)
1er juillet 1865.	**Assoc. des servantes de Marie (patron. des jeunes servantes).** Rue Duguay-Trouin, 7. (1849.)

DÉCRETS	
17 novembre 1865.	**Sté centrale de sauvetage des naufragés.** Rue de Bourgogne, 1. (1865.)
28 février 1866. 30 mars 1889.	**Sté de placement et de secours en faveur des élèves sortis de l'Institut. nationale des jeunes aveugles.** Boul. des Invalides, 56. (1862.)
7 avril 1866. 22 juin 1875.	**Sté spéciale de secours en faveur des veuves et orphelins des officiers du génie.** Rue St-Dominique, 8. (1865.)
23 juin 1866. 31 décembre 1870. 2 mars 1878. 3 juillet 1884.	**Sté française de secours aux blessés militaires des armées de terre et de mer (Croix-Rouge française).** Rue Matignon, 19. (1865.)
7 août 1867. 12 février 1876.	**Association pour le placement en apprentissage et le patronage des orphelins des deux sexes.** Rue des Juifs, 1. (1829.)
14 août 1867. 11 mars 1897.	**Association amicale des anciens élèves de l'École centrale des arts et manufactures.** École centrale. (1862.)
2 septembre 1867.	**Association des anciens élèves du lycée Henri IV (autrefois Napoléon).** Lycée Henri IV. (1856.)
23 septembre 1867. 18 mai 1870.	**Sté amicale des anciens élèves de l'École polytechnique.** École polytechnique. (1865.)
3 octobre 1867.	**Association amicale des anciens élèves de Ste-Barbe-Rollin.** (V. en 1880.) Au collège Rollin, avenue Trudaine, 12. (1847.)
13 novembre 1867.	**Association des anciens élèves du lycée Condorcet (autrefois Bourbon, puis Bonaparte).** Lycée Condorcet. (1859.)
4 décembre 1867. 19 février 1876.	**Sté des amis de l'enfance (œuvre catholique de secours aux jeunes garçons pauvres de Paris).** Rue de Crillon, 19. (1828.)
4 juillet 1868.	**Sté de protect. des apprentis et enfants employés dans les manufac.** Rue de Rennes, 44. (1866.)
18 août 1868. 12 février 1876.	**Sté amicale de secours des ingénieurs des ponts et chaussées et des mines.** Rue des Sts-Pères, 28. (1863.)
6 janvier 1869.	**Sté des chefs d'institution d'enseignement secondaire libre de la Seine.** Rue Serpente, 28. (1868.)

DÉCRETS

15 mai 1869. **Sté protectrice de l'enfance.** Rue de St-Pétersbourg, 19. (1865.)

16 juin 1869. **Œuvre de St-Casimir (recueille les vieillards et instruit les enfants de l'émigration polonaise).** Rue du Chevaleret, 119. (1846.)

17 juillet 1869. **Sté des crèches.** Avenue d'Iéna, 15. (1847.)

28 juillet 1869. **Œuvre maternelle de la paroisse Ste-Madeleine (crèche, asile et ouvroir).** Rue de la Ville-l'Evêque, 11. (1846.)

6 février 1870. **Œuvre de l'adoption (orphelins des deux sexes).** Rue Casimir-Delavigne, 9. (1859.)

16 mars 1870. 20 octobre 1892. **Sté centrale d'éducation et d'assistance pour les sourds-muets de France.** Voir *Enseignement*. Rue Furstenberg, 3. (1850.)

25 juillet 1870. **Orphelinat protestant de Plaisance.** Rue Pernetti, 63. (1855.)

22 octobre 1871. **Sté de patronage des jeunes filles détenues, libérées et abandonnées de Paris.** Asile à Châtenay. (1837.)

8 mars 1872. **Association des anciens élèves internes et externes du lycée St-Louis.** Lycée St-Louis. (1860.)

16 août 1873. 5 mai 1877. **Sté de secours et prêts entre les agents forestiers.** Ministère de l'Agriculture. (1862.)

23 août 1873. **Sté de protection des Alsaciens-Lorrains demeurés Français.** Rue de Provence, 9. (1872.)

8 novembre 1873. **Œuvre des apprentis de Paris et des jeunes ouvriers.** Rue des Petits-Carreaux, 14. (1843.)

31 décembre 1873. **Association amicale des anciens élèves du collège de Juilly.** Rue St-Honoré, 368. (1830.)

5 février 1875. **Sté de bienfaisance austro-hongroise.** Avenue de St-Ouen, 14. (1873.)

6 mars 1875. **Association protestante de bienfaisance de Paris.** Place Malesherbes, 15. (1825.)

10 mai 1875. 20 octobre 1892. **Sté pour l'instruction et la protection des sourds-muets.** Rue Serpente, 28. (1866.)

27 juillet 1875. **Orphelinat Génin.** Saint-Denis. (1866.)

4 novembre 1875. 17 janvier 1884. **Sté générale pour le patronage des libérés.** Rue de l'Université, 174. (1871.)

DÉCRETS

10 janvier 1876. | **Association amicale des employés de l'administration centrale du Ministère des Finances.**
30 octobre 1880. | Ministère des Finances. (1871.)
26 janvier 1885.

4 mars 1876. **Orphelinat St-Charles (pour les deux sexes.)** Rue Blomet, 147. (1854)

21 mars 1876. **Œuvre charitable dite « Cercle des ouvriers maçons et tailleurs de pierre »,** rue des Chantiers, 7. (1867.)

21 mars 1876. **Association de charité pour visiter et secourir les pauvres du VIIIe arr.** Rue de Miromesnil, 46. *Fusion avec l'Assoc. protest. de bienf.* (1834.)

24 mars 1876. **Sté d'encouragement de la bijouterie, joaillerie et orfèvrerie.** R. de la Jussienne, 2 *bis.* (1875.)

31 mai 1876. **Association des artistes musiciens (secours, pensions).** Rue Bergère, 11. (1843.)

6 juin 1876. **Assoc. charitable de Ste-Marie-des-Batignolles (vieillards, orphelins).** R. Salneuve, 19. (1871.)

30 juin 1876. **Asile Vacassy (maison de secours aux indigents et aux ouvriers des deux sexes, victimès d'accidents).** Saint-Maurice. (1876.)

21 septembre 1876. **Crèche Ste-Marie-des-Quinze-Vingts.** Passage Gatbois, 8. (1873.)

12 mars 1877. **Crèche Ste-Marguerite.** Rue Ginoux, 6. (1872.)

10 août 1877. **Association des anciens élèves du collège Stanislas.** Collège Stanislas. (1875.)

27 décembre 1877. **Association amicale des anciens élèves de l'École normale supérieure.** École normale. (1846.)

8 avril 1878. **Sté d'éducation, de patronage et d'assistance en faveur des sourds-muets et des jeunes aveugles.** Voir *Enseignement.* Rue St-Roch, 28. (1849.)

15 avril 1878. **Sté de patronage des apprentis et ouvriers israélites de Paris.** R. des Rosiers, 4 *bis.* (1852.)

13 juillet 1878. **Hôpital homéopathique St-Jacques.** Rue des Volontaires, 37. (1871.)

27 décembre 1878. **Fondation Brignolle-Galliera (orphelinat, hospice, maison de retraite pour les Frères des écoles chrétiennes).** Clamart. (1876.)

DÉCRETS	
20 janvier 1879.	**Orphelinat de la Seine (pour les deux sexes.)** Rue St-Lazare, 28. (1871.)
19 mars 1879.	**Asile protestant de Nanterre.** Nanterre. (1862.)
24 janvier 1880.	**Assoc. amicale des anciens barbistes ou élèves de Ste-Barbe.** Collège de Ste-Barbe. (1820.)
12 mars 1880.	**Sté de secours aux familles de marins français naufragés.** Rue de Richelieu, 87. (1879.)
5 juillet 1880.	**Assoc. amicale des membres de l'enreg., des domaines et du timbre.** Bourse du Comm. (1877.)
29 juillet 1880. 8 juillet 1892.	**Sté pour la propagation de l'allaitement maternel.** Rue Jean-Baptiste-Dumas, 9. (1876.)
1er mars 1881. 21 juillet 1885. 6 mars 1888. 22 janvier 1901.	**Association amicale des anciens élèves du collège Chaptal.** Collège Chaptal. (1854.)
27 avril 1881.	**Association amicale des élèves de l'École nationale des mines de Paris.** Rue de la Chaussée-d'Antin, 23. (1864.)
8 août 1881.	**Assoc. des artistes peintres, sculpteurs, architectes, graveurs et dessinateurs.** R. Bergère, 25. (1844.)
11 avril 1882.	**Œuvre de l'hospitalité de nuit.** Rue de Tocqueville, 59. (1878.)
1er août 1882. 11 mars 1891. 16 février 1897.	**Association des membres de l'enseignement.** Rue Bergère, 25. (1858.)
6 août 1882.	**Union des femmes de France (secours aux malades et blessés de l'armée, aux civils en cas de fléau).** R. de la Chaussée-d'Antin, 29. (1881.)
15 septembre 1882. 1er février 1899.	**Association des anciens élèves du lycée Charlemagne.** Lycée Charlemagne. (1878.)
20 décembre 1882.	**Orphelinat des arts (pour les orphelines filles d'artistes).** Courbevoie. (1880.)
4 avril 1883.	**Crèche de Vincennes.** Vincennes.
16 avril 1883.	**Sté protestante du travail (placement d'employés.)** Rue du Château-d'Eau, 55. (1868.)
23 avril 1883.	**Association des Dames françaises (secours aux militaires blessés, aux civils en cas de calamité).** Rue Gaillon, 10. (1879.)

DÉCRETS

27 novembre 1883.	**Caisse des écoles du IVe arrondissement (œuvre des familles).** Mairie du IVe arr. (1871.)
28 avril 1884. 5 janvier 1889. 30 mai 1903. 12 novembre 1904.	**Sté de l'Orphelinat général de la bijouterie, joaillerie, horlogerie, orfèvrerie, et des industries qui s'y rattachent.** Rue de la Jussienne, 2 *bis*. (1869.)
26 janvier 1885.	**Œuvres des libérées de St-Lazare.** Place Dauphine, 14. (1870.)
15 mai 1885.	**Association corrézienne de Paris.** Boulevard St-Germain, 139. (1871.)
17 juin 1885.	**Sté amicale des ingénieurs, anciens élèves externes des ponts et chauss.** R. des Sts-Pères, 28. (1860.)
7 août 1885.	**Sté des ateliers d'aveugles.** R. Jacquier, 1. (1881.)
4 mars 1886. 5 août 1896.	**Sté nationale d'assistance pour les aveugles.** Hospice des Quinze-Vingts. (1880.)
8 avril 1886.	**Fondation Rothschild (orphelinat, hospice, hôpital).** Rue Lamblardie, 7. (1857.)
27 avril 1886.	**Dispensaire Furtado-Heine (soins gratuits aux enfants).** Rue Delbet, 8. (1884.)
1er juillet 1886. 22 janvier 1901.	**Association amicale des anciens élèves de l'école municipale Turgot.** École Turgot. (1861.)
3 août 1886.	**Sté française de sauvetage (secours aux noyés, incendiés, victimes d'épidémie).** Rue Monsieur-le-Prince, 60. (1877.)
9 août 1886.	**Hôpital Hahnemann (homœopathique).** Neuilly-sur-Seine. (1870.)
26 janvier 1887.	**Sté de bienf. israélite.** R. St-Georges, 17. (1809.)
29 janvier 1887.	**Dispens. grat. du Ier arr.** R. Jean-Lantier, 15. (1883.)
28 avril 1887.	**Caisse des orphelins du XVIe arrondissement.** Avenue Henri-Martin, 71. (1879.)
5 octobre 1888. 12 juin 1893. 28 juin 1898.	**Association amicale des anciens élèves du Prytanée militaire de la Flèche.** Rue de Grenelle, 185. (1880.)
17 janvier 1889.	**La Muette (asile de vieillards protestants).** Rue du Sergent-Bauchat, 43. (1854.)
23 janvier 1889.	**Association amicale des fonctionnaires et agents du Ministère des Affaires étrangères.** Ministère des Affaires étrangères. (1884.)

DÉCRETS

28 avril 1889.	**Assoc. amicale des anciens élèves de l'École d'agriculture de Grignon.** École de Grignon. (1854.)
18 mai 1889.	**Œuvre des victimes du devoir.** Rue Lafayette, 61. (1885.)
15 janvier 1890. 29 janvier 1900.	**Association des journalistes parisiens.** Rue Grange-Batelière, 14. (1885.)
21 juin 1890.	**La St-Cyrienne (Sté amicale de secours des anciens élèves de l'École spéciale militaire de St-Cyr).** École de St-Cyr. (1887.)
3 septembre 1890. 25 avril 1900.	**Sté de patronage des prisonniers libérés protestants.** Rue Clavel, 26. (1869.)
5 septembre 1890. 26 janvier 1893.	**Œuvre de l'Orphelinat de l'enseignement primaire.** Voir *Enseignement*. R. Serpente, 28. (1885.)
9 septembre 1890. 9 décembre 1904.	**Œuvre de la Chaussée du Maine.** Rue Vigée-Lebrun, 14. (1871.)
9 septembre 1890.	**Œuvre nationale des hôpitaux marins.** Rue de Miromesnil, 62. (1887.)
26 janvier 1891.	**Réun. protest. de charité.** R. de Vienne, 20. (1872.)
28 février 1891.	**Union française pour le sauvetage de l'enfance.** Rue de Richelieu, 108. (1888.)
13 juin. 1891 26 janvier 1897.	**Sté de secours des anciens élèves de l'École des chartes.** École des chartes. (1883.)
1er décembre 1891.	**Assoc. Valentin Haüy (pour le bien des aveugles).** Voir *Enseignement*. Rue Duroc, 9. (1889.)
10 décembre 1891.	**Sté des gens de lettres.** Cité Rougemont, 10. (1838.)
14 décembre 1891.	**Œuvre des loyers du XVIIe arrondissement.** Cité Rougemont, 10. (1838.)
11 avril 1892. 11 juillet 1894.	**Œuvre des ambulances urbaines.** (*Disparue.*) Préfecture de la Seine. (1888.)
25 août 1892.	**Sté pour l'assistance paternelle aux enfants employés dans les industries de fleurs et plumes.** Rue de Lancry, 10. (1886.)
14 mai 1892.	**Hôpital dit « Œuvre du Perpétuel secours ».** Levallois-Perret. (1859.)
29 juillet 1892. 14 juin 1900.	**Maison israélite de refuge pour l'enfance.** Neuilly-sur-Seine. (1866.)
3 septembre 1892. 6 juillet 1899.	**Crèche municipale du Ier arrondissement.** Rue de l'Arbre-Sec, 17. (1889.)

DÉCRETS	
3 septembre 1892. 5 août 1899.	**Crèche de Picpus.** Rue des Tourneux, 4. (1847.)
11 octobre 1892.	**Caisse des orphelins du Ier arrondissement.** Mairie du Ier arrondissement. (1881.)
15 avril 1893.	**Société amicale des internes et anciens internes des hôpitaux et hospices civils de Paris.** Bourse du Travail. (1883.)
18 janvier 1894.	**Œuvre des enfants tuberculeux.** Rue de Miromesnil, 35. (1888.)
3 avril 1894. 12 mai 1899.	**Asile de Drancy (jeunes filles et ouvrières du département).** Drancy (Seine). (1859.)
24 août 1894.	**Sté dite « Union d'assistance du XVIe arrondissement ».** Mairie du XVIe arr. (1891.)
20 juillet 1895.	**Association amicale des anciennes élèves de la Légion d'honneur.** Grande Chancellerie de la Légion d'honneur. (1892.)
22 août 1895.	**Association générale d'Alsace-Lorraine.** Rue du Château-d'Eau, 38. (1871.)
20 novembre 1895.	**Sté de patron. d'apprentis et de jeunes employés du IXe arr.** Mairie du IXe arr. (1891.)
20 mars 1896.	**Sté philanthropique savoisienne.** Rue Meslay, 17. (1833.)
27 mars 1896.	**Œuvre dite de préservation et de réhabilitation pour les jeunes filles de 15 à 25 ans.** Boulevard de Lorraine, 98 (Clichy). (1892.)
21 avril 1896.	**Crèche Furtado-Heine.** Rue Jacquier, 3. (1896.)
27 mai 1896.	**Œuvre de l'assistance par le travail (Fondation Mamoz).** Mairie du VIIIe arr. (1871.)
3 juin 1896.	**Office central des œuvres de bienfaisance.** Boulevard St-Germain, 175. (1890.)
21 juillet 1896. 12 janvier 1898. 5 août 1899.	**Sté maternelle dite « la Pouponnière ».** Mairie du VIIe arrondissement. (1891.)
2 septembre 1896.	**Œuvre des loyers pour les vieillards du XVIe arrondissement.** Mairie du XVIe arr. (1883.)
23 janvier 1897.	**Association amicale des anciens élèves de l'Institut national agronomique.** Rue Claude-Bernard, 16 (Institut agronomique). (1879.)

DÉCRETS	
28 janvier 1897.	**Sté d'assistance par le travail des VIIIe XVIIe arr.** Rue Salneuve, 17. (1890.)
3 juillet 1897.	**Sté du Refuge israélite du Plessis-Piquet.** Plessis-Piquet. (1889.)
19 juillet 1897.	**Sté des ouvroirs-ateliers pour les ouvrières sans travail.** Avenue de Villiers, 98. (1891.)
23 mars 1898.	**Ligue fraternelle des enfants de France.** Rue St-André-des-Arts, 50. (1895.)
7 décembre 1898.	**Sté dite des Œuvres de mer.** R. Bayard, 5. (1894.)
27 janvier 1899.	**Assoc. dite « Maison matern. »** R. Fessart, 41. (1891.)
22 avril 1899.	**Assoc. dite « Union d'assistance par le travail du VIe arr. ».** R. du Montparnasse, 14 *bis*. (1892.)
14 juillet 1899.	**Assoc. dite « Dispens. du Xe arr. pour enfants malades et nécessiteux ».** Mairie du Xe arr. (1892.)
22 août 1899.	**Association dite « la Caisse du Gendarme.** Voir *Prévoyance*. Boulevard Henri-IV, 16. (1896.)
15 décembre 1899.	**Association dite « Orphelinat des chemins de fer français ».** Rue du Temple, 147. (1891.)
11 janvier 1900.	**Association des anciens élèves de l'École des hautes études commerciales.** Boulevard Malesherbes, 108. (1883.)
28 décembre 1899.	**Sté dite « le Patron. des enfants en bas âge à la crèche et à domicile ».** Levallois-Perret. (1892.)
13 janvier 1900.	**Sté de patronage des prévenus acquittés de la Seine.** Palais de Justice. (1836.)
8 février 1900.	**Association dite « Sté de la maison Marguerite ».** Neuilly-sur-Seine. (1897.)
30 juillet 1900.	**Œuvre dite de « la Bouchée de pain ».** Rue des Filles-du-Calvaire, 13. (1884.)
21 janvier 1901.	**Œuvre des maisons de famille pour jeunes filles isolées.** Rue de Lille, 101. (1891.)
27 juillet 1901.	**Maison de retraite de la bijouterie, de la joaillerie, de l'orfèvrerie et des industries qui s'y rattachent.** R. de la Jussienne, 2 *bis*. (1900.)
29 décembre 1901.	**Assoc. dite « l'Adelphie » (Aide mutuelle de dames).** Rue du Faubourg-St-Honoré, 168. (1894.)
28 janvier 1902.	**Œuvre d'assistance des pauvres honteux.** Rue Raynouard, 80. (1890.)

DÉCRETS	
15 mars 1902.	**Sté des dames patronnesses de Courbevoie.** Courbevoie. (1892.)
12 mai 1902.	**Œuvre des Sanatoriums populaires.** Rue de Provence, 56. (1900.)
29 janvier 1903.	**Association amicale des anciennes élèves du lycée Fénelon.** (Lycée Fénelon. (1896.)
26 février 1903.	**Œuvre des tuberculeux adultes.** Avenue Victor-Hugo, 19. (1894.)
2 mars 1903.	**Association amicale des anciens élèves de l'École supérieure de commerce.** École supérieure de commerce. (1872.)
19 juillet 1903. 29 juin 1905.	**Sté de secours et d'hospitalisation pour les orphelins des ouvriers et employés des chemins de fer français.** Boul. Richard-Lenoir, 56. (1896.)
29 juillet 1903.	**Œuvre de la Fraternité artistique.** Boulevard des Italiens, 26. (1893.)
20 novembre 1903.	**Assoc. dite « Œuvre des secours à domicile ».** Rue de la Ville-l'Evêque, 1 (1849.)
15 décembre 1903.	**Sté du dispensaire gratuit (enfants malades indigents).** Pantin-Aubervilliers. (1905.)
1er juillet 1904.	**Sté des visiteurs pour le relèvement des familles malheureuses.** R. de Poitiers, 5. (1896.)
27 juillet 1904.	**Fondation Rothschild, pour l'amélioration des conditions d'existence matérielle des travailleurs.** Rue Laffitte, 21. (1904.)
15 décembre 1904.	**Association dite « l'Abri de l'enfance ».** Cité des Fleurs, 40 (av. de Clichy). (1900.)
5 août 1905.	**Association dite « Maison de travail pour le département de la Seine ».** Thiais. (1902.)
9 août 1905.	**Association dite « Œuvre de préservation de l'enfance contre la tuberculose ».** Rue de Lille, 4. (1904.)
5 septembre 1905.	**Œuvre des orphelins des industries du livre.** Boulevard St-Germain, 117. (1899.)
29 janvier 1906.	**Assoc. dite « Œuvre des orphelins de la Préfecture de police ».** Préfecture de police. (1901.)
12 mars 1906.	**Orphelinat des employés de banque et de bourse.** Rue de Provence, 5. (1898.)

DÉCRETS

22 mai 1906. **Groupe des maisons ouvrières.** Place St-François-Xavier, 5. (1899.)

30 mai 1906. **Association de bienfaisance parmi les protestants luthériens de Paris et du département de la Seine.** Rue Chauchat, 16. (1905.)

6 août 1906. **Œuvre du Pain pour tous.** Rue Eugène-Carrière, 4. (1885.)

13 août 1906. **Association de bienfaisance parmi les protestants réformés de Paris et du département de la Seine.** Rue de l'Oratoire, 4. (1905.)

21 août 1906. **Sté de patronage des jeunes adultes de 16 à 21 ans détenus dans les prisons de la Seine.** Place Dauphine, 14. (1895.)

10 décembre 1906. **Assoc. Zadoc-Kahn.** Rue St-Georges, 17. (1906.)

28 janvier 1907. **Sté de patronage des détenues et libérées et des pupilles de l'Administration pénitentiaire.** Rue Michel-Bizot, 21. (1892.)

19 mars 1907. **Association dite « Dispensaire antituberculeux des VIIIe et XVIIe arrondissements ».** Rue Boursault, 54 *bis*. (1902.)

5 avril 1907. **Association dite « le Toit familial ».** Rue Guy-Patin, 9. (1899.)

18 avril 1907. **Association des Villégiatures du travail féminin** Rue St-Romain, 8. (1906.)

11 mai 1907. **Œuvre française et populaire des Trente ans de théâtre.** Rue Molière, 5. (1901.)

24 août 1907. **Association Hispano-Américaine (Asile San-Fernando).** Neuilly-sur-Seine, boulevard Bineau, 121. (1892.)

29 octobre 1908. **Association pour le développement de l'assistance aux malades.** Rue Amyot, 10. (1900.)

27 novembre 1908. **Association dite « l'Union familiale ».** Rue de Charonne, 185. (1894.)

30 novembre 1908. **Sté du dispensaire antituberculeux du XIIe arr.** Avenue Ledru-Rollin, 79. (1901.)

20 avril 1909. **Fondation ophtalmologique Adolphe de Rothschild.** Rue Manin, 1. (1905.)

7 juin 1909. **Retraite Dosne.** Avenue Bugeaud, 31. (1909.)

DÉCRETS

8 juin 1909. — **Sté Internationale pour l'étude des questions d'assistance.** Rue de Miromesnil, 49. (1889.)

3 août 1909. — **Ligue du coin de terre et du foyer.** Rue Lhomond, 26. (1896.)

13 décembre 1909. — **Assoc. de bienf. du Dispens. et de la Goutte de lait de Belleville.** Boul. de Belleville, 126. (1892.)

24 décembre 1909. — **Assoc. nouvelle des crèches parisiennes.** Avenue Malakoff, 113. (1896.)

29 janvier 1910. — **Association dite « l'Amélioration du logement ouvrier ».** Rue du Moulin-Vert 88. (1902.)

29 janvier 1910. — **Association dite « Œuvre israélite des séjours à la campagne ».** Rue Franqueville, 22. (1902.)

27 mars 1910. — **Orphelinat d'enseignement secondaire de France et des colonies.** Lycée Louis-le-Grand. (1906.)

27 mars 1910. — **Crèche Ste-Émilie.** Clamart, rue de Trosy, 26. (1879.)

23 avril 1910. — **Vestiaire des hôpitaux.** Rue des Grands-Augustins, 23. (1905.)

23 mai 1910. — **Œuvre parisienne des bains-douches à bon marché.** Rue de Bretagne, 49. (1888.)

21 août 1910. — **Association dite « Maisons familiales de repos de l'enseignement féminin ».** Av. Rapp, 20. (1899.)

10 décembre 1910. — **Union des associations des anciens élèves des écoles supérieures de commerce.** Rue Auber, 15 et 17. (1892.)

Depuis la clôture de cette liste, arrêtée au 31 décembre 1910, nous avons appris la reconnaissance des œuvres suivantes :

11 janvier 1911. — **Patronage de l'enfance et de l'adolescence.** Rue de l'Ancienne-Comédie, 13. (1890.)

21 janvier 1911. — **L'Abri.** Quai Voltaire, 3. (1900.)

30 avril 1911. — **Maison-école d'infirmières privées.** Rue Vercingétorix, 66. (1905.)

2° PRÉVOYANCE

19 février 1823. — **Association paternelle de l'Ordre royal et militaire de St-Louis et du Mérite militaire.** *Disparue.*

DÉCRETS	
12 mars 1829. 18 septembre 1833. 16 août 1840. 28 novembre 1857. 6 août 1878.	**Sté protestante de prévoyance et de secours mutuels de Paris.** Boulevard Beaumarchais, 7. (1825.)
17 février 1848. 6 décembre 1856.	**Association de secours mutuels entre les artistes dramatiques.** Rue de Bondy, 42. (1840.)
16 mars 1851. 9 mars 1861. 3 juillet 1867. 11 juin 1874. 30 octobre 1880.	**Sté de secours mutuels entre les médecins du département de la Seine.** Rue Étienne-Marcel, 37. (1833.)
15 septembre 1862.	**Sté du Prince Impérial (Prêts de l'enfance au travail).** Voir *Assistance. Disparue.*
26 décembre 1863. 20 septembre 1873. 8 mai 1876.	**Caisse de retraite pour les Pasteurs de l'Église réformée de France.** Rue Roquépine, 5. (1863.)
7 novembre 1866. 5 août 1895.	**Association mutuelle des médecins aliénistes de France.** Rue Serpente, 28. (1865.)
22 décembre 1866. 17 février 1891.	**Sté de prévoyance et de secours mutuels de la boucherie de Paris, dite des « Vrais amis ».** Rue Coquillière, 8. (1819.)
26 décembre 1868. 8 mai 1876. 6 avril 1880. 18 février 1892.	**Sté de prévoyance pour les veuves et orphelins des adjoints du génie.** Ministère de la Guerre (39, rue de Bellechasse). (1865.)
24 novembre 1869.	**Œuvre de patronage pour encourager et subventionner les Stés de secours mutuels entre les anciens militaires.** *Paraît disparue.*
28 mai 1870.	**Association de prévoyance du notariat de France.** Chambre des Notaires. (1866.)
20 décembre 1871.	**Sté de secours mutuels des Sauveteurs médaillés de la Seine.** R. Monsieur-le-Prince, 60. (1804.)
8 janvier 1873. 1er août 1888.	**Sté de prévoyance des membres de l'Adm. des contributions directes,** Av. du Maine, 189. (1867.)
17 juin 1873. 21 septembre 1876. 23 janvier 1891.	**Sté de secours mutuels des demoiselles employées dans le commerce.** Rue de Vaugirard, 106. (1861.)

DÉCRETS	
10 décembre 1873.	**Sté de secours mut. entre les Alsaciens-Lorrains établis à Paris.** Boul. de la Chapelle, 31. (1873.)
18 avril 1874. 11 mai 1874.	**Sté de prévoyance pour les veuves et orphelins des gardes d'artillerie et contrôleurs d'armes.** Ministère de la Guerre. (1865.)
26 janvier 1885.	**Caisse de retraite des commis d'agents de change de Paris.** Rue La Bruyère, 45. (1878.)
29 août 1888.	**Sté de secours mutuels dite « la Mutualité commerciale ».** Rue Turbigo, 19. (1864.)
12 janvier 1889. 16 juillet 1896. 5 octobre 1900.	**Association fraternelle des employés et ouvriers des chemins de fer francais.** Rue de l'Entrepôt, 13. (1880.)
12 mars 1889.	**Sté pour l'étude pratique de la participation du personnel dans les bénéfices.** Rue Bergère, 20. (1878.)
7 octobre 1890.	**Association fraternelle de prévoyance des receveurs et percepteurs spéciaux de France** (**Secours mut.**). Lyon, quai des Brotteaux, 16. (1883.)
28 janvier 1891. 13 mars 1895. 19 mars 1896.	**Sté philantr. dite « l'Union du commerce »** (**Société de secours mutuels**). Rue du Bourg-l'Abbé, 7. (1847.)
16 mars 1891. 12 janvier 1898.	**Sté de secours mut. dite « Assoc. des voyageurs et commis du commerce et de l'industrie ».** Boulevard Sébastopol, 64. (1858.)
8 avril 1891.	**Association des industriels de France contre les accidents du travail.** Rue de Lutèce, 3. (1883.)
5 janvier 1892.	**Sté dite « la Prévoyance commerciale ».** Rue du Caire, 9. (1881.)
15 février 1892.	**Sté de secours mutuels des anciens militaires des armées de terre et de mer.** Mairie du XVIe arr (1870.)
9 avril 1894.	**Association de prévoyance des employés civils de l'Etat.** Rue de Verneuil, 34. (1881.)
8 mai 1895.	**Sté de protection mutuelle des voyageurs de commerce (secours mutuels).** Boulevard de Strasbourg, 13. (1879.)

DÉCRETS

23 juillet 1895. — **Sté de secours mutuels et de prévoyance des employés des administrations départementales et communales de France.** Rue Le Peletier, 35. (1887.)

24 décembre 1895.
19 juin 1900. — **Sté amicale de prévoyance de la Préfecture de police (secours mutuels).** Préf. de pol. (1883.)

22 août 1899. — **Association dite « la Caisse du gendarme ».** Boulevard Henri-IV, 16. (1887.)

24 décembre 1900. — **Caisse des pensions viagères et de secours de l'Opéra-Comique.** Au Théâtre de l'Opéra-Comique. (1898.)

29 décembre 1901. — **Association dite « l'Adelphie ».** Voir *Assistance.* Rue du Faubourg-St-Honoré, 168. (1894.)

23 décembre 1902. — **Ligue nationale de la prévoyance et de la mutualité.** Mairie du VIe arr., rue Bonaparte, 78. (1890.)

18 novembre 1903. — **Sté du travail du XIe arr.** Mairie du XIe arr. (1871.)

3° ENSEIGNEMENT ET DIVERS

1761
7 fructidor an XIII
4 juillet 1814.
26 mai 1860.
23 août 1878.
3 mai 1880. — **Sté d'agriculture de Paris, devenue la Société nationale d'agriculture de France.** Rue de Bellechasse, 15. (1761.)

21 avril 1824. — **Sté pour l'encouragement de l'industrie nationale.** Rue de Rennes, 44. (1801.)

14 décembre 1827. — **Sté de géographie.** Boulevard St-Germain, 184. (1821.)

18 avril 1829. — **Sté asiatique (linguistique).** Rue de Seine, 1 (Institut). (1822.)

15 juillet 1829. — **Sté pour l'encouragement de l'instruction primaire parmi les protestants de France.** Boulevard St-Germain, 157. (1829.)

29 avril 1831.
22 juillet 1904. — **Sté pour l'instruction élémentaire.** Rue du Fouarre, 14. (1815.)

DÉCRETS	
3 avril 1832.	**Sté géologique de France.** R. Serpente, 28. (1830.)
31 juillet 1851.	**Sté de l'histoire de France.** Rue des Francs-Bourgeois, 60. (1833.)
5 février 1852.	**Sté Fénelon (éducation de jeunes garçons pauvres).** Vaujours (Seine-et-Oise). (1843.)
20 août 1852.	**Pensionnat de jeunes filles de l'Église réformée de Paris.** Rue de Reuilly, 97. (1817.)
4 septembre 1852. 3 avril 1883.	**Sté nationale des antiquaires de France (ancienne Académie celtique).** Musée du Louvre. (1805.)
20 novembre 1852. 11 août 1855. 21 novembre 1866. 27 juin 1885.	**Sté d'horticulture de Paris et centrale de France,** devenue la **Sté nationale et centrale d'horticulture,** réunissant la précédente avec la **Sté d'horticulture de la Seine.** Rue de Grenelle, 84. (1826.)
21 juillet 1853.	**Sté paternelle pour l'éducation de jeunes détenus (colonie de Mettray).** Agence : Boulevard St-Germain, 175. (1839.)
29 août 1854. 13 avril 1883.	**Sté de l'École des chartes.** École des chartes, rue de la Sorbonne, 19. (1821.)
10 janvier 1855.	**Œuvre du Saint-Cœur de Marie (éducation de jeunes filles).** Rue de Picpus, 60. (1849.)
26 février 1855.	**Sté nationale d'acclimatation.** Rue de Buffon, 61. (1854.)
13 avril 1859.	**Sté de Ste-Anne (éducation de jeunes filles pauvres).** Rue Chardon-Lagache, 27. (1824.)
27 août 1859. 6 août 1878.	**Œuvre de St-Nicolas (éducation de jeunes garçons de la classe ouvrière).** Rue de Vaugirard, 92. (1827.)
29 août 1859. 26 août 1865. 16 août 1888.	**Sté de chirurgie de Paris.** R. de Seine, 12. (1843.)
22 décembre 1860. 12 août 1893. 3 septembre 1903.	**Sté des ingénieurs civils.** R. Blanche, 19. (1848.)
22 décembre 1860. 25 avril 1883. 10 janvier 1906.	**Sté protectrice des animaux.** Rue de Grenelle, 84. (1845.)

DÉCRETS	
11 mai 1861.	**Sté philotechnique.** Rue de la Banque, 8. (1795.)
21 juin 1864. 3 octobre 1867.	**Sté d'anthropologie de Paris.** Rue de l'École-de-Médecine, 15. (1859.)
15 novembre 1864. 10 février 1887.	**Sté de biologie de Paris.** Rue de l'École-de-Médecine, 15. (1848.)
27 novembre 1864.	**Sté chimique de Paris.** Rue de Rennes, 44. (1857.)
8 avril 1865.	**École polonaise (pour les enfants des réfugiés).** Rue Lamandé, 13 et 15. (1844.)
4 août 1865. 30 novembre 1867. 25 août 1884.	**Sté centrale des architectes français.** Boulevard St-Germain, 168. (1840.)
10 juin 1866.	**Sté historique et littéraire polonaise (Bibliothèque polonaise).** Quai d'Orléans, 6. (1832.)
16 octobre 1866.	**Sté hippique française.** Avenue Montaigne, 33. (1865.)
11 août 1867.	**Sté des concerts de chant classique, fondation Beaulieu (études de musique vocale, secours).** Quai de Béthune, 22. (1860.)
11 décembre 1867.	**Sté médico-psychologique.** Rue de l'Abbaye, 3. (1852)
15 mai 1869. 19 janvier 1898.	**Sté internationale des études pratiques d'économie sociale.** Rue de Seine, 54. (1856.)
26 mai 1869.	**Sté météorologique de France.** Rue des Grands-Augustins, 7. (1852.)
19 juin 1869. 25 février 1873.	**Sté de statistique de Paris.** Rue Serpente, 28. (1860.)
20 juin 1869. 18 mars 1878.	**Association polytechnique (cours gratuits aux ouvriers).** Rue Serpénte, 28. (1830.)
7 juillet 1869.	**Association pour l'encouragement des études grecques en France.** Rue Bonaparte, 14. (1867.)
16 mars 1870. 20 octobre 1892.	**Sté centrale d'éducation et d'assistance pour les sourds-muets de France.** Rue Furstenberg, 3. (1850.)
11 juin 1870.	**École spéciale d'architecture.** Boulevard Raspail, 254. (1865.)
13 juillet 1870.	**Sté de l'histoire du protestantisme français.** Rue des Sts-Pères, 54. (1852.)

DÉCRETS	
13 juillet 1870.	**Association scientifique de France.** (V. en 1876. Rue Serpente, 28. (1864.)
28 février 1872.	**Sté des agriculteurs de France.** R. d'Athènes, 8. (1868.)
3 mai 1872. 11 juillet 1876.	**Sté des études historiques (ancien Institut historique).** Rue Bonaparte, 82. (1833.)
4 décembre 1873.	**Sté de législation comparée.** Rue du Pré-aux-Clercs, 16. (1869.)
22 janvier 1874.	**Sté de médecine légale.** Palais de Justice. (1868.)
20 février 1874.	**Association religieuse du St-Esprit et du Sacré-Cœur de Paris.** Rue Lhomond, 30. (1873.)
29 juillet 1874.	**Œuvre de l'instruction d'Alsace-Lorraine (pour les enfants d'Alsaciens-Lorrains demeurés Français).** *Paraît disparue.*
3 août 1874.	**Sté charitable d'éducation et d'instruction primaire de Ste-Clotilde.** Rue de Grenelle, 121. (1873.)
14 août 1874.	**Association libre pour l'éducation de la jeunesse ouvrière.** Rue de Sèvres, 23. (1855.)
16 novembre 1874.	**École préparatoire de théologie protestante.** Rue Nollet, 103. (1846.)
10 mai 1875. 20 octobre 1892.	**Sté pour l'instruction et la protection des sourds-muets.** Rue Serpente, 28. (1866.)
17 août 1875. 27 août 1887.	**Sté botanique de France.** Rue de Grenelle, 84. (1854.)
27 janvier 1876.	**Association des Frères de la congrégation de la Mission dite de St-Lazare.** *Décret rapporté.*
16 mars 1876.	**Sté de linguistique de Paris.** A la Sorbonne. Rue Cambacérès, 17. (1863.)
24 avril 1876.	**Sté centrale des chasseurs (pour la répression du braconnage).** (1866.)
9 mai 1876. 28 septembre 1886. 3 février 1897. 27 mai 1904.	**Association française pour l'avancement des sciences;** Fusion de la précédente avec **l'Association scientifique de France.** Rue Serpente, 28. (1864.)
28 mai 1877.	**Union des fabricants pour la protection internationale des marques de fabrique.** Avenue du Coq, 4, rue St-Lazare, 89. (1872.)

DÉCRETS	
5 octobre 1877.	**Sté de pharmacie de Paris**. École supérieure de pharmacie, av. de l'Observatoire, 4. (1802.)
5 février 1878.	**Sté de médecine de Paris**. Rue de l'Abbaye, 3. (1796.)
6 mars 1878.	**Sté de St-Jean pour le développement de l'art chrétien**. Rue St-Guillaume, 29. (1872.)
8 avril 1878.	**Sté d'éducation, de patronage et d'assistance en faveur des sourds-muets et des jeunes aveugles**. Rue St-Roch, 28. (1849.)
16 avril 1878. 3 septembre 1903.	**Sté nationale et centrale de médecine vétérinaire**. Rue de Lillle, 41. (1844.)
23 août 1878.	**Sté entomologique de France**. Rue Serpente, 28. (1832.)
30 novembre 1878.	**Sté française de gravure**. *Disparue en* 1901.
10 février 1879. 4 mars 1886. 21 mai 1892. 26 juillet 1899.	**Association philotechnique de Paris (instruction gratuite des adultes des deux sexes)**. Rue St-André-des-Arts, 47. (1848.)
3 mars 1879.	**Sté Franklin (œuvre des bibliothèques populaires)**. Rue Christine, 1. (1862.)
25 mars 1879. 1er février 1898.	**Sté philomathique (étude des sciences physiques, mathématiques et naturelles)**. A la Sorbonne. (1788.)
5 février 1880.	**Sté française de tempérance (contre l'abus de l'alcool)**. *Transformée en Ligue nationale*. (1872.) Voir en 1905.
12 février 1880. 13 février 1906.	**École normale israélite orientale (préparation d'instituteurs pour les écoles israélites d'Orient et d'Afrique)**. Rue d'Auteuil, 59. (1867.)
4 juin 1880.	**Cercle parisien de la ligue de l'enseignement**. Rue Miromesnil, 16. (1867.)
14 juin 1880. 22 mai 1895.	**Sté d'ethnographie de Paris**. Rue Mazarine, 28. (1859.)
15 janvier 1881.	**Sté française de physique**. Rue de Rennes, 44. (1873.)
8 août 1881.	**Sté de protection des engagés volontaires, élevés dans les maisons d'éducation correctionnelle**. Rue de Milan, 11 *bis*. (1878.)

DÉCRETS	
9 août 1881.	**Sté des écoles libres du Ier arrondissement**, remplacée depuis par le **Dispensaire gratuit du Ier arr.** Rue Jean-Lantier, 15. (1872.)
31 mars 1882. 25 janvier 1906.	**Association du Club alpin français.** Rue du Bac, 30. (1874.)
15 mai 1882.	**Sté centrale des arts décoratifs.** Place des Vosges, 3. (1881.)
1er août 1882. 3 février 1897.	**Association des inventeurs et artistes industriels.** Rue Bergère, 25. (1849.)
11 mai 1883.	**Association des artistes français (défense des intérêts généraux, organisation d'expositions.)** Rue de la Grange-Batelière, 13. (1880.)
12 juillet 1883.	**Sté des écoles d'horlogerie de Paris.** Rue Manin, 30. (1880.)
31 mai 1884.	**Sté de géographie commerciale (pour le développement des entreprises commerciales françaises).** Rue de Tournon, 8. (1873.)
2 février 1886.	**Sté française de minéralogie.** A la Sorbonne. (1878.)
23 octobre 1886. 9 juillet 1895.	**Association nationale de l'Alliance française (pour la propagation de la langue française à l'étranger).** Boulevard St-Germain, 186. (1883.)
6 décembre 1886. 21 août 1890.	**Sté d'économie politique.** Rue de Richelieu, 14. (1842.)
7 décembre 1886. 27 janvier 1888.	**Sté internationale des électriciens.** Rue de Staël, 12. (1883.)
14 janvier 1887.	**Sté de l'histoire de Paris et de l'Ile-de-France.** Rue des Petits-Champs, 8. (1874.)
4 juin 1887.	**Institut Pasteur (traitement de la rage).** Rue Dutot, 23. (1888.)
11 février 1888.	**Sté mathématique de France.** A la Sorbonne. (1872.)
7 mai 1888	**Association philotechnique de Bois-Colombes.** Bois-Colombes. (1853.)
29 juin 1888.	**Sté d'hydrologie médicale (développement de l'étude des eaux minérales).** Rue de l'Abbaye, 3. (1853.)

DÉCRETS	
11 décembre 1888.	**Sté médicale des hôpitaux de Paris.** Rue de l'Abbaye, 3. (1849.)
2 avril 1889.	**Sté générale des prisons.** Place Dauphine, 14. (1877.)
29 mars 1890.	**Sté française des habitations à bon marché.** Rue de la Ville-l'Evêque, 15. (1889.)
5 septembre 1890. 26 janvier 1893.	**Orphelinat de l'enseignement primaire.** Rue Serpente, 28. (1885.)
12 décembre 1890.	**Association amicale des secrétaires et anciens secrétaires de la Conférence des avocats.** Palais de Justice. (1878.)
26 février 1891.	**Association philotechnique de St-Denis.** St-Denis. (1861.)
17 mars 1891.	**Œuvre des cercles-bibliothèques des sous-officiers et soldats.** Rue du Buisson-St-Louis, 25. (1871.)
25 juin 1891.	**Association générale des étudiants de Paris.** Rue des Écoles, 43. (1884.)
5 novembre 1891.	**Association polytechnique militaire.** Rue du Mail, 38. (1879.)
1er décembre 1891.	**Association Valentin Haüy (pour le bien des aveugles).** Rue Duroc, 9. (1889.)
10 décembre 1891.	**Sté d'encouragement de l'escrime.** Rue Blanche, 10. (1882.)
19 février 1892.	**Sté de l'école et du dispensaire dentaires libres.** Rue de la Tour-d'Auvergne, 45. (1880.)
22 mars 1892.	**Institut odonto-technique de France.** Rue de l'Abbaye, 3. (1878.)
2 avril 1892.	**Association générale des vétérinaires de France.** Rue Serpente, 28. (1889.)
16 juin 1892.	**Union des femmes peintres et sculpteurs.** Boulevard Péreire, 175. (1881.)
1er décembre 1892.	**Sté française de photographie.** Rue des Petits-Champs, 76. (1854.)
29 avril 1893.	**Fondation Thiers (éducation).** Rond-point Bugeaud, 5. (1893.)
12 mai 1893. 12 juillet 1899.	**Union française de la jeunesse.** Boulevard St-Germain, 157. (1875.)

DÉCRETS	
26 août 1893.	**Association française de chirurgie.** Rue Serpente, 28. (1884.)
2 mai 1894.	**Sté d'encouragement au bien.** Rue de la Victoire, 94. (1862.)
30 août 1894.	**Sté du Musée social.** Rue Las-Cases, 5. (1894.)
12 janvier 1895.	**Sté française de dermatologie et de syphiligraphie.** Hôpital St-Louis. (1889.)
7 août 1896.	**Association des chimistes de sucrerie et de distillerie de France et des colonies.** Boulevard Magenta, 156. (1882.)
30 octobre 1896.	**Association dite « Institut des actuaires français ».** Rue Serpente, 28. (1890.)
6 décembre 1896.	**Sté des études juives.** Rue St-Georges, 17. (1880.)
16 décembre 1896.	**Sté zoologique de France.** Rue Serpente, 28. (1876.)
20 février 1897.	**Assoc. dite « l'Union nationale de tir de France ».** Rue du Faubourg-Poissonnière, 27. (1886.)
4 avril 1897. 31 octobre 1899.	**Sté astronomique de France.** Rue Serpente, 28. (1887.)
30 avril 1897.	**Conférence Molé-Tocqueville.** Boulevard St-Germain, 186. (1832.)
19 juin 1897.	**Sté de thérapeutique.** Faculté de Médecine (1866.)
12 octobre 1897.	**Sté pour la propagation de l'incinération à Paris.** (Boulevard Malesherbes, 112. (1880.)
23 décembre 1897.	**Union artistique, littéraire et scientifique valenciennoise.** Avenue de la Grande-Armée, 74. (1875.)
3 mars 1898.	**Sté dite « les Secouristes français », infirmiers volontaires.** Rue Honoré-Chevalier, 11. (1892.)
28 avril 1898.	**Sté dite « l'Enseignement professionnel et technique des pêches maritimes ».** Rue Serpente, 28. (1896.)
3 septembre 1898.	**Sté commerciale pour l'étude des langues étrangères.** Place de la Bourse, 2. (1881.)
14 septembre 1898.	**Sté des Amis du Louvre.** Place des Vosges, 3. (1897.)

DÉCRETS

1er avril 1899.	**Association sténographique unitaire.** Rue de Chabrol, 14. (1876.)
21 juin 1899.	**Sté des Amis de l'Université de Paris.** A la Sorbonne. (1898.)
8 mars 1900.	**Sté de médecine publique et d'hygiène professionnelle.** Rue Serpente, 28. (1878.)
13 mars 1900.	**Sté centrale d'apiculture, de sériciculture et de zoologie agricole.** Rue Serpente, 28. (1856.)
7 février 1901.	**Sté d'encouragement pour le commerce français d'exportation.** Place de la Bourse, 2. (1884.)
12 juin 1901. 4 mai 1903.	**Comité français des expositions à l'étranger.** Rue d'Aboukir, 6, et Bourse du Commerce. (1890.)
14 mars 1902.	**Sté française de navigation aérienne.** Rue de la Pépinière, 10. (1872.)
19 janvier 1903.	**Sté littéraire dite des Goncourt.** Rue de Babylone, 60. (1897.)
12 avril 1903.	**Union des sociétés de gymnastique de France.** Rue Saulnier, 9. (1873.)
30 juillet 1903.	**Institut Marey (études physiologiques).** Boulogne-sur-Seine. (1898.)
10 avril 1904.	**Association dite « St-Hubert-Club de France ».** Rue de Clichy, 21. (1902.)
27 juin 1904.	**Sté de sociologie de Paris.** Rue Serpente, 28. (1895.)
7 août 1904.	**Union coloniale française.** Rue de la Chaussée-d'Antin, 44. (1893.)
18 janvier 1905.	**Sté d'histoire diplomatique.** Ministère des Affaires étrangères. (1885.)
21 janvier 1905.	**Sté d'encouragement à l'art et à l'industrie.** Rue Royale, 10. (1889.)
7 mai 1905.	**Fondation pour les habitations hygiéniques des employés de la banque, du commerce et de l'industrie.** Boulevard Poissonnière, 17. (1905.)
5 août 1905.	**Ligue nationale contre l'alcoolisme (Sté française de tempérance et Union française anti-**

DÉCRETS	
	alcoolique réunies). Bd St-Germain, 147. (1905.)
17 décembre 1905.	**Ligue maritime française.** Boulevard des Capucines, 39. (1899.)
1er février 1906.	**Sté dite « le Souvenir français ».** Rue du Faubourg-St-Honoré, 229. (1887.)
16 mai 1906.	**Institut océanographique (fondation Albert Ier, prince de Monaco).** Rue Saint-Jacques, 195. (1906.)
31 janvier 1907.	**Sté d'enseignement moderne pour le développement de l'instruction des adultes.** Rue des Jeûneurs, 30. (1884.)
28 février 1907.	**Sté des anciens textes français.** Rue de la Sorbonne, 19. (1904.)
21 août 1907.	**La Mission laïque française.** Rue des Ursulines, 6. (1902.)
30 novembre 1907.	**Association dite « Touring Club de France ».** Avenue de la Grande-Armée, 65. (1890.)
4 mars 1909.	**Sté nationale des Beaux-Arts.** Grand-Palais, avenue d'Antin. (1890.)
5 mars 1909.	**Institut international de sociologie.** Boulevard St-Germain, 115. (1902.)
20 avril 1909.	**Aéro-Club de France.** Avenue des Champs-Élysées, 63. (1903.)
14 mai 1909.	**Institut général psychologique.** R. de Condé, 14. (1906.)
23 juin 1909.	**Office international d'hygiène publique.** Boulevard St-Germain, 195. (1907.)
3 janvier 1910.	**Sté française des fouilles archéologiques.** Rue Bonaparte, 28. (1896.)
16 février 1910.	**Sté française des ingénieurs coloniaux.** Bourse du Commerce. (1894.)
29 mai 1910.	**Académie des sports.** Place de la Concorde, 6. (1905.)
28 juillet 1910.	**Sté préhistorique française.** Boulevard St-Germain, 93. (1904.)
15 décembre 1910.	**Institut de paléontologie humaine (fondation Albert Ier, prince de Monaco).** Rue St-Jacques, 195. (1910.)

CHAPITRE IV

FONDATIONS ET LEGS

I. — Fondations et legs à l'Institut de France

A) Académie française.

En faveur de Français pauvres qui auront fait l'action la plus vertueuse; l'action doit s'être prolongée pendant le cours des deux années précédentes.

Conditions pour les concours aux prix de vertu.

Adresser un Mémoire détaillé et appuyé de pièces probantes (attestations de personnes notables), soit aux préfets des départements, soit directement au secrétariat de l'Institut. Ce Mémoire ne doit être ni signé, ni adressé par la personne présentée. Avoir soin d'indiquer très exactement en tête le nom, les prénoms et la résidence de la personne présentée. Les pièces doivent être parvenues, franches de port, au secrétariat de l'Institut avant le 31 décembre de chaque année, terme de rigueur.

Fondation Montyon (1828). — Prix annuel de 18 000 fr., qui peut être donné intégralement ou partagé en plusieurs prix de vertu.

Fondation Souriau. — Prix de 1 000 fr., décerné annuellement à un Français pauvre, dans les mêmes conditions.

Fondation Lange. — Prix de 6 500 fr., d. dans les mêmes conditions.

Fondation Honoré de Sussy. — Prix de 8 000 fr. d. les mêmes conditions.

Fondation Buisson. — Prix de 3 500 fr., d. les mêmes conditions.

Fondation Lelevain. — Prix de 1 500 fr., dans les mêmes conditions.

Fondation Génin. — Prix de 400 fr., dans les mêmes conditions.

Fondation Constantin Maugenet. — Prix de 900 fr., d. les mêmes condit.

Fondation Poggioli. — Legs de 50 000 fr. pour 3 prix, d. les mêmes conditions.

Fondation Aubril. — Prix de 500 fr., dans les mêmes conditions.

Fondation Émile Robin. — Prix de vertu de 1 000 fr., décerné annuellement à un enfant qui, par son travail, aura soutenu ses père et mère ou seulement son père ou sa mère, dénués de toute ressource.

Fondation Louise Boutigny. — Prix de vertu de 500 fr., décerné annuellement à un ménage légitime frappé par des revers de fortune.

Fondation Lecocq-Dumesnil. — Prix de vertu de 800 fr., décerné annuellement à un fils ou fille d'une famille pauvre, qui aura fourni des preuves de son dévouement ou de sa piété filiale en soignant son père, sa mère, ou l'un de ses ascendants âgés ou malades.

Fondation Savourat-Thénard. — Prix de vertu de 5 500 fr., décerné annuellement à une domestique non mariée, ayant servi avec dévouement, pendant et après leur adversité, une famille, une dame, de préférence une demoiselle.

Fondation Gabiou-Charron. — Prix de vertu de 500 fr., décerné annuellement à une femme pauvre qui l'aura mérité par un acte de vertu, dévouement ou courage.

Fondation Griffand. — Prix de vertu de 800 fr., décerné annuellement pour récompenser les dévouements aux vieillards abandonnés, aux maîtres devenus malheureux, aux orphelins.

Fondation Échalié. — Prix de vertu de 500 fr., décerné tous les 2 ans à la personne ayant réalisé la plus grande somme de dévouement pour venir en aide aux siens ou à ses semblables aux prises avec les duretés et les misères de la vie.

Fondation anonyme. — Prix de vertu de 4 500 fr., décerné tous les 2 ans, par prix de 1 000 fr., à des demoiselles pauvres et bien élevées de naissance irrégulière, âgées de 20 à 50 ans.

Fondation Peyrard-Beaumanoir. — Prix de vertu de 3 000 fr., décerné par prix de 1 500 fr. chacun, pour récompenser l'un le dévouement filial de personnes âgées d'au moins 30 ans, l'autre les vieux serviteurs d'au moins 60 ans, restés chez le même maître pendant 20 ans, et n'ayant touché qu'une partie des gages qui leur étaient dus ou des gages très modestes.

Prix Gouilly-Dujardin. — Prix de vertu de 400 fr., décerné tous les 2 ans à une personne pauvre ayant donné les meilleurs exemples de piété filiale.

Prix Reine-Poux. — Prix de vertu de 800 fr., décerné tous les 3 ans à une jeune fille de Paris qui, par son travail, sa sagesse et sa probité, aura soutenu son père et sa mère infirmes ou malades, ou l'un d'eux.

Prix Veuve Blouet. — Prix de vertu de 700 fr., décerné tous les 2 ans, par moitié, à un jeune homme et à une jeune fille d'une famille pauvre, qui auront prouvé leur piété filiale en soignant avec dévouement leur père ou leur mère malade ou infirme.

Prix Xavier Marmier. — Prix annuel de 850 fr., attribué à un écrivain, homme ou femme, dans une situation difficile.

Prix Monbinne. — Prix biennal de 3 000 fr., destiné à venir en aide à des infortunes dignes d'intérêt, choisies notamment parmi les personnes ayant suivi la carrière des lettres et de l'enseignement.

Fondation Davillier (1911). — Rente de 6 000 fr. (200 000 fr.) à décerner chaque année comme prix de dévouement. Augmenté (1912).

Fondation Pérou. — Prix de 1 000 fr. destiné à récompenser annuellement deux domestiques signalés par leur dévouement à leurs maîtres.

Fondation Camille Favre. — 27 médailles de 500 fr. à décerner à ceux qui ont donné de bons exemples de piété filiale.

Fondation Letellier. — Rente de 400 fr. dans les mêmes conditions.

Fondation Marie-Lasne. — 6 médailles de 300 fr. pour actes de dévouement.

Fondation Gémond. — Prix de vertu de 500 fr. *Id.*

Fondation Laussat. — Prix de 350 fr. Même objet que les prix Montyon.

Fondation Peltier. — Prix de vertu de 400 fr. pour un natif et habitant des Côtes-du-Nord.

Fondation Louise Varat-Larousse. — Prix de 4 500 fr. pour une femme distinguée comme fille, épouse et mère.

Fondation Salomon. — Prix de vertu de 300 fr. pour un habitant du Pas-de-Calais.

Fondation Bausa-Gessiome. — Prix de vertu de 2 500 fr. triennal pour de bonnes actions.

Fondation Agemoglu. — Prix de vertu de 2 000 fr. *Id.*

Prix Pilliot. — Prix de 300 fr. pour fils ou belle-fille les plus dévoués à ses parents.

Fondation Sudre. — Prix de 700 fr. pour dévouement fraternel.

Prix Rigot. — Prix de 3 200 fr. à des œuvres humanitaires.

B) Académie des sciences morales et politiques.

Fondation Carnot (1894-1911). — Rente de 18 000 fr., destinée à donner chaque année 90 secours de 200 fr. à 90 veuves d'ouvriers chargées d'enfants, que l'Académie des sciences morales et politiques aura jugées les plus intéressantes.

Fondation Gasne. — Rente de 750 fr., destinée à l'attribution de secours de 200 fr. à des veuves sans ressources et chargées d'enfants.

Fondation Davillier (1911). — Rente de 6000 fr. (200000 fr.) attribuée, chaque année, comme secours à des veuves pauvres et chargées d'enfants, à quelque condition qu'elles appartiennent.

Prix Maisondieu. — Prix biennal de 3 000 fr., attribué à l'auteur ou fondateur d'une œuvre ayant contribué ou pouvant contribuer à l'amélioration du sort des classes laborieuses.

Prix François-Joseph Audiffred. — Rente de 15 000 fr. pour récompenser les plus grands dévouements, de quelque genre qu'ils soient.

Fondation de Monbreuil d'Orvault. — Capital de 100 000 fr. pour l'œuvre de Mme Carnot.

C) Académie des Beaux-Arts.

Fondation Leclerc Maria Bouland. — Prix de 3 000 fr. attribué chaque année à un artiste peintre sans fortune, âgé de 30 ans au plus, ayant obtenu une mention au Salon annuel.

Fondation Ardoin. — Prix de 1 600 fr. en faveur d'une jeune fille qui se destine à la carrière des arts.

D) Académie des Sciences.

Prix Trémont. — Rente de 1 100 fr. destinée à tout savant, artiste ou mécanicien auquel une assistance sera nécessaire pour atteindre un but utile et glorieux pour la France.

Prix Gegner. — Rente de 3 800 fr. destinée à secourir un savant distingué par des travaux en faveur du progrès des sciences positives.

Prix Lannelongue. — Rente de 2 000 fr. donnée à une ou deux personnes dans l'infortune appartenant elles-mêmes, ou par leur mariage, ou par leur père et mère, au monde scientifique et de préférence au milieu scientifique médical.

Fonds Roland Bonaparte (1911). — Plusieurs annuités de 50 000 fr. pour provoquer des découvertes et faciliter les travaux des chercheurs, en écartant les obstacles de nature à paralyser les bonnes volontés (questions budgétaires).

Legs Loutreuil (1911). — 3 500 000 fr. dont le revenu doit être affecté au progrès des sciences, et à des allocations pécuniaires aux savants.

II. — Principales Fondations et Legs à l'Assistance publique

A) Attribuées à titre de secours à domicile.

a) *A la disposition de l'Administration centrale.*

Fondation Andrey. — Secours à des pauvres honteux.

Fondation Bonar. — Placement d'orphelines pauvres âgées de moins de 6 ans et nées à Paris.

Fondation Couturier. — 20 secours de 250 fr. payables 25 fr. par mois à des accouchées sortant de la Maternité, mariées légitimement et ayant 4 enfants au-dessous de 14 ans.

Fondation Faguet. — Secours à des orphelins de charpentiers ou de corroyeurs.

Fondation Hubert. — Secours de loyer à des ouvriers.

Fondation Leblond. — Bourses en faveur d'orphelins ou de demi-orphelins, élèves des écoles municipales professionnelles.

Fondation Lejay. — Pensions à des passementiers ou à leurs veuves.

Fondation Maiseau. — Secours mensuels à des aveugles.

Fondation Maison. — Secours mensuels à d'anciens militaires.

Fondation Rubin. — Secours aux mères nourrices et accouchées sortant de l'Hôtel-Dieu.

Fondation Trabuchi. — Secours à des ouvriers fumistes.

Legs Godefroy. — Prix unique de 324 fr. attribué chaque année à une jeune fille ou un jeune garçon prenant soin de ses parents. Le bénéficiaire doit nettoyer à la Toussaint la tombe du testateur et remplacer 4 couronnes.

b) *A la disposition de Bureaux de bienfaisance déterminés.*

Ne sont pas compris les Fondations et Legs aux anciennes fabriques paroissiales, attribués depuis peu aux Bur. de bienf.

Fondation Bargue. — Secours pour les pauvres vieillards de l'ancienne commune de Vaugirard.

Fondation Bellanger. — 50 livrets de caisse d'épargne à des élèves des écoles primaires de l'ancien VIIIe arrondissement (aujourd'hui partie des IIIe, IVe, XIe et XIIe arrondissements).

Fondation Brulfert. — Livrets de caisse d'épargne à des enfants du XIIe arrondissement.

Fondation Carton. — Dots de mariage à des jeunes filles des dix arrondissements les plus nécessiteux (Ve, XIe, XIIe, XIIIe, XIVe, XVe, XVIIe, XVIIIe, XIXe et XXe arrondissements).

Fondation Deluard. — En faveur des crèches des anciens VIIe, VIIIe, IXe et XIe arrondissements (aujourd'hui IIIe, IVe, VIe, XIe, XIIe, XIVe et XVe arrondissements).

Fondation Lambin. — Secours aux pauvres de l'ancien village d'Orsel (XVIIIe arrondissement).

Fondation Langlois, née Beaulu. — Secours pour des jeunes filles du quartier St-Gervais (IVe arrondissement).

Fondation Legendre. — Pour les pauvres de l'ancien village d'Auteuil (XVIe arrondissement).

Fondation Neveu. — Secours pour ouvriers corroyeurs habitant le XIIIe arrondissement.

Fondation Tisserand. — Secours aux vieillards placés à l'asile du même nom.

Fondation Vivet. — Chaussures à distribuer aux enfants nécessiteux du quartier Rochechouart (IXe arrondissement) qui fréquentent les écoles laïques.

c) *A la disposition de l'Administration centrale sur présentation des Bureaux de bienfaisance.*

Fondation Acard. — Dot de mariage de 2 000 fr. à une jeune fille qui se sera fait remarquer par son travail et sa bonne conduite (présentations faites par les 20 arrondissements).

Fondation Biguier. — Secours annuel de 520 fr. à distribuer par le Bur. de bienf. du XIXe arrondissement à un ménage d'ouvrier ou d'employé ou à une personne veuve (de nationalité française) chargés d'enfants.

Fondation Couturier. — 50 livrets de caisse d'épargne de 225 fr. 20 chacun à des enfants pauvres, orphelins ou autres, âgés de moins de 12 ans et habitant sur le territoire de l'ancien Paris (présentations faites par les 16 premiers arrondissements).

Fondation du Tertre de Véteuil. — Dot de 400 fr. à une jeune fille pauvre du quartier St-Martin choisie par le Bur. de bienf. du IIIe arrondissement.

Fondation Fiérobe. — Secours de 510 fr. à donner chaque année à un ménage chargé d'enfants habitant le quartier de la Bastille (présentations faites par les IVe, XIe et XIIe arrondissements).

Fondation Héring. — 100 livrets de caisse d'épargne de 40 fr. chacun à des ménages d'ouvriers ou d'employés (3 candidats présentés par le maire de chaque arrondissement).

Fondation Kahn. — 15 secours de chômage de 100 fr. chacun à des ménages d'ouvriers ou d'employés (présentation par les 20 arrondissements).

Fondation Leblanc. — 20 pensions de 100 fr. à des septuagénaires infirmes, une par arrondissement (présentation faite par les 20 arrondissements).

Fondation Leblanc. — 30 secours de 50 fr. chacun à des ménages pauvres (présentations faites par les 20 arrondissements).

Fondation Lefèvre. — Secours de 1 000 fr. à une jeune ouvrière du IIIe arrondissement présentée par le Bur. de bienf.

Fondation Moreau. — 3 secours de 212 fr. chacun, dont moitié placée sur un livret de caisse d'épargne, pour éducation d'enfants habitant l'ancien VIe arrondissement (présentations par les Ier, IIe, IIIe et IVe arrondissements).

Fondation Planat de la Faye. — 15 secours annuels de 100 fr. à des ouvriers devenus aveugles dans l'exercice de leurs fonctions et incapables de gagner leur vie (présentations faites par les 20 arrondissements et la Sté Valentin Haüy).

Fondation Reinach (Hermann-Joseph) (1896). — 3 dots de 1 000 fr. chacune à des jeunes filles âgées de 20 à 27 ans, Françaises, habitant Paris depuis 3 ans et l'arrondissement depuis 2 ans (présentations par les 20 Bur. de bienf.).

Fondation Rothschild (baron de). — 40 secours de 1 000 fr. chacun à des jeunes filles pauvres vivant de leur travail manuel (présentations par les 20 arrondissements).

Fondation Rouvenat. — Placem. d'un orphelin à St-Nicolas d'Issy et d'une orpheline à l'orphelinat, 10, rue du Canal-St-Martin (présentations par les Ier, IIe et X^{e} arrondissements).

Legs Morot. — 178 fr. 50 à distribuer chaque année entre 6 femmes veuves ou abandonnées qui auront le mieux soigné leurs enfants.

Fondation Ris. — 6 secours de 45 fr. 60 à distribuer chaque année à 6 vieillards souffrant de maladies d'yeux ou aveugles.

Fondation de Trémont. — 8 livrets de caisse d'épargne de 25 fr. chacun à 8 enfants pauvres de 8 à 12 ans, et 4 livrets de 50 fr. chacun à 4 ouvriers apprentis de 13 à 17 ans.

Fondation Vigée-Lebrun. — 4 secours annuels et viagers de 100 fr. chacun à 4 vieilles femmes pauvres et infirmes, de préférence artistes peintres réduites à la misère.

B) Fondations et Legs divers à l'Assistance publique.

Fondation Bettina de Rothschild. — Rente de 36 600 fr., destinée à distribuer des secours variant entre 10 et 50 fr. aux accouchées nécessiteuses sortant des hôpitaux de Paris, inscrites ou non aux Bur. de bienf., quels que soient leur religion, leur état civil et leur situation sociale. Voir *Maternité.*

Legs Lannes de Montebello. — Somme de 500 000 fr., dont les revenus sont attribués aux pauvres de Paris et destinés : 1° à assurer l'entretien à perpétuité de deux lits au profit d'enfants tuberculeux de Paris à l'hôpital d'Ormesson, 2° à permettre à la Sté philanthropique de fonder et d'entretenir une crèche pour enfants pauvres en bas âge, dans le XVIIe arrondissement de Paris, ou de distribuer des secours aux crèches existantes actuellement; 3° d'accorder, par les soins de l'Office central des œuv. de bienf., des allocations de 200 fr. une fois données à des familles chargées d'enfants et plongées dans la misère par la disparition soit du père, soit de la mère. L'Office central, restant chargé de rechercher les familles les plus pauvres dans cette catégorie, reçoit les demandes, 175, boulevard St-Germain.

Fondation Leprince. — Revenu annuel de 25 780 fr. attribué à un hospice pour vieillards âgés de 70 ans, domiciliés depuis 6 ans dans le quartier des Invalides. Voir *Vieillesse.*

Fondation Rossini. — Revenu annuel de 110 641 fr., destiné à un hospice de vieillards, anciens chanteurs ou cantatrices français ou italiens.

Fondation Hospice de Belleville. — Revenu annuel de 16 363 fr. destiné à fonder un hospice de vieillards âgés de 70 ans. Voir *Vieillesse.*

Fondation Alquier-Debrousse et Jean-Hubert Debrousse. — Revenu annuel de 458 100 fr., destiné à fonder un hospice pour vieillards indigents des deux sexes âgés de 70 ans ou infirmes. Voir *Vieillesse.*

Legs James de Rothschild. — Somme de 100 000 fr., répartie par les soins des Bur. de bienf. de Paris, entre les personnes nécessiteuses dont le loyer ne dépasse pas 400 fr. Contrôle de la répartition fait par MM. Rothschild.

Fondation Rubin. — Somme de 36 000 fr. léguée (1877) pour en répartir le revenu entre les enfants dont les parents sont décédés à l'Hôtel-Dieu.

Legs Gallien. — Somme de 1 000 000, nette de toute charge, dont le revenu doit être distribué aux indigents de Paris secourus à domicile.

Fondation Borniche (1901). — Voir *Maternité, Asiles mat.*

Fondation Émile Zola, pour nourrissons débiles. Voir *Protection du 1er âge.*

Legs Bernard Merzbach. — Somme de 103 000 fr. pour aider des familles d'ouvriers nombreuses, ayant au moins 4 enfants au-dessous de 13 ans, au moyen du revenu de 50 000 fr., et pour les œuv. de bienf. israélites auxquelles est attribué le revenu de 40 000 fr. remis à M. le grand rabbin de Paris.

1re **Fondation Defresne.** — Somme de 20 000 fr. donnée par M. et Mme Germain Defresne, pour en attribuer le revenu annuel à une jeune fille de Vitry-sur-Seine (Seine).

2e **Fondation Defresne.** — Somme de 5 000 fr. donnée à l'Assist. pub. par M. et Mme Germain Defresne, et dont les arrérages doivent servir à distribuer des livrets de la Caisse d'épargne de 25 fr. à des enfants des écoles municipales.

Fondation Montyon. — Rente de 280 000 fr. destinée à être distribuée aux indigents à la sortie des hôpitaux, excepté aux convalescents sortis des hôpitaux Cochin-Annexe et Broca. Les convalescents doivent avoir au moins 5 jours de présence aux hôpitaux. Les femmes en couche bénéficient d'un secours (layette et le premier mois de nourrice).

BANLIEUE

ARCUEIL-CACHAN. — **Fondation de Provigny. Hospice Cousin de Méricourt et Besson.** — Fond. par Mme de Provigny, par legs à l'Assist. pub. de sa propriété et d'une somme de 10 millions, pour servir de maison de retraite aux vieillards des deux sexes.

Conditions : être Français, âgé de 60 ans au moins, sans condamnations judiciaires (Ne sera pas ouvert avant 1913.) Voir *Vieillesse.*

IVRY. — **Fondation Chemin-Delatour.** — Revenu annuel de 59 390 fr., destiné à fonder un asile de vieillards âgés de 65 ans. — Voir *Vieillesse.*

Fondation Dheur. — Revenu annuel de 35 425 fr., destiné à fonder un hospice de vieillards âgés de 60 ans. Voir *Vieillesse.*

ISSY. — **Fondation Devillas.** — Revenu annuel de 60 765 fr., destiné à fonder un asile pour les septuagénaires des deux sexes atteints d'infirmités incurables. Voir *Vieillesse.*

NEUILLY. — **Fondation Galignani.** — Revenu annuel de 84 255 fr. destiné à fonder un hospice de vieillards des deux sexes âgés de 60 ans. Voir *Vieillesse.*

SAINT-MANDÉ. — **Fondation Lenoir-Jousseran.** — Revenu annuel de 185 526 fr., destiné à fonder un hospice de vieillards indigents des deux sexes âgés de 70 ans. Voir *Vieillesse.*

III. — Fondations et Legs à la Préfecture de police

Fondation Alphonse Peyrat. Créée par la marquise Arconati Visconti (1911), par le don d'une somme de 100 000 fr. — A pour but de venir en aide aux agents de tous ordres de la Préfecture de police blessés dans l'accomplissement de leur devoir, ou aux membres de leur famille, s'ils ont succombé aux suites de leurs blessures. Cette fondation s'est accrue d'environ un million produit par la souscription du syndicat de la Presse, en 1911, ce qui donne un revenu de plus de 30 000 fr.

Legs Petrus Martin. — Somme de 200 000 fr., léguée par Mme Lafon, veuve de M. Pierre dit Petrus Martin, dont les intérêts (6 321 fr.) sont à distribuer par moitié aux sergents de ville, gardiens de la paix, inspecteurs de police, de la sûreté, des garnis et des brigades de recherches.

Legs Detourbay. — Capital de 100 000 fr., dont les arrérages sont à distribuer à des agents qui se sont distingués par des actes de courage et de dévouement.

Legs Plant. — Rente de 532 fr. à distribuer aux agents de police blessés dans l'exercice de leurs fonctions, ou aux descendants de ces agents qui ont succombé à la suite de leurs blessures.

Legs Foucher. — Rente de 600 fr., attribuée aux agents de toute sorte, qui, pendant l'année précédente, se sont distingués par leurs services ou par des actes de courage et de dévouement. Ces arrérages peuvent être attribués aux veuves ou orphelins des agents morts par suite de blessures reçues dans leur service.

Fondation Malpièce, veuve Bouchon. — Prix annuel de 333 fr. pour être attribué au gardien de la paix le plus méritant.

Legs Lubomirski (1911). — Rente de 300 fr., provenant d'un capital de 10 000 fr., affectée au gardien de la paix le plus méritant, chargé d'assurer la circulation dans Paris.

IV. — Fondations et Legs à la Ville de Paris

Fondation Barbet-Batifol (1881). — Inscription de rente de 10 000 fr. léguée par Mme P. Batifol en souvenir de ses commencements dans le commerce, à attribuer annuellement à une jeune ouvrière célibataire qui, par sa capacité et sa bonne conduite, soit en état de s'établir et manque de l'argent nécessaire.

Conditions : Être Française, domiciliée à Paris depuis 10 ans, âgée de 21 ans au moins, de 30 ans au plus.

La somme de 10 000 fr. sera portée à 15 000 fr. après le décès de deux usufruitiers. Au choix du Préfet de la Seine.

Legs Boucher de Perthes (1861). — Livret annuel de 363 fr. à une ouvrière pauvre, de 15 ans au moins et de 40 ans au plus, sans distinction de nationalité, et qui se sera distinguée par son travail et sa conduite.

Legs Napoléon. — Pensions viagères de 200 fr. à d'anciens militaires nécessiteux, domiciliés dans le département de la Seine, âgés de 70 ans au moins ou ayant des infirmités graves, et comptant un certain nombre de campagnes.

Legs Narabutin (1849). — Somme de 807 fr. employée annuellement à l'acquisition de livrets de la Caisse des retraites pour la vieillesse, en faveur d'ouvriers laborieux et, notamment, de ceux qui auraient déjà effectué à ladite Caisse les versements les plus élevés, eu égard à leurs ressources.

Les inscriptions sont reçues à la Mairie avant le 1er mai.

Fondation Pascal Favale (1880). — 3 dots de 229 fr. chacune en faveur de jeunes filles pauvres, honnêtes, originaires de Paris et âgées de 16 à 25 ans.

Les titulaires de ces dots sont désignées chaque année par voie de tirage au sort entre les jeunes filles présentées par les municipalités des 20 arrondissements. Les dots sont remises après le mariage et sur la justification de ce mariage. Les inscriptions sont reçues à la Mairie avant le 15 novembre. Une copie sur papier libre de l'acte de naissance doit accompagner chaque demande.

Legs de Reverdy (1845). — Rente de 1 500 fr. pour fonder à perpét. un prix de 3 000 fr., attribué tous les 2 ans par le Conseil municipal de Paris à une personne de la classe laborieuse, demeurant à Paris, ayant une famille nombreuse, et qui s'est efforcée de donner à ses enfants une bonne éducation.

Les inscriptions sont reçues à la Mairie avant le 15 mai.

Anciens Tambours. — 238 fr. à répartir annuellement entre les anciens tambours ou gardes nationaux malheureux de l'ex-11e légion de la Garde nationale. Se présenter au secrétariat de la Mairie avant le 10 mai.

270 fr. à répartir annuellement entre les anciens tambours ou gardes nationaux malheureux de l'ex-7e légion de la Garde nationale.

Legs Rodriguez. — Rente de 1 637 fr., à répartir entre les vieillards qui attendent leur entrée dans un hospice. Voir *Secours aux vieillards.*

Legs Goubot. — Rente de 284 fr., en faveur des asiles de nuit de Paris.

Legs Cleisen. — Rente de 249 fr., même destination.

Legs Gautrin. — Rente de 131 fr., même destination.

Legs Veuve Barras. — Rente de 48 fr., même destination.

Legs Veuve Schreiber. — Rente de 475 fr., même destination.

Legs Poisson. — Rente de 597 fr., même destination.

Fondation Alboni (1895). — Legs d'une rente à répartir entre les

Mairies des 20 arrondissements de Paris, à charge de donner 2 livrets de caisse d'épargne de 250 fr. à un garçon et un semblable à une fille des écoles communales.

Legs Remoiville (1896). — Rente de 1 443 fr., en faveur d'une œuv. de bienf. de l'enfance, ou de vieillards du personnel de l'enseignement.

Legs Boissière (1905). — Rente de 1 206 fr., en faveur des femmes sortant du Refuge municipal Pauline Roland, 37, rue Fessart.

Fondation Charles Porgès. — Rente de 1 000 fr., destinée à l'attribution de 2 sommes de 500 fr. à 2 ménages d'ouvriers pour les aider à s'établir.

Legs Kilcman. — Rente de 10 000 fr., destinée à un secours annuel de 500 fr. à la famille la plus malheureuse de chaque arrond.

Versements anonymes. — Rente de 1 342 fr., destinée à des personnes sortant de divers établissements charitables municipaux.

Legs Veuve Dieu. — Rente de 4 000 fr., pour secours aux pauvres veuves et femmes abandonnées ayant au moins 2 enfants à élever.

Fondation Marie-Thérèse Caruette. — Rente de 277 fr., pour une jeune fille pauvre, qui s'est dévouée à ses parents ou à ses frères et sœurs.

Legs Boyard. — Rente de 1 771 fr., destinée à des jeunes orphelins ouvriers, ayant péri par accident dans leurs travaux.

Legs Audiffred. — Rente de 16 866 fr., destinée à donner des pensions ou secours à des professeurs de Paris âgés, pauvres, malades ou infirmes.

Legs Vincent (1879). — Rente de 965 fr., destinée à l'achat de livres ou de jouets pour les enfants pauvres de Paris.

Legs Odièvre (1861). — Rente de 854 fr., destinée à doter un ménage pauvre appartenant à l'ancienne commune de la Chapelle.

Fondation Birklé. — Rente de 7 191 fr., en faveur des familles nécessiteuses d'Alsace-Lorraine.

Fondation de Mlle Faber (1891). — Rente de 1 508 fr., destinée aux femmes sortant des refuges-ouvroirs municipaux.

Legs Couronne. — Rente de 6 789 fr., en faveur de femmes d'employés de l'État ou de la Préfecture de la Seine.

Fondation Juliette de Rothschild, baronne Léonino. Fond. par le baron Gustave de Rothschild (1897). — Legs de 12 600 fr. de rente pour allouer une pension de 600 fr. à 21 vieillards israélites. Voir *Secours aux vieillards*.

Legs de Montbreuil d'Orvault. — Capital de 100 000 fr. dont la rente doit servir à dégager les petits gages et hardes déposés par les indigents au Mont-de-Piété.

Fondation d'Aboville. — Prix de 3 000 fr. à un manufacturier employant des ouvriers estropiés ou employés aveugles, pour les soustraire à la mendicité.

V. — Fondations et Legs en faveur des Municipalités

Ier et IIe ARR.

Fondation Veuve Mairet (1895). — Prix Tirard, biennal, de 250 fr., destiné à une femme dans le besoin, chargée d'enfants, habitant le Ier ou le IIe arr.

Legs Pollart. — Voir *au IIIe arr.*

IIe ARR.

Fondation Orville et Mylius. — Voir *la même œuvre au VIIe arr.*

IIe et IIIe ARR.

Legs Pollart. — 1° Rente de 747 fr., attribuée par parts égales aux 4 personnes les plus nécessiteuses et méritantes de l'arrondissement; 2° Rente de 448 fr. une fois attribuée, concurremment avec les Ier et IIIe arrondissements, à un garçon de magasin ayant au moins 10 années de présence dans la même maison de tissus de ces arrondissements.

IIIe et IVe ARR.

Legs Moreau. — Rente de 85 fr. 40 à distribuer en secours d'apprentissage, en participation avec le IIIe et le IVe arrondissements.

IVe ARR.

Fondation Maciet (1831). — Rente de 270 fr. à répartir chaque année en dots d'apprent. entre 4 ou 6 jeunes enfants de famille pauvre.

Legs Valdivielso y Vidal. — Rente de 204 fr. à partager en secours à des pauvres aveugles ou atteints de maux d'yeux. En participation avec d'autres arrondissements.

VIe ARR.

Legs Nouspikel. — Rente de 2 800 fr. à distribuer à des jeunes filles ou femmes pauvres du VIe arr. 250 fr. au moins, 1 500 fr. au plus par tête.

Être Française, âgée d'au moins 21 ans, habiter l'arr. depuis au moins 6 mois. Inscriptions à la Mairie, du 1er au 15 avril.

Legs Lavocat. — 1° 8 rentes viagères de 300 fr., payables en janvier et en juillet, à des vieillards de l'un et l'autre sexe, de 60 ans au moins, mariés ou veufs, domiciliés dans le VIe arrondissement depuis 2 ans; 2° 3 secours de 200 fr., payables en juillet et en janvier, à 3 familles nécessiteuses domiciliées dans l'arrondissement et qui devront être remplacées, chaque année, par 3 autres familles.

Legs Servier. — 4 secours de 217 fr., annuels et viagers, payables en janvier, avril, juillet et octobre, sur « les Secours individuels » (hommes ou femmes, vieux, infirmes ou malades).

Legs David. — Rente de 115 fr. à affecter en avril à l'habillement d'un garçon et d'une fille devant faire leur première communion à la paroisse St-Germain-des-Prés, 65 fr. pour le garçon, 50 fr. pour la fille.

Legs Duranton. — Rente de 70 fr. à affecter au placement ou à l'entretien d'un enfant orphelin ou abandonné par ses parents.

Fondation Troisvallet. — Secours annuel et viager de 171 fr. en faveur d'un vieillard indigent domicilié sur la paroisse St-Sulpice.

Legs Deluard. — 1 353 fr. à répartir annuellement entre les crèches des anciens VIIe, VIIIe, IXe et XIe arrondissements (IIIe, IVe, VIe, XIe, XIIe, XIVe, XVe arrondissements actuels).

300 fr. sont payés par le VIe arrondissement, savoir : 150 fr. à la crèche municipale, 150 fr. à la crèche de Bethléem. Voir *Fondations à la disposition des Bur. de bienf.*

Fondation Telmon. — Les élèves des écoles, 5, rue Madame (garçons) et 12, rue de l'Abbé-Grégoire (filles), sont appelés à désigner, chaque année, 5 de leurs camarades comme bénéficiaires des prix Telmon, les 4 premiers devant recevoir une médaille et un habillement d'une valeur de 50 fr. au moins, le 5e une médaille d'encouragement.

Fondation Claire, duchesse de Grafton. — Secours annuel et viager de 596 fr., pour un malade incurable du ramollissement de la moelle épinière, habitant l'arrondissement; les candidats ne doivent avoir subi aucune condamnation.

VIIe ARR.

Fondation Orville. L'Œuvre des loyers, 140, rue du Bac (Maison Mère des Sœurs de St-V. de P. Fond. par M. l'intendant Orville (1874). — Rente de 6 000 fr., destinée à assister, pour le payement de leur loyer, les personnes de nationalité française habitant depuis 5 ans les IIe ou VIIe arrondissements, non inscrites au Bur. de bienf., et qui, autrefois aisées, appartiennent à la catégorie des pauvres honteux.

Fondation Orville-Mylius, 140, rue du Bac. Fond. par M. Orville (1874). — A pour but de secourir, sans distinction de culte, les anciens officiers, leurs veuves et leurs enfants, ne remplissant pas les conditions de durée de résidence nécessaires pour être secourus par l'Œuv. des loyers. Voir *Œuvres des loyers.*

VIIIe ARR.

Fondation des Conseillers municipaux. — Rente de 374 fr., attribuée à la mère de famille la plus méritante, tant comme conduite que comme nombre d'enfants.

Legs Cottenet. — Rente de 502 fr. pour indigents ayant connu l'aisance.

Legs Gallard. — Rente de 300 fr. pour indigents domiciliés rue du fg St-Honoré, côté pair.

Legs Haussmann. — Rente de 100 fr. pour vieillards indigents du prénom de Thérèse ou Nicolas.

Legs Thomassin. — Pour ménage indigent de l'ancienne division du testateur (St-Philippe du Roule).

Legs Rouget. — Dot annuelle de 1 000 fr., attribuée à une jeune fille à la veille de se marier, née dans la Seine, habitant Paris depuis plusieurs années et domiciliée dans l'arrondissement. Être très méritante et avoir des certificats d'études et de travail manuel. Demande à faire avant le 1er mars.

Legs Rouget (1897). — Rente de 590 fr., destinée à la dotation de 2 jeunes filles habitant l'une le VIIIe arrondissement, l'autre un arrondissement désigné chaque année par le Préfet de la Seine.

Fondation Dubreuil. — Création par la Ville de Paris, au moyen d'un legs de Mlle Taniès, de l'Orphelinat Dubreuil, à Orsay (Seine-et-Oise).

IXe ARR.

Fondation Douaüd, 26, rue St-Georges. — Hôtel, somme de 250 000 fr. et rente de 15 000 fr., légués pour la fondation d'un asile dans l'immeuble, en faveur des garçons de recettes de la Ville de Paris. Cet asile fut supprimé par le conseil d'administration; le produit de la location ainsi que le revenu du legs servent à aider les bénéficiaires : 1° par des secours médicaux; 2° par des secours en espèces : allocations de loyers, payements de frais de séjour à l'hôpital, et pensions viagères pour vieillards, veuves et orphelins.

Xe ARR.

Fondation Ledru. — Rente de 500 fr., destinée à la dotation d'une jeune fille habitant le Xe arrondissement.

Legs Blanchet. — Rente de 2 730 fr., destinée à doter 2 jeunes filles et un jeune homme, ouvriers, domiciliés dans le Xe arrondissement depuis 4 ans au moins.

XIe ARR.

Legs Mérice. — Rente de 1 410 fr., destinée à doter chaque année une jeune fille choisie dans le XIe arrondissement.

Legs Préaux. — Rente de 2 985 fr., destinée à doter 2 jeunes filles du XIe arr.

Legs Grimal (1870). — Rente de 532 fr., en faveur des veuves d'ouvriers du XIe arrondissement morts pour la patrie.

XIe et XXe ARR.

Legs Dethorre. — Rente de 5 087 fr., destinée à doter 2 jeunes filles appartenant aux XIe et XXe arrondissements.

XIIe ARR.

Legs Veuve Guérin. — Rente de 1 450 fr., en faveur de la Crèche de Picpus, 2 *bis* et 4, ruelle des Tourneux.

Legs Calemard. — Rente de 294 fr., en faveur d'une jeune fille pauvre, laborieuse et de bonne conduite du quartier des Quinze-Vingts.

XIIIe ARR.

Fondation Noleval. Maison hospitalière de la rue Vandrezanne, 22, rue Vandrezanne. — Fond. par Mme Noleval, qui a laissé à cette fondation : le produit d'une maison de rapport pour couvrir les frais d'asile et de nourriture des indigents de l'arrondissement, et l'immeuble qui les abrite. Les ménages y reçoivent en outre une gratification de 5 fr. et les isolés de 2 fr. par mois.

XIVe ARR.

Legs de Mlle Gaultry. — Rente de 564 fr., pour récompenser une rosière choisie dans le XIVe arrondissement.

XVe ARR.

Fondation Hôpital Boucicaut, rue de la Convention, à l'Assist. pub. — Rente annuelle de 223 000 fr., attribuée à un hôpital destiné aux malades des quartiers de la Muette, Auteuil, Javel, Boulogne et Issy-les-Moulineaux. Voir *Hôpitaux*.

XVIe ARR.

Fondation Fabien. — Rente de 2 400 fr., léguée pour être distribuée en dots de 300 fr. (2 par quartier) à des jeunes filles pauvres et honnêtes de l'arrondissement, sans distinction de culte.

Fondation Chardon-Lagache (Assist. pub.), à Auteuil. — Revenu annuel de 99 940 fr., destiné à fonder un asile pour les vieillards des deux sexes âgés de 60 ans. Voir *Vieillesse*.

Fondation Debolle (1896). — Rente de 600 fr., constituée pour être attribuée chaque année à une jeune fille pauvre, mineure, mais âgée de 18 ans au moins et habitant depuis plusieurs années le XVIe arrondissement.

Legs Parent. — Rente de 30 800 fr., destinée à l'entretien et au fonctionnement de l'Orphelinat Parent de Rosan, à Auteuil, à la dotation de j. filles sortant de l'établissement, et à diverses œuv. de bienfaisance.

XVIIe ARR.

Legs Carton. — Dots de 330 fr., attribuées aux dix plus pauvres. Bur. de bienf. de Paris. Une dot est attribuée chaque année par le Bur. de bienf. du XVIIe arrondissement, concurremment avec le curé de Ste-Marie des Batignolles. Aucune condition particulière n'est exigée pour l'obtention de cette dot, qui est payée au mari le jour du mariage civil.

XVIIIe ARR.

Legs Veuve Vassor. — Rente de 100 fr., en faveur de 2 jeunes filles âgées de 12 ans, désignées par la municipalité du XVIIIe arr.

Legs Modeste (1893). — Rente de 900 fr., en faveur de l'ouvrier ou ouvrière habitant Belleville ou Montmartre, ayant le plus grand nombre d'enfants vivants.

XIXe ARR.

Legs Veuve Cuvillier (1882). — Rente de 224 fr., destinée à venir en aide à une jeune fille du XIXe arrondissement.

Legs Bouscère (1892). — Rente annuelle de 1 200 fr. en faveur de femmes sortant du Refuge Pauline Roland, 37, rue Fessart.

BANLIEUE

ARCUEIL-CACHAN. — **Fondation Raspail.** — Asile laïque du premier âge jusqu'à 3 ans. Grat.

Fondation F.-V. Raspail (1900). — Legs d'un million laissé par M. Benjamin-François Raspail. Préfecture de la Seine. Pour la fondation d'un hospice de vieillards. Voir *Vieillesse.*

Fondation Regnault (1845). — Rente de 100 fr. pour les pauvres de la commune.

Fondation Regnault (1848). — Rente de 500 fr. léguée par Mme Regnault, veuve Garriau, pour les pauvres de la commune.

Fondation Montariol (1881). — Rente de 500 fr. pour 10 pauvres de la commune, ouvriers, pères de famille.

Fondation Vattier (1852). — Rente de 600 fr. au profit du Bur. de bienf., à distribuer aux pauvres de la commune désignés par le Bur. de bienf., conjointement avec le Curé de la paroisse d'Arcueil.

Legs Dinet (1855). — Somme de 10 000 fr., pour les pauvres de la commune.

Legs Colmet (1858). — Somme de 3 000 fr., léguée au Bur. de bienf.

Fondation Jeanson. — Somme de 2 000 fr., pour secours aux pauvres le jour du décès du donateur.

Legs Gauché. — Rente de 98 fr. léguée au Bur. de bienf., à condition que la commune entretiendra la sépulture de la famille.

Legs Frédéric Clion. — Donation faite par Mme Gauché d'une omme de 10 000 fr. à la Caisse des écoles, dont le produit doit être éparti en livrets de Caisse d'épargne destinés aux enfants pauvres et méritants des écoles primaires.

ASNIÈRES. — **Legs Chaspoul.** — Rente annuelle de 300 fr., pour récompenser une jeune fille honnête et sage qui soutient ses parents par son travail.

BOURG-LA-REINE. — **Fondation Pertuizot.** — Rente annuelle de 900 fr. remise, chaque année, le 2e dim. de la fête communale, à une jeune fille de 18 à 25 ans, née à Bourg-la-Reine.

CLAMART. — **Fondation Ferrari.** — Léguée par la duchesse Galliéra. Asile pour vieillards. Grat. Voir *Vieillesse.*

COURBEVOIE. — **Fondation Lambrechts.** — Rente annuelle de 102 453 fr., destinée à la fondation d'un hospice pour infirmes et incurables des deux sexes protestants. Voir *Incurables.*

ENGHIEN. — **Versements anonymes.** — Rente de 270 fr., en faveur des élèves de l'Asile Ste-Jeanne, à Enghien.

FONTENAY-AUX-ROSES. — **Fondation Ledru-Rollin.** — Legs d'une propriété à la Ville de Paris, pour la création d'une maison de conval. pour les femmes accouchées dans les hôpitaux de Paris. Voir *Maternité. Convalescence.*

Fondation Veuve Arassus (1890). — Rente de 317 fr., destinée aux mères de famille les plus dignes d'intérêt, sortant de l'Asile Ledru-Rollin, à Fontenay-aux-Roses.

IVRY. — **Legs Molet.** — Rente de 621 fr., attribuée à une jeune fille vertueuse, ayant aidé à élever sa famille.

NANTERRE. — **Legs Jean-Baptiste Lemaître.** — Rente annuelle de 240 fr. pour un ménage pauvre.

Legs Pochard. — Rente annuelle de 120 fr. pour secourir deux ménages pauvres, par une allocation de 60 fr.

NEUILLY. — **Fondation Belœil.** — Rente annuelle de 56 300 fr., destinée à la fondation d'un hospice pour femmes incurables. Voir *Incurables.*

ROSNY-SOUS-BOIS. — **Legs Bruyer.** — Rente de 195 fr. pour les pauvres.

Legs Guichard. — Rente de 150 fr. *Id.*

Legs Hussenot. — Rente de 318 fr. *Id.*

Legs Cavaré. — Rente de 240 fr. *Id.*

Legs Richard Gardebled. — Rente de 100 fr. en faveur de vieillards indigents des deux sexes habitant la commune de Rosny-sous-Bois.

SAINT-MANDÉ. — **Legs Geoffroy.** — Deux prix, d'un livret de caisse d'épargne de 125 fr. chacun, pour prix de vertu à deux j. filles.

Legs Leroux. — Prix de vertu de 251 fr. 25 donné chaque année à une jeune fille, le 25 avril, jour anniversaire de la mort de la donatrice.

Legs Jamin-Gabory. — Rente de 175 fr., répartie chaque année, le j. de la St-Jean, entre 3 sapeurs-pompiers besogneux par suite de maladies ou infirmités.

Legs Bazin. — Prix de vertu de 100 fr. donné chaque année à un garçon ou à une fille de la commune.

Legs Durget. — Rente de 2 154 fr., servant à constituer une rente, par parties égales, à 3 vieillards choisis parmi les plus âgés et les plus nécessiteux de la commune.

Legs Sacrot. — Rente de 5 000 fr., répartie par sommes de 15 à 20 fr. entre les indigents inscrits au Bur. de bienf.

SAINT-MAURICE. — **Fondation Vacassy.** — Legs de 1 500 000 fr., laissé à l'État pour servir à fonder l'Asile national Vacassy, pour les hommes victimes d'accidents dans Paris, si ces accidents ont entraîné une incapacité de travail.

SCEAUX. — **Legs Renaudin** (1903). — Attribution d'une rente perpétuelle de 4 000 fr. par an au Bur. de bienf.

THIAIS. — **Legs Muller** (1875). — Rente annuelle de 2 162 fr., employée pour secours en nature aux indigents âgés de plus de 60 ans, habitant Thiais depuis au moins 5 ans.

Fondation Chèvre-d'Autreville (1835). — Don d'un immeuble affecté au logement d'indigents âgés d'au moins 60 ans, et habitant la commune depuis au moins 5 ans.

VINCENNES. — **Legs de Mlle Second.** — Rente de 1 200 fr. pour placem. d'un enfant, l'année de sa première communion.

VI. — Fondations et Legs attribués à diverses sociétés

Les Fondations et Legs attribués aux Œuv. et Stés de bienf. avec affectations spéciales sont mentionnés dans les notices correspondantes de ces Œuv. et Stés.

VII. — Fondations spéciales.

Fondation Carnegie. — Établissement public dit Fondation Carnegie. Siège au Ministère de l'Intérieur, 11, rue Cambacérès (1909). — Don à la France, par M. Carnegie, citoyen américain, de la somme de 5 000 000 de fr. destinée à récompenser les actes d'héroïsme civil accomplis sur le territoire français ou dans les eaux françaises (*Héro Fund*, constitué par le même bienfaiteur aux États-Unis, en Angleterre, au Canada).

Médailles et allocations renouvelables et proportionnées aux besoins des blessés ou des veuves et enfants des décédés, des 2 sexes, victimes de leur dévouement.

Commission permanente de 34 membres, nommés par le Ministre de l'Intérieur, pour l'administration de cette Fondation. Rapport annuel sur les bénéficiaires au *Journal officiel*.

Fondation Thiers, 31, avenue Bugeaud. Fond. par M. Thiers et Mlle Dosne (1893). — A pour but de permettre à des professeurs et à des licenciés d'attendre une position. Minimum d'âge : 26 ans. Durée du séjour : 3 ans. 5 nouvelles admissions par an. Grat. comprenant chambre, nourriture, chauffage, éclairage, blanchissage, etc.

Admissions après concours et références.

Fondation Lucien de Reinach, 17, rue d'Anjou, attribuée à l'Union coloniale. — Voir *Œuvres diverses de secours* (VIIIe *arr.*).

Fondation Alphonse de Rothschild pour l'amélioration des conditions de l'existence matérielle des travailleurs, 2, rue Laffitte. — Voir *Œuvres diverses de secours* (IXe arr.)

ENFANCE ET ADOLESCENCE

CHAPITRE V

MATERNITÉ

I. Femmes enceintes. — II. Accouchements. — III. Convalescence et Asiles maternels. — IV. Mutualités maternelles. — V. Cantines et Restaurants maternels. — VI. Œuvres diverses.

1° Femmes enceintes

A) Secours. — Toute femme enceinte indigente ou nécessiteuse peut adresser au Maire, président du Bur. de bienf. de l'arrondissement où elle est domiciliée, une demande de secours de grossesse, d'accouchement ou de conval. Cette demande donne lieu à une enquête discrète à domicile, suivie d'un rapport soumis à la délégation permanente du Bur. de bienf.

Avec le secours en argent sont accordés l'assist. grat. de la sage-femme et le maillot.

Le Service des enfants secourus (Assist. pub., 3, avenue Victoria) intervient aussi en faveur des mères seules et sans soutien.

Œuv. privées donnant des secours de maternité :

Société de charité maternelle, 43, boulevard des Batignolles. — Se présenter à la déléguée du quartier pendant les 2 derniers mois de la grossesse. Voir *Œuv. diverses de Maternité.*

Ligue française des mères de famille, 4, rue Richepanse. — Voir *Œuv. diverses de Maternité.*

La Mutualité maternelle, 39, rue des Petits-Champs. — Donne des secours de grossesse aux femmes qui entrent dans l'œuv., mais qui s'engagent à ne pas travailler pendant 1 mois après leurs couches. Voir *Mutualités maternelles*.

Œuvre de Saint-Raphaël, 297, rue St-Jacques. — Voir *Maternité*.

Association des mères de famille, 40, rue de Berlin. — Voir *Maternité*.

L'Assistance maternelle et infantile de Plaisance, 63, rue Vercingétorix. — Voir *Œuv. diverses de Maternité*.

Œuvre du Point-du-Jour, 214, av. de Versailles. — Voir *Id*.

Œuvre de l'allaitement maternel, 9, rue J.-B. Dumas.— Voir *Maternité*.

Le Foyer maternel, 6 *bis*, rue de l'Abbé-Grégoire. — Voir *Maternité*.

Œuvre de la crèche à domicile, 8, cité d'Hauteville, et 15, rue de la Parcheminerie. — Voir *Maternité*.

Société d'assistance maternelle et infantile des agents, sous-agents et ouvriers des P. T. T., 58, rue J.-J.-Rousseau.

L'Assistance maternelle et infantile de Grenelle, 47, rue de l'Église. — Voir *Œuv. diverses de Maternité*.

B) Consultations médicales gratuites pour femmes enceintes et mères de famille

Maternité, Maison-école d'accouchement, 119, boulevard de Port-Royal, tous les j. à 9 h. et à 2 h., lund. et vend. à 10 h.

Clinique Baudelocque, 125, boulevard de Port-Royal, tous les j. de 8 h. à 6 h.

Clinique Tarnier, 89, rue d'Assas, lund., vend. à 3 h., merc. à 9 h.

Hôpital Beaujon, 208, faubourg St-Honoré, tous les j. à 9 h.

— **Saint-Antoine**, 184, faubourg St-Antoine, mard., vend., à 9 h.

— **Tenon**, 4, rue de la Chine, tous les j. à 9 h.

— **Lariboisière**, 2, rue Ambroise-Paré, tous les j. à 9 h.

— **Saint-Louis**, 40, rue Bichat, tous les j. à 9 h.

— **La Charité**, 47, rue Jacob, lund., vend., à 9 h.

— **Boucicaut**, 78, rue de la Convention, tous les j. à 9 h.

— **Broca**, 111, rue Broca, tous les j. à 9 h.

— **Broussais**, 96, rue Didot, vend. à 9 h. et demie.

— **Pitié**, 1, rue Lacépède, tous les j. à 9 h. et demie.

— **Hérold**, 5, place du Danube, tous les j. à 9 h.

Œuvre de la Maternité de Notre-Dame de Bon Secours, 66, rue des Plantes, lund., merc., vend., à 9 h. et demie.

Policlinique Rothschild, 199, rue Marcadet, tous les j. à 9 h.

Policlinique de Paris, 48, rue Monsieur-le-Prince, mard., sam., à 3 h.

Asile Michelet, 235, rue de Tolbiac, mard., sam., à 1 h.

L'Assistance maternelle et infantile de Plaisance, 66, rue Vercingétorix, merc. à 1 h. et demie.

Œuvre du Point-du-Jour (assistance des mères et des nourrissons), 214, avenue de Versailles, 1er et 3e mard. à 1 h. et demie.

Union maternelle d'Issy-les-Moulineaux, 5, rue du Château, 1er dim. de chaque mois, de 8 à 9 h.

Refuge-ouvroir pour femmes enceintes, 203, avenue du Maine, et 9, rue J.-B.-Dumas, merc. et sam., à 10 h.

Le Foyer maternel, 172, rue de Vanves, lund., merc., vend., à 11 h.

Société « Pro Vita », 32, rue des Perchamps, lund., vend., à 4 h. et demie.

Union familiale, 185, rue de Charonne, 1er merc. du mois, de 2 h. à 4 h.

Société des Dames patronnesses de Courbevoie, 13, rue du Chemin-de-Fer, j. et h. variables.

Divers dispensaires, tels que : 18, r. de la Tour-d'Auvergne, mard. 4 à 5 h.

C) Dortoirs d'expectantes, réservés aux femmes enceintes dans les Maternités des hôpitaux suivants :

Maternité (42 lits), — Baudelocque (24), — Tarnier (24), — Tenon (12), — Beaujon (12), — Charité (10), — St-Antoine (9), — Pitié (6), — Lariboisière (6), — Boucicaut (6).

Dans les autres Maternités, les femmes enceintes ne sont admises avant terme qu'en cas d'état pathologique.

D) Asiles spéciaux pour femmes enceintes.

Ve ARR.

Asile-ouvroir de la Société philanthropique pour femmes enceintes, 253 et 255, rue St-Jacques (1885). — Admission grat. pour les 6 dernières semaines des femmes enceintes, mariées ou non, de toute religion. Sœurs de N.-D. du Calvaire. 120 lits, 17 berceaux. Voir *Sté philant.*

Asile Saint-Raphaël, 297, rue St-Jacques. — Reçoit 3 mois à l'avance les victimes d'une première faute. Voir *Accouchements.*

VIe ARR.

Le Foyer maternel, 6 *bis*, rue de l'Abbé-Grégoire. — Hôtellerie gratuite pour femmes enceintes, 172, rue de Vanves. Voir *Accouch.*

VIIe ARR.

La Maison de la mère, Institution populaire d'assistance sociale, 75 *bis*, rue de Varenne (1905). — Direction laïque, provisoirement dans une dépendance de l'ancien couvent du Sacré-Cœur. 12 lits pour femmes enceintes, ouvrières surtout de 14 à 18 ans, de toute religion et nationalité. Ouvroir pour hospitalisées recueillies dès le 5e mois jusqu'à leurs couches. On les reprend à leur sortie de l'hôpital, on place l'enfant en nourrice et on soigne les mères jusqu'à leur rétablissement. Grat.

Asile Sainte-Madeleine, 8, impasse Robiquet. — Reçoit dès le 6e mois des filles enceintes indigentes grat. ou à bas prix. Voir *Accouch.*

IXe ARR.

Société « Pro Vita ». — Fondation Rozanès. Œuv. philanthropique

de régénération de l'enfance, 62, rue Lafayette (1909). Établissement, 32, rue des Perchamps, XVIe arr. — Direction laïque. Accueille gratuitement 3 mois avant, et les conserve 3 mois après leurs couches, les femmes enceintes, sans distinction de nationalité, de race, de religion ou de classe. Allaitement maternel minimum de 3 mois. Les enfants des femmes accueillies sont gardés ou placés gratuitement jusqu'à l'âge de 7 ans au minimum, de 10 ans au maximum. 40 lits pour adultes, femmes et enfants des deux sexes.

Consult. grat. externes pour mères et enfants, lund. et vend. à 4 h. et demie ; — larynx, nez, oreilles, mard. à 4 h. et demie ; — yeux, merc., à 4 h. et demie ; — bouche et dents, jeud., à 4 h. et demie ; — culture physique, sam., à 4 h. et demie.

La Mère. Œuvre de protection et d'assistance familiale à la femme enceinte, 19, rue Tronchet. Fond. par Mme Boulier (1902). — Direction laïque. Procure aux femmes et aux filles-mères pauvres ou abandonnées un asile temporaire secret, pour mener à bien leur grossesse, les place ensuite chez des sages-femmes. Grat. complète suivant le cas, ou prix de 3 fr. par j., non compris 70 fr. de médecin.

XIIe ARR.

Hôpital-Fondation de Rothschild, 76, rue de Picpus. — Voir *Accouchements*.

XIIIe ARR.

Asile Michelet (municipal), 237, rue de Tolbiac (1893). — Dépendance de la Préfecture de la Seine. Reçoit gratuitement des femmes indigentes de toute religion, que leur état de grossesse empêche de travailler, et non encore admises dans les Maternités de l'Assist. pub. Personnel laïque. 200 lits. Admissions, mard. et sam., à 1 h., après visite médicale.

Conditions : être Française, indigente, domiciliée à Paris depuis un an, enceinte au moins de 7 mois et demi. Aucun autre renseignement n'est obligatoire. Couches à l'asile. Les femmes non admises peuvent se présenter à l'Asile municipal George Sand, 1, rue Stendhal, d'où elles sont dirigées sur l'Asile Pauline-Roland dans la limite des places disponibles.

XIVe ARR.

Refuges-ouvroirs pour les femmes enceintes dépendant de l'Œuvre de l'allaitement maternel. Recon. ut. pub. Fond. par Mme Béquet de Vienne (1876). — 1° 203, avenue du Maine (1892), 35 places ;

2° 9, rue Jean-Baptiste-Dumas (1904), 60 places ;

3° 25, rue St-Fargeau (1906), pour conval. 24 places.

Ces Refuges reçoivent gratuitement, dès le 8e mois de la grossesse, et sans enquête ni distinction de religion ou nationalité, toute femme mariée, veuve ou abandonnée qui se présente. Consult. grat. et admissions mard., jeud., sam., de 8 h. et demie à 9 h. et demie. Les hospitalisées sont dirigées sur les Maternités hospitalières au moment de l'accouchement.

Dispens. de puériculture, 9, rue Jean-Baptiste-Dumas. Conval. dans le 3e Refuge.

Secours d'allaitement temporaires ou annuels, garderie d'enfants.

Atelier de couture et de cartonnage permettant d'amasser un petit pécule entièrement remis au départ.

Sections à St-Maur-les-Fossés, Dispens., 23, avenue de la République, Joinville-le-Pont et Beauvais (Oise). Voir pour l'allaitement maternel, *Œuv. diverses de Maternité.*

XVIIIe ARR.

Abri Saint-Joseph, 38, rue de la Barre. — Voir *Asiles maternels.*

XIXe ARR.

Refuge-ouvroir Pauline-Roland (municipal), 35 et 37, rue Fessart (1890). — Hospitalisation grat. des femmes nécessiteuses pendant 4 mois. Personnel laïque. 157 lits, 21 d'enfants, 19 berceaux. Admission tous les j. à 9 h. après examen médical. Crèche, pouponnière, école maternelle, ouvroir et atelier de travail.

Limite d'âge de 8 ans pour les garçons. Les femmes accouchées placent leurs enfants à la crèche.

Service médical pour mères et bébés. Les enfants de 1 à 3 ans vont à la pouponnière, ceux de 3 à 8 ans (garçons), de 3 à 12 ans (filles) vont à l'école maternelle dans une des salles du Refuge.

Les fillettes de plus de 12 ans vont travailler à l'ouvroir avec leurs mères.

BANLIEUE

SAINT-MAUR-LES-FOSSÉS. — **Refuge-ouvroir pour femmes enceintes,** 23, avenue de la République. Section de l'Œuv. des refuges-ouvroirs, 9, rue J.-B. Dumas.

JOINVILLE-LE-PONT. — Section de la même œuv. , 15, rue des Marronniers.

2° Accouchements

1° Secours de l'Assistance publique. — Les femmes nécessiteuses peuvent demander au Bur. de bienf. la gratuité de l'*accouchement à domicile.* Cette gratuité est accordée après enquête par la délégation permanente du Bur. Les bénéficiaires doivent choisir sur la liste des sages-femmes attachées au Bur. de bienf. celle dont elles désirent les soins. Il leur est délivré une réquisition pour cette sage-femme, qui leur doit ses soins jusqu'à l'accouchement, puis pendant 9 j. Dans les postes de police de chaque quartier, un tableau est dressé des médecins et des sages-femmes qui ont accepté de se rendre aux réquisitions qui leur sont adressées la nuit. Un gardien de la paix accompagne le requérant au domicile demandé.

Secours pécuniaire une fois payé aux accouchées, accordé après examen du rapport de la sage-femme, dans les j. qui suivent l'accouchement.

Secours pour prévenir les abandons, payé par le Bur. de bienf., sur la proposition du directeur de l'Assist. pub. (Bur. des enfants assistés), aux filles-mères abandonnées, aux femmes veuves, abandonnées, séparées ou divorcées, etc., leur domicile de secours étant dans le département de la Seine.

Il est accordé aux mères qui envoient leur enfant en nourrice des *Secours en argent périodiques* pour aider au payement des mois de nourrice, et des *Secours en nature* (berceaux et maillots).

Fondations Couturier, Rubin, etc., secours pour accouchées. Voir *Fondations*.

2° Maternités de l'Assistance publique.

La Maternité, 119, boul. Port-Royal, XIVe arr. (1797). École d'accouchement. — Dépendant de l'Assist. pub. Personnel laïque. 216 lits, 181 berceaux, non compris 104 lits pour élèves sages-femmes. Reçoit gratuitement pendant le 9e mois de leur grossesse les femmes enceintes indigentes, domiciliées à Paris depuis 1 an, et sans justification d'indigence ni de domicile celles qui sont sur le point d'accoucher; leur donne une layette à leur sortie. Pensionnaires payantes à 3 fr. par j.

Faute de place, les femmes admises à la Maternité sont placées chez des sages-femmes agréées par l'Assist. pub., au nombre d'une centaine environ, disposant de 300 lits. Traitement de 9 j. Admissions tous les j. à 2 h., et réception d'urgence à toute h. de jour et de nuit.

Service de nouveau-nés débiles avec 50 berceaux et 45 couveuses. Consult. des nourrissons, merc. et sam., à 9 h. — Consult. de gynécologie, tous les j. à 9 h. et 2 h., mard. et sam. à 10 h., lund., merc. et vend. à 11 h.

Dans l'un des services, les femmes en couches peuvent réclamer le secret, et être admises sans donner leur état civil. Visite des étrangers jeud. et dim. par 3 personnes désignées par elles.

Clinique d'accouchement Baudelocque, 125, boulevard de Port-Royal, XIVe arr. (1890). — Dépendant de l'Assist. pub. Personnel laïque. 188 lits, 75 berceaux.

Reçoit gratuitement les femmes indigentes dans les mêmes conditions qu'à la Maternité, et, en cas d'urgence, à toute h. de jour et de nuit.

Consult. de gynécologie mard., jeud. et sam., à 9 h.; — de femmes enceintes tous les j. de 8 h. à 10 h.

Clinique d'accouchement Tarnier, 89, rue d'Assas (1774). — Dépendant de l'Assist. pub. Personnel laïque. 212 lits, 81 berceaux. Admission grat. des femmes enceintes indigentes dans le 9e mois de grossesse pour être soignées, soit en salles, soit chez les sages-femmes agréées de l'administration. Admissions tous les j. à 3 h.

Consult. de nourrissons, lund. et vend., à 9 h. — Consult. de gynécologie, jeud., à 9 h. — Consult. dentaires, vend., à 9 h.

Services de maternité dans les hôpitaux suivants :

La Pitié, 1, rue Lacépède, 21 lits, 23 berceaux.

La Charité, 47, rue Jacob, 50 lits, 54 berceaux.

Saint-Antoine, 184, faubourg St-Antoine, 65 lits, 80 berceaux.

Beaujon, 208, faubourg St-Honoré, 75 lits, 65 berceaux.

Lariboisière, rue Ambroise-Paré, 62 lits, 74 berceaux.

Tenon, 4, rue de la Chine, 63 lits, 99 berceaux.

Boucicaut, 78, rue de la Convention, 32 lits, 35 berceaux.

Saint-Louis, 40, rue Bichat, 58 lits, 73 berceaux.

En dehors de ces Maternités, on compte des berceaux dans les hôpitaux suivants :

Bichat, boulevard Ney, 3 berceaux.

Bretonneau, 2, rue Carpeaux, 33 berceaux.

Broca, 111, rue Broca, 58 berceaux.

Les Enfants-Malades, 149, rue de Sèvres, 74 berceaux.

Hérold, 5, place du Danube, 80 berceaux.

Hôtel-Dieu, Parvis-Notre-Dame, 4 berceaux.

Laënnec, 42, rue de Sèvres, 20 berceaux.

Necker, 151, rue de Sèvres, 16 berceaux.

Trousseau, 158, rue Michel-Bizot, 48 berceaux.

Claude-Bernard, porte d'Aubervilliers, 3 berceaux.

Bastion 29, porte de Flandre, 62 berceaux.

3° Maternités et œuvres privées.

Ve ARR.

Œuvre de Saint-Raphaël, 297, rue St-Jacques. Fond. par M. l'abbé Ferrand de Missol (1860). — Direction laïque. Procure un abri momentané à Antony, 15, rue de Verrière, et tous moyens de réhabilitation aux victimes d'une première faute. Prix demandé en général : 2 fr. par j., moins et plus s'il y a lieu. Soins médicaux par une sage-femme attachée à l'œuv. Séjour moyen de 4 mois et placem. en nourrice, puis à l'Asile d'Antony, où les enfants sont recueillis et entretenus depuis l'âge de 2 ans pour 25 fr. par mois. Maison de famille à Auteuil pour jeunes servantes sans place.

Œuvre de la crèche à domicile, 15, rue de la Parcheminerie (1850). — Sœurs de St. V. de P. A pour but d'assister des femmes indigentes mariées, habitant depuis 2 ans la paroisse, en leur fournissant au moment des couches des secours d'argent (10 fr. par mois), ou des dons en nature, berceaux et layettes. Voir *Crèches*.

VIe ARR.

Asile Sainte-Madeleine, boulevard Montparnasse, 8, impasse Robiquet. Fond. par Mme de Brigode (1866). — 30 lits. Reçoit des filles enceintes dès le 6e mois, moyennant pension de 30 fr. par mois en salle commune, à prix variable en chambre. Le plus grand nombre est admis grat., mais contribue à la dépense par des travaux de couture.

Le Foyer maternel, 6 *bis,* rue de l'Abbé-Grégoire. — Œuv. d'assist. grat. à la mère et à l'enfant.

1° Hôtellerie grat. pour femmes enceintes et mères nourrices, quelle que soit l'époque de la grossesse, 172, rue de Vanves ;

2° Dispens.-hôp. d'accouchement, 172, rue de Vanves. Fond. par un Comité de dames. — Direction laïque. Jeud., sam., à 4 h., consult. et soins grat. Crèche de 12 berceaux. Goutte de lait. Cours de puériculture pour sages-femmes et infirmières ;

3° Service de placem. grat. L'œuv. met à la disposition de toute femme enceinte un ensemble d'aide et de secours, à la seule et unique condition que la future mère vienne faire suivre sa grossesse au Dispens.-hôp. de l'œuv.

Aucune distinction de religion, nationalité ou état civil.

Bur. central ouvert les mard., jeud , vend., de 2 à 4 h.

VIIe ARR.

Société maternelle parisienne, 116, r. de Grenelle.— Voir *Œuv. diverses.*

VIIIe ARR.

Société de charité maternelle, 43, boul. des Batignolles. —Voir *Œuv. diverses.*

IXe ARR.

Œuvre des femmes en couches, siège au Comité de bienf. israélite de Paris, 60, rue Rodier (1862). — Recon. ut. pub. Direction israélite. Fait assister par une sage-femme, pendant et après les couches, des femmes israélites indigentes, mariées, habitant Paris depuis deux ans au moins. Dons de layettes, berceaux, lits, baignoires, pharmacie, lait, farines, chauffage. Secours de 10 à 25 fr. aux mères nourrices pendant chacun des 6 premiers mois.

Xe ARR.

Œuvre de la crèche à domicile, 8, cité d'Hauteville (1869). — Sœurs de St. V. de P. Assistance aux mères indigentes mariées, demeurant sur la paroisse. Prêt de berceaux complets, dons de layettes et bons de pain, viande, bois et charbon. Voir *Crèches.*

XIIe ARR.

Hôpital-Fondation Rothschild, 76, rue de Picpus (1889). — Recon. ut. pub. Section d'accouchements grat. Personnel laïque. 16 lits, 5 berceaux. Ne sont admises au moment de l'accouchement que les femmes enceintes indigentes du quartier de Picpus, quittances de loyer exigées. Secours en argent et layettes.

XIIIe ARR.

Les Infirmières mutualistes, 5, rue Véronèse. — Soignent gratuitement à domicile les membres participants (2 fr. par an) et les membres de 21 Stés affiliées à la *Mutualité maternelle*.

XIVe ARR.

Maternité Ambroise Paré, 172, rue de Vanves. — Dépendant du Foyer maternel. Maison de santé à bon marché. Accouchement et gynécologie. Direction laïque. 60 lits. Inscription et consult. tous les j. à 10 h., dim. excepté. Atelier de couture pour hospitalisées.

Hôpital Notre-Dame de Bon Secours, 66, rue des Plantes. — Dames Augustines de l'Hôtel-Dieu. Reçoit des femmes enceintes à la fin de leur grossesse ou au moment de l'accouchement.

Séjour de 3 semaines. Prix pour 20 j. : 220 fr. en chambre à 2 lits ; 300 à 340 fr. en chambre à 1 lit.

XVe ARR.

Œuvre de Notre-Dame de l'Assistance, 350, rue de Vaugirard, anciennement rue Cassini. Fond. par M. l'abbé Ferrand de Missol (1860). — Les Sœurs de l'assist. maternelle vont soigner gratuitement les femmes indigentes en couches des XIVe et XVe arrondissements, font leur ménage, soignent les enfants, et les assistent encore par des dons en nature. Elles soignent également à domicile les dames fortunées, et la rétribution qu'elles en reçoivent leur permet de soigner gratuitement les plus indigentes.

Maternité Sainte-Félicité, même adresse (1900). — Reçoit gratuitement pour leurs couches des femmes indigentes, spécialement des XIVe et XVe arrondissements. Layettes et secours à leur sortie. 9 lits.

3° Convalescence et Asiles maternels

1° Secours de convalescence.

Fondation Montyon (1820). — Secours de conval. Voir *Fondations*.

Fondation Bettina de Rothschild (1892). — Secours de 10 à 50 fr. aux accouchées nécessiteuses sortant des hôpitaux de Paris. La demande doit être présentée au directeur de l'hôpital, qui alloue lui-même les secours sur les fonds mis à sa disposition. Voir *Fondations*.

Fondation Couturier. — Secours de conval. Voir *Fondations*.

Fondation Rubin. *Id.* — Voir *Fondations*.

Fondation Arassus (1890). — Secours légués à la Ville de Paris pour les mères de famille dignes d'intérêt, sortant de l'Asile Ledru-Rollin.

Société de charité maternelle, 43, boul. des Batignolles. — Secours de conval. aux femmes mariées indigentes, domiciliées à Paris depuis 5 ans. Secours en argent réserv. aux Françaises. Voir *Œuv. diverses*.

Société protectrice de l'enfance, 19, rue St-Pétersbourg. — Secours de conval. aux mères chargées d'enfants. Voir *Œuv. diverses*.

Société des berceaux, 9, rue Dumont-d'Urville. — *Id.* Voir *Œuv. diverses.*

Œuvre des layettes, 9, place des Ternes. — *Id.* Voir *Œuv. diverses.*

Association des mères de famille, 40, rue de Berlin. — *Id.* Voir *Œuv. diverses.*

Le Dû aux mères, 36, boul. du Temple. — *Id.* Voir *Œuv. diverses.*

Société des Dames patronnesses de Courbevoie, 13, rue du Chemin-de-fer. — *Id.* Voir *Œuv. diverses.*

2° Asiles maternels.

Ier ARR.

Asile de Mary-sur-Marne (Seine-et-Marne). Fondation Borniche, 3, avenue Victoria (1901). — Recon. ut. pub. Dépend de l'Assist. pub. Reçoit gratuitement et temporairement, 20 j. en moyenne, des femmes relevant de couches, sans enfants, provenant des maternités, des hôp. de Paris publics et privés, ou soignées à domicile.

Asile Ledru-Rollin (municipal), à Fontenay-aux-Roses, 2, rue de Bagneux (1892). Dépendant de la Préfecture de la Seine, Hôtel de Ville. — Personnel laïque. 60 lits et 60 berceaux. Reçoit gratuitement les femmes relevant de couches et leurs nouveau-nés sortant des maternités et hôp. de Paris, où une voiture spéciale vient les prendre les mard. et vend. Séjour moyen de 15 j de conval. Soins médicaux. Les hospitalisées ne sont soumises à aucun travail. Elles allaitent et soignent leur enfant. Divers secours sont donnés à la sortie pour loyer, mise en nourrice, vêtements. Placem. Le Refuge-ouvroir Pauline-Roland admet celles qui sont sans asile.

VIIIe ARR.

Asile national du Vésinet (Seine-et-Oise). Dépend du Ministère de l'Intérieur, place Beauvau. — Reçoit gratuitement des femmes relevant de couches et leurs nourrissons. Séjour normal de 15 j.

XIIe ARR.

Refuge protestant, 20, rue du Sergent-Bauchat. — Reçoit grat. des femmes et filles-mères, sans distinction de culte ni de nationalité.

XIVe ARR.

Asile maternel de la Société Philanthropique. Maison de conval. Georgina-Rose, 201, avenue du Maine, passage Rimbaut (1886). — Sœurs auxiliatrices de l'Immaculée-Conception. 40 lits. Séjour grat. de 15 j. de femmes mariées ou filles-mères indigentes, de toute religion ou nationalité, avec ou sans leur nouveau-né. Infirmerie. Placem. de l'enfant en nourrice. Dispens. grat. Bulletin de naissance de l'enfant et bulletin de sortie de la Maternité obligatoires.

Refuge pour femmes enceintes et dispensaire de puériculture, 203, avenue du Maine. Siège social, 9, rue J.-B.-Dumas. — Fond. par Mme Béquet de Vienne. Admission au Refuge les mard. et sam., à 9 h.

du mat. Soins grat. à la femme et à l'enfant les mard. et sam., de 8 h. à 9 h. et demie. Voir *Œuv. diverses.*

XVe ARR.

Asile-ouvroir de Gérando, 82, rue Blomet. Fond. par le baron de Gérando (1839). — Recon. ut. pub. Sœurs de Marie-Joseph. 50 lits. Recueille gratuitement, quelques semaines à quelques mois, les filles-mères de 15 à 24 ans sortant des hôp., sans place et sans ressources, après leur accouchement. Ouvroir annexé. P[illegible]n. Placem. comme servantes, employées, infirmières, etc.

XVIIe ARR.

Refuge pour femmes enceintes et dispensaire de puériculture, 9, rue Jean-Baptiste-Dumas. Fond. par Mme Béquet de Vienne. — Consult. pour les femmes et les enfants, tous les j. à 10 h. Voir *Œuv. diverses.*

XVIIIe ARR.

Abri Saint-Joseph, Œuvre de l'hospitalité universelle et gratuite de Notre-Dame des Sept-Douleurs, 38, rue de la Barre. — Reçoit gratuitement des femmes abandonnées ou filles repentantes enceintes ou avec leur enfant, à la condition de l'élever jusqu'au moins 18 mois. Ceux-ci peuvent rester dans la maison.

XIXe ARR.

Refuge municipal Pauline-Roland, 35, rue Fessart (1890). — Reçoit, loge et nourrit gratuitement un certain nombre de femmes indigentes relevant de couches. Pouponnière, école maternelle, ouvroir, placem. Voir *Asiles de nuit.*

XXe ARR.

Asile municipal George-Sand, 3, rue Stendhal (1884). — Renferme 30 berceaux et lits pour femmes accouchées et sans asile. Grat. Les femmes enceintes sont gardées jusqu'à ce qu'elles puissent être envoyées au Refuge Pauline-Roland, 35, rue Fessart, ou à l'Asile Michelet, 237, rue de Tolbiac. Les nourrices sont gardées jusqu'à leur placem. Aucune formalité d'admission. Garçons jusqu'à 10 ans. Les noms et qualité de Française non exigés. Admission tous les j., de 4 h. à 6 h. en hiver, de 5 h. à 7 h. en été. Voir *Asiles de nuit.*

L'Aide maternelle, 25, rue St-Fargeau. Siège de l'œuv., 31, rue La Boétie (1906). — Maison de conval., où les femmes sont hospitalisées avec leurs enfants, pendant une période de 15 j. renouvelable à la sortie des Maternités. 25 lits et 25 berceaux. Admission grat. à toute heure de jour et de nuit, sans condition. Dépendance de l'Œuv. de l'allaitement maternel. Voir *Œuv. diverses.*

BANLIEUE

NANTERRE. — **L'Abri maternel pour mères nourrices**, 2, rue des Grands-Champs. Fond. par Mme de la Falaise (1909). — Crèche et asile grat. pour mères allaitant un enfant de moins de 3 mois. École de bonnes d'enfants. Assistance par le travail à l'atelier. Placem. Mères et enfants sont habillés et pourvus par l'œuvre du nécessaire. 12 lits.

NEUILLY. — **Maison de convalescence**, 3, rue Chauveau, Neuilly-sur-Seine. — Dames diaconesses. 34 lits et berceaux réservés à des mères nourrices, protestantes et mariées, qui y sont reçues gratuitement pendant 3 à 4 semaines. Les filles-mères sont reçues au Refuge protestant, 20, rue du Sergent-Bauchat.

4° Mutualités maternelles

Pour encourager les mutualités familiales, l'État accorde une subvention de 0 fr. 50 par femme de 16 à 45 ans à toute Sté de secours mutuels assimilant l'accouchement à la maladie, et imposant à ses membres un repos obligatoire d'un mois (Ministère du Travail et de la Prévoyance sociale).

Un certain nombre de Stés de secours mutuels se sont entendues avec l'Œuv. de la mutualité maternelle de Paris, et y ont fait inscrire leurs membres. De notables industriels ont eu recours aussi à la Mutualité maternelle, et y ont fait inscrire leur personnel féminin.

La Mutualité maternelle, 39, rue des Petits-Champs. Fond. par M. Félix Poussineau (1892). — A pour but de donner aux sociétaires, lorsqu'elles sont en couches, une indemnité suffisante pour qu'elles puissent s'abstenir de travailler pendant 4 semaines, et pour leur permettre de se soigner et de donner à leur enfant les soins qu'il réclame pendant les premières semaines qui suivent sa naissance.

Toute femme employée, ouvrière, ménagère ou domestique, de nationalité française, âgée de seize ans au moins, domiciliée à Paris ou dans le département de la Seine, peut s'inscrire dans une section sous condition de verser une cotisation de 3 fr. L'inscription doit précéder au moins de 10 mois l'accouchement.

Toute sociétaire reçoit une indemnité de 12 fr. par semaine pendant 4 semaines, soit 48 fr., à dater du jour de son accouchement, à condition de s'abstenir de tout travail pendant ces 4 semaines. L'indemnité est de 15 fr. par semaine, soit 60 fr., pour la mère de 6 enfants vivants, lors de la naissance du septième. L'indemnité est élevée de moitié en cas d'accouchement double. Prolongation de l'indemnité pendant 3 semaines, sur la demande de l'accouchée et l'attestation du médecin motivant l'impossibilité de reprendre le travail. Prime de 10 fr. en plus, si la mère nourrit son enfant. Informer de l'accouchement dans les 5 jours.

Dispens. grat. pour les mères participantes et leurs jeunes enfants, et consult. au siège social, les mard. et sam. de 11 h. et demie à 1 h., jeud. de 4 h. à 5 h. Consult. de nourrissons dans toutes les sections. Voir *Consult. de nourrissons*.

Les participantes sont admises gratuitement, à la fin de leur grossesse, au Refuge-ouvroir de l'avenue du Maine, en conval. à l'Asile du Vésinet, ou à l'Asile de Fontenay-aux-Roses.

Secours de vêtements, layettes, bons de lait, d'aliments, de chauffage, etc.

Inscriptions au siège social, tous les j. sauf dim., de 9 h. à 5 h., et dans les *Sections* suivantes, formant chacune une œuv. distincte.

Sections de la mutualité maternelle :

Ier ARR. 15, rue Jean-Lantier.
IIIe — 10, rue Debelleyme.
IVe — 21, rue Charles-V.
Ve — 15, r. des Bernardins.
— — 60, rue Monge.
Xe — 95, fg St-Martin.
XIe — 185, rue de Charonne.
XIIe — 3, rue du Congo.
XIIIe — 7, rue Gandon.
— — 129, rue de Tolbiac.
XIVe — 11, rue Boulard.
— — 66, r. Vercingétorix.
— — 88, r. du Moulin-Vert.
XVe — 14, r. Vigée-Lebrun.
— — 2, cité Canrobert.
XVe ARR. 25, rue de la Convention.
XVIe — 3, r. Claude-Chahu.
— — 214, av. de Versailles.
— — 30, av. Malakoff.
XVIIe — 27, rue Gauthey.
XVIIIe — 1, r. de la Louisiane.
— — 97, rue du Mont-Cenis.
XIXe — 9, rue Édouard-Pailleron.
XXe — 23, rue de la Duée.
— — 3, avenue Taillade.

Sections militaires, 30, rue et passage Dauphine.

31e rég. d'infanterie. Bastion 18, boulevard Mortier, à Paris.
46e — — Caserne de Reuilly, 20, rue de Reuilly.
89e — — — —
76e — — Caserne du Château-d'Eau, 12, place de la République.
101e — — Caserne de St-Cloud.
104e — — Caserne La Tour-Maubourg, 51, boulevard de la Tour-Maubourg.
103e — — École militaire.
28e — — Caserne de la Pépinière.

BANLIEUE

Alfortville, 55, rue de Villeneuve.
Asnières, 17, av. d'Argenteuil.
Bagnolet, 18, av. du Centenaire.
Bellevue-Meudon, 11, r. Nouvelle.
Bondy, à la mairie.
Bourg-la-Reine, 33, Grande-Rue.
Champigny, à la mairie.
Charenton, 3, r. des Quatre-Vents.
Châtenay, à la mairie.
Chaville, 3, avenue de Louvois.
Choisy-le-Roi, 17, rue de Seine.
Clamart, 20, rue de Trosy.
Clichy, à l'annexe de la mairie, rue Dagobert.
Courbevoie, 11 *ter*, rue du Chem.-de-Fer.

Créteil-Bonneuil, 16, Grande-Rue.
Gennevilliers, à la mairie.
Gentilly, 14, rue de la Glacière.
Issy-les-Moulineaux, 34, rue des Moulineaux.
Ivry, à la mairie.
Kremlin-Bicêtre, 5, rue Étienne-Dolet.
La Courneuve, 33, rue d'Aubervilliers.
La Plaine St-Denis, 143, av. de Paris.
Le Bourget, à la mairie.
Le Perreux, 5, rue Denfert-Rochereau.
Les Lilas, à la mairie.
Levallois-Perret, 45 *bis*, rue Gide.
Maisons-Alfort, à la mairie.
Nanterre, 24, avenue Gambetta.
Neuilly-s.-Seine, 11, rue des Poissonniers.
Nogent-s.-Marne, 99, rue Théodore-Honoré.
Noisy-le-Sec, à la mairie.
Pavillons-sous-Bois, à la mairie.
Puteaux, 42, boul. Richard-Wallace.
Rueil, 15, rue de Suresnes.
St-Cloud, 8, pass. du Ch.-de-Fer.
St-Denis-Nord, 1, pet. r. St-Marcel.
St-Denis-Plaine, 143, av. de Paris.
St-Maur-des-Fossés, 23 *bis*, rue de la République.
Sceaux, 10, rue Lebouvier.
Sèvres, à la mairie.
Vincennes, 9, rue de Strasbourg.

Mutualité maternelle de la Seine, 36, boulevard Voltaire (1905). — Cotisation de 3 fr. par an donnant droit à toute Française, âgée au moins de 16 ans, et demeurant dans le département de la Seine, à une indemnité de 10 fr. par semaine pendant 1 mois à dater du jour de l'accouchement.

On doit s'engager à ne pas travailler pendant 4 à 6 semaines après l'accouch., et à donner tout son temps à la conval. et au nouveau-né.

Une prime supplémentaire de 10 fr. par mois est accordée à toute sociétaire allaitant elle-même son enfant au sein pendant les 8 mois qui suivront l'indemnité d'accouchement.

En cas d'accouchement double, l'indemnité est portée à 15 fr. par semaine de vie des 2 enfants, pendant 4 semaines. En cas de décès de la mère, l'indemnité est continuée pour l'enfant, s'il est assuré de soins surveillés. En cas de décès de l'enfant, mêmes droits et même indemnité. L'inscription doit précéder les couches d'au moins 9 mois.

La Couturière, 46, rue St-Lazare (1880). — Sté de secours mutuels et de prévoyance pour les ouvrières en couture. Versement aux sociétaires en couches d'une somme de 50 fr., si elles s'obligent à ne reprendre leur travail qu'après 4 semaines, et d'une nouvelle somme de 50 fr., si elles allaitent leur enfant pendant 2 mois. Gratuité du médecin, des sages-femmes de l'assoc., des médicaments et des bains. Indemnité de 15 fr. aux sociétaires préférant un médecin et une sage-femme de leur choix. Prévenir le siège social dans les 48 h. de l'accouchement. Caisse de prêts et placem. grat.

Cotisation des sociétaires de 2 fr. par mois, et d'un supplément de 1 fr. pour frais funéraires et concession de sépulture de 5 ans.

La Parisienne, 25, rue de Maubeuge,
L'Union du commerce, 106, rue de Vaugirard,
La Corsetière, 163, rue St-Honoré,
L'Avenir, 18, rue François-Ier.
Et 15 autres Mutualités ont les mêmes modes d'assist. maternelle.
Mutualités maternelles diverses :
BILLANCOURT, 84, rue Thiers.
BOULOGNE-SUR-SEINE, 31, rue de Silly.
BRY-SUR-MARNE, à la mairie. Secours pécuniaires pendant 20 j.
COLOMBES, 41, rue de Paris.
ÉPINAY-SUR-SEINE, à la mairie. Mut. locale et œuv. du 3e enfant.
IVRY, à la mairie.
MALAKOFF, à la mairie.
MONTREUIL, 10 *bis*, rue Kléber.
PAVILLONS-SOUS-BOIS, à la mairie.
PRÉ-SAINT-GERVAIS, à la mairie.
THIAIS, dépend. de Choisy-le-Roi, de l'œuv. de Paris.

5° Cantines et restaurants maternels

IVe ARR.

Cantine maternelle de la Bastille, 16, quai de l'Hôtel-de-Ville (1908). — Repas de 11 h. à 1 h. et de 6 h. à 8 h., donnés gratuitement à toute mère, sans distinction de religion, d'état civil ou de domicile, qui allaite son enfant et qui est privée de ressources. Prix de revient moyen à l'œuv. par repas : 0 fr. 35. Consult. médicale grat. pour les mères et nourrissons.

Ve ARR.

Restaurants gratuits pour mères nourrices, Œuv. Henry Coullet du lait maternel. Siège, 17, rue Denfert-Rochereau. Œuv. fondatrice des établ. spéciaux pour l'alimentation grat. des mères nourrices. Fond. par M. et Mme Henry Coullet (1904). — Repas grat. aux mères nourrices dénuées de ressources, de 11 h. à 1 h. et de 5 h. et demie à 7 h. et demie. Aucun renseignement d'aucune sorte n'est demandé ni sur la religion, ni sur l'état civil. Le nom n'est pas exigé. Prix de revient moyen à l'œuv. : 0 fr. 35 par repas.

3 restaurants grat. : 2 *bis*, rue de l'Arbalète, Ve (Mouffetard); — 3, rue Niepce, XIVe (Plaisance); — 49, rue Ramponneau, XXe (Belleville).

VIe ARR.

Le Foyer maternel, 6 *bis*, rue de l'Abbé-Grégoire. Hôtellerie grat. pour femmes enceintes et mères nourrices. — Voir *Accouchements*.

XIIIe ARR.

Cantine maternelle du XIIIe arrondissement. Fond. par M. Charles Stern, 8, rue Lahire (1908). — Repas grat. de 11 h. à 1 h. et de 6 h à

8 h. du s. à toute mère indigente allaitant son enfant. Consult. de nourrissons pour les pensionnaires de la cantine, sam. de 11 h. à 1 h., et consult. médicales à toutes les mères jeud., à 4 h. Distribution grat. de lait stérilisé et médicaments suivant avis du Docteur.

XIVe ARR.

Restaurant gratuit pour mères nourrices, 3, rue Niepce (Plaisance).

XVe ARR.

Cantine maternelle du XVe arrondissement, 49, rue Gutenberg (1907). — Repas grat. à toute mère, sans distinction de religion, d'état civil ou de domicile, qui allaite son enfant et qui est privée de ressources. Prix de revient moyen à l'œuv. : 0 fr. 35 par repas. Consult. de nourrissons.

XVIIe ARR.

Cantine maternelle Clémentina, ancienne Goutte de lait, 2, impasse Roux, rue Rennequin. Fond. par MM. Ernesta et Charles Stern. — Direction laïque. Restaurant grat. pour mères nourrices, ouvert de 11 h. à 1 h. et de 6 h. à 8 h. s. Consult. des nourrissons dont les mères sont nourries à la cantine, vend. midi. Même consult. pour toutes les mères, mard. à 4 h. et demie.

XVIIIe ARR.

Cantine maternelle du XVIIIe arrondissement, 55, rue des Cloys (1906). — Repas grat. à toute mère sans ressources allaitant son enfant. Aucune distinction de religion, d'état civil et de domicile. Mat. : soupe, 1 plat de viande, 1 plat de légumes. S. : soupe, 1 plat légumes. Consult. de nourrissons mard. à 11 h. et distribution grat. de lait. Prix moyen de revient à l'œuv. : 0 fr. 33 par repas.

XXe ARR.

Restaurant gratuit pour mères nourrices, 49, rue Ramponneau.

Cantine maternelle du XXe arrondissement, 23, rue St-Fargeau (1907). — Section de l'Œuv. de l'allaitement maternel. Distribution de repas grat. aux mères sans ressources, allaitant leur enfant. Aucun renseignement n'est demandé sur leur état civil. Prix de revient moyen à l'œuv. : 0 fr. 30 par repas. Consult. de nourrissons vend. de 11 h. à 12 h. et demie.

6° Œuvres diverses

VIe ARR.

L'École des Mères, 19, quai Malaquais. Fond. par Mme Moll-Weiss (1897). — Direction laïque. Éducation ménagère, familiale et sociale. Consult. grat. de nourrissons lund. de 10 h. à midi. Consult. grat. de médecine pour adultes à 0 fr. 50, merc., à 10 h. et demie. Garderie enfantine, école de garde et jardin d'enfants, merc., jeud. et sam., de 2 h. à 6 h. et demie. Application, 8, rue de Prague (XIIe). Dispens. d'enfants, merc. de 10 h. et demie à midi. Renseignements, mard. et jeud. de 10 h. à midi. Un cours : 10 fr. par mois ; tous les cours : 100 fr. Bourses.

VIIIe ARR.

Société protectrice de l'enfance, 19, rue St-Pétersbourg (1865). — Rec. ut. pub. A pour but de protéger l'enfant dès sa naissance, de veiller sur lui pendant le premier âge, en le préservant contre l'abandon, l'incurie, les mauvais traitements et mauvais exemples ; de secourir les mères nécessiteuses, veuves ou abandonnées, de les aider à allaiter elles-mêmes leurs nouveau-nés, sans distinction de culte ou d'opinion, de vulgariser dans les familles les préceptes d'hygiène physique et morale des enfants et d'en favoriser l'application.

Inspections médicales régulières des enfants placés en nourrice en province, loin de leur famille. Les parents reçoivent tous les mois communication grat. du bulletin de santé de leur enfant.

Renseignements tous les j. de 2 h. à 4 h.

Visites à domicile par les Dames patronnesses et secours divers, layettes, berceaux, bons de viande et de lait, loyers, conseils aux mères.

Vaccinations grat. obligatoires. Primes en espèces aux mères et nourrices les plus méritantes.

Ligue française des mères de famille, 4, rue Richepanse (1901). — Sté d'assist. à domicile de la femme en couche et des enfants malades. Bons d'aliments, prêts pour 6 semaines de coffres de linge, d'ustensiles et objets de pansement, coffres installés dans chaque arrondissement de Paris, à St-Denis, etc., dans les mairies.

Œuv. du Trousseau de Bébé, 16, rue Choron, dons de berceaux, layettes, etc. Service d'inspectrices et d'infirmières dans chaque arrondissement.

Ier ARR. 10, rue des Bons-Enfants. Coffre de la Mut., 8, rue Bailleul.
IIIe — 92, rue Richelieu.
IIe — 134, rue de Turenne. Coffre de la Mut., 10, rue Debelleyme.
IVe — Permanence à la mairie tous les 15 j.
V[e] — Coffre de la Mut., 15, rue des Bernardins.
VIe — 7, rue Bara.
IXe — 16, rue Choron.
X[e] — 137, faubourg du Temple.
XIe — 327, rue de Charenton ; 128, avenue Parmentier. Coffre de la Mut., 185, rue de Charonne.
XIIe — 241, rue de Charenton ; 77, avenue St-Mandé. Coffre de la Mut., 46, rue Charolais.
XIIIe — 128, avenue Parmentier ; 20, rue du Banquier.
XIVe — 6, rue Nansouty ; 130, boulevard Montparnasse ; 6, rue Schœlcher.
XVe — 22, rue de Ponthieu ; 63, boulevard Garibaldi ; 87, boulevard Denfert-Rochereau. Coffre de la Mut., 25, rue de la Convention.

XVIe ARR. 77, rue Lauriston; 46, rue Cortambert. Coffre de la Mut., 214, avenue de Versailles.
XVIIe — 1, rue de la Néva; 77, rue Lauriston. Coffre du Dispens. de l'allaitement maternel, 10, rue J.-B.-Dumas.
XVIIIe — 36, rue Cavé.
XIXe — 165, rue de Belleville; 137, fg du Temple.
XXe — Permanence tous les 15 j., 296, rue des Pyrénées, aux Bains-douches. Coffre de la Mut., 23, rue de la Duée, le mard. mat.
CHOISY-LE-ROI. Coffre de la Mut., 19, rue de Seine.
SAINT-DENIS. Coffre de la Mut., rue de Paris.

Société de charité maternelle, 43, boul. des Batignolles. Fond. par Mme de Fougeret (1784). — Recon. ut. pub. A pour but d'assister au moment de leurs couches les femmes mariées, sans ressources, domiciliées à Paris depuis 4 ans au moins, sans distinction d'origine et de religion.

Secours à domicile à toute femme enceinte, indigente, ayant à sa charge 3 enfants de moins de 13 ans. Indemnité pour frais de couches : 10 fr. Layette valant 19 fr. Secours mensuel de 5 fr. pendant 10 mois : 50 fr., soit au total 79 fr., plus un berceau complet estimé 5 fr. 80.

Allocations supplémentaires, suivant les circonstances, notamment aux femmes enceintes ayant moins de 3 enfants à leur charge et aux mères de plus de 4 enfants.

Visites à domicile par 100 Dames déléguées, soit 5 par arrondissement, pour recevoir les demandes et distribuer les allocations accordées. Liste de leurs adresses au siège de l'œuv.

2 Filiales : Sté des berceaux. Voir *Premier âge;* et *Sté d'hygiène maternelle ci-après.*

Consult. de nourrissons. Orphelinat du premier âge (grat.), 18, rue Charles-Divry. Distribution de lait. Prime de 5 fr. aux mères suivant régulièrement la consult. Prime de 25 fr. aux plus dociles aux conseils médicaux.

Société d'hygiène maternelle. — Filiale de la Sté de charité maternelle et sœur de celle des berceaux; s'est préoccupée de l'inconvénient qu'il y a pour les nouvelles accouchées à se lever dès le 3e jour pour aller au lavoir, et a institué des bons grat. de blanchissage, mis à la disposition des Dames administrantes de la Sté de charité maternelle.

IXe ARR.

Association des mères de famille, 40, rue de Berlin. Fond. par Mme Badenier (1836). — Sté de secours à domicile pour les femmes en couches domiciliées à Paris, qui ne remplissent pas les conditions de la Sté de charité maternelle. Vient en aide aux femmes indigentes mariées et aux pauvres honteux par des dons en nature, berceaux, layettes, vêtements, bons de lait, d'aliments et de chauffage au moment de la naissance du 1er enfant. Secours matériels par des travaux de couture, et assist. morale des mères dont la situation est irrégulière. 62 Dames conseillères réparties dans chaque quartier pour accorder et distribuer ces secours. Travaux de couture à domicile.

Nulle demande n'est admise 6 semaines après les couches.

Le Dû aux mères. Œuv. d'assist. féminine, 6, rue Blanche (1903). — A pour but de venir en aide aux mères indigentes, sans distinction de culte et de nationalité. Assist. médicale à domicile, secours matériels d'urgence, prêts, placem. grat. et vestiaire.

XIe ARR.

Le Dû aux mères, 36, boulevard du Temple. Fond. par Mme Courvoisier. — Direction laïque. A pour but d'encourager et d'assister les mères nécessiteuses, sans distinction de religion. Primes aux meilleures mères nourrices. Envoi au grand air des enfants et mères anémiés. Fournit gratuitement à tous les enfants un livret de santé visé plusieurs fois par an par un Docteur de l'œuv.

XIVe ARR.

L'Assistance maternelle et infantile de Plaisance, 66, rue Vercingétorix. Fond. par Mlle Chaptal (1901). — Recon. ut. pub. A pour but d'assister les femmes enceintes et mères indigentes, d'enseigner l'hygiène de la grossesse et du premier âge, et de protéger les nourrissons. Surveillance des grossesses, soins pour suites de couches, bons d'alimentation, visites d'infirmières et soins à domicile, femme de ménage grat. pour les accouchées pendant 10 j. et plus.

Consult. grat. de nourrissons, lund., vend., à 1 h. et demie. Consult. grat. de femmes, merc., à 1 h. et demie.

Dispens. grat., pesées, visites médicales, bons de lait et de farines alimentaires, médicaments grat. aux enfants suivis par le dispens. jusqu'à 3 ans, bains, prêts grat. de linges, de baignoires, bons de charbon, secours de loyers, don de petites voitures d'enfants. Colonies de vacances et maison de repos.

Annexes d'œuv. de layettes et Section de la mutualité maternelle. Square d'enfants, 64 *bis*, rue Vercingétorix. Mères et enfants jusqu'à 5 ans. Admission sur certificats de santé; cartes visées au dispens., etc.

Union maternelle du XIVe arrondissement, 2, rue du Moulin-Vert (1905). — Direction laïque. A pour but de venir en aide aux mères malheureuses, d'encourager l'allaitement au sein, de surveiller l'hygiène et l'alimentation des nourrissons, et de lutter contre la mortalité infantile. Secours aux mères et aux enfants de 1 j. à 2 ans.

Consult. grat. de nourrissons jeud., à 10 h. m.

Distribution de lait stérilisé aux mères pauvres sur avis des Docteurs, de vêtements chauds, layettes, linges et secours en espèces. Cours grat. aux jeunes filles comme École pratique d'hygiène infantile. vaccination grat. Conseils médicaux aux mères, sur l'allaitement et les soins à donner aux bébés.

XVe ARR.

L'Assistance maternelle et infantile de Grenelle, 47, rue de l'Église. Fond. par Mme la comtesse de Choiseul (1906). — Direction laïque. Cette œuv. a pour but de venir en aide aux mères de famille au moins 1 mois avant l'accouchement et de diminuer la mortalité infantile. Prêts de linges, dons de berceaux et layettes. Blanchissage grat. pendant 1 mois. Soins et médicaments grat. Distribution de bons de lait, viande, pain, médicaments aux mères nourrices. Consult. de nourrissons, sam. de 2 h. à 4 h. Visite à domicile par les Dames patronnesses.

XVIe ARR.

Œuvre du Point-du-Jour. Assist. des mères et des nourrissons du XVIe arrondissement, 214, avenue de Versailles. Fond. par Mme Périer et le Docteur Aviraguet (1904). — Direction laïque. A pour but d'assister les mères sans ressources avant la naissance de leur enfant et pendant leur allaitement. Secours en indemnités d'accouchement, en primes d'allaitement et en nature, bons de pain, viande, pharmacie, lait. Caisse des loyers avec intérêt à 15 pour 100. Vestiaire.

Consult. maternelle et grat., 1er et 3e mard. à 1 h. et demie. Consult. grat. de nourrissons, lund., vend., sam., de 8 h. et demie à 9 h.

XVIIe ARR.

Œuvre de l'allaitement maternel et des Refuges-ouvroirs pour les femmes enceintes, 9, rue J.-B.-Dumas. Fond. par Mme Béquet de Vienne (1876). — Recon. ut. pub. A pour but de donner à la mère le moyen de nourrir son enfant, en la soutenant de son appui moral et matériel. Visites à domicile par 100 Dames patronnesses et 130 médecins. Secours en nature pendant 1 an au moins : bons de viande et de pain, layettes, berceaux, lits, matelas, couvertures, draps, vêtements, chaussures, lait stérilisé. Visites médicales grat. Aucune considération de croyances et d'état civil.

Dispens. et asiles grat., 203, avenue du Maine, et 9 rue J.-B.-Dumas.

3e asile, 25, rue St-Fargeau, ponr convalescentes. Section à St-Maur-les-Fossés (1899), Beauvais (1903), Joinville-le-Pont. Voir *Femmes enceintes.*

Secours de naissance du Syndicat indépendant des gens de maison, 35, rue de Chazelles (1906). — Direction laïque. Secours de 30 fr. au moins donné, en cas de naissance, à tout membre légitimement marié et faisant partie du syndicat depuis 1 an révolu. Il en est de même dans un grand nombre de syndicats.

Société des mères de famille, 7, rue La Caille. — Réunion des mères et enfants du quartier, dans le but de se secourir entre elles.

XIXe ARR.

Œuvre des mères de famille et Œuvre de la layette, 20, rue Bolivar

(1860). — Sœurs de St. V. de P. Vient en aide gratuitement aux mères de famille et aux jeunes accouchées. Secours en nature, layette et berceau. Orphelinat, dispens., fourneau économique, asile de vieillesse pour femmes de 65 ans indigentes. 24 lits.

BANLIEUE

ASNIÈRES. — **Le Foyer maternel**, 53, boulevard Voltaire.

AUBERVILLIERS. — **Œuvre maternelle**, à la mairie.

BOIS-COLOMBES. — **Le Foyer maternel**, 53, rue Chefson.

BOURG-LA-REINE. — **Assistance maternelle**, par les mères chrétiennes de la paroisse.

CHARENTON. — **Œuvre de charité maternelle**, 10, rue des Bordeaux.

CLICHY. — **Assistance maternelle et infantile**, 84, rue Martre.

COURBEVOIE. — **Société des Dames patronnesses de Courbevoie**, 13, rue du Chemin-de-Fer. Fond. par Mme Le Chippey (1894). — Recon. ut. pub. Accorde gratuitement des secours immédiats et pendant 6 semaines, à domicile, aux femmes en couches indigentes et aux enfants en bas âge. Bons de layettes, d'aliments, de lait, de charbon, de médicaments distribués à domicile par les Dames patronnesses. Consult. hebdomadaire au dispens. grat.

Le Relèvement pour jeunes filles tombées, Direct. protestante, 8, rue de la Montagne.

ISSY-LES-MOULINEAUX. — **Union maternelle**, 5, rue du Château (1903). — Vient en aide à domicile aux femmes pauvres de la commune, au moment de leurs couches, pour leur éviter l'hôp. et les conséquences de l'abandon de leur foyer. Dames visiteuses pour leur visite et leur assist. matérielle et morale. Secours en nature, nourriture, vêtements, layettes, et prêt de matériel, de linges, etc. Consult. grat. de femmes enceintes, 1er dim. de 8 h. à 9 h.; de nourrissons, jeud. de 9 h. à 11 h. Renseignements tous les j. de 9 h. à midi.

JOINVILLE-LE-PONT. — **Union des mères**, 5, rue Pasteur.

LA VARENNE SAINT-HILAIRE. — **Société de secours dite « la Maternelle »**, mairie de St-Maur-des-Fossés.

LEVALLOIS-PERRET. — **Secours aux mères de famille.** Siège de l'œuv., 116, boulevard Maillot, à Neuilly-sur-Seine. Voir *Neuilly*.

Patronage des enfants en bas âge, 4 *ter*, rue Fromont, Levallois.

Œuvre des malades et des enfants pauvres, 9, rue de Launois, Levallois.

LES LILAS. — **Société de Charité maternelle.**

MAISONS-ALFORT. — **Section de l'Œuvre de la charité maternelle**, place de l'Église.

MONTREUIL. — **La Maternelle montreuilloise**, 10 *bis*, rue Kléber. — A pour but de venir en aide aux femmes en couches et de lutter contre la mortalité infantile. Faire partie de l'œuv. depuis 10 mois avant l'accouchement, et payer cotisation de 3 fr. Bon d'accouchement grat. chez une sage-femme, secours de 50 fr. si le travail cesse 4 semaines, prime d'allaitement de 10 fr., 5 fr. par mois pendant 11 mois si le mari est sous les drapeaux. Dons de layettes.

NANTERRE. — **Abri maternel des mères nourrices,** 3, rue Grand-champs.

NEUILLY-SUR-SEINE. — **Œuvre de secours aux mères de famille,** 116, boulevard Maillot. Fond. par Mme Félix Vernes (1908). — Non confessionnelle. Soins et secours en nature aux femmes en couches à domicile pendant 10 j. Aucun secours en argent. Visites de sages-femmes attachées à l'œuv. Don d'une layette, pharmacie, prêt de linge et de matériel ; bons d'alimentation, de lait et de vêtements, affiliation aux mutualités maternelles, femme de ménage pendant 8 j. Pour être secourue, être de préférence inscrite au Bur. de bienf.

SAINT-DENIS. — **Secours aux mères de famille,** siège de l'œuv., 116, boulevard Maillot, à Neuilly. — Voir *Neuilly.*

SAINT-MAUR-DES-FOSSÉS. — **Société la Maternelle,** à la mairie (1900). — Distribution de bons d'aliments et vêtements, et prêt de matériel aux mères nécessiteuses.

Refuge-ouvroir de St-Maur-des-Fossés, 23, rue de la République.

SCEAUX. — **Secours aux femmes en couches,** à la mairie.

THIAIS. — **Asile maternel Sainte-Élisabeth,** place de l'Église.

VITRY. — **Secours de maternité** aux familles à partir du 2e enfant (25 fr.), du 3e (40 fr.), du 4e (60 fr.), du 5e et au-dessus (80 fr.).

CHAPITRE VI

PROTECTION DES ENFANTS DU PREMIER AGE

I. Secours légaux et administratifs. — II. Consultations de nourrissons. — III. Allaitement et Gouttes de lait. — IV. Vaccinations gratuites. — V. Asiles temporaires du premier âge. — VI. Œuvres diverses.

1° Secours légaux et administratifs

La loi du 23 décembre 1874 (dite loi Roussel) sur la protection des enfants du premier âge a pour but de protéger la vie et la santé de l'enfant âgé de moins de 2 ans, placé moyennant salaire hors du domicile de ses parents en nourrice, en sevrage ou en garde. Cette surveillance est confiée, dans le département de la Seine, au Préfet de police, assisté d'un Comité de 9 membres choisis parmi les personnes offrant le plus de garanties au point de vue de l'hygiène de l'enfance.

Toute personne qui place un enfant en nourrice, en sevrage ou en garde est tenue d'en faire la déclaration à la mairie où a été faite la déclaration de naissance de l'enfant, ou à la mairie de sa résidence actuelle.

Les personnes qui désirent prendre des nourrissons ou se placer comme nourrices doivent se munir à la mairie de leur résidence des certificats nécessaires.

Un Comité de protection des enfants du premier âge fonctionne dans toutes les mairies de Paris et de la Seine pour les enfants de 1 jour à 2 ans. Le maire en est le président. Paris est divisé en 3 circonscriptions, la banlieue en 15. Visites des enfants en nourrice, tous les mois, par un médecin inspecteur et une dame enquêteuse par circonscription, fournissant tous renseignements au Comité. Réunions mensuelles. Rapports mensuels du président à la Préfecture de la Seine.

Le Conseil supérieur de protection des enfants du premier âge siège au Ministère de l'Intérieur. Ce service de protection a été réglementé par un décret du 27 février 1877. La protection des enfants maltraités ou moralement abandonnés a de plus été réglementée par les lois du 24 juillet 1889 et du 19 avril 1898.

Un grand nombre d'œuv. officielles et privées, pratiquant l'assist. maternelle et infantile, Stés maternelles, crèches, dispens., consult. de nourrissons, gouttes de lait, vestiaires, asiles, etc., sont subventionnées, chaque année, par le Ministre de l'Intérieur, les Conseils général et municipal.

Les enfants des familles nécessiteuses habitant Paris reçoivent gratuitement à domicile les soins des médecins des Bur. de bienf. Ils ont aussi gratuitement : consult., médicaments, layettes, vêtements, lait, etc., dans les dispens. et hôp.

Un service de nourrissons débiles (Fondation Émile Zola) a été établi à Médan (Seine-et-Oise), propriété de l'Assist. pub., par les soins de l'Hôp. des Enfants-Malades de Paris. 15 lits.

Il y a deux sortes de secours pour enfants du premier âge :

1° *Secours accordés par les Bur. de bienf.* S'adresser au maire de l'arrondissement avec la condition du domicile de secours.

Lait stérilisé, bons d'aliments, berceaux, layettes, etc. Mensualités de 10 à 15 fr., pendant la première année du nouveau-né ; de 20 fr. en cas de nombreuse famille, maladie du père, ou chômage ; de 4, 15 ou 25 fr. aux femmes veuves, divorcées ou abandonnées, avec charges exceptionnelles de famille.

2° *Secours départementaux*, accordés par le Service des enfants secourus, à l'administration centrale de l'Assist. pub., secours souvent payés par les Bur. de bienf. pour faciliter leur distribution. Pas de domicile de secours, mais obligation de naissance dans le département de la Seine. S'adresser 3, avenue Victoria.

Ces secours départementaux sont de deux séries :

A. — Secours accordés pendant l'allaitement aux enfants de moins de 2 ans, sauf exception :

a) Mensuels de 15 à 50 fr. aux mères élevant elles-mêmes leurs enfants au sein ou au biberon.

b) Mensuels de 15 à 30 fr. aux mères ayant au moins 2 enfants dont le plus jeune placé en nourrice.

c) Accidentels de 10 à 50 fr. renouvelables aux mères non admises aux secours mensuels.

d) De mise en nourrice de 25 à 35 fr. pour l'enfant, de 50 à 60 fr. pour 2 jumeaux.

e) De nourrice administrative, quand l'enfant est envoyé en nourrice à la campagne par l'administration.

f) De berceaux et layettes.

g) De lait stérilisé, sur prescription médicale, aux enfants de 18 mois suivant les consult. de nourrissons.

h) De transport grat. en chemin de fer aux mères conduisant ou ramenant leurs enfants en nourrice, et à celles demandant leur rapatriement au pays d'origine de l'enfant.

Ces secours sont alloués :

Aux filles-mères abandonnées ;

Aux femmes mariées délaissées, veuves ou divorcées ;

Aux mères dont le mari est en prison ou interné dans un asile d'aliénés ;

Aux mères légitimes ou naturelles d'un enfant dont le père est sous les drapeaux, et qui ne sont pas secourues en vertu de la loi militaire ;

Aux veuves, veufs et hommes mariés abandonnés de leur femme ;

Aux pères ayant la charge d'un enfant naturel par suite du décès ou de la disparition de la mère ;

Aux grands-parents d'un enfant légitime ou naturel dont le père et la mère ont disparu ;

Aux ménages dont l'enfant est menacé d'abandon et exposé à mourir de misère ;

Aux orphelins de père et de mère jusqu'à l'âge de 13 ans. Dans les communes de la banlieue, aux mêmes personnes et de plus aux ménages et orphelins de père ou de mère.

B. — Secours accordés aux enfants orphelins de 2 à 13 ans :

a) Périodiques de 12 fr. par mois pour enfants de 1 j. à 3 ans, et de 10 fr. pour enfants de 3 à 13 ans.

b) Accidentels renouvelables aux parents non admis aux secours périodiques.

c) Séjours au bord de la mer, dans une Agence d'enfants assistés, sur avis médical, aux orphelins périodiquement secourus.

Les Secours départementaux sont souvent appelés *préventifs d'abandon*. Ils ont pour but d'éviter l'admission à l'Hospice des Enfants-Assistés, et la séparation définitive entre le nouveau-né et sa famille avec toutes ses conséquences.

Enfants trouvés ou abandonnés (loi du 24 juillet 1889). — Les enfants trouvés ou abandonnés, de 1 jour à 13 ans, sont reçus au Bur. d'abandon (1886), substitué à l'ancien Tour, à toute heure du jour et de la nuit, à l'Hospice des Enfants-Assistés, 74, rue Denfert-Rochereau (XIVe).

La personne qui apporte un enfant n'est pas tenue de fournir des renseignements. Le bulletin de naissance n'est pas obligatoire. Il y a enquête si l'enfant a plus de 7 mois. Quelques jours après, l'enfant est dirigé sur un lieu de placem. à la campagne, dans l'une des 50 Agences de province de l'Assist. pub. Les seules nouvelles données aux parents, tous les 3 mois, concernent exclusivement l'existence ou la non-existence de l'enfant.

Les enfants moralement abandonnés par suite de la déchéance paternelle des parents, de leur admission dans les hôpit., les orphelins et ceux dont les parents ont disparu, sont admis à l'Hospice dépositaire des enfants assistés, 74, rue Denfert-Rochereau, sur l'intervention des commissaires de police à Paris et des maires dans la banlieue.

Les orphelins de père et de mère sont admis sur la production de leur acte de naissance et des actes de décès de leurs parents. Voir *Service de l'Assist. pub. et Hospice des Enfants-Assistés.*

2° Consultations de nourrissons

Consultations gratuites de nourrissons, créées et organisées par le Docteur P. Budin (1892). — Les enfants ne sont admis gratuitement aux consult. de nourrissons des Dispens. de l'Assist. pub. qu'avec une lettre d'introduction délivrée par l'administration centrale, Service des enfants secourus. Ils sont admis gratuitement, sans formalités, dans les Maternités, si l'enfant y est né, et dans la plupart des œuvres privées. Les nourrissons sont régulièrement pesés et examinés, mentions sont faites des constatations médicales et variations de poids sur fiches individuelles, et, si il y a lieu, des quantités de lait prescrites par le médecin consultant. Distribution de lait stérilisé, à prix coûtant ou grat., aux mères qui ne peuvent allaiter. Distribution grat. ou à prix modiques de médicaments, et secours en espèces et en nature, layettes, vêtements, chaussures, draps, etc. Certaines œuv. disposent de quelques lits pour femmes nourrices avec enfants malades. Des instructions pour l'allaitement sont remises aux mères.

Ier ARR. 15, rue Jean-Lantier, vend. de 10 h. à 11 h. (Mut. mat.).
— — 17, rue de l'Arbre-Sec, 3e lund. du mois, de 9 h. à 10 h.
IIe — 39, rue des Petits-Champs, mard., sam., de 11 h. et demie à 1 h., jeud., de 4 h. à 5 h. (Mut. mat.).
IIIe — 10, rue Debelleyme, merc., 9 h. et demie (Mut. mat.).
IVe — 21, rue Charles V, jeud., de 9 h. et demie à 10 h. et demie (Mut. mat.).
— — 16 quai de l'Hôtel-de-Ville, jeud., de 11 h. à 1 h. (Cantine mat.).
Ve — 15, rue des Bernardins, 1er et 3e vend., à 2 h. et demie (Mut. mat.) et tous les jeud. de 11 h. à midi (Dispens.).
— — 60, rue Monge, vend., de 10 h. et demie à 11 h. et demie (Mut. mat.).
— — 32, rue Geoffroy-St-Hilaire, lund., vend., de 9 h. à midi (Char. mat.).
— — 3, rue de l'Épée-de-Bois, lund., à 3 h. (Dispens.).
— — 1, rue Lacépède, jeud., à 9 h. (Pitié).

Ve ARR. 74, rue Denfert-Rochereau, lund., merc. vend., de 9 h. à 10 h. (Enfants-Assistés).
— — 23, rue Lhomond, merc., à 9 h. et demie (Fond. Salvador).
— — 10, rue Amyot, lund., vend., de 9 h. et demie à 10 h. et demie (Mut. mat.).
— — 15, rue de la Parcheminerie, mard., de 9 h. à 11 h. tous les 15 j. (Œuv. de la crèche à domicile).
VIe — 47, rue Jacob, mard., à 8 h. et demie (la Charité).
— — 89, rue d'Assas, lund., vend., à 9 h. (Clinique Tarnier).
— — 19, quai Malaquais, lund., de 10 h. à midi (École des mères).
VIIe — 1, rue Oudinot, mard., jeud., sam., à 2 h. (Dispens.).
— — 109, rue St-Dominique, lund., merc., vend., à 2 h. (Dispens.).
VIIIe — 43, boulevard des Batignolles. (Sté de Char. mat.).
— — 14, rue de la Ville-l'Évêque, 1er et 3e mard. à midi (Sœurs de St. V. de P.).
IXe — 25, rue de La Rochefoucauld, lund., à 8 h. et demie (Assist. pub.).
Xe — 95, rue du Faubourg-St-Martin, vend., à 9 h. à 10 h. (Œuv. philant. de puériculture).
— — 2, rue Ambroise-Paré, dim., à 9 h. (Lariboisière).
— — 40, rue Bichat, mard., merc., à 9 h. (St-Louis).
— — 62, rue Lafayette, tous les j., à 4 h. et demie (Sté Pro Vita). Siège social rue des Perchamps (XVIe).
— — 182, rue St-Maur, tous les j. de 7 h. mat. à 7 h. s.
— — 25, rue de Charonne, tous les j. de 7 h. mat. à 7 h. s.
XIe — 185, rue de Charonne, merc., de 2 h. à 4 h. (Mut. mat.).
— — 70, rue du Chemin-Vert, merc., sam., à 8 h. (Assist. pub.).
— — 19, rue Pierre-Levée, merc., de 10 h. à midi (Dispens.).
— — 184, faubourg St-Antoine, merc., à 9 h. (St-Antoine).
XIIe — 3, rue du Congo, sam., de 10 h. à 11 h. (Mut. mat.).
— — 158, rue Michel-Bizot, sam., à 9 h. (Trousseau).
— — 2, rue de Wattignies, tous les j., de 7 h. mat. à 7 h. s.
— — 8, rue de Prague (Dispens. Rothschild).
XIIIe — 25, rue Gandon, sam., à 10 h. (Mut. mat.).
— — 129, rue de Tolbiac, merc., de 4 h. à 5 h. (Mut. mat.).
— — 44, rue Jenner, merc., vend., à 8 h. et demie (Assist. pub.).
— — 37, rue de la Glacière, mard., vend., à 9 h.
— — 8, rue Lahire, sam. de 11 h. à 1 h. (Cantine mat.).
— — 69 et 71, rue Auguste-Blanqui, merc., à 10 h. (Dispens.).
— — 136, rue de la Maison-Blanche, tous les j., de 7 h. mat. à 7 h. s.
XIVe — 11, rue Boulard, jeud., de 9 h. et demie à 11 h. (Mut. mat.).

XIVe ARR. 2, rue Titon, j. et h. variables.
— — 88, rue du Moulin-Vert, 2e et 4e mard., à 2 h. (Mut. mat.).
— — 63, rue Vercingétorix, lund., vend., à 1 h. et demie; merc. pour mères à 1 h. et demie (Mut. mat.).
— — 203, avenue du Maine, mard., sam. de 9 h. à 10 h. et demie (Sté de l'allaitement mat.).
— — 172, rue de Vanves, sam., à 4 h. (Foyer mat.).
— — 2, rue du Moulin-Vert, jeud., à 10 h. (Union mat. du XIVe).
— — 3 *bis*, rue d'Alésia, lund. à 6 h. s. (Crèche).
— — 8, r. Delbet, merc. et sam. à t. h. (Dispens. Furtado-Heine).
— — 18, rue Didot, tous les j., de 7 h. mat. à 7 h. s.
— — 68, rue de l'Ouest, tous les j., de 7 h. mat. à 7 h. s.
— — 119, boulevard Port-Royal, merc., sam., à 9 h. (Maternité).
— — 18, r. Charles-Divry, sam., de 11 h. à midi (Sté de ch. mat.). (Fondation Budin).
XVe — 91 *bis*, rue Falguière, merc., sam., 9 h. et demie à 11 h.
— — 2, cité Canrobert, mard., de 9 h. et demie à 10 h. et demie (Mut. mat.).
— — 14, rue Vigée-Lebrun, mard., de 2 h. à 4 h. (Mut. mat.).
— — 2, rue Thibournery, mard., vend., à 8 h. et demie (Assist. pub.).
— — 48, rue de la Convention, annexe de l'hôpital Boucicaut pour les femmes en couches.
— — 78, r. de la Convention, tous les j. à 9 h. (Hôp. Boucicaut).
— — 49, rue Gutenberg, jeud., à 11 h. (Cantine mat.).
— — 11 *bis*, rue Frémicourt, tous les j. de 7 h. mat. à 7 h. s.,
— — 149, rue de Sèvres, lund., à 9 h.; mard., merc., jeud., vend., à 10 h. (Enfants-Malades).
— — 47, rue de l'Église, sam., de 2 h. à 4 h. (Assist. mat. et infantile de Grenelle).
XVIe — 214, avenue de Versailles, lund., vend., à 1 h. et demie. Mères 1er et 3e mard., à 1 h. et demie (Mut. mat.).
— — 30, avenue Malakoff, merc., à 10 h. (Mut. mat.).
— — 3, rue Claude-Chahu, merc., à 9 h. (Mut. mat).
— — 22 *bis*, rue Claude-Lorrain, vend., à 10 h. (Crèche privée).
— — 32, rue des Perchamps, tous les j. à 4 h. et demie (Établissement Pro Vita).
XVIIe — 27, rue Gauthey, vend., de 9 h. à 10 h. (Mut. mat.).
— — 2, impasse Roux, rue Rennequin, mard., à 4 h. et demie (Cantine mat.).
— — 199, rue Marcadet, lund., jeud., à 10 h. (Policlinique Rothschild).
— — 9, rue J.-B.-Dumas, tous les j. de 10 h. à midi (Sté de l'allaitement mat.).

XVIII° ARR. 97, rue du Mont-Cenis, merc. de 2 h. à 3 h., vend. de 9 h. et demie à 10 h. et demie (Mut. mat.).
— — 1, rue de la Louisiane, jeud., de 9 h. à 11 h. (Mut. mat.).
— — 117, rue Ordener, merc., vend., sam., à 9 h. (Assist. pub.).
— — 174 rue Championnet, sam., de 10 h. à 11 h. (Œuvres ouvrières).
— — 55, rue des Cloys, mard., à 11 h. (Cantine mat.).
— — 6, rue St-Isaure, jeud., à 4 h. (Goutte de lait).
— — 160, boulevard Ney, merc., à 9 h. et demie (Hôp. Bichat).
— — 44, rue Véron, lund., jeud., de 9 h. à 10 h. (Œuv. philant. de puériculture).
XIX° — 6, rue de l'Équerre, tous les j. sauf le vend., à 9 h. et demie (Assist. pub.).
— — 9, rue Édouard-Pailleron, sam., de 9 h. et demie à 10 h. et demie (Mut. mat.).
— — rue d'Allemagne, tous les j., de 7 h. mat. à 7 h. s.
XX° — 3, avenue Taillade (Mut. mat.)
— — 23, rue de la Duée, mard., de 9 h. à 10 h. (Mut. mat.).
— — 42, rue d'Avron, tous les j. de 7 h. et demie à midi (Assist. pub.).
— — 15, rue St-Blaise, merc., à 9 h. (Dispens.).
— — 126, boulevard de Belleville, vend., de 8 h. à 10 h. (Goutte de lait).
— — 116, rue de Belleville, mard., de 9 h. et demie à 10 h. et demie (Mut. mat.).
— — 4, rue de la Chine, mard., merc., à 9 h. (Tenon).
— — 25, rue St-Fargeau, vend., de 11 h. à midi et demie (Cantine mat.).
— — 117, rue Ménilmontant, tous les 15 j., à j. et h. variables (Charité mat.).

Sections militaires. — Voir *Mutualités maternelles.*

BANLIEUE

Alfortville, 55, rue de Villeneuve, lund., de 3 h. à 5 h. (Mut. mat.).

Asnières, à la mairie, 17, avenue d'Argenteuil, dim. mat., à 9 h. (Mut. mat.).

Aubervilliers, 64, route de Flandre, tous les j. de 7 h. à midi (Dispens.).

Bagnolet, 18, avenue du Centenaire, lund., de 2 h. et demie à 3 h. et demie (Mut. mat.).

Bellevue-Meudon (Seine-et-Oise), à la mairie, 11, rue Nouvelle, 1er lundi du mois, de 1 h. à 2 h., et 3e dim. du mois, de 10 à 11 h. mat. (Mut. mat.).

Bois-Colombes, à la mairie, lund., de 3 h. et demie à 5 h. (Dispens.).

Boulogne, 87, boulevard de Strasbourg, mard., à 8 h.

Bondy, à la mairie, 1er et 3e jeud., de 3 h. à 5 h.

Bourg-la-Reine, 33, Grande-Rue, mard., de 2 h. à 3 h. (Mut. mat.).

Champigny, à la mairie, 1er et 3e jeud., de 3 h. à 5 h. (Mut. mat.).

Charenton, à la mairie, 3, rue des Quatre-Vents, 2e et 4e vend., à 3 h. (Mut. mat.).

Chaville, 3, avenue Louvois, 2e et 4e jeud., de 2 h. à 3 h. (Mut. mat.).

Choisy-le-Roi, 17, rue de Seine, sam., de 2 h. à 3 h. (Mut. mat.).

Clamart, à la mairie, 20, rue de Trosy, le merc., de 2 h. à 3 h. (Mut. mat.).

Clichy, à l'annexe de la mairie, 10, rue Dagobert, le jeud. mat., de 9 h. à 10 h. (Mut. mat.).

Courbevoie, 11 *ter*, rue du Chemin-de-Fer, tous les j., à 3 h. (Mut. mat.).

Châtenay, à la mairie, jeud., de 10 h. à midi (Mut. mat.).

Créteil-Bonneuil, 16, Grande-Rue, 2e et 4e merc., de 2 h. à 4 h.

Gentilly, 14, rue de la Glacière, 1er jeud., de 1 h. à 3 h. ; 3e jeud., de 3 h. à 4 h.

Issy-les-Moulineaux, 34, rue des Moulineaux, merc. (Mut. mat.).

Ivry, à la mairie, dim., de 8 h. et demie à 9 h. et demie du mat. (Mut. mat.) et au Siège des Œuv. paroissiales, merc.

Joinville-le-Pont, 15, rue des Marronniers, mard. à la mairie.

Kremlin-Bicêtre, 5, rue Étienne-Dolet, le 1er mard., de 10 h. à 11 h. mat. et le 3e jeud., de 3 h. à 4 h. s. (Mut. mat.).

La Plaine-St-Denis, 143, avenue de Paris, le mard., de 2 h. à 4 h. (Mut. mat.).

Le Bourget, à la mairie, 1, rue de Flandre, le jeud. à 3 h. (Mut. mat.).

La Courneuve, 33, rue d'Aubervilliers, 1er et 3e sam., à 2 h. et demie (Mut. mat.).

Le Perreux, 5, rue Denfert-Rochereau, le jeudi, de 4 h. à 6 h. (Mut. mat.).

Les Lilas, à la mairie, le jeud., de 10 h. à 11 h. (Mut. mat.).

Levallois-Perret, 45 *bis*, rue Gide, le merc., de 2 h. à 3 h. (Mut. mat.).

— 9, rue des Alouettes, mard., vend., après-midi (Patronage).

Maisons-Alfort, à la mairie, les 1er et 3e merc., à 9 h. et demie mat. (Mut. mat.).

Malakoff, à la crèche, Avenue-Nouvelle, tous les j. à 9 h.

Montreuil, 196, rue de Paris, vend., à 9 h. et demie (Assist. pub.).

Nanterre, 24 avenue Gambetta, 1er et 3e mard., de 2 h. et demie à 3 h. et demie (Mut. mat.).

Neuilly-sur-Seine, 11, rue des Poissonniers, vend., de 2 h. à 4 h. (Mut. mat.).

Noisy-le-Sec, à la mairie, 2e et 4e jeud., de 3 h. à 4 h. (Mut. mat.).

Pavillons-sous-Bois, à la mairie, les jeud. et dim. mat., de 9 h. à 10 h. mat. (Mut. mat.).

Puteaux, 42, boulevard Richard-Wallace, tous les vend., de 2 h. à 3 h. (Mut. mat.).

Porchefontaine (Seine-et-Oise), siège à Paris, merc., à 2 h. et demie (la Pouponnière).

Pantin, 64, route de Flandre, mard., jeud., à 9 h. et demie (Assist. pub.).

Rueil, 15, rue de Suresnes, le dim., de 9 h. à 11 h. (Mut. mat.).

St-Denis-Nord, 1, Petite rue St-Marcel, les 2e et 4e vend., de 2 h. à 3 h. et demie. (Mut. mat.).

St-Maur, 23 *bis*, rue de la République, lund. et jeud., de 4 h. et demie à 5 h. et demie.

— 79, boulevard de Créteil, lund., à 9 h. et demie (Assist. pub).

— passage des nourrissons, 1er et 3e lund. du mois (Mut. mat.).

St-Cloud, 8, passage du Chemin-de-Fer, les 2e et 4e vend., à 4 h. (Mut. mat.).

St-Ouen, 19, rue Edgar-Quinet, tous les j. à 1 h. (Dispens. communal).

Sèvres, à la mairie, deux fois par mois, le dim. mat. (Mut. mat.).

Suresnes, 15, rue de Neuilly, mard., merc., vend., sam., à 9 h. (Œuv. de la Goutte de lait).

Thiais. Mut. mat. — Voir *Choisy-le-Roi*.

Vitry, à la mairie, jeud., de 10 h. à midi.

Vincennes, 9, rue de Strasbourg, les 1er et 3e jeud., de 10 h. à 11 h. (Mut. mat.).

XVe ARR.

Fondation Pierre Budin. École normale de puériculture, 91 *bis*, rue Falguière, créée pour rendre hommage à la mémoire du Docteur Budin (1907). — A pour but de créer et faire fonctionner une école pratique de puériculture avec cours et consult. de nourrissons. Elle peut servir de modèle pour toutes les œuv. ayant le même but. Diplôme.

Les enfants, accompagnés de leurs mères ou filles-mères indigentes, sont reçus, pesés, examinés périodiquement par les médecins, qui dirigent leur mode d'alimentation, favorisent l'allaitement maternel, le complètent, le remplacent au besoin par une distribution de lait.

Consult. merc. et sam., de 9 h. et demie à 11 h. mat.

3° Allaitement et Gouttes de lait

Distribution gratuite de lait stérilisé dans les hôpitaux suivants de l'Assist. pub. : *Maternité, Tarnier, Pitié, la Charité, St-Antoine, Tenon, Boucicaut.*

Distribution quotidienne de lait stérilisé, grat. ou à prix réduit, avec Notices instructives aux mères indigentes, suivant consult., dans un grand nombre de Dispens. et aux adresses suivantes :

Ier	ARR.	15, rue Jean-Lantier (Dispens.).
IIe	—	39, rue des Petits-Champs (Œuv. de la mut. mat.).
—	—	2, rue de la Jussienne (Dispens.).
IVe	—	44, rue Ste-Croix-de-la-Bretonnerie (Dispens. Ruel).
Ve	—	43, rue Lhomond (Dispens. Alphen Salvador).
VIe	—	11, rue Jacob (Crèche).
—	—	18, rue St-Benoît (Dispens.).
VIIe	—	109, rue St-Dominique (Dispens.).
—	—	1, rue Oudinot (Dispens.).
VIIIe	—	43, boulevard des Batignolles. (Sté de charité mat.).
IXe	—	25, rue Larochefoucauld (Dispens.).
XIe	—	70, rue du Chemin-Vert (Dispens.).
—	—	33, rue St-Bernard (Dispens.).
—	—	185, rue de Charonne (Œuv. de l'Union familiale).
XIIIe	—	69, boulevard Blanqui (Dispens.).
—	—	35, rue de la Glacière (Crèche).
—	—	44, rue Jenner (Dispens.).
—	—	129, rue de Tolbiac (Dispens.).
XIVe	—	63, rue Vercingétorix (Assist. mat. de Plaisance).
—	—	14, rue Schomer (Crèche).
—	—	203, avenue du Maine (Sté de l'allait. mat.).
—	—	10, rue Delbet (Dispens. Furtado-Heine).
—	—	2, rue du Moulin-Vert (Union mat. du XIVe).
XVe	—	91 *bis*, rue Falguière (Fondation Budin).
—	—	2, rue Thibounery (Assist. pub.).
—	—	69, rue Viollet (Dispens.).
—	—	47, rue de l'Église (Assist. mat. et infant. de Grenelle).
XVIe	—	214, avenue de Versailles (Œuv. du Point-du-Jour).
—	—	30, rue Lafontaine (Dispens.).
—	—	3, rue Claude-Chahu.
XVIIe	—	8 *bis*, rue Berzélius (Crèche).
—	—	43, rue Gauthey (Dispens.).
XVIIIe	—	55, rue des Cloys (Cantine mat.).
—	—	117, rue Ordener (Dispens.).
—	—	199, rue Marcadet (Policlinique Rothschild).
—	—	10, rue Damrémont (Dispens.).
—	—	6, rue Ste-Isaure (Goutte de lait).
XIXe	—	11, rue Boulard (Mut. mat.).
—	—	5, rue Jomard (Dispens.).
XXe	—	42, rue d'Avron (Dispens.).
—	—	126, boulevard de Belleville (Dispens.).
—	—	15, rue St-Blaise (Dispens.).

1er ARR.

Association de l'Œuvre sociale du bon lait, 17, rue de Valois (1905).

— A pour but : 1° de mettre à la disposition de la classe ouvrière, et particulièrement des mères forcées de pratiquer l'allaitement artificiel, du lait de bonne qualité et à bon marché ; 2° de faire des distributions de lait gratuites aux mères de famille nécessiteuses qui ont des enfants en bas âge ; 3° d'assister les femmes et enfants des classes les moins aisées par des consult. de médecins, secours de chômage, soins, encouragements et conseils. Les 600 dépôts de la Sté laitière Maggi sont placés sous le contrôle de l'œuvre. Lait frais ou stérilisé grat. ou à 0 fr. 25 à 0 fr. 30 tous les mat. de 5 h. à 10 h. Comité médical chargé du contrôle du lait, de 5 h. à 10 h. s., et consult. grat. pour femmes enceintes, mères et nourrissons dans les dispens. suivants affiliés à l'œuv. :

IIIe ARR. 15, r. des Bernardins.
Ve — 60, rue Monge.
XIe — 185, r. de Charonne.
XIIe — 3, rue du Congo.
XIIIe — 25, rue Gandon.
— — 129, rue de Tolbiac.
XIVe — 88, rue du Moulin-Vert.
— — 11, rue Boulard.
XVe — 30, rue Cambronne.
XVIe — 30, avenue Malakoff.
— — 214, av. de Versailles.
XVIIe ARR. 27, rue Gauthey.
XVIIIe — 97, r. du Mont-Cenis.
XIXe — 9, rue Édouard-Pailleron.
XXe — 3, avenue Taillade.
Alfortville, 55, rue de Villeneuve.
Asnières, 17, avenue d'Argenteuil.
Courbevoie, 11 *ter*, rue du Chem.-de-Fer.
Levallois-Perret, à la mairie.
Plaine-St-Denis, 143, av. de Paris.
Vincennes, 9, rue de Strasbourg.

Liste des dépôts de lait au siège de l'œuvre.

VIIIe ARR.

Œuvre philanthropique du lait (Laiteries Hauser), 39, rue de Surène (1899). — Distrib. grat. ou demi-grat. de lait, après enquête, aux indigents qui en font la demande, au moyen de bons remis au siège de l'administration. Les personnes charitables peuvent acheter ces bons de lait au siège, pour les distribuer à leurs pauvres.

Lait frais pasteurisé, 0 fr. 25 ; lait stérilisé, 0 fr. 50 le litre. 108 dépôts dans tous les quartiers, ouverts de 5 h. et demie à 11 h. du mat. Liste des dépôts de lait au siège de l'œuvre.

XVIe ARR.

Œuvre de la Goutte de lait de Passy, 3, rue Claude-Chahu. Fond. par Mme Trarieux (1905). — Distrib. grat. de lait stérilisé, tous les j. de 7 h. à 9 h. mat., aux mères qui suivent régulièrement la consult. des nourrissons, et conseils aux mères. Vestiaire.

XVIIe ARR.

Œuvre de l'allaitement maternel, 9, rue J.-B. Dumas. — Voir *Maternité*.

XVIIIe ARR.

Œuvre de la Goutte de lait de la Ligue fraternelle de Montmartre, 6, rue Ste-Isaure (1898). — Direction laïque. A pour but de donner des conseils d'hygiène aux mères nourrices, d'encourager l'allaitement maternel, de donner des soins aux nourrissons malades, de distribuer du lait stérilisé, et de détruire les préjugés sur l'élevage des enfants. Aucune condition de domicile, de séjour ou de rang social. Consult. de nourrissons, jeud., à 4 h. Dons de layettes. Distrib. de lait stérilisé gratuit. ou à prix réduit, tous les s. de 4 h. à 5 h.

XXe ARR.

La Goutte de lait de Belleville, 126, boulevard de Belleville. Dispens. grat. pour enfants malades (1892). — Direction laïque. A pour objet d'offrir aux familles pauvres, en faveur des enfants malades de Belleville, un service régulier de consult. grat., les médicaments, l'hospitalisation temporaire, et le lait stérilisé grat. ou à prix réduit, soit 0 fr. 30 le litre, distribué tous les mat. Consult. de nourrissons. Distrib. de bons de viande et de layettes aux mères indigentes. Dans ces établ. dits Gouttes de lait, distrib. de brochures instructives aux mères pour allaiter leurs enfants.

BANLIEUE

Distribution de lait gratuite ou à prix réduit.

Aubervilliers, 64, rue de Flandre (Dispens.).
Boulogne, 87, boulevard de Strasbourg (Goutte de lait).
Bourg-la-Reine, 35, Grande-Rue (Goutte de lait).
Champigny, mairie (Œuv. d'allaitement maternel).
Clamart, 28, rue de Trosy (Goutte de lait).
Colombes, mairie (Sté d'aide et d'assist. de la première enfance).
Ivry, à la mairie (Mutualité maternelle).
Joinville-le-Pont, 15, rue des Marronniers (Œuv. de l'allait. mat).
Kremlin-Bicêtre, 46, rue Danton (à la Crèche).
— 1, rue du Kremlin (Pain et lait).
Montreuil, 196, rue de Paris (Dispens.).
Nanterre, 3, r. des Grands-Champs (L'Abri mat. pour mères nourrices).
Pantin, 99, rue de Paris (Dispens.).
— 64, rue de Flandre (Dispens.).
St-Denis, 24, rue des Ursulines (Œuv. de la 1re assist. de l'enfance).
St-Maur-des-Fossés, 21, rue de la République (Œuv. de l'allait. mat.).
— 79, boulevard de Créteil (Dispens.).
Suresnes, 15, rue de Neuilly, à la mairie (Goutte de lait municipale).

4° Vaccinations gratuites

Elles ont lieu une fois par semaine dans tous les Bur. de bienf. et dans certains Dispens. Elles sont obligatoires dans la première année avec revaccination à 11 et 21 ans (Loi du 15 février 1802).

Ier ARR. 17, rue de l'Arbre-Sec, 1er et 3e sam., à 2 h.
— — Place du Marché-St-Honoré, 2e, 4e, 5e sam., à 2 h.

IIe ARR. A la mairie, vend., à 11 h. et demie.
IIIe — A la mairie, jeud., à 10 h. et demie.
— — Hôp. Andral, 35, rue des Tournelles, jeud., à 9 h.
IVe — — 35, rue des Tournelles, jeud., à 2 h.
— — Hôtel-Dieu, parvis Notre-Dame, lund., à 10 h.
V[e] — A la mairie, mard., à 2 h.
— — Hôp. la Pitié, rue Lacépède, vend., à 8 h.
VIe — 82, rue de Vaugirard, jeud., à 1 h.
— — Hôp. de la Charité, 47, rue Jacob, sam., à 10 h.
— — 1, rue Félibien, jeud., à 1 h.
— — 16, rue Bonaparte, mard., jeud., sam., à 11 h.
VIIe — Hôp. Laennec, 42, rue de Sèvres, merc., à 9 h.
— — 1, rue Oudinot, mard., jeud., sam., de 2 h. à 3 h. et demie.
— — 109, rue St-Dominique, 1er lund. du mois.
— — A la mairie, rue de Grenelle, jeud., à 2 h. et demie.
VIIIe — A la mairie, merc., à 3 h. et demie.
— — Hôp. Beaujon, 206, rue du Fg-St-Honoré, vend., à 9 h.
— — 19, r. St-Pétersbourg, 1er mard. et 1er j., à 8 h. et demie mat.
IXe — A la mairie, sam., à 10 h.
X[e] — A la mairie, merc., à 9 h.
— — Hôp. Lariboisière, 2, rue Ambroise-Paré, mard., à 10 h.
— — Hôp. St-Louis, 40, rue Bichat, sam., à 9 h.
— — 14, rue du Terrage (Dispens.), jeud., à 10 h.
XIe — Gymnase Voltaire, merc., à 10 h.
— — 124, boulevard de Belleville, vend., à 8 h.
— — 185, rue de Charonne, 1er merc. du mois.
XIIe — Hôp. St-Antoine, 184, fg St-Antoine, lund., à 10 h.
— — 28, rue de Cîteaux, jeud., à 3 h.
XIIIe — A la mairie, mard., à 10 h.
— — 71, rue Auguste-Blanqui, merc., à 9 h.
XIVe — 20, rue d'Alésia, mard., à 9 h. et demie.
— — 1, place de Montrouge, jeud., à 3 h.
— — Hôp. Cochin, 47, fg St-Jacques, merc., à 10 h.
— — 201, avenue du Maine, 1er jeud. du mois.
XVe — 150, rue Lecourbe, vend., à 10 h.
— — Hôp. Boucicaut, 62, rue de la Convention, vend., à 10 h.
— — 48, rue de la Convention, 1er sam. du mois, à 10 h.
XVIe — A la mairie, avenue Henri-Martin, merc., à 3 h.
XVIIe — 15, rue Guersant, 1er jeud., à 1 h.
— — 24, rue Rennequin, jeud., à 10 h.
— — 43, rue Gauthey, 3 derniers jeud., à 1 h.
— — 132, rue Legendre, jeud., à 2 h.
XVIIIe — A la mairie, mard., à 2 h.
— — Hôp. Bichat, boulevard Ney, lund., à 8 h.

XVIIIe ARR. 74, rue Marcadet, 1er et 3e lund., à 8 h. s.
XIXe — 5, rue Jomart, vend., à 1 h.
XXe — Hôp. Tenon, 4, rue de la Chine, mard., à 9 h.
— — A la mairie, sam., à 8 h.

BANLIEUE. — Les vaccinations grat. sont organisées selon les besoins dans toutes les mairies. Les j. et h. sont très variables et ne sont pas fixés d'une manière officielle.

Instituts de vaccine antivariolique et antirabique.

VIe ARR. Institut supérieur de vaccine de l'Académie de médecine, 16, r. Bonaparte, grat., mard., jeud., sam., à 11 h. mat.
IXe — Institut de vaccine animale, 8, rue Ballu.
Xe — Institut vaccinal de Paris, 10, rue de Strasbourg.
XVe — Institut de chimie biologique Pasteur, 25, rue Dutot.

Vaccination tous les j. dans ces Instituts, en général au prix réduit de 5 fr. Les tubes sont vendus avec 25 pour 100 de réduction aux hôp., dispens. et aux œuv. de bienf.

5° Asiles temporaires du premier âge

Ier ARR.

Pouponnat de la Samaritaine, à Rueil (Seine-et-Oise). Siège à Paris, 1, rue du Pont-Neuf. Fond. par M. Cognacq. — Direction laïque. Réservé aux dames employées aux magasins de la Samaritaine. Certificat médical obligatoire. Les enfants sont gardés de 1 j. à 3 ans. Grat., compris layettes, frais médicaux et pharmaceutiques.

Ve ARR.

Hospice des Enfants-Assistés, 74, rue Denfert-Rochereau. — L'Hospice dépositaire des enfants assistés reçoit temporairement les enfants de tout âge, pendant les séjours de leurs parents ou de l'un d'eux en prison, à l'hôp. ou à l'asile d'aliénés. Si les parents ne viennent pas les reprendre, quand ils y sont invités, ces enfants sont inscrits dans le Service des enfants assistés, avec toutes les conséquences de l'abandon. Visites jeud., dim., de midi à 2 h. Placem. à la campagne en cas de prolongation de séjour.

Cours de puériculture.

Voir *Protection des enfants indigents et délaissés*, et *Adoption*.

VIe ARR.

Pouponnière syndicale, 32, rue Houdan, à Sceaux (Seine). Siège à Paris, 5, rue de l'Abbaye. Dépend de l'Union des syndicats professionnels féminins (1910). — Pour enfants de toute religion, de 2 à 6 ans. Les parents doivent présenter simplement leur livret de famille en règle et un certificat de vaccin. Prix : 25 fr. par mois pour l'enfant d'une syndiquée, 30 fr. pour tout autre. Pour admission et renseignements, s'adresser au siège social.

Pouponnière de Pellevoisin (Indre). Dépend. de l'Œuv. de Mlle Bonjean, 167, rue de Rennes. — Pour enfants pauvres, orphelins ou abandonnés, de 1 à 5 ans (garçons), de tout âge (filles). Prix : 25 fr. par mois, 50 fr. d'entrée. Grat. pour un certain nombre. Voir *Adoption*.

VIIe ARR.

Société maternelle parisienne « La Pouponnière », 116, rue de Grenelle, mairie du VIIe arrondissement. Secrétariat, 4, rue Boissière. Institut de puériculture. Fond. par Mmes Charpentier et Manuel (1890). — Recon. ut. pub. Direction laïque. A pour but de recueillir dès leur naissance, dans une nourricerie modèle, à Porchefontaine, près Versailles (S.-et-O.), des enfants de toute religion que leurs mères, travaillant au dehors, ne peuvent nourrir elles-mêmes, de les faire élever au sein pendant les premiers mois, puis au lait stérilisé, et de les garder jusqu'à 2 ans, 3 ans selon les cas. Admission grat. pendant un an, avec leurs enfants, des mères abandonnées. 3 pavillons pouvant contenir chacun 30 enfants et 2 pavillons d'isolement.

Prix de pension : de 1 j. à 2 ans, 40 à 45 fr. par mois ; de 2 ans à 3 ans, 30 à 35 fr., compris visites médicales, médicaments, berceaux, etc. Visites des parents dim. et jeud., de 1 h. à 4 h. Moitié des pensionnaires est admise gratuitement comme boursiers.

Élevage grat. des enfants des nourrices attachées à la maison. Les nourrices reçoivent, en outre de leur entretien, une somme mensuelle de 33 fr. Prime d'allaitement de 50 fr. pour mères ayant fait un allaitement complet de leur enfant et d'un pensionnaire.

Consult. des nourrissons, merc., à 2 h. et demie. Distrib. de lait et layettes gratuitement ou à prix réduit. Infirmerie temporaire au prix de 2 fr. par j. École ménagère avec logements ouvriers pour le relèvement moral des filles-mères. Leçons de puériculture et d'économie domestique.

Sous le nom de *Les Nids de Porchefontaine* est une Assoc. maternelle et mutuelle (1909), le Foyer ouvrier versaillais, Sté coopérative d'habitations à bon marché, où sont pris en garde des nourrissons surveillés par la Pouponnière.

Demandes d'admission au secrétariat, 4, rue Boissière, et examen médical, 110, rue Ordener, Paris (XVIIIe), tous les j., de 2 h. à 3 h. et demie, sauf merc. et vend. Nationalité française oblig. sans distinction de culte.

Pouponnat du Nouzet, à Montgeron (Seine-et-Oise). Siège à Paris, 70, rue de l'Université. Fond. par Mme la duchesse d'Uzès (1905). — Direction laïque. A pour but d'aider les familles de toute religion qui désirent placer en nourrice leurs nouveau-nés, de 1 j. à 2 ans, avec toutes les garanties possibles. Pension mensuelle de 30 fr., plus 25 fr. pour la layette, une fois versés.

VIIIe ARR.

Œuvre maternelle de Sainte-Madeleine, 14, rue de la Ville-l'Évêque. Fond. par M. Marbeau (1846). — Recon. ut. pub. Les enfants des femmes pauvres du quartier sont reçus gratuitement à la crèche et à l'asile. Ouvroir et travail à domicile. L'œuv. fournit gratuitement fil et aiguilles. École maternelle annexée.

XIe ARR.

Société des asiles laïques du premier âge, 8, rue St-Maur. Fond. par Mme Charles Floquet (1879). — Admet des enfants de 15 j. à 3 ans, des deux sexes et de toute provenance. Bulletin de naissance, certificats de vaccin et médical de l'asile obligatoires. Prix : 0 fr. 20 par j. pour 1 enfant, 0 fr. 30 pour 2 enfants.

XIVe ARR.

Asiles temporaires pour les enfants dont les mères sont à l'hôpital, 88, rue de Gergovie, et 39, avenue Villemain. Dépend. de l'Œuv. de la Chaussée du Maine (1886). — Recon. ut. pub. Direction non confes. Pour garçons de 6 mois à 6 ans, filles de 6 mois à 14 ans, dont les mères sont malades à l'hôp. ou chez elles, sans distinc. de religion et de nationalité, les plus indigents gratuitement, les autres pour 1 fr. par j. 50 places. Bulletin de naissance exigé. Séjour de 15 j. à 4 mois. Voir *Œuv. de la Chaussée du Maine, Œuvres diverses de secours.*

XVIe ARR.

La Pouponnerie, 22 *ter*, rue Vineuse. Fond. par Mme Johnson (1904). — Direction laïque. A pour but de venir en aide aux jeunes enfants des classes laborieuses parisiennes qui, travaillant au dehors, ne peuvent garder chez eux ni payer des frais de pension. L'œuv. recueille des enfants de 2 à 7 ans, sans distinc. de condition sociale, de culte ou de sexe ; elle les place dans des familles, qu'elle surveille, au prix de 15 fr. par mois. Garderie provisoire à Sceaux et à Clamart. Consult., merc. de 10 h. à midi. Bulletins de naissance et de vaccin exigés.

Le Foyer des enfants, siège social, 29, rue Boileau. Fond. par le Pasteur Foulquier (1901). — Direction protest. A pour but de recueillir des enfants moralement abandonnés. Prix : 45 fr. par mois. Bourses et demi-bourses selon les ressources. Asile à Billancourt (Seine).

Crèche de Vaucresson, villa Mireille, 18, allée de St-Cucufa, Vaucresson (Seine-et-Oise). Siège à Paris, 120, rue de la Pompe (1878). — Direction laïque. 25 petits lits et berceaux pour garçons de 18 mois à 7 ans, de parents malades ou malheureux, de culte cath. Prix : de 15 à 20 fr. par mois.

XVIIe ARR.

L'Abri de l'enfance, 9, place des Ternes. Fond. par Mme la générale Sée (1900). — Recon. ut. pub. Reçoit, sans distinc. d'origine ni de religion, des garçons entre 3 et 6 ans, des filles entre 3 et 12 ans, dont les mères sont malades ou en couches chez elles ou à l'hôp., ou empêchées pour toute autre raison de s'occuper de leurs enfants. Certificats de naissance et de vaccin exigés. On les garde gratuitement de 15 j. à 2 mois, sauf prolongation nécessaire. Visite des parents dim., de 3 h. à 5 h. Une layette pour son nouveau-né est remise à la mère, quand elle vient reprendre son enfant.

Asiles : 84, rue Dutot (1909) (XVe), et 40, cité des Fleurs, avenue de Clichy (1900) (XVIIIe). Chaque asile possède 25 lits. Vestiaire.

XIXe ARR.

La Maison maternelle, 38 *bis*, rue Manin. Fond. par Mlle Louise Koppe (1891). — Recon. ut. pub. Direction neutre. Recueille gratuitement pendant 1 à 3 mois des enfants des deux sexes, garçons de 3 à 6 ans, filles de 3 à 12 ans. Succursales : 41, avenue du Parc de Montsouris (Seine), 130 places, et au Nid des Bois, à Authon-du-Perche (Eure-et-Loir), 100 places, maison de campagne ouv. de juin à octobre.

XXe ARR.

Asile temporaire pour enfants, femmes et jeunes filles, 14, rue du Retrait. Fond. par Mme Risler (1888). — Direction laïque. Reçoit avec leurs mères des enfants âgés de 11 j. à 6 ans pour les garçons, à 12 ans pour les filles, exceptionnellement les enfants seuls, de toute religion et nationalité, arrivant à Paris et se trouvant sans ressources. Une carte d'entrée valable pour une semaine, mais pouvant être prolongée, donne droit aux couchage, nourriture, blanchissage. Prix de pension : 2 fr. par semaine pour enfants au-dessous de 4 ans, 4 fr. par semaine pour hospitalisées travaillant dans la maison, 7 et 8 fr. par semaine pour hospitalisées travaillant au dehors. 31 lits.

BANLIEUE

ARCUEIL-CACHAN. — Asile du premier âge. Fond. par M. et Mme É. Raspail. Direc. laïque. Admissions grat. de la naissance à 3 ans.

BILLANCOURT. — **Le Foyer des enfants**, 56, rue Daujou. Siège social, 29, rue Boileau, Paris. Voir au XVIe arr.

CLICHY-LA-GARENNE. — **Asile Léo Delibes**, 58, rue du Landy, Clichy. Fond. par Mme Léo Delibes et donné à la Ville de Paris (1895). — Dépendant de la Préfecture de la Seine. Direction laïque. A pour but de recueillir gratuitement les enfants de Paris sevrés, vaccinés et marchant, âgés de 15 mois au moins, de 5 ans au plus, que leurs parents ne peuvent momentanément garder chez eux, pourvu qu'ils ne soient ni contagieux, ni atteints d'affections dangereuses. Séjour de 2 mois au plus, sauf prolongation nécessaire. Une section est réservée aux enfants de moins de 3 ans, organisée comme une crèche ; une autre section aux enfants de plus de 3 ans, organisée comme école maternelle.

Les orphelins de père ou de mère, les enfants dont l'un des parents a disparu, et ceux dont la famille compte au moins 5 enfants, peuvent bénéficier de cette institution. 30 lits.

NANTERRE. — **Asile de Nanterre,** 5, rue St-Denis (1862). — Direction des Dames Diaconesses. Recon. ut. pub. Recueille des petites filles orphelines ou abandonnées trop jeunes pour être admises dans un orphelinat, de 18 mois à 7 ans, moyennant pension variable. 16 lits.

NEUILLY-SUR-SEINE. — **Asile temporaire de sauvetage de l'enfance,** 28, rue Perronet. Dépendance de l'*Union française pour le sauvetage de l'enfance,* 108, rue Richelieu (1888). — Recon. ut. pub. Direction laïque. A pour but de rechercher et signaler à qui de droit, ou de recueillir dans toute la France les enfants maltraités ou en danger moral, des deux sexes et de toute religion, de la naissance à 13 ans, de les instruire et de leur apprendre un métier. Gratuité pour les indigents. Service médical à l'Asile temporaire. Séjour de 3 à 4 semaines à l'Asile, puis placem. à la campagne ou en apprentissage. Vestiaire. Fonds dotal et de prévoyance. 25 lits. Voir *Adoption.*

PANTIN. — **Pouponnat maternel,** 59, rue de Paris. Parfumerie Pinaud. Fond. par M. Klotz (1904). — Direction laïque. 12 places. Grat. Aucune distinct. de religion. Ouvert aux enfants des ouvrières, mariées ou non. Lait stérilisé dont un tiers payé par le Pouponnat. Prime de 50 fr. en un livret de Caisse d'épargne aux ouvrières allaitant leur enfant au Pouponnat pendant au moins 10 mois. Allocation de 50 fr. au moment de l'accouchement et de 50 fr. à la reprise du travail à l'usine, à condition de rester 3 semaines en conval. et sans travailler.

POISSY (S.-et-O.). — **Asile Saint-Louis,** rue du Port, à Poissy. Fond. par Mlle Bonjean. — Reçoit des enfants des deux sexes, de leur naisance à 3 ans, sans distinc. de nationalité, moyennant pension mensuelle de 30 fr. et 50 fr. d'entrée. Siège à Paris, 167, rue de Rennes. Voir *Adoption.*

SAINT-MAUR. — **Garderie d'enfants, Maison Fontanès,** 9, rue Mahieu, à St-Maur (Seine). Dépendant de la *Réunion protestante de charité,* 39, rue de Rome (1888). — Recon. ut. pub. Reçoit des enfants des deux sexes, sans distinc. de culte, orphelins abandonnés, de préférence de Seine, Seine-et-Oise et Seine-Inférieure, de 2 ans au moins à 6 ans au plus. Départ de la Garderie à 7 ans, et placem. dans un orphelinat. Acte de naissance, certificat médical et de vaccin exigés. Pension mensuelle : 25 fr. 20 lits.

6° Œuvres diverses

Ier ARR.

Ligue française des mères de famille, 4, rue Richepanse (1901). — Sté d'assist. à domicile de la femme et des enfants malades. Voir *Stés d'études.*

Œuvre familiale pour les orphelins de la Seine. Siège à la Préfecture de la Seine (1856). — Recon. ut. pub. Reçoit, de leur naissance à 14 ans, des garçons orphelins de père et de mère du département. Placem. familial à la campagne, aux frais de l'œuv., jusqu'à l'âge de 16 ans (en Seine ou Seine-et-Oise).

Le Trousseau de bébé, Annexe de la Ligue française des mères de famille, 4, rue de Richepanse (1909). — Au siège de la Ligue, par les soins des inspectrices, une fois par mois, secours divers en nature et en argent et vêtements d'enfants.

Société d'assistance maternelle et infantile « Union et progrès » des agents, sous-agents et ouvriers des P. T. T., 58, rue J.-J.-Rousseau. — Secours divers aux mères et nourrissons.

IIIe ARR.

La Layette du IIIe arrondissement, œuvre mutuelle et philanthropique, 10, rue Dupetit-Thouars. Fond. par Mlle Reignier (1909). — Direction laïque. A pour but de fournir gratuitement aux nouveau-nés, dont les parents sont nécessiteux, la layette nécessaire à leurs besoins. L'œuv. utilise les concours grat. des pupilles de la Jeunesse républicaine de l'arrondissement, pour la confection des layettes d'une valeur de 10 fr. données aux mères indigentes du IIIe arrond. habitant le quartier depuis 10 mois. Ouvroir le jeud., de 2 à 5 h.

IVe ARR.

Société d'hygiène de l'enfance, 10, rue St-Antoine (1887). — Comité de dames patronnesses faisant des enquêtes, et portant secours et conseils aux mères malheureuses. Subventions, dons de layettes, chaussures, vêtements, lingerie, aliments, etc.

VIIIe ARR.

Société protectrice de l'enfance, 19, rue St-Pétersbourg. Voir *Stés d'études.*

Ligue contre la mortalité infantile, 6, rue St-Philippe-du-Roule (1902). — Voir *Stés d'études.*

Réunion protestante de charité, 20, rue Vivienne. — Recon. ut. pub. Comités de secours aux mères et bébés. Voir *Œuvres diverses de secours.*

IXe ARR.

Comité de bienfaisance israélite de Paris, 60, rue Rodier. — Recon. ut. pub. Distrib. de layettes et secours en espèces aux femmes israélites, indigentes, mariées, de bonne conduite, habitant Paris depuis 2 ans. Inspection médicale des enfants du premier âge. Voir *Œuvres diverses de secours* et *Secours aux enfants.*

Xe ARR.

Société polytechnique de sauvetage, 235, faubourg St-Martin. — Voir *Stés de sauvetage.*

XIe ARR.

L'Union familiale, 185, rue de Charonne. — Recon. ut. pub. Réunion des enfants dont les parents ne peuvent pas s'occuper. Visite et secours aux mères et bébés. Conseils d'hygiène. Voir *Œuvres diverses de secours.*

La Layette de la Folie-Méricourt, Société de secours maternels, 19, rue Pierre-Levée (1908). — Direction laïque. A pour but de fournir gratuitement une layette à toute femme prête à devenir ou devenue mère, habitant le XIe arrondissement, sans distinc. de religion et d'état civil. Distrib. le vend. de 2 à 4 h. Visites à domicile aux femmes et enfants malades et indigents. Dispens. Consult. médicales et de nourrissons. Médicaments grat.

XIIIe ARR.

Réunion mensuelle de bébés et de jeunes filles. Fond. par Mme La Ferté (1904), au Dispens. de la Ligue des enfants de France, 129, rue de Tolbiac. — Les enfants à partir du quatrième, et jusqu'à l'âge de 2 ans, reçoivent des bons de lait et un vêtement, qui leur sont apportés par des jeunes filles des divers quartiers de Paris. Chaque jeune fille s'occupe individuellement de chaque enfant, toujours le même. Aucun secours en argent.

XIVe ARR.

L'Assistance maternelle et infantile de Plaisance, 63, rue Vercingétorix. Voir *Maternité.*

L'Assistance maternelle et infantile de Grenelle, 47, rue de l'Église. Voir *Maternité.*

Œuvre de la Layette du XIVe arrondissement. Siège à la mairie. Fond. par Mme Michel Cahen (1908). Filiale de l'*Union maternelle du XIVe arrondissement*, 2, rue du Moulin-Vert. — A pour but de venir en aide aux mères nécessiteuses de l'arrondissement, et surtout à celles qui fréquentent la consult. de nourrissons de l'Union maternelle. Distrib. de vêtements, layettes et jouets aux enfants pauvres.

Institut de puériculture, à l'Hospice des Enfants-Assistés, 74, rue Denfert-Rochereau (1911). — Voir *Service des enfants assistés.*

Orphelinat du premier âge, 18, rue Charles-Divry. — Dépendant de la *Société de charité maternelle.* Crèche transformée en orphelinat, pour garder 3 ans à la charge de l'œuv. tout enfant qui aurait perdu sa mère pendant son adoption. Seul orphelinat acceptant des enfants dès leur naissance. Voir *Maternité.*

XVe ARR.

L'Alliance maternelle, 56, boulevard Montparnasse. Fond. par Mlle de Valbray (1908). — Direction laïque. Office grat. de placem. d'enfants à la campagne. A pour but de faciliter aux familles, domestiques, employés, ouvriers aisés, le placem. de leurs enfants du premier âge à la campagne. Extrait de naissance, certificats de baptême et médical exigés.

L'œuv. ne recommande que des familles nourricières de confiance dans les plus saines régions de France. Elle exerce une surveillance maternelle sur les enfants placés au double point de vue physique et moral, et fait donner de leurs nouvelles aux parents. Conseils aux éleveuses employées par l'œuv. sur l'allaitement et l'hygiène. Prix : 26 et 28 fr. par mois jusqu'au sevrage, 21 fr. jusqu'à 2 ans, 16 et 18 fr. jusqu'à 13 ans. Voyage aux frais des parents. Régions de placem. dans l'Orne, la Sarthe et le Loiret.

Œuvre de la Chaussée du Maine, 14, rue Vigée-Lebrun. — Recon. ut. pub. Dames diaconesses. Écoles maternelles et œuv. de secours en nature et en argent, pour enfants des deux sexes de 1 j. à 15 ans. Consult. médicales pour enfants le jeud. à 4 h. et demi. Consult. de mères et de nourrissons, et inscriptions à la Mutualité maternelle, mard., de 2 à 4 h. Soins aux bébés et médicaments grat. Voir *Œuvres diverses de secours*.

XVIe ARR.

Société des Berceaux, 9, rue Dumont-d'Urville (1887). — Dépendant de la *Société de charité maternelle*. Direction laïque. A pour but de fournir gratuitement berceaux et couvertures aux mères indigentes admises par la Société de Charité maternelle. La Société des Berceaux est dirigée dans chaque quartier par une dame administrante, chargée de la distrib. des bons de berceaux. Vestiaire. Voir *Maternité*.

Œuvre du Point-du-Jour, 214, avenue de Versailles. — Voir *Maternité*.

XVIIe ARR.

Œuvre des Layettes, 9, place des Ternes. Fond. par Mme la générale Sée (1892). — Direction laïque. A pour but de distribuer des layettes (composées de 3 chemises, 3 fichus, 4 brassières, 4 langes et 12 couches) aux mères indigentes élevant leurs enfants, mariées ou non, sans distinc. de culte, particulièrement à celles qui sortent des hôp., prisons, asiles, ouvroirs pour femmes enceintes, ou aux pauvres honteuses.

Assoc. de jeunes filles divisées en groupes, dont chacun doit fournir 6 à 12 layettes par an. D'autres layettes proviennent des asiles-ouvroirs, ou sont confectionnées par des femmes sans travail. L'œuvre distribue en outre des vêtements d'hommes et de femmes, couvertures, chaussures, etc.

XVIIIe ARR.

Policlinique Rothschild, 199, rue Marcadet. — Distrib. de lait, médicaments et autres secours en nature. Hospitalise ceux qui en ont besoin, et avec leurs nourrissons malades les mères qui les allaitent.

XIXe ARR.

Œuvre des mères de famille et de la layette, 20, rue Bouret. — Voir *Maternité*.

BANLIEUE

ALFORTVILLE. — **Le Berceau**. Assoc. prévoyante et mutuelle pour l'élevage rationnel, la garde et la protection des enfants du premier âge, 7, rue de Villeneuve. Fond. par M. Beudin (1911). — A pour but : 1° de créer une consult. de nourrissons, avec soins grat. jusqu'à 3 ans, pour enfants des membres participants et ceux confiés en nourrice, en sevrage ou en garde ; 2° d'allouer des primes d'allaitement ; 3° de faire des distrib. de lait à prix réduits ; 4° de placer gratuitement des enfants en nourrice, sevrage ou garde. Les membres de l'Assoc. doivent être Français, âgés de 16 ans au moins, résider depuis plus de 3 mois dans le département de la Seine, verser une cotisation mensuelle de 0 fr. 50 pour chaque enfant.

Secrétariat ouvert merc. et sam., de 9 à 10 h. mat.

ANTONY. — **Succursale de l'Hospice des Enfants-Assistés**, 74, rue Denfert-Rochereau. — Reçoit des enfants de mères à l'hôp. 70 places.

BOIS-COLOMBES. — **Œuvre de la protection de l'enfance**, à la mairie. — Consult. de nourrissons, distrib. de layettes et vêtements.

BONDY. — **Œuvre du Trousseau**, à l'école des filles. — Pour enfants du premier âge.

CHATILLON-SOUS-BAGNEUX. — **Succursale de l'Assistance publique**, pour enfants pauvres, abandonnés, sous la tutelle de l'Assist. pub. (1893). — 88 berceaux pour enfants des deux sexes, couveuses d'enfants et soins spéciaux. S'adresser à l'Assist. publ., 3, avenue Victoria, Paris.

COURBEVOIE. — **Société des Dames patronnesses de Courbevoie**, 13, rue du Chemin-de-Fer. — Secours immédiats à domicile aux femmes en couches et aux enfants en bas âge. Voir *Maternité*.

FONTENAY-AUX-ROSES. — **Œuvre du Trousseau pour le premier âge**, 17, place de l'Église, et 18, rue Boucicaut.

GENTILLY. — **Œuvre des Layettes**, 2, rue Frileuse.

LA COURNEUVE. — **Œuvre des Trousseau et Layette**, pour enfants pauvres.

LEVALLOIS-PERRET. — **Patronage des enfants en bas âge de Levallois-Perret**, 9, rue des Alouettes. Fond. par Mme Allaire (1892). — Recon. ut. pub. Direction laïque. Secours aux femmes françaises, sans distinc. de culte, mères de 4 enfants ou veuves ou abandonnées. Visite des familles tous les 5 j. à domicile. Distrib. de secours, bons de fourneaux, lait, charbon et layettes, vestiaire, dispens. d'enfants de 1 j. à 3 ans, et consult. de nourrissons à la mairie, mard. et vend. de 3 à 5 h. La mère doit autant que possible allaiter son enfant. Assist. médicale et médicaments grat.

Œuvre des malades et des jeunes enfants pauvres, 48, rue des Frères-Herbert. Siège à la mairie. Fond. par Mme Villemur (1898). — Assist. à domicile des familles pauvres au moment de la naissance d'un enfant, ainsi que les malades pauvres de tout genre, sans distinc. de culte ni de nationalité. Dons en nature de layettes, chaussures, vêtements, bons de pain, viande, charbon et lait. Secours en argent.

NANTERRE. — **Société d'aide et d'assistance de la première enfance.** Siège à la mairie.

NEUILLY-SUR-SEINE. — **Œuvre de la Layette**, 12 *bis*, rue Soyer.

NOGENT-SUR-MARNE. — **Layettes et secours maternels**, au dispens., 1, rue Théodore-Honoré.

PAVILLONS-SOUS-BOIS. — **Œuvre de la Layette**, à la Mairie (1909). — Donne une layette à toutes les mères nécessiteuses.

SAINT-DENIS. — **Œuvre de la première assistance de l'enfance**, 24, rue des Ursulines.

VANVES. — **Œuvre des Dames de charité**, 56, rue de la Mairie. — Dons de layettes, etc.

CHAPITRE VII

CRÈCHES

Les Crèches sont destinées à recevoir, les jours ouvrables, pendant les heures de travail, sans distinction de religion, gratuitement ou contre rétribution de 0 fr. 10 à 0 fr. 20 par jour, les enfants de moins de trois ans, non malades, appartenant à des mères travaillant au dehors, et qui doivent venir les allaiter deux foi par jour. La première fut fondée à Paris, par M. Firmin Marbeau, 14, rue de Chaillot, en 1844. On en compte 115 dans Paris et le département de la Seine en 1911. Beaucoup sont subventionnées par les Conseils général et municipal.

PARIS

Ier ARR.

Crèche de Saint-Roch, 28, rue Saint-Roch, Fondée par Mgr Marbeau (1882). — Rec. ut. pub. Sœurs de St. V. de P. 21 lits et berceaux.

Crèche municipale du Ier arrondissement, 17, rue de l'Arbre-Sec Rec. ut. publ. (1889). — Direc. laïque. 40 lits et berceaux.

IIe ARR.

Crèche municipale de Bonne-Nouvelle, 144, rue Saint-Denis (1866). — Direc. laïque. 40 lits et berceaux.

Crèche du Mail, 2, rue des Petits-Pères. Fondée par l'Œuvre nouvelle des crèches parisiennes (1897). — Direc. laïque. 25 lits et berceaux.

IIIe ARR.

Crèche municipale du IIIe arrondissement, 4, rue Aumaire (1883). — Direc. laïque. 32 petits lits, 18 berceaux. Gratuité pour famille ayant quatre enfants.

IVe ARR.

Crèche de Sainte-Philomène, 20, rue Sainte-Croix-de-la-Bretonnerie (1846). — Sœurs de St. V. de P. 35 lits et berceaux.

Crèche Saint-François de Sales, 5, rue Poulletier (1881). — Sœurs de

St. V. de P. 28 berceaux Consultations lund., mercr., vendr., à 2 h.

Crèche municipale du IVᵉ arrondissement, passage Saint-Pierre, angle de la rue St-Antoine. Fondée par le baron Gustave de Rothschild et Mme Ephrussi (1887). — Direc. laïque. 15 berceaux et 9 petits lits.

Vᵉ ARR.

Crèche municipale Monge, 4, place Monge (1890). — Direc. laïque. 10 berceaux et 14 petits lits.

Crèche Sadi-Carnot, 3, rue des Trois-Portes (1894). — Direc. laïque. 18 berceaux.

Crèche Sainte-Lucie, 15, rue des Bernardins. Fondée par M. Dauchez (1894). — Sœurs de St. V. de P. 50 berceaux. Règlement très complet de l'Association de la Crèche et de la Première enfance, à la même adresse.

VIᵉ ARR.

Crèche de Bethléem (Saint-Sulpice), 6, rue de Mézières (1846). — Sœurs de la Présentation de Tours. 32 lits et berceaux.

Crèche municipale du VIᵉ arrondissement, 11, rue Jacob (1887). — 11 berceaux et 15 petits lits. Lait gratuit pour enfants au dehors, spécialement du quartier.

VIIᵉ ARR.

Crèche de Saint-Pierre du Gros-Caillou, 182, rue de Grenelle (1845). — Sœurs de St. V. de P. 70 berceaux et petits lits.

Crèche de Saint-Vincent de Paul, 3, rue Oudinot (1845). — Sœurs de St. V. de P. 28 petits lits et berceaux.

Crèche de Saint-Thomas-d'Aquin, 9, rue Perronet (1851). — Sœurs de St. V. de P. 30 petits lits et berceaux.

VIIIᵉ ARR.

Crèche Saint-Philippe, 13, rue de Monceau (1845). — Sœurs de St. V. de P. 30 petits lits et berceaux.

Crèche Sainte-Madeleine, 14, rue de la Ville-l'Evêque. Fondée par M. Marbeau (1846). — Sœurs de St. V. de P. 25 petits lits et berceaux. Gratuité pour les indigents. Asile-école pour les enfants des deux sexes de 3 à 6 ans. Ouvroir maternel. Assistance par le travail à domicile pour les mères de famille.

IXᵉ ARR.

Crèche Saint-Louis d'Antin, 27, rue de la Chaussée-d'Antin. Fondée par M. Marbeau (1845). — Sœurs de la Présentation. 20 berceaux.

Crèche laïque municipale du IXᵉ arrondissement, 25, rue La Rochefoucauld (1889). — 35 lits et berceaux.

Xᵉ ARR.

Crèche du Xᵉ arrondissement, 185, rue Saint-Maur-Popincourt. Sera transférée, en 1912, 81, boulevard de la Villette. Fond. par Mme Duval (1875). — Direc. laïque. 45 petits lits et berceaux.

Crèche du faubourg Saint-Martin, 122, rue du Fg-St-Martin. Fondée par Mme Lombart (1886). — Direc. laïque. 30 petits lits et berceaux.

XIe ARR.

Crèche Charles Floquet, 6, rue Saint-Maur-Popincourt. Fondée par Mme Floquet (1879). — Direc. laïque. 45 petits lits et berceaux.

Crèche Saint-Joseph, 81, rue d'Angoulême (1888). — Sœurs de St. V. de P. 40 petits lits et berceaux.

Nourricerie maternelle d'ouvrières, 145, boulevard Voltaire. Fondée par MM. Hayem (1904). — Direc. laïque. 8 berceaux pour enfants de toute religion, de 21 jours à 18 mois, dont les mères sont employées dans les établissements Hayem. Gratuité.

Crèche laïque du quartier Sainte-Marguerite, 38, rue Saint-Bernard. Fondée par M. Chausse (1906). — 40 petits lits et berceaux. Visite médicale le mard. à 9 h. et demie.

XIIe ARR.

Crèche Sainte-Marie des Quinze-Vingts, 8, passage Gatbois, 66, avenue Daumesnil. Fondée par Mme de Raiset (1873). — Recon. ut. pub. Direction laïque. 40 petits lits et berceaux.

Crèche Saint-Joseph de Bercy, 63, rue des Meuniers. Fondée par M. l'abbé de Peretti (1846). — Sœurs de St. V. de P. 20 petits lits et berceaux.

Crèche de Picpus, 6 rue des Tourneux (1847). — Recon. ut. pub. Direct. laïque. 31 petits lits et berceaux.

XIIIe ARR.

Crèche Saint-Marcel (Maison-Blanche), 41, rue Vandrezanne. Fondée par le peintre Corot (1869). — Sœurs de St. V. de P. 42 petits lits et berceaux. Visite médicale le jeud. à 9 h.

Crèche Sainte-Rosalie, 35, rue de la Glacière. Fondée par M. Armand Heine et la comtesse Pillet-Will (1873). — Sœurs de St. V. de P. 30 petits lits et berceaux. Distribution gratuite de lait stérilisé tous les jours de 10 h. à midi. Visite médicale mard. et vendr.

Crèche du quartier de la Gare, 4, rue Baptiste-Renard. Fondée par M. Cantagrel (1882). — Direc. laïque. 50 petits lits et berceaux. Visite médicale tous les deux jours.

Crèche m nicipale du quartier Croulebarbe, 3, rue des Gobelins (1893). — Direc. laïque. 64 petits lits et berceaux. Visite médicale tous les mat. à 10 h.

Crèche laïque de la Maison-Blanche, 1, rue Barrault (1894). — 45 petits lits et berceaux. Visite médicale tous les mat. à 10 h.

Crèche municipale de la Salpêtrière, 5, rue du Banquier (1894). — Direc. laïque. 45 petits lits et berceaux. Visite médicale tous les mat. à 10 h.

XIVe ARR.

Crèche municipale de Plaisance-Montparnasse, 14, rue Schomer

(1892). — Direc. laïque. 40 petits lits et berceaux. Visite médicale tous les mat.

Crèche Furtado-Heine, 7, rue Jacquier. Fondée par Mme Furtado-Heine (1896). — Recon. ut. pub. Direc. laïque. 100 petits lits et berceaux. 5 grands dortoirs de chacun 20 berceaux. Gratuité. Distribution gratuite de lait stérilisé et visite médicale tous les mat.

Crèche Fénelon-Charles, 18, rue Divry (1896). — Sœurs de St. V. de P. 25 petits lits et berceaux. Gratuité. Orphelinat pour enfants jusqu'à 3 ans, orphelins de mères pauvres, secourus par la Société de charité maternelle. Quelques lits réservés aux enfants pauvres du quartier.

Crèche du quartier de la Santé, 3 *bis*, rue d'Alésia (1901). — Direc. laïque. 40 petits lits et berceaux. Gratuité. Visite médicale tous les jours et consultation le lund. à 6 h. soir.

XVe ARR.

Crèche Sainte-Marguerite (Grenelle), 8, rue Ginoux (1873). — Recon. ut. pub. Sœurs de St. Paul de Chartres. 30 petits lits et berceaux. Visite médicale tous les jours.

Crèche laïque de l'Espérance du XVe arrondissement, 71, avenue Félix-Faure. Fondée par Mme Maria Chauvière (1890). — Direc. laïque. 28 petits lits et berceaux. Visite médicale tous les jours.

Crèche municipale laïque des quartiers Saint-Lambert et Necker, 13, rue d'Alleray (1891). — Direc. laïque. 40 petits lits et berceaux. Visite médicale tous les jours.

Crèche Fourcade, 25, rue du Général-Beuret. Fondée par M. et Mme Fourcade (1895). — Direc. laïque. 45 petits lits et berceaux. Garderie pour enfants de 3 à 4 ans.

XVIe ARR.

Crèche Sainte-Marie, 117, avenue Victor-Hugo. Crèche-mère de Chaillot. Fondée par M. F. Marbeau (1844). — Sœurs de la Présentation. 30 petits lits et berceaux pour enfants catholiques.

Crèche du Point-du-Jour, 22 *bis*, rue Claude-Lorrain (1895). — Direc. laïque. 34 petits lits et berceaux. Gratuité.

Crèche du XVIe arrondissement, 9, rue François-Millet (1897). — Direc. laïque. 38 petits lits et berceaux. Gratuité.

XVIIe ARR.

Crèche des Ternes, 11, rue Roger-Bacon (1874). — Sœurs de St. V. de P. 33 petits lits et berceaux pour enfants catholiques.

Crèche de la Compagnie Ouest-État, 163 *bis*, avenue de Clichy (1880). — Sœurs de St. V. de P. 100 petits lits et berceaux. Gratuité. Réservée aux enfants des employés et ouvriers des chemins de fer de l'Ouest-État.

Petite crèche des Batignolles, 47 *bis*, avenue de Clichy. Fondée par Mme Villard (1877). — Direc. laïque. 12 petits lits et 7 berceaux.

Crèche municipale des Épinettes, 8 *bis*, rue Berzélius prolongée

(1890). — Direc. laïque. 12 berceaux et 8 petits lits. Distribution gratuite de lait pour les enfants du dehors jusqu'à 2 ans.

Crèche municipale des Batignolles, 86, rue Nollet. Fondée par Mme Madeleine Brès (1893). — Direc. laïque. 16 petits lits et 11 berceaux.

Petite crèche de la rue Gauthey, 54, cité des Fleurs. Fondée par Mme May (1895). — Sœurs de la Compassion. 10 petits lits et 10 berceaux. Distribution de Notices sur les conseils aux mères, comme dans la plupart des crèches.

Crèche du XVIIe arrondissement, 21, rue de l'Étoile, avenue Mac-Mahon. Fondée par M. Lalance (1898). — Direc. laïque. 30 petits lits et berceaux.

XVIIIe ARR.

Crèche de Clignancourt et des Grandes-Carrières, 76, rue de Maistre (1873). — Direc. laïque. 27 petits lits et berceaux.

Crèche de la Chapelle et de la Goutte-d'Or, 9, rue Affre (1875). — Direc. laïque. 50 petits lits et berceaux.

Crèche Arthur Panckoucke, 33, rue Caulaincourt. Fondée par Mme Heine (1882). — Sœurs de St. V. de P. 42 petits lits et berceaux.

Crèche-asile Sainte-Marie, 146, avenue de Saint-Ouen. Fondée par Mme Henri Durand (1895). — Direc. laïque. 18 berceaux et 14 petits lits. Gratuité.

XIXe ARR.

Crèche Sainte-Eugénie (la Villette), 146, rue de Crimée (1868). — Sœurs de St. V. de P. 40 petits lits et berceaux (fermée provisoirement en 1909).

Crèche laïque du quartier d'Amérique, 51, rue des Fêtes. Fondée par M. Cattiaux (1888). — Direc. laïque. 35 petits lits et berceaux.

Crèche municipale du quartier du Combat, 66, rue Bolivar (1897). — Direc. laïque. 34 petits lits et berceaux.

Crèche de la Villette et du Pont-de-Flandre, 142, rue de Flandre (1898). — Direc. laïque. 35 petits lits et berceaux.

Crèche de la Villette, 28, rue Riquet (1903). — Direc. laïque. 30 petits lits.

XXe ARR.

Crèche Bellevilloise, 73, rue de la Mare. Fondée par M. Firmin Marbeau (1845). — Sœurs de St. V. de P. 35 petits lits et berceaux.

Crèche Sainte-Amélie et Crèche laïque du XXe réunies, 104, rue de la Réunion. Fondées par M. Vion-Pigalle (1872). — Direc. laïque. 70 petits lits et berceaux. Cette crèche place les enfants de 2 à 7 ans à Vaucresson (Seine-et-Oise), pour 10 fr. par mois.

Crèche municipale du quartier Saint-Fargeau, 33, rue du Télégraphe (1889). — Direc. laïque. 31 petits lits et berceaux.

Crèche municipale du Père-Lachaise, 3, place Martin-Nadaud (1900). — Direc. laïque. 50 petits lits et berceaux.

Crèche municipale de Belleville, 17 *bis*, passage de Pékin (1901). — Direc. laïque. 50 petits lits et berceaux.

BANLIEUE

ARCUEIL. — **Crèche municipale du premier âge**, 59, rue Raspail 1886). — Direc. laïque. 15 berceaux.

ASNIÈRES. — **Crèche municipale**, 10, place de l'Asile (1894). — Direc. laïque. 32 berceaux. Gratuité.

AUBERVILLIERS. — **Œuvre du Berceau**, 1, rue Trevet. Municipale (1905). — Direc. laïque. 15 berceaux.

BOULOGNE. — **Crèche municipale**, 105, rue de Paris (1867). — Direc. laïque. 40 berceaux.

BILLANCOURT. — **Crèche municipale**, 97, rue du Vieux-Pont de Sèvres (1902). — Direc. laïque. 40 berceaux.

CACHAN. — **Crèche Saint-Raphaël**, 7, rue Étienne-Dolet (1876). — Sœurs de St. V. de P. 35 berceaux.

CHATILLON. — **Crèche municipale**, 2, passage Charlot (1886). — Direc. laïque. 30 berceaux.

CHARENTON-LE-PONT. — **Crèche municipale**, 39, rue des Bordeaux. — Direc. laïque.

CHOISY-LE-ROI. — **Crèche de la manufacture de porcelaine**, pour enfants des mères employées, 3, rue du Pont (1867). — Direc. laïque. 30 berceaux.

CLAMART. — **Crèche Sainte-Émilie**, 26, rue de Troys. Fond. par M. Schneider (1880). — Recon. ut. pub. Sœurs de St. V. de P. 40 berceaux.

CLICHY. — **Crèche Saint-Vincent de Paul**, 84, rue Martre (1852). Sœurs de St. V. de P. 50 berceaux.

Crèche municipale, 72, rue du Bois (1903). — Direc. laïque. 40 berceaux.

COLOMBES. — **Crèche municipale**, 33 *bis*, rue de Nanterre (1894). — Direc. laïque. 36 berceaux.

Crèche municipale de la Garenne, 30, rue Voltaire (1904). — Direc. laïque. 30 berceaux.

COURBEVOIE. — **Crèche municipale**, square de l'Hôtel-de-Ville (1876). — Direc. laïque. 30 berceaux.

CRÉTEIL. — **Crèche municipale**, 53, Grande-Rue (1889). — Direc. laïque. 20 berceaux.

FONTENAY-SOUS-BOIS. — **Crèche Sainte-Marie**, 1, rue de Montreuil.

GENTILLY. — **Crèche municipale**, 19, rue Dufaut (1893). — Direc. laïque. 20 berceaux.

ISSY. — **Crèche du Centre**, place de la Mairie (1889). — Direc. laïque. 25 berceaux.

Crèche des Moulineaux, rue du Docteur-Lombard (1889). — Direc. laïque. 25 berceaux.

Crèche de la manufacture des tabacs, rue Michelet (1908). — Direc. laïque. 20 berceaux.

IVRY (CENTRE). — **Crèche municipale**, 20, place de la Mairie (1900). — Direc. laïque. 40 berceaux. Gratuité.

IVRY (PORT). — **Crèche municipale**, rue Coutant prolongée (1900). — Direc. laïque. 40 berceaux. Gratuité.

Crèche de la Compagnie générale d'électricité, 20, rue du Bac (1906). — Direc. laïque. 50 berceaux. Gratuité. Réservée aux enfants d'ouvriers de la Compagnie.

KREMLIN-BICÊTRE. — **Crèche municipale**, 46, rue Danton (1893). — Direc. laïque. 30 berceaux. Gratuité.

LEVALLOIS-PERRET. — **Crèche municipale**, 2, rue Marjolin (1867). — Direc. laïque. 40 berceaux. Gratuité.

Crèche de l'Enfant-Jésus, 102, rue du Bois (1897). — Pour enfants d'ouvriers et employés de la parfumerie Roger-Gallet. Sœurs de St. V. de P. 20 berceaux. Gratuité.

LES LILAS. — **Crèche intercommunale**, 8, passage Griselin (1896). — Direc. laïque. 30 berceaux.

MALAKOFF. — **Crèche municipale**, 5, avenue Nouvelle (1897). — Direc. laïque. 20 berceaux.

MONTREUIL-SOUS-BOIS. — **Crèche municipale**, 41, rue Voltaire (1895). — Direc. laïque. 50 berceaux.

MONTROUGE. — **Crèche municipale**, 29, rue de la Crèche (1894). — Direc. laïque. 30 berceaux.

NANTERRE. — **Crèche communale de Sainte-Geneviève**, 7, rue de la Mairie (1876). — Direc. laïque. 30 berceaux.

NEUILLY. — **Crèche Sainte-Amélie**, 24, rue des Poissonniers (1846). — Sœurs de St. V. de P. 50 berceaux.

NOGENT-SUR-MARNE. — **Crèche Saint-Alphonse**, 3, avenue de St-Mandé (1883). — Filles de la Croix. 20 berceaux.

PANTIN. — **Crèche Sainte-Élisabeth**, 3, rue Thiers (1886). — Sœurs de St. V. de P. 50 berceaux.

Crèche municipale, rue du Commerce (1891). — Direc. laïque. 45 berceaux.

Crèche Klotz, 59, rue de Paris (1904). — 12 berceaux. Gratuité.

PUTEAUX. — **Crèche municipale**, 59, rue Eichenberger (1883). — Direc. laïque. 40 berceaux. Gratuité.

SAINT-DENIS. — **Crèche municipale**, 57, rue de la République (1887). — Direc. laïque. 40 berceaux.

SAINT-MAUR-DES-FOSSÉS. — **Crèche municipale**, 23 *bis*, rue Henri-Martin (1906). — 40 berceaux.

SAINT-OUEN. — **Crèche municipale**, avenue de la Gare (1895). — Direc. laïque. 16 berceaux et 24 petits lits. Gratuité.

Crèche municipale, rue Baraduc (avenue Michelet) (1900). — Direc. laïque. 28 berceaux. Gratuité.

SCEAUX. — **Crèche municipale**, 24, rue des Écoles (1886). — Direc. laïque. 20 berceaux. Gratuité.

Crèche-garderie Marguerite Renaudin, à l'Orphelinat, 13, rue Voltaire (1906). — Sœurs de St. V. de P. 6 berceaux. Les enfants sont admis jusqu'à 12 ans. Gratuité.

SURESNES. — **Crèche municipale de Suresnes**, 34, boulevard de Versailles (1895). — Direc. laïque. 25 berceaux.

VANVES. — **Crèche Sainte-Geneviève**, 38, rue de la Mairie (1872). — Sœurs de St. V. de P. 25 berceaux.

VINCENNES. — **Crèche municipale**, 27, rue des Laitières (1901). — Direc. laïque. 60 berceaux.

Crèche privée, 9, rue de Strasbourg (1878). — 60 berceaux.

Œuvres générales

Société des Crèches, 15, avenue d'Iéna. Fond. par M. Firmin Marbeau (1846). — Recon. ut. pub. A pour but d'aider à créer ou à soutenir des crèches, de perfectionner et de propager l'institution et les progrès dans son bulletin trimestriel.

Elle en a fondé et fait prospérer un grand nombre depuis la première, établie en 1844. Ces crèches sont indépendantes ; elles ont pour la plupart les mêmes usages. La Sté des crèches accorde des subventions à celles qui, par leur règlement, leur administration et leur tenue, sont conformes aux principes et aux traditions de ladite Sté.

Des modèles de fiches matricules d'inscription des enfants à la crèche, et des modèles de tableaux d'accroissement de l'enfant pendant sa première année sont envoyés franco à toute crèche qui les demande au siège social (3 fr. le cent). Manuel de la crèche : 3 fr.

Œuvre nouvelle des Crèches parisiennes, 113, avenue Victor Hugo. Fond. par Mme Max Cremnitz (1896). — Recon. ut. pub. Direction laïque. A pour but de provoquer la fondation des crèches dans les quartiers de Paris qui en sont encore dépourvus. Elle reçoit gratuitement, dans celles qu'elle a fondées, des enfants d'ouvriers, sans distinc. de culte et d'état civil, âgés de 8 j. à 3 ans, qui y sont nourris et habillés. Elle donne aux mères le lait nécessaire pour la nuit et les j. fériés. Elle en envoie à domicile aux enfants malades. Elle encourage l'allaitement maternel par des consult. de nourrissons dans les crèches. Comité de dames procédant, pour les admissions, aux enquêtes sur la situation de la famille et la santé des enfants. Certificat de vaccin exigé.

École de bonnes d'enfants diplômées, 3 *bis*, rue d'Alésia (XIVe.)

A toute fille ou femme de 20 à 40 ans reconnue saine et sans infirmité, ayant le goût de se dévouer aux enfants et justifiant d'un passé honnête, l'œuv. offre gratuitement dans l'école, où elle est logée, chauffée, éclairée, nourrie et instruite pendant 3 mois, un apprentissage sans gain, mais sans frais, après quoi on lui délivre un diplôme à l'aide duquel on la place et replace, tant qu'elle n'a pas démérité.

5 crèches : crèche du Mail, passage des Petits-Pères (IIe); crèche de la Santé, 3 *bis*, rue d'Alésia (XIVe); crèche du XVIe arrondissement, 9, rue François-Millet; crèche du Point-du-Jour, 22 *bis*, rue Claude-Lorrain (XVIe); crèche du XVIIe arr., 21, rue de l'Étoile.

Œuvre de la Crèche à domicile, 15, rue de la Parcheminerie (1850), et 6 *bis*, rue Rocroy (1869). — Sœurs de St. V. de P. A pour but d'assister les mères indigentes mariées, ayant au moins 3 enfants, pour leur permettre de garder avec elles, en le nourrissant, leur nouveau-né, étant domiciliées depuis 2 ans dans la paroisse. Secours mensuel de 10 fr., dons de berceaux et layettes pendant 18 mois, bons de pain, viande, sucre, bois et charbon. Secours pour payer les mois de nourrice de l'enfant à la campagne, s'il y a lieu. Consult. de nourrissons, tous les 15 j., le mard. de 9 h. à 11 h.

Crèches diverses

Crèche de l'hôpital de la Charité, rue Jacob (1893). — Reçoit dans une salle spéciale, de 10 à 15 lits, près de chacun desquels est un berceau, des femmes malades avec leurs enfants âgés de moins de 2 ans.

Crèche de l'hôpital des Enfants-Malades, 149, rue de Sèvres. — 26 berceaux, 6 lits de nourrices, pour enfants de moins d'un an.

Crèche de l'hôpital Saint-Antoine, 184, faubourg St-Antoine. — 20 petits lits et berceaux.

Crèche de l'hôpital Tenon, rue de la Chine, 4. — 30 lits et 30 berceaux.

Crèches des hôpitaux d'Ivry et Saint-Antoine, pour les infirmières.

Crèche de l'hospice des Enfants-Assistés, 74, rue Denfert-Rochereau.

Pouponnière du Refuge-ouvroir Pauline Roland, 35, rue Fessart. Voir *Femmes enceintes.*

La Pouponnerie, 22 *ter*, rue Vineuse (XVIe). — Pour enfants de 2 à 7 ans. Voir *Asiles du premier âge.*

Pouponnat maternel de Pantin (Seine). — Voir *Asiles du premier âge.*

Pouponnière syndicale de Sceaux (Seine). Siège social, 5, rue de l'Abbaye. — Pour enfants de 2 à 6 ans. Voir *Protection du 1er âge.*

Pouponnat du Nouzet, à Montgeron (Seine-et-Oise). Siège à Paris, 70, rue de l'Université. Voir *Asiles du premier âge.*

Crèche de Vaucresson (Seine-et-Oise). Siège à Paris, 120, rue de la Pompe. Voir *Asiles du premier âge.*

CHAPITRE VIII

ÉCOLES MATERNELLES

Les Écoles maternelles, autrefois dites Salles d'asile, ont été fondées par le Pasteur Oberlin, dans les Vosges, en 1775, et par la marquise de Pastoret, aux Ménages, à Paris, avec le concours des Sœurs de la Providence, en 1826.

Elles ont pour but de recevoir tous les j., sauf les dim. et fêtes, des enfants des deux sexes, de 4 *à* 7 *ans, pendant que leurs parents travaillent. Les enfants sont conduits le mat. et ramenés le s. par leurs parents. Ils apportent leur déjeuner ou font usage de la cantine. La carte d'admission est délivrée par la Mairie, sur la production de l'acte de naissance et d'un certificat de vaccine. Gratuité. Les écoles maternelles sont sous le contrôle de la Préfecture de police. On en compte actuellement* 209 *à Paris et* 146 *dans la banlieue de la Seine, pour* 79 400 *enfants.*

Écoles maternelles publiques de la Ville de Paris

Ier ARR.
Rue Jean-Lantier, 15.
Rue de la Sourdière, 27.
IIe ARR.
Rue Tiquetonne, 21.
Rue de la Jussienne, 7.
Rue des Forges, 4.
IIIe ARR.
Rue Aumaire, 4.
Rue Chapon, 25.
Rue Barbette, 7
Rue de Turenne, 52 (*classe enf.*).
Rue Béranger, 5.
IVe ARR.
Rue du Renard, 23.
Rue des Archives, 38.
Rue François-Miron, 32.
Rue de Moussi, 9.
Rue des Hospit.-St-Gervais, 10.
Place des Vosges, 12.
Rue du Fauconnier, 4.
Impasse Guéménée, 12.
Rue Poulletier, 18 (*cl. enf.*).
Ve ARR.
Rue de Pontoise, 21.
Rue de Buffon, 23 (*cl. enf.*).
Rue Monge, 88 (*cl. enf.*).
Rue des Feuillantines, 4.
Rue des Lyonnais, 22 (*cl. enf.*).
Rue Victor-Cousin, 12.
Rue du Sommerard, 10.
Rue St-André-des-Arts, 39.

VIe ARR.
Rue de Vaugirard, 85.
Rue Madame, 40.
Rue St-Benoît, 18.

VIIe ARR.
Rue de Varenne, 39.
Rue Vaneau, 48.
Rue Éblé, 14.
Rue Cler, 4.
Avenue Rapp, 24.

VIIIe ARR.
Rue Portalis, 4.
Rue du Général-Foy, 28.

IXe ARR.
Rue des Martyrs, 63.
Rue Chaptal, 12.
Rue Rodier, 30.
Rue Milton, 5 (*cl. enf.*).

X^e ARR.
Rue de l'Aqueduc, 39.
Rue de Chabrol, 41 (*cl. enf.*).
Rue Pierre-Bulet, 2 (*cl. enf.*).
Rue des Vinaigriers, 1.
Rue des Récollets, 25.
Rue de Sambre-et-Meuse, 21 (*cl. enf.*).
Rue Vicq-d'Azir, 18.
Avenue Parmentier, 155.

XIe ARR.
Avenue Parmentier, 89.
Boulevard de Belleville, 75.
Avenue Parmentier, 111.
Rue Oberkampf, 113.
Rue Servan, 54.
Rue de la Roquette, 144 (*cl. enf.*)
Rue Bréguet, 13.
Rue Keller, 8.
Rue des Taillandiers, 19.
Avenue Parmentier, 11 *bis*.
Cité Voltaire, 8 (*cl. enf.*).
Passage Saint-Bernard, 19.
Rue Faidherbe, 28 (*cl. enf.*).
Rue Titon, 16.
Rue Trousseau, 38 (*cl. enf.*).

XIIe ARR.
Rue Charles-Baudelaire, 16.
Rue Ruty, 4 (*cl. enf.*).
Av. Daumesnil, 253 *bis* (*cl. enf.*).
Rue de Reuilly, 21.
Rue de Reuilly, 59.
Rue de Wattignies, 52.
R. Élisa-Lemonnier, 15 (*cl. enf.*).
Rue Picpus, 45.
Rue de Bercy, 5.
Rue Traversière, 41.
Cité Guillaumot, 2.
Rue de Cîteaux, 24.

XIIIe ARR.
Rue Jenner, 46.
Rue Baudricourt, 57.
Place Jeanne-d'Arc, 32.
Rue Domrémy, 15.
Rue de Villejuif, 28.
Rue Daviel, 9.
Rue Vandrezanne, 40.
Rue de Tolbiac, 157.
Rue Broca, 140.
Avenue d'Italie, 22.
Avenue de Choisy, 103 *bis*.

XIVe ARR.
Rue Delambre, 24.
Rue Leclerc, 4.
Rue de la Tombe-Issoire, 77.
Rue d'Alésia, 5 *bis* (*cl. enf.*).
Rue d'Alésia, 77 (*cl. enf.*).
Rue Durouchoux, 1.
R. Hipp.-Maindron, 48 (*cl. enf.*).
Rue Brodu, 2.
Rue de l'Ouest, 69.
Rue Vercingétorix, 61.
Rue Antoine-Chantin.
Rue Severo.

XVe ARR.
R. Olivier-de-Serres, 27 (*cl. enf.*).
Rue d'Alleray, 42 (*cl. enf.*).
Rue Théodore-Deck, 2 (*cl. enf.*).
Rue Gerbert, 2 (*cl. enf.*).
R. de la Sablonnière, 18 (*cl. enf.*).

Rue des Volontaires, 17 (*cl. enf.*).
Rue de Vaugirard, 149 (*cl. enf.*).
Rue Dupleix, 21 (*cl. enf.*).
Rue St-Charles, 62 (*cl. enf.*).
Rue Violet, 36 *bis* (*cl. enf.*).
Rue Lacordaire, 11 (*cl enf.*).
Rue Quinault, 8 (*cl. enf.*).
Rue Balard, 15.

XVIe ARR.

Rue Chardon-Lagache, 64.
Rue de Passy, 29.
Rue du Ranelagh, 66.
Rue de Longchamp, 130.
Rue Boissière, 56 (*cl. enf.*).

XVIIe ARR.

Rue Desrenaudes, 31.
Rue St-Ferdinand, 7 (*cl. enf.*).
Boulevard Pereire, 221.
Rue Ampère, 18 (*cl. enf.*).
Rue Jouffroy, 20.
Rue Boursault, 29 (*cl. enf.*).
Rue Boursault, 10 (*École Pape-Carpentier. Annexe de l'École normale d'institutrices*).
Passage Legendre, 21 (*cl. enf.*).
Rue Clairaut, 13.
Rue Brohant, 28 (*cl. enf.*).
Cité des Fleurs, 61.
Rue des Épinettes, 44 (*cl. enf.*).

XVIIIe ARR.

Rue Championnet, 113 (*cl. enf*).
Rue Lamarck, 146 (*cl. enf.*).
Rue Championnet, 72 (*cl. enf.*).
Rue Vauvenargues, 2.
Rue de Clignancourt, 61 (*cl. enf.*).
Rue d'Orsel, 56 (*cl. enf.*).
Rue Ferdinand-Flocon, 3 (*cl. enf.*).
Rue du Mont-Cenis, 77 (*cl. enf.*).
Rue André-del-Sarte, 11 (*cl. enf*).
Rue Marcadet, 29 (*cl. enf*).
Rue St-Luc, 3 (*cl. enf.*).
Rue Doudeauville, 7.
Rue St-Mathieu, 8 (*cl. enf.*).
Rue de Torcy, 7.
Rue de Torcy, 21.
Rue Belliard, 129 (*cl. enf.*).

XIXe ARR.

Rue de Tanger, 41.
Rue Tandou, 7.
Rue Jomard, 2.
Rue de l'Ourcq, 105 *bis.*
Rue Bouret, 46.
Rue Barbanègre, 7 (*cl. enf.*).
Rue de Palestine, 1.
Rue des Bois, 2.
Rue Armand-Carrel (*cl. enf.*).
Rue Bolivar, 67.
Rue Bolivar, 35.
Rue du Général-Brunet, 9.
Rue du Général-Lasalle, 5.
Rue Manin, 40.

XXe ARR.

Rue des Couronnes, 94 (*cl. enf.*).
Rue des Maronites, 42 (*cl. enf.*).
Rue de Tourtille, 39.
Rue Piat, 45.
Rue de la Mare, 4.
Rue du Jourdain, 4.
Rue du Télégraphe, 29 (*cl. enf.*).
Rue Bretonneau, 12 (*cl. enf.*).
Rue du Retrait, 24 (*cl. enf.*).
Rue de Ménilmontant, 10.
Rue des Cendriers, 20 (*cl. enf.*).
Rue de la Bidassoa, 27 (*cl. enf.*).
Avenue Gambetta, 29 (*cl. enf.*).
Rue de la Cour-des-Noues, 26 (*cl. enf.*).
Rue de Lesseps, 9 (*cl. enf.*).
Rue des Maraîchers, 31 (*cl. enf.*).
Rue des Balkans, 1.
Rue des Grands-Champs (*cl. enf.*).
Rue Planchat, 52 (*cl. enf.*).

Écoles maternelles publiques de la banlieue

ALFORTVILLE
Rue des Écoles, 27.
Rue de Villeneuve, 56.
Rue de Flore.
Rue de Berlin.

ANTONY
Rue de Châtenay, 2.

ARCUEIL
Rue Émile-Raspail, 55.
Rue Camille-Desmoulins, 10.
Avenue Laplace, 36.

ASNIÈRES
Rue de la Bibliothèque, 18.
Av. d'Argenteuil, 155 (Michelet).
Rue Montaigne (Voltaire).
Rue Henri-Martin, 3 (Flachat).
Rue Molière (Plaine).

AUBERVILLIERS
Avenue Victor-Hugo, 181.
Rue du Vivier, 44.
Rue Paul-Bert.
Rue des Sablons.
Quatre-Chemins.

BAGNEUX
Rue de la Mairie.

BAGNOLET
Rue Sadi-Carnot, 47 (Centre).
Rue Jules-Ferry, 36 (Coutures).
Rue Sadi-Carnot, 172 (Plateau).

BOIS-COLOMBES
Rue Guizot.
Rue Chesson (les Chambards).

BONDY
Rue du Mainguy.

BOULOGNE-SUR-SEINE
Route de Versailles, 129.
Rue Fessart, 32.
Rue de Silly, 27.
R. du Vieux-Pont-de-Sèvres, 65.
Boulevard de Strasbourg, 87.

BOURGET (LE)
Rue des Écoles.

BOURG-LA-REINE
Rue Angot, 2.

BRY-SUR-MARNE
Grande-Rue, 1.

CHAMPIGNY
Rue de Bonneau, 3 (Centre).
Rue des Acacias, 41.

CHARENTON
Avenue du Marché, 8.
Rue du Petit-Château.

CHATILLON
Impasse Samson, 2.

CHOISY-LE-ROI
Rue de Vitry, 30 *ter* (Centre).
Avenue Victor-Hugo, 27.
Avenue de Paris.

CLAMART
Rue de Trosy, 34.
Rue de Paris, 152 (Gare).

CLICHY
Rue des Écoles.
R. d'Alsace, 19 (Victor-Hugo).
Rue Dagobert, 3 (la Garenne).

COLOMBES
R. des Monts-Clairs, 10 (Centre).
Rue de l'Aigle, 42 (Garenne).
Rue des Écoles.
Boulevard du Havre.

COURBEVOIE
Rue de l'Hôtel-de-Ville, 2.
Rue de la Station.
R. Hudri (Bécon-les-Bruyères).
Rue de Rouen.

CRÉTEIL
Rue des Écoles, 4.

ÉPINAY
Rue de Paris, 5.
Av. de la Républiq. (la Bûche).

FONTENAY-AUX-ROSES
Place de l'Église, 17.

FONTENAY-SOUS-BOIS
Boulevard des Écoles, 11.

Ouest (Groupe).

GENNEVILLIERS

Rue Aguado, 6 (Centre).

Villeneuve-la-Garenne, l'île St-Denis.

R.de l'Arb.-Sec (les Grésillons).

GENTILLY

Rue Dufaut, 4.

ISSY-LES-MOULINEAUX

Place Voltaire (Centre).

R. de Boulog. (les Moulineaux).

Plaine.

IVRY-SUR-SEINE

Pl. de la République (Centre).

R. J.-J.-Rousseau (Port-gare).

Rue de Paris, 62 (Petit-Ivry).

JOINVILLE-LE-PONT

Rue de Paris, 23 (Centre).

Av. Oudinot, 26 (Palissy-Polangis).

KREMLIN-BICÊTRE

Rue Danton.

LEVALLOIS-PERRET

Rue Marjolin, 1.

Rue Bara, 1.

Rue de Courcelles, 108.

Rue Gide, 86 *bis*.

LES LILAS

Rue des Écoles, 49.

MAISONS-ALFORT

Rue de Charentonneau, 8.

Rue Paul-Bert, 18 (Alfort).

Avenue de St-Maurice.

MALAKOFF

Place des Écoles.

MONTREUIL-SOUS-BOIS

Rue Franklin, 60 (Centre).

Rue Voltaire, 41 (Route).

Rue Marcelin-Berthelot.

MONTROUGE

Rue Rabelais, 4 (Centre).

Rue Boileau, 9 (Parc).

NANTERRE

Boulevard du Midi, 31.

NEUILLY-SUR-SEINE

Rue des Poissonniers, 9.

Place Parmentier.

Avenue du Roule, 92.

Boulevard de la Saussaie.

NOGENT-SUR-MARNE

Boulevard des Écoles, 6.

NOISY-LE-SEC

Rue de Béthizy, 10.

PANTIN

Rue des Grilles, 37 (Centre).

Rue Thiers (Quatre-Chemins).

Mairie.

Rue de Candale.

LE PERREUX

Allée d'Antin, 35 (Centre).

Av. Adèle (les Joncs Marins).

PRÉ-SAINT-GERVAIS

Grande-Rue, 60.

Rue Lamartine.

PUTEAUX

Rue de la République, 76.

Rue de Paris, 128.

R. Charl.-Decroix (les Bouvets).

ROSNY-SOUS-BOIS

Place Carnot.

SAINT-DENIS

Avenue de Paris, 120.

Av. de Paris, 241 (Pont de Soissons).

Rue Suger, 6.

Rue Franciade, 8.

Rue Blanqui.

Route de la Révolte (Pleyel).

Route d'Aubervilliers (Bel-Air).

SAINT-MANDÉ

Rue Paul-Bert, 3.

SAINT-MAUR-DES-FOSSÉS

Rue Marinville, 27 (Centre).

Rue Diderot, 20 (l'Ormeau).

Rue du Bac, 66 (la Varenne).

Rue Jules-Ferry (Adamville).

Avenue de Beauté, 27 (Parc).

R. L.-Blanc, Mûriers (Varenne).

R.Champignol(Champignolles).

SAINT-MAURICE

Grande-Rue, 53 (Centre).

Grande-Rue, 246 (Gravelle).

SAINT-OUEN

Rue des Épinettes, 5 (Gare).

R. de la Chapelle, 133 (Cayenne).

Place des Écoles (Centre).

Rue des Rosiers.

Rue du Planty.

SCEAUX

Rue des Écoles, 39.

SURESNES

Rue de Neuilly, 15.

THIAIS

Avenue de la République.

VANVES

Rue de la Mairie, 36.

Rue Gambetta (le Plateau).

VILLEJUIF

Impasse des Écoles.

Le Bas-de-la-Côte.

VILLEMOMBLE

Grande-Rue, 98.

VINCENNES

Rue de la Liberté (Nord).

Rue de l'Égalité, 3 (Ouest).

VITRY-SUR-SEINE

Parc de la Mairie.

Av. des Écoles, 20 (Port à l'Anglais).

Écoles maternelles privées de la Ville de Paris

Ier ARR.

Rue St-Roch, 28.

V^e^ ARR.

Rue Daubenton, 13.

Rue Geoffroy-St-Hilaire, 32 (Congr.).

VIe ARR.

Rue d'Assas, 26.

VIIe ARR.

Rue Perronet, 7.

Rue de Grenelle, 182 (Congr.).

VIIIe ARR.

Boul. de Courcelles, 9 (Congr.).

Rue de la Ville-l'Évêque, 14 (Congr.).

Rue Christophe-Colomb, 10 (Congr.).

Rue de Monceau, 11 (Congr.).

IXe ARR.

Rue de Milan, 16 (Congr.).

X^e^ ARR.

Rue Tesson, 10.

XIIe ARR.

Rue de Picpus, 16.

Rue de Reuilly, 95 (Diaconesses).

XIIIe ARR.

Rue Jenner, 37 (Congr.).

XIVe ARR.

Rue de Vanves, 176.

Rue Crocé-Spinelli, 12.

Boulevard Montparnasse, 92.

Rue Liancourt, 33 (Congr.).

XVe ARR.

Rue Falguière, 22 (Diaconesses).

Rue Vigée-Lebrun, 14.

Rue de Vaugirard, 328.

Rue Rouelle, 40 (Congr.).

XVIe ARR.

Rue Raynouard, 62 (Congr.).

XVIIe ARR.

Avenue de Clichy, 163 *bis* (Congr.).

XIXe ARR.

Rue Championnet, 8 (Congr.).

Rue Caulaincourt, 33 (Congr.).

Rue Jean-Cottin, 7 (Congr.).

XXe ARR.

Rue des Haies, 70.

Rue de Ménilmontant, 119 (Congr).

Écoles maternelles privées de la Banlieue

LE BOURGET
Rue de Flandre, 63.
CLAMART
Passage Hévin.
CLICHY
Rue St-Roch, 15.
COLOMBES
Rue de la Reine-Henriette, 18.
ÉPINAY
Rue de Paris, 12.
FONTENAY-AUX-ROSES
Rue Boucicaut, 48.
GENTILLY
Avenue Raspail, 58.
LEVALLOIS-PERRET
Rue des Frères-Herbert, 30.
MONTROUGE
Avenue de la République, 42.
PRÉ-SAINT-GERVAIS
Avenue Faidherbe, 19.
PUTEAUX
Rue Arago, 3.
SAINT-MAUR
Rue Mahieu.
SCEAUX
Rue des Imbergères, 27.
THIAIS
Rue de l'Église.
VANVES
Rue de la Mairie, 72.

Garderies

Des Garderies, fond. en 1888 dans le XIIIe arrondissement, furent établies depuis dans presque toutes les écoles primaires de la Seine et dans beaucoup d'œuv. privées. Elles ont pour but de recevoir dans des classes de garde, ouvertes le jeud. de 8 h. mat. à 6 h. s., et les autres j. de 7 h. à 8 h. mat. et de 4 h. à 6 h. s., les enfants dont les parents, en raison de leurs travaux, sont absents de leur domicile à l'heure de la sortie des classes. Gratuité.

En outre, un certain nombre de Garderies privées du département de la Seine reçoivent, moyennant salaire, des enfants de 2 à 13 ans. Ces Garderies sont autorisées et surveillées par la Préfecture de police.

Œuvre des écoles de garde. Secrétariat, 18, rue Vavin, VIe (1909). — Garderies privées entretenues ou subventionnées par l'œuv. :

Grenelle, 19, rue de l'Avre (XVe).
Bercy, 7, rue de la Lancette (XIIe).
Montmartre, 129, rue Marcadet (XVIIIe).
Levallois-Perret, 11, place Cormeille.

D'autres Écoles de garde sont en voie de formation dans divers quartiers de Paris.

CHAPITRE IX

ADOPTION
PROTECTION DES ENFANTS ORPHELINS, DÉLAISSÉS OU INDIGENTS
ASILES TEMPORAIRES D'ENFANTS

Service des enfants assistés. Direction à l'Administration générale de l'Assist. pub., 3, avenue Victoria (1797). — La loi du 28 juin 1904 a divisé les enfants assistés en 2 classes et déterminé leurs catégories :

A. — Les enfants placés *sous la tutelle* de l'autorité publique, c'est-à-dire :

a) Les enfants trouvés.

b) Les enfants abandonnés.

c) Les enfants orphelins.

d) Les enfants maltraités ou moralement abandonnés. Voir *Protection du premier âge.*

B. — Les enfants placés *sous la protection* de l'autorité publique, c'est-à-dire confiés à la garde de l'Assist. pub. :

a) Les enfants secourus, pour prévenir ou faire cesser les abandons. Voir *Protection du premier âge.*

b) Les enfants temporairement recueillis pendant la détention ou l'hospitalisation de leurs parents.

c) Les enfants en garde, provisoire ou définitive, par suite de l'intervention de l'autorité judiciaire à l'égard des enfants victimes ou auteurs de délits ou de crimes (loi du 19 avril 1898).

d) Les enfants en dépôt. Enfants de parents subissant une détention, un emprisonnement, ou qui sont hospitalisés dans un hôp. ou un asile. Ils sont rendus à leurs parents à la libération ou à la sortie de ces derniers des établ. hospitaliers.

e) Les enfants temporairement recueillis. En général enfants d'une mère veuve ou délaissée, d'un père veuf ou que sa femme a quitté, enfants de parents infirmes ou ayant des charges excessives de famille. Leurs parents conservent leurs droits légaux, pouvant les reprendre à leur gré, et le lieu de placem. est porté à leur connaissance.

Tous ces enfants sont d'abord admis à l'Hospice dépositaire des enfants assistés, 74, rue Denfert-Rochereau, puis dirigés sur l'une des 50 Agences de province et placés à la campagne.

La mère d'adoption à qui l'Assist. pub. a confié un enfant reçoit 30 fr. par mois pour les nourrices au sein, avec prime de survie à l'âge de 15 mois du nourrisson, soit de 2 fr. par mois. Les pensions payées aux nourriciers sont de 21 fr. par mois pour enfants de 1 à 2 ans, 18 fr. par mois pour ceux de 2 à 4 ans, 15 fr. par mois pour enfants de 4 à 13 ans. Quand l'enfant a 13 ans, prime de 50 fr. s'il a reçu de bons soins pendant 10 ans. Pensions supplémentaires pour enfants de 1 j. à 13 ans atteints d'infirmités ou de maladies chroniques. Indemnité pour le trousseau des enfants.

De 13 à 21 ans, les pupilles de l'Assist. pub. sont placés à gages chez des fermiers ou des cultivateurs, sauf un petit nombre formés à d'autres professions dans des établ. d'apprentissage ou de réforme. En vertu du contrat de placem. dressé par l'administration, une partie du salaire gagné par les pupilles leur est remise aussitôt ; le reste est versé à leur Agence, qui le dépose, comme tous les deniers pupillaires d'autres provenances, à leur nom dans une Caisse d'épargne.

Tous les 3 mois, les parents des pupilles peuvent demander et obtenir des renseignements sur l'existence ou le décès de leurs enfants. Le lieu de placem. doit rester secret, sauf rares exceptions, dans l'intérêt de l'enfant.

La remise des enfants aux parents peut être accordée contre remboursement de tout ou partie des dépenses occasionnées.

La loi Roussel du 23 décembre 1874 sur la protection des enfants du premier âge est applicable aux enfants assistés.

Vaccination des nouveau-nés, revaccination obligatoire 10 ans après.

Visites médicales tous les 10 j. des enfants de moins de 4 mois envoyés dans les Agences.

Traitement maritime à Berk (Pas-de-Calais) et Cherrueix (Ille-et-Vilaine).

Dots d'apprentissage et de mariage attribuées par une commission de 7 membres du Conseil général, chargée dans le département de la Seine des fonctions de Conseil de famille.

Écoles professionnelles du Service des enfants assistés :

École d'Alembert, à Montévrain (Seine-et-Marne) pour garçons ; École professionnelle et ménagère Henri-Mathé, à Yzeure (Allier) pour les filles ; École Le Nôtre, à Villepreux (Seine-et-Oise) pour garçons ; École Roudil, à Ben Chicao (Algérie) pour garçons.

Section particulière pour les pupilles difficiles, indisciplinés ou vicieux, à l'École de réforme de la Salpêtrière (filles) ; à l'École départementale Théophile-Roussel, à Mettray (Indre-et-Loire), à Montesson (Seine-et-Oise), etc., (garçons). (Loi du 28 juin 1904.)

La population des enfants assistés était de 54 682 enfants en 1909.

Agences.

1 Abbeville (Somme).
2 Aigueperse (Puy-de-Dôme).
3 Alençon-Mortagne (Orne, Sarthe).
4 Arnay-le-Duc (Côte-d'Or).
5 Arras (Pas-de-Calais, Somme).
6 Autun (Saône-et-Loire).
7 Avallon-Quarré-les-Tombes (Yonne, Nièvre).
8 Béthune (Pas-de-Calais).
9 Bourbon-Lancy (Saône-et-Loire, Allier).
10 Bourbon-l'Archambault (Allier).
11 Château-Chinon-Montsauche (Nièvre, Côte-d'Or).
12 Château-du-Loir (Sarthe).
13 Connerré (Sarthe).
14 Cosne (Nièvre).
15 Cravant (Yonne).
16 Decize (Nièvre).
17 Dol (Ille-et-Vilaine).
18 Domfront (Orne).
19 Dompierre (Allier).
20 Doullens (Pas-de-Calais, Somme).
21 Ébreuil (Allier, Puy-de-Dôme).
22 Écommoy (Sarthe).
23 Étang-sur-Arroux (Saône-et-Loire).
24 Hesdin (Pas-de-Calais, Somme).
25 Issoire (Puy-de-Dôme).
26 La Châtre (Indre, Cher).
27 Lormes (Nièvre).
28 Luzy (Nièvre, Saône-et-Loire).
29 Mondoubleau (Loir-et-Cher).
30 Montluçon (Allier).
31 Montreuil-sur-Mer (Pas-de-Calais).
32 Moulins (Allier.
33 Moulins-Engilbert (Nièvre).
34 Nevers (Nièvre).
35 Paris (Seine, Seine-et-Oise et divers).
36 Rennes (Ille-et-Vilaine).
37 Romorantin (Loir-et-Cher).
38 Saint-Aignan (Loir-et-Cher).
39 Saint-Amand-Montrond (Cher, Allier).
40 Saint-Calais (Sarthe).
41 Saint-Gervais (Puy-de-Dôme.
42 Saint-Jean-de-Luz (Basses Pyrénées).
43 Saint-Pierre-le-Moutier (Nièvre, Cher, Allier).
44 Saint-Pol (Pas-de-Calais).
45 Saint-Pourçain (Allier).
46 Saulieu (Côte-d'Or, Nièvre)
47 Toucy (Yonne).
48 Troyes-Châtillon-sur-Seine (Aube, Côte-d'Or).
49 Valenciennes (Nord).
50 Varzy (Nièvre).

Hospice des Enfants-Assistés, 74, rue Denfert-Rochereau (1670). — Dépend. de l'Admin. générale de l'Assist. pub. Personnel laïque. 850 lits.

Reçoit gratuitement :

1° Les enfants sous la protection de l'autorité publ

2° Les enfants sous la tutelle de l'autorité publ.

3° Les enfants des nourrices et surveillantes.

Annexes à Châtillon-sous-Bagneux (Seine), celle-ci substituée à celle de Thiais, et à Antony (Seine).

Après avoir traversé l'Hospice dépositaire, ces enfants sont envoyés, après 3 j. au plus, sauf ceux dits en dépôt, gardés 3 mois au maximum, dans l'une des 50 Agences de province, qui veillent à leur placem. à la campagne.

Les nouveau-nés sont mis en nourrice (service de crèche à l'hospice), les autres sont confiés à des familles qui se chargent de les élever. Voir *Protection du premier âge*.

Ier ARR.

Caisse des orphelins du Ier arrondissement. Siège à la Mairie (1881). — Recon. ut. pub. A pour but de venir en aide aux enfants de l'arrondissement, privés de leurs soutiens naturels.

Œuvre des Orphelins de la Préfecture de police. Préfecture de police. Fond. par M. Lépine, Préfet de police (1901). — Recon. ut. pub. L'œuv. vient en aide aux orphelins des agents de la police, morts en activité de service. Elle alloue un secours annuel de 100 fr. à chaque orphelin, garçon ou fille, âgé de moins de 18 ans. Immédiatement après la mort du père, elle remet en plus un secours particulier, en rapport avec les besoins constatés.

Institut national des Orphelinats et Maisons de retraite de l'État, 8, rue Montpensier (1911). — Recueille les enfants des serviteurs de l'État, civils ou militaires, qui se trouvent prématurément privés de leurs appuis naturels, en les plaçant soit chez les parents de l'orphelin, soit dans d'autres familles, moyennant rétribution. Un orphelinat dépendant de l'Association est en voie de formation, pour y recueillir ceux que l'Institut ne pourra pas placer dans les familles.

Cotisation annuelle de 10 fr. pour les membres participants.

Délégation générale des Diaconats réformés de Paris et de la Seine, 4, rue de l'Oratoire. — Place et fait élever dans les Orphelinats des enfants protestants indigents. Voir *Œuv. diverses de secours*.

Œuvre familiale pour les orphelins de la Seine. Dépendance de la Préfecture de la Seine (1856). — Recon. ut. pub. A pour but de rendre une famille à des orphelins de père et de mère résidant dans le département de la Seine, et d'assurer ce bienfait par une subvention pécuniaire annuelle accordée à la famille adoptive (de 300 fr. à 400 fr. par an) jusqu'à l'âge de 16 ans. Enfants confiés à des membres de leur propre famille autant que possible.

Être du sexe masculin, avoir moins de 14 ans, être né de parents français, orphelin de père et de mère résidant dans la Seine. Être reconnu par ses père et mère, si l'enfant est naturel. Demandes au siège de l'œuv., à la Préfecture de la Seine, par l'intermédiaire du maire de l'arr. ou de la commune.

IIe ARR.

Société de l'Orphelinat de la bijouterie, joaillerie, orfèvrerie et industries qui s'y rattachent, 2 *bis*, rue de la Jussienne (1869). — Recon. ut. pub. A pour but d'accorder des secours aux enfants dont le père, ou la mère, était membre titulaire de la Sté depuis un an, et qui se trouvent, par son décès, soit orphelins de père, soit orphelins de père et de mère. Droit d'admission de 1 fr. et cotisation annuelle de 6 fr. Maison de vacances et de conval. à Villetertre (Oise).

Union française pour le sauvetage de l'enfance, 108, rue Richelieu. Fond. par Mmes Caroline de Barraud et Pauline Kergomard (1888). — Recon. ut. pub. A pour but de rechercher, signaler à qui de droit, ou recueillir les enfants maltraités ou en danger moral; les placer dans des milieux convenables, de préférence à la campagne; veiller sur eux; leur procurer un métier; leur constituer un pécule. Moyenne de 250 fr. par dot. Depuis 1888, 2 020 enfants ont été recueillis par la Sté. Asile temporaire, 28, rue Perronet, à Neuilly-sur-Seine.

Bureaux ouv. tous les j. de 9 à 10 h. et de 2 à 6 h.

IIIe ARR.

Société d'assistance aux orphelins du personnel de l'Imprimerie nationale, 87, rue Vieille-du-Temple (1894). — A pour but de venir matériellement en aide, en surveillant leur instruction jusqu'à l'âge de 14 ans, aux orphelins de père, et aux orphelins de mère, si celle-ci se trouve seule à protéger son enfant.

Les enfants des membres titulaires, ayant versé 0 fr. 50 par mois, ont droit à ce que la Sté leur alloue, jusqu'à 14 ans, 200 fr. par an, et leur fournisse le linge, les vêtements et les chaussures. Après 14 ans, le conseil d'administration avise à l'avenir des orphelins.

Société générale de l'Orphelinat des sous-agents et ouvriers commissionnés des P. T. T. de France et des Colonies, 175, rue du Temple (1889). — Veille à l'éducation des orphelins des membres de la Sté, depuis la naissance jusqu'à 15 et au besoin 18 ans. Donne des allocations mensuelles.

IVe ARR.

Société des Amis de l'enfance, 19, rue de Crillon (1828). — Recon. ut. pub. Place des enfants dans les orphelinats, Issy, St-Nicolas, Igny, Dugruval, mais s'occupe surtout d'apprentissage. Voir *Apprentissage*.

Œuvre municipale et départementale de l'Internat primaire, siège à la Préfecture de la Seine (1882). — Place dans des institutions privées et laïques les enfants orphelins, ou semi-orphelins, de 6 à

13 ans des deux sexes. Être Français, domicilié depuis 5 ans dans la Seine. Pension de 10 fr. par mois. Enfants pupilles de la Seine.

La Pupille de l'Épicerie, Société de prévoyance et de bienfaisance, 12, rue St-Bon. Fond. par MM. Ancelin, Lefèvre et Vollard (1903). — A pour but de venir en aide aux orphelins de ses membres titulaires, subvenir à leurs besoins, les mettre en apprentissage, les surveiller, leur assurer plus tard un appui moral.

La Préservation de l'enfant de Paris par l'éducation à la campagne, 30, quai d'Orléans. Fond. par Mgr de Forges (1891). — Direct. cath. Aide les familles pauvres, qui ne peuvent élever chez elles leurs enfants, à procurer à ceux-ci l'éducation morale, l'instruction primaire et l'enseignement professionnel. Les placem. sont faits en province, avec l'intervention directe des parents ou tuteurs. Reçoit moyennant 200 fr. par an et 50 fr. d'entrée des garçons et filles, à partir de 6 ans. Bur. tous les mat. de 8 h. et demie à 10 h. et demie.

V^e ARR.

Fondation Louise Lécuyer, 19, rue Gracieuse. Œuv. en voie de formation (1911). — Grat. Recueille et élève des garçons orphelins, ou dont les familles ne peuvent pas s'occuper, de 6 ans à 18 ans, à Aulnay (Seine-et-Marne), au château du Rû, exploitation agricole. Les enfants vont à l'école primaire jusqu'à 13 ans, puis gagnent un salaire proportionné à leur travail. Aucune distinc. de sexe, de nationalité et de religion.

VIe ARR.

Œuvre de l'Orphelinat de l'enseignement primaire de France, 28, rue Serpente. Fond. par un Comité (1885). — Recon. ut. pub. Assiste, recueille et élève les orphelins des deux sexes, enfants des membres participants de l'Association.

Œuvre des écoles d'Orient, 20, rue du Regard. — A pour but de propager et soutenir les crèches, asiles, orphelinats, écoles et autres institutions de bienf. en Orient.

Œuvre de la Sainte-Enfance, 44, rue du Cherche-Midi. — A pour but le soutien des œuv. d'éducation, d'assist. et de bienf., spécialement pour les enfants abandonnés, dans les missions françaises à l'étranger. Filiales dans tous les diocèses de France.

Association des écoles foraines Bonnefois, 28, rue Serpente. Fond. par Mlle E. Bonnefois (1893). — A pour but de donner aux enfants des forains l'instruction primaire et religieuse qu'ils ne peuvent recevoir au cours de leur vie nomade. A l'œuv. des écoles foraines sont adjointes l'œuv. des baptêmes et des mariages, l'œuv. des malades, l'œuv. du vestiaire.

Ligue fraternelle des enfants de France, 50, rue St-André-des-Arts. Voir *Secours divers aux enfants.*

Ouvroir de Saint-Vincent-de-Paul, 120, rue du Cherche-Midi. Fond.

par Mlle Lavarde (1849). — Direc. cath. Reçoit entre 5 et 12 ans des orphelines, ou des filles ayant un caractère difficile, moyennant 420 fr. par an.

Œuvre des enfants délaissés, 33, rue Notre-Dame-des-Champs, et 121, boulevard Raspail. Fond. par la comtesse de Carcado et la comtesse de Saisseval (1803). — Direct. laïque. Grat. Reçoit des jeunes filles, orphelines de mère, cath., de 8 à 12 ans jusqu'à 21 ans. Enseignement de la lingerie fine, robes, confections. A leur sortie et pour leur mariage, elles touchent un trousseau.

Œuvre Saint-Nicolas, 92, rue de Vaugirard. Fond. par Mgr de Bervenger et le comte Victor de Noailles (1827). — Recon. ut. pub. Direct. laïque. Internat et école professionnelle. Reçoit les jeunes garçons de la classe ouvrière, de 7 à 14 ans; leur donne, avec une éducation religieuse, l'instruction primaire et industrielle, moyennant une pension mensuelle de 35 fr. et 77 fr. d'entrée.

L'œuv. possède 4 maisons : 92, rue de Vaugirard; à Issy, 66, rue Ernest-Renan; à Igny (Seine-et-Oise); à Buzenval (Seine-et-Oise).

Dans celle de Paris les enfants peuvent faire leur apprentissage de relieurs, tourneurs en optique, compositeurs et imprimeurs-typographes, monteurs en bronze, ciseleurs sur métaux, menuisiers.

L'enfant doit être présenté par ses parents et n'est admis qu'au concours.

Patronage de l'enfance et de l'adolescence, 13, rue de l'Ancienne-Comédie. Fond. par M. Rollet (1890). — Recon. ut. pub. A pout but de protéger les enfants des deux sexes en danger moral, particulièrement ceux ramassés par la police, et qui ne sont pas cependant assez pervertis pour être envoyés dans une maison de correction; place les plus jeunes dans divers établ. soigneusement choisis, et met en apprentissage ceux de plus de 13 ans. Maison de travail pour garçons à la même adresse. Asile agricole à Lhommaizé (Vienne).

Bur. ouverts tous les j. de 9 h. à 11 h. et de 2 h. à 6 h., sauf le dim.

Asile temporaire de la Société de patronage de l'enfance et de l'adolescence, 149, rue de Rennes. Fond. par M. Rollet (1898). — Concourt au fonctionnement de la Sté susnommée, en hospitalisant temporairement quelques enfants âgés de moins de 13 ans.

Œuvre des Petits Parisiens. Siège à Paris, 74, rue de Rennes. Fond. par M. l'abbé Questel (1898). — Direc. cath. Reçoit en province, à l'orphelinat de St-Michel-en-Prijiac (Morbihan), des garçons de 7 à 10 ans, qu'elle envoie ensuite en apprentissage de 13 à 16 ans. 500 places. Bur. ouv. le lund., de 1 h. à 4 h.

Œuvre Saint-Louis, 167, rue de Rennes. Fond. par Mlle Bonjean (1907). — Direct. laïque. Reçoit des enfants (filles) cath. de 4 à 21 ans, (garçons) de 1 5 ans, pauvres, orphelins ou abandonnés; les envoie dans deux asiles : à Poissy (Seine-et-Oise), contre 100 fr. d'entrée, ou trousseau complet, pension de 25 fr. par mois; à Pellevoisin (Indre) et à Tours, dans les mêmes conditions. Quelques admissions grat. Pouponnière, Sanatorium, Écoles ménagère et profes.

Œuvre des Orphelins des industries du livre. Siège social, 117, boulevard St-Germain (1900). — Recon. ut. pub. Recueille et adopte les enfants des ouvriers et employés français des industries du livre et du papier, lorsqu'ils sont privés de leurs soutiens naturels, et les dirige vers la carrière paternelle, dont l'œuv. leur facilite l'apprentissage. Maison dans ce but à Montrouge, 67 et 69, route de Châtillon.

Œuvre de l'Adoption, 9, rue Casimir-Delavigne. Fond. par M. l'abbé Maitrias (1859). — Recon. ut. pub. Direction laïque. A pour but de recueillir, en France, le plus grand nombre d'orphelins et d'orphelines cath. de père et de mère, de 7 ans à 10 ans (y compris ceux dont le père ou la mère survivant a disparu depuis 2 ans, ou a été condamné à un emprisonnement qui a encore plus de 2 ans à courir). Ils sont élevés dans des familles ou des orphelinats les plus rapprochés du lieu où se fait l'adoption pour les former aux travaux agricoles. L'œuv. paye la pension depuis le jour de leur adoption jusqu'à un âge convenu avec les personnes à qui elle les confie, en général 18 ans pour les garçons, 21 ans pour les filles. Les frais de voyage sont à la charge des protecteurs, ainsi qu'une somme de 50 fr. pour le trousseau.

VIIe ARR.

Association des jeunes économes, 159, rue de l'Université. Fond. par Mlle Lauras (1823). — Recon. ut. pub. Direc. cath. Sœurs de St. V. de P. Pourvoit gratuitement à l'instruction et à l'éducation des jeunes filles pauvres, autres que les orphelines et délaissées, de 8 à 11 ans jusqu'à 21 ans. Apprentissage et placement.

Société de patronage des orphelinats agricoles et des orphelins alsaciens-lorrains, 2, rue Casimir-Perier. Fond. par le marquis de Gouvello (1868). — A pour but d'aider les familles à placer dans des établis. situés à la campagne des orphelins pauvres, pour leur donner l'instruction primaire, religieuse, profes., dans des asiles ruraux pour enfants de moins de 13 ans, orphelinats pour les autres.

Le prix demandé est de 200 fr. par an, avec 50 fr. de droit d'entrée. Les enfants sont adoptés dès 5 ans, grat. au besoin, jusqu'à 21 ans.

Voir *Adoption*.

Œuvre de Placement familial, 3, avenue de la Motte-Picquet. Fond. par M. l'abbé Santol (1900). — Placem. des enfants à la campagne : de 7 à 13 ans, acceptés et élevés gratuitement ; de 13 à 16 ans, ils gagnent en outre un salaire. Ces enfants peuvent être placés dans les métiers à partir de 13 ans. Les frais de voyage au départ sont à la charge de l'œuv., qui envoie aussi les hommes sans travail dans les charbonnages.

Société générale de protection de l'enfance abandonnée ou coupable, 47, rue de Lille. Fond. par M. Georges Bonjean (1880). — A pour but la protection efficace et paternelle des enfants abandonnés des deux sexes ; recueille les enfants délaissés âgés de moins de 16 ans ; les élève dans des établ. administrés par elle ou dans d'autres, privés, dont elle favorise la création, ou encore chez des particuliers.

VIIIe ARR.

Œuvre de l'Adoption des petites filles abandonnées, 12, rue de Ponthieu. Fond. par Mme Tarbé des Sablons (1879). — Recueille les petites filles abandonnées, de 6 ans à 12 ans ; les arrache à la misère, et leur donne jusqu'à l'âge de 21 ans une éducation chrétienne, en les plaçant dans des orphelinats de province.

Société protectrice de l'enfance, 19, rue de St-Pétersbourg. Fond. par un groupe de médecins (1865). — A pour objet de mettre en honneur et de propager l'allaitement maternel ; de préserver les enfants, dès leur naissance, des dangers qui les menacent, lorsqu'ils sont abandonnés à des nourrices au loin, sans contrôle des parents ; de protéger les enfants de toutes conditions contre l'abandon, l'incurie, les mauvais traitements, les exemples immoraux ; de vulgariser dans les familles les préceptes d'hygiène physique et morale.

Adoption des orphelins de la mer, 5, rue Bayard. Fond. par les amiraux Serre et Gicquel des Touches (1897). — Grat. Direc. cath. Vient en aide aux orphelins de pêcheurs et de marins, et par l'adoption à domicile, dans des foyers de marins chrétiens, parents de préférence, s'efforce de conserver au métier de la mer les fils d'inscrits maritimes, péris en mer ou morts des fatigues de la mer. Adop. de 5 à 13 ans.

Orphelinats de la Réunion protestante de charité, 39, rue de Rome, et 20, rue de Vienne. Fond. par le Pasteur A. Coquerel (1872). — Recon. ut. pub. Protest. La Réunion a pour but de secourir les indigents, de recueillir et d'élever les enfants orphelins ou abandonnés appartenant à l'Église réformée. Elle se divise en 5 comités : secours de dames ; secours de messieurs ; orphelinat de filles ; orphelinat de garçons ; comité de la garderie de jeunes enfants.

2 orphelinats : orphelinat de Courbevoie, 25, avenue Victor-Hugo ; orphelinat Th. Coquerel fils, à Crosnes (Seine-et-Oise).

Garderie, 9 rue Mahieu, à St-Maur (Seine). 22 lits.

Œuvre protestante des petites familles, 29, rue de Monceau (1891). — Recueille des enfants de tous les âges, des deux sexes, orphelins, abandonnés, ou vivant dans des milieux immoraux.

Groupés en familles sous la direction d'une femme chrétienne, ils reçoivent l'instruction primaire et profess. nécessaire pour leur permettre de se créer une carrière répondant à leurs aptitudes. L'œuv. les conserve jusqu'à ce que leurs moyens d'existence soient assurés. Pension de 30 à 40 fr. par mois.

IXe ARR.

Asile Antoine Königswarter, 47, rue de la Chaussée-d'Antin. Fond. par M. A. Königswarter (1887). — Direct. laïque. Reçoit des garçons orphelins de 7 à 13 ans; enseig. agricole à Buisson-Pallu (Eure).

Œuvre de Notre-Dame de Protection, 3, rue Caumartin. Fond. par le Père Feuillette (1888). — Direct. cath. Recueille dès l'âge de 9 ans des jeunes filles appartenant à des familles frappées par des revers de fortune, et leur donne une éducation chrétienne.

Œuvre du Souvenir, 11 *bis*, rue Laferrière. Fond. par M. et Mme Simon Teutsch (1895). — Direction laïque. A pour but de protéger les enfants pauvres ou en danger moral, de les assister et de les hospitaliser dans divers établ.; possède une école ménagère et professionnelle à Villemomble (Seine) p. filles de 13 à 21 ans; un établ. d'éducation à la Vairie, par Précigné (Sarthe) p. filles de 3 à 6 ans; un établ. pour jeunes filles atteintes de maladies spéciales à Montrouge, route d'Orléans. Pension de 15 à 20 fr. par mois.

Orphelinat des employés d'assurances et des garçons de recettes et de bureaux, 20, rue de la Victoire. Fond. par M. Loridant (1901). — A pour but de fournir des secours aux orphelins des membres titulaires de la Sté, veiller à leur instruction et éducation jusqu'à l'âge de 16 ans, leur continuer ensuite un appui moral.

Pour profiter des avantages de la Sté, il faut avoir payé depuis deux ans la cotisation fixée par le conseil d'administration.

Denier des Veuves et des Orphelins, 14, rue Grange-Batelière. — A pour but de venir en aide aux femmes veuves, mères d'au moins 4 enfants. Voir *Vieillesse*.

X^e ARR.

Maison Saint-Charles, 12, rue Bossuet (1846). — Groupe les enfants qui n'ont pas d'intérieur sérieux, pour les moraliser, sans hospit. établie.

Maison de protection de l'enfance, 162, boulevard Poissonnière. Fond. par Mlle Chiboust (1893). — Direction laïque. Grat. 80 lits. Place, dans la maison de protection de Condé-Ste-Libiaire (Seine-et-Marne), des orphelines ou filles cath. dont les parents ne peuvent s'occuper, dès l'âge de 3 à 21 ans.

Fondation Alice Ozi. Orphelinat de l'Association de secours mutuels des artistes dramatiques, 42, rue de Bondy (1840). — Recon. ut. pub. A pour but de secourir, au moyen d'allocations, les orphelins d'artistes dramatiques membres de l'Association.

XIe ARR.

Société de protection des enfants du papier peint, 223, rue du Faubourg St-Antoine. Fond. par M. Jean Riottot (1864). — Direction laïque. Donne l'assist. paternelle aux enfants des ouvriers et employés des manufactures ou maisons de commerce du papier peint, depuis la fin de la scolarité jusqu'à 20 ans, spécialement aux garçons.

Asile de Bon-Secours, 93, 95, 97, rue Alexandre-Dumas. Fond. par le Pasteur Hosseman (1860). — Reçoit les garçons protest. de 4 ans jusqu'à 14 ou 15 ans pour 25 fr. par mois, les très pauvres gratuitement.

XIIe ARR.

Asile des petites mendiantes, 57, rue de la Santé. Fond. par Mlle Rault (1896). — Direct. cathol. Religieuses franciscaines. A pour but de recueillir et d'élever gratuitement les petites filles que l'abandon, sous toutes ses formes, expose dans les rues de Paris aux dangers les plus redoutables pour leur moralité et leur santé. Admission de 4 à 12 ans, séjour jusqu'à 21 ans. Asile au Raincy (Seine-et-Oise).

XIIIe ARR.

Œuvre des enfants placés en famille dans l'agriculture et les métiers, 161, avenue de Choisy (1907). — Placem. des enfants à la campagne : de 8 à 13 ans, acceptés et élevés gratuitement ; de 13 à 18 ans, ils gagnent en outre un salaire. Les enfants peuvent être placés dans les métiers à partir de 13 ans. Les frais de voyage sont à la charge de l'œuv. Les parents peuvent reprendre leurs enfants.

Refuge de la Société philanthropique, 35, avenue de Choisy (1911). — Sœurs de Marie-Joseph. Reçoit pour 2 mois des enfants à partir de 2 ou 3 ans pour les filles, de 5 à 7 ans pour les garçons, que les parents ne peuvent garder chez eux, soit pour cause de maladie, soit pour changement de résidence par suite de leur travail. 20 lits. Indemnité journalière de 0 fr. 25.

XIVe ARR.

École d'éducation familiale, 33 *bis*, rue du Moulin-Vert. Fond. par Mlle Brandt (1908). — Direction laïque. Donne l'éducation familiale à des enfants de 3 à 6 ans, des deux sexes, soit orphelins, soit dont les parents ne peuvent s'occuper. Prix : 0 fr. 05 par jour. Jardin d'enfants.

Œuvre de l'Orphelinat des fonctionnaires et agents des postes, 49, rue Sarette (1889). — A pour but d'assister et au besoin recueillir et élever les orphelins des deux sexes, enfants des membres participants. Ceux-ci payent une cotisation annuelle de 6 fr., plus 1 fr. par enfant. Comités dans tous les départements et aux colonies.

Asile temporaire d'enfants, 88, rue de Gergovie. Fond. par l'Œuv. de la Chaussée du Maine (1883). — Voir *Asiles du 1er âge.*

Asile temporaire de l'Hospice des Enfants-Assistés, 74, rue Denfert-Rochereau (1853). — Reçoit les inculpés mineurs de moins de 16 ans, susceptibles d'amendement, mis en lib. provis., etc. V. *Asiles du 1er âge.*

XVe ARR.

Asile temporaire familial, 23, rue de La Quintinie. Fond. par Mme Gibrat-Sirot (1900). — Direction laïque. 14 places. Reçoit dès l'âge de 3 ans des enfants des deux sexes, moyennant 20 fr. par mois, les envoie à l'école, les met ensuite en apprentissage.

L'Abri de l'enfance, 84, rue Dutot (1900). — Recon. ut. pub. Voir *Asiles du 1er âge.*

Œuvre des petites filles abandonnées et sans asile, 37, rue Mathurin-Régnier. Voir *Orphelinats.*

XVIe ARR.

Œuvre de Sainte-Anne, Secrétariat, 29, rue Chardon-Lagache. Fond. par la baronne de la Bouillerie (1824). — Recon. ut. pub. Grat. Direction cath. A pour but de placer et d'entretenir dans des orphelinats des petites filles pauvres, abandonnées ou orphelines de Paris, dès l'âge de 11 ans.

La Maison des champs, 95, avenue Kléber (1898). — Œuvr. d'assist. sociale pour l'éducation à la campagne et le placem. en apprentissage, de préférence dans les professions rurales, d'enfants d'ouvriers urbains, à Juziers (Seine-et-Oise).

Œuvre des petites préservées, 34, rue Claude-Lorrain. Fond. par la comtesse de Biron (1892). — Direct. cath. Grat. Reçoit des filles de 7 à 20 ans en état d'abandon ou de danger moral. Asile au siège. Vestiaire à la Conciergerie.

Asile des petites orphelines, 10, rue Nicolo.

Œuvre de la Première communion et des Orphelins apprentis, 40, rue La Fontaine. Fond. par M. l'abbé Roussel (1866). — Direct. cath. Reçoit grat. les garçons âgés d'au moins 13 ans, munis autant que possible de leur certificat d'études, et les garde 4 ans ; leur enseigne un métier. Prix : 25 fr. par mois pour ceux qui sont en état de payer. 250 places.

Œuvre du Foyer familial temporaire pour l'enfance, 33, rue Jasmin (1908). — Reçoit les garçons n'ayant pas encore 5 ans, les filles jusqu'à 12 ans, pour un séjour n'excédant pas 3 mois, en attendant leur placem. dans d'autres œuv., ou leur reprise par les parents s'il y en a. Pension demandée aux parents : ordinairement 1 fr. par j. Vestiaire.

Œuvre de l'assistance catholique pour l'envoi des enfants à la campagne, 24, avenue du Trocadéro (1908). — A pour but d'envoyer à la campagne, dans des familles honnêtes et chrétiennes, les enfants de Paris qui ont besoin de grand air et dont les parents ne peuvent, par leur situation, subvenir à l'entretien et à l'éducation. Grat. pour les familles des faubourgs chargées d'enfants ; prix de pension de 150 à 200 fr. par an jusqu'à 13 ans pour les autres. Les enfants sont placés à partir de 2 ans et jusqu'à leur majorité.

A partir de 14 ans, l'enfant peut gagner quelques gages. Certificat médical obligatoire. Vestiaire annexé.

Caisse des orphelins du XVIe arrondissement, 71, avenue Henri-Martin (1879). — Recon. ut. pub. A pour but de venir en aide aux orphelins de père ou de mère du XVIe arrondissement, de les placer dans des pensions, de les mettre en apprentissage, de leur donner un appui moral. La famille est invitée à contribuer, dans la mesure du possible, à l'entretien des enfants.

Société du Refuge, 22, rue de Franqueville. — Siège social de l'Orphelinat de Plessis-Piquet. Voir *le Plessis-Piquet*.

Comité d'assistance aux enfants, 1 *bis*, rue de Chaillot (1906). — Direction laïque. Envoie à la campagne et y hospitalise les enfants des deux sexes, dans des écoles, orphelinats ruraux, familles, moyennant participation variable des parents à la pension des enfants. Voir *Secours divers aux enfants.*

Le Foyer des enfants, 29, rue Boileau. Voir *Proctection du 1er âge.*

XVIIe ARR.

L'Abri de l'enfance, 9, place des Ternes. Fond. par Mme la générale Sée (1900). — Voir *Asiles du 1er âge.*

Œuvre du Foyer de l'enfant, 14, cité des Fleurs. Fond. par Mme Rosth (1902). — Direct. laïque (59, rue de Prony). A pour but de fonder des pensions à bon marché pour les enfants d'ouvriers, filles de 5 à 13 ans, moyennant 30 fr. par mois; leur fait donner l'instruction au dehors dans les écoles de la Ville de Paris; les met en apprentissage; reçoit, en plus des orphelines, des enfants dont les parents sont domestiques, ouvriers, ou employés au dehors. Les enfants délicats sont envoyés à la mer ou à la campagne.

Le Foyer de l'enfance, 42, rue Ampère. — A pour but de procurer des pensions à bon marché à des enfants d'ouvriers, orphelins ou abandonnés, de 5 à 15 ans.

XVIIIe ARR.

Asile de l'Œuvre de placement familial, 13, impasse Marteau. Fond. par M. l'abbé Santol (1911). — Direct. cath. Grat. Reçoit temporairement les enfants pauvres de 3 à 10 ans, dont les parents sont contraints de se séparer. Voir au Siège social de l'œuv., 3, avenue de la Motte-Picquet (VIIe).

Caisse des Orphelins du XVIIIe arrondissement, 72, rue Caulaincourt (1882). — Même but que celle du XVIe.

XIXe ARR.

La Maison maternelle, 30 *bis*, rue Manin. Fond. par Mlle Louise Koppe (1891). — Voir *Asiles du 1er âge.*

Caisse des orphelins du XIXe arr., 137, rue d'Allemagne (1880). — A pour but de venir en aide aux orphelins, nés de parents français, habitant le XIXe arrondissement, ainsi qu'aux enfants moralement abandonnés, ou enfants de veufs ou de veuves.

Asile temporaire, 36, rue Fessart. — Pour jeunes garçons protest. Voir *Préservation.*

XXe ARR.

L'Abri de la fillette, 38, rue des Cascades. Fond. par Mme Anderson de Meyerheim (1895). — Direction laïque. Reçoit gratuitement des petites filles dès 3 ou 4 ans, les envoie à l'école communale, les rend plus tard à leurs parents, si la situation le conseille, les met en apprentissage ou les envoie à la campagne dans des orphelinats. Pension : 240 fr. par an.

BANLIEUE

ANTONY. — Succursale de l'Hospice des Enfants-Assistés.

ASNIÈRES. — **Œuvre des petites filles abandonnées.** Voir *Préservation.*

BOULOGNE-SUR-SEINE. — **Le Foyer des enfants,** 57, rue d'Anjou (1901). — Reçoit des enfants auxquels les soins ou l'éducation ne peuvent être donnés dans leur propre famille, sans distinc. d'origine, de culte ou d'opinion. Prix de la pension : 40 fr. par mois, avec facilité d'obtenir des bourses ou des demi-bourses.

CHATILLON-SOUS-BAGNEUX. — Succursale de l'Hospice des Enfants-Assistés.

CHOISY-LE-ROI. — **Asile d'enfants,** de 3 à 13 ans, dont les parents sont employés à la faïencerie. Garderie grat. Vaccin oblig. 55 places.

CLICHY-LA-GARENNE. — **Asile Léo-Delibes,** 58, rue du Landy. Fond. par Mme Léo Delibes (1895). — Dépendant de la Préfecture de la Seine. Reçoit des enfants de 15 mois à 5 ans, que leurs parents ne peuvent momentanément garder auprès d'eux. Voir *Protection du 1er âge.*

COURBEVOIE. — **Asiles Lambrechts,** 46, rue de Colombes (1846). — Reçoit des garçons de la religion réformée ou luthérienne, orphelins ou pauvres, de 7 à 14 ans. Pension, 30 fr. ; trousseau, 60 fr. 34 bourses.

— **Œuvre des petites filles abandonnées,** 48, rue du Chemin-de-Fer. Voir *Préservation.*

ISSY. — **Internat de l'Œuvre Saint-Nicolas,** 66, rue Ernest-Renan (1827). — Recon. ut. pub. Après 13 ans, les enfants peuvent être admis à une école d'horticulture dépendant de l'orphelinat. Voir *au VIe arr.*

LEVALLOIS-PERRET. — **La Maison amie,** 102, rue Gravel (1911). — Abri temporaire où sont reçues et gardées, pendant la période de temps jugée nécessaire, les petites filles de 3 à 12 ans, dont les mères se trouvent dans la nécessité de quitter le foyer domestique, par suite de maladie ou pour toute autre cause dont il serait justifié.

NANTERRE. — **Asile protestant de Nanterre,** 5, rue St-Denis. — Voir *Asiles du 1er âge.*

— **Ouvroir du Plateau,** 69 *ter*, route de Paris. Fond. par Mme Ruel (1910). — Donne aide matérielle et morale aux enfants des écoles, depuis 4 ans jusqu'à 12 ans.

NEUILLY-SUR-SEINE.— **Asile de l'Union française pour le sauvetage de l'enfance,** 28, rue Perronet. Reçoit pour un court séjour, environ 1 mois, les enfants adoptés par l'œuv., avant leur placem. dans des familles de cultivateurs. Voir *Asiles du 1er âge* et *Adoption* IIe *arr.*

Pensionnat de jeunes filles de l'Église réformée, 25 *bis*, rue de Chézy. Fond. par Mme Rivet (1819). — Direct. des Diaconesses. Recon. ut. pub. Reçoit 52 filles d'ouvriers ou de parents placés. Admission, 50 fr. ; pension, 20 fr. par mois. Écrire à Mme la baronne de Cabrol, château de Villevert, par Jouy-en-Josas (Seine-et-Oise).

PLESSIS-PIQUET. — **Société du Refuge,** au Plessis-Piquet (1889). Direction laïque. Siège social à Paris, 22, rue de Franqueville. — Recon. ut. pub. A pour but de recueillir, élever, moraliser les enfants abandonnés du sexe masculin, appartenant au culte israélite, de la circonscription consistoriale de Paris.

L'Association donne à ses pupilles l'instruction primaire, et leur enseigne des professions manuelles, principalement l'agriculture.

SAINT-MAUR. — **Garderie d'enfants** (Maison Fontanès), 9, rue Mahieu (1888). Voir ***Asiles du 1er âge.***

CHAPITRE X

ORPHELINATS

Dans un certain nombre de Maisons de charité et Orphelinats existen sous la même direction : crèches, garderies, asiles, dispens. avec consult grat., cours ménagers, fourneaux, colonies de vacances, visites des pauvres et des malades à domicile, apprentissage, bonne garde, etc. Les orphelines pauvres du quartier y sont admises ; elles sont employées à partir de 13 ans à des travaux de lingerie fine, et apprennent à tenir le ménage, à raccommoder, à faire la cuisine. A 21 ans, elles reçoivent un livret de Caisse d'épargne du montant de leurs récompenses annuelles.

A) Orphelinats des Sœurs de Saint-Vincent-de-Paul

Ier	ARR.	Place du Marché-St-Honoré.
IIe	—	85, rue Réaumur.
IVe	—	11, r. du Fauconnier.
—	—	30, rue Geoffroy-Lasnier.
—	—	8, rue du Cloître-St-Merry.
—	—	7, rue Poulletier.
Ve	—	15, r. de la Parcheminerie.
—	—	32, rue Geoffroy-St-Hilaire.
—	—	9, rue Nicole.
—	—	15, r. d. Bernardins.
—	—	69, rue du Cardinal-Lemoine.
—	—	35, r. de la Glacière.
VIe	—	80, r. de Vaugirard.
—	—	3, rue de l'Abbaye.
VIIe	ARR.	3, rue Oudinot.
—	—	77 *bis*, r. de Grenelle.
—	—	9, rue Cler.
—	—	159, r. de l'Université.
—	—	9, rue Perrone
—	—	105, r. St-Dominique.
VIIIe	—	11, r. de Monceau.
—	—	9, bd. de Courcelles.
—	—	14, rue de la Ville-l'Évêque.
Xe	—	56, r. d'Hauteville.
—	—	6 *bis*, r. de Rocroi.
—	—	10, r. Alex.-Parodi.
XIe	—	81, r. d'Angoulême.
—	—	140, r. du Chem.-Vert.
—	—	145, av. Parmentier.
—	—	16, rue Basfroi.
XIIe	—	65, r. des Meuniers.
—	—	77, rue de Reuilly.
—	—	5, rue Ruty.

XIIIe ARR.	26, p. Jeanne-d'Arc.		XVIIIe ARR.	33, r. Caulaincourt.	
— —	37, rue Jenner.		— —	8, r. Championnet.	
— —	49, rue Bobillot.		— —	7, rue Jean-Cottin.	
XIVe —	29, rue Gassendi.		XIXe —	160, rue de Crimée.	
— —	78, rue de la Tombe-Issoire.		— —	22, rue Bourret.	
XVIe —	60, rue Raynouard.		XXe —	119, r. Ménilmontant.	
XVIIe —	22, rue Bayen.		— —	73, rue de la Mare.	

Ier ARR.

Orphelinat Saint-Roch, 32, place du Marché-St-Honoré. Fond. par M. l'abbé Olivier, Curé de St-Roch (1830). — Sœurs de St. V. de P. A pour but d'élever des orphelines, de leur donner un métier et de les suivre dans la vie. 80 lits à Paris. Les enfants sont admis à partir de l'âge de 12 ans jusqu'à 21 ans. Direct. cath. Grat. avec engagement signé par les parents restants, ou à défaut par le tuteur, de les laisser jusqu'à 21 ans. Pas de vacances ni de sorties.

Même orphelinat à Ermont (Seine-et-Oise) jusqu'à 12 ans.

IIe ARR.

Orphelinat Bonne-Nouvelle, 85, rue Réaumur (1824). — Direction cathol. Sœurs de St. V. de P. Reçoit des filles de 6 à 21 ans, moyennant pension de 30 fr. par mois, 50 fr. d'entrée. Lingerie et couture.

IVe ARR.

Orphelinat des Sœurs Saint-Vincent-de-Paul, 11, rue du Fauconnier. Fond. par Mgr de Quelen (1832). — Reçoit les orphelines du quartier à partir de 4 ans, et les garde jusqu'à 21 ans; pension de 30 fr. par mois et 50 fr. d'entrée.

Orphelinat Saint-Merry, 8, rue du Cloître-St-Merry (1635). — Sœurs de St. V. de P. 40 lits. Reçoit les enfants de la paroisse grat. à partir de 7 ans, et les autres moyennant pension de 25 fr. par mois. 50 fr. d'entrée.

Orphelinat Saint-Gervais, 30, rue Geoffroy-Lasnier (1834). — Sœurs de St. V. de P. Reçoit les filles orphelines dès 8 ans, gardées jusqu'à 18 ou 21 ans. Grat. pour les enfants de la paroisse ; 30 fr. par mois p. les autres.

Orphelinat Saint-Louis, 7, rue Poulletier (1832). — Sœurs de St. V. de P. Reçoit des filles orphelines de 6 à 12 ans, et les garde jusqu'à 21 ans, moyennant une pension de 25 fr. par mois jusqu'à 15 ans.

V^e ARR.

Orphelinat Bonar, 15, rue de la Parcheminerie (1852). — Sœurs de St. V. de P. Admission dès 3 ans, sortie à 21 ans avec un trousseau et 200 fr., si la conduite a été satisfaisante. Lingerie. Prix de la pension mensuelle : 25 fr. L'Assist. pub. dispose de 50 places grat. (Fondation Bonar), pour orphelines âgées de moins de 6 ans, dont les parents sont décédés à l'Hôtel-Dieu. Succursale à Coubron (S.-et-O.).

Orphelinat de la Sœur Rosalie, 32, rue Geoffroy-St-Hilaire (1836). — Sœurs de St. V. de P. 100 lits. Reçoit les filles dès 7 ans, cath., orphelines ou abandonnées, moyennant une pension de 300 fr. par an et 50 fr. d'entrée. Succursales : Maison du Sacré-Cœur, à Balainvilliers (Seine-et-Oise). Colonie scolaire et Maison de repos pour les enfants et les jeunes filles. L'établ. est ouvert du 15 mai au 1er octobre. Prix : 30 fr. par mois pour les enfants et 45 fr. pour les jeunes filles.

Maison de charité Saint-Vincent-de-Paul, 9, rue Pierre-Nicole. Fond. par M. l'abbé Bernard, Curé de St-Jacques (1854). — 30 lits. Sœurs de St. V. de P. Reçoit les orphelines de la paroisse à partir de 4 ans. Grat.

Orphelinat des Sœurs de Saint-Vincent-de-Paul, 15, rue des Bernardins (1833). — Sœurs de St. V. de P. Admission d'orphelines depuis 6 ans. Sortie à 21 ans. 300 fr. par an. 50 fr. d'entrée. Ouvroir interne.

Orphelinat Saint-Étienne du-Mont, 69, rue du Cardinal-Lemoine. Fond. par Mgr de Quélen (1832). — Sœurs de St. V. de P. 30 lits. Reçoit les orphelines ou demi-orphelines de la paroisse dès l'âge de 5 ans. Pension : 25 à 30 fr. par mois. 50 fr. d'entrée.

Orphelinat des Sœurs de Saint-Vincent-de-Paul, 35, rue de la Glacière (1860). — 60 lits. Sœurs de St. V. de P. Admission depuis 6 ans. Sortie à 21 ans. Prix : 300 fr. par an, 50 fr. d'entrée. Ouvroir interne.

VIe ARR.

Orphelinat des Sœurs de Saint-Vincent-de-Paul, 80, rue de Vaugirard. — Sœurs de St. V. de P. Reçoit des filles de 11 à 12 ans moyennant une pension de 25 à 30 fr. par mois.

Orphelinat Saint-Germain-des-Prés, 3, rue de l'Abbaye (1822). — Sœurs de St. V. de P. Reçoit des filles de 5 à 21 ans, gratuitement si elles sont de la paroisse St-Germain-des-Prés, à 30 fr. par mois pour les autres et 50 fr. d'entrée. Cours ménagers. 50 places.

Orphelinat Saint-Louis, 67, rue de Sèvres. — Sœurs de St. V. de P. Reçoit des garçons depuis l'âge de 7 ans. Sortie à 13 ans. Prix : 30 fr. par mois, 50 fr. d'entrée.

VIIe ARR.

Orphelinat de la Providence, 3, rue Oudinot. Fond. par M. Desgenettes; Curé de la paroisse (1820). — Sœurs de St. V. de P. 125 lits Reçoit les orphelines et demi-orphelines entre 5 et 8 ans, celles de la paroisse gratuit., les autres pour 30 fr. par mois, et s'il y a deux sœurs 25 fr. chaque, et en plus 5 fr. par mois pour la classe.

Orphelinat du Gros-Caillou, 105, rue St-Dominique (1803). — Recon. ut. pub. 100 lits. Sœurs de St. V. de P. Reçoit les orphelines de la paroisse gratuitement, sans âge fixé. Pension pour les autres : 25 à 30 fr. par mois.

Maison de charité paroissiale Sainte-Clotilde, 77 *bis*, rue de Grenelle. Fond. par M. l'abbé Hamelin (1847). — Sœurs de St. V. de P. 30 lits. Reçoit les orphelines à partir de 7 ans gratuit.

Orphelinat Saint-Thomas-d'Aquin, 9, rue Perronet. Fond. par M. Valayer, Curé de la paroisse St-Thomas-d'Aquin (1824). — 50 lits.

Sœurs de St. V. de P. Grat. Reçoit les orphelines à partir de 7 ans jusqu'à 21 ans. A leur sortie leur donne un trousseau, un peu d'argent et les place.

Orphelinat des Sœurs de Saint-Vincent-de-Paul, 159, rue de l'Université. — Reçoit les orphelines de la paroisse gratuitement.

Orphelinat des Sœurs de Saint-Vincent-de-Paul, 9, rue Cler. — Reçoit les orphelines de la paroisse gratuitement.

VIIIe ARR.

Orphelinat des Sœurs de Saint-Vincent-de-Paul, 11, rue de Monceau. Fond. par M. l'abbé Auzoure (1844). — Sœurs de St. V. de P. Admission dès 7 ans. Sortie à 21 ans. Le prix varie selon les circonstances. Exclusivement pour les orphelines de la paroisse. A leur sortie, admission à la Maison de famille. 50 places.

Orphelinat Saint-Augustin, 9, boulevard de Courcelles (1855). — Sœurs de St. V. de P. Orphelines de la paroisse reçues gratuitement de 6 ans à 21 ans. Pour les autres, la pension est de 360 fr. par an. A leur sortie, pécule de 6 à 800 fr. obtenu par une retenue journalière de 0 fr. 75 sur leur travail, et un trousseau.

Orphelinat des Sœurs de Saint-Vincent-de-Paul, 14, rue de la Ville-l Évêque (1829). — Sœurs de St. V. de P. Réservé exclusivement aux jeunes filles de la paroisse de la Madeleine. 30 places.

Xe ARR.

Orphelinat Saint-Eugène, 56, rue d'Hauteville (1851). — Sœurs de St. V. de P. 35 lits. Reçoit gratuitement principalement les orphelines de la paroisse, à partir de 10 ans, et les garde jusqu'à 21 ans.

Orphelinat de jeunes filles (paroissial) de Saint-Vincent-de-Paul, 6 *bis*, rue Rocroi. Fond. par le Curé de la paroisse (1810). — 60 lits. Sœurs de St. V. de P. Reçoit gratuitement les orphelines, depuis 8 ans, de la paroisse seulement.

Orphelinat des Sœurs de Saint-Vincent-de-Paul, 8-10, rue Alexandre-Parodi (1656). — Sœurs de St. V. de P. 35 lits. Reçoit les orphelines de la paroisse à partir de 7 ans jusqu'à 21 ans, moyennant une pension de 30 fr. par mois.

XIe ARR.

Orphelinat Saint-Joseph, 81, rue d'Angoulême (1848). — Sœurs de St. V. de P. Admissions à 7 ans, sortie à 21 ans. Prix : 300 fr. par an. Les enfants doivent être exemptes d'infirmités, de maladies chroniques ou contagieuses. De préférence les orphelines de la paroisse y sont reçues gratuitement. 55 places.

Orphelinat Saint-Ambroise, 140, rue du Chemin-Vert (1851). — 40 lits. Sœurs de St. V. de P. Pour filles de 10 ou 12 ans. Sortie à 21 ans. Prix : 300 fr. par an jusqu'à 15 ans, si l'enfant doit rester jusqu'à 21 ans. Conditions particulières pour les enfants de la paroisse.

Orphelinat des Sœurs de Saint-Vincent-de-Paul, 16, rue Basfroi (1733).

— 68 lits. Sœurs de St. V. de P. Reçoit les orphelines du quartier, de 6 jusqu'à 12 ans, gratuit.

XIIe ARR.

Orphelinat de Saint-Vincent-de-Paul, 63-65, rue des Meuniers (1865). — Sœurs de St. V. de P. 54 lits. Reçoit les orphelines depuis 6 ans jusqu'à 21 ans, les instruit et leur donne un état. Grat. pour les orphelines du quartier et faible pension pour les autres.

Orphelinat de la Providence Sainte-Marie, 77, rue de Reuilly (1850). — Recon. ut. pub. Sœurs de St. V. de P. 170 lits. Reçoit les orphelins des deux sexes du quartier, à partir de 6 ans. Grat. Pension selon la situation du parent restant ou du tuteur pour les étrangers au quartier.

Orphelinat des jeunes économes, 15, rue Ruty (1853). — Sœurs de St. V. de P. 45 lits. Admet les orphelines et enfants d'employés jusqu'à 21 ans. Prix : 40 fr. par mois.

XIIIe ARR.

Orphelinat des Sœurs de Saint-Vincent-de-Paul, 26, place Jeanne-d'Arc (1885). — 60 lits. Reçoit des orphelines principalement de la paroisse. L'âge et les conditions ne sont pas déterminés.

Orphelinat des Sœurs de Saint-Vincent-de-Paul, 37-39, rue Jenner (1854). — Reçoit les filles sans âge fixé, moyennant 30 fr. par mois et 100 fr. d'entrée, et gratuitement les orphelines de la paroisse Étienne-Marcel et de la Salpêtrière. Ouvroir interne et externe. 230 pl.

Orphelinat des Sœurs de Saint-Vincent-de-Paul, 49, rue Bobillot (1859). — 80 lits. Ouvroir interne et externe. Admission d'orphelines depuis 13 ans. Conditions diverses.

XIVe ARR.

Orphelinat des Sœurs de Saint-Vincent-de-Paul, 29, rue Gassendi (1850). — Prix : 360 fr. par an. Quelques places grat. pour les orphelines du quartier. Ouvroir interne. 60 places.

Orphelinat des Sœurs de Saint-Vincent-de-Paul, 78, rue de la Tombe-Issoire (1867). — Pour orphelines depuis 6 ans. Sortie à 21 ans. 360 fr. par an. 50 fr. d'entrée. Garderie d'enfants de 3 à 7 ans. 40 places.

XVIe ARR.

Orphelinat de Notre-Dame-de-Grâce, 60, rue Raynouard (1849). — Sœurs de St. V. de P. Admission dès 6 ans. Sortie à 21 ans. Les conditions se traitent de gré à gré avec la Supérieure pour les orphelines de la paroisse. Le prix est de 400 fr. par an pour les autres. Trousseau à fournir. 75 places.

XVIIIe ARR.

Orphelinat du Sacré-Cœur, 33, rue Caulaincourt (1876). — 46 lits. Sœurs de St. V. de P. Reçoit gratuitement les orphelines du quartier à partir de 8 ans jusqu'à 21 ans, les orphelines des autres quartiers moyennant pension mensuelle de 30 fr. et 50 fr. d'entrée.

Orphelinat des Sœurs de Saint-Vincent-de-Paul, 8, rue Championnet

(1862). — 55 lits. Reçoit les orphelines de la paroisse de Clignancourt, à partir de 8 ans, moyennant un prix mensuel de 30 à 35 fr.

Orphelinat du Sacré-Cœur, 7, rue Jean-Cottin. Fond. à l'origine pour les Alsaciens-Lorrains (1872). — 90 lits. Sœurs de St. V. de P. Reçoit les orphelines de 6 à 13 ans jusqu'à 21 ans; elles sortent avec un trousseau et un livret de caisse d'épargne. Pension de 30 fr. jusqu'à 13 ans, après 50 fr.

XIXe ARR.

Orphelinat Saint-Georges, 20, rue Bouret (1864). — 65 lits. Sœurs de St. V. de P. Grat. Reçoit les orphelines du quartier et les garde jusqu'à 21 ans, leur donne un trousseau, une petite somme et les place. Ouvroir interne et externe.

Orphelinat des Sœurs de Saint-Vincent-de-Paul, 160, rue de Crimée (1858). — Admission de 3 à 12 ans. Sortie à 21 ans. Exclusivement pour les orphelines de la paroisse St-Jacques-St-Christophe de la Villette. Ouvroir externe.

XXe ARR.

Asile des Petits orphelins, 119, rue de Ménilmontant (1849). — Sœurs de St. V. de P. Reçoit, de 7 à 13 ans, les orphelins des deux sexes, nés dans la Seine, tout en les envoyant à l'école au dehors. Prix : 100 fr. d'entrée, puis 15 fr. de pension par mois. 60 places.

Orphelinat, 73, rue de la Mare. Fond. par M. le curé Lombois (1845). — Sœurs de St. V. de P. Reçoit grat. 25 orphelines.

B) Orphelinats laïques ou desservis par divers ordres religieux ne dépendant pas des Sœurs de St-Vincent-de-Paul

Ier ARR.

Maison des Œuvres paroissiales, 13, rue du Roule (1863). — Direction laïque. Dames de charité. Reçoit les orphelines à partir de 4 ans. Gratuit. pour celles qui ne peuvent payer.

Orphelinat mutualiste français, 33, rue des Deux-Écus (1904). — Direction laïque. A pour but de venir en aide aux enfants orphelins de ses membres participants, depuis la première enfance jusqu'à 16 ans, les recueillir, les élever, leur continuer ensuite les conseils et l'appui moral.

Pour devenir membre participant, il faut être déjà membre d'une Sté de sec. mutuels, et payer un droit d'entrée ainsi qu'une cot. mens.

IIe ARR.

Orphelinat des Coiffeurs de France, 19, boulevard Montmartre (1908). — Protège et recueille au besoin les orphelins des membres titulaires de l'Association jusqu'à l'âge de 15 ans, veille à leur éducation, les met en apprentissage et les suit dans la vie.

Payer la cotisation de membre titulaire participant.

Orphelinat de la Sté de secours aux familles de marins français naufragés, 87, rue Richelieu (1879). — Recon. ut. pub. Orphelinat grat. à Bienzy-Lauvaux, par Pluvigner (Morbihan). Sœurs de la Sagesse. Pour jeunes filles de 12 à 14 ans jusqu'à 21 ans. Travaux de couture et ménagers. Trousseau et livret de caisse d'épargne à leur sortie, représentant leur prorata dans le travail qu'elles ont fourni. Voir *Marins*.

IIIe ARR.

Orphelinat de la Coopérative de production, 84, boulevard de Sébastopol (1899). — A pour but de secourir les enfants nécessiteux, privés de l'appui du père ou de l'un et l'autre de leurs soutiens naturels, ayant été occupés dans une association coopérative adhérente à l'œuv. L'orphelinat laisse ses pupilles dans le milieu où ils ont vécu ; à défaut des parents, il les confie à des familles de camarades d'ateliers des soutiens disparus ; en cas de nécessité seulement, il est fait appel à des établ. spéciaux.

L'œuv. est soutenue par les cotisations de différentes associations ouvrières et par des subventions des Pouvoirs publics.

Orphelinat national des Chemins de fer de France et des Colonies 20, rue Notre-Dame-de-Nazareth. Fond. par le Syndicat national des Chemins de fer (1903). — A pour but de venir en aide aux enfants orphelins des membres de l'Association, pourvu que ceux-ci soient affiliés au Syndicat national des Chemins de fer.

IVe ARR.

Orphelinat des Prévoyants de l'avenir, 26, boulevard de Sébastopol (1891). — A pour but de recueillir les orphelins de ses membres actifs jusqu'à l'âge de 16 ans, et de pourvoir à leur éducation et instruction par des allocations versées aux mains des personnes à qui ils sont confiés.

Pour jouir des avantages de l'Orphelinat, il faut faire partie d'abord de la Sté de retraites *Les Prévoyants de l'avenir*, et payer ensuite la cotisation de membre actif de l'Orphelinat, soit 0 fr. 25 par mois. Les versements pour les orphelins de la part de la Sté se montent à 30 fr. par mois pour 1 enfant ; 50 fr. pour 2 enfants ; 60 fr. pour 3 enfants, etc.

Orphelinat luthérien des Billettes, 22, rue des Archives (1830). — Grat. Reçoit 34 orphelines ou fillettes abandonnées, présentées par leur Pasteur, gardées de 6 ou 7 ans à 14 ans. Enseignement de couture et ménage. S'adresser à la baronne de Berckheim, 22, rue de Berry.

Orphelinat de la Société « L'Avenir du Prolétariat », 8, rue Pernelle. Fond. par M. Ferdinand Boire (1894). — Direction laïque. Reçoit des enfants de 5 à 16 ans révolus, orphelins de père et de mère décédés sans ressources, et ayant versé l'un ou l'autre, régulièrement, leurs cotisations pendant 5 ans au moins.

L'Orphelinat, momentanément réservé aux seuls garçons, leur

donne l'enseignement scolaire et agricole. Il est grat. pour les sociétaires, compte 200 lits, mais n'a encore que 42 enfants. Il est situé au château de la Haute-Barde, en Indre-et-Loire.

Vᵉ ARR.

Orphelinat de l'enseignement, 123, rue St-Jacques (1905). — A pour but de venir en aide, jusqu'à l'âge de 19 ans, aux enfants orphelins des membres participants de la Sté, et leur assurer ensuite une protection morale. Filiale de la Sté de secours mutuels des Professeurs.

Orphelinat de la Sainte-Famille, 41, rue Lhomond. — Direction cathol. Servantes de Marie. Reçoit les filles à 12 ans, les garde jusqu'à 21 ans. Pension variable payée seulement jusqu'à 15 ans. 40 places.

VIᵉ ARR.

Orphelinat des Sœurs de Bon-Secours, 13, rue du Regard. Fond. par Mlle Buchère (1842). — Sœurs de Bon-Secours. 50 lits. Recueille les jeunes filles cath. de 5 à 13 ans, et les garde jusqu'à 21 ans. Prix de la pension : 25 fr. par mois.

Maison Marie-Joseph, 340, rue de Vaugirard. Voir *Préservation*.

VIIIᵉ ARR.

Orphelinat Dubreuil. Siège, Mairie de la rue d'Anjou. — Recueille gratuitement et sans distinction de culte les orphelins pauvres, de nationalité française, nés dans le VIIIᵉ arrondissement de Paris, et les hospitalise à l'Orphelinat Dubreuil, à Orsay (Seine-et-Oise), dès 10 ans jusqu'à 21 ans.

Fondation de Noireterre. Siège, 29, avenue Marigny. Instituée par M. Bouchié de Belle (1911). — Orphelinat en formation à Thiéry-en-Valois (Oise), pour enfants des 2 sexes, orphelins ou abandonnés de leurs parents. Admissions de 3 ou 8 ans. Gardés jusqu'à 18 ans. Locaux séparés pour garçons et filles. Enseig. primaire et placem. en apprentissage. Grat.

IXᵉ ARR.

Orphelinat des Employés de Banque et de Bourse, 5, rue de Provence. Fond. par M. Philippe Masson (1898). — Recon. ut. pub. Direction laïque. A pour but de venir en aide, par des allocations mensuelles, aux orphelins de ses adhérents de 3 jusqu'à 16 ans, et même plus tard.

L'Orphelinat possède un établ. grat. au Val-Notre-Dame, près d'Argenteuil (Seine-et-Oise) ; les enfants fréquentent là l'école communale, puis sont mis en apprentissage.

Orphelinat de la Seine (Société de l'), 28, rue St-Lazare. Fond. par M. Buisson (1871). — Recon. ut. pub. A pour but de recueillir, sans distinc. de culte, le plus grand nombre possible d'enfants du département de la Seine, orphelins ou abandonnés, et de leur assurer l'éducation, l'instruction et l'apprentissage.

Les enfants sont admis gratuitement et envoyés aux écoles communales ou libres laïques, répartis entre les garderies de la Sté, placés ensuite chez des patrons ou agriculteurs, aux fins d'apprentissage. La Sté possède un établ. à la Varenne, commune de St-Maur-des-Fossés, 7, rue Louis-Blanc.

Orphelinat de l'Institution Saint-Louis, 50, rue de Clichy. Fond. par Mme de Barthélemy (1817). — Direction laïque. Cath. Reçoit les filles de 6 ans à 21 ans. Pension débattue de gré à gré. 75 places dont plusieurs grat. Annexe à la Celle-St-Cloud (S.-et-O.).

X^e^ ARR.

Orphelinat des Chemins de fer français, 5, rue de Lancry. Fond. sur l'initiative de M. Flamand (1891). — Recon. ut. pub. A pour but de secourir les orphelins ou demi-orphelins des agents de toutes les Compagnies des chemins de fer, moyennant subvention proportionnée au nombre des orphelins de chaque compagnie, quel que soit leur âge ; subvient à leurs besoins jusqu'à l'âge de 16 ans ; veille à leur instruction, éducation, apprentissage.

Les membres titulaires employés de chemins de fer depuis au moins 6 mois paient un droit d'entrée de 0 fr. 50 et une cotisation annuelle de 1 fr.

Maison de Protection de l'enfance, 162, faubourg Poissonnière (1893). — Desservi par les Sœurs St-Cyrille-des-Franciscaines. 60 lits. Grat. Reçoit des filles de 3 ans, cath., orphelines de père et de mère.

XIe ARR.

Orphelinat Eugène-Napoléon, 254, fg St-Antoine. Fond. par l'impératrice Eugénie (1856). — Recon. ut. pub. Direction laïque. Desservi par les Sœurs de St. V. de P. Reçoit, moyennant prix à débattre, les jeunes filles de 7 à 21 ans, cath. de préférence, et leur enseigne couture et lingerie.

XIIe ARR.

Orphelinat Salomon et Caroline de Rothschild, 7, rue Lamblardie. Fond. par le baron S. de Rothschild (1857). — Recon. ut. pub. Israélite. Grat. Reçoit les jeunes filles orphelines israélites de 4 à 20 ans, les garde jusque après 15 ans, leur fournit des dots. Reçoit aussi des garçons jusqu'à l'âge de 13 ans, pour les renvoyer ensuite à l'École du travail, 4 *bis,* rue des Rosiers. 50 places.

XIIIe ARR.

Orphelinat des Chemins de fer d'Orléans, 112, rue du Chevaleret. Fond. par M. Polonceau (1869). — Sœurs de St. V. de P. Recueille un certain nombre d'orphelines des employés de la Compagnie. Ouvroir externe et pension de famille.

XIVe ARR.

Orphelinat Saint-Charles, 105, rue d'Alésia. Fond. par la Confédération nationale des anciens militaires des armées de terre et de mer (1910).— Reçoit les orphelins de père et de mère, ou de père ou de mère, enfants d'anciens militaires, et les hospitalise à Orgeville (Eure). Grat.

Orphelinat de Plaisance, 63, rue Pernetty. Fond. par M. le Pasteur et Mme Pommier (1855). — Recon. ut. pub. Direction protest. Reçoit les jeunes filles protestantes, orphelines ou abandonnées, de 6 à 14 ou 15 ans. Pension : 40 fr. par mois, 60 fr. de trousseau. 60 places. Quelques demi-bourses pour orphelines présentées par les Diaconats.

Orphelinat-ouvroir de jeunes filles, 27, rue de la Voie-Verte. Fond. par M. l'abbé de Geslin de Bourgogne et Mme Guilleminault (1881). — Direction cathol. des Sœurs de St-Joseph de Cluny. Reçoit des jeunes filles de 6 à 13 ans, et les garde jusqu'à 18 ans et même 21 ans, si les parents le désirent, moyennant une pension de 30 fr. par mois et un droit d'entrée de 30 fr.

Les enfants reçoivent jusqu'à 13 ans l'instruction des écoles primaires, au-dessus de 13 ans des leçons ménagères, particulièrement de couture. Don d'un trousseau à 21 ans. 110 places.

Orphelinat du Saint-Nom-de-Jésus, 185, rue de Vanves (1860). — Sœurs du St-Nom-de-Jésus. Reçoit les jeunes filles vers 13 ou 14 ans, les garde jusqu'à 20 ans. Le prix de la pension se traite de gré à gré. 80 places.

XVe ARR.

Orphelinat Saint-Charles, 147, rue Blomet. Fond. par M. l'abbé Bayle (1854). — 150 lits. Sœurs de Notre-Dame-des-Anges. Reçoit les orphelins des deux sexes à partir de 7 ans jusqu'à 21 ans. Pension mensuelle de 30 fr. par mois. 50 fr. d'entrée.

Orphelinat de Vaugirard, 58, rue Dombasle. Fond. et dirigé sous le patron. de l'Archevêque de Paris. — Réservé aux garçons privés de leur père ou de leur mère et ayant 7 ans accomplis. Prix : 32 fr. par mois et 50 fr. d'entrée. 300 places.

Orphelinat des Saints-Anges, 8, rue de Vouillé. Fond. par la baronne P. Dubois (1844). — Recon. ut. pub. Direction des Sœurs de la Sagesse. Reçoit les filles depuis le jeune âge jusqu'à 21 ans. Pension de 10 à 20 fr. par mois jusqu'à 13 ans. 100 fr. d'entrée. 80 places.

Orphelinat des Petites filles abandonnées et sans asile, 37, rue Mathurin-Régnier. Fond. par Mlle Rault (1872). — Direction laïque. Grat. Recueille les petites filles abandonnées depuis l'âge de 2 ans, et les garde jusqu'à 17 ans. Elles sont ensuite placées dans des familles ou dans des maisons de commerce. Secrétariat, 35, av. Victor-Hugo.

Orphelinat des Sœurs de Saint-Paul de Chartres, 44, rue Violet (1865). — Reçoit, depuis l'âge de 5 ans, des filles orphelines ou abandonnées, soit gratuit., soit pour 25 fr. par mois payés jusqu'à 13 ans, et 100 fr. d'entrée. 40 lits.

XVIe ARR.

Orphelinat Saint-Honoré d'Eylau, 117, avenue Victor-Hugo. Fond. par M. l'abbé Charuel (1866). — Sœurs de la Sagesse. Reçoit des filles dès 8 ans jusqu'à 21 ans. Pension : 360 fr. par an et 100 fr. d'entrée. 60 lits.

Orphelinat Parent de Rozan, 3, villa de la Réunion, 122, av. de Versailles. Fond. par M. Parent de Rozan (1897). — Direct. laïque. Reçoit les filles de 8 à 12 ans, jusqu'à 18 ans, orphelines de savants, littérateurs ou artistes des IXe et XVIe arrondissements. 12 places.

XVIIe ARR.

Petite Œuvre de la Madeleine, 48, rue Jouffroy. Fond. par M. l'abbé Deguerry (1850). — Recon. ut. pub. Grat. Direction des Sœurs de la Charité de Nevers. 60 lits. Reçoit les orphelines de père et de mère de Paris.

Orphelinat des Sœurs de Sainte-Marie, 39, rue Gauthey. Fond. par Mgr Affre (1843). — Direction cathol. Reçoit, dès 6 ans, les filles indigentes gratuitement, si elles s'engagent à rester jusqu'à 21 ans; sans date de sortie, au prix de 25 fr. par mois et 30 fr. d'entrée.

Orphelinat laïque, 24, rue des Apennins. Fond. par la Caisse des écoles du XVIIe arrondissement (1883). — Reçoit les filles de 7 à 13 ans. Grat. Instruction donnée dans les écoles communales.

Orphelinat des Sœurs de Ste-Marie des Batignolles, 19, rue Salneuve (1859). — Recon. ut. pub. Direction cathol. Reçoit les filles dès 5 ans, les garde jusqu'à 21 ans. Pension : 25 à 35 fr. par mois. 70 places.

Orphelinat Saint-Francois-de-Sales, 87, rue de Tocqueville (1875). — Recon. ut. pub. 60 lits. Direction des Sœurs de la Présentation de la Ste Vierge de Tours. Reçoit les orphelines de 6 ans à 21 ans, moyennant une faible pension variant suivant la situation.

Orphelinat évangélique des Batignolles, 15, rue Clairaut. Fond. par le Pasteur Louis Vernes (1854). — Reçoit les jeunes filles protestantes, âgées de 6 ans au moins, orphelines de père ou de mère, ou des deux, moyennant 30 fr. par mois et 60 fr. d'entrée. 55 places.

XVIIIe ARR.

Orphelinat de la Butte Montmartre, 177, rue Marcadet. Fond. par M. l'abbé Deleuze (1883). — Direct. des Petites Sœurs Franciscaines. 50 lits. Reçoit les garçons de 3 à 13 ans suivant prix à débattre, ordinairement 15 fr. par mois.

Orphelinat protestant de Montmartre, 174 *bis*, rue Championnet. Fond. par le Pasteur Pfender (1882). — Direct. laïque. Pour élever les filles orphelines ou moralement abandonnées, et les placer comme servantes en France ou à l'étranger.

Entrée de 5 à 15 ans; droit d'admission de 50 fr., et pension mensuelle de 25 fr. S'adresser au Pasteur Pfender, 171, bd Poissonnière.

Orphelinat du Sacré-Cœur, 12, rue Ste-Rustique (1894). — 80 lits. Direction des Sœurs de St-Georges. Reçoit des orphelines de 5 ans à 21 ans, moyennant un prix mensuel de 20 à 25 fr. Placem. à 21 ans.

XIXe ARR.

Orphelinat des Employés d'administration, 112, rue Caulaincourt. Fond. par M. Marais (1908). — A pour but de recevoir les enfants des membres décédés de l'Association dont dépend l'Orphelinat.

Les membres participants versent par an et par enfant une somme de 6 fr., et en cas de décès, leurs enfants peuvent être hospitalisés.

Orphelinat Saint-Joseph, 8, rue Clavel (1875). — Direction des Sœurs de St-Joseph de Bon-Secours. Reçoit les filles de 4 à 12 ans, et les garde jusqu'à 18 ou 21 ans. Pension : 200 fr. par an, réduite pour les indigentes. 24 places.

Orphelinat maçonnique, 19, rue de Crimée (1862). — A pour but de recueillir des enfants nécessiteux des deux sexes, quel que soit leur âge, et de les élever jusqu'à ce qu'ils puissent se suffire. Instruction aux écoles communales et placem. en apprentissage. Direct. laïque. Prix variable de 100 fr. à 350 fr. par an.

XXe ARR.

Orphelinat de Bon-Secours, 95, rue Alexandre-Dumas. — Fond. par le Pasteur Hosemann (1855). — Direction laïque (Église luthérienne de Paris). Reçoit des garçons protest. depuis l'âge de 5 ans jusqu'à 14 ans, et leur fait suivre l'école communale voisine. Prix : 25 fr. par mois, plus le trousseau et un droit d'entrée de 30 fr. 50 par place. S'adresser à M. le Pasteur Dumas, 14, rue de Picpus.

Orphelinat des Sœurs du Très-Saint-Sauveur, 9, rue du Retrait. Fond. par Mlle Eppinger (1849). — Direction des Sœurs du Très-St-Sauveur. 85 lits. A pour but de recueillir des filles de 6 à 21 ans, orphelines, de leur apprendre le métier de lingères et de les suivre ensuite dans la vie. Quelques admiss. grat. Pension de 10 ou 30 fr. par mois.

BANLIEUE

ARCUEIL-CACHAN. — **Orphelinat des Sœurs de Saint-Vincent-de-Paul**, 7, rue Étienne-Dolet. — Pour filles depuis l'âge de 6 ans. Pension de 360 fr. à 400 fr. par an, 60 fr. d'entrée.

ASNIÈRES. — **Orphelinat de l'Asile Sainte-Élisabeth**, 14, rue de Châteaudun (1897). — Sœurs de St-François-Régis. Pour filles depuis l'âge de 6 ans. Admissions grat. et pensions variables.

AUBERVILLIERS. — **Orphelinat des Sœurs de Saint-Vincent-de-Paul**, 11, rue de la Courneuve (1868). — Pour filles depuis l'âge de 5 ans. Prix : 360 fr. par an, 15 fr. d'entrée.

BOULOGNE. — **Orphelinat Charlotte Nataniel**, 13, rue des Abondances. — Pour jeunes filles israélites.

CHARENTON. — **Orphelinat des Sœurs de Saint-Vincent-de-Paul**, 10, rue des Bordeaux. Fond. par la Sœur Homberg (1863). — Pour filles de 6 à 12 ans. Prix : 420 fr. par an, 50 fr. d'entrée.

CHATENAY. — **Orphelinat des Sœurs de Saint-Vincent-de-Paul**, 7, rue des Vallées (1854). — Pour orphelines dès 6 ans. Prix : 300 à 360 fr. par an jusqu'à 15 ans, 50 fr. d'entrée.

CHATILLON-SOUS-BAGNEUX. — **Orphelinat du Sacré-Cœur**,

12, rue de Bagneux. Fond. par les Sœurs de Notre-Dame-du-Calvaire (1891). — Reçoit dès 2 ans les garçons orphelins, moyennant une pension de 20 fr. par mois et 50 fr. d'entrée ; les garde jusqu'à 13 ans, et les envoie ensuite en province pour les former à l'agriculture.

CLAMART. — **Petit orphelinat de Notre-Dame**, 51, rue de Sèvres. Fond. par M. l'abbé Lang (1911). — Recueille des j. garçons orphelins ou abandonnés.

Asile Jeanne-d'Arc, 2, rue du Nord. Fond. par Mlle Jarrot. — Direct. laïque. Pour filles orphel. ou moralement aband., dès 3 ans.

CLERMONT (Oise). — **Orphelinat de la Société des établissements Farcy et Oppenheim.** Siège social, 13, rue des Petits-Hôtels, Paris. — Direction laïque. Grat. Destiné aux jeunes filles au-dessus de 10 ans jusqu'à 21 ans, moyennant un prix d'entrée de 200 fr.

CLICHY. — **Orphelinat Roguet**, 58, rue Vasson. Fond. par le général comte Roguet (1899). — Dépend du département de la Seine. Grat. Reçoit des enfants des deux sexes, orphelins de père et de mère, ou de l'un d'eux seulement, légitimes ou reconnus, nés dans le département de la Seine de parents français, y résidant depuis 2 ans au moment de la naissance de l'enfant.

Les enfants doivent être âgés de 3 ans au moins et de 7 ans au plus, jusqu'à 16 ans; ils reçoivent l'instruction élémentaire dans les écoles communales, et sont mis par l'enseignement d'une profession à même de gagner leur vie. S'adresser pour les enfants de la commune au Maire, pour ceux des autres communes au Préfet.

Pécule à partir de 13 ans, remis à leur majorité, sous forme d'un livret de caisse d'épargne, en même temps qu'un trousseau.

COURBEVOIE. — **Orphelinat des Arts**, 14, rue de la Montagne. Fond. par un groupe d'artistes dramatiques dont Mmes Marie Laurent, Sarah Bernhardt, Croizette, etc. (1880). — Recon. ut. pub. Direction laïque. Grat. Reçoit les filles d'artistes, peintres, musiciens, gens de lettres, depuis le premier âge jusqu'à 18 ans. 65 places.

Orphelinat de la Réunion protestante de charité, 25, avenue Victor-Hugo. Fond. par M. A. Coquerel (1887). — Pour enfants protest. des deux sexes, reçus entre 5 et 10 ans. Voir *Adoption, VIIIe arr.*

Orphelinat protestant. Siège social, 58, rue Pierre-Charron (VIIIe). Fondation américaine (1872). — Pour 24 orphelins ou demi-orphelins de 7 à 12 ans. Admission : 50 fr. ; pension : 25 fr. par mois.

CRÉTEIL. — **Orphelinat de jeunes garçons**, 5, rue Félix-Maire. Fond. par M. Frachebois (1887) à Paris, transféré à Créteil (1892). — Direction laïque. Grat. A pour but de recevoir les orphelins pauvres de Paris et de la banlieue, depuis l'âge de 3 ans. Ils sont nourris, entretenus et instruits; après l'obtention de leur certificat d'études primaires, ils sont placés, sous la surveillance de la maison, dans l'industrie, le commerce, l'administration ou l'agriculture.

DRANCY. — **Orphelinat de Drancy**, 18, rue Sadi-Carnot. Fond. par la baronne de Ladoucette (1859). — Sœurs de St. V. de P. Admissions de fillettes depuis 7 ans. Sortie à 21 ans. Maison de conval. et école ménagère. Infirmerie d'hiver à Cannes (Alpes-Mar.).

FORGES-LES-BAINS (Seine-et-Oise). — **Orphelinats Riboutté-Vitalis et Albert Hartmann.** Fond. le premier en 1882, le deuxième en 1892. — Pour recevoir des enfants du sexe masculin, de préférence orphelins, appartenant à la Ville de Paris, de 7 à 16 ans. Direct. laïque. Dépend. de l'Assist. pub., 3, avenue Victoria.

Enseignement primaire et enseignement d'un métier de menuisier et de serrurier, afin qu'à leur majorité, ils puissent gagner leur vie. Environ 60 lits. Grat.

FLEURY-MEUDON (Seine-et-Oise). — **Fondation de la duchesse de Galliéra.** — Direct. laïque. Admission grat. de garçons de 7 à 14 ans. Sortie à 14 ans pour les garçons qui ne se destinent pas à l'horticulture.

S'adresser à l'agent général de la Fondation Brignole-Galliéra, à Fleury-Meudon.

IVRY. — **Orphelinat des Sœurs de la Croix, dit de Saint-Frambourg**, 110, rue de Paris. Fond. par la duchesse d'Orléans (1819). — Pour filles admises dès 6 ans. Prix : 300 fr. par an, 100 fr. d'entrée.

LE BOURGET. — **Orphelinat industriel Saint-Joseph**, 22, rue de Flandre. Fond. par M. Paris (1868). — Sœurs de St. V. de P. Grat. Pour apprentis verriers de la maison Paris.

L'HAY. — **Maison Sainte-Geneviève**, 6, rue Bronzac. — Sœurs de St. V. de P. Admissions de fillettes dès 6 ans. Sortie à 13 ans. Prix : 30 fr. par mois, 50 fr. d'entrée.

Maison Saint-Vincent, 34, rue des Tournelles. — Sœurs de St. V. de P. Pour garçons de 6 à 14 ans. Prix : 300 fr. par an, 60 fr. d'entrée.

MONTROUGE. — **Orphelinat de Montrouge**, 39, avenue Verdier. Fond. par M. Isaac du Tremblay (1874). — Direction laïque. Protest. A pour but de recueillir les filles orphelines ou pauvres, de les former en vue de les placer plus tard comme lingères. Admises dès 7 ans et gardées jusqu'à 18 ans. La pension est de 30 fr. par mois ; des demi-bourses ou bourses entières sont accordées aux enfants rendant service à l'œuv. 35 places.

Orphelinat des industries du livre, 67 et 69, route de Châtillon. — Reçoit les orphelins des deux sexes de l'Œuv. des orphelins des industries du livre, 117, boulevard St-Germain (VIe). Voir *Adoption*.

NANTERRE. — **Orphelinat des Sœurs de Saint-Vincent-de-Paul**, 60, rue St-Germain (1859). — Pour filles dès 6 ans. 360 fr. par an.

NEUILLY. — **Maison israélite du Refuge pour l'enfance**, 19, boulevard de la Saussaye. Fond. par Mme Coralie Cahen (1866). — Recon. ut. pub. Grat. 132 lits. Recueille les jeunes filles israélites de 5 à

12 ans, orphelines indigentes ou moralement abandonnées. Donne à ces enfants un enseignement commercial, professionnel et ménager, et les place ensuite dans le commerce et l'industrie.

Orphelinat Quenessen, 86, boulevard Victor-Hugo (1890). — Sœurs de St. V. de P. Grat. Pour orphelins des deux sexes, de 5 à 7 ans, nés dans la Seine. Gardés jusqu'à 13 ans.

Orphelinat des Sœurs de Saint-Vincent-de-Paul, 11, rue des Poissonniers. — Pour orphelines de la paroisse. Grat.

Orphelinat Sainte-Eugénie, 44, boulevard Victor-Hugo. — Sous la direction du Curé de St-Philippe-du-Roule. — Pour petites filles cath. Grat.

Asile espagnol San-Fernando, 121, boulevard Bineau. — Pour filles cath. espagnoles. Sœurs de St. V. de P.

Orphelinat municipal, 5, rue des Poissonniers.

Orphelinat britannique américain, 65, boulevard Bineau. — Fond. par Miss Ada Leigh. — Pour enfants des deux sexes, d'origine anglaise ou américaine. Garçons jusqu'à 9 ans, filles jusqu'à 13 ans. Placem. Prend aussi des enfants en garde, moyennant légère rétrib. des parents. Direction protest.

Orphelinat Saint-Adrien, 23, boulevard d'Inkermann. Fond. par le Curé de St-Philippe-du-Roule. — Pour jeunes garçons cath. Grat.

Orphelinat italien, 149, rue Perronet. — Sœurs missionnaires du Sacré-Cœur. Admissions jusqu'à 15 ans. Grat. Voir *Œuv. étrangères.*

Orphelinat protestant de garçons des Églises réformées de France, 16, rue d'Orléans (1873). — Reçoit des orphelins de père ou de mère ou des deux, de 7 à 12 ans, gardés jusqu'à 15 ans, moyennant une pension mensuelle de 30 fr. et 60 fr. d'entrée.

PLESSIS-PIQUET. — **Refuge israélite.** — Voir *Adoption.*

PUTEAUX. — **Orphelinat Lauderdale**, rue du Bel-Air. Fond. par la comtesse Lauderdale (1888). — Direction laïque. Protest. A pour but de recueillir les jeunes filles orphelines, abandonnées en danger moral, ou pauvres. Elles payent un droit d'entrée de 60 fr. et une pension mensuelle de 30 fr. 32 places.

Maison Marie-Joseph, 91, rue de Paris (1860). — Sœurs de St. V. de P. Pour filles dès 5 ans. Prix : 400 fr. par an, 50 fr. d'entrée.

SAINT-DENIS. — **Orphelinat Génin**, 12, place aux Gueldres (1866). — Recon. ut. pub. Pour garçons entre 3 et 8 ans, domiciliés à St-Denis depuis 3 ans. Grat.

Orphelinat Maréchal, 59, rue de la République. — Pour filles.

Orphelinat Saint-Gabriel, 82, boulevard Ornano (1899). — Pour garçons entre 3 et 8 ans. Prix variables selon les cas.

Orphelinat des Sœurs de Saint-Vincent-de-Paul, 27, rue de la Fromagerie (1849). — Pour filles de 4 à 12 ans. Prix : 300 fr. par an, 50 fr. d'entrée. École profess. annexée.

Orphelinat municipal, 65, rue de la République.

SAINT-MANDÉ. — **Orphelinat des Sœurs de Saint-Vincent-de-Paul**, 21, rue Mangenot. Fond. par le Curé de la paroisse (1860). — Pour filles depuis 4 ans.

SAINT-MAUR. — **Orphelinat de la Seine**, 7, rue Louis-Blanc. Siège à Paris, 28, rue St-Lazare, IXe arr.

SAINT-MAURICE. — **Orphelinat de filles** impasse Junot.

SCEAUX. — **Orphelinat Sainte-Marguerite**, 13, rue Voltaire. — Dépend de l'Hospice Ste-Marguerite, où il a été fondé par M. Renaudin. — Reçoit des jeunes filles de 6 à 13 ans. Voir *Hospices*.

STAINS. — **Orphelinat et Maison de famille**, 68, rue Carnot. — Sœurs de St. V. de P. Admissions depuis 6 ans. Prix : 420 fr. par an. Les enfants reçoivent l'instruction à l'école communale des filles. Patron. cath. de filles annexé. Patron. cath. de garçons, 4, rue du Repos.

VILLEPREUX (Seine-et-Oise). — **École d'horticulture**. Dépend. de l'Assist. pub. pour le placem. de ses pupilles (garçons).

Orphelinat (en formation). – Pour petites filles de 6 à 13 ans moyennant pension de 30 à 35 fr. par mois.

VILLEMOMBLE. — **Orphelinat**. Dépend. de l'Œuvre du Souvenir. Voir *Préservation*.

VITRY-SUR-SEINE. — **Orphelinat Sainte-Félicité**, 9, rue Camille-Groult. Fond. par Mme Groult (1869). — Sœurs servantes du St-Cœur-de-Marie. Grat. Reçoit les filles orphelines de 12 à 14 ans, pourvu qu'elles s'engagent à rester à l'orphelinat jusqu'à 21 ans. 120 places.

CHAPITRE XI

SECOURS DIVERS AUX ENFANTS

Caisses des écoles municipales. — Les Caisses des écoles furent instituées en vertu de l'art. 15 de la loi du 10 avril 1867, sauf celle du IIe arrondissement, fondée en 1849 par la Garde nationale. Elles ont pour but d'encourager et de faciliter la fréquentation des écoles et des cours d'adultes, par des récompenses aux élèves assidus des écoles primaires et maternelles et par des secours aux élèves indigents. La loi du 18 mars 1882 a converti en obligation la faculté de créer ces Caisses, établies aujourd'hui dans chacune des Mairies des 20 arrondissements de Paris et des 78 communes de la banlieue. Sauf très rares exceptions, elles réservent exclusivement leurs faveurs aux enfants des écoles communales.

Les recettes des Caisses des écoles comprennent : intérêts de leur capital, souscriptions, dons, fêtes, tombolas, quêtes, subventions des Conseils général et municipal, contributions des familles.

Les dépenses se divisent ainsi :

1° *Vêtements et chaussures aux enfants nécessiteux.*

Cette distribution a lieu pour les enfants pauvres des écoles primaires et maternelles, surtout au début de l'hiver, à des jours et heures variables dans chaque Mairie. Certaines Caisses des écoles, comme celle du Xe, et celle du IVe recon. ut. pub. sous le nom d'Œuv. des familles, donnent en outre bas, maillots, lingerie, robes, jupons, tabliers, chemises, galoches, etc. Gratuité complète. Subvention annuelle de 60 000 fr. du Conseil municipal de Paris.

2° *Cantines scolaires.*

Elles ont été fondées en 1881 pour distribuer des aliments chauds aux élèves des écoles communales, gratis ou à prix réduits. On compte en moyenne une cantine par groupe de 2 à 3 écoles. Au XXe arrondissement, par exemple, il y a 34 cantines desservant 52 écoles. Gratuité absolue pour les enfants reconnus nécessiteux par les directeurs et directrices d'écoles ou les délégués de la Caisse, sans obligation d'inscription au Bur. de bienf. Des bons uniformes ou des jetons d'un seul modèle sont remis aux élèves avant la classe du matin, gratuitement ou contre le prix de 0 fr. 10, 0 fr. 15 ou 0 fr. 20 (en général 0 fr. 15) la portion, sous le contrôle du Maire et du Comité de la Caisse des écoles, entièrement chargés de l'administration des cantines. Cantinières salariées. Inspectrices et dames déléguées.

Le service comprend : soupe le mat., à 8 h. avant la classe, repas de midi (potage, viande et légumes), goûter à 4 h. après la classe (pain et fromage). La proportion des repas grat. varie entre 60 et 75 p. 100.

Subvention annuelle du Conseil municipal de 1 050 000 fr., répartie entre les 20 Caisses des écoles communales de Paris. Subvention annuelle du Conseil général de 52 600 fr., répartie entre les Caisses des écoles des 78 communes de la Seine.

3° *Colonies scolaires.* — Voir *Colonies de vacances.*

4° *Excursions scolaires.*

Des promenades collectives, d'un caractère instructif, sont offertes aux enfants qui fréquentent les classes de vacances et ne vont pas aux colonies scolaires. Dans certains arrondissements de Paris, les Caisses des écoles supportent les frais de voyage, de 3 à 4 j., des lauréats et lauréates du certificat d'études. Les excursions scolaires ont lieu dans les environs de Paris, sous la conduite des maîtres et maîtresses des écoles. Gratuité complète. Subventions de 11 300 fr. du Conseil municipal, de 4 300 fr. du Conseil général, réparties entre les 20 Caisses des écoles de Paris et les 51 communes, sur 78, qui organisent soit des colonies, soit des excursions scolaires de vacances.

5° *Secours divers.*

Les Caisses des écoles de Paris et de la Seine accordent gratuitement aux enfants les avantages suivants : récompenses, prix du 14 juillet, livrets de caisses d'épargne et de retraite, bourses d'études, primes d'apprentissage, subventions aux œuv. d'éducation de l'arrondissement, aux patron. laïques, aux dispens. grat. d'enfants, à l'Œuv. des colonies maternelles scolaires, à l'Œuv. Grancher, bibliothèques, prêts et dons de livres, cahiers et jouets du 1er de l'an, fêtes de l'enfance, bons de bains-douches, de dentiste, etc. Subventions annuelles du Conseil municipal de 20 000 fr. pour jouets, de 4 000 fr. pour prix scolaires.

Secours de l'Assistance publique aux enfants des deux sexes. — Voir *Protection des enfants du premier âge, et Protection des enfants orphelins, délaissés ou indigents.*

Secours du Conseil municipal. — Alloués aux orphelins recueillis par des parents ou amis charitables sans ressources nécessaires pour les élever, et étendus par le Conseil général de la Seine aux enfants de veufs ou veuves chargés de famille et habitant la banlieue. Quotité variable suivant l'âge des enfants. Voir *Bur. de bienf.*

Secours des Dispensaires. — Dans tous les dispens. publics et privés, l'on donne des secours aux enfants non seulement en médicaments, mais en lingerie, layettes, vêtements, jouets, etc.

Fondation Alboni. — Legs en faveur des enfants des écoles communales. Voir *Fondations et legs.*

Fondation Defresne. — Livrets de caisse d'épargne aux enfants des écoles municipales. Voir *Fondations et legs.*

Œuvres du trousseau pour enfants et jeunes filles. — Voir *Œuvres du Trousseau.*

Vestiaires et ouvroirs pour enfants pauvres. — Voir *Vestiaires d'adultes.*

Bains scolaires gratuits. — Voir *Secours hygiéniques.*

IIIe ARR.

La Jeunesse républicaine du IIIe arrondissement. — Œuv. fraternelle d'éducation civique et sociale et de propagande laïque et républicaine, 10, rue Dupetit-Thouars (1902). — Excursions et colonies de vacances. Service de placem. grat.

VIe ARR.

Ligue fraternelle des enfants de France, 50, rue St-André-des-Arts. Fond. par Mme Lucie Félix-Faure-Goyau et M. H. Rollet (1895). — Recon. ut. pub, Direction laïque. A pour but de créer des liens de véritable fraternité entre les enfants pauvres et les enfants, jeunes gens et jeunes filles, qui sont en situation de leur venir en aide.

Elle compte environ 18 000 membres, divisés en 29 comités répartis dans toute la France : Paris, Albi, Béthune, Bordeaux, Bourges, Châlons-sur-Marne, Chartres, Chaumont, Dunkerque, Gray, Jonzac, Liancourt, le Havre, le Mans, Marseille, Mazamet, Melle, Nantes, Nancy, Neuilly-sur-Seine, Nice, Nîmes, Niort, Orléans, Pau, Pontarlier, Prats-de-Mollo, St-Mandé, Vesoul.

Cotisation : membres actifs, 2 fr. ; membres honoraires, 12 fr. Dispens.-hôp. d'enfants dit Marie-Lannelongue, 129, rue de Tolbiac. Hospitalisation grat. jusqu'à 15 ans. Après 15 ans, 6 fr. par j. dans la limite des places disponibles. Colonies de vacances, vestiaires, secours et placem. divers d'enfants des deux sexes. Bur. ouverts tous les j. de 9 h. à midi et de 2 à 6 h. Voir *Colonies de vacances* et *Dispensaires.*

Cours de puériculture pour jeunes filles du monde par les médecins de l'œuv. au siège social. Service de pansements.

Association des écoles foraines Bonnefois, 28, rue Serpente. — Voir *Adoption.*

VIIe ARR.

Société philanthropique, 15, rue de Bellechasse. — Secours et pensions d'enfants. Dotation du baron Rose de 2 714 fr. de rente pour frais d'éducation d'enfants recueillis à l'Asile maternel.

Le Soutien français, 42, rue du Bac (1910). — Donne des secours d'études et d'enseignement pour enfants de familles nombreuses de toutes classes. Distrib. de jouets aux enfants pauvres. Voir *Œuvres diverses de secours.*

Arbres de Noël. — Des arbres de Noël, pour la distribution aux enfants pauvres de vêtements, jouets, friandises, objets utiles au ménage ou à l'école, ont lieu chaque année dans les Mairies et dans un grand nombre d'œuv. de jeunesse ou de Stés charitables. On peut citer notamment les Conférences de St. V. de P., beaucoup de patron. de garçons et de filles, les Œuv. paroissiales de Plaisance, de St-Honoré d'Eylau, de St-Sulpice, de St-Nicolas du Chardonnet, de St-Germain l'Auxerrois, de St-Lambert de Vaugirard, l'Œuv. de l'Arbre de Noël et des Colonies de vacances du quartier de Chaillot et de la Porte Dauphine (Fondation d'Aulan), le Comité de Passy, les Stés de protection des Alsaciens-Lorrains, les Œuv. de la rue Championnet, des Malmaisons, les arbres de Noël de l'Union populaire catholique, de plusieurs municipalités, telles que celles des Ier et IXe arrondissements, l'arbre de Noël de la Sté française de secours aux blessés militaires (Croix-Rouge) à l'Hôp. du square des Peupliers, etc.

VIIIe ARR.

Association des Enfants de la Seine, 110, faubourg Poissonnière (1883). — A pour but d'élever des orphelins et de veiller à leur éducation, de venir en aide aux parents des sociétaires privés de ressources suffisantes, d'assurer à l'enfant, pendant sa maladie, les soins et les secours nécessaires, de continuer à assurer à l'enfant devenu adulte les bienfaits de la mutualité en l'aidant et en le protégeant, en constituant un fonds commun de retraites inaliénable, et en créant pour tous les sociétaires des livrets individuels de retraite.

Nous donnons, par exception, cette Association comme type d'une Sté de secours mutuels pour enfants.

IXe ARR.

Œuvre des Enfants sauveteurs, 30, rue Le Peletier (1903). — A pour but de récompenser, dans une séance publique annuelle, les enfants des deux sexes des écoles communales qui se sont distingués pendant l'année par un acte de sauvetage quelconque.

La Cagnotte des enfants. Dépendance du *Comité de bienfaisance israélite*, 60, rue Rodier (1896). — A pour but d'accorder aux enfants des deux sexes des bourses de voyage, de leur payer le prix de pension aux Colonies de vacances, et de favoriser leur séjour à la campagne. Secours de loyer, de maladie, dons de vêtements et trousseaux de mariage.

Xe ARR.

Œuvre humanitaire du Xe arrondissement, 48, rue du Marais (1908). — Direction laïque. Secours gratuits de vêtements et jouets de Noël aux enfants de tous âges, tous sexes et toutes religions.

XIe ARR.

Œuvre des bébés de Saint-Ambroise, 71 *bis*, boulevard Voltaire. Fond. par Mgr Langénieux (1866). — Secours par des enfants aisés des enfants malheureux dès leur naissance à 3 ans. Les membres versent 3 fr. par mois. Réunions mensuelles. Aucun secours en argent. Dons de jouets, vêtements, etc.

Union sociale de Charonne, 170 *bis*, rue de Charonne. — Direction cath. Garderie grat. pour enfants de 2 à 6 ans. Dispens. Enseignement ménager.

XIIIe ARR.

Réunion mensuelle de bébés et de jeunes filles, 129, rue de Tolbiac. — Voir *Protection du 1er âge, œuv. diverses.*

XVe ARR.

Comité de sauvetage des petits gueux (Groupe d'ouvriers du XVe arrondissement), 15, rue de l'Abbé-Groult (1904). — A pour but de faire donner gratuitement le traitement et les soins médicaux aux enfants pauvres atteints de maladie. Versements de 1 fr. par mois des membres adhérents. La neutralité politique et religieuse est de rigueur. Traitements et consult. grat., mard. et vend., de 9 h. et demie à 11 h. et demie.

XVIe ARR.

Œuvre de l'Assistance catholique, 24, avenue du Trocadéro. — Voir *Adoption.*

☞ **Comité d'Assistance aux enfants**, 1 *bis*, rue de Chaillot (1906). — A pour but de venir en aide aux enfants des écoles, des deux sexes, et aux jeunes gens qui lui sont signalés, soit en les prenant à sa charge, soit en les confiant à ses frais à des œuv. spéciales, soit en leur procurant des emplois de préférence à la campagne, soit en secourant temporairement leurs familles, soit en leur facilitant avec des secours de voyages et des bourses l'accès des colonies de vacances, des foyers de préservation contre la tuberculose, des sanatoriums, des orphelinats, des établissements agricoles, etc. Il utilise notamment la ferme du Rosoy (Oise), l'orphelinat de Gradignan (Gironde), le collège de Mesnières-en-Bray (Seine-Inférieure), l'Œuv. des colonies scolaires de vacances (IIe arrondissement), l'Œuv. de la Chaussée du Maine (VIIe arrondissement), les Saines Vacances (VIe arrondissement), les Bonnes Vacances (XVIe arrondissement), l'École de plein air du Vésinet, les Sanat. d'Arcachon, Berck, Villepinte et Champrosay, le Patron. de l'enfance et de l'adolescence, etc. Placem. collectif et familial, selon les œuv. utilisées. Distrib. de vêtements vieux et neufs.

Œuvre de bienfaisance Gerson, 31, rue de la Pompe (1898). — A pour but de secourir des familles et spécialement des enfants pauvres du quartier de Passy. Favorise leur accès aux colonies de vacances, subventionne divers patron., etc.

Les élèves de l'École Gerson supportent, avec leurs souscriptions, la plus grande partie des dépenses.

Ligue des Petits Amis, Présidence, 48, avenue Victor-Hugo. Fond. par Mlle de Neufville (1898). — A pour but de faire contribuer des enfants heureux, *les Petits Amis*, à l'assistance d'enfants abandonnés ou en danger moral. On appelle ainsi des groupes d'environ 10 enfants, élevés dans l'esprit d'une famille chrétienne, sous la direction d'une personne qui devient leur mère adoptive. Cotisation de 2 fr. jusqu'à l'âge de 18 ans, 5 fr. ensuite. Dons de vêtements, provisions et jouets.

Association de bienfaisance « Pour nos sœurs ». Œuv. des poupées et trousseaux en faveur des fillettes et jeunes filles, pupilles de l'Assist. pub. Siège, 30, avenue de la Grande-Armée. Fond. par Mlle Mirman (1909). — A pour but de confectionner des poupées pour les petites pupilles au nouvel an, et des trousseaux à leur offrir à l'occasion de leur mariage.

Membres adhérents : toute jeune fille s'engageant à payer annuellement 6 fr., à confectionner un trousseau avec étoffes remises à cet effet, à faire en outre un don quelconque à l'occasion de tout événement heureux dans la vie. — Membres actifs : versement d'une cotisation annuelle de 6 fr. ; habillement de 6 poupées ou confection de 6 pièces de trousseau par an. — Membres honoraires : cotisation de 10 fr. 30 groupes affiliés à l'œuv. à Paris, 15 dans les départements. 10000 poupées sont actuellement distrib. aux pupilles. de l'Assist. pub.

XVIIIe ARR.

Œuvre des bébés de Saint-Pierre de Montmartre (paroissiale), 2, rue du Mont-Cenis. — Visites des pauvres à domicile. Confection de vêtements d'enfants. Consult. médicale hebdomadaire.

Société d'encouragement à l'éducation laïque du XVIIIe arrondissement, 10, impasse d'Oran. — Prix aux enfants des écoles communales.

Société des Amis de l'adolescence du XVIIIe arrondissement. Siège à la Mairie. — Même objet.

XXe ARR.

Œuvre maternelle, 26, rue de la Cour-des-Noues. Fond. par M. Jeanrot (1904). — Caisse de secours des institutrices du XXe arrondissement, pour venir en aide aux enfants des écoles maternelles, de mères indigentes. Dons de vêtements. Direction laïque. Gratuité.

CHAPITRE XII

COLONIES DE VACANCES

1° Colonies municipales des 20 Caisses des écoles des 20 Arr. de Paris et des communes de la Seine.

Inaugurées par la Caisse des écoles du IXe arrondissement en 1883, *elles ont pour but de procurer un séjour à la campagne ou à la mer à des enfants des deux sexes, de* 8 *à* 13 *ans, des écoles communales, choisis parmi les plus chétifs et anémiés, mais non malades, dans les familles nécessiteuses les plus dignes d'intérêt. Ce choix est fait sur la proposition des directeurs et directrices des écoles et sur la demande des parents, d'après l'avis des médecins-inspecteurs, sous le contrôle de la Délégation cantonale et du Comité de la Caisse des écoles de chaque arrondissement. Neutralité religieuse et politique. Gratuité totale ou très faible contribution des parents. Distrib. grat. de vêtements et chaussures aux plus pauvres. Durée de* 20 *ou* 21 *jours. Placem. collectif en principe à la campagne ou à la mer, dans les villas scolaires acquises par les Caisses des écoles (dans* 8 *arrondissements sur* 20 *en* 1911), *ou dans des immeubles mis gratuitement à leur disposition pendant les vacances. Correspondance avec les parents deux fois par semaine. Visites des colonies par des délégués des Caisses des écoles. Subventions annuelles du Pari mutuel pour les installations d'immeubles, du Conseil général, du Conseil municipal* (225 000 *fr.*), *réparties entre les* 20 *arrondissements, et contribution de chaque Caisse des écoles. Constatations médicales, pesées et mensurations au départ et au retour, et assurances-accidents pour les enfants de presque toutes les colonies. Comptes rendus annuels publiés dans chaque Mairie, bureau des Caisses des écoles.*

Le nombre des bénéficiaires des colonies municipales des 20 *arrondissements de Paris, soit* 7 583 *en* 1910, *correspond à* 5 *pour* 100 *environ de la population scolaire de la ville.*

2° Colonies privées et annexes de patronages.

Inaugurées par le Pasteur Lorriaux, à l'Œuv. des Trois semaines, de Levallois-Perret, en 1881, *elles ont pour but de procurer un séjour à la campagne ou à la mer à des enfants des deux sexes, de 9 à 20 ans, faibles et anémiés, mais non malades, sans distinc. de culte et d'écoles. Direction confes. ou neutre. Placem. collectif et en groupes, ou familial et individuel, chez des particuliers, à la campagne, à la montagne ou à la mer. Durée de séjour très variable, en moyenne de 1 mois. Œuv. du trousseau ou du vestiaire annexées à beaucoup d'œuv. de colonies, et distrib. grat. de vêtements, chaussures et coiffures. Prix variables, en moyenne 1 fr. 50 par jour et par colon. Gratuité ou contribution le plus souvent obligatoire des parents selon leurs moyens. Presque partout visites médicales, pesées et mensurations au départ et au retour. Assurances-accidents pour les enfants de presque toutes les colonies. Comptes rendus annuels publiés par un grand nombre d'œuv. privées.*

Le nombre des bénéficiaires des colonies privées dans les 20 arrondissements de Paris était environ de 25 200 en 1910. On comptait, en outre, 3 580 colons la même année dans les œuv. municipales et privées du département de la Seine.

Voir, pour détails sur chaque œuv., procédés, résultats, nombre des colons, statistiques, etc., Colonies de vacances et œuvres du grand air en France et à l'étranger, *par MM. Eugène Plantet et Arthur Delpy (Paris, Hachette, 1910, Ouvrage couronné par l'Académie des sciences morales et politiques).*

Union nationale des colonies de vacances. Siège, 8, rue Jouffroy. Voir *Stés d'études et de propagande.*

Ier ARR.

Caisse des écoles du Ier arrondissement. Siège à la Mairie, place du Louvre (1873). — Colonies municipales pour garçons à Morteau (Doubs), pour filles à Vert (Seine-et-Oise). Direction non confes. Presque toutes les admissions grat. Faible contribution partielle des parents. Placem. collectif. Séjour de 21 jours. Subventions officielles.

Dispensaire gratuit du Ier arrondissement, 15, rue Jean-Lantier. — Recon. ut. pub. Envoie des enfants chétifs et anémiés des deux sexes, de 7 à 18 ans, parfois avec leur mère, provenant de tous arrondissements, à l'Œuv. des Trois semaines. Le Dispens. paye 30 fr. par tête pour enfant de 7 à 13 ans, 35 fr. au-dessus de 13 ans, 40 fr. pour les mères, voyage compris. Voir *Levallois-Perret.*

Les Grands magasins du Louvre, place du Palais-Royal. — Envoient gratuitement pendant l'été, à Champrosay (Seine-et-Oise), des jeunes filles ou dames anémiées faisant partie du personnel. Direction non confes. Séjour de 1 à 2 mois. Envoient gratuitement à Tournan (Seine-et-Marne), dans une maison de conval., les employés et leur famille ayant besoin de repos. Séjour de 3 à 4 semaines. Placem. collectif.

Ligue patriotique des Françaises. Secrétariat central, 368, rue St-Honoré. — Colonies organisées et subventionnées par les comités de la Ligue, à Mens (Isère), pour garçons; à Marchampt (Rhône), Ste-Marguerite, par Pornichet (Loire-Inférieure), la Rochelle (Charente-Inférieure), Berck (Pas-de-Calais), Brétignolles (Vendée), pour les deux sexes. Direction cathol. Placem. collectif et familial. Séjour de 1 mois. Prix : 30 fr. Participation des parents pour 15 fr. de pension et 5 fr. de voyage. La moitié des admissions grat. Visite médicale ou certificat obligatoire avant départ.

La Parisiennette, Œuv. de vacances populaires, 6, rue de la Poterie (1905). — Direction non confes. Colonie pour femmes et jeunes filles, employées et ouvrières anémiées, à Chaumes (Seine-et-Marne) et Morsalines (Manche). Prix : 1 fr. 50 par j. en dortoir à Chaumes, 4 fr. par j. à la mer en chambre indép. Colonie pour garçons de 8 à 14 ans à Conflans (Oise). Prix : 1 fr. 50 par j. en dortoir. Placem. collectif. Séjour minimum : 1 semaine. Écrire au secrétariat, 12, rue du Regard.

Chambre syndicale des ouvriers égoutiers de la Ville de Paris et de l'assainissement, 83, rue St-Dominique. Siège à l'annexe de la Bourse du travail, 35, rue J.-J.-Rousseau. — Colonie fond. (1904) et ouverte toute l'année, non confes., pour enfants des deux sexes et mères de famille, à la Ville-sous-Orbais (Marne). Placem. collectif. Séjour de 6 semaines ou 2 mois. Prix de pension : 25 fr. par mois, voyage de 1 fr. 50 non compris. Gratuité pour les orphelins.

Association amicale de Saint-Germain-l'Auxerrois, 3, place de l'École. — Affiliée à l'Œuv. des saines vacances. Direction cath. Envoie des garçons de la maîtrise et de l'école paroissiale, de 10 à 14 ans, à St-Laurent-sur-Mer (Calvados) et au Russey (Doubs). Séjour de 3 semaines. Placem. collectif. Contribution variable au prix demandé de 43 fr., tous frais compris.

Patronage Saint-Roch (garçons), 24, rue St-Roch, et 17, rue Molière. — Colonie cath. pour garçons du patron. à Ste-Marguerite, près Pornichet (Loire-Inférieure) et au Mans (Sarthe). Placem. collectif et familial. Séjour de 3 semaines. Contribution variable de presque tous les colons au prix de 2 fr. par jour et par tête.

Patronage Desgenettes (garçons), 20, rue du Bouloi. — Colonie cath. pour garçons de 12 à 15 ans du patron. à Canaples (Somme). Placem. collectif. Contribution facultative des colons au prix de 1 fr. 50 par jour et par tête.

Patronage Jeanne-d'Arc (filles), 21, rue Croix-des-Petits-Champs. — Colonie cath. (1900) pour enfants et jeunes filles, de moins de 16 ans, du patron. à Juilly (Seine-et-Marne) et à Alincourt (Seine-et-Oise). Placem. collectif. Gratuité ou participation facultative au prix de 45 fr. par mois. Séjour de 15 jours ou de 1 mois. Visite médic. oblig.

IIe ARR.

Caisse des écoles du IIe arrondissement. Siège à la Mairie, rue de la Banque (1849). — Colonies municipales (1887) pour garçons à Audincourt (Doubs), pour filles à Vert (Seine-et-Oise). Direction non confes. Toutes les admissions grat. Durée de 21 jours. Placem. collectif. Subventions officielles.

Œuvre des colonies scolaires de vacances, 6, rue de Louvois (1903). — Colonies à la plaine, à la mer et à la montagne, à Vic-sur-Aisne et Soissons (Aisne), Châteauneuf (Eure-et-Loir), Buchy (Seine-Inférieure), Vire (Calvados), Vermondans, Audincourt et Morteau (Doubs), Sables-d'Olonne (Vendée), Villers et Bernières (Calvados). Enfants des deux sexes, de 10 à 15 ans, de préférence de fonctionnaires, petits commerçants, employés et ouvriers, chétifs et anémiés. Sections de l'œuv. à Villejuif, Charenton, Vincennes, Épinay, Sceaux et St-Denis (Seine). Neutralité politique et religieuse. Placem. collectif. Séjour de 3 semaines. Participation obligatoire des parents de 25 à 50 fr. par colon. Gratuité par exception. Visite médicale obligatoire.

Syndicat des employés du commerce et de l'industrie, 14 *bis*, boulevard Poissonnière. — Direction cath. Villégiatures syndicales (1905) à Villers-sur-Mer (Calvados), Versailles (Seine-et-Oise), Thones, Annecy et St-Gervais (Haute-Savoie), pour les membres et leurs familles. Placem. collectif. Séjour de 2 jours à 5 semaines. Prix de pension : 3 à 4 fr. par jour, suivant les localités ; réduction pour les enfants de moins de 10 ans, voyage non compris.

Œuvre mutuelle des colonies de vacances, 12, place des Victoires. — Colonie (1905) pour employés, ouvriers, enfants, jeunes gens et jeunes filles du IIe arrondissement, à la Combe (Vosges). Direction non confes. Séjour de 15 jours. Placem. familial et collectif. Participation des colons à la dépense moyenne de 3 fr. par tête et par jour. Admissions grat. selon les recettes.

Les Vacances des Pupilles, au journal *l'Intransigeant*, 12, rue du Croissant. — Colonie (1903) pour enfants des deux sexes, de 9 à 13 ans, de familles pauvres, non malades, à Moisson (Seine-et-Oise) et Villers (Calvados). Aucune distinc. d'origine, de culte ou d'école. Séjour de 15 jours. Toutes les admissions grat. Placem. collectif pour les filles, familial pour les garçons. Distrib. grat. d'un petit trousseau au départ.

Orphelinat de la bijouterie, joaillerie, horlogerie, orfèvrerie et industries qui s'y rattachent. Siège, 2 *bis*, rue de la Jussienne (1869). — Maison de vacances et de repos ouverte toute l'année à la Villetertre (Oise), pour les pupilles de l'œuv. ou enfants des sociétaires. Direction non confes. Séjour de 1 mois. Gratuité.

Cercle du travail féminin, 35, boulevard des Capucines, et **Association des villégiatures du travail féminin.** Fond. par Mme Siegfried (1906). Secrétariat général, 51, rue Ducouédic, et 8, rue St-Romain. — Recon. ut. pub. Organise chaque année pour femmes et jeunes filles des colonies temporaires à Onival-sur-Mer (Somme), 88 lits ; permanentes à Jouy-en-Josas, St-Prix et la Bretèche (Seine-et-Oise), 54 lits

Direction protest. Séjour de 7 à 30 jours. Placem. collectif. Prix : 1 fr. 50 à 3 fr. par tête et par j., voyage non compris. Quelques admissions grat.

Orphelinat des Sœurs de Saint-Vincent-de-Paul, 85, rue Réaumur. — Colonie à Chaville (Seine) pour jeunes filles anémiées. Gratuité. Placem. collectif. Séjour de 2 mois.

Œuvre des Petits Savoyards parisiens à la montagne, 123, rue Montmartre (1911). — Pour emmener les enfants de 6 à 12 ans passer 45 j. de vacances en Savoie et Haute-Savoie. Placem. familial chez les fermiers et paysans. Prix : 60 fr., voyage compris, plus 1 fr. d'inscription. Réductions suivant les ressources et après enquête.

IIIe ARR.

Caisse des écoles du IIIe arrondissement, siège à la Mairie, square du Temple (1879). — Colonies municipales pour garçons et filles à Vert (Seine-et-Oise), dans une propriété de la Caisse des écoles, et à Berck-sur-Mer (Pas-de-Calais), à la Policlinique Rothschild. Direction non confes. Toutes les admissions grat. Séjour de 21 j. par caravanes alternées de garçons ou de filles. Placem. collectif. Subventions officielles.

Œuvre parisienne des enfants à la montagne, 10, rue des Quatre-Fils. Fond. par l'Association amicale des anciens élèves de l'École normale d'Auteuil (Seine) (1906). — Direction non confes. Colonies à Tence (Haute-Loire) et Monsalvy (Cantal), pour enfants des deux sexes des écoles communales, de 6 à 13 ans. Séjour de 45 j. Placem. familial. Contribution obligatoire des parents et réductions suivant les ressources. Prix : 50 fr. voyage compris. Visite médicale obligatoire.

Les Vacances d'enfants en Auvergne, Œuv. de la Ligue auvergnate, 64, boulevard Beaumarchais (1906). — Direction non confes. Enfants de 8 à 14 ans, des deux sexes, non malades. Séjour de 6 semaines. Placem. familial en Auvergne. Contribution obligatoire des parents au prix de 70 fr. par colon, voyage compris.

Le Grand air. Colonie de vacances du parti socialiste, siège, 6, rue de la Corderie (1910). — Sont admis comme participants toutes personnes remplissant les conditions suivantes : 1° être membre du parti socialiste, enfant d'un membre du parti ou sa proche parente, c'est-à-dire sa mère, femme ou sœur ; 2° être admis par le Conseil d'administration, qui statue sans avoir à motiver sa décision.

Colonie maritime à Larmor-Baden (Morbihan), propriété de l'Association. Prix : 5 fr. de droit d'inscription, 2 fr. pour enfant de moins de 12 ans, 2 fr. 50 par j. pour adulte, 1 fr. 25 pour enfant de 3 à 8 ans, 1 fr. 75 pour enfant de 8 à 12 ans, plus 1 fr. de service par semaine pour adulte, 0 fr. 50 pour enfant de 3 à 12 ans, voyage non compris. Gratuité pour enfants de moins de 3 ans. Les enfants de moins de 18 ans ne sont admis qu'accompagnés de parents ou répondants. Les prix sont payables d'avance. Les colons doivent apporter leur linge personnel, draps, taies d'oreillers et serviettes de table et de toilette. Les séjours s'établissent par semaines entières.

La Jeunesse républicaine du IIIe arrondissement, 108, rue de Turenne. — Colonie à Senones (Vosges).

La Nature pour tous, Sté de vacances populaires, 49, rue de Bretagne (1902). — Direct. non confes. Colonies à la mer, à la montagne et à la campagne pour sociétaires et toute leur famille, à Châtelaillon et Royan (Charente-Inférieure), Flogny (Yonne), Sables-d'Olonne (Vendée), Berck (Pas-de-Calais), Allevard (Isère), Pierrefitte (Hautes-Pyrénées), etc. Placem. collectif. Durée du séjour indéterminée. Prix de pension obligatoire : 18 fr. par semaine et par tête, voyage non compris. Gratuité pour enfants de moins de 3 ans, demi-tarif de 3 à 9 ans.

Cercle amical du Cher et de l'Indre à Paris, 51, rue de Turenne (1903). — Caisse de vacances grat. pour séjours dans leur famille du Cher des enfants de Paris et de la Seine, des deux sexes, originaires de ce département. Durée de 2 mois. Placem. familial. Gratuité ou prix réduits du voyage aller et retour.

Orphelinat des Sœurs de Saint-Vincent-de-Paul, 9, rue du Foin. — Utilise les colonies cath. des Sœurs de St. V. de P.

IVe ARR.

Caisse des écoles du IVe arrondissement. Œuvre des familles. Siège à la Mairie, place Baudoyer (1871). — Recon. ut. pub. Colonies municipales pour garçons et filles à Vert (Seine-et-Oise). Direction non confes. Presque toutes les admissions grat. Très faible contribution des parents. Séjour de 21 j. Placem. collectif. Subventions officielles.

Colonies scolaires de vacances du quartier Saint-Merry, 32, rue du Renard (1905). — Direction non confes. Enfants de 7 à 12 ans, chétifs et pauvres, du IVe arrondissement. Garçons à Clamart, filles à Fontenay-sous-Bois (Seine). Séjour de 1 mois. Placem. collectif. Distrib. d'un petit trousseau. Gratuité complète.

Société des Amis de l'enfance, 19, rue de Crillon. — Recon. ut. pub. Confie ses pupilles, depuis 1908, aux œuv. cath. de vacances de Montsoult (Seine-et-Oise) et Rugles (Eure). Placem. collectif. Grande excursion annuelle d'apprentis de 13 à 17 ans, payant 25 fr. pour 10 à 12 j.

Œuvres ouvrières du Marais (garçons), 13, rue Sévigné. — Colonie St-Augustin (1899), 19, rue de l'Alouette, St-Mandé (Seine), presque permanente, pour garçons et jeunes gens de 7 à 20 ans des patron. cath. du quartier. Placem. collectif. Gratuité.

Œuvre Jeanne d'Arc (garçons), 35, quai d'Anjou. — Colonie cath. (1905) pour garçons de 11 à 16 ans du patron., à Ste-Marguerite, par Pornichet (Loire-Inférieure). Contribution obligatoire de 20 fr. par colon ; un tiers des adm. grat. Séjour de 3 semaines. Placem. collectif.

Patronage Saint-Gervais (garçons), 2, rue François-Miron. — Œuv. cath. dite les Quinze jours (1906) pour garçons du patron. de 10 à 19 ans, et colonie à Paramé (Ille-et-Vilaine). Contribution de 10 fr. des colons. Placem. collectif.

Patronage Saint-Merry (garçons), 34, rue du Renard. — Confie des garçons à l'Œuv. cath. des saines vacances, et utilise une demi-colonie, presque permanente, à Charentonneau (Seine). Placem. collectif. Durée variable de séjour.

Maîtrise de Notre-Dame, siège, 8, rue Massillon. — Colonie cath. pour enfants de la maîtrise et du petit séminaire de Paris (1900), à Trégastel (Côtes-du-Nord). Placem. collectif. Séjour de 2 mois. Petite contribution oblig. des colons.

Lycée Victor-Hugo (filles), 27, rue Sévigné. — Utilise pour ses fillettes et jeunes filles l'Œuv. des colonies de vacances de la Chaussée du Maine.

Patronage de la couture (filles), 12, rue Charles-V. — Colonie cath. (1899) à Mouy (Oise), pour jeunes filles, ouvr. et app. Placem. collectif. Séjour de 15 ou 30 j. Contribution variable des colons au prix de pension de 1 fr. 50 par j., voyage non compris.

Patronage catholique de jeunes filles, 3, quai d'Anjou. — Colonie (1895) à Plancy (Aube). Placem. collectif. Durée variable du séjour. Prix demandé : 1 fr. 25 par j. pour colons de moins de 15 ans, 1 fr. 50 au-dessus, plus 2 fr. par mois pour blanchissage, voyage non compris.

Patronage des Sœurs de Saint-Vincent-de-Paul (filles), 30, rue Geoffroy-Lasnier. — Colonie Notre-Dame (1895) à Cayeux (Somme), pour orphelines, app. et ouvr. Placem. collectif. Séjour de 8 à 45 j. Gratuité presque complète.

Patronage Sainte-Geneviève de Saint-Merry (filles), 76, rue de la Verrerie. — Utilise pour ses jeunes filles (1906) la colonie des Sœurs de St. V. de P. de Pen-Bron (Loire-Inférieure) et Villers-en-Arthies (Seine-et-Oise). Séjour de 1 ou 2 mois. Placem. collectif. Contribution variable des colons.

Patronage des Sœurs de Saint-Vincent-de-Paul des Blancs-Manteaux, 47, rue Vieille-du-Temple. — Maison de repos (1900) à Montreuil-sous-Bois (Seine), dite Maison des Blancs-Manteaux, pour jeunes filles anémiées de 10 à 25 ans. Prix demandé : 25 fr. par mois. Visite médicale oblig.

Patronage des Sœurs de la paroisse Saint-Paul, 11, rue du Fauconnier. — Utilise la colonie pour jeunes filles des Sœurs de St. V. de P. à Trouville (Calvados). Séjour de 15 j. Placem. collectif. Gratuité complète. Autre colonie grat. pour orphelines à l'Isle-Adam (Seine-et-Oise). Placem. collectif. Séjour de 5 mois.

Patronage Saint-Louis-en-l'Isle des Sœurs de Saint-Vincent-de-Paul, 5 et 7, rue Poulletier. — Utilise les colonies des Sœurs de St. V. de P.

à Trouville (Calvados) et Drancy (Seine). Placem. collectif. Séjour de 15 à 30 j. Gratuité complète.

Ve ARR.

Caisse des écoles du Ve arrondissement, siège à la Mairie, place du Panthéon (1879). — Colonies municipales pour garçons et filles à Vire (Calvados), pour filles à Authon-du-Perche (Eure-et-Loir). Direction non confes. Toutes les admissions grat. Séjour de 21 j. Placem. collectif et familial. Subventions officielles.

Le Bon air, siège, 1, rue Dante (1907). — Œuv. de colonies de vacances grat. pour enfants pauvres des deux sexes de la région parisienne. Colonie à Gonneville-sur-Dives (Calvados). Direction non confes. Aucune distinc. de partis, d'écoles, de cultes ou d'origines. Placem. collectif. Séjour de 3 semaines.

Colonies de Chez nous, siège, 11, rue Gracieuse (1910). — Direction non confes. Reçoit des enfants de 10 à 13 ans fatigués ou anémiés à St-Malo (Côtes-du-Nord). Placem. collectif. Séjour de 1 mois. Petite contribution exigée. Secrétariat au siège, de 8 h. à 10 h. s.

Colonie d'Avon (filles), 7, rue Gambetta, Avon (Seine-et-Marne). Siège, 22, boulevard St-Michel. Fond. par Mme Fouret (1904). — Pour petites filles de 5 à 14 ans anémiées et femmes inscrites à l'Œuv. des loyers du quartier St-Séverin. — Direction laïque cath. Séjour de 6 semaines. Placem. collectif. Gratuité.

Patronage La Fraternelle (garçons), 5, rue Cochin. — Direction non confes. Colonie (1901) au Bourg-Dun (Seine-Inférieure), pour enfants pauvres du patron. Séjour de 1 mois. Placem. collectif. Gratuité.

Patronage Sainte-Mélanie (garçons), 19 *bis*, rue Tournefort. — Direction cath. Utilise les colonies de l'Œuv. des saines vacances, depuis 1906, à St-Laurent-sur-Mer (Calvados) et le Russey (Doubs). Séjour de 3 semaines. Placem. collectif. Prix : 35 fr. voyage compris. Quelques admissions grat.

Union Saint-Victor (garçons), 37, rue de Jussieu. — Direction cath. Colonie (1907) à Doue, par Rebais (Seine-et-Marne), et à Bourcy (Manche), pour jeunes gens du patron. Séjour de 3 semaines. Placem. collectif. Contribution partielle obligatoire de 11 fr. des colons. Quelques admissions grat. Excursion spéciale de 12 à 15 j. pour les apprentis.

Patronage Saint-Maurice de Saint-Médard (garçons), 12 et 14, rue Censier. — Colonies (1905) à Thônes (Haute-Savoie), Vallorcines (Suisse) et Pléneuf-sur-Mer (Côtes-du-Nord). Maison de conval. à Villiers-St-Frédéric (Seine-et-Oise). Direction cath. Placem. collectif. Séjour de 3 semaines. Contribution partielle obligatoire des colons. Quelques admissions grat.

Patronage Saint-Séverin (garçons), 1, rue des Prêtres-St-Séverin. — Colonie (1906) à Courteilles (Eure). Direction cath. Placem. collectif. Séjour de 3 semaines. Contribution des colons.

Œuvre Saint-Joseph (garçons), 21, rue Lhomond. — Utilise la colonie cath. de la Commission centrale des patronages de France, à Étaples (Pas-de-Calais). Voir *VIe arrondissement.*

Œuvre des Dames limousines et creusoises (filles), 20, rue Lacépède. — Colonie de l'Auberge de l'Ange gardien, monts du Limousin (1904). Direction cath. Séjour de 6 semaines. Placem. collectif. Gratuité. Cours ménagers.

Patronage familial des jeunes filles du Ve arrondissement, 19, rue des Boulangers. — Utilise les colonies municipales de la Caisse des écoles de l'arrondissement.

Patronage Jeanne d'Arc (filles), 17, rue Linné. — Colonie (1905) au Havre (Seine-Inférieure). Placem. collectif. Séjour de 1 mois à la campagne, 3 semaines à la mer. Contribution obligatoire de 12 fr. des colons. Quelques admissions grat.

Patronage des Sœurs de Saint-Vincent-de-Paul (filles), 69, rue du Cardinal-Lemoine. — Utilise les colonies des Sœurs de St. V. de P. et celles de l'Œuv. des bonnes vacances. Contribution variable des colons. Séjour de 15 à 21 j.

Patronage des jeunes filles de Saint-Médard, 21, rue Daubenton. — Colonie (1900) au Plessis-Piquet (Seine). École ménagère annexée. Direction cath. Placem. collectif. Durée du séjour indéterminée. Contribution oblig. des colons de 5 fr. par semaine. Quelq. admissions grat.

Patronage Sainte-Catherine (filles), 15, rue des Bernardins. — Colonie (1907) pour fillettes et écolières, annexée à la Maison de repos et de conval. de Montfort-l'Amaury (Seine-et-Oise), Fondation Desmazures. Direction des Sœurs de St. V. de P. Pour fillettes et jeunes filles de tous quartiers et de toute religion. École ménagère. Autre colonie pour filles à Chantilly (Oise). Placem. collectif. Prix par j. de 1 fr. (enfants), 1 fr. 50 (jeunes filles), 2 fr. 50 en chambre). Séjours de 3 semaines ou 1 mois. Quelques admissions grat. Voir *Maisons de Repos et de conval.*

Patronage de la Sœur Rosalie (filles), 32, rue Geoffroy-St-Hilaire. — Colonie (1909) à Balainvilliers (Seine-et-Oise). Direction des Sœurs de St. V. de P. Placem. collectif. Séjour de 1 ou 2 mois. Gratuité.

VIe ARR.

Caisse des écoles du VIe arrondissement, siège à la Mairie, place St-Sulpice (1875). — Colonies municipales pour garçons à Nemours (Seine-et-Marne), pour filles aux Sables-d'Olonne (Vendée). Direction non confes. Presque toutes les admissions grat. Très faible contribution des parents. Séjour de 21 j. Placem. collectif. Subventions officielles.

Ligue fraternelle des enfants de France, siège, 50, rue St-André-des-Arts. — Recon. ut. pub. Colonies (1902) pour enfants des deux sexes à la Rochelle, Melle, Niort, Parthenay, Jonzac, Bourges, Lhommaizé,

St-Romain, Rolleville, Boulogne-sur-Mer, Vesoul, le Mans. Comités de colonies de vacances à Orléans, Béthune, Pau, le Havre, Bordeaux, Neuilly. Direction non confes. Séjour de 1 ou 2 mois. Placem. collectif ou familial sous la surveillance des comités des départements. Prix : 40 fr. par mois, voyage compris. Voir *Secours divers aux enfants.*

Colonie enfantine scolaire de Franceville-Montfermeil, siège, 58, rue Madame. — Direction non confes. Colonie permanente (1899) pour enfants de 4 à 10 ans, de toute provenance, à Cayeux (Somme) et à Montfermeil (Seine-et-Oise). Durée du séjour de 1 à 6 mois. Placem. collectif. Prix : 30 fr. par mois.

Le Sou de « Mon Journal », Librairie Hachette, 79, boulevard St-Germain. — Utilise (1903) en faveur d'enfants pauvres des deux sexes, désignés par les souscripteurs à 0 fr. 10 par mois, abonnés à *Mon Journal,* les colonies de l'Œuv. de la chaussée du Maine, à Nogent-sur-Vernisson (Loiret) et Coutainville (Manche). Séjour de 1 mois. Placem. collectif et familial. Gratuité.

L'Estibo, Colonie de vacances des Parisiens de l'Aveyron (garçons), 2 *bis*, quai des Célestins. — Colonie (1907) à Mur-de-Barrez (Aveyron), pour garçons de 10 à 14 ans, originaires de l'Aveyron, sans distinc. d'école. Direction cath. Placem. collectif. Séjour de 1 mois. Prix : 50 fr., voyage compris. Visite médicale obligatoire.

Les vacances au bord de la mer, 6, rue de la Grande-Chaumière. — Direction non confes. Colonie maritime (1906) à Bon-Secours, par Montbourg (Manche), pour enfants des deux sexes, de 8 à 12 ans, de familles nombreuses et pauvres du quartier de Plaisance. Placem. collectif. Séjour de 1 mois. Prix : 60 fr., voyage compris. Admissions grat. selon les ressources.

Syndicats professionnels féminins, siège, 5, rue de l'Abbaye. — Utilise (1902) les colonies des Sœurs de St. V. de P. à Roscoff, Nemours, Rugles, Villers-sur-Mer, Drancy, Pen-Bron, etc., pour jeunes filles de 14 à 20 ans. Villégiature de repos pour Dames pensionnaires à Villers-sur-Mer (Calvados) et Orly (Seine-et-Oise). Placem. collectif. Séjour de 1 mois. Prix : 1 fr. 25 par j., voyage non compris. Quelques admissions grat.

Œuvre des colonies de vacances de la Société de Saint-Vincent-de-Paul, siège, 6, rue Furstenberg. — De nombreuses Conférences de St. V. de P. confiaient leurs protégés, depuis 10 ans, aux œuv. cath. de colonies de vacances, notamment celle de Montsoult (Seine-et-Oise) et des Saines vacances (garçons), des Bonnes vacances et des Maisons des Sœurs de St. de P. (filles).

Colonie autonome dirigée par la Société (1911), pour enfants et adultes les plus dignes d'intérêt, choisis dans les familles visitées par les Conférences de Paris et la banlieue. Première colonie pour garçons de 9 à 13 ans, dite St-Jean, à St-Christophe-en-Boucherie, près la

Châtre (Indre). 60 lits. Direction cath. Placem. collectif en 3 séjours successifs de 4 semaines. Prix : 50 fr., voyage compris. Participation de la famille, des conférences et de l'Œuv. des colonies de vacances. Visite médicale obligatoire avant départ.

Fédération française des Associations chrétiennes d'étudiants (protestants), 46, rue de Vaugirard. — Camps de vacances pour étudiants et lycéens (1906) à Moussey (Vosges), Camprieu (Cévennes), Port-d'Arlon (Bouches-du-Rhône). Séjour de 15 à 30 j. Prix : 20 fr. pour 15 j., voyage non compris.

Œuvre des Saines vacances (garçons), 13, rue de Tournon. — Colonies cath. fond. par M. de Lassuchette (1899) pour garçons des patron. et œuv. de jeunesse, à St-Laurent-sur-Mer (Calvados) et au Russey (Doubs) Placem. collectif. Séjour de 3 semaines. Prix : 43 fr. à la mer, 48 fr. à la montagne, voyage compris. Visite médicale oblig.

Patronage Olier (garçons), 66, rue d'Assas. — Colonie cath. (1898) dite Colonie Édouard, au Porge (Gironde), pour enfants et jeunes gens du patr. Placem. collectif. Séjour de 25 j. Contribution obligatoire des parents de 20 à 30 fr. au prix de 70 fr., voyage compris.

Association Saint-Sulpice, 68, rue d'Assas. — 1° Colonie cath. (1906) dite St-Jean, pour enfants du patron., villa St-Jean, à l'Hay (Seine). Placem. collectif. Séjour de 28 j. Prix : 1 fr. 25 par j. Quelques admissions grat. 2° Colonie cath. (1906) dite St-Sulpice, pour jeunes gens du patr., à Morgins (Suisse). Placem. collectif. Séjour de 15 j. Prix : 40 à 50 fr. Quelques admissions à prix réduit.

Œuvre de vacances du Collège Stanislas, 22, rue Notre-Dame-des-Champs. — Utilise (1907) les œuv. cath. de colonies de vacances, à l'aide des souscriptions des élèves en faveur d'enfants de divers patron.

Patronage Saint-Joseph-Saint-Michel (garçons), 92, boul. Montparnasse (1910). — Colonie à Autheux (Somme).

Commission centrale des patronages et œuvres de jeunesse (garçons), 11, rue du Cherche-Midi. — Colonie cath. (1906) à Étaples (Pas-de-Calais) pour garçons de 11 à 13 ans. Placem. collectif. Séjour de 1 mois. Prix : 2 fr. par j. Quelques admissions grat.

Œuvre de Mlle Bonjean, 167, rue de Rennes. — Reçoit pendant les vacances des enfants chétifs et pauvres à Pellevoisin (Indre) et à l'Asile St-Louis, Poissy (Seine-et-Oise). Écoles ménagère et professionnelle annexées. Direction cath. Placem. collectif. Durée du séjour indéterminé. Prix variable de 35 à 60 fr. par mois, voyage non compris.

Lycée Fénelon (filles), 2, rue de l'Éperon. — Utilise les colonies de la Ligue fraternelle des enfants de France et de l'Œuv. de la Chaussée du Maine, grâce aux souscriptions des élèves en faveur de fillettes et de jeunes filles chétives et pauvres.

Patronage Saint-Joseph (filles), 8, rue Jean-Bart. — Colonie (1900) à Flacé-les-Mâcon (Saône-et-Loire) pour jeunes filles des écoles laïques de la paroisse St-Sulpice, faisant partie du patron. Direction cath. Placem. collectif. Séjour de 4 à 6 semaines. Prix : 1 fr. par j., voyage non compris. Nombreuses admissions grat.

Patronage Sainte-Catherine (filles), 69, rue du Montparnasse. — Utilise pour ses enfants et jeunes filles les colonies de la Maison St-Joseph à Morangis (Seine-et-Oise), du patron. de la couture à Mouy (Oise), et de Chaville (S.-et-O.), chez les Dames de St-Thomas de Villeneuve. Direction cath. Placem. collectif. Séjour de 1 mois. Prix : 40 fr. Quelques admissions grat.

Patronage des Sœurs de Saint-Vincent-de-Paul, 3, rue de l'Abbaye. — Utilise (1870) les colonies des Sœurs de St. V. de P. à Drancy, Roscoff, Pen-Bron, Villiers-en-Arthies, etc. Autre colonie à la Rochelle (Charente-Inférieure). Placem. collectif. Durée du séjour variable. Prix : 1 fr. 25 par j. Quelques admissions grat.

Patronage Saint-Vincent (filles), 80, rue de Vaugirard. — Utilise (1907) les colonies des Sœurs de St. V. de P. à Villers, Drancy, etc. Colonie paroissiale, dite Villa Emmaüs (1909), à Issy (Seine). Placem. collectif. Durée du séjour variable. Prix : 30 à 35 fr. par mois.

VIIe ARR.

Caisse des écoles du VIIe arrondissement, siège à la Mairie, rue de Grenelle (1872). — Colonies municipales (1887) pour garçons et filles à St-Germain-en-Laye (Seine-et-Oise), dans une villa scolaire appartenant à la Caisse des écoles (1896). Séries alternées de garçons et de filles. Direction non confes. Toutes les admissions grat. Placem. collectif. Séjour de 21 j. Subventions officielles.

Colonies de vacances de l'Œuvre de la Chaussée du Maine, 41, boulevard Raspail. Secrétariat, 128, avenue Parmentier. — Recon. ut. pub. Colonies fond. par Mmes de Pressensé et d'Eichthal (1882) pour enfants pauvres des deux sexes, de 5 à 15 ans, sans distinc. de religion ou de provenance, aux Bezards (Loiret), Langesse, Châtillon-sur-Loire, Ousson, Nogent-sur-Vernisson (Loiret), Huppy (Somme), Champroux (Allier), Marigny-l'Évêque (Nièvre), Coutainville (Manche). Culte protest. et cath. Placem. familial à la campagne, collectif et familial à la mer. Séjour de 1 mois, souvent prolongé, même toute l'année. Prix : 35 fr. pour enfants de moins de 12 ans, 40 fr. au-dessus de 12 ans à la campagne, 60 fr. à la mer, voyage compris. Admissions grat. suivant les ressources. Vestiaire. Certificat médical obligatoire grat. dans les dispens. de la Sté philant. et à la Mairie du VIIe arrondissement, le lund., de 2 à 3 h.

Œuvre des vacances scolaires (garçons), siège à l'Archevêché, 50, rue de Bourgogne. — Direction cath. Colonie fond. par M. l'abbé Roland-Gosselin (1906) à la villa Béthanie, Montsoult (Seine-et-Oise), pour garçons provenant surtout des patron. cath. Série spéciale aux vacances de Pâques. Placem. collectif. Séjour de 20 j. Prix : 25 fr., voyage compris. Contribution variable des parents. Certificat médical obligatoire.

Maison de repos pour jeunes filles isolées, siège de l'œuv., 101, rue de Lille. — Dépend de l'Œuv. des maisons de famille pour jeunes filles isolées. Recon. ut. pub. Maison ouverte toute l'année (1908) à Bois-Guillaume, près Rouen (Seine-Inférieure), pour jeunes filles employées dans l'industrie, le commerce ou les administrations. Direction cath. Séjour de 1 à 2 mois. Prix : 60 fr. par mois en dortoir, 70 fr. en chambre.

Les Vacances au grand air pour la jeune fille, 17, avenue Bosquet. — Colonies (1906) au Chesnois (Ardennes) et à Roôcourt-la-Côte (Haute-Marne) pour jeunes ouvrières, employées ou institutrices. Direction cath. Placem. collectif. Séjour de 2 à 4 semaines. Prix : 26 fr. pour 15 j., 36 fr. pour 21 j., 46 fr. pour 45 j., voyage compris. Contribution obligatoire des jeunes filles. Visite médicale obligatoire.

Colonies des Sœurs de Saint-Vincent-de-Paul, 140, rue du Bac. — Pour fillettes et jeunes filles des patron. des Sœurs : 1° aux pavillons réservés de Pen-Bron (Loire-Inférieure) et Roscoff (Finistère); 2° dans leurs Maisons d'Avernes (Seine-et-Oise), Rugles (Eure), Drancy (Seine), Montfort-l'Amaury (Seine-et-Oise), Nemours (Seine-et-Marne), Bernos (Gironde), Berck (Pas-de-Calais), Issy (Seine), Juilly (Seine-et-Marne), Cannes (Alpes-Maritimes), etc. Placem. collectif. Séjour de 1 mois. Prix de 1 fr. 60 par j. à Pen-Bron et Roscoff, 1 fr. à 1 fr. 50 par j. ailleurs.

Société amicale des jeunes gens du Gros-Caillou, 90 *bis*, rue St-Dominique. — Utilise (1907) la colonie collective de l'Estibo, à Mur-de-Barrez (Aveyron), et envoie des colons à Deauville (Calvados), Sagny (Seine-et-Oise), St-Étienne-l'Allier (Eure). Placem. familial. Direction cath. Séjour de 1 mois. Prix : 50 fr., voyage compris. Plusieurs admissions grat.

Société des Visiteurs, 5, rue de Poitiers. — Recon. ut. pub. Colonie (1905) dans les villages de la Sarthe, pour enfants des deux sexes des familles secourues par la Sté. Direction non confes. Placem. familial. Séjour de 6 semaines. Visite médicale obligatoire. Gratuité.

Patronage Sainte-Clotilde (garçons), 59, rue de Bourgogne. — Colonie cath. (1906) à Couperie (Puy-de-Dôme). Presque toutes admissions grat. Petite contribution des parents. Placem. collectif. Séjour de 3 semaines.

Patronage Le Bon Conseil (garçons), 26, avenue de Saxe. — Colonie cath. (1896) à Plougasnou (Finistère). Placem. collectif. Séjour de 15 j. Prix : 50 fr., voyage compris. Contrib. oblig. et variable des parents.

Patronage Saint-Louis-de-Gonzague (garçons), 3, place St-Thomas-d'Aquin. — Utilise (1906) pour les enfants des écoles laïques la colonie cath. de l'Œuv. de Montsoult. Colonie d'apprentis dite Les Fauvettes, à

St-Germain-en-Laye (Seine-et-Oise). Placem. collectif. Séjour de 3 semaines. Prix : 2 fr. par j. Contribution partielle obligatoire des parents. Visite médicale obligatoire.

Association Louis-Nicolas (jeunes gens), 155, rue de l'Université. — Utilise (1907) les colonies cath. de l'Œuv. des saines vacances.

Œuvre Saint-Jean (jeunes gens), 9, passage Landrieu. — Utilise la colonie cath. de Montsoult (Seine-et-Oise). Admissions grat. pour partie.

Association des Jeunes économes, 159, rue de l'Université. — Recon. ut. pub. Colonie (1906) à Arromanches (Calvados). Direction cath. Placem. collectif. Séjour de 20 j. Gratuité.

Patronage des Sœurs de Saint-Vincent-de-Paul, 3, rue Oudinot. — Utilise (1897) les Maisons des Sœurs de St. V. de P. à Vannes (Morbihan), Rouen (Seine-Inférieure), et l'Œuv. des vacances au grand air pour la jeune fille. Placem. collectif. Séjour de 1 mois. Contribution variable des colons au prix de 2 fr. 50 par j.

Orphelinat des Sœurs de Saint-Vincent-de-Paul du Gros-Caillou, 105, rue St-Dominique. — Colonie cath. (1906) au Mez, par Sanipuits (Yonne). Placem. collectif. Séjour de 1 mois. Gratuité.

Patronage des Sœurs de Saint-Vincent-de-Paul, 9, rue Cler. — Utilise les colonies de l'Œuv. de la Chaussée du Maine.

L'Union bas-normande et percheronne, 34, rue Vaneau. — Colonies cath. en Normandie et à Syam (Jura). Placem. collectif. Séjour de 1 mois. Prix : 20 fr.

Association de jeunes filles, 52, avenue Bosquet. — Colonie à Lyons-la-Forêt et à Ménesqueville (Eure). Placem. collectif. Durée de séjour variable.

VIIIe ARR.

Caisse des écoles du VIIIe arrondissement, siège à la Mairie, rue d'Anjou (1871). — Colonies municipales (1883) pour garçons à Condé-sur-Noireau (Calvados), pour filles à Flers (Orne). Direction non confes. Toutes les admissions grat. Placem. collectif. Séjour de 21 j. Subventions officielles.

Les Enfants des Chemins de fer français, 36, rue du Rocher. — Colonies (1906) pour enfants de 7 à 13 ans des employés et ouvriers des chemins de fer français et des colonies, à St-Servan (Ille-et-Vilaine). Direction non conf. Placem. collectif. Séjour de 1 mois. Prix : 50 fr., voyage compris. Réductions suivant les ressources.

Œuvre des colonies de vacances pour enfants des écoles de Paris et jeunes apprentis, 15, rue de Madrid. Fond. par M. l'abbé de Balincourt (1907) — Colonie pour enfants pauvres de 11 à 15 ans, des 2 sexes, à La Rivière-Thibouville, près Serquigny (Eure). Direction cath. Placem. collectif. Séjour de 21 j. Prix : 35 fr., voyage compris. Certificat médical oblig.

Le Repos pour les jeunes Parisiennes, siège, 15, cité du Retiro. — Maisons de vacances et de repos fond. par M. l'abbé de Maistre (1906), ouvertes toute l'année, pour jeunes filles anémiées de 16 à 28 ans, à Beaumesnil (Eure), et St-Germer-de-Fly (Oise). Direction cath. Durée de séjour indéterminée. Pour les conditions, voir *Maisons de convalescence et de repos.*

Maison de repos et de convalescence, 22, rue de la Pépinière. — Ouverte toute l'année (1903) pour femmes, jeunes filles et enfants du premier âge, orphelins, chétifs ou conval., à Beaumont-de-Lomagne (Tarn-et-Garonne). École ménagère annexée. Durée de séjour indéterminée. Prix : 0 fr. 90 par j., voyage non compris. Un quart des admissions grat. Certificat médical obligatoire.

Œuvre des Sanatoriums maritimes pour enfants, 62, rue de Miromesnil. — Recon. ut. pub. Utilisée souvent comme colonie de vacances pour enfants chétifs. Prix : 2 fr. par j. Les Sanatoriums de Banyuls-sur-Mer (Pyrénées-Orientales) et de St-Trojan (Charente-Inférieure) ont chacun 200 lits pour enfants des deux sexes, de 4 à 14 ans, lymphatiques, scrofuleux et rachitiques. Voir *Sanatoriums.*

Société de secours aux blessés militaires, 19, rue Matignon. — Utilise (1911) les colonies de vacances de diverses œuv., notamment celle de Champrosay (S.-et-O.). Placem. collectif. Séjour de 1 mois. Grat.

Société La Cécilienne, 14, rue de Surène. — Colonie (1906) pour enfants pauvres du quartier de la Madeleine, à Boulogne (Pas-de-Calais). Direction cath. Placem. collectif. Durée variable. Grat.

Union chrétienne de jeunes filles, 22, rue de Naples (1911). — Maison de vacances au bord de la mer pour les adhérentes.

IXe ARR.

Caisse des écoles du IXe arrondissement, siège à la Mairie, rue Drouot (1873). — Premières colonies municipales de Paris (1883), sur la proposition de M. Cottinet, pour garçons, à Toucy (Yonne), pour filles, à Melun (Seine-et-Marne). Direction non confes. Placem. collectif. Séjour de 30 j. Toutes les admissions grat. Subventions officielles.

Œuvre des cures rurales de Champrosay (Seine-et-Oise), siège, 25, rue de Maubeuge. — Pavillon ouvert toute l'année à Champrosay (Seine-et-Oise), pour fillettes et jeunes filles de 6 à 20 ans chétives, mais non malades (1904). Direction cath. Visite médicale obligatoire au Dispens. de l'œuv., 17, rue de la Tour-d'Auvergne. Séjour de 3 mois maximum. Prix : 2 fr. par j., voyage non compris. Admissions grat. selon les ressources.

Œuvre des Quinze jours, 3, rue d'Athènes. — Colonie (1906) pour garçons chétifs de 11 à 18 ans, à Paramé (Ille-et-Vilaine). Placem. collectif. Séjour de 15 j. Prix : 50 fr., voyage compris. Quelques admissions grat.

Asile Anne-Marie, Colonie de vacances de Trégastel (Côtes-du-Nord), siège, 49, rue Blanche. Fond. par Mme Dumas d'Hauterive (1904). — Reçoit pendant les vacances fillettes et jeunes filles de 12 à 16 ans, chétives ou anémiées. Placem. collectif. Séjour de 1 mois. Gratuité.

Maison de repos de l'Union amicale des orphelins de la Seine, 23, rue Léonie, parc St-Maur, à St-Maur-les-Fossés (Seine). Siège, 16, rue de la Victoire. — Ouverte toute l'année pour garçons et filles de plus de 13 ans, orphelins ou demi-orphelins débiles (1907). Durée de séjour indéterminée. Gratuité.

Œuvre des colonies scolaires du quartier du faubourg Montmartre, 10, faubourg Montmartre. Fond. par M. Gaston Méry. — Pour enfants des deux sexes choisis dans les familles les plus nécessiteuses, sans distinc. politique ou religieuse. Direction non confes. Affiliée à l'œuvre de la Fondation d'Aulan pour les quartiers de Chaillot et Porte Dauphine, elle utilise ses colonies. Gratuité. Voir *XVIe arr.*

Société des amis des employés du Crédit lyonnais, boulevard des Italiens. — Organise chaque année une colonie de vacances au profit des enfants des deux sexes des employés.

Colonie de vacances pour les enfants des Syndiqués jaunes, 4, boulevard des Italiens. — *Le Jaune* utilise, avec le concours de ses souscripteurs, les colonies cath. de St-Joseph-du-Lac et Douvaine (Haute-Savoie). Placem. collectif. Séjour de 25 j. Gratuité.

Alliance nationale des Unions chrétiennes de jeunes gens de France, groupe de la Seine, 14, rue de Trévise. — Maison de vacances (1904) à Vulaines-sur-Seine (Seine-et-Marne) pour les membres de ces Unions. Durée de séjour indéterminée. Prix : 3 fr. et 3 fr. 50 par j., voyage compris. Caisse d'entr'aide unioniste pour aider les moins fortunés.

Patronage Notre-Dame de Lorette (garçons), 8 *bis*, rue Choron. — Utilise (1907) la colonie et l'œuv. cath. de Montsoult (Seine-et-Oise).

Patronage Notre-Dame de Lorette (filles), 18, rue de la Tour-d'Auvergne. — Colonies cath. (1907) à Vesoul (Haute-Saône) et Nemours (Seine-et-Marne). Placem. collectif. Séjour de 3 semaines. Gratuité.

Xe ARR.

Caisse des écoles du Xe arrondissement, siège à la Mairie, rue du Faubourg-St-Martin (1874). — Colonies municipales (1887) pour garçons et filles à Châtillon-sur-Seine (Côte-d'Or), propriété de la Caisse des écoles, en séries alternées de garçons ou de filles. Direction non confes. Placem. collectif. Séjour de 21 j. 40 pour 100 des admissions grat. Contribution obligatoire et variable des familles de 1 à 20 fr. Subventions officielles.

Le Toit familial, 9, rue Guy-Patin. — Recon. ut. pub. Maison de repos (1903) pour dames et jeunes filles israélites dans l'enseignement, le commerce et l'industrie, à St-Germain-en-Laye (Seine-et-Oise).

Séjour de 8 j. à 3 mois. Prix : 2 fr. par j. Bourses accordées par l'œuv. suivant ses ressources.

La colonie enfantine de vacances du Syndicat des travailleurs municipaux et départementaux, siège à la Bourse du travail, rue du Château-d'Eau. — Utilise (1908) pour les enfants des adhérents les colonies de l'Œuv. parisienne des enfants à la montagne. Direction non confes. Placem. familial en Auvergne. Séjour de 45 j. Prix 150 fr. Admissions en partie grat. Visite médicale obligatoire.

Syndicat national des travailleurs du gaz, siège à la Bourse du travail, rue du Château-d'Eau. — Colonie (1908) pour les enfants des adhérents à Pornichet (Loire-Inférieure). Direction non confes. Placem. collectif. Séjour de 21 j. Gratuité.

L'Art pour tous, siège à la Bourse du travail, rue du Château-d'Eau. — Colonie dite Notre Famille (1908), pour les adhérents et leur famille, à St-Gilles-Croix-de-Vie (Vendée). Direction non confes. Durée de séjour indéterminée, mais au minimum d'une semaine. Prix : 2 fr. par j., 2 fr. 50 en août, voyage compris ; demi-tarif pour enfants de 3 à 10 ans.

Œuvre des colonies de vacances, 82, quai Jemmapes. Fond. pour enfants des deux sexes des Xe et XIe arrondissements non bénéficiaires des colonies municipales (1911). — Direction neutre. Colonie à Vire (Calvados). Placem. collectif. Séjour de 4 semaines. Prix : 60 fr. Gratuité pour un quart. Contribution des parents suivant leurs moyens. Visite médicale obligatoire.

Colonie de la Maison Bernot, 160, rue Lafayette (1903). — Pour les enfants de 8 à 12 ans des livreurs et employés de la maison, à Berck-Plage (Pas-de-Calais), par groupes alternés de garçons ou de filles. Direction non confes. Placem. collectif. Séjour de 15 j. Grat.

Association des jeunes gens de Saint-Laurent, 20, rue du Terrage (1905). — Colonie Laurentienne, à Hennebont (Morbihan). Direction cath. Placem. collectif. Séjour de 3 à 4 semaines. Quelques mères de famille admises. Contribution des parents pour un quart du prix de 1 fr. 60 par j.

Association des Alsaciens-Lorrains (garçons), 228, rue Lafayette. — Utilise (1908) l'Œuv. des colonies de vacances pour enfants des écoles de Paris. Direction cath. Placem. collectif. Séjour de 21 j. Prix : 45 fr. Visite médicale obligatoire.

Patronage des Sœurs de Saint-Vincent-de-Paul, 10, rue Alexandre-Parodi. — Utilise (1904) les Maisons des Sœurs de St. V. de P. à Pen-Bron, Trouville, etc. Placem. collectif. Séjour de 1 mois. Gratuité.

XIe ARR.

Caisse des écoles du XIe arrondissement, siège à la Mairie, place Voltaire (1869). — Colonies municipales pour garçons et filles : 1° à Mandres-sur-Vair (Vosges), propriété de la Caisse des écoles, par caravanes alternées de garçons ou de filles. Direction non confes. Gratuité; 2° à Montigny-le-Roi (Haute-Marne), propriété de la Caisse des écoles; Prix : 50 fr. Aucune admission grat. Séjour de 21 j. Placem. collectif. Subventions officielles.

Institut social de l'enseignement (laïque), 89, boulevard Voltaire. — Utilise la colonie de vacances dite Cité des Pins maritimes, aux Sables-d'Olonne (Vendée), celles de la Chaussée du Maine, et autres œuvres à la campagne, mer ou montagne. Prix : de 4 à 5 fr. par j. au-dessus de 16 ans; de 1 à 4 fr. par j. de 1 à 16 ans. Billet de séjour de 10 fr. pour 7 j. Certificat médical obligatoire.

Œuvre mutuelle des colonies de vacances de l'Association des instituteurs, siège, 138, boulevard Voltaire. — Colonies (1893) pour enfants des deux sexes, de 8 à 16 ans, à Berck-sur-Mer (Pas-de-Calais) et Vermondans (Doubs). Direction non confes. Placem. collectif. Séjour de 3 semaines. Contribution obligatoire des parents au prix de 65 fr., voyage compris.

Société antituberculeuse de l'enseignement primaire de la Seine, siège, 5, rue du Commandant-Lamy. — Utilise (1907) pour ses membres et boursiers des deux sexes, chétifs et anémiés, diverses œuv. de colonies de vacances, notamment l'Œuv. parisienne des enfants à la montagne, qui envoie dans la Haute-Loire et le Cantal. Contribution obligatoire des familles au prix de 20 fr. Direction non confes. Séjour de 3 à 6 semaines. Placem. familial.

Œuvre des Quatre semaines, 6, rue Sedaine. — Colonie (1903) pour enfants chétifs des deux sexes, surtout du quartier St-Antoine, à la villa Belmont, Trilport (Seine-et-Marne). Direction confes. Placem. collectif. Séjour de 4 semaines. Prix : 1 fr. 60 par j. Les trois quarts des admissions grat.

Œuvre du grand air de l'Union familiale, siège, 185, rue de Charonne. Fond. par Mlle Gahéry (1894). — Recon. ut. pub. Elle utilise (1900) diverses œuv. de colonies, et procure bourses de voyage à la campagne dans les familles de ses pupilles. Colonie (1908) pour fillettes et jeunes filles au chalet Ste-Lucie, Syam (Jura). Direction confes. Placem. collectif. Séjour de 1 mois. Gratuité. Petite contribution des parents. Société d'excursions collectives et Caisses d'excursions et des colonies pour la contribution des familles.

École Dorian, 72, avenue Philippe-Auguste. — Colonies pour pupilles de la Ville de Paris de 7 à 17 ans, à Mers (Somme). Direction non confes. Placem. collectif. Séjour de 22 j. Gratuité. Contribution facultative des colons.

Patronage Saint-Augustin (garçons), 6, impasse Franchemont. — Colonie (1907) à Condette (Pas-de-Calais). Direction cath. Placem. collectif. Séjour de 21 j. Contribution obligatoire de 24 fr. des parents. Quelques admissions grat. Visite médicale obligatoire.

Colonie de vacances de la paroisse Saint-Ambroise, au presbytère. — Colonie (1904) pour enfants des deux sexes de la paroisse, en séries alternées de garçons ou de filles de 9 à 15 ans, villa St-Ambroise, Chailly-Boissy, près Coulommiers (Seine-et-Marne). Direction cath. Placem. collectif. Séjour de 1 mois. Prix : 1 fr. par j. Gratuité pour partie.

Patronage Saint-Joseph-Saint-Louis (garçons), 55, boulevard de Belleville. — Utilise diverses œuv. de colonies à Montsoult (Seine-et-Oise), Brachay (Haute-Marne), etc. Direction cath. Placem. collectif. Séjour de 1 à 2 mois. Contribution obligatoire de 5 fr. des parents. Visite médicale obligatoire.

Patronage de la paroisse Saint-Joseph (garçons), 154, rue St-Maur. — Colonie (1907) à Bazemont (Seine-et-Oise). Direction cath. Placem. collectif. Séjour de 1 mois. Presque toutes les admissions grat.

Patronage des Sœurs de Saint-Vincent-de-Paul, 145, avenue Parmentier. — Colonie (1897) pour jeunes orphelines ou externes à Chantilly (Oise). Placem. collectif. Séjour de 1 mois. Prix : 40 fr. Quelques admissions grat.

Patronage des Sœurs de Saint-Vincent-de-Paul, 81, rue d'Angoulême. — Utilise (1905) les diverses colonies des Sœurs de St. V. de P. à Trouville, Fécamp, Roscoff, Rebais, Rugles, Drancy, Dugny, Montfort et Pen-Bron. Placem. collectif. Durée du séjour variable. Gratuité. Contribut. des familles suivant leurs moyens. Visite médic. oblig.

XIIe ARR.

Caisse des écoles du XIIe arrondissement, siège à la Mairie, avenue Daumesnil (1873). — Colonies municipales (1887) pour garçons et filles à Vire (Calvados), par séries alternées de garçons ou de filles, pour garçons à Boulogne (Pas-de-Calais). Colonie permanente à Villeblevin (Yonne). Direction non confes. Gratuité. Petite contribution facultative des familles. Placem. collectif. Séjour de 21 j., de 45 j. pour les plus anémiés. Subventions officielles.

Maison protestante de Berck-sur-Mer (Pas-de-Calais), siège, 14, rue de Picpus (1906). — Colonie ouverte toute l'année pour garçons et jeunes gens chétifs ou anémiés, mais non malades. Durée de séjour indéterminée. Prix : 2 fr. à 3 fr. 50 par j., voyage non compris.

Société d'encouragement à l'éducation laïque du XIIe arrondissement, siège, 111, avenue de St-Mandé (1900). — Utilise les colonies de l'Œuv. de la Chaussée du Maine, à Nogent-sur-Vernisson (Loiret). Direction non confes. Placem. familial. Séjour de 1 mois. Gratuité.

Ligue P.-L.-M. contre la tuberculose, siège, 3, rue de Lyon. — Confie les enfants des deux sexes de ses adhérents à diverses œuv. de colonies de vacances : Œuv. des enfants à la montagne, XIVe arrondissement, ou Fondation Desmazures, à Montfort-l'Amaury (Seine-et-Oise), V^e arrondissement. Placem. familial et collectif. Gratuité et contribution des familles suivant leurs moyens.

L'Union des Septentrionaux. Sté philanthropique des originaires du Nord et du Pas-de-Calais, siège, 7, rue Crozatier (1908). — Direction non confes. Caisse de vacances grat. pour envoyer dans le Nord et le Pas-de-Calais les enfants des compatriotes habitant Paris et la Seine. En outre, voyages au pays natal dans leur famille facilités par la Sté. Contribution facultative des parents selon leurs moyens. Aucune distinc. politique ou religieuse. Vestiaire annexé, asile, bur. de placem.

Orphelinat du faubourg Saint-Antoine (filles), 254, rue du faubourg-Saint-Antoine (1856). — Recon. ut. pub. Colonie au parc St-Maur (Seine). Direction cathol. Placem. collectif. Séjour de 15 à 30 j. Grat.

Patronage Le Chantier, 199, rue de Bercy. — Colonie (1907) à St-Joseph-du-Lac, par Douvaine (Haute-Savoie). Direction cath. Placem. collectif. Séjour de 1 mois. Prix : 2 fr. par j., tout compris. Contribution partielle des colons.

Patronage Saint-Camille de Bercy, 12, rue des Meuniers. — Utilise (1907) l'Œuv. des colonies de vacances pour enfants des écoles de Paris, VIIIe arrondissement.

Cercle Saint-Éloi, 36, rue de Reuilly. — Colonie (1908) aux Essarts, par Grand'Couronne (Seine-Inférieure). Direction cath. Placem. collectif. Séjour de 21 j. Prix : 2 fr. par j., tout compris. Contribution partielle des colons.

Dispensaire antituberculeux du XIIe arrondissement, siège à la Mairie. — Confie des enfants des deux sexes à l'établ. Duchêne, à Vire (Calvados). Direction non confes. Placem. collectif. Durée de séjour variable. Gratuité.

Association Saint-Raphaël. Patronage Saint-Antoine (filles), 19, rue des Charbonniers. — Colonie (1906) à Aiton (Haute-Savoie). Direction cath. Placem. collectif. Séjour de 1 mois. Gratuité, sauf le voyage.

Colonie des Petites-Dalles (garçons), 32, rue de Wattignies. — Colonie (1909) à St-Martin-les-Petites-Dalles (Seine-Inférieure), pour enfants du patron. Placem. collectif. Séjour de 40 j. Prix : 120 fr., voyage compris.

XIIIe ARR.

Caisse des écoles du XIIIe arrondissement, siège à la Mairie, place d'Italie (1877). — Colonies municipales (1880) pour garçons à Montreuil-sur-Mer et Boulogne (Pas-de-Calais) ; pour filles aux Sables-d'Olonne (Vendée) et Toucy (Yonne). Direction non confes. Gratuité. Très faible contribution facultative des parents. Placem. collectif. Séjour de 21 j. Subventions officielles.

Patronage des Malmaisons (garçons), 25, rue Gandon. — Colonie (1908) au Mez, par Sanipuits (Yonne). Utilise aussi l'Œuv. des saines vacances. Direction cath. Placem. collectif. Séjour de 3 semaines. Prix : 43 à 45 fr., voyage compris. Quelques admissions grat.

Colonie de vacances du quartier de la Gare (garçons), 56, rue Jeanne-d'Arc. — Colonie (1908) à Châtenay (Seine). Direction cath. Placem. collectif. Séjour de 3 semaines. Contribution obligatoire des enfants au prix de 63 fr., tout compris.

Patronage Saint-Joseph de la Maison-Blanche (garçons), 54, rue Bobillot. Colonie fond. par M. Enfert pour les jeunes app., ouvr. et leurs familles, au hameau familial de Montbricon, par Gien (Loiret) (1896). — Utilise aussi la colonie de l'Œuv. des saines vacances, VI° arrondissement, à St-Laurent-sur-Mer (Calvados). Direction cath. Placem. collectif. Séjour de 20 j. (enfants), de 15 j. (adultes). Gratuité, sauf le voyage.

Patronage de l'école libre Sainte-Anne de la Maison-Blanche (garçons), 188, rue de Tolbiac. — Colonie (1907) dite St-Louis de la Mulotière, par Tillières-sur-Avre (Eure-et-Loir), pour enfants pauvres et débiles de Paris et la banlieue. Direction cath. Placem. collectif. Séjour de 20 j. Gratuité et contribution facultative des colons.

Association Saint-Louis de la Maison-Blanche (garçons), 109, rue Bobillot. — Utilise (1908) la colonie de l'Œuv. des saines vacances à St-Laurent-sur-Mer (Calvados). Direction cath. Placem. collectif. Séjour de 21 j. Gratuité.

Colonies Saint-Marcel, 7, rue du Banquier (1910). — Direction cath. Groupes alternés de garçons ou de filles à Plougasnou (Finistère). Placem. collectif. Séjour de 21 j. Prix demandé : 20 fr. Quelques admissions à prix réduit.

Patronage Marie-Joseph (filles), 35, rue de la Glacière. — Colonies à Danisy (Aisne) et à Bernos (Gironde), pour jeunes filles de 8 à 30 ans. Direction cath. des Sœurs de St. V. de P. Placem. collectif. Séjour de 1 mois. Gratuité. Visite médicale obligatoire.

Patronage des Sœurs de Saint-Vincent-de-Paul (filles), 112, rue du Chevaleret. — Procure le voyage gratuit chez des parents à la campagne aux enfants des employés de la Compagnie d'Orléans.

Patronage des Sœurs de Saint-Vincent-de-Paul (filles), 39, rue Jenner. — Utilise les colonies des Sœurs de St. V. de P. à Trouville (Calvados), Gros-Bois (Seine-et-Marne), Drancy (Seine). Placem. collectif. Séjour de 15 j. Presque toutes les admissions grat.

Patronage des Saints-Anges (filles), 76, rue Bobillot. — Colonie à la Ronce, près Marcoussy (Seine-et-Oise), pour enfants de l'école laïque. Direction confes. Placem. collectif. Séjour de 15 j. Presque toutes les admissions grat.

Patronage des Sœurs de Saint-Vincent-de-Paul (filles), 26, place Jeanne-d'Arc. — Utilise (1910) diverses colonies des Sœurs de St. V. de P. (VII° arrondissement).

XIV° ARR.

Caisse des écoles du XIV° arrondissement, siège à la Mairie, place de Montrouge (1872). — Colonies municipales pour garçons à Vert

(Seine-et-Oise), pour filles à Vert (Seine-et-Oise), Sables-d'Olonne (Vendée), Authon-du-Perche (Eure-et-Loir) et Vire (Calvados). Direction non confes. Gratuité. Rares contributions des familles. Placem. collectif. Séjour de 21 à 30 j. Subventions officielles.

Œuvre des enfants à la montagne, Section d'Auvergne de l'Amicale du Puy-de-Dôme, siège, 26, rue du Faubourg-St-Jacques. Fond. par le Docteur Madeuf, pour enfants débiles des deux sexes (1900). — Direction non confes. Colonies dans les montagnes du Puy-de-Dôme. Placem. familial. Séjour de 30 à 45 j. Prix : 50 fr. pour 1 mois, 70 fr. pour 45 j., voyage compris. Réductions partielles, suivant contribution des parents.

Hivernage des enfants dans le Midi, l'Algérie et la Corse, Œuv. annexe, même adresse. — Voyages et placem. collectifs ou familiaux à prix réduits. Séjour de 4 mois. Prix : 50 fr. par mois, tout compris. Réductions partielles, suivant contribution des parents.

Les enfants des Parisiens de la Mayenne, siège à la Fédération des Stés provinciales de l'Ouest, 26, rue du Faubourg-St-Jacques (1911). — Œuv. ayant pour but de ramener au pays natal, pendant les vacances, les enfants des deux sexes dont la famille est tenue à Paris par manque de temps ou d'argent. Placem. des enfants chez des parents ou amis. S'adresser au siège, le dim. mat., ou à Laval, 94, rue de Rennes.

Société d'assistance familiale pour l'enfant, 16, rue Sarrette. Fond. par le Docteur Marie (1900). — Envoi d'enfants des deux sexes prétuberculeux, pendant les vacances, à Villejuif (Seine) et à Vains, près le mont St-Michel (Manche). Direction non confes. Placem. familial. Séjour de 1 mois. Prix : 1 fr. par j.

Œuvres paroissiales de Notre-Dame-du-Rosaire (Plaisance), 182, rue de Vanves. — Colonies (1902) pour enfants, jeunes gens, employés, ouvr., app. et jeunes filles du quartier de Plaisance, à St-Marcouf (Manche), Coubron, près Montfermeil, et Marines (Seine-et-Oise). Direction cath. Placem. collectif. Séjour de 25 à 30 j. Prix : 1 fr. 50 par jour, voyage compris. Contribution facultative des colons. Quelques admissions grat.

Cures d'air préventives des familles ouvrières, 66, rue Vercingétorix. Fond. par Mlle Chaptal (1904). — Maison de campagne pour enfants et fillettes de 6 à 12 ans, et quelques mères de famille, au Clos St-Andelain, par Pouille-sur-Loire (Nièvre). Placem. collectif. Durée du séjour variable. Quelques admissions grat.

Association ouvrière familiale, 88, rue du Moulin-Vert. Fond. par M. l'abbé Viollet. — Colonie (1909) pour familles modestes, à Noirat, près Ambert (Puy-de-Dôme). Direction non confes. Placem. collectif. Séjour de 30 j. Lits en dortoir pour adultes : 0 fr. 50 par j., chambres depuis 1 fr. par j., repas en commun ; pour adultes : 2 fr. 50 par j.

Société laïque des colonies scolaires du XIVe arrondissement, siège,

10, avenue d'Orléans (1905). — Utilise pour enfants pauvres des deux sexes les œuv. de colonies de vacances de la Maison maternelle (XIXe arrondissement) et de la Chaussée du Maine (VIIe arrondissement). Autre colonie à Vermondans (Doubs). Direction non confes. Placem. familial et collectif. Séjour de 3 semaines à 1 mois. Grat.

Cercle Saint-Paul, 36, rue Guilleminot. — Colonie (1906) à Dinan (Côte-du-Nord). Direction cath. Placem. collectif. Durée de séjour indéterminée. Prix : 1 fr. 50 par j., voyage non compris. Réduction suivant les ressources.

Patronage Saint-Paul de Plaisance (garçons), 11, rue Colas. — Colonie 1905) à Avon (Seine-et-Marne). Autre colonie à Balagny-St-Évrain (Oise) (1910). Direction cath. Placem. collectif. Séjour de 3 semaines. Contribution obligatoire de 20 fr. Quelques admissions grat. Visite médicale obligatoire.

Patronage Saint-Pierre de Montrouge (garçons), 21, villa d'Alésia. — Colonie (1903) à Plougasnou, près Morlaix (Finistère). Direction Cath. Placem. collectif. Séjour de 15 j. Contribution variable mais obligatoire des colons.

Patronage Jeanne-d'Arc de Notre-Dame de Plaisance (filles), 16, rue Vercingétorix. — Colonies à Beaumont-de-Lomagne (Tarn) et à Plancy (Aube). Utilise aussi (1906) les colonies de l'Œuv. des bonnes vacances (XVIe arrondissement). Direction cath. Placem. collectif. Séjour de 3 à 6 semaines. Prix : 35 à 45 fr. par mois, voyage compris. Contribution des parents pour moitié ou trois quarts. Quelques admissions grat.

Patronage Notre-Dame-de-Toutes-Grâces (filles), 5, rue du Moulin-Vert. — Colonie (1906) à Roôcourt-la-Côte (Haute-Marne). Direction cath. Placem. collectif. Séjour de 3 à 6 semaines. Prix : 1 fr. 25 par j., voyage compris. Quelques admissions grat.

Patronage Saint-Joseph de Plaisance (filles), 54, rue Pierre-Larousse. — Utilise (1905) les colonies de l'Œuv. des bonnes vacances (XVIe arrondissement). Direction cath. Placem. collectif. Séjour de 15 à 30 j. Prix : 25 fr. pour 15 j., 45 fr. pour 1 mois. Quelques admissions grat.

Patronage du Sacré-Cœur (filles), 29, rue Gassendi. — Utilise (1906) les colonies des Sœurs de St. V. de P. au Cauroy (Pas-de-Calais), Montfort-l'Amaury (Seine-et-Oise), Nemours (Seine-et-Marne), etc. Direction cath. Placem. collect. Séjour de 1 mois. Prix : 30 fr., voyage non compris. Contribution partielle des parents. Colonie pour orphelines de 10 à 25 ans à la Queue-les-Zivelines (Seine-et-Oise). Grat.

Patronage de Notre-Dame-du-Sacré-Cœur (filles), 78, rue de la Tombe-Issoire. — Colonie (1904) dite les Marguerites à Trouville (Calvados) et à Drancy (Seine). Direction cath. Placem. collectif. Séjour de 21 à 30 j. Grat.

Patronage des Franciscaines de Marie (filles), 7, impasse Reille.

— Colonie (1904) à Montévrain (Seine-et-Marne). Direction cath. Placem. collectif. Séjour de 15 j. Prix : 25 fr. Contribution partielle des colons. Visite médicale obligatoire.

XVe ARR.

Caisse des écoles du XVe arrondissement, siège à la Mairie, 31, rue Péclet (1873). — Colonies municipales (1891) pour garçons à Melun (Seine-et-Marne), pour filles à Melun (Seine-et-Marne) et St-Fargeau (Yonne). On utilise aussi le sanat. d'Isches (Vosges). Voir ci-après. Séjour de 21 j. Placem. collectif. Gratuité. Très faible contribution des parents. Subventions officielles.

Sanatorium d'Isches (Vosges) pour enfants faibles de Paris, siège, 48, rue de la Convention. Fond. par Mme Chauvière (1903). — Reçoit de mai à octobre des enfants chétifs des deux sexes, désignés par les directeurs d'écoles et la Caisse des écoles. Direction non confes. Séjour de 21 à 30 j. Toutes les admissions grat.

Section de vacances de l'Œuvre des tuberculeux pauvres, 63, boulevard Garibaldi. Colonie fond. par le Docteur Boureille à St-Servan (Ille-et-Vilaine), pour enfants des deux sexes chétifs et prétuberculeux (1910). — Direction non confes. Placem. collectif. Séjour de 1 mois. Contribution des colons suivant leurs moyens.

Manécanterie des petits chanteurs à la croix de bois, 91, rue Lecourbe. — Colonie (1907) à Noirlac, près St-Amand (Cher). Direction cath. Placem. collectif. Séjour de 6 semaines. Gratuité. Contribution facultative des parents pour frais de voyage. Voir *Écoles professionnelles.*

Association de la jeunesse ouvrière de Grenelle-Javel, 29, avenue Émile-Zola. — Utilise (1906) pour écoliers, app. et ouvr. du patron. la colonie cath. de Montsoult (Seine-et-Oise) (VIIe arrondissement). Placem. collectif. Séjour de 20 j. Prix : 25 fr. pour enfants, 30 fr. pour jeunes gens, voyage non compris. Contribution des colons pour moitié. Quelques admissions grat.

Patronage de Notre-Dame de Nazareth (garçons), 7, rue Blomet. — Colonie (1910) à Wimereux (Pas-de-Calais) pour enfants du patron., écoliers, apprentis, jeunes ouvriers et employés. Direction cath. Placem. collectif. Séjour de 3 semaines. Gratuité. Contribution des familles suivant leurs moyens.

Colonie de vacances de Javel-Richelieu (garçons), 26, rue de la Convention. — Colonie (1906) pour enfants pauvres et anémiés du patron. à Courteilles-sur-Avre (Eure). Direction cath. Placem. collectif. Séjour de 3 semaines. Prix : 33 fr. tout compris. Contrib. oblig. de 5 fr. des colons.

Patronage Saint-Louis de Vaugirard (garçons), 34, rue Olivier-de-Serres. — Utilise les colonies de l'Œuv. des saines vacances (VIe arrondissement) à St-Laurent-sur-Mer (Calvados) et au Russey (Doubs). Direction cath. Placem. collectif. Séjour de 3 semaines. Prix : 43 et

48 fr. Contrib. oblig. des deux tiers par les colons. Visite médicale oblig.

Patronage de Grenelle-Javel (filles), 3, place Félix-Faure. — Colonies (1895) à Dives (Calvados), Bellefontaine (Jura), et près Chalon-sur-Saône (Saône-et-Loire). Direction cath. Placem. collectif. Séjour de 1 mois. Toutes les admissions grat.

Patronage Saint-François-Xavier (filles), 6, passage Dechambre. — Colonie permanente (1908) à Fontaine, par Nonancourt (Eure). Direction cath. Placem. collectif et familial. Séjour de 15 à 30 j. Prix : 45 fr. par mois, voyage non compris. Quelques admissions grat.

Patronage de Grenelle (filles), 40, rue Rouelle. — Utilise (1907) les colonies des Sœurs de St. V.-de P. à Trouville (Calvados) et St-Jean-du-Doigt (Finistère). Placem. collectif. Durée variable. Grat.

Patronage du Saint-Cœur de Marie (filles), 15, passage Falguière. — Colonie à Ballainvilliers, près Longjumeau (Seine-et-Oise). Placem. collectif. Durée variable. Grat.

Œuvre Notre-Dame de Béthanie (filles), 49, rue de Lourmel. — Colonie (1904) à Bruneval (Seine-Inférieure). Direction cath. Placem. collectif. Séjour de 1 mois. Contrib. des parents au prix de 1 fr. 50 par j.

Union amicale et philanthropique des enfants de Figeac (Lot), 16, rue Bouchut.

XVIe ARR.

Caisse des écoles du XVIe arrondissement, siège à la Mairie, avenue Henri-Martin (1879). — Colonies municipales pour garçons à Commercy (Meuse) et Avallon (Yonne), pour filles, à Vire (Calvados). Colonie permanente au Vésinet (Seine-et-Oise), propriété de la Caisse des écoles (1909), servant d'école de plein air pour enfants de 9 à 13 ans. Séjour de 45 j. 100 places dont 80 grat. Direction non confes. Toutes les admissions grat. dans les premières colonies. Placem. collectif. Séjour de 21 j. Subventions officielles.

Comité d'assistance aux enfants, 1 *bis*, rue de Chaillot (1906). — Procure des vacances grat. aux enfants chétifs et anémiés des deux sexes, de 10 à 15 ans, de tous arrondissements. Voir *Secours divers aux enfants*.

Utilise à cet effet les colonies de l'Œuv. des colonies scolaires de vacances (IIe arrondissement), des Saines vacances (VIe arrondissement), de la Chaussée du Maine (VIIe arrondissement), des Bonnes vacances (XVIe arrondissement), etc. Secours et bourses de voyage aux enfants dans leur pays d'origine ou chez des parents. Placem. collectif et familial. Séjour de 21 à 30 jours. Gratuité, mais contribution obligat. de 10 fr. des parents. Visite médicale oblig.

Œuvre des Bonnes vacances (filles), 17, rue Hamelin (1901). — Filiale de l'Œuv. générale des patron. de jeunes filles. Direction cath. Nombreuses colonies à la mer, à la campagne et à la montagne, pour fillettes et j. ouvr. anémiées de toute provenance, surtout des patron.

cath. de Paris et la banlieue : Berck-sur-Mer, Trouville, Plougasnou, la Délivrande (mer), St-Bonnet, la Charlerie, St-Maurice, Montmélian, Nevers, Glisolles, Drancy, Malesherbes, Mouy, Verneuil, Ballainvilliers (campagne et montagne). Placem. collectif. Séjour de 15, 21, ou 30 j. Prix : 25 fr. pour 15 j., 35 fr. pour 21 j., 45 fr. pour 1 mois à la campagne ; 30 fr. pour 15 j., 55 fr. pour 1 mois à la mer, voyage compris. Un certain nombre d'admissions grat. Visite et certificat médical obligatoires.

Œuvre israélite des séjours à la campagne, 22, rue de Franqueville (1899). — Recon. ut. pub. Colonies pour enfants des deux sexes, de 4 à 15 ans (garçons), de 4 à 25 ans (filles), de Paris et la banlieue, sans distinc. de culte, à Ymare (Seine-Inférieure) et Fublaines (Seine-et-Marne). Ouvertes toute l'année. On utilise aussi l'Œuv. de la Chaussée du Maine aux Bezards (Loiret). 140 places au total. Placem. collectif et familial. Séjour de 6 semaines. Gratuité pour les deux tiers du prix de 60 à 75 fr. Bourses de voyage par l'*Œuv. de la Cagnotte des enfants*, 60, rue Rodier.

Œuvre des cures d'air des jeunes ouvrières et employées de Paris, 7, rue Magdebourg (1903). — Maisons de repos, ouvertes toute l'année, à Chenevières, par Pontchartrain (Seine-et-Marne) et Clarens (Suisse). Peuvent être utilisées exceptionnellement comme colonies. Voir *Maisons de repos et de convalescence.*

Le Foyer des enfants, 47, route de Versailles, Boulogne (Seine). Siège, 29, rue Boileau (1901). — Colonie pour enfants débiles de 4 à 13 ans à Cayeux-sur-Mer (Somme). Direction confes. Placem. collectif. Séjour de 1 mois. Prix : 1 fr. 35 par j., voyage non compris. Quelques admissions grat.

Église réformée de la rue Cortambert, 19, rue Cortambert. — Utilise (1889) les colonies de l'Œuv. des trois semaines, de Levallois-Perret (Seine). Direction confes. Placem. familial et collectif. Prix : 40 fr. à la campagne, 70 fr. à la mer. Quelques admissions grat.

Colonies de vacances des quartiers de Chaillot et de la Porte-Dauphine, 5, rue Léonard de Vinci. — Colonies fond. par le comte d'Aulan (1909) à Clamart (Seine), Cerfroid (Aisne), Biville (Manche), pour garçons de 11 à 15 ans et filles de 9 à 13 ans, de toutes les écoles des quartiers de Chaillot et de la Porte-Dauphine. Allocations de voyage d'enfants dans leur famille. Direction non confes. Placem. collectif. Séjour de 3 semaines. Toutes les admissions grat.

Colonie du Pavillon d'Alincourt, 49, rue du Ranelagh. Fond. par Mme Bérenger (1900) à Alincourt, par Magny-en-Vexin (Seine-et-Oise). — Pour fillettes et jeunes filles de tous quartiers, spécialement de la Glacière. Direction non confes. Placem. collectif. Séjour de 1 mois. École ménagère annexée. Toutes admissions grat.

Colonie fermière Saint-Louis du Petit-Appeville, près Dieppe (Seine-

Inférieure). Siège, 11, rue Newton. — Direction non confes. Placem. collectif. Durée de séjour variable. Prix : 1 fr. par j. de 5 à 8 ans, 1 fr. 25 par j. de 9 à 10 ans, 1 fr. 50 par j. de 11 à 14 ans, 1 fr. 50 par j. pour tous du 15 juillet à fin septembre.

Œuvre de bienfaisance Gerson, 31, rue de la Pompe. — Utilise (1906) les colonies de l'Œuv. des Saines vacances, de la Chaussée du Maine, des Bonnes vacances, du Rayon de soleil pour la jeune fille, ou subventionne la colonie du patron. de Passy, en faveur des garçons pauvres du quartier. Direction cath. Placem. collectif. Grat.

Lycée Molière (filles), 71, rue du Ranelagh. — L'Association amicale des anciennes élèves et la Sté de bienfaisance du lycée utilise (1898), au profit de ses petites protégées, les colonies de la Ligue fraternelle des enfants de France (VIe arrondissement), de l'Œuv. des colonies scolaires de vacances (IIe arrondissement), de l'Œuv. de la Chaussée du Maine (VIIe arrondissement). Autre colonie à Montgeroult-Courcelles (Seine). Direction non confes. Placem. collectif et familial. Durée de séjour variable. Gratuité, mais petite contribution partielle des parents obligatoire.

Hôpital-Dispensaire Léonard-de-Vinci, 12, rue Léonard-de-Vinci. — Colonie (1909) pour enfants chétifs des deux sexes à Dieppe (Seine-Inférieure). Direction non confes. Placem. familial. Grat.

Réunion d'Eylau (jeunes gens), 67, rue Boissière. — Utilise, au profit de garçons débiles des écoles communales et libres de Suresnes et de fillettes du quartier St-Gervais, la colonie de Plougasnou (Finistère). Direction cath. Placem. collectif. Séjour de 3 semaines. Grat.

Patronage Saint-Joseph (garçons), 8, rue Singer. — Colonie (1908) à St-Symphorien (Sarthe), pour garçons des écoles municipales et libres du quartier de la Muette, fréquentant le patron. Direction cath. Placem. collectif. Séjour de 1 mois. Gratuité, mais contribution obligatoire de 10 fr. des parents.

Patronage d'Auteuil et du Point-du-Jour (garçons), 7, avenue de la Frillière. — Colonie (1907) à Écouis (Eure). Direction cath. Placem. collectif. Séjour de 3 semaines. Prix : 30 fr., voyage non compris.

Patronage Jules-Ferry (filles), 130, rue de Longchamp. — Utilise les colonies de l'Œuv. parisienne des enfants à la montagne (IIIe arrondissement). Direction non confes. Placem. familial. Séjour de 45 j. Contribution de 10 fr. minimum des enfants.

Patronage Saint-Vincent-de-Paul de Notre-Dame-de-Grâce (filles), 60, rue Raynouard. — Colonie (1903) à Berck-sur-Mer (Pas-de-Calais), pour fillettes et jeunes filles de 12 à 25 ans de toutes les écoles ou j. ouvr. Direction des Sœurs de St. V. de P. Placem. collectif. Séjour de 15 à 30 j. Prix : 45 à 50 fr. par mois, voyage compris. Nombreuses admissions grat. Visite médicale oblig.

Patronage-atelier (filles), 60, rue La Fontaine. — Utilise l'Œuv. du repos pour les jeunes Parisiennes (VIIIe arrondissement), et à une colonie autonome à Chichery (Yonne). Direction cath. Placem. collectif. Séjour de 15 j. Prix : 25 fr., voyage compris.

Patronage Sainte-Geneviève et Saint-Antoine de Notre-Dame d'Auteuil (filles), 18, rue Claude-Lorrain. — Colonie (1903) à St-Jean-du-Doigt (Finistère). Direction cath. Placem. collectif. Séjour de 15 j. Presque toutes les admissions grat.

Patronage des Sœurs de Saint-Vincent-de-Paul (filles), 154, avenue Victor-Hugo. — Utilise les colonies des Sœurs de St. V. de P. à Rugles (Eure) et Villers-sur-Mer (Calvados). Presque toutes les admissions grat.

Orphelinat de Saint-Honoré d'Eylau (filles), 117, avenue Victor-Hugo. — Colonie à l'île d'Oléron. Direction cath. Placem. collectif. Séjour de 1 mois. Grat.

Patronage Notre-Dame-de-Grâce (filles), 12, rue Nicolo. — Colonie (1905) à la Ferté-sous-Jouarre (Seine-et-Marne). Direction cath. Placem. collectif. Séjour de 15 j. Grat.

Maison des Sœurs gardes-malades, 78, rue La Fontaine. — Colonies à St-Cyr-sur-Morin (Seine-et-Marne). Direction cath. Placem. collectif. Séjour de 1 mois. Grat.

XVIIe ARR.

Caisse des écoles du XVIIe arrondissement. Siège à la Mairie, rue des Batignolles (1872). — Colonies municipales (1890) pour garçons et filles au Tréport-Mers (Somme), Monthléry (Seine-et-Oise) et St-Germain-la-Campagne (Eure). Colonie permanente à Orival-St-Hélier (Seine-Inférieure), propriété de la Caisse des écoles (1908). Direction non confes. Presque toutes les admissions grat. Faible contribution des parents. Placem. collectif. Séjour de 20 j. Subventions officielles.

Œuvre parisienne des colonies maternelles scolaires, 10, rue Boursault (1898). — Pour enfants des deux sexes, de 4 à 7 ans, débiles et pauvres des écoles maternelles de la Ville de Paris. Colonie à Mandres (Seine-et-Oise). Direction non confes. Placem. collectif. Séjour de 1 mois. Prix : 35 fr. par mois, mais presque toutes les admissions grat. Subventions officielles.

L'Air pur, 8, rue Jouffroy (1903). — Colonies pour enfants débiles des deux sexes, de 6 à 12 ans, sans distinc. de culte et d'école, à Marnoue-les-Moines (Seine-et-Marne) et St-Servan (Ille-et-Vilaine). Direction non confes. Placem. collectif. Séjour de 1 mois. Prix : 45 fr. Grat. pour partie.

Colonie de vacances pour les enfants de Paris, 8, rue Demours (1908). — Pour écoliers ou app. à Ker Trez-Malaouen, Plouévez-Portzay, baie de Douarnenez (Finistère). Direction cath. Placem. collectif. Séjour de 3 semaines. Prix : 50 fr., voyage compris. Contribution obligatoire des parents suivant leurs moyens.

Les petits Parisiens aux champs. Annexe du Dispens. antituberculeux des VIIIe et XVIIe arrondissements. Fond. par M. Lalance, 54 *bis*, rue Boursault. — Recon. ut. pub. Direction non confes. Envoie à la campagne (1903) dans la Sarthe, Seine-et-Marne et en Champagne, des enfants des deux sexes, de 5 à 15 ans, débiles mais non malades, de la région parisienne, sans distinc. de religion et de nationalité. Placem. familial. Durée de séjour variable. Prix : 35 fr. par mois de 5 à 12 ans, 40 fr. par mois de 12 à 15 ans, voyage compris. Visite médicale obligatoire au dispens., même adresse. S'adresser à Mlle Delassaux, directrice, 2, rue Gaillard (IXe arrondissement).

Le Rayon de soleil pour la jeune fille, 127, avenue de Villiers (1903). — Maisons de vacances pour fillettes et j. ouvr. débiles et anémiées, de 10 à 25 ans, à Bermont et Domrémy (Vosges), la Ronce, Beaumont et Nemours (Seine-et-Marne), Brainville (Haute-Marne), Barfleur et Coutances (Manche), Plestin-les-Grèves (Côtes-du-Nord), et Berck-sur-Mer (Pas-de-Calais). Direction cath. Placem. collectif. Séjour de 15 à 45 j. Prix : 25 fr. pour 15 j., 35 fr. pour 3 semaines, 45 fr. pour 1 mois, voyage compris. Quelques admissions grat.

Les Gars normands, 75 *bis*, boulevard de Clichy, et 19, rue Davy. — Colonie à Épone (Seine-et-Oise), pour enfants des deux sexes des adhérents de l'Association (1909). Direction non confes. Placem. collectif. Séjour de 1 mois. Contrib. obligatoire de 25 fr. des parents.

Union amicale des jeunes filles des VIIIe et XVIIe arrondissements, 21, passage Legendre (1899). — Utilise les colonies de l'Œuv. de la Chaussée du Maine (VIIe arrondissement), pour ses protégées débiles de 8 à 15 ans. Direction non confes. Placem. familial. Séjour de 1 mois. Grat.

Œuvre des vacances de l'Union populaire catholique, 112, boulevard de Courcelles (1907). — Maison de repos à Juilly (Seine-et-Marne), pour fillettes et jeunes filles depuis l'âge de 5 ans. Direct. cath. Placem. collectif. Séjour de 1 mois. Prix : 45 fr., voyage compris. Certificat médical oblig. Voir *Œuvres diverses de secours.*

Église évangélique de l'Étoile, 3 *bis*, rue Denis-Poisson. — Utilise (1905) les colonies de l'Œuv. de la Chaussée du Maine (VIIe arrondissement) et de l'Œuv. des Trois semaines (Levallois-Perret), pour enfants des deux sexes et mères de famille de cette paroisse. Direction confes. Placem. familial. Séjour de 1 mois. Prix : 40 fr. Visite médicale oblig.

Œuvre des colonies de vacances de l'Institut moderne, 44 *bis*, avenue de la Grande-Armée. — Utilise les colonies de la Ligue fraternelle des enfants de France, pour enfants débiles et pauvres des deux sexes du quartier des Ternes. (VIe arrondissement.)

Association paroissiale de Saint-Michel des Batignolles, 10, passage St-Michel. — Utilise (1906) pour enfants anémiés des deux sexes les colonies de l'Œuv. du Rayon de soleil pour la jeune fille (XVIIe arrondissement), de l'Œuv. des vacances scolaires (VIIe arrondissement), et de St-Denis-de-l'Estrée (Seine). Colonie autonome au Croisic (Loire-Inférieure). Direction cath. Placem. collectif. Séjour de 3 semaines. Gratuité, mais contribution facultative des parents.

Patronage Saint-Ouen (garçons), 35, avenue de St-Ouen. — Colonie (1907) au Croisic (Loire-Inférieure). Direction cath. Placem. collectif. Séjour de 3 semaines. Prix : 2 fr. par j., voyage compris. Contribution facultative des parents.

Patronage Saint-Joseph des Épinettes (garçons), 38, rue des Épinettes. — Utilise (1905) la colonie du patron. Le Bon Conseil (VIIe arrondissement). Direction cath. Placem. collectif. Séjour de 15 j. Prix : 30 fr. Contribution facultative des parents.

Patronage des Sœurs de Saint-Vincent-de-Paul (filles), 22, rue Bayen — Utilise (1904) les colonies des Sœurs de St. V. de P. (VIIe arrondissement). Contribution facultative des parents.

Patronage Sainte-Marthe (filles), 3, rue Lacaille. — Utilise (1906) les colonies de l'Œuv. du Rayon de soleil pour la jeune fille (XVIIe arrondissement). Direction cath. Placem. collectif. Séjour de 21 à 30 j. Grat.

XVIIIe ARR.

Caisse des écoles du XVIIIe arrondissement, siège à la Mairie, rue Ordener (1885). — Colonies municipales (1891) pour garçons et filles à Luzancy, près la Ferté-sous-Jouarre (Seine-et-Marne), propriété de la Caisse des écoles, en caravanes alternées de garçons ou de filles. Direction non confes. Placem. collectif. Séjour de 21 j. Presque toutes les admissions grat. Subventions officielles.

La Maison verte, 127 et 129, rue Marcadet. — Utilise pour ses petits protégés des deux sexes les colonies de l'Œuv. des Trois semaines, Levallois-Perret (Seine). Direction confes. Placem. familial. Durée de séjour variable. Contribution de 25 fr. des parents. Quelques admissions grat.

Le Rayon de soleil, Association de vacances populaires, 92, rue de Clignancourt (1902). — Pour enfants et adultes des deux sexes, membres de l'Association, habitant Paris ou la banlieue, ouvriers, employés, instituteurs appartenant à un groupement laïque (Université populaire, Syndicat, Ligue des droits de l'homme, etc.), versant une cotisation annuelle de 1 fr. par personne ou 1 fr. 50 par famille. Colonies à Châtelaillon (Charente-Inférieure) et Sables-d'Olonne (Vendée). Direction non confes. Placem. collectif. Séjour de 7 à 15 j. Prix : 2 fr. par j. pour adultes, 1 fr. par j. pour enfants de 3 à 7 ans, 1 fr. 25 de 7 à 10 ans, 2 fr. 50 en août, 1 fr. 75 fin septembre.

L'Éôs. Colonie scolaire végétarienne sous la tente, siège, 2 *bis*, rue Berthe. — Fond. par Mme Reynoud (1909) pour enfants des deux sexes, de 6 à 15 ans. Séjour de 1 à 2 mois à Pourville (Seine-Inférieure) en 1909, à Colleville-Plage (Orne) en 1910. Prix : 35 fr. pour 1 mois et droit d'admission de 1 fr., voyage compris. Régime alimentaire sans vin ni viande, vie en campement nuit et jour. 55 lits.

La Solidarité, Maison du peuple de la Chapelle, Université populaire, 13, rue des Roses. — Utilise, pour ses petits protégés des deux sexes, la colonie des enfants de la Villette (XIXe arrondissement). Grat.

Colonie de vacances du quartier Rochechouart, 43, avenue Trudaine (1909). — Colonie à Villerville-sur-Mer (Calvados), pour enfants des deux sexes des écoles libres et laïques du quartier. Direction non confes. Placem. collectif. Séjour de 3 semaines. Grat.

Œuvre des promenades scolaires, 14, boulevard de la Chapelle. — Nombreuses promenades offertes aux enfants du quartier, non bénéficiaires des colonies municipales, à Chantilly, Grosbois, Orry-la-Ville, etc. Grat.

Patronage et Cercle Championnet (garçons), 174, rue Championnet. — Utilise (1908) la Colonie de vacances pour les enfants de Paris, à Ker Trez-Malaouen, baie de Douarnenez (Finistère) (XVIIe arrondissement) pour garçons, et les colonies de l'Œuv. du Rayon de soleil pour la jeune fille, à Brainville (Vosges), (XVIIe arrondissement).

La Santé des jeunes de Clignancourt (garçons), 34, rue Hermel. — Colonie (1907) à Criel-sur-Mer (Seine-Inférieure). Direction cath. Placem. collectif. Séjour de 15 j. Contribution obligatoire des colons selon leurs moyens.

Ecole-Atelier, 32, rue de la Chapelle. — Colonie de garçons à Boulogne. Grat.

Œuvres ouvrières de Clignancourt (garçons), 140, rue de Clignancourt. — Utilise les colonies de Montsoult (Seine-et-Oise), et de la Pierre-qui-Vire (Yonne). Direction cath. Placem. collectif. Séjour de 21 j. Prix : 1 fr. 25 à 3 fr. par j. Quelques admissions grat.

Patronage Jeanne d'Arc de la Chapelle (garçons), 32, boulevard de la Chapelle. — Colonie à Hardelot (Pas-de-Calais). Direction cath. Placem. collectif. Séjour de 1 mois. Contribution obligatoire des colons selon leurs moyens.

Patronage Saint-Régis de Montmartre (garçons), 23, rue Lamarck. — Colonie (1890) à St-Dye-sur-Loire (Loir-et-Cher). Direction cath. Placem. collectif. Séj. de 15 j. Contrib. oblig. des colons selon leurs moyens.

Patronage Saint-Jean-l'Évangéliste (garçons), 14, passage de l'Élysée-des-Beaux-Arts. — Colonie (1909) à Noirmoutier (Vendée). Direction cath. Placem. collectif. Séjour de 3 semaines. Contribution facultative des colons selon leurs moyens.

Patronage des Sœurs de Saint-Vincent-de-Paul, 48, rue Stéphenson. — Utilise les colonies des Sœurs de St. V. de P. à Drancy (Seine), etc. Séjour de 15 j. Grat.

L'Union aveyronnaise, 28, rue Lamarck.

XIXe ARR.

Caisse des écoles du XIXe arrondissement, siège à la Mairie, place Armand-Carrel (1862). — Colonies municipales (1890) pour garçons à Malesherbes (Loiret) et aux Sables-d'Olonne (Vendée), pour filles à Malesherbes (Loiret) et St-Fargeau (Yonne). Direction non confes. Toutes les admissions grat. Placem. collectif. Séjour de 20 j. Subventions officielles.

La Maison maternelle, siège, 38 *bis*, rue Manin. Fond. par Mlle L. Koppe (1891). — Recon. ut. pub. Colonie pour enfants chétifs et pauvres des deux sexes, de 5 à 14 ans, à Authon-du-Perche (Eure-et-Loir). Direction confes. Placem. collectif. 100 lits. Séjour de 1 mois. Grat.

Sorties de Bambins et Colonie de vacances du Pont-de-Flandre, siège, 12, avenue du Pont-de-Flandre. Fond. par M. Lajarrige, pour enfants des deux sexes, de 8 à 13 ans, du XIXe arrondissement (1904). — Plusieurs excursions annuelles de 2 à 3 000 enfants et de 1 500 parents au Tréport (Seine-Inférieure), à Dinant (Belgique), etc. Grat.

Colonie (1907) pour enfants des deux sexes, désignés par leurs camarades des écoles municipales de l'arrondissement, à Pornichet (Loire-Inférieure). Direct. non confes. Placem. collectif. Séjour de 20 j.

Colonie des enfants de la Villette, siège, 7, rue Jomard. — Colonie ouverte toute l'année à Pavillons-sous-Bois (Seine) (1907), pour enfants des deux sexes, chétifs et pauvres. Direction non confes. Placem. collectif. Séjour de 3 semaines. Contribution obligatoire des parents suivant leurs moyens. Quelques admissions grat.

Colonie de vacances mutuelles de Belleville, siège, 36, rue Bolivar (1910). — Colonie ouverte toute l'année à Caulmont (Oise). Direction protest. Placem. collectif. Séjour de 1 mois. Contribution variable des parents.

Patronage Notre-Dame-d'Espérance (garçons), 25, rue de la Villette. — Utilise (1905) les colonies de l'Œuv. des Saines vacances (VIe arrondissement). Direction cath. Contribution des parents suivant leurs moyens. Quelques admissions grat.

Patronage du Sacré-Cœur (garçons), 22, rue Tandou. — Utilise (1906) la colonie de Montsoult (Seine-et-Oise) de l'Œuv. des vacances scolaires (VIIe arrondissement).

Patronage Notre-Dame des Buttes (garçons), 114, rue Bolivar. — Colonies au Raincy (Seine-et-Oise) et à Fleury (Seine-et-Marne). Direction cath. Placem. collectif. Séjour de 5 semaines. Grat.

Ateliers Sainte-Élisabeth (filles), 16, rue Curial. — Utilise (1898) les colonies de l'Œuv. des Bonnes vacances (XVIe arrondissement). Direction cath. Grat.

Patronage des Sœurs de Saint-Vincent-de-Paul (filles), 160, rue de

Crimée. — Utilise (1899) les maisons de vacances des Sœurs de St. V. de P. (VIIe arrondissement). Grat.

XXe ARR.

Caisse des écoles du XXe arrondissement, siège à la Mairie, rue des Pyrénées (1881). — Colonies municipales pour garçons à Vire (Calvados) et Isches (Vosges), pour filles à Vire (Calvados), aux Sables-d'Olonne (Vendée) et à Isches (Vosges). Direction non confes. Toutes les admissions grat. Placem. collectif. Séjour de 21 j., de 30 j. à Isches. Subventions officielles.

Patronage Saint-Jean de Ménilmontant (garçons), 3, passage Eupatoria. — Colonie (1905) à Lourdoueix-St-Michel (Indre). Direction cath. Placem. collectif. Séjour de 3 semaines. Contribution des parents de 15 à 25 fr. Quelques admissions grat.

Colonie du patronage Saint-Pierre (garçons), 276, rue des Pyrénées. — Colonie des Ménilmontagnards (1907) à Brachay (Haute-Marne), pour enfants des écoles libres et communales. Direction cath. Placem. collectif. Séjour de 1 mois. Contribution des colons de 25 à 30 fr. Quelques admissions grat.

Patronage Jeanne-d'Arc (garçons), 109, rue Pelleport. — Utilise (1910) les colonies de Montsoult (Seine-et-Oise) de l'Œuv. des vacances scolaires (VIIe arrondissement). Grat.

Colonie du patronage La Bellevilloise (garçons), 17, rue Boyer (1903). — Direction laïque. Grat.

Patronage Sainte-Anne (garçons), 42, rue Planchat (1851). — Utilise les colonies des Œuv. de Montsoult (Seine-et-Oise), des Saines vacances, etc. Direction laïque cath. Placem. collectif. Séjour de 21 j. Contribution partielle des colons selon leurs moyens.

Patronage du Sacré-Cœur (filles), 20, rue des Panoyaux. — Colonie (1901) à Roezé (Sarthe). Direction cath. Placem. collectif. Contribution des parents de 5 à 30 fr.

Orphelinat des Sœurs de Saint-Vincent-de-Paul (garçons et filles), 119, rue de Ménilmontant. — Utilise (1898) les Maisons de vacances des Sœurs de St. V. de P. (VIIe arrondissement). Placem. collectif. Séjour de 1 mois. Contribution des enfants suivant leurs moyen

BANLIEUE

ARCUEIL-CACHAN. — **Colonie du patronage laïque,** 22, rue Émile-Raspail.

Colonie du groupe des écoles de Cachan, 7, rue Étienne-Dolet.

ARGENTEUIL. — Colonie scolaire réunie à celle d'Enghien (Seine-et-Oise).

ASNIÈRES. — **Colonie municipale,** siège à la Mairie (1901). — Utilise l'Œuv. de la Chaussée du Maine (VIIe arrondissement). Placem. familial. Séjour de 1 mois. Admissions grat. et payantes.

ALFORTVILLE. — **Œuvre des enfants à la mer,** 4, place de la Mairie (1910). — Colonie aux Sables-d'Olonne. Direction non confes. Placem. collectif. Séjour de 42 j.

Patronage Saint-Joseph des Quatre-Routes, de la paroisse Ste-Geneviève. — Colonie (1905) pour garçons en Savoie et pour filles en Bourgogne. Direction cath. Placem. collectif. Séjour de 3 semaines.

AUBERVILLIERS. — **Colonie municipale,** siège à la Mairie (1895). — Enfants des deux sexes à Vire (Calvados). Grat.

Œuvres d'Aubervilliers, siège, 4, rue des Noyers. — Colonie de garçons (1908) à Entraygues (Aveyron). Direction cath.

BAGNEUX. — **Colonie municipale de garçons,** siège à la Mairie (1907), à Mers (Somme).

BOIS-COLOMBES. — **Colonie municipale,** (1907) pour les enfants des deux sexes, jointe aux colonies de l'Œuv. de la Chaussée du Maine (VIIe arrondissement). Grat.

BOULOGNE-SUR-SEINE. — **Colonie municipale,** siège à la Mairie (1905)). — Pour enfants des deux sexes à Berck-sur-Mer (Pas-de-Calais). Placem. collectif. Séjour de 2 mois. Grat.

Patronage Sainte-Thérèse (filles), 44, rue de l'Est. — Utilise (1906) les colonies de l'Œuv. des Bonnes vacances (XVIe arrondissement). Direction cath. Placem. collectif. Séjour de 3 semaines. Presque toutes les admissions grat.

Œuvre des vacances (filles), siège chez Mme Chauvet (1910). — Colonie à Cayeux-sur-Mer (Somme).

BOURG-LA-REINE. — **Colonie municipale,** siège à la Mairie (1908). — Utilise l'Œuv. parisienne des enfants à la montagne (IIIe arrondissement).

Colonie de vacances Saint-Gilles (garçons), siège, 23, rue Ravon. (1906). — Colonie à Plélan-le-Grand (Ille-et-Vilaine), pour garçons du patron. Direction cath. Placem. collectif. Séjour de 30 j. Certificat médical obligatoire. Contribution de 10 fr. des parents. Quelques admissions grat.

Patronage Jeanne-d'Arc (filles), 54, Grande-Rue. — Colonie (1908) à Avernes (Seine-et-Oise). Direction cath. Placem. collectif. Séjour de 1 mois. Petite contribution des parents.

CHAMPIGNY-SUR-MARNE. — **Colonie municipale,** siège à la Mairie (1908). — Jointe à celle des Enfants à la montagne de Nogent-sur-Marne (Seine).

CHARENTON. — **Patronage Saint-Antoine de Padoue** (filles), 12, rue de la Zone des Magasins-Généraux (1910). — Colonie à Grisolles (Eure). Direction cath. Placem. collectif. Grat.

Patronage Saint-Vincent-de-Paul (garçons), même adresse. — Colonie (1910) à St-Joseph-du-Lac (Haute-Savoie). Direction cath. Placem. collectif. Grat.

Patronage laïque paroissial de l'Immaculée-Conception (filles), 38, rue Gabrielle. — Colonie (1910) à St-Pol-de-Léon (Finistère). Direction cath. Placem. collectif. Grat.

CHATENAY. — **Colonie municipale.** — En formation à la Mairie (1910).

CHATILLON. — **Patronage Saint-Michel** (garçons), 45, rue de Paris. — Colonie (1905) à Mesnières-en-Braye (Seine-Inférieure). Direction cath. Placem. collectif. Séjour de 3 semaines. Constatations médicales. Grat.

Patronage de Châtillon (filles), 19, rue du Ponceau. — Colonie (1909) à Port-en-Bessin (Calvados). Placem. collectif.

CHATOU. — **Colonie municipale**, siège à la Mairie (1910). En formation.

CHOISY-LE-ROI. — **Colonie municipale**, siège à la Mairie. — Jointe à celles de l'Œuv. de la Chaussée du Maine (VIIe arrondissement). Grat.

CLAMART. — **Colonie municipale**, siège à la Mairie (1906). — Jointe à celles de l'Œuv. de la Chaussée du Maine (VIIe arrondissement). Grat.

Œuvre Jeanne-d'Arc, 2, rue du Nord. — Colonies (1900) pour enfants des deux sexes à Clamart (Seine) et Cerfroid (Aisne). Direction non confes. Placem. collectif. Séjour de 15 à 21 j. Prix : 1 fr. par j.

CLICHY. — **Colonie municipale**, siège à la Mairie (1894). — Jointe à celles de l'Œuv. de la Chaussée du Maine (VIIe arrondissement). Placem. familial. Séjour de 1 mois. Grat.

Les Œuvres ouvrières de Clichy et Patronage Notre-Dame-Auxiliatrice de la paroisse Saint-Vincent-de-Paul de Clichy, 7, rue du Landy. — Colonie pour garçons (1908) à St-Martin-sur-Ouanne (Yonne). Direction cath. Placem. collectif. Séjour de 15 j. Prix : 1 fr. 50 par j. pour les petits, 2 fr. pour les grands. Quelques admissions grat.

Les Œuvres sociales du nouveau Clichy et Patronage de la paroisse Notre-Dame-Auxiliatrice de Clichy, 160, boulevard Victor-Hugo. — Colonie (1908) pour garçons à Beuzec-Concarneau (Finistère). Direction cath. Placem. collectif. Séjour de 1 mois. Prix : 1 fr. 25 par j. Constatations médicales.

COURBEVOIE. — **Œuvre municipale des colonies scolaires de vacances**, pour enfants des écoles communales, siège à la Mairie (1902). — Utilise les colonies de l'Œuv. de la Chaussée du Maine (VIIe arrondissement). Placem. familial. Séjour de 1 mois. Grat.

Les Œuvres ouvrières de Courbevoie, siège, 21, rue St-Denis. — Colonie de garçons (1903) à Chamonix (Suisse) et Pléneuf (Côtes-du-Nord). Direction cath. Placem. collectif. Séjour de 15 j. Contribution des colons selon leurs moyens. Quelques admissions grat.

Patronage du Sacré-Cœur (filles), 24, rue de l'Alma. — Colonie

(1907) à Épone (Seine-et-Oise). Placem. collectif. Séjour de 15 j. Contribution obligatoire de 25 fr. environ des colons.

Patronage Sainte-Geneviève (filles), 36, rue de l'Alma. — Colonie (1906) à Fontaine-en-Dormois (Marne). Placem. collectif. Séjour de 15 à 20 j. Presque toutes les admissions grat. Pesées au départ et au retour.

FONTENAY-SOUS-BOIS. — **Colonie municipale**, siège à la Mairie. — Jointe à celles de l'Œuv. des colonies scolaires de vacances (IIe arrondissement). Grat. partielle.

GENTILLY. — **Patronage Saint-Saturnin** (garçons), 15, avenue Raspail. — Colonie (1905) à Verneuil (Eure). Direction cath. Placem. collectif. Séjour de 1 mois. Prix : 55 fr. La moitié des admissions grat.

GENNEVILLIERS. — **Colonie des Grésillons**, 87, avenue des Grésillons (1910). — En formation.

GRIGNON-ORLY. — **Colonie de vacances de l'École de jardinage.** — Durée de séjour indéterminée. Prix : 35 fr. par mois, voyage non compris. École professionnelle.

ISSY-LES-MOULINEAUX. — **Société des colonies scolaires Les Enfants à la montagne**, siège à la Mairie (1909). — Direction non confes. Placem. collectif et familial. Séjour de 21 ou 42 j. Prix : 70 fr.

Patronage Notre-Dame-Auxiliatrice (garçons), 6, rue de Chevreuse. — Colonie (1907) à Lourdoueix-St-Michel (Indre). Direction cath. Placem. collectif. Séjour de 25 j. Contribution des colons selon leurs moyens.

IVRY. — **Œuvre cantonale des colonies scolaires**, siège à la Mairie (1908). — Colonie pour enfants des deux sexes à Vire (Calvados). Direction non confes. Placem. collectif. Grat.

Compagnie générale d'électricité. — Utilise les colonies de plusieurs œuv. existantes (1911).

Institut populaire catholique et Patronage Saint-Pierre et Saint-Paul (garçons), 19, rue du Château. — Colonie (1904) à St-Pair (Manche). Direction cath. Placem. collectif. Séjour de 15 à 21 j. Presque toutes les admissions grat.

Les patron. cath. d'Ivry utilisent aussi la colonie de la Mulotière, du patron. St-Anne de la Maison-Blanche (XIIIe arrondissement).

JOINVILLE-LE-PONT. — **Colonie du patronage laïque**, siège à la Mairie.

KREMLIN-BICÊTRE. — **Patronage Saint-Jean-Saint-Louis** (garçons), 1, rue Carnot. — Colonie à Recloses (Seine-et-Marne). Direction cath. Placem. collectif. Séjour de 15 j. Contribution des colons selon leurs moyens.

LA GARENNE. — **Patronage de jeunes filles.** — Utilise (1910) une colonie de l'Œuv. des Bonnes vacances (XVIe arrondissement).

LE PERREUX. — **La Vie au bon air,** 22, rue Brillet. — Colonie de la villa St-Joseph. Prix variables.

LES LILAS. — **Patronage catholique des Lilas,** 18, rue de l'Avenir (1910). — Colonie pour enfants pauvres et débiles à St-Martin-sur-Ouanne (Yonne). Petite participation des colons à la dépense.

LEVALLOIS-PERRET. — **Colonie municipale,** siège à la Mairie (1882). — Pour enfants des deux sexes, à Gien (Loiret). Direction non confes. Placem. collectif. Séjour de 21 j. Grat.

Œuvre des Trois semaines, 51, rue Gide. Première œuv. de colonies de vacances en France fond. par le Pasteur Lorriaux (1881). — Colonies pour enfants des deux sexes, de 6 à 13 ans, et mères de famille, sans distinc. de religion, à Montjavoult (Oise), Nanteuil-lès-Meaux, St-Denis-lès-Rebais (Seine-et-Marne), Ver, St-Aubin-sur-Mer et Courseulles (Calvados). Direction protest. Placem. familial et collectif. Séjour de 3 semaines renouvelable. Prix : 40 fr. à la campagne, 70 fr. à la mer. Séjour de 1 mois . Contribution des parents selon leurs moyens. Admissions grat. selon les ressources.

MAISONS-ALFORT. — **Patronage Jeanne-d'Arc** (garçons), rue Rodier, et **Patronage Sainte-Agnès** (filles), place de l'Église. — Colonies (1908) à Corbigny (Nièvre). Direction cath. Placem. collectif. Séjour de 21 j. Contribution des parents selon leurs moyens.

MONTREUIL. — **Œuvre municipale,** siège à la Mairie (1906). — Direction non confes. Colonie pour enfants des deux sexes, jointe à celles de l'Œuv. de la Chaussée du Maine (VIIe arrondissement).

Patronage paroissial (garçons), 44, rue Arsène-Chéreau. — Colonie St-André-du-Bas-Montreuil (1908) à Allanche (Cantal). Direction cath. Placem. collectif. Séjour de 1 mois. Petite contribution des colons ou grat.

Colonie paroissiale (filles). — Jointe à celle du patron. Ste-Catherine, à Montfort-l'Amaury (V^e^ arrondissement).

MONTROUGE. — **Colonie municipale,** siège à la Mairie. — Jointe à celles de l'Œuv. de la Chaussée du Maine (VIIe arrondissement). Grat.

Les Enfants à la montagne, siège, 128, avenue de la République (1910). — Colonies en Auvergne pour enfants des deux sexes. Direction non confes. Placem. familial. Séjour de 4 ou 6 semaines. Prix : 45 fr. pour 30 j., 60 fr. pour 45 j. Réductions suivant les ressources.

NANTERRE. — **Colonie municipale,** siège à la Mairie (1908). — Jointe à celles de l'Œuv. de la Chaussée du Maine (VIIe arrondissement). Grat.

Colonie paroissiale, dans l'Eure (1910).

NEUILLY. — **Colonie municipale,** siège à la Mairie (1904). — Pour enfants des deux sexes des écoles communales, jointe à celles de l'Œuv.

de la Chaussée du Maine (VIIe arrondissement). Direction non confes. Placem. familial. Séjour de 5 semaines. Grat.

Association Saint-Pierre de Neuilly (garçons), 121, avenue du Roule (1909). — Colonie pour garçons de 11 à 16 ans à Waas (Sarthe). Direction cath. Placem. collectif. Séjour de 21 j. Contribution des colons suivant leurs moyens.

Patronage Le Semeur (garçons), 12 *bis*, rue Soyer (1900). — Colonie pour garçons de 11 à 15 ans à Waas (Sarthe). Direction cath. Placem. collectif. Séjour de 21 jours. Prix : 40 fr.

Patronage de jeunes filles, 7, avenue de Madrid. — Colonie (1906) à Waas (Sarthe). Direction non confes. Placem. collectif. Séjour de 1 mois. Prix : 40 fr. Aucune admission grat. Certificat médical obligatoire.

NOGENT-SUR-MARNE. — **Les Enfants à la montagne et à la mer**, Sté du canton de Nogent-sur-Marne et des cantons environnants, siège, 17, rue Théodore-Honoré. — Colonies (1906) à Gérardmer (Vosges) et à Ault (Somme). Direction non confes. Placem. familial et collectif. Séjour de 1 mois. Presque toutes les admissions grat.

PANTIN. — **Colonie municipale.** — Jointe à celles de l'Œuv. de la Chaussée du Maine (VIIe arrondissement).

Dispensaire de Pantin-Aubervilliers, 64, route de Flandre. — Colonie de vacances pour enfants débiles. Grat.

PAVILLONS-SOUS-BOIS. — **Colonie paroissiale Notre-Dame de Lourdes**, 5, rue Émile-Zola. — Villa à St-Martin, par Viarmes (Seine-et-Oise).

PRÉ-SAINT-GERVAIS. — **Colonie municipale**, siège à la Mairie. — A Toucy (Yonne), pour enfants débiles des deux sexes des écoles communales. Direction non confes. Placem. collectif. Séjour de 21 j. Grat.

Colonie catholique de vacances (garçons), presbytère paroissial du Pré-St-Gervais (1908). — A Courteilles, près Verneuil (Eure). Direction cath. Placem. collectif. Séjour de 23 j. Contribution obligatoire des colons de 15 à 35 fr.

PUTEAUX. — **Colonie municipale**, siège à la Mairie (1907). — Jointe à celles de l'Œuv. de la Chaussée du Maine (VIIe arrondissement). Grat.

SAINT-DENIS. — **Colonie municipale**, siège à la Mairie (1907). — A Vire (Calvados), pour enfants pauvres des deux sexes. Direction non confes. Placem. collectif. Séjour de 21 j. Grat.

Patronage Saint-Denis de l'Estrée (garçons), 7, rue des Ursulines. — Utilise (1906) la colonie de St-Louis de la Mulotière, par Tillières-sur-Avre (Eure-et-Loir), du patron. de la Maison-Blanche (XIIIe arrondissement). Utilise aussi l'Œuv. des vacances scolaires (VIIe arrondissement), à Montsoult (Seine-et-Oise). Direction cath. Placem.

collectif. Séjour de 20 j. Prix : 40 fr. Quelques admissions grat.

Œuvre de la Plaine-Saint-Denis. — Colonie de vacances (1910). Sœurs de St. V. de P.

SAINT-MANDÉ. — **Colonie municipale,** siège à la Mairie (1906). — A Berck-sur-Mer (Pas-de-Calais), pour enfants débiles des deux sexes. Direction non confes. Placem. collectif. Séjour de 1 mois. Grat.

Colonie du Rayon, Patronage catholique de St-Mandé. — Utilise une œuv. cath. envoyant les enfants à la montagne. Petite contribution des enfants.

SAINT-MAUR-LES-FOSSÉS. — **Colonie municipale,** siège à la Mairie (1908). — A Mers (Somme), pour enfants débiles des deux sexes. Direction non confes. Placem. collectif. Séjour de 20 j. Grat.

SAINT-MAURICE. — **Colonie municipale,** siège à la Mairie (1906). — A Vire (Calvados). Pour enfants chétifs des deux sexes. Direction non confes. Placem. collectif. Séjour de 20 j. Grat.

La Jeunesse de Saint-Maurice, 3, rue Edmond-Nocard. — Colonie (1910) du patron. de garçons, écoliers et app. de 11 à 18 ans, à la Villa de Kerlevenez, à Plougasnou (Finistère). Direction cath.. Placem. collectif. Séjour de 20 j. Prix demandé : 25 fr.

SAINT-OUEN. — **Colonie municipale,** siège à la Mairie. — A Vire (Calvados). Mêmes conditions.

Patronage de Notre-Dame-du-Rosaire (jeunes gens), 12, rue des Rosiers. — Colonie (1907) à Gland-sur-Nyon (Suisse). Direction cath. Placem. collectif. Séjour de 8 à 21 j. Petite contribution obligatoire et variable des colons.

SURESNES. — **Colonie municipale,** siège à la Mairie. — Pour enfants débiles des deux sexes, jointe à celles de l'Œuv. de la Chaussée du Maine (VIIe arrondissement). Grat.

Patronage Notre-Dame-des-Victoires (garçons), 1, rue de Nanterre. — Colonie (1909) à Mesnières-en-Bray (Seine-Inférieure). Direction cath. Placem. collectif. Séjour de 3 semaines. Contribution facultative des parents selon leurs moyens.

Patronage de jeunes filles. — Utilise la colonie de l'Œuv. des vacances au grand air, au Chesnoy (Haute-Marne). Placem. collectif.

VILLENEUVE-LA-GARENNE. — **Société de voyages scolaires Les Amis de l'enfance,** siège, 2, avenue de Gennevilliers (1908). — Pour les élèves des deux sexes des écoles, d'au moins 8 ans, les plus dignes d'intérêt.

VINCENNES. — **Colonies municipales,** siège à la Mairie. — Pour enfants des deux sexes des écoles communales, à Berck-sur-Mer (Pas-de-Calais), Montigny-le-Roi (Haute-Marne) et Sables-d'Olonne (Vendée). Direction non confes. Placem. collectif. Grat.

Œuvre maritime des colonies scolaires permanentes et temporaires, siège, 27, rue de la Liberté (1896). — Colonies ouvertes toute l'année à Vincennes (Seine), et temporaires à Bernières-sur-Mer (Calvados), pour enfants débiles, garçons de 3 à 10 ans, filles de 3 à 16 ans. Direction non confes. Placem. familial. Prix : 25 fr. par mois à Vincennes, 60 fr. par mois à Bernières, voyage compris.

VITRY. — **Colonie municipale**, siège à la Mairie. — A Cayeux (Somme), pour enfants des deux sexes débiles et pauvres. Direction non confes. Placem. collectif. Grat.

Colonie scolaire de l'usine Groult. — A Brighton-Plage, près Cayeux (Somme), pour enfants des employés de l'usine. Placem. collectif. Grat.

CHAPITRE XIII

HOPITAUX POUR ENFANTS ET ADOLESCENTS

Les hôp. mentionnés dans ce chapitre sont consacrés uniquement aux soins des enfants, ou contiennent des quartiers qui leur sont réservés. On trouvera dans des chapitres spéciaux la nomenclature des sanat. d'enfants, des hôp. pour enfants aveugles, sourds-muets, aliénés, épileptiques, incurables.

Dans les hôp. de l'Assist. pub., les admissions sont prononcées, en cas d'urgence, à toute h. du j. et de la nuit ; dans les autres cas, à la consult. du mat. Les hôp. d'enfants de l'Assist. pub. reçoivent indistinctement les malades de tous les arr. Les opérations sont subordonnées à l'autorisation des parents.

Les enfants atteints de maladies contagieuses sont admis dans des quartiers spéciaux des hôp. d'enfants.

Les maladies des yeux, du nez, de la bouche et des oreilles sont aussi soignées dans les services spéciaux des hôp. d'adultes (voir Hôp. d'adultes). *Les bandages et appareils orthopédiques sont délivrés à l'Hôtel-Dieu, sur un certificat du médecin, apostillé par le Bur. de bienf. Les hôp. de l'Assist. pub. de Vendôme, Romorantin, etc., sont réservés aux enfants atteints de la teigne.*

A) Hôpitaux dépendant de l'Assistance publique

Ier ARR.

Hospice des Enfants-Assistés, 74, rue Denfert-Rochereau. — 850 lits. Pour enfants de 0 à 15 ans, malades et abandonnés, ou dont les parents sont malades ou détenus préventivement ; pour enfants arrêtés pour vagabondage, ou dont l'état exige des soins immédiats.

Consultations : Médecine : lund., merc., vend., 10 h. ; — chirurgie et orthopédie : mard., jeud., sam., 10 h. ; — consult. spéciales du docteur Salaquin : mard. et sam., 1 h. ; — consult. spéciales du Docteur Bord :

vend., 10 h. ; —yeux : mard., sam., 9 h. et demie à 10 h. ; — oreilles, nez, gorge : merc., 9 h. et demie à 10 h. ; — bouche et dents : lund., vend., 9 h. et demie.

Annexe de l'Hospice des Enfants-Assistés, 76, rue Denfert-Rochereau. — 60 lits. Pour enfants de 3 à 15 ans. Grat. pour les enfants du département de la Seine. Pour les autres, 4 fr. 50 par j. en médecine, 5 fr. 75 en chirurgie.

Ve ARR.

La Salpêtrière, 47, boulevard de l'Hôpital. — 1 381 lits pour le service hospitalier, dont 20 lits pour filles incurables de 4 à 16 ans, non idiotes, arriérées, aveugles, ni sourdes-muettes. Voir *Hôp. d'adultes*.

Xe ARR.

Saint-Louis, 40, rue Bichat (hôp. temporaire). — 145 lits d'enfants. Soins aux enfants atteints de la teigne.

Consultations : Médecine : lund., merc., vend., 9 h. ; — chirurgie : tous les j. à 9 h. Voir *Hôp. d'adultes*.

Annexe de Saint-Louis, 14, rue Grange-aux-Belles. — Reçoit les enfants jusqu'à 15 ans, temporairement, pour le traitement orthopédique.

XIIe ARR.

Hôpital Trousseau, 158, rue Michel-Bizot. — 364 lits pour enfants non contagieux de 0 à 15 ans.

Consultations : Médecine et chirurgie : tous les j., à 9 h. ; — orthopédie : jeud., à 8 h. et demie ; — dents : lund., vend., 10 h. ; — nourrissons : sam., 10 h.

XVe ARR.

Hôpital des Enfants-Malades, 149, rue de Sèvres. — 734 lits pour enfants de 0 à 15 ans.

Consultations : Médecine : tous les j., à 9 h., y compris le dim. et sauf le vend., 10 h. ; — chirurgie : tous les j., 10 h., sauf dim., 9 h. ; — maladie de la peau : merc. ; — nez, gorge, oreilles : lund., jeud., 9 h. ; — yeux : tous les j., 9 h., sauf dim. et fêtes ; — consult. de nourrissons, tous les j., 10 h., sauf dim. et lund. ; — orthopédie : jeud., 10 h. ; — dents : mard., jeud., 9 h.

XVIIIe ARR.

Hôpital Bretonneau, 2, rue Carpeaux. — 261 lits pour enfants jusqu'à 15 ans.

Consultations : Médecine : tous les j., sauf dim., 9 h. ; — chirurgie, tous les j., 10 h. ; — orthopédie : lund., merc., vend., 10 h. ; — oto-rhino-laryngologie : jeud., 10 h. ; — dents : lund., vend., 9 h. ; — radiologie, radioscopie : tous les j., 10 h.

XIXe ARR.

Hôpital Hérold, 5, place du Danube. — 228 lits pour enfants jusqu'à 15 ans ; quartier pour enfants tuberculeux.

Consultations : Médec. : tous les j., à 9 h. ; — dents : mard., jeud., 9 h.

BERCK-SUR-MER. — **Succursale des hôpitaux de Paris.** — 784 lits pour enfants.

BICÊTRE. — **Hôpital Bicêtre.** — 20 lits pour garçons épileptiques non aliénés. Voir *Asiles d'aliénés.*

BRÉVANNES (Seine-et-Oise). — **Succursale des hôpitaux de Paris.** — 248 lits pour enfants convalescents, et 99 lits pour enfants tuberculeux.

CHARENTON-SAINT-MAURICE. — **Hôpital du Canton.** — Voir *Hôp. d'adultes.*

FORGES-LES-BAINS (Seine-et-Oise). — **Succursale des hôpitaux de Paris.** — Hôp. et maison de conval. 246 lits d'hôp., 22 lits de conval.

HENDAYE. — **Succursale des hôpitaux de Paris.** — 24 lits pour enfants.

IVRY. — **Hospice.** — 56 lits pour garçons de 4 à 16 ans, incurables, ni idiots, arriérés, aveugles ou sourds-muets. Voir *Vieillesse.*

LA ROCHE-GUYON. — **Succursale des hôpitaux de Paris.** — 108 lits pour enfants. Voir *Asiles de conval. pour enfants.*

MÉDAN (Seine-et-Oise). — **Fondation Zola.** — Reçoit des enfants débiles, envoyés par l'Hôpital des Enfants-Malades. Direction laïque.

B) Hôpitaux privés

IVe ARR.

Hôpital Saint-François, 86, boul. St-Marcel. — Voir *Hôp. d'adultes.*

XIIe ARR.

Hôpital des Dames diaconesses, 95, rue de Reuilly. — 18 lits pour enfants protestants, atteints de maladies aiguës et non contagieuses. Filles, sans limite d'âge ; garçons, jusqu'à 7 ans. Médecine et chirurgie. Prix : 1 fr. par j. ou gratuité, suivant les cas.

Hôpital Rothschild, 76, rue de Picpus. Voir *Hôp. d'adultes.*

XIIIe ARR.

Hôpital Marie-Lannelongue, 129, rue de Tolbiac. — Dépend de la Ligue fraternelle des enfants de France. Religieuses augustines. 20 lits pour enfants de 0 à 15 ans (chirurgie seulement). Grat. pour enfants de moins de 15 ans. Voir *Maisons de santé chirurgicales.*

XIVe ARR.

Hôpital Saint-Joseph, 1, rue Pierre-Larousse. — Pavillons réservés aux enfants de 3 à 15 ans. Voir *Hôp. généraux d'adultes.*

XVIIIe ARR.

Policlinique Rothschild, 199, rue Marcadet. — Direction laïque. 30 lits. Hospitalise les enfants âgés de moins de 2 ans, ainsi que leurs mères, le cas échéant.

CLICHY. — **Hôpital Gouin**, 92, rue du Bois. — Voir *Hôp. d'adultes.*

COURBEVOIE. — **Asile Lambrechts**, 46, rue de Colombes (1823).

— Direction laïque. Dépendant de l'Assist. pub. seulement pour le budget. 110 lits pour enfants malades.

LEVALLOIS-PERRET. — **Hôpital du Perpétuel-Secours,** 80, rue de Villiers. — Religieuses. Voir *Hôp. d'adultes.*

NEUILLY. — **Maison Marguerite,** 139, rue Borghèse (1897). — Recon. ut. pub. Dames diaconesses. Hôp. grat. pour enfants de 2 à 13 ans, atteints de maladies aiguës (contagieuses ou accidents aigus, à l'exclusion des cas chirurgicaux, des affections locales des yeux, oreilles, peau, et toutes maladies ne nécessitant pas le séjour au lit). Consultations pour les maladies aiguës.

Pour les admissions, s'adresser à la Directrice ou à M. le Docteur Marc Jousset, 12, rue de Bourgogne, à Paris.

NEUILLY. — **Cité des Fleurs,** 57, boulevard Bineau (1865). — Pour hommes et enfants au-dessus de 4 ans. Protestant.

CHAPITRE XIV

SANATORIUMS ET HOPITAUX MARINS POUR ENFANTS ET ADOLESCENTS

N'ont été notés ici que les Sanatoriums ayant à Paris ou dans le département de la Seine un Bureau d'inscription. La liste des autres Sanatoriums se trouve dans la France charitable, *à chaque département.*

IVe ARR.

Assistance publique, 3, avenue Victoria. — Inscriptions pour l'**Hôpital maritime de Berck-sur-Mer** (Pas-de-Calais) (1861). Direction laïque. 1 019 lits. Pour enfants de 2 à 15 ans. Grat. pour enfants indigents tuberculeux des hôp. et hospices de Paris.

Admission après avis favorable du médecin traitant ou consultant, et approbation d'une commission médicale spéciale, sur demande adressée à l'Administration générale de l'Assist. pub.

— Inscriptions pour le **Sanatorium populaire d'Hendaye** (Basses-Pyrénées) (1899). Destiné aux enfants parisiens atteints de rachitisme, scoliose, et aux anémiques, neurasthéniques, etc. 611 lits.

Admission après avis favorable du médecin traitant ou consultant, et approbation d'une commission médicale spéciale, sur demande adressée à l'Administration générale de l'Assist. pub.

VIe ARR.

167, rue de Rennes. — Fondation de Mlle Bonjean. Inscriptions pour le **Sanat. de Pellevoisin** (Indre). 60 à 70 places. Pour filles jusqu'à 21 ans, ou garçons jusqu'à 6 ans. Être cath. Prix variable. Voir *Convalescence.*

54, **rue du Four.** — Inscriptions pour le **Sanatorium d'Argelès** (Hautes-Pyrénées). Fond. par le Dr Douillard (1873). Direction laïque. 30 places. Pour filles orphelines de père ou de mère, âgées de 5 à 11 ans, cath., et dont les parents ont été mariés à l'église. 30 fr. par mois ou grat.

VIIIe ARR.

62, rue de Miromesnil. — **Œuvre des Sanatoriums maritimes.** Recon. ut. pub. (1887). Direction laïque. Inscriptions pour **Banyuls** (Pyrénées-

Orientales), 250 lits ; **Saint-Trojan** (île d'Oléron (Charente-Inférieure), 200 lits. Pour garçons et filles de 2 à 14 ans, débiles, lymphatiques, scrofuleux et rachitiques. Conditions d'admission : 1° présentation d'un bulletin administratif indiquant l'état civil complet ; 2° présentation d'un bulletin médical spécifiant l'absence de maladie contagieuse (entre autres de phtisie déclarée) ; 3° pour les enfants secourus, décision ou arrêté administratif.

35, **rue de Miromesnil.** — **Œuvre des enfants tuberculeux** (1888). Recon. ut. pub. Inscriptions pour le **Sanatorium de Noisy-le-Grand** (1898). Grat. 50 lits. Pour filles de 3 à 10 ans, atteintes de tuberculose pulmonaire.

— Inscriptions pour le **Sanatorium de Villiers-sur-Marne** (1893). Grat. 150 lits. Pour garçons de 9 à 14 ans, atteints de tuberculose pulmonaire.

— Inscriptions pour le **Sanatorium d'Ormesson** (1888). 100 lits. Pour garç. de 3 à 9 ans, atteints de tuberculose pulmonaire. Prix : 2 fr. par j.

IXe ARR.

25, **rue de Maubeuge.** — **Œuvre de Villepinte** (1877). Dispens. pour jeunes filles anémiques ou atteintes d'affections pulmonaires. Religieuses de Marie-Auxiliatrice. Inscriptions pour **Villepinte** (1881) : pour jeunes filles de 6 ans au moins atteintes de maladie de poitrine. Grat. pour les fondateurs ; 3 fr. par j. pour les autres.

— Inscriptions pour **Champrosay**, par Draveil (Seine-et-Oise) (*Sanat. Minoret*). Religieuses de Marie-Auxiliatrice. Pour jeunes filles de 6 à 20 ans. Grat. pour les fondateurs : 2 fr. par j. pour les autres. Ne reçoit que les jeunes filles exemptes de tuberculose et de maladies contagieuses.

— Inscriptions pour le **Sanatorium Alice Fagniez, à Hyères** (Var) (1895). Se présenter le merc. et le sam., de 9 h. à 10 h. mat. Voir *Placem.*, *Préservation*, *Convalescence.*

XIIe ARR.

14, **rue de Picpus.** — Inscriptions pour le **Sanatorium protestant de Berck (villa du Souvenir)** (1895). Pour garçons et jeunes gens anémiés et délicats ; reçoit en hiver des enfants des deux sexes. 20 places. 2 fr. à 3 fr. 50 par j. S'adresser à M. Dumas, Pasteur, 14, rue de Picpus.

XVe ARR.

Hôpital Rothschild, 76, rue de Picpus. — Inscriptions pour enfants des deux sexes à l'hôpital Rothschild, de Berck (Pas-de-Calais). Grat.

71, **avenue Félix-Faure.** — **Fondation Maria Chauvière** (1903). Inscriptions pour **le Sanatorium d'Isches** (Vosges). Direction laïque. 60 fr. par mois. Quelques places grat. Pour garçons et filles de 9 à 13 ans, faibles, mais non atteints de maladies contagieuses.

XVIe ARR.

120, **rue de la Pompe.** — Inscriptions pour le **Sanatorium de Vaucresson**, 18, allées St-Cucufa (Seine-et-Oise). Direction laïque. 25 places. Pour garçons cath. de 18 mois à 7 ans, dont les parents sont malades ou malheureux. 15 à 20 fr. par mois.

CHAPITRE XV

DISPENSAIRES D'ENFANTS ET ADOLESCENTS

Les enfants sont soignés grat. dans tous les dispens. d'adultes, et sont admis aux consult. externes des hôp. d'adultes, à moins d'indication contraire.

Les dispens. compris dans la liste qui suit sont réservés aux enfants exclusivement et à certains jours. Y sont soignés les enfants de 2 ou 3 ans jusqu'à 14 ou 15 ans. Pour les enfants de moins de 2 ou 3 ans, voir Consult. de nourrissons.

Les hôp. d'enfants ont des consult. externes. Pour l'admission aux consult. des dispens. de l'Assist. pub., voir Dispens. d'adultes.

Dans les dispens. pour enfants de la Sté philant., les consult., médicaments, bains et douches sont donnés grat. à tout enfant qui se présente. Voir Dispens. d'adultes.

Ier ARR.

15, **rue Jean-Lantier** (1883). — Direction laïque. Recon. ut. pub. Pour enfants jusqu'à l'âge de 15 ans, quel que soit le domicile. — Médecine : tous les j., à 9 h. ; — yeux : mard. et sam., à 9 h. et demie ; — nez, gorge, oreilles, larynx : mard., à 9 h. et demie ; — électrothérapie, radiothérapie : jeud., sam., à 9 h. ; — bouche, dents : jeud., à 9 h. ; — lait stérilisé : tous les j. à 9 h. ; — consult. de nourrissons : sam., à 9 h. ; — vaccinations, bains, douches, tous les j. — Pansements, distrib. de médicaments : tous les j., de 8 h. à 11 h. et de 3 h. à 5 h.

IIe ARR.

2 bis, **rue de la Jussienne** (1889). — Caisse des écoles. Pour enfants jusqu'à 14 ans, quel que soit leur domicile. — Médecine et petite chirurgie : tous les j., à 9 h. ; — yeux : mard., à 9 h. ; — dents : jeud., à 9 h. ; — médicaments grat. ; distrib. de lait ; distrib. de vêtements et jouets.

IIIe ARR.

19, **rue Pastourelle** (1895). — Caisse des écoles. Pour enfants de 0 à 15 ans, fréquentant les écoles communales. — Médecine et petite chirurgie : tous les j., sauf dim. et fêtes, de 8 h. à 9 h. ; — dents : jeud., de 10 h. à 11 h. ; — yeux : mard., de 9 h. à 10 h. ; — médicaments : de 4 h. à 5 h.

IVe ARR.

80, **rue Saint-Antoine.** — Direction laïque. — Clinique médicale : mard., jeud., sam., de 4 h. à 5 h. Voir *Dispens. d'adultes.*

IVe ARR.

38, **rue de la Verrerie.** — Dispens. de la Sté philomathique. Voir *Dispens. d'adultes.*

44, **rue Sainte-Croix-de-la-Bretonnerie.** — Fondation Ruel (1887). Direction laïque. Pour enfants jusqu'à 15 ans. — Médecine et petite chirurgie : tous les j., sauf dim., de 8 h. à midi. — Régime alimentaire accordé à 35 ou 40 enfants nécessiteux pendant 3 mois. — Médicaments grat. ; — distrib. de lait pasteurisé tous les j., dim. compris, de 8 h. à midi. — Pansements, bains, douches, tous les j., sauf le dim.

Ve ARR.

Place du Panthéon. — Caisse des écoles. Pour enfants jusqu'à l'âge de 15 ans. Distrib. grat. de médicaments sur avis du médecin-inspecteur des écoles du Ve arrondissement. Il n'est pas donné de soins.

76, **rue Denfert-Rochereau.** — Assist. pub. Pour enfants jusqu'à 15 ans. — Médecine : lund., merc., vend., de 9 h. à 10 h. ; — chirurgie infantile : mard., jeud., sam., de 9 h. à 10 h. ; — yeux : mard., sam., de 9 h. et demie à 10 h. ; — nez, oreilles, gorge : merc., de 9 h. et demie à 10 h. — 36 lits pour enfants de 3 à 16 ans, grat. pour enfants du département de la Seine, payants (4 fr. 50 médecine et 5 fr. 75 chirurgie) pour les autres. Voir *Hôp. d'enfants.*

VIe ARR.

F 6, **rue Antoine-Dubois.** — Clinique du Docteur Stapfer. Prix divers. Femmes et petits garçons, tous les j., à 9 h., sauf dim. et fêtes. Voir *Dispens. d'adultes.*

VIIe ARR.

1, **rue Oudinot** (1887). — Caisse des écoles. Pour enfants jusqu'à 15 ans. — Médecine et distrib. de médicaments : les mard., jeud. et sam., de 2 h. à 3 h. et demie ; — bouche et dents : jeud., à 2 h. ; — distrib. de lait stérilisé, tous les j., de 9 h. à 11 h. — Vaccinations à toutes les consult.

109, **rue Saint-Dominique** (1894). — Caisse des écoles. Pour enfants jusqu'à 15 ans. — Médecine et distrib. de médicaments : lund., merc., vend., de 2 h. à 3 h. ; — distrib. de lait stérilisé tous les j., de 10 h. à midi ; — vaccinations le 1er lund. du mois.

IXe ARR

17, **rue de La Tour-d'Auvergne** et 25, **rue de Maubeuge**. — Dispens. de l'Œuv. de Villepinte. Voir *Sanat. d'enfants.*

24, **rue Rodier** (1889). — Direction laïque. Pour enfants jusqu'à 15 ans. — Médecine et petite chirurgie : tous les j., à 9 h., et mard., jeud. et sam., à 2 h. ; — bons pour médicaments grat.

Xe ARR.

14, **rue du Terrage** (1893). — Dispens. grat. pour enfants malades et nécessiteux (1898). Direction laïque (siège social à la Mairie). — Médecine et chirurgie : tous les j., sauf dim., de 9 h. à 10 h. ; — yeux : jeud., de 10 h. à 11 h. ; — bouche et dents : jeud., de 8 h. et demie à 9 h. et demie mat. ; — vaccination : jeud., à 10 h.

41, **rue d'Albouy**. — Caisse des écoles. Pour enfants jusqu'à 15 ans. Inscriptions tous les j., de 9 h. à 10 h. — Médecine et petite chirurgie : tous les j., à 10 h. ; — yeux : tous les j., à 9 h. ; — bouche et dents : jeud., à 9 h. ; — hygiène de la tête : jeud., à 9 h. ; — douches : tous les j. ; — vaccination : jeud., à 9 h. ; — médicaments administrés sur place : tous les j., de 8 h. à 9 h. et de 4 h. à 5 h.

XIe ARR.

33, **rue Saint-Bernard** (1892). — Municipal. Consult. tous les j., avant 8 h. et demie mat., et de 4 h. à 5 h. soir. — Dents : une fois par semaine ; — distrib. à prix réduit de lait stérilisé.

70, **rue du Chemin-Vert** (1895). — Municipal. Pour enfants jusqu'à 14 ans, quel que soit le domicile. — Médecine, petite chirurgie et yeux : tous les j., à 9 h. ; — dents : jeud., à 10 h. ; — pansements tous les j., de 7 h. à midi et de 4 h. à 6 h. ; — médicaments grat.

5, **rue du Commandant-Lamy**. — Voir *Dispens. d'adultes.*

19, **rue Pierre-Levée** — Direction laïque. Pour les enfants du quartier jusqu'à 12 ans, merc., de 10 h. à midi.

XIIe ARR.

44, **rue de Charolais** (1893). — Pour les enfants des écoles de la ville. Tous les j. sauf le vend., de 8 h. à 10 h. — Yeux : mard. ; — dents : jeud. ; — hydrothérapie, nettoyage de la tête, bons pour lunettes grat., distrib. d'huile de foie de morue.

XIIIe ARR.

22, **rue Bobillot**. — Policlinique du Docteur Bernard Kaufmann. Consult. grat. pour enfants le jeud., de 4 h. à 7 h.

39, **rue Jenner**. — Sté philant. Sœurs de St. V. de P. Voir *Dispens. d'adultes.*

69 et 71, **boulevard Auguste-Blanqui** (1892). — Dispens. laïque de la Maison-Blanche. Pour enfants jusqu'à 16 ans. — Médecine : lund., jeud., à 10 h., merc., sam., à 9 h. ; — petite chirurgie, peau et cuir chevelu : mard. et vend., à 10 h. ; — yeux : jeud., à 2 h. et demie ; — larynx, nez, oreilles : vend., à 11 h. ; — dents et bouche : lund.,

jeud., à 9 h. ; — pansement : de 7 à 8 h. mat. et de 4 h. à 5 h. s. ; — médicaments grat. ; — consult. de nourrissons : merc., à 10 h. ; — vaccination : merc., à 9 h. ; — bains, douches et distrib. grat. de lait stérilisé.

129, **rue de Tolbiac** (1902). — Dispens. Marie Lannelongue. Voir *Hôp. d'enfants.*

4, **rue Jean-Marie Jégo** (1889). — Sté philant. Fondation Édouard André. Sœurs de St V. de P. Voir *Dispens. d'adultes.*

XIVe ARR.

78, **rue de la Tombe-Issoire.** Voir *Dispens. d'adultes.*

9, **rue des Plantes.** — Fondation de l'Institut cath. Voir *Dispens. d'adultes.*

201, **avenue du Maine.** — Sté philant. Sœurs auxiliatrices de l'Immaculée-Conception. Voir *Dispens. d'adultes.*

10, **rue Delbet.** — Fondation Furtado-Heine (1884). Pour enfants jusqu'à 15 ans. — Maladies des enfants, petite chirurgie, orthopédie : tous les j., à 9 h. mat. ; — soins et pansements : tous les j., de 7 h. à midi ; — médicaments grat. ; appareils orthopédiques à moitié prix. — Goutte de lait, lait stérilisé tous les j. à 0 fr. 15 la bouteille.

48 et 50, **rue du Château.** — Dispens. d'enfants. Direction protest. (Œuv. de la petite famille). Traitement spécial de la tuberculose.

XVe ARR.

17 et 19, **rue d'Ouessant.** — Voir *Dispens. d'adultes.*

15, **rue de l'Abbé-Groult.** — Dispens. du Comité de sauvetage des petits gueux du XVe arrondissement (1904). Direction laïque. Pour enfants jusqu'à 13 ans. — Consult. médicales : merc. et sam., de 9 h. et demie à 11 h. et demie ; — dents et bouche : mard., de 10 h. à 11 h. mat.

4, **rue de l'Arrivée.** — Dispens. marin du Docteur Quinton. Voir *Dispens. d'adultes.*

6, **rue Letellier** (1897). — Direction laïque. Voir *Dispens. d'adultes.*

Rue Lecourbe (Mairie) (1892). — Dispens. de la Caisse des écoles. — Médecine générale, dents, yeux : tous les j., à 2 h.

48, **rue de la Convention** (1892). — Voir *Dispens. d'adultes.*

XVIe ARR.

30, **rue La Fontaine.** — Fondation Simon Lazard. (1899). Direction laïque. — Médecine : tous les mat., de 9 h. à 10 h. ; — chirurgie : lund., merc. vend., à 10 h. ; — yeux : jeud., à 10 h. ; — nez, gorge, oreilles : mard., à 10 h. ; — bouche, dents : jeud., à 1 h. et demie ; — électricité, massage : 3 fois par semaine ; — gymnastique : 2 fois par semaine ; — vaccination : jeud., à 10 h. ; — pansements, médicaments, bains : tous les j.

32, **rue des Perchamps.** — (Pro Vita). Direction laïque. Voir *Dispens. d'adultes.*

17, **rue de l'Annonciation.** — Dispens. Suarez de Mendoza. Voir *Dispens. d'adultes.*

XVIIe ARR.

54, **rue Boursault.** — Recon. ut. pub. — Maladies de la gorge : jeud., à 9 h. mat. Voir *Dispens. d'adultes.*

Œuvre de l'allaitement maternel, 9, rue J.-B.-Dumas. — Voir *Dispens. d'adultes.*

24, **rue Rennequin** (1891). — Dispensaire de la Caisse des écoles. Pour enfants jusqu'à 15 ans. — Médecine : tous les j., à 9 h. et demie ; — nez, oreilles, larynx : lund., à 10 h. ; — maladies nerveuses : mard., à 10 h. ; — peau, cuir chevelu : merc., à 9 h. et demie ; — yeux : vend., à 10 h. et demie ; — dents, bouche : merc., à 10 h. et demie ; — vaccination grat. : jeud., à 9 h. et demie.

132, **rue Legendre** (1888). — Caisse des écoles. Pour enfants jusqu'à 15 ans. — Médecine : lund., merc., sam., à 9 h., mard., à 8 h., jeud., vend., à 10 h. et demie ; — peau, cuir chevelu : jeud., à 9 h. ; — bouche, dents : jeud., à 8 h. ; — nez, gorge, oreilles : jeud., à 9 h. et demie ; — orthopédie : jeud., à 2 h. et demie ; — vaccination : jeud., à 2 h. et demie.

XVIIIe ARR.

199, **rue Marcadet.** — Policlinique Rothschild. Pour enfants jusqu'à 15 ans. Grat. pour les habitants des Xe, XVIIe, XVIIIe, XIXe arrondissements, dont le loyer est inférieur à 400 fr. Admission de 8 h. à 9 h., médicaments grat. Les adultes peuvent consulter sans avoir droit aux médicaments. Les victimes d'accidents sont soignés et conduites à l'hôp.

75, **rue de Clignancourt** (1888). — Sté philant. Fondation Hirsch de Géreuth. Sœurs du Calvaire de Gramat. Pour enfants jusqu'à 15 ans. — Médecine générale et yeux : mard., jeud., sam., de midi à 2 h. ; — pansements tous les j. : de 8 h. à 9 h. et demie ; médicaments grat. ; — bains et douches : lund., merc., vend., pour les garçons ; mard., jeud., sam., pour les filles.

127, **rue Marcadet.** — Dispens. de la Maison-Verte. Protest. Consult. le 1er jeud. du mois, à 2 h. et demie.

46, **rue Véron.** — Œuv. philant. de puériculture. Consult. lund., jeud., de 9 h. à 10 h.

Mairie (1891). — Caisse des écoles. Distrib. aux enfants des écoles pub. de bons pour soins à recevoir chez des dentistes et oculistes, pour bains et douches, hygiène de la tête ; — distrib. d'huile de foie de morue et de médicaments, lunettes.

XIXe ARR.

166, **rue de Crimée** (1883). — Sté philant. Sœurs du Calvaire. Pour enfants jusqu'à 15 ans. — Médecine : lund., mard., merc., vend., sam., de midi et demie à 2 h. ; — pansements, bains et douches : tous les j.

5, **rue Jomard** (1892). — Caisse des écoles. — Médecine générale : tous les j. sauf dim. et fêtes, de 7 h. et demie à 9 h. et demie ; — bouche et dents : le 1er jeud. de chaque mois ; — vaccination : le vend. ; —

distribution de lait stérilisé à prix réduit. Voir *Dispens. d'adultes.*

9, **rue David-d'Angers.** — Direction laïque. — Orthopédie et chirurgie des enfants : lund., à 9 h. ; — opérations : merc., à 9 h. ; — appareils : vend., à 9 h. ; — médecine : tous les j., de 8 h. à midi (fermé les dim. et fêtes) ; — médicaments et appareils grat.

6, **rue de l'Équerre** (1895). — Caisse des écoles. Pour enfants jusqu'à 13 ans. — Médecine et petite chirurgie : à 9 h. et demie mat., sauf le vend., les dim. et fêtes ; — consult. de nourrissons et vaccination : le vend., à 9 h. et demie ; — pharmacie.

126, **boulevard de Belleville** (1892). — Dispens. de la Goutte de lait. Fond. par le Docteur Variot (1892). Recon. ut. pub. Direction laïque. Pour enfants de 2 à 15 ans. — Médecine : tous les j., sauf dim., de 8 h. à 10 h. ; — nez, gorge, oreilles : merc., de 8 h. à 10 h. ; — chirurgie et yeux : jeud., de 8 h. à 10 h. ; — nourrissons : vend., de 8 h. à 10 h. ; — bouche et dents : vend., de 8 h. à 10 h. ; — distrib. de lait stérilisé grat. tous les j., sauf le dim., de 7 h. et demie à midi ; — pansements, médicaments grat.

XXe ARR.

45, **rue des Cendriers** (1888). — Direction laïque. Pour enfants jusqu'à 15 ans. — Médecine et chirurgie : tous les j., de 7 h. et demie à 9 h. mat., du 1er novembre au 30 mars ; de 7 h. à 8 h. et demie mat., du 1er avril au 30 octobre ; — médicaments, bains.

48, **rue des Pyrénées** (1887). — Sté philant. Sœurs du St-Sauveur. Pour enfants jusqu'à 16 ans. — Médecine : lund. et vend., à 9 h. et demie ; — pansements, douches, bains : tous les j.

ASNIÈRES. — 17, **avenue d'Argenteuil.** — Pour enfants de moins de 16 ans. — Médecine : lund. et merc., à 9 h. et demie ; — yeux : à 9 h. ; — dents : jeud., à 9 h. et demie ; — gorge, nez, oreilles : vend., à 8 h. et demie ; — bains, douches.

PANTIN. — 64, **route de Flandre** (Quatre-Chemins) (1895). — Recon. ut. pub. Pour enfants indigents, malades, des communes de Pantin et d'Aubervilliers. Médicaments grat. Envoie des enfants gratuitement à la campagne dans le Loiret, en les confiant à l'Œuv. des colonies de vacances de la Chaussée du Maine. Consult. tous les j. de 7 h. à midi. Tous âges, sexes et religions.

PUTEAUX. — 79, **rue Arago.** — Dispens. Marie-Hélène, mard., merc., jeud. et sam., à 9 h. et demie.

ROMAINVILLE. — **A la Mairie.** — Médicaments grat. aux enfants. Voir *Dispens. d'adultes.*

SAINT-MAUR. — 24, **boulevard de Champigny.** — Dispens.-hôp. Voir *Dispens., Hôp. d'adultes, Hôp. d'enfants.*

SURESNES. — 15, **rue de Neuilly.** — Médicaments grat.

CHAPITRE XVI

ASILES DE CONVALESCENCE POUR ENFANTS ET ADOLESCENTS

Ne sont indiquées dans ce chapitre que les Maisons situées dans le département de la Seine, ou celles qui ont un Bureau d'inscription à Paris. Pour les Maisons de conval. de l'Assist. pub., s'adresser, 3, avenue Victoria, Service des hôp. Les enfants sont conduits par leurs parents soit à un hôp. d'enfants à Paris, soit à la gare, et ils sont transportés par les soins et aux frais de l'administration. Au retour, ils sont ramenés à l'hôp. d'où ils sont partis. Voir Maisons de conval. et repos (adultes).

IVe ARR.

Assistance publique, 3, avenue Victoria. — Inscriptions pour l'**Asile de Forges-les-Bains** (Seine-et-Oise) (1854). — 268 lits. Pour enfants de 2 à 15 ans, ayant leur domicile de secours à Paris. Admission sur avis favorable du médecin traitant, ou du médecin consultant d'un hôp. de l'Assist. pub.

— Inscriptions pour l'**Asile d'Épinay-sous-Sénart** (Seine-et-Oise). — Pour jeunes filles de 5 à 15 ans. Voir *Maisons de conval. d'adultes.*

— Inscriptions pour l'**Asile de Limeil-Brévannes** (Seine-et-Oise). — 552 lits. Pour enfants convalescents des 2 sexes, sortant des hôp. de Paris. Voir *Sanat. d'adultes, Asiles de vieillards.*

— Inscriptions pour l'**Asile Saint-Joseph de Beaumont-en-Véron** (Indre-et-Loire). Fondation Grébant de Pontourny. 60 lits Pour jeunes ouvrières de Paris convalescentes ou anémiées, mais non tuberculeuses, âgées de 15 à 25 ans.

— Inscriptions pour **la Fondation Davaine** (1898), à Garches (Seine-et-Oise). 21 lits. Pour jeunes filles de 4 à 12 ans, convalescentes des hôp. Trousseau et Enfants-Malades.

— Inscriptions pour la Maison de conval. de **la Roche-Guyon**, par Bonnières (Seine-et-Oise). Fond. par le comte de La Rochefoucauld

(1850). — Desservie par les Sœurs de St. V. de P. La maison reçoit des jeunes garçons envoyés en conval. par les médecins des hôp., pour 1 mois au moins. 110 lits. S'adresser au Service des hôp., 3, av. Victoria.

V^e ARR.

15, **rue des Bernardins.** — Inscriptions pour **Montfort-l'Amaury** (Seine-et-Oise). Fondation H. et M. Desmazures, pour fillettes et jeunes filles. Voir *Conval. d'adultes.*

VIe ARR.

Asile de l'Œuvre de la visite des malades dans les hôpitaux, 39, rue Notre-Dame-des-Champs. — Pour jeunes filles âgées de plus de 15 ans. Voir *Conval. adultes.*

167, **rue de Rennes.** — Inscriptions pour **Pellevoisin** (Indre). Fond. par Mlle Bonjean, pour garçons de moins de 6 ans et filles de moins de 21 ans. Voir *Sanat. et conval. d'adultes.*

VIIIe ARR.

35, **rue de Miromesnil.** — Inscriptions pour l'**Asile de l'Œuvre des enfants tuberculeux de Noisy-le-Grand.** Voir *Sanat. d'enfants.*

IXe ARR.

25, **rue de Maubeuge.** — Inscriptions pour les **Cures rurales de Champrosay** (1904). 30 lits. S'adresser les 2e et 4e dim., à 3 h. Visite médicale au disp., 18 rue de La Tour-d'Auvergne. Voir *Sanat. d'enfants.*

XIIe ARR.

14, **rue de Picpus.** — Inscriptions pour la **Villa du Souvenir,** à Berck-sur-Mer. Voir *Sanat. d'enfants.*

16, **rue de la Victoire.** — Inscriptions pour la **Maison de repos de l'Union amicale des orphelins de la Seine,** à St-Maur-les-Fossés (Seine) (1907), pour enfants des deux sexes, orphelins ou demi-orphelins de plus de 15 ans. Ouv. toute l'année. Grat.

XIVe ARR.

26, **rue Saint-Jacques.** — **Œuvre d'hivernage des enfants dans le Midi, l'Algérie et la Corse.** Voir *Colonies de vacances.*

XVe ARR.

Asile de la Providence, 5, avenue Ste-Eugénie. — Sœurs de St. V. de P. Pour enfants pauvres sortant des hôp. de Paris et envoyés par l'Assist. pub.

Œuvre de l'Enfant-Jésus, 30, rue de Dombasle (1851.) — Sté de jeunes filles associées à l'Œuv. de la visite des malades dans les hôp. 122 lits pour filles. Reçoit, moyennant 1 fr. par j. payé par l'Assist. pub., les convalescentes de 2 à 15 ans sortant des hôp. Trousseau, Bretonneau ou des Enfants-Malades. Reçoit gratuitement les indigents recommandés par l'Œuv. de la Visite des malades, et des jeunes filles de plus de 13 ans pour leur faire faire leur première communion et les placer.

DRANCY. — **Maison de convalescence des Sœurs de Saint-Vincent-de-Paul.** Voir *Orphelinats* et *Maisons de conval. d'adultes.*

ISSY. — **Maison de Saint-Thomas de Villeneuve,** 4, place de l'Église. — Reçoit gratuitement les jeunes filles convalescentes non tuberculeuses à partir de 13 ans, pendant un temps déterminé. Voir *Conval. d'adultes.*

NEUILLY. — **Maison de convalescence pour enfants protestants,** 3, rue Chauveau. Voir *Conval. d'adultes.*

LE TREMBLAY (Seine-et-Oise). — **Maison de convalescence.,** pour petites filles sortant de l'hôp. St-Joseph à Paris.

CHAPITRES XVII, XVIII, XIX

ENFANTS INCURABLES, AVEUGLES, SOURDS-MUETS

Voir *chapitres* LIX, LX et LXI

CHAPITRE XX

ENFANTS ALIÉNÉS IDIOTS OU ARRIÉRÉS

Les enfants aliénés, idiots ou arriérés, que l'on désire faire recevoir dans un asile public, doivent être présentés, 1, rue Cabanis, avant 9 h. mat,

Pour les autres renseignements, s'adresser à la Préfecture de la Seine. direction des affaires départementales, service des aliénés. Voir Aliénés (adultes).

IVe ARR.

Hôtel-Dieu, place du Parvis-Notre-Dame. — Dépend de l'Assist. pub. Le merc. mat. Voir *Hôp. d'adultes.*

VIe ARR.

Patronage familial, 19, rue de Savoie. Fond. par M. Albanel (1900). — Clinique médico-pédagogique pour enfants anormaux, garçons, de 7 à 13 ans. Grat. Sam., de 4 h. à 5 h.

Dispensaire pédagogique, 49, rue St-André-des-Arts. — Direction laïque. Mard., jeud., sam., de 10 h. à midi. Pour enfants et adolescents vicieux, nerveux ou arriérés. Envoie à un établissement payant, 12, avenue de Ceinture, à Créteil.

Société pour l'instruction et la protection des enfants sourds-muets ou arriérés, 28, rue Serpente, et 8, rue Danton. — Recon. ut. pub. Direction laïque. A pour but de procurer à ces enfants des bourses et subventions dans les écoles ; leur donne son patron. pour se créer des moyens d'existence.

XIIIe ARR.

La Salpêtrière, boulevard de l'Hôpital. — Assist. pub. 20 lits, pour jeunes filles aliénées de moins de 16 ans. Grat. pour les indigents. Service sous la direction de l'hôp. de la Salpêtrière, mais dépendant de la Préfecture de la Seine. Voir *Hôp. d'adultes et d'enfants.*

BICÊTRE. — Assist. pub. Pour les garçons. Voir *Hôp. d'adultes, Hôp. d'enfants, Aliénés.*

BOULOGNE-SUR-SEINE. — **Maison familiale,** 59, rue de la Mairie. Fond. par Mme Besnard-Oyon. — Traite les enfants arriérés et nerveux. Prix variable suivant l'état de l'enfant. Mard. et vend., de 2 h. à 6 h.

ÉPINAY-SUR-ORGE, par Savigny (Seine-et-Oise) (1876). — **Asile de Vaucluse** (1890). — Dépend du département de la Seine. Direction laïque. Colonie de garçons atteints de maladies mentales, annexée à l'asile d'adultes. Voir *Aliénés (adultes)*.

CHILLY-MAZARIN. — **Œuvre pour filles aveugles arriérées.** Dépend de l'Association Valentin Haüy pour le bien des aveugles, 9, rue Duroc, Paris. Fond. par M. Haüy (1899) — Desservi par les Sœurs aveugles de St-Paul. Jeunes filles de toutes les religions, au-dessous de 21 ans. Prix de la pension : 600 fr. par an et le trousseau.

GENTILLY. — **Fondation Vallée,** 7, rue Benserade. — Assist. pub. Administrée par le personnel de Bicêtre. Pour jeunes filles. Voir *Bicêtre, hôp. d'adultes.*

CHAPITRE XXI

ASSOCIATIONS PROFESSIONNELLES

Les Syndicats professionnels, créés en conformité de la loi de 1884, *sont fort nombreux dans Paris et le département de la Seine. L'Annuaire publié par le Ministère du travail donne, pour* 1909, *les chiffres suivants* :

761 *syndicats patronaux avec* 138 902 *membres;*

585 *syndicats ouvriers avec* 321 029 *membres;*

22 *syndicats mixtes avec* 11 234 *membres;*

29 *syndicats agricoles avec* 23 547 *membres;*

56 *unions de syndicats patronaux groupant* 2 057 *syndicats et* 235 374 *membres;*

61 *unions de syndicats ouvriers groupant* 2 142 *syndicats et* 480 740 *membres;*

4 *unions de syndicats mixtes groupant* 29 *syndicats et* 10 294 *membres;*

2 *unions de syndicats agricoles groupant* 1 410 *syndicats et* 41 032 *membres.*

*Les syndicats professionnels ne constituent pas des œuvres charitables proprement dites, mais ils rendent des services bienfaisants à leurs adhérents : placem., caisses de retraite, de secours, de chômage, de prêts grat., secours de route, bibliothèques, etc. On aura ces indications à peu près complètes dans l'***Annuaire des syndicats professionnels**, *en vente chez Roustant, libraire, quai Voltaire,* 5. *On trouvera les Cours professionnels et les institutions spéciales de charité, créés par quelques syndicats, dans les chapitres respectifs du présent* Paris Charitable.

CHAPITRE XXII

PLACEMENT EN APPRENTISSAGE ENCOURAGEMENT AUX APPRENTIS

Ier ARR.

Comité de patronage des apprentis des Églises réformées de Paris, 4, rue de l'Oratoire (1853). — A pour but d'aider les familles ouvrières dans le choix des patrons pour leurs enfants, de surveiller les conditions d'apprentissage, de concourir aux dépenses d'entretien des apprentis et des secours médicaux en cas de maladie, de surveiller les apprentis sous le rapport religieux et moral. Les apprentis sont réunis le dim. ; le 2e du mois a lieu une conférence et le 4e une leçon de chant. Le comité donne des vêtements et des livrets de caisse d'épargne, et loge une dizaine d'apprentis à la Maison ouvrière du 4, rue Titon. Les demandes doivent être faites à M. Lindenlaub, agent, 4, rue de l'Oratoire.

Comité de patronage des apprentis tailleurs, 21, rue Richelieu (1896). — A pour but de former des apprentis aptes à devenir des ouvriers tailleurs travaillant sur mesure. Le patron. est soutenu par la Chambre syndicale des tailleurs de Paris. Il place ses pupilles en apprentissage chez de petits patrons, sous la surveillance de ses membres, et avec un contrat qui lie l'apprenti, le patron et le protecteur. Chaque année, les apprentis prennent part à un concours, 38, rue du Mail, ainsi que les anciens apprentis, pendant les six années qui suivent leur sortie d'apprentissage. Dans le local de la rue du Mail, a lieu tous les j. un cours de perfectionnement pour adultes, qui payent 1 fr. 50 par pièce.

IIe ARR.

Société d'encouragement de la bijouterie, de la joaillerie et de l'orfèvrerie, 2 *bis,* rue de la Jussienne (1874). — Recon. d'ut. pub. A pour but d'entretenir l'émulation parmi les apprentis, ouvriers et ouvrières de la profession, d'encourager les travaux et études se rapportant à ces industries, de concourir à l'entretien et au développement de l'école de dessin de la bijouterie. Des prix de travail sont accordés aux jeunes ouvriers, aux ouvriers, aux dessinateurs, lauréats de leurs concours respectifs ; des récompenses sont accordées aux artistes et fabricants qui font progresser l'industrie et l'enseignement professionnel ; des bourses de voyage sont données aux ouvriers méritants. Des prix de mérite récompensent la longue durée des services dans une même maison, le dévouement au patron, les vertus privées, l'amour de la famille. Enfin la Sté donne des pensions viagères.

IIIe ARR.

Société d'apprentissage de jeunes orphelins, 10, rue du Parc-Royal. Fondé par le baron de Gérando (1822). — Recon. ut. pub. A pour but de prendre sous son patron. les jeunes garçons orphelins pour les placer en apprentissage dans l'industrie et le commerce. Les enfants sont placés chez de petits patrons pouvant les loger et les nourrir. La Sté les fait visiter par ses membres, pourvoit à leur entretien et aux soins en cas de maladie. Les enfants passent le dim. à l'agence de la Sté, sauf un par mois. Ils reçoivent de la Sté des primes et une literie en fin d'apprentissage. A ce moment, les jeunes gens sont accueillis par une Sté annexe de prévoyance et de secours mutuels. Les pupilles de la Sté ont aussi fondé une caisse de la reconnaissance. La Sté, moyennant un droit d'admission de 75 fr., admet sans distinc. de culte ni de nationalité, lorsqu'ils ont 13 ans révolus, des enfants pauvres dont le père est mort ou ne peut s'occuper d'eux, la mère étant elle-même dans l'impossibilité de le faire.

IVe ARR.

Société de patronage des apprentis et ouvriers israélites de Paris. École de travail, 4 *bis*, rue des Rosiers (1852). — Recon. ut. pub. A pour but d'aider et d'encourager la mise en apprentissage à Paris de jeunes garçons israélites. Les pupilles sont logés à l'École de travail fond. par la Sté, et vont en apprentissage chez de petits patrons. Ils suivent à l'école des cours et des conférences d'instruction générale et technique. La durée de l'apprentissage est de 4 ans. La Sté surveille et assiste ses pupilles pendant leur apprentissage, leur accorde des récompenses qui leur constituent un pécule, et les suit après leur sortie de l'école. L'École de travail admet les jeunes garçons israélites à partir de 13 ans.

Association pour le placement en apprentissage et le patronage d'orphelins des deux sexes, 1, rue Ferdinand-Duval (1829). — Recon. ut. pub. A pour but de procurer aux orphelins pauvres des deux sexes l'apprentissage et l'instruction appropriés à leur intelligence. Les enfants sont placés en apprentissage sous la direction et la surveillance d'un membre de l'Association, qui veille à ce que l'enfant reçoive l'instruction professionnelle et primaire. L'Association a fondé un patron., où les garçons se réunissent le dim. Les apprentis de certains métiers sont logés en groupes de famille, dans des ménages de gardiens de la paix, aux frais de l'Association. Des récompenses, des objets de literie, des effets sont distribués chaque année aux enfants. Les pupilles sont admis de 13 à 14 ans et demi, sans distinc. de culte ou de nationalité, quand ils sont orphelins de père ou de mère, ou quand l'un des parents est dans l'incapacité de s'occuper d'eux, l'autre ayant disparu.

Société des Amis de l'enfance pour l'éducation et l'apprentissage des jeunes garçons pauvres de la Ville de Paris, 19, rue de Crillon (1828). — Recon. ut. pub. A pour but de s'occuper de l'éducation et de l'apprentissage de jeunes garçons pauvres de Paris. La Sté vient en aide : 1° à des enfants de 8 ans au moins et de 10 ans au plus, que l'on place en pension, à Paris ou en province, jusqu'à l'âge de l'apprentissage (admission en décembre et en juin ; faire les demandes avant le 15 novembre et le 15 avril) ; 2° à de jeunes garçons désireux d'apprendre un métier, qui sont reçus et logés à la maison de famille pour le temps de leur apprentissage ; cet apprentissage se fait sous la protection de la Sté chez des patrons (admission après 13 ans et avant 14, en tout temps, dans les limites des places disponibles) ; 3° par exception à des écoliers ou à des apprentis recevant des secours à domicile (admission comme au paragraphe 1er). Les enfants doivent être Français, et leurs parents habiter Paris depuis 2 ans au moins. Ils doivent avoir un répondant et subir une visite médicale. Demande au président de la Sté, en y joignant les pièces concernant le mariage des parents, la naissance et le baptême des enfants et la première communion pour les apprentis. La pension est payée soit par la famille, soit par la Sté, soit en partie par l'une et l'autre. La Sté donne à ses apprentis des prix et des primes les aidant à se constituer un pécule.

VIe ARR.

Société de protection des apprentis et des enfants employés dans les manufactures, 44, rue de Rennes. Fond. par MM. Bareswil et Dumas (1866). — Recon. ut. pub. A pour but d'améliorer le sort des apprentis et enfants employés dans les manufactures par tous les moyens qui, en respectant la liberté de l'industriel et l'autorité du père de famille, agiront en conformité des lois sur l'apprentissage et sur le travail des enfants dans les manufactures. La Sté est sous l'égide d'un conseil d'honneur, présidé par le Ministre du commerce et de l'industrie. Elle attribue des subventions à toutes les institutions concourant au développement physique, intellectuel et moral de l'enfance ouvrière. Dans ses fêtes périodiques de l'enfance ouvrière, elle distribue des récompenses attribuées soit aux institutions, soit aux individus. Elle exerce son activité par l'intermédiaire de ses comités du bulletin, des accidents de fabrique, de placem. et de patron., de l'enseignement professionnel. Après avoir encouragé et soutenu la fondation de patron. qui maintenant se suffisent à eux-mêmes, la Sté a fondé des cours professionnels, avec le concours d'industriels, et sous la surveillance des inspecteurs de l'enseignement technique de la Ville de Paris. Un de ces cours a déjà été repris par la Ville. La Sté soutient ceux du 129, rue des Boulets, du 40, rue des Écluses-St-Martin, du 21, la rue St-Louis-en-l'Ile.

VIIe ARR.

Société des Jeunes économes, 159, rue de l'Université (1823). — Recon. ut. pub. Sœurs de S. V. de P. A pour but de pourvoir gratuitement à l'éducation morale et religieuse, à l'instruction, à l'apprentissage et au placem. des jeunes filles pauvres dans des professions honnêtes et utiles. Ces jeunes filles sont placées soit dans l'établ. de la Sté, soit chez des maîtresses d'apprentissage. 180 places. Les maisons d'apprentissage sont visitées par les membres d'une commission de surveillance. Toutes les jeunes filles reçoivent l'instruction primaire élémentaire. Toute jeune fille cath. pauvre deParis, qui n'est ni orpheline ni enfant trouvée, peut être admise, sur la demande de ses parents ou des survivants d'entre eux, et la justification du mariage civil de ses père et mère. Elles peuvent rester attachées à l'œuv. jusqu'à 18 ans ; si, à cet âge, leur conduite a été satisfaisante, elles reçoivent un trousseau en se séparant de la Sté.

Société philanthropique (Primes d'encouragement de la), 15, rue de Bellechasse (1843). — Ont pour but d'aider à l'établ. de jeunes ouvriers ou ouvrières, présentés par le Maire de leur arrondissement ou le Curé de leur paroisse, par des Stés de patron., des Stés de prévoyance, etc. Les primes en argent varient de 100 à 500 fr., les autres comprennent des outils de travail. Voir *Sté philant. Œuv. diverses de secours.*

VIIIe ARR.

Œuvre de patronage pour les jeunes filles israélites de Paris, 33, rue du Faubourg-St-Honoré. Fond. par la baronne James de Rothschild, Mmes Furtado et L. Halphen (1843). — A pour but de patronner des jeunes filles israélites en apprentissage, et d'attribuer des dots à celles désignées par le sort. L'œuv. est dirigée par un Comité de 60 dames, dont les membres ont la surveillance des patronnées. Le nombre de ces dernières varie de 100 à 130, chiffre maximum. Les jeunes filles sont admises entre leur sortie de l'école et l'âge de 15 ans. L'œuv. alloue une subvention de 6 fr. par mois pendant 2 ans d'apprentissage non fait chez les parents. Cette subvention est accordée sur demande des parents contenant : nom, prénoms et adresse de la candidate, indication du métier choisi, nom et adresse de la patronne, taux du loyer, charges de famille, contreseing de la directrice de l'école, et une quittance de loyer. Perdent le droit à la subvention : les apprenties qui ont démérité, ont changé 3 fois d'atelier sans motif plausible, gagnent au moins 30 fr. par mois et ne sont pas dans la misère. La Sté accorde annuellement trois dots de 1 500 fr. chacune, plus celles offertes par des donateurs. Ces dots sont délivrées après le mariage aux patronnées désignées par le sort, entre 18 et 32 ans, après leur sortie des écoles.

Xe ARR.

Société pour l'assistance paternelle aux enfants employés dans l'industrie des fleurs et des plumes, 10, rue de Lancry (1866). — Recon. ut. pub. A pour but d'assurer le recrutement d'ouvriers honnêtes et habiles, en faisant l'instruction des apprentis des deux sexes, en les surveillant et en récompensant leurs efforts. La Sté met en apprentissage avec contrat, et sous la surveillance d'un de ses délégués, les enfants qui lui sont adressés. Elle a créé quatre groupes de famille, donnant chacun le logement et la nourriture à 5 jeunes filles. Ces enfants peuvent aller en colonies de vacances. La Sté a fondé des cours grat. d'enseignement primaire, d'histoire naturelle, de dessin, et possède une bibliothèque. Pour stimuler le zèle de ses pupilles, elle organise, depuis 1868, des concours annuels de fabrication, de monture, de trempage et de teinture, auxquels, depuis 1885, sont admises les apprenties plumassières et fleuristes étrangères à la Sté. Pour les demandes d'admission, s'adresser au président, 10, rue de Lancry, les mard. et vend., de 2 h. à 3 h.

Internat d'apprentis annexé à l'usine de MM. Christofle et Cie, 56, rue de Bondy (1873). — A pour but de donner aux apprentis tant l'instruction à l'atelier que l'instruction générale, dont le dessin fait la moitié. Les élèves sont couchés, nourris et habillés, mais non payés ; l'apprentissage dure 5 ans et forme des orfèvres, des ciseleurs, des monteurs en bronze, des graveurs et guillocheurs, auxquels sont donnés l'enseignement général, scientifique, artistique, et des principes de morale et d'économie sociale. En fin d'année les apprentis reçoivent des gratifications de 100 à 150 fr.

XIe ARR.

Œuvre de patronage des apprentis de l'Église luthérienne de Paris, 4, rue Titon. Fond. par le Pasteur Meyer (1847). — A pour but le placem. en apprentissage et le patron. des apprentis des deux sexes. L'œuv. place des apprentis appartenant à toutes les églises protest., les fait visiter dans les ateliers par ses membres, et les aide par des dons en nature. Elle a fond. la Maison protest. d'apprentis et de jeunes ouvriers, 4, rue Titon, où sont logés et nourris, moyennant pension de 40 à 80 fr. par mois, les garçons de plus de 13 ans, orphelins ou séparés de leur famille. Les jeunes gens peuvent rester à la maison de famille après leur majorité.

Société de protection des enfants du papier peint, 223, rue du Faubourg-St-Antoine (1864). — A pour but l'assist. paternelle aux enfants employés dans les manufactures de papier peint du département de la Seine. La Sté développe chez les enfants dont elle s'occupe l'application au travail et la moralité, par la surveillance qu'elle exerce sur eux dans les ateliers, au moyen de notes. Elle leur donne l'instruction professionnelle par des cours techniques, ouverts à tous les apprentis jusqu'à 20 ans, et sanctionnés par un certificat d'études. Chaque année a lieu une distrib. de récompenses aux collaborateurs de la Sté et aux apprentis.

École d'apprentissage de la Maison Baille-Lemaire, 26, rue Oberkampf (1860). — A pour but la formation d'ouvriers en instruments d'optique. Les élèves sont internes ; l'apprentissage dure 4 ans ; il est complété le soir par une classe de lectures et de dessin. Les apprentis reçoivent une gratification de 100 à 300 fr. en fin d'apprentissage.

Internat grat. à Crosne, près Villeneuve-St-Georges. Certificat d'études oblig.

XIVe ARR.

Patronage des aveugles, 5, rue Jacquier. — Place en apprentissage les jeunes aveugles.

XVIe ARR.

Société amicale pour le développement des études des apprentis peintres en bâtiment et professions similaires, 17, rue Boileau. Fond. par M. E. Bouteiller. — A créé en 1900, dans sa section de Montmartre, une école professionnelle de peinture et de décoration du bâtiment, 6, rue du Chevalier-de-la-Barre ; cette école a l'appui de la Chambre syndicale ouvrière des peintres en décors du département de la Seine, et de la Chambre synd. des entrepr. de peinture. Voir *Écoles profess.*

Œuvre de la première communion et des orphelins apprentis, 40, rue de La Fontaine, Paris-Auteuil. Fond. par M. l'abbé Roussel (1866).

1. *Première communion.* — A pour but de préparer à la première communion les garçons de plus de 13 ans. La durée de la préparation est de 3 mois, l'admission est grat., les entrées ont lieu en mars, juin, septembre et décembre, les inscriptions ont lieu au plus tard 3 mois avant l'entrée ; les jeunes gens doivent être munis de leur extrait de naissance et, s'ils sont baptisés, d'un certificat de baptême. Leur première communion faite, ils sont rendus à leurs parents ou à leurs protecteurs.

2. *Orphelins apprentis.* — A pour but de donner à des jeunes gens orphelins ou abandonnés une éducation chrétienne et l'apprentissage d'un métier. La durée de l'apprentissage est de 4 années ; les métiers enseignés sont : imprimerie typographique, clicherie, fonderie, composition, brochure, reliure, tailleur, menuiserie, serrurerie, cordonnerie, jardinage. La pension est en principe de 25 fr. par mois. Pour être admis, il faut avoir 13 ans révolus, être orphelin de

père ou de mère ou abandonné, jouir d'une bonne santé, être suffisamment intelligent, avoir fait sa première communion, être muni de son extrait de naissance, de son certificat de baptême ou première communion. L'œuv. se charge volontiers du placem. à la sortie. A titre d'encouragement, l'œuv. a créé une banque, où elle place pour les apprentis ou ouvriers jusqu'à 18 ans de 0 fr. 50 à 2 fr. par mois.

3. *Œuvre des vieux papiers.* — A pour but de recueillir au profit de l'établ. d'Auteuil tous les papiers, meubles et vêtements hors d'usage, qui doivent être adressés franco, gare Paris-Grenelle, s'ils proviennent de province.

Comité d'apprentissage, 81, rue de la Tour. Fond. par M. Houdard (1911). — A pour but le développement et l'amélioration de l'apprentissage des enfants appartenant aux œuvres cath. Recherche les bons ateliers, sert d'intermédiaire entre les patrons de ces ateliers et les parents des apprentis, visite les apprentis à l'atelier. Expositions, concours et récompenses. Maisons de repos et de conval., colonie de vacances à Elancourt (S.-et-O.). Sections en formation dans divers arr., et à Clichy, 60, rue de Paris.

XVIIe ARR.

Œuvre des patronnes chrétiennes, 26, rue Lemercier. Fond. par Mlle d'Hérouville (1879). — A pour but de procurer aux chefs d'ateliers des ouvrières ou apprenties laborieuses et de bonne conduite, et aux jeunes filles des places dans des maisons honnêtes et sérieuses. Les adhérentes s'engagent à laisser aux apprenties le temps de remplir leurs devoirs religieux, à leur enseigner leur métier consciencieusement, à les surveiller. L'œuv. fait paraître une feuille indiquant les maisons demandant des apprenties et des ouvrières. Les apprenties sont visitées par les membres du comité. Une récompense est donnée aux apprenties ayant mérité de bonnes notes pendant au moins une année de séjour dans la même maison. Atel. de blanchissage. Cotis. des patronnes : 3 fr. par an.

BANLIEUE

École professionnelle d'imprimerie. — Noisy-le-Grand (S.-et-O.). — A pour but de loger des internes auxquels l'instruction professionnelle est donnée aux ateliers de l'imprimerie Renouard. La durée des études est de 3 ans. A la sortie de l'École, les élèves reçoivent un diplôme qui leur permet de devenir demi-ouvriers pendant deux ans, puis ouvriers à plein salaire, à la maison Renouard, s'ils le veulent. L'École reçoit de 25 à 30 jeunes gens, âgés de 13 ans, munis du certificat d'études, d'un certificat de bonne conduite, d'un certificat médical. L'admission n'est définitive qu'au bout d'un mois. Le droit d'entrée de 70 fr. et la pension de 15 fr. pour chacun des 6 premiers mois sont retenus, en fin d'apprentissage, sur le livret d'économie alimenté après le septième mois par les gratifications mensuelles. Siège à Paris, 19, rue des St-Pères.

CHAPITRE XXIII

ENSEIGNEMENT PROFESSIONNEL

A) *POUR GARÇONS*. I. *Écoles nationales et municipales.* — II. *Écoles et cours professionnels des syndicats patronaux et mixtes.* — III. *Écoles et cours professionnels des syndicats ouvriers.* — IV. *Écoles et cours professionnels divers.*

B) *POUR FILLES*. I. *Écoles nationales et municipales.* — II. *Écoles et cours professionnels privés.*

C) *Cours publics pour les deux sexes.*

D) *Associations pour le développement de l'instruction des adultes.*

A) POUR GARÇONS

I. — Écoles nationales et municipales.

École nationale des arts décoratifs, pour l'application des beaux-arts à l'industrie, rue de l'École-de-Médecine, 5. (Section des filles, 10 *bis*, rue de Seine.) Fondée par le peintre Bachelier (1765), nationalisée (1767). — Enseignement grat. destiné aux jeunes gens et aux jeunes filles. Admission au concours, en octobre et en février. Les candidats doivent être âgés de 13 ans au moins, les jeunes gens de 30 ans au plus, les jeunes filles de 25 ans au plus. Se faire inscrire au secrétariat de leurs sections respectives dans la semaine qui précède le concours : 5, rue de l'École-de-Médecine pour les jeunes gens ; 10 *bis*, rue de Seine, pour les jeunes filles ; produire une pièce justifiant de leur identité et de leur nationalité, et être présentés par leurs parents ou répondants en personne ou par lettre. Les candidats de nationalité étrangère ne peuvent être inscrits que sur la demande du représentant de leur nation.

Les cours ont lieu le matin, l'après-midi et le soir dans la section des jeunes gens, le matin et l'après-midi seulement dans la section des jeunes filles. Des relevés de notes et de présences sont adressés, sur leur demande, aux parents ou répondants.

École de céramique (annexe de la Manufacture de Sèvres). — Fondée par l'État dans le but de former des décorateurs et des techniciens initiés à tous les travaux de la céramique. Les élèves sont admis de 16 à 17 ans par voie de concours, et peuvent obtenir des bourses variant de 800 à 1 200 fr. Ils doivent être Français. La durée de l'enseignement est de 4 ans. L'École dépend de l'Administration des Beaux-Arts, bureau de l'enseignement, 3, rue de Valois.

École Germain-Pilon (école de dessin pratique), 12, rue Ste-Élisabeth. Créée par les frères Levasseur, communalisée (1888). — Prépare gratuitement les jeunes gens à la carrière de dessinateur ou de modeleur industriel. Les cours ont lieu le mat. de 8 h. à 11 h., l'après-midi à partir de 1 h.

L'admission a lieu après un concours, dont la date est fixée tous les ans par voie d'affiche. Pour y prendre part, il faut être Français, âgé de 14 ans au moins (13 ans, si le candidat est pourvu du certificat d'études primaires), habiter Paris ou le département de la Seine, à condition, toutefois, dans ce dernier cas, que les communes suburbaines du domicile des candidats s'engagent à verser à la Ville de Paris pour chacun d'eux une redevance annuelle de 400 fr.

Les inscriptions sont reçues tous les j. à l'École, à partir du 1er mai jusqu'à la veille du concours, de 9 h. à midi, et le s. de 8 h. à 10 h.

École municipale de physique et de chimie industrielles, 42, rue Lhomond (1882). — A pour objet de donner aux jeunes gens sortis des écoles primaires supérieures de la Ville de Paris, des lycées, collèges, etc., une instruction scientifique et pratique assez étendue pour leur permettre de rendre aux industries chimiques et physiques des services sérieux, soit comme ingénieurs, soit comme chefs de laboratoire. La durée des études est de 3 années. Chaque année, à la suite d'un concours qui a lieu en juillet, 30 élèves sont admis gratuitement à suivre les cours de l'École.

Pour prendre part au concours, il faut avoir 16 ans au moins et 21 ans au plus, habiter Paris ou le département de la Seine, à condition toutefois, dans ce dernier cas, que les communes du domicile légal du candidat s'engagent à verser pour eux à la Ville de Paris une somme annuelle de 400 fr. Le nombre de cette catégorie d'élèves ne peut dépasser le dixième de l'effectif.

École Bernard-Palissy (d'application des beaux-arts à l'industrie), 19, rue des Petits-Hôtels, transformée, en 1883, en école municipale. — A pour objet de former des ouvriers artistes, habiles dans les industries d'art, telles que la céramique, la sculpture sur bois, marbre, pierre, ivoire, peinture, décoration, etc.

Enseignement grat. Cours du j. de 8 h. du mat. à 11 h. L'après-midi, à partir de 1 h., du 1er octobre au 31 juillet. Travaux d'atelier l'après-midi.

Admission après un concours, qui a lieu au mois de juin. Les inscriptions sont reçues à l'École, tous les j., de 9 h. à 11 h., et le s., le lund., de 8 h. à 10 h., à partir du 1er mai jusqu'à la veille du concours, dont la date est fixée par voie d'affiches.

Conditions d'admission au concours : être Français, âgé de 13 ans au moins, habiter Paris ou le département de la Seine, à la condition, toutefois, dans ce dernier cas, que les communes du domicile des candidats s'engagent à verser à la Ville de Paris une redevance annuelle de 400 fr. pour chacun d'eux.

École Dorian (petite mécanique, tour, forge, etc.), 74, avenue Philippe-Auguste. Fondée par M. Athanase Coquerel (1870). Cédée à la Ville de Paris (1887). — Reçoit gratuitement 200 internes de 7 à 17 ans, désignés par le Conseil municipal, et 150 externes de 13 à 17 ans admis après un concours, dont la date est indiquée par voie d'affiches.

Quatre ateliers : ajustage; tours sur métaux; forge, serrurerie et ferronnerie d'art; menuiserie. L'apprentissage professionnel dure 3 ans.

École Boule (industries de l'ameublement), 57, rue de Reuilly (1886). — Elle compte deux sections : section du Meuble et section du Métal. L'École reçoit, tous les ans, 102 élèves, à la suite d'un concours qui a lieu à la fin de juin.

Pour être admis à concourir, il faut être Français, âgé de 13 ans au moins et 16 ans au plus, habiter Paris ou le département de la Seine. Toutefois, les élèves domiciliés dans la banlieue ne peuvent être admis à l'École, en raison du rang obtenu par eux au concours, que si les communes auxquelles ils appartiennent s'engagent à rembourser pour eux à la Ville de Paris une somme annuelle de 200 fr.

Tous les élèves sont externes, mais doivent obligatoirement prendre le repas de midi à l'École. Des bourses de déjeuner et des secours d'études sont accordés aux enfants des familles nécessiteuses.

École Estienne (arts et industrie du Livre), 18, boulevard Auguste-Blanqui (1889). — A pour but de former des ouvriers habiles dans les arts et industries du livre : typographie, lithographie, gravure, reliure, photographie. L'enseignement est théorique et pratique, et absolument grat. La durée des études est de 4 ans. Les élèves sont externes, mais doivent prendre le repas de midi à l'École, à raison de 0 fr. 50 par jour. Des bourses de déjeuner peuvent être accordées aux enfants de familles nécessiteuses.

L'admission à l'École est prononcée à la suite d'un concours, qui a lieu en juin, et pour lequel les inscriptions sont reçues tous les j. au Secrétariat. Pour concourir, il faut être Français, âgé de 13 ans au moins et 16 ans au plus, posséder le certificat d'études primaires, et habiter Paris ou le département de la Seine, à condition, toutefois, dans ce dernier cas, que les communes suburbaines du domicile des candidats s'engagent à payer pour chacun d'eux la somme de 200 fr.

École Diderot (industries du fer), 60, boulevard de la Villette. Fond. par la Ville de Paris (1873). — Reçoit tous les apprentis pour les professions suivantes : forges, tours sur métaux, ajustage, instruments de précision, électricité, chaudronnerie, menuiserie, serrurerie, plomberie sanitaire.

L'entrée à l'École a lieu gratuitement, par concours passé tous les ans, du 15 juin au 15 juillet, et dont la date exacte est indiquée par voie d'affiches.

Conditions d'admission au concours : être Français ; être âgé de plus de 13 ans et de moins de 17 ans ; posséder le certificat d'études primaires ; habiter Paris ou le département de la Seine, toutefois à la condition, dans ce dernier cas, que les communes suburbaines auxquelles appartiennent les enfants admis s'engagent à verser pour chaque enfant une somme annuelle de 400 fr. L'École peut, sous certaines conditions, recevoir des élèves des autres départements dans la proportion d'un dixième.

L'enseignement dure 3 ans. Tous les élèves sont externes. Le repas de midi doit être obligatoirement pris à l'École. Des bourses de déjeuner sont accordées aux élèves studieux, dont les familles sont dignes d'intérêt.

SAINT-MANDÉ. — **École départementale et municipale d'horticulture et d'arboriculture**, 1 *bis*, avenue Daumesnil. Fondée par le département de la Seine (1891-1895). — A pour but d'assurer le recrutement du personnel de jardiniers de la Ville de Paris et de la banlieue. La durée des études est de 3 ans. Les élèves sont externes, et sont admis au concours. L'enseignement est grat. Pour concourir, les candidats doivent être âgés de 14 ans au moins et 17 ans au plus, posséder le certificat d'études primaires, être domiciliés dans le département de la Seine.

Pour les inscriptions et renseignements de tous genres, s'adresser au directeur de l'École, 74, avenue de St-Mandé, à St-Mandé.

Cours du soir dans les écoles nationales et municipales

Cours du soir de l'École nationale des Arts décoratifs. — Voir *École nationale des arts décoratifs.*

École municipale Germain-Pilon, 12, rue Ste-Élisabeth. — Dessin, modelage, moulage, perspective, analyse des styles et composition décorative, géométrie pratique, ameublement, anatomie. Cours grat. du s., ouverts aux adultes de toute nationalité, tous les j., sam. et dim. exceptés, de 8 à 10 h., du premier lund. d'octobre au dernier vend. de juin.

Conditions d'admission : 15 ans au moins, bulletin de naissance pour les mineurs, autorisation des parents, d'un correspondant ou du patron d'apprentissage. Inscriptions reçues à l'École tous les mat. de 9 à 10 h., sam. et dim. exceptés, du 15 septembre au 1er juin.

École municipale Bernard-Palissy, 19, rue des Petits-Hôtels. — Dessin, modelage, analyse des styles, composition décorative. Cours grat. ouverts aux adultes de toute nationalité, tous les s. de 8 h. à 10 h., sam. et dim. exceptés, depuis le premier lund. d'octobre jusqu'au dernier vend. de juin.

Conditions d'admission : 14 ans au moins, bulletin de naissance; autorisation des parents, d'un correspondant ou du patron d'apprentissage pour les mineurs.

École municipale Boulle, 57, rue de Reuilly. — Dessin d'art, modelage, géométrie, dessin technique, aquarelle. Cours grat. du s., de 8 h. à 10 h., et le dim., de 9 h. à 11 h.

École municipale Estienne, 18, boulevard Auguste-Blanqui. — Cours du soir pour les apprentis et les ouvriers des arts et industries du livre, mard., merc., jeud et vend., de 8 h. 30 à 10 h. 30, du commencement d'octobre à fin mai. Conditions d'admission : 13 ans au moins (12 ans, avec le certificat d'études), certificat de nationalité française ou carte d'électeur. Les étrangers peuvent être admis au cours, s'il n'y a pas excédent d'auditeurs. Inscriptions reçues à l'École aux h. des cours et tous les j. de semaine, de 8 h. 30 à 11 h. 30 du m. et de 1 h. à 3 h. du s.

Enseignement du travail manuel dans les écoles primaires

140 écoles primaires de la Ville de Paris sont pourvues d'ateliers du bois, et dans 52, en outre, un atelier du fer est annexé. Le personnel ouvrier se compose de 55 menuisiers et 20 mécaniciens. Les séances ont lieu aux h. ordinaires des classes.

Ier ARR.

Rue d'Argenteuil, 11, bois.

Impasse des Provençaux, 6, bois et fer.

IIe ARR.

Rue Étienne-Marcel, 20, bois fer.

Rue de la Jussienne, 3, bois et fer.

Rue St-Denis, 221, bois.

IIIe ARR.

Rue de Franche-Comté, 1, bois.

Rue Montgolfier, 3, bois.

Rue des Quatre-Fils, 10, bois et fer.

Rue de Turenne, 54, bois et fer.

IVe ARR.

Rue des Blancs-Manteaux, 21, bois.

Rue des Hospitalières-St-Gervais, 6, bois.

Rue St-Louis-en-l'Ile, 21, bois.

Rue St-Paul, 31, bois.

Rue des Tournelles, 21, bois.

Place des Vosges, 6, bois.

Rue Grenier-sur-l'Eau, 2, bois et fer.

Vᵉ ARR.
Rue de l'Arbalète, 39 *bis*, bois.
Rue Cujas, 23, bois.
Rue des Feuillantines, 8, bois et fer.
Rue des Fossés-St-Jacques, 11, bois.
Rue St-Jacques, 30, bois.
Boulevard St-Marcel, 66, bois.
Rue de Poissy, 27, bois.
Rue Rollin, 10, bois.
R. Tournefort, 33, bois et fer.

VIᵉ ARR.
Rue de Fleurus, 14, bois.
Rue Madame, 5, bois.
Rue St-Benoît, 12, bois.
Rue de Vaugirard, 9, bois.
Rue de Vaugirard, 85, bois.

VIIᵉ ARR.
Rue Camou, 3, bois.
Rue Chomel, 8, bois.
Avenue Duquesne, 42, bois.
Rue Las-Cases, 27, bois.
Avenue La Motte-Picquet, 10, bois.

VIIIᵉ ARR.
Rue du Général-Foy, 30, bois.

IXᵉ ARR.
Rue Milton, 35, bois et fer.
Impasse Rodier, bois.
Rue de la Victoire, 16, bois.

Xᵉ ARR.
Rue des Écluses-St-Martin, 40, bois.
Rue de Marseille, 17, bois.
Rue Martel, 5, bois.
Rue des Petits-Hôtels, 21, bois.
Rue St-Maur, 200, bois.

XIᵉ ARR.
Rue Godefroy-Cavaignac, 25, bois et fer.
Rue Pihet, 1, bois et fer.
Rue Morand, 3, bois et fer.
Av. Parmentier, 109, bois et fer.
Avenue de la République, 98, bois et fer.
R. St-Bernard, 39, bois et fer.
Rue des Taillandiers, 19, bois.
Rue Titon, 12, bois et fer.
Rue Trousseau, 38, bois.
Rue des Boulets, 129, bois.
Rue St-Sébastien, 24, bois et fer.

XIIᵉ ARR.
Rue d'Aligre, 5, bois.
Rue Bignon, 4, bois.
R. de Charenton, 51, bois et fer.
Rue de Charenton, 315, bois.
Boulevard Diderot, 40, bois.
Rue de Dijon, 5, bois.
Rue du Rendez-Vous, 63, bois.
Rue de Reuilly, 25, bois.
Rue de Reuilly, 39, bois.
Rue de Reuilly, 74, bois.
Rue Michel-Bizot, 83, bois.

XIIIᵉ ARR.
Rue Baudricourt, 53, bois.
Rue Damesme, 5, bois et fer.
Boulevard Arago, 30, bois.
Rue Fagon, 15, bois.
Place Jeanne-d'Arc, 30, bois.
Avenue de Choisy, 103, bois.
Pl. Jeanne-d'Arc, 33, bois et fer.
Rue Jenner, 40, bois.
R. du Moulin-des-Prés, 18, bois.
Rue de Patay, 123, bois.

XIVᵉ ARR.
Rue d'Alésia, 93, bois.
Rue Brodu, 8, bois.
Rue d'Alésia, 233, bois.
Boulevard Arago, 87, bois.
Rue Desprez, 6, bois.
Rue Huyghens, 5, bois.
Boul. Montparnasse, 80, bois.
Rue Prisse-d'Avenne, 4, bois.

XVᵉ ARR.
Rue Corbon, 1, bois.
Rue Blomet, 19, bois et fer
Pl. du Commerce, 4, bois et fer.

Impasse d'Oran, 10, bois et fer.
Rue Philippe-de-Girard, 58, bois et fer.
Rue des Poissonniers, 43, bois et fer.
Rue du Poteau, 71, bois.
Rue Richomme, 13, bois et fer.
Rue Dombasle, 22, bois.
Place Dupleix, bois.
Rue Fondary, 12, bois.
Rue des Fourneaux, 20, bois.
Rue Lacordaire, 11, bois et fer.
Rue St-Charles, 60, bois et fer.
Rue St-Lambert, 10, bois et fer.
Rue de l'Amiral-Roussin, bois.

XVIe ARR.

Rue Decamps, 4, bois.

XVIIe ARR.

Rue Balagny, 40, bois.
Rue St-Ferdinand, 7, bois.
Rue Laugier, 16, bois.
Rue Lecomte, 6, bois.
Rue Lemercier, 105, bois.
Rue Petiet, 1, bois.
Rue Saussure, 101, bois et fer.

XVIIIe ARR.

Rue de Clignancourt, 63, bois.
Rue Doudeauville, 3, bois.
Rue Foyatier, 1, bois.
Rue de la Guadeloupe, 2, bois.
Rue La Vieuville, 1, bois.
Rue Lepic, 62, bois.
Rue de Maistre, 29, bois et fer.
Rue Ste-Isaure, bois.
R. Jean-François-Lépine, bois.

XIXe ARR.

Rue Barbanègre, 7, bois.
Rue Bolivar, 69, bois et fer.
Rue de Meaux, 64, bois.
Rue du Pré-St-Gervais, 27, bois et fer.
Rue Tandon, 3, bois et fer.
Rue de Tanger, 41, bois.
Rue du Général-Lasalle, bois.
Rue Jomard, bois et fer.

XXe ARR.

R. de Belleville, 104, bois et fer.
R. de l'Ermitage, 88, bois et fer.
Rue Henri-Chevreau, 26, bois et fer.
Rue Julien-Lacroix, 16, bois et fer.
Rue de la Mare, 84, bois.
R. des Panoyaux, 9, bois et fer.
Rue Pelleport, 166, bois.
R. de la Plaine, 11, bois et fer.
R. des Pyrénées, 40, bois et fer.
Rue Ramponeau, 51, bois.
Rue des Pyrénées, 293, bois et fer.
Rue Sorbier, 15, bois et fer.
Rue de Tlemcen, 9, bois.
Rue Vitruve, 3, bois et fer.
Rue de Lesseps, 11, bois.
Rue Bretonneau, 9, bois.

Cours complémentaires d'enseignement

Cours d'enseignement professionnel, manuel, ménager et commercial. — Ces cours fonctionnent dans les écoles ci-dessous désignées, au nombre de 12 pour les garçons, et de 20 pour les filles (16 cours manuels et ménagers et 4 cours complémentaires d'enseignement commercial). A la fois théoriques et pratiques, ils sont destinés aux jeunes gens et jeunes filles de 13 à 15 ans. Ils ont lieu pendant la journée, aux h. scolaires, et sont grat. L'admission à ces cours est subordonnée à un examen d'entrée, qui a lieu en juillet. Les inscriptions sont reçues, au mois de juin, au siège de chaque école.

Ier ARR.
Rue de l'Arbre-Sec.
V[e] ARR.
Rue Tournefort, 33.
VIIe ARR.
Rue Camou, 3.
X[e] ARR.
Rue St-Maur, 200.
XIe ARR.
Rue Trousseau.
XIIe ARR.
Rue de Charenton, 51.
XIIIe ARR.
Rue de Patay, 123.
XVe ARR.
Rue Blomet, 19.
XVIIe ARR.
Rue Saussure, 101.
XIXe ARR.
Rue Bolivar, 69.
XXe ARR.
Rue Henri-Chevreau, 26.
Rue de Lesseps, 11.

Enseignement technique à l'usage des apprentis

Cours techniques de jour à l'usage des apprentis. — Ces cours, dont l'initiative appartient à la Sté de protection des apprentis, ont lieu le s. de 5 h. un quart à 6 h. trois quarts. Ils fonctionnent gratuitement dans 4 écoles municipales, sous la surveillance du directeur de l'enseignement professionnel de la Ville de Paris :

19, rue Blomet (XVe). — Cours de mécanique de précision et d'ajustage. Tous les j. de semaine, sam. excepté. Fond. (1905) par la Sté de protection des apprentis, avec le concours de plusieurs Stés industrielles. Municipalisé en 1908 et 1909.

129, rue des Boulets (X[e]). — Cours fond. (1908) par la Sté de protection des apprentis et la Chambre syndicale des fabricants de lampes et ferblantiers. Tous les j., sam. excepté. Ferblanterie. Tôlerie.

40, rue des Écluses-Saint-Martin (X[e]). — Cours fond. (1908) par la Sté de protection des apprentis et la Chambre syndicale des entrepreneurs de menuiserie et parquets du département de la Seine. Les lund., merc. et vend., de 5 h. un quart à 6 h. trois quarts, et dim. mat., de 9 h. à 11 h.. Menuiserie.

11, rue Lacordaire (XVe). — Cours fond. (1911) par le Syndicat professionnel des industries électriques de Paris. Tous les j., sam. excepté. Mécanique et électricité. Les places sont réservées aux apprentis des patrons affiliés au syndicat, et ceux-ci payent 50 fr. par apprenti placé.

Cours d'apprentis, créés en 1911. — Réservés aux adolescents de 12 à 15 ans qui, après avoir terminé leurs études primaires, désirent, avant l'apprentissage, acquérir des notions techniques, scientifiques et artistiques. Ont lieu tous les j. à partir du 1er octobre 1911, de 8 h. mat. à 5 h. et demie s. ; le jeud., de 8 h. à 11 h. mat., dans les écoles communales de garçons ci-après :

Rue Charles-Baudelaire (XIIe), menuiserie-ébénisterie.
Rue Lacordaire, 11 (XVe), mécaniciens-électriciens.
Rue des Prés-St-Gervais, 27 (XIXe), mécaniciens.

Rue des Panoyaux, 9 (XXe), mécaniciens.

Les inscriptions doivent être demandées du 1er au 20 juillet. Chaque école ne dispose que de 30 places. Stage de 2 années.

Cours gratuits d'enseignement technique, à l'usage des apprentis, ouverts dans les écoles de garçons ci-après :

XIe ARR.
Avenue Parmentier, 109.
Rue Godefroy-Cavaignac, 35.

XIIe ARR.
Rue de Charenton, 51.

XIIIe ARR.
Rue de Patay, 123.

XVe ARR.
Rue Lacordaire, 11.
Rue de l'Amiral-Roussin, 37.

XVIIIe ARR.
Impasse d'Oran, 10.
Rue de Maistre, 29.

XIXe ARR.
Rue Barbanègre, 7.
Rue du Pré-St-Gervais, 27.

XXe ARR.
Rue des Panoyaux, 9.
Rue Henri-Chevreau, 26.
Rue Vitruve, 3.

Ces cours sont destinés aux apprentis et aux jeunes gens qui, après avoir terminé leurs études primaires, désirent compléter leur instruction, en acquérant les notions scientifiques et pratiques nécessaires aux ouvriers. Ils comprennent les matières suivantes : géométrie étudiée au point de vue des applications aux travaux d'atelier, au traçage des matières d'œuvre, et éléments de mathématiques appliquées. Exécutions graphiques et épures sur panneaux. Leçons élémentaires de technologie ou d'électricité industrielle. Travaux d'atelier (mécanique, serrurerie, menuiserie) représentant l'application des notions étudiées en géométrie et l'exécution des pièces dessinées. Un enseignement plus spécial de certaines matières du programme général, ou des cours complémentaires, sont donnés dans les écoles ci-après désignées :

Électricité industrielle : rue Godefroy-Cavaignac, 35, impasse d'Oran, 10. Piles et applications des courants de faible intensité (canalisations, sonneries, tableaux indicateurs, téléphones, etc.) ;

Rue de Charenton, 51 ; rue Henri-Chevreau, 26 ; rue Lacordaire, 11. Dynamos, accumulateurs, applications des courants de grande intensité (canalisations, éclairage, transport de force motrice, etc.).

Filetage : rue Lacordaire 41.

Tôlerie et chaudronnerie : avenue Parmentier, 109. Traçage, coupe et travaux pratiques.

Serrurerie : impasse d'Oran, 10 ; rue de Patay, 123.

Modelage : rue Godefroy-Cavaignac, 35 ; rue Barbanègre, 7 ; rue Lacordaire, 11. Dessin et exécution de pièces de mécaniques.

Menuiserie en voiture : rue de Maistre, 29.

Fonderie : rue Godefroy-Cavaignac, 35 ; rue Barbanèhre, 7. Exécution de moules sur sable, entre deux sables et au trousseau pour fonte et bronze.

Les cours grat. techniques ont lieu de 8 h. et demie à 10 h. s., les travaux d'atelier le dim. mat., de 8 h. à 11 h. Pour être admis à suivre ces cours, les élèves doivent justifier de leur qualité de Français, être âgés de 12 ans au moins, et posséder le certificat d'études primaires. A défaut de ce titre, ils doivent être âgés de 13 ans révolus. Inscriptions reçues tous les lund., de 8 h. et demie à 10 h. s., au siège des cours.

Enseignement commercial

Cours gratuits pour les jeunes gens. — Tous les s., à l'exception du sam., de 8 h. à 10 h. Ces cours sont destinés aux jeunes gens qui, après avoir terminé leurs études primaires, désirent compléter leur instruction en acquérant les connaissances nécessaires aux employés de commerce et de banque. L'enseignement est divisé en deux degrés : degré élémentaire comprenant 2 années d'études, et degré supérieur comprenant une seule année. Des certificats sont délivrés, après un examen public, aux auditeurs qui justifient des connaissances inscrites au programme de chacun des deux degrés de l'enseignement commercial. La possession du certificat élémentaire n'est pas exigée pour l'admission aux épreuves du certificat supérieur. Les cours ont lieu, du commencement d'octobre à fin mai, dans les écoles municipales de garçons ci-après désignées :

Ier ARR.
Rue de l'Arbre-Sec, 19.
IIe ARR.
Rue Étienne-Marcel, 20.
IIIe ARR.
Rue Montgolfier, 1.
IVe ARR.
Rue Grenier-sur-l'Eau, 2.
V[e] ARR.
Rue St-Jacques, 30.
VIe ARR.
Rue Madame, 5.
VIIe ARR.
Avenue La Motte-Picquet, 10.
VIIIe ARR.
Rue de la Bienfaisance, 12.
IXe ARR.
Rue Milton, 35.
X[e] ARR.
Rue Martel, 5.
XIe ARR.
Rue Darboy, 9.
Rue Godefroy-Cavaignac, 35.
XIIe ARR.
Rue Charles-Baudelaire.
Rue Michel-Bizot, 83.
XIIIe ARR.
Rue du Moulin-des-Prés, 1.
XIVe ARR.
Rue Boulard, 46.
XVe ARR.
Rue Falguière, 20.
Rue St-Lambert, 8.
XVIe ARR.
Rue Decamps, 4.
XVIIe ARR.
Rue des Batignolles, 16 et 20.
Rue Laugier.
Rue Lecomte.
XVIIIe ARR.
Rue La Vieuville, 1.
Rue Clignancourt, 63.
Rue J.-F.-Lépine, 5.
Rue Flocon.

XIXe ARR.	XXe ARR.
Rue Pierre-Girard.	Rue des Pyrénées, 40.
Rue Fessart, 4.	Rue de Lesseps, 11.

Les élèves âgés de moins de 14 ans ne peuvent être admis à suivre les cours qu'à la condition de posséder le certificat d'études primaires. Inscriptions reçues tous les j., le mat., de 8 h. à 10 h., et le s. des j. de cours, de 7 h. et demie à 9 h. et demie, dans les écoles municipales ci-dessus désignées.

Enseignement du dessin

Cours de dessin. — Dessin à vue, modelage, dessin industriel. Géométrie pratique, architecture, mécanique, cours de matériaux, composition décorative, perspective, anatomie. Cours grat. du s. ouverts du 1er octobre au 30 juin, dans les écoles communales ci-dessous, où les inscriptions sont reçues les j. des cours, de 8 h. à 10 h. s.

I. — Cours élémentaires de dessin pour adultes hommes.

Ier ARR.

Rue de l'Arbre-Sec, 19, dessin à vue. Tous les s., sam. excepté.

IIe ARR.

Rue des Jeûneurs, dessin à vue. Tous les s., sam. excepté.

IIIe ARR.

Rue Montgolfier, 1, dessin à vue et dessin industriel. Tous les s., sam. excepté.

IVe ARR.

Rue du Renard-St-Merri, 21, dessin à vue, mard., jeud., sam.

Rue Grenier-sur-l'Eau, dessin à vue, lund., merc., vend.; dessin industriel, mard., jeud., sam.

Ve ARR.

Rue Rollin, 10, dessin à vue, mard., jeud., sam.

Rue de Poissy, 27, dessin industriel, mard., jeud., sam.

VIe ARR.

Rue du Pont-de-Lodi, 2, dessin à vue, lund., merc., vend.

VIIe ARR.

Rue Camou, 1, dessin à vue, lund., merc., vend.; dessin industriel, mard., jeud., sam.

Rue Chomel, 8, dessin à vue, lund., merc., vend.; dessin industriel, mard., jeud., sam.

VIIIe ARR.

Rue du Général-Foy, 30, tous les s., sam. excepté, dessin architectural.

IXe ARR.

Rue Turgot, 15, dessin à vue, tous les s., sam. excepté.

Rue de la Victoire, 16, dessin à vue, tous les s., sam. excepté.

Xe ARR.

Rue de Marseille, 17, dessin à vue, mard., jeud., sam.; dessin industriel, lund., merc., vend.

XIe ARR.

Rue Froment, dessin à vue, tous les s., sam. excepté.

Rue St-Bernard, 20, dessin à vue, tous les s., sam. excepté.

Rue Darboy, 9, dessin à vue, lund., merc., vend.; dessin industriel, mard., jeud., sam.

Rue Titon, 8, dessin à vue, lund., mard., vend.; dessin industriel, mard., jeud., sam.

XIIe ARR.

Rue Charles-Baudelaire, 8, dessin à vue, lund., merc., vend.; dessin industriel, mard., jeud., sam.

Rue Michel-Bizot, 83, dessin à vue, mard., jeud., sam.; dessin industriel, lund., merc., vend.

XIIIe ARR.

Boulevard Arago, 30, dessin à vue, lund., merc., vend.; dessin industriel, mard., jeud., sam.

Rue Baudricourt, 52, dessin industriel, lund., merc., vend.

Rue du Moulin-des-Prés, 18, dessin à vue, lund., merc., vend.

XIVe ARR.

Rue Boulard, 46, dessin à vue, tous les s., sam. excepté.

Rue Didot, 57, dessin à vue, lund., merc., vend.; dessin industriel, mard., jeud., sam.

XVe ARR.

Rue Blomet, 19, dessin à vue, lund., merc., vend.; dessin industriel, merc., jeud., sam.

Rue du Commerce, 4, dessin à vue, lund., merc., vend.; dessin industriel, mard., jeud., sam.

XVIe ARR.

Rue Decamps, 4, dessin à vue, mard., jeud., sam.; dessin industriel, lund., merc., vend.

XVIIe ARR.

Rue Ampère, 18, dessin à vue, lund., merc., vend.; dessin industriel, mard., jeud., sam.

Rue des Batignolles, 20, dessin à vue, tous les s., sam. excepté.

Rue Laugier, 16, dessin à vue, lund., merc., vend.

Rue Lecomte, 16, dessin à vue, lund., merc., vend.; dessin industriel, mard., jeud., sam.

XVIIIe ARR.

Rue Doudeauville, 3 (entrée rue de la Chapelle, 55 *bis*), dessin à vue, lund., merc., vend.

Rue Championnet, 113, dessin à vue, mard., jeud., sam.; dessin industriel, lund., merc., vend.

Rue La Vieuville, 1, dessin à vue, tous les s., sam. excepté; dessin industriel, mard., jeud., sam.

Rue Erckmann-Chatrian, dessin à vue, lund., merc., vend.

Rue de la Guadeloupe, 2, dessin industriel, tous les s., sam. excepté.

Rue Ste-Isaure, dessin à vue, mard., jeud., sam.; dessin industriel, lund., merc., vend.

XIXe ARR.

Rue de Tanger, 43, dessin à vue, lund., merc., vend.

Rue Pierre-Girard, dessin industriel, mard., jeud., sam.

Rue des Prés-St-Gervais, 27, dessin à vue, mard., jeud., sam.; dessin industriel, lund., merc., vend.

XXe ARR.

Rue Vitruve, 3, dessin à vue, mard., jeud., sam.; dessin industriel, lund., merc., vend.

Rue Sorbier, 17, dessin à vue, tous les s., sam. excepté; dessin industriel, tous les s., sam. excepté.

Rue de la Plaine, 66, dessin à vue, mard., jeud., sam.; dessin industriel, lund., merc., vend.

II. — **Cours de dessin appliqué à l'art et à l'industrie.** — Dans les cinq cours dont la désignation suit, les élèves ne sont admis qu'après avoir satisfait à un examen d'entrée, dont les conditions sont indiquées au siège de chacun des cours élémentaires mentionnés plus haut. Ces cours ont lieu tous les s., sam. excepté. Dessin à vue, modelage, anatomie, composition décorative, dessin géométrique.

IIe ARR.

Rue Étienne-Marcel, 20.

IVe ARR.

Place des Vosges, 6.

XIe ARR.

Boulevard de Belleville, 77.

XIVe ARR.

Boulevard Montparnasse, 80, architecture et mécanique.

XXe ARR.

Rue de la Mare, 84.

XXe ARR.

III. — **École de dessin**, 1, rue Levert. — Organisée par la Ville de Paris. Cours grat. tous les s. de semaine, sam. excepté, à 8 h., réservés aux garçons.

Enseignement du chant

Cours gratuits pour les adultes hommes et les adultes femmes. Ils ont lieu le s. à partir du 15 octobre dans les écoles communales ci-après indiquées :

Ier ARR.

Impasse des Bourdonnais, 3, mard., vend., à 8 h. et demie.

IIIe ARR.

Rue Montgolfier, 3, mard., vend., à 8 h. et demie.
Rue Béranger, 3, merc., vend., à 8 h. et demie.

IVe ARR.

Rue des Blancs-Manteaux, 21, mard., vend., à 9 h..

Ve ARR.

Boulevard St-Marcel, 66, mard., vend., à 8 h. et demie.

IXe ARR.

Rue Drouot, 6 (mairie), lund., vend., à 8 h. et demie.

Xe ARR.

Rue de Marseille, 17, mard., sam., à 8 h. et demie.

XIe ARR.

Rue Darboy, 9, mard., vend., à 8 h. et demie.
Rue St-Bernard, 39, mard., vend., à 8 h. et demie.
Rue Froment, 15, mard., vend., à 9 h..

XIIe ARR.

Rue Charles-Baudelaire, mard., vend., à 8 h. et demie.

XIVe ARR.

Boulevard Montparnasse, 80, mard., vend., à 8 h. et demie.
Rue Boulart, 46, mard., vend., à 8 h. et demie.

XVe ARR.

Rue Blomet, 19, lund., vend., à 8 h. et demie.
Place du Commerce, 4, mard., jeud., à 8 h. et demie.

XVIIe ARR.

Rue des Batignolles, 20, mard., vend., à 8 h. et demie.
Rue St-Ferdinand, 7, mard., vend., à 8 h. et demie.

XVIIIe ARR.

Rue Clignancourt, 63, lund., jeud., à 8 h. et demie.
Rue de la Chapelle, 55, mard., vend., à 8 h. et demie.

XIXe ARR.

Rue Fessart, 4, mard., vend., à 8 h. et demie.
Rue de Tanger, 41, lund., vend., à 8 h. et demie.

XXe ARR.

Rue de la Plaine, 11, lund., jeud., à 8 h. et demie.

Enseignement professionnel pour aveugles et sourds-muets

Institution nationale des sourds-muets, 254, rue St-Jacques (Ve). — A partir de la 4e année d'École, le temps des sourds-muets est partagé entre la classe et l'atelier. Six professions sont enseignées, celles de menuisier, cordonnier, tailleur, jardinier, typographe et sculpteur sur bois. L'apprentissage dure en moyenne 5 ans. En fin d'études, l'École délivre un certificat à la fois intellectuel et professionnel aux élèves qui l'ont mérité.

Institution nationale des jeunes aveugles, 56, boulevard des Invalides (VIIe). — Enseignement professionnel donné aux jeunes aveugles des deux sexes, de 10 à 21 ans. Tous les élèves reçoivent une éducation musicale, les professions de pianiste et d'accordeur étant les plus avantageuses pour les aveugles. La durée des études est de 8 ans au moins. Les élèves sans disposition pour la musique apprennent, les garçons, le filet et le rempaillage des chaises ; les filles, le tricot et la broderie. Voir *Aveugles.*

Cours municipaux pour aveugles, 27, rue de Poissy (V[e]) (1848). — Enseignement grat. pour les deux sexes. Piano, lund., merc., et vend., de 1 h. et demie à 7 h. et demie. Accord, mard., de 7 h. mat. à 7 h. s. Concours annuels, vers la mi-juillet, dotés de prix en argent, livres, outils. Les demandes d'inscriptions doivent être adressées à M. Chapuis, 74, boulevard Voltaire, accompagnées d'un certificat de cécité.

Cours municipaux pour aveugles, 14, rue Bossuet (X[e]). Fond. par M. d'Amhauser (1880). — Enseignement grat. pour les deux sexes. Piano, mard., jeud. et sam., de 9 h. à 11 h. mat. ; accord, merc., de 7 h. mat. à 7 h. s. Concours annuels, vers la mi-juillet, dotés de prix en argent, livres, outils. Les demandes d'inscriptions doivent être adressées à M. Chapuis, 74, boulevard Voltaire, accompagnés d'un certificat de cécité.

SAINT-MANDÉ. — **Apprentissage professionnel à l'École Braille.** — L'enseignement professionnel est donné aux jeunes aveugles, à partir de leur 13e année. Les métiers enseignés à l'École sont la confection des paillassons, la vannerie, le rempaillage, le cannage, la brosserie et la confection des couronnes de perles. L'apprenti doit payer pendant les 2 premières années, par son salaire, sa nourriture, son entretien et autres frais. Le reliquat de son avoir est inscrit sur son livret, pour parer aux dépenses de son installation en chambre à l'époque de sa majorité, et à la constitution de sa pension de retraite. Voir *Aveugles.*

Écoles professionnelles affectées aux enfants assistés du département de la Seine

L'Assist. pub. réserve ces Écoles aux enfants assistés qui témoignent de certaines dispositions :

École Lenôtre, à Villepreux (Seine-et-Oise) (1882). — Apprentissage de la culture et de l'horticulture.

École d'Alembert, à Montévrain (Seine-et-Marne) (1882). — Apprentissage d'ébénisterie et de typographie.

École Roudil, à Ben-Chicao (Algérie). — Ferme-école fond. sur l'initiative de M. l'abbé Roudil.

II. — Écoles et cours professionnels créés par les syndicats patronaux, syndicats mixtes et Unions de syndicats patronaux

Appareils médicaux et chirurgicaux.

Cours professionnels, organisés par la Chambre syndicale des instruments et appareils de l'art médical et chirurgical. — Ces cours grat. ont lieu les lund. et vend., de 8 h. et demie à 10 h. s., à l'hôtel des Stés savantes, 28, rue Serpente (VIe), 3e étage, du 15 octobre au 15 avril. L'enseignement dure 2 ans. Le brevet de capacité est délivré aux élèves ayant satisfait avec succès aux épreuves écrites et orales de 1re et 2e années. En fin d'année scolaire, distrib. de récompenses (médailles, livrets de caisse d'épargne).

Bijouterie.

École professionnelle gratuite de dessin pour bijouterie, modelage, gravure, 25, rue Chapon (IIIe). Fond. par M. Mascuraud (1873). — Soutenue par la Chambre syndicale de la bijouterie fantaisie en tous genres. Cours du s., de 8 h. et demie à 10 h., tous les j., sauf les sam. et dim. Concours mensuels dans chaque division ; en fin d'année, distrib. de prix et récompenses.

École professionnelle de la Chambre syndicale de la joaillerie, bijouterie et orfèvrerie, 2 *bis*, rue de la Jussienne (IIe). — Cours de composition appliquée, tous les s., sam., dim. et fêtes exceptés, de 8 h. à 10 h. Cours élémentaires de dessin les lund., merc. et vend., de 5 h. à 7 h. Cours spéciaux de composition appliquée, tous les sam., de 8 h. à 10 h. s., sauf pendant les mois de juin, juillet, août, septembre. Tous ces cours sont gratuits. Cours élémentaires d'apprentissage, réservés aux jeunes apprentis français, âgés de 12 ans, et munis du certificat d'études primaires ou (âgés de 13 ans) ayant contracté un engagement d'apprentissage avec un patron adhérent à la Chambre syndicale. Du 1er octobre au 31 juillet, les lund., merc., vend., de 8 h. mat. à 7 h. s., et les mard., jeud. et sam., de 8 h. mat. à 6 h. s. Cours grat. pour l'élève, mais le patron doit verser pour lui 30 fr. par mois.

Cours de perfectionnement, ouverts aux ouvriers, employés et apprentis français, ayant au moins 2 ans de présence dans un atelier. Tous les s., sauf le sam., de 8 h. à 10 h., du 1er octobre au 31 juillet. Cotisation : 5 fr. par mois.

Boulangerie.

Chambre syndicale de la boulangerie, 7, quai d'Anjou (IVe) (1907). — Cours grat. ayant lieu une fois par semaine, pendant le semestre d'hiver, de 5 h. et demie à 6 h. et demie. Hygiène, chimie, technologie meunière, boulangerie proprement dite, laboratoire. Les cours s'adressent aux patrons et ouvriers.

Bronzes.

École de la réunion des fabricants de bronze, 8, rue St-Claude (IIIe). — Cours grat., à partir du 15 septembre, les lund., mard. et jeud., de 5 h. à 7 h. un quart s. Réservés aux jeunes gens français, âgés de 13 ans révolus, et présentés par des membres titulaires de la Réunion des fabricants de bronze. Inscriptions tous les j., 8, rue St-Claude.

Carrosserie.

Chambre syndicale des carrossiers de Paris et des départements, 49, r. Desrenaudes (XVIIe). — Cours grat. d'octobre à mars, les mard., merc., jeud. et vend., de 8 h. à 10 h. s., ouverts aux apprentis âgés d'au moins 15 ans. Deux sections : forgerons serruriers et charrons ; menuiserie. La durée des études est de 4 ans. En fin d'année, récompenses en argent.

Charpente.

Cours professionnels de la Chambre syndicale des entrepreneurs de charpente du département de la Seine, 3, rue de Lutèce (IVe). — Cours de trait de charpente, d'éléments de géométrie et de métré. Grat. Ouverts aux ouvriers, commis et apprentis charpentiers français, âgés de 14 ans au moins, sachant lire et écrire. Les cours ont lieu le s., de 8 h. à 10 h., d'octobre à fin février : 1° à l'école de la rue des Récollets, 13 (Xe) ; 2° à l'école de la rue d'Odessa, 16 (XIVe).

Coiffeurs.

Cours professionnel de la Chambre syndicale mixte des coiffeurs, 17, rue Molière (Ier). Fond. par M. Jacquet (1903). — Cours du soir au siège social, du deuxième lundi d'octobre au 17 juillet.

Académie centrale de la coiffure, 7, rue Villedo (Ier). — Soutenue par le Syndicat amical des patrons coiffeurs. Cours du soir deux fois par semaine, en septembre, octobre et novembre.

Cours professionnels de la Chambre syndicale patronale. Comité des coiffeurs de France, 53, rue J.-J.-Rousseau (Xe). — Cours grat. au café du Globe, 8, boulevard de Strasbourg. Coiffure de dames les lund. et vend., de 9 h. à 11 h. du s., d'octobre à fin décembre. Coiffure d'hommes les mard. et vend., de 9 h. à 11 h. du s., de janvier à fin mars. École d'apprentissage, 53, rue J.-J.-Rousseau. Cours oraux et démonstratifs les mard. et vend., de 9 h. à 11 h. du s., de février à fin mai.

Commerce.

Cours professionnels commerciaux. Union nationale du commerce et de l'industrie, 10, rue de Lancry (Xe). Fond. par M. A. Aussel (1879). — Cours grat. ouverts aux adultes de tout âge, d'octobre à juin, tous les j. de semaine, sauf le sam., de 8 h. et demie à 10 h. et demie s. Sténographie, comptabilité, langues étrangères. Inscriptions tous les j., 10, rue de Lancry, au secrétariat de l'Union nationale.

Cordonnerie.

École professionnelle de cordonnerie, 26, rue Caulaincourt (XVIIIe). Fond. par le Syndicat des chaussures de Paris. Réinstallée sur de nouvelles bases (1910). — Reçoit des pensionnaires. Cours du j. pour les travaux de cordonnerie, cours du s. pour la coupe, le patronage et la piqûre.

Prix des cours : 20 fr. pour les deux. Récompenses après concours.

Dentelles.

Cours de dessin de la Chambre syndicale des dentelles, à l'École de dessin, 25, rue Croix-des-Petits-Champs (Ier). — Mard. et vend., de 9 h. à 11 h. et de 2 h. à 4 h.

Pour les places de boursières, s'adresser à la Chambre syndicale, 6, rue d'Aboukir.

Épicerie.

Cours professionnels de la Chambre syndicale de l'épicerie française, 32, rue du Renard (IVe). — 1° Droit commercial ; 2° notions de physique et de chimie ; 3° comptabilité commerciale ; 4° marchandises en général, solides et liquides. Cours gratuits dotés par la Chambre syndicale de prix en espèces. Commencent en novembre et ont lieu deux fois par semaine, de 9 h. et demie à 10 h. et demie du s. Pour les j., consulter l'affiche au début de l'année scolaire.

Pour se faire inscrire, adresser une demande au président du Syndicat, en lui indiquant son nom et ses prénoms, la date de sa naissance, et le nom de la maison où l'on est occupé.

Ferblanterie.

Cours professionnels de la Chambre syndicale de la ferblanterie, 129, rue des Boulets (XIe). — Cours grat. tous les s., sauf le sam. et le dim., de 5 h. un quart à 6 h. trois quarts.

Fleurs et Plumes.

Cours d'enseignement technique de la Société pour l'assistance paternelle aux enfants employés dans les industries des fleurs et des plumes, 10, rue de Lancry (X[e]). — Cours grat. ouverts, sur simple demande, à toute apprentie ou ouvrière fleuriste ou plumassière.

Chaque année, concours de fabrication, monture, trempage et teinture entre apprenties fleuristes ou plumassières, même celles n'appartenant pas à la Société. Les récompenses, consistant en volumes et en livrets de caisse d'épargne, d'une valeur de 15 à 200 fr., sont distribuées en séance solennelle.

Fourreurs.

Cours gratuits d'enseignement technique de la Chambre syndicale des fourreurs et pelletiers, 6, rue d'Aboukir, à l'École commerciale,

39, avenue Trudaine (IXe) (1910). — De janvier à août, mard. et vend., de 6 h. à 7 h. du s., cours techniques (exécution de la coupe, connaissance des animaux et manipulation des peaux); de 5 h. à 6 h., cours de dessin (modèles de coupe).

Horlogerie.

École d'horlogerie de Paris, 30, rue Manin (XIXe). Fond. par M. Rodanet (1880). — Recon. ut. pub. A pour but de former économiquement et même gratuitement (bourses accordées chaque année après concours par le Conseil municipal) des ouvriers habiles dans les diverses branches de la fabrication de la montre, de la pendule et de l'horlogerie de précision. Prix de l'externat : 400 fr. par an; de la demi-pension : 20 fr. en plus pour le repas de midi. Environ 200 places. Pour y être admis, il faut avoir 13 ans, posséder une instruction correspondant au programme complet des écoles primaires, et adresser une demande au directeur (30, rue Manin). Des certificats d'études, diplômes et prix en espèces sont décernés aux meilleurs élèves. L'année scolaire commence le 1er septembre, mais l'École admet des élèves en cours d'année. La durée des études est de 4 ans.

Hôteliers.

La France hôtelière, Syndicat général des hôteliers, 5, rue Beaujolais (Ier). — Cours professionnels grat. pour les employés d'hôtel, des deux sexes, âgés d'au moins 16 ans. Ont lieu à 8 h. et demie du s. en hiver, à dates et j. fixés chaque année en septembre. Le bureau est ouvert de 9 h. et demie à 11 h. du mat. et de 5 h. à 6 h. du s.

Jardiniers.

Association professionnelle de Saint-Fiacre, 34, rue de la Montagne-Ste-Geneviève (V^{e}) (1879). — Cath. Fond. dans le but de reconstituer une corporation de métier, et de l'adapter aux conditions sociales de notre époque. Transformée, en 1884, en Syndicat mixte de propriétaires, jardiniers, horticulteurs et cultivateurs, l'Association de St-Fiacre a établi un office de placement grat., une commission de contentieux et d'arbitrage, un office commercial pour l'achat de tous les objets utiles à ses membres; elle possède une importante bibliothèque professionnelle. L'Association donne des cours pratiques dans plusieurs localités de la banlieue, où elle a créé des sections, pour faire profiter ses membres habitant les environs d'un enseignement pratique approprié aux besoins de leurs cultures spéciales. Il faut être présenté par deux membres, et admis par le conseil pour être membre ordinaire. Cotisation annuelle : 5 fr.

Maçonnerie.

Cours professionnels de la Chambre syndicale des entrepreneurs de maçonnerie du département de la Seine, 3, rue de Lutèce (IVe). — Tous les j. de la semaine, de 8 h. à 10 h. du s., et le dim. mat., de 8 h. à 10 h., d'octobre à avril. Ouverts gratuitement à tous ouvriers ou commis, âgés d'au moins 16 ans, et munis d'un certificat d'emploi délivré par leur patron. Des récompenses sont distribuées aux élèves les plus méritants. Inscription tous les s., de 5 h. à 8 h., jusqu'au 9 octobre.

Maréchalerie.

École supérieure de maréchalerie, 289, faubourg St-Antoine (XIIe). Fond. par la Chambre syndicale des maréchaux (1902). — Enseignement grat. Cours le merc., de 8 h. à 10 h. du s. Travaux pratiques le dim., de 9 h. à 10 h. du mat. Enseignement ouvert à tous.

Maroquinerie.

École professionnelle de la Chambre syndicale de la maroquinerie, 53, quai de Valmy (X^e^). — Cours grat. les mard. et vend., de 5 h. trois quarts à 7 h. La durée des études est de 3 ans. Distrib. de prix, médailles, livrets de caisse d'épargne. Demandes d'admission adressées au président de la Chambre syndicale, 53, quai de Valmy.

Mécaniciens.

Cours professionnels du Syndicat des mécaniciens, chaudronniers et fondeurs de France, 94, rue d'Hauteville (X^e^). — Enseignement technique et industriel pour les ouvriers et apprentis mécaniciens, chaudronniers, fondeurs, etc. Créés en 1910 par le Syndicat patronal, avec la collaboration de l'Association polytechnique. Cours grat. du s. :

A la Mairie du XIe, lund., 8 h. à 9 h. et demie ; merc., 9 h. à 10 h. ; vend., 8 h. à 9 h. ; sam., 8 h. à 9 h.

A la Mairie du XIIIe, lund., mard., jeud. et vend., de 8 à 9 h.

École commerciale, 4, place du Commerce (XVe), lund., merc., vend., 9 h. à 10 h.

École commerciale, 44, rue Pouchet (XVIIe), mard., 8 h. à 9 h. ; merc., 9 h. à 10 h. ; jeud., 8 h. à 10 h. ; sam., de 8 h. et demie à 10 h.

École commerciale, 58, rue Philippe-de Girard (XVIIIe), mard. et merc., de 9 h. à 10 h. ; jeud. et vend., de 8 h. à 10 h.

Section des Buttes-Chaumont, rue Armand-Carrel (angle de la rue de Meaux) (XIXe), lund., de 9 h. à 10 h. ; mard., de 8 h. à 9 h. et de 9 h. à 10 h. ; merc., de 8 h. à 9 h.

École commerciale, rue Henri-Chevreau, lund., 8 h. et demie ; mard. et jeud., 9 h. à 10 h. ; merc. et vend., de 8 h. à 9 h.

Pantin, école communale de garçons, rue Thiers, lund., mard., jeud. et vend., de 8 h. à 9 h.

Cours professionnels du Syndicat des mécaniciens et électriciens de Paris, 9, rue d'Édimbourg, à l'école de la rue Lacordaire, 11 (VIIIe). — Cours grat. tous les j. de la semaine, sauf le sam., de 5 h. un quart à 6 h. trois quarts.

Mercerie.

Cours de la Chambre syndicale de la passementerie, mercerie, boutons et rubans, 163, rue St-Honoré (IIIe). — Cours professionnels de dessin grat., réservés aux hommes âgés d'au moins 16 ans, le merc., de 2 h. à 4 h., à l'École Germain-Pilon, 12, rue Ste-Élisabeth. Récompenses en fin d'année scolaire, consistant en livrets de caisse d'épargne.

Menuiserie et parquet.

Cours professionnels de dessin, modelage et trait. Fondés (1892) par la Chambre syndicale des entrepreneurs de menuiserie et parquets de Paris et du département de la Seine, 3, rue de Lutèce (IVe). — Cours du soir grat., de 8 h. à 10 h., d'octobre à avril, ouverts à tous les apprentis menuisiers français, âgés d'au moins 16 ans et ayant 6 mois d'apprentissage. Les inscriptions sont reçues dans chaque école, aux j. et h. des cours. Concours de fin d'année entre les écoles avec prix spéciaux. Chaque mois, conférences et visites de monuments. La durée des études est de 4 ans.

Les cours ont lieu : 3, rue de Lutèce, les jeud. et sam. (1re et 2e années), mard. (3e année).

A l'École des arts du dessin, 11, rue St-Benoît (IVe), cours grat. le dim. mat., de 9 h. à midi, et le merc. soir, de 8 h. à 10 h.

A l'École de la rue des Écluses-St-Martin, 20 (X^e^), lund., merc., vend., de 5 h. un quart à 6 h. trois quarts, et dim. mat., de 8 h. à 11 h.

A l'École de la rue Falguière, 20 (XVe), lund. et vend. (1re année) ; mard., jeud. (2e année) ; merc. (3e année).

A l'École de la rue Lemercier, 105 (XVIIe), lund., mard. (1re et 2e année), sam. (3e année) ; dim. mat., travaux d'application.

A l'École de la rue de la Chapelle, 55 *bis* (XVIIIe), lund., jeud. (1re et 2e années) ; mard., vend. (3e année) ; merc. (4e année).

S'adresser à M. G. Prévost, secrétaire général, 13, rue Lebouteux.

Modes.

École professionnelle de la Chambre syndicale de la fantaisie pour modes, 4, rue Pierre-Bullet (école mat.) (X^e^) (1911). — Cours pour jeunes filles de 13 à 20 ans, le dim., de 8 h. et demie à midi, du 1er octobre au 1er mai.

Papiers.

École professionnelle de la Chambre syndicale du papier et des industries qui le transforment, 10, rue de Lancry (X^e^) (1868). — Recon. ut. pub. Enseignement technique, théorique et pratique. Cours grat. de fin septembre à Pâques, les lund., merc. et jeud., de 8 h. à 10 h. du s. ; les mard. et vend., de 5 h. et demie à 7 h. et demie, et les dim., de 8 h. et demie à 11 h. et demie du mat. Ouverts aux apprentis français des deux sexes, âgés de 12 ans au moins. Concours de travaux manuels et d'encouragement, conférences professionnelles, visites d'usines, distrib. annuelle de prix, consistant en médailles, livres, livrets de caisse d'épargne et de caisse des retraites, d'une valeur de 10 à 100 fr.

Plomberie.

École professionnelle de la Chambre syndicale des entrepreneurs de couverture, plomberie, eau et gaz, assainissement et hygiène de Paris et des dép. de la Seine et Seine-et-Oise, 5, rue Elzévir (IIIe) (1887). — Le s., de 8 h. et demie à 10 h., du mois d'octobre au mois d'avril, les mard., merc., vend., cours pratiques, cours de géométrie pratiques, cours techniques, cours de métré, de plomberie, pour élèves de 17 ans au moins, et ayant subi avec succès l'examen d'admission. Cours supérieur de métré (admission par concours), conférences, etc. Les cours sont grat. Cotisation de 10 fr. pour les patrons par élève présenté par eux. Chaque année, distrib. de récompenses, prix et médailles. L'École est réservée aux élèves présentés par des patrons adhérents de la Chambre syndicale.

Reliure.

Cours et ateliers de perfectionnement, 7, rue Coëtlogon (VIe). — Organisés par l'Association philotechnique et le Syndicat patronal de la reliure, de la brochure et de la dorure. Ouverts aux apprentis et ouvriers des deux sexes, du 1er octobre au 31 mars, de 8 h. et demie à 10 h., tous les s. de semaine, sauf le lund. Inscriptions reçues pendant toute la saison.

Serrurerie.

Cours professionnels fondés par la Chambre syndicale des entrepreneurs de serrurerie et de constructions en fer du département de la Seine, 3, rue de Lutèce (IVe). — Cours grat. du s., d'octobre à août, comprenant deux années, ouverts aux apprentis, ouvriers ou commis français, âgés d'au moins 14 ans, sachant lire, écrire et compter. Des récompenses sont décernées chaque année aux plus méritants. Les demandes d'admission sont adressées, 3, rue de Lutèce, ou au directeur des cours, 10, rue Bleue. Ces cours ont lieu à l'École municipale Diderot, 60, boulevard de la Villette (XIXe). Dessin professionnel pour les apprentis et ouvriers, d'octobre à fin mars, de 8 h. à 10 h., les mard. et jeud. (1re année) ; les merc. et vend. (2e année). A l'école de garçons, avenue Duquesne, 42 (VIIe), cours aussi les mard. et jeud., de 8 h. à 10 h. (1re année) ; les merc. et vend., de 8 h. à 10 h. (2e année).

Tailleurs.

Cours professionnels pour tailleurs, 38, rue du Mail (IIe). — Cours grat. de jour, organisés par la Chambre syndicale des maîtres tailleurs.

Cours professionnels de l'Union syndicale et fraternelle des maîtres

tailleurs de Paris, 8, rue Villedo (Ier). — Cours de coupe deux fois par semaine. Distribution de récompenses après concours ouvert aux élèves de toutes les écoles de France.

Chambre syndicale des maîtres tailleurs de Paris, 21, rue de Richelieu (Ier) (1893). — Ouverts gratuitement deux fois par semaine, de 8 h. et demie à 10 h. et demie du s., aux hommes âgés d'au moins 19 ans.

Tapissiers.

Comité de patronage des apprentis tapissiers-décorateurs, 3, rue de Lutèce (IVe). — Créé en 1872 par la Chambre syndicale, dans le but de grouper les apprentis tapissiers décorateurs, aussi bien que les jeunes gens ayant terminé leur apprentissage, afin de compléter leur éducation professionnelle. 2 divisions : élémentaire (apprentis), supérieure (ouvriers). Cours grat. 3 fois par semaine au siège social, 3, rue de Lutèce, de janvier à mai, de 8 h. à 10 h. du s. Concours annuels, jugés par un jury composé de 5 patrons et 5 ouvriers, et suivis d'une distribution de prix, consistant en médailles, livrets de caisses d'épargne, outils, etc.

Typographes.

Cours professionnels de la Chambre syndicale des conducteurs typographes, 20, rue de Savoie (VIe). — Cours grat., trois fois par semaine, 5, rue Séguier, de septembre à avril, le dim. de 9 h. et demie à 11 h. du mat., le mard. de 9 h. à 10 h. du s., le vend., de 9 h. à 10 h. du s.

III. — Écoles et cours professionnels créés par les syndicats ouvriers et la Fédération des syndicats ouvriers

Cours de la Bourse du travail,
3, rue du Château-d'Eau (Xe) :

Union centrale des chauffeurs-mécaniciens-électriciens. — Le mat., de 8 à 10 h. ; jeud., électricité ; mard., chauffage et mécanique ; sam., machines à vapeur.

Union syndicale ouvrière des tôliers. — Vend. mat., de 8 h. et demie à 10 h. ; tracé et travaux de tôlerie.

Chambre syndicale ouvrière des instruments de précision. — Lund., 8 à 10 h. mat., électricité industrielle et dessin ; mard., 8 h. et demie à 10 h. mat., législation ouvrière et algèbre ; jeud., 8 h. et demie à 10 h. mat., construction ; vend., 8 h. et demie à 10 h. mat., chimie ; sam., 8 h. et demie à 11 h. mat., construction.

— — **ouvrière des peintres.** — Merc., de 8 h. et demie à 10 h. s., espéranto ; jeud., de 8 h. à 10 h. s., technologie des couleurs.

— — **des ouvriers en bâtiment-serrurerie.** — Merc.,

de 8 h. et demie à 10 h. mat., électricité industrielle, construction en fer; sam., à 8 h. et demie mat., dessin, tracé.

Chambre syndicale ouvrière des tailleurs. — Merc., de 9 h. à 11 h. mat., coupe pour hommes ; sam., de 9 h. à 11 h. mat., coupe pour dames.

— — **ouvrière des fleuristes-plumassières.** — Lund., de 8 h. et demie à 10 h. mat., monture de fleurs.

— — **ouvrière des charpentiers.** — Lund., de 8 h. et demie à 10 h. mat. ; merc. et vend., de 8 h. à 10 h. mat., dessin de charpente.

— — **des comptables.** — Lund., de 8 h. et demie à 9 h. et demie mat., comptabilité.

— **des ouvriers ferblantiers**, de toutes spécialités et parties similaires de la Seine (1910). — De novembre à fin mai. Cours théorique, mard. et jeud., de 8 h. et demie à 10 h. du s. ; cours pratique, dimanche mat., de 9 h. à 11 h. et demie.

Cours à l'annexe de la Bourse du travail, 20, *rue du Bouloi :*

Chambre syndicale des ouvriers égoutiers, mard. et vend., de 5 h. à 7 h. du s.

Syndicat national des Postes et Télégraphes. — Cours pour les professionnels au service de l'État, lund., merc., vend., de 8 h. à 10 h. du s. ; cours de montage et installation du téléphone.

École professionnelle ouvrière de l'ameublement, 142, avenue Ledru-Rollin (XIIe), anciennement, 40, rue de la Roquette. — Cours grat. du s., les lund., mard., merc. et vend, de 8 h. à 10 h. Fond. et subventionnés par les Syndicats des ébénistes de la Seine, de la sculpture, des billardiers de la Seine et des tapissiers de la Seine (1875). Inscriptions reçues à l'École les j. de cours. Les ouvriers désireux de les suivre doivent adhérer à l'une des Chambres syndicales de l'ameublement.

— — **de la Chambre syndicale des ouvriers boulangers**, 33, rue Doudeauville (XVIIIe) (1905). — Cours pratiques aux h. du travail, à l'usage des ouvriers boulangers âgés d'au moins 18 ans.

— — **de la Chambre syndicale des ouvriers charrons**, 111, rue du Château (XIVe). — Cours du s. pour apprentis affiliés au Syndicat, à 8 h. et demie, d'octobre à fin mars. Dessin.

— — **des ouvriers charrons**, 55, rue Traversière (XIIe). Fond. par la Chambre syndicale (1891). — Ouverts le s., du 1er octobre au 1er avril, à tout apprenti âgé d'au moins 13 ans, possédant le certificat d'études primaires, Français ou fils d'étrangers établis en France depuis 5 ans. Cotisation mensuelle : 2 fr.

Cours professionnel des ouvriers charrons, 15, boulevard de la Chapelle (X^e). Fond. par la Chambre syndicale de charronnerie (1882). — Cours du soir, d'octobre à avril, pour les apprentis affiliés au Syndicat.

La Solidarité des ouvriers charpentiers de la Seine, 5, rue Gît-le-Cœur (VIe). — Cours grat. du s., de 8 h. à 10 h., tous les j. de semaine, sauf le jeud., de novembre à février. Géométrie, trigonométrie et dessin.

Cours des compagnons charpentiers, 10, rue Mabillon (VIe). — Dessin professionnel tous les s., sauf les sam. et dim., de 8 h. à 10 h., de novembre à mars.

Cours commerciaux gratuits, 16, place de la République (X^e^). — Fond. par la Fédération nationale des employés. Tous les s. de semaine, à 8 h. et demie précises, d'octobre à avril. Inscriptions au siège social, de 8 h. mat. à 8 h. s. ; merc. et vend., jusqu'à 11 h. s.

Union des comptables, 74, rue Turbigo (IIIe). — Sténographie, dactylographie, langues. Cours grat., les mard., merc., jeud. et vend., de 8 h. et demie à 10 h. du s.

École professionnelle des compagnons cordonniers-bottiers du devoir, 23, rue Notre-Dame-de-Nazareth (IIIe). — Cours théorique et pratique de patronage et de coupe, tous les jeud., de 8 h. et demie à 10 h. du s. ; cours de fabrication de tiges, tous les sam. de 8 h. à 9 h. du s. Les cours sont faits, 10, rue des Quatre-Fils, de novembre à mai. Le prix des deux cours est de 20 fr., moitié en se faisant inscrire. L'École distribue chaque année des récompenses. Inscriptions reçues au siège social, 23, rue Notre-Dame-de-Nazareth.

Cours professionnels de la Chambre syndicale des ouvriers diamantaires de Paris, 33, rue Grange-aux-Belles (X^e^) (anciennement, 8, rue Legouvé). — Cours grat. pour hommes et femmes, toute l'année, sauf de mars à juillet. Uniquement théoriques.

— — **du Syndicat des employés du commerce et de l'industrie,** 14 *bis*, boulevard Poissonnière (IXe). — Comptabilité, anglais, allemand, espagnol, dactylographie, sténographie. Cours du s. grat. pour les sociétaires, les lund., merc., jeud. et sam., de 8 h. et demie à 10 h., du 3 octobre à fin avril.

Le Syndicat des employés du commerce et de l'industrie (1887) est ouvert aux employés français, notoirement cath., âgés d'au moins 16 ans, et présentés par deux membres du Syndicat. Droit d'entrée : 2 fr. Cotisation annuelle : 6 fr. Placement, conseil juridique donnant des consult. grat., commission d'études. Bibliothèque. Caisse de prêts grat. et de secours. Le Syndicat possède plusieurs sections à Paris et dans la banlieue. Trois sections dans le Ve, dans les XIVe et XVe arrondissements, et une section à Versailles, rue de Limoges, possèdent des cours professionnels. Permanence, 14 *bis*, boulevard Poissonnière, tous les j., sauf le dim., de 8 h. à 6 h. ; mard. et vend., de 8 h. et demie à 10 h. du s.

Section St-Victor (V^e^), 37, rue de Jussieu. Cours du soir.

— de Plaisance, 55, rue de Vercingétorix (XIVe), les dim., de 10 h. à 11 h. du mat. ; jeud., de 9 h. à 10 h. du s.

Section de Vaugirard, 82, rue de l'Abbé-Groult (XVe), le lund., de 8 h. et demie à 10 h. du s.

Cours professionnels spéciaux pour ferblantiers, 9, passage Ménilmontant (XIe). Fond. par le Syndicat ouvrier des ferblantiers. Dim. mat., cours d'application; mard. et vend. s., cours de dessin, ces derniers avec le concours de la Sté philotechnique, d'octobre à mai.

Syndicat professionnel des ouvriers jardiniers de France, 2, rue de Harlay (Ier). — Cours grat. tous les dim. de l'année dans le jardin du Syndicat, à Montreuil-sous-Bois, réservés aux membres du Syndicat.

Cours professionnels de l'Union corporative du Syndicat national des ouvriers mécaniciens, 66, rue de la Fontaine-au-Roi (XIe). — Cours grat. d'octobre à avril, lund., merc., jeud., sam., de 8 h. et demie à 10 h. du s.

Syndicat de chauffeurs, conducteurs, mécaniciens, automobilistes, électriciens de toute industrie et parties similaires, 1, quai de Javel (XVe). — Cours grat. publics tous les merc. et vend., de 8 h. et demie à 10 h. du s., 12, rue Fondary (XVe); tous les merc., de 8 h. et demie à 10 h. du s., 13, rue Froment (XIe). En fin de cours, attribution de diplômes et distrib. de prix.

Fédération générale française professionnelle des mécaniciens, chauffeurs, électriciens des chemins de fer et de l'industrie, 35, rue Crozatier (IIe). — Cours grat. fond. par M. François Guimbert (1885), ouverts à tous les ouvriers et apprentis à partir de 12 ans, du 15 octobre à Pâques :

Section du IVe arr. — A la Mairie, rue de Rivoli : les mard., merc. et vend., à 8 h. et demie du s.; le jeud., à 8 h.; les 2e et 4e dim., à 3 h.

— du Xe arr. — École, 36, rue Grange-aux-Belles : lund., mard., merc., à 8 h. et demie du s.

— du XIe et XXe arr. — Lycée Voltaire, 101, avenue de la République : mard., merc., à 8 h. et demie du s.

— du XIIe arr. — École, boulevard Diderot : mard. et vend., à 8 h. et demie du s.

— du XIIIe arr. — Mairie des Gobelins : merc. et vend., à 8 h. et demie du s.

— du XIVe. — École, 133, rue d'Alésia : mard., jeud., vend., à 8 h. et demie du s.

— du XIVe arr. — École, 60, rue St-Charles : merc., vend., à 8 h. et demie du s.

— du XVIIe arr. — École, 18, rue Ampère : mard., jeud., à 8 h. et demie du s.

— du XVIIIe arr. — École, 68, rue Clignancourt : merc., vend., à 8 h. et demie du s.

— du XIXe arr. — École, 7, rue Barbanègre : mard., jeud., à 8 h. et demie du s.

Section d'Asnières. — Groupe Voltaire, rue de Prony : vend., à 9 h. du s.

— d'Aubervilliers. — École, rue du Vivier : merc., vend., à 8 h. et demie du s.

— de Boulogne-sur-Seine. — École des garçons, rue de la Mairie : merc., vend., à 8 h. et demie du s.

École, rue de Clamart : lund., mard., à 8 h. et demie du s.

— de Courbevoie. — École, rue du Cayla : merc., jeud., vend., à 8 h. et demie du s. (le mard., cours spécial militaire).

— de Levallois-Perret. — École, rue Marjolin : mard., merc., vend., à 8 h. et demie du s.

Cours professionnels de la Chambre syndicale des chauffeurs-mécaniciens, 13, rue des Lavandières-Ste-Opportune (Ier). — Cours grat. du s., 13, rue des Lavandières-Ste-Opportune : merc., à 8 h. et demie.

3, rue Montgolfier (IIIe) : mard., à 8 h. et demie.

20, rue de Musset (XVIe) : jeud., à 8 h. et demie.

65 *bis*, rue de la Chapelle (XVIIIe) : jeud., à 8 h. et demie.

Colombes. — **Cours professionnels de la Chambre syndicale des chauffeurs**, salle de la Bibliothèque, à Colombes. — Cours grat., le dim. mat. à 8 h.

Cours professionnels de la Chambre syndicale des ouvriers menuisiers, 37, rue Doudeauville (XVIIIe.) — Cours grat. du s., les mard., merc., vend., du 1er octobre au 1er avril, ouverts à tout jeune garçon français ou fils d'étrangers établis en France depuis 5 ans, âgé de 14 ans au moins, ayant 6 mois d'apprentissage chez un menuisier.

— — **de la Chambre syndicale des ouvriers passementiers, façonniers à la barre**, 35, rue des Cascades (XXe). — Cours grat. du s., d'octobre à avril, le mard. et le vend., de 8 h. et demie à 10 h.

— — **de peinture et décoration**, 6, rue du Chevalier-de-la-Barre (XVIIIe). — Fond. par la Sté amicale des ouvriers peintres en décors (17, rue Boileau), et dotés de prix en espèces par le Syndicat patronal. — Cours grat. de novembre à mars, les lund., mard., merc., jeud. et vend., de 8 h. à 10 h. du s. Cours de perfectionnement de 4 h. à 6 h.

— — **de la Chambre syndicale des tailleurs de pierre et ravaleurs**, 60, rue Charlot (IIIe). — Cours du s. les lund., mard., merc., vend., de 8 h. à 10 h.

Union des travailleurs libres, 210, rue Lecourbe (XVe). — Comptabilité, anglais, musique ; cours grat. d'octobre à Pâques, tous les s. de semaine, de 8 h. et demie à 10 h.

Cours technique et professionnel de la voiture, 41, rue Charlot (IIIe). — Cours de dessin tous les s., sauf le dim., de 8 h. à 10 h., créés par les Compagnons charrons du devoir de Paris et du département de la Seine.

IV. — Écoles et cours professionnels divers

Les Écoles d'enseignement professionnel supérieur, de même que les Écoles spéciales, ne rentrent pas dans le cadre du présent ouvrage. Nous devons signaler toutefois que quelques-uns de ces établ., tels que l'École supérieure du commerce et l'École supérieure de navigation maritime (79, *avenue de la République*), *l'Institut commercial* (153, *avenue de Wagram*), *etc., disposent chaque année d'un certain nombre de bourses, généralement attribuées au concours.*

Ier ARR.

Société académique de comptabilité, Mairie du Ier arr. — Cours grat. organisé par la Sté, pour les deux sexes, de comptabilité commerciale. Les mard., merc. et vend., à 8 h. et demie du s.

Cours complémentaire commercial, 37, rue St-Roch. — Destiné aux élèves les plus méritants des écoles primaires libres de Paris. Admission après examen. La durée des études est de 2 ans. Les cours ont lieu tous les j. de l'année scolaire, aux h. de classe ordinaires. Grat.

IIe ARR.

École pratique de commerce Pigier, 19, boulevard Poissonnière. Fond. par M. Pigier père (1850). — A pour but de supprimer l'apprentissage dans les affaires, et de former rapidement et à peu de frais des employés des deux sexes, en mesure d'utiliser leurs connaissances. La durée des études varie de 3 mois à 2 ans. L'École est payante, mais accorde chaque année 15 bourses, après un concours qui a lieu en septembre, et dont la date et le programme sont donnés par les journaux et aux différents sièges de l'École. Le prix des cours varie de 100 à 200 fr., moitié à forfait, suivant les branches de l'enseignement. Certificat d'études, avec un diplôme, aux élèves ayant satisfait aux examens d'études, et service grat. de placem. Les inscriptions sont reçues à toute époque. L'École possede à Paris 5 établ :

19, boulevard Poissonnière, externat pour hommes et dames.
53, rue de Rivoli, externat pour adultes et jeunes gens.
5, rue St-Denis, externat pour dames et jeunes filles.
23, rue de Turenne, internat pour jeunes gens.
110, rue de Rivoli, cours par correspondance.

IIe ARR.

Cours commerciaux, 17 à 21, boulevard des Italiens. — Organisés par le Crédit Lyonnais, en faveur de ses employés. Comptabilité et banque, tous les s., de 6 h. à 7 h., de novembre à Pâques. Grat.

IVe ARR.

Cours de dessin industriel et géométrique, 21, rue St-Louis-en-l'Isle, fond. par la Sté de protection aux apprentis (1904). — Cours du s. du 1er octobre au 31 mai, les lund. et jeud., de 8 h. à 10 h.

École des Francs-Bourgeois, 21, rue St-Antoine. — Voir *Préservation.*

Caisse des écoles, œuvre des familles, à la Mairie du IVe arr. — Cours publics et grat. pour les adultes, tous les j. de la semaine, de 8 h. à 10 h. du s., et le dim. de 9 h. à 11 h. mat. Dessin, cours supérieur de chant et déclamation lyrique; coupe et couture; électricité appliquée, automobile, comptabilité, arboriculture (cours pratique le dim.). Les 2e et 4e dim., de 3 h. à 4 h., cours de chaudières à vapeur et de mécanique aux chauffeurs-couleurs des lavoirs. Merc., de 8 h. à 10 h. du s., cours de chant et musique d'ensemble.

V^{e} ARR.

Institut populaire d'enseignement commercial, 5, rue Claude-Bernard (1890). — Possède cinq sections d'enseignement dans Paris. Anglais. Allemand. Espagnol. Comptabilité. Droit commercial. Français. Coupe et couture. Sténographie commerciale. Solfège. Préparation aux examens. Les cours fonctionnent toute l'année sans interruption. Ils ont lieu le s. Le programme détaillé, indiquant les j. et les h. des cours, est remis gratuitement par le concierge de chaque section. Droit d'inscription : 1 fr. 50. Cotisation mensuelle : 2 fr. Carte de contrôle : 0 fr. 25. 100 places grat. sont accordées chaque année, par voie de tirage au sort, aux cours commerciaux. L'Institut populaire d'enseignement commercial est admis à prendre part aux concours des bourses de séjour à l'étranger, accordées par le Ministère du commerce et de l'industrie. Des récompenses sont accordées aux élèves les plus méritants; chaque année, distrib. des prix dans le grand amphithéâtre de la Sorbonne.

Section Lafayette : 12, rue des Deux-Gares (X^{e} arr.).
— Parmentier : 19, rue des Trois-Bornes (XIe arr.).
— Rivoli : 127, rue St-Antoine (XIIe arr.).
— des Gobelins : 3, rue Michel-Peter (XIIIe arr.).
— de Montrouge : à Montrouge.

Cercle des ouvriers maçons et tailleurs de pierre, 7, rue des Chantiers, fond. par le P. Montazeau (1867). — Recon. ut. pub. Direction cath. Ouv. tous les s. de semaine, sauf le sam., d'octobre à avril. Cours du s., de 7 h. et demie à 9 h. et demie. Instruction primaire, géométrie pratique, dessin, métré, comptabilité du bâtiment, coupe de pierre. Tous les dim. s., réunion des sociétaires, au Cercle. Les cours sont grat., et destinés aux adultes des deux sexes, de préférence cath. A partir de 15 ans, ouvriers maçons et tailleurs de pierre. Succursale, rue Ganneron, 8 (XVIIIe).

Schola Cantorum, 269, rue St-Jacques, fond. par MM. Bordes, Guilmant et Vincent d'Indy (1897), dans le but de réformer le plain-chant, en revenant au chant grégorien et en remettant en honneur la méthode palestrinienne. — École supérieure de musique. Délivre des diplômes. Prix des cours : 300 fr. par an, mais les élèves instrumentistes et chanteurs, qui s'engagent à participer toute l'année aux concerts, reçoivent pour les répétitions et les exécutions des rémunérations qui entrent en déduction de leurs frais d'études.

VIe ARR.

École commerciale André-Hamon, 68, rue d'Assas. — Direction laïque, cath. Donne aux enfants sortant des écoles libres et des patron. paroissiaux de la rive gauche un enseignement commercial, industriel et administratif. Externat : 20 fr. par mois. Demi-pensionnat : 40 fr. L'École dispose de 10 bourses et 10 demi-bourses annuelles accordées par l'Archevêché de Paris.

Œuvre de Saint-Nicolas, 92, rue de Vaugirard. Fond. par M. l'abbé de Bervanger (Var) (1827). — Recon. ut. pub. Direc. laïque, cath. Donne aux j. garçons, avec une éducation chrétienne, l'instruction primaire et professionnelle. Possède des maisons à Paris, 92, rue de Vaugirard ; à Issy-les-Moulineaux, 66, rue Ernest-Renan ; à Igny (Seine-et-Oise) ; à Buzenval près Rueil (Seine-et-Oise). Enseignement primaire complet, professionnel pour relieurs, compositeurs, typographes, imprimeurs, fabricants d'articles de voyage, menuiserie, ébénisterie (3 ans d'apprentissage), sculpteurs sur bois, fabricants d'instruments de précision, mécaniciens, tourneurs, ajusteurs, électriciens, ciseleurs sur métaux, monteurs en bronze (4 ans d'apprentissage), banque, commerce, horticulture. Être cath., avoir 8 ans accomplis, savoir lire, écrire, faire les 4 premières règles, n'avoir aucune maladie contagieuse ou incurable ou infirmité, être de Paris ou des environs. Les enfants de province sont admis, s'ils ont des parents ou un correspondant. Prix de la pension : 37 fr. 50 par mois, vin non compris. Le premier mois se paye 112 fr.

Sté sténographique parisienne, 23, rue Duvivier. — Cours grat. de sténographie, comptabilité, langues étrangères.

VIIe ARR.

Cours gratuits pour les hommes, 9, passage Landrieu. — Organisés par l'Association de l'enseignement secondaire moderne. Comptabilité, dessin, sténographie, anglais. Les lund., mard., merc. et jeud., de 8 h. et demie à 9 h. trois quarts. Inscriptions tous les j., de 8 h. à 9 h. du s. Voir *Préservation.*

Patronage du Bon-Conseil, 26, avenue de Saxe. — Cours grat. du s. réservés aux membres du patron., mard. et vend., de 8 h. à 10 h. du s. (dessin appliqué à la métallurgie et aux industries du bois) ; merc. et vend., de 8 h. à 10 h. du s. (comptabilité, langues étrangères) ; mard. et vend., de 8 h. à 10 h. du s., dim. mat., de 9 h. à 11 h. (dactylographie, sténographie).

IXe ARR.

Union chrétienne de jeunes gens, 14, rue de Trévise. — Cours commerciaux grat. réservés aux membres de l'Association, lund. et jeud., de 8 h. et demie à 10 h. du s. Voir *Préservation.*

Cours commerciaux du Grand-Orient de France, 16, rue Cadet. — Cours grat. du s., tous les j. de semaine, d'octobre à juillet : anglais, allemand, espagnol, comptabilité, sténographie, ouverts aux adultes des deux sexes; au-dessous de 16 ans, les jeunes gens et les jeunes filles ne sont admis que munis du certificat d'études primaires. Inscriptions reçues, 16, rue Cadet, de 10 h. à 5 h. et à 8 h. du s.

Cours élémentaires de photographie, 51, rue de Clichy, organisés par la Sté française de photographie, anciennement, 76, rue des Petits-Champs (1875). — Cours publics du s., le merc., à 9 h., de novembre à Pâques. Cotisation de 2 fr. par mois, pour les auditeurs non abonnés au Bulletin. Enseignement donné en 20 leçons.

École commerciale, 39, avenue Trudaine. Fond. par la Chambre de commerce de Paris (1863). — A pour but de donner l'enseignement nécessaire aux diverses carrières du commerce, de la banque et de l'administration. Les élèves sont admis de 8 à 13 ans dans les cours préparatoires, et de 12 à 17 ans dans les cours normaux. Ils sont tous externes, apportent leur déjeuner ou le prennent à l'École (0 fr. 90). Les inscriptions sont reçues tous les j., sauf dim. et jeud., de 9 h. à 11 h. et de 1 h. à 4 h. En fin d'études, l'École délivre des diplômes et des certificats de capacité, et pourvoit au placem. du plus grand nombre de ses élèves. Des bourses de voyage et de séjour à l'étranger sont réparties entre les plus méritants. L'École est payante (220 fr. par an, avec réduction de droit aux familles ayant 2 et plusieurs enfants); elle dispose de nombreuses bourses : 1° *Bourses officielles* entretenues par l'État, le Conseil général de la Seine, la Chambre de commerce de Paris, la Ville de Paris, 17 à 25 par an, délivrées après concours, ayant lieu le dernier jeud. de juin (inscriptions au secrétariat de l'École du 1er au 25 juin); 2° *Bourses spéciales* entretenues par la Banque de France, Stés de crédit, Compagnies de chemins de fer, etc., dont les titulaires, fils d'employés de ces administrations, sont désignés par les donateurs.

Cours commerciaux de l'École commerciale, 39, avenue Trudaine. — Cours grat. organisé par la Chambre de commerce de Paris, pour les adultes hommes, les lund., merc. et vend., de 8 h. à 10 h. du s.; pour les femmes et les jeunes filles (1, rue Bochart-de-Saron), les mard., jeud. et sam., de 7 h. et demie à 9 h. et demie du s.

École professionnelle des jeunes typographes de l'imprimerie Chaix, 20, rue Bergère (1863). — A pour but de former des ouvriers pour les différents services de l'imprimerie. Les élèves ne sont ni logés, ni nourris; l'apprentissage dure 4 ans avec contrat. Ils sont répartis en deux groupes : les compositeurs et lithographes, les imprimeurs et services divers, et reçoivent l'enseignement pratique, technique et primaire. Outre les gratifications, des institutions spéciales de prévoyance en faveur des apprentis leur assurent une retraite à 55 ans, par la participation aux **bénéfices** ou un versement à la Caisse nationale des retraites pour la vieillesse. Pour être admis à l'École, il faut avoir 13 ans, le certificat d'études, présenter l'acte de naissance, et être libre de tout engagement. Les enfants sont examinés au point de vue médical et de l'instruction primaire.

X^e ARR.

Cours professionnels d'apprentissage de la Compagnie des chemins de fer de l'Est. — Institués (1884) dans ses ateliers d'Épernay, la Villette, Mohon, Romilly, dans ses dépôts du service de la traction et ateliers de petit entretien. Forment des ajusteurs, tourneurs, ferblantiers, menuisiers, peintres, selliers. Sont destinés de préférence aux fils d'agents de la Compagnie en activité de service, ou d'anciens agents retraités ou décédés. Conditions d'admission : être âgé de 13 à 16 ans, jouir d'une bonne constitution, savoir lire et écrire. La durée de l'apprentissage est de 3 ou 4 ans. Les apprentis sont rétribués dès leur admission : 1 fr. par j. à Paris, 0 fr. 50 dans les autres localités, avec augmentation facultative tous les 5 mois de 0 fr. 25 pour les apprentis méritants.

Cours de sténographie et dessin. Organisés par la Jeunesse républicaine du Xe arr., 28, rue Albouy. — Cours du s., à 8 h. Cotisation annuelle de 6 fr.

XIe ARR.

Société anonyme de menuiserie-ébénisterie, 5, impasse Franchemont (42, rue Faidherbe). Fond. par M. l'abbé de Miramon-Fargues (1910). — A pour but la formation d'apprentis menuisiers, ébénistes, sculpteurs sur bois. Reçoit des enfants cath. depuis 13 ans. Travaux d'ateliers et cours ; ceux-ci sont pris sur l'heure du travail.

XIIe ARR.

Patronage industriel des enfants de l'ébénisterie, 77, avenue Ledru-Rollin (1866). — A pour but de développer l'apprentissage et l'instruction professionnelle chez les ébénistes, menuisiers en sièges, facteurs de pianos et de billards, tourneurs et sculpteurs sur bois, découpeurs, marqueteurs. Des cours grat. du bois fonctionnent de septembre à juin : les lund., merc. et vend. pour le dessin, les mard. et jeud. pour la géométrie et le modelage. En fin d'année, les sculpteurs et menuisiers en sièges concourent en exécutant des meubles et les dessinateurs un dessin d'ensemble. Les récompenses consistent en livrets de caisse d'épargne et en objets divers. Admission aux cours après concours.

XIVe ARR.

Foyer des travailleurs du XIVe arrondissement. École des garçons, 6, rue Desprez. — Cours du s., de 8 h. à 11 h., tous les j. de la semaine. Anglais, allemand, esperanto, musique vocale et instrumentale, sténographie, coupe et assemblage, modes. Programme au siège social.

Cotisation : 0 fr. 50 par mois donnant droit à tous les cours ; 0 fr. 25 pour les élèves des patron. laïques Étienne Dolet, Danton, Ferry, Berthelot.

Brosserie des aveugles, 11, rue du Moulin-Vert (1910). — Reçoit les aveugles du sexe masculin, sans distinc. de religion, à partir de 18 ans. Apprentissage grat.

Cours gratuits des Œuvres paroissiales de N.-D.-du-Rosaire, 174, rue de Vanves, et 211, rue Vercingétorix. — Dessin industriel, lund. et vend., de 8 h. à 9 h. et demie du s. ; anglais, mard. et vend., à 8 h. du s. ; sténographie, dactylographie, lund. à 8 h. du s. et dim. mat., à 9 h. ; violon, mard., à 8 h. du s., jeud., à 9 h. mat.

Atelier d'apprentissage de serruriers-mécaniciens, 207, rue Vercingétorix (1887). — Direction cath. Reçoit gratuitement des jeunes apprentis à partir de 13 ans. L'apprentissage dure 3 ans. Primes à chaque trimestre aux premiers de la classe. L'atelier dépend des Œuv. paroissiales de Notre-Dame-du-Rosaire, 182, rue de Vanves.

Les œuvres paroissiales du Rosaire, fond. à l'extrémité du quartier de Plaisance, dirigées par des prêtres, viennent en aide à une population fort pauvre. Elles comprennent : patron., cercles d'hommes et de jeunes gens, école libre pour jeunes filles, école ménagère, école de couture, vestiaire, atelier d'apprentissage de serrurerie. Assist. par le travail à domicile, etc. S'adresser pour renseignements à M. l'abbé Boyreau, directeur, 182, rue de Vanves, tous les j., de 8 h. et demie à 9 h. et demie mat., et mard., de 2 h. à 4 h. du s.

XVe ARR.

La Manécanterie des petits chanteurs à la Croix-de-Bois, 91, rue Lecourbe. Fond. par M. Pierre Martin (1907). — A pour but de contribuer à la rénovation en France du chant grégorien. Donne grat. l'enseignement du chant aux enfants du voisinage. Cours tous les s., de 5 h. et demie à 7 h. Répétition d'ensemble les jeud. et sam., à 5 h. et demie. Répétition d'hommes le merc., de 8 h. un quart à 10 h. du s. La Manécanterie compte plus de 120 enfants, à qui elle donne, en plus de l'enseignement du chant, des jeux, une bibliothèque, des conférences du s., et 6 semaines de grand air à la campagne, pendant l'été. Elle prête son concours aux églises.

Atelier de préapprentissage, 20, rue des Entrepreneurs. — Sous le contrôle des Syndicats d'ouvriers cath. de la rue de l'Université, la surveillance et la direction de l'Œuv. de la jeunesse ouvrière de Javel. Fond. par M. l'abbé Blain des Cormiers (1910), dans le but d'initier les enfants sortant des écoles primaires aux travaux manuels et au maniement des divers outils. L'enseignement dure 2 ans ; il est grat. et les instruments de travail sont prêtés gratuitement. L'admission à l'atelier a lieu sans concours, mais elle est réservée aux enfants faisant partie d'un patron. cath., et munis d'une recommandation du directeur. Inscriptions reçues, 29, rue Émile-Zola, au siège de l'œuv., et 56, rue de l'Université, au siège de l'Union des Syndicats des ouvriers cath.

École commerciale de la rive gauche, rue Armand-Moisant (22, boulevard de Vaugirard). Fond. par la Chambre de commerce de Paris sur le modèle de l'École commerciale de la rive droite (1908). — Des bourses officielles et des bourses spéciales y sont accordées par les mêmes donateurs et aux mêmes conditions.

Frères de Saint-Jean-de-Dieu, 223, rue Lecourbe. — Enseignent aux jeunes aveugles les professions d'organiste, pianiste et accordeur, et les gardent jusqu'à ce qu'ils soient en état de gagner leur vie.

École professionnelle de charretiers et de cochers. Siège au Marché aux chevaux. Fond. par la Sté d'assist. aux animaux (1906). — Grat. L'École délivre des certificats de capacité et cherche à placer ses élèves.

S'adresser : Sté d'assistance aux animaux, 36, rue Vaneau.

XVIe ARR.

École normale israélite orientale, 59, rue d'Auteuil. Recon. ut. pub. Fond. (1880) par l'*Alliance israélite universelle*, pour former les instituteurs qu'elle charge de la direction et de l'enseignement dans ses écoles d'Orient et d'Afrique. Les études durent 4 ans.

XVIIe ARR.

Cours complémentaire commercial, 35, avenue de St-Ouen. — Destiné aux élèves les plus méritants des écoles primaires libres de Paris. Admission après examen. La durée des études est de 2 ans. Les cours ont lieu tous les j. de l'année scolaire, aux h. de classe ordinaires. Ils sont grat.

Union populaire des arts, 18, rue Ampère, à l'école de garçons. Fond. par M. Marius Chambon (1910). — Cours grat. mixtes : musique, dessin, déclamation, du 10 octobre à fin juillet.

Atelier de préapprentissage, 57, rue des Épinettes. Fond. par M. Kula (1907). — Reçoit, depuis l'âge de 13 ans (à partir de 12 ans, avec le certificat d'études primaires), les enfants d'ouvriers, au sortir de l'école primaire. A pour but de les préparer gratuitement, par l'enseignement et la pratique d'un métier-type, la ferblanterie, aux différents métiers des métaux. L'atelier est ouvert de 7 h. et demie du mat. à 5 h. du s. (1 h. et demie pour le repas). Les enfants sont acceptés toute l'année. L'enseignement dure 2 ans. Ce n'est qu'au début de la seconde année que les apprentis sont autorisés à se spécialiser. Concours annuels suivis d'une distrib. de prix, consistant en outils et livrets de la caisse nationale des retraites.

École industrielle d'apprentis électriciens, 51, 58 et 60, rue Desrenaudes (avenue Niel). — Donne gratuitement l'instruction théorique et pratique aux jeunes gens âgés d'au moins 14 ans et au plus 17 ans, munis d'un certificat d'études primaires, et habitant à proximité de l'atelier, c'est-à-dire dans les VIIIe, XVIe, XVIIe arrondissements et les communes de Neuilly et Levallois. Admission 1 fois par an, vers le 1er septembre, après concours. Pour concourir, adresser avant le 13 août une demande écrite de la main du candidat, et signée par ses parents à la maison Mildé et Cie, 51, 58 et 60, rue Desrenaudes.

XVIIIe ARR.

École-atelier de mécaniciens ajusteurs, 32, rue de la Chapelle. Fond. par M. Léon Rudynski. — Direction cath. Atelier ouvert 10 h. par j. Pour les grands, les cours de dessin ont lieu le s. Travaux exécutés pour l'extérieur. Au bout de la première année, les apprentis gagnent 0 fr. 50, et le salaire augmente chaque année. En juillet et en août, un roulement permet de faire passer à chaque apprenti 3 semaines à Boulogne-sur-Mer, dans un hôtel organisé par M. Rudynski.

Union chrétienne des jeunes gens de Montmartre, 129, rue Marcadet (dite Maison verte). — Cours grat. du s. pour enfants, de 8 h. et demie à 10 h. : anglais, esperanto, sténo-dactylographie. Cours professionnels pour garçons : cordonnerie, le jeud. et le dim., de 2 h. à 6 h. Enseignement ménager, couture, cuisine, le jeud., de 2 h. à 6 h. Voir *Maisons de famille.*

École théorique et pratique de menuiserie, 11, impasse de la Défense (1886). — Cours du s., de septembre en juin, les lund., merc., vend., de 8 h. à 10 h. ; le dim., atelier, études en forêts et musées de 8 h. à 11 h. La durée des études est de 3 ans. L'École délivre après concours un diplôme de capacité. Elle est ouverte à tout ouvrier ou apprenti menuisier âgé de 13 ans, justifiant de cette qualité. Droit d'admission : 2 fr. par an pour les élèves ouvriers, et 1 fr. pour les élèves apprentis.

Cours professionnels de la Compagnie des chemins de fer du Nord, 20, rue Marcadet. Fond. par la Compagnie des chemins de fer du Nord, et destinés aux fils d'agents de la Compagnie (1882). — Grat. y compris les fournitures. 3 divisions : élémentaire, moyenne, supérieure. Enseignement théorique le mat. Enseignement professionnel pratique l'après-midi, à l'atelier des machines de la Chapelle. Récompenses en fin d'année, certificats d'études. Concours annuel : épreuves écrite et orale. Conditions d'admission : avoir 13 ans au moins et 16 ans au plus, jouir d'une bonne constitution.

Cercle des maçons et tailleurs de pierre, 8, rue Ganneron. — Direction cath. Cours de coupe de pierre, de géométrie, dessin, tous les s. de semaine, sauf le sam., de 7 h. et demie à 9 h. et demie. Voir *Cercle des ouvriers maçons et tailleurs de pierre* (V[e] arr.)

XIXe ARR.

Laboratoire Bourbouze, 40, rue des Alouettes. — Applications industrielles des sciences physiques et naturelles. Ouvert à tout apprenti ouvrier ou employé, âgé d'au moins 15 ans, du 15 octobre à

Pâques. Le dim. mat., de 9 h. à 11 h., chimie, physique, électricité expérimentale. Cotisation annuelle : 5 fr. Droit de casse : 5 fr.

BANLIEUE

PAVILLONS-SOUS-BOIS (Seine). — **École professionnelle,** organisée par les Œuv. religieuses, charitables et sociales de Notre-Dame de Lourdes de Pavillons-sous-Bois. Le groupement d'œuv. comprend en outre un patron. et cercle de jeunes gens, un service de placem., un secrétariat des mariages, une caisse des loyers, une bibliothèque, un office social pour aider les travailleurs dans leurs démarches, etc.

ORLY (Seine). — **École de jardinage d'Orly.** — Direction cath. Prend des jeunes gens de 13 à 18 ans. Pension : 35 fr. par mois. 3 ans suffisent pour faire un bon jardinier.

CLAMART. — **École d'application pour femmes de chambre et cuisinières,** 18, rue des Rochers, à Clamart. — Dirigée par Mlle Byncka. Cath. laïque. Voir *École d'enseignement ménager supérieur.*

B) POUR FILLES

I. — Écoles nationales et municipales

École nationale des arts décoratifs. Section des filles, 10 *bis,* rue de Seine. Fond. par Mme Freré de Montizon (1802). Nationalisée en 1877. — Voir *Écoles professionnelles, nationales et municipales pour garçons.*

Écoles professionnelles municipales pour jeunes filles. — Les écoles professionnelles municipales, créées par la Ville de Paris, permettent aux jeunes filles de faire l'apprentissage théorique et pratique d'une profession, tout en complétant leur instruction générale. L'enseignement y est grat. Il est divisé en deux séries de cours : cours généraux suivis par toutes les élèves, et cours spéciaux répondant à la profession choisie par chaque élève. Les premiers ont lieu le mat., les seconds l'après-midi. Les élèves sont externes, mais doivent prendre à l'école le déjeuner de midi, pour lequel des bourses peuvent être accordées après enquêtes. L'admission aux écoles professionnelles municipales est prononcée à la suite d'un concours, qui a lieu chaque année au mois de juin. Les inscriptions sont reçues à l'école pendant le mois qui précède. Pour concourir, les postulantes doivent être françaises, domiciliées à Paris ou dans le département de la Seine, être âgées de 13 ans au moins et 15 ans au plus. Toutefois, les candidates munies du certificat d'études primaires peuvent concourir à partir de 12 ans. Les enfants dont les familles sont domiciliées dans la banlieue peuvent être admises dans les écoles municipales, en raison du rang obtenu par elles au concours, si les communes s'engagent à rembourser pour chaque enfant une somme annuelle de 400 fr.

Liste des Écoles professionnelles municipales.

IIIe ARR.

École municipale professionnelle, 7, rue de Poitou (ancienne école Élisa-Lemonnier). Fond. (1862) rue de la Perle, 9; communalisée en 1886. — Études commerciales, dessin industriel, couture, broderies, modes. La durée de l'apprentissage est de 3 ans, sauf en ce qui concerne le dessin industriel, qui demande 4 années d'études.

IXe ARR.

École Élisa-Lemonnier, 24, rue Duperré. — Communalisée en juillet 1906. Dessin, composition décorative, géométrie appliquée, anatomie, histoire de l'art. La durée de l'enseignement est de 3 ans.

X^e ARR.

École municipale professionnelle et ménagère, 12, rue d'Abbeville (1884). — Couture, peinture, corsets, broderie, commerce, modes. La durée des études est de 3 ans, sauf pour les élèves peintres, dont la profession exige une durée d'études de 4 ans, et pour la section commerciale, pour laquelle on ne demande que 2 années d'études.

XIe ARR.

École Élisa-Lemonnier, 41, rue des Boulets. — Communalisée en juillet 1906. Couture, broderie, dessin industriel, comptabilité. La durée de l'enseignement est de 3 ans.

XIVe ARR.

École municipale Émile-Dubois, rue Émile-Dubois (25, rue de la Tombe-Issoire) (1890). — Broderie d'ameublement et broderie-fantaisie, modes, corsets, gilets et vêtements de garçonnets, robes et costumes. La durée de l'apprentissage est de 3 ans. A la fin de la première et de la deuxième année, les élèves doivent satisfaire à un examen de passage pour entrer dans l'année suivante.

XVe ARR.

École municipale professionnelle et ménagère, 20, rue Fondary (1881). — Couture, lingerie, broderie, fleurs, plumes, corsets, gilets, costumes de garçonnets, modes, repassage. La durée de l'enseignement est de 3 ans.

XVIIIe ARR.

École municipale professionnelle et ménagère, 26, rue Ganneron (ancienne École Élisa-Lemonnier). Fond. (1871) rue de Bruxelles, communalisée en 1884. — Costumes, broderie, modes, commerce. La durée de l'enseignement est de 3 ans.

XIXe ARR.

École municipale professionnelle Jacquard, 2, rue Bouret (1879). — Couture, corsets, lingerie, modes et parures, chapeaux, fleurs et plumes, broderie, gilets, jaquettes, costumes de dames, costumes tailleurs, etc. La durée de l'enseignement est de 3 ans.

Cours complémentaires d'enseignement professionnel, manuel, ménager et commercial

Voir Cours complémentaires d'enseignement pour garçons.

Enseignement manuel et ménager.

Ier ARR.
Rue de l'Arbre-Sec, 19.
IIIe ARR.
Rue des Minimes (fondation Trélat).
VIIe ARR.
Rue Camou, 3.
XIe ARR.
Boulevard de Belleville, cité Voltaire.
XIIe ARR.
Rue de Charenton, 49.
Avenue Daumesnil, 253 *ter*.
XIIIe ARR.
Rue de Patay, 123.
Rue Daviel.
XVe ARR.
Rue Corbon, 1.
Rue Lacordaire, 11.
XVIIe ARR.
Boulevard Péreire.
Rue Félix-Pécaut.
XVIIIe ARR.
Impasse d'Oran.
XXe ARR.
Rue Sorbier, 13.
Rue des Pyrénées, 40.

Enseignement commercial.

IIe ARR.
Rue de la Jussienne, 3.
V^e ARR.
Rue de l'Arbalète (2 années).
VIe ARR.
Boulevard Raspail.
XVe ARR.
Rue des Volontaires (2 années).

Enseignement commercial

Cours gratuits pour les femmes et les jeunes filles. — Tous les j. de la semaine, sauf le sam., de 7 h. et demie à 9 h. et demie du s. Ces cours, institués par la Ville de Paris, ont pour objet de former des comptables, et de donner aux employées qui désirent compléter leur instruction les connaissances nécessaires pour diriger avec succès une maison de commerce. Toute élève, pour être admise, doit être âgée de 14 ans révolus ou, si elle n'a pas atteint cet âge, posséder le certificat d'études primaires. L'enseignement est divisé en 2 degrés : degré élémentaire, comprenant 2 années d'études, et degré supérieur, comprenant une année. Des certificats sont délivrés, après un examen public, aux élèves qui justifient des connaissances inscrites au programme de chacun des 2 degrés de l'enseignement commercial. Les cours ont lieu, du commencement d'octobre à fin mai, dans les écoles municipales de filles ci-après désignées :

Ier ARR.
Rue Molière, 4.
IIe ARR.
Rue Tiquetonne, 23.
IIIe ARR.
Rue Volta, 14.
IVe ARR.
Rue Geoffroy-l'Asnier, 23.

Ve ARR.
Rue Monge, 88.
VIe ARR.
Rue du Jardinet, 7.
VIIIe ARR.
Rue du Faub.-St-Honoré, 154.
XIe ARR.
Rue Keller, 8.
XIIe ARR.
Avenue Daumesnil, 253 *ter*.
Rue de Charenton, 49.
XIIIe ARR.
Rue de Tolbiac, 159.
XIVe ARR.
Rue Durouchoux.
XVe ARR.
Rue de Vaugirard, 149.
Rue St-Lambert, 12.
XVIe ARR.
Rue de Passy, 29.
XVIIe ARR.
Rue des Moines, 43.
XVIIIe ARR.
Rue Hermel, 20.
Rue Antoinette.
XIXe ARR.
Rue Pierre-Girard, 5.
XXe ARR.
Rue des Pyrénées, 40.

Inscriptions reçues tous les j., le mat., de 8 h. à 10 h., et le s. des j. de cours, de 7 h. et demie à 9 h. et demie, dans les écoles ci-dessus désignées.

Enseignement du dessin

Cours de dessin. — Voir *Enseignement du dessin pour adultes hommes.*

Cours élémentaires de dessin, pour adultes femmes, dans les arr. ci-dessous :

XIe ARR.
Boulevard Richard-Lenoir, 13. Dessin à vue, lund., merc., vend.
Rue Oberkampf. Dessin à vue, lund., merc., vend.
XIIe ARR.
Rue de Charenton, 49. Dessin à vue, lund., merc., vend.
XVe ARR.
Rue des Volontaires, 13. Dessin à vue, lund., merc., vend.
XXe ARR.
Rue des Pyrénées, 40. Dessin à vue, lund., merc., vend.

Écoles de dessin pour jeunes filles.

Ces Écoles, subventionnées par la Ville de Paris, sont ouvertes du 1er octobre au 14 juillet. Les boursières doivent être âgées de 13 ans (12 ans avec le certificat d'études primaires), et se faire inscrire à l'Hôtel de Ville, direction de l'enseignement primaire, bureau du personnel, 2, rue Lobau, avec pièces justificatives de l'âge et de la nationalité :

Ier ARR.
25, rue Croix-des-Petits-Champs. — Lund., merc., vend., de 1 h. à 4 h.
IIe ARR.
13, rue des Petits-Carreaux. — Tous les j. de semaine sauf le lund., de 1 h. à 4 h.

IVe ARR.

29, quai de Bourbon. — Mard., jeud., sam., de 1 h. à 4 h.

VIe ARR.

3, rue Madame. — Lund., merc., vend., de midi trois quarts à 4 h.

VIIIe ARR.

155, faubourg St-Honoré. — Lund., merc., vend., de 1 h. à 4 h.

IXe ARR.

5, rue Milton. — Mard., jeud., sam., de 1 h. à 4 h.

Xe ARR.

4, rue Pierre-Ballet. — Mard., jeud., vend., de 1 h. et demie à 4 h. et demie.

XVIe ARR.

71, avenue Henri-Martin. — Lund. et vend., de 9 h. à midi ; mard. et sam., de 1 h. à 4 h.

XVIIe ARR.

5, rue Lebouteux. — Lund., jeud., vend., de 8 h. et demie à 11 h. et demie mat.

XVIIIe ARR.

7, rue Flocon. — Lund., vend. de 7 h. et demie à 10 h. du s., dim. de 9 h. à midi, jeud., de 1 h. à 4 h.

Enseignement du chant

Des cours grat. de chant pour les adultes femmes ont lieu le s., à partir du 15 octobre, dans les écoles communales ci-après désignées :

Ier ARR.

Rue Molière, 4, mard., vend., à 8 h.

IIIe ARR.

Rue Montgolfier, 3, lund., jeud., à 8 h.

IVe ARR.

Rue Geoffroy-Lasnier, 23, mard., jeud., à 8 h.

Ve ARR.

Rue Victor-Cousin, 14, mard., vend., à 8 h.

VIIe ARR.

Rue Cler, 6, mard., vend., à 8 h. et demie.

IXe ARR.

Rue Clauzel, 12, mard., vend., à 8 h. un quart.

Xe ARR.

Rue de Chabrol, 41, mard., vend., à 8 h. et demie.

XIIe ARR.

Rue Bignon, 6, mard., vend., à 8 h.

XIIIe ARR.

Rue de Patay, 123, mard., vend., à 8 h.

XIVe ARR.

Rue Durouchoux (écoles des filles), lund., jeud., à 8 h.

XVe ARR.

Rue de Vaugirard, 149, merc., sam., à 8 h. un quart.

Rue Corbon, 3, mard., jeud., à 8 h. un quart.

On s'inscrit dans les écoles mêmes aux j. et h. des cours.

École professionnelle affectée aux enfants assistés du département de la Seine

École professionnelle et ménagère, à Yseure (Allier).

II. — Écoles et cours professionnels privés

Ier ARR.

Cours professionnels des Syndicats féminins, 3, impasse Gomboust, 31, place du Marché-St-Honoré. — Cours grat., réservés aux membres syndiquées, d'octobre à fin juin, de 8 h. à 9 h. du s., lund., mard., merc. (anglais, sténographie, etc.), jeud. (coupe). Les Syndicats féminins de l'impasse Gomboust (1908), sur le modèle des Syndicats de la rue de l'Abbaye, sont ouverts aux employées de commerce, de banque et assimilées, et aux couturières et professions connexes en atelier et à domicile. Conditions d'admission : avoir 16 ans au moins, être présentée par deux membres, avoir une conduite honorable. Cotisation : 0 fr. 50 par mois. Le secrétariat est ouvert tous les mat., de 9 h. à 11 h., de midi à 1 h., et le dim., de 10 h. à 11 h.

Cours de dessin gratuit. — A l'école des filles de la rue d'Argenteuil. Cours pour dames et jeunes filles, fond. par le Syndicat des artistes femmes peintres et sculpteurs (1906), le dim. mat., de 10 h. à midi, d'octobre à Pâques. Peinture, aquarelle, modelage, art décoratif. Inscription aux h. des cours.

IIe ARR.

Institution pratique d'apprentissage pour le corset sur mesure et la lingerie, 18, rue Daunou. Fond. par M. Thomas et Mme Cloître (1910). — Accepte à partir de 13 ans des apprenties pensionnaires de toutes religions, dans la limite des places vacantes et par ordre d'inscription, et des apprenties externes. Les jeunes filles internes sont logées et nourries gratuitement à l'Œuv. familiale des ouvrières, 47, rue d'Hauteville. Les externes sont placées dans des maisons de commerce sérieuses, et reçoivent un salaire quotidien de 0 fr. 50, qui augmente de 0 fr. 25 tous les 3 mois. Cours professionnels le dim. mat., pour internes et externes.

IIIe ARR.

Cours professionnels du Syndicat des femmes caissières, comptables et employées de commerce, 134, rue de Turenne (1900). — Sténographie, dactylographie, calcul rapide, allemand, anglais, comptabilité commerciale. Tous les s. de semaine, de 8 h. à 10 h. Cours grat. du 1er octobre au 30 juin, réservés aux syndiquées. Conditions d'admission au Syndicat : cotisation annuelle, 12 fr. ; droit d'entrée : 2 fr.

École professionnelle, 22, rue Montgolfier. — Dirigée par les Sœurs de St. V. de P. Fleurs.

École professionnelle, 9, rue du Foin. — Dirigée par les Sœurs de St. V. de P. Robes et lingerie.

IVe ARR.

École professionnelle, 47, rue Vieille-du-Temple. — Dirigée par les Sœurs de St. V. de P. Robes.

Maison de travail pour jeunes filles israélites, 13, boulevard Bourdon Fondation Bischoffsheim (1872). — Direct. laïque. Reçoit gratuit. à partir de 13 ans des jeunes filles de préférence orphelines, leur enseigne, outre les connaissances indispensables, la sténographie et la dactylographie. Pas d'externes.

École professionnelle, 30, rue Geoffroy-l'Asnier. — Direct. cath. Dirigée par les Sœurs de St. V. de P. Confection, couture, vêtements. Internes et externes.

Ve ARR.

École professionnelle d'assistance aux malades, 10, rue Amyot. Fond. par l'*Association pour le développement de l'assist. aux malades* (1900). — Reçoit comme internes des jeunes filles françaises, âgées de 18 ans au moins, de 30 ans au plus. Le stage dure 2 ans ; le prix de la pension est de 800 fr. A la fin de la première année, les élèves doivent s'engager à rester pendant 4 ans au service de l'Association. A la fin de la deuxième année, celles qui ont satisfait à l'examen de sortie sont nommées *Assistantes*. L'École continue à les loger et à les nourrir, et leur alloue un traitement de 1 200 fr par an.

Société pour l'instruction élémentaire, 6, rue de Fouarre. Fond. par Carnot (1815). — Recon. ut. pub. Direction laïque. Cours normaux, professionnels et commerciaux, publics et grat., réservés aux dames et jeunes filles âgées d'au moins 14 ans. Les cours commencent au mois de novembre, et ont lieu tous les j. de l'année scolaire, de midi à 6 h. et demie, au siège de la Sté, 6, rue de Fouarre. Le programme détaillé en est affiché à la porte. Les cartes d'entrée donnant accès à tous les cours sont délivrées au secrétariat de la Sté, tous les j., dim. et fêtes exceptés, de 10 h. à 11 h. et de 1 h. à 5 h.

Cours de dessin gratuit pour dames et jeunes filles, à l'école des filles, 88, rue Monge. Fond. par le Syndicat des artistes femmes, peintres et sculpteurs (1900). — Le dim. mat., de 10 h. à midi, d'octobre à Pâques. Peinture, aquarelle, modelage, art décoratif. Inscriptions aux h. des cours.

Section Saint-Médard des Syndicats féminins de l'impasse Gomboust, 61, rue Daubenton. — Cours grat. réservés aux syndiquées, lund., de 8 h. et demie à 10 h. et demie du s., cours de coupe (pour les ouvrières). Merc., de 8 h. et demie à 10 h. et demie du s., cours de coupe (pour les apprenties). Jeud., de 8 h. et demie à 9 h. et demie, sténographie. Vend., de 8 h. et demie à 10 h. et demie, comptabilité. Dim., de 11 h. à midi, anglais.

École professionnelle, 15, rue des Bernardins. — Dirigée par les Sœurs de St. V. de P. Lingerie fine, confection, soins du ménage. Internes et externes. Français, anglais, sténo-dactylographie, comptabilité, hygiène.

— — , 32, rue Geoffroy-St-Hilaire. — Maison de la Sœur Rosalie, dirigée par les Sœurs de St. V. de P. Couture, lingerie, repassage, confection. Grat. pour les externes, 30 fr. par mois pour les pensionnaires.

— — , 69 à 75, rue du Cardinal-Lemoine. — Dirigée par les Sœurs de St. V. de P. Couture. Internes et externes.

— — , 35, rue de la Harpe. — Laïque. Dirigée par des dames. Reçoit gratuitement après leur première communion des jeunes filles externes, qui s'engagent à rester à l'atelier pendant 4 ans.

VIe ARR.

Atelier professionnel, 116, rue du Cherche-Midi. — Direction laïque. Couture, de 9 h. du mat. à 6 h. du s. Cours grat. pour jeunes filles à partir de 13 ans. Moyennant une rétribution mensuelle de 10 fr., les apprenties peuvent suivre un cours de comptabilité et d'anglais, professé pendant une demi-heure chaque j. à l'atelier.

Cours de l'Union centrale des Syndicats professionnels féminins, 5, rue de l'Abbaye. — Direct. laïque, cath. Cours grat., tous les j., de 8 h. du mat. à 8 h. du s., appropriés aux professions représentées dans l'Union centrale : institutrices, employées de commerce, ouvrières de l'habillement, gens de maison (le ménage), gardes-malades. Les Syndicats professionnels féminins de la rue de l'Abbaye ont été fond. (1902) dans le but de protéger les syndiquées, de faciliter leur placem., d'étudier et de défendre leurs intérêts professionnels. L'œuv. possède un service de coopération et de secours mutuels, une caisse de retraite, un restaurant à bon marché, une pouponnière. Elle procure à ses membres des villégiatures de vacances. Pour faire partie d'un des Syndicats, il faut être présentée par deux sociétaires et admise par le conseil ; être âgée d'au moins 16 ans pour les employées de commerce et les ouvrières de l'habillement, 17 ans pour les institutrices, 18 ans pour les gens de maison. Toutefois ce dernier Syndicat admet des aspirantes à partir de 13 ans. Les gardes-malades doivent avoir de 20 à 50 ans. Droit d'entrée : 1 fr. 25. Cotisation annuelle : 6 fr. Les gardes-malades seules payent un droit d'entrée de 1 fr. 75 et une cotisation annuelle de 12 fr., dont 6 fr. pour la caisse des prêts.

L'Union centrale des Syndicats féminins a créé 36 Sections syndicales, dont 27 fonctionnent à Paris ou dans le département de la Seine :

18

Rue Bayard, 25.
Rue Caulaincourt, 33.
Rue Linné, 17.
Rue d'Estrées, 6.
*Rue Basfroi, 16.
*Rue Richelieu, 14.
Rue d'Hauteville, 56.
*Rue St-Roch, 28.
*Rue de la Mare, 72.
Rue de Grenelle, 77.
*Avenue Parmentier, 145.
Rue des Poissonniers, 13 (Neuilly).
Boulevard de la Saussaye, 76 (Neuilly).
*Rue du Cloître-St-Merry, 8.
*Rue Vieille-du-Temple, 47.
*Rue de la Tour-d'Auvergne. 18.
*Rue de Vanves, 176.
Rue Lafayette, 190.
Place Jeanne-d'Arc, 26.
Rue des Bernardins, 15.
*Rue du Foin, 9.
*Rue de Crimée, 160.
Rue Geoffroy-l'Asnier, 30.
Rue St-Louis-en-l'Ile, 23.
Rue Lacaille, 7.
Joinville-le-Pont.
St-Ouen.

Les Sections marquées d'un astérisque possèdent des cours professionnels. Ils ont lieu tous les s., de 8 h. à 9 h., sauf dans les Sections de la rue de la Tour-d'Auvergne et de l'avenue Parmentier, où les cours ont lieu le j. La Section de la rue du Cloître-St-Merry, en plus des cours du s., donne des cours le dim.

École normale libre d'enseignement supérieur pour les jeunes filles, 4, rue Oudinot. Fond. par Mme Charles-Daniélou (1907). — Laïque, cath. A pour but de former des professeurs pour l'enseignement libre des jeunes filles. Les élèves ne se destinant pas à l'enseignement peuvent suivre les cours comme externes. L'École prépare aux examens de science, au certificat d'aptitude à l'enseig. secondaire, au professorat des écoles normales. Des cours secondaires annexes préparent aussi au baccalauréat. L'internat comporte 40 chambres de jeunes filles (350 fr. par trimestre). L'externat coûte 100 fr. par trimestre. L'École est soutenue par l'Association des *Amis de l'École normale libre*. S'adresser pour renseignements à Me Daniélou, 4, rue Oudinot, mar. et sam., de 3 h. à 6 h.

Œuvre de Mlle Bonjean, 167, rue de Rennes. — École professionnelle à Tours, pour jeunes filles de 13 à 14 ans. Couture et lingerie. Prix à débattre.

Institut féminin de droit pratique, 16, rue de l'Abbaye. Fond. par M. Raimondi (1907). — A pour but de donner aux femmes, à partir de 17 ans, et sans distinc. de religion, un complément d'éducation pouvant leur permettre de défendre leurs intérêts et de sauvegarder ceux de leurs enfants. Prix des cours : 25 fr. par mois, mais des bourses sont accordées dans la proportion de 50 pour 100 des élèves. Siège des cours, 4, rue Delaborde.

École normale catholique, 90, rue de Rennes. Fond. par Mlle Desrez. Appartient depuis 1910 à la Sté d'enseignement et d'éducation pour jeunes filles (1906). — A pour but de former pour l'enseignement libre un personnel de directrices, de professeurs et d'institutrices. L'École, qui n'admet que des élèves externes, est payante, de 300 à 450 fr. par an, suivant les branches d'enseignement, mais elle dispose chaque année d'un certain nombre de bourses. Cours par correspondance.

École professionnelle, 82, rue de Vaugirard. — Dirigée par les Sœurs de St. V. de P. Lingerie, couture, broderie, blanchissage et repassage. Internes et externes.

— — **d'imprimerie pour jeunes filles**, 19, rue Bonaparte. Fond. par Mlle Maugeret (1894). — Laïque. Reçoit sans distinc. de religion des jeunes filles à partir de 13 ans, leur distribue un salaire d'environ 800 fr. pendant les 2 années d'apprentissage.

Institut professionnel féminin, 146 *bis*, rue de Rennes. Fond. par Mlle Brenerye (1902). — (Annexe du 84, rue St Lazare, IXe). Sténodactylo, comptabilité, langues vivantes, coupe, modes, cuisine et cours ménager, aquarelle commerciale. Pour les élèves de province et de l'étranger, une pension spéciale est annexée à l'Institut. Les cours sont payants, mais chaque année 25 bourses de frais d'études sont attribuées par concours aux élèves les moins fortunées.

Œuvre générale des écoles professionnelles catholiques, 18, rue Cassette (1867). — A pour but de procurer aux jeunes filles du peuple l'éducation religieuse, un métier ou une profession honorable. L'œuv. délègue un de ses membres dans chacune des écoles qui lui sont agrégées, pour surveiller l'enseignement professionnel.

Maisons agrégées à l'œuvre :

25, rue de la Sourdière. — Dirigée par les Sœurs de St. V. de P. Couture, confection, robes et manteaux. Pas d'internes (Ier).

7, rue Poulletier. — Dirigée par les Sœurs de St. V. de P. Robes, broderie, lingerie, fleurs. Internes et externes (IVe).

182, rue de Grenelle. — Dirigée par les Sœurs de St. V. de P. Lingerie, confection, couture. Internes et externes (VIIe).

145, avenue Parmentier. — Dirigée par les Sœurs de St. V. de P. Lingerie, confection, gilets. Internes et externes (X[e]).

81, rue d'Angoulême. — Dirigée par les Sœurs de St. V. de P. Robes et confections. Pas d'internes (XIe).

77, rue de Reuilly. — Dirigée par les Sœurs de St. V. de P. Lingerie, confection, repassage, broderie, peinture. Internes et externes (XIIe).

Ateliers Sainte-Agnès (ancienne École Sully, 11 *bis*, rue de Prague). — Dirigés par Mlle Demars. Broderie, couture. Pas d'internes (XIIe).

49, rue Bobillot. — Dirigée par les Sœurs de St. V. de P. Repassage, gilets, couture, broderie. Internes et externes (XIIIe).

26, place Jeanne-d'Arc. — Dirigée par les Sœurs de St. V. de P.

Lingerie, repassage, gilets, robes, raccommodages, soins de ménage. Internes et externes (XIIIe).

37 et 39, rue Jenner. — Dirigée par les Sœurs de St. V. de P. Broderie, repassage. Internes et externes (XIIIe).

7, impasse Reille. — Dirigée par les Sœurs franciscaines, missionnaires de Marie. Lingerie, broderie, dessin. Pas d'internes (XIVe).

29, rue Gassendi. — Dirigée par les Sœurs de St. V. de P. Lingerie, layettes, confections. Internes et externes (XIVe).

École Sainte-Claire, 127 *bis*, avenue de Villiers. — Dirigée par Mlle Déséglise. Couture. Pas d'internes (XVIIe).

39, rue Caulaincourt. — Dirigée par les Sœurs de St. V. de P. Robes, broderie, repassage. Internes et externes (XVIIIe).

8, rue Championnet. — Dirigée par les Sœurs de St. V. de P. Lingerie (XVIIIe).

7, rue Jean-Cottin. — Dirigée par les Sœurs de St. V. de P. Internes et externes (XVIIIe).

50, rue Stephenson. — Dirigée par les Sœurs de St. V. de P. Lingerie, robes. Pas d'internes (XVIIIe).

20, rue Bouret. — Dirigée par les Sœurs de St. V. de P. Cravates, costumes pour garçonnets, gilets, chaussures, drapeaux, blanchissage. Internes et externes (XIXe).

160, rue de Crimée. — Dirigée par les Sœurs de St. V. de P. Broderie, lingerie, confection, ménage. Internes et externes (XIXe).

École professionnelle, 26, rue d'Assas. — Dirigée par les Sœurs St. V. de P. Broderie, ornements, repassage, blanchissage, ménage. Internes et externes.

— — 25, rue Cassette. — Dirigée par les jeunes filles du catéchisme de St-Sulpice. Lingerie, confection, ornements d'églises. Internes et externes.

Fondation Hortense Parent, 2, rue des Beaux-Arts. — A pour but de préparer à l'enseignement du piano les jeunes filles et jeunes femmes qui se destinent au professorat. Elle comprend :

1° Une école préparatoire au professorat du piano;

2° Une association pour l'enseignement professionnel du piano pour les femmes, créée en 1882, et ayant son siège, 2, rue des Beaux-Arts;

3° Une école d'application ouverte en 1891, rue de Seine, et transférée, en 1895, 12, rue de Buci;

4° Une succursale de l'école précédente, 33, rue Joubert;

5° Une bibliothèque circulaire de 900 volumes environ de musique, mise gratuitement à la disposition des élèves.

VIIe ARR.

École professionnelle, 3, rue Oudinot. — Dirigée par les Sœurs de St. V. de P. Broderies.

École professionnelle 105, rue St-Dominique. — Dirigée par les Sœurs de St. V. de P. Lingerie, broderie, couture. Internes et externes.

Œuvre de l'Aide mutuelle, 11, rue Chomel. Fond. par M. Richard (1901). Transférée aux « **Fées de Paris** », 14, rue Richelieu (1911). — Section syndicale de la rue de l'Abbaye. — L'Atelier-école est réuni à une maison de modes, organisée en Sté coopérative, et tout à fait indépendante de l'Atelier-école. Jeunes filles depuis 18 ans. Grat.

VIIIe ARR.

École professionnelle, 11, rue de Monceau. — Dirigée par les Sœurs de St. V. de P. Broderie, lingerie, etc.

Cours de droit féminin et de droit pratique, 4, rue Delaborde. — Cours en décembre, janvier, février, le merc., à 5 h. du s.

Cours de dessin du Syndicat de l'Aiguille, 35, rue Boissy-d'Anglas (15, cité du Retiro). — Cours grat., réservés aux membres du Syndicat, le jeud. s., de 8 h. et demie à 9 h. et demie. Le Syndicat de l'Aiguille, fond. (1892) par Mmes Lambert Caillemer et la marquise douairière de St-Chamans, est un syndicat mixte de patronnes, d'ouvrières et d'employées. Il possède en outre des cours professionnels, une caisse de secours, une caisse de prêts grat., une maison de famille pour les ouvrières isolées. Direction cath., laïque. Conditions d'admission : être âgée de 18 à 35 ans, présentée par deux membres, s'engager à ne pas travailler et à ne pas faire travailler le dim. Cotisation annuelle : 10 fr. pour les patronnes, 4 fr. pour les employées, et 3 fr. pour les ouvrières. Les apprenties sont admises à titre de pupilles et ne payent pas de cotisation. Adhésions reçues le mat., de 8 h. et demie à 11 h. et demie.

IXe ARR.

École d'application de la Fondation Hortense Parent, 33, rue Joubert. — Voir *VIe arr.*

Cours de coupe, à la Mairie, rue Drouot. — Cours grat. le jeud., de 2 h. à 5 h. du s., de novembre à Pâques, ouvert aux dames et aux jeunes filles à partir de 13 ans.

Institut professionnel féminin, 84, rue St-Lazare, et 2, cité de Londres. Fond. par Mlle Brenerye (1902). — Sténo-dactylo, comptabilité, langues étrangères, coupe, mode, cuisine et cours ménager, aquarelle commerciale. Pour les élèves de province et de l'étranger, une pension spéciale est annexée à l'Institut. Les cours de l'Institut professionnel féminin sont payants, mais chaque année 25 bourses de frais d'études sont attribuées par voie de concours aux élèves les moins fortunées. Annexe, 146 *bis*, rue de Rennes.

École professionnelle, 50, rue de Clichy. — Dirigée par les Sœurs de la Présentation de la Sainte-Vierge. Confection, lingerie fine. Internes et externes.

Section de l'Union des Syndicats professionnels féminins de la rue de l'Abbaye, 18, rue de la Tour-d'Auvergne. — Cours de couture, peinture, sténographie, dactylographie, anglais, comptabilité, piano, violon, le dim., de 8 h. à 10 h. mat., en semaine de 8 h. à 9 h. du s. Dans la journée, de 2 h. à 4 h., pour la sténographie et dactylographie.

X^e^. ARR.

Cours de dessin gratuit pour dames et jeunes filles, 41, rue de Chabrol. Fond. par le Syndicat des artistes, femmes peintres et sculpteurs (1906). — Le dim. mat., de 10 h. à midi, d'octobre à Pâques. Peinture, aquarelle, modelage, art décoratif. Inscriptions aux h. des cours.

École professionnelle des fleurs et plumes, 10, rue de Lancry. — Tous les dim. mat., de 9 h. à 10 h. et demie, cours grat. d'enseignement technique ; de 10 h. et demie à midi, cours grat. de dessin. Toute apprentie ou ouvrière fleuriste ou plumassière est admise, sur simple demande, à suivre ces cours. Concours annuel suivi de récompenses, consistant en livrets de caisse d'épargne et en volumes. Toutes les apprenties fleuristes, même celles n'appartenant pas à l'École, peuvent y prendre part. Les dates sont publiées en temps utile.

Section de l'Union des Syndicats professionnels féminins de la rue de l'Abbaye, 145, avenue Parmentier. — Cours commerciaux grat. de novembre à juin, les lund., mard. et vend., de 8 h. à 9 h. et demie du s., réservés aux membres du Syndicat.

École professionnelle, 56, rue d'Hauteville. — Dirigée par les Sœurs de St. V. de P. Fleurs.

— — 6, rue de Rocroi. — Dirigée par les Sœurs de St. V. de P. Confection, toilette, robes et manteaux.

XIIe ARR.

— — rue de Ruty, 15, — Dirigée par les Sœurs de St. V. de P. Robes, confections, lingerie.

— — 254, faubourg St-Antoine. Fond. par la Ville de Paris (1856). — Recon. ut. pub. (ancienne Maison Eugénie Napoléon. Voir *Orphelinats.*) Cours théorique et pratique de lingerie fine, raccommodage. Confection, broderie en or pour équipements militaires. Ateliers dirigés par les Sœurs de St. V. de P.

— — 60 et 62, rue de Picpus. — Dirigée par les Sœurs des écoles chrétiennes. Confection, lingerie, broderie, blanchissage.

— — de Notre-Dame de Bercy, 60, rue des Meuniers. — Dirigée par les Sœurs de St. V. de P. Robes et lingerie.

XIIIe ARR.

— — 41, rue de la Glacière. — Dirigée par les Sœurs de St. V. de P. Lingerie fine, couture, fleurs, blanchissage et repassage. Pas d'externes.

École professionnelle, 44, rue Vandrezanne. — Dirigée par les Sœurs de St. V. de P. Lingerie, couture et confection.

Orphelinat-école professionnelle de Paris-Orléans, 112, rue du Chevaleret. Fond. par M. Polonceau (1869). — A pour but de recueillir les orphelins d'anciens employés de la Compagnie, et de leur donner une instruction professionnelle jusqu'à leur majorité. Les frais sont supportés par la Compagnie d'Orléans. Dirigée par les Sœurs de St. V. de P. Broderie, robes, repassage, fleurs.

École professionnelle, 27, rue Gandon. — Dirigée par des dames cath. Lingerie, couture, confections, ménage.

XIVe ARR.

Atelier-école, 40, rue Boulard. Fond. par Mme Suchard de Pressensé (1878). — Laïque. Reçoit à partir de 13 ans des jeunes filles protest., au prix de 32 fr. par mois pour les internes et 5 fr. pour les externes. Classe et travail d'atelier. Lingerie, robes et confections. Apprentissage : 3 ans. Des livrets de caisse d'épargne, variant de 25 à 50 fr., sont donnés aux élèves les plus méritantes, à leur sortie de l'atelier.

Syndicat féminin des ouvrières de l'aiguille à domicile, 38, rue Vercingétorix. — Direction laïque, cath. Cours professionnels de coupe tous les lund., à 3 h. Le 1er jeud. de chaque mois, à 2 h., cours d'hygiène et revision d'études. Cours grat. réservés aux membres du Syndicat. Le Syndicat des ouvrières de l'aiguille, fond. sur le modèle des Syndicats féminins de la rue de l'Abbaye, admet les ouvrières aux conditions suivantes : travailler à domicile, avoir 17 ans révolus, avoir bonne vie et mœurs, être présentée par deux membres du Syndicat et admises par le conseil, verser une fois pour toutes 0 fr. 50 d'entrée et 0 fr. 20 de livret, payer une cotisation mensuelle de 0 fr. 25. Le secrétariat, 38, rue Vercingétorix, est ouvert le lund., toute la journée ; les autres j. de la semaine, le mat.

Œuvre nouvelle des crèches parisiennes, 3 *bis*, rue d'Alésia. Fond. par Mme Cremnitz (1901). — Laïque. S'occupe de former les jeunes filles ou femmes, de 20 à 40 ans, au service de bonnes d'enfants. 10 lits. Pendant 2 mois, les bonnes ne gagnent rien et ne payent rien.

Cours professionnels de l'Association ouvrière familiale, 69 et 88, rue du Moulin-Vert. — Destinés aux jeunes filles des familles associées. Cours du s., de 8 h. et demie à 10 h. Le vend., enseignement ménager ; le mard., coupe et couture.

École professionnelle, 31, rue Liancourt. — Dirigée par les Sœurs de St. V. de P. Lingerie fine, couture, broderie, blanchissage, ménage.

Œuvre des jeunes filles aveugles, 88, rue Denfert-Rochereau. — Dirigée par les Sœurs aveugles de St-Paul. Forme des organistes et des pianistes, apprend la brosserie aux enfants n'ayant aucune disposition pour la musique. La durée de l'enseignement musical est de 8 ans au moins. Toutes les jeunes aveugles apprennent en outre le tricot. Celles qui ne trouvent pas d'emploi à la fin de leur éducation sont conservées à l'œuv.

École professionnelle de bonnes d'enfants, 3, rue d'Alésia. Fond. par Me Lévy (1911). — Admission depuis 25 ans. Durée : 2 mois. Grat. Bureau jeud. 2 à 5 h.

École professionnelle de bonnes et cuisinières, 112, rue de l'Ouestr Fond. par Mlle Sanceren (1898). — A pour but d'abriter et de forme. les jeunes filles arrivant de province pour se placer à Paris. Le prix de la pension est de 1 fr. par j. pour les arrivantes désirant se former, et de 1 fr. 50 pour les autres. Elles ne sont placées par l'École qu'à la condition qu'elles seront couchées dans l'appartement, qu'on les laissera aller à la messe le dim., et qu'elles auront la faculté d'assister aux réunions du patron. un dim. par mois, de 2 h. à 5 h. Aucune admission sans un certificat d'une personne recommandable.

— — **catholique,** 23, rue Guilleminot. Fond. 203, rue de Vaugirard (1900). — Direction laïque. Couture, lingerie, blanchisserie, repassage, ménage.

École professionnelle, 12, rue Crocé-Spinelli. — Cath., laïque. Couture, lingerie, confection, blanchissage, repassage.

— — 23, rue Montparnasse. — Dirigée par les Sœurs de St. V. de P. Couture, confection, broderie, cuisinc.

— — 176, rue de Vanves. — Dirigée par des dames cath. Atelier de couture et confections (1898). Grat. Reçoit les apprenties à partir de 13 ans. L'apprentissage dure 2 ans.

XVe ARR.

École professionnelle, 340, rue de Vaugirard. — Dirigée par les Sœurs de Marie-Joseph de Douai. Couture, confections. Internes. Grat.

XVIe ARR.

Cours de dessin gratuit pour dames et jeunes filles, 29, rue de Passy. Fond. par le Syndicat des artistes, femmes peintres et sculpteurs (1906). — Le dim. mat., de 10 h. à midi, d'octobre à Pâques. Peinture, aquarelle, modelage, art décoratif. Inscriptions aux h. des cours.

École professionnelle, 60, rue Raynouard. — Dirigée par les Sœurs de St. V. de P. Lingerie fine, confection, blanchissage, repassage.

— — 66, avenue Malakoff. — Dirigée par les Sœurs de la Sagesse. Confections, robes, broderie, ménage.

XVIIe ARR.

Cours de dessin gratuit pour dames et jeunes filles, à l'école des garçons, 16, rue des Batignolles. Fond. par le Syndicat des artistes, femmes peintres et sculpteurs (1906). — Le dim. mat., de 10 h. à midi, d'octobre à Pâques. Peinture, aquarelle, modelage, art décoratif. Inscriptions aux h. des cours.

Externat des filles de la Compagnie de l'Ouest, 163 *bis*, avenue de Clichy. Fond. par la Compagnie de l'Ouest, maintenu par l'Ouest-

État (1875). — Tous les j., de 7 h. 30 du mat. à 6 h. du s. Cours professionnels grat. réservés exclusivement aux filles d'employés, âgées d'au moins 13 ans. Les jeunes filles, après leur apprentissage, peuvent rester à l'externat comme ouvrières rétribuées. Voir *Inst. patronales*..

École professionnelle, 251, r. de Rome. — Dirigée par les Sœurs de Ste-Marie. Lingerie, couture, peinture, sténographie. Internes et externes.

— — **de la couture,** 127, av. de Villiers. — Repas grat.

Maison Ketty, 19, rue Lebouteux. — Atelier cath. de couture.

Maison Cheyroux, 19, rue Bridaine. — Cours de coupe et lingerie, tous les merc. s., à 9 h., 231, boulevard Pereire.

École professionnelle de jeunes filles des Ternes, 16, rue Brunel (1880). — Comptabilité, sténographie, confection, coupe, couture. Durée des études : 3 ans. Admission au concours, sans distinc. de nationalité, ni de résidence.

— — **de l'Étoile,** 52, avenue de la Grande-Armée. Fond. par M. le Pasteur Bersier (1877). — Prépare les jeunes filles, de préférence protest., aux emplois du commerce et de l'industrie, aux examens de l'Hôtel de Ville. Ne reçoit que des élèves externes. 12 fr. par mois pour la classe préparatoire, 15 fr. pour les autres classes.

XVIIIe ARR.

Pensionnat normal du Sacré-Cœur, 22 *bis*, rue de Norvins (1898). — A pour but la formation d'institutrices chrétiennes ; reçoit des jeunes filles à partir de 15 ans, honorables et de bonne conduite, de toute nationalité. L'École est payante, mais dispose d'un certain nombre de bourses et de demi-bourses. Un externat annexé au pensionnat sert d'école d'application aux futures institutrices.

XIXe ARR.

École professionnelle, 16, rue Curial. — Laïque. Couture, lingerie, gilets, réparation de vêtements. Gratuité.

BANLIEUE

CLICHY. — **Section de Clichy des Syndicats féminins de l'impasse Gomboust.** — Cours grat. réservés aux syndiquées. Le dim., cours d'anglais, de 3 h. à 4 h., et cours de préparation aux langues, de 2 h. à 3 h.

COURBEVOIE. — **École ménagère protestante,** 30, rue Kilford. — Branche de l'Association pour le développement de l'activité féminine dans l'Église évangélique luthérienne de France. Reçoit des jeunes filles protest. de 14 à 18 ans, en vue de leur donner une connaissance pratique des différentes fonctions ménagères, de manière à les préparer notamment à la profession de domestique. L'enseignement, surtout pratique, a une durée obligatoire de 3 ans et porte sur : la cuisine, le ménage, la couture, le blanchissage. Cours théoriques en petit nombre. Instruction religieuse particulière. Dès la première année, des primes sont accordées aux élèves qui, à partir de la deuxième année, reçoivent un salaire pouvant atteindre pendant la troisième année 20 fr. par mois pour les élèves reconnues capables. Pièces nécessaires pour l'admission : certificat d'études (à défaut justifier d'une connaissance suffisante de la lecture, de l'écriture et du calcul) bulletin de naissance; certificat de vaccine; certificat de première communion; lettre du Pasteur ayant dirigé l'instruction religieuse; certificat médical; demande signée par le père, la mère si elle est veuve, ou le tuteur ou le représentant de l'enfant; engagement des susnommés de laisser la jeune fille à l'école pendant 3 ans, sauf cas de force majeure.

LEVALLOIS-PERRET. — **École professionnelle,** 4, rue Fromont. Fond. par Mlle Menou (1895). Laïque. Coupe, blanchissage, couture, vêtements, repassage. Admission après 13 ans. Cours du 15 septembre au 15 juillet. Rétribution de gré à gré.

MONTREUIL-SOUS-BOIS. — **École professionnelle,** rue de la République (1887). — Dirigée par les Sœurs de St. V. de P. Couture, confection, robes, manteaux, blanchissage.

NOISY-LE-SEC. — **École professionnelle,** 88, rue St-Denis. Fond. par Mme Durieux (1899). — Direction laïque. Reçoit gratuitement (sauf l'apport d'un trousseau et de 100 fr. d'entrée) comme internes, à partir de 13 ans, les jeunes filles qui s'engagent à rester jusqu'à 21 ans; moyennant 30 fr. par mois, sans cette condition. Blanchissage, couture, confection, broderie.

PUTEAUX. — **École professionnelle,** 91, rue de Paris. — Dirigée par les Sœurs de St. V. de P. Lingerie, repassage.

ROSNY-SOUS-BOIS. — **Section de Rosny-sous-Bois des Syndicats féminins de l'impasse Gomboust,** rue Hussenet. — Cours grat. réservés aux syndiquées. Merc., cours de coupe, de 8 h. et demie à 10 h. du s.; sam., cours de sténographie, de 8 h. et demie à 10 h.

SAINT-DENIS. — **École professionnelle.** — Dirigée par les Sœurs de St. V. de P. Lingerie fine, ganterie.

École professionnelle, 27, rue de la Fromagerie. — Dirigée par les Sœurs de St. V. de P. Lingerie fine, ganterie, mosaïque, marbre et émail, confection.

SCEAUX. — **École professionnelle,** 27, rue des Imbergères (1875). — Dirigée par les Sœurs de la Croix-de-St-André. Grat. Couture, broderie, robes et manteaux. Externes.

THIAIS. — **Asile des Saints-Anges.** Œuv. fond. à Arc-les-Gray (Franche-Comté), transférée à Thiais en 1898 par la fondatrice, Mme de la Girennerie (1893). — On y reçoit gratuitement comme internes des jeunes filles à partir de 14 ans, et comme externes à partir de 13 ans. On leur apprend la lingerie, la couture, le blanchissage et le repassage.

VILLEMOMBLE. — **École professionnelle de l'Œuvre du Sou-**

venir, place de la République. — Dirigée par les Sœurs de Marie-Joseph. Coupe, couture, lingerie. Exclusivement réservée aux pensionnaires.

C) COURS PUBLICS POUR LES DEUX SEXES

Conservatoire national des Arts et Métiers, 292, rue St-Martin (IIIe). — Cours publ. et grat., du commencement de novembre à Pâques, tous les s., de 8 h. à 10 h. Mécanique, machines, électricité industrielle, métallurgie et travaux de métaux, chimie agricole, géométrie, physique, chimie appliquée aux arts et à l'industrie, filature, tissage, etc. Le programme détaillé des cours est affiché au début de chaque année scolaire.

Jardins du Luxembourg. Entrée par la rue d'Assas (VIe). — Cours publics et grat.

Arboriculture, les lund. et vend., à 9 h. du mat., du 15 janvier au 15 juillet. Sont annoncés par les journaux.

Entomologie agricole, les mard., jeud., sam., à 9 h. et demie du mat., du 15 janvier à fin mars.

Apiculture, les mard. et sam., à 9 h. du mat., en avril, mai et juin. Rucher-école. En mai et juin, démonstration pratique tous les jeud. à 2 h., au parc de Montsouris.

Enseignement agricole
dépendant du Ministère de l'Agriculture.

L'enseignement agricole pratique n'étant pas donné dans Paris, on indique ici, à l'intention des Parisiens qui recherchent des cours professionnels agricoles, les écoles et établ. de province dépendant du Ministère de l'Agriculture, 78, rue de Varenne.

Écoles nationales d'agriculture. — École de Grignon (Seine-et-Oise). — École de Montpellier (Hérault). — École de Rennes (Ille-et-Vilaine). — Les Écoles nationales d'agriculture, créées par le décret du 3 octobre 1848, s'adressent aux jeunes gens qui se destinent à l'enseignement agricole et à la gestion des domaines ruraux, soit pour leur propre compte, soit pour le compte d'autrui. Elles reçoivent des élèves internes, des demi-pensionnaires, des externes et des auditeurs libres (Grignon et Montpellier) ; l'École de Rennes ne reçoit que des externes. Les auditeurs libres n'ont entrée ni aux salles d'études ni aux laboratoires. La durée des études est de 2 ans et demi à Grignon et à Montpellier, de 2 ans à Rennes. Admission après un examen d'entrée, qui a lieu en juin ou juillet. Les candidats doivent être âgés de 17 ans révolus. Le prix de la pension des internes est de 1 200 fr. par an à Grignon, de 1 000 fr. à Montpellier. Les demi-pensionnaires payent 600 fr., les externes 400 fr., les auditeurs libres, admis sans examen d'entrée, 200 fr. Des bourses, fractionnables et au nombre de dix par année d'études, sont attribuées chaque année. Indépendamment des boursiers, 10 élèves par année d'études peuvent être, dans chaque école, dispensés du payement de la rétribution scolaire de 400 fr.

École nationale d'horticulture de Versailles (S.-et-O.). Fond. par la loi du 16 décembre 1873. — A pour but de former des horticulteurs, pépiniéristes, professeurs d'horticulture, architectes, paysagistes, régisseurs, chefs jardiniers, agents de culture pour les colonies. L'École ne reçoit que des externes. Instruction grat. Admission après un examen qui commence le 2ᵉ lund. d'octobre, au siège de l'École. La durée des études est de 3 années. 10 bourses de 1 000 fr., pouvant être fractionnées, sont accordées chaque année, aux concours, aux élèves qui n'ont pas plus de 18 ans au 1er janvier de l'année de l'entrée à l'École.

Bergerie nationale et École des bergers de Rambouillet (Seine-et Oise). Fond. (1786). — Reçoit des élèves bergers à titre d'apprentis. L'enseignement dure 2 ans; un diplôme est délivré aux élèves, après examen, à la fin de l'apprentissage.

École nationale des industries agricoles à Douai (Nord). — Créée par arrêté ministériel du 20 mars 1893, pour répandre l'instruction professionnelle dans les industries de la région : sucreries, distilleries, brasseries, etc. Sert en outre d'école d'application aux élèves sortant des Écoles nationales de l'État. La durée des études est de 2 ans. Des auditeurs libres peuvent être admis à suivre 1 an plusieurs cours. Les élèves sont externes. Admission après examen. Les candidats doivent être âgés d'au moins 16 ans. La rétribution scolaire est de 500 fr. par an. Les familles justifiant de l'insuffisance de leurs ressources peuvent en être exonérées.

Chaque année, deux bourses d'entretien de 1 000 fr. et deux de 500 fr. peuvent, en outre, être attribuées aux élèves qui justifieront de l'impossibilité de s'entretenir à leurs frais, et qui se trouveront dans le premier quart de la liste des élèves, dressée par ordre de mérite.

Écoles pratiques d'agriculture. — Les Écoles pratiques d'agriculture, instituées par la loi du 30 juillet 1875, sont destinées à recevoir les jeunes gens qui, au sortir des écoles primaires ou des collèges, désirent acquérir l'instruction professionnelle agricole; elles tiennent le milieu entre les Fermes-écoles et les Écoles nationales d'agriculture, et leur but est de former des cultivateurs éclairés.

Les élèves prennent part manuellement et journellement à toutes les opérations de la ferme, et suivent des cours en vue de développer leurs facultés intellectuelles, et de leur donner l'instruction professionnelle qui leur permette de se rendre compte des opérations de la ferme et d'interpréter les faits culturaux.

L'École pratique d'agriculture n'est pas d'un type uniforme. Elle est spécialisée à raison du milieu dans lequel elle est établie ; telle école pourra être en fait une école pratique d'irrigation, une autre une école spéciale de viticulture, ou encore de laiterie, de sériciculture, d'arboriculture, d'aviculture, etc.

L'âge d'admission varie de 13 à 18 ans. Les élèves subissent un examen d'admission sur les connaissances qui font partie du programme des études primaires.

Un certificat d'instruction est délivré, après examen, à la sortie.

Les Écoles pratiques ne peuvent être établies que sur un domaine mis à la disposition de l'État en toute propriété, ou qui lui est donné en jouissance pour une période de 18 ans au moins, et comprenant les bâtiments scolaires et d'exploitation reconnus nécessaires par le Ministre de l'agriculture.

Le personnel enseignant est payé par l'État, qui fournit, en outre, une somme de 1 200 à 1 500 fr. pour frais matériels d'enseignement. La durée des études est de 2 ou 3 ans. Le prix de la pension varie de 450 à 600 fr.

Les départements et l'État entretiennent un certain nombre de boursiers dans les Écoles pratiques, de façon à permettre aux petits cultivateurs peu aisés d'y envoyer leurs enfants, quand ceux-ci montrent de bonnes dispositions pour l'étude.

Liste des Écoles pratiques d'agriculture.

École pratique d'agriculture et de viticulture de Philippeville (Algérie).
— — de Gennetines, p. St-Ennemond (Allier).
— — d'Oraison (Basses-Alpes).
— — et d'horticulture d'Antibes (Alp.-Marit.)
— — Linard, à Rethel (Ardennes).
— — et de viticulture de Valabre, par Gardanne (B.-du-R.). Instit. de Gueydan.
— — et de laiterie d'Aurillac (Cantal).
— — de l'Oisellerie, p^r la Couronne (Charente).
— — d'Ajaccio (Corse).
— — des Granges, par Crocq (Creuse).
— — de Genouillac (Creuse).
— — et de viticulture de Beaune (Côte-d'Or).
— — du Neubourg (Eure).
— — de Châtillon-sur-Seine (Côte-d'Or).
— — de la Réole (Gironde).
— — des Trois-Croix, près Rennes (I.-et-V.).
— — de Clion (Indre). — Domaine de Breuil-Manson.

École pratique d'agriculture de Grandjouan (Loire-Inférieure).
— — du Chesnoy, à Montargis (Loiret).
— — de St. Sever (Landes).
— — de sylviculture et de pisciculture de St-Pau, par Sos (Lot-et-Garonne).
— — de St-Bon, par Blaise (Haute-Marne).
— — « Mathieu de Dombasle », au château de Tomblaine, près Nancy (M.-et-M.).
— — de Corbigny (Nièvre).
— — et de laiterie de Coigny, par Prétol (Manche).
— — de Wagnonville, par Douai (Nord).
— — de Berthonval, par Mont-St-Éloi (Pas-de-Calais).
— — de Villembits, par Trie (Htes-Pyrénées).
— — d'Écully, près Lyon (Rhône).
— — de Fontaines (Saône-et-Loire).
— — de Paraclet, par Boves (Somme).
— — de la Brosse, près Auxerre (Yonne).
— d'horticulture d'Hyères (Var).
— d'agriculture et de laiterie du Rouceux (Vosges).
— — et de laiterie de Pétré, par Ste-Gemme-la-Plaine (Vendée).
— de laiterie de Coëtlogon, près Rennes (Ille-et-Vilaine).
— de laiterie de Kerliver, par Hanvec (Finistère).

École-laiterie de la Grande-Chartreuse (Isère).

École nationale d'horticulture et de vannerie de Fayl-Billot (Haute-Marne).

École ménagère agricole et de laiterie du Monastier (Haute-Loire).

École professionnelle d'agriculture de Sartilly (Manche).
— de laiterie de Surgères (Charente-Inférieure).
— d'agriculture de Saintes (Charente-Inférieure).

École primaire agricole Descomtes, à Ménil-la-Horgne, par Void (Meuse).

École pratique d'aviculture de Gambais (Seine-et-Oise).

Orphelinat agricole Rayer, à Anctoville (Calvados).

École d'agriculture pour la saison d'hiver au collège de Langres (Haute-Marne).

Fermes-Écoles. — Les Fermes-Écoles, organisées en vertu de la loi du 3 octobre 1848 et de celle du 30 juillet 1875, sont des établ. d'apprentissage pour les enfants des familles d'ouvriers ruraux.

Les apprentis y exécutent tous les travaux, recevant, en même temps qu'un enseignement agricole essentiellement pratique, une rémunération de leur travail par une prime de sortie, établie d'après leur rang de classement, et qui, en aucun cas, ne peut excéder 300 fr.

Les Fermes-Écoles ont pour but de former d'habiles cultivateurs praticiens, capables, soit d'exploiter avec intelligence leur propriété, soit de cultiver la propriété d'autrui comme fermiers, métayers, régisseurs, soit enfin de devenir de bons aides ruraux, commis de ferme, contremaîtres, chefs de main-d'œuvre ou d'attelage.

Le nombre des apprentis est fixé par l'arrêté constitutif de la Ferme-École, mais il ne peut descendre au-dessous de 24.

Pour être admis, les apprentis doivent être âgés de 16 ans révolus.

Le temps de séjour à la Ferme-École est de 2 ou 3 années, et pendant ce temps, les apprentis ne coûtent absolument rien à leurs parents. Une allocation de 270 fr. par apprenti est attribuée au directeur de l'établ. Cette allocation et les primes des apprentis sont acquittées par l'État.

Le personnel enseignant est également payé par l'État.

Liste des Fermes-Écoles

Ferme-École de Royat (Ariège).
— du Bosc (Aude).
— de Puilboreau (Charente-Inférieure).
— de Laumoy (Cher).
— des Plaines (Corrèze).
— de la Hourre (Gers).
— de Nolhac (Haute-Loire).
— du St-Gautier (Orne).
— de Montlouis (Vienne).
— de Chavaignac, par Peyrilhac (Haute-Vienne).

Écoles de fromagerie et Fruitières-Écoles. — École de Fromagerie du Maillat (Ain).

Fruitière-École de Présigy (Haute-Savoie).
— de Seyssel (Haute-Savoie).
— de Villard-sur-Boëge (Haute-Savoie).
— de Valloires (Savoie).
— du Châtelard (Savoie).
— de Bourg-St-Maurice (Savoie).

École de laiterie de Marvejols (Lozère).

Station d'industrie laitière de Surgères (Charente-Inférieure).

Magnanerie. — Magnanerie-École à Aubenas (Ardèche).

Établissement piscicole. — Station piscicole du Nid-du-Verdier, près Fécamp (Seine-Inférieure).

D) ASSOCIATIONS POUR LE DÉVELOPPEMENT DE L'INSTRUCTION DES ADULTES

L'initiative privée a créé à Paris, principalement depuis une quarantaine d'années, de nombreuses Associations, ayant pour objet la diffusion de l'instruction dans les milieux populaires.

Les unes ne donnent que l'enseignement général : français, histoire, géographie, calcul ; d'autres visent plus spécialement un but de propagande sociale, religieuse ou politique. Elles n'ont pas à figurer dans un répertoire d'Écoles professionnelles. Il n'est fait mention ici que des Stés ayant organisé, à côté de l'enseignement général qu'elles donnent presque toutes, des cours spéciaux s'adressant aux apprentis, ouvriers ou employés de commerce. Les cours ont lieu le soir et quelquefois le dim. mat. Ils sont grat., et fonctionnent à Paris et autour de Paris, dans des sections dont le siège est le plus souvent une école municipale. Le budget de ces associations est alimenté par des cotisations de membres fondateurs, donateurs et souscripteurs, par des legs et libéralités privées.

Les plus importantes reçoivent en outre des subventions de la Ville de Paris, du Conseil général, de la Chambre de commerce et de divers Ministères.

Association philotechnique

L'Association philotechnique, 47, rue St-André-des-Arts (1848), recon. ut. pub., se compose de professeurs et de directeurs de cours, de membres honoraires et de membres souscripteurs, patrons et adhérents.

Professeurs et directeurs exercent leurs fonctions gratuitement. Les cours ont lieu tous les s. de semaine, de 8 h. et demie à 10 h., et le dim. mat. Le programme détaillé en est distribué gratuitement au siège social et au siège de chaque Section.

L'Association délivre des certificats d'étude, et, après concours, des bourses de séjour à l'étranger. Elle organise des promenades, visites dans les villes, musées, usines, écoles d'agriculture.

L'Association philotechnique possède actuellement plus de 650 cours et 8 groupes de lectures publiques, pour lesquels elle a édité des ouvrages spéciaux. Agréée par le Ministère de la Guerre, elle fait également des cours de préparation militaire.

Pour être admis aux cours, il suffit d'avoir 13 ans révolus, et de se faire inscrire au siège de l'une des Sections suivantes :

Liste des Sections.

Ier ARR.

Section d'Argenteuil (femmes), 23, rue d'Argenteuil. — Comptabilité, anglais, allemand, sténographie, coupe, couture, musique.

IIe ARR.

— des tailleurs (hommes), 38, rue du Mail. — Tailleurs, costumes de dames, cours pratique.

IIIe ARR.

— du Temple (mixte), Mairie du IIIe arrondissement, et 8, rue des Vertus. — Comptabilité, allemand, anglais, espagnol, sténographie, dactylographie, coupe, couture, lingerie, costume tailleur, dessin, modes, broderies, dentelles, topographie, musique.

IVe ARR.

— de Charlemagne (mixte), 14, rue Charlemagne (lycée). — Commerce, comptabilité, droit commercial, industriel et administratif, législation usuelle du travail, allemand, anglais, espagnol, italien, sténographie, dactylographie, chimie générale et industrielle, construction, métier, dessin, photographie, topographie, enseignement agricole, cultures coloniales.

— de la Bastille (femmes), 12, impasse Geneviève. — Commerce, comptabilité, anglais, sténographie, dactylographie, coupe, couture, lingerie, costume tailleur, dessin, modelage, modes, broderies, dentelles, peinture sur porcelaine, miniature, musique.

V^e^ ARR.

— des électriciens (mixte), 42, rue Lhomond. — Chimie générale et industrielle, électricité et ses applications.

— de la Sorbonne (mixte), 9, rue de Vaugirard. — Allemand, anglais, espagnol, italien, sténographie, dactylographie, coupe, lingerie pour hommes, costume tailleur, photographie.

VIe ARR.

— de dessin (hommes), 23, rue de Seine. — Annexe de la section Montparnasse. Cours de perspective le lund. s.

— du livre (hommes), 7 rue Coëtlogon. — Reliure, dorure sur cuir et sur tranche.

VIIe ARR.

— des lectures populaires, 1, rue Camou.

IXe ARR.

— Drouot (mixte), Mairie de la rue. — Droit, assurances, banque, crédit agricole et populaire, législation usuelle du travail, droit civil, agriculture, arboriculture, floriculture, culture coloniale.

— Edgar-Quinet (mixte) et Lectures populaires, 63, rue des Martyrs. — Comptabilité, allemand, anglais, espagnol, italien, sténographie, dactylographie, dessin, modelage, fantaisie pour modes.

Section spéciale de musique (mixte), 63, rue des Martyrs. — Musique instrumentale.

— Condorcet (mixte), 65, rue Caumartin (lycée). — Commerce, anglais, allemand, italien, espagnol, portugais, dessin, modelage, électricité et ses applications, mécanique appliquée, photographie, topographie, chimie industrielle.

X^e ARR.

— de Sambre-et-Meuse, 2, rue de Sambre-et-Meuse (femmes). — Anglais, sténographie, dactylographie, coupe, couture.

— Belzunce (femmes), 3, rue Belzunce. — Comptabilité, anglais, sténographie, dactylographie, coupe, couture, dessin, fantaisie pour modes, lingerie, broderie, dentelles, peinture sur porcelaine.

XIe ARR.

— Voltaire (mixte), 101, avenue de la République (lycée). — Commerce, anglais, allemand, sténographie, dactylographie, coupe, couture, dessin, fantaisie pour modes.

— des mécaniciens (hommes), 1, rue Pihet. — Enseignement professionnel technique pour les ouvriers et apprentis chauffeurs, chaudronniers, fondeurs, ajusteurs, etc. Annexe, 41, rue de Tanger.

XIIe ARR.

— des Quinze-Vingts (mixte), 40, boulevard Diderot. — Commerce, comptabilité, droit commercial, anglais, allemand, espagnol, sténographie, dactylographie, coupe, couture, dessin, fantaisie pour modes.

— des Lectures populaires, impasse Jean-Bouton.

XIIIe ARR.

— du XIIIe arrondissement (femmes), 13, rue Fagon. — Comptabilité, anglais, sténographie, dactylographie, coupe, couture.

— des Lectures populaires, 13, rue Fagon ; 53, rue Baudricourt.

XIVe ARR.

— de Plaisance (hommes), 132, rue d'Alésia. — Comptabilité, anglais, sténographie, dactylographie, lingerie pour hommes, costumes de dames, dessin, peinture sur porcelaine, typographie.

— de Plaisance (femmes), 71, rue de l'Ouest. — Commerce, comptabilité, anglais, sténographie, dactylographie, coupe, couture, ouvrages de dames.

— de Montrouge (femmes), 79 *bis*, rue d'Alésia. — Comptabilité, allemand, anglais, sténographie, dactylographie, coupe, couture, dessin, fantaisie pour modes, ouvrages de dames, peinture sur porcelaine.

— de Saint-Jacques (mixte), 254, rue Saint-Jacques (École des sourds-muets). — Commerce, allemand, anglais, sténographie, dactylographie, coupe, couture, modes.

— des Lectures populaires, 132, rue d'Alésia ; rue Huygens.

XVe ARR.

Section Falguière (mixte), 20, rue Falguière. — Dessin, modelage.

— de Grenelle-Javel (mixte), 60, rue St-Charles. — Anglais, sténographie, dactylographie, dessin industriel, fantaisie pour modes.

— de Montparnasse (mixte), 80, boulevard Montparnasse. — Commerce, comptabilité, droit civil, législation usuelle du travail, anglais, allemand, espagnol, italien, sténographie, dactylographie, coupe, couture, lingerie pour hommes, costumes tailleur, dessin, fantaisie pour modes, mécaniciens, chauffeurs, chaudronniers, fondeurs, conducteurs des ponts et chaussées, modes, ouvrages de dames. Annexe, 23, rue de Seine, pour les hommes.

XVIe ARR.

— d'Auteuil-Point-du-Jour (mixte), 20, rue de Musset. — Anglais, modes, peinture sur porcelaine.

XVIIe ARR.

— des Ternes (hommes), 16, rue Laugier. — Comptabilité, allemand, anglais, espagnol, sténographie, dactylographie, peinture sur porcelaine, photographie.

— des Ternes (femmes), 12, rue Fourcroy. — Commerce, comptabilité, allemand, anglais, sténographie, dactylographie, coupe, couture, dessin, fantaisie pour modes.

— des Lectures populaires, 16, rue Laugier.

XVIIIe ARR.

— des Lectures populaires, 4, rue Erckmann-Chatrian.

— de Montmartre (mixte), 7, rue Flocon. — Commerce, comptabilité, anglais, allemand, sténographie, dactylographie, coupe, lingerie, costumes tailleur, modes, broderies, dentelles.

XIXe ARR.

— des mécaniciens, 41, rue de Tanger (annexe de la rue Pihet). — Enseignement professionnel et technique pour les ouvriers et apprentis chauffeurs, chaudronniers, fondeurs, ajusteurs, etc.

XXe ARR.

— du XXe arrondissement (femmes), 31, rue Étienne-Dolet, et 82, rue de Ménilmontant. — Comptabilité, anglais, sténographie, dactylographie, coupe, couture, dessin, peinture sur porcelaine.

Cours spécial de dessin pour ferblantiers, 9, passage Ménilmontant.

Associations philotechniques du département de la Seine. — Affiliées à l'Association philotechnique de Paris, mais tout à fait indépendantes de celle-ci, et ne bénéficiant pas de la reconnaissance d'ut. pub. Cours grat. du s. organisés sur le modèle de ceux de Paris.

Pour tous renseignements, s'adresser aux Présidents des Associations ci-après :

Liste des Sections.

BOIS-COLOMBES. Président : M. Saillard, 10, place de la République, à Bois-Colombes.

BOULOGNE-SUR-SEINE. Président : M. Barbier, sénateur, 77, rue de Sèvres, à Boulogne-sur-Seine.

CACHAN. Président : M. Picard, rue du Pont, à Arcueil-Cachan.

CLICHY. Président : M. le Docteur Lehmann.

COLOMBES. Président : M. Estrouque, 1, av. Centrale, à Colombes.

COURBEVOIE. Président : M. Jupin, rue Fixatier, 16, à Courbevoie.

GARENNE-COLOMBES. Président : M. Visciano.

JOINVILLE-LE-PONT. Président : M. Koronacki, rue du 42e-de-ligne, à Joinville-le-Pont.

NEUILLY. Président, M. Mauger, avenue du Roule, 147, à Neuilly.

NOGENT-SUR-MARNE. Président : M. Charronnat, quai National, à Puteaux.

ST-DENIS. Président : M. le docteur Feltz, 30, rue des Ursulines, St-Denis.

SURESNES. Président : M. Caron, 8, rue Desbassaynes, à Suresnes.

ST-OUEN. Président : M. Gimonet, 3, rue de l'Union, à St-Ouen.

Association polytechnique

L'Association polytechnique, 28, rue Serpente (1830), recon. ut. pub., dirige aujourd'hui près d'un millier de cours artistiques, littéraires, scientifiques ou professionnels. Ces cours sont mixtes, c'est-à-dire que les adultes des deux sexes y sont admis. Ils ont lieu tous les s. et le dim. mat. Le programme détaillé en est affiché, chaque année, au siège social et au siège de chacune des Sections. L'Association polytechnique organise des conférences et crée des bibliothèques populaires. Elle délivre des certificats de capacité et des diplômes. Distribution solennelle des récompenses à la fin de l'année scolaire. L'Association compte maintenant 25 sections à Paris, et de nombreux groupes dans les communes suburbaines. Elle donne, en plus, une vingtaine de cours scientifiques ou professionnels dans les casernes de Paris.

Liste des Sections.

Ier ARR.

Section Jean Lantier, 15, rue Jean-Lantier.

— du bâtiment, 19, rue de l'Arbre-Sec (exclusivement professionnelle).

École polytechnique de notariat et de procédure. Cours pratique de notariat, au Palais de Justice.

IIe ARR.

Section de la Mairie, 8, rue de la Banque.

IIIe ARR.

Section de l'École centrale, 54, rue de Turenne.

IVe ARR.

— de l'Hôtel-de-Ville, 29, rue St-Merri.

V^e ARR.

— du Panthéon, 27, rue de Poissy.

VIe ARR.

— Brouardel, 12, rue St-Benoît.

VIIe ARR.

— de l'École militaire, 6, rue Cler.

VIIIe ARR.

— de l'Élysée, 30, rue du Général-Foy.

IXe ARR.

— de la Mairie Drouot, 6, rue Drouot, et 16, rue de la Victoire.

X^e ARR.

— du faubourg Saint-Martin, Mairie, 172, faubourg St-Martin, et 21, rue des Petits-Hôtels.

Cours de la Bourse du Travail, 3, rue du Château-d'Eau. — Cours exclusivement professionnels.

XIe ARR.

Section de la place Voltaire, Mairie du XIe.

XIIe ARR.

— du fanbourg Saint-Antoine, 5, rue d'Aligre.

XIIIe ARR.

— des Gobelins, Mairie de la place d'Italie.

XIVe ARR.

— de Montrouge, 93, rue d'Alésia.

XVe ARR.

— de Vaugirard-Grenelle, 4, place du Commerce.

XVIe ARR.

— de Passy et du Trocadéro, 54, rue Boissière, et au Palais-du-Trocadéro.

XVIIe ARR.

— des Batignolles, 49, rue Legendre.

— des Épinettes, 42 et 44, rue Pouchet.

XVIIIe ARR.

— de Montmartre, 62, rue Lepic.

— de la Chapelle, 58, rue Philippe-de-Girard, et 8, rue Jean-François-Lépine.

XIXe ARR.

— de la Villette, Mairie du XIXe, rue Compans, rue Armand-Carrel et 4, rue Fessart.

XXe ARR.

— de Belleville, 26, rue Henri-Chevreau.

BANLIEUE

FONTENAY-SOUS-BOIS. — Section Henri de Lapommeraye, rue de Joinville et rue de l'Ouest.

MONTREUIL-SOUS-BOIS. — *Id.*, rue Berthelot.

SAINT-MANDÉ. — *Id.*, 3, rue Paul-Bert.

VINCENNES. — *Id.*, ancienne salle d'asile, rue des Terriers, et école de l'Ouest, rue de l'Égalité.

Union des Associations polytechniques. — L'organisation des Associations polytechniques départementales est calquée sur celle de l'Association polytechnique de Paris, sous le patron. de laquelle ces groupements sont constitués. Les cours ont lieu le s. Le programme en est publié et affiché au siège de la Section et au siège central de l'Union, 28, rue Serpente, à Paris.

1° Association polytechnique de Bondy-sur-Seine (1875);
2° — — Charenton et St-Maurice (1885);
3° — — Choisy-le-Roi (1901);
4° — — Levallois-Perret (1875);
5° Union professionnelle féminine de Levallois-Perret (1898);
6° Association polytechnique de Noisy-le-Sec (1875);
7° — — Romainville (1896);
8° — — St-Maur-des-Fossés (1887) :
a) groupe à la Mairie.
b) groupe à l'École de la rue Léon.
c) groupe à l'École de la place des Tilleuls.

Société d'enseignement moderne pour le développement de l'instruction des adultes

La Sté d'enseignement moderne pour le développement de l'instruction des adultes, 30, rue des Jeûneurs, a été fond. par M. Léopold Bellan (1884). — Recon. ut. pub. Les cours ont lieu de novembre à mars, tous j. de la semaine, le s., de 8 h. et demie à 10 h., et le dim. mat., de 8 h. et demie à 10 h. La Sté délivre des certificats et des diplômes, et accorde des bourses de séjour à l'étranger à ses élèves. Elle organise des conférences, promenades, visites d'usines et de musées. La Sté d'enseignement moderne, agréée par le Ministère de la guerre, prépare également au brevet d'aptitude militaire. Pour être admis à suivre les cours, il suffit de s'inscrire au siège de l'une des sections suivantes :

Liste des Sections.

IIe ARR.

École des langues étrangères, 2, rue Louvois. — Cours mixtes.
Dessin, 5, rue de la Jussienne. — Cours réservés aux jeunes filles

se préparant au professorat de l'enseignement du dessin, aux métiers de couturière, brodeuse, dessinateur pour modes, etc.

Enseignement commercial, 3, rue de la Jussienne. — Préparation aux examens administratifs, coupe; cours mixtes.

Institut populaire de musique, 44, rue des Jeûneurs. — Enseignement musical. Cours mixtes.

IIIe ARR.

Section de l'École Turgot, 69, rue Turbigo (entrée des élèves, 3, rue du Vert-Bois). — Enseignement commercial et musical.

— du bâtiment. École Turgot (entrée des élèves, 3, rue du Vert-Bois). — Enseignement théorique et pratique de toutes matières relatives à la construction et à la décoration.

École complémentaire de sténographie et dactylographie, 5, rue Béranger. — Cours réservés aux femmes.

École professionnelle de jeunes filles, 7, rue de Poitou. — Enseignement commercial, dessin d'art, enseignement musical et dramatique, coupe.

IVe ARR.

Cours normaux de médication familiale, Mairie, place Baudoyer. — Les mard. et vend., de 5 h. un quart à 6 h. et demie.

Section de l'école communale de filles, 42, rue des Archives. — Cours réservés aux élèves femmes. Enseignement commercial, musical et artistique, broderie, coupe, modes.

— de l'école communale de filles, 20, rue Poulletier. — Enseignement commercial, artistique, broderie, coupe, modes, etc. Cours mixtes.

Ve ARR.

— de l'école communale de filles, 21, rue Buffon. — Enseignement commercial, arts graphiques, musique; cours réservés aux femmes.

— de l'école communale de garçons, 10, rue Rollin. — Enseignement commercial, musical, aquarelle. Cours mixtes.

VIe ARR.

— de l'école communale de garçons, 85, rue de Vaugirard. — Enseignement commercial, préparation aux examens administratifs, coiffure, coupe, modes et assemblages, arts graphiques, art musical. Cours mixtes.

— de l'école communale de garçons, 2, rue du Pont-de-Lodi. — Enseignement horticole, commercial, artistique. Cours mixtes.

École complémentaire de sténographie et dactylographie, 91, boulevard Raspail.

VIIe ARR.

Section de l'école communale de filles, 4, rue Cler. — Enseignement commercial, artistique, coupe et moulage. Cours réservés aux femmes.

Section de l'école communale de filles, 27, rue Las-Cases. — Enseignement commercial, artistique. Cours réservés aux femmes.

— de l'école communale de filles, 7, rue Paul-Louis-Courier. — Enseignement commercial, artistique, dessin, musique, coupe et assemblage, modes. Cours réservés aux femmes.

VIIIe ARR.

Section musicale mixte, 12 *bis*, rue de la Bienfaisance.

IXe ARR.

— supérieure de Commerce, 5, rue Milton. — Cours commerciaux, travaux d'application pratique.

— des cours normaux de musique et de déclamation, 30, rue des Jeûneurs. — Cours d'enseignement supérieur, destinés spécialement aux professeurs, prix d'honneur et premier prix de la Sté; sont admises, après examen d'équivalence, les personnes étrangères à la Sté. Inscriptions reçues au secrétariat.

— des cours normaux de dessin, de dentelles, broderies et soieries, 5, rue Milton. Cours mixtes.

X^e ARR.

— de l'école communale de filles, 1, rue des Vinaigriers. — Enseignement commercial, artistique, coupe, modes. Cours réservés aux femmes.

— de l'école spéciale de dessin, 50 *bis*, rue du Château-d'Eau (entrée, 4, rue Pierre-Bullet). — Dessin, pastels, perspective, etc. Sténo-dactylographie, broderie, coupe, couture. Cours réservés aux femmes.

— de l'École Colbert, 27, rue Château-Landon. — Préparation aux brevets et certificats commerciaux. Cours mixtes.

— du foyer domestique, 16, rue Vicq-d'Azir. — Enseignement commercial, artistique, médical et ménager. Cours réservés aux femmes.

— de l'école communale de garçons, 200, rue St-Maur. — Enseignement commercial, musical, escrime, tir. Cours mixtes.

— de l'école communale de filles, 32, rue du Faubourg-St-Denis. — Enseignement musical; anglais, peinture sur éventails, coupe et couture. Cours réservés aux femmes.

— de l'école professionnelle, 12, rue d'Abbeville. — Enseignement commercial et artistique, coupe, modes. Cours réservés aux femmes.

XIe ARR.

Section de l'école communale de filles, 100, avenue de la République. — Enseignement commercial, artistique, danse, musique, diction, aquarelle, modes. Cours réservés aux femmes.

— de l'école communale de filles, 13, boulevard Richard-Lenoir. — Anglais, allemand, sténographie, enseignement artistique, musique, danse, diction, pyrogravure, broderie, coupe, modes. Cours réservés aux femmes.

XIIe ARR.

École primaire supérieure Arago, 4, place de la Nation. — Enseignement commercial, artistique (musique, diction, typographie). Préparation au brevet d'aptitude militaire. Cours mixtes.

Section de l'école communale de filles, rue de Pomard. — Anglais, allemand, enseignement musical, dessin d'ornement. Cours réservés aux femmes.

— de l'école communale de filles, 49, rue de Charenton. — Enseignement commercial, musical et ménager, aquarelle, pyrogravure, cuirs, métaux repoussés, coupe, modes. Cours réservés aux femmes.

— de l'école communale de garçons, 51, rue de Charenton. — Enseignement commercial, diction, musique, dessin. Cours mixtes.

— de l'école communale de filles, 253 *ter*, avenue Daumesnil. — Musique, dessin, anglais. Cours réservés aux femmes.

— de l'école communale de filles, 19, rue Ruty. — Enseignement commercial, artistique. Cours réservés aux femmes.

— de l'école communale de garçons, 83, rue Michel-Bizot. — Allemand, sténographie, diction, piano, solfège, violon. Cours mixtes.

Veillées populaires, 4, rue Bignon. — Au préau de l'école communale des garçons, à 9 h. du s., de novembre à mars, le sam. tous les quinze j.

— d'enseignement commercial, 4, rue Bignon. — Enseignement commercial, musique. Cours mixtes.

XIIIe ARR.

Section de l'école communale de garçons, 30, place Jeanne-d'Arc. — Enseignement commercial, dessin, musique, escrime. Cours mixtes.

— d'enseignement ménager, 8, rue Daviel. — Cuisine, jeud., de 10 h. à 11 h. et demie mat.

— de l'école professionnelle Émile Dubois, 25, rue de la Tombe-Issoire. — Enseignement commercial, musique, aquarelle.

XIVe ARR.

— de l'école communale de garçons, 4, rue Prisse-d'Avesnes. — Enseignement commercial, musique, dessin industriel, modes. Cours mixtes.

XVe ARR.

— de l'école professionnelle, 24, rue Fondary. — Anglais, sténographie, modes, couture, musique, dessin industriel. Cours réservés aux femmes.

— de l'école communale de filles, 8, rue Quinot. — Enseignement commercial, dessin, musique, diction, broderie, dentelles Renaissance, enseignement ménager. Cours réservés aux femmes.

— de l'école communale de filles, 13, rue des Volontaires. —

Enseignement commercial, musique, dessin industriel. Cours réservés aux femmes.

XVIe ARR.

Section de l'école communale de garçons, 70, rue du Ranelagh. — Enseignement artistique (musique, peinture, pastel, aquarelle, miniature), anglais, allemand. Cours mixtes.

— de l'école communale de filles, 11 *bis*, rue La Fontaine. — Sténographie, dactylographie, anglais. Cours réservés aux femmes.

Patronage Jean-Macé, 41 *bis*, rue La Fontaine. — Le jeud., pour les mères de famille et les jeunes filles : cours de coupe, couture, confections, lingerie, layettes, de 1 h. et demie à 4 h. ; broderies, ouvrages de dames, de 2 h. à 3 h. Pour les fillettes de 10, 11 et 12 ans : mandoline de 3 h. à 4 h., violon de 1 h. et demie à 2 h. et demie, piano de 2 h. à 3 h., dessin de 2 h. à 3 h.

Section de musique militaire. École Jean-Baptiste Say, 11 *bis*, rue d'Auteuil. — Préparation à l'emploi de musicien militaire, pour jeunes gens de 15 à 22 ans. Cotisation mensuelle : 0 fr. 50.

— de l'école communale de garçons, 21, rue Hamelin. — Enseignement commercial, musique, dessin, diction, escrime. Cours mixtes.

XVIIe ARR.

Section de l'école communale de garçons, 7, rue St-Ferdinand. — Musique vocale et instrumentale; anglais, allemand, espéranto, aquarelle. Cours mixtes.

— des écoles primaires de filles et élémentaires de garçons, 20, rue Jouffroy. — Sténographie, dactylographie, comptabilité, musique, dessin, coupe, couture, modes. Cours réservés aux femmes.

École spéciale de sténographie et dactylographie, 6, rue Lecomte. Cours mixtes.

Section de l'école communale de filles, 18, rue Salneuve. — Enseignement musical, dessin, aquarelle, coupe. Cours réservés aux femmes.

— de l'école communale de filles, 3, rue Félix-Pécaut. Dactylographie, anglais, sténographie. Enseignement musical. Cours réservés aux femmes.

— de l'école communale de garçons, 18, rue Ampère. — Enseignement musical. Dessin, coupe, dactylographie, allemand, anglais, espagnol. Cours mixtes.

— des Promenades, 32, rue Boursault. Conférences.

XVIIIe ARR.

— de l'école communale de garçons, 29, rue de Maistre. — Enseignement commercial, musique, dessin, cuirs et métaux repoussés. Enseignement ménager. Cours mixtes.

Section de l'école communale de filles, 6, rue Jean-François-Lépine. — Dactylographie, sténographie, anglais, coupe, musique, aquarelle. Cours réservés aux femmes.

Section de l'école professionnelle, 24, rue Ganneron. — Anglais, sténographie, musique, diction, aquarelle, dessin de broderies. Cours réservés aux femmes.

— de l'école communale de garçons, 1, rue Foyatier. — Enseignement commercial, horticulture, dessin, musique vocale et instrumentale, tambours et clairons, diction, coupe pour dames, pour tailleurs, pour chemisiers, fourreurs, etc. Préparation au brevet d'aptitude militaire. Cours mixtes.

— de l'école communale de garçons, 7, rue Championnet. — Comptabilité, chant, solfège, violon. Cours mixtes.

XIXe ARR.

— de l'école Jacquard, 2, rue Bouret. — Anglais, sténographie, broderie, coupe, modes, dessin, aquarelle, musique. Cours réservés aux femmes.

— de l'école communale de filles, 67, rue Bolivar. — Anglais, musique, dessin. Cours réservés aux femmes.

XXe ARR.

— de l'école communale de filles, 36 et 38, rue de Courtille. — Anglais, sténographie, coupe, couture, musique. Cours réservés aux femmes.

— de l'école communale de garçons, 104, rue de Belleville. — Enseignement commercial, musical, coupe, modes, dessin. Cours mixtes.

— de l'école communale de filles, 13, rue Sorbier. — Enseignement commercial, musique, danse, diction, dessin, peinture, confections, coupe, modes. Cours mixtes.

BANLIEUE

ALFORTVILLE. — École Étienne Dolet (garçons). — Espéranto, anglais, comptabilité, sténographie.

AUBERVILLIERS. — Groupe scolaire Jean Macé, 46, rue du Vivier. — Enseignement commercial, coupe, couture. Cours mixtes.

Groupe scolaire Edgar Quinet, rue Edgar-Quinet. — Comptabilité, coupe, assemblage, dessin d'art, musique. Cours mixtes.

BAGNOLET. — Section des coutures, 36, rue Jules-Ferry. — Anglais, allemand, sténographie, ébénisterie, dessin, musique.

Section du Centre, 2, place de la Mairie. — Allemand, sténographie, musique, dessin.

BOURG-LA-REINE. — Section horticole, École communale de garçons. — Bourses de voyages et récompenses, en fin d'année, aux élèves ayant subi l'examen avec succès.

CHAMPIGNY-SUR-MARNE. — Section du Centre, rue Bonneau, École communale de garçons. — Comptabilité, dessin, dactylographie, musique.

Sections de la Fourchette et du Plant, 41, rue des Acacias, École communale de garçons. — Allemand, dessin, comptabilité, coupe et travaux de dames.

CHATILLON-SOUS-BAGNEUX. — École communale de garçons. — Dessin industriel.

COLOMBES. — École communale de garçons, 325, rue de Nanterre. — Sténographie, dactylographie, espéranto, anglais, dessin, coupe et couture, musique.

COURBEVOIE. — École communale de garçons, rue de Rouen. — Cours mixtes de comptabilité.

École communale de filles, rue de Rouen. — Cours de musique réservés aux femmes.

GENNEVILLERS. — Section de l'école communale de garçons 28, rue des Écoles. — Anglais, chimie appliquée aux industries, dessin géométrique et industriel. Cours mixtes.

LEVALLOIS-PERRET. — École communale de filles, 78, rue Danton. — Anglais, allemand, sténographie, coupe, couture, dessin, musique.

École communale de garçons 8, rue Rivet. — Dactylographie, sténographie, anglais, esperanto.

— — de garçons, 69, rue des Arts. — Anglais, sténographie, musique.

MONTREUIL-SOUS-BOIS. — École communale de garçons, rue des Messiers. — Enseignement commercial, artistique et technique.

NANTERRE. — École communale de garçons, 11, boulevard du Midi. — Allemand, anglais, espéranto, sténographie, dactylographie, enseignement professionnel et artistique. Cours mixtes.

NEUILLY-SUR-SEINE. — École communale de garçons, 20, rue des Huissiers. — Enseignement commercial, automobile, dessin, coupe et couture. Cours mixtes.

École communale de filles, 5, rue des Poissonniers.

PAVILLONS-SOUS-BOIS. — Section de l'école communale de filles, allée de la Basoche. — Enseignement commercial, musique, diction, dessin.

Section de l'école communale de garçons, route nationale. — Allemand, dactylographie, violon, menuiserie, aquarelle, photographie.

ROMAINVILLE. — Section de l'école communale de garçons. — Couture, crochet, tricot anglais, musique. Cours mixtes.

SAINT-DENIS. — Section de l'école communale de filles, 241, avenue de Paris. — Broderie, coupe, enseignement ménager, musique. Cours réservés aux femmes.

Section de l'école communale de garçons 241, avenue de Paris. — Comptabilité, sténographie, dactylographie, dessin industriel, musique.

SAINT-MANDÉ. — École d'horticulture et d'arboriculture, 1, avenue Daumesnil. — Enseignement horticole, d'arboriculture, fruitier, botanique. Conférences, promenades. A la fin de l'année scolaire, des bourses et récompenses sont accordées aux élèves ayant subi l'examen avec succès.

SAINT-OUEN. — Section de l'école communale de filles, place de la Mairie. — Coupe, broderie, dentelle, enseignement ménager, dactylographie, sténographie. Cours réservés aux femmes.

SURESNES. — Section de l'école communale de garçons, rue Jean-Macé. — Enseignement commercial, ménager, dentelle, broderie, coupe, automobile, aviation, dessin, musique. Cours mixtes.

VILLEJUIF. — Section de l'école communale de garçons. — Préparation aux examens administratifs. Enseignement technique : électricité, musique, violon, dessin, comptabilité, sténographie. Cours mixtes.

VINCENNES. — Section de l'école communale de garçons, 5, rue de la Liberté. — Musique, sténographie, dactylographie, anglais, etc.

L'Union française de la jeunesse

L'Union française de la jeunesse, 157, boulevard St-Germain, a été fond. par un groupe d'étudiants, d'élèves ou anciens élèves des grandes écoles (1875). — Recon. ut. pub. Les cours ont lieu chaque s. de la semaine, et le dim. dans la matinée, d'octobre à Pâques. Ils sont ouverts à tous les adultes, sans distinc. de sexe, de nationalité ou de religion. Le sam. est réservé aux lectures populaires et conférences sur des sujets industriels, littéraires et scientifiques. Un service régulier de visites industrielles complète les cours théoriques et leur donne une sanction pratique. L'Union française de la jeunesse possède 19 Sections ci-après. Le programme détaillé des cours de chacune des Sections est publié et affiché au début de l'année scolaire.

Liste des Sections.

IIIe ARR.

Section des Arts et Métiers, 10, rue des Quatre-Fils. — Comptabilité, broderie, coupe, couture, dessin industriel.

— de droit usuel (annexe de la précédente), même adresse. — Droit civil, criminel, administratif, commercial, procédure civile.

V[e] ARR.

— du Jardin des Plantes, 66, boulevard St-Marcel. — Sténographie, dessin, coupe, assemblage, essayage.

— du Panthéon, 11, rue des Fossés-St-Jacques. — Comptabilité, sténographie, coupe, couture, modes, dessin d'ornement.

IXe ARR.

— spéciale de musique, salle Blitz, 23-31, rue Le Peletier. — Musique vocale et instrumentale, accompagnement.

Section de Moncey, 32, rue de Bruxelles. — Comptabilité, sténographie, coupe, couture, dessin industriel.

X^e ARR.

— professionnelle, 23, rue des Récollets. — Sténographie, anglais commercial, allemand, espagnol, espéranto, dessin d'art et industriel.

XIe ARR.

— de Popincourt, 109, avenue Parmentier. — Comptabilité, broderie, coupe, lingerie, dessin, électricité, sténographie.

XIIe ARR.

— de Reuilly, 4, rue Bignon. — Comptabilité, sténographie, dactylographie, droit civil et commercial, coupe, couture, dessin industriel.

XIIIe ARR.

— du parc Montsouris, 10, rue Daviel. — Sténographie, anglais, espagnol.

— de la Maison-Blanche, 5, rue Damesne. — Comptabilité, sténographie, automobile, broderie, coupe et apprêt, dessin.

XIVe ARR.

— de Plaisance, 93, rue de l'Ouest. — Comptabilité, sténographie, dessin d'ornement.

XVe ARR.

— de Grenelle-Vaugirard, 35, rue de l'Amiral-Roussin. — Comptabilité, sténographie, photographie, coupe, dessin.

XVIe ARR.

— de Passy, Mairie, 71, avenue Henri-Martin. — Comptabilité, coupe, arboriculture fruitière.

— d'Auteuil, 23, rue Boileau. — Comptabilité, sténographie, broderie, coupe, dessin d'ornement, peinture sur étoffes.

XVIIe ARR.

— des Ternes-Batignolles, 221, boulevard Pereire. — Comptabilité commerciale, coupe, lingerie, modes, dessin.

— industrielle commerciale et du bâtiment, 105, rue Lemercier. — Mécanique appliquée, menuiserie, électricité, dessin industriel, coupe, couture, corsets, modes, lingerie, constructions métalliques et métier de serrurerie.

XVIIIe ARR.

— de Montmartre-Clignancourt, 63, rue de Clignancourt. — Comptabilité, sténographie, dactylographie, dessin industriel, droit civil et commercial usuel.

BANLIEUE

MALAKOFF. — Section de Malakoff, 5, rue de l'Égalité. — Comptabilité, sténographie, coupe et couture, dessin industriel.

Association philomathique

L'Association philomathique, 38, rue de la Verrerie, a été fond. par M. Léonce Dariac (1895). — Dans un but d'assist. médicale, elle a élargi sa sphère d'action, en joignant à son œuv. d'assist. l'enseignement populaire.

Les cours ont lieu tous les s. de la semaine, de 8 h. à 10 h., et le dim., de 9 h. à midi. Le programme en est affiché chaque année au siège social, et au siège de chaque Section. L'Assoc. philomathique a organisé également des conférences agricoles et horticoles dans les casernes du gouvernement militaire de Paris.

Liste des Sections.

IIe ARR.

Étienne-Marcel 3, rue de la Jussienne. — Préparation aux examens des grandes administrations (Postes, Crédit Foncier, Crédit Lyonnais, Banques, etc.).

IIIe ARR.

Temple, 8, rue Montmorency. — Comptabilité, langues étrangères, lingerie, coupe et broderie, etc.

IVe ARR.

Hôtel de Ville, 21, rue de Renard. — Langues étrangères, coupe, couture, agriculture, horticulture, etc. Enseignement commercial.

Bastille, 21, rue des Tournelles. — Préparation aux musiques régimentaires.

V^{e} ARR.

Berthollet, 41, rue de l'Arbalète. — Langues étrangères, dessin décoratif, électricité, modes, couture, etc.

VIe ARR.

Luxembourg, 14, rue de Fleurus. — Comptabilité commerciale, langues étrangères, musique, etc.

VIIe ARR.

Duquesne, 42, avenue Duquesne. — Comptabilité, langues étrangères, dessin industriel, musique, etc.

Invalides, 14, rue Éblé. — Modes, couture, broderie, lingerie, dentelle, comptabilité, musique.

XIe ARR.

Ledru-Rollin, 144, rue de la Roquette. — Couture, coupe, confections, fleurs, broderie, lingerie, dentelle, musique, comptabilité.

Trousseau, 38, rue Trousseau. — Langues étrangères, comptabilité, coupe, modes, musique, électricité, chimie, horticulture, botanique, etc.

Voltaire, 33, rue Godefroy-Cavaignac. — Sténographie, dactylographie, diction, musique, soins aux blessés et malades, etc.

XIIe ARR.

Diderot, 57, rue de Reuilly. — Comptabilité, allemand, anglais, musique, dessin, agriculture.

Reuilly, 5 rue de Reuilly. — Lingerie, couture, broderie, fleurs, sténographie, etc.

XIVe ARR.

Émile-Dubois, 77, rue de la Tombe-Issoire. — Comptabilité, dessin, musique, modes, sténographie, horticulture, botanique, chimie, physique, etc.

Edgar-Quinet, 7, rue Huygens. — Langues étrangères, sténographie, musique, sculpture, dessin, etc.

XVe ARR.

Dupleix, 21, rue Dupleix. — Sténographie, comptabilité, langues étrangères, dessin, musique, coupe, couture, fleurs, etc.

XVIIe ARR.

Batignolles, 4, rue Lecomte. — Anglais, sténographie, musique, aquarelle, modes, coupe, couture, fleurs, broderie, etc.

Épinettes, 19, passage Legendre. — Dactylographie, sténographie, langues étrangères, coupe, couture, musique, conférences médicales, etc.

XIXe ARR.

Buttes-Chaumont, 119, rue Bolivar. — Dessin industriel, physique, chimie, électricité, mécanique, allemand, anglais, coupe, couture, fleurs, modes, lingterie, etc.

BANLIEUE

ARCUEIL-CACHAN. — École communale de garçons de Laplace. — Comptabilité, dessin, agriculture et horticulture.

CLAMART. — École communale de garçons. — Agriculture, dessin, langues étrangères, musique, enseignement commercial, coupe, couture, modes, etc.

CHEVILLY-LA-RUE. — École communale de garçons. — Agriculture, horticulture, musique.

CRÉTEIL (mixte). — École communale de garçons, place de la Mairie. — Anglais, allemand, comptabilité, sténographie, agriculture.

MALAKOFF. — École communale, rue d'Arcueil. — Dessin d'ornement, comptabilité, musique, agriculture, botanique, etc.

MONTREUIL-SOUS-BOIS (mixte). — École communale de garçons, 32, rue Arsène-Chéreau. — Allemand, musique, dessin industriel, horticulture, etc.

PETIT-IVRY (mixte). — École communale de garçons, 64, rue de Paris. — Anglais, comptabilité, peinture sur porcelaine, dessin d'ornement, etc.

VANVES. — Section du Centre (mixte), 34, rue de la Mairie. —

Langues étrangères, dessin d'ornement et industriel, mécanique et électricité, musique, agriculture, etc.

Section du Plateau. — École communale, rue Gambetta. — Enseignement professionnel pour jeunes filles, coupe, couture, etc.

— des Conférences, Préau des Écoles, 36, rue de la Mairie. — Conférences et causeries populaires, avec projections. Consult. juridiques.

VILLEMOMBLE. — École de garçons. — Comptabilité, musique, agriculture, horticulture.

Association polymathique

L'Association polymathique est une œuv. grat. d'enseignement technique et professionnel, 7, rue Edmond-Guillaud (XVe) (1900). — A créé un grand nombre de cours publics et grat. à Paris et dans les départements. A organisé en outre un cours d'enseignement par correspondance, qui fonctionne chaque année du 16 octobre au 16 juillet. L'Assoc. polymathique donne également des conférences à l'usage des jeunes gens et des militaires. Ces conférences sont faites, très fréquemment, soit dans les préaux des écoles de Paris, soit dans la banlieue parisienne. Pour tous les cours les inscriptions sont reçues le soir, dans chaque Section ci-après, aux heures des cours.

Liste des Sections.

Ve Arr.

Section artistique et Section de l'Estudiantina. École communale, 23, rue Cujas. — Enseignement musical.

VIIe ARR.

— Las-Cases. École communale de garçons et de filles, 27, rue Las-Cases. — Anglais, allemand, dessin, comptabilité, sténographie, dactylographie, musique, droit administratif.

VIIIe ARR.

— de Florence. École communale, 4, rue de Florence. — Automobilisme, aviation.

Xe ARR.

— Louis-Blanc, réservée aux adultes femmes. École communale, 49, rue Louis-Blanc. — Préparation aux brevets de capacité, aux emplois des postes et télégraphes, des grandes administrations publiques et privées, des chemins de fer, etc.

— de Strasbourg. École communale, 5, rue des Petites-Écuries. — Anglais, dessin, diction.

XIe ARR.

— de Belleville. École communale de filles, 75, boulevard de Belleville. — Anglais, allemand, espéranto, comptabilité, sténographie, musique.

XIVe ARR.

Section Denfert-Rochereau. — Sténographie, comptabilité, service télégraphique, dessin, physique et chimie, anglais et allemand.

— du Lion de Belfort. — Enseignement musical.

— Delambre. École communale, 24, rue Delambre. — Anglais, musique, sténographie.

XVe ARR.

— du Lycée Buffon, au Lycée, 16, boulevard Pasteur. — École spéciale d'électricité. Les élèves des cours ayant subi avec succès un examen de fin d'année reçoivent un diplôme spécial.

Pour renseignements, écrire au Directeur de la Section, M. Traboulet, 9, rue Jean-Nicot, (Paris VIIe).

— Fondary (cours mixtes). École communale de garçons, 12, rue Fondary. — Examens aux Postes, Télégraphes, Téléphones, aux administrations, banques, chemins de fer, etc.

— Quinault (spécialement réservée aux dames), école communale, 8, rue Quinault. — Examens aux Postes, Télégraphes, Téléphones, aux administrations, banques, chemins de fer, etc.

Société d'enseignement et d'assistance populaires

La Sté d'enseig. et d'assist. populaires, 2, rue du Quatre-Septembre, a été fond. en 1889. — A organisé des cours publics et grat. dans 5 Sections de Paris et de banlieue, tous les s., de 8 h. à 10 h., et le dim. mat. Une affiche apposée au siège de la Section donne le programme des matières traitées avec les j. et h. La Sté décerne des prix et récompenses, des livrets de caisse d'épargne aux élèves les plus méritants. Elle s'occupe gratuitement de leur placem. La Sté a organisé des services d'assist. médicale et pharmaceutique et de conseils juridiques, en faveur des auditeurs suivant régulièrement les cours dans les Sections suivantes.

Liste des Sections.

IIe ARR.

Section Bonne-Nouvelle, École de garçons, 42, rue Dussoubs. — Dessin, coupe, musique, etc. Cours professionnels d'ameublement.

IVe ARR.

— de l'Hôtel de Ville. École de garçons, 21, rue des Blancs-Manteaux. — Comptabilité, langues étrangères, musique, dessin, photographie.

XIe ARR.

— de Popincourt. École de garçons, 98, avenue de la République. — Musique, langues étrangères, enseignement rationnel d'art industriel.

SAINT-MANDÉ. — Enseignement agricole. Cours théorique du s., à l'école de garçons, rue Paul-Bert. Cours pratique, le dim., à 2 h., aux adresses indiquées.

CORBEIL. — Cours du soir.

Cercle populaire d'enseignement laïque

Le Cercle populaire d'enseig. laïque, 16, rue de la Grange-Batelière, a été fond. en 1901. — A pour but de propager l'enseignement laïque, et de défendre la conception scientifique de la vie en opposition avec la conception religieuse. Compte parmi ses donateurs de nombreuses loges maçonniques. En dehors de ses conférences à Paris et dans les départements, et des cours d'enseignement général, le Cercle populaire a créé des cours de comptabilité, langues étrangères, musique, dessin, coupe, menuiserie, etc. Ces cours ont lieu le s. et sont grat. Le programme des matières traitées dans l'année ainsi que les j. et h. de cours sont donnés au siège social et au siège de chacune des Sections ci-après :

Liste des Sections.

École communale, 39, rue Meslay.
— 8, rue des Feuillantines.
— 40, rue des Écluses-St-Martin.
— 19, rue de Sambre-et-Meuse.
— 39, rue Alexandre-Dumas.
— 32, rue de la Folie-Méricourt.
— 52, rue de Wattignies.
— 40, rue Jenner.
— 63, rue de Clignancourt (garçons).
— 61, rue de Clignancourt (filles).
— 55, rue de la Chapelle (Section technique).
— 69, rue Championnet.
— 11, rue Cavé.
— 9, rue Championnet.
— 67, rue Damrémont.

ALFORTVILLE. — École communale, 31, rue Villeneuve.
KREMLIN-BICÊTRE. — École du Kremlin-Bicêtre.

Union d'enseignement professionnel

L'Union d'enseig. profess., 24, rue du Roi-de-Sicile, a été fond. en 1902. — Œuv. grat. de cours pub. exclusivement professionnels, destinés aux auditeurs de tout âge. Bâtiment, meuble, comptabilité, commerce. Les cours ont lieu le soir, de 8 h. et demie à 10 h., du commencement d'octobre à fin mars. A la fin du cours, un certificat est décerné après examen aux auditeurs. Voir les Sections ci-après.

Un service de placement a été créé pour les auditeurs des cours. S'adresser à M. Dassier, 117, rue St-Dominique.

Liste des Sections.

École communale, 10 *bis*, rue Bourg-l'Abbé. — Tous les s., sauf sam. et dim. (Bâtiment.)

— — 8, passage St-Pierre (entrée 34, rue St-Paul, 65, rue St-Antoine). — Les lund., mard., jeud. et vend. s. ; le dim., de 9 h. et demie à midi. Les dames sont admises aux cours. (Meuble).

— — 9, rue Blanche. — Mard. et sam. Les dames sont admises au cours. (Comptabilité, Commerce.)

— — rue Asseline. — Tous les j., sauf le sam. et le dim., de 9 h. à 11 h. du mat., cours pratique de peinture, vitrerie, 4, place de Rennes. (Bâtiment.)

— — 67, rue Damrémont. — Tous les j., sauf sam. et dim. (Bâtiment).

— — 9, rue de Tlemcen. — Tous les s., sauf sam. et dim. (Bâtiment.)

Association pour le développement de l'instruction populaire

L'Association pour le dévelop. de l'instruction populaire, 74, rue de Vaugirard, a été fond. en 1902. — Laïque, cath. Cours du s., grat., de 8 h. et demie à 10 h., sauf le dim., accessibles à tous les jeunes gens, sans limite d'âge, qui font une demande d'admissibilité au chef de section. Dessin linéaire, industriel ou d'ornement, anglais, allemand, comptabilité, électricité, topographie, sténographie, dactylographie, musique, etc.

Pour les j. de cours et le programme, variables chaque année, des matières traitées dans chaque Section, s'adresser au Directeur des Sections ci-après :

Liste des Sections.

Section du Gros-Caillou, 9, passage Landrieu.
— de Belleville, 55, boulevard de Belleville.
— de Plaisance, 55, rue de Vercingétorix.
— de Grenelle-Javel, 29, rue Émile-Zola.
— de Vaugirard, 7, rue Blomet.
— — 10, passage Falguière.
— de Clignancourt, 140, rue de Clignancourt.
— de Saint Bernard-la-Chapelle, 6, rue St-Luc.
— de Charonne, 42, rue Planchot.
— de la Garenne-Colombes, 20, rue du Marché-la-Garenne.

Écoles professionnelles d'infirmières

Voir le chapitre *Écoles d'infirmières* (*Adultes*).

CHAPITRE XXIV

ÉDUCATION MÉNAGÈRE ET ŒUVRES DU TROUSSEAU

I. — Éducation ménagère

Sont indiqués ici les centres où se donne une éducation ménagère à peu près complète, c'est-à-dire où sont envisagées les branches principales de cette éducation : lavage, blanchissage et repassage, raccommodage, couture et coupe, cuisine, économie domestique (théorie et pratique).

En dehors de ces centres, des notions plus ou moins complètes, portant sur une ou plusieurs des parties de l'éducation ménagère, sont données dans la plupart des orphelinats, dans les ouvroirs et patron. libres, laïques ou confes., et quelques exercices théoriques ou pratiques sont organisés dans les Mairies, dans les salles de conférences. Voir Sté française de secours aux blessés militaires, Dames françaises, Union des femmes de France, Sté d'enseignement moderne, etc.

Des notions ménagères sont également prévues dans beaucoup d'écoles primaires libres ; elles sont indiquées dans les programmes des écoles primaires, des cours complémentaires, des deux écoles primaires supérieures et des écoles professionnelles de la Ville, enfin dans les programmes des écoles normales d'institutrices.

Les écoles primaires indiquées ci-après donnent un enseignement particulièrement complet et suivi.

Ier ARR.

28, **rue Saint-Roch** (1905). — Programme de la rue de l'Abbaye : 1° Cours du jeud., grat. pour les élèves de l'école paroissiale (obligatoires pour celles du cours supérieur) ; 2° cours pour jeunes filles du monde, une fois par semaine. Prix : 20 fr. par mois, sans condition de concours.

15, **rue de l'Arbre-Sec.** — Cours complémentaires manuels et ménagers de la Ville. Admission au concours. Grat. pour les élèves de 12 à 15 ans pourvues du certificat d'études.

III° ARR.

Rue des Minimes. — 1° Cours complémentaires manuels et ménagers de la Ville. Admission sans concours, grat. pour les élèves de 13 à 15 ans, pourvues du certificat d'études; 2° cours ménager normal, destiné à former des professeurs d'enseignement ménager. Être âgée de 21 ans, avoir le brevet supérieur, être institutrice de la Ville. La session dure d'octobre à juin; le diplôme est accordé après examen. Les cours sont faits le mat., rue des Minimes; l'après-midi, rue Chomel (VII°).

IV° ARR.

7, **rue Poulletier.** — Sœurs de St. V. de P. Grat. Programme de la rue de l'Abbaye.

V° ARR.

4, **rue des Prêtres-Saint-Séverin.** — Cours paroissiaux pour jeunes filles âgées de plus de 13 ans : 1° cours du jeud., grat. ; 2° cours payants une fois par semaine. Programme de la rue de l'Abbaye.

15, **rue des Bernardins.** — Sœurs de St. V. de P. Grat. Programme de la rue de l'Abbaye. Jeud. et sam. mat.

282, **rue Vauquelin.** — Grat. Programme de la rue de l'Abbaye.

32, **rue Geoffroy-St-Hilaire.** — Grat. à l'école primaire libre; programme de la rue de l'Abbaye.

9, **rue Laplace.** — Grat. Pour jeunes filles de 13 à 15 ans. Tous les j. de 8 h. mat. à 6 h. s. Le repas de midi et le goûter sont fournis aux élèves.

21, **rue Daubenton** (1903). — Enseignement manuel et ménager du groupe paroissial. Cours grat. pour jeunes filles de plus de 13 ans.

VI° ARR.

3, **rue de l'Abbaye** (1902). — Sœurs de St. V. de P. 1° Cours normaux. A pour but la formation de maîtresses ménagères et directrices pour centre d'éducation ménagère : *a*) cours du mard. ; *b*) cours de vacances du 15 août au 1er octobre ; *c*) cours quotidien du 1er novembre au 1er juillet. Prix du cours de mard. : 20 fr. Prix des autres cours : 50 fr. Pension : 1 fr. 50 par j. en dortoir et 2 fr. 50 en chambre. Programme : partie théorique (hygiène, économie domestique, alimentation, coupe, comptabilité ménagère, culture, basse-cour, droit usuel, épargne et prévoyance, devoirs religieux et moraux, civils et sociaux) ; partie pratique (ayant pour but de familiariser avec le travail d'une mère de famille : cuisine et nettoyage, lavage et repassage, raccommodage, jardinage, etc.). Délivrance d'un diplôme précédé d'un stage obligatoire dans un centre ménager. — 2° Cours pour jeunes filles de 17 ans au moins, destinés à les former à la tenue de la maison et aux devoirs de mères de famille, deux fois par semaine. Grat. pour les membres des Syndicats féminins de la rue de l'Abbaye. Programmes : alimentation, hygiène, coupe, raccommodage, blanchissage, repassage. — 3° Cours de préapprentissage, ayant pour but de préparer l'app., tout en achevant sa formation morale ; même programme théorique et pratique. Age : 13 ans ; durée : 2 ans. Durant ce temps, les aptitudes sont étudiées et servent de motif au choix du métier ou au placem., qui est assuré. Prix : internes, 30 fr. par mois, tout compris. Externes, 10 fr. par mois, y compris le repas de midi. Gratuité pour les pupilles des Syndicats professionnels. Prix réduits accordés par l'Association L'Ordre dans la Maison (même chapitre, 5 rue de l'Abbaye).

5, **rue de l'Abbaye. L'Ordre dans la Maison.** Association fond. pour favoriser le développement des centres ménagers, rattachés aux Syndicats professionnels féminins de la rue de l'Abbaye (1909). — Surveille le cours-type de préapprentissage établi rue de l'Abbaye ; se tient au courant de tout ce qui concerne l'éducation ménagère, renseigne sur les questions intéressant l'éducation ménagère (organisation de cours, livres, etc.) Emploie les fonds qui sont mis à sa disposition à la création de bourses d'aide familiale, destinées à remplacer le salaire de l'apprentie, et réparties dans les centres qui suivent les programmes de la rue de l'Abbaye.

167, **rue de Rennes.** — Fond. par Mlle Bonjean. Inscriptions pour l'École professionnelle ménagère de Tours, pour jeunes filles de 13 à 14 ans, cath. 20 à 30 places. Prix à débattre.

167, **rue de Rennes.** — Fond. par Mlle Bonjean. Inscriptions pour l'École ménagère de l'Asile St-Louis, à Poissy (Seine-et-Oise). Reçoit les jeunes filles de 13 à 21 ans. Prix variable. Grat. dans certains cas. S'adresser le mard., de midi à 5 h.

26, **rue d'Assas.** — Direction laïque. Cours complet sauf blanchissage, une fois par semaine, aux élèves de l'école libre de la paroisse St-Sulpice.

19, **quai Malaquais. L'École des Mères.** Fond. par Mme Augusta Moll-Weis (1897). — 4 sections : 1° section des éducatrices : prépare des professeurs pour l'enseignement ménager dans les écoles primaires supérieures, collèges et lycées, écoles maternelles ; 2° section populaire : cherche à répandre les connaissances d'économie domestique, hygiène, alimentation rationnelle dans les milieux ouvriers ; organise des conférences dans les universités populaires et les garderies scolaires ; 3° section d'études ménagères économiques et sociales : conférences et causeries ; 4° section de propagande : publie le journal *le Conseiller de la famille et l'École des mères.* Inscriptions à chaque cours : 30 fr. L'École reçoit des internes. Remise de diplômes.

VIIe ARR.

77 *bis*, **rue de Grenelle.** — Sœurs de St. V. de P. Centre d'éducation ménagère. 1° de novembre à août : cours du jeud. pour les élèves des écoles ; 2° de novembre à août : cours de préapprentissage (cours complet, tous les j.) ; 3° cours du s. : pour les jeunes filles des ateliers ; 4° d'août à novembre : cours pour les mères de famille. Tous ces cours sont grat. Admission sans examen.

34, **rue Vaneau.** Fond. par Mme Thome (1900). — 1° Cours payants pour jeunes femmes et jeunes filles du monde. Obtention d'un diplôme d'institutrice, même âgée ; 2° École d'application, le jeud. de 2 h. à 4 h., destinée aux enfants pauvres ; sert de modèle et d'enseignement pratique aux personnes qui veulent organiser une école ménagère ; 3° œuvre des jeunes ménages ouvriers : se propose de donner une batterie de cuisine à de jeunes ménages et de les aider à organiser leur intérieur ; 4° Vestiaire Ste-Cécile : fournit des vêtements à des institutrices ou à des musiciennes.

1, **rue Camou.** — Cours complémentaire manuel et ménager de la Ville. Admission au concours ; grat. pour les élèves de 12 à 15 ans, pourvues du certificat d'études.

8, **rue Chomel.** — Cours normal de la Ville. Ces cours complètent les cours normaux de la rue des Minimes. Voir *rue des Minimes* (IIIe).

26, **rue Cassette.** — Œuv. paroissiale St-Sulpice. Direction laïque. 1° École ménagère et de préapprentissage, pour enfants de 13 ans sorties de l'école ; cours quotidien d'une durée de 1 an, au prix de 5 fr. par mois ; programme de la rue de l'Abbaye ; 2° cours du s., de 8 h. à 9 h. et demie, pour jeunes filles de plus de 15 ans (économie domestique, cuisine, coupe et modes, sténographie et dactylographie, repassage) ; prix : 0 fr. 25 par cours ; 3° cours pour jeunes filles du monde de plus de 16 ans, les lund., merc. et vend. de novembre à juin (cuisine, coupe, repassage, tenue de maison, pansements, etc). ; prix par mois pour les 7 cours : 45 fr., ou au cachet.

Cours normal d'enseignement ménager, 4, rue Oudinot. — Direct. cath.

23, **rue Bertrand.** — Cours normal catholique d'enseig. ménager, sous le patronage de l'Archevêché, 50, rue de Bourgogne (1911). — Pour élèves normaliennes se destinant à l'enseignement, jeunes filles du monde acquérant ou non leur diplôme d'enseignement ménager, fillettes de condition modeste apprenant soins du ménage et service de maison. Durée des cours : 2 mois. Prix : 150 fr. Pension : 120 fr. à 180 fr. par mois selon la chambre. Demi-pension : 80 fr. 1 cours par semaine : 20 fr. par mois. Correction des devoirs par correspondance : 2 fr. Droit d'examen : 20 fr.

S'adresser à Mme Noblemaire, 23, rue Bertrand, ou à la Directrice du Cours normal d'enseignement ménager.

VIIIe ARR.

4, **rue Treillard.** — Cours d'enseignement ménager de la paroisse St-Augustin : 1° le merc. et le sam. de 4 h. à 6 h., pour les enfants allant encore en classe ; 2° le lund. et le jeud. de 8 h. un quart à 10 h. du s., pour les jeunes filles allant en atelier ; 3° les mard, merc., vend. et sam., pour les jeunes filles du monde, moyennant 10 fr. par mois.

28, **rue du Général-Foy,** à l'école municipale. — Cours complémentaire manuel et ménager de la Ville.

13, **rue de la Ville-l'Évêque,** à l'école municipale. — Cours complémentaire manuel et ménager de la Ville.

14, **rue de la Ville-l'Évêque,** à l'école paroissiale. — Programme de la rue de l'Abbaye ; grat.

11, **rue de Monceau,** à l'école paroissiale. — Cours d'enseignement ménager, les mard. et vend., de 4 à 6 h. Sténo-dactylographie le lund., de 4 à 6 h.

IXe ARR.

54, **faubourg Poissonnière. Patronage Sainte-Cécile.** Fond. par Mlle Morel d'Arleux (1905). — Grat. Cours du jeud. : le mat. pour les enfants des écoles, âgés de 12 à 13 ans ; l'après-midi pour des orphelines.

11 *bis*, **rue Laferrière. Œuvre du Souvenir.** Fond. par M. Teutsch. — Inscriptions pour l'École ménagère et professionnelle de Villemomble.

18, **rue de la Tour-d'Auvergne,** à l'école paroissiale. — Programme de la rue de l'Abbaye. Grat.

Xe ARR.

12, **rue d'Abbeville,** École professionnelle ménagère, municipale (1894). — Les élèves des trois années passent à tour de rôle à la cuisine, et sont exercées aux travaux de ménage. Couture ménagère. Admission au concours de 12 ou 13 à 15 ans.

56, **rue d'Hauteville.** — Sœurs de St. V. de P. Programme de la rue de l'Abbaye. Cours grat. et cours pour jeunes filles du monde.

XIe ARR.

Rue Popincourt. — Grat. Programme de la rue de l'Abbaye.

140, **rue du Chemin-Vert.** — A l'orphelinat des Sœurs de St. V. de P. Grat. Programme de la rue de l'Abbaye.

185, **rue de Charonne. Union familiale.** Fond. par Mlle Gahéry (1894). — Recon. ut. pub. 1° Enseignement normal (formation sociale), conduisant au brevet d'éducation du jardin d'enfants (9 mois d'études) ; au brevet d'enseignement ménager populaire (9 mois d'études) ; au diplôme de formation sociale (2 années d'études). Être âgée de 16 ans, être munie du brevet élémentaire, du certificat d'études primaires supérieures, ou avoir passé un examen d'admission ; produire un certificat médical, un consentement écrit des parents ou tuteurs (pour les mineures). Prix des résidentes : de 540 à 900 fr. par année scolaire, sauf réduction possible ; des demi-pensionnaires : 540 fr. (ne sont pas admises pour le diplôme d'enseignement ménager). 2° Enseignement moyen (auxiliariat), ayant pour but de procurer des auxiliaires aux mères de famille et aux directeurs d'œuv., donnant des situations honorables aux personnes de condition modeste (cours de 3 à 6 mois ; 150 fr. par trimestre, internes). 3° Enseignement élémentaire (apprentissage ménager), pour jeunes filles de 12 à 13 ans, munies du certificat d'études primaires (30 fr. par mois, pensionnaires).

7 *bis*, **rue Daval.** — École professionnelle et ménagère. Direct. protest.

XIIe ARR.

253 *bis*, **avenue Daumesnil.** — A l'école municipale.

19, **rue Ruty.** — A l'école municipale.

254, **faubourg Saint-Antoine. Maison Eugène-Napoléon.** — Sœurs de St. V. de P. Grat. Programme de la rue de l'Abbaye.

49, **rue de Charenton.** — Cours complémentaires manuel et ménager de la Ville. Admission au concours. Grat. pour les élèves de 12 à 15 ans, pourvues du certificat d'études.

XIIIe ARR.

8, **rue Daviel.** — Cours complémentaires manuels et ménagers de la Ville. Admission au concours ; grat. pour les élèves de 12 à 15 ans pourvues du certificat d'études.

123, **rue de Patay.** — Cours complémentaires manuels et ménagers de la Ville. Admission au concours ; grat. pour les élèves de 12 à 15 ans pourvues du certificat d'études.

47, **boulevard de l'Hôpital.** — École d'instruction ménagère pour les filles de service de la Salpêtrière. 48 places.

XIVe ARR.

23, **rue Guilleminot.** — École professionnelle et ménagère pour les jeunes bonnes.

78, **rue de la Tombe-Issoire.** — Sœurs de St. V. de P. ; grat. Programme de la rue de l'Abbaye.

88, **rue du Moulin-Vert. École d'éducation familiale.** Fond. par M. l'abbé Viollet (1908). — A pour but la formation et l'éducation des enfants du peuple par l'initiative, selon les méthodes de Pestalozzi et de Frœbel ; donne à la jeunesse le goût du foyer, l'instruction aux jeunes filles, au point de vue de la science et de l'art ménagers. 4 groupes : 1° Garderie familiale pour enfants de 3 à 6 ans (33, rue du Moulin-Vert) ; 2° formation de futures directrices de garderies, et de jeunes filles du monde (prix : 30 fr. par mois) ; 3° ateliers pour enfants de 6 à 13 ans ; 4° formation des parents.

12, **rue Charles-Divry. Œuvre de Sainte-Marthe-à-Béthanie** (1909). — Direct. cath. A pour but de créer et soutenir des cours et des écoles d'enseignement ménager. Les cours comprennent : un cours normal pour dames et jeunes filles du monde (payant) ; un cours gratuit pour fillettes des classes primaires. Lund. et jeud. de 9 h. à 11 h. et demie et de 2 h. à 4 h.

Institution Notre-Dame-du-Rosaire, 182, rue de Vanves (1896). — Direction laïque. Cours ménagers pour jeunes filles qui ont quitté l'école, ou pour jeunes femmes, les lund. et jeud., de 6 h. à 7 h. et demi du s. Programme : cuisine, économie domestique, hygiène, repassage et raccommodage, modes. Prix variables ; la gratuité peut être obtenue.

XVe ARR.

5, **rue Corbon.** — Cours complémentaires manuels et ménagers de la Ville. Admission au concours. Grat. pour les élèves de 12 à 15 ans pourvues du certificat d'études.

11, **rue Lacordaire.** — Cours complémentaires manuels et ménagers de la Ville. Admission au concours. Grat. pour les élèves de 12 à 15 ans pourvues du certificat d'études.

8, **rue Quinault,** à l'école communale. — Cours complémentaires manuels et ménagers de la Ville. Admission au concours. Grat.

233, **rue de Vaugirard.** — Religieuses de la Croix. Grat. Programme de la rue de l'Abbaye.

54, **rue Alphonse.** — Grat. Programme de la rue de l'Abbaye.

XVIe ARR.

154, **avenue Victor-Hugo.** — Grat. Sœurs de St. V. de P. Programme de la rue de l'Abbaye.

XVIIe ARR.

221, **boulevard Pereire.** — Cours complémentaires manuels et ménagers, de la Ville. Admission au concours. Grat. pour les élèves de 12 à 15 ans pourvues du certificat d'études.

7, **rue Lacaille.** — Cours ménagers du jeud. aux jeunes filles du patron. Grat. Programme de la rue de l'Abbaye.

1, **rue Félix-Pécaut.** — Cours complémentaires manuels et ménagers de la Ville. Admission au concours. Grat. pour les élèves de 12 à 15 ans, pourvues du certificat d'études.

XVIIIe ARR.

47, **rue Montcalm.** — Cours le jeud. de 9 h. à midi, pour les jeunes filles de 13 ans et au-dessus du patron. Grat. Programme de la rue de l'Abbaye.

168 *bis*, **avenue de Clichy.** — Grat. Programme de la rue de l'Abbaye.

26, **rue Ganneron.** — Cours de l'école professionnelle et ménagère de la Ville.

Impasse d'Oran. — Cours complémentaires manuels et ménagers de la Ville. Admission au concours ; grat. pour les élèves de 12 à 15 ans pourvues du certificat d'études.

XIXe Arr.

166, **rue de Crimée.** — Sœurs de St. V. de P. Grat. Programme de la rue de l'Abbaye.

XXe ARR.

40, **rue des Pyrénées.** — Cours complémentaires manuels et ménagers de la Ville. Admission au concours; grat. pour les élèves de 12 à 15 ans, pourvues du certificat d'études.

13, **rue Sorbier.** — Cours complémentaires manuels et ménagers de la Ville. Admission au concours; grat. pour les élèves de 12 à 15 ans, pourvues de certificat d'études.

73, **rue de la Mare.** — Sœurs de St. V. de P. Grat. Programme de la rue de l'Abbaye.

BANLIEUE

ARCUEIL. — **Maison des Sœurs de Saint-Vincent-de-Paul.** — Cours ménagers; grat. Programme de la rue de l'Abbaye.

BILLANCOURT. — **Œuvre des libérées de St-Lazare.** V. *Relèvement.*

BOULOGNE. — **Maison des Sœurs de Saint-Vincent-de-Paul.** — Cours ménagers; grat. Programme de la rue de l'Abbaye.

CLAMART. — **École supérieure d'enseignement ménager,** 16, rue des Rochers. Fond. par Mlle Ryncka : 1° cours normal pour jeunes filles (élèves-maîtresses), destinées à professer; 2° cours pour jeunes filles (élèves libres), se préparant à leurs futurs devoirs de maîtresses de maison ou désireuses d'obtenir des situations, soit de directrices d'institutions sociales, soit de gérantes ou économes. Programmes (théorie et pratique) : cuisine, économie domestique, blanchissage, repassage, couture, raccommodage, lingerie, coupe et confection, comptabilité, notions d'anatomie et de physiologie, hygiène, soins d'urgence aux malades, pharmacie domestique, physique, chimie, pédagogie, économie sociale, notions de droit, botanique et jardinage, dessin. Conditions d'admission : 18 ans au moins (15 ans pour les élèves libres); brevet élémentaire aux examens d'entrée. Durée des cours : 10 mois pour les élèves-maîtresses internes, sauf exception; 7 ou 8 mois pour les élèves libres, qui peuvent être internes ou externes. Examens de sortie et diplômes. Des auditrices libres sont admises. Prix : 90 fr. par mois (blanchissage non compris) pour les internes; 75 fr. pour les externes demi-pensionnaires; 10 fr. par mois et par cours pour les auditeurs libres. Un cours de perfectionnement, de 4 semaines, s'adresse, pendant les vacances, aux professeurs d'enseignement ménager déjà en fonctions. Des réunions de professeurs d'enseignement ménager ont lieu chaque mois. Un cours (école d'application pour les élèves-maîtresses) est fait aux jeunes filles qui se destinent à être femmes de chambre ou cuisinières. Voir *Enseig. profess.*.

COURBEVOIE. — 30, **rue Kilford** (1908). — École ménagère protestante, donnant un enseignement pratique grat. d'une durée de 3 ans, au point de vue ménager, couture et coupe, de manière à préparer à la profession de domestique. Les jeunes filles doivent avoir

14 ans, être protestantes. Les élèves peuvent recevoir un salaire mensuel de 10 fr. la 2e année et de 20 fr. la 3e année.

DRANCY. — École ménagère, à l'orphelinat des Sœurs de St. V. de P.

ÉCOUEN. — **Institution de la Légion d'honneur.** — Cours ménagers. Voir *Militaires et marins.*

FRESNES. — École ménagère des Sœurs de St. V. de P.

LES LOGES. — **Institution de la Légion d'honneur.** — Cours ménagers. Voir *Militaires et marins.*

MONTREUIL-SOUS-BOIS. — **Maison des Sœurs de Saint-Vincent-de-Paul.** — Cours ménagers. Grat. Programme de la rue de l'Abbaye.

MONTROUGE. — 39, **avenue Verdier.** — Patron. Ste-Geneviève. Cours de couture, tous les j., de 7 h. à 8 h. du s.

NEUILLY. — 11, **rue des Poissonniers.** — Sœurs de St. V. de P. Cours ménagers. Grat. Programme de la rue de l'Abbaye.

76, **boulevard de la Saussaye** (1908). — Centre d'enseig. ménager. Programme de la rue de l'Abbaye : 1° cours de préapprentissage. Internes, 30 fr. par mois ; externes, 10 fr. y compris le repas du mat. ; 2° cours d'été ; 3 mois ; bourses grat., données par l'Association *L'Ordre dans la maison* ; 3° cours pour jeunes filles du monde ; cuisine et tenue de maison, le sam., de 9 h. à midi ou 1 h. et demie. Prix : 10 fr. par mois, plus le prix du déjeuner, soit 1 fr. 10 à 1 fr. 25 ; coupe les 2e et 4e sam., de 10 h. à 11 h. et demie, au prix de 2 fr. par cours.

PUTEAUX. — 91, **rue de Paris.** — Sœurs de St. V. de P. Cours ménagers. Grat. Programme de la rue de l'Abbaye.

SAINT-DENIS. — **Institution de la Légion d'honneur.** — Cours ménagers. Voir *Militaires et marins.*

VILLEMOMBLE. — **École ménagère et professionnelle,** place de la République. — Pour jeunes filles de 13 à 21 ans (100 places). Organisée par l'Œuv. du Souvenir, 11 *bis*, rue Laferrière.

PUTEAUX. — 7, **rue des Pavillons.** — Cours ménagers.

II. — Œuvres du trousseau

Ces œuvres ont pour objet la confection de trousseaux personnels aux adhérentes par les adhérentes elles-mêmes. Elles prennent seulement à leur charge les frais d'achat des matières premières, toile, fil, aiguilles, etc. Réunions de couture et cours de coupe. Elles complètent fort utilement l'éducation de l'École ménagère, et se fondent avec grand succès dans les milieux populaires. La première en date (1899) *est due à l'initiative de Mme Béguin,* 185, *rue de Charonne.*

Union nationale des Œuvres du trousseau. Siège social à l'Union familiale, 185, rue de Charonne. Fond. par M. Dufourmantelle (1908). — A pour but de provoquer en France et aux colonies la création d'œuv. du trousseau. Elle offre à ses adhérents un Manuel pratique pour aider à fonder une œuv. ou à l'améliorer, et des facilités d'achat pour les étoffes. S'adresser à Mme Despréaux, 17, avenue du Trocadéro.

Ier ARR.

Œuvre du trousseau, 13, rue du Roule.

IIe ARR.

Œuvre du trousseau, 135, boulevard Sébastopol.

IIIe ARR.

Œuvre philanthropique du trousseau du IIIe arrondissement, à la Mairie (1902). — Deux sections dans les écoles communales de filles, rue Béranger et rue des Quatre-Fils. Cotisation mensuelle de 0 fr. 75 pendant 8 ans. Confection d'un trousseau de 81 pièces de lingerie, remis à 18 ans. Réunion une fois par semaine aux 2 écoles.

V^{e} ARR.

Œuvre du trousseau du patronage Mouffetard, 21, rue Daubenton (1905). — Une trentaine de jeunes filles, « les Amies du trousseau », donnent à l'œuv. une cotisation annuelle et un objet de lingerie.

Œuvre du trousseau, 15, rue des Bernardins. — Sœurs de St. V. de P.

VIIe ARR.

Mon trousseau (Groupement postscol. de la Maison paroissiale de Ste-Clotilde), 77 *bis*, rue de Grenelle. — A pour but de donner aux jeunes filles un enseignement professionnel et de leur faire confectionner leur trousseau. Cotisation mensuelle : 0 fr. 60.

Œuvre du trousseau du patronage du Bon Conseil, paroisse St-Thomas d'Aquin (1909). — 73 pièces pour 68 fr.

IXe ARR.

Société du trousseau de la fiancée pauvre israélite, 40, rue Notre-Dame-de-Lorette.

Sté amicale de bienfaisance, 2, r. Gaillard. — Œuv. du trouss. annexée.

Œuvre du trousseau du patronage Sainte-Cécile, 54, faubourg Poissonnière (1911). — 14 pièces pour 13 fr.

Œuvre **des trousseaux**, 17, rue St-Georges.

XIe ARR.

L'Aiguille scolaire, 62, rue Alexandre-Dumas. — Œuv. du trousseau.

Œuvre du trousseau de l'Union familiale, 195, r. de Charonne (1905). — Pour les j. filles ayant de 5 à 11 ans de sociétariat. 73 pièces pour 68 fr. 40.

XIIe ARR.

Œuvre du trousseau, 17, rue de Reuilly. — Réunion tous les merc., de 1 h. à 2 h. et demie (1re classe), de 2 h. trois quarts à 4 h. (2e classe).

XVe ARR.

Œuvre de la Chaussée du Maine, 14, rue Vigée-Lebrun. — Comprend une œuv. du trousseau pour les petites filles à partir de 9 ans, les merc. et sam., de 4 h. et demie à 6 h.

XVIe ARR.

Maison du trousseau des fillettes, 45, rue Decamps.

XVIIe ARR.

Ouvroir enfantin du XVIIe arrondissement, 20, rue Jouffroy. — Réunions de travail de couture, tous les jeud., pour fillettes des écoles de l'arr.: boulevard Pereire, rue Lecomte, rue Félix-Pécaut et rue Jouffroy. Enseignement ménager annexé. Cours de coupe et de couture. Vestiaire.

XVIIIe ARR.

Maison Verte, 127, rue Marcadet. — Œuv. du trousseau dépendant du patronage. Admissions mard., de 8 h. à 10 h. du s.

XXe ARR.

Œuvre du trousseau de Charonne, 14, rue Riblette. — Organisée par les élèves de l'école communale. Les jeunes filles confectionnent elles-mêmes le trousseau qui leur est destiné. Cotisation mensuelle : 0 fr. 50 pendant 9 ans. Dispense de cotisation pour les plus pauvres.

Œuvre du trousseau de la future ménagère, 75, boulevard de Belleville. — Pour filles de l'école communale. Cotisation de 0 fr. 50 par mois pendant 6 ans. Trousseau de 74 pièces remis à 18 ans. Dispense de cotisation pour les plus pauvres.

Société « la Solidarité » de Ménilmontant, 52, rue Stendhal. — Œuv. du trousseau, les 2e et 4e jeud., à 8 h. et demie du s.

BANLIEUE

AUBERVILLIERS. — **Œuvre du trousseau**, 181, avenue Victor-Hugo. — Anciennes élèves et dames travaillant à la confection des trousseaux offerts aux jeunes filles.

BONDY. — **Œuvre du trousseau**, à l'école de la rue Mainguy.

CHAMPIGNY. — **Œuvre du trousseau**, à la Mairie. — Pour enfants et jeunes filles.

CHATENAY. — **Œuvre du trousseau**, 7, rue des Vallées.

CHOISY-LE-ROI. — **Œuvre du trousseau**, à la faïencerie de Choisy. — Pour jeunes filles employées dans cet établissement.

COURBEVOIE. — **Œuvre du trousseau**, 86, rue de l'Alma. — Maison des Sœurs de la Providence.

FONTENAY-AUX-ROSES. — **Œuvre du trousseau**, 17, place de l'Église, école publique des filles.

GENTILLY. — **Œuvre du trousseau**, 18, avenue de la République (1909). — 73 pièces remises pour 72 fr.

LA COURNEUVE. — **Œuvre des trousseaux et layettes.** — Comité de dames.

MALAKOFF. — **Œuvre du trousseau de la Ruche Malakoff**, 39, rue Malakoff (1909).

NEUILLY. — **Œuv. du trousseau du Centre d'enseignement ménager**, 76, boul. de la Saussaye. — Grat. pour les jeunes filles des patronages.

SAINT-OUEN. — **L'Aiguille scolaire**, 3, rue Kléber.

VITRY. — **Œuvre du trousseau**, à l'école des filles du Port-à-l'Anglais.

CHAPITRE XXV

PRÉSERVATION
MAISONS DE FAMILLE

I. — Préservation

Ce mot Préservation indique à lui seul la nature des œuv. énumérées dans ce chapitre; leur but est d'accueillir tous les isolés venus à Paris pour y tenter la fortune ou y faire leurs études, de leur tendre une main secourable, de leur prêter aide et assist., en les mettant en mesure d'éviter les écueils multiples et les dangers de toute nature de la capitale.

C'est ainsi que se sont créés les Unions, les Cercles, les Associations, les Foyers, qui offrent à leurs adhérents des réunions agréables et des distractions de toute espèce, s'efforcent de leur procurer des emplois et du travail, créent des centres d'intellectualité et d'études.

La première section est réservée à l'énumération de ces œuv.

D'autre part on trouvera, dans la deuxième section, la liste des Maisons de famille, des Bonnes-gardes, des Hôtelleries, qui offrent pour un minimum de dépense un logement confortable et agréable, une nourriture saine et abondante, où chacun selon ses goûts et ses aspirations peut trouver une véritable vie de famille avec sa bienfaisante intimité, ou tout au moins un refuge sûr, un asile.

Ier ARR.

Patronage des apprentis des églises réformées de Paris, 4, rue de l'Oratoire (1854). — Aide les familles ouvrières dans le choix des maîtres, surveille les conditions d'apprentissage, concourt aux dépenses d'entretien des apprentis, donne des secours médicaux en cas de maladie, surveille les apprentis sous le rapport religieux et moral.

Conditions d'admission : être protest. réformé. Aucune cotisation n'est exigée des apprentis. Secrétariat, lund. merc. vend., de midi à 3 h.

IIe ARR.

Union française pour le sauvetage de l'enfance, 108, rue de Richelieu (1888). — Recon. ut. pub. Direction protest. A pour but de rechercher, de signaler ou de recueillir, sans distinc. d'origine ni de religion, les enfants maltraités ou en danger moral, enfants non viciés, de parents vicieux. Ces enfants sont recueillis d'abord à l'Asile temporaire, 28, rue Perronet, à Neuilly, puis, après un examen médical et moral, placés soit dans des établ. appropriés, soit dans des familles de cultivateurs.

Le Foyer de l'ouvrière, 60, rue d'Aboukir (1893). — Direction protest., œuv. neutre. Offre aux jeunes ouvrières quelques-uns des avantages matériels et moraux dont elles sont privées par leur éloignement de leurs familles. Les jeunes filles ou femmes de conduite irréprochable, et sans distinc. de culte ou de nationalité, trouvent dans les Foyers un restaurant à prix modérés et un certain nombre de chambres meublées. Autres Foyers : 102, rue de Richelieu (IIe), — 12, rue de la Victoire (IXe), — 69, faubourg St-Denis (Xe), — 102, rue de Charonne (XIe).

IIIe ARR.

Union internationale des amies de la jeune fille, Section parisienne, 12, rue du Parc-Royal (1884). — Direction protest. A pour but de former un réseau de protection autour de toute jeune fille isolée ou mal entourée, quelles que puissent être sa nationalité, sa religion et ses occupations.

A) Comités : Ier, IIe et IIIe arr., 37, rue Réaumur ;
— IVe — 5, boulevard Bourdon ;
— Ve — 109, boulevard St-Michel ;
— VIe — 58, rue Madame ;
— VIIe — 147, rue de Grenelle ;
— VIIIe — 52, faubourg St-Honoré ;
— IXe et Xe — 35, rue Brochant ;
— XIe — 4, rue Titon ;
— XIIe — 118, boulevard Diderot ;
— XIIIe — 18, boulevard Arago ;
— XIVe — 11, rue Cassini ;
— XVe — 2, rue Lecourbe ;
— XVIe — 2, rue Singer ;
— XVIIe et XVIIIe — 110, rue Demours ;
— XIXe et XXe — 5, rue Ménadier.
— Bécon-les-Bruyères, 48 *bis*, avenue des Bruyères ;
— Boulogne-sur-Seine, 36, avenue Victor-Hugo ;
— Courbevoie, 40, rue du Vingt-Deux-Septembre ;
— Neuilly-sur-Seine, 11, rue de l'Hôtel-de-Ville ;
— Vincennes, 42, rue de Strasbourg ;

A) Comité : St-Cloud, 7, avenue Eugénie;
— St-Germain, 48, rue de Lorraine;
— Le Vésinet, 7, route de la Faisanderie.
B) Comité : Ve arr., Maison hospitalière, 328, rue St-Jacques;
— XVe — Home français et internat., 120, rue Blomet;
— XVIIe — Foyer chrétien, 25, rue Salneuve;
— XIe — Ann. de l'Asile nat. du Vésinet, 6, rue St-Maur;
— IIIe — Foyer de l'ouvrier, 50, rue des Tournelles;
— — — Cercle Amicitia, 12, rue du Parc-Royal.
C) Comité : IVe — Œuv. des arrivantes; Home international des gares, 8, rue St-Paul (insigne rouge et blanc)
D) Comité : Ve — Bureau de plac. grat., 13 *bis*, rue Pierre-Nicole.
— — — Bur. cent. de l'Union, à Neuchâtel (Suisse).

IVe ARR.

Maison-École des Francs-Bourgeois, 21, rue St-Antoine. Fond. par les Frères des écoles chrétiennes (1843). — Direction laïque. L'enseignement donné à l'École prépare les jeunes gens aux professions commerciales, industrielles et administratives. Il comprend les programmes de l'enseignement primaire, secondaire, et un cours commercial pratique. Office de placem. Admission depuis 6 ans et demie. Pension : 470 et 520 fr. par an. Externat : 220 et 260 fr.

La Préservation de l'enfant par l'éducation à la campagne, 30, quai d'Orléans. Fond. par M. l'abbé Maffre (1890). (Ancienne œuv. des enfants pauvres et des orphelins.) — Direction cathol. A pour but d'assister les familles pauvres qui ne peuvent élever leurs enfants, en plaçant ceux-ci suivant leur âge, soit dans des établ. scolaires, soit dans des établ. industriels ou agricoles de province. L'œuv. admet les enfants des deux sexes, âgés d'au moins 4 ans et demi, et pour un prix qui varie suivant les établ.

Ve ARR.

Cercle des ouvriers maçons et tailleurs de pierre, 7, rue des Chantiers (1867). — Recon. ut. pub. Direction cath. A pour but l'instruction morale et intellectuelle de ses adhérents, ainsi que l'amélioration de leur sort. L'œuv. comprend un cercle ouvert tous les dim., cours techniques, consult. juridiques, réunions professionnelles, soins médicaux, etc. Pas de cotisation.

VIe ARR.

Patronage de l'enfance et de l'adolescence, 13, rue de l'Ancienne-Comédie. Fond. par M. Rollet (1890). — Voir *Adoption*.

Association des Demoiselles employées dans le commerce, 106, rue de Vaugirard (1861). — Recon. ut. pub. Œuv. cath. Sœurs de la Présentation de Tours. A pour but d'offrir aux Demoiselles employées dans le commerce la facilité de se réunir les dim. et les j. de fête, pour se distraire chrétiennement, se soutenir et s'encourager dans le bien et former entre elles une Sté d'assist. qui, en cas de maladie, leur assure gratuitement un asile.

La Sté admet les jeunes filles employées dans le commerce, célibataires, âgées de 16 à 40 ans, moyennant une cotisation annuelle de 18 fr. Maison de famille ouverte aux sociétaires. Maison de retraite à Vanves (Seine).

Le Patronage familial, 19, rue de Savoie. — Voir *Relèvement.*

Cercle du Luxembourg, 18, rue du Luxembourg. Fond. par M. Beluze (1854). — Direction cath. A pour but de grouper les jeunes gens faisant leurs études à Paris, de leur fournir des ressources d'instruction et de délassement. En même temps ils y contractent de bonnes relations et assurent ainsi la conservation de leurs principes religieux et moraux. Ils trouvent au Cercle des conférences religieuses, littéraires, musicales, philosophiques, scientifiques, des cours techniques de droit et de médecine, des conférences de St. V. de P., des patron., secrétariats du peuple, fourneaux, œuv. d'apprentis, conférence des lycéens, etc. Cotisation : 50 fr. par an.

Association des étudiants protestants, 46, rue de Vaugirard. — Direction protest. Salon de lecture et de conversation, de travail, bibliothèque. Ouvert de 9 h. du mat. à 11 h. du s. Groupes des beaux-arts, de médecine, de lycéens. Les jeud., soirées d'étude et de discussion religieuses et sociales ouvertes à tous les étudiants.

Cercle des Marmitons, ou Réunion des jeunes employés de l'alimentation, 74, rue de Vaugirard (1899). — Direction cath. Le Cercle est un lieu de réunion ouvert à tous les jeunes employés de l'alimentation. Son but est de leur donner une formation religieuse, morale et intellectuelle, de remplacer pour beaucoup le foyer familial, de s'occuper des premières communions et des confirmations tardives. Ouvert de 8 h. à 10 h. s., lund. et jeud. Consult. et soins médicaux grat. Conférences. Salles de lecture et de jeux. Grat.

L'Oasis, 85, rue de Sèvres. Fond. par Mme de Maillet (1906). — Direction cath. Cercle féminin ayant pour but de donner un appui moral et matériel à ses membres. Bibliothèque, caisse de prêts, soins médicaux, cours, vacances à la campagne. Ouvert de 10 h. du mat. à 10 h. du s. Cotisation : 6 fr. par an ; chambres : 18 fr. par mois ; repas : 0 fr. 75.

Ligue fraternelle des enfants de France, 50, rue St-André-des-Arts. Voir *Secours divers aux enfants.*

Maison de préservation, 340, rue de Vaugirard (1805). — Direc. cath. Sœurs de Marie-Joseph. La Maison reçoit des jeunes filles à partir de 13 ans, pour les préserver des dangers qu'elles pourraient courir dans les ateliers ; elles y font pendant 3 ans au moins l'apprentissage du travail du corset. Pension : 20 fr. par mois, ou moins quand les jeunes filles peuvent gagner leur vie. Entretien à la charge des parents.

Cette œuv. comprend, en outre, orphelinat, école ménagère, école d'infirmières, crèche, œuv. des nourrissons, dispens., hôp., visite des pauvres à domicile, œuv. des loyers, colonie de vacances.

VII° ARR.

Association charitable pour la création d'asiles gratuits de petites mendiantes, 226, boulevard St-Germain. — Recueille et élève gratuitement les petites filles mendiantes moralement et maternellement sans ressources, et les met à même de gagner un jour honnêtement leur vie, soit comme ouvrières à l'aiguille, blanchisseuses, repasseuses, soit comme domestiques.

Asiles : 57, rue de la Santé, pour jeunes filles âgées de plus de 12 ans, — au Raincy (Seine-et-Oise), pour petites filles.

Association catholique internationale des œuvres pour la protection de la jeune fille, 4 *bis*, rue Jean-Nicot. Fond. par Mme L. de Reynold (1897). — A pour but la protection matérielle et morale de la jeune fille obligée de gagner sa vie. Des comités locaux centralisent les renseignements transmis par toutes les œuv. de protection, et les communiquent au siège international, 16, rue St-Pierre, Fribourg (Suisse).

Le Comité de Paris comprend : 1° Secrétariat, ouvert tous les j. de 2 h. à 4 h. ; — 2° Maison d'accueil pour j. filles pensionnaires temporaires de moins de 35 ans. Pension de 1 fr. 25 à 3 fr. par j. On ne reçoit qu'avec références sérieuses et promesse d'observer le règlement ; — 3° Bureau de placem. autorisé et grat. pour institutrices, gouvernantes, domestiques, tous les j., de 2 h. à 4 h. ; — 4° Service des gares. L'Association envoie chercher les jeunes filles qui lui sont signalées, pour les amener à la maison d'accueil ou pour les aider à traverser Paris. Les déléguées de l'Association portent l'insigne jaune et blanc. Des affiches aux mêmes couleurs renseignent, dans les gares, les jeunes filles sur les Maisons de bonne-garde, Maisons de famille et hôtels meublés pour dames seules. Protection dans les voyages et à l'étranger.

Œuvre des cercles catholiques d'ouvriers, 3, rue Martignac. Voir *Cercles et œuv. de jeunesse.*

VIII° ARR.

Association pour la répression de la traite des blanches et la préservation de la jeune fille, 10, rue Pasquier. Fond. par M. Bérenger (1900). — Direction laïque, non confes. A pour but de prévenir et réprimer l'exploitation des j. filles, les recueillir, les rendre à leur famille ou les placer. L'œuv. s'occupe de la surveillance des établ. ou agences suspects, des arrivées et des départs des femmes seules. Elle crée des comités en province et à l'étranger, et fait une active propagande dans la presse, par des publications spéciales et des conférences. Filiales : Œuv. des gares et Refuge de Clamart.

Œuvre des Petites familles, 29, rue de Monceau. Fond. par Mme H. Mallet (1891). — Direction protest. Cette œuv. recueille des enfants de tout âge et des deux sexes, orphelins, abandonnés ou vivant dans des milieux immoraux. Ces enfants sont groupés par familles, sous la direction d'une femme chrétienne qui devient leur mère adoptive. Ils reçoivent une instruction primaire et une éducation professionnelle en rapport avec leurs aptitudes. Pension : de 30 à 40 fr. par mois. Petites familles fondées par l'œuv.

Petites familles Jean (filles) : 3, rue du Parc, Clichy-la-Garenne ;
— Louise Dumas (filles), 33, rue Charles-Emmanuel, Asnières ;
— de Mehun-sur-Yèvre (garçons) ;
— André (filles), 60 *bis*, rue Danton, Levallois-Perret ;
Foyer Caroline de Barrau (filles), 24, rue de Solférino, Billancourt ;
Petites familles James-Edmond (filles), 62, rue Borghèse, Neuilly ;
La Fourmilière (filles), Andilly, par Ermont (Seine-et-Oise) :
Asile Yvonne (garçons), à Soisy (Seine-et-Oise).

Petites familles indépendantes : Œuv. de Mlle Hocart, 31, rue de Corneille, Levallois-Perret ;

Asile Thomas Dobrée, à la Papotière, Doulon par Nantes.

Petites familles Hérold, le Raincy (Seine-et-Oise).

Famille de filles de Mme Ar. Robin, boulevard de la Saussaye, Neuilly.

Cercle des Marmitons, ou Réunion des jeunes employés de l'alimentation, 40, rue du Rocher (1909). — Ouvert les mard. et vend., de 8 à 10 h. s. Voir *même œuv., 74, rue de Vaugirard* (VIe arr.).

Union chrétienne de jeunes filles, 22, rue de Naples. Voir *Maisons de famille et Patronages*.

Alliance universelle des Unions chrétiennes de jeunes filles. Voir *Patronages*.

Œuvre de patronage pour les jeunes filles israélites de Paris, 33, rue du Faubourg-St-Honoré. Voir *Placem. en apprentissage*.

IXe ARR.

Union chrétienne de jeunes gens de Paris, 14, rue de Trévise (1830). — Direction protest. Les locaux de l'Union chrétienne sont ouverts de 9 h. du mat. à 10 h. et demie du s., à tous les jeunes gens honorables, sans aucune distinction de culte, qui y passent utilement leurs h. de loisir. Salles de lecture, conférences, colonies de vacances, restaurant, soirées, réunions religieuses, bibliothèque, consult. médicales, placem. Chambres meublées : 25 à 50 fr. par mois. S'adresser au secrétariat, les merc., jeud., vend., de 4 h. et demie à 6 h. Cotisation annuelle : 24 fr. 40. Voir *Patronages*.

Alliance nationale des Unions chrétiennes de jeunes gens du groupe de la Seine, même adresse (1852). Voir *Patronages*.

Œuvre des gares, 11 *bis*, rue Laferrière (1905). — Direction laïque, non confes. Cette œuv. a pour but d'aider, de protéger et de renseigner les jeunes filles et les femmes voyageant seules. Ses agentes, portant en évidence un ruban jaune et rouge, se tiennent en permanence dans les grandes gares, se présentent à l'arrivée des trains, et accueillent toutes les personnes qui s'adressent à elles. Elles les gardent jusqu'à l'arrivée des parents ou des personnes devant les employer, ou jusqu'au départ d'un autre train, les conduisent à une autre gare, les mettent en voiture.

Pour tous renseignements, s'adresser au secrétariat, de 9 h. à 11 h. du mat., et de 2 h. à 5 h. du s.

Cercle du travail féminin, 35, boulevard des Capucines. Fond. par Mme Jules Siegfried (1901). — Direction protest., œuv. non confes. A pour but d'améliorer la situation des femmes vivant de leur travail, et de créer un foyer commun de distractions et d'amitiés. Le Cercle est ouvert la semaine, de 10 h. du mat. à 10 h. du s., le dim. en hiver et l'après-midi seulement. On y trouve un restaurant (repas à 1 fr. 10), une bibliothèque, des cours et conférences, un office de placem., un service médical grat. Le Cercle organise, avec le concours de l'Association des villégiatures du travail féminin, des colonies de vacances. Pour faire partie du Cercle, se faire présenter par deux membres, et payer une cotisation annuelle de 6 fr. Voir *Colonies de vacances.*

XIe ARR.

Œuvre de patronage des apprentis et des jeunes ouvriers de l'Église luthérienne, 4, rue Titon (1847). — Voir *Placem. en apprentissage.*

Maison ouvrière des apprentis, 4, rue Titon (1906). — Direction protest. Ces deux œuv. ont pour but de faire, des j. gens qui se confient à elle, des bons ouvriers et des chrétiens. Secrétariat ouvert tous les j. aux heures des repas, et le merc. de 1 h. à 4 h. Voir *Maisons de famille.*

XIIe ARR.

Union chrétienne des jeunes gens de Bon Secours, 234, faubourg St-Antoine. — Direction protest., œuv. non confes. Ouverte à tout j. homme, quelles que soient ses opinions et sa condition sociale. Salle de lecture, bibliothèque, les mard., jeud., sam., de 8 h. un quart à 9 h. Jardin, sports. Secours à domicile. Cotisation : 6 fr. au-dessous de 16 ans et 9 fr. au-dessus. Secrétariat ouvert le lund. de 4 h. et demie à 6 h. et demie, le mard. de 8 à 10 h. du s., le vend. de 4 h. et demie à 6 h. et demie. Patron., 46, rue de Montreuil.

XVe ARR.

Association ouvrière Maurice Maignen, 29, rue de Lourmel. Fond. par les Cercles cath. d'ouvriers (1907). — Direction laïque, cath. A pour but le développement moral, intellectuel et sportif de la jeunesse ouvrière. Admission à partir de 16 ans ; cotisation : 0 fr. 60 par mois. Maison de famille.

XVIe ARR.

Œuvre des petites préservées, 34, rue Claude-Lorrain. Fond. par M. Guillot (1892). — Direction cath. A pour but la préservation des petites filles de moins de 13 ans dans un état d'abandon ou de danger moral, par suite de l'arrestation de leurs parents ou de leur propre arrestation pour des délits légers, vagabondage ou mendicité. Des Dames de l'œuv. visitent les petites détenues au cours de l'instruction, et sollicitent leur placem. grat. à l'Asile. Filiale : le Vestiaire des petits prisonniers, au dépôt de la Conciergerie, IVe. Voir *Vestiaires.*

XVIIIe ARR.

Œuvres de la Maison Verte, 2, rue Diard et 129, rue Marcadet. — Voir *Œuvres diverses de secours.*

XIXe ARR.

Maison hospitalière pour les ouvriers sans asile et sans travail, 36, rue Fessart. Fond. par le Pasteur Robin (1883). — Recon. ut. pub. Direction protest. Offre un abri temporaire aux ouvriers sans travail et sans asile, et leur fournit momentanément du travail, sans distinc. d'âge et de culte, sur la présentation d'une carte délivrée par un bienfaiteur de l'œuv. Le travail est de rigueur l'après-midi à partir du 4e jour, et le gain est en principe payé en nature : repas, coucher, vêtements. Voir *Assistance par le travail.*

Patronage des jeunes garçons protestants en danger moral, 36, rue Fessart. Fond. par M. le Pasteur Robin (1896). — A pour but d'assurer aux garçons protest. de moins de 16 ans, en danger moral, une protection efficace, et de les placer suivant leurs aptitudes, soit à Paris en apprentissage, soit de préférence à la campagne dans des familles protest. de cultivateurs. Asile temporaire, 36, rue Fessart. Le directeur reçoit le dim., de 3 à 5 h.

BANLIEUE

ASNIÈRES. — **Œuvre des petites filles abandonnées,** 4, avenue Flachat. — Association charitable pour la création d'asiles grat. de petites filles mendiantes ou moralement abandonnées et sans ressources.

CLAMART. — **Refuge de Clamart,** 42, rue de Trosy (1903). — Dépend. de l'Assoc. pour la répression de la traite des blanches. Grat.

CLICHY. — **Œuvre de préservation et de réhabilitation pour les jeunes filles,** 98, boulevard de Lorraine. — Voir *Relèvement.*

CHATENAY. — **Société de patronage de jeunes filles,** 13, rue d'Antony. Fond. par Mme de Lamartine (1837). — Recon. ut. pub. Patronage et placem. de jeunes filles en danger moral. Reçues depuis 6 ans, gardées jusqu'à 21 ans. Pension de 300 fr. par an, de 8 à 14 ans, plus 30 fr. d'entrée de 8 à 14 ans, 180 fr. après cet âge.

COURBEVOIE. — **Œuvre des petites filles abandonnées et sans asile,** 48, rue du Chemin-de-Fer. Fond. par Mlle de Coursière (1877). — Direction laïque. Grat. Recueille, afin de les soustraire aux maisons correctionnelles, les petites abandonnées, leur offre un asile où elles sont logées et nourries de 3 ans jusqu'à l'âge de 21 ans.

Bonne-Garde, 4, rue Fontanes. Fond. par Mme Auvray (1911). — Jeunes filles depuis 16 ans. Direction cath. Pension : 50 fr. par mois.

NEUILLY. — **Asile temporaire**, 28, rue Perronet. — Voir *Union française pour le sauvetage de l'enfance, Adoption* (IIe arr.).

Maison du refuge israélite pour l'enfance (jeunes filles israélites), 19, boulevard de la Saussaye. — Voir *Orphelinats.*

Préservation et persévérance des enfants délaissés, 26, rue de Longchamp. — Direction cath. Pour jeunes filles sans protection, recueillies gratuitement, et auxquelles on donne un enseignement professionnel. Deux sections : de 7 à 13 ans et de 13 à 20 ans.

PLESSIS-PIQUET (LE). — **Société du refuge** (garçons israélites). — Voir *Adoption.*

VILLEMOMBLE. — **École ménagère et professionnelle.** — Voir *Œuvre du Souvenir, Adoption.*

II. — Maisons de famille

Ier ARR.

Maison de famille, 47, rue de Richelieu. Fond. par le P. du Lac (1893). — Reçoit en dortoir une vingtaine d'ouvrières, moyennant une pension de 25 fr. par mois, pourvu qu'elles justifient d'un travail régulier.

Œuvre de Notre-Dame-de-Bonne-Garde, 25, rue de la Sourdière (1875). — Sœurs de St. V. de P. L'œuv., qui possède plusieurs Bonnes-Gardes (voir les adresses plus loin), offre aux jeunes filles cath. âgées de 16 à 30 ans, orphelines ou éloignées de leur famille, les avantages et l'appui de la maison paternelle. Références exigées : les jeunes filles doivent accomplir leurs devoirs religieux, observer strictement le règlement, notamment à l'heure de la rentrée le s. à 8 h. ou 9 h., suivant les Bonnes-Gardes, et avoir une conduite irréprochable. Prix de la pension : 50 fr. en dortoir ou en chambrette, selon les maisons.

Nota. — *Nous renverrons à cette notice pour toutes les autres Œuv. de Notre-Dame-de-Bonne-Garde et Maisons de famille des Sœurs de St. V. de P., dont les conditions sont semblables, sauf quelques variantes.*

Œuvre de Notre-Dame-de-Bon-Secours, 52, rue de l'Arbre-Sec. Fond. par Mme veuve Besson (1893). — Œuv. cath. Direction laïque. Place gratuit. des jeunes filles, et les reçoit en attendant leur placem., pour 1 fr. 50 par j. Reçoit des jeunes filles employées. Prix de pension : en dortoir, 2 fr. 50 par j. ou 60 fr. par mois ; en chambre, 3 fr. par j. ou 75 fr. par mois. Références exigées.

IIe ARR.

Foyer de l'Ouvrière, 60, rue d'Aboukir (1893). — Dispose de quelques chambres au prix de 35 fr. et 25 fr. par mois. Restaurant. Voir *Section précédente.*

Même œuvre, 102, rue Richelieu.

Maison de famille des Petits-Carreaux, 14, rue des Petits-Carreaux

(1892). — Œuv. cath., direction laïque. Les chambres sont louées 25 et 30 fr. par mois aux jeunes gens, anciens élèves des écoles chrétiennes, munis de bonnes références, et qui s'engagent d'une manière stricte à observer le règlement. Repas et éclairage non compris. Restaurant.

Maison de famille pour Dames seules, 17, rue Croix-des-Petits-Champs (1901). — Direction laïque. Reçoit femmes et jeunes filles recommandées, de bonne éducation, cath. Pension complète : 60 fr. par mois.

Œuvre de Notre-Dame-de-Bonne-Garde, 85, rue Réaumur. — Direc. cath. Sœurs de St. V. de P. 70 lits. Pension : 50 fr. par mois. Voir conditions, 25, *rue de la Sourdière* (Ier arr.).

IIIe ARR.

Cercle Amicitia. Union parisienne des Institutions féminines chrétiennes, 12, rue du Parc-Royal (1898). — Chambres meublées : 30 à 45 fr. par mois, y compris le déjeuner du mat., chauffage, éclairage, service. Admission : être âgée de moins de 30 ans, présenter deux lettres de référence, bulletin de naissance, et être agréée par la directrice et le comité. Les locataires font de droit partie du Cercle. Les locataires de passage payent des prix spéciaux. Restaurant. Ouvroir. Bibliothèque.

Le Foyer de la jeune fille, 19, rue Béranger. Fond. par les Unions chrétiennes de jeunes filles (1908). — A pour but d'offrir un logement sûr et familial aux jeunes Françaises isolées, ouvrières ou employées, âgées de moins de 35 ans, munies de deux références écrites et de leur acte de naissance. Direction protest. 24 places. Prix de la pension avec petit déjeuner et dîner : 12 fr., 9 fr. et 7 fr. par semaine, selon que la jeune fille loge en dortoir ou dans une chambre. Repas de midi facultatif, payable à part. Restaurant pour externes.

Autre maison, 39, rue de Turenne.

Œuvre de Notre-Dame-de-Bonne-Garde, 22, rue Montgolfier. — Sœurs de St. V. de P. Voir conditions : 25, *rue de la Sourdière* (Ier arr.).

IVe ARR.

Le Foyer de la jeune fille, 39, rue de Turenne (1909). — 26 places. Même œuv. que le Foyer, 19, rue Béranger. Voir *IIIe arr.*

Le Foyer de l'ouvrier, 50, rue des Tournelles. Fond. par un Comité protest. (1910). — A pour but d'offrir les avantages moraux et matériels de la famille aux j. ouvriers isolés ou éloignés de leur foyer. Admet les jeunes gens de 15 à 30 ans, sans distinc. de religion ou de nationalité. La pension comprend le logement en chambre, le petit déjeuner et le dîner, à partir de 12 fr. par semaine. Restaurant pour le repas de midi payable à part, et auquel sont admis des externes.

Maison de famille des Francs-Bourgeois, 21, rue St-Antoine. Fond. par les Frères des écoles chrétiennes (1854). — Direction laïque, cath.

Offre un asile sûr et agréable aux jeunes cath. venant séjourner plus ou moins longtemps à Paris. On y trouve : chambres de 20 à 75 fr. par mois, nourriture à 100 fr. par mois, cercle, bibliothèque, conférences, concerts. Sont admis les jeunes gens cath. de 16 à 25 ans, munis de références.

Maison de famille de la Société des Amis de l'enfance, 15 et 19, rue Crillon (1865). — Réservée aux apprentis adoptés par la Sté, qui y sont logés, la quittant chaque mat. pour se rendre chez leurs patrons et y rentrant le s. Le dim. et les j. fériés, les pensionnaires de la Maison de famille y passent toute la journée. Cours grat. Bibliothèque.

Œuvres de la Maison de charité, 30, rue Geoffroy-Lasnier (1902). — Maison de famille pour jeunes filles. Sœurs de St. V. de P. Reçoit des jeunes filles cath. sur références. Prix de pension par mois : 45 fr. en dortoir ; 60 fr. en chambre.

Œuvre de Notre-Dame-de-Bonne-Garde. Maisons de famille des Sœurs de St. V. de P. :

47, rue Vieille-du-Temple.
10, rue des Guillemites.
17, rue des Ursins.
8, rue du Cloître-St-Merry.
7, rue Poulletier.
30, rue Geoffroy-Lasnier. Voir conditions, 25, *rue de la Sourdière* (Ier arr.).

Société de patronage des apprentis et ouvriers israélites de Paris, 4 *bis*, rue des Rosiers (1852). — Recueille des jeunes gens comme internes, les place en apprentissage ; à midi et le s. ils rentrent à la Sté. La soirée est employée à l'enseignement. Cours d'éducation générale, dessin et modelage, conférences d'art, d'hygiène et de morale.

Ve ARR.

Hôtel meublé pour femmes et jeunes filles (Sté Philanthropique), 12-14, rue des Feuillantines. — Cet hôtel, en construction actuellement, sera ouvert dans le courant de l'année 1912, aux mêmes conditions que les autres maisons de la Sté Philanthropique.

Maison de famille, 15, rue des Bernardins. — Sœurs de St. V. de P. Reçoit des jeunes filles munies de références sérieuses. Prix de pension : 50 fr. en chambrettes ; rentrée à 9 h. s. Restaurant.

Maison Jeanne-d'Arc, 2, rue Lhomond. Fond. sous le patron. de l'Œuv. de la protection de la jeune fille (1909). — Direction laïque. Reçoit des dames seules. Chambres depuis 15 fr. jusqu'à 35 fr. par mois. Pension complète depuis 100 fr. par mois. Restaurant. Jardin.

« **Home de la jeune fille** », 328, rue Saint-Jacques. — Œuv. protest. Reçoit toutes les jeunes filles, sans distinc. de religion ni de nationalité, munies de recommandations. Prix de la pension complète : 2 fr.,

2 fr. 25 et 2 fr. 50 par j. selon les chambres. Placem. Entrée, 13, rue Pierre-Nicole. Voir *Union internationale des amies de la jeune fille.*

Maison de famille des lycéennes, 5, rue Amyot. Fond. par l'Union des Associations d'anciennes élèves des lycées de jeunes filles (1906). — Réservée aux membres des Associations adhérentes à l'Union, âgées de 16 ans, sans distinc. de religion. Prix de pension en chambres : 80 à 120 fr. par mois. Rentrée à 10 h. s. Voir Siège social de l'œuv., 23, quai d'Orsay. Voir *Stés amicales.*

Œuvre de Notre-Dame-de-Bonne-Garde, 69, rue du Cardinal-Lemoine. (1891). — Sœurs de St. V. de P. 36 lits. Voir conditions, 25, *rue de la Sourdière* (Ier arr.).

Œuvre de Notre-Dame-de-Bonne-Garde, 32, rue Geoffroy-St-Hilaire (1893). — Sœurs de St. V. de P. 40 lits. Pension : en chambre 60 fr., et en dortoir 45 fr. par mois. Voir conditions, 25, *rue de la Sourdière* (Ier arr.).

VIe ARR.

Foyer syndical, 5, rue de l'Abbaye. — Reçoit au prix de pension de 1 fr. 50 par j. en dortoir, ou de 2 fr. 50 en chambre, les membres des Syndicats professionnels.

La Maison des étudiantes, 36, rue St-Sulpice. Fond. par un groupe d'universitaires (1909). — Direction laïque. A pour but de recevoir des jeunes filles poursuivant leurs études. Admission à partir de 18 ans, sur demande adressée à la directrice, avec un certificat de vaccin, un certificat médical et deux lettres de recommandation. 24 chambres. Prix de pension complète : à partir de 115 fr. par mois. Restaurant pour les externes.

Maison de famille, 3, rue de l'Abbaye. — Sœurs de St. V. de P. Reçoit des jeunes filles munies de références, en dortoir, au prix de pension de 50 fr. par mois.

Maison de famille, 37, rue de l'Abbé-Grégoire (1892). — Direction laïque, cath. Reçoit des jeunes filles munies de références très sérieuses. 14 lits. Pension complète : 2 fr. 25 par j.

Maison de famille, 8, rue Joseph-Bara (1907). — Sœurs de Ste-Marie. 20 lits. Reçoit des jeunes filles munies de très bonnes références. Pension complète : 45 fr. en dortoir, et 100 à 120 fr. en chambre par mois.

Maison de famille à la campagne, 167, rue de Rennes. — Direction laïque. Cette œuv. possède à Poissy, 1, rue du Port, une maison de famille, où elle procure aux jeunes filles employées à Paris un logement sain, aéré, avec toutes les garanties de bien-être matériel, de sauvegarde et de protection morale. Pension : depuis 50 fr. par mois, ou 40 fr. sans le repas de midi. Proximité de la gare, trains ouvriers. S'adresser à Mlle Derebergue, 167, rue de Rennes, le mard. de midi à 5 h., ou sur rendez-vous, et à M. de Maistre, 51, rue du Rocher.

Maison de famille de l'Association des Demoiselles employées dans le commerce, 106, rue de Vaugirard (1861). — Recon. ut. pub. Sœurs de la Présentation de Tours. Reçoit les associées seules (célibataires âgées de 16 à 40 ans) en dortoir, au prix de 20 fr. par mois, nourriture en plus, repas à 1 fr.

Maison de famille de l'Association des Servantes de Marie, 7, rue Duguay-Trouin (1848). — 100 lits. Reçoit au prix de pension de 1 fr. 25 et 2 fr. par j. des jeunes filles associées, qui désirent se placer comme servantes ; elle les reçoit également pendant l'absence de leurs maîtres. Références exigées. Soins en cas de maladie. Placem. des jeunes filles.

Maisons filiales : 62, rue Nicolo (XVIe) ; — 156, faubourg St-Honoré (VIIIe).

L'Oasis, 85, rue de Sèvres. — Œuv. cath. Maison de famille pour jeunes filles isolées. Prix de la chambre : 18 fr. par mois. Restaurant ; repas : 0 fr. 75.

Œuvre de Notre-Dame-de-Bonne-Garde, 80, rue de Vaugirard (1891). — 30 lits. Sœurs de St. V. de P. Prix : 47 fr. par mois. Voir conditions, *25, rue de la Sourdière* (Ier arr.).

VIIe ARR.

Maison d'accueil de l'Association catholique internationale des œuvres pour la protection de la jeune fille, 4 *bis*, rue Jean-Nicot (1905). — Reçoit temporairement des jeunes filles cath. de 16 à 35 ans, munies de références, et s'engageant à observer exactement le règlement.

Prix de pension variant de 1 fr. 50 à 3 fr., selon la part plus ou moins grande prise aux emplois de la maison.

La Maison des Dames des Postes-Télégraphes-Téléphones, 41, rue de Lille. Sté anon. fond. par un Comité (1905). — Direction laïque. A pour but de procurer des logements salubres et à bon marché aux femmes seules et de préférence aux employées de l'Administration des P. T. T. Chambres : de 18 à 35 fr. par mois. Quelques chambres, louées 2 fr. par j., sont réservées aux dames des P. T. T. de passage à Paris. Restaurant. Cercle féminin.

Œuvre des Maisons de famille pour jeunes filles isolées, 101, rue de Lille. Fond. par la bne de Bully (1891). — Recon. ut. pub. Œuv. cath. offrant aux jeunes filles isolées, quelle que soit la nature de leurs occupations, un logement sûr, une nourriture saine, en même temps que la vraie vie de famille. Les pensionnaires doivent rentrer avant 10 h. Pension : 90 fr. par mois en chambre, 65 fr. en chambrette, 55 fr. en dortoir. Succursale, 12, rue St-Simon (VIIe). L'œuv. possède à Bois-Guillaume, près Rouen, un domaine où elle dispose de 200 lits pour dames et jeunes filles de Paris. Voir *Colonies de vacances.*

Maison de famille pour jeunes filles isolées, 12, rue St-Simon. Fond. sous les auspices de l'Œuv. pour la protection de la jeune fille (1897). — Œuv. cath. Direct. laïque. Reçoit des jeunes filles isolées, munies de recommandations, sans distinc. de religion. 25 chambres, de 25 fr. à 40 fr. par mois. Repas à prix fixe : 0 fr. 75.

Œuvre Saint-Jean, 9, passage Landrieu (1838). — Œuv. cath. Direction laïque. Reçoit des jeunes apprentis, ouvriers, employés cath. de 13 à 16 ans. Prix : 55 fr. par mois en dortoir, 65 fr. en chambre, plus le trousseau et 25 fr. pour frais de literie.

Patron. et cercle. Cours grat. pour les hommes, auxquels sont admis les pensionnaires de la maison.

Œuvre de Notre-Dame-de-Bonne-Garde, 3, rue Oudinot (1881). — Sœurs de St. V. de P. Voir *25, rue de la Sourdière* (Ier arr.).

Maison de famille de l'École normale libre d'enseignement supérieur pour les jeunes filles, 4, rue Oudinot. — Voir *Enseignem. profess.*

VIIIe ARR.

Maison de famille des Servantes de Marie, 156, faubourg St-Honoré. Voir Siège social, *rue Duguay-Trouin* (VIe arr.).

Pension de famille pour jeunes filles, 21, rue Boissy-d'Anglas (1891).

Maison de famille du Syndicat de l'Aiguille, 15, cité du Retiro (1892). — Direct. laïque, cath. Reçoit des jeunes ouvrières cath., membres du syndicat, âgées de 15 à 25 ans, munies de références. Prix de pension : 35 fr. par mois, logement, chauffage, éclairage, blanchissage compris. Restaurant.

Maison unioniste de jeunes filles, 22, rue de Naples (1911). — Rattachée à l'Alliance universelle des Unions chrétiennes de jeunes filles. Œuv. protest. Cercle, salle de lecture, bibliothèque, consult. médicales grat., chambres meublées de 20 à 50 fr. par mois, déjeuner du mat., chauffage et éclairage compris. Restaurant. Maison de vacances. Ouv. de 9 h. mat. à 10 h. s.

Œuvre de Notre-Dame-de-Bonne-Garde, 1° 11, rue de Monceau ; 2° 14, rue de la Ville-l'Évêque. — Sœurs de St. V. de P. Restaurants de midi dans l'une et l'autre maison. Voir *25, rue de la Sourdière* (Ier arr.).

IXe ARR.

Maison de famille de Marie-Auxiliatrice, 25, rue de Maubeuge (1872). — Sœurs de Marie-Auxiliatrice. Reçoit des jeunes filles éloignées de leur famille, ouvrières, employées de commerce, de 15 à 25 ans, munies de références. Le prix de la pension est de 50 fr. en dortoir, et de 65 fr. en chambre par mois. 140 lits.

La maison reçoit des dames pensionnaires, dont les conditions d'admission sont traitées de gré à gré suivant les chambres.

Œuvre de Notre-Dame-de-Bonne-Garde, 56, rue d'Hauteville (1907). — Sœurs de St. V. de P. Voir conditions, *25, rue de la Sourdière* (Ier).

Autre maison, 18, rue de la Tour-d'Auvergne. — Sœurs de St. V. de P.

Le Foyer de l'ouvrière, 12, rue de la Victoire. Fond. par la Sté Le Foyer de l'ouvrière. — Voir *Préservation* (IIe arr.).

Union chrétienne de jeunes gens, 14, rue de Trévise. — L'Union met à la disposition de ses adhérents des chambres meublées à raison de 25 à 50 fr. (service, chauffage, éclairage compris) par mois. Repas : 1 fr. 10. Voir *Préservation*.

X^e^ ARR.

Foyer de l'ouvrière, 69, faubourg St-Denis. Fond. par la Sté *le Foyer de l'Ouvrière* (1906). — Chambres et logements non meublés, loués à des femmes et des jeunes filles, sans distinc. de culte ni de religion, au prix de 200 fr. à 480 fr. par an. Restaurant.

Hôtellerie populaire pour hommes, 33 *bis*, rue de Chabrol. Fond. par l'Armée du Salut (1899). — Direction salutiste, pour hommes de toute religion, à partir de 15 ans. 235 places. Dortoir et chambres. Le lit par nuit : 0 fr. 35, 0 fr. 60 et 0 fr. 75 ; 3 fr. 50 par semaine. Les pensionnaires doivent avoir du travail. Restaurant-fourneau. 3 repas par j. Portions à 0 fr. 10.

Maison de famille, 8-10, rue Alexandre-Parodi. — Sœurs de St. V. de P. Reçoit des jeunes filles recommandées. Pension complète : 50 fr. par mois.

Maison de famille Saint-Charles, 190, rue Lafayette (1907). — Sœurs de St-Charles. Établie pour la protection de la femme, fille isolée, ouvrière ou employée, l'œuv. admet les jeunes filles recommandées, munies de références sérieuses, de religion cath., et s'engageant à observer strictement le règlement. Prix d'entrée : 5 fr., une fois payés. Prix de pension complète en dortoir : 50 fr. par mois. Tarif spécial pour les chambres particulières. Demi-pensionnaires pour le repas de midi : 20 fr. par mois. Bibliothèque.

Œuvre de Notre-Dame-de-Bonne-Garde, 6 *bis*, rue de Rocroi. — Sœurs de St. V. de P.

Œuvre familiale des ouvrières, 47, rue d'Hauteville (1897). — A pour but de recueillir des jeunes ouvrières, sans distinc. de culte, et de leur assurer, dans un but de moralisation et de préservation, la nourriture et le logement aux moindres frais possible. Logement et nourriture : 12 fr. par semaine ; pour les apprenties : 40 fr. par mois. L'œuv. reçoit des externes au restaurant.

Le Toit familial, 9, rue Guy-Patin. Fond. par Mme Eugène Manuel et la baronne Edmond de Rothschild (1899). — Recon. ut. pub. Reçoit des jeunes filles de 18 à 28 ans, en général israélites. 50 chambres. Prix de pension complète : 2 fr. à 2 fr. 50 par j.

XIe ARR.

Foyer de l'Ouvrière, 102, rue de Charonne. Fond. par la Sté *le Foyer de l'Ouvrière* (1908). — Cette maison est ouverte à toute femme ou jeune fille, sans distinc. de nationalité ou de religion. Prix de pension avec petit déjeuner et dîner : 7 fr. 50 et 12 fr. 50 par semaine, selon la chambre ; repas de midi facultatif et payable à part. Restaurant.

Hôtel meublé pour Dames et jeunes filles. Sté philant. (Maison J. Stern), 1, rue de la Croix-Faubin. Fond. par la famille J. Stern (1904). — Direction laïque. Ouvert à toute femme ou jeune fille, sans distinction. Prix par j. : 0 fr. 60 à 1 fr. 20 en chambrette ou en chambre à 2 ou à 1 lit. Restaurant ouvert aux pensionnaires de la maison, au prix moyen de 0 fr. 50 par repas.

Hôtel populaire, 94, rue de Charonne (1911). Fondation dite « Groupe des maisons ouvrières ». — Recon. ut. pub. Pour hommes. 750 chambres. Bibliothèque (journaux, revues). Fumoir. Salle de correspondance. Chauffage central. Électricité. Sont admis tous les hommes de bonne tenue, sans distinc. de religion ni de nationalité. Location à la journée, à la semaine, au mois. Chambres à 0 fr. 70 la journée ; à 4 fr. 20 la semaine ; grandes chambres à 6 fr. la semaine. Restaurant économique. Portions : 0 fr. 30 et 0 fr. 15. La pension complète commence à 1 fr. 70 par j. Pension très confortable : 3 fr. par j. Les locataires ont l'usage grat. des bains de pieds, des lavabos à eau chaude, d'une buanderie et de séchoirs pour leur linge, d'une salle de nettoyage des chaussures. Bains : 0 fr. 30 ; douches : 0 fr. 10.

Cet hôtel est, à ce j., le mieux aménagé, le plus confortable et le mieux compris, vu ses prix.

Hôtellerie populaire, 10, rue Fontaine-au-Roi. Fond. par l'Armée du Salut (1901). — Direction salutiste. Pour femmes et jeunes filles de toute religion. 160 places ; dortoir et chambres. Le lit, par nuit : 0 fr. 30, 0 fr. 60 et 0 fr. 75 ; 3 fr. 50 par semaine. Restaurant-fourneau. 3 repas par j. Portions : 0 fr. 10.

Maisons d'œuvres du faubourg Saint-Antoine, 46, rue de Montreuil. Fond. par M. l'abbé Pecqueur (1902). — Reçoit des orphelins ou des jeunes gens de 17 ans au moins, venant de province, moyennant une pension de 15 à 20 fr. par mois.

Maison protestante d'apprentis et de jeunes ouvriers dite « Maison ouvrière », 4, rue Titon. — Pension et logement des apprentis : 40 fr. par mois ; pension et logement des ouvriers : 60 fr. par mois. Chambres particulières à 16 fr. et 18 fr. par mois.

Œuvre de Notre-Dame-de-Bonne-Garde, 145, avenue Parmentier. Autre maison, 140, rue du Chemin-Vert. — Sœurs de St. V. de P. Voir conditions, *25, rue de la Sourdière* (Ier arr.).

XIIe ARR.

Œuvre de Notre-Dame-de-Bonne-Garde, 59, avenue Daumesnil. Voir *Ier arr.*

XIIIe ARR.

Œuvre de Notre-Dame-de-Bonne-Garde, 26, place Jeanne-d'Arc. — Sœurs de St. V. de P. Voir conditions, *25, rue de la Sourdière* (Ier arr.).

XIVe ARR.

Pension de Dames, 202, avenue du Maine. Fond. par Mlle Duvaux (1897). — Reçoit des dames et des jeunes filles, institutrices, gouvernantes, étudiantes. Pension complète avec chambre seule : 120 à 150 fr. par mois ; chambre à 2 lits : 100 fr. par mois.

XVe ARR.

L'Abri temporaire. Hôtellerie populaire, 5, boulevard Victor (1911). — Fond. par l'Union d'assistance du XVe arrondissement, 71, avenue Henri-Martin. Les conditions sont : un droit fixe d'entrée de 0 fr. 60 par personne pour la désinfection des vêtements, s'il y a lieu ; bains, douches et service pendant le séjour ; 0 fr. 60 par adulte par j. pour le logement, 0 fr. 30 par enfant. Une cantine procure des repas pour un prix minime.

Les demandes d'admission doivent être adressées au caissier-comptable, à la Mairie du XVIe arr., qui délivre les cartes d'entrée.

Home français et international, 120, rue Blomet. — Œuv. protest. de l'Union internationale des amies de la jeune fille. Reçoit les dames qui cherchent une occupation, celles qui désirent étudier la langue française, ou simplement des dames en passage à Paris. Place des gouvernantes et des institutrices. Prix de pension, nourriture comprise : 26 fr. par semaine.

Maison du Sacré-Cœur, 8, rue Carcel (1881). — Direction laïque, cath. Pour institutrices recommandées. Chambre et pension : 16 à 21 fr. par semaine ; chambre seule : de 7 à 8 fr. par semaine.

Maison de famille, 116, rue de Lourmel. Fond. par Mlle de Richemont. — Direction laïque, cath. Reçoit des jeunes filles munies de bonnes références. 19 lits. Pension complète en dortoir : 45 fr. par mois ; en chambre : 65 fr.

Maison de famille du Cercle Maurice-Maignen, 29, rue de Lourmel. (1909). — Œuv. cath. Admet les jeunes gens chrétiens, à condition qu'ils aient une place. 40 chambres à 22 fr. par mois, repas en plus facultatifs.

Maison de famille « Jeanne-d'Arc », 86 et 86 *bis*, boulevard Garibaldi (1909). — Œuv. cath. Prix de la pension, logé, nourri, raccommodé : 60 fr. par mois de 13 ans à 15 ans ; 70 fr. par mois de 15 ans à 20 ans ; 80 fr. par mois en chambre. L'œuv. s'occupe de procurer des places à ses pensionnaires. Les j. gens ne sont reçus que sur recommandation.

Œuvre de Sainte-Catherine, 88, rue Lecourbe. Fond. par Mlle Monthieu (1908). — Reçoit des jeunes filles cath. ouvrières et employées. Pension : 45 fr. par mois.

Maison de famille, 27, rue Fondary (1906). — Œuv. cath. Direction laïque. N'admet que des jeunes gens cath. âgés de 18 ans, et appartenant à l'Assoc. ouvrière affiliée à l'œuv. Prix des chambres : depuis 3 fr. 50 par semaine.

Maison universitaire Guyau, 32, rue de Vouillé. Fond. par l'Assoc. des maisons universitaires (1910). — Direction laïque. Reçoit des étudiants, artistes, travailleurs intellectuels. 20 places. Prix de la pension complète : 110 fr. à 175 fr.

Œuvre de Notre-Dame-de-la-Bonne-Garde, 233, rue de Vaugirard (1905). — Sœurs de la Croix. A pour but de procurer un asile sûr et une nourriture saine aux jeunes filles isolées, cath., munies de références, s'engageant à respecter le règlement. Prix de la pension : 65 fr. en chambre, 55 fr. en chambrette, 46 fr. en dortoir ; les jeunes filles qui déjeunent au dehors ont droit à une réduction de 10 fr. par mois. Maison de retraite pour dames, moyennant des pensions variant de 120 à 190 fr. par mois.

Intérieur familial, 38, rue de Cronstadt (1911). — Reçoit des jeunes filles en chambre seules ou à plusieurs. Prix modérés. Jardin et chapelle. S'adresser à Mlle Toublet, les jeud., sam., dim., de 2 à 5 h.

XVIe ARR.

Le Foyer temporaire, 128, avenue de Versailles. Fond. par Mlle Mignard. — Recon. ut. pub. Maison de famille grat. pour les femmes du monde, les artistes, les institutrices, les employées.

Maison de famille de l'Association des Servantes de Marie, 62, rue Nicolo. — Voir Siège social, 7, rue Duguay-Trouin (VIe).

Maison de famille, 66, avenue Malakoff. — Paroissiale pour enfants et jeunes filles, internes et externes.

XVIIe ARR.

Foyer chrétien pour femmes, 25, rue Salneuve (1844). — Œuv. protest. Reçoit des femmes et des jeunes filles, sans distinc. de nationalité ni de religion. Prix de pension : 2 fr. par j. en dortoir. Rentrée à 9 h. Placem.

Maison d'accueil pour jeunes filles, 113, rue Cardinet. Fond. par l'Œuv. de l'Hospitalité de nuit (1910). — Direction laïque. Reçoit des jeunes filles sans distinc. de religion jusqu'à 35 ans. Prix de pension : 1 fr. 25 par j. Placem. des pensionnaires.

Maison de famille, 26, rue Lemercier. Fond. par Mlle de Bassano (1905). — Œuv. cath. Direction laïque. Reçoit des jeunes filles et femmes de religion cath. au-dessous de 24 ans. 15 chambres. 50 fr. par mois. Placem.

Maison de famille, 87, rue de Tocqueville (1900). — Sœurs de la Présentation de Tours. Reçoit des jeunes filles munies de bons renseignements. 50 lits. Pension complète : de 60 à 75 fr. par mois.

XVIIIe ARR.

Hôtel meublé pour Dames et jeunes filles. Sté philanthropique (Maison Marjolin), 37, rue Eugène-Carrière. Fond. par M. Marjolin (1901). — Direction laïque. Ouvert à toute femme ou jeune fille, sans distinc. Prix de location journalière : 0 fr. 60 à 1 fr. 20 en chambrette ou en chambre à 1 ou 2 lits. Restaurant au prix moyen : 0 fr. 50 par repas.

Œuvre de Notre-Dame-de-Bonne-Garde, 12, rue Saint-Rustique. Autres maisons : 33, rue Caulaincourt ; 50, rue Stephenson. — Sœurs de St. V. de P. Voir conditions, *25, rue de la Sourdière* (Ier arr.).

Maison de famille, 48, rue Montcalm. — Paroissiale. Pour jeunes filles ayant références sérieuses.

XIXe ARR.

Hôtel meublé pour dames et jeunes filles. Sté philanthropique (Maison J. Stern), 97, rue de Meaux. Fond. par la famile J. Stern (1906). — Direction laïque. Ouvert à toute femme ou jeune fille sans distinc. Prix par j. : 0 fr. 60 à 1 fr. 20 en chambrette ou en chambre à 1 ou à 2 lits. Restaurant ouvert aux pensionnaires de la maison au prix moyen de 0 fr. 50 par repas.

Œuvre de Notre-Dame-de-Bonne-Garde, 7, rue Jean-Cottin (1895). — 30 lits. Sœurs de St. V. de P. Reçoit des pensionnaires de 18 à 30 ans. Prix : 50 fr.

Autre maison de l'œuv., 160, rue de Crimée. — Sœurs de St. V. de P. Reçoit des pensionnaires de 18 à 30 ans. Prix : 50 fr.

Patronage Saint-Joseph-Saint-Louis, 55, boulevard de Belleville. — Direction cath. Met quelques chambres à la disposition des jeunes ouvriers dans le bâtiment St-Louis.

XXe ARR.

Œuvre de Notre-Dame-de-Bonne-Garde, 73, rue de la Mare. — Sœurs de St. V. de P. Voir conditions, *25, rue de la Sourdière* (Ier arr.).

CHAPITRE XXVI

PATRONAGES, CERCLES ET ŒUVRES DE JEUNESSE

A) Patronages catholiques de garçons et filles

Ces œuv. se rattachent à trois catégories, en raison de leur origine et de leur direction :

1° *Les patronages fondés, entretenus ou subventionnés par la Sté de St. V. de P.;*

2° *Les patronages qui, sous le nom d'Œuv. de la jeunesse, ont été fondés par les Frères des écoles chrétiennes, pour leurs élèves et anciens élèves. Ils sont rattachés eux-mêmes à l'Œuv. des apprentis et des jeunes ouvriers. Un grand nombre de ces Assoc. portent le titre d'Amicales et sont groupées en Union ;*

3° *Les patronages paroissiaux fond. par le clergé et dirigés par lui. Ils sont plus ou moins nombreux dans chaque paroisse, suivant les ressources et la densité de la population infantile. Généralement les élèves des écoles libres et ceux des écoles laïques sont reçus dans des patronages différents.*

Toutes ces œuv. ont un but unique et des moyens d'action presque identiques : soustraire l'enfant, le jeune homme ou la jeune fille aux promiscuités de la rue, les conduire de l'école, et parfois avant l'école, à l'apprentissage, au régiment, au mariage et même au delà. Des réunions périodiques d'anciens ou d'anciennes existent, en effet, dans beaucoup d'œuv.

Le patronage ainsi compris est une ma,ison d'éducation intégrale Au premier rang, le développement moral c'est-à-dire une formation, religieuse et chrétienne complète, éclairée, consciente de ses devoirs et de sa responsabilité. Le développement intellectuel s'obtient par des cours, conférences, salles de lecture, bibliothèque, formant complément de l'école, représentations dramatiques, musicales, etc. Enfin le développement physique est atteint par les promenades, les jeux, la gymnastique, les sports, la préparation militaire; le développement social par les conférences, l'enseignement civique, la pratique de la charité dans les petites Conférences de St. V. de P., les cours professionnels aux apprentis, les expositions annuelles des travaux des membres de l'œuv. Pour les jeunes filles, cours de couture, lingerie, musique, diction, sténographie, souvent Caisses d'assist. mutuelle, Œuv. du vestiaire, Œuv. du trousseau. Pour les deux sexes, les patron. s'occupent du placem., soit en apprentissage, soit dans les ateliers et les bureaux. Colonies de vacances dans presque toutes ces œuv.

Les patron. sont ouverts les jeud., dim. et tous les j. de vacances, dans la journée, et très souvent le s. Des réunions fréquentes réunissent les enfants et leurs familles. Le directeur est prêtre ou laïque. Un aumônier est toujours attaché à l'œuv., qui comprend généralement une chapelle, des salles de jeux et de réunions, ainsi qu'une gymnastique et des cours aérées. Gratuité complète.

B) Unions chrétiennes de jeunes gens et jeunes filles

Les Unions chrétiennes sont des associations de jeunes gens ou de jeunes filles qui, ayant trouvé dans l'Évangile la véritable source de leur vie, cherchent à conformer de plus en plus leur rôle social à leurs principes, et s'efforcent de travailler par tous les moyens à leur développement physique, intellectuel, moral et religieux.

Protestante par ses origines, son aspiration et son culte, l'Union est ouverte à tous, sans distinc. de religion. Elle comprend des membres actifs, à partir de l'âge de 16 ans; des associés à partir de l'âge de 14 ans; des cadets de 9 à 14 ans; des correspondants, souscripteurs et visiteurs.

Les Unions s'occupent de placem. grat., visites dans les hôp., enquêtes sur les pauvres, maisons et camps de vacances, cercles, foyers pour jeunes gens, location de chambres, cours généraux et professionnels, conférences, Caisses de dotation et d'aide mutuelle pour jeunes filles, classes de garde, œuv. des émigrants, etc.

C) Patronages laïques de garçons et filles

Œuv. de protection et de moralisation de l'adolescence, ouvertes généralement le jeud. et le dim., dans les locaux des écoles primaires. Neutralité confessionnelle.

Les jeunes gens, fillettes et jeunes filles y trouvent des jeux de toute sorte, gymnastique, etc. Ils reçoivent des leçons de musique et de langues vivantes. On y fait des conférences instructives, avec ou sans projections.

Une bibliothèque est à la disposition des membres. Soirées récréatives. Gratuité complète. Les directeurs et directrices s'occupent du placem. des membres et leur procurent l'accès des colonies de vacances, grat. ou à prix réduits.

I. — Patronages
Œuvres générales (fondation et direction)

VIe ARR.

Œuvre des patronages de la Société de Saint-Vincent de Paul, 6, rue de Furstenberg (1845). — Cath. A pour but de soustraire la jeunesse ouvrière, écoliers et apprentis, aux périls de la rue, en lui ouvrant des asiles sûrs, et en lui procurant des distractions honnêtes. Elle veille à l'éducation religieuse et morale de ses pupilles, s'occupe de leur placem. dans des ateliers chrétiens, leur apprend la pratique de la charité dans les petites Conférences. Les réunions ont lieu le jeud. pour les écoliers, le dim. pour les écoliers et les apprentis, et très souvent le s. Les enfants sont reçus dès leur entrée à l'école ; on les conserve jusqu'au régiment et même au delà. Les anciens fréquentent souvent l'œuv. et s'y réunissent à certains j.

Chaque directeur est assisté par un conseil de jeunes gens.

L'œuv. compte 3 patron., fondés, dirigés et soutenus par la Sté, et 7 patron. subventionnés :

Patronages de la Société :

Ste-Mélanie, 19 *bis*, rue Tournefort (V[e]).
St-Charles, 12, rue Bossuet (X[e]).
St-Joseph de la Maison-Blanche, 54, rue Bobillot (XIIIe).

Patronages subventionnés :

Jeanne d'Arc, 35, quai d'Anjou (IV).
St-Camille, 12, rue des Meuniers (XIIe).
St-Paul, 55, rue Vercingétorix (XIVe).
Notre-Dame-du-Rosaire, 174, rue de Vanves (XVe).
Auteuil et Point-du-Jour, 7, avenue de la Frillière (XVIe).
St-Joseph, 38, rue des Épinettes (XVIIe).
St-Pierre, 276, rue des Pyrénées (XXe).

En outre, beaucoup d'autres patron. sont unis à la Sté de St. V. de P. par des liens religieux et moraux.

Bur. de placem., 137, boulevard St-Germain. Colonie de vacances.

VIIe ARR.

Commission centrale des patronages et œuvres de jeunesse de France, 20, rue de Varenne (1889). — Cath. A pour but de promouvoir la fondation de patron., d'indiquer les meilleures méthodes, de fournir tous documents ou renseignements utiles. Publie deux bulletins : *le Patronage* et *le Patronage des jeunes filles*.

Œuvre des apprentis et des jeunes ouvriers, 50, rue de Bourgogne. Fond. par le vicomte de Melun (1843). — Cath. S'occupe de la fondation et de la direction des patron., des œuv. de jeunes gens, des Amicales des anciens élèves des écoles chrétiennes, au nombre de 64, dont 56 dans le département de la Seine, et des œuv. économiques ou sociales qui s'y rattachent. Publie *le Bulletin des œuv. de la jeunesse*. Le placem. se fait au siège du Syndicat des employés, boulevard Poissonnière ; à la Solidarité cath., 137, boulevard St-Germain ; à l'Union du commerce et de l'industrie, 368, rue St-Honoré.

La Section des dames dirige l'Œuv. générale des patron., érigée en archiconfrérie. Voir *XVIe arr.*

Union des Amicales catholiques. Anciens élèves des écoles chrétiennes, 32, rue du Bac. — Cath. Se compose des divers groupes d'Amicales existant à Paris et en banlieue, au nombre de 28 (voir ci-dessous lettres *A*), et de 5 groupes en province.

Le but de ces groupes est le même que celui des patron. : réunions, abri contre les dangers moraux, distractions, jeux, etc. ; leur vie est identique, mais ils s'administrent eux-mêmes par un bureau élu par les membres. Un prêtre remplit les fonctions d'aumônier. La plupart ont fondé des petites Conférences de St. V. de P.

Œuvre de l'exposition des travaux des apprentis faisant partie des patronages, 50, rue de Bourgogne. Fond. par M. le chanoine Roland-Gosselin, à l'Archevêché. — Direction cath. Réunit chaque année dans une exposition publique les travaux personnels exécutés par les apprentis fréquentant les patron. Un jury composé exclusivement de professionnels juge ces travaux et décerne des récompenses.

Œuvre des campagnes, 2, rue de la Planche (1854). — Cath. Distribue des secours aux œuv. cath. des campagnes, notamment aux écoles, patron., assoc. post.-scol., bibliothèques paroissiales, etc.

Ligue française de l'enseignement, 3, rue Récamier. Fond. par M. Jean Macé (1848). — Direction non confes. Cette Ligue, qui a pris une très grande extension, a pour but le développement de l'enseignement laïque. Très active, elle a créé un mouvement en faveur de la « seconde instruction » et « seconde éducation » ; elle a fondé le patron. démocratique de la jeunesse française. Subventions accordées par elle aux œuvres correspondant à son programme.

Société d'encouragement aux patronages et associations laïques de jeunes filles, 1, rue Bayard. — Direction laïque. A pour but d'assurer le lendemain de l'école, de venir en aide à la famille qui ne peut suivre ses filles, de contribuer à la formation d'associations et patron. laïques, où élèves et anciennes élèves trouvent un abri contre le désœuvrement et les dangers de la rue.

IXe ARR.

Cercle populaire de l'enseignement, 16, rue de la Grange-Batelière (1890). — Direction laïque. A pour but : 1° le développement général de l'enseignement laïque ; 2° la fondation de patron. laïques. A institué des cours dans tous les arr. de Paris.

Alliance nationale des Unions chrétiennes de jeunes gens du groupe de la Seine. Siège, 14, rue de Trévise (1852). — A pour but de développer les Unions chrétiennes de jeunes gens en France, d'en créer de nouvelles, et de servir de lien entre elles. Œuv. de préservation avec Comité central, dans lequel est représentée chaque Union par un délégué.

Alliance universelle des Unions chrétiennes de jeunes filles du groupe de la Seine. Siège chez la présidente, Mlle Bruneton, 7, avenue Eugénie, St-Cloud (Seine-et-Oise). S'adresser à la Secrétaire, Mlle Silhol, 48, boulevard de Versailles, St-Cloud (Seine-et-Oise). — Même but que la précédente.

XIe ARR.

Association des instituteurs. Sté d'éducation et de patron. et Union des œuv. post-scol. laïques. Siège social, Mairie du XIe arr. — Association formée entre instituteurs de Paris, dans le but de développer l'éducation et le patron. laïques ; a porté son effort sur l'éducation physique : gymnastique, escrime, boxe ; l'éducation intellectuelle : cours d'allemand et d'anglais ; l'éducation artistique : cours de violon, flûte, chant, diction ; enfin sur la fondation de patron. L'Association a constitué 44 Sections dans Paris. Colonies de vacances.

XIVe ARR.

Société des patronages laïques du XIVe arrondissement. Siège social, Mairie du XIVe arr. — A pour but de grouper et de recruter des protecteurs aux patron., et d'aider à leur procurer des ressources financières.

XVIe ARR.

Œuvre générale des patronages. Secrétariat, 17, rue Hamelin. Fond. à Paris sous le titre d'Œuv. des apprenties et des jeunes ouvrières (1851). — Érigée en archiconfrérie. S'occupe de la direction de 248 patron. comprenant 58 000 jeunes filles existant dans le diocèse de Paris, et de la fondation de nouvelles œuv. similaires. Beaucoup de patron. de province lui sont affiliés. Direction catholique.

Parmi ces patron., les uns sont dirigés par des religieuses, et s'appliquent plus spécialement aux élèves et anciennes élèves des écoles libres ; les autres sont dirigés par des dames.

Partout le but est le même : soustraire la jeune fille aux dangers de la rue, lui donner une véritable formation chrétienne et de bonne mère de famille.

L'Assoc. de Notre-Dame-du-Bon-Conseil réunit l'élite des grandes persévérantes, qui deviennent de véritables auxiliaires des directrices.

Ces patron. comportent des salles de lecture (bibliothèques), de jeux et de réunions, des cours ou jardins. 18 patron. ont une petite Conférence de St. V. de P., 37 des Cercles d'études; 29 Sections syndicales y fonctionnent, ainsi que 19 mutualités.

On y trouve des cours d'hygiène, de gymnastique, de couture, sténographie, anglais, musique, etc. Plusieurs ont des classes de garde, des garderies d'enfants, des œuv. de vestiaire ou d'assistance par le travail, des colonies de vacances.

Les réunions ont lieu le jeud. et le dim.

Liste des patronages de garçons

Ier ARR.

Saint-Roch, 22, rue St-Roch. — Cath.

Saint-Leu et N.-D. des Blancs-Manteaux, 34, rue du Renard. — Cath.

Saint-Germain-l'Auxerrois, 2, place du Louvre. — Cath.

Amicale Saint-Roch (A), 37, rue St-Roch. — Cath.

— **Saint-Germain-l'Auxerrois** (A), 3, place de l'École. — Cath.

Apprentis de l'Église réformée de Paris, 4, rue de l'Oratoire du Louvre. — Protest. L'agent reçoit les lund., merc. et vend., de midi à 3 h.

IIe ARR.

Notre-Dame-des-Victoires, 20, rue du Bouloi. — Cath.

Notre-Dame de Bonne-Nouvelle, 6, Cour des Miracles. — Cath.

Petits-Carreaux, 14, rue des Petits-Carreaux. — Cath.

Amicale de N.-D. de Bonne-Nouvelle, 1, rue de Damiette (A). — Cath.

— **mutuelle des élèves de l'école**, 14, rue de la Lune. — Laïque.

— **des anciens élèves et élèves mutualistes de la rue Saint-Denis**, 221, rue St-Denis. — Laïque.

Union chrétienne anglo-américaine, 160, rue Montmartre. — Protest.

IIIe ARR.

Saint-Nicolas-des-Champs, 254, rue St-Martin. — Cath.

Saint-Denis-du-Saint-Sacrement, 1, rue de Béarn. — Cath.

Sainte-Élisabeth, 74, rue des Archives. — Cath.

Saint-Jean-Saint-François, 13, rue du Perche. — Cath.

Amicale de Sainte-Élisabeth, 132, rue de Turenne. — Cath.

Apprentis et jeunes employés, 1, rue de Franche-Comté. — Cath. laïque.

La Jeunesse républicaine du IIIe arrondissement, 10, rue Dupetit-Thouars (1903). — Laïque. Salles de lecture, bibliothèque. Cours mixtes. Placem. grat. des sociétaires.

Union scolaire, 10, rue de Thorigny. — Israélite.

IVe ARR.

Saint-Gervais, 8, rue François-Miron. — Cath.

Les écoles libres, 2, rue François-Miron. — Cath.

Jeanne-d'Arc, 35, quai d'Anjou. — Sté de St. V. de P.

Saint-Paul-Saint-Louis, 17, rue des Lions. — Cath.

Les Francs-Bourgeois (A), 21, rue St-Antoine. — Cath. Voir *Maisons de famille.*

Les écoles libres de Saint-Louis-en-l'Ile, 10, rue St-Louis-en-l'Ile. — Cath.

Laïque du IVe arrondissement (les 2 sexes), 28, rue Geoffroy-Lasnier.

La Fraternelle, 8, passage St-Pierre. — Laïque.

Union chrétienne Sainte-Marie, 15, rue Castex. — Protest.

— — **des Billettes**, 24, rue des Archives. — Protest.

Ve ARR.

Sainte-Mélanie, 19 *bis*, rue Tournefort. — Cath. Sté de St. V. de P.

Les Ramoneurs, 6, impasse des Bœufs. — Cath.

Saint-Médard, 12 et 14, rue Censier. — Cath.

Sainte-Rosalie, 65, rue Corvisart. — Cath. Sté de St. V. de P.

Saint-Séverin, 5, rue Cochin. — Laïque.

Les écoles libres de Saint-Étienne-du-Mont, 21, r. Lhomond. — Cath.

— — **de Saint-Nicolas du Chardonnet**, 37, rue de Jussieu. — Cath.

— — **de Saint-Jacques du Haut-Pas**, 44, rue Denfert-Rochereau. — Cath.

— — **de Saint-Séverin**, 8, rue Gît-le-Cœur. — Cath.

Amicale de Saint-Marcel-St-Médard (A), 16, r. du Banquier. — Cath.

Union chrétienne de St-Marcel. L'Action, 2, r. Pierre-Nicole. Protest.

Amicale des anciens élèves de l'école, 27, rue de Poissy. — Laïque.

— — 41, r. de l'Arbalète. — Laïque.

VIe ARR.

Olier, 66, rue d'Assas. — Cath.

Les Marmitons de la rive gauche, 74, rue de Vaugirard. — Laïque. Cath.

Les écoles libres de Saint-Sulpice, 68, rue d'Assas. — Cath.

— — **de Notre-Dame-des-Champs**, 92, boulevard Montparnasse. — Cath.

— — **de Saint-Germain-des-Prés**, 7, rue de Furstenberg. — Cath.

— — **de Saint-Nicolas de Paris**, 92, r. de Vaugirard. — Cath.

Sainte-Clotilde, 59, rue de Bourgogne. — Cath.

Asile temporaire pour jeunes gens, 55, rue de Vaugirard. — Protest.

VIIe ARR.

Saint-Louis-de-Gonzague et cercle Saint-Joseph, 24, boulevard Raspail, et 42, rue de Varenne. — Cath.

Saint-François-Xavier, 26, avenue de Saxe. — Cath.

Notre-Dame-du-Bon-Conseil, 49, avenue Duquesne. — Cath.

Saint-Jean, 9, passage Landrieu. — Cath.
Amicale Saint-Thomas-d'Aquin (A), 44, rue de Grenelle. — Cath.
— **Saint-Pierre du Gros-Caillou** (A), 90 *bis*, rue St-Dominique. — Cath.
Amicale La Rochefoucault-Doudeauville (A), 90 *bis*, rue St-Dominique. — Cath.
— **Sainte-Clotilde**, 121, rue de Grenelle. — Cath.

VIIIe ARR.

Saint-Philippe-du-Roule, 17, rue de Monceau. — Cath.
Sainte-Madeleine, place de la Madeleine. — Cath.
Les Marmitons de la rive droite, 40, rue du Rocher. — Laïque. Cath.
Amicale de Saint Augustin (A), 7, rue de la Bienfaisance. — Cath.
Les écoles libres de Saint-Philippe du Roule, 34, rue de Courcelles. — Cath.
— — **de Sainte-Madeleine**, 14, rue de Surène. — Cath.

IXe ARR.

Saint-Eugène, 58, rue de Paradis. — Cath.
La Trinité, 17, rue Blanche. — Cath.
Amicale de Notre-Dame-de-Lorette (A), 8 *bis*, rue Choron. — Cath.
Union chrétienne de jeunes gens, 14, rue de Trévise. — Protest.
— **allemande**, 25, rue Blanche. — Protest.

Société des anciens élèves d'écoles privées. École Zadoc Kahn, 54, rue La Bruyère. — Israélites.

Comité de patronage des enfants et familles assistés au Comité de bienfaisance, 60, rue Rodier. — Israélites.

Société de patronage d'apprentis et de jeunes employés des deux sexes du IXe arrondissement. Mairie du IXe arr. (1891). — Recon. ut. pub. Réunions : 47, rue Serpente.

X^e ARR.

Saint-Martin, 33, rue des Vinaigriers. — Cath.
Saint-Charles, 12, rue Bossuet. — Cath. Sté de St. V. de P.
Écoles libres de Saint-Vincent-de-Paul, 8, rue Pétrelle, — Cath.
— — **de Saint-Laurent**, 20, rue du Terrage. — Cath.
Amicale St-Joseph des Alsaciens-Lorrains (A), 228, rue Lafayette. — Laïque. Cath.
— **de l'école**, 3, rue de Belzunce. — Laïque.
— — 5, rue Martel. — Laïque.
Société d'éducation mutuelle. Siège à la Mairie du Xe arr. — Laïque.
La Sainte-Famille, 46, rue de Montreuil. — Cath.

XIe ARR.

Écoles libres de Sainte-Marguerite, 6, impasse Franchemont. — Cath.
Sainte-Marguerite, 6 *bis*, impasse Franchemont. — Cath.
Saint-Joseph de Belleville, 55, boulevard de Belleville. Cath.
Saint-Joseph, 10, rue Tesson. — Cath.

Amicale de Saint-Euverte d'Orléans (A), 28, rue Morand. — Cath.
Amicale Saint-Ambroise (A), 32, rue Guilhem. — Cath.
— **Saint-Joseph** (A), 154, rue St-Maur. — Cath.
Union chrétienne de Saint-Maur, 168, rue St-Maur. — Protest.
L'Éducation laïque du XIe arrondissement, 109, avenue Parmentier.
Amicale et patronage du boulevard de Belleville, 77, boulevard de Belleville. — Laïque.
— **Godefroy-Cavaignac**, 35, rue Godefroy-Cavaignac. — Laïque.
— **Trousseau**, 38, rue Trousseau. — Laïque.
Apprentis de l'Église luthérienne, 4, rue Titon. — Protest.

XIIe ARR.

Saint-Camille, 12, rue des Meuniers. — Cath. Sté de St. V. de P.
Saint-Antoine, 199, rue de Bercy. — Cath.
Saint-Éloi, 79, rue de Reuilly. — Cath.
Écoles libres de Saint-Éloi, 81, rue de Reuilly. — Cath.
Immaculée-Conception, 22, rue de Ruty. — Cath.
Le Chantier, 199, rue de Bercy. — Cath.
Amicale de Notre-Dame de Bercy (A), 32, rue de Wattignies. — Cath.
Union chrétienne de Bon-Secours, 234, fg St-Antoine. — Protest.
— — **Bercy**, 7, rue de la Lancette. — Protest.
Association amicale de l'école de la rue d'Aligre, 8, rue Baudelaire. — Laïque.
— — **de l'école de la rue de Pomard**, 4, rue Pomard. — Laïque.
Municipal du XIIe arrondissement, Mairie du XIIe arr. Laïque.
Les Amis de l'étude, 51, rue de Charenton. — Laïque.
La Jeunesse de Reuilly, 57, rue de Reuilly. — Laïque.

XIIIe ARR.

Saint-Marcel, 7, rue du Banquier. — Cath.
Saint-Joseph de la Maison-Blanche, 54, rue Bobillot. — Cath. Sté de St. V. de P.
Notre-Dame de la Gare, 15, rue Charcot. — Cath.
Saint-Hippolyte, 25, rue Gandon. — Cath.
Amicale de Ste-Anne de la Maison-Blanche (A), 109, r. Bobillot. — Cath.
— **Notre-Dame de la Gare** (A), 20, rue Domrémy. — Cath.
Union chrétienne de Port-Royal, 18, boulevard Arago. — Protest.
La jeunesse du quartier de la gare, 36, place Jeanne-d'Arc. — Laïque.
Les enfants du XIIIe arrondissement 12, r. de l'Espérance. — Laïque.
Société de patronage de la jeunesse du quartier Croulebarbe, 30, boulevard Arago. — Laïque.
La Maison-Blanche, 5, rue Damesme. — Laïque.

XIVe ARR.

Saint-Pierre de Montrouge, 20, villa d'Alésia. — Cath.

Écoles libres de Saint-Pierre de Montrouge, 16, rue du Moulin-Vert. — Cath.

Saint-Paul, 9, rue Colas. — Cath.

Saint-Paul pour les écoliers, 11, rue Colas. — Cath. Sté de St. V. de P.

Cercle Saint-Paul, pour les apprentis et jeunes ouvriers, 55, rue Vercingétorix. — Cath. Sté de St. V. de P.

Notre-Dame-du-Rosaire, 174, r. de Vanves. — Cath. Sté de St. V. de P.

Œuvres ouvrières de la Porte de Vanves, 211, rue Vercingétorix. — Cath.

Saint-Jean-Baptiste de la Salle, 10, passage Falguière. — Cath.

Union chrétienne de Plaisance-Notre-Maison, 225, rue d'Alésia. — Protest.

Amicale du boulevard Montparnasse, 80, boulevard Montparnasse. — Laïque.

Étienne-Dolet, 24, rue Delambre. — Laïque.

XVe ARR.

Notre-Dame-de-Grâce, 187, rue de Lourmel. — Cath. Voir *Cours professionnels.*

Saint-Jean-Baptiste de Grenelle, 34, rue Olivier-de-Serres. — Cath.

Saint-Jean-Baptiste de la Salle, 17 *bis*, passage Dechambre. — Cath.

Œuvre de la Jeunesse ouvrière de Javel, 29, avenue Émile-Zola. — Laïque. Voir *Cours professionnels.*

Notre-Dame-de-Nazareth, 7, rue Blomet. — Cath.

Notre-Dame de la Salette, 29, rue de Dantzig. — Cath.

Amicale de Saint-Jean-Baptiste de Grenelle, 13, pl. Félix-Faure. — Cath.

— **de la rue Blomet,** 19, rue Blomet. Laïque.

— **de la place du Commerce,** 4, place du Commerce. — Laïque.

Écoles libres de Saint-Lambert de Vaugirard, 82, rue de l'Abbé-Groult. — Cath.

XVIe ARR.

Saint-Pierre de Chaillot, 28, avenue de l'Alma. — Cath.

Auteuil et Point-du-Jour, 7, avenue de la Frillière. — Cath. Sté de St. V. de P.

Écoles libres de St-Pierre de Chaillot, 155, r. de l'Université. — Cath.

Amicale des écoles de Passy, 8, rue Singer. — Cath.

Écoles libres de Saint-Honoré d'Eylau, 67, rue Boissière. — Cath.

Jeunesse catholique de St-Honoré d'Eylau, 63, rue Boissière. 4 sections.

Union chrétienne d'Auteuil-Billancourt, 29, rue Boileau. — Protest.

— **de Passy,** 3, rue Lekain. — Protest.

Paul-Bert, 20, rue Musset. — Laïque.

XVIIe ARR.

Sainte-Marie des Batignolles, 77, rue Truffaut. — Cath.

Saint-Ferdinand des Ternes, 4, rue Émile-Allez. — Cath.

Saint-Michel des Batignolles, 12 *bis*, rue St-Jean. — Cath.

Saint-Joseph des Épinettes, 38, rue des Épinettes. — Cath. Sté de St. V. de P.

Amicale de Saint-Michel des Batignolles (A), 35, avenue de St-Ouen. — Cath.

Union chrétienne des Batignolles, 37, rue Lacroix. — Protest.

Amicale Pouchet, 42, rue Pouchet. — Laïque.

— **artistique du patronage Félix-Pécaut**, rue Félix-Pécaut. — Laïque.

Les Épinettes, 1, impasse des Épinettes. — Laïque.

Amicale de la rue Pétret, rue Félix-Pécaut. — Laïque.

Laïque de la rue Lemercier, 105, rue Lemercier.

— **des Ternes et de la Plaine-Monceau.** Pour pupilles, garçons et jeunes filles, 16, rue Laugier.

XVIIIe ARR.

Saint-Jean de Montmartre, 14, passage de l'Élysée-des-Beaux-Arts. — Cath.

Saint-Pierre de Montmartre, 23, rue Lamarck. — Cath.

Saint-Pierre de Montmartre, 2, rue du Mont-Cenis. — Cath.

Saint-Denys de la Chapelle, 32, rue de la Chapelle. — Cath.

Écoles libres de Notre-Dame de Clignancourt, 34, r. Hermel. — Cath.

Notre-Dame de Clignancourt, 140, rue de Clignancourt. — Cath.

Les Grandes-Carrières, 174, rue Championnet. — Cath.

Écoles libres de Saint-Bernard, 6, rue St-Luc. — Cath.

Saint-Denis de la Chapelle, 1, rue Boucry. — Cath.

Union chrétienne de Montmartre-Maison Verte, 129, rue Marcadet. — Protest.

Les Amis de l'adolescence du XVIIIe arrondissement, 10 et 12, impasse d'Oran. — Laïque.

Laïque du XVIIIe arr. (Section de Clignancourt), 105, rue Marcadet.

XIXe ARR.

Notre-Dame-de-l'Espérance, 25, rue de la Villette. — Cath.

Sacré-Cœur, 22, rue Tandon. — Cath.

Notre-Dame des Buttes, 110, rue Bolivar. — Cath.

Saint-Joseph-Saint-Louis, 55, boulevard de Belleville. — Voir *Maisons de famille.*

Amicale de Belleville (A), 50, rue des Solitaires. — Cath.

Écoles libres, 75, rue de l'Ourcq. — Cath.

Amicale de l'école de la rue Fessart, 4, rue Fessart. — Laïque.

Société d'éducation et patronage laïque du XIXe arrondissement, 7, rue Jomard. — Laïque.

Barbanègre, 7, rue Barbanègre. — Laïque.

Amicale et patronage de la rue Bolivar. 69, rue Bolivar. — Laïque.

Fondation Halphen et Lucien de Hirsch, 70, rue Secrétan. — Israélite pour les garçons et pour les filles.

XXe ARR.

Écoles libres de N.-D. de Ménilmontant, 3, pass. Eupatoria. — Cath.
Saint-Pierre, 276, rue des Pyrénées. — Cath. Sté de St. V. de P.
Notre-Dame de Lourdes, 109, rue de Pelleport. — Cath.
Notre-Dame de Lourdes, 85, rue Haxo. — Cath.
Sainte-Anne, 42, rue Planchat. — Cath. Sté de St. V. de P.
Écoles libres de Saint-Germain de Charonne, 124, rue de Bagnolet. — Cath.
Union amicale des jeunes gens, 51, rue Ramponneau. — Laïque.
Union chrétienne de Belleville, 1, rue Levert. — Protest.
Association antialcoolique et patronage scolaire du XXe arrondissement, 9, rue Bretonneau. — Laïque.
Amicale de la rue des Panoyaux, 9, rue des Panoyaux. — Laïque.
Les amis de l'école laïque. Association d'anciens élèves du patronage, 11, rue de la Plaine. — Laïque.
La jeunesse de Saint-Fargeau, 166, rue de Pelleport. — Association d'anciens élèves et patron. Laïque.
La Bellevilloise, 21, rue Boyer. — Laïque. Ouvert aux garçons et aux jeunes filles.

Pour être admis, il faut verser une cotisation annuelle de 3 fr., appartenir à la Sté coopérative *La Bellevilloise*, et ne pratiquer aucune religion.

BANLIEUE

ALFORTVILLE. — 3, place de la Mairie. — Cath.
ARCUEIL. — 29, avenue Carnot. — Cath.
— pour les deux sexes, 22, rue Émile-Raspail. — Laïque.
ASNIÈRES. — 1, rue des Écoles. — Cath.
— aux Quatre-Routes. — Cath.
AUBERVILLIERS. — 101, route de Flandre. — Cath. (A).
— 6, rue des Noyers. — Cath.
— rue Paul-Bert (à l'école). — Patron. laïque.
BAGNEUX. — A la Mairie. — Laïque.
— 20, rue d'Arcueil. — Cath.
BAGNOLET. — 29, rue de la Capsulerie. — Cath.
— municipal, Mairie.
BILLANCOURT. — 223, boulevard de Strasbourg. — Cath.
BONDY. — 16, rue de la Croix. — Cath.
BONNEUIL. — Place d'Armes. — Cath.
BOIS-COLOMBES. — 31 *bis*, rue des Aubépines. — Cath.
BOULOGNE-SUR-SEINE. — 15, rue de Buzenval. — Cath.
— Union chrétienne de jeunes gens, 117, rue du Château. — Protest.

LE BOURGET. — 24, rue de Flandre. — Cath.
— Patronage laïque, Mairie du Bourget.
BOURG-LA-REINE. — 7, route de St-Cyr. — Cath.
BRY-SUR-MARNE. — 14, rue de Joinville. — Cath.
CHARENTON. — 96, rue de Paris. — Cath.
CHATENAY. — 1, rue Garnier. — Cath.
CHATILLON. — 45, rue de Paris. — Cath.
CHOISY-LE-ROI. — 6, avenue d'Alfortville. — Cath.
— Union chrétienne de jeunes gens, section cadette rattachée à l'Union d'Ivry. — Protest.
— Municipal, école de garçons, avenue Victor-Hugo. — Laïque.
CLAMART. — 6, rue Victor-Hugo. — Cath.
CLICHY. — Amicale de Clichy (A), 12, rue du Réservoir. — Cath.
— 18, rue du Réservoir. — Cath.
— 7, rue du Landy. — Cath.
— 160, boulevard Victor-Hugo. — Cath.
— Union chrétienne de jeunes gens, 13, r. Klock. — Protest.
— Amicale des anciens élèves de Victor-Hugo, 17, rue d'Alsace. — Patron. laïque.
COLOMBES. — 22, boulevard de Valmy. — Cath.
— 362, rue de Nanterre. — Cath.
COURBEVOIE. — 29, boulevard de St-Denis. — Cath.
— 41, avenue Victor-Hugo. — Laïque.
COURNEUVE. — 27 et 63, rue de la Convention. — Cath.
— Municipal, aux écoles. — Laïque.
CRÉTEIL. — Aux écoles. — Laïque.
DUGNY. — rue Basse. — Cath.
ENGHIEN-MONTMORENCY. — Union chrétienne de jeunes gens, 6 *bis*, rue St-Charles. Protest.
ÉPINAY-SUR-SEINE. — 3, rue Lacépède. — Cath.
FONTENAY-AUX-ROSES. — 7, Chemin de Paris. — Cath.
FONTENAY-SOUS-BOIS. — 8, rue du Châtelet. — Cath.
GENNEVILLIERS. — rue des Écoles prolongée. — Cath.
GENTILLY. — 15, avenue Raspail. — Cath.
— Patronage municipal pour garçons et filles, 26, rue Frileuse. — Laïque.
GRAND-MONTROUGE. — 51, Grande-Rue. — Cath.
L'HAY. — Sentier des Jardins. — Cath.
ISSY-LES-MOULINEAUX. — 6, rue de Chevreuse. — Cath.
— rue du Docteur-Lombard. — Cath.
— Écoles chrétiennes de St-Nicolas, 18, rue Marceau. — Cath.
IVRY. — Amicale d'Ivry (A), 69, rue Barbès. — Cath.

IVRY. — Patron., 209, rue de Paris. — Cath.
— Place de la République.— Municipal pour les 2 sexes.— Laïque.
— Union chrétienne de jeunes gens, 10, rue Christophe-Colomb. — Protest.
JOINVILLE-LE-PONT. — 27, rue de Paris. — Cath.
— 68, avenue Oudinot. — Cath.
— municipal, Mairie. — Laïque.
KREMLIN-BICÊTRE. — 5, rue Carnot. — Cath.
— municipal, école de garçons. — Laïque.
LA GARENNE-COLOMBES. — 5, rue Voltaire. — Cath.
LEVALLOIS-PERRET. — 56, rue des Frères-Herbert. — Cath.
— 106, rue Gravel. — Cath.
— 28, rue Cavé. — Cath.
— 45, rue Froment.. — Laïque.
— Union chrétienne de jeunes gens des Ternes-Levallois, 69, place Corneille. — Protest.
LES LILAS. — 11, rue de l'Avenir. — Cath. Sté de St. V. de P.
— des Lilas, à l'école de garçons. — Laïque.
MAISONS-ALFORT. — Rue Moynet. — Cath.
— Rue des Alouettes. — Cath.
MALAKOFF. — 147, route de Montrouge — Cath.
— municipal, Mairie. — Laïque.
MONTREUIL-SOUS-BOIS. — 7, rue Pépin. — Cath.
— 52, rue Voltaire. — Cath.
— École Berthelot, 84, avenue Parmentier. — Laïque.
— 32, rue Arsène-Chereau. — Laïque.
MONTROUGE. — Union chrétienne de jeunes gens de Montrouge. Malakoff, 22, rue de Fontenay. — Protest.
NANTERRE. — 35, boulevard du Nord. — Cath.
NEUILLY. — Écoles libres de Saint-Pierre de Neuilly, 121, avenue du Roule. — Cath.
— Patron., 11, rue Soyer. — Cath.
— Amicale des anciens élèves des écoles communales laïques, 15, avenue du Roule. — Laïque.
NOGENT-SUR-MARNE. — 5 *bis*, place du Marché central. — Cath.
NOISY-LE-SEC. — 55, rue Denfert-Rochereau. — Cath.
— Amicale de l'école Ste-Croix (A). — Cath.
PANTIN. — Écoles libres 31, rue du Canal. — Cath.
— 46 *bis*, rue des Écoles. — Cath.
— Union chrétienne des 4-Chemins, 28, r. des Écoles.—Protest.
PAVILLONS-SOUS-BOIS. — Patron., du Sacré-Cœur, 12, rue des Pavillons. — Cath.
— École Jean Macé. — Laïque.

LE PERREUX. — 21, allée de Bellevue. — Cath.
PIERREFITTE. — 27, rue Guéroux. — Cath.
PRÉ-SAINT-GERVAIS. — 11, Grande-Rue. — Cath.
— École de garçons. — Laïque.
PUTEAUX. — 12, rue des Pavillons. — Cath.
ROMAINVILLE. — 16 *bis*, rue Carnot. — Cath.
ROSNY. — 1 *bis*, rue des Jardins. — Cath.
— Écoles laïques. Pour les 2 sexes. — Laïques.
SAINT-DENIS. — Amicale de St-Denis, 7, r. des Ursulines. — Cath.
— 50, boulevard Ornano. — Cath.
— 1, rue de la Légion-d'Honneur. — Cath.
— 139, avenue de Paris. — Cath.
— Union chrétienne, 14, rue des Chaumettes. — Protest.
— Patron. d'enseignement populaire et d'éducation, 241, avenue de Paris. — Laïques.
SAINT-GERMAIN-EN-LAYE. — Union chrétienne, 16, rue de l'Aigle-d'Or. — Protest.
SAINT-MANDÉ. — 22, rue de l'Alouette. — Cath.
SAINT-MAUR-LES-FOSSÉS. — 47, rue Joséphine. — Cath.
— 93, boulevard de la Marne. — Cath.
— Square des Marronniers. — Cath.
— Municipal de St-Maur. Mairie. — Laïque.
SAINT-MAURICE. — 3, rue Edmond-Nocart. — Cath.
SAINT-OUEN. — 5, impasse Cogé. — Cath.
— 24, rue Dumontier. — Cath.
— 12 *bis*, rue des Rosiers. — Cath.
— 22, rue Baraduc. — Cath.
— Université populaire du canton de Saint-Ouen. Patron. et garderie d'enfants, Mairie de St-Ouen. — Laïque.
SCEAUX. — Amicale Saint-Jean-Baptiste (A), 7, rue du Marché. — Cath.
— 7, rue du Docteur-Berger. — Cath.
— 2, rue des Écoles. — Cath.
SÈVRES. — Union chrétienne de Sèvres-Bellevue, 9, rue Brongniart. — Protest.
SURESNES. — 18, rue Péronnet. — Cath.
STAINS. — 4, rue du Repos. — Cath.
THIAIS. — 11, rue de Grignon. — Cath.
VANVES. — 22, rue de la Mairie. — Cath.
VILLEMOMBLE. — 15, rue de la Procession. — Cath.
VINCENNES. — 35, rue Mirabeau. — Cath.
— École de Vincennes-Nord, 5, rue de la Liberté.
— Union chrétienne, 12, rue Monmory. — Protest.
VITRY. — Impasse St-Germain. — Cath.

II. — Liste des patronages de filles

Ier ARR.

Écoles libres de Saint-Roch, 28, rue St-Roch. — Cath.

— **Saint-Germain-l'Auxerrois**, 13, rue du Roule. — Cath. Dames.

Paroissial, 19, rue des Prêtres-St-Germain. — Cath. Dames.

Écoles libres de Saint-Roch, 13, rue Thérèse. — Cath. Dames.

IIe ARR.

Notre-Dame-des-Victoires, 21, rue Croix-des-Petits-Champs. — Cath. Dames.

Écoles libres, 85, rue Réaumur. — Cath. Sœurs de St. V. de P.

Unions chrétiennes, 60, rue d'Aboukir. — Protest.

IIIe ARR.

Écoles libres de Saint-Nicolas-des-Champs, 22, rue Montgolfier. — Cath. Sœurs de St. V. de P.

Saint-Jean-Saint-François, 12, rue Charlot. — Cath. Sœurs de St-Charles.

Sainte-Élisabeth, 201, rue Amelot. — Cath. Dames.

Écoles libres de Saint-Denys-du-Saint-Sacrement, 9, rue du Foin. — Cath. Sœurs de St. V. de P.

Écoles laïques de Saint-Denys-du-Saint-Sacrement et Sainte-Élisabeth, 66, rue de Turenne. — Dames.

Union chrétienne, 24, rue des Archives. — Protest.

— 12, rue du Parc-Royal. — Protest.

— 19, rue Béranger. — Protest.

IVe ARR.

Patron. du IVe arr. pour filles et garçons, 28, rue Geoffroy-Lasnier. — Laïque.

Écoles laïques de Saint-Gervais, 68, rue François-Miron. — Cath. Dames.

— — **de Saint-Merry**, 76, rue de la Verrerie. — Cath. Dames.

Saint-Louis-en-l'Ile, 3, quai d'Anjou. — Cath. Dames.

Saint-Paul-Saint-Louis, 12, rue Charles V. — Cath. Dames.

Écoles laïques de Notre-Dame des Blancs-Manteaux, 16, rue Ferdinand-Duval. — Cath. Dames.

Écoles libres de la paroisse Saint-Gervais, 30, rue Geoffroy-Lasnier. — Cath. Sœurs de St. V. de P.

— — **de Saint-Merry**, 8, rue du Cloître-St-Merry. — Cath. Sœurs de St. V. de P.

Œuvre de patronage pour les jeunes filles israélites de Paris, 6, rue des Hospitalières-St-Gervais. — Israélites.

Saint-Paul-Saint-Louis, 7, rue Poulletier. — Cath. Religieuses.

Écoles libres de Notre-Dame des Blancs-Manteaux, 10, rue des Guillemittes. — Cath. Sœurs de St. V. de P.

— — 47, Vieille-du-Temple. — Cath. Religieuses.

— — **de Saint-Louis-en-l'Ile**, 11, rue du Fauconnier. — Cath. Religieuses.

— — **de Notre-Dame**, 17, rue des Ursins. — Cath. Religieuses.

Union chrétienne La Source, 17, rue St-Antoine. — Protest.

— — 4, rue du Temple. — Protest.

V[e] ARR.

Écoles laïques de Saint-Étienne-du-Mont, 8, r. Rollin. — Cath. Dames.

— **libres de Saint-Étienne du Mont**, 69 à 75, rue du Cardinal-Lemoine. — Cath. Sœurs de St. V. de P.

Écoles laïques de Saint-Médard, 63, r. de la Glacière. — Cath. Dames.

— — **Saint-Étienne-du-Mont et Saint-Nicolas du Chardonnet**, 17, rue Linné. — Cath. Dames.

Quartier Mouffetard, 21, rue Daubenton. — Cath. Dames.

Écoles laïques de Saint-Jacques du Haut-Pas, 30, rue Denfert-Rochereau. — Cath. Dames.

— — **de Saint-Séverin**, 1, rue des Prêtres-St-Séverin. — Cath. Dames.

Œuvres de Sainte-Rosalie, 48, boulevard Blanqui. — Cath. Sœurs de St. V. de P.

Écoles libres de Saint-Médard, 32, rue Geoffroy-St-Hilaire. — Cath. Sœurs de St. V. de P.

— — **de Saint-Médard**, 41, rue de la Glacière. — Cath. Sœurs de St. V. de P.

— — **de Saint-Séverin**, 15, rue de la Parcheminerie. — Cath. Sœurs de St. V. de P.

— — **de Saint-Jacques du Haut-Pas**, 9, rue Pierre-Nicole. — Cath. Sœurs de St. V. de P.

— — **de Saint-Nicolas du Chardonnet**, 15, rue des Bernardins. — Cath. Sœurs St. V. de P.

Union chrétienne, 2, rue Pierre-Nicole, St-Marcel. — Protest.

— — 60, rue Monge. — Protest.

— — 9, rue du Val-de-Grâce. — Protest.

VIe ARR.

Écoles libres de Notre-Dame-des-Champs, 23, rue Montparnasse. — Cath. Dames.

— — **de Saint-Germain-des-Prés**, 3, rue de l'Abbaye. — Cath. Sœurs de St. V. de P.

— — **de Saint-Sulpice**, 80, rue de Vaugirard. — Cath. Sœurs de St. V. de P.

Écoles laïques de Saint-Sulpice, 8, rue Jean-Bart. — Cath. Dames.

Écoles laïques de Saint-Germain-des-Prés, 3, place St-Germain-des-Prés. — Cath. Dames.

Saint-François-Xavier, 6, impasse Dechambre. — Cath. Dames.

Écoles libres de Notre-Dame-des-Champs, 69, rue du Montparnasse. — Cath. Dames.

Union chrétienne, 58, rue Madame. — Protest.

VIIe ARR.

Écoles laïques de Sainte-Clotilde, 24, r. St-Dominique. — Cath. Dames.

— — **de Saint-Thomas-d'Aquin**, 23, rue du Cherche-Midi. — Cath. Dames.

— — **de Saint-Pierre du Gros-Caillou**, 96, rue St-Dominique. — Cath. Dames.

Écoles libres de Sainte-Clotilde, 77, rue de Grenelle. — Cath. Sœurs de St. V. de P.

— — **de Saint-Thomas-d'Aquin**, 9, rue Perronet. — Cath. Sœurs de St. V. de P.

— — **de Saint-François-Xavier**, 23, r. Oudinot. — Cath. Dames.

Saint-François-Xavier, 90, r. de Sèvres. — Cath. Sœurs de St-André

— — 3, rue Oudinot. — Cath. Religieuses.

Écoles libres de Saint-Pierre du Gros Caillou, 182, rue de Grenelle. — Cath. Sœurs de St. V. de P.

Paroissial, 140, rue du Bac. — Cath. Sœurs de St. V. de P.

Union chrétienne Pentemont, 106, rue de Grenelle. Protest.

— — **Saint-Jean**, 19, rue Amélie. — Protest.

VIIIe ARR.

Sainte-Madeleine, 14, rue de la Ville-l'Évêque. — Cath. Sœurs de St. V. de P.

Écoles libres de Saint-Augustin, 9, boulevard de Courcelles. — Cath. Sœurs de St. V. de P.

— — **de Saint-Philippe du Roule**, 11, rue de Monceau. — Cath. Sœurs de St. V. de P.

Écoles laïques de Saint-Augustin, 36, r. de Laborde. — Cath. Dames.

— — **de Saint-Philippe du Roule**, 174, faubourg St-Honoré. Cath. Dames.

Union chrétienne du Saint-Esprit, 22, rue de Naples. — Protest.

— — 5, rue de Turin. — Protest.

— — **Violette**, 27, avenue de la Bourdonnais. — Protest.

IXe ARR.

Écoles laïques de Saint-Eugène, 54, faubourg Poissonnière. — Cath. Dames.

Notre-Dame-de-Lorette, 18, rue de la Tour-d'Auvergne. — Cath. Sœurs de St. V. de P.

Saint-Louis d'Antin, 27, chaussée d'Antin. — Cath. Sœurs de la *Présentation*.

Société de patronage d'apprentis et de jeunes employés des deux sexes du IXe arrondissement. Siège social, Mairie du IXe arr. (1891). — Recon. ut. pub. Direction laïque. Réunions : 47, rue Serpente.

Écoles libres de Saint-Eugène, 56, rue d'Hauteville. — Cath. Sœurs de St. V. de P.

— — **de la Trinité,** 50, rue de Clichy. — Cath. Sœurs de la Présentation.

— — 16, rue de Milan. — Cath. Sœurs de l'Imm. Concept.

Union chrétienne, 16, rue Chauchat. — Protest.

— — 42, rue de Provence. — Protest.

X^e ARR.

Œuvre des Alsaciens-Lorrains, 212, r. Lafayette. — Cath. Religieuses.

Écoles libres de Saint-Laurent, 10, rue Alexandre-Parodi. — Cath. Sœurs de St. V. de P.

— — **de Saint-Vincent-de-Paul,** 6, rue de Rocroi. — Cath. Sœurs de St. V. de P.

Écoles laïques de Saint-Vincent-de-Paul, 35, r. Chabrol. — Cath. Dames.

— — **de Saint-Laurent,** 134, fg St-Martin. — Cath. Dames.

Union chrétienne, Nord, 17, rue des Petits-Hôtels. — Protest.

XIe ARR.

Écoles libres de Sainte-Marguerite, 16, rue Basfroi. — Cath. Sœurs de St. V. de P.

— — **de Saint-Ambroise,** 140, rue du Chemin-Vert. — Cath. Sœurs de St. V. de P.

Saint-Ambroise, 5 *bis*, impasse St-Ambroise. — Cath. Religieuses.

— — 64, rue St-Maur. — Cath. Religieuses.

Écoles libres de Saint-Joseph de Belleville, 81, rue d'Angoulême. — Cath. Sœurs de St. V. de P.

Saint-Joseph de Belleville, 145, avenue Parmentier. — Cath. Sœurs de St. V. de P.

Écoles laïques de Sainte-Marguerite, 6, r. Jean Macé. — Cath. Dames.

Sainte-Marguerite-Saint-Antoine des Flamands, 181, rue de Charonne. — Cath. Dames.

Union sociale, 170 *bis*, rue de Charonne. — Cath. Dames.

Écoles laïques de Saint-Ambroise, 60, av. Parmentier. — Cath. Dames.

Union chrétienne, 153, avenue Ledru-Rollin. — Protest.

— — **Saint-Maur,** 168, rue St-Maur. — Protest.

— — **Bon-Secours,** 20, rue Titon. — Protest.

La Violette du XIe arrondissement, 38, rue Trousseau. — Laïque.

Association amicale des anciennes élèves de l'école, 75, boulevard de Belleville (1896). — Laïque.

XIIe ARR.

Écoles laïques de Notre-Dame de Bercy, 4, rue de la Durance. — Cath. Dames.

Écoles laïques Saint-Antoine, 11, rue de Prague. — Cath. Dames.

Association de Saint-Raphaël. Écoles libres, 19, rue des Charbonniers. — Cath. Dames.

Immaculée-Conception, 5, rue Ruty. — Cath. Sœurs de St. V. de P.

Saint-Éloi, 77, rue de Reuilly. — Cath. Sœurs de St. V. de P.

Écoles libres de Saint-Antoine, 19, rue des Charbonniers. — Cath. Dames.

— — **de Notre-Dame de Bercy**, 63, rue des Meuniers. — Cath. Sœurs de St. V. de P.

Union chrétienne La Ruche, 13, rue de la Lancette. — Protest.

— — **Union des Abeilles**, 95, rue de Reuilly. — Protest.

Association des anciennes élèves des écoles laïques, 17, rue de Reuilly. — Laïque.

XIIIe ARR.

Quartier de la gare, 33, place Jeanne-d'Arc. — Laïque.

Écoles libres de Sainte-Anne de la Maison-Blanche, 49, rue Bobillot. — Cath. Sœurs de St. V. de P.

— — **de Saint-Marcel**, 37, rue Jenner. — Cath. Sœurs de St. V. de P.

Sainte-Anne de la Maison-Blanche, 7, imp. Reille. — Cath. Religieuses.

Écoles libres de Notre-Dame de la Gare, 112, rue du Chevaleret. — Cath. Sœurs de St. V. de P.

— — 26, place Jeanne-d'Arc. — Cath. Sœurs de St. V. de P.

Écoles laïques de Saint-Marcel, 16, rue Duméril. — Cath. Dames.

— — **de Notre-Dame de la Gare**, 2, r. Lahire. — Cath. Dames.

— — **de Sainte-Anne de la Maison-Blanche**, 76, rue Bobillot. — Cath. Dames.

Saint-Hippolyte, 27, avenue de Choisy. — Cath. Dames.

Union chrétienne, Ivry, 157, rue Nationale. — Protest.

— — **Trinité**, 172, boulevard de la Gare. — Protest.

Société des patronages laïques de jeunes filles du XIIIe arrondissement, 48, rue Jenner. — Laïque.

XIVe ARR.

Écoles libres de Notre-Dame-du-Rosaire, 176, rue de Vanves. — Cath. Dames.

Écoles laïques de Notre-Dame de Plaisance, 16, rue Vercingétorix. — Cath. Religieuses.

Écoles libres de Saint-Pierre de Montrouge, 29, rue Gassendi. — Cath. Sœurs de St. V. de P.

— — 5, rue du Moulin-Vert. — Cath. Dames.

— — 78, rue de la Tombe-Issoire. — Cath. Sœurs de St. V. de P.

— — **de Notre-Dame de Plaisance**, 12, rue Crocé-Spinelli. — Cath. Dames.

Écoles laïques de Notre-Dame-du-Rosaire, 54, rue Pierre-Larousse. — Cath. Dames.

Union chrétienne, 225, rue d'Alésia. — Protest.

— — 123, avenue du Maine. — Protest.

— — **Les Hirondelles**, 42, rue Gassendi. — Protest.

XVe ARR.

Sainte-Philomène du Haut-Vaugirard, 38, rue de Cronstadt. — Cath.

Écoles libres de Saint-Lambert de Vaugirard, 82 *bis*, rue de l'Abbé-Groult. — Cath. Dames.

Écoles laïques de Saint-Jean-Baptiste de Grenelle, 40, rue Rouelle. — Cath. Dames.

Saint-Alexandre de Javel, 4, passage des Écoles. — Cath. Dames.

Écoles laïques de Saint-Lambert de Vaugirard, 11, rue Rouelle. — Cath. Religieuses.

— — **de Saint-Jean-Baptiste de Grenelle**, 98, pourtour de l'Église. — Cath. Dames.

Saint-Jean-Baptiste de la Salle, 40, rue Rouelle. — Cath. Religieuses.

Union chrétienne, 19, rue de l'Ane. — Protest.

— — 157, rue St-Charles. — Protest.

— — **Résurrection**, 8, rue Quinault. — Protest.

Amicale des anciennes élèves de l'école professionnelle, 24, rue Fondary. — Laïque.

— **de la rue Lacordaire**, 11, rue Lacordaire. — Laïque.

XVIe ARR.

Écoles laïques de Notre-Dame-de-Grâce de Passy, 12, rue Nicolo. — Cath. Dames.

— **libres de Saint-Honoré d'Eylau**, 66, avenue Malakoff. — Cath. Dames.

Écoles laïques de Saint-Pierre de Chaillot, 27, rue de Chaillot. — Cath. Dames.

Notre-Dame d'Auteuil, 48, rue La Fontaine. — Cath. Dames.

— **laïques de Notre-Dame d'Auteuil**, 64 *bis*, rue Théophile-Gautier. — Cath. Dames.

Écoles libres de Notre-Dame d'Auteuil, 18, rue Claude-Lorrain. — Cath. Religieuses.

Notre-Dame d'Auteuil, 24, rue Claude-Lorrain. — Cath. Dames.

Écoles libres de Notre-Dame-de-Grâce de Passy, 60, rue Raynouard. — Cath. Sœurs de St. V. de P.

— — **de Saint-Honoré d'Eylau**, 154, avenue Victor-Hugo. — Cath. Religieuses.

— — 66, avenue Malakoff. — Cath. Religieuses.

— — **Saint-Pierre de Chaillot**, 10, rue Christophe-Colomb. — Cath. Religieuses.

Écoles libres Notre-Dame d'Auteuil, 60, rue Boileau. — Cath. Dames.

Union chrétienne Le Liseron, 29, rue Boileau. — Protest.

— — **Passy**, 3, rue Lekain. — Protest.

Eugène-Manuel, 185, avenue de Versailles. — Laïque.

Jules-Ferry, 130, rue de Longchamp. — Laïque.

XVIIe ARR.

Écoles libres de Sainte-Marie des Batignolles, 19, rue Salneuve. — Cath. Sœurs de St. V. de P.

— — **de Saint-Ferdinand des Ternes**, 22, rue Bayen. — Cath. Sœurs de St. V. de P.

Les Ternes et la Plaine-Monceau, 16, rue Laugier. — Pour pupilles, garçons et jeunes filles. Laïque.

Amicale des élèves et anciennes élèves de la rue Pétrel, rue Félix-Pécaut. — Laïque.

Saint-Michel et Saint-Joseph des Épinettes, 3, rue Lacaille. — Cath. Religieuses.

Écoles laïques de Saint-Ferdinand des Ternes, 38, avenue des Ternes. — Cath. Dames.

— — **de Saint-Michel des Batignolles**, 7, rue Lacaille. — Cath. Dames.

Sainte-Geneviève des Grandes-Carrières, 87, rue de Tocqueville. — Cath. Dames.

Écoles laïques de Sainte-Marie des Batignolles, 3, rue Lebouteux. — Cath. Dames.

Saint-Charles de Monceau, 108, rue des Dames. — Cath. Dames.

Union chrétienne, 47, rue Dulong. — Protest.

— — 8, rue Lecomte. — Protest.

Union amicale de jeunes filles du VIIIe et du XVIIe arrondissement, 21, passage Legendre. — Lycéennes et apprenties (1899). Laïque.

XVIIIe ARR.

Écoles laïques de Notre-Dame de Clignancourt, 47, rue Montcalm. — Cath. Dames.

— — **Saint-Denys de la Chapelle**, 9, rue des Roses. — Cath. Dames.

Saint-Jean de Montmartre, 33, rue Caulaincourt. — Cath. Sœurs de St. V. de P.

Saint-Bernard de la Chapelle, 50, rue Stephenson. — Cath. Sœurs de St. V. de P.

Écoles libres de Saint-Denys de la Chapelle, 7, rue Jean-Cottin. — Cath. Sœurs de St. V. de P.

— — **Notre-Dame de Clignancourt**, 8, rue Championnet. — Cath. Sœurs de St. V. de P.

Les Amis de l'Adolescence du XVIIIe arrondissement, 10 et 12, impasse d'Oran. — Patron. laïque de jeunes gens et de jeunes filles.

Sainte-Geneviève des Grandes-Carrières, 174, rue Championnet. — Cath. Religieuses.

Union chrétienne. Maison-Verte, 129, rue Marcadet. — Protest.

XIXe ARR.

Saint-Jean-Baptiste de Belleville, 8, rue Clavel. — Cath. Sœurs de St. Joseph.

Écoles libres de Saint-Jacques-Saint-Christophe de la Villette, 160, rue de Crimée. — Cath. Religieuses.

Saint-Georges, 20, rue Bouret. — Cath. Sœurs de St. V. de P.

Saint-Jean-Baptiste de Belleville, 57, rue Compans. Cath. Dames.

Écoles laïques de Saint-Jean-Baptiste de Belleville, 85, rue Haxo. — Cath. Dames.

— — **Saint-Jean-Baptiste de Belleville**, 160, rue de Belleville. — Dames.

Saint-Jacques-Saint-Christophe de la Villette, 86, rue de Flandre. — Cath. Dames.

Saint-Georges, 31, rue Cavendish. — Cath. Dames.

Union chrétienne de Belleville, 22, rue Fessart. — Protest.

— — 5, rue Meynadier. — Protest.

— — 14, passage Thionville. — Protest.

XXe ARR.

Écoles libres de Saint-Germain de Charonne, 27 et 35, rue St. Blaise. — Cath. Dames.

Écoles laïques de Notre-Dame-de-la-Croix, 50, rue de Ménilmontant. — Dames.

— — 20, r. des Panoyaux.—Cath. Dames.

La Bellevilloise, 21, rue Boyer. — Direction laïque.

Écoles libres de Saint-Germain de Charonne, 70, rue des Haies. — Dames.

Notre-Dame-de-la-Croix, 119, rue de Ménilmontant. — Cath. Sœurs de St. V. de P.

Notre-Dame de Lourdes, 159, rue de Ménilmontant. — Cath. Religieuses.

Union chrétienne, 6, rue Étienne-Dolet. — Protest.

— — 52, rue des Pyrénées. — Protest.

— — La Persévérance, 187, rue des Pyrénées. — Protest.

— — 90, rue Julien-Lacroix. — Protest.

BANLIEUE

ADAMVILLE. — **12**, place d'Adamville. — Cath. Dames.

ALFORTVILLE. — **148**, rue de Villeneuve. — Municipalité. Laïque.

ANTONY. — **7**, rue de la Mairie. — Cath. Dames.

ARCUEIL. — **22**, rue Émile-Raspail. Pour les 2 sexes. Laïque.

— 7, rue Étienne-Dolet. — Cath. Religieuses.

ASNIÈRES. — 9, place de l'Église. — Cath. Dames.
— 21, rue Cantin, à Bécon-les-Bruyères. — Cath. Dames.
AUBERVILLIERS. — 150, rue de la Goutte-d'Or. — Cath. Dames.
— 11, rue de la Cour-Neuve. — Cath. Religieuses.
BAGNEUX. — 20, rue d'Arcueil. — Cath. Dames.
BAGNOLET. — 6, rue du Bel-Air. — Cath. Dames.
— 19, rue de Montreuil. — Cath. Dames.
BILLANCOURT. — 50, rue Nationale. — Cath. Dames.
BOBIGNY. — 1, rue du Parc. — Cath. Religieuses.
BOULOGNE. — 64, rue de l'Est. — Cath. Dames.
— Union chrétienne, 117, rue du Château. — Protest.
LE BOURGET. — 63, rue de Flandre. — Cath. Dames.
BOURG-LA-REINE. — 20, Grande-Rue. — Cath. Religieuses.
CHARENTON. — 38, rue Gabrielle. — Cath. Dames.
— 10, rue des Bordeaux. — Cath. Sœurs de St. V. de P.
— 12, rue de la Zone. — Cath. Dames.
CHATENAY. — 7, rue des Vallées. — Cath. Religieuses.
— 4, rue d'Antony. — Laïque.
CHATILLON. — 5, rue de Fontenay. — Cath. Religieuses.
CHOISY-LE-ROI. — 26, avenue de Choisy. — Cath. Dames.
CLAMART. — 5, rue Georges-Huguet. — Cath. Religieuses.
CLICHY. — 8, rue Martissot. — Cath. Dames.
— 84, rue Martre. — Cath. Religieuses.
— 6, rue du Guichet. — Cath. Dames.
— Union chrétienne, 17, rue Klock. — Protest.
COLOMBES. — 7, rue Bonin. — Cath. Dames.
— 21, rue Traversière. — Cath. Dames.
— 42, rue de l'Aigle. — Laïque.
COURBEVOIE. — 24, rue de l'Alma. — Cath. Dames.
— 36, rue de l'Alma. — Cath. Dames.
DRANCY. — Grande-Rue. — Cath. Religieuses.
ÉPINAY-SUR-SEINE. — 6, rue Dumas. — Cath. Dames.
FRESNES. — 39, Grande-Rue. — Cath. Dames.
FONTENAY-AUX-ROSES. — 48, rue Boucicaut. — Cath. Dames.
— 12, place de l'Église. — Laïque.
GENTILLY. — 26, rue Frileuse. — Pour garçons et filles. Laïque.
— 8, rue Frileuse. — Cath. Religieuses.
— 20, avenue de la République. — Cath. Dames.
GRAND-MONTROUGE. — 42 *bis*, avenue de la République. — Cath. Dames.
— 39, avenue Verdier. — Cath. Dames.
ILE-SAINT-DENIS. — 161 et 193, av. de Paris. — Cath. Religieuses.
ISSY-LES-MOULINEAUX. — Rue du Docteur-Lombard. — Cath. Dames.

IVRY-PLAINE. — 20, rue Camille-Desmoulins. — Cath. Dames.
IVRY-PORT. — 39, rue de Seine. — Cath. Dames.
IVRY. — 205 *bis*, rue de Paris. — Cath. Dames.
— Place de la République. Municipal pour les 2 sexes. Laïque.
— 207, rue de Paris. — Cath. Dames.
— 18, rue de Seine. — Cath. Dames.
— Union chrétienne, 8, rue Christophe-Colomb. — Protest.
JOINVILLE-LE-PONT. — 30, quai Beaubourg. — Cath. Dames.
KREMLIN-BICÊTRE. — A l'école pour les 2 sexes. Laïque.
LA COURNEUVE. — 11, rue Villot. — Cath. Dames.
LEVALLOIS-PERRET. — 65, rue Gide. — Cath. Dames.
— 42, rue Fromont. — Cath. Dames.
— Union chrétienne, 13 *bis*, rue Corneille. — Protest.
LES LILAS. — 25, rue du Coq-Français. — Cath. Dames.
MAISONS-ALFORT. — 36, quai d'Alfort. — Cath. Dames.
— 1, rue des Bretons. — Cath. Dames.
MALAKOFF. — 35, route Stratégique. — Cath.
— 9 *bis*, rue Danicourt. — Cath. Dames.
MONTROUGE-MALAKOFF. — Union chrétienne, 27, rue de Fontenay. — Protest.
MONTREUIL. — 74, rue Victor-Hugo. — Cath. Religieuses.
— 7, rue Victor-Hugo. — Cath. Religieuses.
MONTREUIL-SOUS-BOIS-VINCENNES. — Union chrétienne, 12, rue Monmory, à Vincennes. — Protest.
NANTERRE. — 60, rue St-Germain. — Cath. Religieuses.
NEUILLY. — 13, rue des Poissonniers. — Cath. Religieuses.
— 160, avenue du Roule. — Cath. Dames.
— Union chrétienne, 60, rue Perronet. — Protest.
NOGENT-SUR-MARNE. — 6, rue Brillet. — Cath. Dames.
— 5, place du Marché. — Cath. Dames.
NOISY-LE-SEC. — Union chrétienne, 44, rue Denfert-Rochereau. — Protest.
ORLY-THIAIS. — Cath. Dames.
PANTIN. — 5, rue Thiers. — Cath. Religieuses.
— Union chrétienne, 4, rue Cartier-Bresson. — Protest.
PARC SAINT-MAUR. — 3, avenue du Cirque. — Cath. Dames.
LA PLAINE-SAINT-DENIS. — 116, avenue de Paris. — Cath. Dames.
PRÉ-SAINT-GERVAIS. — 15, rue dela Séparation. — Cath. Religieuses.
— Union chrétienne, 36, rue Bolivar, Paris. — Protest
PUTEAUX. — 33, rue Saulnier. — Cath. Dames.

PUTEAUX. — 92, avenue de St-Germain. — Cath. Religieuses.
— 91, rue de Paris. — Cath. Religieuses.
— Union chrétienne, 3, rue Arago. — Protest.
ROSNY. — 10, rue Hussenet. — Cath. Dames.
— Écoles laïques.
SAINT-DENIS. — Union chrétienne, 14, rue des Chaumettes. — Protest.
— 12, quai du Moulin. — Cath. Religieuses.
SAINT-DENYS-BASILIQUE. — 27, rue de la Fromagerie. — Cath. Religieuses.
SAINT-DENYS-L'ESTRÉE. — 285, boulevard Ornano. — Cath. Dames.
— 27, rue de la Fromagerie. — Cath. Religieuses.
SAINT-MAURICE. — 53, Grande-Rue. — Cath. Religieuses.
SAINT-MAUR-LES-FOSSÉS. — 15, rue Mahieu. — Cath. Dames.
SAINT-OUEN. — Université populaire du canton de Saint-Ouen. Mairie. — Patron. et garderie d'enfants. Laïque.
— 22, rue Baraduc. — Cath. Dames.
— 44 *bis*, avenue de la Gare. — Cath. Dames.
— 41, rue St-Denis. — Cath. Religieuses.
SCEAUX. — 27, rue des Imbergères. — Cath. Dames.
STAINS. — 68, rue Carnot. — Cath. Religieuses.
SURESNES. — 25, rue de Seine. — Cath. Dames.
— 60, rue du Mont-Valérien. — Cath. Dames.
THIAIS. — 7, rue de la Mairie. — Cath. Dames.
VANVES. — 18, avenue Victor-Hugo. — Cath. Religieuses.
VILLEMOMBLE. — 8, rue Poussin. — Cath. Dames.
VINCENNES. — 145, rue de Fontenay. — Cath. Dames.
VITRY. — 8, rue du Château. — Cath. Dames.

III. — Cercles et œuvres de jeunesse

Œuvre des Cercles catholiques d'ouvriers de Paris et du département de la Seine, 3, rue Martignac. Fond. par le comte Albert de Mun et le marquis de la Tour du Pin (1872). — Il existe environ 400 cercles d'ouvriers chrétiens, comptant plus de 100 000 adhérents. L'œuv. est dirigée par un comité central et des comités locaux, et par un secrétariat général, divisé en 4 sections, avec des représentants dans chaque diocèse. Les cercles, aussi bien que les groupes d'études ou d'action sociale et les syndicats fond. par l'œuv., ont pour but de maintenir ou de développer la foi catholique parmi les travailleurs manuels, de les entraîner à exercer une influence sociale, de les pourvoir d'utiles institutions économiques, enfin de les convier à une collaboration fraternelle avec les hommes de la classe aisée, dans la pratique de la justice et de la paix sociales.

Les cercles cath. d'ouvriers sont ouverts tous les s., de 7 h. à 10 h. ; le dim., de 7 h. du mat. à 10 h. du s. Ils ont tous une chapelle particulière réservée aux membres, salle de jeux, salle de réunions, groupements de musique ou de gymnastique, conférences de St. V. de P.

A la tête de chaque cercle est un conseil de quartier, qui s'occupe de la vie matérielle du cercle et de sa direction morale, et un conseil d'ouvriers nommés par les membres du cercle avec un président ouvrier, qui applique le règlement intérieur et s'occupe du recrutement des membres. Cotisation : 0,50 par mois.

Liste des Cercles catholiques de Paris et de la Seine

Cercle Ste Geneviève, 15, rue des Carmes (V^e^) ;
— du Gros-Caillou, 9, passage Landrieu (VIIe) ;
— St-Antoine, 46, rue de Montreuil (XIe) ;
— Le Chantier, 199, rue de Bercy (XIIe) ;
— Les Quinze-Vingts, 66, avenue Ledru-Rollin (XIIe) ;
— Maurice Maignien, 29, rue de Lourmel (XVe) ;
— de Vaugirard, 34, rue Olivier-de-Serres (XVe) ;
— du Sacré-Cœur, 21, rue du Mont-Cenis (XVIIIe) ;
— Notre-Dame-du-Bon-Conseil, 140, r. de Clignancourt (XVIIIe) ;
— de Belleville, 25, rue de la Villette (XIXe) ;
— de la Villette, 121, rue de Flandres (XIXe) ;
— d'Ivry-Port, 64, rue Jean-Jacques-Rousseau ;
— de Gentilly, 15, avenue Raspail.

IIe ARR.

Cercle du travail féminin, 35, boulevard des Capucines. Fond. par Mme Siegfried (1900). — Œuvre sans caractère confes. ni politique. Assoc. de femmes qui travaillent, et veulent améliorer leur situation matérielle par l'aide mutuelle, se créer un foyer commun, un centre de distractions et d'amitiés. Il faut être présentée par deux membres, et vivre de son travail pour être membre actif. Cotisation annuelle : 6 fr.

Cercle ouvert de 10 h. du mat. à 10 h. du s. Salons, salles de réunion et de lecture (bibliothèque), soirées et promenades. Restaurant à la carte, colonies de vacances, cours grat. de langues vivantes, musique, coupe et modes. Placem. grat.

Syndicat des employés de commerce et de l'industrie, 14 *bis*, boulevard Poissonnière. — Voir *Œuv. diverses de secours*.

IIIe ARR.

Cercle Amicitia, 12, rue du Parc-Royal. — Voir *Maisons de famille*.

V^e^ ARR.

Cercle des ouvriers maçons et tailleurs de pierre, 7, rue des Chantiers (1867). — Recon. ut. pub. Réunions distractives le dim. Salles de conférences, cercle d'études. Ce cercle, qui est exclusivement professionnel, donne à son siège, et aussi 54, avenue de Clichy, des cours primaires de géométrie et dessin, de stabilité, de métré et de coupe de pierre. Cath.

Cercle Sainte-Geneviève (C. C.), 15, rue des Carmes.

VIe ARR.

Cercle catholique des étudiants, 18, rue du Luxembourg. — Vastes salons et salles d'études, de lecture (bibliothèque), de conférences et de jeux. Conférences d'étudiants des diverses Facultés. Conférence de St. V. de P.

Cercle des employés de commerce, 14, rue d'Assas. — Salles de réunion et de lecture ouvert. tous les s. A pour but la conservation des sentiments religieux de ses membres. Direct. cath.

VIIe ARR.

L'Oasis, 85, rue de Sèvres. — Cercle féminin. Cath. A pour but d'apporter un appui moral et social aux jeunes filles et aux femmes, étudiantes et employées.

Il faut être présentée par deux membres. Cotisation : 6 fr. par an. Le Cercle est ouvert tous les j., de 10 h. du mat. à 10 h. du s.

Il comprend un parc, des salles de repos, de lecture (bibliothèque), conférences diverses, consult. juridiques, cours de diction, chant, coupe, anglais, sténographie, caisse de prêts, œuv. du vestiaire, qui consiste dans la visite de familles pauvres.

Maison de famille ; 18 chambres (18 à 20 fr. par mois). Restaurant à la carte. Deux maisons de repos et de conval. à Buc et Paramé.

Association Louis Nicolas, 155, rue de l'Université. — Patron., service médical grat., colonie de vacances, placem., consult. juridiques, caisse du soldat, etc.

Cercle du Gros Caillou (C. C.), 9, passage Landrieu.

VIIIe ARR.

Conférence Paul Henry, 28, avenue de l'Alma. — Cercle de jeunes gens. Direct. cath.

X[e] ARR.

Société de patronage de l'Œuvre dite « Œuvre familiale des ouvrières », 47, rue d'Hauteville (1898). — A pour but de patronner, diriger et procurer des ressources à l'Œuv. familiale des ouvrières. Voir *Maisons de famille.*

XIe ARR.

L'Union familiale, 185, rue de Charonne (1899). — Recon. ut. pub. Cette œuv. a pour but la formation familiale et sociale des personnes du peuple qui la fréquentent. Elle comprend, parmi tous ses moyens d'action, des cours de formation sociale. Voir *Œuv. diverses de secours.*

Cercle Saint-Antoine (C. C.), 46, rue de Montreuil.

XIIe ARR.

Œuvre sociale des Chantiers (A. C.), 199, rue de Bercy. — Cath. Outre le patron. pour garçons d'au moins 7 ans, cercle pour jeunes gens de 16 à 21 ans, ouv. tous les s. et le dim. toute la journée, et cercle d'hommes ouv. tous les s. Conférence de St. V. de P., bibliothèque, cours de préparation militaire, colonie de vacances, ouvroir et vestiaire.

Cercle des Quinze-Vingts (A. C.), 57, rue Traversière.

Cercle Saint-Éloi, 36, rue de Reuilly. Direct. cath.

XIVe ARR.

Cercle de Saint-Paul, 55, rue Vercingétorix. — Cath. Sté de St. V. de P.

XVe ARR.

Cercle Léon XIII, 82, rue de l'Abbé-Groult. Direction cath.

Cercle de Vaugirard (C. C.), 34, rue Olivier-de-Serres.

Association Maurice Maignien (C. C.), 29, rue de Lourmel.

XVIe ARR.

Réunion d'Eylau, 67, rue Boissière. — Direction cath. Sté de jeunes gens. Cercle d'études. Bibliothèque. Conférence de St. V. de P. Cotisation : 5 ou 10 fr.

XVIIe ARR.

Œuvre des étudiants, 17, rue de Tocqueville. — Conférence de St. V. de P. Direct. cath.

XVIIIe ARR.

Cercle laïque de jeunes filles, 16, rue Coysevox.

— **du Sacré-Cœur** (C. C.), 21, rue du Mont-Cenis.

— **N.-D. du-Bon-Conseil** (A. C.), 140, rue de Clignancourt.

XIXe ARR.

Cercle de la Villette (C. C.), 121, rue de Flandre.

— **de Belleville** (C. C.), 25, rue de la Villette.

BANLIEUE

L'ILE-SAINT-DENIS. — **Œuvre des Mariniers**, 12, rue du Moulin. — Cath.

GENTILLY (C. C.), 15, avenue Raspail.

IVRY-PORT. — **Cercle d'Ivry-Port** (A. C.), 64, rue Jean-Jacques-Rousseau.

CHAPITRE XXVII

CORRECTION

Ier ARR.

Comité de défense des enfants traduits en justice (U. S. P. F.), au Palais de justice. — Organise la défense des enfants traduits en justice, et donne tous les renseignements qui les concernent.

Réunions deux fois par semaine, sous la présidence du bâtonnier de l'ordre des avocats à la Cour d'appel. Les présidentes des œuv. féminines y sont admises.

VIe ARR.

Petit ouvroir de Saint-Vincent-de-Paul, 120, rue du Cherche-Midi. Fond. par Mlle Lavarde (1849). — Sœurs de St. V. de P. Pour fillettes et jeunes filles difficiles, de 10 à 13 ans. Sortie à 21 ans. Prix de pension : 420 fr. par an. 90 places.

Patronage de l'enfance et de l'adolescence, 13, rue de l'Ancienne-Comédie. Voir *Adoption.*

VIIe ARR.

Société générale de protection de l'enfance abandonnée ou coupable, 47, rue de Lille. Voir *Adoption.*

XIIe ARR.

Maison d'éducation correctionnelle pour jeunes filles protestantes, 95, rue de Reuilly. Fond. par le Pasteur Vermeil (1821). — Recon. ut. pub. Direction des Dames diaconesses. Reçoit des jeunes filles protest. vicieuses de 13 à 21 ans, placées par leurs parents ou envoyées par les tribunaux. Prix de pension : 300 fr. par an. Reçoit à titre disciplinaire des enfants plus jeunes remises par les familles, aux mêmes conditions.

XIIIe ARR.

École de réforme de la Salpêtrière, 47, boulevard de l'Hôpital. — Dépend. de l'Assist. pub. Reçoit seulement les jeunes filles et enfants vicieuses déjà pupilles de l'Assist. pub.

BANLIEUE

CHATILLON-SOUS-BAGNEUX. — **Œuvre du Refuge de Sainte-Anne,** rue de Paris. Fond. par Mlle Chupin (1854). — Recon. ut. pub. Direction cath. Pour jeunes filles depuis l'âge de 15 ans. Admissions grat.

CONFLANS. — **Refuge du Bon-Pasteur,** 6, rue Camille-Mouquet. — Direction cath. Pour jeunes filles indisciplinées, depuis l'âge de 7 ans. Prix de pension : 300 à 400 fr. par an et 100 fr. d'entrée.

MONTESSON (Seine-et-Oise). — **École de réforme Théophile-Roussel** (1902). — Établ. privé subventionné par le département de la Seine. Reçoit les enfants de 7 à 14 ans envoyés par le juge d'instruction, l'Assist. pub., ou placés volontairement comme indisciplinés par leurs parents ou tuteurs du département de la Seine. Prix de pension : 30 fr. par mois. Enseignement primaire et professionnel.

S'adresser au directeur, l'après-midi du 2e dim. de chaque mois, de 8 h. à 11 h., sauf les dim.

PLESSIS-PIQUET. — **Refuge israélite du Plessis-Piquet** (1889). — Pour enfants israélites envoyés par le juge d'instruction ou confiés par leurs parents. Voir *Adoption.*

AGE ADULTE

CHAPITRE XXVIII

ŒUVRES DIVERSES DE SECOURS

I. Bureaux de bienfaisance. — II. Secours de l'Administration. — III. Secours des Paroisses catholiques et des Diaconats. — IV. Maisons de charité libres. — V. Œuvres diverses de secours. — IV. Unions d'œuvres.

I. — Bureaux de bienfaisance

1°. — Organisation.

Les Bur. de bienf. (Arrêté directorial de 1796, réorganisation en 1895) sont chargés, dans les Mairies de chacun des arrondissements de la Ville de Paris, et sous l'autorité du directeur de l'Assist. pub., du service des secours à domicile. Composition : le Maire, président ; les adjoints, les conseillers municipaux de l'arr. ; 4 administrateurs ou administratrices par quartier, nommés pour quatre ans par le Préfet de la Seine ; un secrétaire-trésorier. Des commissaires et des dames patronnesses, nommés par le Préfet de la Seine, prêtent leur concours aux administrateurs pour le service des enquêtes, des visites et des quêtes. Le Bur. de bienf. se réunit au moins deux fois par mois. Une *Délégation permanente* se réunit chaque jour à la Mairie ; elle est spécialement chargée de l'attribution des secours aux nécessiteux et des secours extraordinaires aux indigents de l'arr.

Ressources : 1° dons et legs ; 2° part proportionnelle à la population indigente de l'arr., sur le produit du bien des pauvres, centralisé au budget de l'Assist. pub. ; 3° part dans la subvention votée par le Conseil municipal et inscrite audit budget ; 4° produit des troncs, quêtes, collectes et fêtes de bienf. ; 5° dons recueillis par les membres du Bur. et les commissaires et dames patronnesses ; 6° prélèvement de dix pour cent sur les recettes des théâtres, concerts, music-halls et bals tarifés. Il existe un Bur. de bienf. dans chacune des 78 communes de la banlieue (Seine).

2°. — Attribution des secours.

Deux sortes de secours : a) *Secours annuels aux indigents;* b) *Secours temporaires aux nécessiteux.*

a) Ne peuvent être admis à recevoir des *secours annuels* que les indigents inscrits sur la liste préparée chaque année par le Bur. de bienf., et arrêtée par le directeur de l'Assist. pub. Cette liste comprend les personnes de nationalité française, domiciliées à Paris depuis 3 ans au moins, incapables par leur âge ou leur invalidité de pourvoir à leur subsistance par le travail, ainsi que les femmes veuves, séparées, divorcées ou abandonnées, chargées de famille, qui remplissent les mêmes conditions de nationalité et de domicile. Les indigents sont tenus de faire connaître au secrétariat du Bur. de bienf. la quotité des secours permanents qu'ils reçoivent d'institutions charitables étrangères à l'Assist. pub. En cas de fausse déclaration, les secours annuels sont supprimés. La liste des indigents peut être communiquée, avec autorisation du Maire, aux représentants des œuv., qui prennent l'engagement de communiquer au Bur. de bienf. la liste des personnes qu'elles secourent.

b) Sont secourus *temporairement*, comme nécessiteux, les individus valides ou malades : 1° qui ne peuvent momentanément pourvoir à leur subsistance ; 2° qui, étant inscrits comme indigents, ont besoin de secours exceptionnels. Les secours sont accordés par la Délégation permanente, et en cas d'urgence par le directeur. Ils sont payés sur bons numérotés, valables seulement pendant le mois de leur délivrance.

3°. — Nature des secours.

A) **Assistance médicale gratuite**, accordée aux malades inscrits sur la liste des indigents, ou reconnus nécessiteux par la Délégation permanente seulement, sauf en cas d'urgence.

a) *Traitement à domicile.* — Visite par un des médecins chargés du traitement à domicile dans le quartier ; secours de maladie (voir *Secours en argent*) ; transport à l'hôpital, sur ordonnance spéciale du médecin indiquant la nature de la maladie et le domicile du malade ; réquisition d'une voiture d'ambulance ; soins gratuits de sages-femmes ; secours de grossesse et aux accouchées (voir *Secours en argent*).

b) *Traitement aux Dispensaires de l'Assistance publique.* — Médicaments pharmaceutiques ; vaccinations ; consult. de nourrissons.

c) *Services divers ne dépendant pas de l'Assistance publique.* — Désinfection à domicile, en cas de maladie contagieuse, sur demande reçue aux Étuves municipales : 6, rue des Récollets ; — 21, rue de Chaligny ; — 73, rue du Château-des-Rentiers ; — 1, rue Stendhal ; — à la

Préfecture de la Seine ; — dans les mairies, les commissariats ; — à la Préfecture de police. Service grat. pour tout loyer matriciel inférieur à 500 fr.

Service médical de nuit (1875), — sur réquisitions adressées la nuit dans les postes de police de chaque quartier. Le médecin ou la sage-femme, dont les noms et adresses sont affichés dans les Mairies, reçoivent un bon d'honoraires, qui est payé par la Préfecture de police. Après enquête, celle-ci en réclame ou non au malade le remboursement. Un gardien de la paix accompagne le requérant. Service pharmaceutique de première nécessité dans tous les postes de police.

B) **Secours en argent.** — *Secours mensuels*, pour causes diverses autres que les suivantes.

Livret d'apprentissage. — 5 fr. par mois aux enfants apprentis, de 13 à 15 ans révolus, et appartenant à une nombreuse famille.

Secours de grossesse. — Variable de 15 à 25 fr. dans l'un des deux derniers mois de la grossesse, accompagné de l'assist. grat. de la sage-femme et du maillot.

Secours aux accouchées, dans les jours qui suivent l'accouchement, sur le rapport de la sage-femme.

Secours d'allaitement et secours aux mères nourrices, accordés par le Bur. de bienf. dans sa réunion de quinzaine, jusqu'à ce que l'enfant ait 12 mois accomplis.

Secours de maladie, alloué quand la maladie entraîne une perte de salaire ; renouvelé, s'il y a lieu, tous les 8 ou 15 jours ou tous les mois.

Secours de convalescence, aux malades domiciliés à Paris et sortant des hôpitaux (Fondation Montyon).

Secours de loyers, suivant les crédits du Bur. de bienf.

Secours de chômage, suivant les crédits ouverts par le Préfet de la Seine, lorsqu'un sinistre oblige un certain nombre d'ouvriers à chômer.

Secours représentatifs de séjour à l'hospice. — Carte de 30 fr. proposée par le Bur. aux conditions suivantes : 70 ans d'âge, ou 50 ans révolus en cas d'infirmités incurables empêchant de travailler ; domicile à Paris avant cet âge ; inscription sur la liste des indigents ou pouvant y être inscrit. Ils sont alloués par le directeur de l'Assist. pub., mais payés comme les secours mensuels aux indigents.

Secours mensuels pour prévenir les abandons et *Secours d'orphelins.* — Payés par le Bur. de bienf., mais dont l'attribution appartient à l'Administration (voir *Assist. pub.*, 3e *Bur. des enfants assistés*) :

a) aux filles-mères abandonnées ; — *b*) aux femmes veuves, abandonnées, séparées ou divorcées ; — *c*) aux pères des enfants, lorsqu'ils sont veufs ou que la mère a disparu ; — *d*) aux orphelins de père et de mère jusqu'à 13 ans. — Domicile de secours obligatoire dans le département de la Seine. Certificat de vie.

Secours aux vieillards, infirmes et incurables. — Les Bur. de bienf.

concourent, en effet, à l'application de la loi du 14 juillet 1905 sur l'assist. obligatoire aux vieillards, aux infirmes et aux incurables privés de ressources. Voir *Vieillesse.*

C) **Secours en nature.** — *Maillots, flanelles,* sur le rapport des visiteurs ou dames visiteuses.

Bons de pain. — Legs Bréon-Guérard, bons de Rothschild, bons des Grands Moulins de Corbeil.

Bons de fourneaux. — Suivant crédits de l'Assist. pub.

Bons de chauffage. — Bons d'un demi-hectolitre de coke donnés tous les ans par la Compagnie du gaz.

Bons de logement. — Délivrés aux personnes sans asile : 1° de 9 h. mat. à 5 h. s., par le secrétariat, à tout individu pouvant justifier d'un ancien domicile dans l'arr. ; 2° de 5 h. s. à 9 h. mat., par le poste de police de la Mairie. Tarif pour une personne : 0 fr. 60, 0 fr. 80 et 2 fr. pour 1, 2 ou 5 nuits ; tarif pour 2 personnes : 0 fr. 70 et 2 fr. 75 pour 1 ou 5 nuits.

Bandages et appareils orthopédiques. — Sur certificat médical et rapport d'un visiteur (Fondation Montyon). Les bandages sont délivrés à l'Hôtel-Dieu.

Consultations et lait. — Consult. médicales, auxquelles peuvent se présenter les femmes inscrites au Bur. de bienf., qui ont des enfants de santé débile. Le médecin peut autoriser la distrib. de lait stérilisé en leur faveur.

Service départemental. — Organisé dans certains Dispens. dépendant de l'Assist. pub., à Paris :

25, r. de La Rochefoucauld (IXe).
70, rue du Chemin-Vert (XIe).
44, rue Jenner (XIIIe).
1, place du commerce (XVe).
43, rue Gauthey (XVIIe).
115 *bis*, rue Ordener (XVIIIe).
42, rue d'Avron (XXe).

BANLIEUE

PANTIN. — 64, rue de Flandre.
MONTREUIL-SOUS-BOIS. — 196, rue de Paris.
SAINT-MAUR. — 89, boulevard de Créteil.

D) **Distribution des secours.** — Des *Maisons de secours* sont affectées à la distribution des secours alloués par les Bur. de bienf. ou par l'Assist. pub., aux consult. grat., à la pharmacie, aux dépôts du linge, des vêtements, du combustible et des aliments. Les indigents reçoivent ce qui leur est attribué sur les bons délivrés par le Bur. de bienf. Des distrib. de lait sont faites dans certains Dispens. Voir *Protection des enfants du premier âge.*

Bureaux de bienfaisance de Paris.	*Dispensaires de l'Assistance médicale à domicile.*
Ier ARR.	
Mairie, place du Louvre.	17, rue de l'Arbre-Sec. 32, rue du Marché-St-Honoré.

Bureaux de bienfaisance de Paris.	*Dispensaires de l'Assistance médicale à domicile.*
IIe ARR.	
Mairie, rue des Deux-Banques.	2, rue de la Jussienne.
IIIe ARR.	
Mairie, square du Temple.	19, rue Pastourelle.
IVe ARR.	
Mairie, place Baudoyer.	Hôtel-Dieu.
Ve ARR.	
Mairie, place du Panthéon.	1, rue Boutebrie. 5, rue de l'Épée-de Bois.
VIe ARR.	
Mairie, place Saint-Sulpice.	74, rue de Seine. 82, rue de Vaugirard.
VIIe ARR.	
Mairie, 116, rue de Grenelle.	109, rue St-Dominique. 1, rue Oudinot.
VIIIe ARR.	
Mairie, 11, rue d'Anjou.	15, rue de Monceau.
IXe ARR.	
Mairie, 6, rue Drouot.	25, rue de La Rochefoucauld.
Xe ARR.	
Mairie, 72, r. du Fg-St-Martin.	5, rue des Petites-Écuries. 179, avenue Parmentier.
XIe ARR.	
Mairie, 79, place Voltaire.	70, rue du Chemin-Vert. 3, r. Omer-Talon (tuberculeux). 33, rue St-Bernard.
XIIe ARR.	
Mairie, 130, avenue Daumesnil.	28, rue de Cîteaux. 1, rue Pleyel.
XIIIe ARR.	
Mairie, place d'Italie.	44, rue Jenner. 22, avenue d'Italie.
XIVe ARR.	
Mairie, place de Montrouge.	1, place de Montrouge. 20, rue d'Alésia.
XVe ARR.	
Mairie, rue Péclet.	13, rue d'Alleray. 1, place du Commerce.
XVIe ARR.	
Mairie, 71, aven. Henri-Martin.	78, rue de Lauriston. 68, rue du Ranelagh.

Bureaux de bienfaisance de Paris.	*Dispensaires de l'Assistance médicale à domicile.*
XVIe ARR.	
Mairie, 71, aven. Henri-Martin.	23, rue Jouvenet.
XVIIe ARR.	
Mairie, 18, rue des Batignolles.	43, rue Gauthey. 16, rue Descombes.
XVIIIe ARR.	
Mairie, 115, rue Ordener.	8, rue Damrémont. 51, rue Stephenson. 13, rue Affre. 115 *bis*, rue Ordener.
XIXe ARR.	
Mairie, place Armand-Carrel.	5, rue Jomard. 1, rue de Louvain.
XXe ARR.	
Mairie, 6, place Gambetta.	27, rue Boyer. 15, rue Ste-Blaise.

BANLIEUE

Toutes les communes de la banlieue ont leur Bur. de bienf. à leur Mairie.

Assistance aux femmes et aux enfants.

IXe ARR.
25, rue de la Rochefoucauld.
XIe ARR.
70, rue du Chemin-Vert.
XIIIe ARR.
44, rue Jenner.
XVe ARR.
2, rue Thibournery.
XVIIe ARR.
43, rue Gauthey.
XVIIIe ARR.
115 *bis*, rue Ordener.
XXe ARR.
42, rue d'Avron.

BANLIEUE

MONTREUIL-SOUS-BOIS. — 196, rue de Paris.
PANTIN. — 64, r. de Flandre.
SAINT-MAUR. — 89, boulevard de Créteil.

II. — Secours de l'Administration

Secours accordés par la Préfecture de la Seine et la Préfecture de police.

Subventions aux institutions publiques et privées ayant un but d'assist. par les Conseils municipaux et généraux.

Secours en cas d'expulsion. — Le Préfet de police accorde des secours aux personnes qui lui sont signalées par les commissaires de police comme devant être expulsées.

Secours de route. — La Préfecture de police rapatrie dans leur pays d'origine les indigents qui n'ont pas leur domicile de secours à Paris.

Médailles de marchands des quatre-saisons. — Remises à des personnes chargées de famille ou infirmes, pour leur permettre de vendre dans les rues (6 000 environ). Le titulaire malade, qui ne peut remplir sa fonction, peut la céder moyennant 20 ou 30 fr., avec l'autorisation de la Préfecture de police. Le porteur peut aussi se louer à un vendeur, mais il doit accompagner sa voiture.

Kiosques. — Au nombre de 379, dont la moitié est à la disposition du Préfet de police, la moitié à la disposition du Préfet de la Seine ; ils sont réservés à des veuves d'employés.

Baraques Collet. — Au nombre de 700, sont accordées après enquête, par le Préfet de la Seine, à des personnes nécessiteuses. Le remplacement par location est admis. Le prix en est variable suivant les quartiers.

Secours accordés par les Mairies, les Ministères et divers.

Mairies. — Des secours militaires sont accordés :

1° Aux chefs de famille qui accomplissent une période d'instruction militaire de 28 ou de 13 j. ;

2° Aux chefs de famille qui font, soit une année (dispensés), soit trois années de service militaire (assimilés aux dispensés) ;

3° Aux soutiens de famille (fils de veuves, etc.) qui se trouvent dans un des deux cas précédents.

Les secours accordés aux familles des réservistes sont calculés à raison de 0 fr. 80 par j. environ pour la femme, et de 0 fr. 40 environ par j. pour chacun des enfants âgés de moins de 13 ans.

Les militaires accomplissant, soit 1 an, soit 3 ans de service, et qui sont ou chefs de famille ou reconnus soutiens de famille, reçoivent un secours mensuel de 25 fr. environ.

Ces secours militaires sont payés à la caisse de la Mairie.

Présidence de la République. — Secours accordés après enquête faite par des visiteurs attachés à la Présidence.

Ministères. — Tous les Ministères disposent de crédits spéciaux pour venir en aide aux personnes nécessiteuses dont la situation ressortit à leur département, notamment les veuves de militaires ou d'employés civils, les sinistrés, etc.

Ministère du Commerce et de l'Industrie. — Subventions et bourses pour écoles professionnelles ou cours industriels et commerciaux. S'adresser au Ministère, 101, rue de Grenelle.

Ministère de l'Agriculture. — Indemnités aux victimes d'accidents tels qu'incendies, grêles, inondations, etc. S'adresser au Ministère, 78, rue de Varenne.

Ministère de l'Intérieur. — Des subventions sont attribuées à divers établ. pub. de bienf. et à des œuv. privées.

Des secours sont accordés, dans des circonstances exceptionnelles, à des personnes tombées dans l'indigence et qui, par des services publics rendus soit par elles-mêmes, soit par leurs familles, ont des titres à la bienveillance du gouvernement. S'adresser au 4e bureau du Personnel, 7, rue Cambacérès.

Pour des bourses, des admissions grat. ou payantes dans les établ. généraux de bienf., s'adresser au 1er bur. de l'Assist. et de l'hygiène pub., 7, rue Cambacérès.

Ministère de la Guerre. — Secours éventuels ou permanents, quand la nécessité en est bien justifiée :

1° Aux anciens militaires de l'armée de terre qui ne sont titulaires d'aucune pension, et qui ont accompli un certain nombre d'années de service ;

2° Aux officiers, sous-officiers et soldats dont la pension est insuffisante pour faire face aux besoins de leurs familles ;

3° Aux veuves d'anciens militaires ou fonctionnaires du département de la Guerre ;

4° Aux orphelins et aux ascendants d'anciens militaires. S'adresser au Ministère, 173, rue de l'Université.

Pari Mutuel. — L'impôt de 8 pour 100 sur les fonds du Pari mutuel est réparti pour une quote-part, suivant certaines conditions, entre diverses institutions de bienf., moitié par le Ministère de l'Agriculture, moitié par le Ministère de l'Intérieur.

Chancellerie de la Légion d'honneur. — Le Grand Chancelier dispose de crédits lui permettant d'allouer des secours, quand il y a lieu : 1 aux légionnaires ; 2 à leurs veuves ; 3 à leurs orphelins. S'adresser à la Grande Chancellerie, 1, rue Solférino.

Caisse des offrandes nationales en faveur des armées de terre et de mer. — Des secours sont accordés, sur demande adressée au Ministre de la Guerre, président du Comité supérieur de la Caisse des offrandes nationales (1860) :

1° Aux anciens militaires et marins qui justifient de blessures reçues ou d'infirmités contractées sous les drapeaux ;

2° Aux veuves ;

3° Aux orphelins (jusqu'à 21 ans) ;

4° Aux ascendants des militaires et marins morts en activité. S'adresser au Ministère de la Guerre, 10, rue St-Dominique.

Caisse des Invalides de la Marine (1673). — Secours annuels et temporaires à des orphelins ou familles de marins ou ouvriers des arsenaux de la marine. S'adresser au Ministère de la Marine, 2, rue Royale.

Consulats. — Chaque État entretient à Paris des Consuls, qui prêtent assist. à leurs nationaux, en dehors de leurs fonctions d'officiers d'état civil. Ils célèbrent des mariages, enregistrent des donations, donnent des secours de rapatriement, et, suivant les cas, des secours en nature ou en argent. Voir *Œuvres en faveur des étrangers*.

III. — Secours des paroisses catholiques

Associations de charité dans les paroisses, sous la présidence du Curé, avec l'assist. des Sœurs. — Les Dames de charité qui composent ces Assoc. visitent les indigents, et leur distribuent des secours en nature et en argent, avec les aumônes recueillies à l'église ou au dehors (ventes de charité, concerts, etc.). Les demandes doivent être adressées au Curé de la paroisse, qui confie au Comité des dames de charité la distrib. des aumônes et des dons mis à sa disposition. Les secours ainsi donnés comprennent : loyers, vêtements, chaussures, chauffage, bons de lait, de fourneaux, de dispens., etc.

La Société de Saint-François-Xavier (1827), établie dans chaque paroisse, sous la direction du Curé, a pour but de donner aux ouvriers une instruction chrétienne et des secours en cas de maladie.

Groupements d'œuv. religieuses, charitables et sociales, sous la direction du clergé dans toutes les paroisses.

Listes des Paroisses catholiques.

Paris.

St-Alexandre de Javel, 4, rue Lemoult.
St-Ambroise, 71 *bis*, boulevard Voltaire.
Ste-Anne de la Maison-Blanche, 186, rue de Tolbiac.
St-Antoine des Quinze-Vingts, 66, avenue Ledru-Rollin.
St-Augustin, 46, boulevard Malesherbes.
St-Bernard de la Chapelle, 11, rue Affre.
St-Charles de Monceau, 22 *bis*, rue Legendre.
Ste-Clotilde, 23, rue Las-Cases.
St-Denis de la Chapelle, 96, rue de la Chapelle.
St-Denis du St-Sacrement, 15, rue St-Claude.
Ste-Élisabeth, 195, rue du Temple.
St-Éloi, 36, rue de Reuilly.
St-Étienne-du-Mont, 1, place du Carré-Ste-Geneviève.
St-Eugène, 6, rue Ste-Cécile.
St-Eustache, rue du Jour.
St-Ferdinand-des-Ternes, 27, rue d'Armaillé.
St-François de Sales, 6, rue Brémontier.
St-François-Xavier, boulevard des Invalides.
Ste-Geneviève des Grandes-Carrières, 174, rue Championnet.
St-Georges, 114, rue Bolivar.

St-Germain-l'Auxerrois, place du Louvre.
St-Germain de Charonne, 4, place St-Blaise.
St-Germain-des-Prés, place St-Germain-des-Prés.
St-Gervais, 13, rue des Barres.
St-Hippolyte, 27, avenue de Choisy.
St-Honoré d'Eylau, 9, place Victor-Hugo.
L'Immaculée-Conception, 34, rue du Rendez-Vous.
St-Jacques du Haut-Pas, 252, rue St-Jacques.
St-Jacques-St-Christophe, 158 *bis*, rue de Crimée.
St-Jean de Montmartre, 19, rue des Abbesses.
St-Jean-Baptiste de Belleville, 137, rue de Belleville.
St-Jean-Baptiste de Grenelle, 2, rue de l'Abbé-Groult.
St-Jean-Baptiste de la Salle, 9, rue Dutot.
St-Jean-St-François, 6 *bis*, rue Charlot.
St-Joseph, 161, rue St-Maur.
St-Joseph des Épinettes, 40, rue Pouchet.
St-Lambert de Vaugirard, place Gerbert.
St-Laurent, 68 *bis*, boulevard de Strasbourg.
St-Leu, 92 *bis*, rue St-Denis.
St-Louis d'Antin, 63, rue Caumartin.
St-Louis-en-l'Ile, 19 *bis*, rue St-Louis-en-l'Ile.
Ste-Madeleine, place de la Madeleine.
St-Marcel de la Salpêtrière, 82, boulevard de l'Hôpital.
Ste-Marguerite, 36, rue St-Bernard.
Ste-Marie des Batignolles, 69, rue des Batignolles.
St-Martin, 36, rue des Marais.
St-Médard, 141, rue Mouffetard.
St-Merry, 78, rue St-Martin.
St-Michel, 19, avenue de St-Ouen.
St-Nicolas des Champs, 254, rue St-Martin.
St-Nicolas du Chardonnet, 30, rue St-Victor.
Notre-Dame, place du Parvis-Notre-Dame.
Notre-Dame d'Auteuil, 2, place d'Auteuil.
Notre-Dame de Bercy, 9, place de la Nativité.
Notre-Dame des Blancs-Manteaux, 12, rue des Blancs-Manteaux.
Notre-Dame de Bonne-Nouvelle, 23 *bis*, rue de la Lune.
Notre-Dame des Champs, 91, boulevard du Montparnasse.
Notre-Dame de Clignancourt, 2, place Jules-Joffrin.
Notre-Dame de la Croix de Ménilmontant, place de Ménilmontant.
Notre-Dame de la Gare, place Jeanne d'Arc.
Notre-Dame-de-Grâce de Passy, 10, rue de l'Annonciation.
Notre-Dame de Lorette, 18, rue de Châteaudun.
Notre-Dame de Lourdes, 128, rue Pelleport.
Notre-Dame du Travail de Plaisance, 59, rue Vercingétorix.

Notre-Dame du Rosaire, à Plaisance, 182, rue de Vanves.
Notre-Dame-des-Victoires, place des Petits-Pères.
St-Paul-St-Louis, 99, rue St-Antoine.
St-Philippe du Roule, 154, rue du Faubourg-St-Honoré.
St-Pierre de Chaillot, 26, rue de Chaillot.
St-Pierre du Gros-Caillou, 92, rue St-Dominique.
St-Pierre de Montmartre, 2, rue du Mont-Cenis.
St-Pierre du Petit-Montrouge, 88, avenue d'Orléans.
St-Roch, 296, rue St-Honoré.
St-Séverin, 3, rue des Prêtres-St-Séverin.
St-Sulpice, place St-Sulpice.
St-Thomas-d'Aquin, place St-Thomas-d'Aquin.
La Ste-Trinité, place de la Trinité.
St-Vincent-de-Paul, place de Lafayette.

BANLIEUE

Adamville.
Alfortville.
Antony.
Arcueil.
Asnières (Ste-Geneviève).
Aubervilliers.
Bagneux.
Bagnolet.
Bécon-les-Bruyères.
Billancourt.
Bobigny.
Bois-Colombes.
Bondy.
Bonneuil.
Boulogne.
Bourget (Le).
Bourg-la-Reine.
Bry-sur-Marne.
Champigny.
Charenton-le-Pont.
Charentonneau.
Châtenay.
Châtillon.
Chevilly.
Choisy-le-Roy.
Clamart.
Clichy (N.-D.-Auxiliatrice).
Clichy (St-V.-de-P.).
Colombes (St-Pierre-St-Paul).
Courbevoie.
Cour-Neuve (La).
Créteil.
Drancy.
Dugny.
Épinay.
Fontenay-aux-Roses.
Fontenay-sous-Bois.
Fresnes.
Garenne-Colombes.
Gennevilliers.
Gentilly.
Grand-Montrouge.
Hay (L').
Ile-Saint-Denis (L').
Issy-les-Moulineaux.
Ivry.
Ivry-Port.
Joinville-le-Pont.
— (Ste-Anne de Polangis).
Kremlin-Bicêtre (Le).
Levallois-Perret.
Lilas (Les).
Maisons-Alfort.
Malakoff.
Montreuil (St-Pierre-St-Paul).
Montreuil (St-André).

Nanterre.
Neuilly (St-Pierre et St-Jean-Baptiste).
Nogent-sur-Marne.
Noisy-le-Sec.
Orly.
Pantin (St-Germ. l'Auxerrois.)
Pantin (Quatre-Chemins).
Parc St-Maur (Le).
Perreux (Le).
Pierrefitte.
Plessis-Robinson (Le).
Pré-St-Gervais (Le).
Puteaux.
Romainville.
Rosny.
Rungis.
St-Denys (basilique de).
St-Denys-de-l'Estrée.
St-Denys (La Plaine).
St-Mandé.
St-Maur-les-Fossés.
St-Maurice.
St-Ouen (N.-D.-du-Rosaire).
St-Ouen (Le Vieux).
Sceaux.
Stains.
Suresnes.
Thiais.
Vanves.
Varenne (La).
Villejuif.
Villemomble.
Villetaneuse.
Vincennes.
Vitry.

Chapelles de secours. — Des groupements d'œuv. à la fois religieuses et charitables existent également dans toutes les chapelles de secours, sous la direction du clergé.

Liste des Chapelles catholiques.

Bicêtre (Plateau).
Charonne (Ste-Anne).
Flamands (des).
Grésillons (des).
Ménilmontant.
Mission allemande.
— anglaise (de la).
— espagnole (de la).
— polonaise (de la).
— St-Joseph (de la).
Montsouris.
N.-D. de la Cité paroissiale.
N.-D. de la Compassion.
N.-D. de Consolation.
N.-D. d'Espérance (Ivry).
N.-D. Libératrice (St-Antoine).
N.-D. du Perpétuel Secours (Ménilmontant).
N.-D. des malades.
N.-D. de la Miséricorde.
N.-Dame du Sacré-Cœur.
Neuilly (St-Jean-Baptiste).
Pavillon-sous-Bois.
Petit-Colombes.
St-André d'Antin.
St-Esprit aux Gondoles.
St-Gabriel.
St-Joseph à Clamart.
St-Joseph et St-Louis.
St-Louis à St-Denis.
St-Sauveur.
Ste-Agonie.
Ste-Élisabeth-de-Hongrie.
Ste-Eugénie à Asnières.
Ste Famille (de la).
Ste-Geneviève.
Ste-Lucie aux Moulineaux.
Ste-Marie Libér. à Champigny.
Ste-Philomène.
Ste-Rosalie.

Secours des Diaconats.

Les Diaconats sont des Comités de bienf. qui existent, en tant qu'Assoc. de personnes, dans chaque paroisse protest., et qui ont la charge de visiter les indigents de la paroisse et de les secourir.

Ils se composent des Pasteurs de la paroisse, et d'un nombre variable de laïques qui prennent le nom de *diacres*. Ils se réunissent généralement une fois par mois dans chaque paroisse. Visite des pauvres. Secours en argent et en nature. Vestiaires. Secours de loyers. Placem. Rapatriement. Admission dans les hôp., hospices, orphelinats, soit directement, soit par l'intermédiaire de la Délégation générale des Diaconats. (Voir *Chapitre suivant*.) Pensions. Bourses et demi-bourses. Contribution aux dépenses de la Délégation générale des Diaconats de l'Église réformée, colonies de vacances, etc.

Des Comités de dames fonctionnent parfois parallèlement aux Diaconats et d'accord avec eux.

Liste des Diaconats de l'Église réformée.

Paris.

Paroisse de l'Oratoire, 4, rue de l'Oratoire-du-Louvre. (Ier et IIe arr., partie sud des IXe et Xe arr.)
— du St-Esprit, 5, rue Roquépine. (VIIIe arr., partie nord des IXe et Xe arr.)
— de Pentemont, 106, rue de Grenelle. (Ve, VIe et VIIe arr.)
— de Ste-Marie, 17, rue St-Antoine. (IIIe et IVe arr.)
— de Batignolles, 46, bd. des Batignolles. (XVIIe et XVIIIe arr.)
— de l'Étoile, 54, avenue de la Grande-Armée. (Ternes, Levallois-Perret.)
— de Plaisance, 95, rue de l'Ouest. (Partie des XIVe et XVe arr. Montrouge et banlieue rive gauche.)
— de Port-Royal, 18, bd. Arago. (XIIIe et partie du XIVe arr.)
— de Passy, 19, rue Cortambert. (XVIe arr. et partie de St-Denis.)
— de Belleville, 97, rue Julien-Lacroix. (XIXe et partie du XXe arr.)
— de Béthanie (Charonne), 185, rue des Pyrénées.
— d'Auteuil, 29, rue Boileau.

BANLIEUE

Paroisse de Bois-Colombes, 4, rue Victor-Hugo.
— Boulogne-sur-Seine, 117, rue du Château.
— Charenton, 12, rue Guérin.

— Ivry, rue Christophe-Colomb.
— Neuilly, 8, boulevard Inkermann.
— St-Maur, 136, rue St-Maur.
— Clichy, 51, rue Gide, Levallois-Perret.
— Vincennes, 55, avenue de la République.

Liste des Diaconats de l'Église luthérienne.

Paris.

Paroisse de la Rédemption, 16, rue Chauchat.
— des Billettes, 24, rue des Archives.
— des Batignolles, 47, rue Dulong.
— de St-Paul, 90, boulevard Barbès.
— de La Villette, 93, rue de Crimée.
— de Bon-Secours, 20, rue Titon.
— de St-Marcel, 2, rue Pierre-Nicole.
— de la Trinité, 172, boulevard de la Gare.
— de la Résurrection, 8, rue Quinault.
— de St-Jean, 147 *bis*, rue de Grenelle.

BANLIEUE

Paroisse de Bourg-la-Reine, rue Ravon.
— Puteaux-Courbevoie, 3, rue Arago.

IV. — Maisons de charité libres

Les Maisons de charité libres distribuent des secours analogues à ceux donnés dans les Maisons de secours de l'Assist. pub., mais ces secours sont mis à leur disposition par la bienf. privée. Les Religieuses d'ordres divers desservent ces Maisons, considérées comme paroissiales, assistent à domicile les pauvres et les malades, et dirigent à la fois dans un grand nombre de leurs établ. : crèches, garderies, écoles maternelles, fourneaux, dispens., bonnes gardes, cours professionnels et ménagers, œuv. de prêt de couvertures, vestiaires, trousseaux, petits asiles de vieillards, etc. Voir les chapitres affectés aux diverses œuv. indiquées ci-dessous pour chaque Maison de charité.

Ier ARR.

13, **rue du Roule** (1817). — Sœurs de St. V. de P. Patron., orphelinat de jeunes filles.

32, **rue du Marché-St-Honoré**. — Sœurs de St. V. de P. Patron., orphelinat de jeunes filles.

20, **rue du Bouloi** (1802). — Sœurs de St. V. de P. Patron., orphelinat de jeunes filles.

23, rue aux Ours (1858). — Sœurs de l'Immaculée-Conception.

25, rue de la Sourdière. — Sœurs de St. V. de P. Bonne garde, dispens., restaurant de midi.

IIe ARR.

12, rue de la Lune. — Sœurs de St. V. de P. Dispens.

85, rue Réaumur. — Sœurs de St. V. de P. Patron. Bonne-Nouvelle pour jeunes filles, bonne garde, dispens.

IIIe ARR.

9, rue du Foin. — Sœurs de St. V. de P. Patron.

22, rue Montgolfier. (1803). — Sœurs de St. V. de P. Bonne garde, restaurant.

15, rue des Arquebusiers (1834). — Sœurs de St. V. de P.

102, rue Amelot (1881). — Sœurs de la Croix de St-André.

58, rue Charlot. — Sœurs de St. Charles.

IVe ARR.

7, rue Poulletier (1656). — Sœurs de St. V. de P. Orphelinat, école professionnelle St-Louis-en-l'Ile, dispens., bonne garde.

11, rue du Fauconnier (1735). — Sœurs de St. V. de P. Patron. et orphelinat.

47, rue Vieille-du-Temple (1852). — Sœurs de St. V. de P. Patron., bonne garde.

10, rue des Guillemittes. Fond. par St-V. de P. — Sœurs de St. V. de P. Dispens., maison de famille, placem.

17, rue des Ursins. — Sœurs de St. V. de P. Patron., bonne garde.

33, rue St-Bernard. — Sœurs de St. V. de P. Orphelinat.

30, rue Geoffroy-Lasnier (1855). — Sœurs de St. V. de P. Ouvroir de dames, bonne garde.

8, rue du Cloître-St-Merry (1713). — Sœurs de St. V. de P. Fourneau.

V^e^ ARR.

48, boulevard Auguste-Blanqui. — Sœurs de St. V. de P. Patron.

47, rue de la Harpe. — Sœurs de St. V. de P. Patron.

5, rue de l'Épée-de-Bois. — Sœurs de St. V. de P. Orphelinat.

1, rue Boutebrie. — Sœurs de St. V. de P. Orphelinat.

9, rue Pierre-Nicole. — Sœurs de St. V. de P. Patron., orphelinat St-Jacques du Haut-Pas.

69, rue du Cardinal-Lemoine (1853). — Sœurs de St. V. de P. Patron., orphelinat St-Étienne, école professionnelle et maison de bonne garde.

32, rue Geoffroy-St-Hilaire (1792). — Sœurs de St. V. de P. Patron., orphelinat et maison de bonne garde.

15, rue de la Parcheminerie. — Sœurs de St. V. de P. Patron., orphelinat Bonar, ouvroir Ste-Geneviève.

15, rue des Bernardins (1818). — Sœurs de St. V. de P. Patron.

et orphelinat, fourneaux, crèche, garderie, bonne-garde, restaurant pour femmes, école ménagère.

VIe ARR.

3, **rue de l'Abbaye**. — Sœurs de St. V. de P. Patron.

18, **rue St-Benoît**. — Sœurs de St. V. de P. Orphelinat, asile de vieillards.

67, **rue de Sèvres**. — Sœurs de St. V. de P. Orphelinat St-Louis.

80, **rue de Vaugirard** (1778). — Sœurs de St. V. de P. Patron., orphelinat, maison de bonne garde, dispens., 120, rue du Cherche-Midi.

26, **rue d'Assas** (dix-septième siècle). — Sœurs de St. V. de P. Patron., orphelinat, école professionnelle.

VIIe ARR.

140, **rue du Bac**. — Sœurs de St. V. de P.

159, **rue de l'Université**. — Sœurs de St. V. de P. Assoc. des jeunes économes, ouvroir et apprentissage.

9, **rue Cler**. — Sœurs de St. V. de P. Orphelinat, dispens.

180, **rue de Grenelle** (1803). — Recon. ut. pub. Sœurs de St. V. de P. Patron., orphelinat, école professionnelle.

9, **rue Perronet** (1827). — Sœurs de St. V. de P. Patron., orphelinat.

77 *bis*, **rue de Grenelle** (1845). — Sœurs de St. V. de P. Patron., orphelinat.

3, **rue Oudinot** (1816). — Sœurs de St. V. de P. Patron., orphelinat, vestiaire, bonne garde.

105, **rue St-Dominique**. — Sœurs de St. V. de P. Orphelinat, école professionnelle, dispens.

Hôtel des Invalides (1676). — Sœurs de St. V. de P.

VIIIe ARR.

9, **boulevard de Courcelles**. — Sœurs de St. V. de P. Patron., orphelinat.

11 à 15, **rue de Monceau**. — Sœurs de St. V. de P. Patron., orphelinat.

14, **rue de la Ville-l'Évêque** (1720). — Sœurs de St. V. de P. patron., orphelinat, maison de bonne garde.

95, **rue de Monceau** (1852). — Sœurs de St. V. de P.

10, **rue Christophe-Colomb** (1823). — Sœurs de la Sagesse.

IXe ARR.

56, **rue d'Hauteville** (1838). — Sœurs de St. V. de P. Patron., orphelinat, maison de bonne garde.

18, **rue de la Tour-d'Auvergne** (1861). — Sœurs de St. V. de P. Patron., maison de bonne garde.

27, **rue de la Chaussée-d'Antin** (1845). — Sœurs de la Présentation de la Ste-Vierge de Tours.

16, **rue de Milan** (1855). — Sœurs de l'Immaculée-Conception.

X[e] ARR.

10, **rue Alexandre-Parodi**. — Sœurs de St. V. de P. Patron., maison de famille.

6 *bis*, **rue de Rocroy** (1810). — Sœurs de St. V. de P. Patron., orphelinat.

10, **rue du Canal-St-Martin** (1882). — Sœurs de St. V. de P. Patron., orphelinat, dispens., ouvroir de dames, 119, faubourg St-Martin, fournissant vêtements pour les pauvres.

10, **rue Alibert**. — Sœurs de St. V. de P.

190, **rue Lafayette**. — Sœurs de St-Charles de Nancy. Maison de famille, restaurant.

XIe ARR.

21, **rue des Trois-Couronnes**. — Sœurs de St. V. de P. Ouvroir.

142, **rue Oberkampf**. — Sœurs de St. V. de P. Orphelinat, dispens.

81, **rue d'Angoulême** (1851). — Sœurs de St. V. de P. patron., orphelinat, ouvroir.

140, **rue du Chemin-Vert** (1851). — Sœurs de St. V. de P. Patron., orphelinat, dispens.

145, **rue Parmentier**. — Sœurs de St. V. de P. Patron.

16, **rue Basfroi** (1733). — Sœurs de St. V. de P. Patron., orphelinat.

64, **rue St-Maur** (1864). — Sœurs de Ste-Marie.

XIIe ARR.

77, **rue de Reuilly**. — Sœurs de St. V. de P. Patron., orphelinat, école professionnelle.

63 et 65, **rue des Meuniers** (1852). — Sœurs de St. V. de P. Patron., orphelinat.

254, **rue du Faubourg-St-Antoine**. — Recon. ut. pub. Sœurs de St. V. de P. Maison Eugène-Napoléon. Orphelinat.

15, **rue Ruty** (1853). — Sœurs de St. V. de P. Patron., orphelinat.

3, **rue Ruty**. — Sœurs de St. V. de P. Dispens.

59, **avenue Daumesnil** (1898). — Sœurs de la Charité et de l'instruction chrétienne de Nevers.

XIIIe ARR.

39, **rue Jenner** (1850). — Sœurs de St. V. de P. Patron., orphelinat, école professionnelle, dispens.

26, **place Jeanne-d'Arc** (1855). — Sœurs de St. V. de P. Patron., orphelinat, école professionnelle, dispens. spécial pour enfants.

4, **rue Jean-Marie-Jégo**. — Sœurs de St. V. de P. Dispens.

112, **rue du Chevaleret**. — Sœurs de St. V. de P. Patron., orphelinat, ouvroir et école professionnelle, Œuv. St-Casimir pour vieillards polonais et jeunes filles polonaises.

49, **rue Bobillot** (1858). — Sœurs de St. V. de P. Patron., orphelinat, école professionnelle.

44, **rue Vandrezanne**. — Sœurs de St. V. de P. Orphelinat, école professionnelle, asile de vieillards au nº 22.

35 et 41, **rue de la Glacière** (1860). — Sœurs de St. V. de P. Patron., orphelinat, école professionnelle.

46, **avenue d'Italie**. — Sœurs de St. V. de P.

XIVe ARR.

31, **rue de Liancourt**. — Sœurs de St. V. de P. Orphelinat, école professionnelle.

29, **rue Gassendi** (1859). — Sœurs de St. V. de P. Patron., orphelinat, école professionnelle.

78, **rue de la Tombe-Issoire** (1867). — Sœurs de St. V. de P. Patron., orphelinat, hôp. St-Joseph à la rue Pierre-Larousse.

43, **rue Vercingétorix** (1889). — Sœurs du St-Nom de Jésus.

92, **boulevard Montparnasse**. — Sœurs de St. V. de P.

XVe ARR.

30, **rue Dombasle** — Sœurs de St. V. de P.

23, **rue Olivier-de-Serres** (1835). — Sœurs de St-André.

77, **rue Violet** (1874). — Sœurs de St-Paul de Chartres. Ouvroir de dames confectionnant vêtements pour les pauvres.

8, **rue Ginoux**. — Sœurs de St. V. de P. Crèche.

233, **rue de Vaugirard**. — Sœurs de la Croix. Œuv. de bonne garde pour jeunes filles isolées, pension pour dames voulant vivre dans la retraite.

XVIe ARR.

154, **avenue Victor-Hugo**. — Sœurs de St. V. de P. Patron.

60, **rue Raynouard**. — Sœurs de St. V. de P. Patron., orphelinat, école ménagère.

68, **rue du Ranelagh** (1866). — Sœurs de St. V. de P.

78, **rue de Lauriston** (1864). — Sœurs de la Sagesse.

117, **avenue Victor-Hugo** (1866). — Sœurs de la Sagesse.

23, **rue Jouvenet** (1850). — Sœurs de Ste-Marie.

80, **rue Boileau** (1880). — Sœurs de Ste-Marie.

XVIIe ARR.

163 *bis*, **avenue de Clichy**. — Sœurs de St. V. de P. Patron., asile-ouvroir, crèche, école maternelle.

22, **rue Bayen** (1849). — Recon. ut. pub. Sœurs de St. V. de P. Patron., orphelinat.

19, **rue Salneuve** (1852). — Sœurs de Ste-Marie. Ouvroir de dames confectionnant vêtements pour les pauvres.

29, **rue Gauthey** (1869). — Sœurs de Ste-Marie.

27, **rue de Tocqueville** (1875). — Sœurs de la Présentation de la Ste-Vierge de Tours. Ouvroir de dames confectionnant vêtements pour les pauvres.

XVIIIe ARR.

8, **rue Championnet**. — Sœurs de St. V. de P. Patron., orphelinat, dispens.

7, **rue Jean-Cottin** (1873). — Sœurs de St. V. de P. Patron., orphelinat, école professionnelle, bonne garde, dispens.

37, **rue Caulaincourt** (1865). — Sœurs de St. V. de P. Patron., orphelinat, école professionnelle, bonne garde, dispens.

50, **rue Stephenson** (1853). — Sœurs de St. V. de P. Patron., dispens.

XIXe ARR.

20, **rue Bouret** (1864). — Sœurs de St. V. de P. Patron., orphelinat, école professionnelle, asile de vieillards pour femmes de la paroisse St-Georges.

160, **de Crimée** (1852). — Sœurs de St. V. de P.

XXe ARR.

73, **rue de la Mare** (1855). — Sœurs de St. V. de P. Patron., dispens.

119, **rue de Ménilmontant** (1849). — Sœurs de St. V. de P. Patron., asile des petits orphelins.

70, **rue des Haies** (1887). — Sœurs de la Providence.

BANLIEUE

ARCUEIL, 7, **rue Étienne-Dolet** (1857). — Sœurs de St. V. de P. Patron.

ALFORTVILLE, 48, **rue Louis-Blanc** (1895). — Sœurs de St. V. de P. Patron.

AUBERVILLIERS, 11, **rue de Courneuve** (1848). — Sœurs de St. V. de P. Patron., orphelinat.

BOURG-LA-REINE, 7, **place Condorcet** (1858). — Sœurs de St. V. de P. Patron.

LE BOURGET, 22, **rue de Flandre** (1859). — Sœurs de St. V. de P. Patron., orphelinat de garçons, orphelinat de filles.

CHAMPIGNY, **Grande-Rue** (1853). — Sœurs de St. V. de P.

CHARENTON, 10, **rue de Bordeaux** (1861). — Sœurs St. V. de P. Patron., orphelinat de la Providence St-Joseph, vestiaire, ouvroir, blanchissage et prêt de linge.

CHATENAY, 7, **rue des Vallées** (1861). — Sœurs de St. V. de P. Patron., orphelinat.

CHATILLON, 5, **rue de Fontenay** (1871). — Sœurs de St. V. de P. Maison de retraite Ste-Anne d'Auray pour femmes (1857).

CLAMART, 7, **rue Georges-Huguet**. — Sœurs de St. V. de P. Patron.

CLICHY, 84, **rue Martre** (1674). — Sœurs de St. V. de P.

CRÉTEIL, 15, **rue du Moulin** (1858). — Sœurs de St. V. de P.

DRANCY, 18, **rue Sadi-Carnot** (1881). — Sœurs de St. V. de P.

DUGNY, 20, **rue Cretté-de-Paluel** (1860). — Sœurs de St. V. de P. Orphelinat.

FONTENAY-AUX-ROSES, **place de l'Église** (1858). — Sœurs de St. V. de P.

FRESNES-LES-RUAGIS, 29, **Grande-Rue** (1872). — Sœurs de St V. de P. Patron., orphelinat.

GENTILLY, 2, **rue Frileuse** (1853). — Sœurs de St. V. de P. Patron., orphelinat.

GRAND-MONTROUGE, 83, **Grande-Rue** (1852). — Sœurs de St. V. de P.

IVRY, 19 **rue Parmentier**. — Maison de la Providence. Sœurs de St V. de P.

L'HAY, 34, **rue des Tournelles** (1851). — Sœurs de St. V. de P. Patron., orphelinat de garçons, orphelinat de jeunes filles, 6, rue Bronzac.

MONTREUIL, 7, **rue de la République** (1865). — Sœurs de St. V. de P. Patron.

NANTERRE, 60, **rue de St-Germain** (1859). — Sœurs de St. V. de P. Patron., orphelinat.

NEUILLY-SUR-SEINE, 42, **avenue du Roule** (1828). — Sœurs de St. V. de P. Patron., asile Notre-Dame des Sept-Douleurs pour jeunes filles incurables; orphelinat pour j. filles de la paroisse, 11, rue des Poissonniers.

PANTIN, 5, **rue de la Cristallerie** (1861). — Sœurs de St. V. de P. Patron.

PLAINE-SAINT-DENIS, 145, **rue de Paris**. — Sœurs de St V. de P.

PUTEAUX, 91, **rue de Paris**. — Sœurs de St. V. de P. Patron., orphelinat.

SAINT-DENIS, 12, **place aux Gueldres** (1869). — Sœurs de St. V. de P. Patron., orphelinat de garçons, orphelinat de filles, école professionnelle, 12, rue de la Fromagerie.

— — 82, **boulevard Ornano** (1849). — Sœurs de St. V. de P. Patron., maison de retraite St-Joseph.

SAINT-MANDÉ, 21, **rue Mongenot** (1660). — Sœurs de St. V. de P. Patron., orphelinat.

SAINT-MAURICE, **impasse Junod** (1669). — Sœurs de St. V. de P. patron., orphelinat.

SAINT-OUEN, 41, **rue St-Denis** (1857). — Sœurs de St. V. de P. Patron., orphelinat.

STAINS, 68, **rue Carnot** (1723). — Sœurs de St. V. de P. Patron. orphelinat, rue du Repos; maison de retraite.

V. — Œuvres diverses de secours

Suivant notre plan général, les Œuv. diverses de secours ont été classées chacune dans l'arr. où se trouve son siège, mais il est bien entendu que ce classement ne limite pas l'action de ces œuv., dont la plupart interviennent dans tout Paris et parfois même dans la banlieue de la Seine.

Ier ARR.

Œuvres paroissiales de Saint-Roch. — Groupe **d'œuv. d'assist.**, sous la direction du Curé de la paroisse : crèche, bonne garde, orphelinat, ouvroir, patron., vestiaire, visite des pauvres et des malades, etc.

Délégation générale des Diaconats réformés du département de la Seine, 4, rue l'Oratoire (1903). — Continue l'œuv. de l'ancien Diaconat de l'Église réformée de Paris (1803), et de la Délégation des Diaconats (1882), instituée pour représenter les 8 paroisses existant à Paris à cette époque, et disparue par suite de la loi de séparation des Églises et de l'État.

La Délégation actuelle est une Union des 20 Diaconats réformés du département de la Seine, constituée en assoc. de personnes, conformément à la loi de 1901.

Elle est chargée d'assister les indigents appartenant à l'Église réformée domiciliés dans son ressort.

Les distrib. de secours en argent et en nature aux nécessiteux sont faites directement par les Diaconats particuliers, sans que la Délégation ait à intervenir ; mais elle gère une caisse centrale, qui permet, grâce à l'abondance des uns, de suppléer à l'indigence des autres.

Elle place et entretient des enfants, des vieillards et des infirmes dans 43 établ. avec lesquels elle est en relations permanentes ; elle s'occupe de l'admission des malades dans les maisons de santé, d'assist. par le travail, de surveillance et d'enseignement des apprentis, de régularisation grat. des mariages d'indigents. Elle accorde des allocations à diverses œuv. protest., orphelinats, maisons de santé, asiles, colonies de vacances. Elle visite des malades dans les hôp. et dans les prisons.

Association de bienfaisance parmi les protestants réformés de Paris et du département de la Seine, 4, rue de l'Oratoire (1905). — Recon. ut. pub. A pour but de venir en aide aux indigents protest. dépendant de son ressort. Elle a la gestion des biens charitables de l'ancien Consistoire de l'Église réformée de Paris, et toute capacité pour recevoir dons et legs, au profit soit de l'ensemble des pauvres protest. réformés, domiciliés à Paris et dans la Seine, soit de ceux d'une des paroisses constituées dans la circonscription. Elle entretient des rapports étroits avec la Délégation générale des Diaconats réformés du département de la Seine, tenue au courant des besoins des pauvres par ses délégués, et elle assure, conformément aux intentions des donateurs, la transmission immédiate des libéralités, quand celle-ci lui est demandée.

Droit de présentation (décret de 1907) à 10 places de vieillards des deux sexes à l'asile Devillas, et d'enfants et vieillards réformés à l'asile Lambrechts.

Société de bienfaisance des jeunes gens protestants de Paris, rattachée à la précédente, 4, rue de l'Oratoire. Fond. par M. Systermans 1867). — Assiste exclusivement les indigents de l'Église réformée. (Secours en nature.

Société des amis des pauvres, 46, rue de l'Arbre-Sec. Fond. par Mlle Th. Durnerin (1890). — A pour but de régulariser les situations des ménages pauvres, et de leur fournir grat. tous les papiers nécessaires. Distrib. par les Comités paroissiaux de secours de toute nature.

Comités dans les paroisses suivantes : St-Ambroise, Notre-Dame-du-Rosaire, St-Joseph, Notre-Dame de la Gare, St-Hippolyte, St-Antoine, Notre-Dame-de-la-Croix de Ménilmontant, l'Immaculée-Conception (rue des Pyrénées).

Cercle parisien de la Ligue de l'enseignement, 14, rue J.-J.-Rousseau (1867). — Recon. ut. pub. Allocations de secours divers. Subventions aux colonies de vacances, etc.

Caisse de secours du Théâtre-Français, place du Palais-Royal.

IIe ARR.

Syndicat des employés du commerce et de l'industrie, 14 *bis*, boulevard Poissonnière. — Secours divers en cas de besoin aux membres du Syndicat. Prêts grat., placem., restaurant syndical, bibliothèque, cours professionnels, colonies de vacances, etc. Voir *Enseignement profess.*

Œuvre des secours à domicile, 14, rue St-Marc (1848). — Secours divers donnés après enquêtes aux pauvres de plusieurs arr. sans distinc. de culte.

L'Union populaire catholique. Permanence, 135, boulevard Sébastopol. — Voir au *XVIe arr.*

Société d'enseignement et d'assistance populaires, 2, rue du 4-Septembre (1889). — Services d'assist. médicale et pharmaceutique et de conseils juridiques. Voir *Enseignement professionnel.*

IVe ARR.

Ligue contre la misère. Œuv. d'assist. et d'éducation populaires, 185, rue du Temple. Fond. par M. Pareil (1894). — Direction laïque. Recherche et secourt les pauvres honteux des deux sexes, sans distinc. de religion et nationalité. Fourneau populaire. Bons de pain, viande et chauffage. Placem. grat. Vestiaire. Rapatriement. Petits secours de loyers. Cours grat. de coupe et de couture le merc., de 8 h. et demie à 10 h. et demie s. S'adresser les mard. et vend., de 2 à 5 h., sur lettre de convocation.

Œuvres paroissiales de Notre-Dame des Blancs-Manteaux. — Groupement d'œuv. d'assist. sous la direction du Curé : maison des Sœurs de St. V. de P., crèche, patronage, bonne garde, restaurant de midinettes, fourneau familial, dispens., cours professionnel, visite des pauvres, vestiaire, etc.

Association philomathique, 38, rue de la Verrerie (1895). — Assist. médicale. Voir *Enseignement professionnel.*

Ve ARR.

Œuvres paroissiales, 15, rue des Bernardins. — Groupement d'œuv.

diverses sous la direction du Curé de St-Nicolas du Chardonnet : Assoc. Louise de Marillac (visite des pauvres à domicile par des j. filles), vestiaire, ouvroir, crèche, mutualité maternelle, orphelinat, patron., bonne garde, école ménagère, restaurant de midinettes, fourneau familial, dispens., cours professionnels, salle de lecture populaire, bibliothèque, colonies de vacances, conf. de St. V. de P., œuvres des dames de charité et des pauvres malades, sécrétariat du peuple, consult. jurid., œuv. des mariages, des loyers, placem., caisse militaire, assist. par le travail, cercle d'études, etc. Voir *chapitres spéciaux*.

Comité de bienfaisance de l'École normale, 5, rue d'Ulm (1847). — Assist. à domicile des indigents du Ve arr par les élèves de l'École. Bons de pain, de viande. Quelquefois secours en argent.

Bureau de bienfaisance de l'École polytechnique, 21, rue Descartes. Fond. par les élèves de l'École (1830). — Assist. à domicile des familles pauvres de l'arr. Bons de pain, viande et chaussures ; parfois secours en espèces. Vestiaire annexé. Indépendante de la Sté amicale des anciens élèves.

Attributions dotales de la Mode pratique, Maison Hachette, 79, boulevard St-Germain (1910). — Attribution annuelle par le vote des abonnées de ce journal de 3 dots de 5 000 fr. à des jeunes filles françaises, gagnant leur vie ou se préparant à la gagner, à quelque milieu qu'elles appartiennent.

Œuvre du Mobilier, 30, rue de Pontoise (1910). — Direction laïque. A été créée pour secourir les victimes des inondations. Œuv. de secours, de relèvement et d'amélioration de la famille. Magasin de meubles neufs ou usagés offerts pour cette destination, ouvert tous les merc., de 9 à 11 h. mat. Être présenté par un membre de l'œuv.

Œuvres paroissiales de Saint-Étienne-du-Mont, carré Ste-Geneviève. — Groupe d'œuv. sous la direction du Curé de la paroisse ; conférences de St. V. de V., patron., vestiaires, maisons de charité des Sœurs de St. V. de P., œuv. de la visite des pauvres et des malades, œuv. des loyers, œuv. ménagères, colonies de vacances, assist. par le travail de l'œuv. Jeanne d'Arc.

VIe ARR.

Œuvres paroissiales de Saint-Sulpice, place St-Sulpice. — Groupement d'œuv. d'assist. sous la direction du Curé de la paroisse : crèche, bonne garde, orphelinat, école professionnelle, patron. de garçons et de filles, salle de lecture, bibliothèque, conférence de St. V. de P., œuv. des mariages, placem., vestiaire, fourneau, œuv. des pauvres malades, œuv. des familles accidentellement nécessiteuses, œuv. des dames de charité et visite des personnes pauvres de toutes les conditions, etc. Voir aux *chapitres spéciaux.*

Œuvres paroissiales de Notre-Dame-des-Champs. — Groupement d'œuv. d'assist. sous la direction du Curé : œuv. des dames de charité et de la visite des pauvres malades, patron. pour garçons et pour filles, cercles, orphelinat, vestiaires, conf. de St. V. de P., colonie de vacances, etc.

Œuvres paroissiales de Saint-Germain-des-Prés, place St-Germain-des-Prés. — Groupement d'œuv., sous la direction du Curé : Sté des jeunes gens, patron. pour garçons et pour filles, œuv. des dames de charité et des pauvres malades, conf. de St. V. de P., vestiaire, caisse des familles, dispens. bibliothèque, etc.

Société de Saint-Vincent-de-Paul, 6, rue Furstenberg. Fond. par MM. Bailly, Ozanam, Lallier et Le Taillandier (1833). — Divisée en 280 Conférences dans chaque quartier ou paroisse de Paris et la banlieue. Assoc. d'hommes et jeunes gens, ayant pour but d'assister moralement et matériellement à domicile les pauvres du quartier. Adoption et visites par chacun des membres d'un certain nombre de familles indigentes, et distrib. par leurs soins de bons de pain, viande, chauffage, fourneaux, etc. Réunions hebdomadaires, pour y exposer la situation et les besoins des familles visitées ou à visiter. Pour maintenir l'unité d'esprit et d'action dans les diverses Conférences, il existe des conseils locaux dont les délégués composent un conseil général.

A la visite des pauvres la Sté de St. V. de P. a joint diverses œuv., ayant pour objet de compléter son action charitable : patron. d'apprentis, assoc. des Stes familles, secrétariats du peuple, caisses de loyers, comités de mariage, fourneaux, vestiaires, bibliothèques, bureaux de placem. grat., colonies de vacances, jardins ouvriers, etc.

On comptait, en 1911, 280 Conférences dans la Seine, dont 100 paroissiales à Paris et 56 dans la banlieue de la Seine, 67 dans les patron. et œuv. ouvrières, 36 dans les Stés amicales des écoles chrétiennes, 12 dans des maisons d'éducation, 9 dans les catéchismes de persévérance, 36 œuv. des Stes familles, 32 secrétariats du peuple, 25 fourneaux, 48 comités de mariages, 3 patron., 3 œuv. des jardins ouvriers, 1 bureau de placem. grat., 1 colonie de vacances.

Bureaux ouverts au siège tous les j., de 10 h., à 5 h., sauf dim. et fêtes. Adresser les demandes au Président de chaque Conférence mentionnée ci-après.

1° *Liste des Conférences de Paris.*

Ier ARR.

Saint-Eustache, 4, impasse St-Eustache.

Saint-Germain-l'Auxerrois, à l'Église, place du Louvre.

— — Catéchisme, à l'Église, place du Louvre.

Saint-Roch, 22, rue St-Roch.

— Catéchisme, 22, rue St-Roch.

Saint-Leu-Saint-Gilles, Salle des mariages, 92, rue St-Denis.
Saint-Edmond, 22, rue St-Roch.
Saint-Albert (Saint-Germain-l'Auxerrois), 3, place de l'École.

IIe ARR.

Notre-Dame des Victoires, 7, place des Petits-Pères.
Notre-Dame de Bonne-Nouvelle, 1, rue de Damiette.
Saint-Nicolas-des-Champs, 135, boulevard Sébastopol.
Saint-Agnès (Bonne-Nouvelle), 1, rue Damiette.

IIIe ARR.

Saint-Jean-Saint-François, à l'Église, 13, rue du Perche.
Sainte-Élisabeth, Salle des œuv., 193, rue du Temple.
Saint-Denis du Saint-Sacrement, 15, rue St-Claude-au-Marais.
Notre-Dame des Blancs-Manteaux, 11, rue des Guillemites.
Sainte-Élisabeth, 193, rue du Temple.
Sacré-Cœur des Blancs-Manteaux, 11, rue des Guillemites.

IVe ARR.

Saint-Gervais, 13, rue des Barres.
Saint-Louis-en-l'Ile, 11, rue St-Louis-en-l'Ile.
Saint-Marcel-au-Marais, 13, rue des Barres.
Saint-Merry, 76, rue de la Verrerie.
Notre-Dame, 8, rue Massillon.
Notre-Dame-de-la-Persévérance, 21, rue St-Antoine.
Saint-Paul-Saint-Louis, 137, rue St-Antoine (2 conférences).
Jeanne-d'Arc, 35, quai d'Anjou.
Saint-Louis (de l'École Massillon), 2 quai des Célestins.
Saint-Philippe-de-Néri (de l'École Massillon), 2, quai des Célestins.
Notre-Dame de la Maîtrise, 8, rue Massillon.
Saint-Jean-Saint-Marcel, 8, rue François-Miron.

V^{e} ARR.

Saint-Étienne du Mont, 1, rue St-Étienne-du-Mont.
— — 21, rue Lhomond.
Saint-Jacques du Haut Pas, 252, rue St-Jacques.
Saint-Médard, 19 *bis*, rue Tournefort.
Saint-Nicolas du Chardonnet, 39, boulevard St-Germain.
Sainte-Geneviève, 15, rue des Carmes.
Saint-Magloire, 44, rue Denfert-Rochereau.
Saint-Maurice-Saint-Médard, 12, rue Censier.
Sainte-Mélanie, 19 *bis*, rue Tournefort.
Saint-Médard des Lycéens, 18, rue du Luxembourg.
Saint-Séverin, 8, rue Gît-le-Cœur.
— 1, rue des Prêtres-St-Séverin.
Saint-Victor de Saint-Nicolas du Chardonnet, 37, rue de Jussieu.

VIe ARR.

Saint-Dominique des Carmes, 74, rue de Vaugirard.

Saint-Germain-des-Prés, 6, rue de Furstenberg.
Saint-Jean-Saint-Luc, 76, rue des Sts-Pères.
Saint-Luc-Saint-Côme et Saint-Damien, 18, rue du Luxembourg.
Notre-Dame-des-Champs, 22, rue Notre-Dame-des-Champs.
Saint-François-d'Assise, Id.
Jeanne d'Arc, Id.
Saint-André, Id.
Saint-Martin, Id.
Saint-Sulpice, à l'Église, chapelle des fonts baptismaux.
— (cathéchisme), salle des cathéchismes.
Saint-Pierre-Saint-Sulpice, à l'Église, chapelle des étudiants.
Sainte-Anne des anciens élèves de Bossuet, 6, rue du Luxembourg.
Notre-Dame des Écoles, 50, rue de Vaugirard.
Saint-Charles-Saint-Sulpice, 68, rue d'Assas.
Saint-Jean l'Évangéliste, 6, rue de Furstenberg.
Saint-Joseph de Notre-Dame-des-Champs, 23, rue du Montparnasse.
Saint-Joseph-Sainte-Anne, 30, rue Vaneau.

VIIe ARR.

Saint-François-Xavier, 95, rue de Sèvres.
Saint-Pierre du Gros-Caillou, 92, rue St-Dominique.
Saint-Thomas-d'Aquin, 12, place St-Thomas-d'Aquin.
Jean Eudes (Union Bas-Normande), 22, rue Vaneau.
Sainte-Clotilde, 12, rue Martignac.
— 121, rue de Grenelle.
— (Catéchisme de persévérance), 29, rue Las-Cases.
Immaculée-Conception, 90 *bis*, rue St-Dominique.
Saint-Jean du Gros-Caillou, 9, passage Landrieu.
Saint-Joseph du Gros-Caillou, Id.
Notre-Dame de Lourdes, 20, rue de Varennes.
Saint-Thomas d'Aquin, 44, rue de Grenelle.
— — (Catéchisme), 3, place St-Thomas-d'Aquin.
Notre-Dame du Bon-Conseil (Saint-François-Xavier), 26, av. de Saxe.
Notre-Dame du Rosaire (Saint-Thomas d'Aquin), 42, rue de Varennes.

VIIIe ARR.

Saint-Augustin, au presbytère, 8, avenue Portalis.
Saint-Georges des Anglais, 50, avenue Hoche.
Saint-Hyacinthe, 8, rue de la Ville-l'Évêque.
Sainte-Madeleine, Id.
Saint-Philippe du Roule, à l'église.
— — **(Sainte-Geneviève)**, 34, rue de Courcelles.
Saint-Stanislas-Kostka (Saint-Augustin), 7, rue de la Bienfaisance.
Saint-Augustin (Catéchisme), 46, boulevard Malesherbes.

IXe ARR.

Saint-Louis d'Antin, Salle des œuv., 4, rue du Havre.

Saint-Louis d'Antin (Catéchisme), 4, rue du Havre.
Notre-Dame de Lorette, 8 *bis*, rue Choron.
Sainte-Trinité, 17, rue Blanche.
Sainte-Marie de Monceau, 6, avenue du Coq.

X^e^ ARR.

Saint-Eugène, 54, rue du Faubourg-Poissonnière.
Saint-Laurent, 119, faubourg St-Martin.
Saint-Vincent-de-Paul, 17, rue Fénelon.
Saint-Martin, 36, rue des Marais.
Saint-Boniface, 214, rue Lafayette.
Saint-Joseph-Saint-Charles, 12, rue Bossuet.
Saint-Joseph-Saint-Maur, 154, rue St-Maur.

XIe ARR.

Saint-Ambroise, 1, rue Lacharrière.
Saint-Joseph, 161, rue St-Maur.
Sainte-Marguerite, 30, rue St-Bernard.
Saint-Liévin des Flamands, 181, rue de Charonne.
Saint-Ambroise, 32, rue Guilhem.
Sainte-Jeanne de Valois, 71 *bis*, boulevard Voltaire.
Saint-Joseph-Saint-Maur, 154, rue St-Maur.
Saint-Joseph-Saint-Louis, 55, boulevard de Belleville.
Sainte-Geneviève de Belleville, Id.
Saint-Augustin de Sainte-Marguerite, 6, impasse Franchemont.
Saint-Antoine, 46, rue de Montreuil.
Sainte-Marguerite, Id.

XIIe ARR.

Saint-Antoine, 5, rue Émilio-Castelar.
Saint-Éloi, 79, rue de Reuilly.
Immaculée-Conception, 22, rue Ruty.
Notre-Dame de Bercy, à l'église, place de la Nativité.
Saint-Antonin (de St-Éloi), 79, rue de Reuilly.
Saint-Louis (de St-Camille de Bercy), 12, rue des Meuniers.
Saint-Michel (de l'Immaculée-Conception), 22, rue Ruty.
Sacré-Cœur de Bercy, 32, rue Wattignies.
Saint-Joseph du Chantier, 199, rue de Bercy.

XIIIe ARR.

Sainte-Anne de la Maison-Blanche, 186, rue de Tolbiac.
Sainte-Élisabeth de Thuringe, 91, avenue de Choisy.
Saint-Marcel de l'Hôpital, 6, rue Furstenberg.
Notre-Dame du Cercle du Luxembourg, 18, rue du Luxembourg.
Notre-Dame de la Gare, à l'église, place Jeanne-d'Arc.
— — 20, rue Domrémy.
Saint-Hippolyte des Malmaisons, 25, rue Gandon (2 conférences).
Saint-Joseph (de Sainte-Rosalie), 65, rue Corvisart.

Sacré-Cœur (de Sainte-Rosalie), 65, rue Corvisart.
Saint-Joseph (de **la Maison-Blanche**), 54, rue Bobillot.

XIVe ARR.

Bienheureux Chanel (**N.-D.-des-Champs**), 104, rue de Vaugirard.
Saint-Dominique des Carmes, 74, rue de Vaugirard.
Saint-Joseph de l'Institut catholique, Id.
Notre-Dame-des-Champs, 22, rue Notre-Dame-des-Champs.
Notre-Dame de Plaisance, 36, rue Guilleminot.
Saint-Pierre de Montrouge, 88, avenue d'Orléans.
Saint-Pierre-Saint-Paul (de Plaisance), 12, rue d'Assas.
Saint-Pierre-Saint-Sulpice, St-Sulpice.
Bienheureux Chanel (Notre-Dame-du-Rosaire), 174, rue de Vanves.
Sacré-Cœur de Saint-Pierre de Montrouge, 16, rue du Moulin-Vert.
Bienheureux J.-B. Vianey, 174, rue de Vanves.
Saint-Joseph (**de Plaisance**), 55, rue Vercingétorix.
Saint-Louis (**de Plaisance**), Id.
Saint-Yves, 21, villa d'Alésia.

XVe ARR.

Saint-Lambert de Vaugirard, à l'église, rue Gerbert.
Saint-Jean-Baptiste de la Salle, à l'église, rue Dutot.
— — 82, rue de l'Abbé-Groult.
Saint-Joseph, 182, rue de Vaugirard.
Saint-Pierre-Saint-Louis, 84, rue Olivier-de-Serres.
Saint-Joseph de l'Immaculée-Conception, 391, rue de Vaugirard.
— **de Notre-Dame de la Salette**, 27, rue de Dantzig.
Enfant-Jésus de Nazareth, 7, rue Blomet.
Saint-Joseph de Nazareth, Id.
Saint-Alexandre de Javel, 29, avenue Émile-Zola.
Saint-François d'Assise, 29, rue de Lourmel.
Saint-Jean-Baptiste de Grenelle, 29, rue Las-Cases.
Notre-Dame de Dupleix, 29, rue de Lourmel.
Notre-Dame du Saint-Rosaire, 4, rue Fondary.
Sainte-Geneviève de Grenelle, 13, place Félix-Faure.
Saint-Joseph (**Jeunesse ouvrière**), 29, avenue Émile-Zola.
Saint-Joseph (**de Maignien**), 29, rue de Lourmel.
Saint-Louis de Gonzague, 29, avenue Émile-Zola.
Saint-Maurice (**de Maignien**), 29, rue de Lourmel.
Saint-Paul (**Jeunesse ouvrière**), 29, avenue Émile-Zola

XVIe ARR.

Saint-Honoré, 2, rue Mesnil.
— 67, rue Boissière.
Notre-Dame d'Auteuil, 4, rue Corot.
Notre-Dame-de-Grâce de Passy, à l'église, 8, rue de l'Annonciation.
Saint-Pierre de Chaillot, 26, rue de Chaillot.

Saint-Joseph (Auteuil et Point-du-Jour), 7, avenue de la Frillière.
Saint-Benoît Labre (de Passy), 8, rue Singer.
Saint-Louis de Gonzague, 12, rue Singer.
— — (Catéchisme), 67, rue Boissière.

XVIIe ARR.

Saint-Charles de Montceau, 17, rue de Tocqueville.
Saint-Ferdinand des Ternes, à l'église, rue d'Armaillé.
Saint-François de Sales, 4, rue Brémontier.
Saint-Joseph des Épinettes, 40, rue Pouchet.
Sainte-Marie des Batignolles, 77, rue Truffaut.
Saint-Michel des Batignolles, 19, avenue de St-Ouen.
— — 35, avenue de St-Ouen.
Saint-François d'Assise (des Épinettes), 38, rue des Épinettes.

XVIIIe ARR.

Saint-Bernard de la Chapelle, 9, rue Affre.
Saint-Denis de la Chapelle, 50, rue de Torcy.
Saint-François d'Assise (de Clignancourt), 140, rue de Clignancourt.
Sainte-Geneviève (des Grandes-Carrières), 174, rue Championnet.
Saint-Jean l'Évangéliste, 14, passage de l'Élysée-des-Beaux-Arts.
Notre-Dame de Clignancourt, 25, rue du Ruisseau.
Saint-Pierre (de Montmartre), 2, rue du Mont-Cenis.
Sacré-Cœur (de Montmartre), 21, rue du Mont-Cenis.
Saint-François Régis (de Montmartre), 17, rue Lamarck.
Saint-Jean-de-Dieu (de Clignancourt), 25, rue du Ruisseau.
Saint-Louis de Gonzague (des Gdes-Carrières), 174, rue Championnet.
Saint-Paulin (de la Maison-Blanche), 54, rue Bobillot.
Notre-Dame de Bon-Conseil (de Clignancourt), 140, r. de Clignancourt.
Saint-Bernard de la Chapelle, 6, rue St-Luc.
Saint-Maurice (de St-Denis de la Chapelle), 85 *bis*, rue de la Chapelle.

XIXe ARR.

Saint-Jean-Baptiste (de Belleville), 19, rue Lassus.
Saint-Jacques-Saint-Christophe (de la Villette), 158 *bis*, rue de Crimée.
Saint-Georges, 114, rue Bolivar.
Saint-Jean-Baptiste de la Salle, 50, rue des Solitaires.
Saint-Louis (de la Villette), 75, rue de l'Ourcq.

XXe ARR.

Notre-Dame-de-la-Croix (de Ménilmontant), à l'église.
Saint-Germain de Charonne, 124, rue de Bagnolet.
Saint-François, 276, rue des Pyrénées.
Saint-Paul, Id.
Notre-Dame de Lourdes, 109, rue Pelleport.
Saint-Michel de Ménilmontant, 3, passage Eupatoria.
Sainte-Anne de Charonne, 42, rue Planchat.
Saint-Joseph-Saint-Joachim, Id.

Sainte-Marie, 42, rue Planchat.
Saint-Michel de Charonne, 124, rue de Bagnolet.
Notre-Dame-Auxiliatrice (de St-Pierre de Ménilmontant), à l'église.
Sainte-Geneviève (de Belleville), 55, boulevard de Belleville.

Liste des Conférences de la banlieue.

ADAMVILLE, 60, rue Ledru-Rollin.
ASNIÈRES (Ste-Geneviève), à l'église.
— (St-Charles), 17, rue des Couronnes.
AUBERVILLIERS (Notre-Dame-des-Vertus), à l'église.
BRY-SUR-MARNE, au presbytère, rue du 136e-de-ligne.
BILLANCOURT, à l'église.
BOIS-COLOMBES, 31, rue de l'Aubépine.
BOULOGNE, 8, rue du Centre.
BOURG-LA-REINE, à l'église.
— (St-Martin), 5, rue St-Cyr.
BAGNOLET (St-Leu-St-Gilles), 54, rue Sadi-Carnot.
CHARENTON, à l'église.
CLICHY (St. V. de P.), à l'église.
— (Notre-Dame Auxiliatrice), 10, rue d'Alsace.
— (Notre-Dame Auxiliatrice), 7, rue du Landy.
COLOMBES, 2, rue du Four.
COURBEVOIE, à l'église.
CHATENAY (St-Joseph), 1, rue Garnier.
CHATILLON-SOUS-BAGNEUX, au presbytère.
CHOISY-LE-ROI, 2, avenue Gambetta.
CLAMART, 145, rue de Paris.
ÉPINAY (St-Médard), au presbytère.
FONTENAY-AUX-ROSES, à l'église.
GENNEVILLIERS, 87, rue des Grésillons.
GENTILLY, rue de la Gare.
ISSY, 63, rue Ernest-Renan.
— (St-Joseph), 18, rue Marceau.
IVRY-SUR-SEINE, 3, rue Ferrer.
KREMLIN-BICÊTRE, 1, rue Carnot.
LE PERREUX (St-Jean-Baptiste), 1, allée de Bellevue.
LA GARENNE-COLOMBES, 5, rue Voltaire.
LEVALLOIS (St-Justin), 30, rue des Frères-Herbert.
LES LILAS (Notre-Dame du Rosaire), 7, rue de l'Avenir.
— (St-Louis), 11, rue de l'Avenir.
MAISONS-ALFORT (St-Rémy), au presbytère.
MONTREUIL (St-André), 47, rue Voltaire.
— (St-Martin), Id.
— (St-Pierre-St-Paul), 7, rue Pépin.

MONTROUGE, 42 *bis*, avenue de la République.
— (St-Joseph), 51, Grande-Rue.
NOGENT-SUR-MARNE (St-Saturnin), 5 *bis*, place du Marché.
NANTERRE, 10, rue St-Denis.
NEUILLY (St-Pierre), 90, avenue du Roule.
— (St-Jean-Baptiste), à l'église.
— (St-Joseph), 121, avenue du Roule.
NOISY-LE-SEC, 3, rue Cottereau.
PUTEAUX (Notre-Dame de Pitié), 12, rue des Pavillons.
— (N.-D. du Perpétuel Secours), 119, av. de St-Germain.
— (Sacré-Cœur), 12, rue des Pavillons.
PANTIN (St-Antoine de Padoue), à l'église.
— (Ste-Marthe), 3, rue Thiers.
PAVILLONS-SOUS-BOIS (St-Joseph), 5, rue Émile-Zola.
— (N.-D. de Lourdes), 3, rue Émile-Zola.
ROSNY-SOUS-BOIS, 14, rue des Carrières.
ROMAINVILLE, à l'église.
SAINT-MANDÉ, 24, rue de la Fraternité.
— (St-Jean), 20, rue de l'Alouette.
SAINT-OUEN (St-Michel), Église Notre-Dame-du-Rosaire.
— (St-Alex.), 65, avenue des Batignolles.
SAINT-DENIS, Église St-Denis-de-l'Estrées.
SCEAUX, 7, rue du Marché.
SURESNES, 1, rue de Nanterre.
THIAIS, rue Grignon.
VANVES, 17, place de l'Église.
VINCENNES (Notre-Dame), 7, rue Eugène-Renaud.
— (St-Joseph), Id.
VITRY-SUR-SEINE, à l'église.

2° *Fourneaux économiques*, entretenus par la Sté dans 12 arr. de Paris et dans la banlieue. Voir *Distributions d'aliments*.

3° *Œuvres des Saintes Familles*, dans 30 conférences de Paris et 6 de la banlieue. Visite et assist. des membres en cas de maladie.

4° *Secrétariats des familles*, dans 24 conférences de Paris et 8 de la banlieue. Voir *Secrétariats du peuple*.

5° *Comités des mariages*, établis par groupes de conférences et pour chacune d'elles. Voir *Œuv. des mariages*.

6° *Patronages de la Société de Saint-Vincent de Paul*, dont 3 appartenant à la Sté et 7 subventionnés. Voir *Patronages*.

7° *Bureau de placement gratuit La Solidarité catholique*, 137, boulevard St-Germain. Permanence tous les j. de 9 à 11 h. et de 2 à 4 h. Voir *Placement*.

8° *Jardins ouvriers*. Voir *Jardins ouvriers*.

9° *Œuvre des colonies de vacances*, Colonie St-Jean, à St-Christophe-en-Boucherie (Indre). Voir *Colonies de vacances*.

10° *Prime Legentil* (1890) de 1 000 fr. attribuée par la Sté à un négociant de Paris atteint par des revers.

Œuvre de la Miséricorde en faveur des pauvres honteux, sous la présidence d'honneur de S. G. l'Archevêque de Paris. Siège à l'Office central des œuv., 175, boulevard St-Germain. Fond. par Mgr de Quélen, Archevêque de Paris, et Mlle du Martray (1822). — A pour but de secourir les personnes qui, d'une position élevée ou aisée, sont tombées dans la misère. Conditions : être Français, domicilié à Paris depuis plus d'un an, avoir une conduite régulière, justifier de son aisance passée ou de celle de sa famille (titres authentiques, brevets, états de service, diplômes, patentes de commerce), etc.

Visites et secours à domicile, permanents ou temporaires, aux familles adoptées par le Comité. Assist. et soutien moral, placem. et relèvement. Vestiaire spécial. Les souscripteurs de l'œuv. versent 20 fr. par an.

Société de secours des Amis des sciences, 79, boulevard St-Germain. Fond. par le baron Thénard (1857). — Recon. ut. pub. A pour but de venir en aide aux veuves, aux enfants et aux ascendants de savants qui ont laissé leur famille dans une situation difficile. Ces besoins doivent être constatés au lendemain de la mort du chef de famille. Les secours ne sont, selon les statuts, que « le prix de services rendus », et ont le caractère de récompense. Cette Sté, en outre, concurremment avec le Cercle de l'imprimerie et de la librairie, l'Académie française et l'Académie des beaux-arts, a le droit de présenter à la Maison de retraite Galignani les titulaires, savants, pères, mères, veuves ou filles de savants, pour les 50 places grat. de cet asile, réservées suivant la volonté du fondateur.

Le Soutien français, 42, rue du Bac. Fond. par Mme Klobb et le comte Fleury (1910). — Comité de dames. A pour but de secourir les femmes du monde malheureuses, en leur donnant des secours de loyers et de maladie, en attribuant de petites pensions aux plus âgées, en leur facilitant la vente des articles de lingerie ou de fantaisie confectionnés par elles, et en les mettant en rapport avec d'autres œuv. pouvant les aider momentanément. L'œuv. a aussi pour objet de faciliter l'éducation des enfants de familles nombreuses, à quelque classe qu'elles appartiennent. Envoi d'enfants en colonies de vacances.

Œuvre parisienne de secours immédiat et d'assistance à la famille médicale, 18, rue Bonaparte (1910). — A pour but de secourir toutes les misères survenant dans une famille médicale française de la région parisienne (Seine-et-Oise et Seine-et-Marne), qu'il s'agisse du médecin ou de sa famille. Aucune préoccupation politique ou religieuse.

Secours immédiat ou placem. d'enfants, de malades, d'infirmes et de vieillards.

Maison du peuple du VIe arrondissement, 70, rue Bonaparte. Fond. par le Curé de St-Sulpice (1903). — Dispens., conférences, bibliothèque, cercle d'études, secours mutuels, caisse de prêts grat., placem., assist. par le travail à domicile, secrétariat du peuple, comité des mariages, consult. grat. médicales et juridiques.

Les adhérents ont à leur disposition le dispens. paroissial des Sœurs de St. V. de P., les dim., mard., vend., de 8 à 10 h., pesées de nourrissons les dim. et jeud., à 9 h., et tous les j. œuv. de la Goutte de lait.

Société de géographie, 184, boulevard St Germain (1887). — Recon. ut. pub. Sté d'études ayant pour but la vulgarisation des observations des explorateurs, par extension leur assist. par l'attribution des rentes viagères du fonds Poirier.

VIIe ARR.

Société philanthropique, 15, rue Bellechasse (hôtel légué par la duchesse de Noas). Fond. (1780) et reconstituée (1801). — Recon. ut. pub. La plus ancienne des Stés charitables de Paris et devenue l'une des plus importantes. L'énumération des services et des institutions qui en dépendent indiquera la variété de son champ d'action, et l'extrême sollicitude qu'elle apporte sans relâche pour répondre aux besoins de la bienf. privée. Vente de cartes de dispens. et de bons de fourneaux. Tout souscripteur de 40 fr. reçoit 100 bons de fourneaux, 3 cartes de dispens. d'adultes et 1 carte de dispens. d'enfants. Cartes spéciales de dispens. à 20 fr. pour adultes, à 10 fr. pour enfants, et bons de fourneaux à 0 fr. 10 dans chacun des dispens. et fourneaux et au siège de la Sté.

1° *Traitement grat. des malades pauvres*, par des visites à domicile, consult. grat. et dispens. d'enfants et d'adultes créés par la Sté.

2° *Hôpital chirurgical*, Fondation Jules Gouin, 22, rue du Bois et rue des Bournaires, à Clichy (1896). — Sœurs de St-Joseph de Cluny. Aucune distinc. d'âge, de sexe et de culte. A l'hôp. est annexé un dispens. chirurgical, où tous les pansements se font gratuitement, et des services de consult. grat. pour chirurgie, médecine, dents, maladies de la bouche, du larynx et des yeux. Voir *Hôpitaux*.

3° *Dispens. chirurgical pour femmes et enfants*, 201, avenue du Maine (1902). — Sœurs auxiliatrices de l'Immaculée-Conception. Voir *Dispens.*

4° 4 *Dispens. grat. spéciaux pour enfants.* — Voir la liste et les heures à *Dispens. d'enfants.*

5° *Dispens. grat. pour adultes.* — Voir la liste et les heures à *Dispens. d'adultes.*

6° 27 *Fourneaux.* — Le premier fourneau, dit Soupe populaire à la Rumford, remonte à l'année 1800, et fut installé à Paris, 18, rue du Mail, par les soins de la Sté philant. Voir *Distributions d'aliments.*

7° 3 *Asiles de nuit pour femmes et enfants.* — Voir la liste et les conditions d'assist. à *Asiles de nuit.*

8° *Asile-ouvroir pour femmes enceintes,* 253, rue St-Jacques (1885). — Voir *Maternité.*

9° *Asile maternel pour la conval. des femmes en couches,* 201, avenue du Maine. Fondation baron et baronne Roze (1886). — Voir *Maternité.*

10° *Asile temporaire d'enfants,* 35, avenue de Choisy. — Voir *Adoption.*

11° *Pensions d'enfants.* — Fond. du baron Roze, dont les arrérages (capital de 100 000 fr.) sont affectés à l'éducation et à l'établ. d'enfants recueillis à l'Asile maternel.

12° *Pensions viagères.* Fond. Hirsch de Géreuth (1896). — Pensions de 3 000 fr. constituées par l'affectation d'un capital de 2 500 000 fr., et attribuées à des femmes du monde françaises, sans distinc. de culte, tombées dans l'infortune après avoir vécu dans l'aisance. Résidence oblig. dans les départements de la Seine ou de Seine-et-Oise. S'adresser au président de la Sté.

13° *Primes d'encouragement* à des ouvriers laborieux, désireux de s'établir. — Attribution des sommes provenant des legs Wolff, Nast, Goffin, Allaire, Laffitte et Delondre.

14° *Secours de loyers et de vêtements.* Fondation Léonie Morin et divers (1902). — Plus spécialement pour vieillards indigents. Distrib. dans les Asiles de nuit de la Sté.

15° 9 *Habitations économiques.* — Voir *Habitations économiques.*

16° 4 *Hôtels meublés pour dames et jeunes filles.* — Voir *Maisons de famille.*

17° *Hospice pour femmes âgées,* 166, rue de Crimée. Sœurs du Calvaire. Voir *Vieillesse.*

Société des visiteurs pour le relèvement des familles malheureuses, 5, rue de Poitiers. Fond. par MM. Bazin, Spire et Dejean (1896). — Recon. ut. pub. A pour but de venir en aide, à Paris et dans le département de la Seine, à des familles se trouvant momentanément dans l'impossibilité de subvenir à leurs besoins, et qui sont susceptibles d'échapper à la misère définitive, grâce à un appui temporaire. Direction neutre. Aucune distinc. d'opinions politiques ou religieuses.

A) *Services spéciaux* : *a*) vestiaire et assist. par le travail les merc. à 2 h. et demie et dim. non fériés à 10 h., sur lettres des visiteurs visées par le président des groupes ; — *b*) œuv. des layettes, 9, place Sée ; — *c*) albums des petits malades.

B) *Services généraux* : *a*) service de placem. tous les j. fériés, de 2 h. à 4 h. ; — *b*) service de renseignements d'ordre médical ; — *c*) consult. médicales ; — *d)* consult. juridiques ; — *e)* consult. commerciales ; — *f)* consult. d'assist.

1° *Groupe d'arrondissement*, 130, boulevard St-Germain (cour du Commerce). Réunions le vend., tous les 15 j. à 8 h. et demie du s.

2° *Groupe du centre*, 14, rue de la Chaussée-d'Antin, à l'Union coloniale. Réunions les 1er et 3e vend. du mois, à 9 h. du s.

Ier et IIe ARR.
89, rue Lafayette.
IIIe et IVe ARR.
38, rue du Bac.
Ve ARR.
12, rue du Regard.
VIe et VIIe ARR.
18, rue Littré (instit. Verdier).
VIIIe ARR.
235, boulevard Pereire.
IXe ARR.
89, rue Lafayette.

Xe ARR.
38, rue du Bac.
XIe et XIIe ARR.
7, rue Cavé.
XIIIe et XIVe ARR.
18, rue Littré (instit. Verdier).
XVe et XVIe ARR.
5, avenue Victor-Hugo.
XVIIe et XVIIIe ARR.
235, boulevard Pereire.
XIXe et XXe ARR.
7, rue Cavé.

3° *Groupe de Passy-Grenelle*, à la Mairie du XVIe. Réunions le dim. mat., tous les 15 j., à 10 h. un quart.

4° *Groupe des Batignolles-Monceau*, 112, boulevard Malesherbes. Réunions le vend., tous les 15 j., à 8 h. et demie.

5° *Groupe de l'Est*, 11, avenue de Laumière. Réunions les 2e et 4e lund. de chaque mois, à 8 h. et demie du s.

6° *Groupe de St-Denis*, à la salle des fêtes. Réunions les 2e et 4e jeud., à 8 h. et demie.

7° *Groupe du Ve arr.*, 7, rue Dante. Réunions tous les 15 j. le merc., à 8 h. un quart du s.

8° *Groupe du Marais*, 28, rue Beaurepaire. Réunions le merc., tous les 15 j., à 8 h. trois quarts du s.

9° *Groupe de Reuilly-Popincourt*, 241, rue de Charenton. Réunions tous les 15 j., à 8 h. et demie du s.

10° *Groupe du IVe arr.*, 7, rue des Halles. Réunions les 1er et 3e mard., à 8 h. et demie du s.

Bureau libre de charité du VIIe arrondissement, 19, rue de Lille. Fond. par M. Léon Pagès (1879). — Secours divers aux pauvres et aux écoles libres de l'arr. Distrib. de bons de pain, viande, chauffage, vêtements et chaussures. Secours de loyers. L'œuv. de la Providence et le Bureau libre de charité se prêtent un mutuel concours.

Œuvre de la Providence du VIIe arrondissement, 46, rue de Varenne. Fond. par la marquise de Boisgelin (1832). — Assiste les familles indigentes de l'arr. Secours en hiver de bons de pain, viande, chauffage et vêtements.

Œuvre des campagnes, 2, rue de la Planche (1854). — Œuv. d'évangélisation, qui sert également d'intermédiaire à la bienf. dans les campagnes, en distribuant des secours pour patron., missions, œuv. charitables, bibliothèques circulantes, etc.

Œuvres paroissiales de Saint-Thomas-d'Aquin, place St-Thomas-d'Aquin. — Groupement d'œuv. sous la direction du Curé de la paroisse : conférences de St. V. de P. Association des dames de charité et Maison des Sœurs de St. V. de P. Asile pour vieilles femmes. Orphelinat de jeunes filles. Patronages pour garçons et filles, etc.

VIIIe ARR.

Œuvres paroissiales de Saint-Augustin. — Groupement d'œuv. d'assist. sous la direction du Curé : patron. de garçons et de filles, cours ménagers, œuv. des petites mères chrétiennes, des dames de charité et de la visite des pauvres malades, vestiaire, assoc. charitable Malesherbes, dispens., maison paroissiale de retraite pour femmes, conf. de St. V. de P., Sœurs gardes-malades, etc.

Œuvres paroissiales de Sainte-Madeleine. — Groupement d'œuv. sous la direction du Curé de la paroisse : crèche, mutualité mat., orphelinat, Petite Œuv. de la Madeleine, bonne garde, patron. de garçons et de filles, dispens., réfectoire pour j. filles, vestiaire, ouvroir.

Caisse de secours de l'Aéronautique, 35, rue François-Ier (1912). — En formation.

Réunion protestante de charité, 20, rue Vivienne. Fond. par le Pasteur Athanase Coquerel (1872), après la dispersion de l'Union protest. libérale et de la Sté des anciens catéchumènes. — Recon. ut. pub. A pour but de secourir des indigents protest. domiciliés dans le département de la Seine, d'autres par mesure exceptionnelle, et de placer leurs enfants. L'œuv. comprend 5 Comités de secours, dirigeant les services suivants :

1° *Assist. en nature et en espèces aux enfants abandonnés, orphelins, aux infirmes, aux vieillards.* Distrib. mensuelle aux gens valides de secours en nature et vêtements. Deux ouvroirs de couture, un rive droite, un rive gauche, s'occupent des vêtements confectionnés ;

2° *Orphelinat Athanase Coquerel*, à Vélizy ;

3° *Orphelinat de filles*, 9, impasse Longchamp ;

4° *Garderie d'enfants*, à Pontoise, 56, rue St-Jean.

Association charitable des femmes du monde (Secours aux veuves et aux filles des anciens officiers des armées de terre et de mer et des anciens fonctionnaires de l'État), 27, rue d'Anjou. Fond. par la duchesse de Trévise (1879). — Comité d'hommes chargé de l'administration, et Conseil de dames chargées de la distrib. des secours. Adresser les demandes à la présidente, apostillées par un membre de l'œuv. ou par un bienfaiteur. Diverses pièces sont exigées indiquant la situation et les charges de famille : actes de naissance et de mariage, etc. Vestiaire annexé. Bureaux ouverts tous les j. non fériés, de 2 h. à 5 h. s.

Œuvre des faubourgs, 37, rue Jean-Goujon. Siège chez la présidente, la marquise douairière de Ganay. Fond. par le R. P. Pététot et M. Rataud, sous le patron. de l'Archevêque de Paris (1848). — Assoc. de dames. A pour but d'assister matériellement et moralement les familles indigentes des faubourgs de Paris, et de patronner leurs enfants en assurant leur fréquentation des écoles et des catéchismes. 2 500 familles, plus de 10 000 enfants sont ainsi patronnés par l'œuv. Vestiaire annexé.

Fondation Lucien de Reinach, 17, rue d'Anjou. — Due à une personne généreuse en souvenir du capitaine Lucien de Reinach, et attribuée à l'Union coloniale en diverses affectations charitables, pour favoriser l'expansion coloniale de l'Indo-Chine. Administré par un Comité constitué sous les auspices de l'Union coloniale, le budget de l'institution est alimenté par une somme annuelle de 30 000 fr. applicable seulement à l'Indo-Chine, et recevant par les soins de ce Comité les affectations suivantes : 1° attribution de prix et médailles aux officiers, fonctionnaires, explorateurs, savants, négociants et colons qui auront rendu au cours de l'année écoulée les services les plus signalés à la cause coloniale ; 2° aide pécuniaire effective accordée aux coloniaux sans fortune qui ont besoin de refaire leur santé ; concours prêté au comité par l'Institut de médecine coloniale et par le Touring-Club de France ; 3° secours aux veuves et orphelins soit en vue de l'assistance, soit en vue de l'instruction et de l'éducation desdits orphelins ; 4° prêts consentis à faible intérêt à des Français désirant s'établir en Indo-Chine ou à des militaires libérés dans la colonie. Les demandes de secours doivent être adressées au Secrétariat général du Comité, 17, rue d'Anjou, siège de l'Union coloniale, ouv. tous les j., de 10 h. à midi.

Association pour l'assistance aux mutilés pauvres, 3, place de la Madeleine. Fond. par le comte de Beaufort (1868). — A pour but d'assister les amputés et les infirmes nécessiteux, en leur procurant, soit des appareils appropriés à leur infirmité, soit des secours en argent, soit les moyens d'exercer une profession ou tout au moins de gagner leur subsistance. Secours après enquête sur chaque demande.

Société française de secours aux blessés militaires (la Croix-Rouge), 19, rue Matignon. — Voir *Militaires et marins*.

IXe ARR.

Œuvres paroissiales de Saint-Eugène. — Groupe d'œuv. d'assist. sous la direction du Curé de la paroisse : maison des Sœurs de St V. de P., vestiaire, orphelinat, bonne garde, patron., cantine ouvrière, cours professionnels, visites des pauvres et des malades, etc.

Société amicale de bienfaisance, 2, rue Gaillard. Fond. par Mme Isaac Weill (1891). — Comité de dames, divisé en groupes pour chacun des arr. de Paris. A pour but le relèvement moral et matériel des nécessiteux, sans distinc. de culte, après enquêtes par les dame. patronnesses. Secours en nature et en espèces. Vestiaire. Placems Travail à domicile. Prêt grat. Soins médicaux. Trousseau.

Association de bienfaisance parmi les protestants luthériens de Paris et du département de la Seine, 16, rue Chauchat (1857). — Recon. ut. pub. A pour but de venir en aide aux indigents luthériens domiciliés à Paris ou dans le département de la Seine, en réunissant des ressources pour cette assist. et en contribuant au payement des dépenses qu'elle exige. Conseil composé de 24 membres élus par l'Assoc. Celle-ci est divisée en 15 Sections, ayant chacune leur autonomie administrative :

Liste des Sections.

1° *Chauchat.*	Ier	arr.	Palais-Royal et pl. Vendôme.
—	IIe	—	Gaillon et Vivienne.
—	VIIIe	—	Le Roule, Madeleine et Europe.
—	IXe et Xe	—	St-V. de P. et Porte St-Denis.
2° *Hôtel-de-Ville.*	Ier	—	St-Germ. l'Auxerr. et l. Halles.
—	IIe	—	Le Mail et Bonne-Nouvelle.
—	IIIe, IVe, Xe	—	Porte St-Martin.
—	XIe	—	Fol.-Méricourt et St-Ambroise.
3° *Batignolles.*	XVIe et XVIIe	—	Boulogne, Levallois, Clichy.
4° *Montmartre.*	XVIIIe	—	Entier.
5° *La Villette.*	Xe	—	St-Louis.
—	XIXe	—	Entier.
6° *Bon-Secours.*	XIe	—	La Roquette et Ste-Marguerite.
—	XIIe	—	Entier.
—	XXe	—	Entier.
—	Bagnolet, Montreuil, St-Mandé, Vincennes.		
7° *Panthéon.*	Ve	arr.	Entier.
—	VIe	—	La Santé.
—	XIVe	—	Montparnasse, Petit-Montrouge, Plaisance.
8° *Gobelins.*	XIIIe	—	Entier.
	XIVe	—	La Santé.
—	Ivry, Gentilly, Bicêtre.		
9° *Vaugirard.*	XVe	—	Entier.
—	Clamart, Issy-l.-Moulineaux, Malakoff, Vanves.		
10° *Gros-Caillou.*	VIIe	—	Entier.
10° —	VIIIe	—	Champs-Élysées.
11° *Bourg-la-Reine.*	Bourg-la-Reine, Montrouge, Arcueil-Cachan,		
—	Bagneux, l'Hay, la Rue, Chevilly, Fresnes-		
—	les-Rungis, Berny, Antony, Châtenay,		
—	Sceaux, Aulnay, Fontenay-aux-Roses, Châ-		
—	tillon, Plessis-Piquet.		

12° *Puteaux.* Puteaux, Courbevoie, Colombes, Bois-Colombes, Asnières, Nanterre, Neuilly, Suresnes.
13° *St-Denis.* St-Denis-la-Plaine, Ile St-Denis, St-Ouen, Pierrefitte, Stains, la Courneuve, Épinay.
14° *Quatre-Chemins.* Pantin, Quatre-Chemins, Aubervilliers, le Pré St-Gervais, Noisy-le-Sec, Bondy.
15° *Le Perreux.* Perreux, Nogent-sur-Marne, Bry-sur-Marne.

IXe ARR.

Comité de bienfaisance israélite de Paris, 60, rue Rodier (1809). — Recon. ut. pub. A pour but de servir d'intermédiaire à la bienfaisance parmi les israélites. Ses centres d'activité sont très nombreux, ainsi qu'on peut en juger par l'énumération de ses divers services. Bureaux ouverts tous les j. au siège social.

1° *Commission d'assist.* aux nécessiteux de toute sorte. Secours de loyers partiels et loyers complets accordés à des veuves (1844). Voir *Œuvres des loyers.* Distribution quotidienne de secours en argent et en nature. Secours de voyage. Secours médicaux. Rapatriement.

2° *Fourneaux économiques*, 22, rue Ferdinand-Duval (1855), et 27, rue Ordener (1891).

3° *Secours et aliments aux enfants.* Cantines scolaires fond. par le Docteur Cahen (1853). École de travail.

4° *Œuv. des Dames visiteuses des femmes en couches* (1847). Distrib. de layettes et secours en espèces aux mères israélites indigentes, mariées, de bonne conduite, habitant Paris depuis 2 ans au moins.

5° *Habillement des enfants.* Distrib. régulière annuelle (1847). Vestiaire (1859).

6° *Assist. aux tuberculeux.*

7° *Prêts grat.* Fondation baron Hirsch (1850). Voir *Œuv. de prêt.*

8° *Secours aux vieillards femmes*, Fondation Moïse Léon. Secours de vieillesse en nature et en espèces. Pensions, Fondations Juliette de Rothschild, baronne Léonino et Zadoc-Kahn.

9° *Secours aux aveugles.*

10° *Secours dans les hôpitaux et les prisons.*

11° *Entretien d'orphelins.*

12° *Secours de convalescence pour indigents sortant des hôpitaux* (de 25 à 200 fr.), Fondation Gustave de Rothschild (1878).

13° *Secours aux malades adultes*, pour leur fournir les moyens d'aller aux eaux ou au bord de la mer (1881).

14° *Colonies de vacances*, à l'aide de l'œuv. dite la Cagnotte des enfants et de l'Œuv. israélite des séjours à la campagne.

15° *Œuv. des machines à coudre*, pour ouvrières israélites indigentes. Fond. par le baron de Rothschild (1869).

16° *Œuv. du repos éternel*, Fond. par M. Benoît-Lévy (1870), pour procurer aux familles israélites sans fortune, moyennant 125 fr., des sépultures perpétuelles dans des caveaux collectifs, construits aux frais de l'œuv., dans les cimetières parisiens de Montmartre, Bagneux et Pantin. Voir aux *Chapitres spéciaux.*

Fondation Alphonse de Rothschild pour l'amélioration des conditions de l'existence matérielle des travailleurs. Siège, 2, rue Laffitte (1904). — Recon. ut. pub.

1° *Immeubles en exploitation :* 1, rue du Marché-Popincourt (XIe arr.); — 8, rue de Prague (XIIe); — 7, rue Théophile-Roussel (XIIe); — 3, rue Charles-Baudelaire; — 9, rue Émilio-Castelar (XIIe); — rue Bargue (XVe); — rue Mathurin-Régnier (XVe); — 121, rue de Belleville (XIXe).

2° *Service de bains-douches,* 121, rue du Marché-Popincourt, — 1, rue de Belleville, — 8, rue de Prague.

3° *Chambres mortuaires,* dans ces 3 maisons.

4° *Garderie enfantine,* 8, rue de Prague.

5° *École de garde,* pour les enfants sortant de l'école, même adresse.

6° *Cours professionnels,* pour garçons et filles, même adresse.

7° *Cours pour adultes,* même adresse.

8° *Dispens. et Consult. de nourrissons,* même adresse.

9° *Distrib. d'aliments,* même adresse.

Association Zadoc-Kahn, 17, rue St-Georges (1906). — Recon. ut. pub. A pour but de soutenir les israélites qui poursuivent des études littéraires, scientifiques ou artistiques, et de venir en aide aux veuves et aux orphelins qui se sont distingués par leurs travaux.

Caisse des victimes du devoir, 61, rue Lafayette. Fond. par le Syndicat de la Presse parisienne (1885). — Recon. ut. pub. A pour but de fournir des secours et pensions aux personnes qui ont accompli un acte de dévouement, ou aux familles de celles qui auront succombé en accomplissant un acte de ce genre, ainsi qu'aux victimes des catastrophes publiques. Pensions d'enfants. La fête annuelle dite des Fleurs est l'une de ses principales ressources.

Association des Journalistes parisiens, 14, rue Grange-Batelière (1885). — Recon. ut. pub. Vient en aide à des journalistes malheureux par des pensions ou des secours temporaires prélevés sur ses revenus.

Syndicat de la Presse parisienne, 37, rue de Châteaudun. — Prend l'initiative de diverses souscriptions publiques en faveur d'œuvres nationales ou des victimes de malheurs publics. Inondations (1910), Explosion du cuirassé *Liberté* (1911), Faculté française de médecine de Beyrouth (1912), etc.

Caisse de secours du « Figaro », 26, rue Drouot. — Le *Figaro* est en quelque sorte l'intermédiaire de la charité de ses lecteurs. Il leur signale constamment des détresses urgentes, les nécessités auxquelles certaines œuvres philanthropiques ont à faire face, et ses appels à la générosité parisienne ne demeurent jamais sans écho. Il possède en outre une Caisse de secours, qu'alimente la direction, et qui permet d'allouer aux malheureux des sommes de première urgence.

Depuis 1870, il a ouvert de nombreuses souscriptions, toujours très productives, en faveur de certaines œuvres jugées les plus dignes d'intérêt, ou des victimes d'inondations, naufrages, incendies, tremblements de terre, etc. Nous citerons les principales :

Inondés de la Seine (1872), — Orphelinat d'Auteuil (1878), — Pauvres de Paris (1879), — Écoles libres (1882), — Villepinte (1884 et 1893), — Opéra-Comique (1887), — Office central des œuvres (1893), — Vaccin du croup (1894), — Œuvres antituberculeuses (1902), — Maison du soldat (1904), — Bazar de la charité (1903), — Inondés de Paris et de la Seine (1910), etc.

Caisse de secours du « Gaulois », 2, rue Drouot. — Comme le *Figaro*, le *Gaulois* a ses pauvres et ses œuvres, qu'il assiste directement, et il sollicite pour les misères les plus dignes d'intérêt les libéralités de sa clientèle, qui répond toujours généreusement à ses appels. Il a ouvert, avec grand succès, de nombreuses souscriptions en faveur d'œuvres philanthropiques ou de victimes de catastrophes.

Caisse de secours immédiats du « Petit Journal », 19, rue Cadet. Fond. par M. Marinoni (1890). — Alimentée par des dons de la direction et des lecteurs. Secours, après enquête, distribués dans le plus bref délai.

Caisse de secours de la Sté des gens de lettres, 10, cité Rougemont. — Recon. ut. pub. Secours aux gens de lettres.

X^e ARR.

Œuvres paroissiales de Saint-Germain-l'Auxerrois. — Groupement d'œuv. d'assist. sous la direction du Curé de la paroisse : patron. pour garçons et pour filles, conf. de St. V. de P., œuv. du trousseau, cercle, vestiaire, visite des pauvres et des malades, colonies de vacances, caisse des loyers, œuv. des draps, mutualité mat., etc.

Chambre syndicale des ouvriers égoutiers de la Ville de Paris, à la Bourse du travail, 3, rue du Château-d'Eau. — Caisse de secours pour veuves et orphelins. Colonie de vacances. Colonie pour la vieillesse.

L'Œuvre humanitaire du Xe arrondissement, 48, rue des Marais. Fond. par M. Piquenet (1908). — Secours divers, placem., vestiaire, pour habitants du Xe arr. et par extension pour ceux des autres arr.

XIe ARR.

L'Union familiale, 185, rue de Charonne. Premier settlement français, fond. par Mlle Gahéry (1894). — Recon. ut. pub. Direction laïque. A pour but de travailler, en dehors de tout prosélytisme politique ou religieux, à l'amélioration de la situation des classes laborieuses, en préparant la jeunesse, en dehors de l'école, à l'accomplissement du devoir familial et social. Ses nombreux moyens d'action sont : mutualité maternelle, consult. de nourrissons, jardin et garderie d'enfants, dispensaire, études surveillées, cours d'apprentissage manuel, enseignement ménager, œuvre du trousseau, cercle d'études, colonies de vacances, excursions collectives, école de formation sociale, etc. Siège de l'Union des œuvres du trousseau. Formation du personnel dirigeant des œuvres éducatives et sociales.

S'adresser à Mlle Gahéry, le lund. de 2 à 6 h. s.

Œuvres ouvrières Saint-Joseph-Saint-Louis, 55, boulevard de Belleville (1896). — Direction cath. Grat. Reçoit des enfants à partir de 9 ans (garçons cath.) Consult. juridiques les 3 premiers lund. du mois, de 4 h. à 6 h. du s., et médicales les 1er et 3e lund., pour les personnes recommandées et les membres du patron.

Maison d'œuvres du faubourg Saint-Antoine, 46, rue de Montreuil. Fond. par M. l'abbé Pecqueur (1902). — Patron. de garçons, assoc. d'hommes et de jeunes gens. Œuv. des mariages. Caisse d'économies. Bibliothèque. Bur. de charité. Vestiaire. Maison de famille. Visite des malades à domicile.

XIIe ARR.

Œuvres paroissiales de Saint-Antoine des Quinze-Vingts, 5, rue Émilio-Castelar.— Groupement d'œuv. paroissiales : crèche, garderies d'enfants. Vestiaire. Caisse de loyers et de prêts. Ateliers professionnels. Œuv. des cheminots. Fourneau. Dispens. Colonies de vacances. Bonnes gardes. Patron. et cercles. Salle de lecture populaire. Œuv. des mariages. Secrétariat des familles. Syndicat des ouvrières à domicile. Groupe d'œuv. de la chapelle Notre-Dame-Libératrice, 28, quai de la Râpée. S'adresser au Curé de la paroisse. Voir aux *chapitres spéciaux*.

XIIIe ARR.

Œuvres paroissiales de Sainte-Anne de la Maison Blanche, 186, rue de Tolbiac. — Fourneau, dispens., asile de vieillards, ouvroir, vestiaire, maison des Sœurs de St. V. de P., visite des pauvres et des malades, etc.

Œuvres charitables et sociales des Malmaisons, 25, rue Gandon (1905). — Groupement d'œuv. paroissiales, dirigées par le Curé de St-Hippolyte. Garderie d'enfants. Patron. de garçons. Cercles d'hommes. Vestiaire. Ouvroir pour les mères de famille. Œuv. des mariages. Secrétariat du peuple le sam. de 10 à 11 h. Visite et assistance des malades à domicile. Section de la mutualité mat. et consult. de nourrissons le sam. de 10 à 11 h. Dispens. Assistance par le travail à domicile. Œuv. de prêt grat. de couvertures. Caisse des loyers. Bibliothèque. Jardins ouvriers, etc. Voir aux *Chapitres spéciaux*.

Œuvres ouvrières de Saint-Joseph de la Maison-Blanche, 54, rue Bobillot. Fond. par M. Enfert, avec le concours des étudiants du Cercle cath. du Luxembourg, d'app. et j. ouvr. (1888). — Œuv. de la mie de pain, et distrib. grat. pendant l'hiver de soupes aux indigents qui se présentent, sans distinc. de sexe, culte ou nationalité. Bons de pain et de couchage. Vestiaire. Disp. et consult. médicales grat., dim. et jeud. à 9 h. et demie s. Secrétariat des pauvres fonctionnant toute l'année. Bains-douches, massages et pansements grat. Colonie de vacances familiales, etc.

S'adresser à M. Enfert, tous les s. de 6 à 10 h. sauf vend.

Maison Marie-Josèphe, 35, rue de la Glacière. Fond. par Mme Fould (1870). — Groupement d'œuv. diverses. Sœurs de St. V. de P. Dispens. École d'infirmières. Crèche. Orphelinat. Fourneau économique. Visite et assistance des pauvres à domicile, patron., etc.

Permanence de l'Union populaire catholique. 46, rue Gandon. Voir au *XVIe arr.*

Œuvre de Sainte Rosalie, 50, boulevard Auguste-Blanqui. Fond. par Sœur Rosalie Rendu (1860). — Groupement d'œuv. diverses : Patron. de garçons et de jeunes filles, bureau de légitimation des mariages, secrétariat des familles, ouvert lund. et vend. de midi à 4 h. s., visite des malades du quartier à domicile, fourneau économique, œuv. de la première communion, etc. Sœurs de St V. de P. Voir aux *Chapitres spéciaux.*

XIVe ARR.

Œuvres d'hygiène et d'assistance de Plaisance. Siège, 66, rue Vercingétorix. Fond. par Mlle Chaptal (1894) :

1° *Œuv. des tuberculeux adultes*, 66, rue Vercingétorix (1894). — Recon. ut. pub. Dispens. et consult. grat. Secours divers. Voir *Œuv. antituberculeuses et Dispens.*

2° *Assistance maternelle et infantile*, 66, rue Vercingétorix (1901). — Recon. ut. pub. Dispens. et consult. grat. pour femmes et nourrissons. Secours divers. Annexes d'œuv. de layettes et section de la mutualité maternelle. *Square d'enfants*, 64 *bis*, rue Vercingétorix (1909). Voir *Maternité, Premier âge et Dispens.*

3° *Placem. d'enfants à la campagne et Colonie de vacances.* Voir *Maisons de repos et Colonies de vacances.*

4° *Caisse d'épargne pour les loyers.* Voir *Caisses et secours de loyers.*

5° *Sté anonyme des logements de Plaisance*, 80, rue Guilleminot (1904). — Maison-type (1905). 4 immeubles. Voir *Habitations économiques.*

6° *Sté coopérative de consommation. « La Vie familiale »*, 68, rue Vercingétorix (1907).

7° *Caisse de chômage.* Versements de 0 fr. 10 par semaine.

8° *Maison-école d'infirmières privées*, 66, rue Vercingétorix (1904). — Recon. ut. pub. Voir *Écoles d'infirmières.*

9° *Maison de repos*, à St-Andelain (Nièvre). Voir *Maisons de repos et de convalescence.*

10° *Hôpital médico-chirurgical*, 15, rue Antoine-Chantin (1909). Voir *Hôpitaux privés.*

Œuvres paroissiales de Notre-Dame-du-Travail de Plaisance, 36, rue Guilleminot. — Groupement d'œuv. diverses : patron. de garçons et de jeunes filles, cercle d'hommes et jeunes gens, colonies de vacances, bureau de placem. grat., secrétariat des familles, vestiaire, éducation ménagère, ateliers chrétiens de jeunes filles, caisse des loyers, logements ouvriers, Conf. de St. V. de P. Syndicat des ouvrières à domicile, 38, rue Vercingétorix. Bibliothèque, Dispens. Voir aux *chap. spéciaux.*

Œuvres paroissiales de Notre-Dame-du-Rosaire, 182, rue de Vanves. — Groupement d'œuv. paroissiales grat. : écoles libres, patron. et cercle d'hommes et jeunes gens, éducation ménagère, atelier chrétien de couture, apprentissage, secrétariat du peuple, œuv. des mariages, gardes-malades, travail à domicile, fourneau, vestiaire, colonies de vacances, bibliothèque, etc. Voir aux *chap. spéciaux.*

Œuvres de Saint-Alexandre de Javel, 29, rue Émile-Zola. — Groupe d'œuv. diverses : patron., cercle d'hommes, assistance par le travail des femmes à domicile, fourneau, dispens., atelier d'apprentissage. Voir *chap. spéciaux.*

Œuvres charitables et Associations ouvrières du Moulin-Vert, 92, rue du Moulin-Vert. Fond. par M. l'abbé Viollet. — Ont pour but de favoriser la prospérité vraie de la famille ouvrière, et d'aider au prompt relèvement moral et matériel des pauvres, en travaillant à une entente entre les œuv. d'assistance privée. Elles créent des centres d'éducation sociale et forment des élites ouvrières. Chacune des Assoc. ou des Œuv. charitables du Moulin-Vert jouit d'une entière autonomie, possède son budget propre et est administrée par un conseil particulier.

Les Œuv. charitables du Moulin-Vert sont au nombre de huit :

1° *L'Amélioration du logement ouvrier.* Recon. ut. pub.

2° *Le Comité d'assistance aux vieillards et aux incurables.*

3° *Le Préventorium de Tumiac (Morbihan).* Fond. Ulysse Isabelle. Voir *Œuv. préventives contre la tuberculose.*

4° *La Revue « L'Assistance éducative »*, organe mensuel des intérêts de la charité privée.

5° *L'École libre d'assistance*, au siège de la Sté internationale pour l'étude des questions d'assistance, 49, rue de Miromesnil.

6° *Projet d'offices de renseignements charitables par arr.*, en vue de faciliter le développement des Unions d'œuv. d'assistance privée.

7° *Le Vestiaire des pauvres.*

8° *La Mutualité maternelle*, Section du XIVe arr. de l'œuv. générale, 39, rue des Petits-Champs.

Les Assoc. destinées à la protection morale et à la formation sociale de la famille ouvrière sont au nombre de deux :

1° *L'École d'éducation familiale*, jardin d'enfants. Voir *Offices.*

2° *L'Assoc. ouvrière familiale,* entre les familles du XIVe arr. Cotisations de 0 fr. 60 par membre de l'A. O. F., leur donnant droit de participer aux services de mutualité maternelle, prêts d'honneur, service de placem., indemnité de maladie, réunions familiales hebdomadaires, cours ménagers, de coupe, de chant et d'arts d'agrément, bibliothèques, colonies de vacances en Puy-de-Dôme et dans l'Aisne. Sté coopérative, 69, rue du Moulin-Vert.

Les Assoc. destinées à améliorer les conditions du travail féminin à domicile sont au nombre de trois :

1° *L'Assistance par le travail.* Travaux faciles donnés aux mères de famille et femmes âgées.

2° *La Machine à coudre.* Avance du cautionnement nécessaire pour procurer aux ouvrières une machine à coudre.

3° *La Coopérative du travail féminin,* administrée par les ouvrières.

La Sté a des sections dans les IVe, V^e^, VIIIe, XIIIe, XIVe, XVe, XVIe, XVIIe, XVIIIe, XIXe et XXe arr. de Paris, à Malakoff, Neuilly et Levallois-Perret.

Association de charité des étudiants de la Faculté libre de théologie protestante, 83, boulevard Arago (1880). — Secours en bons de pain, viande et charbon aux familles indigentes du quartier. Visites mensuelles à domicile.

XVe ARR.

Œuvres paroissiales de Saint-Lambert de Vaugirard. — Groupement d'œuv. d'assist. sous la direction du Curé de la paroisse : Patron. de garçons et de filles, cercles, colonies de vacances, confér. de St. V. de P., œuv. des dames de charité et des pauvres malades, asiles, orphelinats, ouvroirs, crèches, dispens., fourneaux, maison de famille, assist. mat., maison de bonne garde, de retraite, vestiaire, bibliothèque, etc.

Œuvres paroissiales de Saint-Jean-Baptiste de Grenelle, place Félix-Faure. — Patron. pour garçons et pour filles, cercles de jeunes gens, cours du s., œuv. des dames de charité et des pauvres malades, confér. de St. V. de P., crèche, œuv. des mariages, colonies de vacances, orphelinat, bibliothèque, secrétariat des familles, etc.

Œuvre de la Chaussée du Maine, 10, rue Vigée-Lebrun. Secrétariat, 128, avenue Parmentier. Fond. par Mme de Pressensé (1871). — Recon. ut. pub. Direction neutre. Comité d'hommes et de dames exerçant leur action bienfaisante dans quatre branches distinctes :

1° *Asile temporaire pour les enfants dont les mères sont à l'hôpital;*

2° *Ouvroir d'assistance par le travail;*

3° *Dispens., école maternelle, patron.;*

4° *Colonies de vacances. Voir les chapitres spéciaux.*

Au siège de l'œuv. : école maternelle, bibliothèque, dispens. de nourrissons, ouvroir pour petites filles, caisse de loyers pour mères de famille, union de familles, réunions pour enfants et adultes.

Union des travailleurs libres, 210, rue Lecourbe. — Cours professionnels de dessin et comptabilité. Placem. grat., consult. juridiques, etc.

XVIe ARR.

Œuvres paroissiales de Saint-Honoré d'Eylau, 117 et 152 *bis*, av. Victor-Hugo, 66, av. Malakoff, et 67, r. Boissière. — Crèche, patron. pour garçons et pour filles, Cercle dit Réunion d'Eylau, Sté des jeunes gens, confér. de St. V. de P., orphelinat, ouvroir, bonne garde, école ménagère, cours professionnels, maison de secours aux pauvres et malades, maison de famille, asile et maison de retraite pour vieillards.

Union d'assistance du XVIe arrondissement. Siège à la Mairie (1892). — Recon. ut. pub. Secours divers aux indigents, bons de lait et de pain. Prêts aux ouvrières. Voir *Assistance par le travail*.

Union populaire catholique. Siège chez la présidente, la marquise de Trévise, 17, rue Hamelin. Fond. par les Missionnaires diocésains (1904). — Groupements d'œuv. populaires, charitables, sociales et religieuses, dont le but est de venir matériellement en aide à la population pauvre et de la moraliser. 400 Dames visitantes.

Visites des familles à domicile. Distrib. de secours en nature, bons de pain, viande, chauffage, etc. Consult. grat. médicales et juridiques. Dispens. Prêts grat. de draps. Œuv. des mariages. Secrétariats du peuple. Assist. par le travail des femmes à domicile. Placem. d'enfants des deux sexes à la campagne. Colonie de vacances à Juilly. Bibliothèque grat. Cercle de jeunes filles. Vestiaire. Œuv. du trousseau. Jardins ouvriers. Voir aux *chap. spéciaux*.

Permanences : V^e arr. 135, boulevard Sébastopol ;
— XIIIe — 46, rue Gandon ;
— XVIIIe — 32, rue de la Chapelle ;
8, rue Championnet ;
— XIXe — 60, rue de Crimée ;
— XXe — 9, rue du Retrait ;
9, rue Croix-St-Simon ;
— Bagnolet ;
— Boulogne ;
— Clichy ;
— Courbevoie ;
— St-Denis.

Association protestante de bienfaisance des jeunes gens de Passy, 3, rue Lekain. Réunions, 19, rue Cortambert (1902). — Assistance des indigents protest. de Passy.

Association des veuves protestantes de Paris, 64, avenue du Bois de Boulogne. Fond. par le Pasteur Vaucher (1893). — A pour but de prévenir la dissolution d'une famille que le veuvage de la mère menace de dispersion. Groupement des sociétaires, veuves de diverses paroisses, et visites des veuves de situation aisée aux veuves nécessiteuses. Secours de loyers et vêtements. Envoi à la campagne des mères et filles maladives ou épuisées. Prêts de livres.

Œuvre de la Cagnotte des enfants, 2, place des États-Unis. Fond. par Mme Ephrussi. — Donne aux familles et enfants assistés, principalement israélites, des secours de loyers et de maladie, des bourses de voyage pour séjours à la campagne, vêtements, trousseaux de mariage, etc.

Caisse de secours immédiats aux cantonniers, éclusiers, gardes forestiers, gardes-barrières, guides et porteurs en montagne blessés ou malades, à leurs veuves et orphelins. Siège au *Touring-Club*, 65, avenue de la Grande-Armée. Fond. par le Touring Club (1890). — Caisse alimentée par les petites annonces de la Revue et par les dons et cotisations des membres.

XVIIe ARR.

Association protestante de bienfaisance de Paris, 97, rue de Prony. Fond. par Mlle Cuvier (1825). — Recon. ut. pub. A pour but de soulager les femmes et les enfants protest. (garçons jusqu'à 7 ans) par tous les moyens dont elle peut disposer. Comités spéciaux de dames et jeunes filles : 1° secours à domicile ; 2° assistance par le travail ; 3° ventes de charité ; 4° maisons à loyers réduits. 10 sections surveillent les familles assistées et leur répartissent les secours. Placem. des femmes âgées ou en danger moral. Vestiaire annexé.

Immeubles de l'Assoc. : 13, rue Vauvenargues ; — 52, rue de Reuilly ; — 22, rue Marjolin (Levallois-Perret).

Société des amis des pauvres des Batignolles, 17, rue des Batignolles. Fond. par le Pasteur Vernes (1853). — Visite et assiste les indigents du quartier, particulièrement mais non exclusivement protest. Sté de bienfaisance et d'études sociales. Étend son action sur d'autres quartiers de Paris.

Comité des Dames de l'Étoile, 3 *bis*, rue Denis-Poisson. Fond. par le Pasteur Bersier (1878). — Secours en nature et en espèces aux indigents protest. des Ternes et de Levallois-Perret. Colonies de vacances. S'adresser le sam. de 9 h. à 11 h.

Œuvres sociales du Nouveau Clichy, 13, rue d'Alsace. Fond. par le clergé de Notre-Dame-Auxiliatrice (1908). — Groupement d'œuv. paroissiales : Placem. Mutualité. Cercles d'études. Cours industriels. Colonies de vacances. Atelier de couture. Consult. juridiques et médicales. Bibliothèque. Secrétariat du peuple. Maison de conval. S'adresser de 9 h. mat. à 6 h. soir. Voir aux *chap. spéciaux*.

Œuvres paroissiales de Saint-Michel, 133, avenue de Clichy, salle des Militants du devoir chrétien (1903). — Groupement d'œuv. : Patron. et cercles. Assistance par le travail à domicile. Colonies de vacances, etc. Voir aux *chap. spéciaux*.

XVIII° ARR.

Œuvres paroissiales de Clignancourt. — 1er groupement d'œuvres : Conf. de St. V. de P., secours aux pauvres, œuv. de la Tasse de lait (enfants et vieillards), dames de charité et visite des pauvres, œuv. des mères de famille. Direction du Curé de la paroisse.

2° groupement : Dispens., ouvroir, asile maternel, orphelinat, fourneau, vestiaire, maison de famille pour jeunes filles, etc. Même direct.

La Solidarité du XVIII° arr., Sté philanthropique et humanitaire, 121, rue Marcadet (1900). — A pour but de venir en aide aux personnes frappées par la misère, hommes, femmes et enfants, de toute nationalité et de toute religion. Service de placem. grat. pour toute espèce d'emploi. Vestiaire. Distrib. de bons de pain, viande, etc.

Société républicaine d'encouragement au dévouement, 36, rue Simart (1910). — A pour but d'encourager le dévouement et les bonnes actions, en distribuant des prix en espèces ou récompenses, et de venir en aide pécuniairement aux familles se trouvant dans le besoin, par suite de l'incapacité de travail ou du décès du chef de famille occasionnés par un acte de dévouement.

Ligue fraternelle de Montmartre, 6, rue Ste-Isaure. — Groupe d'œuv. comprenant : vestiaire, goutte de lait, consult. juridiques, etc. Voir aux *chap. spéciaux.*

Œuvres ouvrières de la rue Championnet, 174, rue Championnet. — Groupe d'œuv. paroissiales : Écoles professionnelles de mécanique pour jeunes gens, de blanchissage pour jeunes filles. Orphelinat. Patron. Réfectoire populaire. Œuv. de mariages. Œuv. des draps. Dispens. Colonies de vacances. Secrétariat du peuple. Visite des malades. Placem. Sté de S. V. de P., etc. Voir aux *chap. spéciaux.*

Permanences de l'Union populaire catholique, 32, rue de la Chapelle, et 8, rue Championnet. Voir au *XVI° arr.*

La Maison Verte, 127 et 129, rue Marcadet (1873). — Groupement d'œuv. charitables, éducatives, religieuses et sociales, sans distinc. de cultes et d'opinions politiques. Direction protest. Secours aux membres de l'œuv.

1° *Adultes :* Conférences publiques. Sections de l'Étoile-Blanche, de la Ligue de la moralité publique, de la Croix-Bleue, de la Ligue nationale antialcoolique. Secrétariat du peuple. Consult. juridiques. Placem. grat.

L'Œuv. comprend, en outre, un Comité d'œuv. religieuses, dirigé par la Mission populaire évangélique.

2° *Mères de famille :* Réunions spéciales, le lund. de 2 à 4 h.

3° *Jeunes gens :* Cercle. Bibliothèque. Cours divers. Conférences. Salle de lecture. Union chrétienne.

4° *Jeunes filles :* Œuv. du trousseau. Cours divers. Union chrétienne.

5° *Enfants :* Patron. Études surveillées. Cours divers. Enseignement ménager. Ouvroir. Colonies de vacances. Consult. médicales grat. S'adresser au secrétaire général, au siège de l'œuv., jeud. de 5 à 6 h. s. et sam. de 8 à 9 h.

Œuvre des pauvres du Sacré-Cœur, 31, rue Lamarck (1854). — Direction cath. A pour but de secourir matériellement et moralement les hommes et jeunes gens isolés et tombés dans la misère, spécialement ceux du quartier. Distrib. de bons de pain, soupes, etc. Consult. grat. Vestiaire. Placem. grat. Consult. juridiques. Atelier d'assistance par le travail. Légitimation de mariages. Rapatriement.

Association des Dames de charité du Sacré-Cœur, 33 *bis*, rue du Chevalier-de la Barre. Fond. par le P. Amorès (1886). — Comité de dames, réparties en sections dans plusieurs paroisses pour la visite des pauvres à domicile. Secours divers en aliments, vêtements et chauffage. Placem. des orphelins, soins des malades, etc.

Œuvre de la Sainte-Famille, 84, rue de Maistre. — Secours divers aux pauvres, aux vieillards et aux infirmes.

XIXe ARR.

Permanence de l'Union populaire catholique, 60, rue de Crimée. Voir au *XVIe arr.*

XXe ARR.

La Solidarité de Ménilmontant, Œuv. chrétienne d'utilité sociale, 52, rue Stendhal. Fond. par le Pasteur Lombard (1909). — Direction protest. Groupement d'œuv. : Ouvroir. Caisse des loyers. Bibliothèque. Union chrétienne de jeunes gens et jeunes filles. Patron. Œuv. du trousseau. Secours aux indigents. Vestiaire d'effets usagés.

Œuvres ouvrières de Charonne. Maison Ste-Anne, 42, rue Planchat. Fond. par M. Fournier (1813). — Groupement d'œuv. cathol. : Patron. Visite des malades à domicile. Fourneau. Cours du s., etc.

Permanence de l'Union populaire catholique, 9, rue Croix-St-Simon. — Œuv. des mariages. Consult. médicales et juridiques. Œuvre de prêts de draps, mard. à 3 h. Secrétariat du peuple, jeud. à 9 h. Bibliothèque grat. le dim. à 10 h. et demi. Cercle de jeunes filles, le dim. à 2 h. Vestiaire, le sam. à 10 h. Visite et assistance des familles à domicile. Dispensaire. Bons d'aliments et chauffage, etc.

Autre Permanence, 9, rue du Retrait. Voir au *XVIe arr.*

BANLIEUE

BAGNOLET. — Au lieu dit « Les Coutures. » — Groupe d'œuvres cath. diverses.

CLAMART. — **Œuvre des pauvres honteux**, 6, rue de Châtillon.

COURBEVOIE. — **Œuvres paroissiales**, sous la direction du Curé de la paroisse : garderie, patron. de jeunes gens et groupe d'œuv. ouvrières, 29, boulevard St-Denis ; secrétariat du peuple, cercle d'études, patron. de jeunes filles, dispens., asile pour petites filles abandonnées, maison de famille pour jeunes filles sans foyer, 4, rue Fontanès, etc.

Association pour le développement de l'activité féminine dans l'Église évangélique luthérienne de France, 12, rue de la Montagne. Fond. (1907) pour remplacer l'Œuv. des Diaconesses de paroisse (1874). — Reçoit et forme des Diaconesses pour le service des paroisses (évangélisation et œuv. charitables). De cette Association dépendent :

1° *Maison de Diaconesses,* 12, rue de la Montagne ;

2° *Maison de santé ;*

3° *École de gardes-malades dite « Les Amis des malades » ;*

4° *Maison de retraite dite « Les Tilleuls »* 30, rue Kilfort, Courbevoie ;

5° *École ménagère,* même adresse. Voir aux *Chapitres correspondant à ces œuvres.*

Section de la Ligue humanitaire. — Secours divers aux malheureux.

GENTILLY. — **Section de l'Œuvre Sainte-Geneviève,** 2, rue Frileuse. — Secours divers aux malades.

KREMLIN-BICÊTRE, 1, rue Carnot. — Groupe d'œuv. diverses.

MONTROUGE. — **Société « La Fraternité »,** 122, rue de Bagneux. — Secours divers aux malheureux.

— 51, Grande-Rue. Groupe cath. d'œuv. diverses.

MONTREUIL. — **Œuvre des pauvres du Bas-Montreuil,** 7, rue de la République (1884). — Sœurs de St. V. de P. Vient en aide aux familles pauvres d'ouvriers agglomérés dans cette commune. Fourneau économique. Visite et assistance des malades à domicile, etc.

NEUILLY. — **Œuvres paroissiales de Saint-Pierre et de Saint-Jean-Baptiste.** — Groupements d'œuvres diverses : patron., cercles d'apprentis et d'études, union familiale, œuv. des layettes, vestiaire, orphelinat, colonies de vacances, etc. Groupe d'œuv. du *Semeur,* 12 *bis,* rue Soyer. Voir *Chap. spéciaux.*

NOISY-LE-SEC. — **Caisse des veuves et orphelins,** à la Mairie.

PAVILLONS-SOUS-BOIS. — Groupement d'œuv. diverses : bibliothèque municipale, consult. juridiques grat., cours spéciaux, dispens. municipal, consult. médicales grat. à la Mairie, mutualité maternelle, consult. de nourrissons, œuv. des layettes, placem. grat. etc.

PUTEAUX. — **Union ouvrière de Puteaux,** 86, rue des Coutures. — Bureau de placem. grat. Caisse des loyers. Consult. juridiques. Œuv. des mariages. Patronage, cercle, etc.

SAINT-DENIS. — **Œuvre des Mariniers,** 12, quai du Moulin. — Secours divers aux mariniers stationnant à St-Denis pendant l'hiver. S'adresser au Curé de l'Ile St-Denis.

Société des visiteurs des malades, 115, rue des Poissonniers.

Société des amis des pauvres, 12, rue des Chaumettes. Fond. par le Pasteur Schaffner (1882). — A pour but d'assister, sans distinc.

de culte, des familles malheureuses. Secours de loyer et d'aliments. Rapatriement. Envoi d'enfants à la campagne, etc.

SAINT-OUEN. — **Œuvres paroissiales.** — Groupement d'œuv. : vestiaire, œuv. des layettes, conférences de St. V. de P., etc.

SCEAUX. — **Fondation Marguerite Renaudin** (1900). — Groupe d'œuv. diverses : crèche Marguerite Renaudin, orphelinat de jeunes filles, jardins ouvriers, maisons ouvrières, école ménagère, sanatorium de Fresnes (Seine), hôpital-hospice Ste-Marguerite, colonie de vacances.

L'Amicale féminine, secours aux dames nécessiteuses, 1, rue des Imbergères.

VILLEJUIF. — **Société de bienfaisance.** Siège à la Mairie.

VI. — Unions d'œuvres

Les **Unions d'œuvres** ont pour but d'amener les différentes œuv. de bienf. d'un arr. à se connaître et à collaborer, en remédiant ainsi à l'éparpillement des forces de la charité privée.

IIe arr. A la Mairie. Secrétariat, 92, rue Richelieu.
IVe — 30, rue Geoffroy-Lasnier, Maison de charité libre.
V^e^ — A la Mairie, 3e merc. du mois, 3 h. s.
IXe — A la Mairie. Fédération d'œuv. d'assist. et de bienf., 1er vend. du mois, 10 h. mat. Secrétar., 23, r. d'Aumale.
XIIe — Au Secrétariat, 241, rue de Charenton, 2e ou 3e merc. du mois, 5 h. s.
XIIIe — A la Mairie, 3e lund., 3 h. s.
XIVe — A l'École communale, rue Durouchoux, les 10 et 25 du mois, 4 h. et demie s.
XVe — Au Préventorium, 63, boulevard Garibaldi, 1er sam. du mois, 4 h. s.
XVIe — Id. — Id. — Id. —
XVIIe — A l'Assist. par le travail des VIIIe et XVIIe arr. 141 *bis*, rue de Saussure, 2e mard. du mois, 4 h. et demie s.
XVIIIe — Au Secrétariat, 43 *bis*, rue des Cloys, 1er mard. du mois, 9 h. trois quarts mat.
XXe — A la Mairie, 3e vend. du mois, 4 h. et demie s.
LEVALLOIS-PERRET. — A la Mairie, 3e et 4e merc. du mois.

IIe ARR.

Unions régionales des Amicales de l'enseignement primaire libre catholique. Siège, 14 *bis*, boulevard Poissonnière. — 14 unions en 1911.

VIe ARR.

Union centrale des Syndicats féminins, 5, rue de l'Abbaye. — Siège des Syndicats ayant pour but d'unir sur le terrain de leurs intérêts professionnels leurs adhérents :

1° *Syndicat des dames employées du commerce et de l'industrie* (1902). — Placem. Cours professionnels. Coopératives. Secours mutuels.

2° *Syndicat des institutrices privées* (1902). — Placem. Cours professionnels. Coopératives. Secours mutuels.

3° *Syndicat des ouvrières de l'habillement* (1902). — Placem. Cours professionnels. Coopératives. Secours mutuels.

4° *Syndicat des gens de maison. Le Ménage (femmes)*. — Cours grat. Placem. Coopératives. Restaurant. Service médical grat. Conseil juridique.

24 Sections syndicales à Paris et dans la banlieue, à Joinville-le-Pont, ayant chacune caisse de prêts, colonies de vacances, pouponnière à Sceaux. Deux maisons de repos, cours professionnels.

VIIe ARR.

Office amical de placement des anciens élèves de l'enseignement libre, 23, quai Voltaire. — 40 sociétés amicales adhérentes en 1911. S'adresser à M. Deschamps, directeur. Voir *Placement*.

Union française des Associations des anciennes élèves des lycées et collèges de jeunes filles. Siège, 23, quai d'Orsay.

Union des Associations ouvrières catholiques de France, 82, rue de l'Université (1871). — A pour but de favoriser la fondation, le soutien et le développement des cercles d'ouvriers, patron. d'écoliers et d'apprentis. Conférences d'œuv., etc. Bur. ouvert tous les j., sauf dim. et fêtes.

VIIIe ARR.

Comité permanent des Unions régionales des Associations amicales de l'enseignement libre catholique, 368, rue Saint-Honoré.

Union d'œuvres pour l'assistance aux familles des militaires sous les drapeaux, 19, rue Matignon (1911). — Cette Union comprend : l'Abri, la Ligue des enfants de France, l'Assoc. du bon lait, l'Office central des œuv. de bienf., la Pouponnière, la Sté de charité maternelle de Paris, la Sté philanthropique, la Sté de secours aux blessés militaires. Elle a pour but de donner aux familles de militaires sous les drapeaux l'assist. la plus favorable que puissent autoriser les règlements des œuv. adhérentes.

Union de placement, 170, faubourg St-Honoré (Fondation Mamoz). — Réunions les 1er et 3e mard. de chaque mois, à 4 h. et demie s.

XVIIe ARR.

Union nationale des colonies de vacances et œuvres du grand air, 8, rue Jouffroy. — S'adresser au Docteur Boureille, même adresse. Voir *Stés d'études et de propagande*.

CHAPITRE XXIX

PRINCIPALES INSTITUTIONS PATRONALES DE BIENFAISANCE

Ces institutions sont si variées et si nombreuses qu'elles ne peuvent pas faire ici l'objet d'une étude statistique, hors du plan de cet ouvrage. Les unes, institutions de prévoyance ou d'assistance, mettent à l'abri de la gêne ou de la misère l'employé privé de travail par l'âge, la maladie ou les obligations militaires; les autres tendent à développer l'esprit de famille, en facilitant le maintien du père de famille au foyer, en allégeant les charges de la maternité, en encourageant l'épargne.

Parmi les institutions patronales de bienfaisance les plus importantes, il convient surtout de citer les œuv. multiples créées par les grandes Compagnies de chemins de fer, les grandes administrations commerciales, industrielles et financières, et un certain nombre d'établissements particuliers. Ces institutions patronales présentent la plus extrême diversité.

Au premier rang, il faut placer les Réserves de prévoyance, les Caisses de retraites et les Caisses de secours alimentées par des subventions ou prises à charge complètement par les patrons, les Participations aux bénéfices, primes et sursalaires, chacune de ces combinaisons variées étant elle-même caractérisée par certaines conditions particulières d'application.

Ensuite, il faut signaler les principaux moyens par lesquels les patrons viennent en aide à leurs ouvriers, suivant qu'ils s'adressent à l'état normal de travail et de santé, ou de l'état de crise. Parmi ces moyens peuvent se classer en première catégorie ceux qui ont trait :

Au logement (Maisons ouvrières, Habitations à bon marché, Logements gratuits);

A la nourriture, à l'habillement et au chauffage (Allocations en nature, réduction de prix sur tous les objets de consommation);

A l'hygiène (Soins médicaux et pharmaceutiques);

A l'instruction (Écoles, patronages d'apprentis, cours d'adultes);

Aux récréations (Sté de tir, d'escrime, bibliothèque, salles de lecture);

Aux crèches, ouvroirs, asiles, etc.

Nous mentionnerons en deuxième catégorie :

Les Secours aux malades et aux blessés (Soins médicaux, distrib. de médicaments, allocations pécuniaires en cas de maladie ou d'accidents, hôpitaux);

Les Secours aux vieillards (pensions de vieillesse et d'invalidité, hospices et maisons de retraite);

Les Secours aux veuves et aux orphelins.

A) Grandes Compagnies de Chemins de fer.

Les grandes Compagnies de chemins de fer (Est, Midi, Nord, Orléans, Ouest-État, Paris-Lyon-Méditerranée) ont créé tout un ensemble d'œuv. d'assist. et de prévoyance en faveur de leur personnel.

Compagnie des Chemins de fer de l'Est, 21 et 23, rue d'Alsace. — Caisse de retraite et de prévoyance. Gratifications et primes pour découvertes d'avaries et économies réalisées. Allocations de résidence et majorations locales au traitement. Allocations mensuelles aux agents chargés de famille. Allocations spéciales de 50 fr. pour accouchement. Contribution à l'habillement du personnel. Distributions de bourses et de pensions pour les enfants de ses agents dans les écoles commerciales, professionnelles ou ménagères. École primaire à Igney-Avricourt. Cours professionnels d'apprentissage pour les fils des ouvriers des ateliers, donnant l'instruction théorique et pratique. Subventions aux Stés coopératives de consommation. Secours pécuniaires aux ouvriers, prêts gratuits aux agents commissionnés. Indemnités de déplacement et de déménagement. Logements grat. Réduction de prix de combustible et de denrées dans les buffets. Bains grat. dans les dépôts. Traitement pendant les périodes militaires. Soins médicaux et médicaments grat., et envoi dans des sanatoriums des enfants des agents atteints de tuberculose. Frais d'inhumation et de secours en cas de décès.

Compagnie des Chemins de fer du Midi, 54, boulevard Haussmann. — Caisses de prévoyance et de retraite. Magasins d'alimentation et d'habillement fournissant à prix coûtant. Réfectoire. École primaire. Bourses de lycées. Soins médicaux et médicaments grat. Indemnités ou gratifications aux agents.

Compagnie des Chemins de fer du Nord, 18, rue de Dunkerque. — Caisse de retraite alimentée par les allocations versées par la Compagnie. Cités ouvrières à Ermont, au Bourget, à Avion et à Coudekerque. Caisse de secours de famille aux agents ayant plus de deux enfants et n'ayant qu'un traitement inférieur à 1 800 fr. Bourses attribuées au concours dans les établissements secondaires ou professionnels du réseau. Versement au livret individuel du montant des retenues faites sur les salaires et des allocations de la Compagnie à la Caisse nationale des retraites pour la vieillesse. Réfectoire aux ateliers d'Hellemmes. Soins médicaux et médicaments grat. Fonds Léon Say : Caisse de prêts grat. aux agents de la Compagnie (1896).

Compagnie des Chemins de fer d'Orléans, 8, rue de Londres. — A établi la participation aux bénéfices. Caisse de retraite sans retenue. Subventions à la caisse de secours mutuels de ses agents. Secours pour maladies et charges de famille. Réfectoire, boulangerie et boucherie pour le personnel. Externat de filles. Ouvroir pour les filles d'agents, qui peuvent y rester comme ouvrières rétribuées. Magasins fournissant au prix coûtant les articles de consommation et d'habillement, ces derniers confectionnés à Paris par les femmes, les veuves et les filles d'agents, rétribuées pour ces travaux. Conférences du soir pour ouvriers et apprentis. Soins médicaux et médicaments grat. Gouttes de lait et consult. médical. grat. pour nourrissons et mères.

Compagnie des Chemins de fer de l'Ouest-État, 20, rue de Rome. — Allocations fournies par l'Administration aux caisses des secours mutuels et des retraites, égales au double des retenues, c'est-à-dire 10 pour 100 des appointements. Indemnités de résidence et de déplacement. Allocations aux familles nombreuses. Réductions de prix sur les objets nécessaires à la vie. Secours médicaux et médicaments grat. Asile comprenant une crèche, une école maternelle, des écoles primaires pour les garçons jusqu'à 6 ans, pour les filles jusqu'à 13 ans. Ouvroir annexé à l'Asile, fournissant du travail aux femmes et filles des agents. Bourses pour les orphelins.

Compagnie des Chemins de fer Paris-Lyon-Méditerranée, 88, rue St-Lazare. — Caisses de retraites alimentées par des subventions de la Compagnie. Secours et prêts grat. Maisons ouvrières pour le personnel. Ouvroirs. Écoles de garçons et de filles. Hospitalisation dans les Sanatoriums. Ateliers d'apprentis. Bourses. Subventions pour œuv. d'assist. aux orphelins. La Compagnie fait, en outre, élever à ses frais dans divers établ. des orphelins des deux sexes.

Le montant total des allocations diverses s'élevait en 1908, pour les Compagnies de l'Est, Midi, Nord, Orléans, Ouest, Paris-Lyon-Méditerranée, à la somme de 92 254 709 fr. En 1909, il a été de 82 840 682 fr. pour les 5 réseaux de l'Est, Midi, Nord, Orléans, Paris-Lyon-Méditerranée, l'Ouest étant passé à l'État. Il s'est élevé en 1910 à 87 503 000.

B) Grandes administrations commerciales.

Les Grands magasins possédant des institutions patronales, et que nous pouvons citer entre autres à titre d'exemples, sont :

Le Bon Marché, 135-137, rue du Bac (1833). — Établ. d'une véritable prime à l'ancienneté, par suite d'un legs de Mme Boucicaut montant à 16 millions de fr.

Participation aux bénéfices, en dehors de l'intérêt sur la vente journalière. Caisse de prévoyance. Nourriture de tous les employés dans la maison. Logements grat. Caisse d'épargne. Dépôt des économies des employés, dont les intérêts sont payés à 6 pour 100. Institutions de récréation et d'enseignement grat. Cours d'anglais et de musique, salle d'escrime.

Service médical : consult. grat. et médecin attaché à la maison. Allocations aux femmes en couches. Assurance grat. contre les accidents. Sté de secours mutuels. Réintégration dans les emplois après le service militaire. Caisses de prévoyance et de retraites, sans retenue sur les salaires, et entretenues par les libéralités de la maison.

Le Louvre, rue de Rivoli (1855). — Fonds de prévoyance alimenté par la maison. Caisse de secours mutuels, alimentée exclusivement par la Sté. Logements grat. avenue Rapp. Caisse d'assist. médicale, avec soins de médecins grat., séjour dans les hôp., villes d'eaux, maisons de conval. ; allocations et soins aux femmes en couches. Pensions viagères aux femmes infirmes. Sanat. à Tournan (Seine-et-Marne) comprenant 16 chambres (1893).

Fondation Chauchart (1902). — Maison de retraite pour les vieux employés, avec bail grat. à Versailles.

Fondation Hériot (1899). — Legs d'un million aux Grands Magasins du Louvre, affecté à la constitution d'une rente viagère de 857 fr., à dater du jour de la retraite, à 35 vendeuses, employées titulaires comptant 15 années de service.

Fondation Boursin. — Legs d'un million aux Grands Magasins du Louvre, affecté à la constitution d'une rente viagère de 700 fr. aux employés (1 dame sur 10 hommes) ayant gagné, sans l'indemnité de nourriture, moins de 50 000 fr. dans les 10 dernières années, et ayant au moins 20 ans de service.

La Samaritaine, rue du Pont-Neuf (1871). — Caisse de secours alimentée par la maison. Pouponnière recevant et élevant gratuitement les enfants en bas âge des employées. Maison de retraite à Rueil (Seine-et-Oise). Fondation Cognacq, recevant, à partir de 60 ans, gratuitement le personnel, et moyennant une pension annuelle de 500 à 700 fr. et 1 000 fr. par ménage, tous les anciens employés de nouveautés, comptables, représentants de commerce, couturières, tailleurs et tapissiers.

Le Printemps, 64, boulevard Haussmann. — Caisse de retraites, de secours et de prévoyance pour le personnel, uniquement alimentée par un prélèvement annuel sur les bénéfices sociaux. Service médical assuré par un Docteur attaché à la maison et médicaments grat. Service dentaire grat. Caisse spéciale de secours en cas de maladie

(Fondation Laguionie) pour les employés malades pendant plus de 2 j., qui reçoivent une indemnité égale à la moitié du traitement. Allocations en cas de mariage ou de maternité. Œuv. de vacances. Réintégration après le service militaire et allocations pendant les périodes d'exercices dans la réserve ou la territoriale. Caisse de dépôt des sommes épargnées sur les appointements, avec 5 pour 100 d'intérêt pour les traitements inférieurs à 3 000 fr. et 4 pour 100 pour les autres. Sté de tir et d'escrime. Bibliothèque.

Le Bazar de l'Hôtel de Ville, rue de Rivoli (1851). — Possède une villa à Cannes, villa Médicis, fond. par M. Ruel, pour les employés atteints de maladies de poitrine ; un dispens. à Paris.

Les Galeries Lafayette, boulevard Haussmann ;

La Belle Jardinière, rue du Pont-Neuf ;

Pygmalion, boulevard Sébastopol ;

Le Gagne-Petit, avenue de l'Opéra ;

La Grande Maison de Blanc, rue Auber, rue Croix-des-Petits-Champs et rue Fontaine-au-Roi ;

Les Trois-Quartiers, boulevard de la Madeleine, etc.

Ont suivi l'exemple des grands magasins précédemment cités comme ayant organisé les institutions patronales les plus nombreuses, en créant, souvent avec participation aux bénéfices, des caisses de retraite, de prévoyance et de secours.

C) Grandes Sociétés industrielles.

La plupart des grandes Stés industrielles ont fondé pour les employés et ouvriers des œuv. philanthropiques et charitables de toute nature. Nous en citerons simplement quelques-unes à titre d'exemples :

Société anonyme des manufactures des glaces et produits chimiques de Saint-Gobain, Chauny et Cirey, 1, place des Saussaies. — 1° Institutions d'enseignement scolaire et professionnel : écoles de garçons et filles à St-Gobain et à Chauny, salle d'asile, cours de gymnastique, ouvroir, enseignement ménager à Chauny, salle d'asile à Cirey, ouvroir à Montluçon, école de garçons et filles à St-Fons ; 2° des logements grat. ou à prix très modérés sont fournis aux employés, ou des avances leur sont consenties pour l'acquisition ou la construction de maisons. A Cirey, la Sté loue des terres cultivables ; 3° Sté de consommation à St-Gobain et Chauny ; magasin de denrées à Cirey et St-Bel, pension alimentaire à St-Bel ; 4° caisses d'économies ; 5° avances grat. aux ouvriers ; 6° indemnités pendant les périodes militaires ; 7° service sanitaire grat., allocation d'indemnités journalières, secours aux femmes en couches ; caisses des retraites.

Société des raffineries et sucrerie Say, 123, boulevard de la Gare (1832). — Participation aux bénéfices. Caisses de retraite et d'économies alimentées par une subvention de la Sté. Allocations aux ouvriers malades. Primes annuelles de 300 fr. et 500 fr.

Établissement Menier, 56, rue de Châteaudun. — Caisse d'épargne, maisons ouvrières, maison de retraite de 32 lits. Service médical grat.

Compagnie générale d'électricité, rue Boudreau. — A étendu à toutes ses usines, en 1900, l'œuv. d'accouchement des ouvrières. Toutes les ouvrières travaillant depuis plus d'un an aux usines sont défrayées des frais d'accouchement jusqu'à 25 fr., et reçoivent pendant 4 semaines une indemnité de 3 à 5 fr. par j., suivant leur durée de présence à l'usine. Tout travail rémunéré est interdit pendant ce temps. A créé à Ivry-Port une crèche pour les enfants de ses employés.

Établissements Schneider et Cie. Siège, 42, rue d'Anjou. — Pensions de retraite sans retenue sur les salaires ; caisse d'épargne ; propriété du foyer par la vente à prix réduit du terrain ; indemnités aux ouvriers malades. Allocations aux réservistes, aux territoriaux, aux pères de famille ayant plus de 5 enfants âgés de moins de 5 ans. Service médical et pharmaceutique grat. Hôp. de 128 lits (1894) ; maison de retraite de 70 lits pour les ouvriers âgés (1887) ; écoles et salles d'asile ; logem. grat.

Caisse patronale de retraites en faveur des ouvriers des Forges de France, 2, cité de Londres (1894). — Alimentée exclusivement par les patrons.

Compagnie universelle du Canal maritime de Suez, rue Charras. — A fondé pour les enfants de ses employés, à Ismaïlia et à Suez, des établ. d'enseignement primaire, et à Port-Saïd un établ. d'instruction secondaire ; contribue à l'instruction donnée au Caire ou à Alexandrie aux enfants les mieux doués ; des écoles enfantines fonctionnent dans les gares. Les employés reçoivent l'assist. médicale grat., des congés avec solde et frais de voyage, des déplacements aux femmes et enfants. Un hôp. de 60 lits a été créé à l'entrée du lac Timsah, et non loin de là un sanat. pour les employés et leurs familles. Participation aux bénéfices.

L'Industrie du Livre. Cercle de la librairie, 117, boulevard St-Germain. Fondation de l'Œuv. des orphelins des industries du livre (1900). — Recon. ut. pub. A pour but de recueillir et d'adopter les enfants, garçons et filles, des ouvriers et employés des industries du livre. Voir *Adoption et orphelinats*.

Raffinerie Lebaudy, 6, rue Botzaris (XIXe) (1892). — Asile desservi par les Sœurs de St. V. de P. pour recueillir les anciens employés de la raffinerie.

Participation aux bénéfices. — Voir la liste des maisons les plus connues dans le *Guide social de Paris*, par M. Roger Merlin, archiviste du Musée social (1906).

De nombreuses Stés ont créé des écoles professionnelles pour les ouvriers et apprentis. Nous citerons principalement :

École professionnelle des jeunes typographes de l'imprimerie Chaix, 20, rue Bergère. Fond. par les chefs de la Maison Chaix (1863). — Voir *Écoles professionnelles.*

Internat d'apprentis annexé à l'usine de MM. Christofle et Cie, 56, rue de Bondy (1873). — Caisse de secours, lits d'hôp. au Vésinet et Vincennes. Voir *Écoles professionnelles.*

École industrielle d'apprentis électriciens, 51-58-60, rue Desrenaudes. Fondée par la Maison Mildé et Cie (1888). — Voir *Écoles professionnelles.*

École professionnelle d'imprimerie, à Noisy-le-Grand (Seine-et-Oise). — Cette école est annexée aux ateliers de l'imprimerie Renouard. Voir *Écoles professionnelles.*

École d'apprentissage de la Maison Baille-Lemaire, 26, rue Oberkampf. Fond. par M. Baille-Lemaire (1860). — Forme des apprentis tourneurs et opticiens, les loge et les nourrit pendant 4 ans.

D) **Grandes Sociétés financières.**

La **Banque de France,** le **Crédit lyonnais,** le **Comptoir d'Escompte,** le **Crédit foncier, la Société générale,** le **Crédit industriel et commercial,** la **Banque de Paris et des Pays-Bas,** la **Compagnie algérienne,** la **Banque parisienne,** etc. assurent à leurs employés des caisses de retraite, de prévoyance et de secours, des soins de médecins et des médicaments grat. Plusieurs ont des maisons de repos et de conval. pour employés, et une colonie de vacances pour leurs enfants.

La plupart des Compagnies d'assurances : les **Assurances générales, l'Union, la Foncière, la Providence, la Nationale, l'Aigle, l'Urbaine, le Phénix, la France, le Soleil, l'Abeille,** ont imité les grandes Stés financières et alimentent aussi des caisses de secours. Elles allouent à leurs employés une part des bénéfices répartis suivant le chiffre de leur traitement et la durée de leurs services.

CHAPITRE XXX

SECRÉTARIATS DU PEUPLE ET DES FAMILLES

Cette œuv., fond. par la Sté de St. V. de P., a pour but d'aider la classe ouvrière pour tous les renseignements dont elle peut avoir besoin, et de faire pour elle toutes les démarches nécessaires au point de vue des lois sociales, accidents, assist. judiciaire, mariages, assist. obligatoire aux vieillards, placem., repos hebdomadaire, etc. Elle fonctionne aujourd'hui grat. dans presque tous les arr.

Bureau de consultations judiciaires, au Palais de justice, boulevard du Palais. Fond. par un groupe d'avocats (1895). — Consult. grat., mard., à 9 h. et demie mat., jeud., à 2 h. Ouvert aux indigents qui se font inscrire quelques j. avant la consult.

Secrétariats du peuple et des familles :

IIe ARR.

123, **rue Montmartre**, tous les j., excepté le dim., de 5 h. à 7 h. s.

1, **rue Damiette**, 2e et 4e dim., à 8 h. et demie mat.

IIIe ARR.

9, **rue Saintonge**, jeud., de 8 h. à 9 h. s.

IVe ARR.

28, **rue Geoffroy-Lasnier**, tous les j., de 9 h. à 10 h. mat.

Ve ARR.

7, **rue des Chantiers**, merc., de 8 h. à 9 h. s.

VIe ARR.

70, **rue Bonaparte**, Maison du Peuple, dim., de 9 h. et demie à 10 h. et demie mat. ; lund., de 8 h. et demie à 10 h. s. ; jeud., de 9 h. à 10 h. mat.

6, **rue Furstenberg**. Œuv. de l'avocat des pauvres. Bur. permanent.

93, **rue de Sèvres**, dim., de 10 h. à 11 h. mat., et jeud., de 2 h. à 4 h. s.

VIIe ARR.

5, **rue de Poitiers** (Sté des visiteurs). Consult. de droit commercial et d'assist. pour les familles visitées par **la Sté, lund.**, vend., de 4 h. et demie à 5 h. et demie.

29, **rue Chevert**, mard. et vend., de 2 h. à 6 h. s.

9, **passage Landrieu**, lund., de 8 h. et demie à 9 h. et demie s. ; jeud., de 6 h. à 7 h. s.

IXe ARR.

8 *bis*, **rue Choron**, lund., de 1 h. à 4 h. s.

Xe ARR.

12, **rue Bossuet**, merc., à 8 h. et demie.

XIe ARR.

6, **rue Renault**, lund. et merc., de 8 h. à 10 h. s.

10, **rue Tenon**, mard., à 9 h. s.

6, **impasse Franchemont**, lund., de 2 h. à 4 h. s.

55, **boulevard de Belleville**, les trois premiers lund., de 4 h. à 6 h. s.

145, **avenue Parmentier**, jeud., à 4 h. et demie s.

XIIe ARR.

6, **rue Ruty**, jeud., de 3 h. à 5 h. et demie.

77, **rue de Reuilly**, vend., de 9 h. à 10 h. et demie s.

59, **rue Daumesnil**, dim., de 9 h. et demie à midi.

5, **rue Émilio-Castelar**, à la paroisse Saint-Antoine des Quinze-Vingts, tous les j., de 11 h. à 1 h.

199, **rue de Bercy**, au patronage du Chantier.

XIIIe ARR.

59, **boulevard Blanqui**, lund., de 3 h. à 4 h. s.

54, **rue Bobillot**, merc. à 8 h., et tous les s. de l'hiver.

46, **rue Gandon**, dim., de 9 h. à 11 h. mat.

XIVe ARR.

16, **rue d'Alembert**, dim., de 10 h. à 11 h. mat., et jeud., de 8 h. et demie à 9 h. et demie s.

57, **rue Vercingétorix**, Secrétariat paroissial de Notre-Dame de Plaisance, dim., de 10 h. à 11 h. mat., jeud., de 8 h. et demie à 9 h. et demie s.

23, **rue Guilleminot**, Secrétariat pour dames et jeunes filles, dim., de 2 h. à 4 h. s.

174, **rue de Vanves**. Cercle Notre-Dame-du-Rosaire.

XVe ARR.

16, **rue d'Alembert**, Église St-Lambert, dim., de 10 h. à 11 h. un quart mat.

29, **rue de Lourmel**, Secrétariat de Grenelle-Javel, Cercle Maignien, dim., de 11 h. et demie mat. à 1 h. et demie s. ; jeud., de 8 h. et demie à 9 h. et demie. Secrétariat pour Alsaciens-Lorrains, tous les j., de 10 h. à 11 h. mat. et de 3 h. à 7 h. s. Voir *Alsaciens-Lorrains*.

5, **avenue du Maine**, Secrétariat social, Permanence quotidienne de 9 h. à midi et de 2 h. à 6 h. s. ; au **Comité**, tous les j., de 4 h. à 6 h. s. ; les lund., mard., merc., vend., de 10 h. mat. à midi.

14, **rue Vigée-Lebrun**, Union des familles, sam., à 8 h. s., moyennant 1 fr. pour carte d'adhérent.

XVIe ARR.

27, **rue de Chaillot**, Secrétariat des gens de maison du quartier de Chaillot, prochainement transféré 47, avenue Marceau. Fond. par M. l'abbé Serreau (1908). — Gratuité. Bibliothèque le dim. de 4 h. à 6 h. Consult. médicales merc., de 4 h. à 6 h. Consult. juridiques vend., de 4 h. à 6 h. Consult. familiales lund., de 4 h. à 6 h. Bureau de placem. grat. tous les j., sauf jeud. et dim., de 2 h. à 4 h.

10, **boulevard Exelmans**, Maison du Peuple, tous les j. de 8 h. à 10 h. s.

XVIIe ARR.

77, **rue Truffaut**, merc., de 4 h. à 6 h.

153, **avenue de Clichy**, Œuv. paroissiale de St-Michel des Batignolles, mard., de 8 h. et demie à 9 h. et demie s.

133, **avenue de Clichy**, Œuv. des Militants du devoir chrétien, jeud. s.

XVIIIe ARR.

174, **rue Championnet**, lund., à 8 h. et demie s.

25, **rue du Ruisseau**, dim., de 10 h. mat. à midi ; mard. de 8 h. à 9 h. et demie s.

14, **passage de l'Élysée-des-Beaux-Arts**, dim., à 5 h. s.

129, **rue Marcadet**, jeud. de 5 h. à 6 h., dim. de 8 h. à 10 h.

42, **rue Hermel**, tous les j., de 8 h. à 10 h. s.

XIXe ARR.

115, **rue d'Allemagne**, Succursale de l'Office central des œuv. de bienf., mard., vend., de 2 h. à 4 h. s.

XXe ARR.

70, **rue des Haies**, mard., à 3 h. et demie s.

117, **rue de Ménilmontant**, mard., de 4 h. à 6 h.

9, **rue Croix-Saint-Simon**, dim. mat. et jeud. 9 h.

BANLIEUE

BOULOGNE-SUR-SEINE. — 50, **rue d'Aguesseau**, lund. et sam., de 8 h. et demie à 9 h. et demie s.

CHOISY-LE-ROI. — **A l'Église.**

CLAMART. — 7, **rue Georges-Huguet**, merc., de 10 h. à 11 h. mat.

CLICHY-LA-GARENNE. — 7, **rue du Landy**, sam., à 8 h. et demie s.

— 13, **rue d'Alsace.**

LEVALLOIS-PERRET. — 80, **rue Fazillau**. Fond. par M. Ravet (1894). — Bur. ouvert. jeud. de 8 h. à 10 h. et demie s., 102, rue Gravel.

LA GARENNE-COLOMBES. — **Rue Louis-Blanc,** lund., à 8 h. et demie s.

MONTROUGE. — 51, **grande rue,** tous les j.

NEUILLY-SUR-SEINE. — 2, **villa Sainte-Foy,** tous les j., de 9 h. mat. à midi, et le jeud., à 8 h. et demie s. ; dim., 9 h. à 11 h. mat.

PAVILLONS-SOUS-BOIS. — **Mairie.** Consult. juridiques grat., 1er dim. du mois, de 10 h. à 11 h. et demie.

PRÉ-SAINT-GERVAIS. — **A l'Église.**

PUTEAUX. — **12, rue des Pavillons,** au patron. Permanence.

— **86, rue des Coutures.** Union ouvrière de Puteaux.

SAINT-MANDÉ. — **A la paroisse.** Le Rayon, cercle d'études. Placem., consult. juridiques.

CHAPITRE XXXI

CAISSES ET SECOURS DE LOYERS

Il est presque impossible de dresser une liste complète des œuv. distribuant des secours de loyers. Il s'agit très souvent, en effet, d'allocations exceptionnelles, et ces secours sont forcément limités suivant les détresses accidentelles et les ressources du moment. Une forme nouvelle d'œuv. de loyers consiste dans l'attribution d'une bonification à des versements faits par l'intéressé. L'œuv. joue le rôle de caisse d'épargne, et l'intérêt qu'elle sert, de 5 *à* 20 *pour* 100, *tend à s'élever, selon l'époque plus ou moins éloignée du remboursement des versements.*

IIe ARR.

Œuvre du loyer des pauvres, 85, rue Réaumur. — Sœurs de St. V. de P. Voir *Œuv. diverses de secours, Maisons de charité libres.*

IIIe ARR.

Ligue contre la misère, 185, rue du Temple. — Secours après enquête les mard. et vend., de 2 h. à 5 h., sur lettres de convocation.

IVe ARR.

Préfecture de Police. — Crédit de 20 000 fr. réparti chaque année par le Ministère de l'Intérieur et la Préfecture de Police entre les 20 arr. de Paris. Secours de 15 à 20 fr. à des malheureux, de préférence chargés de famille, menacés d'être expulsés de leur domicile. Recommandations par le commissaire de police de leur quartier. Ne pas être secouru depuis 3 ans par la Préfecture.

Ve ARR.

Caisse de secours de l'Hôpital Broca, 3, rue Broca. — Une partie des recettes est affectée au payement du loyer des malades traités à l'hôp.

Œuvre des loyers, 14, rue de la Parcheminerie. — Sœurs de St. V. de P. Les versements se font le jeud., de 9 h. à 11 h. Restitution au moment du terme, avec majoration de 10 pour 100 pour les termes d'été et de 20 pour 100 pour les termes d'hiver.

Œuvre des loyers, 15, rue des Bernardins. — Sœurs de St. V. de P. Versements le lund., de 8 h. à 9 h. Prime de 10 pour 100 à l'époque du terme sur les sommes versées.

Caisse des loyers, 69, rue du Cardinal-Lemoine. — Sœurs de St. V. de P. Versements le lund., de 1 h. à 4 h. Prime de 10 pour 100 au moment du terme sur les sommes remboursées. La caisse s'interdit toute opération avec des familles ayant plus de 300 fr. de loyer.

Société pour l'amélioration du logement ouvrier, 10, rue de l'Épée-de-Bois. — Caisse de loyers. Versements le dim., de 9 h. à 10 h. mat. Voir au *XIVe arr.*

VIe ARR.

Caisses de loyers des Conférences de Saint Vincent-de-Paul. Siège, 6, rue Furtensberg. Fond. par la Conférence de St-Sulpice (1846), et fonctionnant aujourd'hui dans la plupart des Conférences de la Sté. — Attribution, sur la demande des membres visiteurs, de secours de loyers aux familles nécessiteuses habituellement assistées par la Conférence. Encaissement chaque semaine de leurs économies sur salaires pour payement du loyer, avec prime ou bonis variables à l'échéance du terme. S'adresser au siège de l'œuv. ou au Président des Conférences. Voir *Œuvres div. de secours.*

Œuvre de la Miséricorde, 175, boulevard St-Germain. — Donne des secours accidentels de loyers aux familles visitées par l'œuv.

VIIe ARR.

L'Abri, Sté de secours à l'époque du terme, 3, quai Voltaire (1900). — Recon. ut. pub. A pour but de distribuer des secours de loyers, après enquête, aux familles nécessiteuses habitant Paris, Neuilly et Levallois-Perret. Minimum du secours : 20 fr. ; maximum : 80 fr. Le bénéficiaire ne reçoit de secours qu'une fois par an, et ces secours doivent être demandés par un adhérent de l'œuv. Adresser les requêtes au plus tard le 15 du mois précédant celui du terme. Garde-meuble permettant de fournir aux assistés, en cas de dénuement complet, les objets de première nécessité. Enquêtes et signalement à la Préfecture de la Seine, et à ses services d'assainissement, de maisons suspectes et contaminées.

Association Valentin Haüy, 7 et 9, rue Duroc. Caisse et secours de loyers donnés aux aveugles (1896). — Prime trimestrielle de 10 pour 100 sur les versements faits par eux.

Le Soutien français, 42, rue du Bac. — Donne des secours de loyers aux familles visitées par l'œuv.

Société des visiteurs pour le relèvement des familles malheureuses, 5, rue de Poitiers. — Secours de loyers.

Fondation Orville et Mylius. Siège, 140, rue du Bac, Maison mère des Sœurs de St. V. de P. — Rentes affectées par MM. Orville et Mylius (1874) à des familles françaises déchues, sans distinc. de culte, notamment aux anciens officiers, leurs veuves ou enfants, non inscrits aux Bur. de bienf. et réputés honorables. Secours de loyers en janvier et avril. Un seul secours tous les 3 ans.

Fondation Léonie Morin, 15, rue Bellechasse. Dépendance de la Sté philanthropique. — Legs affecté (1902) à des secours de loyers aux vieillards indigents. Adresser les demandes avant le 20 du mois précédant chaque trimestre.

La Maison de la Providence, 3, rue Oudinot. — Œuv. paroissiale réservée aux malheureux ayant moins de 300 fr. de loyer. Versements hebdomadaires remboursés au moment du terme avec prime de 10 pour 100.

VIIIe ARR.

Comité de bienfaisance israélite, 60, rue Rodier. Caisse de loyers fond. par la baronne N. de Rothschild (1844). — Accordant suivant les cas le loyer complet de 150 à 400 fr., le loyer partiel de 100 à 200 fr., et des secours trimestriels de 5 à 75 fr.

IXe ARR.

Société amicale de bienfaisance, 3, rue Blanche. — Secours de loyers. Voir *Œuvres div. de secours.*

XIIe ARR.

Œuvres paroissiales de Saint-Antoine des Quinze-Vingts, 5, rue Émilio-Castelar. — Caisse des loyers et primes, 59, avenue Daumesnil.

XIIIe ARR.

Société pour l'amélioration du logement ouvrier, 18 *bis*, avenue d'Italie. — Caisse de loyers. Versements le dim., de 10 h. à 11 h. Voir *XIVe arr.*

Œuvres des Malmaisons, 25, rue Gandon. — Caisse de loyers.

XIVe ARR.

Œuvres de Notre-Dame-du-Travail de Plaisance, 36, rue Guilleminot. — Caisse de loyers.

Caisse de prévoyance et des loyers de Plaisance, 64 *bis*, rue Vercingétorix. Fond. par Mlle Chaptal (1907). — Pour loyers au-dessous de 400 fr. Versements le dim., de 9 h. à 11 h. Remboursements le dim. qui suit le 8 de chaque premier mois du trimestre. Prime progressive suivant la durée du dépôt.

Société pour l'amélioration du logement ouvrier. Siège, 92, rue du Moulin-Vert. Fond. par M. l'abbé Viollet (1902). — Recon. ut. pub. Caisse de loyers. Versements le dim., de 10 h. à midi, et le lund., de midi et demi à 5 h. et demie. Prime variable sur les versements selon les charges de famille. Succursales en divers arr.

XVe ARR.

Œuvre de la Chaussée du Maine, 14, rue Vigée-Lebrun. — Secours de loyers donnés aux mères qui ont des nourrissons, le merc., de 2 h. à 4 h.

Société pour l'amélioration du logement ouvrier, 30, rue Cambronne. — Caisse de loyers. Versements merc., de 2 h. et demie à 4 h. et demie. Voir *XIVe arr.*

XVIe ARR.

Caisse d'épargne des loyers de Grenelle, 14, rue Greuze (1910). — Versements hebdomadaires remis au moment du terme avec prime de 10 pour 100. Réservée aux ouvrières.

Société pour l'amélioration du logement ouvrier, 48, rue La Fontaine. — Caisse de loyers. Versements le jeud., de 1 h. et demie à 3 h. Voir *XIVe arr.*

Association des veuves protestantes, 64, avenue du Bois-de-Boulogne. — Secours de loyers. Voir *Œuv. diverses de secours.*

Œuvre de la Cagnotte des enfants, 2, place des États-Unis. — Secours de loyers pour israélites.

Œuvre des loyers pour les vieillards du XVIe arrondissement. Siège à la Mairie, 71, avenue Henri-Martin. Fond. par M. Fabien (1883). — Recon. ut. pub. Vient en aide aux vieillards malheureux des deux sexes, de 60 ans au moins, et domiciliés depuis 5 ans dans l'arr., en leur assurant payement d'une partie de leur loyer.

XVIIe ARR.

Œuvre des loyers du XVIIe arrondissement. Siège à la Mairie, 18, rue des Batignolles. Fond. par M. Palazot (1880). — Recon. ut. pub. Vient en aide aux vieillards âgés de 65 ans au moins, et résidant depuis 5 ans dans l'arr., en constituant à leur profit une rente viagère de 120 fr. destinée au payement de leur loyer.

Société pour l'amélioration du logement ouvrier, 9, rue Jean-Leclaire. — Caisse de loyers. Versements le dim., de 10 h. à 11 h. Voir au *XIVe arr.*

Œuvre Sainte-Marthe, 66, avenue Malesherbes. — Distrib. de vêtements et secours de loyers. Les membres de l'œuv. donnent par an 2 vêtements et 1 fr. de secours de loyers.

XVIIIe ARR.

Société pour l'amélioration du logement ouvrier, 43 *bis*, rue des Cloys, et 5, rue Cavé. — Caisse de loyers. Versements rue des Cloys les jeud. et dim., de 10 h. à 11 h., et rue Cavé les jeud., de 2 h. à 4 h. Voir *XIVe arr.*

Œuvre de M. Luc Lambin. — Secours de loyers donnés aux habitants pauvres de la rue Luc-Lambin, actuellement André-del-Sarte.

XIXe ARR.

Société pour l'amélioration du logement ouvrier, 9, rue Édouard-Pailleron. — Caisse de loyers. Versements le dim., de 10 h. à 11 h. et demie. Voir *XIVe arr.*

XXe ARR.

La Solidarité de Ménilmontant. Œuv. chrétienne d'utilité sociale, 52, rue Stendhal. — Caisse d'épargne en vue des loyers.

Société pour l'amélioration du logement ouvrier, 9 *bis,* passage Rivière. — Caisse des loyers. Versements le dim., de 2 h. et demie à 4 h. Voir au *XIVe arr.*

BANLIEUE

AUBERVILLIERS. — **Caisse de loyers,** à la Mairie.

CLAMART. — **L'Abri aux vieillards et déshérités,** 91, rue de Paris. — Secours de loyers. Voir *Vieillesse.*

NEUILLY. — **Société pour l'amélioration du logement ouvrier.** — Caisse de loyers. Voir au *XIVe arr.*

SAINT-OUEN. — **Caisse des loyers de Saint-Ouen,** 32, rue de la Chapelle (1910). — Dépendance de l'Union populaire cath. Prime de 10 pour 100 sur les versements.

VINCENNES. — **Caisse de loyers,** 7, rue Eugène-Renaud.

CHAPITRE XXXII

HABITATIONS ÉCONOMIQUES ET CITÉS-JARDINS

Le problème du logement hygiénique pour familles nombreuses est un de ceux qui préoccupent le plus, en ce moment, l'opinion et les Pouvoirs publics. Au premier abord, il semble insoluble. Comment, en effet, loger à bon marché, et en même temps dans des conditions de commodité et de confort favorables au maintien de la santé, des familles composées du père, de la mère et d'un certain nombre d'enfants? C'est à obtenir ce précieux résultat que se sont appliquées les institutions charitables inscrites dans le présent chapitre.

On s'est attaché à donner là un tableau sommaire de tout ce qui a été fait dans cet ordre d'idées; mais, de tous cotés, l'effort se poursuit, et, lorsque cette nouvelle édition du Paris charitable *sera mise en vente, des Sociétés nouvelles se seront sans doute constituées, des maisons en construction pendant la préparation du volume auront été achevées, en sorte qu'on pourra relever dans notre travail quelques lacunes résultant de la force des choses. Une prochaine édition réparera, d'ailleurs, ces omissions inévitables.*

Il convient de signaler : 1° *qu'une loi du* 12 *avril* 1906 *prévoit, sous des formes diverses, la coopération des communes à l'œuv. importante dont il s'agit ;* 2° *qu'un Comité de patron. des habitations à bon marché, aux séances duquel sont convoqués les représentants des œuv. les plus qualifiés pour l'étude de la question, siège à l'Hôtel de Ville, sous la présidence de M. Paul Strauss et la vice-présidence de M. Ambroise Rendu ;* 3° *que la maison Berger-Levrault a publié un petit fascicule du prix de* 1 *fr., contenant la législation des habitations à bon marché, leur statistique, des modèles de statuts pour les Stés de constructions ou de crédit régies par la loi précitée, et que l'on peut aussi se procurer cette brochure en la demandant au Ministère du Travail et de la Prévoyance sociale ;* 4° *qu'un décret du* 19 *novembre* 1910, *rendu après avis du Conseil d'État, a autorisé l'Office central des œuv. de bienf. à recueillir un legs de 400 000 fr., fait par M. Sabbathier, pour être employé à la construction de maisons ouvrières à bon marché.*

Ier ARR.

Comité de patronage des habitations à bon marché. Siège à l'Hôtel de Ville. — Voir *Stés d'études et de propagande.*

Société anonyme de logements économiques pour familles nombreuses, 17, rue de Valois (1903). — Direction laïque. A pour but de loger les ouvriers ayant au moins 3 enfants à leur charge. 5 immeubles (XIIIe, XIVe, XVe, XVIIIe et XXe arr.).

Société anonyme des habitations ouvrières de Passy-Auteuil, 18, place Vendôme (1882). — Direction laïque. A pour but de procurer des habitations à bon marché aux familles nombreuses; acquisition en 16 ans moyennant un loyer annuel de 500 à 700 fr.; 67 maisons actuellement construites (XVIe arr.).

Le Castor, 164, rue de Rivoli (Magasins du Louvre) (1902). — Direction laïque. A pour but de procurer aux employés des grands Magasins du Louvre des maisons salubres et à bon marché dans diverses communes suburbaines de la Seine.

La Colonie, 35, rue J.-J.-Rousseau (1904). — Direction laïque. A pour but de loger à titre grat. les ouvriers égoutiers réformés ou retraités faisant partie de la Sté.

IIIe ARR.

La Chaumière, 87, rue Vieille-du-Temple (1901). — Direction laïque. A pour but de construire des habitations à bon marché destinées au personnel de l'Imprimerie nationale.

La Campagne à Paris, 95, boulevard Beaumarchais, cité-jardin (XXe arr.).

IVe ARR.

Ma Bicoque, 20, rue du Cloître-St-Merry (1908). — Sté anon. composée d'employés du commerce et de l'industrie pour construire, à l'usage des associés, des maisons salubres à la campagne.

Ve ARR.

Le Bien de famille de Paris et banlieue, 26, rue Lhomond (1907). — Sté anon. coopérative à capital variable. Direction laïque. A pour but de faciliter la construction d'un foyer familial, en permettant à l'actionnaire de la Sté l'acquisition d'un terrain bâti ou non.

Société parisienne des habitations économiques, 25, quai St-Michel (1908). — Direction laïque. A pour but de faciliter à ses membres l'acquisition d'un terrain pour y élever une construction à bon marché.

Maison ouvrière de la Sté anonyme d'habitations à bon marché le Foyer (siège, VIe arr.), 9, rue Laplace; 63 logements de 1 à 4 pièces et de 200 fr. à 490 fr. S'adresser à M. Fouret, le jeud., rue de la Parcheminerie.

Maison de l'Association protestante de bienfaisance, (siège, XVIIe arr.), 24, rue Tournefort.

Ligue française du coin de terre et du foyer, 26, rue Lhomond. Fond. par M. l'abbé Lemire (1897). — Recon. ut. pub. Direction laïque. La Ligue achète ou loue des terres pour les pères de famille.

VIe ARR.

Le Foyer, 22, boulevard St-Michel (1907). — Direction laïque. Maison ouvrière dans le Ve arr.

Maison de la Société de l'Association protestante de bienfaisance (siège, XVIIe arr.), 24, rue de Tournefort.

La Maisonnette des Téléphones, 21, boulevard du Montparnasse (1904). — Direction laïque. Sté anon. coopérative. A pour but de procurer des habitations salubres et à bon marché à ses membres ou même à des tiers.

Société des logements populaires hygiéniques, 176, boulevard St-Germain (1908). — Direction laïque. Une maison (XVIIe arr.).

VIIe ARR.

Conseil supérieur des habitations à bon marché (Ministère du Travail et de la Prévoyance sociale). — Voir *Stés d'études et de propagande.*

Groupe de maisons ouvrières, 5, place St-François-Xavier (1905). — Recon. ut. pub. Direction laïque. A pour but de louer à des personnes vivant de leur travail ou de leur salaire des logements salubres et à bon marché. 4 maisons (XIIe, XIIIe, XVe et XXe arr.).

La Maison des Dames des Postes, Télégraphes et Téléphones, 41, rue de Lille (1905). — Direction laïque. Sté anon. coopérative d'habitations à bon marché. A pour but de procurer des logements salubres à des dames, principalement aux employées des P. T. T. Voir *Maisons de famille.*

Ma Maison, 56, rue de Lille (1906). — Direction laïque. Sté d'habitations à bon marché des employés de la Caisse des dépôts et consignations. Droit d'entrée : 3 fr.

Société d'habitations économiques (anciennement 54, rue Pigalle), 15, rue de Bellechasse (1890). — Recon. ut. pub. Direction laïque. 3 immeubles (XIIe et XIIIe arr.). 25 maisons individuelles à Athis-Mons, de 290 fr. à 380 fr.

Société philanthropique, 15, rue de Bellechasse, — Recon. ut. pub. 9 immeubles (dans les XIIe, XIIIe, XVe, XVIIIe, XIXe arr. et Clichy). Voir *Œuvres diverses de secours.*

Terre et Foyer, 29, rue Chevert. Fond. par M. Ambroise Rendu (1910). — A pour but la construction d'habitations collectives, salubres, aux loyers accessibles aux familles nombreuses, ainsi que de pavillons individuels pour travailleurs, qui en deviennent propriétaires, à l'aide des dispositions de la loi du 12 avril 1906.

VIIIe ARR.

Le Foyer lunévillois, 4, rue de l'Arcade (1909). — Direction laïque. A pour but d'établir, dans les meilleures conditions, des logements destinés aux ouvriers de la Sté Lorraine (Diétrich).

Le Progrès, 7, rue La Boétie. Fond. par M. Fernand Fourcade (1905). — A pour but la construction d'immeubles avec logements hygiéniques, loués à bas prix, uniquement aux familles nombreuses; 2 maisons (XVe et XIXe arr.) et un groupe à Ivry.

Maison de la Sainte Famille, 248, rue du Faubourg-St-Honoré, et 3, avenue Beaucourt (1878). — Sœurs de St. V. de P. A pour but de donner des logements hygiéniques aux vieillards de 70 ans et au-dessus, et aux veuves résidant dans le VIIIe arr. 100 petits appartements, dont beaucoup sont occupés gratuitement.

Société anonyme des habitations économiques de la Seine, 35, rue de Naples (1891). — Direction laïque. 7 maisons (2 à Paris, XIe et XVe arr.; 1 à Levallois-Perret; 4 à St-Denis). Prêts hypothécaires.

Société française des habitations à bon marché, 4, rue Lavoisier (1889). — Voir *Sociétés d'études et de propagande.*

Société immobilière du logement mutualiste, 1, rue de la Pépinière (1910). — Direction laïque. A pour but de réaliser les opérations diverses se rattachant à l'exploitation d'habitations individuelles ou collectives ou de cités ouvrières dans un but philanthropique.

Société d'habitations à bon marché du Métropolitain de Paris, 75, boulevard Haussmann. Maisons individuelles (XIIIe arr.).

IXe ARR.

F **Fondation Rothschild**, 2, rue Laffitte (1904). — Recon. ut. pub. Direction laïque. A pour but l'amélioration des conditions de l'existence matérielle des travailleurs. 4 immeubles ou groupes mobiliers (XIe, XIIe, XVe et XIXe arr.).

La Foncière du Gaz, 24, rue Pétrelle (1899). — Direction laïque. A pour but de procurer à ses membres vivant de leur travail ou salaire des maisons salubres et à bon marché.

Société des habitations ouvrières de Langlée, 60, rue St-Lazare (1906). — Direction laïque. A construit 80 logements avec jardi s pour être loués aux ouvriers de la Sté des établ. Hutchinson (usine de Langlée).

Société parisienne des habitations à bon marché, 4, square de l'Opéra (1902). — Recon. ut. pub. Direction laïque. A pour but de louer ou de vendre à échéance fixe ou par payements fractionnés, à des employés ou ouvrières vivant de leurs appointements ou salaires, des maisons salubres et à bon marché.

Société anonyme des logements hygiéniques à bon marché, 66, rue de la Chaussée-d'Antin (1903). — A pour objet exclusif de louer à des personnes vivant de leur salaire, employés ou ouvriers, des logements salubres et à bon marché. 4 immeubles dans les XIIIe, XIVe, XVIIIe et XXe arr.

X^e^ ARR.

L'Avenir, 180, rue Lafayette (1894). — Direction laïque. A pour but la construction de maisons sur le terrain des adhérents de la Sté ; payement en 10 annuités. Agence, 30, boulevard de Strasbourg.

XIe ARR.

La Mutuelle-habitation, 2, quai de Jemmapes (1900). — Direction laïque. A pour but de procurer aux employés et ouvriers, à Paris et dans un rayon de 40 kilomètres, des maisons salubres et à bon marché.

Maison de la Fondation Rothschild (siège, IXe arr.), 1, rue du Marché-Popincourt.

Paris-Jardins, 32, avenue de la République (1909). — Direction laïque. A pour but d'acquérir, de construire, de vendre ou de louer des habitations salubres et à bon marché avec leurs dépendances, telles que jardins, bains et lavoirs.

Maison de la Société anonyme des habitations économiques de la Seine, 10, rue de la Croix-Faubin (siège, VIIIe arr.).

XIIe ARR.

Maison de la Société d'habitations économiques (siège, VIIe arr.), 54, rue Coriolis ; logements de 210 à 290 fr.

Groupe immobilier de la Fondation Rothschild (siège, IXe arr.), 8, rue de Prague ; 7, rue Théophile-Roussel ; 3, rue Charles-Baudelaire ; 9, rue Émilio-Castelar. 321 logements, 36 ateliers.

Maison de l'Association protestante de bienfaisance (siège, XVIIe arr.), 52, rue de Reuilly.

Maison de la Société philanthropique, 3, avenue de St-Mandé (1891). Fondation Armand et Michel Heine (siège, VIIe arr.). 55 logements de 160 à 380 fr. réservés aux familles ; dégrèvement progressif en faveur des familles de 3 enfants et au-dessus.

Maison du « Groupe des maisons ouvrières » (siège, VIIe arr.), 124 et 126, avenue Daumesnil. 183 logements.

La Maison pour tous, 33, rue de la Voûte (1903) — Direction laïque. A pour but de procurer aux employés et ouvriers, suivant leur salaire, des maisons salubres à bon marché dans la banlieue-est de Paris. 21 maisons à St-Maur, Fontenay-sous-Bois, Palaiseau, Pantin, Noisy-le-Sec, Villemomble.

XIIIe ARR.

Le Foyer modeste, 52, rue de l'Espérance (1910). — Habitations familiales à bon marché ; payement par annuités ou par mensualités.

Maison de la Coopérative-habitation des P. T. T. (siège, XVe arr.), place des Peupliers.

Terre et famille, 96, avenue de Choisy (1909). — Direction laïque. A pour but de faciliter aux membres de la Sté l'achat et la construction de maisons salubres; payement par annuités ou mensualités.

Maison de la Société anonyme de logements économiques pour familles nombreuses (siège, 1er arr.), 14-16, boulevard Kellermann (1911). Logements de 240 à 448 fr. de loyer annuel.

Maisons de la Société d'habitations économiques (siège, VIIe arr.), 123, rue du Chevaleret; 10 et 12, rue Dunois. Logements de 210 à 290 fr. de loyer annuel.

Maison de la Société anonyme des logements hygiéniques à bon marché (siège, IXe arr.), boul. de l'Hôpital (angle des rues Manet et Fagon).

Maison de la Société philanthropique, 45, rue Jeanne-d'Arc (1888). Fondation Armand et Michel Heine (siège, VIIe arr.). 37 logements de 160 à 380 fr. réservés aux familles; dégrèvement progressif en faveur des familles de 3 enfants et au-dessus.

Maison du Groupe des maisons ouvrières (siège, VIIe arr.), 5 et 7, rue Jeanne-d'Arc. 72 logements.

Maison ouvrière. Fondation Singer-Polignac, 72, rue de la Colonie (1911). — Logements pour familles nombreuses, avec jardins individuels et bains-douches. 64 logements de 220 à 410 fr. de loyer annuel. Jardins loués de 20 à 30 fr. aux occupants de l'immeuble.

Groupe des maisons du Métropolitain de Paris (siège, VIIIe arr.), 23, rue des Peupliers. 32 maisons individuelles avec jardins.

XIVe ARR.

La Mutuelle-construction, 11, rue Ledion (1908). — Direction laïque. A pour but de faciliter aux membres de la Sté la construction d'une maison salubre, payable par annuités.

La Petite Chaumière, 25, rue du Parc-de-Montsouris (1907). — Direction laïque. A pour but de faciliter aux ouvriers membres de la Sté les moyens d'acquérir des habitations familiales à bon marché; payements par annuités ou par mensualités.

Société anonyme des logements de Plaisance, 30, rue Guilleminot. Fond. par Mlle Chaptal (1904). — 4 immeubles : 26, 28 et 30, rue Guilleminot; 35 logements de 200, 250 et 320 fr. Maison-type (1905) : logements entièrement lavables; écoulement direct des eaux de lavage au tout-à-l'égout; lavoir grat., séchoir, caves; moyenne d'enfants par famille : 4. Amélioration d'immeubles anciens.

Maison de la Société anonyme des logements économiques pour familles nombreuses (siège, Ier arr.), 90, rue du Moulin-Vert.

Maison de la Société anonyme des logements hygiéniques à bon marché (siège, IXe arr.), 20, rue Severo.

XVe ARR.

Coopérative-habitation des P. T. T., 20, rue Daniel-Stern (1907). — Direction laïque. A pour but de procurer aux membres de la Sté une habitation convenable, et de leur permettre même de devenir propriétaires de petites maisons individuelles. Maison (XIIIe arr.).

L'Habitation moderne, 254, rue Croix-Nivert (1905). — Direction laïque. A pour but de procurer aux membres de la Sté une habitation convenable, et de leur permettre même de devenir propriétaires de petites maisons individuelles, réservées aux ouvriers, agents et employés des deux sexes de la Ville de Paris.

Maison de la Société anonyme de logements économiques pour familles nombreuses (siège, Ier arr.), 93 *bis*, rue Falguière; 36, 38, rue du Cotentin. — 108 logements.

Groupe immobilier de la Fondation Rothschild (siège IXe arr.), rues Bargue et Mathurin-Régnier. *Sera ouvert en* 1912.

Maison de la Société philanthropique (siège, VIIe arr.), 65, boulevard de Grenelle. Fondation Armand et Michel Heine (1888). — 46 logements de 160 à 380 fr. réservés aux familles; dégrèvements progressifs en faveur des familles de 3 enfants et au-dessus.

Maison de la Société « Le Progrès » (siège, VIIIe arr.), 51, quai de Javel. — 83 logements; prix moyens de 232 fr. à 450 fr.

Maison de la Société anonyme des habitations économiques de la Seine (siège, VIIIe arr.), 237, rue St-Charles.

Maison du « Groupe des maisons ouvrières » (siège, VIIe arr.), 63 et 65, rue Amiral-Roussin. — 131 logements.

XVIe ARR.

Société anonyme d'habitations à bon marché du XVIe arrondissement de Paris, 71, avenue Henri-Martin (1911). Maison, 53, rue Chardon-Lagache. 52 logements, de 250 à 550 fr. environ.

Maisons de la Société anonyme des habitations ouvrières de Passy-Auteuil (1882). (Siège, Ier arr.). — 67 maisons de 500 à 700 fr. de loyer annuel.

XVIIe ARR.

Société anonyme des logements salubres, 11, rue Ampère. Procure des logements à bon marché, principalement aux familles nombreuses. Maison, 75, rue Pouchet.

Le Foyer de l'enseignement, rue Félix-Pécaut (1906). — Direction laïque. Construction du toit familial pour les membres de l'enseignement.

L'Abri familial, 7, rue Truffaut (1901). — Direction laïque. A pour but de procurer aux membres de la Sté ou même à des tiers des habitations salubres et à bon marché.

Association protestante de bienfaisance, 97, rue de Prony. — Maisons à loyers réduits (V[e], XIIe, XVIIIe arr. et Levallois-Perret). Voir *Œuvres diverses de secours.*

Maison de la Société des logements populaires hygiéniques (siège, VIe arr.), 17, boulevard Bessières. — 60 logements à 250 fr. au plus pour familles de 3 enfants et dont le chef ne gagne que 5 fr. par j.

Groupe de maisons ouvrières, Fondation du baron de Verberckmoès, au nouveau Clichy. 6 maisons.

XVIIIe ARR.

Maison à loyers réduits de Montmartre de l'Association protestante de bienfaisance (siège, XVIIe arr.), 3, rue Vauvenargues. — Logements de 90 à 120 fr. par pièce.

Maison de la Société anonyme de logements économiques pour familles nombreuses (siège, Ier arr.), 83, rue Belliard.

Maison de la Société anonyme des logements hygiéniques à bon marché (siège, IXe arr.), 7, rue de Trétaigne.

Maison de la Société philanthropique (siège, VIIe arr.), 77, rue de Clignancourt (1898). Fondations diverses. — 38 logements.

Amicale habitation du Dôme, 8, rue Belhomme (1908). — Sté coopérative. A pour but de construire, acheter, transformer des habitations au profit des employés et ouvriers de l'Administration Dufayel, dans les conditions de la législation sur les habitations à bon marché, et dans un périmètre de 40 kilomètres autour de Paris.

L'Abri, 120, boulevard de la Chapelle. — Sté coopérative. A pour but de procurer des habitations salubres à bon marché aux membres qui la composent.

XIXe ARR.

Maisons de la Société philanthropique (siège, VIIe arr.), 19, rue d'Hautpoul. Fondation Armand et Michel Heine. — 54 logements de 120 à 380 fr. ; 7, passage de Melun, 75 logements de 160 à 450 fr. ; maisons réservées aux familles, dégrèvements progressifs en faveur des familles de 3 enfants et au-dessus.

Logements-ateliers de la Société philanthropique (siège, VIIe arr.), 62, rue d'Allemagne ; 1 et 3, passage de Melun. Fondation Marie Souvestre. — 48 logements-ateliers.

Maison de la Société « Le Progrès » (siège, VIIIe arr.), 12, rue de Crimée. — 41 logements ; prix moyens : 335 fr.

Maison de la Fondation Rothschild (siège, IXe arr.), 121, r. de Belleville.

XXe ARR.

Maison de la Société anonyme de logements économiques pour familles nombreuses (siège, Ier arr.), 3, rue du Télégraphe.

Maison de la Société anonyme des logements hygiéniques à bon marché (siège, IXe arr.), 2, rue de la Chine.

Maison du « Groupe des maisons ouvrières » (siège, VIIe arr.), 5 et 7, rue Ernest-Lefèvre. — 176 logements.

La Campagne à Paris (siège, IIIe arr.). Cité-jardin de 15 803 m. q. en 89 lots répartis entre les **actionnaires**, avec obligation de bâtir en 6 ans. Ce terrain est limité par les rues Haxo, des Montibœufs, de la Dhuis, l'impasse des Montibœufs et la rue des Hauts-Montibœufs.

BANLIEUE

CLICHY. — **Maison de la Société philanthropique** (siège, VIIe arr.), 23 et 25, rue d'Alsace. Fondation Gouin. — 67 logements ; dégrèvements progressifs en faveur des familles de 3 enfants et au-dessus.

ISSY-LES-MOULINEAUX. — **L'Abri temporaire**, 5, boulevard Victor-Hugo. — Logements salubres à bon marché pour familles d'ouvriers expulsées. (Siège social, 71, avenue Henri-Martin, XVIe).

IVRY. — **Groupe de maisons ouvrières d'Ivry**, rue Denis Papin, fond. par la Sté *Le Progrès*. (Siège, VIIIe arr.). Maison collective et 30 pavillons-jardins de 456 à 480 fr. de loyer annuel.

LEVALLOIS-PERRET. — **La Grande Famille**, 30, rue des Frères-Herbert. — A pour but de procurer aux familles très nombreuses, ayant 5 enfants au moins, un logement salubre et spacieux, en payant le supplément du loyer antérieur, jusqu'à concurrence de 100 fr. par an.

Maison de la Société anonyme des habitations économiques de la Seine (siège, VIIIe arr.). 2 *bis*, rue Marjolin.

Maison de l'Association protestante de bienfaisance (siège, XVIIe arr.), 2, rue Marjolin.

PANTIN. — **Sainte-Marthe**, Quatre-Chemins. Fond. par M. l'abbé Runner. — Maisons ouvrières, exclusivement réservées aux familles nombreuses.

SAINT-DENIS. — **Chacun chez soi**, 3, boulevard Ornano. — Direction laïque. Habitations à bon marché.

Le Coin du feu, salle des fêtes, boulevard Carnot. — Direction laïque. A pour but de construire des habitations ouvrières, et de faciliter aux membres de la Sté les moyens de devenir propriétaires de la maison qu'ils habitent ; libération par annuités.

Maisons de la Société anonyme des habitations économiques de la Seine (siège, VIIIe arr.), 137 *bis*, rue de Paris, 10, rue Jeannot, 8, rue de l'Ermitage et rue du Cornillon.

SAINT-OUEN. — **Le Foyer**, Mairie de St-Ouen. Fond. par MM. Bonneville et Caron (1907). — Direction laïque. A pour but de construire des habitations ouvrières salubres, pour loger à bon marché des ouvriers ou employés de la Compagnie du Nord.

SCEAUX. — **Œuvre Marguerite Renaudin**. Fond. par M. Renaudin (1905). — Maisons ouvrières grat., pour jardiniers chargés de famille. Sté de secours mutuels entre les tenanciers des maisons ouvrières et des jardins ouvriers.

CHAPITRE XXXIII

SECOURS HYGIÉNIQUES
BAINS, DOUCHES, DÉSINFECTION

Bureau administratif des Services d'hygiène (1883), à la Préfecture de la Seine, annexe de l'Hôtel de Ville, 2, place Lobau. — Casier sanitaire des maisons de Paris. Commission des logements insalubres. Inspection des garnis. Commission sanitaire. Contrôle de la vaccine et des établ. vaccinogènes. Commission de la tuberculose pour la Ville de Paris. Étuves municipales. Commission de surveillance et de perfectionnement des Services d'hygiène de la Ville de Paris.

Piscines et Bains-Douches à bon marché

Il existe à Paris trois catégories d'établ. destinés à permettre à la population laborieuse d'observer les principes d'hygiène et de propreté corporelle dont on enseigne à l'école, au régiment ou aux dispens. l'absolue nécessité.

Ce sont : 1° *les Piscines municipales* ; 2° *les Bains-Douches municipaux, auxquels on peut rattacher les Bains-Douches annexés à quelques écoles* ; 3° *les Piscines et Bains-Douches privés.*

1. — Piscines municipales.

La création des piscines municipales a eu pour but d'assurer en toute saison l'exercice de la natation aux jeunes gens et à la population scolaire (eau chauffée). Mais afin d'éviter la souillure de l'eau, on a annexé aux piscines des bains-douches de propreté, servant soit aux baigneurs avant d'entrer dans la piscine, soit à ceux qui ne prennent que de simples bains par aspersion.

Heures d'ouverture : de 5 et 7 h. du mat. à 5 et 8 h. du s.

Location obligatoire de serviette et caleçon ou costume : serviette, 0 fr. 10 ; caleçon, 0 fr. 10 ; costume de baigneuse, 0 fr. 30.

Les j. et h. de la semaine sont réservés aux enfants des écoles. Un j.

de la semaine est réservé aux femmes et jeunes filles accompagnées de leur mère. Ces piscines sont situées :

XIIe ARR.

Piscine Ledru-Rollin, 8, avenue Ledru-Rollin (1897).

XVIIIe ARR.

Piscine Hébert, rue des Fillettes (1895).

XIXe ARR.

Piscine Rouvet, rue Rouvet (1891).

2. — Bains-Douches municipaux.

La Ville de Paris a créé 2 établ. réservés exclusivement aux bains-douches, non compris les bains douches scolaires :

XIIIe ARR.

Établissement balnéaire de la Butte-aux-Cailles, place Paul-Verlaine (1909).

XXe ARR.

Établissement balnéaire de Belleville, 296, rue des Pyrénées (1903).

Bains-Douches scolaires, exclusivement réservés aux enfants fréquentant les écoles suivantes :

V^{e} ARR.

École de la rue de l'Arbalète (garçons) ;

XIIe ARR.

École de la rue Charles-Baudelaire ;

XVe ARR.

École de la rue Corbon ;

Et dans un assez grand nombre d'écoles professionnelles.

De plus, beaucoup de Caisses des écoles distribuent des bons de bains-douches.

3. — Piscines et Bains-Douches privés.

X^{e} ARR.

Piscines privées, 31, rue de Château-Landon.

XIIIe ARR.

Bains-douches, 45, boulevard de la Gare.

Des Bons de bains-douches sont distribués aux Mairies des Ier, IIIe, VIIe, VIIIe, XVIe, XVIIe et XVIIIe arr.

On en distribue également dans les hôp.

Œuvre parisienne des Bains-Douches. — Recon. ut. pub. Cette œuv., fond. (1898) sur le modèle de l'Œuv. bordelaise des bains-douches à bon marché, créée à Bordeaux par M. Cazalet (1892), a installé à Paris les établ. suivants :

IIIe ARR.

Local Charles Cazalet, 49,rue de Bretagne (1899).

XVe ARR.

Local des Frères Mérice, 3 *bis*, boulevard de Charonne (1910).

Local, 80, rue du Faubourg-St-Antoine (1904).

XVIIIe ARR.

Local Jules Simon, 54, rue de la Goutte-d'Or (1898).

XXe ARR.

La Libellule de Paris, 30, rue de la Mare. — Prix des bains : 0 fr. 25, savon compris ; 0 fr. 20 pour les militaires ; 0 fr. 10 pour les enfants des écoles munis de bons donnés par les directeurs d'écoles.

Bains-douches annexés à la plupart des Dispensaires, notamment :

Xe ARR.

Dispensaire, 14, rue du Terrage. — Bains-douches grat. Garçons de 8 h. à 9 h. mat., de 5 h. à 6 h. s. ; Filles de 9 h. à 10 h. mat., de 4 h. à 5 h. s.

XIIe ARR.

Dispensaire du XIIe arrondissement, à la Mairie.

XIVe ARR.

Dispensaire Furtado-Heine, 8, rue Delbet.

Œuvre des tuberculeux adultes, 25, rue Guilleminot. — Distribue des bons de bains.

XVe ARR.

Dispensaire Maria Chauvière, 71, avenue Félix-Faure.

— de la Sté philanthropique, 4, rue J.-M. Jégo. — De 8 h. à 1c h. mat.

XVIIIe ARR.

Dispensaire pour enfants, 75, rue de Clignancourt. — Bains-douches grat. : de 8 h. à 9 h. et demie. Garçons : lund., merc., vend. Filles : mard., jeud., sam.

BANLIEUE

ASNIÈRES. — Dispens. municipal d'Asnières, 17, av. d'Argenteuil.

KREMLIN-BICÊTRE. — Dispensaire du Kremlin-Bicêtre, rue 'e Choisy-le-Roi. — Bains grat.

PANTIN. — Dispensaire municipal de Pantin, rue de l'Alliance.

Désinfection

Service municipal de désinfection. — La Ville de Paris est divisée ı4 zones, correspondant aux 4 stations de désinfection (Étuves).

6, rue des Récollets (Xe arr.).

21, rue de Chaligny (XIIe arr.).

73, rue du Château-des-Rentiers (XIIIe arr.).

1, rue de Stendhal (XXe arr.).

Le Service municipal se charge de la désinfection du domicile et de la désinfection des objets mobiliers, .literie, vêtements, etc.

La désinfection est grat., si le loyer est inférieur à 500 fr. Les frais sont établis proportionnellement à la valeur locative de l'ensemble des locaux d'habitation dont dépend la pièce occupée par le malade, et à raison de 1 fr. pour 100 de la valeur locative. Si la taxe à percevoir en vertu de ce tarif dépasse 30 fr. par pièce soumise à la désinfection, elle est réduite d'office à ce maximum, sans que la taxe totale puisse cependant dépasser 1 pour 100 du montant du loyer annuel.

S'adresser à la Préfecture de la Seine, à la Préfecture de police, aux mairies ou commissariats de police.

VIIIe ARR.

Œuvre philanthropique des lavoirs et du linge blanc, 97, boulevard Malesherbes. Fond. par M. Daubigny (1904). — A pour but de distribuer gratuitement des bons de lavoir, permettant aux ménagères nécessiteuses l'accès des lavoirs parisiens; de distribuer du linge blanc à celles de ces ménagères qui sont privées du linge indispensable.

Cette œuv. reçoit, en conséquence, avec reconnaissance le linge usagé, non troué, les vieux draps dont elle peut faire des torchons, essuie-mains, layettes, etc.

XIIIe ARR.

Dispensaire antituberculeux du XIIIe arrondissement, 182, rue du Château-des-Rentiers. — Désinfection à domicile.

XIVe ARR.

Œuvre des tuberculeux adultes, 25, rue Guilleminot. — Désinfection des logements. Buanderie mécanique grat. pour indigents du quartier.

XVIe ARR.

Œuvre sanitaire de désinfection de l'hospitalité du travail, 52, avenue de Versailles. — A organisé des étuves de désinfection pour la literie, les objets mobiliers, vêtements. Tarifs réduits.

CHAPITRE XXXIV

SOCIÉTÉS AMICALES

1° Associations amicales d'anciens et anciennes élèves des écoles laïques primaires.

Les Assoc. amicales d'anciens élèves d'écoles laïques primaires ont pour but : 1° de témoigner aux anciens maîtres les sentiments d'affection et de reconnaissance des anciens élèves; 2° de maintenir entre les sociétaires des relations amicales; 3° de donner aux jeunes sociétaires le patronage de leurs anciens et de leurs maîtres, et d'exercer sur eux une direction morale et intellectuelle; 4° de s occuper du placem. de leurs membres; 5° de venir en aide, dans la mesure possible, aux sociétaires nécessiteux. Souvent une mutualité est formée entre les membres. Les réunions ont lieu une fois par mois, généralement à l'École.

Les Assoc. amicales d'anciennes élèves d'écoles laïques primaires ont pour but d'élever les jeunes filles en vue de leur principal rôle, celui de mères de famille. Elles se réunissent au moins une fois le mois, soit le jeud., soit le dim., et généralement à l'École. En outre des conférences morales et instructives, les élèves sont occupées par le chant, la récitation, la danse, etc. Une bibliothèque est à leur disposition. La directrice de l'École s'occupe du placem. Souvent une mutualité est formée entre les membres.

Liste des Amicales des écoles primaires.

Ier ARR.

3, impasse des Bourdonnais. Garçons.

28, rue Cambon. G.

27, rue de la Sourdière. Filles.

35, rue des Bourdonnais. F.

15, rue de l'Arbre-Sec. F.

IIe ARR.

44, rue des Jeûneurs. G.

3, rue de la Jussienne. G.

20, rue Étienne-Marcel. G.

IIIe ARR.

54, rue de Turenne. G.

2, rue Ferdinand-Berthaud. G.

3, rue Béranger. G.

48, rue Sévigné. F.

10, rue des Quatre-Fils. École normale de la Seine. C.

IVe ARR.

34, rue St-Paul. G.
6, place des Vosges. G.
21, rue des Tournelles. G.
21, rue St-Louis-en-l'Isle. G.
21, rue St-Antoine. G. École des Francs-Bourgeois. Placem. 23, quai Voltaire.

Ve ARR.

30, rue St-Jacques. G.
33, rue Tournefort. G.
10, rue Rollin. G.
66, boulevard St-Marcel. G.
21, rue de Pontoise. G.

VIIe ARR.

1, rue Camou. G.
1, rue Camou. F.
10, av. de la Motte-Picquet. G.
4, rue Clerc. F.

VIIIe ARR.

10, rue Paul-Baudry. G.

IXe ARR.

9, rue Blanche. G.
16, rue de la Victoire. G.
35, rue Milton. G.
32, rue Briffault. F.

Xe ARR.

17, rue de Marseille. G.
36, rue Grange-aux-Belles. G.
32, faubourg St-Denis. F.
1, rue des Vinaigriers. F.

XIe ARR.

100, av. de la République. F.
95, av. de la République. G.
13, boul. Richard-Lenoir. F.
200, rue St-Maur. G.
109, avenue Parmentier. G.

XIIe ARR.

40, boulevard Diderot. G.
83, rue Michel-Bizot. G.
74, rue de Reuilly. G.
315, rue de Charenton. G.
65, rue du Rendez-vous. G.
5, impasse Jean-Bouton. F.
49, rue de Charenton. F.
52, rue de Wattignies. F.
16, r. de la Brèche-aux-Loups. F.

XIIIe ARR.

53, rue Baudricourt. G.
8, rue Daviel. F.
140, rue Broca. F.
123, rue de Patay. F.
38, rue Vandrezanne. F.
33, place Jeanne-d'Arc. F.
30, place Jeanne-d'Arc. G.
159, rue de Tolbiac. F.

XIVe ARR.

77, rue de la Tombe-Issoire. G.
93, rue de l'Ouest. G.
87, boulevard Arago. G.
7, rue Asseline. G.
132, rue d'Alésia. G.
6, rue Desprez. G.
8, rue Brodu. G.
93, rue d'Alésia. G.
4, rue Prisse-d'Avesne. G.
71, rue de l'Ouest. F.
80, boulevard Montparnasse. G.
1, rue Crocé-Spinelli. F.
77, rue de la Tombe-Issoire. F.
1, place de Montrouge. F.
4, rue Brodu. F.
24, rue Delambre. F.
25, rue de la Tombe-Issoire. F.
46, rue Boulard. G. L'une des plus anciennes (1889) et des plus nombreuses, a servi de type à toutes les autres. Cours de typographie, escrime, bibliothèque, conférences en langues étrangères, photographie. Visites aux musées et usines, promenades et voyages.

XVe ARR.

35, rue de l'Amiral-Roussin. G.
20, rue Falguière. G.

5, rue Corbon. G.
22, rue Dombasle. G.
10, rue St-Lambert. G.
13, rue des Volontaires. F.
5, rue Corbon. F.
33, rue de l'Amiral-Roussin. F.

XVIe ARR.

4, rue Decamps. G.
70, rue du Ranelagh. G.
21, rue Hamelin. G.
10, rue Molitor. G.

XVIIe ARR.

40, rue Balagny. G.
7, rue St-Ferdinand. G.
105, rue Lemercier. G.
16, rue des Batignolles. G.
18, rue Ampère. G.
14, passage Legendre. F.
43, rue des Moines. F.

XVIIIe ARR.

67, rue Damrémont. G.
1, rue Foyatier. G.
63, rue Clignancourt. G.
29, rue de Maistre. G.
1, rue de la Vieuville. G.
55, rue de la Chapelle. G.
11, rue Cavé. F.
10 *bis*, passage de l'Élysée-des-Beaux-Arts. F.
6, rue J.-Lépine. F.
43, rue des Poissonniers. F.
5, rue Flocon. F.

XIXe ARR.

105 *bis*, rue de l'Ourcq. G.
27, rue du Pré-St-Gervais. G.

XXe ARR.

26, rue Henri-Chevreau. G.
11, rue de Lesseps. G.
3, rue Vitruve. G.
293, rue des Pyrénées. G.
4, rue Olivier-Métra. G.
84, rue de la Mare. G.
40, rue des Pyrénées. F.

BANLIEUE

AUBERVILLIERS. — Rue Paul-Bert. F.

ASNIÈRES. — 46, rue Michelet. F.; 2, rue Edme-Périer. F.; 4, rue des Écoles. G.

BOULOGNE. — 28, rue de la Mairie. G.; 14, rue de Clamart. G.

BOURG-LA-REINE. — 9, rue Angot. F.

CLICHY. — 4, rue des Écoles. G.; 3, rue Gobert. G.; 2, rue des Écoles. F.; 21, rue d'Alsace. F.; 2 *bis*, rue Dagobert. F.

COLOMBES. — 4, rue de l'Aigle. G.; 42, rue de l'Aigle. F.; 325, rue de Nanterre. G.

COURBEVOIE. — 5, rue Rouget-de-l'Isle. G.; 5, rue Rouget-de-l'Isle. F.; 4, rue de l'Hôtel-de-Ville. F.

LA COURNEUVE. — Aux écoles. G. et F.

CHOISY-LE-ROI. — 30 *bis*, rue de Vitry. G.; 25 avenue Victor-Hugo. F.

CRÉTEIL. — A l'école. G.

DRANCY. — A l'école. G.

ÉPINAY. — 2, r. Quintigny. F.

ISSY. — 66, rue Ernest-Renan. G. Placem., 23, quai Voltaire. A la Mairie. G.

FRESNES. — A la Mairie. G.

L'HAY. — A l'École. G.

LEVALLOIS-PERRET. — 69, rue des Arts. G.; 8, rue Rivay. G.; 1, rue Marjolin. G.

MONTREUIL. — École Berthelot. G.: 32, r. Arsène-Chereau. G.

NANTERRE. — 11, boulebard du Midi. G.

NOGENT. — 64, Gde-Rue. G.

PANTIN. — A l'École. F.

PAVILLONS-SOUS-BOIS. — École Jean-Macé. G.

PETIT-IVRY. — 64, rue de Paris. G.

PUTEAUX. — 74, rue de la République. G.

ROMAINVILLE.— A l'école. G.

SAINT-DENIS. — 8, rue Corbillon. G.

SAINT-MANDÉ. — 3, rue Paul-Bert. G.

SAINT-MAUR. — Square des Tilleuls. G. ; A la Mairie. F. ; 6, place des Écoles. G.

SURESNES. — 14, rue Jules-Ferry. G.

VINCENNES. — 5, rue de la Liberté. G. ; 1, rue de l'Égalité. G.

VITRY. — 16, rue Eugène-Pelletan. G. ; 22, rue Ch.-Fourrier. G. ; à la Mairie. F.

2° Associations amicales d'anciens et anciennes élèves de l'enseignement supérieur et secondaire, officiel et libre

Elles ont pour but de donner un aide mutuel et des secours en cas d'infortune ; quelques-unes s'occupent de placem. pour leurs adhérents.

Association amicale des anciens élèves de l'École municipale Turgot. *E. Secondaire*, 69, rue Turbigo.

— — **des anciens élèves de l'École Richelieu.** *E. Secondaire*, 15, rue Marsolier.

IIIe ARR.

— — **des anciens élèves de l'École Centrale des arts et manufactures.** *E. Supérieur*, 1, rue Montgolfier (1862). — Siège à l'École centrale. Bureau, 4, rue Blanche. Recon. ut. pub.

— — **des anciennes élèves du Lycée Victor-Hugo.** *E. Secondaire.* (Jeunes filles), au lycée, 27, rue Sévigné.

IVe ARR.

— — **des anciens élèves du lycée Charlemagne.** *E. Secondaire*, au lycée, 101, rue St-Antoine (1878). — Recon. ut. pub. Prêts, bourses.

— — **des anciens élèves de l'École Massillon.** *E. Secondaire*, 2 *bis*, quai des Célestins. — Placem., 23, quai Voltaire.

— — **des anciens élèves du Collège de Melun**, 19, rue Beautreillis (1883).

V^e ARR.

— — **des anciens élèves de l'École polytechnique.** *E. Supérieur*, 21, rue Descartes, à l'École (1865). — Recon. ut. pub.

— — **des anciens élèves de l'École normale supérieure.** *E. Supérieur*, 45, rue d'Ulm, à l'école (1846). — Recon. ut. pub.

— — **des anciens élèves de l'École nationale des Mines de Paris.** *E. Supérieur*, 60, boulevard St-Michel. — Recon. ut. pub.

Association amicale des anciens élèves de l'École des Chartes. *E. Supérieur*, 19, rue de la Sorbonne. — Recon. ut. pub.

— — **des anciens élèves de l'Institut national agronomique.** *E. Supérieur*, 16, rue Claude-Bernard. — Recon. ut. pub.

— — **des anciens élèves du lycée Louis-le-Grand.** *E. Secondaire*, boulevard St-Michel.

— — **des anciens élèves du lycée Henri-IV.** *E. Secondaire*, 23, rue Clovis.

— — **des anciens Barbistes.** *E. Secondaire*, au collège Ste-Barbe, place du Panthéon (1820). — Recon. ut. pub. Secours aux veuves et aux orphelins. Bourses.

— — **des anciens élèves de l'École Sainte-Geneviève.** *E. Secondaire*, 18, rue Lhomond.

VIe ARR.

— — **des anciens élèves de l'École de physique et de chimie industrielle de la Ville de Paris.** *E. Supérieur*, 28, rue Serpente. — Recon. ut. pub.

— — **des anciens élèves de l'Institut de chimie appliquée.** *E. Supérieur*, 3, rue Michelet.

— — **des anciens élèves de l'École polytechnique du notariat.** *E. Supérieur*, 28, rue Serpente.

— — **des anciens élèves des arts décoratifs.** *E. Supérieur*, 76, rue de Rennes.

— — **des anciens élèves de l'Institut catholique de Paris.** *E. Supérieur*, 74, rue de Vaugirard. Placem., 23, quai Voltaire.

— — **des anciens élèves du collège Stanislas.** *E. Secondaire*, 22, rue Notre-Dame-des-Champs (1875). — Recon. ut. pub. Placem., 23, quai Voltaire.

— — **des anciens élèves du lycée Saint-Louis.** *E. Secondaire*, au lycée, 44, boulevard Saint-Michel (1837). — Recon. ut. pub.

— — **des anciennes élèves du lycée Fénelon.** *E. Secondaire*, 8, rue de l'Éperon.

— — **des anciens élèves de l'École Bossuet.** *E. Secondaire*, 51, rue de Madame.

VIIe ARR.

Union française des Associations des anciennes élèves des lycées et collèges de jeunes filles. Siège, 23, quai d'Orsay. — 72 adhérentes en France, dont 4 dans la Seine : lycées Lamartine, Racine, Molière et Victor-Hugo.

Association amicale des ingénieurs des ponts et chaussées. *E. Supérieur*, 28, rue des Saints-Pères. — Recon. ut. pub.

— — **des anciens élèves du Prytanée militaire de la Flèche.** *E. Secondaire*, 185, rue de Grenelle.

— — **de Sainte-Clotilde**, 121, rue de Grenelle.

Office amical de placement des anciens élèves de l'enseignement libre. *E. Secondaire,* 23, quai Voltaire.

VIIIe ARR.

Association amicale des anciens élèves de l'École des hautes études commerciales. *E. Supérieur,* 108, boulevard Malesherbes.

— — **des anciennes élèves du lycée Racine** *E. Secondaire* (jeunes filles), au lycée, 26, rue du Rocher.

— — **des anciens élèves du collège de Juilly.** *E. Secondaire,* 368, rue St-Honoré. — Placem., 23, quai Voltaire.

— — **des anciens élèves du collège Chaptal.** *E. Secondaire,* 45, boulevard des Batignolles, au collège.

— — **des anciens élèves de l'École Saint-Ignace.** *E. Secondaire,* 7, rue de Madrid. — Placem., 23, quai Voltaire.

— — **des anciens élèves de l'Institution Sainte-Marie.** *E. Secondaire,* 32, rue de Monceau.

Comité permanent des Unions régionales des Associations amicales des anciens élèves de l'enseignement libre catholique, 368, rue St-Honoré (1905). — 14 unions comprenant 275 associations, dont 35 de Paris en 1911.

Permanence les mard., jeud., sam., de 1 h. à 4 h.

IXe ARR.

Société amicale des anciens élèves des Écoles nationales d'arts et métiers. *E. Supérieur,* 6, rue Chauchat.

Union des Associations amicales des anciens élèves des Écoles supérieures du commerce reconnues par l'État. *E. Supérieur,* 15, rue Auber.

Association amicale des anciens élèves de Sainte-Barbe-Rollin. *E. Secondaire,* 12, avenue Friedland.

— — **des anciens élèves du lycée Condorcet.** *E. Secondaire,* 65, rue Caumartin.

— — **des anciens élèves de l'École Turgot.** *E. Secondaire,* à l'École.

— — **des anciennes élèves du lycée Lamartine** (jeunes filles), au lycée, 121, faubourg Poissonnière.

— — **de l'École Zadoc-Kahn,** 54, rue La Bruyère.

— — **de l'Orphelinat Rothschild,** 17, rue St-Georges.

X^e ARR.

— — **du personnel enseignant des écoles primaires supérieures de Paris.** *E. Supérieur,* 72, faubourg St-Martin.

XIe ARR.

— — **des anciens élèves de l'École supérieure de commerce.** *E. Supérieur,* 79, boulevard de la République.

— — **des anciennes élèves des cours secondaires des XIe et XXe arrondissements,** 1, rue Spinosa.

Groupement parisien des anciens élèves du pensionnat Saint-Euverte. *E. Secondaire*, 28, rue Morand. — Sté philant.

XIIe ARR.

Association parisienne des anciens élèves du Lycée de Nantes (Loire-Inférieure), 9 *bis*, rue Michel Chasles.

XVIe ARR.

Association amicale des anciens élèves du Conservatoire national de musique et de déclamation. *E. Supérieur*, 27 *bis*, rue Diderot.

— — **des anciens élèves peintres de l'École des beaux-arts.** *E. Supérieur*, 35, rue Gros.

— — **Albert-le-Grand d'Arcueil et Lacordaire.** *E. Secondaire*, 35, rue St-Didier (1864).

Union des anciens élèves des lycées et collèges français. *E. Secondaire*, 1, avenue Ingres.

Association amicale des anciens élèves de l'École d'Auteuil. *E. Secondaire*, 76, boulevard Montmorency.

— — **des anciens élèves de l'École Fénelon.** *E. Secondaire*, 29, rue de la Pompe.

— — **des anciens élèves du Lycée Janson-de-Sailly** *E. Secondaire*, 106, rue de la Pompe.

— — **des anciens élèves de l'École Saint-Louis-de-Gonzague.** *E. Secondaire*, 10, rue Franklin.

— — **des anciens élèves des Frères de Passy.** *E. Secondaire*, 46, avenue Henri-Martin. — Placement, 23, quai Voltaire.

— — **des anciennes élèves du lycée Molière** (jeunes filles), 71, rue du Ranelagh. — A une filiale, la *Sté de bienf. du lycée Molière*, qui s'occupe de certaines familles pauvres, et envoie les enfants en colonies de vacances.

XVIIe ARR.

— — **des anciennes élèves de l'École supérieure des institutrices de la Seine.** *E. Supérieur*, 55, boulevard des Batignolles.

— — **des anciennes élèves des maisons d'éducation de la Légion d'honneur.** *E. Secondaire*, 14, rue Laugier. — Recon. ut. pub. Assist. par le travail des anciennes élèves, travaux de lingerie, broderie, tapisserie à faire à domicile. Permanence les merc., vend. et sam., de 1 h. à 6 h.

XVIIIe ARR.

Société des anciens élèves ingénieurs de l'École supérieure aéronautique. *E. Supérieur*, 92, rue de Clignancourt.

XIXe ARR.

— **des Écoles Halphen et Lucien de Hirsch**, 70, rue Secrétan (anciens et anciennes élèves).

BANLIEUE

CONFLANS-CHARENTON. — **Association amicale des anciens élèves de Notre-Dame-des-Champs.**

Association amicale des anciens élèves de St-Nicolas-du-Chardonnet.

— — **des anciens élèves du collège de Vaugirard.** *E. Secondaire.* Ces différents collèges sont aujourd'hui groupés à l'Institution du Sacré-Cœur, av. de la Liberté. — Placem., 23, quai Voltaire.

GRIGNON. — **Association amicale des anciens élèves de l'École d'agriculture.** *E. Supérieur*, à Grignon (Seine-et-Oise).

NEUILLY-SUR-SEINE. — **Association amicale des anciens élèves de Sainte-Croix de Neuilly**, 28 et 30, avenue du Roule. — Placem., 23, quai Voltaire.

SAINT-CYR. — **Association amicale des anciens élèves de l'École spéciale militaire.** *E. Supérieur*, à St-Cyr (Seine-et-Oise).

VANVES. — **Association amicale des anciens élèves du lycée Michelet.** *E. Secondaire*, au lycée, 2, rue Julien (1877).

3° Amicales diverses

Cette nomenclature est forcément incomplète, car nous n'avons pas cru devoir y comprendre, d'une part les mutualités, d'autre part les Stés n'ayant pour but que des réunions récréatives.

Ier ARR.

Cercle amical des fonctionnaires de France et des colonies, 12, rue Montpensier (1908). — Indemnités de maladie et d'accident. Secours aux veuves, orphelins et ascendants. Placem., bourses, tarifs réduits dans les établ. sanitaires, villes d'eaux, etc. Siège des Assoc. de fonctionnaires ci-après :

Union des associations professionnelles de l'État, des départements et des communes.

Association amicale des inspecteurs d'académie.

Association des receveurs et receveuses des P. T. T. de France et des colonies.

Association générale des percepteurs.

Association amicale des employés de perception.

Union amicale des receveurs spéciaux de France.

Association des receveurs municipaux de la Seine.

Association des secrétaires de mairie de la Seine.

Société des sous-ingénieurs et conducteurs des ponts et chaussées.

Société amicale des commissaires de surveillance administrative des chemins de fer, etc.

Association amicale des contrôleurs et employés de chemins de fer, 10, rue des Moulins.

Société amicale des commissaires de police, à la Préfecture de police.

Association amicale des commis expéditionnaires de l'administration centrale du Ministère des Finances, 6, rue Marengo.

— — **des employés de l'enregistrement et du timbre,** 42, rue du Louvre.

La Fraternelle. Société amicale des employés des deux sexes des hôtels, 1, rue Montesquieu. — Placem.

Fédération des amicales des Écoles nationales d'agriculture, 5, avenue de l'Opéra.

IIe ARR.

La Mignonne. Amicale des sténographes et dactylographes, 3, rue de la Bourse. — Placem.

Société fraternelle des postes, 12, rue Mandar.

Association amicale des jeunes gens de Bonne-Nouvelle, 1, rue de Damiette.

Société des amis des employés du Crédit lyonnais, 19, boulevard des Italiens. — Cette Sté organise des colonies de vacances au profit des enfants des employés des deux sexes du Crédit lyonnais.

IIIe ARR.

Association amicale professionnelle des comptables de la Seine, 79, rue des Archives. — Admission jusqu'à l'âge de 40 ans seulement. Placem.

IVe ARR.

Association amicale des fonctionnaires et employés des P. T. T., 2, rue Charles-V.

— — **des employés et agents des pompes funèbres de Paris,** 7, place de l'Hôtel-de-Ville.

— — **des piqueurs et aides géomètres des travaux de Paris,** 27, rue Dauphine.

— — **des commis de la Préfecture de la Seine,** 7, place de l'Hôtel-de-Ville.

— — **des étudiants en pharmacie,** 85, boulevard St-Michel.

VIe ARR.

Association amicale des manufactures de l'État, 53, rue Monsieur-le-Prince.

— — **des inspecteurs des postes et télégraphes,** 93, boulevard Montparnasse.

— — **des administrateurs et commissaires des bureaux de bienfaisance de Paris,** Mairie du VIe arr.

— — **des élèves et anciens élèves de l'Association polytechnique,** 28, rue Serpente (1885).

— — **des élèves et anciens élèves de l'Union française de la Jeunesse,** 28, rue Serpente. — Filles.

Association amicale des trésoriers généraux et receveurs des finances, 28, rue Serpente.

VIIe ARR.

Association amicale du personnel du Ministère des Affaires étrangères, 3, quai d'Orsay. — Recon. ut. pub.

Société de Saint-Jean, 12, rue d'Assas. — Réunion d'artistes peintres, sculpteurs, architectes, etc., catholiques.

Association fraternelle des dames employées à la Caisse d'épargne postale, 8, rue St-Romain (1890). — Cotisation mensuelle de 0 fr. 50. L'Assoc. concourt aux frais funéraires ; elle alloue une indemnité de 60 fr. au décès des père, mère, mari ou enfant d'un sociétaire ; de 30 fr. à la naissance d'un enfant ; de 1 fr. par j. de maladie après le 61e j. ; 1 fr. par j. à partir du 11e j. de maladie, disponibilité ou autre cause entraînant la mise à demi-solde.

IXe ARR.

Société des ingénieurs civils, 19, rue Blanche.

Association amicale des agents secondaires du Ministère de la Justice, 36, rue de Calais.

— — **des inspecteurs de la Compagnie du gaz,** 14, rue Bellefond.

— — **des journalistes parisiens,** 14, rue Grange-Batelière (1885). — Recon. ut. pub. Pensions et secours aux journalistes malheureux.

X^e ARR.

Association amicale des anciens prisonniers de guerre de France, 178, faubourg St-Denis.

— — **des internes et anciens internes des hôpitaux et hospices civils de Paris,** à la Bourse du travail, 3, rue du Château-d'Eau.

La Gadzarienne, Association mutuelle et de prévoyance des anciens élèves des Écoles nationales d'arts et métiers, 48, rue de Lancry.

Association amicale des médecins français, pour l'indemnité en cas de maladie, 23, rue de Dunkerque.

XIVe ARR.

Association de charité des étudiants de la Faculté de théologie protestante de Paris, 83, boulevard Arago (1880). — Visites et secours aux pauvres.

Association ouvrière familiale du Moulin-Vert, 69 et 88, rue du Moulin-Vert. — Se propose d'établir des liens d'amitié mutuelle et une solidarité étroite d'intérêts journaliers entre les familles ouvrières du XIVe arr. Dans ce but, a organisé des soirées familiales, une bibliothèque de prêt grat., des cours professionnels et d'agrément, un jardin d'enfants, un magasin coopératif, un économat populaire, des services de mutualité, des colonies de vacances.

XVe ARR.

Association amicale des agents techniques des manufactures de l'État, 19, rue de Lourmel.

XVe ARR.

Union amicale des commis d'administration de la guerre, 18, rue Croix-Nivert.

— — **des expéditionnaires des postes et télégraphes**, 2, boulevard de Vaugirard.

XVIe ARR.

Société amicale des allumeurs de gaz, Mairie du XVIe arr.

— **de secours des gardiens des promenades**, Mairie du XVIe arr.

XVIIe ARR.

Association amicale des membres de la Loi sacrée, 76, rue de Prony (1909). — N'admet que les membres de la Sté de secours mutuels « La Loi sacrée ». A pour but de créer et entretenir des relations amicales entre les sociétaires, venir en aide à ceux qui ont besoin d'assistance, procurer des distractions honnêtes et placer les membres, prendre sous sa tutelle les enfants des sociétaires.

XVIIIe ARR.

— — **des inspecteurs et inspectrices du travail**, 68, avenue de St-Ouen.

BANLIEUE

LA COURNEUVE. — **Ligue d'instituteurs chargés de famille**, 8, avenue Michelet.

NOGENT-SUR-MARNE. — **Association amicale philanthropique de l'horticulture et professions s'y rattachant dans le rayon est de Paris**, 160, Grande-Rue.

SAINT-OUEN. — **Association de l'école Sainte-Anne**, 43, rue St-Denis.

CHAPITRE XXXV

SOCIÉTÉS DE SECOURS MUTUELS

*Les Stés de secours mutuels ont un double caractère : par le but humanitaire qu'elles se proposent, et surtout par le concours de leurs membres honoraires, associés à leurs charges sans bénéficier de leur assistance, elles sont des Œuvres ; par le contrat contre le risque de maladie ou de vieillesse qu'elles passent avec leurs membres participants, elles sont surtout des Assurances. Elles accordent, en effet, moyennant une cotisation mensuelle de 2 fr. pour la plupart : soins médicaux, pharmacie, indemnité de maladie et de conval., frais funéraires, secours aux ascendants, veufs, veuves, enfants de sociétaires décédés ; beaucoup ont des services de pensions de retraite et d'assurances. Elles peuvent, en outre, créer au profit de leurs sociétaires des cours professionnels, bureaux de placem. grat. etc. La doyenne des Stés de secours mutuels est celle de Ste-Anne, fondée en 1674, et dont le siège actuel est à la Mairie du IV*e *arr.*

Toutes les Stés de secours mutuels sont aujourd'hui dans les attributions du Ministère du Travail et de la Prévoyance sociale, qui répartit des subventions entre les Stés recon. d'ut. pub. et les Stés approuvées.

*D'après les derniers rapports officiels, il existait à Paris et dans le département de la Seine, le 1*er *juillet 1908 :*

18	*Stés de secours mutuels recon. ut. pub.*	
1 139	—	*approuvées.*
668	—	*libres.*
1 825	—	*au total.*

Nous mentionnons par exception les Stés suivantes, qui accordent à leurs adhérents certains secours exceptionnels, sans que l'on puisse les qualifier de secours de droit :

Association des artistes dramatiques, 42, rue de Bondy. Fond. par le baron Taylor (1840). — Recon. ut pub.

— **des artistes musiciens**, 9, rue de Trévise. Fond. par le baron Taylor (1843). — Recon. ut. pub.

Association des artistes peintres, sculpteurs, architectes, graveurs et dessinateurs, 25, rue Bergère. Fond. par le baron Taylor (1844). Recon. ut. pub.

— **des inventeurs et artistes industriels**, 25, rue Bergère. Fond. par le baron Taylor (1849). — Recon. ut. pub.

— **des membres de l'enseignement**, 14, rue J.-J.-Rousseau. Fond. par le baron Taylor (1858). — Recon. ut. pub.

CHAPITRE XXXVI

DISTRIBUTIONS D'ALIMENTS GRATUITS OU A BON MARCHÉ

Fourneaux. — Soupes populaires Restaurants et Réchauds

En tête de ce chapitre, nous décrivons quelques œuv. générales, qui font des distrib. d'aliments ou qui ont des succursales dans plusieurs arr. On trouvera plus loin les autres œuv. énumérées aux arr. dans lesquels elles sont situées.

Nous ne parlons pas ici des cantines scolaires. (Voir Secours divers aux enfants), ni des œuv. d'allaitement maternel. (Voir Maternité.)

Nous ne mentionnerons pas davantage les Maisons de famille et les Bonnes Gardes qui, exceptionnellement et par recommandation spéciale, reçoivent parfois des externes. (Voir Maisons de famille. Bonnes Gardes. Préservation.)

Œuvres générales d'alimentation.

Le Foyer de l'ouvrière, 60, rue d'Aboukir (1893). — Fond. par quelques dames protestantes, dans le but d'offrir aux jeunes ouvrières quelques-uns des avantages matériels et moraux dont elles sont privées par leur éloignement de leurs familles, principalement aux heures des repas. Le « Foyer de l'ouvrière » a ouvert plusieurs restaurants, où les femmes ou jeunes filles d'une conduite irréprochable sont admises, sans distinction de culte ni de nationalité. Elles y trouvent une nourriture saine à des prix modiques.

Enfin le Foyer met un certain nombre de chambres meublées à la disposition des jeunes ouvrières isolées dans Paris. Voir *Préservation*.

Les restaurants du Foyer de l'ouvrière sont situés :

IIe arr. 60, rue d'Aboukir.
— 102, rue de Richelieu.
IXe — 12, rue de la Victoire.
Xe — 69, faubourg St-Denis.
XIe — 102, rue de Charonne.

Œuvre de la Mie de pain, 54, rue Bobillot. Voir au *XIIIe arr.*

Œuvre du Pain pour tous, 4, rue Eugène-Carrière. Voir au *XVIIIe arr.*

Œuvre de la Bouchée de pain, siège social, 13, rue des Filles-du-Calvaire. Fond. par M. Boureiff (1884). — Recon. ut. pub. Ouvert tous les j., de 10 h. à 5 h., sauf le dim. Direction laïque. A pour but de venir en aide aux malheureux en leur distribuant des soupes, du pain, du café à consommer immédiatement et sur place.

Ces distrib. se font à tous les affamés qui se présentent, de novembre à avril, dans les 5 réfectoires suivants :
IIIe arr. Place de la République.
XIe — Boulevard de Ménilmontant.
XIIe — 26, rue Rottembourg.
XIIIe — Place de la Salpêtrière.
XVe — Rue de Périchaux.

Fourneaux économiques en rapport avec la Société de Saint-Vincent-de-Paul, Siège, 6, rue de Furstenberg (1848). — Les premiers Fourneaux de la Sté de St. V. de P. ont été ouverts en 1848, dans le but de fournir aux pauvres des aliments de bonne qualité et à bon marché. On en compte aujourd'hui 25. Chaque Fourneau s'administre lui-même sous la direction d'un membre des Conférences de St. V. de P.

Les bons sont valables dans tous les Fourneaux en rapport avec la Sté, ainsi que dans ceux de la Sté philanthropique. Ils donnent droit à des portions d'aliments chauds, représentant la valeur de 0 fr. 10 en pain, bouillon, viande ou légumes, que les indigents peuvent consommer sur place ou emporter à domicile, sauf indication contraire. On peut également acheter dans chacun des Fourneaux des portions au prix de 0 fr. 10 et des soupes au prix de 0 fr. 05.

La plupart des Fourneaux ne fonctionnent que du 15 novembre au 30 avril ; quelques-uns restent ouverts toute l'année. Voir *ci-dessous dans chaque arr.*

On trouve à acheter des bons de Fourneaux au secrétariat de la Sté, 6, rue de Furstenberg, et dans les Fourneaux. Voir la *liste des Fourneaux aux arr.*

Fourneaux de la Société philanthropique, Siège, 15, rue de Bellechasse (1800). — La Sté philanthropique a établi les premiers Fournaux qui aient existé en France en 1800. Elle en possède actuellement 27. La surveillance de chacun d'eux est confiée à un des membres de son Conseil.

Les bons sont valables dans tous les Fourneaux de la Sté, ainsi que dans ceux de la Sté de St. V. de P. Ils donnent droit à une ration de pain, viande, soupe, légume, chocolat, ou à une provision de chauffage. On peut également, sans avoir de bons, acheter une portion moyennant 0 fr. 10 ou une soupe moyennant 0 fr. 05.

Les Fourneaux sont ouverts en général du 15 novembre au 30 avril ; quelques-uns fonctionnent pendant toute l'année.

Les bons de la Sté philanthropique s'achètent au siège social, 15, rue de Bellechasse, dans chacun des Fourneaux et dans les Bureaux de tabac. Voir *la liste des Fourneaux aux arr.*

Secours alimentaires des Bureaux de bienfaisance. — Pendant la saison rigoureuse, les Bur. de bienf. distribuent des bons de Fourneaux, dont ils remboursent le prix à la Sté philanthropique, ainsi que des bons de pain, dont les uns sont payés par les revenus de la Fondation Bréon-Guérard, et les autres sont fournis par la Sté des Grands Moulins de Corbeil.

Sœurs de Saint-Vincent-de-Paul. — Les Sœurs entretiennent ou desservent la plupart des Fourneaux de la Sté philanthropique et de la Sté de St. V. de P. Elles avaient un assez grand nombre de Fourneaux paroissiaux ou particuliers, qui, presque tous, ont été fermés dans ces dernières années. On trouvera l'énumération de ceux qui ont subsisté ci-dessous.

Soupes des casernes. — A la porte des casernes, on distribue chaque jour aux indigents des aliments provenant de la desserte.

Soupes des hôpitaux. — L'Assist. pub. fait distribuer dans les principaux hôp., par le personnel, des aliments chauds, habituellement à tous les indigents qui se présentent. Voir *ci-dessous les heures et les dates de ces distributions.*

Liste des œuvres d'alimentation.

Ier ARR.

Cantine familiale des postes de la Recette principale des postes, rue J.-J.-Rousseau. Fond. par la direction des Postes (1904). — Réservée aux employés (hommes) de la Recette principale, moyennant un droit d'entrée de 1 fr. Ouverte de 4 h. du mat. à 6 h. du s. Collations froides, boissons. Les bénéfices sont affectés à diverses œuv. : secours aux veuves et aux orphelins des employés.

Le Foyer de la jeune fille, 8, rue du Bouloi (1904). — Accueille toutes les jeunes filles de bonne tenue pour le déjeuner, de 11 h. et demie à 1 h. Salles de lecture et de travail. Prix fixe : 0 fr. 90, vin compris. Prière de se faire inscrire la veille.

Le Réchaud de midi, 338, rue St-Honoré. Fond. par Mme Brunschwig (1901). — Direction laïque. Reçoit sans distinction toutes les ouvrières qui, moyennant 0 fr. 10, trouvent dans deux salles tables, couverts et réchaud à gaz pour faire chauffer les aliments qu'elles apportent. Moyennant 0 fr. 10, elles peuvent se faire servir une portion de légumes chauds. Bibliothèque. Ouvert de 11 h. à 1 h.

Le Réchaud de midi, 8, rue des Moulins (1910). — Même œuv. et mêmes conditions que le Réchaud précédent.

Réchaud des Syndicats féminins, 3, impasse Gomboust (1908). — Moyennant 0 fr. 05 les ouvrières syndiquées, et 0 fr. 10 les ouvrières non syndiquées, trouvent le couvert et le réchaud à gaz pour faire chauffer les aliments qu'elles apportent. Elles peuvent laisser leur matériel dans des cases numérotées, mises gratuitement à leur disposition. Ouvert de 11 h. à 1 h.

Restaurant de dames seules, 17, rue Croix-des-Petits-Champs. — Entreprise particulière. Ce restaurant est celui de la maison de famille ; il reçoit des externes sur références. Ouvert de 11 h. à 1 h. et de 6 h. et demie à 7 h. et demie. Déjeuner : 0 fr. 90, café compris ; dîner : 0 fr. 80.

Restaurant de dames seules, 47, rue de Richelieu. Fond. par le R. P. Dulac (1893). — Direction laïque. Offre à toutes les femmes isolées de bonne tenue des repas à bon marché. Ouvert de 11 h. à 1 h. et de 6 h. à 8 h. Moyenne du repas : 0 fr. 70. Bibliothèque. Maison de famille.

Restaurant de dames seules, British and American young Women's Christian Association, 44, rue Cambon. — Direction laïque. Déjeuner : 1 fr. ; dîner : 0 fr. 60, pour les associées. Déjeuner : 1 fr. 50 ; dîner : 1 fr. pour les non associées. Voir *Œuvres étrangères.*

Restaurant Stanislas, pour jeunes employées et ouvrières, 145, galerie de Valois, 23, rue de Valois, 1er étage. Fond. par M. l'abbé de Maistre (1910). — Œuv. cath. Reçoit toutes les jeunes filles et femmes seules de bonne tenue qui se présentent (600 par jour). Ouvert de 11 h. à 1 h. et demie et de 7 h. à 8 h. Repas à partir de 0 fr. 65. Prix moyen : 0 fr. 85. Très confortable.

Restaurant de midi, 25, rue de la Sourdière (1911). — Dirigé par les Sœurs de St. V. de P., qui reçoivent au déjeuner de midi les jeunes filles munies de références. Prix fixe : 0 fr. 85.

IIe ARR.

L'Avenir, Restaurant coopératif, 70, rue de Cléry. Fond. par *le Sillon* (1905). — La Sté des restaurants coopératifs, dont les bénéfices sont attribués aux œuv. populaires, a ouvert à tous venants, hommes et femmes, ce restaurant. Déjeuner seulement, de 10 h. et demie à 1 h. et demie. Prix moyen : 1 fr. 10.

Le Foyer de l'ouvrière. 1er Restaurant, 60, rue d'Aboukir. — Reçoit toutes les ouvrières de bonne tenue. Ouvert de 11 h. à 2 h. Pas de dîner. Prix moyen : 0 fr. 65. 2e **Restaurant,** 102, rue Richelieu. — Ouvert de 11 h. à 1 h. et demie et de 7 h. et demie à 8 h. les s. Prix moyen : 0 fr. 65.

Réchaud-Déjeuner, 135, boulevard Sébastopol. Fond. sous le patronage de l'Union populaire cath. (1908). — Direction cath. Ouvert de midi à 1 h. un quart. Moyennant 0 fr. 10, les jeunes filles trouvent dans une salle mise à leur disposition : vaisselle, eau filtrée et gaz pour faire chauffer les aliments qu'elles apportent. Location, 0 fr. 10 par semaine, de cases numérotées, où elles peuvent laisser leur matériel. Bibliothèque.

Restaurant du Cercle du travail féminin, 35, boulevard des Capucines. — Offre aux membres du Cercle exclusivement une table de famille. Déjeuner, 11 h. à 1 h. et demie ; dîner, 7 h. à 8 h. Prix moyen du repas : 0 fr. 95.

Restaurant de dames seules, 5, rue d'Aboukir. Fond. par M. le curé de Notre-Dame-des-Victoires (1910). — Direction laïque. Admet toutes les femmes de bonne tenue. Déjeuner, de 11 h. à 1 h. ; dîner, de 7 h. à 8 h. Prix moyen : 0 fr. 65.

Restaurant de la maison de famille des Petits-Carreaux, 11, rue des Petits-Carreaux (1892). — Œuv. cath. Restaurant établi en faveur des jeunes gens pensionnaires de la maison de famille ; ouvert à tous es jeunes gens munis de références. Déjeuner de 11 h. à 1 h. et demie ; dîner de 7 h. à 8 h. et demie. Prix fixe, à l'abonnement mensuel : 1 fr. 10 par repas ; au repas : 1 fr. 20.

IIIe ARR.

Fourneau de la Société de Saint-Vincent-de-Paul, 9, rue de Saintonge. — Desservi par les Sœurs de St-Charles. Ouvert toute l'année, de 8 h. du mat. à 2 h. s.

Œuvre de la Marmite des pauvres, 22, rue Montgolfier (1801). — Desservie par les Sœurs de St. V. de P. Distribue, à 7 h. et demie, deux fois par semaine, grat. pendant 7 mois, du bouillon et de la viande à une soixantaine de familles du quartier.

Œuvre de la Bouchée de pain, 13, rue des Filles-du-Calvaire (voir plus haut). Réfectoire volant, place de la République, mard., merc., sam., à 9 h., du 6 novembre au 15 mars. L'un des cinq réfectoires établis par l'œuv.

Soupe populaire du IIIe arrondissement, 62, rue Réaumur (1903). — Ouverte du 15 novembre au 15 mars. Direction laïque. Distribue des soupes chaudes le mat. de 7 h. à 8 h. à tout venant, le s. de 5 h. à 6 h., aux personnes domiciliées dans l'arr., inscrites sur leur demande et après enquête.

Le Foyer de la jeune fille, 19, rue Béranger. — Restaurant-annexe de la Maison de famille, ouvert aux jeunes filles externes pour le déjeuner seulement, de 11 h. à 1 h. Minimum de dépense par repas : 0 fr. 65.

Repas de Midinettes, 22, rue Montgolfier. — Déjeuner pour jeunes ouvrières, à 0 fr. 80.

Restaurant de l'Union parisienne des institutions féminines chrétiennes, 12, rue du Parc-Royal. Restaurant du *Cercle Amicitia;* invite les jeunes filles isolées à y venir prendre leurs repas. Déjeuner, 11 h. et demie à 1 h. ; dîner, 7 h. à 8 h. Prix moyen : 0 fr. 85.

IVe ARR.

Fourneau économique, 22, rue Ferdinand-Duval. Fond. par le Comité de bienf. israélite (1860). — Distrib., contre remise de bons ou moyennant 0 fr. 10, de portions d'aliments chauds. Ouvert de 11 h. à 1 h., et de 6 h. à 8 h. le soir. Les bons émis par le Comité israélite sont vendus par les boulangers voisins des Fourneaux.

Fourneaux de la Société de Saint-Vincent-de-Paul. — 1° Fourneau, 4, rue Brise-Miche, et 8, rue du Cloître-St-Merry. — Desservi par les Sœurs de St. V. de P. Ouvert toute l'année, tous les j. de 8 h. à 1 h. ; 2° Fourneau, 30, rue Geoffroy-Lasnier. — Desservi par les Sœurs de St. V. de P. Ouvert du 1er octobre au 31 juillet, de 9 h. à midi. Le secours immédiat grat. (repas complet) est toujours donné aux indigents qui, ayant faim, n'ont pas de bons à donner.

Fourneau de la Société philanthropique, 5 *bis*, rue Poulletier. — Desservi par les Sœurs de St. V. de P. Ouvert du 1er novembre au 1er mai, tous les j. de 8 h. à midi, sauf le dim.

Soupes distribuées à l'Hôtel-Dieu, place du Parvis. — Distrib. de soupes à tout venant, grat., à consommer sur place, du 15 novembre au 31 mars, tous les mat. à 6 h.

Soupes populaires du IVe arrondissement, à la Mairie (1894). — Direction laïque. Distrib. de soupes grat. à consommer sur place, au *Marché de l'Ave Maria,* du 1er novembre au 15 mars, tous les mat. de 7 h. à 8 h. Le dim., soupe et bœuf.

Le Foyer de la jeune fille, 39, rue de Turenne. Annexe de la Maison de famille, ouvert aux jeunes filles externes pour le déjeuner seulement, de 11 h. à 1 h. Minimum de dépenses : 0 fr. 65.

Le Foyer de l'ouvrier, 50, rue des Tournelles (1910). — Ouvert aux hommes de tout âge qui se présentent pour le déjeuner seulement. Prix moyen : 0 fr. 80.

Maison de famille des Francs-Bourgeois, 21, r. St-Antoine. — Réservée aux pensionnaires, reçoit exceptionnellement des jeunes gens recommandés en qualité d'externes. Prix : 2 fr. le repas. Abonnement à 2 repas : 100 fr. par mois.

Restaurant féminin, 10, rue des Guillemites. Desservi par les Sœurs de St. V. de P. Reçoit toutes les femmes seules de bonne tenue pour le déjeuner seulement, de 11 h. et demie à 1 h., tous les j. non fériés. Prix moyen : 0 fr. 65.

Ve ARR.

École polytechnique, 5, rue Descartes. — Distribution de secours en aliments par les élèves de l'École. Ces aliments, provenant de la desserte, sont donnés, après enquête, aux indigents du Ve arr., tous les j. à 1 h. et demie, du commencement d'octobre à fin juillet.

Pendant les mois d'été, on distribue à l'École, tous les 15 j., le vend., à 9 h. mat., des bons de pain et de viande aux pauvres inscrits du Ve arr.

Restaurant, 15, rue des Bernardins. — Dirigé par les Sœurs de St. V. de P. Admet des jeunes filles et jeunes ouvrières externes, tous les j., au déjeuner de midi et au dîner à 7 h. et demie. Prix fixe : 0 fr. 75.

Fourneau de la Société de Saint-Vincent-de-Paul, 15, rue des Bernardins. — Desservi par les Sœurs de St. V. de P. Ouvert toute l'année, de 11 h. mat. à 1 h. Une salle est réservée aux femmes.

Fourneaux de la Société philanthropique. — 1° Fourneau, 34, rue Geoffroy St Hilaire. — Desservi par les Sœurs de St. V. de P. Ouvert du 1er octobre au 31 juillet, de 8 h. à 1 h.

2° Fourneau, 255, rue St-Jacques. — Desservi par les Sœurs du Calvaire. Ouvert toute l'année, sauf dim. et fêtes. En été, de 9 h. à midi et de 5 h. à 6 h. et demie ; en hiver, de 9 h. à midi et de 3 h. à 5 h.

Fourneau des Sœurs de Saint-Vincent-de-Paul, 9, rue Nicole. Fond. par la paroisse (1896). — Ne sont admises que les familles pauvres du quartier après enquête. Ouvert du 1er novembre au 30 avril, de 8 h. à midi, sauf le jeudi et le dim.

Société des Soupes populaires, 15, rue Thouin. Fond. par M. Lavandin (1895). — Direction laïque. Soupes grat. à consommer sur place, du 1er décembre au 31 mars, de 7 h. à 8 h. et demie du mat.

Soupe populaire du Ve arrondissement, 34, rue des Fossés-St-Bernard. — Direction laïque. Distrib. grat. de soupes à consommer sur place, du 1er décembre au 1er avril, tous les j. de 5 h. à 6 h. s. En été, du 1er avril au 1er décembre, distrib. de pain tous les jeud., de 11 h. à midi.

Soupe populaire du Panthéon, 24, rue du Fer-à-Moulin. — Direction laïque. Distrib. grat. de soupes à consommer sur place, du 1er novembre au 1er avril, tous les j., de 5 h. à 6 h. du s. Du 1er avril au 1er novembre, distrib. de pain tous les sam. de 9 h. à 10 h.

Le Foyer. École ménagère, 9, rue Laplace. — Reçoit au déjeuner seulement, à 11 h. et demie, des jeunes filles. Prix : 0 fr. 80 ; vin : 0 fr. 10.

Le Foyer de l'Étudiante. Restaurant féminin de la Rive Gauche, 67, rue St-Jacques (1910). — Administré par quelques dames protestantes ; s'adresse d'abord aux étudiantes, mais toute jeune fille ou femme de bonne tenue y trouve le meilleur accueil ; on la signale aux institutrices, employées de bureaux, etc. Ouvert de 11 h. à 1 h. et demie et de 6 h. à 8 h. Prix moyen : 0 fr. 85.

Nouveau restaurant coopératif, 174, rue St-Jacques. Fond. par un groupe d'étudiants. — Seuls les sociétaires, en souscrivant une action de 25 fr., sont admis au restaurant. Ouvert tous les j., de 11 h. à 1 h. et de 6 h. à 7 h., sauf le dim., où le dîner est supprimé. Prix : 1 fr. 20 sans le vin.

Restaurant coopératif féminin de l'Université de Paris, 55, rue St-Jacques. Fond. par l'Association générale des étudiantes de l'Université de Paris (1910). — A pour but de fournir à ses associées, à leurs invitées, ainsi qu'aux membres de l'Association générale des étudiantes, une nourriture hygiénique et économique. Déjeuner de 11 h. à 1 h. et demie. Dîner de 6 h. et demie à 8 h. Prix fixe : 1 fr. ; thé, 0 fr. 25.

Restaurant de l'Association générale des étudiants de l'Université de Paris, 13-15, rue de la Bûcherie (1910). — Ne reçoit que les membres de l'Association. Ouvert toute l'année, sauf pendant le mois de septembre, de 11 h. à 2 h. et de 6 h. à 8 h.. Moyenne des repas : 1 fr. 35, vin compris.

Restaurant de la Student-Union, 93, boulevard St-Michel. — Ouvert à toutes les étudiantes, de 8 h. à 8 h. et demie, de 11 h. 45 à 1 h. 15, et de 6 h. 30 à 7 h. 30. Prix : petit déjeuner, 0 fr. 50 ; déjeuner, 1 fr. ; dîner, 1 fr. 25. Les personnes qui ne sont pas membres de la Student-Union payent 0 fr. 50 de supplément. Voir *Œuvres étrangères.*

Restaurant féminin « A Jeanne-d'Arc », 2, rue Lhomond. Fond. sous le patronage de l'Œuv. de la protection de la jeune fille (1909). — Direction laïque. Fait partie de la Maison de famille. Destiné aux jeunes étudiantes. Repas : prix fixe, 1 fr. 15. Portions, 0 fr. 15 à 0 fr. 50.

Restaurant gratuit des mères nourrices, 2 *bis*, rue de l'Arbalète. Œuv. Henry Coullet. — Voir *Maternité.*

VIe ARR.

Fourneau économique, 26, rue d'Assas. — Paroissial. De nov. à mai.

Fourneau de la Société de Saint-Vincent-de-Paul, 97, rue de Sèvres. Fond. par le clergé paroissial. Desservi par les Sœurs de St. V. de P. Ouvert du 1er novembre au 30 avril, de 8 h. et demie à 11 h. et demie, tous les j., sauf le dim. Soupes grat. données à tout venant indigent, de 8 h. et demie à 8 h. 45.

Fourneaux de la Société philanthropique. — 1° Fourneau, 2, rue de la Petite-Boucherie. — Desservi par les Sœurs de St. V. de P. Ouvert du 1er novembre au 30 avril, de 8 h. mat. à 1 h.

2° Fourneau, 80, rue de Vaugirard. — Desservi par les Sœurs de St. V. de P. Ouvert du 1er novembre au 30 avril, de 8 h. mat. à 1 h.

Œuvre de la Soupe populaire du VIe arrondissement. Siège social, 17, rue Dauphine. Fourneau, 4, rue Clément. Fond. par un groupe de commerçants. Subventionnée par la Ville. — Direction laïque. Distrib. grat. de bols de soupe à consommer sur place ou à emporter. Ouvert du 15 novembre au 30 mars, de 6 h. à 7 h. du s. Vestiaire.

Soupes distribuées à l'hôpital de la Charité, 47, rue Jacob. — Soupes à consommer sur place, tous les j., à 7 h. et demie du mat.

Cantine coopérative du personnel de la Monnaie, 2 et 4, rue Guénégaud. Fond. par le personnel de la Monnaie (1910). — Association coopérative ayant pour but de préparer et de fournir au personnel des Monnaies et Médailles une alimentation saine à des prix avantageux. Admet tout employé ou ouvrier ayant souscrit ou ayant versé le droit d'entrée de 3 fr. Restaurant ouvert pour le déjeuner seulement, de midi à 1 h. Prix moyen : 1 fr. 10, vin compris.

La Maison des Étudiantes, 36, rue St-Sulpice — Patronnée par un groupe d'universitaire. Le restaurant reçoit des jeunes filles externes Prix de deux repas à l'abonnement : 70 fr. ; par repas . 1 fr. 20.

l'Oasis, 85, rue de Sèvres (1907). — Œuv. cath. Direction laïque. Reçoit toutes les femmes seules de bonne tenue. Déjeuner seulement. Prix moyen : 0 fr. 75.

Restaurant de l'École ménagère, 5, rue de l'Abbaye. — Réservé uniquement aux membres des Syndicats profes. féminins. Repas : 1 fr. ; par abonnement : 0 fr. 75.

Restaurant réservé aux jeunes filles, 18, rue Mabillon. — Entreprise particulière. Reçoit des externes ; s'adresse surtout aux étudiantes. Prix fixe : 1 fr. 50, vin compris. Pendant la période des examens : 2 fr. et 2 fr. 50.

VIIe ARR.

Fourneau de la Société de Saint-Vincent-de-Paul, 3 *bis*, rue Cler. — Desservi par les Sœurs de St. V. de P. Ouvert du 1er novembre au 30 avril, tous les j., de 7 h. et demie à 1 h.

Fourneau des Sœurs de Saint-Vincent-de-Paul, 9, rue Perronet. — Paroissial. Distribue gratuitement, les lund., merc., vend., des aliments à emporter à domicile, à 7 h. du mat. Ouvert du 1er novembre à Pâques. Ne sont admis aux distrib. que les indigents de la paroisse St-Thomas-d'Aquin.

Soupes distribuées à l'hôpital Laennec, 40, rue de Sèvres. — Soupes grat. à consommer sur place, du 1er novembre à Pâques, tous les j. à 7 h. mat.

L'Avenir, Restaurant coopératif, 18, rue de Varenne. Fond. par *le Sillon* (1908). — Ouvert à tous venants, hommes et femmes, de 11 h. à 1 h. et demie et de 6 h. à 8 h. et demie. Prix moyen : 1 fr. 10.

Restaurant pour dames seules, 41, rue de Lille. Fond. dans la Maison de famille des dames des Postes et Télégraphes (1906). — Direction laïque. Ouvert à toutes les femmes seules appartenant ou non aux P. T. T., de 6 h. du mat. à 9 h. du s. Prix moyen des repas : 1 fr. Portions : de 0 fr. 15 à 0 fr. 60 ; goûter : 0 fr. 50. Installation moderne et confortable. Jardin.

La Maison de famille pour jeunes filles isolées, 101, rue de Lille. —

Reçoit des jeunes filles n'habitant pas la maison, moyennant 0 fr. 75 par repas.

VIIIe ARR.

Soupes distribuées à l'hôpital Beaujon, 2, rue du Faubourg-St-Honoré. — Soupes grat. à consommer sur place, tous les mat. à 7 h. et demie, du 15 octobre au 1er avril.

Abri Jeanne-d'Arc, 17, rue de Monceau. Restaurant féminin fond. par M. le curé de St-Philippe du Roule (1910). — Desservi par les Sœurs de St. V. de P. Ouvert à toutes les ouvrières de bonne tenue, pour le déjeuner seulement, de 11 h. et demie à 1 h. Prix moyen : 0 fr. 90.

Réchaud-déjeuner, 76, rue d'Anjou (1910). — Œuv. cath. Direction laïque. Ouvert de midi à 1 h. et demie à toutes les femmes qui se présentent; elles trouvent, moyennant 0 fr. 10, des tables bien dressées, couverts, eau filtrée et réchaud à gaz pour faire chauffer les aliments qu'elles apportent. Tasse de café chaud : 0 fr. 10; location, 0 fr. 10 par semaine, de cases numérotées, où les ouvrières peuvent laisser leur matériel.

Réfectoire de la Madeleine, 14, rue de la Ville-l'Évêque. — Dirigé par les Sœurs de St. V. de P. Ouvert tous les j. pour le déjeuner seulement, de midi à 1 h., à toutes les femmes de bonne tenue qui se présentent. Prix fixe : 0 fr. 85.

Restaurant du Syndicat de l'Aiguille, 15, cité du Retiro, 35, rue Boissy-d'Anglas. — Reçoit toutes les ouvrières de bonne tenue qui se présentent (200 par jour) au déjeuner seulement, de 11 h. à 1 h. Prix fixe : 0 fr. 85, vin compris.

Restaurant féminin, 22, rue de Naples. Dépendance de l'Union chrétienne de jeunes filles. — Ouvert de 7 h. à 8 h. et demie mat., de 11 h. à 1 h. et demie, de 7 h. à 8 h. et demie s. à toute femme de bonne tenue faisant ou non partie de l'Union chrétienne. Repas à prix fixe ou à la portion de 0 fr. 10 à 0 fr. 40.

Restaurant de midi pour jeunes filles, 21, rue Boissy-d'Anglas. — La pension de famille reçoit au déjeuner des jeunes filles externes.

IXe ARR.

Fourneau de la Société de Saint-Vincent-de-Paul, 16, rue de Milan. — Desservi par les Sœurs de l'Immaculée-Conception. Ouvert du 1er novembre au 1er mai, tous les mat., de 8 h. à midi; du 1er mai au 1er novembre, tous les sam., de 2 h. à 4 h.

Fourneau de la Société d'assistance par le travail du IXe arrondissement, 20, rue Cadet. — Distribue gratuitement des portions de viande et de pain à emporter à domicile aux indigents du IXe arr. qui se sont fait inscrire au bureau de la Sté d'assist., qui leur délivre une carte après enquête. Ouvert fin décembre au 15 mars, tous les j., de 3 h. à 5 h. s.; le dim., de 10 h. et demie à midi.

L'Avenir. Restaurant coopératif, 41, rue de la Victoire. Fond. par *le Sillon* (1909). — Ouvert à tous venants, hommes et femmes, pour le déjeuner seulement, de 10 h. et demie à 1 h. et demie. Prix moyen : 1 fr. 10.

Le Foyer de l'ouvrière, 12, rue de la Victoire (1893). — Direction laïque. Ouvert toute l'année, de 11 h. à 2 h., et de 7 h. à 8 h. du s. Prix moyen : 0 fr. 65.

Restaurant féminin, 18, rue de la Tour-d'Auvergne. Fond. par M. le curé de Notre-Dame-de-Lorette. Annexe de la Maison de famille des Sœurs de St. V. de P. — Reçoit des externes en petit nombre ; on exige des références sérieuses. Ouvert de midi à 1 h. Déjeuner : 0 fr. 80.

Restaurant pour jeunes filles, 25, rue de Maubeuge (1896). — Dirigé par les Sœurs de Marie-Auxiliatrice. Reçoit des jeunes filles de 15 à 30 ans, munies de références.

Ouvert de 11 h. et demie à 1 h., pour le déjeuner seulement. Prix fixe : 0 fr. 80. Salles de lecture ; grand jardin.

Restaurant-Table d'hôte de l'Union chrétienne de jeunes gens de Paris, 14, rue de Trévise. — Restaurant fond. par une Assoc. coopérative, recrutée exclusivement parmi les membres de l'Union chrétienne, auxquels sont donnés des repas à prix fixe : 1 fr. 10.

Syndicat des employés du commerce et de l'industrie, 14 *bis*, boulevard Poissonnière. — Restaurant du Syndicat, très confortable, réservé exclusivement aux syndiqués. Ouvert de 8 h. à 9 h. mat., de 11 h. à 1 h. et demie, et de 6 h. et demie à 8 h. s. Prix par abonnement : 1 fr. 15 ; par repas : 1 fr. 20.

X^e ARR.

Fourneau de la Société de Saint-Vincent-de-Paul, 145, avenue Parmentier. — Desservi par les Sœurs de St. V. de P. Ouvert toute l'année, de 7 h. du mat. à 1 h., sauf dim. et fêtes.

Fourneaux de la Société philanthropique :

1° Fourneau, 13 *bis*, rue Ambroise-Paré. — Ouvert toute l'année, de 10 h. à 1 h. et de 5 h. à 7 h. du s.

2° Fourneau, 13, rue Philippe-de-Girard. — Desservi par les Sœurs de St. V. de P. Ouvert toute l'année, de 10 h. à 1 h. et de 5 h. à 7 h. s.

Hôpital Lariboisière, 2, rue Ambroise-Paré. — Distrib. grat. tous les j., à 7 h. mat., du 15 octobre au 15 mars, à tout venant, de soupe chaude qui peut être consommée sur place dans un local chauffé.

Hôpital Saint-Louis, 40, rue Bichat. — Distrib. grat. d'aliments devant être consommés sur place, à tout venant, du 1er novembre au 31 mars, tous les j., de 7 h. à 8 h. mat.

Cantine ouvrière, 56, rue d'Hauteville (1907). — Desservie par les Sœurs de St. V. de P. Reçoit à déjeuner les femmes et jeunes filles munies de références. Ouvert de midi à 1 h. ; prix fixe : 0 fr. 50.

Le Foyer de l'ouvrière, 69, rue du Faubourg-St-Denis (1908). — Ouvert de 11 h. à 1 h. et de 7 h. à 8 h. Prix moyen : 0 fr. 65.

Réchaud-déjeuner, 58, rue de Paradis (1909). — Direction laïque. Ouvert de midi à 1 h.. Moyennant 0 fr. 10, les ouvrières y trouvent des tables, le couvert et le réchaud à gaz pour faire chauffer les aliments qu'elles apportent. Location pour 0 fr. 10 de cases numérotées, où elles peuvent laisser leur matériel.

Maison de famille Saint-Charles, 190, rue Lafayette. — Reçoit au déjeuner de midi des jeunes filles qui, étant à proximité de leur travail, trouvent à la Maison de famille leur repas au prix de demi-pension : 20 fr. par mois.

Restaurant-Fourneau de l'Hôtellerie populaire pour hommes, 33 *bis*, rue de Chabrol, fond. par l'Armée du Salut (1899). — Le Fourneau-restaurant est ouvert de 5 h. à 9 h., de midi à 2 h., de 6 h. à 9 h. et demie, à tous venants. Prix des portions : 0 fr. 10 ; on ne peut rien emporter.

Restaurant de l'Œuvre familiale des ouvrières, 47, rue d'Hauteville (1897). — Reçoit des externes. Ouvert de midi à 1 h. et de 7 h. et demie à 9 h. s. Prix du déjeuner : 0 fr. 55 ; du dîner : 0 fr. 35.

XIe ARR.

Fourneaux de la Société philanthropique, 13, rue Basfroi. — Desservi par les Sœurs de St. V. de P. Ouvert du 1er novembre au 1er mai tous les j., de 8 h. à 1 h.

— 140, rue du Chemin-Vert. Desservi par les Sœurs de St. V. de P. Ouvert du 3 novembre au 1er mai, tous les j., de 8 h. à 1 h.

— 64, rue St-Maur. Desservi par les Sœurs de St. V. de P. Ouvert du 3 novembre au 1er mai, tous les j., de 8 h. à 1 h.

Œuvre de la Bouchée de pain. Réfectoire volant, boulevard Ménilmontant. — Lund., merc., sam., à 2 h., du 1er novembre au 15 avril.

Soupe populaire du XIe arrondissement. Siège social, 17, rue de Belfort. Réfectoire, 5, impasse Delaunay (1894). — Subventionnée par la Ville, distribue gratuitement des aliments aux indigents du XIe arr. Direction laïque. Fonctionne du 1er décembre au 1er mai, tous les j., de 7 h. et demie à 9 h. du mat.

Hôtel populaire (hommes). Restaurant économique, 94, rue de Charonne. — Ce restaurant de l'hôtel populaire, installé dans des conditions très remarquables de confort, est ouvert à tous les hommes qui se présentent, moyennant un ticket d'entrée de 0 fr. 10.

Portions de viande : 0 fr. 30 ; de légumes : 0 fr. 15. Le ticket d'entrée donne droit à l'usage des lavabos et à un bain de pieds grat. Bains : 0 fr. 30 ; douches : 0 fr. 10. Voir *Maisons de famille.*

Buffet familial, 146, rue de la Roquette, fond. par l'Assoc. des P. T. T. (1910). — Réservé aux femmes employées du Bur. central téléphon. R, moyennant un droit d'entrée de 1 fr. Ouvert de 7 h. du mat. à 7 h. du s. ; moyenne des repas : 0 fr. 90.

Le Foyer de l'ouvrière, 102, rue de Charonne (1908). — Ouvert de 11 h. à 1 h. et de 6 h. et demie à 8 h. Prix moyen : 0 fr. 65.

Restaurant-Fourneau économique de l'Hôtellerie populaire pour femmes et jeunes filles, 10, rue Fontaine-au-Roi. Fond. par l'Armée du Salut (1901). — Reçoit des externes. Ouvert de 8 h. à 9 h., de midi à 1 h., de 7 h. à 8 h. s. Prix des portions : depuis 0 fr. 10.

Réchaud de midi pour les apprentis, 55, boulevard de Belleville (1911). — Les apprentis membres des patron. peuvent y faire cuire ou réchauffer leurs aliments apportés du dehors. Ils doivent être munis d'une recommandation écrite du directeur de patron.

XIIe ARR.

Fourneau de la Société de Saint-Vincent-de-Paul, 59, avenue Daumesnil. — Desservi par les Sœurs de St. V. de P. Ouvert du 14 novembre au 1er mai, de 8 h. à midi et demi.

Fourneaux de la Société philanthropique, 19 et 21, rue Coriolis. — Desservi par les Sœurs de St. V. de P. Ouvert toute l'année, de 9 h. à midi et de 5 h. et demie à 7 h.

— 13, rue Ruty. Desservi par les Sœurs de St. V. de P. Ouvert du 1er novembre au 30 avril, de 9 h. à midi.

Fourneau des Sœurs de Saint-Vincent-de-Paul, 77, rue de Reuilly. — Contre remise de bons, donne à emporter des aliments cuits, exceptionnellement à consommer sur place. Ouvert du 1er novembre au 1er mai, tous les j., de 11 h. à midi.

Œuvre de la Bouchée de pain, 26, rue Rottembourg. — Réfectoire-abri, chauffé, ouvert du 1er novembre au 31 mai, à 9 h., tous les j., sauf le dim., à tout venant.

Soupes distribuées dans les hôpitaux Saint-Louis et Trousseau :

Hôpital Saint-Louis, 184, faubourg St-Antoine. — Distrib. grat. d'aliments chauds à consommer sur place, du 27 novembre au 1er mai, tous les j. à 7 h. mat.

Hôpital Trousseau, 158, rue Michel-Bizot. — Même distrib. du 1er novembre au 1er mai, tous les j., à 7 h. et demie mat.

Soupe populaire du XIIe arrondissement. Siège social, 33, rue du Sergent-Bauchat.

Réfectoire, 10, rue Rondelet. — Distribue du 1er octobre au 1er avril, tous les j. à 7 h. mat., des soupes chaudes grat. à consommer sur place.

Foyer des Dames, 37, rue des Marguettes. — (Fondation Diamandi). Restaurant pour femmes seules ; admet au déjeuner seulement, de midi à 2 h., des dames externes munies de références. Prix minimum : 0 fr. 75.

Restaurant du personnel de la Compagnie du chemin de fer Paris-Lyon-Méditerranée, 19-21, rue Coriolis. — Ouvert aux employés du chemin de fer ; une salle est réservée aux femmes des employés, qui peuvent y prendre leur repas avec leur mari et leurs enfants. Portions de 0 fr. 05 à 0 fr. 25, remises par les Sœurs contre des jetons achetés à un caissier. Les employés peuvent également apporter leurs aliments.

XIIIe ARR.

Fourneaux de la Société de Saint-Vincent-de-Paul, 65, rue Corvisart. — Desservi par les Sœurs de St. V. de P. Ouvert du 1er novembre au 1er mai, tous les mat., de 9 h. à 1 h.

— 37 *bis*, rue Jenner. — Desservi par les Sœurs de St. V. de P. Ouvert du 15 novembre au 1er mai, tous les mat., de 8 h. à midi.

— 18, rue des Tanneries. — Desservi par les Sœurs de St. V. de P. Ouvert du 15 novembre au 1ee mai, tous les mat., de 9 h. à 1 h.

Fourneau de la Société philanthropique, 22, rue Vandrezanne. — Desservi par les Sœurs de St. V. de P. Ouvert du 3 novembre au 3 mai, de 9 h. à midi.

Œuvre de la Bouchée de pain. Réfectoire volant, place de la Salpêtrière, boulevard de l'Hôpital. — Merc., jeud., sam., à 2 h., du 1er novembre au 15 avril.

Œuvre de la Mie de pain. Siège social, 54, rue Bobillot. Réfectoire, 16, rue Charles-Fourier. Œuv. cath. fond. sur l'initiative de M. Paulin Enfert par les jeunes gens du patron. de St-Joseph de la Maison-Blanche (1888). — Donne la soupe chaude à tous ceux qui se présentent, sans distinc. de nationalité, d'opinion, de religion ou de domicile, pendant les grands froids de l'hiver, du 25 décembre au 15 mars.

La soupe (gamelles de un litre un quart) est consommée sur place dans un réfectoire chauffé, et chaque pauvre en reçoit autant qu'il en a besoin pour apaiser sa faim. 600 à 800 litres de soupe par soirée.

La distrib. a lieu tous les j., à 8 h. du s. Le service est fait par les écoliers, apprentis et ouvriers du patron. de St-Joseph de la Maison-Blanche.

Soupes distribuées à l'hôpital Broca, 111, rue Broca. — Distrib. gratuitement, à tout venant pour être consommées sur place, de soupes chaudes du 1er novembre au 15 avril, tous les j., de 6 h. et demie à 7 h. du mat.

XIVe ARR.

Assistance alimentaire du XIVe arrondissement pour la lutte contre la tuberculose, 22, rue d'Alembert. — Distrib., après enquête, d'aliments aux malheureux atteints ou menacés de tuberculose, le jeud. à 4 h. au siège, et au marché couvert de Montrouge, rue Brézin, le dim., à 10 h. du mat.

Fourneaux de la Société philanthropique, 7, rue Alfred-Durand-Claye. — Ouvert du 1er octobre à fin mars, tous les j., de 8 h. à 1 h. et de 5 h. à 7 h. s.

— 201, avenue du Maine. Desservi par les Sœurs de St. V. de P.

Ouvert toute l'année, sauf dim. et fêtes, de 10 h. à 1 h. et de 5 h. à 7 h. s.

Œuvre Jeanne-d'Arc, 7, impasse Reille. — Aliments cuits et chauds donnés pour être emportés. Tous les j., sauf les dim. et fêtes, toute l'année, de 4 h. à 5 h. du s.

Asile clinique des aliénés, 1, rue Cabanis. — Distrib. de soupes à consommer sur place et à emporter, toute l'année, de 7 h. et demie à 8 h. du mat.

Hôpital Broussais, 96, rue Didot. — Distrib. grat. de soupes chaudes à consommer sur place, du 1er novembre au 1er mars, tous les j., à 7 h. mat.

Hôpital La Rochefoucauld, 15, avenue d'Orléans. — Distrib. grat. de soupes chaudes à consommer sur place, tous les j., à 8 h. mat. du 15 novembre au 15 février, et à 7 h. et demie mat. du 15 février au 15 mars.

Soupes populaires. Sté des Soupes populaires du XIVe arr., Mairie du XIVe arr. (1893). — Subventionnée par la Ville. Direction laïque. Distrib. grat. à tout venant de soupes chaudes à consommer sur place, du 1er novembre au 31 mars, à 6 h. et demie du s. Des aliments à emporter sont donnés aux indigents de l'arr. et des communes limitrophes qui se sont fait inscrire, après enquête. Distrib. au marché couvert de Montrouge, 6, place de Montrouge.

Restaurant gratuit pour mères nourrices. Œuv. Henry Coullet, 3, rue Niepce. — Voir *Maternité*.

XVe ARR.

Fourneaux de la Société philanthropique, 12, rue François-Villon. — Desservi par les Sœurs de St. V. de P. Ouvert du 3 novembre au 1er mai, tous les mat., de 8 h. à 1 h.

— 12, rue Mademoiselle. Direction laïque. Ouvert du 1er novembre au 1er mai, tous les j., de 8 h. à 1 h. et de 7 h. à 8 h. du s.

— 51, rue Sébastien-Mercier. Desservi par les Sœurs de St. V. de P Ouvert du 1er novembre au 1er mai, tous les j., de 7 h. et demie à 2 h. et demie.

Voir **Sté philantropique, Œuv. div. de secours.**

Œuvre de la Bouchée de pain. Réfectoire-abri chauffé, 38, Chemin-des-Périchaux. — Distrib. à tout venant tous les j., à 9 h. mat., sauf le dim., de novembre à avril.

Hôpital Boucicaut, 78, rue de la Convention. — Distrib. grat. d'aliments chauds à consommer sur place. Du 15 novembre au 15 avril, tous les j., à 7 h. mat.

Hôpital Necker, 151, rue de Sèvres. — Distrib. grat. d'aliments chauds à consommer sur place, du 1er novembre au 1er juin, tous les j., à 7 h. mat.

Soupe populaire, 13, rue d'Alleray. Fond. par M. Cheroux, conseiller municipal (1895). — Direction laïque, subventionnée par la Mairie du XVe arr. Ouverte de novembre à avril. Distribue tous les mat., de 8 h. à 8 h. et demie, des soupes et aliments cuits, pain, viande, à emporter. De 8 h. et demie à 10 h. on donne ces aliments à consommer sur place.

XVIe ARR.

Bons de la paroisse Saint-Honoré d'Eylau. A la sacristie de l'Église, place Victor-Hugo. — Vendus au prix de 0 fr. 10 pour une portion de pain ou d'épicerie, et de 0 fr. 20 pour une portion de viande ou de chauffage, à prendre chez les fournisseurs désignés.

Fourneaux de la Société philanthropique, 78 *bis*, rue Boileau. — Desservi par les Sœurs de Ste-Marie. Ouvert du 3 novembre au 1er mai, de 10 h. à 1 h.

— 68, rue du Ranelagh. Desservi par les Sœurs de St. V. de P. Ouvert du 3 novembre au 1er mai, de 10 h. à 1 h., sauf le dim. et j. fériés.

Œuvre philanthropique de la Soupe populaire du XVIe arrondissement, 15, rue Duban. Fond. par des commerçants du quartier, réorganisée par M. Pianet (1894). — Direction laïque. Distrib. le mat., de 6 h. à 8 h., à tout venant, de soupes chaudes à consommer sur place; le s. de 5 h. et demie à 7 h., distrib. de soupes et de viande avec légumes aux indigents de l'arr. munis d'une carte délivrée par l'œuv., après enquête. Ouverte du 1er novembre au 1er avril.

Succursale de l'œuv. précédente, ouverte en 1911, à Auteuil, 115, boulevard Murat. — Mêmes distrib. que ci-dessus aux familles indigentes d'Auteuil, Point-du-Jour.

Union d'assistance du XVIe arrondissement, 71, avenue Henri-Martin. — Cantine grat. pour les assistés de l'œuv. Voir *Assist. par le travail.*

Œuvre de l'hospitalité du travail, 52-54, avenue de Versailles. — Cantine à bon marché pour les hospitalisés. Voir *Assistance par le travail à l'atelier.*

XVIIe ARR.

Fourneau de la Société de Saint-Vincent-de-Paul, 87, rue de Tocqueville. Fond. par M. le curé de St-François de Sales (1875). — Desservi par les Sœurs de la Présentation de Tours. Ouvert du 1er novembre à fin juin, tous les j., de 9 h. à 11 h. et demie, sauf dim. et fêtes. Des soupes grat. sont servies à tous les indigents qui se présentent, de 9 h. à 11 h. mat.

Fourneau de la Société philanthropique, 175 *bis*, avenue de Clichy. — Desservi par les Sœurs de St. V. de P. Ouvert toute l'année, sauf dim. et fêtes, de 10 h. à 11 h. mat. et de 5 h. à 7 h. s.

Fourneau-Restaurant Prévost, 51, rue des Épinettes. Fond. par M. Prévost (1906). — Subventionné par la Ville (Legs Prevost). Direction laïque. Ouvert toute l'année, de 10 h. à 1 h. et demie et de 5 h. à 7 h. et demie. Les dim. et fêtes la fermeture a lieu à midi. Reçoit tout le monde, indigents et non-indigents. Soupe et bouillon : 0 fr. 05 ; viande et légumes : 0 fr. 20 ; viande : 0 fr. 15. Moyenne des repas : 0 fr. 40 à 0 fr. 50. On peut emporter à domicile.

Soupe populaire des Batignolles, 3, impasse Compoint, et 40, rue de Balagny. Fond. par M. Ernest Roche (1891). — Direction laïque. Ouverte du 20 novembre au 2 avril, tous les j., à 7 h. mat. ; distrib. grat. de viande, légumes, chauffage aux indigents du quartier. Vestiaire.

Soupe populaire des Épinettes, 70, rue de la Jonquière. Fond. par M. Ernest Roche (1900). — Direction laïque. Grat. Ouverte du 28 novembre au 1er avril. Soupes tous les j., de 6 h. à 7 h. s.

Soupe populaire des Ternes et de la plaine Monceau. Bastion 59, boulevard Gouvion-St-Cyr. Fond. par un Comité de bienf. (1894). — Direction laïque, 43, avenue des Ternes. Ouvert du 1er décembre au 25 mars. Consommation sur place de soupes grat., tous les j., de 7 h. à 9 h. mat., pour tous les malheureux. Disrib. après enquête de bons de pain et de viande aux familles indigentes des quartiers des Ternes et de la Plaine-Monceau.

Société d'assistance par le travail des VIIIe et XVIIe arrondissements, 141 *bis*, rue Saussure. — Fourneau grat. pour les assistés. Voir *Assist. par le travail.*

XVIIIe ARR.

L'Abri Saint-Joseph, 38, rue du Chevalier-de-la-Barre. Fond. par Mlle de la Tour du Pin (1900). — Direction laïque. Ouvert toute l'année. Distrib. d'aliments chauds à consommer sur place, tous les j., de 2 h. à 3 h.

Fourneau alimentaire économique, 27, rue Ordener. Fond. par le Comité de bienf. israélite de la rue Rodier. — Ouvert toute l'année. Distrib. tous les j., de 11 h. à 2 h. et de 6 h. à 8 h., d'aliments chauds contre remise des bons émis par le Comité et vendus chez les boulangers du quartier.

Fourneaux de la Société de Saint-Vincent-de-Paul, 33, rue de Caulaincourt. — Desservi par les Sœurs de St. V. de P. Ouvert du 3 novembre au 1er mai, tous les j., de 8 h. à midi.

— 6, rue Championnet. Desservi par les Sœurs de St. V. de P. Ouvert du 1er novembre au 1er mai, de 8 h. à 1 h.

Fourneaux de la Société philanthropique, 44, rue Labat. — Desservi par les Sœurs de St. V. de P. Ouvert toute l'année, sauf un mois d'été, tous les j. sauf le dim., de 7 h. à midi et de 5 h. à 6 h. et demie s.

— 50, rue Stephenson. Desservi par les Sœurs de St. V. de P. Ouvert du 1er novembre au 1er mai, tous les j., de 7 h. à midi.

Œuvre du Pain pour tous, 4, rue Eugène-Carrière. Œuv. laïque. Fond. sous la présidence d'honneur de Victor Hugo (1884). — Recon. ut. pub. Distribue gratuitement pendant les mois d'hiver, du 15 novembre au 1er avril, à toute personne dans le besoin, sans distinc. de religion ni de nationalité, une ration de pain et de café chaud, qui doivent être consommés sur place. En été, l'œuv. donne des rations de pain.

Distrib. du 15 novembre à Pâques, une fois par j., de 8 h. à 10 h. mat. ; en été, merc. et sam.

Soupe de la Maison du peuple, 42, rue Hermel. Fond. par M. l'abbé Garnier (1893). — Direction laïque. Distrib. grat. le jeud., de 2 h. à 5 h., d'aliments et vêtements aux indigents du XVIIIe arr.

Hôpital Bichat, 151, boulevard Ney. — Distribue gratuitement des aliments à consommer sur place, du 1er novembre au 1er avril, dans le local des fortifications, tous les j., de 8 h. à 9 h. mat.

Hôpital Bretonneau, 2, rue Carpeaux. — Distribue gratuitement des aliments à consommer sur place, du 1er novembre au 1er avril, tous les j., de 8 h. à 9 h. mat.

Soupes populaires du XVIIIe arrondissement (Mairie), 3 *bis*, passage Cottin (1893). — Direction laïque. Distrib. grat. en hiver, de 7 h. et demie à 9 h. et demie du mat. et de 8 h. à 9 h. du s., à tous les indigents de soupes chaudes. Ceux inscrits au Bur. de bienf. peuvent emporter des soupes. Distrib. de bons de pain, charbon, vêtements.

Réfectoire populaire, 174, rue Championnet. — Dépend. des œuv. ouvrières de la rue Championnet.

Soupe populaire. Goutte-d'Or, 83, rue Philippe-de-Girard (1899). — Subventionnée par le Conseil municipal. Ouverte de décembre à avril. Distrib. grat., de 7 h. à 8 h. du mat., d'aliments chauds.

L'Abri Saint-Joseph, 33, rue du Chevalier-de-la-Barre. — Offre à prix réduits le nécessaire aux pèlerins.

Restaurant économique, 61, rue Damrémont. Fond. par M. Henri de Rothschild (1905). — Direction laïque. Ouvert à tous venants, hommes et femmes ; déjeuner et dîner. Moyenne des repas : 0 fr. 75. Portions : 0 fr. 10 à 0 fr. 40.

Restaurant féminin, 37, rue Eugène-Carrière. — Fait partie de la Maison Marjolin (Sté philant.). Hôtel pour dames seules ; admet les externes. Prix des portions : 0 fr. 10 à 0 fr. 30.

Société des Restaurants hygiéniques, 7, rue de Trétaigne (1904). — Sté anon. à capital variable, ayant pour but la création de restaurants à bas prix, offrant une nourriture saine et abondante. Il n'existe que ce restaurant. Ouvert à tous venants, hommes et femmes. Portions : 0 fr. 25 à 0 fr. 40. Ouvert de 11 h. à 1 h. et de 6 h. à 8 h. du s.

Œuvre des femmes pauvres, 23, rue Lamarck. — Œuv. de la paroisse St-Pierre de Montmartre. Distrib. de pain, tous les vend., aux femmes pauvres du quartier.

XIXe ARR.

Fourneau de la Société de Saint-Vincent-de-Paul, 20, rue Bouret.

— Desservi par les Sœurs de St. V. de P. Ouvert du 3 novembre au 1er mai, le mat., de 9 h. à 1 h. et demie.

Fourneaux de la Société philanthropique, 5, pass. de Melun. — Ouvert toute l'année, sauf les j. fériés, de 10 h. à 1 h. et de 5 h. à 7 h. et demie s.

— 166, rue de Crimée. Desservi par les Sœurs de St. V. de P. Ouvert toute l'année, sauf les j. fériés et un mois l'été, de 9 h. à 1 h. et de 5 h. à 7 h. le s.

Soupe populaire du XIXe arrondissement, 3, rue de la Solidarité. Fond. par un comité du quartier (1887). — Subventionnée. Direction laïque. Distribue, du 27 novembre au 15 avril, des aliments chauds tous les j., de 7 h. à 9 h. mat.

XXe ARR.

Fourneaux de la Société de Saint-Vincent-de-Paul, 117, rue de Ménilmontant. — Desservi par les Sœurs de St. V. de P. Ouvert toute l'année, sauf au mois d'août, tous les j., de 8 h. à 1 h.

42, rue Planchat. Fond. par M. l'abbé Planchat (1867). — Œuvres ouvrières de Charonne. Service laïque. Ouvert du 1er novembre au 1er mai, tous les j., de 9 h. à 1 h. et de 5 h. à 7 h.

Fourneau de la Société philanthropique, 35 *bis*, rue du Pressoir. — Service laïque. Ouvert toute l'année, sauf au mois d'août, tous les j., de 10 h. à 1 h. et de 5 h. à 7 h. s.

Hôpital Debrousse, 148, rue de Bagnolet. — Aliments chauds à consommer sur place, distribués gratuitement du 1er novembre au 1er avril, tous les j., à 7 h. mat.

Hôpital Tenon, 4, rue de la Chine. — Aliments chauds à consommer sur place, distribués gratuitement du 1er novembre au 1er avril, de 7 h. à 8 h. du mat.

Soupe populaire. Œuvre de la soupe populaire du quartier Saint-Fargeau, 29, rue Haxo (1908). — Direction laïque. Distribue aux indigents du quartier et même aux passants de la soupe à consommer sur place ; des aliments à emporter sont donnés aux indigents après enquête. Ouverte du 1er décembre au 31 mars, de 6 h. à 7 h. s. Subventionnée par la Mairie et la Ville. Placem. Vestiaire.

Restaurant gratuit pour mères nourrices. Œuv. Henry Coullet, 49, rue Ramponneau. — Voir *Maternité*.

Soupe populaire, 4, impasse Rançon (1892). — Direction laïque. Distrib. de soupes tous les j., de 7 h. et demie à 8 h. et demie mat., à partir du 10 décembre.

BANLIEUE

ASNIÈRES. — **Fourneau,** 17, avenue d'Argenteuil.

Fourneau de la Société de Saint-Vincent-de-Paul, 39, rue St-Denis. — Desservi par les Sœurs de St-François-Régis. Ouvert de novembre à fin avril, de 8 h. à 11 h. mat.

AUBERVILLIERS. — **Fourneau**, 11, rue de la Convention.

BOIS-COLOMBES. — **Fourneau**. Bur. de bienf. Fondation Perchappe.

BOULOGNE-SUR-SEINE. — **Fourneau**, 47, rue St-Denis. — Ouvert de novembre à mars.

CHATILLON. — **Fourneau communal**, à la crèche, passage Charlot.

CHARENTON. — **Fourneau de la Société de Saint-Vincent-de-Paul**, 10, rue de Bordeaux. — Desservi par les Sœurs de St. V. de P. Ouvert de novembre à fin avril, de 8 h. à 11 h. mat.

CLAMART. — **Fourneau**, 45, rue de Trosy.

CLICHY. — **Fourneau de la Société de Saint-Vincent-de-Paul**, 84, rue Martre. — Desservi par les Sœurs de St. V. de P. Ouvert de novembre à fin avril, de 8 h. à 11 h. mat.

COURBEVOIE. — **Fourneau économique**, organisé par le Bur. de bienf.

GENTILLY. — **Fourneau de la Société de Saint-Vincent-de-Paul**, 2, rue Frileuse. — Desservi par les Sœurs de St. V. de P. Ouvert de novembre à fin avril, de 8 h. à 11 h. mat.

IVRY-SUR-SEINE. — **Fourneaux économiques**, aux trois cantines scolaires, rue de Paris, rue J.-J.-Rousseau, place de la République, et au Bur. de bienf.

KREMLIN-BICÊTRE. — **Fourneau paroissial de la Société de Saint-Vincent-de-Paul**, 1, rue Carnot.

LEVALLOIS-PERRET. — **Fourneau**, 197, rue Chenelliat.

MONTREUIL. — **Fourneau des Sœurs de Saint-Vincent-de-Paul**, 7, rue de la République.

NEUILLY. — **Cantine pour jeunes filles**, 26, rue de Longchamp. — Œuv. de la Préservation et de la Persévérance des enfants délaissés.

PANTIN. — **Fourneaux économiques**, 5, rue de Montreuil, et 7, rue Berthier. Portions à 0 fr. 10.

PUTEAUX. — **Fourneau de la Société de Saint-Vincent-de-Paul**, 91, rue de Paris. — Desservi par les Sœurs de St. V. de P. Ouvert de novembre à fin avril, de 8 h. à 11 h.

SAINT-DENIS. — **Fourneau économique municipal**, 65, rue de la République.

Fourneaux : Rue de la Boulangerie et Avenue de Paris.

Œuvre des Soupes populaires des miséreux de Saint-Denis. — S'adresser à M. le Pasteur de St-Denis.

SAINT-MAUR. — **Soupes populaires**, 58, avenue Émile-Zola. Ouvert du 1er décembre au 15 mars.

SAINT-OUEN. — **Fourneau de la Société philanthropique**, 4, rue de l'Hermet. Ouvert toute l'année.

CHAPITRE XXXVII

VESTIAIRES ET OUVROIRS

Œuvres municipales. — Au nombre des services réguliers des Bur. de bienf. figurent les distrib. de secours de vêtements dans toutes les Mairies. Les dates, heures et modes employés pour ces distrib. sont très variables, aussi doit-on consulter les affiches de chaque Mairie.

Secours de vêtements des Caisses des écoles. — Voir *Secours divers aux enfants.*

Œuvres paroissiales. — Des Comités de dames et de jeunes filles fonctionnent dans presque tous les quartiers de Paris, sous l'autorité paroissiale, et se réunissent un jour par semaine au presbytère, chez les Sœurs de St. V. de P. ou chez une dame de charité, pour confectionner des vêtements et les distribuer aux pauvres.

Vestiaires des Conférences de Saint-Vincent-de-Paul. — Le conseil de chaque Conférence attribue, sur la demande du visiteur, des secours et des bons d'achat de vêtements et chaussures aux familles secourues d'une façon habituelle par la Sté. Des vestiaires centralisant des vêtements usagés sont annexés à la plupart des Conférences. Voir la liste des Conférences de St. V. de P. et leur siège à *Œuvres diverses de secours.*

I. — Vestiaires pour enfants

Ier ARR.

Œuvre Saint-Luc, 16, rue Duphot. — Voir *Vestiaires pour adultes.*

IIIe ARR.

Œuvre du vestiaire du IIIe arrondissement, 8, rue du Parc-Royal (1894). — Vestiaire pour enfants de 6 à 12 ans de l'arr., et pour vieillards nécessiteux des deux sexes.

Société du prêt gratuit de couvertures et de l'habillement de l'enfance et de la vieillesse. Siège à la Mairie.

La Ruche, 62, rue Greneta. — Comité de dames ayant pour but de confectionner et distribuer des vêtements d'enfants de moins de 15 ans.

La layette du IIIe arrondissement, 10, rue Dupetit-Thouars. — Ouvroir le jeud. de 2 à 5 h.

IVe ARR.

Vestiaire des petits prisonniers, 4, boulevard du Palais. Fond. par la comtesse de Biron (1892). — Annexe de l'Œuv. des petites préservées. Siège au Dépôt de la Préfecture de police. — Distrib. de vêtements aux enfants indigents, des deux sexes, sortant de prison après une ordonnance de non-lieu ou un jugement d'acquittement.

V^{e} ARR.

Vestiaires Sainte-Geneviève et Saint-Joseph, à l'Église, 8, rue Rollin. — Pour habillement des enfants pauvres de la paroisse.

VIe ARR.

Société de prêt gratuit de couvertures et d'habillement de l'enfance, 5, place de l'Odéon (1907). — Vient en aide aux personnes nécessiteuses de l'arr., en leur concédant à titre grat. une ou plusieurs couvertures pour la durée de l'hiver. Dons de layettes. Habillement d'enfants de 5 à 12 ans.

VIIIe ARR.

Réunion protestante de charité, 20, rue de Vienne. — Comité de secours, vestiaire pour enfants pauvres.

Œuvre du vêtement de l'écolier, 4, rue Richepanse. — Dépendance de la Ligue des mères de famille.

Société des Fourmis, 3, avenue d'Antin (1889). — Voir *Vestiaires pour adultes.*

IXe ARR.

Société amicale de bienfaisance, 2, rue Gaillard. — Donne aux femmes secourues des vêtements à confectionner. Ces vêtements sont distribués au vestiaire de l'œuv. pour des enfants pauvres.

Vestiaire et habillement de l'enfance, 13, rue de Dunkerque. — Secours divers aux indigents.

Vestiaire de l'Œuvre du Souvenir, 11 *bis*, rue Laferrière (1895). — Ouvert tous les merc. et sam., de 2 h. à 5 h.

X^{e} ARR.

Vestiaire des enfants pauvres, 5, rue des Petites-Écuries.

XIe ARR.

Vestiaire de l'enfance malheureuse, 10, avenue Parmentier. Fond. par M. l'abbé Milliard (1901). — Secours en vêtements donnés aux enfants pauvres du quartier.

Œuvre du raccommodage et confection de vêtements, 19, passage St-Bernard. — L'Assoc. des anciennes élèves de l'école communale a pour but de remettre en état les vêtements usés et défraîchis des familles malheureuses. Vestiaire de vêtements neufs pour enfants.

Vestiaire de l'Enfance, 60, rue de la Roquette.

La Solidarité de la rue Trousseau, 38, rue Trousseau. — Distrib. de vêtements et de chaussures aux enfants nécessiteux de l'école.

XIIIe ARR.

Le Vieux Vêtement du XIIIe arrondissement, 1, rue Lacépède (1905). — Procure aux enfants qui en manquent du linge et des vêtements. Vestiaire entretenu par les jeunes filles de l'école publique de l'arr.

XIVe ARR.

Vestiaire de la Sainte-Enfance, 92, boul. Montparnasse. — Paroissial.

Œuvre des faubourgs, 12, rue Crocé-Spinelli. — Récompense par des secours de vêtements, tous les mois, les enfants des familles nombreuses, suivant leurs notes de classe et de patron.

XVe ARR.

Vestiaire de l'Enfance malheureuse du XVe arrondissement, 68, rue de l'Abbé-Groult.

Société de l'Œuvre du vestiaire des écoles communales du XVe arrondissement, à la Mairie.

Œuvre de la Chaussée du Maine, 14, rue Vigée-Lebrun. — Comprend un vestiaire pour enfants pauvres.

XVIe ARR.

Œuvre de la Cagnotte des enfants, 2, place des États-Unis. — Vestiaire d'enfants.

Association de bienfaisance « Pour nos sœurs », 30, avenue de la Grande-Armée. — Confection de trousseaux pour les pupilles de l'Assist. pub.

Vestiaire de la Société des berceaux, 9, rue Dumont-d'Urville (1908). — Layettes, draps et vêtements pour les protégés de l'œuv.

XVIIe ARR.

Œuvre du Vestiaire des petits enfants pauvres, 78, rue Saussure. Fond. par la marquise de Souillac (1899). — Distrib. de vêtements, une fois par mois, aux enfants pauvres de tous les arr. de Paris, jusqu'à l'âge de 7 ans, sans distinc. de sexe et d'état civil.

Vestiaire de l'Ouvroir enfantin du XVIIe arrondissement, 20, rue Jouffroy. — Voir *Œuvres du Trousseau*.

XVIIIe ARR.

Œuvres de la rue Championnet, 174. — Distrib. de vêtements et chaussures aux enfants indigents.

Maison du Peuple, 42, rue Hermel. — Ouvroir de dames charitables pour la confection de vêtements d'enfants pauvres.

XXe ARR.

Œuvre du Vêtement de l'écolier, 84, rue de la Mare (1905). — Vestiaire pour enfants des écoles de tous les arr. de Paris, sans distinc. d'école, culte ou nationalité. Les dames patronnesses travaillent toute l'année à la confection des vêtements.

Œuvre des mères de famille, 1, impasse des Panoyaux. Fond.

par Mme Croix (1911). — Grat. pour femmes et enfants. Vestiaire, jouets, visites médicales, placem. des enfants à la campagne, secours à domicile.

BANLIEUE

SAINT-OUEN. — **Œuvre des vieux souliers** (paroissiale), rue St-Jean, à St-Ouen (1899). — A pour but de fournir des chaussures aux enfants pauvres de St-Ouen.

II. — Vestiaires pour adultes

Ier ARR.

Œuvre de Saint-Luc, 16, rue Duphot. Fond. par Mlle Franche-terre (1893). — Distrib. aux femmes et enfants nécessiteux, sans distinc. de culte, de bonnets, chapeaux, vêtements, chaussures, neufs ou réparés par des dames charitables.

Vestiaire paroissial de Saint-Germain-l'Auxerrois, 13, rue du Roule.

Vestiaire paroissial de Saint-Roch. — S'adresser à l'Église et chez les Sœurs de St. V. de P.

Comité de patronage des apprentis (Églises réformées de Paris), 4, rue de l'Oratoire-St-Honoré. — Secours de vêtements aux apprentis placés sous le patron. du comité.

Vestiaire des Enfants de Marie, 21, rue Croix-des-Petits-Champs (Paroisse Notre-Dame-des-Victoires).

IIe ARR.

Prêts gratuits de couvertures du IIe arrondissement, 44, rue Tiquetonne. Fond. par M. Galabert (1895).

IIIe ARR.

Société de prêts gratuits de couvertures du IIIe arrondissement, 8, rue du Parc-Royal. Fond. par M. Rochefort (1885). — Vestiaire pour l'habillement d'enfants et de vieillards.

IVe ARR.

Le Vestiaire de Paris, 51, rue St-Louis-en-l'Ile (1902). — Recon. ut. pub. Secours de vêtements, chaussures, charbon, et bons d'alimentation.

Ligue contre la misère, 185, rue du Temple. — Vêtements donnés après enquête, les mard. et vend., de 2 h. à 5 h., sur lettre de convocation.

Ouvroir de charité Jeanne-d'Arc, 70, rue de la Verrerie. Dépend du patron. Ste-Geneviève.

Vestiaire paroissial de Notre-Dame des Blancs-Manteaux, 47, rue Vieille-du-Temple. Sœurs de St. V. de P.

V^e ARR.

Vestiaire-ouvroir, 15, rue des Bernardins. — Réunion de dames confectionnant des vêtements pour les pauvres, tous les vend., de 1 h. et demie à 4 h.

Œuvre du prêt de couvertures de Saint-Nicolas-du-Chardonnet. Siège, 15, rue des Bernardins. — Sœurs de St. V. de P.

Ouvroir Saint-Joseph, 71, boulevard St-Michel. Filiale de l'Œuv. des hôp. — Distrib. de vêtements aux malades.

VIe ARR.

Vestiaire du VIe arrondissement, 82, rue de Vaugirard. — Recueille des effets d'habillement de toute nature, pour être distribués après enquête aux malheureux habitant l'arr.

Vestiaire des pauvres, 3, rue de l'Abbaye. — Œuv. paroissiale de St-Germain-des-Prés. Ouvert le vend. à 1 h. et demie.

Vestiaire des hôpitaux, 23, rue des Grands-Augustins (1905). — Recon. ut. pub. Distribue, après enquête, des vêtements aux malades sortant des hôp. et désireux de reprendre du travail. Reçoit ou fait prendre au domicile du donateur les vêtements neufs ou usagés en bon état. Groupes de dames fournissant des vêtements au vestiaire.

Société de prêt gratuit de couvertures et d'habillement de l'enfance du VIe arrondissement, 5, place de l'Odéon (1906). — Pour enfants des deux sexes de 6 à 12 ans et adultes nécessiteux de l'arr.

Vestiaire et prêts de couvertures de laine aux indigents, 95, rue de Sèvres (1894). — Dépendance de l'Œuv. des pauvres malades des faubourgs. Couvertures à la disposition des indigents, dans la plupart des Maisons de charité des Sœurs de St. V. de P. Le bénéficiaire s'engage à rendre le prêt au mois de mai, pour désinfection.

Vestiaire de l'Office central des œuvres de bienfaisance, 175, boul. St-Germain. Voir *Offices*.

Vestiaire des pauvres, 26, rue d'Assas. — Tous les vend. à 2 h.

Œuvre de la Miséricorde pour les pauvres honteux, 175, boulevard St-Germain. — Vestiaire et secours de vêtements par l'intermédiaire des visiteurs et des dames patronnesses aux familles secourues par l'œuv. On peut envoyer au siège ou faire prendre à domicile tous vêtements, chaussures, literie, lingerie ou objets divers, convenant de préférence à des pauvres honteux.

Ouvroir de Saint-Joseph, 39, rue Notre-Dame-des-Champs. — Assoc. de femmes du monde qui confectionnent des vêtements, pour les distribuer aux pauvres des divers arr. de Paris, notamment à ceux qui désirent régulariser leur union en sortant des hôp.

Vestiaire de l'œuvre de la Soupe populaire du VIe arrondissement, 17, rue Dauphine. — Ouvert de 6 à 7 h. s., du 15 novembre au 30 mars.

VIIe ARR.

Société des Visiteurs, 5, rue de Poitiers. — Distrib. de vêtements les merc., à 2 h. et demie et dim. à 10 h., sur lettre des visiteurs visées par les présidents de groupes.

Le Soutien français, 42, rue du Bac. — A un vestiaire destiné aux familles nécessiteuses qu'elle secourt.

Orphelinat des Sœurs de Saint-Vincent-de-Paul, 77, rue de Grenelle. — Ouvroir et confection de vêtements pour les pauvres.

Association Valentin Haüy pour le bien des aveugles, 9, rue Duroc. — Vestiaire et garde-meubles pour les aveugles.

Vestiaire Sainte-Cécile, 34, rue Vanneau. — Voir *Éducation ménagère.*

VIIIe ARR.

Société des Fourmis. Siège chez la présidente, 3, avenue d'Antin. Fond. par Mlle de Monbrison (1889). — Assoc. de jeunes filles protest. Distrib. de vêtements aux pauvres pendant l'hiver. Comité central divisé en 84 sections, subdivisées en groupes d'environ 10 fourmis (6 800 membres) répartis dans toute la France. Chaque membre s'engage à préparer dans l'année au moins 2 vêtements pour hommes, femmes et enfants. Ces vêtements sont remis pour les dons de Noël à des pasteurs ou à des établ. de charité, ou distribués personnellement par les membres de l'œuv.

Ouvroir du Cercle des Hirondelles, 102, avenue des Champs-Élysées. Fond. par Mme Binder (1872). — Ouvroir où travaillent des femmes et jeunes filles du monde, qui distribuent aux nécessiteux les pièces de lingerie confectionnées par elles.

Œuvre des Faubourgs, 37, rue Jean-Goujon. — Secours de vêtements aux familles secourues par l'œuv.

Prêts gratuits de couvertures du VIIIe arrondissement. Siège à la Mairie (1898). — Pour les personnes non inscrites au Bur. de bienf. et habitant l'arr.

Association charitable des Dames du monde, 27, rue d'Anjou. — Distrib. de vêtements neufs ou usagés offerts au vestiaire pour les personnes secourues par l'œuv.

Réunion protestante de charité, 20, rue de Vienne. — Secours de vêtements donnés par les comités de secours. Ouvroir annexé.

Ouvroir, 16, rue de la Ville-l'Évêque. Fond. par Mlle Hébert.

Ouvroir, rue Jean-Goujon. Chapelle des Sœurs Auxiliatrices (ancien Bazar de la Charité).

Vestiaire paroissial, 7, rue de la Bienfaisance. — Un jour par semaine, alternativement mard. et sam.

IXe ARR.

Vestiaire des tuberculeux. Dépend de l'Œuv. de la tuberculose humaine, 9, rue de Bellefond. — Répartit entre les diverses filiales de l'œuv. des vêtements propres et confortables.

Comité de bienfaisance israélite, 60, rue Rodier. — Distrib. grat. de vêtements neufs et usagés et de soupes aux enfants des écoles israélites.

Œuv. de trousseaux (1899) destinés à procurer aux enfants pauvres de Paris des vêtements chauds pour l'hiver.

Société amicale de bienfaisance, 2, rue Gaillard. — Vestiaire annexé pour les assistés de l'œuv.

Xe ARR.

L'Œuvre humanitaire du Xe arrondissement, 48, rue du Marais. — Vestiaire pour nécessiteux de l'arr. et par extension de tous quartiers.

Vestiaire paroissial de Saint-Eugène, 56, rue d'Hauteville.

— — **de St-Vincent-de-Paul**, 6, rue Rocroy.

XIe ARR.

Vestiaire du XIe arrondissement, 41, rue Popincourt. — Distrib. de linge et vêtements aux malheureux.

Vestiaire du patronage Sainte-Marguerite, 16, rue Basfroi. — Secours de vêtements aux membres du patron. et à leurs familles.

Œuvre de patronage des apprentis de l'Église luthérienne, 4, rue Titon. — Secours de vêtements.

Vestiaire de la Maison d'œuvres du faubourg Saint-Antoine, 46, rue de Montreuil. Fond. par Mlle d'Hérouville (1897). — Distrib. de vêtements, chaussures et secours divers aux indigents du quartier pendant l'hiver.

Refuge Benoît Malon, 107, quai de Valmy. — Vestiaire pour les hospitalisés.

XIIe ARR.

Œuvre du Vestiaire du XIIe arrondissement, 28, rue de Cîteaux (1902). — Distrib. de vêtements, lingerie et mobilier aux malheureux de l'arr.

L'Aiguille, 199, rue de Bercy. — Vestiaire et ouvroir pour les pauvres du quartier, entretenu par un comité de dames.

Vestiaire du dispensaire antituberculeux, 7, place Lachambaudie.

XIIIe ARR.

Vestiaire de l'Œuvre de la Mie de pain, 54, rue Bobillot. — Recueille, répare et distribue vêtements, chaussures et lingerie qui lui sont offerts pour les pauvres.

Œuvres charitables et sociales des Malmaisons, 25, rue Gandon. — Vestiaire, ouvroir et prêts grat. de couvertures aux malheureux du quartier.

Ouvroir paroissial, 22, rue Vandrezanne. Sœurs de St. V. de P.

Vestiaire paroissial, 188, rue de Tolbiac.

XIVe ARR.

Œuvre du Vestiaire du XIVe arrondissement, 2, passage Dareau. Fond. par M. J. Dubois et M. Hénaffe (1899). — A pour but de recueillir des dons pour acheter des objets d'habillement destinés aux familles indigentes. Distrib. du 1er novembre au 1er avril, tous les 15 j., et le dim., de 10 h. à 11 h. et demie. Secours réservés à des pauvres habitant le quartier depuis 3 mois.

Vestiaire paroissial de Notre-Dame-du-Rosaire, 182, rue de Vanves.

Œuvre du Chiffon, 174, rue de Vanves. Fond. par Mme Chenu (1895). — Recueille les vieux vêtements, étoffes, linges, tapis, couvertures, rubans, objets mobiliers hors d'usage, soit pour les vendre au profit des indigents, soit pour les leur distribuer après réparations.

Œuvre du Vestiaire des pauvres, 5, rue du Moulin-Vert. — Dépend du patron.

Ouvroir paroissial, impasse Reille. Sœurs franciscaines.

Vestiaire paroissial Saint-Joseph, 92, boulevard Montparnasse. — Réunion des dames de charité le mard., de 1 h. à 4 h.

XVe ARR.

Vestiaire de l'Œuvre de l'hospitalité de nuit, Maison Lamaze, 14, boulevard de Vaugirard. — Pour les hospitalisés.

Mission évangélique, 67, rue du Théâtre. — Secours en aliments et en vêtements aux femmes de la classe ouvrière.

XVIe ARR.

Œuvre du Vestiaire du XVIe arrondissement. Siège à la Mairie (1900). — Distrib. de vêtements après enquête tous les merc., de 9 h. à midi, sur la présentation d'un bon. Les demandes doivent indiquer l'âge, le sexe, la profession des personnes auxquelles les vêtements sont destinés.

Association des veuves protestantes de Paris, 64, avenue du Bois-de-Boulogne. — Secours de vêtements aux veuves appartenant à l'Assoc.

L'Aiguille française. Le Vestiaire national, 30, avenue Henri-Martin. — Distrib. de secours en nature, lingerie et vêtements aux malheureux.

Œuvre de l'Hospitalité du travail, 52 et 54, avenue de Versailles. — Vestiaire pour les hospitalisés.

L'Œuvre libératrice, 1, avenue Malakoff. — Distrib. de vêtements aux protégées de l'œuv.

XVIIe ARR.

Œuvre du Vestiaire, 73, rue de Lévis. Fond. par Mme Chenu-Bacot (1880). — Distrib. de vêtements neufs ou vieux, à Paris ou en province, par l'intermédiaire des pasteurs et des diaconesses de l'Église protest. et des souscripteurs de l'œuv. Les demandes doivent indiquer l'âge, le sexe, la profession des personnes auxquelles les vêtements sont destinés. Distrib. sur remise d'un bon tous les j., de 8 h. à 10 h.

Vestiaire de l'Œuvre de l'hospitalité de nuit, Maison de Livois, 59, rue de Tocqueville. — Secours de vêtements aux hospitalisés.

Œuvre Sainte-Marthe, 66, avenue Malesherbes. — Distrib. de vêtements et secours de loyers. Les adhérents à l'œuv. donnent par an 2 vêtements et 1 fr. de secours.

Vestiaires, 3, impasse Compoint, et 40, rue Balagny.

XVIIIe ARR.

Œuvre du Vestiaire de la Ligue fraternelle de Montmartre, 6, rue

Ste-Isaure (1895). — Fournit des vêtements aux ouvriers et employés des deux sexes sans travail. Bur. tous les lund. s. On ne donne jamais 2 fois à la même personne.

Ouvroir Saint-Michel, 8, rue Ganneron. — Distrib. du travail pour l'assist. à domicile des femmes appartenant à l'Assoc. paroissiale, les merc. et sam., de 2 h. et demie à 5 h.

Vestiaire Sainte-Geneviève, 8, rue Championnet. — Distrib. de vêtements aux pauvres de la paroisse.

Vestiaire de l'Œuvre de l'hospitalité de nuit, Maison Dumolin, 33, rue Doudeauville. — Pour les hospitalisés.

Œuvres ouvrières de Clignancourt, 140, rue de Clignancourt. — Vestiaire de dames.

La Solidarité du XVIIIe arrondissement, 121, rue Marcadet (1900). — Vestiaire annexé.

Œuvre des pauvres du Sacré-Cœur, 31, rue Lamarck. — Vestiaire annexé.

XIXe ARR.

Maison hospitalière pour les ouvriers sans asile et sans travail, 36, rue Fessart. — Secours de vêtements donnés aux hospitalisés.

XXe ARR.

Vestiaire de l'Œuvre du faubourg Saint-Antoine, 57, r. de Charonne. — Distrib. à domicile de vêtements et de linge par des dames protest.

Vestiaire de l'Œuvre de l'hospitalité de nuit, 122, boulevard de Charonne. — Pour les hospitalisés.

Vestiaire du Dispensaire des Tourelles, 6, passage des Tourelles.

Vestiaire de l'Union populaire catholique, 9, rue Croix-St-Simon. — Distrib. de vêtements aux malheureux le sam., à 10 h. Prêts de draps le mard., à 3 h.

Vestiaire, 29, rue Haxo.

BANLIEUE

ALFORTVILLE. — **Ouvroir de charité** (paroissial), 40, rue Le Blanc.

CHARENTON. — **Vestiaire de la Providence Saint-Joseph,** 10, rue de Bordeaux. — Sœurs de St. V. de P. Distrib. de vêtements aux pauvres de la commune. Prêts grat. de linge aux plus indigents.

CLICHY. — **Vestiaire-ouvroir de la paroisse Saint-Vincent-de-Paul,** 7, rue du Landit. — Prêts grat. de draps et distrib. de vêtements aux indigents.

Vestiaire de Clichy, 24, rue Martre. — Sœurs de St. V. de P. Réunions hebdomadaires de dames confectionnant des vêtements pour les pauvres de la paroisse.

LEVALLOIS-PERRET. — 100, rue Fazillau. — Secours de vêtements.

L'HAY. — **Vestiaire**, 6, rue Bronzac. — Sœurs de St. V. de P.

MAISONS-ALFORT. — **Vestiaire pour enfants et adultes**, place de l'Église (paroissial).

NEUILLY. — **Vestiaire paroissial.**

PAVILLONS-SOUS-BOIS. — **Vestiaire paroissial**, 3, rue Émile-Zola.

SAINT-DENIS. — **Ouvroir et vestiaire paroisssial**, 27, rue de la Fromagerie. — Sœurs de St. V. de P. Distrib. de vêtements confectionnés par des dames de charité.

Société de couture pour les pauvres, 12, rue des Chaumettes. Fond. par le Pasteur Schaffner. — Assoc. de dames se réunissant chaque semaine pour confection de vêtements destinés aux pauvres de la commune.

THIAIS. — **Vestiaire**, rue de l'Église. — Œuv. paroissiale.

VINCENNES. — **Ouvroir Saint-Joseph**, 82, rue du Terrier. — Confection et distrib. de vêtements aux pauvres de la paroisse.

VITRY. — **Vestiaire paroissial.** — Secours de vêtements et distrib. à l'Église.

CHAPITRE XXXVIII

ASILES DE NUIT

V[e] ARR.

Asile de nuit de la Société philanthropique, Maison Émile Thomas, 255, rue St-Jacques (1879). — 150 lits pour femmes et enfants. Voir au *XVIIIe arr.*

X[e] ARR.

Hôtellerie populaire de l'Armée du Salut, 33 *bis*, rue de Chabrol (hommes) (1898). — Ouvert jusqu'à minuit. 220 lits. Prix pour la nuit : 0 fr. 40. 3 fr. 50 par semaine en chambre à clef. Les hôtes peuvent y rester sans restriction de temps. Réfectoire avec portions de 0 f. 05 à 0 fr. 10. Voir *Relèvement.*

XIe ARR.

Maison de l'Œuvre de l'hospitalité de nuit, 122, boulevard de Charonne (1888). Œuv. fond. par le baron de Livois (1878). — Recon. ut. pub. 267 lits. A pour but de donner un abri grat. et temporaire pour la nuit aux personnes sans asile, sans distinc. d'âge, de nationalité ou de religion, et de soulager leurs besoins les plus urgents, avec la nourriture grat., pendant 5 nuits, à la seule condition qu'elles observent les mesures de moralité, d'ordre et d'hygiène prescrites par le règlement. Nouvelle hospitalisation après 2 mois. Secours en argent et vêtements donnés aux hospitalisés. Admission de 6 h. à 9 h. s. en hiver, et de 7 h. à 9 h. s. en été. Vestiaire et bains-douches. Placem. Fondateurs : 5 000 fr. Bienfaiteurs : 500 fr. Nom du donateur en tête du lit : 200 fr.

Autres maisons dans les XVe, XVIIe, XVIIIe arr.

Refuge Benoît Malon, 107, quai de Valmy. Dépend de la Préfecture de la Seine (1886). — Grat. pour hommes de toute nationalité. 192 lits. Age minimum d'admission : 17 ans ; au-dessous les enfants doivent être avec leur père. Durée du séjour : 3 nuits. Admission nouvelle après un intervalle de 2 mois. Assist. par le travail. Vestiaire annexé.

Hôtellerie populaire de l'Armée du Salut, 10, rue Fontaine-au-Roi (femmes) (1900). — Ouvert jusqu'à minuit. 190 lits. Prix pour la nuit en dortoir : 0 fr. 30, 2 fr. 50 par semaine en chambrette, 15, 18 et 20 fr. par mois en chambre à clef. Les hôtes peuvent y rester sans restriction de temps. Réfectoire et portions à 0 fr. 10 et 0 fr. 15. Voir *Relèvement*.

XIIIe ARR.

Refuge municipal Nicolas Flamel, 71, rue du Château-des-Rentiers (1889). — 210 lits. 3 catégories d'hospitalisés hommes : 1° passagers avec papiers logés pendant 3 j. et 3 nuits; nouvelle hospitalisation après 2 mois; 2° hommes de corvée non rétribués à la disposition du public; 3° assistés par le travail (ligotiers, menuisiers, tailleurs, serruriers). Salaire : 2 fr. par j.

XVe ARR.

Maison Lamaze de l'Œuvre de l'hospitalité de nuit, 14, boulevard de Vaugirard (1899). — 300 lits. Voir au *XIe arr.*

XVIIe ARR.

Maison de Livois de l'Œuvre de l'hospitalité de nuit, 59, rue de Tocqueville (1878). — 250 lits. Voir au *XIe arr.*

Maison d'accueil de l'Œuvre de l'hospitalité de nuit, 113, rue Cardinet (1910). — Pour femmes et jeunes filles. 35 chambres dont plusieurs à 2 lits. Voir au *XIe arr.*

XVIIIe ARR.

Asile de nuit de la Société philanthropique, Maison Albert Hartmann, 44, rue Labat (1883). — 60 lits. Sœurs de Notre-Dame-du-Calvaire. Grat. Pour toutes femmes sans asile, avec distrib. de soupe à l'arrivée et au départ, sans distinc. de culte, d'âge ou de nationalité. Dortoir spécial pour mères de famille avec enfants de moins de 3 ans. Droit de séjour variable, suivant qu'elles ont des papiers ou qu'elles n'en ont pas. Admissions pour une nuit sans références et papiers, 5 nuits avec références et papiers.

Entrées de 7 à 9 h. s. Vestiaire. Bains-douches. Placem. Fondation d'un lit : 2000 fr. Entretien d'un lit annuel : 100 fr., ou d'un lit de famille (lit et berceau) : 150 fr.

Autres asiles aux Ve et XIXe arr.

Maison Dumolin de l'Œuvre de l'hospitalité de nuit, 33, rue de Doudeauville (1878). — 225 lits, dont 25 pour femmes et enfants. (Compris l'ancienne Maison de la rue Laghouat.) Voir au *XIe arr.*

Asile de nuit israélite, 12, rue des Saules. Fond. par un comité d'israélites russes et roumains (1911). — Recon. ut. pub. Grat. 20 lits et 8 berceaux pour hommes, femmes et enfants logés 5 j. avec papiers, 15 j. sans papiers, nourriture grat. Crèche et ouvroir annexés.

XIXe ARR.

Asile de nuit de la Société philanthropique, Maison Camille Favre,

166, rue de Crimée (1888). — Destiné aux nécessiteux de Paris sans domicile (femmes et enfants). 60 lits pour hommes. Voir au *XVIIIe arr.*

Refuge-ouvroir municipal Pauline Roland, 35, rue Fessart. Fond. par la Ville de Paris (1890). — 160 lits pour femmes sans travail et sans asile. 40 lits pour enfants. Hospitalisation temporaire. Voir *Assist. par le travail.*

XXe ARR.

Asile de nuit George Sand, 3, rue Stendhal (1894). — Refuge municipal pour femmes qui viennent d'accoucher. 100 lits, 12 berceaux. Séjour de 3 nuits. Les enfants de moins de 8 ans sont admis avec leur mère. Voir *Maternité.*

BANLIEUE

ASNIÈRES. — **Troisième section de la Maison départementale d'Asnières** (1887). — Réservée à des indigents sans antécédents judiciaires.

SAINT-MAURICE. — **Asile national de Saint-Maurice** (annexe), 4, rue Rondelet (1886). — 22 lits. Réservé aux indigents sortis de l'Asile de Vincennes. Hospitalisation de 3 nuits. Nourriture fournie par bons alimentaires à prendre dans des Fourneaux économiques.

CHAPITRE XXXIX

ASILES TEMPORAIRES

IVe ARR.

La Colonie agricole de la Chalmelle, par Esternay (Marne). Dépendance de la Ville de Paris. Siège à l'Hôtel de Ville. Fond. par la Ville de Paris (1891). — A pour but de rendre à la vie rurale des hommes qui l'ont délaissée. Pensionnaires envoyés après enquête, âgés de 25 ans à 50 ans. Hospitalisation et nourriture grat. Salaire journalier de 0 fr. 50 par j.

Société philanthropique de l'Asile israélite de Paris, 15, rue du Figuier. Secrétariat, 1, rue Hippolyte-Lebas. Fond. par les israélites russes et roumains de Paris (1900). — A pour but d'hospitaliser temporairement et gratuitement les israélites indigents de passage à Paris et de leur fournir des aliments chauds mat. et s. 45 lits.

V^e ARR.

Asile de nuit pour femmes et enfants, 255, rue St-Jacques (1885). — Dépendance de la Sté philanthropique. Sœurs de Notre-Dame-du-Calvaire. 150 lits et 17 berceaux. Grat. Ouvroir. Voir *Maternité.*

XIIIe ARR.

Asile Michelet, 235, rue de Tolbiac (1893). — Dépendance de la Préfecture de la Seine. Refuge municipal réservé aux femmes enceintes. 200 lits. Pour être admise la femme doit être Française, domiciliée à Paris depuis un an, enceinte de 7 mois et demi. Admissions mard. et sam., à 1 h. et demie, après examen passé par une sage-femme de l'Asile. Admission définitive après visite médicale. Évacuation sur hôp. en cas de maladies contagieuses. Placem. Voir *Maternité.*

XVe ARR.

Abri temporaire, 5, boulevard Victor. Fond. par un groupe d'habitants du XVIe arr. (1907). — Ouvert à tous les honnêtes gens ; ne reçoit que par exception des célibataires hommes. 30 lits.

Refuge de l'hôpital Boucicaut, 48, rue Lacordaire (1897). — Réservé aux femmes enceintes avant leur admission à Boucicaut. Dépend de l'hôp. S'y adresser. Voir *Maternité.*

Asile temporaire des libérés (hommes), 25, rue des Cévennes. — Dépend. de la Sté générale pour le patron. des libérés. Voir *Patron. des libérés.*

Asile maternel, 201, avenue du Maine (1886). — Dépend. de la Sté philant. Hospitalisation pendant 15 j. de femmes indigentes, ayant besoin de repos après leurs couches. Voir *Maternité.*

Asile temporaire des libérées, 49, rue de Lourmel. — Dépend. de la Sté générale pour le patron. des libérés. Voir *Patron. des libérés.*

XVIe ARR.

Asile François Delessert, 5, rue Lekain. Fond. par Mme Delessert (1872). — Dirigé par une diaconesse et réservé aux femmes protest. âgées. Grat.

Œuvre de l'hospitalité du travail, 54, avenue de Versailles. Fond. par le comte de Laubespin (1892). — Sœurs de Notre-Dame-du-Calvaire. Hospitalisation grat. et temporaire réservée aux ouvriers sans travail. Voir *Assist. par le travail.*

Œuvre de l'hospitalité du travail, 52, avenue de Versailles (1880). — Sœurs de Notre-Dame-du-Calvaire. Maison de travail pour femmes ou filles sans asile. Voir *Assist. par le travail.*

Œuvre des pauvres honteux. Foyer temporaire, 128, avenue de Versailles. Fond. par Mlle Mignard (1890). — Recon. ut. pub. Reçoit grat., sans distinc. de nationalité ni de religion, les jeunes filles se trouvant sans ressources : institutrices, artistes et femmes du monde ayant éprouvé des revers de fortune. Nourriture, dons de vêtements, soins aux malades, et placem. S'adresser les mard., jeud., de 3 à 5 h.

A cette œuv. est annexée une Sté libre de secours mutuels et de retraite, le « Cercle familial ». Voir *Maisons de retraite. Vieillesse.*

XVIIe ARR.

Refuge Béquet de Vienne, 9, rue J.-B.-Dumas. Dépendance de la Sté de l'allaitement maternel. — Réservé aux femmes enceintes. Voir *Maternité.*

Maison d'accueil pour femmes et jeunes filles, 113, rue Cardinet. Dépendance de l'Œuv. de l'hospitalité de nuit. — Voir *Préservation.*

XVIIIe ARR.

Abri Saint-Joseph, 38, rue du Chevalier-de-la-Barre. Dépend. de l'Œuv. de l'hospitalité universelle et grat. de Notre-Dame-des-Sept-Douleurs. Siège à Nantes. — Hospitalité grat. des femmes, jeunes filles, mères de famille et enfants des deux sexes, sans distinc. d'âge, de condition, de religion, de passé. Assist. par le travail. Placem.

XIXe ARR.

Maison hospitalière pour les ouvriers sans travail, 36, rue Fessart. — Voir *Assistance par le travail à l'atelier.*

XXe ARR.

Asile temporaire pour femmes, 14, rue du Retrait. Fond. par Mme Risler (1888). — Direction protest. 31 lits. Reçoit des femmes et jeunes filles sans asile particulier, non exclusivement protest., et avec leur mère des enfants âgés de moins de 12 ans, les garçons jusqu'à 6 ans, par exception les enfants seuls. Assist. par le travail. Voir *Asiles temporaires du 1er âge.*

BANLIEUE

BAGNEUX. — **Maison Saint-Michel,** 1, rue des Écoles. — Reçoit des hommes sans travail, leur apprend un métier s'ils n'en ont pas, et contribue à leur relèvement. Voir *Assistance par le travail à l'atelier.*

BILLANCOURT. — **Asile temporaire,** 216, boulevard de Strasbourg. Dépend de l'Œuv. des libérées de St-Lazare. Voir *Relèvement.*

BOULOGNE. — **Asile temporaire,** rue Ernest-Meyer. — Admet les jeunes gens de l'un et l'autre sexe, moyennant pension de 30 fr. par mois. Placem.

SAINT-MAURICE. — **Asile national Vacassy,** 14, du Val-d'Osne. Fond. par suite du legs de M. Vacassy (1890). — Direction laïque. 56 lits. Reçoit grat. des ouvriers conval. réduits, par suite d'accidents dans Paris, à une incapacité de travail.

S'adresser au Ministère de l'Intérieur, 7, rue Cambacérès.

NANTERRE. — **Maison départementale** (1887). — Voir *Assist. par le travail.*

CHAPITRE XL

ASSISTANCE PAR LE TRAVAIL A L'ATELIER ET A DOMICILE

Le travail est le moyen de subsistance qui doit être donné au pauvre en état de travailler. Cette formule de La Rochefoucauld apparaît comme la devise de ce chapitre. Dans la première section ont été groupées toutes les œuv. d'Assist. par le travail à l'atelier, leur but étant de substituer à une légère aumône, accordée au hasard des sollicitations, une aide véritable, salutaire, désirable, à celui qui la mérite par son travail. Ces œuv. contribuent à réprimer la mendicité, à lutter contre le vagabondage, en même temps qu'elles s'efforcent d'atténuer les lamentables conséquences du chômage.

Dans la deuxième section ont été réunies, sous la rubrique Assist. par le travail à domicile, toutes les œuv. destinées à secourir à leur foyer même celles qui réclament leur aide. Elles procurent aux mères de famille retenues auprès de leurs enfants, aux jeunes filles qui redoutent les dangers de l'atelier, aux femmes du monde tombées dans la misère, des travaux rémunérés aussi largement que possible.

I. — Assistance par le travail à l'atelier

IIe ARR.

Société d'assistance par le travail, 5, place des Petits-Pères. Fond. par M. Blachette, conseiller municipal (1893). — Subventionnée par le Conseil général et le Conseil municipal. Vient en aide aux nécessiteux des deux sexes, valides, encore en état de travailler, en leur procurant un travail temporaire, soit dans l'établ. fondé à cet effet, soit à domicile en attendant leur placem. définitif ou leur rapatriement.

La Sté reçoit les hommes et les femmes sans ouvrage de tous les arr. et du département de la Seine, sur la présentation de bons de 0 fr. 10, remis aux membres de la Sté. Cette valeur n'est due par le sociétaire que si le bon a été utilisé par le porteur. Pour être membre de la Sté, il faut verser une cotisation de 6 fr. par an au moins. Des bons de 1 fr. 50 sont émis et vendus aux personnes étrangères.

Tout porteur d'un bon sera, sur sa seule présentation, inscrit pour le travail et admis au fur et à mesure des places disponibles à l'atelier.

Le travail est facile : les hommes dépècent des noix de corozo ou décousent de vieux corsets ; les femmes ourlent des torchons.

La durée du travail ne doit pas dépasser 15 j. en principe.

Les assistés sont nourris grat. L'intégralité de leur travail leur est payée sans aucune retenue, à moins de malfaçon. La Sté distribue grat. aux assistés des bons de logement aux asiles de nuit, des vêtements.

Les ateliers sont ouverts de 7 h. du mat. à 5 h. et demie du s.

IIIe ARR.

Ouvroir du Cercle Amicitia, 12, rue du Parc-Royal. — L'atelier est ouvert tous les j., de 8 h. un quart du mat. à 6 h. du s. Voir *Assist. par le travail à domicile.*

IVe ARR.

Ouvroir-atelier pour les ouvrières sans travail, 20, rue de Sévigné. Fond. par Mme B. Ulmann (1892). — Direction laïque. Cet atelier de travaux de couture faciles reçoit toutes les femmes, sans distinc. de culte ni d'origine, après enquête, pour un temps qui ne peut dépasser un mois consécutif. Les ouvrières travaillent de midi à 6 h. du s., et reçoivent un salaire fixe de 1 fr. 20. A midi, une soupe grat. leur est servie. Elles ont droit à un j. par semaine pour réparer leurs vêtements.

Œuvre de la Maison de charité, 30, rue Geoffroy-Lasnier. — Assist. par le travail à l'atelier. Tous les j., de 1 h. et demie à 5 h., quelques femmes et jeunes filles éprouvées par le chômage sont admises à l'atelier, où elles reçoivent environ 1 fr. de salaire. Voir *Assist. par le travail à domicile.*

VIe ARR.

Office central des œuvres de bienfaisance, 175, boulevard St-Germain. — L'Office s'efforce par tous les moyens de procurer du travail aux malheureux valides des deux sexes, notamment des travaux de couture et d'écriture, et de faire des démarches pour leur trouver des emplois.

Il dirige les indigents, qui n'ont pas pu réussir à se placer, sur deux Maisons de travail fond. sous son patron. : les hommes, à la Maison de travail, 33, rue Félicien-David (XVIe) ; les femmes, à l'Œuv. de l'hospitalité du travail, 52, avenue de Versailles (XVIe). Voir au même chapitre ces *œuv. et offices.*

Maison de travail pour jeunes gens, 149, rue de Rennes (1905). —

Filiale du Patron. de l'enfance et de l'adolescence. Fond. par M. Rollet. Pour les garçons de 12 à 18 ans, sans asile et sans pain. Ceux de moins de 13 ans vont en classe; les autres sont occupés à un travail simple et modéré, en échange de la nourriture et du logement. Voir *Relèvement*.

Union d'assistance par le travail du VIe arrondissement, 75, boulevard du Montparnasse. Fond. par M. Defert (1892). — Recon. ut. pub. A pour but de venir en aide aux ouvriers et ouvrières valides sans travail de Paris, en état de chômage involontaire, en leur donnant un asile et en subvenant à leurs besoins immédiats, pendant assez longtemps pour qu'ils puissent trouver du travail.

Admet tous les indigents sans exception, munis de bons de travail (ces bons sont remis en nombre illimité aux adhérents de l'œuv.), et justifiant d'être sans travail. L'admission est faite pour un temps indéterminé.

Les travaux exécutés sont faciles (ligots, porte-fiches). Les indigents porteurs d'un bon de travail peuvent se présenter de 8 h. à 10 h. et de 1 h. à 3 h., sauf le dim.

Les assistés sans famille et sans domicile ne reçoivent pas de salaire en argent, mais des bons de couchage chez des logeurs et des bons de repas chez un restaurateur. Les assistés qui ont une famille et un domicile reçoivent en argent l'équivalent du repas et du coucher.

Atelier Jeanne-d'Arc, 8, rue de la Barouillère. Fond. par Mlle Mainfroy (1909). — Donne du travail aux jeunes filles de 13 à 20 ans, munies de recommandations très sérieuses de personnes connues. Aucune course, corvée, veillée ou travail le dim. ne sont faites par les ouvrières.

Tous les 3 mois, un concours partiel est organisé entre les ouvrières les plus habiles. A la fin de l'année, un concours général décerne une bourse à la plus digne.

VIIe ARR.

Œuvre de Sainte-Blandine, 42, rue Barbet-de-Jouy. Fond. par Mlle de Costigliole (1906). — Occupe des jeunes filles à la réparation, au blanchissage et à l'emploi des dentelles anciennes. Se charge de terminer les ouvrages de dames et d'exécuter les broderies en tout genre.

S'y adresser le merc. et le vend., de 1 h. à 4 h. s.

Société générale pour le patronage des libérés, 174, rue de l'Université (1870). — Recon. ut. pub. Procure du travail aux libérés qu'elle recueille temporairement, les hommes dans un Asile, 25, rue des Cévennes, les femmes dans un Asile, 49, rue de Lourmel, où le travail est obligatoire. A la sortie de ces Asiles on leur remet toutes les sommes gagnées, sous déduction d'une retenue journalière de 0 fr. 50 pour frais d'entretien.

Société ouvrière des arts et métiers de la femme, 15, rue de Solférino. Fond. par Me Jeannerod (1907). — A pour but de procurer un travail constant et rémunérateur aux ouvrières, en supprimant l'intermédiaire. Elle s'efforce surtout de créer des Ateliers en province, où elle en a fondé 10 ; un seul Atelier fonctionne à Paris. Admet toutes les femmes, sans conditions.

Travaux de broderies artistiques, dentelles, tapisseries, trousseaux et layettes.

Magasin de vente, 229, boulevard St-Germain. Voir *Assist. par le travail à domicile.*

VIIIe ARR.

Fondation Mamoz. L'assistance par le travail, 170, rue du Faubourg-St-Honoré. — Écritures à l'atelier pour les hommes. Voir *Assist. par le travail à domicile.*

Œuvre de l'Étoile, 17, rue de Chateaubriand. — Reçoit des femmes et des jeunes filles, qui exécutent des travaux de lingerie fine : trousseaux, layettes, pour être vendus au siège de l'Œuv. Voir *Assist. par le travail à domicile.*

Le Repos, 15, cité du Retiro. — Un atelier de bonneterie permet aux jeunes filles qui doivent passer au Repos plusieurs mois ou plusieurs années de couvrir leurs frais de séjour par le travail, en y exécutant toutes les commandes de bonneterie élégante que l'œuv. sollicite. Voir *Convalescence.*

Comité central des œuvres d'assistance par le travail, 49, rue de Miromesnil. — Voir *Stés d'études et de propagande.*

IXe ARR.

Le Tricot populaire, 2, rue Chaptal (1910). — Sté industrielle, assurant aux jeunes filles honnêtes un travail rémunérateur après un apprentissage rétribué. Admission de 15 à 21 ans, après examen professionnel.

Xe ARR.

Atelier coopératif de couture, 13, rue d'Alsace. — Ouvert à toutes les ouvrières, de 9 h. du mat. à 5 h. du s.

XIe ARR.

L'Atelier, 54, rue St-Maur. — Vient en aide aux ouvriers israélites qui souffrent du chômage, en leur procurant du travail jusqu'à ce qu'ils aient trouvé un emploi.

Société protestante du travail et Société du travail, 95, rue Sedaine. Fond. par M. Schmidt (1871). — Recon. ut. pub. A pour but de procurer du travail à ceux qui en demandent et qui ont justifié de leur honorabilité ; aucune distinc. de religion et de nationalité.

Atelier de la Société de patronage des jeunes adultes libérés, 22, rue Fétion. — Établi par la Société de patronage (siège social, 14, place Dauphine) pour les jeunes libérés, qui reçoivent un salaire minimum de 1 fr. 50, afin d'assurer leur pension dans les établissements du quartier. Après une période d'épreuve, lorsqu'ils ont donné des gages d'assiduité et de bonne conduite, la Société s'occupe de leur trouver une situation et leur donne un certificat. Voir *Relèvement.*

XIIe ARR.

Société des Ouvroirs-Ateliers pour les ouvrières sans travail, 114, rue Michel-Bizot (1908). — Fond. au moyen d'un legs de la baronne de Rothschild. — Voir *même Société* (*XVe*).

XIIIe ARR.

Assistance par le travail des Œuvres sociales des Malmaisons, 25, rue Gandon. — Ouvroir fondé sous le patronage de la Ligue patriotique des Françaises, réunissant une fois par semaine les mères de famille, pour leur apprendre à confectionner les vêtements de leurs enfants, et augmenter leurs ressources en leur procurant du travail à domicile. Magasins de vente des articles confectionnés à l'Ouvroir, 25, rue Gandon, et 10, rue Pauquet.

Refuge municipal Nicolas Flamel, 67-69, rue du Château-des-Rentiers. Fond. par la Ville de Paris (1886). — Atelier de fabrication de ligots pour les services municipaux, installé en 1894 pour les hommes. Le séjour réglementaire de 20 j. donne droit à la nourriture, à un salaire payé à la fin du séjour, et à l'abri dans le Refuge pendant 3 nuits, afin de pouvoir chercher du travail pendant le jour.

Société des Ouvroirs-Ateliers pour les ouvrières sans travail, 46, rue Jeanne-d'Arc. Fond. au moyen d'un legs de la baronne Ad. de Rothschild (1908). — Voir *même Société* (*XVe*).

XIVe ARR.

Société des Ateliers d'aveugles, 1, rue Jacquier. — A pour but de procurer aux aveugles les moyens d'exercer un état.

Société des Ouvroirs-Ateliers pour les ouvrières sans travail, 10, rue du Lunain. Fond. au moyen d'un legs de la baronne Ad. de Rothschild (1908). — Voir *même Société* (*XVe*).

Société des Ouvroirs-Ateliers pour les ouvrières sans travail, 129 *bis,* rue St-Charles. Fond. par Mme Ferdinand Dreyfus (1891). — Recon. ut. pub. Siège social, 98, avenue de Villiers. L'œuv. reçoit dans ses Ateliers, au nombre de six, les femmes munies de bons de travail, que le comité de direction délivre gratuitement aux membres de l'œuv., ou recommandées par l'un d'eux. Elle reçoit directement celles qui, après enquête sommaire, sont reconnues dignes d'intérêt. Les femmes sont admises avec leurs enfants âgés de moins de 2 ans ; elles restent à l'Ouvroir pendant un temps qui varie, suivant leur situation, de 6 j. à 1 mois. Elles ne peuvent être admises à nouveau qu'après un délai de 6 mois.

Elles sont occupées, de midi à 6 h. du s., à des travaux de couture faciles, et reçoivent un salaire de 1 fr. 20 payé en argent; une soupe leur est servie à midi.

Elles raccommodent une fois par semaine leurs vêtements personnels et ceux de leur famille; elles confectionnent des chemises et des layettes, dont une distrib. leur est faite deux fois par mois.

Les 6 Ateliers-Ouvroirs de la Sté travaillent gratuitement pour toutes les œuv. d'assist. ou de solidarité qui s'adressent à eux et leur fournissent les matières premières. Ils sont situés :

XIIe arr. 114, rue Michel-Bizot.
XIIIe — 46, rue Jeanne-d'Arc.
XIVe — 10, rue du Lunain.
XVe — 129 *bis*, rue St-Charles.
XVIIIe — 39, rue Doudeauville.
XXe — 13, avenue Gambetta.

XVIe ARR.

Œuvre de l'hospitalité du travail, 52, avenue de Versailles; 33, rue Félicien-David.

1° *Maison de travail pour les femmes,* 52, avenue de Versailles. Fond. par M. L. Lefébure et par la Sœur St-Antoine (1880). — Dirigée par les Sœurs de Notre-Dame-du-Calvaire. A pour but d'offrir un abri grat. et temporaire, sans distinc. de nationalité ni de religion, à toute femme ou fille sans asile, décidée à chercher dans le travail le moyen de gagner honorablement sa vie, d'occuper utilement ses pensionnaires, de chercher à rendre l'habitude du travail à celles qui l'auraient perdu, de les aider à se procurer un emploi honorable. Les femmes recueillies par l'œuv. directement et sans bons sont employées à des travaux de blanchissage, de couture, etc., moyennant un salaire de 1 fr. 50 par jour, payé en argent. Elles sont, en outre, logées, blanchies gratuitement, et la plupart reçoivent du linge, des vêtements, des chaussures. Une demi-journée par semaine leur est accordée pour chercher du travail. L'œuv. s'occupe de leur en trouver, ou, s'il y a lieu, de les rapatrier. Elle les garde pendant 40 j. au plus, et, sauf exception motivée, ne les réadmet qu'après un délai de 6 mois.

2° *Maison de travail pour les hommes,* 54, avenue de Versailles, et 33, rue Félicien-David. Fond. sur l'initiative de M. Lefébure et sous les auspices de l'Office central des œuv. de bienf., au moyen d'un don du comte et de la comtesse de Laubespin (1892). — Cette Maison reçoit, sans distinc. de religion ni de nationalité, les ouvriers sans travail qui lui sont recommandés ou se présentent directement. Elle les emploie au cardage de matelas et surtout à des travaux de menuiserie (meubles de cuisine, articles de cave, d'écurie, de jardin).

Elle leur donne un salaire de 2 fr. payé en argent. Elle les garde pendant 20 j. au plus, et ne les réadmet qu'après un délai de 3 mois.

On leur laisse l'après-midi du merc. pour chercher des emplois qu'on les aide à se procurer. Les pensionnaires de l'œuv. peuvent prendre leurs repas dans la maison moyennant un prix très modique ou l'apporter du dehors. Ils reçoivent, moyennant 0 fr. 35, un bon de couchage dans une maison installée par l'œuv., 7, rue Gutenberg, qui les reçoit jusqu'à 8 h. du s., et d'où ils doivent repartir avant 7 h. du mat. Magasin de vente : 53, rue des Sts-Pères. Vestiaire annexé.

L'Entr'aide, 146, avenue Émile-Zola. — Groupement d'ouvrières pour la lingerie fine et lingerie courante. Voir *Assistance à domicile*.

Union d'assistance du XVIe arrondissement. Siège social à la Mairie, 71, avenue Henri-Martin (1891). — Recon. ut. pub. Direction laïque. A pour but de venir en aide aux femmes nécessiteuses et aux ouvriers sans emploi de l'arrondissement, en leur donnant du travail. A établi à cet effet : 1° un Ouvroir pour les femmes; 2° deux Ateliers pour hommes, 7, avenue de Versailles, l'un de ligots résinés, l'autre de serrurerie commune, fondé en 1906, où l'on emploie les ouvriers âgés. Dans ces Ateliers le travail s'exécute à la tâche ou à la journée, mais le salaire ne peut pas dépasser la somme de 2 fr. par j. Admission : en principe, ne sont admis à l'Ouvroir et aux Ateliers que sur présentation de Bons délivrés par des membres de l'œuv., des associations charitables, certains Bureaux de bienfaisance. Les Bons remis aux adhérents sont de deux sortes :

1° Bons fermés : cartes-lettres sur lesquelles l'adhérent indique ce qu'il désire pour son protégé (secours en argent ou en travail).

2° Bons de 0 fr. 50 ou de 1 fr. remis par carnets de 20 bons remboursés par l'adhérent, lorsqu'il en aura été fait usage.

3° Enfin des Bons de 0 fr. 25 sont mis à la disposition de toute personne charitable, désireuse de substituer à l'aumône un secours en travail.

Munis de ces Bons, les nécessiteux sont assistés par la Sté, qui double toujours la valeur des Bons, et les garde, quand ils sont jugés dignes d'intérêt, le temps nécessaire pour trouver un emploi.

Cantine. — Une cantine, installée en 1898, distribue gratuitement des soupes aux assistés; moyennant 0 fr. 10 et 0 fr. 15, portions de viande et de légumes. Placem. Hôtellerie populaire.

XVIIe ARR.

Société d'assistance par le travail des VIIIe et XVIIe arrondissements, 141 *bis*, rue Saussure. Fond par M. Gaufrès (1890). — Recon. ut. pub. Direction laïque. Reçoit dans deux Ateliers les porteurs de Bons de travail, quel que soit leur domicile. Ces Bons, d'une valeur de 3 h. de travail, ou 0 fr. 75, destinés à être donnés au lieu d'une banale aumône, sont mis à la disposition des sociétaires, qui ont droit gratuitement à un nombre de Bons représentant la moitié du montant de leur cotisation. Tout porteur d'un Bon est admis à l'Atelier, et reçoit en échange de 3 h. de travail une rémunération de 0 fr. 75. Les hommes sont occupés à un Atelier de ligots résinés, les femmes fabriquent des porte-fiches.

S'il le demande et si l'état de l'Atelier le permet, l'assisté pourra, après enquête faite par le comité, être occupé quelque temps, sans que son séjour puisse dépasser 15 j.

Fourneau. — Outre ce salaire de 0 fr. 75 pour une demi-journée ou de 1 fr. 50 pour une journée de travail, les assistés reçoivent gratuitement une soupe au Fourneau, à 11 h. du mat. et à 5 h. du s.

XVIIIe ARR.

Œuvre des pauvres du Sacré-Cœur, 31, rue Lamarck (1894). — Reçoit des hommes indigents sans travail, en occupe un certain nombre, en atelier, à des travaux de cartonnage, de brochage ; s'efforce de procurer des corvées de toutes sortes, courses, distrib. de prospectus, etc.

Société des Ateliers-Ouvroirs pour les ouvrières sans travail, 39, rue Doudeauville. Fond par Mme Ferdinand Dreyfus (1892). Voir *même Société* (*XV*[e]).

Société d'assistance par le travail du XVIIIe arrondissement, 25, rue des Saules. Fond. par la Mairie du XVIIIe arr. (1896). — Subventionnée. A pour but de venir en aide aux hommes nécessiteux en état de travailler, en leur procurant un labeur temporaire. C'est le Bur. de bienf. qui délivre aux indigents habitant le XVIIIe arr. des Bons, avec lesquels ils se présentent à l'Atelier, où ils sont occupés pendant 5 j. seulement, de 8 h. à 11 h. du mat. et de midi à 3 h. du s., à raison de 2 fr. par j., à confectionner des margotins résinés, vendus 4 fr. 50 le 100.

La Sté s'occupe de placer les assistés les plus intéressants.

XIXe ARR.

Atelier départemental pour les ouvriers mutilés, estropiés ou infirmes, Annexe B, 91, rue Compans. Voir *même chapitre, Montreuil-sous-Bois.*

Maison hospitalière pour les ouvriers sans asile et sans travail, 36, rue Fessart. Fond. par M. le Pasteur Robin (1880). — Recon. ut. pub. Dirigée par un comité, elle a pour but d'offrir un abri temporaire aux ouvriers sans asile et sans emploi, en leur fournissant momentanément du travail. 47 lits.

Ouverte à tous les hommes, sans distinction d'âge ou de religion, munis d'une carte d'entrée délivrée par un bienfaiteur de l'œuv., qui rembourse cette carte-bon de 1 fr. 50, lorsqu'elle a été utilisée. A partir de ce moment, l'indigent est hospitalisé pour un temps indéterminé, mais à condition d'observer le règlement et de travailler, sinon il est renvoyé sans pouvoir être admis de nouveau. Sauf pendant la matinée, réservée à la recherche d'emplois, le travail est de rigueur : fabrication de tapis de cuir, de margotins. Le gain de chaque homme est proportionné à la tâche accomplie ; le payement se fait en nature : repas, coucher, vêtements.

Les hommes mariés ayant leur domicile peuvent, exceptionnellement, recevoir leur salaire en argent.

Refuge-Ouvroir municipal Pauline-Roland, 35 et 37, rue Fessart. Fond. par la Ville de Paris (1890). — Direction laïque. Admet les femmes en bonne santé, valides, capables de travailler, et momentanément sans emploi ; les loge, les nourrit gratuitement, ainsi que leurs enfants (157 lits, 21 lits d'enfants, 19 berceaux).

L'admission a lieu tous les j. à 9 h. du mat., mais ne devient définitive qu'après examen du médecin constatant l'absence de maladie contagieuse.

Les hospitalisées sont employées à un Atelier de couture ou à la buanderie ; elles reçoivent, outre le logement, la nourriture et les vêtements, une rémunération atteignant 0 fr. 20 à 0 fr. 75 par journée.

La durée du séjour est fixée à 4 mois. Aucune réadmission ne peut être prononcée, sauf en cas de grossesse, avant un intervalle de 2 ans. Chaque hospitalisée reçoit à sa sortie le pécule qu'elle a gagné, et sur lequel, pendant son séjour, il ne lui est fait que des avances de 2 fr. par mois.

Les femmes sont reçues avec leurs enfants, les garçons jusqu'à 7 ans seulement. Les enfants sont envoyés : de 1 j. à 1 an, à la crèche ; de 1 an à 3 ans, à la pouponnière ; de 3 ans à 8 ans pour les garçons et à 12 ans pour les filles, à l'école maternelle.

XXe ARR.

Atelier départemental pour les ouvriers mutilés, estropiés ou infirmes, Annexe A, 13, rue Planchat. — Voir à *Montreuil-sous-Bois, même chapitre.*

Société des Ouvroirs-Ateliers pour les ouvrières sans travail, 13, avenue Gambetta. Fond. au moyen d'un legs de la baronne Ad. de Rothschild (1908). — Voir *même Société (XVe).*

La Solidarité de Ménilmontant, 52, rue Stendhal. — Œuv. chrétienne d'ut. sociale, mettant à la disposition des mères de famille et dames seules une salle de travail, du coton et de la laine. Direction protest. Vend., 2 h. à 4 h. s.

BANLIEUE

ARGENTEUIL. — **Atelier d'Argenteuil,** 78, rue St-Germain. Fond. par la Sté de placem. et de secours et le peintre Ziem (1893). — Personnel laïque. 20 places. Loge, chauffe, nourrit, blanchit gratuitement des jeunes filles sorties de l'Institution nationale des aveugles. Travaux de broderie, crochet et filet.

BAGNEUX. — **Maison Saint-Michel,** 1, rue des Écoles. Fond. par M. l'abbé de Baudicour (1909). — Direction cath. A pour but de venir en aide aux ouvriers sans ressources, que l'âge ou les circonstances empêchent de trouver du travail. Offre à l'ouvrier sans emploi l'hospitalité la plus large. Le travail est de rigueur : jardinage, menuiserie, filet de pêche, aviculture. Moyennant ce travail, l'ouvrier est logé, nourri, blanchi, pour un temps indéterminé, jusqu'à ce qu'il ait trouvé un emploi que la maison s'efforce de lui procurer. Aucune condition d'âge, de domicile ou de religion n'est imposée pour l'admission.

CLAMART. — **Asile-Ouvroir Jeanne-d'Arc**, rue du Nord.

MONTREUIL-SOUS-BOIS. —**Atelier départemental pour les ouvriers mutilés, estropiés ou infirmes**, 64, rue Arsène-Chéreau. Fond. sur l'initiative de M. Marsoulan (1899), administré par le Préfet de la Seine. — A pour but de donner aux ouvriers blessés ou estropiés du travail en rapport avec leurs aptitudes, afin de leur permettre de gagner leur vie. Les Ateliers, au nombre de trois : 64, rue Arsène-Chéreau, à Montreuil-sous-Bois, 91, rue Compans, et 13, rue Planchat, à Paris, reçoivent les hommes et les femmes de nationalité française, mutilés ou infirmes, âgés d'au moins 13 ans, et résidant depuis 10 ans dans le département de la Seine. Ils sont employés à des travaux de reliure et à la confection de paillassons de jonc. Leur salaire quotidien varie de 1 fr. 75 à 3 fr. L'admission se fait sur une liste dressée par la commission, et sur laquelle le Préfet se prononce au fur et à mesure des vacances.

NANTERRE. — **Maison départementale**, 75, avenue de la République (1887). — Reçoit, dans une de ses sections, des ouvriers sans travail, et leur remet la moitié de leur salaire. Voir *Hospices.*

THIAIS. — **Atelier Sainte-Agnès.** Fond. par Mme de la Girennerie (1889). — Recueille des jeunes filles dans la misère et leur procure le moyen de gagner leur vie. École ménagère et d'apprentissage.

Maison de travail pour le département de la Seine. Siège social et Maison de travail, 27, 29 et 31, avenue René-Panhard. Fond. par un comité (1902). — Recon. ut. pub. Cette Maison de travail est, pour ainsi dire, l'*Annexe charitable du Tribunal de la Seine.* Des divers services de ce Tribunal (spécialement du petit Parquet) y sont dirigés les individus qui, inculpés de délits peu graves, tels que vagabondage, mendicité, et jugés plus misérables que coupables, sont remis en liberté sans avoir été condamnés, et paraissent susceptibles de se relever par le travail. Elle a pour but : 1° de les hospitaliser sous la condition du travail ; 2° de leur procurer un placement, de les rapatrier, ou de faciliter leur engagement volontaire dans l'armée. Les hospitalisés sont tout d'abord soumis à un stage de 10 j., et ils ne sont admis définitivement que si cette période d'épreuve établit leur sincère désir de travailler. Les Ateliers sont remis à des industriels, pour le compte desquels les hospitalisés sont employés à des travaux faciles, n'exigeant qu'un court apprentissage ; le salaire moyen est, par j. et par homme, d'environ 1 fr. 80. Sur les salaires, la Sté prélève une minime quote-part (les six dixièmes avec limite maxima de 1 fr. par j.), à titre de contribution par l'hospitalisé aux frais occasionnés par son logement, sa nourriture, ses vêtements et son entretien. Le reste est remis aux hospitalisés, à leur sortie de la Maison de travail.

II. — Assistance par le travail à domicile

IIe ARR.

L'Aiguille à la campagne, 28, rue St-Marc. Fond. par Mlle de Marmier (1897). — A pour but de retenir la jeune fille à la campagne, en lui procurant du travail et un salaire rémunérateur, tout en cherchant à lui être utile moralement et matériellement.

IIIe ARR.

Ouvroir du Cercle Amicitia, 12, rue du Parc-Royal. Fond. par un comité de dames protestantes (1898). — A pour but de procurer du travail sans intermédiaire aux ouvrières lingères, soit à domicile, soit à l'atelier. Exécute des travaux pour les grands magasins, fait sur commande layettes et trousseaux, linge de maison, raccommodage de linge et de robes. Comptoir de bienfaisance. Le travail est donné à domicile à toute femme qui se présente, munie de références et sachant travailler. Voir *Assist. par le travail à l'atelier.*

IVe ARR.

Assistance par le travail, 47, rue Vieille-du-Temple (1900). — Sœurs de St. V. de P. Fournit aux mères de famille du quartier du travail à domicile : confection de draps, serviettes, torchons.

Réception du travail et admission des ouvrières, 10, rue des Guillemites, tous les j. à 5 h. s.

Œuvres de la Maison de charité, 30, rue Geoffroy-Lasnier. — Assistance par le travail à domicile. Distrib. de travaux de couture aux mères de famille. Le mard. de 9 h. à 10 h. Voir *Assist. par le travail à l'atelier.*

Ve ARR.

Petite œuvre Jeanne-d'Arc, 17, rue Linné. Fond. par un Comité catholique de dames patronnesses (1902). — Direction laïque. Procure des travaux de couture à domicile, confection et lingerie fine, aux mères de famille du quartier, de religion cath. Ouvert tous les j., de 9 h. mat. à 12 h. et de 1 h. et demie à 6 h. du s.

VIe ARR.

Œuvre d'assistance par le travail de la Maison du peuple, 70, rue Bonaparte. — Œuv. cath. Direction laïque. Donne des travaux de lingerie à exécuter à domicile à toutes les femmes qui se présentent, munies de références sérieuses. La directrice reçoit le merc. et le sam., de 9 h. à 11 h. mat.

Union d'assistance par le travail du VIe arrondissement, 75, boulevard du Montparnasse (1892). — Recon. ut. pub. Cette œuv. a institué, depuis 1908, un Ouvroir qui fournit aux femmes assistées des travaux de lingerie à exécuter à domicile. Voir *Assistance à l'atelier.*

VIIe ARR.

Association Valentin Haüy pour le bien des aveugles, 7, rue Duroc. — Distribue du travail à domicile : ouvrages de laine au crochet ou au tricot, aux femmes aveugles qui lui sont recommandées. Donne aux hommes et femmes aveugles des cornets de papier à confectionner. (L'Assoc. sollicite avec instance les dons de vieux papiers.) Ateliers de brosserie pour les femmes, chez les Sœurs de St. V. de P., 88, rue Denfert-Rochereau, patronnés par l'Association.

Œuvre d'assistance par le travail à domicile des VIIe et XVe arrondissements, 4, rue Sédillot. Fond. 29, rue Chevert, par la Ligue patriotique des Françaises (1907). — Procure aux femmes des VIIe et XVe arrondissements du travail à domicile : confection, linge de maison, lingerie fine. L'œuv. ne prélève aucun bénéfice, donne aux ouvrières des salaires aussi rémunérateurs que possible, sans majorer le prix de vente. Le magasin est ouvert tous les j., de 9 h. mat. à 12 h. et de 2 h. à 6 h. s. La directrice reçoit le mard., de 9 h. mat. à 12 h.

Ouvroir Jeanne-d'Arc, 59, rue de Bourgogne. Fond. par Mlle d'Auerstaedt. — Direction laïque. A pour but de fournir aux femmes d'ouvriers et de petits employés un travail suffisamment rémunérateur pour qu'elles puissent rester à leur foyer. Linge de maison, lingerie fine, articles de bienfaisance vendus au magasin.

Société ouvrière des arts et métiers de la femme, siège social, 15, rue de Solférino. — La Sté, en dehors de ses Ateliers, donne du travail à domicile. Elle garde le secret le plus absolu, au sujet des ouvrières qui veulent conserver l'incognito. Magasin de vente : « Au Gardénia », 229, boulevard St-Germain. Voir *Assist. par le travail à l'atelier.*

Société des Visiteurs, 5, rue de Poitiers. — Distribution de travail de couture aux ouvrières munies de Bons, signés par les présidents de groupes, et réception des objets confectionnés tous les merc., à 2 h. et demie.

L'Aiguille, 8, r. du Pré-aux-Clercs. — Donne aux femmes du monde atteintes de revers des vêtements à confectionner pour les pauvres.

VIIIe ARR.

L'Abeille, 22, rue La Boétie. Sté artistique féminine d'assistance par le travail (1897). — Magasin de vente d'ouvrages de dames : lingerie, cuir repoussé, commandes de tapisserie, etc. Direction laïque. A pour but de venir en aide aux femmes atteintes de revers de fortune, en vendant leurs travaux manuels et artistiques.

Admission : toute dame déposant un ouvrage doit ou bien être présentée par une dame patronnesse qui, en payant une cotisation annuelle de 20 fr., acquiert le droit de présenter une déposante, ou bien payer elle-même sa cotisation de 10 fr. L'Abeille accepte les déposantes de province. Une fois admises, elles reçoivent un numéro, qui remplace leur nom sur les registres de la Sté, et peuvent venir au magasin apporter ou retirer leurs travaux tous les mat., sauf lund. et sam.

L'acceptation des ouvrages est soumise au comité, qui statue sur leur admission et contrôle le prix de vente fixé par la déposante, qui l'inscrit elle-même sur son ouvrage avec son numéro.

L'Abeille prélève un droit de 10 pour 100 sur la vente, et paye à caisse ouverte le sam. mat. le prix des objets vendus pendant la semaine.

L'Adelphie, 168, faubourg St-Honoré (1894). — Sté d'aide mutuelle de dames. Recon. ut. pub. Ouverte aux femmes de toutes les nationalités et de toutes les religions sans distinc. A pour but de procurer une aide efficace aux femmes du monde qui lui demandent son appui, notamment en leur fournissant les moyens d'écouler le produit de leur travail.

Pour en faire partie, il faut fournir des garanties d'honorabilité, faire une demande, être présentée par deux membres qui signent cette demande, et être agréée par le conseil d'administration.

La cotisation annuelle est de 10 fr. pour les dames sociétaires participantes, et de 12 fr. au minimum pour les dames sociétaires auxiliaires.

L'Adelphie est divisée en 7 sections :

1re section : Travaux littéraires.
2e — Peinture, pyrogravure, travail du cuir.
3e — Musique, réunions amicales.
4e — Institutrices.
5e — Travaux à l'aiguille et de fantaisie.
6e — Propagande, relations extérieures.
7e — Partie financière.

Les objets exécutés par les sociétaires sont exposés et vendus toute l'année au siège social. Seules les sociétaires habitant le département de la Seine sont autorisées à y déposer leurs travaux.

Le prix intégral demandé par les sociétaires est remis sans aucune retenue. Cours grat. Vestiaire. Placem. Bibliothèque. Séances littéraires et musicales tous les mois.

Association dentellière lozérienne, 61, rue d'Anjou. Fond. par la comtesse de Las Cases (1904). — Dans les arrondissements de Marvejols et de Florac, afin de retenir les jeunes filles et les femmes à leurs foyers par un travail rémunérateur.

Magasin ouvert, 61, rue d'Anjou, tous les lund., de 1 h. et demie à 6 h. et demie, et jeud. mat., de 9 h. à midi.

Fondation Mamoz. L'Assistance par le travail, 170, rue du Faubourg-St-Honoré (1871). — Recon. ut. pub. A pour but, tout en démasquant, par un service d'enquête, les professionnels de la mendicité, d'offrir aux solliciteurs reconnus intéressants un travail temporaire, rétribué de façon à parer aux besoins les plus pressants. Ce travail n'est pas destiné à soustraire le travailleur à l'obligation de se créer des ressources plus abondantes et plus durables. Un Bureau de placem. a été créé en 1907. Enfin la Fondation Mamoz distribue aux malheureux incapables de travailler les secours (loyer, vivres, charbon) que ses membres désirent leur remettre sans être connus.

Cotisation annuelle de 25 fr. pour les membres titulaires, de 10 fr. pour les membres souscripteurs.

Service du travail : a) Femmes. — Vêtements et articles de bienfaisance sont donnés à exécuter aux femmes adressées par un membre de l'œuv., acheteur habituel.

Ces objets peuvent être achetés directement au siège de l'œuv. ou donnés aux pauvres, contre remise de Bons délivrés par les membres.

Tous autres articles de couture, lingerie, layettes, trousseaux, sont exécutés sur commande.

b) Hommes. — Écritures à l'atelier. L'œuv. fait exécuter, sous la direction d'un chef de service, tous les travaux artistiques (dessins, plans, menus), des copies, dactylographies, miniographies de tous les genres. Adresses et publicité. Distrib. dans Paris des cartes de visite, lettres de faire part, etc.

Ces travaux sont confiés à des hommes qui se présentent munis de recommandations d'un membre de l'œuv.

Service de renseignements : L'œuv. fournit à ses membres, au prix de 0 fr. 50, payés avec des timbres achetés d'avance, des renseignements sur la situation matérielle et morale des solliciteurs.

Œuvre de l'Étoile, 17, rue de Chateaubriand. Fond. par la comtesse Louise de Rochefort (1898). — Direction laïque. A pour but de secourir par le travail et par tous les moyens en son pouvoir les familles d'une situation un peu relevée, artistes, institutrices, femmes du monde, tombées dans la misère par suite de revers de fortune, maladie ou autres causes honorables.

Placem. d'enfants en pension ou en apprentissage. Admission des ouvrières veuves ou chargées de famille, ne pouvant pas, par conséquent, travailler dans les ateliers.

L'Ouvroir donne du travail à l'aiguille aux femmes capables de le faire. L'œuv. fait admettre les musiciens et musiciennes dans une chorale appelée « Société de l'Étoile », formée par Mme de Journel, et par son intermédiaire procure à ces artistes des cachets pour matinées, soirées ou concerts. Être présenté par un répondant, qui verse une somme de 25 fr. une fois donnée.

La présidente reçoit le mard. et le jeud., de 10 h. à midi. Le directeur gérant reçoit tous les j., de 9 h. à 11 h. et de 2 h. à 4 h.

L'œuv. loue sa salle de fête pour des réunions mondaines aux personnes qui présentent des références.

Œuvre du travail, 30, rue de Berlin. Fond. par Mme de Pressensé (1850). — Dirigée par un comité de dames. A pour but de procurer à domicile des travaux de couture aux ouvrières nécessiteuses et dignes d'intérêt, sans distinc. de religion.

L'œuv., se contentant de couvrir ses frais généraux, vend, rue de Berlin, à des prix raisonnables, les articles de lingerie fine, layettes, trousseaux, linge de maison, objets de bienf. La directrice reçoit le jeud., de 9 h. et demie à 11 h. et demie, les ouvrières qui viennent apporter et reprendre du travail, et les ouvrières nouvelles, qui doivent se présenter munies d'un mot de recommandation et d'un ouvrage-échantillon.

Distrib. de secours aux femmes malades ou trop âgées pour travailler.

Œuvre du Travail de tapisseries, 28, rue d'Artois. Fond. par M. et Mme de Voize (1905). — Œuv. d'initiative privée ayant pour but de procurer du travail de tapisserie à des femmes du monde, qui ont eu des revers de fortune et habitent Paris. Reproduction de tapisseries au point, réparations et échantillonnages. Les clients sont reçus le vend., de 1 h. et demie à 6 h.

Toute dame désirant être occupée par l'œuv. doit faire à la présidente une demande écrite, approuvée par une personne connue de l'un des membres du comité et considérée comme répondante. Aucune demande verbale directe de travail n'est prise en considération, l'établ. d'un dossier étant seul exigé comme formalité.

Les noms des dames ouvrières ne sont connus que des directrices. Le travail est payé à la livraison, et n'occasionne aucune dépense à celle qui le fait, l'œuv. fournissant tous les matériaux.

Ouvroir de Sainte-Madeleine, 14, rue de la Ville-l'Évêque. Fond. par M. F. Marbeau (1846). — Les Sœurs de St V. de P. procurent aux mères de famille nécessiteuses de la paroisse, munies de recommandations, des travaux faciles de lingerie à exécuter à domicile.

IXe ARR.

Société d'assistance par le travail du IXe arrondissement, 20, rue Cadet (1894). — A pour but de venir en aide aux nécessiteux des deux sexes, valides ou encore en état de travailler, en leur procurant un travail temporaire, en attendant leur placem. définitif ou leur rapatriement. A installé un Fourneau. Le directeur reçoit les indigents de 9 h. à midi et de 2 h. à 5 h. s.

L'Aide au foyer. Œuvre de solidarité féminine, au *Petit Journal*, 61, rue Lafayette. Fond. par Mme Domange (1908). — A pour but de faciliter aux femmes le placem. de divers ouvrages confectionnés au foyer familial. Exposition grat. et ventes semestrielles. Remise intégrale du prix de vente. Frais d'inscription : 1 fr. par 5 objets exposés ou fraction de 5 objets.

X^e ARR.

Le Toit familial, 9, rue Guy-Patin. — Direction israélite. Distribue aux femmes indigentes recommandées, sans distinc. de religion ni de nationalité, des travaux de couture, linge de maison. Les ouvrières sont reçues le lund., de 2 h. à 4 h.

XIe ARR.

Œuvre d'assistance par le travail, 81, rue d'Angoulême. — Œuv. de charité dirigée par les Sœurs de St. V. de P. S'adresse aux femmes indigentes du quartier, leur fournit des travaux de couture et de lingerie faciles, qui sont faits pour les grands magasins et des entrepreneurs. Ces travaux sont payés au prix des magasins, mais les ouvrières trouvent à l'œuv. du travail quand elles le désirent. La direction reçoit les ouvrières de préférence le merc. et le sam., à 2 h.

XIIIe ARR.

Magasin central des hôpitaux, 89, boulevard de l'Hôpital (1867). — L'Assist. pub. procure du travail à domicile aux femmes assistées des Bur. de bienf. ou nécessiteuses.

Pour obtenir du travail, l'ouvrière doit adresser une demande au Directeur de l'Assist. pub., 3, avenue Victoria, qui statue. Si la demande est acceptée, l'ouvrière est convoquée, 89, boulevard de l'Hôpital, où on lui confie un modèle des travaux de lingerie ou de vêtements qu'elle devra exécuter. Si l'essai est satisfaisant, on lui donne de l'ouvrage à emporter à domicile.

Œuvre d'assistance par le travail, 63, rue de la Glacière. — Œuv. cath. Direction laïque. Donne du travail à l'aiguille, lingerie, aux femmes nécessiteuses du quartier.

XIVe ARR.

Assistance par le travail du Val-de-Grâce, 38, avenue de l'Observatoire. Fond. par Mme de Pressensé (1871). — Recon. ut. pub. Dépend de l'Œuv. de la Chaussée du Maine, dont elle est une des branches. Direction laïque. Accueille toutes les ouvrières, sans distinc. de religion, sur la recommandation écrite d'un adhérent de l'œuv.

Vente permanente à l'Ouvroir des travaux exécutés par les ouvrières : linge de trousseau, linge de maison, objets de bienf.

La directrice reçoit les ouvrières le sam., de 8 h. à midi.

Œuvre de l'assistance par le travail du Moulin-Vert, 92, rue du Moulin-Vert. — Direction cath. Distribue un travail facile aux mères de famille et aux femmes âgées qui ne peuvent pas gagner leur vie dans les ateliers. Elle leur paye un salaire supérieur à celui des entre preneurs et des grands magasins.

M. l'abbé Viollet a fondé, à côté de l'Œuv. de l'assist. par le travail, une *Association pour faciliter aux ouvrières l'achat d'une machine à coudre*, et une *Société coopérative du travail féminin.*

Œuvre de Notre-Dame-du-Rosaire, 182, rue de Vanves (1890). — Donne des travaux de couture à exécuter à domicile aux mères de famille du quartier qui présentent un certificat de domicile.

Réception du travail tous les j., de 9 h. à 11 h. mat.

Œuvre du Torchon, 27, rue Guilleminot. Fond. par Mme la princesse Murat (1897). — Œuv. cath. paroissiale. Procure du travail à domicile aux mères de famille, sur la présentation de leur quittance de loyer. Travaux de lingerie exécutés pour les magasins; l'œuv. sollicite les commandes des particuliers.

Réception du travail et des ouvrières : mard., merc., vend., sam., de 9 h. à 11 h.

Dépôt au magasin de l'Abeille, 22, rue La Boétie.

Syndicat des ouvrières de l'aiguille à domicile, 38, rue Vercingétorix. — Direction cath. Procure aux syndiquées des travaux de couture à exécuter à domicile, tous les j., de 9 h. à 11 h. et demie mat. Cours de coupe. Pour être admise, avoir 17 ans révolus, verser 1 fr. 50 d'entrée et 3 mois de cotisations mensuelles à 0 fr. 25.

XVe ARR.

Travail à domicile, 29, avenue Émile-Zola (1910). — Procure des travaux de couture, confection, lingerie, aux femmes du quartier recommandées. Les ouvrières sont reçues le mard., de 2 h. à 5 h.

L'Entr'aide, 146, avenue Émile-Zola. — Groupement d'ouvrières pour la lingerie fine et lingerie courante, donnant du travail à domicile.

Œuvre d'assistance par le travail du XVe arrondissement, 6, rue Viroflay. — Fond. sous le patron. de la Ligue patriotique des Françaises. Donne du travail à façon aux femmes habitant le XVe arr., adhérentes à la Ligue. Réception du travail le sam., de 2 h. à 4 h. s.

XVIe ARR.

Union d'assistance du XVIe arrondissement. Siège social à la Mairie, 71, avenue Henri-Martin. Ouvroir et magasin, 145, rue de la Pompe (1891). — Donne aux femmes nécessiteuses de l'arr. des travaux à exécuter à domicile : linge de maison, layettes, trousseaux. Ces ouvrages sont vendus au magasin au prix du commerce. Voir *Assist. à l'atelier.*

Union populaire catholique. Siège, 17, rue Hamelin. — On procure de l'ouvrage à domicile aux femmes pauvres assistées par l'Union dans chacune de ses permanences. Voir *Œuv. diverses de secours.*

XVIIe ARR.

Association amicale des anciennes élèves de la Légion d'honneur. Assistance par le travail. Bureau et magasin, 14, rue Laugier. — Cette œuv. fournit aux anciennes élèves des Maisons d'éducation de la Légion d'honneur, faisant partie de l'Assoc., des travaux à exécuter à domicile : broderies, lingerie fine, ouvrages artistiques, etc., qu'elle leur achète et emmagasine, en vue de la vente annuelle de décembre, à la Grande Chancellerie.

Les travaux, aussi bien ceux des ouvrières de Paris que de province, sont reçus une fois par mois, le 1er sam. du mois. Elle fait exécuter toutes les commandes qui lui sont confiées.

La directrice reçoit les merc., vend., sam., de 1 h. à 6 h.

Œuvre du travail de l'Église de l'Étoile, 3, rue Denis-Poisson. Fond. par le Pasteur Bersier (1878). — Direction laïque. Reçoit les femmes de religion protest. de la paroisse de l'Étoile, et leur donne des travaux faciles de lingerie à exécuter à domicile.

Réception du travail et admission le sam., de 9 h. à midi.

Société d'assistance par le travail des VIIIe et XVIIe arrondissements, 141 *bis*, rue Saussure. — La Sté a fondé un Ouvroir, qui donne aux femmes nécessiteuses des VIIIe et XVIIe arr. des travaux à exécuter à domicile : lingerie de cuisine et office, articles de bienf.

Réception et distrib. d'ouvrage : les mard. et vend., à 10 h. du mat. Voir *Assist. par le travail à l'atelier.*

Société du travail féminin dans les faubourgs, 5, rue Meissonier. Fond. par M. l'abbé de Gibergues (1906). — Direction laïque. Procure aux femmes visitées par l'Œuv. de la persévérance, qui ne peuvent pas s'employer au dehors, un travail rémunérateur, tout en vendant à bon marché.

Les ouvrières ne sont admises qu'après avoir prouvé leurs aptitudes. Les dames visiteuses font faire leur apprentissage à celles qui ne savent pas coudre. Linge fin, trousseaux de maison, linge d'office, objets de bienf.

La réception du travail a lieu tous les sam., de 8 h. à midi. Voir *Union populaire cath. Œuvres diverses de secours.*

XVIIIe ARR.

Ouvroir Saint-Michel, 8, rue Ganneron (1908). — Subventionné par la Ligue patriotique des Françaises. Direction laïque. Procure aux mères de famille, aux femmes âgées et nécessiteuses de la paroisse St-Michel, des travaux de couture à exécuter à domicile : linge de maison, vêtements de bienf.

La directrice reçoit tous les j., de 2 h. et demie à 5 h.

XIXe ARR.

Assistance par le travail, 7, rue Jean-Cottin. Fond. par les Sœurs de St. V. de P. — Donne du travail de lingerie aux femmes nécessiteuses du quartier.

Œuvre de Miss de Broen, 32, rue Bolivar (1871). — Aide matériellement les pauvres de tous âges, sexes et religions. Distribue le jeud., dans l'après-midi, du travail de lingerie aux femmes nécessiteuses du quartier.

XXe ARR.

Travail féminin de Charonne, 9, rue Croix-St-Simon (1909). — Œuv. cath. Direction laïque. A pour but de procurer du travail à domicile aux mères de famille. Par la suppression de tout intermédiaire, elle peut, tout en donnant des salaires rémunérateurs aux ouvrières, offrir à très bon marché des articles de première qualité : linge de maison, articles de bienf., jupons, linge d'église.

La manutention est ouverte tous les j. l'après-midi aux ouvrières.

La directrice reçoit le lund. et le sam., de 2 h. et demie à 4 h. Voir *Dispensaires. Secrétariats des familles.*

BANLIEUE

BOULOGNE-SUR-SEINE. — **Œuvre du travail à domicile pour les mères de famille**, 50, rue d'Aguesseau. Fond. par Mme Grospellier. — Vient en aide aux ouvrières chargées de famille, aux femmes âgées ou souffrantes, en leur fournissant à domicile des travaux de couture : linge de maison, lingerie fine, articles pour œuv. de bienf.

BOURG-LA-REINE. — **Œuvre du travail**, 54, Grande-Rue. — Œuv. paroissiale. Donne du travail aux mères chrétiennes de la paroisse.

LEVALLOIS-PERRET. — **Maison amie**, 102, rue Gravel. Fond. par le baron Durrieu (1911). — Assist. par le travail ; aide les personnes nécessiteuses, qui désirent trouver un emploi, par des conseils et un appui. Donne du travail et des secours aux familles nécessiteuses. Possède un Abri temporaire pour les jeunes filles de 5 à 12 ans. Voir *Adoption.*

PAVILLONS-SOUS-BOIS. — **Œuvre d'assistance par le travail de l'Église Notre-Dame de Lourdes.**

SAINT-MAUR. — **Union de l'assistance par le travail à Saint-Maur**, 12, place d'Adamville.

CHAPITRE XLI

JARDINS OUVRIERS

Assurer à l'ouvrier chargé de famille la jouissance d'un coin de terre, où il trouvera de l'air pour lui et les siens, un centre de famille sous la tonnelle fleurie, un repos hygiénique en même temps qu'une aide appréciable dans la culture du jardin, lui donner en un mot un attrait qui l'éloigne du cabaret et le retienne en famille, tel est le but de l'œuv. Cette idée naturelle et charmante est réalisée spontanément par beaucoup d'ouvriers, qui prennent en location un terrain dans la banlieue des grandes villes. La Ligue française du coin de terre et du foyer, fondée en 1896, *en a fait une des meilleures applications de l'assist. par le travail. Grâce à sa propagande active, l'œuv. s'est répandue par toute la France, et dès* 1910, *le* 3e *Congrès des jardins ouvriers révélait l'existence de* 260 *œuv., ayant créé* 15 145 *jardins et couvrant* 465 *hectares.*

Jusqu'en 1904, *l'œuv. des jardins ouvriers était presque inconnue dans la région parisienne. On y rencontrait seulement un groupe à St-Mandé et un autre à Bercy, dus aux Conférences de St. V. de P. A cette époque, une Sté fut fondée à Paris par M. l'abbé Lemire, président de la Ligue du coin de terre et du foyer, sous le nom de Sté des jardins ouvriers de Paris et banlieue. Cette œuv., dont le siège est à Paris,* 26, *rue Lhomond, avait déjà créé au mois de mars* 1911, *à Paris et dans le département de la Seine,* 30 *groupes comprenant au total* 893 *jardins. L'institution est éminemment respectueuse des convictions personnelles, et se guide pour l'attribution des jardins sur le nombre d'enfants des familles qui se présentent.*

Les fondateurs de jardins ouvriers sont des particuliers, des Assoc., des Conférences de St. V. de P., des Bur. de bienf., des Stés d'horticulture, subventionnés par des municipalités, etc.

Ve ARR.

Ligue française du coin de terre et du foyer. Siège, 26, rue Lhomond. Fond. par M. l'abbé Lemire (1896). — Étude et propagande de jardins ouvriers et scolaires, assist. par le travail de la terre, habitations ouvrières, caisses de loyer, d'épargne et de dot terrienne. Écoles ménagères, éducation et industries familiales, art et hygiène du foyer, bien de famille.

Société des jardins ouvriers de Paris et banlieue, 26, rue Lhomond. Fond. par la Ligue du coin de terre et du foyer (1904). — A pour but de mettre à la disposition d'ouvriers chargés de famille, à titre grat. ou moyennant une légère redevance, des terrains destinés à être cultivés par eux et à leur profit.

XIIIe ARR.

Œuvre des jardins ouvriers du XIIIe arrondissement. Fond. par la Sté des jardins ouvriers de Paris et banlieue (1911). — Administrée par le Comité des jardins du XIIIe arr. L'œuv. a créé 65 jardins répartis en 4 groupes : 1° rue Vergniaud, 58 (terrain de 450 mètres avec 4 jardins); 2° rue du Dessous-des-Berges (terrain de 5 240 mètres avec 41 jardins); 3° rue Boussingault (850 mètres avec 7 jardins); 4° rue Nationale 39, 41 et 43 (terrain de 1 800 mètres avec 13 jardins).

Le Comité fait un choix entre les demandes, après enquête sur l'intérêt des familles, leur moralité et surtout le nombre de leurs enfants.

Adresser les demandes à M. Gabriel Laurentie, président, 2, rue de la Planche.

Œuvre des jardins ouvriers de la paroisse Saint-Hippolyte, 26 et 34, avenue d'Ivry. Fond. par la Sté des jardins ouvriers de Paris et banlieue (1910). — Deux groupes comprenant 40 jardins.

Adresser les demandes à M. de Mérona, président, 31, avenue Henri-Martin.

XIVe ARR.

Œuvre des jardins ouvriers du XIVe arrondissement. Fond. par la Sté des jardins ouvriers de Paris et banlieue, et administrée par le Comité des jardins du XIVe arr. (1911). — L'œuv., composée de jeunes étudiants, a créé 28 jardins (plus deux autres groupes à Issy et Vanves), répartis en deux groupes : 1° 6 jardins boulevard Brune; 2° 22 jardins rue des Plantes. Les familles sont choisies d'après le nombre d'enfants, et payent une cotisation de sociétaire de 5 fr. par an.

Les demandes doivent être adressées à M. Jean Saleilles, président, 14, rue St-Guillaume.

XVIe ARR.

Jardins ouvriers de l'Œuvre Gerson. Fond. par la Sté des jardins ouvriers de Paris et banlieue, administrés par les élèves et anciens élèves de l'École Gerson (1905). — L'œuv. a créé deux groupes : 1° rue Mirabeau, 8 jardins; 2° rue Narcisse-Diaz, 8 jardins.

Adresser les demandes à M. Louis Delpérier, président, 81, rue de la Tour.

XIXe ARR.

Groupe de la « Solidarité », situé entre les rues David-d'Angers et d'Alsace-Lorraine. Fond. par la Sté des jardins ouvriers de Paris et banlieue, avec le concours des Conférences de St. V. de P. de St-Jean-Baptiste de Belleville, St-Jacques et St-Georges de la Villette (1910). — Étagé sur les pentes des Buttes-Chaumont, ce groupe comprend 61 jardins, donnés en jouissance grat. aux familles secourues par les Conférences de St. V. de P. intéressées. Tout nouveau bénéficiaire reçoit, outre son coin de terre, une bêche et des graines. L'œuv. est dirigée par un comité composé de membres des Conférences.

Adresser les demandes à M. Maurice de Mieulle, président, 22, avenue Friedland.

BANLIEUE

AUBERVILLIERS. — **Groupe de sept jardins.** Fond. par la Sté des jardins ouvriers de Paris et banlieue, et dirigé par un groupe de jeunes gens.

Adresser les demandes à M. Sallantin, président, 12, rue La Boétie, Paris.

CHOISY-LE-ROI. — **Jardins ouvriers de Choisy-le-Roi.** Fond. par la Sté des jardins ouvriers de Paris et banlieue (1907). — L'œuv. est administrée par un comité local, et comprend 3 groupes situés avenue d'Alfortville : le 1er de 3 650 mètres divisé en 26 jardins ; le 2e de 1 700 mètres avec 12 jardins ; le 3e avec 8 jardins. Les 46 bénéficiaires, choisis en raison du nombre de leurs enfants, payent une cotisation annuelle de sociétaire de 5 fr.

Adresser les demandes à M. Routier de Lisle, président, 55, rue de Babylone, Paris. Voir *Thiais*.

COURBEVOIE. — **Groupe de dix jardins.** Fond. par la Sté des jardins ouvriers de Paris et banlieue. La Sté, étant locataire du terrain, peut en garantir la jouissance à ses bénéficiaires.

Adresser les demandes à M. G. Pouch, président, 55, rue des Minimes, à Courbevoie.

ISSY. — **Jardins ouvriers de la porte de Versailles**, 5, rue Ernest-Renan. Fond. par la Sté des jardins ouvriers de Paris et banlieue, administrés par le Comité des jardins du XIVe arr. de Paris (1905). — Le groupe couvre une surface de 4 325 mètres divisés en 30 jardins. Le comité est locataire du terrain, et peut assurer aux ouvriers la jouissance de leur coin de terre. Choisies d'après le nombre d'enfants, les familles comptent en moyenne plus de 8 personnes. Une redevance de 5 fr. est demandée aux bénéficiaires.

Adresser les demandes à M. Henri Wachet, président, 118, rue d'Assas, Paris.

IVRY-BICÊTRE. — **Jardins ouvriers d'Ivry-Bicêtre**, rue Carnot.

Fond. par la Sté des jardins ouvriers de Paris et banlieue (1911). — Le groupe comprend 44 jardins destinés principalement aux ouvriers du Ve arr. de Paris. Une cotisation de sociétaire de 5 fr. est demandée aux bénéficiaires. L'œuv. est dirigée par un Comité ouvrier.

Adresser les demandes à M. l'abbé Lemire, président de la Sté des jardins ouvriers, 26, rue Lhomond, Paris.

IVRY-SUR-SEINE. — **Groupe d'Ivry-Hospice**, avenue de la République. Fond. par la Sté des jardins ouvriers de Paris et banlieue (1909). — Ce groupe couvre toutes les pentes du fort d'Ivry, et comprend 130 jardins. Une cotisation de sociétaire de 5 fr. est demandée à chaque jardinier. Mutualité maternelle annexée.

Adresser les demandes à M. Marque, président, 5, r. Parmentier, Ivry.

KREMLIN-BICÊTRE. — **Jardins ouvriers du Kremlin.** Fond. par la Sté des jardins ouvriers de Paris et banlieue. — Groupe comprenant 20 jardins attribués aux familles les plus dignes d'intérêt.

Adresser les demandes au Curé de la paroisse. 1, rue Carnot.

MAISONS-ALFORT. — **Groupe de cent sept jardins**, créés par la Sté des jardins ouvriers de Paris et banlieue, sur un terrain appartenant à la Compagnie des chemins de fer P.-L.-M.

2 sections : 1° Maisons-Alfort, route nationale, 72 jardins (1905) ; 2° Maisons-Alfort, route nationale, 35 jardins (1911), de 200 mètres chacun, couvrant un terrain de 7 000 mètres.

Adresser les demandes à M. Duflot, président, 3, rue Pelletan, à Alfortville.

PANTIN. — **Groupe de la rue Diderot.** Fond. par la Sté des jardins ouvriers de Paris et banlieue (1911). — L'œuv. comprend 12 jardins, et est administrée par un Comité de jeunes gens.

Adresser les demandes à M. Alfred Bour, président, 50, rue d'Amsterdam. Paris.

PANTIN (QUATRE-CHEMINS). — **Groupe de huit jardins.** Fond. par un Comité de jeunes étudiants, qui a acheté le terrain, et peut ainsi garantir la jouissance aux bénéficiaires. Les familles sont choisies d'après le nombre d'enfants.

Adresser les demandes à M. Alfred Bour, président, 50, rue d'Amsterdam, Paris.

SAINT-DENIS. — **Jardins ouvriers du Groupe Meissonier.** 84 jardins, créés par la Sté des jardins ouvriers de Paris et banlieue, sur un terrain de 16 000 mètres, mis gracieusement à sa disposition par Mlle Meissonier. — L'œuv. est administrée par un Comité local. Les bénéficiaires sont choisis d'après leurs charges de famille. Ils payent une cotisation de sociétaire de 5 fr. Une mutualité maternelle est annexée à l'œuv. des jardins.

Adresser les demandes à M. Albert Touchard, président, 150, boulevard Haussmann, Paris.

Groupe des jardins de « la Renouillère ». Fond. par la Sté des jardins ouvriers de Paris et banlieue. — Il comprend 12 jardins, couvrant un terrain de 1 483 mètres.

S'adresser à M. Albert Touchard, président, 150, boulevard Haussmann, Paris.

SAINT-OUEN. — **Jardins ouvriers du Groupe Germaine,** à St-Ouen, chemin de la Procession (1910). — 24 jardins de 150 mètres chacun. 326 fr. de location annuelle. Caisse des loyers annexée à l'œuv.

S'adresser à M. Faÿ, président, 45, rue de Beaune prolongée, Paris.

Jardins ouvriers du Groupe Michelet, 43, avenue Michelet. Fond. par la Sté des jardins ouvriers de Paris et banlieue. — L'œuv. comprend 16 jardins. Le groupe est administré par les jeunes gens de l'Assoc. paroissiale de Notre-Dame de Lorette.

Adresser les demandes à M. le Curé de cette paroisse.

Jardins ouvriers du groupe dit « de la Mairie », boulevard Biron et rue de la Chapelle. Fond. par la Sté des jardins ouvriers de Paris et banlieue, administrés par la Conférence de St. V. de P. de St-Ouen (1905). — Le groupe comprend 60 jardins, réservés aux familles secourues par la Conférence et donnés en jouissance grat.

Adresser les demandes à M. Fichau, président, 31, aven. de l'Opéra, Paris, ou à M. Delaunay, directeur local, 80, avenue des Batignolles-St-Ouen.

Groupe des jardins ouvriers « Léon Thélier », à la porte de St-Ouen. Fond. par la Sté des jardins ouvriers de Paris et banlieue, avec le concours des Conférences de St. V. de P. de Notre-Dame de Clignancourt, Ste-Geneviève des Grandes-Carrières, St-Michel des Batignolles et St-Pierre de Montmartre. — L'œuv. est administrée par un Comité, composé de membres des quatre Conférences. Les jardins, au nombre de 83, couvrent 14 228 mètres. Ils sont réservés aux familles visitées par ces Conférences, et donnés en jouissance grat. Depuis le mois de juillet 1911, un cours d'enseignement ménager a été organisé pour les familles de jardiniers, dans un local réservé à cet effet sur le terrain des jardins.

Adresser les demandes au président de l'une des quatre Conférences intéressées.

Jardins ouvriers du Groupe Jeanne-d'Arc, à St-Ouen, chemin de la Procession, près de la porte de Clignancourt. Fond. par la Sté des jardins ouvriers de Paris et banlieue, administrés par les Conférences de St. V. de P. de St-Bernard et de St-Denis de la Chapelle. — Les jardins, au nombre de 27, couvrent 4 533 mètres. Ils sont réservés aux familles visitées par ces Conférences, et donnés en jouissance grat.

Adresser les demandes au président d'une des deux Conférences intéressées.

SCEAUX. — **Œuvre « Marguerite Renaudin ».** Fond. par

M. Renaudin, à Sceaux (1900). — 2 groupes de jardins de 150 à 200 mètres chacun : rue des Aulnes, à Sceaux, 78 jardins ; à Châtenay, 2 jardins. 11 maisons ouvrières annexées, occupées à titre grat. par les jardiniers chargés de famille. Voir *Habitations économiques*.

THIAIS. — **Groupe des jardins ouvriers « Launay »**. Fond. par la Sté des jardins ouvriers de Paris et banlieue. — L'œuv. compte 14 jardins de 100 mètres chacun. Elle est administrée par un Comité local.

Adresser les demandes à M. Routier de Lisle, président, 55, rue de Babylone, Paris.

VANVES. — **Jardins ouvriers**, rue de la Manufacture. Fond. par la Sté des jardins ouvriers de Paris et banlieue, et administrés par le Comité des jardins ouvriers du XIVe arr. (1911). — Le groupe comprend 40 jardins couvrant 5 000 mètres. Seules conditions d'admission : famille nombreuse, comprenant des personnes en âge d'assurer la bonne culture du jardin. Cotisation des sociétaires : 5 fr. par an.

Adresser les demandes à M. Jean Saleilles, président, 14, rue St-Guillaume, Paris.

CHAPITRE XLII

PLACEMENT ET RAPATRIEMENT

Il est peu d'institutions charitables que ne préoccupe la question de procurer des emplois à ceux qui en sont dépourvus et en demandent.

On a cherché ici à établir la liste, aussi complète que possible, des œuv. spécialisées dans cette branche si importante de la bienf. privée.

Il convient d'ajouter que les Mairies des 20 arr. de Paris, et la plupart de celles de la banlieue de la Seine, ont un Bur. de placem. grat.

De même presque tous les Patron. laïques ou religieux, les Syndicats et Cours professionnels, dont on trouve la liste aux chap. spéciaux, s'efforcent de placer les jeunes gens de leur clientèle. Beaucoup de Stés amicales font de même. (Voir Stés amicales.) Enfin les Stés de provinciaux à Paris, et les œuv. en faveur des étrangers, pourvoient autant qu'elles le peuvent au placem. et au rapatriement de leurs compatriotes. (Voir Stés provinciales et Œuvres étrangères.)

En outre, pour les étrangers, un Service de rapatriement fonctionne dans chaque Ambassade, Légation ou Consulat.

TOUS LES ARR.

Sociétés d'anciens militaires. — La plupart de ces Stés s'occupent du placem. de leurs membres.

Bureau municipal de placement gratuit, à la Mairie de chaque arr.

Secrétariats du peuple. — Placem. grat., mard. et vend., de 8 h. et demie à 9 h. et demie s. Voir *Secrétariats du peuple.*

Ier ARR.

Préfecture de police, 36, quai des Orfèvres. — La Préfecture accorde le voyage de rapatriement, après enquête auprès du Préfet du département où doit se rendre le requérant. Formalités à remplir : 1° Fournir une lettre d'une personne du département, s'engageant à recevoir le demandeur, ou bien une lettre d'un patron s'engageant à l'occuper ; 2° produire un certificat du commissaire de police du quartier du demandeur, établissant l'indigence, et un rapport sur la situation de ce dernier. S'adresser à la 1re division, 4e bur.

Cercle amical des fonctionnaires de France et des colonies, 12, rue Montpensier (1908). — Voir *Stés amicales.*

Ligue de protection sociale, 6, r. de la Poterie. — Compte parmi ses divers services un Bur. de placem. grat. Voir *Stés d'étude et de propagande.*

La Parisienne, 13, rue Française. — Assoc. syndicale des restaurateurs et limonadiers (1904). — Direction laïque. Placem. grat. pour les deux sexes, à partir de 16 ans, dans le personnel nécessaire aux adhérents de l'Assoc. Les adhérents payent un droit d'entrée de 5 fr. et une cotisation variant de 1 à 25 fr., suivant le nombre d'employés qu'ils comptent dans leur personnel.

Union des Sociétés de patronage de France, 14, place Dauphine. — Placem. et rapatriement des libérés. Voir *Relèvement.*

Œuvre de Notre-Dame-de-Bon-Secours, 52, rue de l'Arbre-Sec (1893). — Direction laïque. Placem. grat. des jeunes filles de 16 à 35 ans à divers emplois, institutrices, gouvernantes, employées et domestiques ; les aide dans leurs difficultés et maladies.

Syndicats féminins de l'impasse Gomboust, 3, impasse Gomboust (1908). — Direction laïque. Place grat. les syndiquées. Être âgée de 16 ans au moins, et payer une cotisation de 0 fr. 50 par mois.

L'Indépendante, Assoc. patron. de la cordonnerie, 53, rue Jean-Jacques-Rousseau (1910). — Direction laïque. Place grat. les gérants, caissières, vendeurs, vendeuses, etc., syndiqués ou non, dans le personnel des syndiqués.

Union des institutrices catholiques. Ligue patriotique des Françaises, 368, r. St-Honoré. — Office de renseignements pour le placem. des institutrices et gouvernantes. Ouvert les mard., jeud., sam., de 2 h. à 5 h.

Unions fédérales professionnelles catholiques, 368, rue St-Honoré. — Direction laïque. A pour but de promouvoir l'organisation d'Offices intermédiaires de placem. Cotisation : 10 fr. par an. Être majeur.

Union des Associations amicales catholiques de la région de Paris, 368, rue St-Honoré (1905). — Direction laïque (Anciens élèves des Frères). Place grat. ses sociétaires ou membres des Assoc. qui font partie de l'Union.

IIe ARR.

L'Union des employés du commerce et de l'industrie, 58, rue Montmartre. — Direction laïque. Place grat. les sociétaires des deux sexes. Être âgé de 16 ans, et payer une cotisation mensuelle de 2 fr., avec droit d'entrée de 6 fr.

La Mignonne. Assoc. amicale professionnelle mixte de sténographes et de dactylographes, 18, rue Feydeau. — Place des praticiennes et des débutantes.

Club international de Barmen, 31, boulevard des Italiens (1908). — Direction laïque. A pour but le placem. grat. des adhérents. Cotisation : 12 fr. par an.

Union suisse des employés d'hôtels, 36, rue des Petits-Champs. — Direction laïque. A pour but le placem. de ses membres, moyennant une cotisation de 1 fr. par mois. Les bur. sont ouverts de 8 h. à 11 h. et demie et de 2 h. à 6 h. du s.

Union amicale des élèves de Pigier, 19, bd. Poissonnière. Place grat.

Cercle du travail féminin, 35, boulevard des Capucines (1900). — Direction laïque. S'occupe du placem. de ses membres. Cotisation annuelle de 6 fr., avec droit d'entrée de 0 fr. 50.

Bur. ouverts tous les j., de 11 h. à 2 h. Les mard., jeud. et sam., de 11 h. à 5 h. Le jeud. s. de 8 h. à 10 h.

IIIe ARR.

Société d'enseignement, d'assistance et de placement gratuit de la jeunesse républicaine, à la Mairie.

La Française et internationale mixte, 131, rue St-Martin (1910). — Direction laïque. Place grat., de préférence dans les hôtels et restaurants, les adhérents des deux sexes. Cotisation mensuelle de 2 fr., droit d'entrée de 6 fr. Retraite proportionnelle après 25 ans.

Ligue contre la misère, 185, boulevard du Temple. — S'occupe de placem. et de rapatriement. Le directeur reçoit les mard. et vend., de 2 h. à 5 h., sur lettre de convocation.

Association amicale professionnelle des comptables de la Seine, 79, rue des Archives.

IVe ARR.

Association des comptables de la Seine, 39, rue de Rivoli (1847). — Office grat. de placem. pour comptables, experts, caissiers, etc. Secours en espèces et retraites.

Asile de la bienheureuse Jeanne d'Arc, 9 r. de Jouy. — Pour jeunes filles venant de province. Placem. grat. de bonnes et cuisinières.

École commerciale des Francs-Bourgeois, 21, r. St-Antoine. Office de placem. Voir *Enseignement professionnel.*

V^e ARR.

Union amicale des garçons limonadiers, 7, rue d'Ulm.

Association professionnelle de Saint-Fiacre, 34, rue de la Montagne-Ste-Geneviève. Fond. par M. Paul Blanchemain (1879). — Direction laïque. Placem. grat. après instruction professionnelle donnée à ses membres et examen. Cotisation : de 1 fr. jusqu'à 18 ans et 5 fr. au-dessus de 18 ans. Ouvert les mard., jeud., sam., de 10 h. à 4 h.

Union internationale des amies de la jeune fille, Bur. de placem. grat., 13 bis, rue Pierre-Nicole. — Ouv. tous les j., de 2 à 5 h., sauf jeud. et dim. Voir *Préservation.*

Association générale des étudiantes de l'Université de Paris, 55, rue Saint-Jacques. Fond. par Mlle Aron (1910). — Direction laïque. Secrétariat général de placem. féminin, pour renseignements relatifs à toutes professions accessibles aux femmes. Procure travaux et emplois aux dames et aux jeunes filles, à partir de 16 ans. Grat.

Le Secrétariat féminin, 55, rue St-Jacques. Fond. par Mme Cruppi. (1911). — Intermédiaire national et international entre les Stés de placem. ; Office de placem. féminin d'ordre intellectuel. Voir *Stés d'études et de propagande.*

Secrétariat féminin de la Maison fraternelle, 37, r. Tournefort. Fond. par Mlle Korn. — Direction protestante. Placem. et renseignements. Ouvert tous les j., de 2 à 3 h., et le vend., de 7 h. et demie à 10 h. s.

Bureau de placement gratuit et cours professionnel, 21, rue Daubenton. — A l'usage des syndiquées, employées et ouvrières.

VIe ARR.

Office central des œuvres de bienfaisance, 175, boulevard St-Germain (1890). — Recon. ut. pub. Placem., rapatriement. Voir *Offices.*

Union centrale des Syndicats professionnels féminins, 5, rue de l'Abbaye. — Bureau de placem. grat. divisé en 5 sections, correspondant aux Syndicats :

1° Des employées du commerce et de l'industrie, âgées de 16 ans au moins ;

2° Des institutrices privées, âgées d'au moins 17 ans ;

3° Des ouvrières de l'habillement, âgées d'au moins 16 ans ;

4° Des gardes-malades diplômées de la famille, âgées d'au moins 20 ans ;

5° Des gens de maison (le Ménage), âgées d'au moins 18 ans.

Service de consult. médicales. Conseils juridiques. Restaurant. Droit d'entrée de 1 fr. et cotisation annuelle de 6 fr. pour les quatre premières sections, et droit d'entrée de 3 fr. et cotisation mensuelle de 0 fr. 50 pour la 5e section (le Ménage).

Bur. ouverts tous les j., de 9 h. mat. à 8 h. s.

La Maison du peuple, 70, rue Bonaparte. — Placem. grat. des membres adhérents. Cotisation annuelle : 6 fr. pour toutes les personnes des deux sexes.

Société pour le patronage des jeunes détenus et des jeunes libérés du département de la Seine. Siège social, 9, rue de Mézières (1833). — Recon. ut. pub. S'occupe du placem. des enfants sortis des maisons pénitentiaires du département de la Seine.

Association des Servantes de Marie pour la préservation des jeunes filles en service, 7, rue Duguay-Trouin. Fond. par Mlle Babet (1849). — Recon. ut. pub. Direction cath. Place grat. les jeunes filles de 16 à 30 ans, de culte cath. Elle leur assure un asile, lorsqu'elles sont malades ou sans place, moyennant une pension de 1 fr. 25 par j.

Autres maisons : 62, rue Nicolo (XVIe), et 156, faubourg St-Honoré (VIIIe) ; à Versailles et à Toulon.

La Solidarité catholique, 137, boulevard St-Germain. — Direction laïque. Œuv. de placement grat. pour ouvriers, employés, gens de maison. Tous les j., de 9 h. à 11 h. mat. et de 1 h. à 5 h. s.

Institut sténographique de France, 54, rue du Four. — Place grat. les élèves ayant satisfait à l'examen de sortie d'un cours de dactylographie et de sténographie. Ce cours est donné moyennant une rétribution. Le directeur reçoit tous les j., de 9 h. à 6 h., et à l'école le s., de 8 h. à 10 h.

Union d'assistance par le travail du VIe arrondissement, 75, boulevard Montparnasse. — Recon. ut. pub. Direction laïque. Placem. et rapatriement des indigents valides des deux sexes du VIe arr.

Association centrale du travail, 22, rue des Grands-Augustins. Fond. par Mme de Jouvenel (1910). — Grat. A pour but de placer dans toute espèce d'emploi.

Bur. central d'échange des offres et demandes. Bur. de placem. grat. pour les Scandinaves. Ouvert de 10 h. à midi, et de 2 h. à 4 h. Voir *Œuv. étrangères.*

VIIe ARR.

Syndicats d'ouvriers catholiques (Métallurgie, bâtiments et parties similaires), 82, rue de l'Université. — Office de placem. fonctionnant les lund., mard., vend., de 3 h. à 5 h.

Union de la Chambre syndicale des ouvrières, couturières et parties similaires, 68, avenue de Breteuil. — Placem. grat. des adhérentes.

Honneur et conscience, 88 *bis*, boulevard de la Tour-Maubourg (1907). — Œuv. cath. procurant des situations aux officiers et fonctionnaires adhérents, qui par suite des luttes politiques ont dû renoncer à leurs fonctions. Cotisation annuelle de 1 à 9 fr. pour les adhérents, de 10 à 49 fr. pour les sociétaires.

Association catholique internationale des œuvres pour la protection de la jeune fille, 4, rue Jean-Nicot (1907). — Bur. de placem. de jeunes filles cath., de 16 à 35 ans. Grat., ouvert tous les j., de 2 h. à 4 h.

Office amical de placement des anciens élèves de l'enseignement libre, 23, quai Voltaire (1905). — Direction laïque. Procure grat. aux anciens élèves des Amicales adhérentes des situations appropriées à leurs études. Ni cotisation, ni offrandes, mais indications d'emplois vacants. Bur. ouv. les mard. et jeud., de 2 h. à 4 h. s.; merc. et vend., de 9 h. à 11 h. mat.

Association amicale des anciennes élèves des Maisons d'éducation de la Légion d'honneur, 1, r. de Solférino (1892). — Recon. ut. pub. S'occupe du placem. des anciennes élèves dans les emplois d'institutrices, dames de compagnie, gouvernantes, professeurs, caissières, comptables, sténographes, dactylographes, etc. Voir *Militaires et marins.*

Association pour la défense des écoles primaires catholiques, 25, rue de Bourgogne (1902). — Direction laïque. A pour objet de placer grat., dans des institutions ou écoles libres, des religieux ou religieuses sécularisés ou des laïques cath.

Association amicale des anciens élèves de Ste-Croix de Neuilly. — Adhérents à l'Office de placem., 23, quai Voltaire.

L'Œuvre féminine, 49, rue Vaneau (1899). — Sté philant. des dames et demoiselles employées et domestiques. Procure du travail aux sociétaires en s'occupant de leur placem. Les membres participants doivent fournir l'état des emplois occupés avec certificats, être présentés à la Sté par un membre honoraire. Droit d'entrée : 2 fr. 50. Cotisation mensuelle : 0 fr. 50.

Société de patronage des orphelinats agricoles, 2, rue Casimir-Périer. — Placem. des valets de fermes ou garçons jardiniers. Voir *Stés d'études et de propagande.*

Association Valentin Haüy, pour le bien des aveugles, 91, rue Duroc (1889). — Recon. ut. pub. Procure aux églises, communautés, hospices, pensionnats, des organistes et des professeurs de musique aveugles, et s'occupe du placem. général des aveugles. Voir *Aveugles.*

Agence catholique de placement, 56, r. de l'Université. — Placem. grat.

Société des visiteurs, 5, r. de Poitiers. — Voir *Œuvres div. de secours.*

Office de placement, 29, rue Chevert. — Placem. grat.

Société de protection des institutrices, 9 avenue de la Motte-Picquet.

VIIIe ARR.

Œuvre de l'Étoile, 17, rue de Chateaubriand. — Voir *Œuvres diverses de secours.*

L'Abeille. Siège social, 22, rue La Boétie (1897). — Procure des situations comme institutrices, dames de compagnie ou gouvernantes, aux femmes du monde malheureuses.

Patronage Saint-Joseph, 64, rue du Rocher (1904). — Direction laïque. Placem. d'institutrices, gouvernantes, cuisinières, etc., ayant au moins 16 ans. Cotisation : 2 fr. par an.

Syndicat mixte de l'Aiguille, 35, rue Boissy-d'Anglas (1892). — Direction laïque, cath. Place grat. les ouvrières et employées adhérentes, ayant au moins 18 ans jusqu'à 35 ans. Prix demandé : 3 fr. par an pour les ouvrières, 2 fr. pour les employées. Les adhésions sont reçues tous les mat., de 8 h. et demie à 11 h. et demie.

Bur. de placem. dans les Ier, V^{e}, VIe, VIIIe, IXe, XVIe, XVIIe, XVIIIe arr.

L'Adelphie, 168, rue du Faubourg-St-Honoré (1894). — Recon. ut. pub. Sté d'aide mutuelle de dames, ayant pour objet de venir en aide aux femmes du monde privées de ressources à la suite de revers de fortune ; place des dames comme institutrices, professeurs, secrétaires, sténographes, dactylographes.

Être présentée par deux dames, membres du conseil d'administration. Pas de distinc. de nationalité ou de religion. Bur. ouverts tous les j.

Association pour la répression de la traite des blanches et la préservation de la jeune fille, 10, rue Pasquier. — S'occupe de placem. Voir *Stés d'études et de propagande.*

Union professionnelle des Syndicats féminins, 25, rue Bayard (1904) — Direction laïque. Place grat. les domestiques de religion cath. Bur. ouverts de 9 h. du mat. à 11 h. et de 2 h. à 4 h. s.

Chambre syndicale ouvrière des gens de maison, 6, rue Larribe (1886). — Direction laïque. Placem. des syndiqués et assurance d'une retraite moyennant une cotisation annuelle de 10 fr.

Association « Le Genêt », 22 *bis*, rue de Naples. Fond. par M. Biétry (1904). — Direction laïque. Placem. grat. des gens de maison à partir de 16 ans ; cotisation annuelle de 10 fr.

Fondation Mamoz, 170, rue du Faubourg-St-Honoré (1907). — Direction laïque. S'occupe de placer les personnes de toutes les nationalités et de toutes les religions, à partir de 13 ans. Grat. Ouvert de 10 h. et demie mat. à midi et de 2 h. à 5 h. s.

Association des Servantes de Marie pour la préservation des jeunes filles, 156, faubourg St-Honoré. Voir au *VIe arr.*

IXe ARR.

Placement d'institutrices, 55, rue Condorcet. — Direction laïque. Place grat. des jeunes filles depuis 18 ans comme institutrices ou gouvernantes pour l'étranger.

Œuvre des sourds-muets, 3, cité des Bains. — Sté d'appui fraternel des sourds-muets de France, à la Mairie du IXe arr.

Office international et œuvre de placement des enfants à l'étranger, 1, rue de la Trinité (1906). — Direction laïque. Placem. des enfants de 12 à 14 ans. Les payements sont variables suivant la situation de famille.

Association d'institutrices diplômées, 43, rue Richer (1910). — Direction laïque. Reçoit offres et demandes de places, soit pour les familles, soit pour l'enseignement libre. Être âgée de 16 ans, et payer cotisation mensuelle de 0 fr. 50. Fournir toutes références demandées. Services grat.

Bureau de placement gratuit, 18, rue de la Tour-d'Auvergne.

Société nationale des architectes de France, 15, rue de la Cerisaie. — Grat. Œuv. syndicale patron. de placem. pour le personnel du bâtiment. Avoir 16 ans au moins. Direction, 100, rue St-Lazare. S'y adresser tous les mat., de 8 h. à 9 h.

Les amis du Foyer du soldat, 13, rue Lafayette (1907). — Voir *Militaires et marins.*

L'Avenir du soldat, 11, rue Grange-Batelière (1906). — Voir *Militaires et marins.*

Société d'assistance par le travail du IXe arr., 20, rue Cadet (1894). — Direction laïque. Grat. S'occupe de procurer du travail, en attendant leur placem. chez les commerçants du quartier, aux adultes des deux sexes, de toutes les religions.

La Sécurité mutuelle, 26, rue de Clichy (1910). — Direction laïque. Assoc. patron. pour faciliter tous rapports entre employeurs et employés. Reçoit la candidature de toute personne des deux sexes désirant un emploi de bureau. Cotisation annuelle de 10 fr.

Home anglais. Washington-House, 18, rue de Milan. Fond. par Miss Ada Leigh (1872). — Foyer pour étudiantes et bur. de placem. Direction protestante. Voir *Œuvres en faveur des étrangers.*

Bureau de placement gratuit, 8 *bis*, rue Choron. — Direction cath. Ouvert les lund., merc., vend., de 8 h. et demie à 9 h. et demie.

X^e ARR.

Syndicat des employés du commerce et de l'industrie, 14 *bis*, boulevard Poissonnière (1887). — S'occupe de placer les employés cath. de Paris. Cotisation mensuelle de 0 fr. 50.

Bur. ouverts tous les j., sauf le jeud., de 1 h. à 3 h.; les mard. et vend., de 8 h. et demie à 10 h. du s.

Le Toit familial, 9, rue Guy-Patin. Fond. par la baronne Ed. de Rothschild (1899). — Recon. ut. pub. Placem. grat. des dames et jeunes filles, en général israélites, dans l'enseignement, le commerce et l'industrie. Maison de conval. et de repos à St-Germain. Bur. ouverts de 2 h. à 5 h., excepté le sam. Voir *Maisons de famille.*

Syndicat des ouvrières de l'habillement. Bourse du travail, rue du Château-d'Eau (1902). — A pour but d'unir sur le terrain de leurs intérêts professionnels les ouvrières de l'habillement, en leur procurant des emplois dans les maisons sérieuses. Donne des secours aux associées et une retraite. Droit d'entrée de 1 fr. et cotisation annuelle de 6 fr. Être âgée de 16 ans au moins.

Fédération nationale des Unions et Sociétés d'anciens militaires, 28, boulevard de Strasbourg. Fond. par le colonel de Villebois-Mareuil (1898). — Voir *Militaires et marins.*

Œuvres sociales du Nouveau Clichy, 13, rue d'Alsace. — Bur. de placem. grat. Ouv. tous les j., sauf jeud. et dim., de 7 h. du mat. à 10 h. du s.

XIe ARR.

Société du travail, 95, rue Sedaine (1871). — Assoc. patron. Recon. ut. pub. A pour but le placem. grat. des employés des deux sexes, à partir de 13 ans. Procure du travail en attendant le placem.

Institut social de l'enseignement, 89, boulevard Voltaire. — Direction laïque. La 11e Commission a pour but de favoriser le placem. des apprentis et ouvriers. Voir *Offices.*

XIIe ARR.

Association ouvrière du XIIe arrondissement, 27, rue de la Voûte. — Direction laïque. S'occupe notamment du placem. grat. des membres adhérents pour toute catégorie d'emplois. Cotisation mensuelle de 0 fr. 25, droit d'admission de 0 fr. 50. Les offres et demandes d'emploi sont reçues le jeud. et le dim., de 9 h. à 11 h. du mat.

Union des travailleurs aveugles, 28, rue de Charenton. — Sté de placem. et de secours en faveur des jeunes aveugles, anciens élèves de l'Institution nationale, 56, boulevard des Invalides.

Asile temporaire de la Société de patronage des aliénés sortis guéris des asiles et des quartiers d'hospices de la Seine, 75, rue du Château-des-Rentiers. — Rapatriement.

XIVe ARR.

École professionnelle ménagère, 112, rue de l'Ouest. Fond. par Mlle Sanceren (1897). — Direction laïque. S'occupe du placem. des jeunes filles munies d'un certificat de leur curé ou d'une personne recommandable de leur localité, comme bonnes. Prix de la pension : 1 fr. par j. pour les apprenties, 1 fr. 50 pour les autres. 26 places. Patronage le 1er dim. du mois, de 2 h. à 5 h.

Œuvre paroissiale, 57, rue Vercingétorix. S'occupe de placem. pour les hommes. Grat.

XVe ARR.

Association Sainte-Marthe, 59, rue Dutot (1903). — Direction cath. Grat. Placem. de jeunes filles cath. ayant au moins 18 ans. Les jeunes filles doivent être de la Lozère ou de l'Aveyron, et faire partie de l'Assoc.

S'adresser pour le placem. à la Supérieure, le mard. mat. et le vend. toute la journée.

Œuvre du Sacré-Cœur, 8, rue Carcel. — A pour but de placer les jeunes filles cath. d'au moins 18 ans comme institutrices. Grat.

Maison de préservation sociale, accueillant les jeunes filles à raison de 2 fr. 50 par j. 12 lits.

Association « L'Amie de la servante », 233, rue de Vaugirard. — Direction cath. Sœurs de la Croix. Place grat. les jeunes filles âgées de moins de 35 ans, cath., munies de certificats.

La pension, payée d'avance, est de 1 fr. 25 par j. Se présenter avant 7 h. s.

Société des boulangers, 16, rue Croix-Nivert (1910). — Direction laïque. Placem. grat. des adhérents depuis 18 ans. Cotisation mensuelle de 1 fr. 50. Secours en cas de maladie ou de chômage.

Union des boulangers de la Seine, 5, place du Général-Beuret. — Placem. grat. direct des ouvriers boulangers français par des ouvriers qui travaillent. Avoir 18 ans. Payer une cotisation de 1 fr. 50 par mois. Succursale, 55, avenue de Clichy (XVIIIe).

Union des travailleurs libres, 210, rue Lecourbe (1901). — Direc. laïque. A pour but le placem. grat. de ses membres ; conseils juridiques, soins médic. Ouv. le dim., 9 h. à 11 h. m., et le jeud. s., 8 h. à 10 h.

XVIe ARR.

Œuvre de Sainte-Anne, 29, rue Chardon-Lagache. Fond. par Mme la baronne de la Bouillerie (1824). — Recon. ut. pub. Direction laïque. A pour but de pourvoir gratuitement à l'éducation religieuse, au placem. et à l'entretien de jeunes filles pauvres, abandonnées ou orphelines de la Ville de Paris. Voir *Adoption*.

Œuvre du Foyer temporaire, 128, avenue de Versailles (1902). — Recon. ut. pub. Procure des situations aux jeunes filles, institutrices ou artistes sans ressources, femmes du monde ayant éprouvé des revers. Grat. Hospitalise aussi grat., en attendant le placem.

Œuvre de Mme Léon Lévy, 113, avenue Victor-Hugo. — Placem. et formation de bonnes d'enfants. Bur. ouvert le jeudi, de 2 h. à 4 h.

Secrétariat des gens de maison, 27, rue de Chaillot, prochainement transféré 47, avenue Marceau. Fond. par M. l'abbé Serreau (1909). — Direction cath. Place grat. les personnes au-dessus de 15 ans, des deux sexes, spécialement cath., pour la paroisse autant que possible. Ouv. tous les j., sauf dim. et fêtes, de 2 h. à 4 h. Consult. familiales, médicales et juridiques.

Bureau de placement gratuit, 64, rue Théophile-Gautier.

Hospitalité du travail, 52, avenue de Versailles (1880). — Direction cath. Voir *Assist. par le travail*.

Association des Servantes de Marie pour la préservation des jeunes filles en service, 62, rue Nicolo. Voir au *VIe arr.*

Syndicat des intérêts généraux du XVIe arrondissement, 28, rue de l'Annonciation (1909). — Direction laïque. Placem. grat. pour les deux sexes. Cotisation annuelle de 6 fr.

Association amicale des gens de maison, 6, rue de l'Annonciation. Fond. par M. Delaigue (1896). — Bur. de placem. grat. des gens de maison. Ouv. tous les j. de 8 h. à 11 h. et demie, et de 2 h. à 5 h., sauf merc. et dim.

XVIIe ARR.

Bureau de placement, 5, rue de Tocqueville. — Grat. pour employés et gens de maison. Bur. ouvert de 9 h. à midi et de 2 h. à 5 h.

Œuvre des patronnes chrétiennes, 26, rue Lemercier (1900). — Direction laïque. Place des ouvrières et apprenties dans les maisons sérieuses adhérentes à l'œuv.

Foyer chrétien des domestiques femmes, 25, rue Salneuve (1844). — Maison protest. pour le placem. grat., sous la surveillance d'un Comité de dames. Ouverte tous les j., de 1 h. à 5 h., sauf dim. et fêtes. Un home est annexé à l'œuv. 22 places. Prix : 2 fr. et 2 fr. 50 par j., nourriture et logement. Se munir de certificats attestant la moralité. Sans distinction d'âge, de nationalité ou de religion.

Bureau de placement gratuit et cours professionnel, 133, avenue de Clichy. — A l'usage des syndiquées, employées et ouvrières.

L'Avenir des gens de maison, 35, rue de Chazelles (1906). — Direction laïque. Placem. grat. des deux sexes à partir de 16 ans.

Home suisse, 25, rue Descombes (1873). — Placem. de servantes et gouvernantes originaires de Suisse. Direction protestante. Prix : 1 fr. 50 par j. Voir *Œuv. en faveur des étrangers.*

Home anglais, 77, avenue de Wagram (1877). Fond. par Miss Ada Leigh. — Foyer et bur. de placem. grat. pour dames et jeunes filles. Direction protestante. Voir *Œuv. en faveur des étrangers.*

Home allemand, 110, rue Nollet. — Placem. de domestiques. Direction protestante. Voir *Œuv. en faveur des étrangers.*

Œuvre de l'hospitalité de nuit, 113, rue Cardinet. — Placem. de femmes et jeunes filles.

XVIIIe ARR.

Bureau de placement gratuit et cours professionnel, 47, rue Montcalm. — A l'usage des syndiquées, employées et ouvrières.

La Solidarité du XVIIIe arrondissement, 121, rue Marcadet (1900). — Voir *Œuvres diverses de secours.*

Œuvres ouvrières de Notre-Dame-du-Bon-Conseil, 140, rue de Clignancourt (1899). — Voir *Œuvres diverses de secours.*

Œuvre des pauvres du Sacré-Cœur, 31, rue Lamarck (1894). — Direct. laïque. A pour but de venir en aide moralement et matériellement aux hommes déclassés, délaissés, sans travail et sans abri. Service de placem. et d'assist. par le travail. Grat.

Bureau de placement gratuit, 174, rue Championnet. — Dépend des Œuv. paroissiales de Ste-Geneviève des Grandes-Carrières.

XXe ARR.

La Vigilante. Union fraternelle de fonctionnaires retraités de la Préfecture de police, 142, rue des Pyrénées (1910). — Direction laïque. A pour but de centraliser les emplois de toute nature qui lui seraient signalés, et d'en faciliter l'accès aux anciens fonctionnaires ou employés retraités de la Préfecture de police, suivant leurs aptitudes. La Sté vient en aide à ses adhérents malades et à leurs veuves. Cotisation mensuelle de 1 fr., plus 1 fr. de droit d'entrée.

Œuvre philanthropique de la Soupe populaire, 29, rue Haxo (quartier St-Fargeau). — Direction laïque. Bur. de placem. grat. Distribue des aliments.

BANLIEUE

CLICHY — **Bureau de placement gratuit et professionnel**, 8, rue Martinot,— A l'usage des syndiquées, employées et ouvrières.

MONTROUGE. — **Bureau de placement gratuit**, 51, Grande Rue.

NEUILLY. — **Orphelinat britannique-américain**, 65, boulevard Bineau. — S'occupe de placem. de gens de maison, gouvernantes, etc. Voir *Orphelinats.*

PAVILLONS-SOUS-BOIS. — **Œuvre de Notre-Dame de Lourdes,** 5, rue Émile-Zola. — L'Office social de l'œuv. a pour but d'aider les travailleurs pour leur placem. ou leur rapatriement.

Bureau de placement gratuit, à la Mairie.

RUEIL. — **Œuvre des Maisons de famille et de patronage pour les jeunes filles.** Siège social, 18, rue du Château. — A pour but de placer et de patronner, jusqu'à leur majorité et même au delà, les jeunes filles originaires de Paris ou de la région, confiées par mesure administrative à des établ. publics ou privés qui'en sont éloignés.

CHAPITRE XLIII

ŒUVRES DE PRÊTS

Un grand nombre de Stés provinciales d'assist., telles que l'Assoc. landaise, la Sté amicale du Loir-et-Cher, l'Assoc. vosgienne, etc., consentent des prêts à leurs membres. Il en est de même dans beaucoup de Stés amicales, dans certaines Stés coopératives de consommation, et dans un grand nombre de Stés de secours mutuels.

Ier ARR.

Caisse de prêts de l'Association des membres de l'enseignement, 14, rue J.-J.-Rousseau. — En faveur des membres de l'Assoc.

IIe ARR.

Syndicat des employés du commerce et de l'industrie, 14 *bis*, boulevard Poissonnière. — Consent des prêts grat. aux membres du Syndicat.

IVe ARR.

Mont-de-Piété de Paris, 55, rue des Francs-Bourgeois, et 16, rue des Blancs-Manteaux (1797). — Succursales : 112, rue de Rennes ; 28, rue Servan ; 31, rue Capron. Bur. auxiliaires dans les 20 arr. de Paris. Administré par un directeur responsable, sous l'autorité du Ministre de l'Intérieur et la surveillance d'un Conseil. A pour objet de venir en aide aux personnes de toute condition, non mineures, et momentanément gênées. Leur prête pour une durée de 1 an, renouvelable, contre dépot d'objets mobiliers, et moyennant un intérêt de 6,75 pour 100, plus un droit fixe de 1 pour 100, une somme d'argent représentant pour les objets d'or et d'argent les 4 cinquièmes, pour les objets mobiliers les trois quarts de leur valeur. En cas de non-remboursement à l'échéance, l'objet est vendu aux enchères publiques au profit du porteur de la reconnaissance, sous déduction des droits, frais et avances, ou bien les bonis sont versés après 3 ans à l'Assist. pub., bénéficiaire de toutes les recettes nettes du Mont-de-Piété. Les prêts sur valeurs mobilières sont ainsi fixés : rentes françaises, bons ou obligations du Trésor, bons de caisse du Mont-de-Piété : 8 pour 100. Actions de jouissance des chemins de fer, rentes italiennes et russes : 60 pour 100. Autres valeurs : 75 pour 100 de leur valeur.

Caisse de prêts de l'Association des comptables du département de la Seine, 39, rue de Rivoli (1894). — Prêts grat. de 40 fr. minimum et 200 fr. maximum aux sociétaires, remboursables par fractions.

VIe ARR.

Prêts gratuits de la Caisse nationale d'épargne postale, 8, rue St-Romain. Fond. par M. Gody (1897). — Consent des prêts de 200 fr. au plus, remboursables mensuellement par dixièmes, aux dames employées de la Caisse d'épargne postale.

S'adresser à Mlle Korn, directrice, même adresse.

Maison du Peuple, 70, rue Bonaparte. — Prélèvements sur des versements faits à une mutualité.

VIIe ARR.

Société des visiteurs, 5, rue de Poitiers. — Caisse de prêts grat. en faveur des familles visitées par la Sté (1899).

Société de secours et prêts entre les agents forestiers, siège au Ministère de l'agriculture, rue Bellechasse (1862). — Recon. ut. pub.

IXe ARR.

Société philanthropique de prêts gratuits, 1, rue Saulnier. Fond. par M. Dorian (1882). — A pour objet principal la recherche des misères qui se cachent, le relèvement des courages abattus et la sauvegarde de la dignité humaine à l'aide du prêt grat. Elle vient en aide notamment aux ouvriers, employés et tous salariés qui se trouvent momentanément dans la gêne, par suite de maladie ou toutes autres circonstances malheureuses, au moyen de prêts d'argent remboursables sans frais ni intérêts.

Maximum des prêts : 200 fr. pour une durée de 1 an. Service de cautions permettant à des personnes charitables de venir en aide, par son intermédiaire, à ceux de leurs protégés qui ne remplissent pas les conditions requises de salaires ou d'appointements pour être secourues par l'œuv.

Société protestante de prêts gratuits, 14, rue de Trévise. Fond. par M. le Pasteur Meyer (1902). — Pour les protest. du département de la Seine. Maximum du prêt : 200 fr., remboursable par dixièmes à partir du 3e mois. Les demandes de prêt doivent être adressées au président par l'intermédiaire du Pasteur de la paroisse dans laquelle habite l'emprunteur. Elles ne sont accordées qu'à un protest. de l'honorabilité duquel se porte garant un membre connu de l'Église. L'emprunteur ne doit pas avoir un loyer d'habitation supérieur à 500 fr., et doit disposer de ressources régulières lui permettant de rembourser le prêt.

Comité de bienfaisance israélite, 60, rue Rodier. — Caisse de prêts grat. pour israélites. Fond. par la baronne de Hirsch (1850). — Minimum : 50 fr., maximum : 500 fr., par exception : 1 000 fr. Séjour de 2 ans au moins en Seine ou Seine-et-Oise obligatoire. Délais de remboursement de 10 à 20 mois.

Société amicale de bienfaisance, 2, rue Gaillard. — Caisse de prêts grat. pour les assistés de l'œuv.

Caisse de prêts gratuits de « la Parisienne », 25, rue de Maubeuge. — Fond. par les Religieuses de Marie-Auxiliatrice (1875) au profit des employées et ouvrières participantes.

Caisse de prêts gratuits de « la Couturière », 46, rue St-Lazare (1897). — Pour ouvrières participantes exerçant un métier d'aiguille à Paris et dans la Seine.

X^e ARR.

Compagnie des chemins de fer du Nord, secrétariat général, 18, rue de Dunkerque. — Fonds Léon Say (100 000 fr.). Constitué, au profit des agents commissionnés et classés de la Compagnie du Nord, par l'abandon des jetons de présence du Conseil d'administration du réseau. Prêts à 2 pour 100. Délai de remboursement fixé à 2 ans. Maximum de prêt : 300 fr.

Société « l'Égalitaire », 17, rue de Sambre-et-Meuse (1876). — Coopérative de consommation avec Caisse de solidarité et de prêts grat. pour les sociétaires.

XIIe ARR.

Caisse philanthropique de prêts du faubourg Saint-Antoine, 5, rue Émilio-Castelar. Fond. par M. l'abbé Lenfant (1910). — A pour objet de faire des prêts, sous telle forme que ce soit, à telles personnes que le Conseil d'administration jugera pouvoir consentir, spécialement aux petits fabricants et commerçants, au taux le plus réduit possible, sans excéder celui de la Banque de France. Escompte de tous effets négociables. En voie de dissolution.

S'adresser au président, M. Poulain de Corbion, 68, avenue Ledru-Rollin.

XIVe ARR.

La Machine à coudre, 88, rue du Moulin-Vert. — A pour but de procurer des machines à coudre aux ouvriers sous forme d'avance en nature.

A la même adresse, Caisse de prêts grat.

L'Avenir de Plaisance, 13, rue Niepce (1897). — Sté coopérative de consommation ayant une Caisse de solidarité et de prêts en nature ou en espèces, pour une durée de 6 mois, en faveur des sociétaires ayant 1 an de présence au minimum. Remboursements par fractions de 1 fr. par semaine au minimum.

XVe ARR.

Caisse parisienne du crédit au travail. Fond. par le Secrétariat social, 5, avenue du Maine (1910). — A pour but de mettre à la disposition des travailleurs, ouvriers, employés et petits commerçants et industriels, le crédit nécessaire à leurs entreprises, même les plus modestes. Avances et achats d'outils et marchandises. Voir *Stés d'études*.

XVIe ARR.

Société de prêts gratuits, 128, avenue de Versailles. Dépend du Cercle familial, Sté de secours annexée à l'Œuv. du foyer temporaire. — Exclusivement réservée aux membres de la Sté.

XVIIe ARR.

Caisse de prêts gratuits des Épinettes, 10, passage St-Michel (1910). — Ouverte les 1er et 16 de chaque mois, de 8 h. et demie à 9 h. et demie du s. Action limitée par le périmètre des 2 paroisses St-Michel des Batignolles et St-Joseph des Épinettes. Maximum des prêts : 200 fr., remboursables en une année par versements mensuels d'au minimum le dixième du salaire.

XVIIIe ARR.

Société civile coopérative d'alimentation du XVIIIe arrondissement, 14, rue Jean-Robert (1866). — Caisse d'économie et de prêts mutuels, prêtant jusqu'à 75 pour 100 des créances que les sociétaires peuven avoir à un titre quelconque sur la Sté de consommation.

XXe ARR.

Société « la Bellevilloise », 23, rue Boyer (1877). — Sté coopérative de consommation ayant une Caisse de solidarité et de prêts grat. pour les sociétaires.

BANLIEUE

BOURG-LA-REINE. — **Société « la Ruche »**, 26 *bis*, rue Ravon. — Coopérative de consommation avec Caisse de solidarité et de prêts grat. pour les sociétaires.

CLICHY. — **Caisse de prêts de la paroisse Saint-Vincent-de-Paul**, 7, rue du Landit.

Société « l'Économie sociale », 35, rue Martre. — Coopérative de consommation avec Caisse de solidarité et de prêts grat. pour les sociétaires.

NANTERRE. — **Société « la Ruche »**, rue de l'Église. — Coopérative de consommation avec Caisse de solidarité et de prêts grat. pour les sociétaires.

PUTEAUX. — **Société « la Revendication »**, 18, rue Mars et Roty. — Coopérative de consommation avec Caisse de solidarité et de prêts grat. pour les sociétaires.

CHAPITRE XLIV

BIBLIOTHÈQUES POPULAIRES

Le nombre des Bibliothèques populaires est trop considérable à Paris pour qu'on en puisse donner la liste complète dans cet ouvrage; les Bibliothèques ne sont pas d'ailleurs, à proprement parler, des institutions charitables. On ne trouvera ici que les salles de lecture et les établ. de prêts de livres destinés plus spécialement aux classes populaires et aux étrangers, et les œuv. bibliographiques visant un but de moralisation et de bienfaisance. Parmi celles-ci, il suffira de mentionner les Bibliothèques paroissiales, celles des Conférences de St. V. de P., des Patron. de jeunes gens et de jeunes filles de tous les cultes. Elles n'ont pas de salles de lecture, mais prêtent des livres gratuitement aux habitants de la paroisse, aux familles visitées par les Conférences, et aux jeunes gens fréquentant les Patron. Les écoles primaires municipales et privées, et un certain nombre de syndicats professionnels, possèdent également des Bibliothèques, dont l'usage est réservé aux élèves des écoles et aux membres des syndicats.

La Sté des amis de l'instruction a établi aussi des Bibliothèques populaires dans presque tous les arr. à l'usage de ses associés.

A) Bibliothèques populaires municipales.

Créées par la Ville de Paris, au nombre de 82. Prêtent grat. à domicile, pour une durée de 15 j., des livres et documents. Conditions requises pour être admis à emprunter des livres : justifier de son identité, de son domicile et de sa solvabilité; au-dessous de 18 ans, présenter en plus une autorisation des parents.

Certaines Bibliothèques ont un service de lecture sur place; elles sont marquées ci-après d'un astérisque. Les autres n'ont que le service du prêt à domicile.

Des collections de documents, livres, gravures, estampes, dessins, ont été réunies dans quelques-unes des Bibliothèques municipales pour être mises, aux mêmes conditions que les livres, à la disposition des artistes, ouvriers, apprentis. Elles sont indiquées ci-après par les lettres A. I. (Art et Industrie).

Ier ARR.

A la Mairie, place du Louvre, ouverte en semaine de 4 à 6 h. et de 8 h. à 10 h. du s., le dim. de 9 à 11 h. du mat.

11, **rue d'Argenteuil,** de 8 h. à 10 h. du s., et le dim. de 9 h. à 11 h. du mat.

IIe ARR.

A la Mairie, rue de la Banque, de 4 h. à 6 h. et de 8 h. à 10 h. du s., le dim. de 9 h. à 11 h. du mat. A. I.

42, **rue Dussoubs,** de 8 h. à 10 h. du s., le dim. de 9 h. à 11 h. du mat.

56, **rue du Louvre,** 3, **rue de la Jussienne,** de 8 h. à 10 h. du s., et le dim. de 9 h. à 11 h. du mat.

6, **rue de Louvois,** de 8 h. à 10 h. du s., le dim. de 9 h. à 11 h. du mat.

20, **rue Étienne-Marcel,** de 8 h. à 10 h. du s., et le dim. de 9 h. à 11 h. du mat.

IIIe ARR.

A la Mairie du square du Temple, de 11 h. à 6 h., et de 8 h. à 10 h. du s., le dim. de 9 à 11 h. du mat. A. I.

2, **rue Ferdinand-Berthoud,** de 8 h. à 10 h. du s., le dim. de 9 h. à 11 h. du mat.

3, **rue Béranger,** de 7 h. et demie à 8 h. et demie du s., excepté le jeud., et le dim. de 10 h. à 11 h. du mat. ; bibliothèque réservée aux apprentis de 13 à 16 ans, habitant ou travaillant dans le IIIe arr.

Passage de l'Ancre, rue Bourg-l'Abbé, de 8 h. à 10 h. du s., le dim. de 9 h. à 11 h. du mat.

IVe ARR.

A la Mairie, place Baudoyer, de 6 h. à 8 h. et de 8 h. à 10 h. du s., le dim. de 9 h. à 11 h. du mat.

8, **place des Vosges,** de 8 h. à 10 h. du s., le dim. de 9 h. à 11 h. du mat.

21, **rue du Renard,** de 8 h. à 10 h. du s., et le dim. de 9 h. à 11 h. du mat.

V^e ARR.

A la Mairie, 13, **rue des Fossés-Saint-Jacques,** de 8 h. à 10 h. du s., et le dim. de 9 h. à 11 h. du mat.

41, **rue de l'Arbalète,** de 8 h. à 10 h. du s., et le dim. de 9 h. à 11 h. du mat.

27, **rue de Poissy,** de 8 h. à 10 h. du s., et le dim. de 9 h. à 11 h. du mat.

VIe ARR.

A la Mairie, place Saint-Sulpice, de 4 h. à 6 h., et de 8 h. à 10 h. du s., le dim. de 9 h. à 11 h. du mat. A. I.

85, **rue de Vaugirard,** de 8 à 10 h. du s., le dim. de 9 h. à 11 h. du mat.

12, **rue Saint-Benoît**, de 8 h. à 10 h. du s., le dim. de 9 h. à 11 h. du mat.

2, **rue du Pont-de-Lodi**, de 8 h. à 10 h. du s., le dim. de 9 h. à 11 h. du mat.

VIIe ARR.

A la Mairie, 116, rue de Grenelle, de 4 h. à 6 h., et de 8 h. à 10 h. du s., le dim. de 9 à 11 h. du mat.

42, **avenue Duquesne**, de 8 h. à 10 h. du s., le dim. de 9 h. et demie à 11 h. et demie du mat.

1, **rue Camou**, de 8 h. à 10 h. du s., le dim. de 9 h. à 11 h. du mat.

VIIIe ARR.

A la Mairie, rue d'Anjou, de 4 h. à 6 h., et de 8 h. à 10 h. s., le dim. de 9 h. à 11 h. du mat.

24, **rue du Général-Foy**, de 8 h. à 10 h. du s., le dim. de 9 h. et demie à 11 h. et demie du mat.

10, **rue Paul-Baudry**, de 8 h. à 10 h. du s., le dim. de 9 h. et demie à 11 h. et demie du mat. A. I.

IXe ARR.

A la Mairie, rue Drouot, de 8 h. à 10 h. du s., le dim. de 9 h. à 11 h. du mat.

32, **rue de Bruxelles**, de 8 h. à 10 h. du s., le dim. de 8 h. à 10 h. du mat.

35, **rue Milton**, de 8 h. à 10 h. du s., le dim. de 8 h. à 10 h. du mat.

Xe ARR.

A la Mairie, 72, rue du Faubourg-Saint-Martin, de 4 h. à 6 h., et de 8 h. à 10 h. du s., le dim. de 9 h. à 11 h. du mat.

19, **rue de Sambre-et-Meuse**, de 8 h. à 10 h. du s., le dim. de 9 h. à 11 h. du mat.

XIe ARR.

A la Mairie, place Voltaire, de 11 h. du mat. à 5 h. du s., et de 8 h. à 10 h. du s., le dim. de 9 h. à 11 h, du mat.

109, **avenue Parmentier**, de 8 h. à 10 h. du s., le dim. de 8 à 10 h. du mat.

12, **rue Titon**, de 8 h. à 10 h. du s., le dim. de 8 h. à 10 h. du mat.

198, **avenue de la République, rue Servan**, de 8 h. à 10 h. du s., le dim. de 8 h. à 10 h. du mat.

38, **rue Trousseau**, de 8 h. à 10 h. du s., le dim. de 9 h. à 11 h. du mat.

Bibliothèque Forney, 12, rue Titon, bibliothèque spéciale de prêts d'ouvrages et gravures relatifs à l'art et à l'industrie, de 1 h. à 3 h. et de 7 h. à 10 h. du s., le dim. de 9 h. à midi et de 2 h. à 5 h. du s.

XIIe ARR.

A la Mairie, avenue Daumesnil, de 4 h. à 6 h. et de 8 h. à 10 h. du s., le dim. de 9 h. à 11 h. du mat.

63, **rue du Rendez-vous**, de 8 h. à 10 h. du s., le dim. de 9 h. à 11 h. du mat.

40, **boulevard Diderot**, de 8 h. à 10 h. du s., le dim. de 9 h. à 11 h. du mat.

51, **rue de Charenton**, de 8 à 10 h. du s., le dim. de 9 h. à 11 h. du mat. A. I.

XIIIe ARR.

A la Mairie, place d'Italie, de 8 h. à 10 h. du s., le dim. de 9 h. à 11 h. du mat.

53, **rue Baudricourt**, de 8 h. à 10 h. du s., le dim. de 9 h. à 11 h. du mat.

5, **rue Damesme**, de 7 h. et demie à 9 h. et demie s., le dim. de 9 h. à 11 h. mat.

30, **boulevard Arago**, de 8 h. à 10 h. s., le dim. de 9 h. à 11 h. mat.

XIVe ARR.

A la Mairie, rue Mouton-Duvernet, de 5 h. à 7 h. et de 8 h. à 10 h. s., le dim. de 9 à 11 h. mat.

80, **boulevard Montparnasse**, de 8 h. à 10 h. s., le dim. de 9 h. à 11 h. mat.

1, **rue Ducange**, de 8 h. à 10 h. s., le dim. de 9 h. à 11 h. mat.

77, **rue de la Tombe-Issoire**, de 8 h. à 10 h. s., le dim. de 9 h. à 11 h. mat.

132, **rue d'Alésia**, de 8 h. à 10 h. du s., le dim., de 9 h. à 11 h. du mat.

XVe ARR.

A la Mairie, rue Péclet, de 7 h. et demie à 9 h. et demie du s., le dim. de 9 h. à 11 h. du mat.

4, **place du Commerce**, de 4 h. à 10 h. du s., le dim. de 9 h. à 11 h. du mat.

11, **rue Lacordaire**, de 8 h. à 10 h. du s., le dim. de 9 h. à 11 h. du mat.

20, **rue Falguière**, de 7 h. et demie à 9 h. et demie du s., le dim. de 9 h. à 11 h. du mat.

21, **rue Dupleix**, de 8 h. à 10 h. du s., le dim. de 9 h. à 11 h. du mat.

XVIe ARR.

A la Mairie, 71, **avenue Henri-Martin**, de 4 h. à 6 h. et de 8 h. à 10 h. du s., le dim. de 9 h. à 11 h. du mat.

21, **rue Hamelin**, de 8 h. à 10 h. du s., le dim. de 9 h. à 11 h. du mat.

70, **rue du Ranelagh**, de 8 h. à 10 h. du s., le dim. de 9 h. à 11 h. du mat.

20, **rue de Musset**, de 8 h. à 10 h. du s., le dim. de 9 h. à 11 h. du mat.

XVIIe ARR.

A la Mairie, 18, **rue des Batignolles**, de 5 h. à 7 h. et de 8 h. à 10 h. du s., le dim. de 9 h. à 11 h. du mat.

7, **rue Saint-Ferdinand**, de 8 h. à 10 h. du s., le dim. de 9 h. à 11 h. du mat.

40, **rue Balagny,** de 8 h. à 10 h. du s., le dim. de 9 h. à 11 h. du mat.

18, **rue Ampère,** de 8 h. à 10 h. du s., le dim. de 9 h. à 11 h. du mat.

Bibliothèque spéciale adjointe pour les jeunes garçons et les jeunes filles de 13 à 16 ans, habitant l'arr., ouverte en semaine seulement, de 7 h. à 8 h. du s. A. I.

XVIIIe ARR.

A la Mairie, place Jules-Joffrin, de 8 à 10 h. du s., le dim. de 9 h. à 11 h. du mat.

71, **rue du Poteau,** de 8 h. à 10 h. du s., le dim. de 9 h. à 11 h. du mat.

5, **rue de Torcy,** de 8 h. à 10 h. du s., le dim. de 9 h. à 11 h. du mat.

13, **rue Erckmann-Chatrian,** de 8 h. à 10 h. du s., le dim. de 9 h. à 11 h. du mat. A. L.

Impasse d'Oran, rue des Poissonniers, bibliothèque Trédon, de 5 h. à 7 h. s. et de 8 h. à 10 h. s., le dim. de 9 h. à 11 h. mat.

XIXe ARR.

A la Mairie, place Armand-Carrel, de 5 à 7 h. et de 8 à 10 h. s., le dim. de 9 à 11 h. mat. A. I.

4, **rue Fessart,** de 8 à 10 h. s., le dim. de 9 à 11 h. mat.

41, **rue de Tanger,** de 7 h. et demie à 9 h. et demie s., le dim. de 9 à 11 h. mat.

7, **rue Barbanègre,** de 7 h. et demie à 9 h. et demie s., le dim. de 9 à 11 h. mat.

119, **rue Bolivar,** de 7 h. et demie à 1 h. et demie du s., le dim. de 9 h. à 11 h. du mat.

XXe ARR.

A la Mairie, place Gambetta, de 8 h. à 10 h. du s., le dim. de 9 h. à 11 h. du mat.

3, **rue Vitruve,** de 7 h. et demie à 9 h. et demie du s., le dim. de 8 h. à 10 h. du mat.

26, **rue Henri-Chevreau,** de 7 h. et demie à 9 h. et demie du s., le dim. de 8 h. à 10 h. du mat.

166, **rue Pelleport,** de 7 h. et demie à 9 h. et demie du s., le dim. de 9 h. à 11 h. du mat.

51, **rue Ramponneau et rue Julien-Lacroix,** de 7 h. et demie à 9 h. et demie du s., le dim. de 9 h. à 11 h. du mat.

11, **rue de la Plaine,** de 8 h. à 10 h. du s., le dim. de 9 h. à 11 h. du mat.

9, **rue des Panoyaux,** de 8 h. à 10 h. du s., le dim. de 8 h. à 10 h. du mat. A. L.

9, **rue de Tlemcen,** de 8 h. à 10 h. du s., le dim. de 8 h. à 10 h. du mat.

B) Bibliothèques populaires privées

Ier ARR.

Bibliothèque du Cercle de travail féminin, 35, boulevard des Capucines. — Ouverte de 10 h. du mat. à 10 h. du s., tous les j., sauf le dim. ; salle de lecture et prêts de livres. Réservée aux membres de l'Assoc. Celle-ci comprend 3 catégories de membres : des membres fondateurs ayant versé 100 fr. au moins ; des membres honoraires payant une cotisation annuelle d'au moins 10 fr. ; des membres actifs. Cette dernière catégorie ne comprend que des femmes vivant de leur travail. Pour être membre actif, il faut être présenté par 2 membres et agréée par le Comité, payer un droit d'entrée de 0 fr. 50, et une cotisation annuelle de 6 fr. payable par mensualités de 0 fr. 50.

Office colonial, 18, galerie d'Orléans (Palais-Royal). — Bibliothèque pub. ouverte tous les j. non fériés, de 11 h. à midi et de 2 h. à 5 h. Fermée pendant le mois d'août.

Bibliothèque d'éducation religieuse et morale, 47, rue Richelieu. — Sous le patron. de l'Archevêque de Paris. Procure des ouvrages d'instruction religieuse et morale aux zélatrices des conférences de midi, aux membres des cercles d'études, ainsi qu'à toute jeune fille soucieuse de connaître davantage la religion et la morale chrétiennes.

La bibliothèque est ouverte à toute personne ayant la recommandation d'un prêtre, ou présentée par 2 abonnées à la bibliothèque. Dépôt de 2 fr. en garantie, remboursé lorsque le carnet de prêt grat. est rendu.

Les prêts sont faits : le lund. mat., de 8 h. à 9 h. ; les mard. et jeud., de midi un quart à 1 h. un quart, et le sam., de 5 h. à 6 h. du s.

IIe ARR.

Bibliothèque populaire républicaine du IIe arrondissement, 44, rue Tiquetonne. — Ouverte tous les j. non fériés, vend. excepté, de 8 h. à 10 h. ; prêts à domicile grat.

Bibliothèque des langues étrangères de la Société d'enseignement moderne, 6, rue de Louvois. — Lund., merc., vend., de 9 h. à 10 h. du s.

IIIe ARR.

Bibliothèque populaire des Amis de l'instruction du IIIe arrondissement, 54, rue de Turenne (1861). — 9 000 volumes. Ouverte tous les j. non fériés de 8 h. à 10 h. du s., le dim. de 9 h. et demie à 11 h. et demie mat. Salle de lecture, prêts à domicile. Cotisation mensuelle de 0 fr. 50.

Bibliothèque du Conservatoire des arts et métiers, 292, rue St-Martin. — De 10 h. à 3 h., sauf le lund. ; de 7 h. et demie à 10 h. du s., sauf les dim. et lund.

IVe ARR.

Bibliothèque nationale polonaise, 6, quai d'Orléans. Fond. et entretenue par l'Académie de Cracovie. — Ouverte grat., tous les j. non fériés, de 11 h. à 4 h. en hiver, de midi à 5 h. en été. Fermée au mois d'août.

V^e ARR.

Bibliothèque populaire des Amis de l'instruction du Ve arrondissement, 45, rue Lacépède. — 16 000 volumes. Ouverte tous les j. non fériés de 8 h. à 10 h. du s., le dim. de 9 h. à 10 h. du mat. Salle de lecture, prêts à domicile. Droit d'entrée : 1 fr. 10. Cotisation mensuelle de 0 fr. 40.

Bibliothèque d'enseignement public, 41, rue Gay-Lussac. Fond. par le Ministère de l'instruction pub. — Ouverte grat. tous les j. non fériés, de 10 h. à 5 h.

Le Chardonnet, 31, rue du Cardinal-Lemoine. Fond. par la Ligue patriotique des Françaises. — Salle de lecture populaire. Livres. Journaux. Entrée grat.

Bibliothèque scandinave, 6, place du Panthéon. — Ouverte grat., les mard. et vend., de midi à 4 h., les dim. de 10 h. à midi.

Salle de lecture populaire, 4, rue des Prêtres-St-Séverin. — Œuv. paroissiale. Livres, revues, journaux, brochures. Entrée libre tous les j. non fériés, de 5 h. à 10 h. du s.

VIe ARR.

Œuvre des Bibliothèques populaires catholiques, 73, rue Notre-Dame-des-Champs. Fond. par Mme Bastide du Lude (1905). — Fournit grat. des livres aux paroisses de villages de moins de 1 000 habitants, dépourvues de ressources, et à toutes les œuv. cath. A pour but de faciliter la création et le développement des Bibliothèques cath. Elle donne communication, sur demande, des livres offerts grat. Pour les dons semi-grat., elle envoie ses catalogues extraits de ceux de 40 des meilleurs éditeurs. L'œuv. se charge de composer elle-même des bibliothèques selon les indications qu'on lui donne. Aux livres sont joints des abonnements de journaux et revues à prix réduits.

Salle de lecture populaire, 25, rue des Cannettes. Fond. par M. le Curé de St-Sulpice. — Livres, revues, journaux, brochures. Ouverte tous les j., de 7 h. à 9 h., de 11 h. à 2 h., et de 5 h. à 10 h. du s. Entrée libre et grat.

Bibliothèque des familles, maison principale, 37, rue St-Placide. Succursale de Paris, 32, rue Caumartin. — Prête des livres sous condition de versement d'un dépôt variant de 3 à 10 fr., qui est rendu à l'expiration de l'abonnement. Celui-ci est au volume : 0 fr. 15 ou 0 fr. 20 ; au mois : 2 ou 3 fr., et à l'année : de 10 à 30 fr.

Bibliothèque paroissiale de St-Germain-des-Prés, 14, rue St-Benoît.

— — **de St-Sulpice**, crypte de l'église, dim. et merc., à 1 h. et demie.

VIIe ARR.

Bibliothèque de l'Action libérale populaire, 29, rue Chevert. —

Ouverte de 10 h. du mat. à 6 h. du s. et de 8 h. à 9 h. du s., aux membres de l'A. L. P., à ceux de la L. D. P., aux ouvrières de l'Ouvroir du Gros-Caillou, et à tous les groupements rattachés au comité de l'A. L. P. Pas de salle de lecture. Prêts de livres; abonnement de 0 fr. 10 par mois.

S'adresser à Mme Étienne, concierge, 29, rue Chevert.

Bibliothèque populaire des Amis de l'instruction du VIIe arrondissement, 12, rue Duvivier. — Ouverte tous les j. non fériés, de 8 h. à 10 h. du s., le dim. de 9 h. à 11 h. mat. Salle de lecture, prêts de livres. Cotisation mensuelle de 0 fr. 40.

Salle de lecture publique, 18, rue de Turenne. Fond. par la *Démocratie*, organe de l'ancien *Sillon* (1911). — Journaux, revues. Grat.

Œuvre des campagnes, 2, rue de la Planche (1854). — A pour but de venir en aide, par tous les moyens possibles, à MM. les Curés des paroisses rurales françaises. Elle fournit des secours pour les missions, les écoles, les patron., les assoc. post-scolaires. Elle tire toutes ses ressources des cotisations de ses adhérents : zélateurs et zélatrices, 12 fr. par an; associés, toute somme inférieure à 12 fr. L'œuv. possède une bibliothèque sacerdotale et des bibliothèques paroissiales circulantes. La première, destinée aux ecclésiastiques, compte plus de 5 000 volumes. Le prêt des livres est grat. Les frais de port aller et retour sont seuls à la charge des destinataires. Les envois se font par colis postaux, renouvelables tous les 2 mois, et composés de 6 volumes. Les Bibliothèques paroissiales circulantes sont de 25 ou de 50 volumes. Elles ne peuvent être conservées plus d'un an, et ne sont renouvelables qu'après le retour de la première série. Conditions d'abonnement: 5 fr. pour 25 volumes, 10 fr. pour 50 volumes choisis par l'œuv. (6 fr. et 12 fr. lorsque les volumes sont choisis par l'abonné). Les frais de port, 1 fr. 35 pour 25 volumes et 2 fr. 70 pour 50 volumes, sont à la charge de l'abonné, qui doit également renvoyer les livres franco au dépôt de l'Œuv. des campagnes, rue du Puits-d'Amour, à Boulogne-sur-Mer. Toutes les demandes doivent être adressées au siège de l'œuv., 2, rue de la Planche, à Paris. Le règlement et le catalogue de la Bibliothèque sacerdotale sont envoyés à tout prêtre qui en fait la demande (Joindre à la demande 0 fr. 20 pour l'affranchissement.)

Bibliothèque Braille, 9, rue Duroc. — Au siège de l'Assoc. Valentin Haüy pour le bien des aveugles. Volumes en points saillants. Ouverte tous les j. Cotisation : 5 fr. par an.

Œuvre de Saint-François-de-Sales, 11 *bis*, passage de la Visitation. Fond. par Mgr de Ségur (1857). — Procure grat. des livres aux Curés des paroisses pauvres. A pour but de défendre la foi cath. Elle concourt à la fondation et à l'entretien des écoles et bibliothèques cath. ; elle aide les Curés à faire donner des missions; elle favorise la création des œuv. d'éducation et de persévérance chrétiennes. A Paris, elle contribue à la création de nouvelles églises dans les faubourgs et la banlieue.

Pour avoir droit aux secours de l'œuv., la paroisse doit être affiliée à l'Assoc.

Société bibliographique et des publications populaires, 5, rue St-Simon. Fond. par M. le marquis de Beaucourt (1868). — A pour but de servir la religion et la science, en mettant de bons ouvrages à la portée de tous. Possède 25 000 volumes destinés à former des Bibliothèques circulantes et populaires. Ces Bibliothèques, composées de séries de 25 volumes chacune, les unes pour hommes et jeunes gens, les autres pour femmes et jeunes filles, sont renouvelables au bout d'un an, et peuvent être demandées par une ou plusieurs séries. Prix de la série: 5 fr., plus 0 fr. 50 de port pour Paris et 1 fr. 35 pour la province. Les prêts de Bibliothèques ne sont faits qu'aux membres de la Sté. Pour être sociétaires, payer la cotisation annuelle de 10 fr., qui donne droit à des remises de librairie.

La Sté bibliographique publie un bulletin mensuel, qui fournit des renseignements bibliographiques, et elle réserve à ses membres une salle de lecture, où elle reçoit 282 revues françaises et étrangères.

VIIIe ARR.

La Presse pour tous, 10, rue d'Anjou. Fond. par Mme Taine. — A pour but de s'opposer à la diffusion des feuilles immorales, et de propager les idées de pacification nationale et de progrès social. Les souscriptions recueillies par l'œuv. sont destinées à répandre, par abonnements grat., les journaux de la presse libérale, principalement les organes régionaux, dans les cercles, cafés, auberges, chez les coiffeurs, maréchaux ferrants, etc. L'œuv. comprend des donateurs, des membres fondateurs (100 fr. par an), souscripteurs (20 fr.), adhérents (10 fr.), et des affiliés. Les membres affiliés sont ceux qui versent une somme annuelle inférieure à 10 fr., ou qui s'engagent à envoyer leurs journaux, après lecture, à des adresses fournies, soit par le secrétariat de l'œuv., soit par l'affilié lui-même.

Le secrétariat est ouvert tous les j. de 9 h. et demie à 11 h. et demie du mat., le lund. de 2 h. à 4 h. s.

Bibliothèque populaire des Amis de l'instruction du VIIIe arrondissement, 48, rue de Miromesnil. — 8 000 volumes. Ouverte les mard., jeud. et sam., de 8 h. à 10 h. du s. Salle de lecture, prêts à domicile. Grat.

IXe ARR.

Bibliothèque des familles, 32, rue Caumartin. — Succursale de la maison principale, 37, rue St-Placide. Prête des livres, sous condition de versement d'un dépôt variant de 3 à 10 fr., qui est rendu à l'expiration de l'abonnement. Celui-ci est au volume : 0 fr. 15 ou 0 fr. 20 ; au mois : 2 à 3 fr. ; et à l'année : de 10 à 30 fr.

XIIe ARR.

Bibliothèque populaire, 8, rue Élisa-Lemonnier. Fond. par M. Callu (1881). — Ouverte tous les j. non fériés, de 8 h. et demie à midi et de 2 h. à 6 h. Prêts de livres.

Bibliothèque Saint-Antoine des Quinze-Vingts, 5, rue Émilio-Castelar. — Œuv. paroissiale. Salle de lecture ouverte de 2 h. à 10 h. du s. Prêts de livres : cautionnement, 1 fr. ; cotisation, 0 fr. 25 par mois. Fermée le dim., de 5 h. à 6 h. du s.

XIIIe ARR.

Bibliothèque populaire des Amis de l'instruction du XIIIe arrondissement, 59, avenue des Gobelins. — 12 000 volumes. Ouverte tous les j. non fériés, de 8 h. à 10 h. du s. Salle de lecture, prêts à domicile. Droit d'entrée : 1 fr. 50 ; cotisation mensuelle : 0 fr. 50.

Bibliothèque de la Mission évangélique aux femmes de la classe ouvrière, 157, rue Nationale. — Prêts grat. de livres, sans distinc. de culte ; aux femmes et jeunes filles qui suivent les conférences et viennent travailler à l'œuv.

XIVe ARR.

Bibliothèque populaire des Amis de l'instruction du XIVe arrondissement, 34, rue Ducouédic. — Ouverte tous les j. non fériés, de 7 h. et demie à 10 h. du s. ; le dim., de 10 h. à midi. Prêts de livres. Cotisation : 1 fr. 90 le 1er mois, 0 fr. 40 les mois suivants.

Bibliothèque de Notre-Dame-du-Travail, 36, rue Guilleminot. — Grat. Ouv. le dim., de 9 h. à 11 h. du mat.

XVe ARR.

Bibliothèque populaire des Amis de l'instruction du XVe arrondissement, 70, rue de l'Amiral-Roussin. — Ouverte tous les j. non fériés, de 8 h. à 10 h. du s., le dim. de 10 h. à midi. Salle de lecture, prêts à domicile. Droit d'entrée : 1 fr. ; cotisation mensuelle, 0 fr. 50.

Bibliothèque de la Mission évangélique aux femmes de la classe ouvrière, 67, rue du Théâtre. — Prêts grat. de livres, sans distinc. de culte, aux femmes et jeunes filles qui suivent les conférences et viennent travailler à l'œuv.

Bibliothèque paroissiale, au chevet de l'église St-Lambert de Vaugirard. Grat. Ouverte les jeud. et dim. mat.

XVIe ARR.

Bibliothèque populaire des Amis de l'instruction du XVIe arrondissement, 179 *bis*, avenue de Versailles. — 8 500 volumes. Ouverte tous les j. non fériés de 8 h. à 10 h. du s. ; le dim., de 10 h. à midi. Salle de lecture, entrée libre. Prêts à domicile ; cotisation mensuelle : 0 fr. 50.

XVIIIe ARR.

Bibliothèque populaire des Amis de l'instruction du XVIIIe arrondissement, 43, rue de la Chapelle. — Ouverte tous les j. non fériés, de

7 h. et demie à 9 h. et demie du s.; de novembre à mai, ouverte jusqu'à 11 h. du s. Cotisation mensuelle : 0 fr. 50.

Bibliothèque Saint-Denys de la Chapelle, 95, rue de la Chapelle. — Œuv. paroissiale. Ouverte tous les j., de 6 h. à 9 h. du s. Salle de lecture pub. et grat. Prêts de livres; cautionnement : 1 fr.; cotisation : 0 fr. 25 par mois.

XIXe ARR.

Bibliothèque Saint-Christophe de la Villette, 88, rue de Flandre. — Permanence de la Ligue patriotique des Françaises. Ouverte tous les j. non fériés, de 7 h. et demie à 9 h. et demie du s. Salle de lecture pub. Prêts de livres; cautionnement : 1 fr. 50; cotisation mensuelle : 0 fr. 50.

Bibliothèque populaire des Amis de l'instruction du XIXe arrondissement, 137, rue d'Allemagne. Ouverte tous les j. non fériés, de 8 h. à 10 h. du s. Salle de lecture, prêts de livres; cotisation mensuelle : 0 fr. 50.

Bibliothèque populaire des Amis de l'instruction du XIXe arrondissement, 78, rue de Flandre. — Ouverte tous les j. non fériés, de 7 h. et demie à 9 h. et demie du s. Salle de lecture, prêts de livres. Droit d'entrée : 1 fr. 50; cotisation mensuelle, pour hommes et femmes : 0 fr. 25.

XXe ARR.

Bibliothèque de la Mission évangélique aux femmes de la classe ouvrière, passage Stendhal. — Prêts grat. de livres, sans distinc. de culte, aux femmes et jeunes filles qui suivent les conférences et viennent travailler à l'œuv.

Bibliothèque populaire des Amis de l'instruction du XXe arrondissement, 40, rue de Ménilmontant. — 7 000 volumes. Ouverte tous les j. non fériés, de 8 h. à 10 h. du s. Pas de salle de lecture, prêts à domicile. Cotisation mensuelle : 0 fr. 50.

Bibliothèque de l'Union populaire catholique, 9, rue Croix-St-Simon. — Ouverte tous les dim. à 10 h. et demie.

CHAPITRE XLV

ŒUVRES DE MARIAGES

La loi de 1850 sur les mariages des indigents permet d'obtenir à titre grat. les pièces nécessaires; la loi de 1907 a, de plus, simplifié les formalités légales. Nous ne donnons ici que la liste des œuv. s'occupant le plus activement du mariage des pauvres, ou de la régularisation de leur union au double point de vue légal et religieux

A) Comités des mariages dépendant de la Société de Saint-Vincent-de-Paul

Ier et IIe ARR.

Notre-Dame de Bonne-Nouvelle, Notre-Dame-des-Victoires, Saint-Eustache, Saint-Germain-l'Auxerrois, Saint-Leu, Saint-Roch. — Le lundi, de 9 h. et demie à 10 h. et demie du matin, 3, place de l'École.

IIIe ARR.

Saint-Denis-du-Saint-Sacrement, Sainte-Élisabeth, Saint-Jean-Saint-François, Saint-Nicolas des Champs. — Le jeudi, de 5 à 6 h. et demie du soir, 9, rue de Saintonge.

IVe ARR.

Saint-Gervais, Saint-Louis-en-l'Ile, Saint-Marcel au Marais, Saint-Merry, Notre-Dame, Notre-Dame-de-Persévérance, Notre-Dame des Blancs-Manteaux, Saint-Paul-Saint-Louis. — Le lundi, de 8 h. et demie à 10 h. du soir, 28, rue Geoffroy-Lasnier; le vendredi, de 9 h. à 10 h. mat., 32, rue Geoffroy-Lasnier.

Ve ARR.

Sainte-Anne de l'École Bossuet, Saint-Étienne du Mont, Saint-Jacques du Haut-Pas, Saint-Médard, Saint-Nicolas du Chardonnet, Saint-Séverin. — Le mardi, de 9 h. à 10 h. du matin, 19, rue Tournefort.

VIe et VIIe ARR.

Bx Chanel, Saint-Dominique, Saint-Germain-des-Prés, Notre-Dame-

des-Champs, Saint-Sulpice, Sainte-Clotilde, Saint-François-Xavier (Missions), Saint-Jean-Saint-Luc, Saint-Luc-Saint-Côme-Saint-Damien, Saint-Thomas-d'Aquin. — Le jeudi, de 9 h. à 10 h. un quart du mat., 70, rue Bonaparte.

COMITÉ du GROS-CAILLOU

Saint-Pierre du Gros-Caillou. — Le jeudi, de 7 h. et demie à 9 h. du mat., 105, rue St-Dominique.

VIIIe et IXe ARR.

Saint-Augustin, Saint-Hyacinthe, Saint-Louis d'Antin, Sainte-Madeleine, Notre-Dame de Lorette, Saint-Philippe du Roule, Sainte-Trinité. — Le vendredi, à 4 h., 8, avenue Portalis.

Xe ARR.

Saint-Eugène, Saint-Laurent, Saint-Martin, Saint-Vincent-de-Paul. — Le mercredi, de 8 h. et demie à 10 h. du soir, 12, rue Bossuet.

XIe ARR.

Saint-Ambroise, Saint-Joseph. — Le mardi, de 2 à 4 h., 81, rue d'Angoulême.

COMITÉ de St-JOSEPH-St-LOUIS

Saint-Ambroise, Saint-Joseph. — Lundi et vendredi, de 10 h. à 11 h., 55, boulevard de Belleville.

COMITÉ de Ste-MARGUERITE

Sainte-Marguerite. — Le jeudi, de 5 h. et demie à 7 h. du soir, 6, impasse Franchemont (42, rue Faidherbe).

COMITÉ OUEST du XIIe ARR.

Saint-Antoine (Quinze-Vingts), Saint-Éloi. — Le vendredi, de 9 h. à 10 h. et demie mat., 77, rue de Reuilly.

COMITÉ EST du XIIe ARR.

Immaculée-Conception, Notre-Dame de Bercy. — Le jeudi, de 3 h. à 5 h. et demie, 22, rue Ruty.

XIIIe ARR.

Sainte-Anne de la Maison-Blanche, Sainte-Élisabeth de Thuringe, Saint-Marcel de l'Hôpital, Saint-Médard, Notre-Dame du Cercle et Notre-Dame des Écoles, Notre-Dame de la Gare. — Le lundi et le vendredi, de midi à 3 h., 50, boulevard Auguste-Blanqui.

COMITÉ EST du XIVe ARR.

Saint-Pierre de Montrouge, Saint-Pierre-Saint-Sulpice. — Le lundi, de 2 à 4 h., 16, rue d'Alembert.

COMITÉ OUEST du XIVe ARR.

Saint-Joseph de l'Institut catholique, Notre-Dame de Plaisance, Saint-Pierre-Saint-Paul. — Le lundi, de 2 h. à 4 h. ; le samedi, de 8 h. à 9 h. soir ; le dimanche, à 10 h. et demie, au cercle Jeanne-d'Arc, 57, rue Vercingétorix.

XVe ARR.

Saint-Alexandre (Javel), Saint-Francois-d'Assise, Saint-Jean-Bap-

tiste (Grenelle), Saint-Lambert de Vaugirard, Notre-Dame de Dupleix, Notre-Dame-du-Rosaire. — Le dimanche, à 10 h. trois quarts, à Saint-Lambert de Vaugirard, salle au chevet de l'église.

XVIe ARR.

Saint-Honoré, Notre-Dame-de-Grâce de Passy, Saint-Pierre de Chaillot. — Tous les mat., 10, av. d'Eylau ; le mard., de 9 h. et demie à 10 h. et demie mat., 62, r. Raynouard ; le vendredi, à 4 h. du soir, 26, rue de Chaillot.

COMITÉ d'AUTEUIL

Notre-Dame d'Auteuil. — Le mardi, à 8 h. mat., au presbytère, 4, rue Corot.

XVIIe ARR.

Saint-Ferdinand des Ternes, Sainte-Marie des Batignolles, Saint-Michel des Batignolles. — Le mard., à 8 h. et demie du soir, 10, passage St-Michel ; le vendredi, à 9 h. du soir, 77, rue Truffaut.

COMITÉ de St-FRANÇOIS-DE-SALES

Saint-Francois-de-Sales, Levallois-Perret. — Les 2e et 4e dim. du mois, de 2 à 3 h., 59, r. de Tocqueville.

COMITÉ NORD du XVIIIe ARR.

Saint-Bernard de la Chapelle, Saint-Denis de la Chapelle, Sainte-Geneviève des Grandes-Carrières, Notre-Dame de Clignancourt. — Le dimanche, de 10 h. à midi, et le mardi, de 8 à 10 h. du soir, 25, rue du Ruisseau.

COMITÉ SUD du XVIIIe ARR.

Saint-Jean-l'Évangéliste, Saint-Pierre de Montmartre. — Le jeudi, de 2 à 4 h., 33, rue Caulaincourt.

XIXe ARR.

Saint-Boniface, Saint-Georges, Saint-Jacques de la Villette, Saint-Jean-Baptiste de Belleville. — Le lundi mat., de 8 h. et demie à 10 h., 146, rue de Crimée, à la Villette.

COMITÉ SUD du XXe ARR.

Saint-Germain de Charonne, Immaculée-Conception. — Le lundi, de 4 à 5 h., 9, rue Croix-Saint-Simon.

COMITÉ NORD du XXe ARR.

Saint-Jean-Baptiste de Belleville, Notre-Dame-de-la-Croix de Ménilmontant. — Le samedi, de 4 h. et demie à 6 h., 117, rue de Ménilmontant.

BANLIEUE

La circonscription des Comités de la banlieue s'étend à toutes les communes environnantes.

Conseil particulier de Saint-Mandé-Vincennes.

CHARENTON. — A Charenton, 96, rue de Paris, le dimanche, à 1 h., et le merc., de 10 h. à midi.

SAINT-MAUR. — 1er et 3e mard., de 1 h. et demie à 3 h. et demie, 2, rue du Four.

BAS-MONTREUIL. — Les jeud. et dim., de 1 h. et demie à 3 h., 52, rue Voltaire, au Bas-Montreuil.

VINCENNES. — Le dim., de 1 h. et demie à 3 h. et demie, au presbytère.

Conseil particulier de Neuilly-Courbevoie.

ASNIÈRES. — Le lund., à 8 h. et demie du s., salle des mariages, à l'Église.

BOIS-COLOMBES. — 81, rue des Bourguignons, Bois-Colombes.

BOULOGNE. — Salle de l'ouvroir, 50, rue d'Aguesseau, lund. et sam. s., de 8 h. un quart à 9 h. et demie.

CLICHY. — Le samedi, à 8 h. et demie du s., 7, rue du Landy, Clichy.

COLOMBES. — 133, rue Hoche, Colombes.

COURBEVOIE. — Le mard., de 5 à 6 h. du s., 23, r. de Colombes.

LA GARENNE-COLOMBES. — 7, rue de Châteaudun, le vend., à 8 h. et demie du s.

NANTERRE. — 38, avenue Henri-Martin, Nanterre.

NEUILLY. — 11, rue de l'Hôtel-de-Ville, Neuilly. Le merc., de 8 h. à 9 h.

PUTEAUX. — En permanence au patronage, 86, rue des Coutures.

SURESNES. — 18, rue de Rueil, Suresnes.

Conseil particulier de Sceaux.

CLAMART. — 7, rue Georges-Huguet, parc de la Maison-Blanche, le merc., de 10 h. à 11 h. et demie mat.

IVRY. — 4, rue Raspail, à Ivry. Le merc., de 8 h. à 9. h. du soir.

MONTROUGE. — Tous les j., sauf les dim. et mard., de 9 à 11 h. du mat., 72, Grande-Rue.

Conseil particulier de Saint-Denis.

SAINT-DENIS. — Le vend., à 8 h. du s., 91, rue de Paris.

PAVILLONS-SOUS-BOIS. — Le mard., à 10 h. mat., au presbytère, 5, rue Émile-Zola.

B) Œuvres diverses de mariages

Ier ARR.

Œuvres de mariages dépendant de la Société des Amis des pauvres, 16, rue de l'Arbre-Sec :

Paroisse Saint-Ambroise, 5, rue Lacharrière. — Dim., à 11 h. et demie, et jeud., à 8 h. s.

Chapelle du Rosaire, 182, rue de Vanves. — Dim., à 11 h. trois quarts, et merc., à 8 h. s.

Paroisse Saint-Joseph. — Dim., à 7 h. trois quarts mat. ; mard. et jeud., à 8 h. s.

Notre-Dame de la Gare. — Lund., à 2 h. ; vend., à 1 h. s.

Saint-Hippolyte, 27, rue de Choisy. — Vend., à 3 h. s.

Notre-Dame de-la-Croix de Ménilmontant, chapelle des catéchismes. — Mard., à 8 h. s.

Saint-Antoine, 57, rue Traversière. — Lund., à 8 h. s.

Saint-Ouen. Crypte de Notre-Dame-du-Rosaire. — Dim., à midi ; merc., de 6 h. à 8 h. s.

Chapelle du Sacré-Cœur, rue Baraduc. — Dim., à midi, et mard., à 8 h. s.

Clichy, Église de Notre-Dame-Auxiliatrice, 10, rue d'Alsace. — Dim., à 11 h. un quart, et merc., à 6 h. s.

Délégation générale des Diaconats réformés du département de la Seine, 4, rue de l'Oratoire. — S'occupe de la régularisation grat. des mariages d'indigents.

IIe ARR.

Société du trousseau de la fiancée pauvre israélite, 40, rue Notre-Dame-des-Victoires.

VIe ARR.

Société charitable de Saint-François-Régis, siège, 6, rue Furstenberg. Fond. par M. L. Gossin (1826). — A pour but de faciliter le mariage civil et religieux des indigents et la légitimation de leurs enfants. Se charge de procurer grat. tous actes, jugements, dispenses, etc. Secrétariat ouvert tous les j., de 2 h. à 4 h. s., au siège de la Sté de St. V. de P.

Œuvre des pauvres malades, 95, rue de Sèvres.

VIIIe ARR.

Association des mères de famille, 40, rue de Berlin.

IXe ARR.

Œuvre évangélique des papiers de mariage, 24, rue Laffitte. — Direction protest.

XIe ARR.

Œuvre des Flamands, 181, rue de Charonne. — Spéciale aux mariages pour la population flamande de Paris. Bur. ouvert tous les j. de la semaine, de 9 h. à 10 h. et demie mat. Conférence de St. V. de P. annexée.

Œuvre du faubourg Saint-Antoine, Œuv. laïque de mariages, siège à la Mairie.

XIIIe ARR.

Œuvre de Sœur Rosalie, 50, rue Auguste-Blanqui. — Bur. pour la légitimation des mariages, ouvert les lund. et vend., de midi à 4 h. s.

XVe ARR.

Mission évangélique aux femmes de la classe ouvrière, 67, rue du Théâtre. — Permanence. Régularisation des mariages.

Petites Sœurs de l'Assomption, 57, rue Violet. — Tous les j., de 7 h. à 8 h. et demie s.

XVIe ARR.

Œuvre de la Cagnotte des enfants, 2, place des États-Unis. — Dons de trousseaux de mariage.

Union populaire catholique, 19, rue Nitot. — Œuv. des mariages dans toutes les permanences de l'U. P. C. Voir les adresses à *Œuv. diverses de secours.*

XVIIIe ARR.

Œuvre des mariages, 174, rue Championnet.

BANLIEUE

LEVALLOIS-PERRET. — **Œuvres de mariages**, 163, rue du Bois. — Chez les Petites Sœurs de l'Assomption.

IVRY. — **Œuv. des forains et païens du Petit-Ivry.**

CHAPITRE XLVI

RELÈVEMENT
PATRONAGE DES LIBÉRÉS

Les hommes, si indulgents pour eux-mêmes, ne pardonnent guère à leurs semblables d'avoir commis une faute, et si le coupable, en subissant une peine quelconque, a payé sa dette à la sté, celle-ci ne lui en témoigne que plus de mépris. Qu'il ait été momentanément entraîné, ou qu'il ait mené longtemps une existence dépravée, il lui sera toujours très difficile, sinon impossible, de reprendre une vie honorable, si la charité ne lui tend pas la main. C'est le rôle des œuv. que l'on trouvera dans ce chapitre, et qui s'attachent à relever ceux qui sont tombés, soit en les séparant, lorsqu'ils sont encore jeunes, du milieu qui les a pervertis, et en leur donnant une éducation morale et professionnelle qui les rende forts contre la tentation, soit en offrant aux adultes, contre l'hostilité du monde et l'entraînement de nouvelles séductions, un refuge où ils puissent commencer une vie nouvelle de travail et de réhabilitation.

Ier ARR.

Union des Sociétés de patronage de France, 14, place Dauphine (1893). — A pour but de grouper les Stés françaises de patron. de libérés, qui conservent leur autonomie, guider les œuv. nouvelles ; en favoriser la création ; les aider auprès des Pouvoirs publics, et faciliter le placem. des libérés. 130 Œuv. adhérentes. Le Bur. central siège tous les mois. L'Union n'est pas une œuv. de patronage direct. Les œuv. qui en font partie ont droit au bénéfice du demi-tarif pour le rapatriement des libérés.

Comité de défense des enfants traduits en justice, au Palais de Justice (1890). — Direction laïque. Président : M. le Bâtonnier des avocats. Le Comité, qui ne constitue ni une Sté ni une œuv., se réunit tous les 15 j., et admet tous les avocats qui ont à s'occuper d'enfants poursuivis. Il cherche à activer par son intervention la réforme des lois qui concernent l'enfance, l'amélioration de ces lois, la rédaction de lois nouvelles, appropriées aux besoins nouveaux et inspirées par des idées libérales et humanitaires. Il s'occupe de la défense des enfants poursuivis et du placem. des jeunes libérés.

Société générale des prisons, 14, place Dauphine (1889). — Recon. ut. pub. Le Secrétariat général donne tous renseignements pour le placem. des libérés. Voir *Stés d'études.*

Société de patronage des jeunes adultes libérés, 14, place Dauphine. Fond. par M. l'abbé Milliard, aumônier de la Petite Roquette (1895). — Recon. ut. pub. Direction laïque. La Sté a pour but de visiter en prison les jeunes détenus de 16 à 21 ans, et quand ils en sortent sans ressources et jugés vraiment dignes d'intérêt, elle leur offre un asile et du travail dans un Atelier qu'elle entretient, 22, rue Pétion (XIe). Les jeunes gens reçoivent un salaire minimum de 1 fr. 50, pour assurer leur pension dans les établ. du quartier. Après une période d'attente, lorsqu'ils ont donné des preuves d'ordre et d'assiduité, la Sté s'occupe de trouver une situation à ses patronnés et leur donne un certificat. Voir *Assist. par le travail.*

Œuvre des libérées de Saint-Lazare, 14, place Dauphine. Fond. par Mlle de Grandpré (1870). — Recon. ut. pub. Direction laïque. A pour but de préserver les femmes en danger de se perdre, et de fournir aux libérées, sans distinc. d'âge, de culte ni de nationalité, le moyen de se réhabiliter. L'œuv. visite les détenues, les secourt à leur libération, les recueille momentanément dans son Asile, 216, boulevard de Strasbourg, à Billancourt, les place, les rapatrie, et, s'il y a lieu, les réconcilie avec leur famille. Elle reçoit aussi les femmes et jeunes filles en liberté provisoire ou conditionnelle, s'occupe des enfants des détenues, et entretient une École ménagère pour ses protégées, 32, rue Gabriel, à Billancourt.

Œuvre de relèvement pour les prostituées, 3, quai de l'Horloge. Fond. par la Préfecture de police (1907). — Direction laïque. L'œuv. intervient par des conseils et des dons en argent, pour sortir de leur état misérable les femmes qui, dégoûtées de leur condition, en font la demande. Elle leur procure du travail et leur cherche même des emplois.

Les enfants recueillis en même temps que leurs mères sont placés à la Maison départementale de Nanterre.

S'adresser à Mme Rousseau, directrice de l'œuv.

Vestiaire des enfants prisonniers, au Dépôt de la Conciergerie, au Palais de Justice. — Voir *Vestiaires.*

IIe ARR.

L'Armée du Salut, 43, rue St-Augustin. — Direction protest. Œuv. d'éducation sociale pour le relèvement et la transformation morale de tout individu tombé.

Centres de réunion : 166, rue Montmartre (IIe) ; — 32, rue Bouret (XIXe) ; — 12, rue du Chemin-Vert (XIe) ; — 1 *bis*, rue du Maine (XIVe).

Hôtelleries populaires : 33 *bis*, rue de Chabrol (X^e) (hommes) ; — 10, rue Fontaine-au-Roi (XIe) (femmes).

Maison de relèvement : 8, rue de la Montagne, Courbevoie (femmes).

V^e ARR.

Asile Saint-Raphaël, 297, rue St-Jacques. — Voir *Maternité*.

VIe ARR.

Le Patronage familial, 19, rue de Savoie. Fond. par M. Albanel (1900). — Direction laïque. A pour but la tutelle morale dans la famille et sur la demande de celle-ci des enfants en danger moral, de moins de 18 ans, avant toute arrestation. Elle patronne dans les mêmes conditions les garçons arrêtés et remis à leurs parents par les autorités administratives ou judiciaires. Clinique médico-pédagogique pour enfants anormaux et dégénérés, sam., de 4 h. à 6 h. La Sté sert d'intermédiaire entre les familles et toutes les œuv. de protection et de relèvement.

Œuvres de Mlle Bonjean, 167, rue de Rennes. Fond. et dirigées par Mlle Bonjean. — Direction laïque, cath. Ont pour but de secourir la misère particulièrement de l'enfance et de la jeunesse la plus délaissée. Les garçons de 1 à 5 ans, les filles de 1 à 21 ans, moyennant 25 fr. par mois, sont placés suivant les cas dans un des établ. suivants : Asile St-Louis, à Poissy (internat primaire, école ménagère et professionnelle) ; — Pellevoisin, Indre (sanat. et pouponnière) ; — Asile temporaire, 6, rue Manceau, à Tours (premières communions tardives) ; — École ménagère et professionnelle, 18, rue Baleschoux, à Tours.

Patronage de l'enfance et de l'adolescence, 13, rue de l'Ancienne-Comédie. Fond. par M. Rollet (1891). — Recon. ut. pub. Direction laïque. L'œuv. a pour but la protection des enfants en danger moral. Les tribunaux et l'administration pénitentiaire lui confient les enfants mis en liberté surveillée. Suivant les cas, l'œuv. les remet à leur famille, les place dans des exploitations agricoles de province, ou les recueille dans sa Maison de travail, 149, rue de Rennes. Toujours elle continue à suivre de près leur éducation. Le Patron. admet grat. les enfants des deux sexes, de 13 à 18 ans.

S'adresser à M. Rollet, le mard., de 9 h. à midi.

Asile Sainte-Madeleine, 8, impasse Robiquet, 79, boulevard Montparnasse. — Voir *Maternité*.

Petit ouvroir de Saint-Vincent-de-Paul, 120, rue du Cherche-Midi. Fond. par Mlle Lavarde (1849). — Direction cath. Les Sœurs de St. V. de P. y reçoivent des filles de 5 à 12 ans, grat. ou moyennant 35 fr. par mois, suivant leurs ressources, lorsqu'elles sont orphelines ou abandonnées, et qu'elles manifestent un caractère difficile.

Elles les gardent jusqu'à ce qu'elles soient sérieusement amendées.

Société pour le patronage des jeunes détenus et des jeunes libérés du département de la Seine, 9, rue de Mézières. Fond. par MM. C. Lucas et Bérenger de la Drôme (1833). — Recon. ut. pub. Direction laïque. A pour but de préserver les jeunes libérés du danger de la récidive, et leur procurer des occupations et des secours. Admission grat. La Sté fait visiter les détenus à la Petite Roquette, provoque leur mise en liberté provisoire sous sa responsabilité, et place ses protégés en apprentissage à ses frais jusqu'à 18 ans. Elle leur conseille alors de contracter un engagement volontaire dans l'armée, et leur procure du travail lors de leur libération.

Ouv. tous les j., de 9 h. à midi, et le dim. avant 2 h.

VIIe ARR.

Société générale de protection pour l'enfance abandonnée ou coupable, 47, rue de Lille. Fond. par M. Georges Bonjean (1871). — Direction laïque. A pour but d'obtenir le relèvement des enfants insoumis ou abandonnés, par la discipline et surtout par le travail agricole. L'œuv. place des enfants chez des patrons choisis ou dans des établ. appropriés, où elle continue à les surveiller. Elle possède l'établ. agricole d'Orgeville, près d'Évreux, où les enfants sont admis grat. ou moyennant pension, suivant les ressources des familles.

Société générale pour le patronage des libérés, 174, rue de l'Université. Fond. par M. de Lamarque (1872). — Recon. ut. pub. A pour but de ramener aux habitudes d'une vie honnête et laborieuse les libérés adultes de l'un et l'autre sexe ; patronne également les jeunes libérés des colonies et maisons pénitentiaires provenant des départements où des œuv. n'ont pas été fond. à cet effet. Procure du travail aux libérés, facilite leur rapatriement ou leur émigration dans les colonies, provoque la réhabilitation des libérés qui remplissent les conditions exigées par la loi. Recueille temporairement les libérés hommes dans un Asile, rue des Cévennes, 25, et les libérées femmes dans un autre Asile, rue de Lourmel, 49. A la sortie de l'Asile, on leur remet toutes les sommes gagnées, sous déduction d'une retenue journalière de 0 fr. 50, à titre de contribution aux frais d'entretien.

Bur. ouverts tous les j., de 9 h. à 11 h. Voir *Assist. par le travail.*

VIIIe ARR.

Œuvre protestante des prisons de femmes (U. P. P. F.), siège chez la Présidente, Mme de Billy, 6, rue Rembrandt (1841). — A pour but le relèvement et l'amendement des détenues et libérées protest., adultes et mineures, par des visites aux prisons et au dépôt de Nanterre. Placem., vestiaire, rapatriement. Confie ses protégées à l'Asile de la Sté de patron. des détenues et des libérées, 21, rue Michel-Bizot (XIIe).

S'adresser au secrétariat, 44, avenue de Villiers (XVIIe).

IXe ARR.

Colonie agricole de Port-Sainte-Foy (Dordogne), par Ste Foy-la-Grande (Gironde) ; siège, 56, rue de Provence (1842). — Recon. ut. pub. Direction protest. A pour but d'entretenir et d'élever les jeunes détenus protest. des deux sexes qui lui sont confiés par l'administration pénitentiaire, et les enfants vicieux qui lui sont confiés par leurs parents ou protecteurs. L'œuv. donne à ces enfants l'éducation religieuse, et les dirige vers les travaux agricoles. Elle exerce une tutelle bienveillante sur ces enfants après leur sortie de la colonie. Pension : 300 fr. ; demi-pension : 180 fr. Trousseau : 80 fr.

Adresser les demandes au président de l'œuv.

Société de protection des engagés volontaires sous la tutelle administrative, 11 *bis*, rue de Milan. Fond. par MM. Fournier et F. Voisin (1878). — Recon. ut. pub. Direction laïque. A pour but de faciliter l'engagement volontaire des jeunes gens élevés dans les maisons d'éducation correctionnelle publiques ou privées, ou sous la tutelle de l'Assist. pub. comme enfants assistés ou moralement abandonnés, recommandables et dignes d'appui. Admission de 18 à 21 ans. Grat. L'œuv. surveille ses protégés pendant leur présence sous les drapeaux, et s'occupe de leur placem. à leur sortie du régiment.

Œuvre du Souvenir, 11 *bis*, rue Laferrière. — Accepte dans un pavillon séparé des jeunes filles confiées à sa garde, soit par le juge d'instruction, soit par le tribunal. Dispensaire spécial. Voir *Adoption*.

XIe ARR.

Œuvre du Vestiaire en faveur des jeunes libérés, 10, avenue Parmentier (1898). — Voir *Vestiaires*.

Asile Saint-Jacques. Œuvre des petits prisonniers, 10, avenue Parmentier. Fond. par M. l'abbé Milliard (1903). — Direction laïque. A pour but de recueillir, d'élever et de patronner, jusqu'à leur majorité, des petits garçons de 6 à 12 ans, détenus en prévention à la Petite Roquette et dans les autres prisons du département de la Seine, qui lui seraient confiés par l'autorité judiciaire. Ces enfants sont envoyés à l'Asile de l'œuv., à Montigny-les-Cormeilles (Seine-et-Oise), où des dames font leur éducation et leur donnent l'enseignement primaire. Ils sont ensuite placés en apprentissage, ou envoyés en province chez des cultivateurs. Admissions grat.

XIIe ARR.

Œuvre du Refuge de Paris, 20, rue du Sergent-Bauchat (1875). — Direction protest. Pour le relèvement des jeunes filles moralement tombées. Pension modique. Aucune distinc. de culte ni de nationalité.

Société de patronage des détenues, des libérées, et des pupilles de l'Administration pénitentiaire, 21, rue Michel-Bizot (1890). — Recon. ut. pub. Direction protest. A pour but le relèvement des femmes et des mineures, détenues ou libérées, sans distinc. de culte et de nationalité. L'œuv. visite les détenues et admet les libérées dans des Asiles temporaires, où on les ramène à des habitudes d'existence honnête et laborieuse. Asiles au siège de la Sté et dans ses sections de province.

La Retenue des Diaconesses, 95, rue de Reuilly (1842). — Direction protest. Pour jeunes filles de 13 à 20 ans, envoyées en correction par leur famille ou après un délit par le tribunal. Prix de pension : 25 fr. par mois.

Disciplinaire des Diaconesses, 95, rue de Reuilly (1842). — Direction protest. Pour filles de 6 à 12 ans protest. que leurs familles ou d'autres établ. trouvent ingouvernables. Pension : 25 fr. par mois.

Maison d'asile, 3, ruelle de la Planchette. — Voir *Sté de patron. des prévenus acquittés de la Seine XIIIe.*

XIIIe ARR.

Société de patronage des prévenus acquittés de la Seine, 136, rue Broca. Fond. par M. de Metz (1836). — Recon. ut. pub. Direction laïque. Donne asile aux hommes et femmes remis en liberté après une ordonnance de non-lieu ou un acquittement, et aux condamnés avec sursis pour délits de peu d'importance. Les patronnés sont recueillis temporairement, 3, ruelle de la Planchette (XIIe), sont nourris, reçoivent des vêtements. L'œuv. favorise le placem., le rapatriement, et l'engagement volontaire. 16 lits. Grat. Bur. ouverts tous les j.

Asile gratuit pour mendiantes, 57, rue de la Santé. — Siège de l'œuv., 226, boulevard St-Germain.

XIVe ARR.

Œuvre du Refuge du Bon-Pasteur, 71, rue Denfert-Rochereau (1686). — Recon. ut. pub. Direction cath. Dames de St-Thomas de Villeneuve. L'œuv. abrite des jeunes filles sortant de St-Lazare, pour les relever, les placer, ou les conserver à la maison, où elles doivent contribuer par leur travail à assurer les ressources nécessaires à leur entretien. Admission de 16 à 23 ans. Grat.

XVe ARR.

Maison de l'Espérance, 31, rue Dombasle. Fond. par le R. P. Blot (1895). — Reçoit grat. des prêtres interdits qui désirent se relever.

Asile-Ouvroir de Gérando, 82, rue Blomet. Fond. par le baron de Gérando (1839). — Recon. ut. pub. Direction cath. Sœurs de Marie-Joseph. A pour but de recueillir temporairement et gratuitement les filles-mères qui, en sortant des hôp., se trouvent sans place et sans ressources après leur accouchement, et de préférence celles qui par leur jeunesse et leur inexpérience offrent le plus de garanties de relèvement. Elles s'occupent suivant leurs forces de l'entretien de la maison et de travaux de couture, et sont à leur sortie placées ou rendues à leur famille. Age de 16 à 24 ans.

XVIe ARR.

Œuvre des petites préservées, 34, rue Claude-Lorrain (1892). —

S'occupe non seulement de fillettes de moins de 13 ans, abandonnées ou en danger moral, mais encore de celles qui, arrêtées pour délits légers, tels que vagabondage ou mendicité, n'ont pas commis d'actes de nature à rendre leur contact pernicieux pour d'autres enfants. Des dames visitent les petites détenues au cours de l'instruction. Asile et Vestiaire. Voir *Préservation*.

Œuvre libératrice, 1, avenue Malakoff. Fond. par Mme Avril de Ste-Croix (1900). — Direction laïque. A pour but d'aider moralement et matériellement à l'affranchissement et au relèvement des femmes et jeunes filles que des circonstances malheureuses, misère, abandon ou maladie, ont poussées dans l'impasse de la prostitution réglementée. Elle reçoit grat. dans son Asile, 94, rue Boileau, les femmes et filles de mauvaise vie, désireuses de se réhabiliter, les garde le temps nécessaire, et leur fournit les moyens de changer d'existence en les aidant à se placer en province ou à l'étranger. L'œuv. a en province des comités locaux, chargés d'aider au rapatriement. Vestiaire pour les 2 sexes.

Société du Refuge du Plessis-Piquet, 22, rue de Franqueville (1889). — Recon. ut. pub. Direction israélite. A pour but de recueillir, d'élever et de moraliser les garçons abandonnés de Paris ; elle peut accepter ceux qui lui sont confiés par l'autorité administrative ou judiciaire. La Sté a fondé au Plessis-Piquet (Seine) un établ. horticole et professionnel, où elle donne grat. à ses protégés, de 10 à 15 ans, un enseignement primaire et professionnel. Voir *Protection des enfants*.

XIXe ARR.

Société de patronage des prisonniers libérés protestants, 36, rue Fessart. Fond. par le Pasteur Robin (1869). — Recon. ut. pub. Direction protest. A pour but d'encourager les libérés qui manifestent le désir de bien faire, et de les aider à se procurer des moyens d'existence par le travail. Elle comprend la visite des prisonniers, la création d'Asiles pour l'assist. par le travail, la création d'Asiles pour les enfants en danger moral, le placem. de ceux-ci ; elle a enfin une filiale à la Guyane : le Patron. des condamnés protest. aux travaux forcés et à la relégation. Elle reçoit des enfants envoyés par les magistrats ou des particuliers, au prix de 10 fr. par mois. Bur. ouverts tous les j., de 3 h. à 5 h.

Patronage des jeunes garçons protest. en danger moral, recevant dans son Asile des jeunes garçons confiés par des magistrats. Placem. et rapatriement.

Maison hospitalière, 36, rue Fessart, pour les ouvriers sans asile et sans travail. S'adresser à M. Étienne Matter, même adresse. Voir *Assist. par le travail*.

Patronage des condamnés protestants aux travaux forcés et à la relégation, 36, rue Fessart. — Direction protest. Il a pour but de ramener à leurs devoirs religieux et de secourir les condamnés protest. en Guyane. Voir *Œuvre précédente*.

BANLIEUE

BILLANCOURT. — **Asile de l'Œuvre des libérées de Saint-Lazare,** 216, boulevard de Strasbourg. — Voir *Œuv. des libérées de St-Lazare.*

CHARENTON-CONFLANS. — **Refuge du Bon-Pasteur,** 6, rue Camille-Mougeot (1834). — Direction cath. Reçoit des filles repenties, à partir de 15 ans, grat. lorsqu'elles sont indigentes, et dans une section de préservation, les jeunes filles dont le caractère difficile exige une éducation spéciale, moyennant une pension annuelle de 300 fr. et 100 fr. d'entrée.

CHATENAY. — **Société de patronage de jeunes filles détenues, libérées et abandonnées,** 13, rue d'Antony. Fond. par Mme Fry (1837). — Recon. ut. pub. Direction laïque. La Sté visite les détenues, les assiste à leur libération. Elle reçoit à son Asile les jeunes filles qui obtiennent d'y passer le temps de leur détention, et moyennant une pension de 20 à 25 fr. par mois les jeunes filles de 6 à 14 ans, orphelines ou abandonnées, en danger moral. Elle les place à 21 ans (engagement à prendre) avec un trousseau et un petit pécule.

CHATILLON-SOUS-BAGNEUX. — **Refuge Sainte-Anne,** 17, rue de Paris. Fond. par Mlle Chupin (1854). — Recon. ut. pub. Direction cath. Religieuses dominicaines. Recueille grat. les filles égarées et repenties, de 15 à 25 ans, les occupe à divers travaux, et les place si elles le désirent après un sérieux amendement. L'œuv. reçoit aussi, moyennant une faible pension depuis l'âge de 12 ans, les filles exposées ou difficiles. Voir *Correction.*

CHEVILLY-SUR-SEINE. — **Refuge de Notre-Dame-de-Charité,** dit **de Saint-Michel** (1724). — Recon. ut. pub. Direction cath. Les Sœurs de Notre-Dame-de-Charité reçoivent grat., si elles sont indigentes, ou moyennant 15 à 25 fr. par mois, des filles égarées et désirant revenir au bien, qui y sont admises de 15 à 21 ans, avec le consentement de leurs parents. Elles ont aussi une classe spéciale pour jeunes filles vicieuses ou insoumises placées par leur famille.

CLAMART. — **Asile de Clamart,** 42, rue de Trosy. Fond. par l'Assoc. pour la répression de la traite des blanches et la préservation de la jeune fille (1903). — Asile destiné à recueillir et à protéger les jeunes filles mineures, entraînées par fraude et par violence, et celles qui sont en danger moral. Ces jeunes filles reçoivent une instruction professionnelle, sont ensuite placées ou rendues à leur famille.

S'adresser au siège de l'Assoc., 10, rue Pasquier (VIIIe).

CLICHY. — **Œuvre de préservation et de réhabilitation pour jeunes filles,** 98, boulevard de Lorraine (1892). — Recon. ut. pub. Grat. 56 places. A pour but de faire rentrer et de maintenir dans les habitudes d'une vie honnête, laborieuse et chrétienne, les jeunes filles de 13 à 25 ans que l'abandon, la misère ou une première faute entraînent à leur perte. L'Asile, dirigé par les Sœurs de Marie-Joseph, reçoit les jeunes filles ayant été l'objet d'une ordonnance de non-lieu, les condamnées avec sursis, les prisonnières libérées, celles élevées à Fresnes, celles dont on obtient la suspension de peine ou la liberté provisoire. L'œuv. fait rentrer, si possible, les jeunes filles dans leur famille et les rapatrie en province. Elle leur donne une éducation religieuse, morale, professionnelle et ménagère, qui leur permet de se placer. Des dames visitent les prévenues dans les prisons, les interrogent, choisissent celles qui semblent susceptibles de relèvement, et obtiennent de l'administration leur transfert à l'Asile temporaire. 56 places.

COURBEVOIE. — **Maison de relèvement,** 8, rue de la Montagne. Fond. par l'Armée du Salut (1894). — Direction protest. A pour but de venir en aide grat. aux femmes déchues et qui veulent changer de vie, en leur donnant asile et en les occupant à des travaux de couture et de ménage. 18 lits.

NEUILLY-SUR-SEINE. — **Refuge de jeunes filles,** 19, boulevard de la Saussaye. — Direction israélite. Pour jeunes filles mises en liberté administrative. 100 lits. Prix de pension variable. Atelier professionnel. Placem.

PLESSIS-PIQUET. — **Refuge du Plessis-Piquet.** — Israélite. Pour garçons mis en liberté par l'autorité administrative ou judiciaire. Secrétariat : M. Paul Kahn, 32, boulevard Voltaire (XIe).

RUEIL (Seine-et-Oise). — **Œuvre des Maisons de famille et de Patronage pour les jeunes filles,** 18, rue du Château. — A pour but de placer et de patronner jusqu'à leur majorité, et même au delà, s'il est utile : 1° les jeunes filles originaires de Paris ou de la Seine confiées par l'administration à des établ. publics ou privés éloignés de Paris, et qui n'auraient pas accepté ce patron. ; 2° les jeunes filles qui n'auraient pas trouvé dans leur famille la protection qu'elles espéraient. L'œuv. donne aux unes et aux autres l'instruction ménagère et professionnelle, et accorde à chaque jeune fille un trousseau convenable à sa sortie de la maison.

THIAIS. — **Œuvre de la Maison de travail pour le département de la Seine,** 31, avenue René-Panhard (1903). — Direction laïque. A pour but d'assurer l'assist. par le travail aux individus déférés au petit Parquet, et jugés dignes d'une mesure de clémence, et aux détenus préventivement mis en liberté, sortant des prisons de la Seine. — Voir *Assist. par le travail.*

CHAPITRE XLVII

HÔPITAUX GÉNÉRAUX ET SPÉCIAUX DE L'ASSISTANCE PUBLIQUE

L'Assistance publique de Paris possède actuellement 31 *hôpitaux, dont* 15 *hôpitaux généraux,* 8 *hôpitaux spéciaux,* 8 *hôpitaux d'enfants, et une maison de santé payante.*

Règles concernant les hôpitaux de l'Assistance publique :

Les malades atteints d'affection relevant soit de la médecine, soit de la chirurgie générale, sont reçus à l'hôp. de la circonscription à laquelle ils appartiennent, à moins d'accidents, et sauf pour les enfants et les femmes enceintes. Un certain nombre de communes du département de la Seine ont passé un traité avec l'Administration générale de l'Assist. pub., pour l'admission de leurs malades dans les hôp. parisiens. Voir l'indication à chaque hôp.

Les hôp. dits spéciaux sont les hôp. affectés au traitement d'une ou plusieurs maladies spéciales. Il n'existe pas de circonscriptions pour ces établ. De même, des services spéciaux existent dans un certain nombre d'hôp. généraux ; les malades y sont reçus sans acception de circonscriptions.

Les admissions dans les hôp. de l'Assist pub. sont prononcées à la consult. du mat., et, en cas d'urgence, à toute h. du j. et de la nuit.

Les familles peuvent visiter les malades les jeud. et dim., de 1 h. à 3 h., et sur autorisation spéciale. Le malade soigné dans un hôp. de l'Assist. pub. doit, s'il tient à avoir l'assist. d'un aumônier de sa religion, formuler une demande écrite dès son arrivée à l'hôp.

Grat. pour les indigents. Remboursement des frais par le malade, après enquête à domicile sur ses moyens d'existence .Tarif des journées variable suivant les cas.

Le traitement thermal peut être accordé grat. dans la plupart des stations par les Bur. de bienf. S'adresser aux Compagnies concessionnaires des eaux ou aux directeurs des établ. thermaux, du 1er mai au 15 juin. Fournir un certificat médical, un certificat du Bur. de bienf. ; justifier de ressources suffisantes pour pourvoir à la nourriture et au logement, dans la localité où l'on veut se rendre.

Ambulances urbaines et municipales.

Des postes d'Ambulances urbaines de transport des blessés existent :
40, rue Bichat, à l'hôp. St-Louis. Téléphone 422-03.
102, rue Caulaincourt. Téléphone 504-74.
98, rue Falguière. Téléphone 708-67.

Des postes d'Ambulances municipales (transport des malades) existent :
98, rue Falguière. Téléphone 708-67.
21, rue de Chaligny. Téléphone 907-88.
102, rue de Caulaincourt. Téléphone 504-74.
5, avenue Victoria. Téléphone 1014-80.

S'adresser aussi aux Mairies et aux postes de police.

Taxe fixée par le Conseil municipal. Grat. pour les indigents.

Circonscriptions hospitalières.

PARIS

Hôtel-Dieu. — IIIe et IVe arr., et quartier Bonne-Nouvelle (IIe arr.).

Pitié. — Quartiers St-Victor, Jardin des Plantes et Sorbonne (Ve arr.), Salpêtrière (XIIIe arr.).

Charité. — Ier et VIe arr., quartiers Gaillon, Mail et Vivienne (IIe arr.), St-Thomas-d'Aquin (VIIe arr.) pour la partie comprise entre les rues de Grenelle, de Bellechasse, des Sts-Pères et la Seine, Chaussée d'Antin et faubourg Montmartre (IXe arr.).

Saint-Antoine. — XIIe arr., quartiers Ste-Marguerite, la Roquette et St-Ambroise (XIe arr.), ce dernier seulement pour les services de médecine.

Necker. — Quartiers St-Lambert, Grenelle et Necker (XVe arr.).

Cochin. — Quartiers du Val-de-Grâce (Ve arr.), Croulebarbe, Gare, Maison-Blanche (XIIIe arr.), Montparnasse, Santé (XIVe arr.).

Saint-Louis. — Quartiers de l'Hôp.-St-Louis (Xe arr.), St-Ambroise, Folie-Méricourt (XIe arr.), la Villette, Pont-de-Flandre et Combat (XIXe arr.), pour la chirurgie seulement.

Lariboisière. — Quartiers St-Georges et Rochechouart (IXe arr.), St. V. de P., Porte St-Denis, Porte St-Martin (Xe arr.), la Chapelle, Clignancourt, Goutte d'Or (XVIIIe arr.), et, pour la médecine seulement, quartier St-Louis (Xe arr.).

Tenon. — XXe arr., quartier d'Amérique (XIXe arr.), et, pour la médecine seulement, les quartiers du Combat (XIXe arr.), et Folie-Méricourt (XIe arr.).

Beaujon. — Quartiers de l'Europe et du Roule (VIIIe arr.), des Batignolles et de la Plaine Monceau (XVIIe arr.).

Laënnec. — VIIe arr. (excepté le quadrilatère compris entre les rues de Grenelle, Bellechasse, des Sts-Pères et la Seine). Quartiers de la Madeleine et des Champs-Élysées (VIIIe arr.), de Chaillot et de la Porte Dauphine (XVIe arr.).

Bichat. — Quartiers des Épinettes (XVIIe arr.), et des Grandes-Carrières (XVIIIe arr.).

Broussais. — Quartiers de Plaisance et du Petit-Montrouge (XIVe arr.).

Andral. — Quartiers du Pont-de-Flandre et de la Villette (XIXe arr.), pour la médecine seulement.

Boucicaut. — Quartiers de Javel (XVe arr.), d'Auteuil et de la Muette (XVIe arr.).

BANLIEUE

Pitié. — Alfortville, Bonneuil, Charenton, Chevilly, Choisy-le-Roi, Créteil, Fresnes, Gentilly, Ivry, Kremlin-Bicêtre, l'Hay, Maisons-Alfort, Orly, Rungis, St-Maurice, Thiais, Villejuif et Vitry.

Charité. — Boulogne-sur-Seine.

Saint-Antoine. — Bry, Champigny, Fontenay-sous-Bois, Joinville-le-Pont, Montreuil, Nogent-sur-Marne, le Perreux, St-Mandé, St-Maur, Vincennes.

Necker. — Clamart, Malakoff.

Cochin. — Antony, Arcueil, Bagneux, Bourg-la-Reine, Châtenay, Fontenay-aux-Roses, le Plessis-Piquet, Sceaux.

Saint-Louis. — Bobigny, Drancy, Bondy, Pantin, Aubervilliers, le Bourget, la Courneuve. (Chirurgie).

Lariboisière. — Bobigny, Drancy, Bondy, Pantin. (Médecine.)

Andral. — Aubervilliers, le Bourget, la Courneuve. (Médecine.)

Lariboisière. — Pavillons-sous-Bois, Duguy, Ile-St-Denis, Pré-St-Gervais, Pierrefitte, St-Denis, Stains. (Médecine et chirurgie.)

Tenon. — Bagnolet, Noisy-le-Sec, les Lilas, Romainville, Rosny, Villemomble.

Beaujon. — Asnières, Bois-Colombes, Clichy, Colombes, Courbevoie, Gennevilliers, Levallois, Nanterre, Neuilly.

Laënnec. — Puteaux et Suresnes.

Bichat. — Épinay, St-Ouen, Villetaneuse.

Broussais. — Vanves, Montrouge, Châtillon.

Boucicaut. — Issy-les-Moulineaux.

A) Hôpitaux généraux

Les heures et jours de consultations ont été relevés sur les derniers documents officiels, mais nous croyons utile de prévenir le lecteur que ces indications sont essentiellement variables, suivant les nécessités des services.

IVe ARR.

Hôtel-Dieu, 1, place du Parvis-Notre-Dame. Fond. par S. Landry, évêque de Paris, sous Clovis (651). Réédifié en 1878. — Circonscription : IIIe et IVe arr. et partie du IIe.

607 lits, dont 391 pour la médecine, 216 pour la chirurgie.

Consult. — Médecine et chirurgie, tous les j., de 8 h. à 9 h. ; — maladies mentales et nerveuses : merc., 9 h. et demie ; — maladies de cœur : mard., 9 h. ; — orthopédie : mard., merc., sam., 10 h. ; — larynx, nez, oreilles : mard. et sam., 4 h. ; — dents : lund., vend., 9 h. ; — gynécologie : lund., merc., sam., 8 h. et demie ; — yeux : tous les j., 9 h. ; — estomac et instestin : merc., jeud., vend., sam., 9 h. — Délivrance aux personnes munies d'un certificat du Bur. de bienf. de leur arr. d'appareils orthopédiques : merc., 10 h. ; — d'appareils de bandage : mard., sam., 10 h.

Ve-XIIIe ARR.

Hospice de la Salpêtrière, 47, boulevard de l'Hôpital (1656).

3 882 lits, dont Service hospitalier, 1 381 ; Assist. obligatoire, 1 697 ; École de réforme, 60 ; Aliénés, 744.

Consult. — Gynécologie : tous les j., à 9 h. et demie ; — maladies nerveuses : tous les j., de 8 h. à 10 h. ; — opérations : sam., à 10 h. — Laboratoire de radiologie. Institut municipal d'électrothérapie pour maladies externes, les mard., jeud., sam., de midi à 2 h.

Traitement : mard., jeud., vend., sam., à 5 h. s. Voir *Aliénés* et *Vieillesse*.

Hôpital de la Pitié, 1, rue Lacépède. Fond. comme Refuge de mendiants (1612). — Circonscription : partie des Ve et XIIIe arr., et communes d'Alfortville, Bonneuil, Charenton, Chevilly, Choisy-le-Roi, Créteil, Fresnes, Gentilly, Ivry, Kremlin-Bicêtre, l'Hay, Maisons-Alfort, Orly, Rungis, St-Maurice, Thiais, Villejuif et Vitry.

691 lits, dont 476 pour la médecien, 192 pour la chirurgie, 23 berceaux.

Consult. — Maternité : tous les j., 10 h. ; — gynécologie : lund., vend., 10 h. ; — nourrissons : merc., 10 h. ; — estomac : lund., jeud., 9 h. ; — maladies nerveuses : merc., 10 h. ; — voies respiratoires : mard., 10 h. ; — maladies du cœur : mard., vend., 10 h. ; — dents : vend., sam., 9 h. et demie.

VIe ARR.

Hôpital de la Charité, 47, rue Jacob. Fond. par Marie de Médicis (1607). — Circonscription : les Ier et VIe arr., partie des IIe, VIIe et IXe arr., et commune de Boulogne-sur-Seine.

651 lits, dont 380 pour la médecine, 217 pour la chirurgie, 54 berceaux.

Consult. — Médecine et chirurgie : tous les j., 9 h. ; — électrothérapie : lund., merc. et vend., de 1 h. à 2 h. ; — radiologie : tous les j., 9 h. ; — accouchements : tous les j., 9 h. ; — femmes enceintes : lund., vend., 9 h. ; — nourrissons : mard., 8 h. et demie ; — gynécologie : merc., sam., 9 h. ; — maladies de cœur : jeud., 9 h. et demie ; — foie et reins : jeud., 9 h. ; — dents : mard., sam., 9 h. ; — estomac : merc., 9 h. ; — voies respiratoires : sam., 9 h.

Pansements : tous les j., de 9 h. à midi.

VIIe ARR.

Hôpital Laënnec, 42, rue de Sèvres, ancien Hospice des incurables (1649). — Circonscription : partie des VIIe, VIIIe et XVIe arr., et communes de Puteaux et de Suresnes.

336 lits, dont 238 pour la médecine, 98 pour la chirurgie.

Consult. — Médecine et chirurgie : tous les j., 9 h. ; — cœur : vend., 10 h. ; — thorax et abdomen : lund., merc., 10 h. ; — yeux : tous les j., 9 h. ; — voies urinaires : mard., sam., 9 h. et demie. — Service de radiologie.

Service antituberculeux chargé des admissions à l'Hospice de Brévannes (Seine-et-Oise).

Clinique d'oto-rhino-laryngologie : 14 lits, dont 7 pour hommes et 7 pour femmes. Larynx, nez et oreilles : mard., jeud., sam., 8 h.

VIIIe ARR.

Hôpital Beaujon, 208, faubourg St-Honoré. Fond. par le fermier général Beaujon (1784), école convertie en hôp. (1795). — Circonscription : partie des VIIIe et XVIIe arr., et communes d'Asnières, Bois-Colombes, Clichy, Colombes, Courbevoie, Gennevilliers, Levallois, Nanterre, Neuilly. (Hôp. solidaire de Bichat.)

620 lits, dont 254 pour la médecine, 301 pour la chirurgie, 65 berceaux.

Consult. — Médecine et chirurgie : tous les j., 9 h. ; — maladies du thorax et de l'abdomen : merc., 10 h., jeud., 10 h. et demie ; — voies urinaires : lund., jeud., 9 h. (hommes) ; mard., sam., 9 h. (femmes) ; — femmes enceintes : tous les j., 9 h. ; — maladies des yeux : tous les j., 9 h. ; — maladies des dents : merc., sam., 9 h.

X[e] ARR.

Hôpital Lariboisière, 2, rue Ambroise-Paré. Fond. et nommé ainsi par suite d'un legs de la comtesse de Lariboisière (1846). — Circonscription : partie des IXe, X[e] et XVIIIe arr. ; partie du Xe (pour la médecine seulement), et les communes de Pavillons-sous-Bois, Dugny, Ile-St-Denis, Pré-St-Gervais, Pierrefitte, St-Denis, Stains; de plus, pour la médecine seulement, Bobigny, Drancy, Bondy et Pantin.

1 066 lits, dont 420 pour la médecine, 572 pour la chirurgie, 74 berceaux.

Consult. — Médecine et chirurgie : tous les j., 9 h. ; — yeux : tous les j., sauf dim et fêtes, 9 h. ; — voies urinaires : tous les j., sauf dim. et fêtes, 9 h. ; — dents : lund., vend., 9 h. ; — femmes enceintes : tous les j., 9 h. et demie ; — nourrissons : mard., merc., 9 h. et demie ; — électrothérapie : lund., merc., vend., 9 h. à midi ; — vaccination : mard., 10 h. ; — intoxications : merc., 9 h. ; — larynx, nez, oreilles : tous les j., 9 h.

Hôpital Saint-Louis, 40, rue Bichat. Fond. par Henri IV (1607). — Circonscription : partie des Xe et XIe et XIXe arr. (pour la chirurgie seulement), et également pour la chirurgie les communes de Bobigny, Drancy, Bondy, Pantin, Aubervilliers, le Bourget, la Courneuve.

1 488 lits, dont 1 343 pour adultes, et 145 pour enfants. Consacré au traitement des maladies de la peau et syphilitiques.

Consult. — Chirurgie : tous les j., 9 h. (radiologie) ; — dents : mard., sam., 9 h. ; — femmes enceintes : tous les j., 9 h. ; — nourrissons : mard., merc., 9 h. ; — orthopédie : (enfants), sam., 9 h. ; — thorax et abdomen : dim., 9 h. ; merc., 10 h. et demie ; — estomac : mard., sam., 9 h. ; — gynécologie : lund., jeud., 9 h. ; — clinique dermatologique et syphiligraphique : tous les j., 9 h. mat. et 1 h. s. ; — accouchements ; — électrothérapie : tous les j., 9 h. ; — rayons Ferisen : tous les j., 9 h. ; — vaccin (adultes) : sam., 9 h.

Services de consult. pour les enfants.

1° *Consult. externes.* — Médecine générale, 14, rue Grange-aux-Belles ; — *a*) lund., merc., vend., 9 h. ; — *b*) cuir chevelu, 42, rue Bichat, merc., 9 h. ; — *c*) maladies cutanées, syphilitiques, 38, rue Bichat, tous les j., 9 h. ;

2° *Hospitalisation : a*) Médecine générale ; — *b*) clinique générale, 14, rue Grange-aux-Belles ; — *c*) cuir chevelu (teigne seulement), 42, rue Bichat ; — *d*) médecine dermatologique, 38, rue Bichat. Voir *Hôp. d'enfants.*

XIIe ARR.

Hôpital Saint-Antoine et Moïana, 184, faubourg St-Antoine. Fond. dans une ancienne abbaye de l'ordre de Cîteaux (1796), et agrandi par suite d'un legs de M. Moïana (1878). — Circonscription : le XIIe et partie du XIe seulement pour la médecine, et communes de Bry, Champigny, Fontenay-sous-Bois, Joinville-le-Pont, Montreuil, Nogent-sur-Marne, le Perreux, St-Mandé, St-Maur, Vincennes.

899 lits, dont 559 pour la médecine, 260 pour la chirurgie, 80 berceaux.

Consult. — Médecine et chirurgie : tous les j., 9 h. ; — radioscopie, radiologie : sam., 10 h. ; — examen clinique des maladies justiciables de la radiothérapie et du radium : tous les j., à 9 h. ; — maladies de l'estomac et du tube digestif : tous les j., 9 h. ; — maladies des femmes : tous les j., sauf vend., à 9 h. ; — maladies des yeux : lund., merc., jeud., sam., 9 h. ; — maladies de cœur : jeud., 9 h. et demie ; — maladies professionnelles : 1er dim. du mois, 9 h. ; — cutanées et syphilitiques : mard., sam., 9 h. ; — maternité : mard. et vend., 9 h. ; — consult. de nourrissons : sam., 2 h. ; — maladies mentales et nerveuses : mard., 9 h. ; — larynx, nez et oreilles : mard., jeud., sam., 8 h. ; — voies respiratoires : tous les j., sauf jeud., 9 h. ; — dents : mard., vend., 9 h.

XIVe ARR.

Hôpital Broussais, 96, rue Didot (1884). — Circonscription : partie du XIVe arr., et communes de Vanves, Montrouge, Châtillon. Pour les maladies aiguës et chroniques.

275 lits, dont 210 pour la médecine, 65 pour la chirurgie.

Consult. — Médecine et chirurgie : tous les j. non fériés, 9 h. mat. ; — gynécologie : vend., 9 h. et demie ; — voies urinaires, jeud., 9 h. et demie ; — dents : merc., 9 h. ; — estomac et intestin : merc., 9 h. et demie ; — cœur : jeud., 9 h. et demie ; — radiographie.

Hôpital Cochin, 47, faubourg St-Jacques. Fond. par M. l'abbé Cochin, curé de St-Jacques (1780). — Circonscription : partie des Ve, XIIIe et XIVe arr., et communes d'Antony, Arcueil, Bagneux, Bourg-la-Reine, Châtenay, Fontenay-aux-Roses, le Plessis-Piquet, Sceaux.

779 lits, dont 334 pour la médecine, 429 pour la chirurgie, 16 berceaux.

Consult. — Médecine et chirurgie : tous les j., 9 h. ; — gynécologie chirurgicale : lund., merc., vend., 8 h. et demie ; — dents : vend., 9 h. ; — maladies cutanées et syphilitiques : (annexe) tous les j., 9 h. mat., 8 h. s. ; — yeux : (annexe) mard., merc., jeud., sam., 9 h.

Annexe, 111, boulevard de Port-Royal.

XVe ARR.

Hôpital Necker, 151, rue de Sèvres. Fond. par Mme Necker (1779). — Circonscription : partie du XVe arr., et communes de Clamart et de Malakoff.

475 lits, dont 224 pour la médecine, 235 pour la chirurgie, 16 berceaux.

Consult. — Médecine et chirurgie : tous les j., sauf dim., 9 h. ; — cœur : mard., 9 h. ; — organes respiratoires, merc., 9 h. et demie ; — foie et reins : mard., jeud., sam., 10 h. ; — maladies de femmes : lund., merc.

vend. et sam., 9 h. ; — voies urinaires : lund., mard., jeud., sam., 9 h. (hommes) ; mard., jeud. et sam., 9 h. (femmes) ; — dents : mardi et sam., 9 h. ; — maladies générales et nerveuses : jeud., 10 h. ; — larynx, nez, oreilles : merc., 5 h.

Hôpital Boucicaut, 62, rue de la Convention. Fond. par suite d'un legs de Mme Boucicaut (1897). — Circonscription : partie des XVe et XIVe arr., et Issy-les-Moulineaux.

274 lits, dont 100 pour la médecine, 139 pour la chirurgie, 35 berceaux. 16 lits réservés aux employés du Bon Marché.

Direction laïque. Desservi par les Sœurs Augustines-Hospitalières de l'Hôtel-Dieu.

Consult. — Médecine et chirurgie : tous les j., 9 h. ; — vaccine : vend., 9 h. ; — femmes enceintes : tous les j., 9 h. ; — nourrissons : jeud., 9 h. et demie ; — maladies des femmes : lund., et jeud., 10 h. ; mard., sam., 9 h. et demie ; — ophtalmologie, sam., 9 h. ; — laryngologie : mard. et vend., 11 h. ; — électrothérapie : mard., jeud., sam., 9 h. ; — radiographie et radioscopie : tous les j., 10 h. ; — Arsonvalisation : jeud., 9 h. ; — dents : jeud., 9 h.

XVIIIe ARR.

Hôpital Bichat (solidaire de Beaujon), 160, boulevard Ney (1882). — Circonscription : partie des XVIIe et XVIIIe arr., et communes d'Épinay, St-Ouen et Villetaneuse.

205 lits, dont 127 pour la médecine, 78 pour la chirurgie.

Consult. — Médecine et chirurgie : tous les j., de 8 h. à 9 h. (radiologie) ; — gynécologie : lund., vend., 10 h. ; — voies urinaires : mard., jeud., sam., 10 h. ; — vaccination : lund., 7 h. à 8 h. mat. ; — nez, gorge, oreilles : lund., vend., 9 h. et demie ; — pansements : de 9 h. à midi, et toute la journée, en cas de nécessité.

XIXe ARR.

Hôpital Andral (ancien Bastion 27), 2, boulevard Macdonald (1880). — Circonscription : partie du XIXe arr., communes du Bourget et de la Courneuve (pour la médecine seulement).

172 lits.

Consult. — médecine, tous les j., à 9 h.

XXe ARR.

Hôpital Tenon, 4, rue de la Chine (1878). — Circonscription : le XXe arr. ; partie des XIXe et XIe ; communes de Bagnolet, Noisy-le-Sec, les Lilas, Romainville, Rosny, Villemomble.

968 lits, dont 556 pour la médecine, 315 pour la chirurgie, 97 berceaux.

Consult. — Médecine et chirurgie : tous les j., 9 h. ; — maladies cutanées et syphilitiques : lund. et jeud., 10 h. et demie ; — foie et reins : jeud., 10 h. ; — estomac : mard., 9 h. et demie ; — femmes enceintes : tous les j., 9 h. ; — dents : mard., vend., 9 h.

B) Hôpitaux spéciaux

Les hôp. spéciaux reçoivent les malades atteints des affections mentionnées pour chacun d'eux. Ils ne sont pas réservés à des circonscriptions particulières. Des services spéciaux, où les malades sont reçus sans distinc. de circonscriptions, existent aussi :

A Necker et à Lariboisière, pour les maladies des voies urinaires;

A l'Hôtel-Dieu, Lariboisière, Laënnec et St-Antoine, pour les maladies des yeux;

A St-Antoine, Lariboisière et Laënnec pour les maladies du larynx, du nez et des oreilles;

A la Salpêtrière, pour les maladies mentales;

A Cochin et à Broca, pour les maladies des femmes.

Voir à des chapitres particuliers : les hôp. et asiles pour aliénés, aveugles, sourds-muets, incurables; les sanat. ou hôp. pour tuberculeux et les maternités.

V^e^ ARR.

Hôpital Broca, 111, rue Broca, ancien couvent des Cordelières (1835). — 256 lits, dont 36 pour la médecine, 62 pour la chirurgie, et 58 berceaux. Réservé aux femmes.

Consult. pour les maladies syphilitiques et *Consult.* de dermatologie, gynécologie : tous les j., à 9 h. Électrothérapie.

Annexe de Broca, 76, rue Pascal. — *Consult.* de gynécologie, tous les j., à 9 h.

VIe ARR.

Clinique Tarnier, 89, rue d'Assas. — 208 lits, dont 80 berceaux. *Consult. grat.*, tous les j., de 8 h. à 9 h. Voir *Maternité.*

X^e^ ARR.

Hôpital Saint-Louis, 40, rue Bichat. Fond. par Henri IV (1607). — 1 488 lits, dont 962 pour la médecine et 526 pour la chirurgie. Cliniques dermatologiques et syphiligraphiques. Voir *Hôp. généraux.*

XIIe ARR.

Hôpital Trousseau, 158, rue Michel-Bizot. — 364 lits, dont 215 pour la médecine et 149 pour la chirurgie. Voir *Hôp. d'enfants.*

XIVe ARR.

Maison d'accouchement Baudelocque, 125, boulevard Port-Royal. — 188 lits, dont 75 berceaux. Voir *Maternité.*

La Maternité, 119, boulevard Port-Royal (1796). — 501 lits, dont 181 berceaux. Voir *Maternité.*

XVe ARR.

Enfants-Malades, 149, rue de Sèvres. — 734 lits, dont 389 pour la médecine, 306 pour la chirurgie, 39 berceaux. Voir *Hôp. d'enfants.*

XVIIe ARR.

Bastion 29, 4, boulevard Mac-Donald (1903). — Hôp. temporaire d'isolement pour les maladies contagieuses. Spécialement affecté au traitement de l'érésypèle et de la diphtérie. Pas de consult. externes. 282 lits pour la médecine.

XVIIIe ARR.

Hôpital Bretonneau, 2, rue Carpeaux. — 261 lits, dont 131 pour la médecine, 126 pour la chirurgie, 4 berceaux. Voir *Hôp. d'enfants.*

Hôpital Claude-Bernard, porte d'Aubervillers. — 307 lits pour la médecine. Hôp. d'isolement pour les maladies contagieuses.

XIXe ARR.

Hôpital Hérold, 5, place du Danube. — 228 lits, dont 210 pour la médecine, 9 pour la chirurgie et 9 berceaux. Voir *Hôp. d'enfants.*

HORS PARIS

ANGICOURT (Oise). — **Sanatorium Villemin**, siège, 3, avenue Victoria. — Personnel laïque. Pour hommes malades, indigents, atteints seulement de tuberculose au premier degré. 148 lits. Adresser les demandes au directeur de l'Assist. pub., Paris.

BERCK-SUR-MER (Pas-de-Calais). — **Hôpital maritime de Berck-sur-Mer**, siège de l'administration, 3, avenue Victoria. — 1 100 lits, dont 16 berceaux. Voir *Hôp. d'enfants.*

BRÉVANNES (Seine-et-Oise). — **Hospice de Brévannes**, siège de l'administration, 3, avenue Victoria (1862). — Direction laïque. Reçoit des tuberculeux, des enfants convalescents et des vieillards. 1 824 lits, dont 690 au quartier des tuberculeux, 347 au quartier des enfants, 787 aux vieillards. Voir *Vieillesse.*

FORGES-LES-BAINS (Seine-et-Oise). — **Hôpital de Forges-les-Bains**, siège, 3, avenue Victoria. — 268 lits. Voir *Hôp. d'enfants.*

HENDAYE (Basses-Pyrénées). — **Sanatorium d'Hendaye**, siège, 3, avenue Victoria. — 658 lits. Voir *Hôp. d'enfants.*

IVRY (Seine). — **Hospice d'Ivry**, rue du Clos-de-l'Hospice. — 117 lits pour la médecine.

Consult. externes : Médecine : merc. ; chirurgie : lund. et jeud. Voir *Vieillesse, Hospices nationaux.*

LA ROCHE-GUYON (Seine-et-Oise). — **Hôpital de la Roche-Guyon**, siège, 3, avenue Victoria. — 108 lits. Voir *Hôp. d'enfants.*

CHAPITRE XLVIII

HÔPITAUX MILITAIRES NATIONAUX, DÉPARTEMENTAUX ET MUNICIPAUX

IVe ARR.

Maison départementale de Nanterre (Seine). Dépend de la Préfecture de police. — Reçoit des infirmes des deux sexes, dépourvus de tout moyen d'existence, sur demande adressée au Préfet de police. Voir *Vieillesse.*

Maison départementale de Villers-Cotterets (Aisne). Dépend de la Préfecture de police. — Reçoit des infirmes des deux sexes, dépourvus de tout moyen d'existence, sur demande adressée au Préfet de police. Voir *Vieillesse.*

VIIe ARR.

Hôpital militaire du Val-de-Grâce, 277 *bis,* rue St-Jacques (1814). — 806 lits. Personnel militaire et infirmières laïques. Admet à prix très réduit des officiers retraités, sur demande adressée au général commandant la subdivision. Peut recevoir les officiers, sous-officiers et soldats en permission ou titulaires d'un congé de conval.

Xe ARR.

Hôpital militaire Saint-Martin, 8, rue des Récollets (1860). — Personnel militaire et infirmières laïques. 600 lits. Admet à prix très réduit des officiers retraités, sur demande adressée au général commandant la subdivision. Peut recevoir les officiers, sous-officiers et soldats en permission ou titulaires d'un congé de conval.

Maison municipale de santé dite Maison Dubois, 200, rue du Faubourg-St-Denis (1802). — Subventionnée par le Conseil municipal. Ne reçoit que des malades payants. 307 lits, dont 152 pour la médecine, 155 pour la chirurgie. Prix de pension : 5 à 12 fr. par j., frais d'opération compris ; gardes en plus. Service de chirurgie spécial pour enfants de moins de 15 ans, au prix, en chambre commune, de 6 fr. par j.

BANLIEUE

NANTERRE. — **Maison départementale.** Voir *IVe arr.*

SAINT-DENIS. — **Hôpital mixte,** 7 *bis,* rue du Fort-de-l'Est, ancienne fondation royale (1770), transporté de la rue de la Boulangerie à la rue du Fort-de-l'Est (1880). — Municipal, civil et militaire. 160 lits, dont 14 pour accouchements, 8 berceaux. Reçoit pour toutes les maladies : les indigents grat., les non-indigents à des prix variant de 2 fr. à 3 fr. 50 par j. pour frais de séjour. Pansements : 0 fr. 50 à 2 fr.

SAINT-MANDÉ. — **Hôpital militaire Bégin,** 69, rue de Paris. — 538 lits. Personnel militaire et infirmières laïques. Admet à prix réduit des officiers retraités, sur demande adressée au général commandant la subdivision. Peut recevoir les officiers, sous-officiers et soldats en permission ou titulaires d'un congé de convalescence.

SAINT-MAURICE. — **Asile national Vacassy.** — Dépend du Ministère de l'Intérieur. Reçoit définitivement ou temporairement des hommes ayant été victimes d'accidents dans Paris. 56 lits. Voir *Asiles.*

Hôpital du Canton. Annexe de la Maison nationale de Charenton. — Dépend du Ministère de l'Intérieur. Fond. par M. Sébastien Leblanc (1641). — 14 lits. Grat. Direction laïque. Reçoit les hommes indigents du canton de Charenton, atteints de maladies aiguës, sans distinction d'âge ni de religion. Des ouvriers victimes d'accidents du travail sont admis à l'hôp. du Canton, moyennant un prix de journée d'hospitalisation de 3 fr. 50.

S'adresser, 57, Grande-Rue, à St-Maurice.

CHAPITRE XLIX

HÔPITAUX PRIVÉS, SPÉCIAUX, MAISONS DE SANTÉ CHIRURGICALES

Nous ne faisons pas mention des Maisons de santé privées, de tarifs très divers, destinées aux malades fortunés.

Ve ARR.

Holy Trinity Hospital, 4, rue Pierre-Nicole (1905). — Grat. pour les membres de l'Église américaine. 2 lits pour hommes, 6 lits pour femmes.

Chirurgie et médecine (sauf maladies contagieuses).

Consult. — Médecine et chirurgie, le mard., de 5 h. à 6 h.

Hôpital Alphen Salvador, 14, rue Laromiguière. Fond. par l'Assoc. pour le développement de l'assist. aux malades (1901). — 8 lits pour jeunes filles et femmes. Grat. pour les indigents du quartier. Médecine seulement.

Hôpital Saint-François, 36, boulevard St-Marcel (1890). — 40 lits. Desservi par les Sœurs franciscaines de Calais. Traitement pour femmes et enfants.

Consult. gratuites. — Médecine : mard. et sam., 9 h. et demie ; — orthopédie, chirurgie des enfants et rayons X : lund., jeud., 8 h. et demie ; — bouche et dents : vend., 9 h. à 10 h. — Pansements tous les j. ; médicaments. Chambres particulières et dortoirs à 4 lits. Prix selon les cas.

Xe ARR.

Maison de santé Dubois, 200, faubourg St-Denis (1802). — Voir *Hôpitaux municipaux.*

XIIe ARR.

Hôpital des Dames diaconesses, 95, rue de Reuilly (1841). — Recon. ut. pub. Médecine chirurgicale, gorge, nez, oreilles, yeux. 56 lits. Femmes seulement. On ne prend pas les contagieux. Grat. ou payant. Prix divers : de 1 fr. à 5 fr. par j.

Hôpital-Hospice de Rothschild, 76, rue de Picpus. Fond. par le baron James de Rothschild (1852). — Recon. ut. pub. Grat. 311 lits, dont 112 pour malades, 112 pour incurables et 87 pour vieillards. Pour israélites ou malades du voisinage, atteints de maladies aiguës ou incurables, des deux sexes.

Consult. et médicaments grat. pour les malades du quartier.

Clinique-Hôpital Saint-Luc, 43, rue des Marguettes. Fond. par le Docteur de Keating-Hart (1911). — Établ. anticancéreux, desservi par les Sœurs de la Sagesse. Prix de pension variable pour hospitalisés. Grat. pour les opérations chirurgicales et les soins aux malades. Mard., jeud., sam., de 10 h. à midi.

XIIIe ARR.

Union antituberculeuse des Mutualistes et du XIIIe arrondissement. Fondation Émile Loubet, 182, rue du Château-des-Rentiers (1905). — Soins chirurgicaux pour enfants et adultes. 21 lits. Galeries d'air pour hospitalisés ou non, malades de la poitrine ou convalescents d'opérations chirurgicales.

Consult. externes. — Lund. : de 8 h. à midi (larynx, nez, oreilles) ; — mard. : 9 h. à midi (poitrine, peau, chirurgie) ; — merc. : 8 h. à midi (dents, peau, chirurgie, poitrine) ; — jeud. : 8 h. à midi (médecine pour enfants, poitrine), 2 h. à 4 h. (chirurgie) ; — vend. : 8 h. à midi (nez, gorge, oreilles, poitrine), et de 5 h. à 8 h. s. (poitrine) ; — sam. : 8 h. à midi (yeux, poitrine) ; — dim.: 8 h. à midi (poitrine, enfants). Voir *Bains-douches* et *Œuv. antituberculeuses.*

Annexe de l'Hôpital Cochin, 111, boulevard de Port-Royal. — 317 lits. 21 lits en chambres à 6 fr. par j. Réservé aux hommes. *Consult.* pour les maladies syphilitiques et *Consult.* de dermatologie, tous les j., 9 h., et tous les s., sauf dim., 8 h.

Hôpital Marie Lannelongue, 129, rue de Tolbiac (1909). — Dépend. de la Ligue fraternelle des enfants de France. — Direction laïque. Sœurs Augustines de l'Hôtel-Dieu. 40 lits pour la chirurgie seulement. Opérations grat. pour les enfants au-dessous de 15 ans. Séjour payant à l'hôpital pour les adultes après l'opération : 5 fr. par j. Visites à domicile. *Consult.* tous les j. de 9 h. à 11 h. Fondation d'un lit : 15 000 fr.

Hôpital international Péan, 11, rue de la Santé. Fond. par le Docteur Péan (1892). — Desservi par les Sœurs de St-Joseph de Cluny. Exclusivement réservé à la chirurgie. *Consult grat.* pour toutes les personnes qui se présentent : lund., merc., vend. Légère rétribution pour les malades qui peuvent payer ; soins et opérations grat. pour indigents, sans condition de domicile ou de nationalité. Chambres à 6 fr. par j.

Hôpital-École d'infirmières de la Sté française de secours aux blessés militaires, square des Peupliers (1908). — 22 lits. Chirurgie seulement.

Grat. pour les indigents ; 3 fr. par j. en salle, ou 10 fr. en chambre. Ce prix peut être réduit à 6 fr. pour les femmes, mères, sœurs des officiers ou assimilés des armées de terre et de mer en activité et en retraite.

Consult. — Chirurgie : lund., jeud., vend., 9 h. ; merc., 2 h. ; — médecine : mard. et sam., 9 h. ; jeud., 2 h. ; — pansements : lund., merc., vend., 1 h. et demie. L'hôpital est ouvert tous les j. et à toute h., pour les personnes ayant besoin de soins immédiats.

XIVe ARR.

Annexe de l'Hôpital d'urologie et de chirurgie urinaire (156 *bis*, avenue de Suffren), 219, rue Vercingétorix. — Opérations tous les j. de 8 h. à midi, exceptionnellement le vend., de 9 h. à midi.

Hôpital privé médico-chirurgical, 15, rue Antoine-Chantin. Fond. par Mlle Chaptal (1909). — Desservi par l'École d'infirmières, 66, rue Vercingétorix. 80 lits, dont 18 pour la médecine, 36 pour la chirurgie, 26 pour les contagieux. Journées de traitement grat. pour les titulaires de parts de fondateurs, y compris les frais d'opérations. Pension de 5 à 12 fr. par j. pour les autres personnes, en petits dortoirs ou en chambres.

Hôpital Saint-Joseph, 1, rue Pierre-Larousse. Fond. par une Sté anonyme hospitalière, provoquée par Mgr d'Hulst (1884). — Direction laïque. Sœurs de St. V. de P. Grat. pour les pauvres de Paris ; payant pour les autres : 5 fr. en chambre et 3 fr. en dortoir. 400 lits, dont 147 lits pour adultes (médecine) ; 123 lits pour adultes (chirurgie) ; 48 lits pour enfants (médecine) ; 30 lits pour enfants (chirurgie) ; 52 lits pour spécialités.

Consult. — Médecine (adultes et enfants) : vend., 9 h. et demie ; — médecine (femmes) : merc., 9 h. et demie ; — médecine (adultes) : lund., 9 h. et demie ; — chirurgie (femmes) : sam., 10 h. ; — chirurgie (hommes et femmes) : merc. et vend., 9 h. et demie ; — chirurgie (enfants) : lund. et vend., 9 h. et demie ; — dispens. chirurgical : tous les j., sauf dim., 9 h. ; — yeux : lund., merc., vend., 9 h. ; — nez, gorge, oreilles : lund., merc., vend., 1 h. ; — voies urinaires : mard., jeud., sam., 9 h. et demie ; — maladies de la peau : merc., 2 h. ; — dents : jeud., 10 h.

Service pour contagieux : 72 lits (ouvrira en mars 1912). Ne sont admis ni incurables ni chroniques.

Fondation d'un lit d'adulte, 25 000 fr. ; d'un lit d'enfant, 20 000 fr. ; titre de bienfaiteur, 100 fr. S'adresser à la Sœur supérieure ou aux consult.

Hôpital de Bon-Secours, 66, rue des Plantes. Fond. par M. l'abbé Carton, Curé de Montrouge, et légué par lui à l'Archevêque de Paris (1874). — Sœurs Augustines hospitalières de l'Hôtel-Dieu. 100 lits de vieillards, dont 50 pour hommes et 50 pour femmes ; 140 lits d'adultes, dont 70 pour hommes et 70 pour femmes. Admissions grat. pour les indigents.

Places payantes en salle à 3 fr., et en chambre particulière à 5 fr.

Consult. grat. — Médecine : lund., merc., vend., 4 h. et demie ; sam., 8 h. et demie mat. ; — chirurgie : jeud., 8 h. et demie mat. ; — enfants et vaccination : sam., 8 h. et demie ; — maternité en création. — Admissions aux heures de consult. Maison de conval. à Épinay (Seine).

XVe ARR.

Hôpital Saint-Jacques, 37, rue des Volontaires. Fond. par la Sté médicale homéopathique de France (1878). — Recon. ut. pub. Desservi par les Sœurs de la Présentation de la Sainte-Vierge.

Consult. grat. — Salle grat. pour les malades indigents. Salle à 6 lits : 3 fr. par j. Chambre : de 5 fr. à 10 fr. par j. Médecine : tous les j., sauf le dim., à 9 h. ; le lund., à 2 h. ; le merc., à 7 h. du s. ; — chirurgie : lund., vend., 10 h. mat. ; — yeux : sam., 9 h. mat. ; — dents : merc., 8 h. mat. ; — nez, larynx, oreilles : mard., 9 h. mat.

Hospice des Dames du Calvaire, 55, rue de Lourmel (1874). — Fond. par l'Assoc. des Dames du Calvaire, qui, en réunissant les dames veuves en une grande famille pour les consoler par l'exercice de la charité, les charge de soigner les femmes pauvres cancéreuses, incurables, avec plaies extérieures, qui ne peuvent être gardées dans les hôp. 65 lits. Grat. complète.

Hôpital Pasteur, 205 et 213, rue de Vaugirard (1900). — Dépend. de l'Institut Pasteur. Sœurs de Saint-Joseph de Cluny. Spécial pour le traitement des maladies contagieuses. 120 lits. Consult. grat. Admission : de 10 h. mat. à 8 h. s., et la nuit en cas d'urgence. Les malades ne sont acceptés qu'amenés par les voitures d'ambulance.

Consult. externes. — Médecine générale, pour adultes : mard. et jeud., 3 h. ; pour les enfants : vend., 3 h.

Institut Pasteur, 25, rue Dutot. Fond. par M. Pasteur (1886). — Recon. ut. pub. Traitement de la rage : service grat. d'inoculations antirabiques, tous les j. à 9 h. ; — sérumthérapie, 22, rue Dutot. Vente de sérums et distrib. grat. aux hôp. de l'Assist. pub. et aux hôp. privés, ou aux établissements de Paris et de province où les indigents sont traités gratuitement.

Hôpital d'urologie et de chirurgie urinaire, 156 *bis*, avenue de Suffren (1907). — Direction laïque. 40 lits. Grat. pour indigents.

Consult. — Mard., jeud., sam., 9 h. ; — opérations : vend., 9 h. ; — pansements : tous les j., sauf vend.

Hôp. annexe, 219, rue Vercingétorix. Prix : 5 fr. par j.

Hôpital chirurgical Saint-Michel, 30, rue Dombasle (1888). — Sœurs de St. V. de P. 50 lits pour opérations chirurgicales, dont 40 pour femmes et 10 pour hommes. Grat. pour indigents ; payant 2 et 3 fr. par j. en salle, 5 et 6 fr. par j. en chambre. Tous cultes et nation.

Consult. grat. — Chirurgie : lund., merc., vend., de 9 à 11 h. ; — pansements : tous les j., de 7 h. à midi.

Annexe Asile Saint-Vincent, consacré aux cancéreux inopérables des deux sexes, soit en salle commune, soit en chambre. 30 lits. Entretien d'un lit : 1 000 fr. par an.

Hôpital international de Paris, 180, rue de Vaugirard. Fond. par le docteur Bilhaut (1898). — 30 lits. Prix à débattre avec le directeur.

Consult. — Moyennant une légère rétribution de 1 fr. ou 2 fr. : maladies des femmes, chirurgie, gynécologie : les lund., merc., vend., 4 h. ; — maladies des femmes, opérations : les mard., jeud., sam., 4 h. ; — gorge, nez, oreilles : lund., merc., vend., 5 h. ; — chirurgie des voies urinaires : lund., merc., vend., 5 h. ; — voies respiratoires et maladies des enfants : mard., jeud., sam., midi et demi.

XVIe ARR.

Hôpital de l'Association des Dames françaises, 93, rue Michel-Ange (1895). — 24 lits, dont 12 pour la médecine et 12 pour la chirurgie, pour hommes à partir de 16 ans. Grat. Personnel laïque.

Consult. externes : — chirurgie : lund, mard, vend., 8 h. et demie à 9 h. et demie ; — médecine : mard., jeud., sam., 8 h. et demie à 9 h. et demie ; — yeux : sam., 8 h. et demie ; — dents : mard., 8 h. et demie ; — pansements, tous les j., de 9 h. à midi.

Hôpital-Dispensaire Vanderbilt, 18, rue Léonard-de-Vinci (1904). — Direction laïque. 18 lits. Ne soigne ni les tuberculeux, ni les contagieux, ni les cancéreux. Grat. pour tous les indigents, sans distinc. de religion et de pays.

Consult. externes. — Médecine et petite chirurgie : mard., jeud., sam., 8 h. à midi ; — consult. de nourrissons : mard., 1 h. et demie ; — goutte de lait ; distrib. grat. de lait stérilisé ; — œuv. de colonies de vacances.

XVIIe ARR.

Maison de santé chirurgicale, 5, rue Henner. — *Consult.* tous les j. à 9 h.

Hôpital-École de l'Union des Femmes de France, 30, rue de la Jonquière (1909). — 12 lits pour la chirurgie. Payant suivant les conditions de l'Assist. pub.

Consult. — Chirurgie : Mard., jeud., sam., 1 h. et demie ; — médecine : lund., vend., 9 h. mat.

BANLIEUE

BOBIGNY. — **Asile Sainte-Marthe**, 1, rue du Parc (1891). — Direction cath. Sœurs de Notre-Dame-des-Sept-Douleurs. Reçoit quelques femmes malades, convalescentes ou infirmes, lorsqu'il y a des places. Voir *Vieillesse*.

CLAMART. — **Maison Sainte-Émilie**, avenue Schneider. Fond. par M. Adolphe Schneider (1890). — 25 lits. Desservie par les Sœurs de la Sagesse. Reçoit grat. les malades indigents de la commune, moyennant une indemnité journalière pour les étrangers à la commune. Voir *Vieillesse*.

CLICHY. — **Hôpital Gouin. Dispensaire-Hôpital chirurgical**, 2, rue des Bournaires. Fond. par M. Jules Gouin (1866). — Dépend. de la Sté philant. Recon. ut. pub. Direction cath. Sœurs de St-Joseph de Cluny. Pavillon de 25 lits pour hommes ; pavillon de 25 lits pour femmes, plus quelques chambres. Les hospitalisés de toute nationalité, de tout sexe et de tout âge, doivent avoir subi ou être au moment de subir une opération chirurgicale. Indemnité journalière de 2 fr. 50 pour les dortoirs, et de 6 fr. pour les chambres. Toutes les *Consult.* chirurgicales, médicales, des dents, des maladies de la bouche et des yeux sont grat.

COURBEVOIE. — **Maison de santé médico-chirurgicale**, 12, rue de la Montagne (1901). — Dirigée par les Diaconesses de paroisse, et dépendant de l'Assoc. pour le développement de l'activité féminine dans l'Église évangélique luthérienne de France. Reçoit des malades des deux sexes, protest., atteints d'affections aiguës, en dortoir et en chambres pour le service chirurgical. Les chambres du service médical sont réservées aux femmes (19 lits de médecine, dont 5 en chambre ; 13 lits de chirurgie, dont 4 dans le dortoir des femmes, 3 dans le dortoir des hommes et 6 en chambre). Service médical : en dortoirs, femmes, 3 fr. 50 par j. ; — chirurgie : hommes et femmes, 5 fr. ; — médical : chambres, femmes, 6 à 8 fr. par j. ; — chirurgie : hommes et femmes, 8 à 20 fr. — Demande d'admission, accompagnée d'un certificat du médecin traitant, indiquant la nature de la maladie. Réductions possibles.

LEVALLOIS-PERRET. — **The Hertford British Hospital**, 72, rue de Villiers. Fond. par Sir Richard Wallace (1877), sous le contrôle du gouvernement britannique. — 40 lits. Direction laïque. Grat. Reçoit des sujets anglais, des deux sexes, de toutes les religions.

Consult. — Chirurgicales et médicales, sauf pour les maladies contagieuses : les lund., mard., vend., à 9 h. et demie mat. Voir *Œuv. étrangères*.

Hôpital Notre-Dame-du-Perpétuel-Secours, 80, rue de Villiers. Fond. par Mme la comtesse Maison, Mme la baronne de Mackau et Mme de Vatimesnil (1878). — Recon. ut. pub. Sœurs dominicaines de Ste-Catherine de Sienne. Grat. pour malades pauvres. 85 lits.

Consult. — Médecine : jeud. et dim., 4 h. ; — chirurgie générale et maladies des voies urinaires : lund., de 4 h. à 6 h. s. ; — chirurgie générale et maladies des femmes : vend., de 4 h. à 6 h. s. ; — nez, gorge, oreilles : le mard., à 4 h. et le dernier vend. du mois, à 9 h. ; — yeux : lund., 4 h. ; — dents : mard. et jeud., 9 h. à 11 h.

Pour admissions, s'adresser à la Sœur supérieure.

Fondation d'un lit : 20 000 fr., ou partie de lit, 5 000 à 10 000 fr. Titre de bienfaiteur : 1 000 fr.

Hôpital Isaac Pereire, 107, rue Gide. Fond. par Mme Isaac Pereire (1886). — Direction confes. 15 lits. Reçoit des adultes des deux sexes de toutes les religions pour opérations chirurgicales, au prix de 3 à 6 fr. par j. pour frais de séjour en chambre, soins et nourriture. Consult. pour les indigents qui y sont opérés et pansés grat.

Consult. — Maladies des enfants : mard., de 1 h. à 2 h. ; — chirurgie, bandages, appareils : merc., 1 h. à 3 h. : — maladies des oreilles : dim., 8 h. à 9 h. ; — maladies des yeux : mard., 8 h. et demie à 9 h. et demie ; vend., 8 h. et demie à 9 h. et demie ; — maladies de la gorge, larynx, nez : dim., 8 h. à 9 h. ; — maladies de la bouche et des dents : dim., 8 h. à 9 h. ; — maladies des femmes : merc., 1 h. à 3 h. ; dim., 8 h. à 9 h. ; — maladies des reins : merc., 1 h. à 2 h. ; vend., 8 h. à 9 h.

MONTROUGE. — **Institution ménagère de l'Œuvre du Souvenir,** 37, route d'Orléans. Fond. par Mme Teutsch (1910). Siège social, 11 *bis*, rue Laferrière, Paris. — 18 lits. Direction laïque. Grat. Reçoit des jeunes filles de 18 à 21 ans de toutes les religions, atteintes de maladies syphilitiques.

NEUILLY. — **Fondation Galignani,** 55, boulevard Bineau. — 104 lits, dont 4 pour la médecine. Sœurs de St. V. de P. Voir *Vieillesse.*

Hôpital homéopathique Hahnemann, 45, rue de Chézy. Fond. par un Comité de médecins homéopathes (1870). — Recon. ut. pub. Direction laïque. Desservi par les Sœurs de St. V. de P. 25 lits. Reçoit grat. en dortoir les malades indigents des deux sexes, et moyennant une pension de 5 à 12 fr. par j., en chambres, les autres malades.

Consult. grat. — Lund., 10 h. ; mard., midi ; merc., 10 h. ; jeud., 10 h. ; vend., 3 h. ; sam., 9 h.

Pavillon annexe de chirurgie de l'Hôpital Hahnemann, 45 *bis*, rue de Chézy. Chambres payantes : de 5 à 10 fr. par j.

PANTIN. — **Hôpital intercommunal.** — Pour Pantin, le Pré-St-Gervais, les Lilas, Bagnolet.

SCEAUX. — **Hôpital-Hospice Sainte-Marguerite.** Fond. par M. Renaudin (1895). — Reçoit grat. les malades indigents domiciliés à Sceaux ou aux environs. 36 lits de malades ou de vieillards, dont 3 réservés au notariat. Voir *Vieillesse.*

CHAPITRE L

DISPENSAIRES ET CONSULTATIONS GRATUITES

A moins de mention contraire, les soins dans les dispens. sont donnés grat. aux indigents, sans distinc. de sexe, d'âge ou de religion. Il existe des dispens. spéciaux pour enfants et des consult. de nourrissons, où, dans certains cas, des soins sont donnés aux mères; mention en est faite dans les chapitres séparés. Il existe également un certain nombre de dispens. spécialement consacrés aux soins des tuberculeux. (Voir Œuv. antituberculeuses.) Des consult. générales y sont quelquefois données.

Dans tous les dispens. de l'Assist. pub., la première consult. est toujours accordée. Inscription de 8 h. à 9 h. moins 10 du mat. Les consult. suivantes ne sont données que sur production d'une carte de consult., attribuée seulement aux indigents et aux personnes reconnues nécessiteuses après enquête. Les pansements, et même dans certains dispens. les petites opérations sont faites sur place. Les médicaments prescrits sont délivrés grat., soit à la pharmacie du dispens., soit chez certains pharmaciens de ville dont l'adresse est donnée. Les dispens. de l'Assist. pub. munis d'une pharmacie sont mentionnés; sauf indication contraire, ces pharmacies sont ouvertes de 8 h. à 8 h. en semaine, et de 8 h. à 3 h. les dim. et fêtes.

Les hôp. publics ou privés ont presque tous un service de consult. externes. En ce qui concerne les hôp. de l'Assist. pub., et sauf pour affections spéciales, les malades doivent se rendre à l'hôp. de leur circonscription. (Voir les j. et h. des consult. externes aux chapitres : Hôp. généraux d'adultes, Hôp. spéciaux d'adultes, Hôp. généraux d'enfants, Hôp. spéciaux d'enfants.)

Des demandes de bandages et d'appareils orthopédiques peuvent être adressées au Bur. de bienf., appuyées d'un certificat délivré par le médecin du traitement à domicile. La délivrance des appareils a lieu à l'Hôtel-Dieu, les mard. et sam., à 9 h. et demie pour les bandages, sam., à 9 h. et demie pour les appareils orthopédiques.

Des postes de secours existent dans les postes de police et sur les berges de la Seine. Le service de nuit est assuré par des médecins agréés par la Préfecture de Police, et dont l'adresse est affichée dans les postes de police. La visite est de 10 ou 20 fr., avec possibilité d'exonération totale ou partielle après enquête.

Toute personne indigente ou nécessiteuse, à qui son état ne permet pas de se rendre au dispens., peut recevoir le médecin à domicile. La demande doit être adressée au Bur. de bienf. (Voir Œuvres diverses de secours.)

Dans les dispens. de la Sté philant., des consult. grat. sont données à chaque personne qui se présente. Pour recevoir les soins et les médicaments, il faut être porteur d'une des cartes délivrées aux souscripteurs.

A) Dispensaires dépendant de l'Assistance publique

Ier ARR.

17, **rue de l'Arbre-Sec.** — Médecine : maladies vénériennes, maladies nerveuses : lund., merc., vend., 9 h. ; — vaccination : 1er et 3e sam., 2 h.

32, **rue du Marché-Saint-Honoré.** — Sœurs de St. V. de P. Médecine : mard., jeud., sam., 9 h. ; — vaccination : 2e, 4e, 5e sam., 2 h.

IIe ARR.

2 *bis*, **rue de la Jussienne.** Sté républicaine, Caisse des écoles municipales. — Médecine : tous les j., à 9 h. ; — maladies vénériennes : tous les j., sauf dim. et fêtes, à 9 h.

IIIe ARR.

19, **rue Pastourelle.** — Médecine : tous les j., 9 h., et mard., jeud., sam., 2 h. ; — maladies vénériennes : tous les j., 10 h., et mard., jeud., sam., 2 h. ; — vaccination : jeud., 10 h. et demie, à la Mairie du IIIe arr.

IVe ARR.

A l'Hôtel-Dieu. — Dispens. provisoire (en dehors des consult. externes de l'hôp.). Médecine : lund., merc., vend., à 2 h. ; — vaccination : lund., 11 h. à l'hôp. et jeud., 2 h. à la Mairie.

V^e^ ARR.

3, **rue de l'Épée-de-Bois.** — Médecine et petite chirurgie : tous les j., 9 h. mat. ; — nez, gorge, oreilles : mard., à 2 h. ; — yeux : sam., à 5 h. ; — maladies des femmes : mard., à 8 h. ; — nourrissons : lund. à 3 h. ; — pharmacie.

1, **rue Bouteble.** — Médecine : tous les j., à 9 h. ; — maladies vénériennes : tous les j., sauf dim. et fêtes, à 9 h. ; — pharmacie.

VIe ARR.

1, **rue Pélibien.** — Médecine : tous les j., sauf dim. et fêtes, à 9 h. ; — consult. de nourrissons ; — lait stérilisé grat. tous les j.

5, **rue Garancière**. — Dispens. de l'École dentaire. Dents : tous les j., sauf le dim., fêtes et vacances, de 9 h. et demie à 11 h. et demie.

VIIe ARR.

1, **rue Oudinot**. — Médecine générale : mard., jeud., sam., à 9 h.

109, **rue Saint-Dominique**. — Médecine générale : lund., merc., vend., à 9 h. ; — pharmacie.

VIIIe ARR.

13 *bis*, **rue de Monceau**. — Dispens. du Bur. de bienf. Sœurs de St. V. de P. Médecine : tous les j., à 9 h.

IXe ARR.

25, **rue de la Rochefoucauld**. — Pour les habitants du IXe arr. seulement. Médecine et petite chirurgie : tous les j., à 9 h., — pharmacie.

Xe ARR.

179, **avenue Parmentier**. — Médecine : tous les j., à 9 h.

5, **rue des Petites-Écuries**. — Médecine : tous les j., sauf dim. et fêtes, à 9 h.

XIe ARR.

70, **rue du Chemin-Vert**. — Médecine : tous les j., à 9 h. ; — maladies vénériennes : tous les j., à 9 h. ; — yeux, gorge, nez, oreilles : tous les j., à 2 h., sauf dim. et fêtes ; — pharmacie.

33, **rue Saint-Bernard**. — Médecine et maladies vénériennes : tous les j., à 9 h., sauf dim. ; — pharmacie.

XIIe ARR.

28, **rue de Citeaux**. — Médecine et maladies vénériennes : tous les j., à 9 h. ; — pharmacie ; — vaccination : jeud., 3 h.

1, **rue Pleyel et rue Dubrunfaut**. — Médecine et maladies vénériennes : tous les j., à 9 h.

XIIIe ARR.

Place d'Italie, à la Mairie (provisoire). — Médecine : tous les j., à 9 h.

44, **rue Jenner**. — Médecine : tous les j., à 9 h. ; — maladies vénériennes : lund., merc., vend., à 4 h. ; — pharmacie.

XIVe ARR.

1, **place Montrouge**. — Médecine et maladies vénériennes : tous les j., à 9 h. ; — pharmacie.

XVe ARR.

1, **place du Commerce**. — Médecine : tous les j., à 9 h.

13, **rue d'Alleray**. — Médecine et maladies vénériennes : mard., jeud. et sam., à 9 h.

XVIe ARR.

68, **rue du Ranelagh**. — Sœurs de St. V. de P. Médecine : merc., sam., à 9 h.

23, **rue Jouvenet**. Sœurs de Ste-Marie. — Médecine : lund., jeud., à 9 h.

78, **rue Lauriston.** — Sœurs de la Sagesse. Médecine et maladies vénériennes : mard. et vend., à 9 h. ; — vaccination, à la Mairie : merc., à 3 h.

XVIIe ARR.

43, **rue Gauthey.** — Médecine : tous les j., sauf dim. et fêtes, les lund., merc., vend., à 2 h. s. ; mard., jeud., sam., à 9 h. du mat. ; — pharmacie : tous les j., de 8 h. mat. à 8 h. s.

16, **rue Descombes.** — Médecine : lund., merc., vend., à 9 h. ; — pharmacie : tous les j., de 8 h. mat. à 8 h. s.

XVIIIe ARR.

118 *bis*, **rue Ordener.** — Médecine : tous les j., à 9 h., sauf dim. et fêtes ; — pharmacie ; — Consult. spéciales : lund., merc., vend., à 4 h.

51, **rue Stéphenson.** — Médecine : tous les j., à 9 h., sauf dim. et fêtes ; — pharmacie.

XIXe ARR.

1, **rue Delouvain.** — Médecine : tous les j., à 9 h., sauf dim. et fêtes ; — pharmacie.

5, **rue Jomard.** — Médecine : tous les j., à 9 h., sauf dim. et fêtes : — vaccination : vend., à midi et demie ; — pharmacie.

XXe ARR.

15, **rue Saint-Blaise.** — Médecine : tous les j., à 9 h., sauf dim. et fêtes ; — vaccination : vend., à midi et demi ; — pharmacie ; — Consult. spéciales : mard., jeud., sam., à 4 h.

27, **rue Boyer.** — Médecine : tous les j., à 9 h. ; — pharmacie.

B) Dispensaires privés

Ier ARR.

Dispensaire de la mutualité maternelle, 39, rue des Petits-Champs. — Pour les mères et leurs enfants. Grat. Consult. les mard., jeud., sam., de 11 h. et demie à 1 h.

Dispensaire des Trente ans de théâtre, 9, rue Molière. — Exclusivement réservé aux artistes des théâtres.

Clinique du Docteur Rabutot, 47, rue St-Honoré. — Consult. grat., dim., de 8 à 10 h. mat. (médecine générale). Les autres j. consult. payantes.

IIe ARR.

Dispensaire de la Société philanthropique, 85, rue Réaumur. — Sœurs de St. V. de P. Médecine : mard. et vend., à 4 h. ; — maladies de poitrine : merc., à 5 h. ; — petite chirurgie : merc., à 10 h. ; — yeux : lund., vend., à 3 h. ; — gorge, nez, oreilles : vend., à 10 h. — Pansements tous les j., depuis 8 h. mat.

Dispensaire des Halles, rue Marie-Stuart. — Grat. Consult. chirurgicales ; lund. et jeud., 4 h. s. ; — médicales : sam., 3 h. et demie s.

Société des Dames françaises, 10, rue Gaillon. — Organise des postes de secours.

Clinique du Docteur Hamonic, 6, rue Beauregard. — Médecine : lund., merc., vend., de 1 h. à 4 h. Pas de médicaments.

IIIe ARR.

Dispensaire de la Société philanthropique, 22, rue Montgolfier. — Sœurs de St. V. de P. Lund. de 11 h. à 12 h., jeud. de 2 h. à 3 h.

Dispensaire Saint-Camille, 22, rue Montgolfier. — Grat. Dépend. de la Sté française de la Croix-Rouge (1911). — Médecine : lund., 11 h. mat. ; jeud., 2 h. ; vend. 9 h. mat. ; — chirurgie : merc., 10 h. mat. ; — gorge, nez, oreilles : mard., 10 h. mat.

Institut Doyen, 3, rue Paul-Dubois. — Voir *Œuv. antituberculeuses*.

IVe ARR.

Dispensaire de la Société philanthropique, 30, rue Geoffroy-Lasnier. — Sœurs de St. V. de P. Ouvert trois fois par semaine : mard., jeud., vend., de 9 à 10 h. mat.

— **de la Société philanthropique**, 10, rue des Guillemites. — Sœurs de St. V. de P. — Médecine : mard. et vend., de 8 h. à 9 h. ; — dents : merc., de 8 h. à 9 h. ; — pansements tous les j.

— **de la Société philanthropique**, 8, rue du Cloître-St-Merry. — Pour adultes seulement. Sœurs de St. V. de P. — Médecine et pansements : mard. et vend., de 8 h. à 9 h.

— **de la Société philanthropique**, 5, rue Poulletier. — Sœurs de St. V. de P. — Médecine : lund. et vend., de 2 h. à 3 h. ; — Pansements, bains et douches.

Dispensaire des Sœurs de Saint-Vincent-de-Paul, 5, rue Poulletier. — A la charge des Sœurs de St. V. de P. — Chirurgie : lund., vend., de 9 h. à 10 h. ; — laryngologie : jeud., à 3 h. ; — ophtalmologie : vend., sam., de 3 h. et demie à 5 h. — Pansements tous les j.

Clinique médicale, 80, rue St-Antoine. — Pour femmes et enfants seulement. Maladies des femmes : mard., jeud. et sam., de 4 h. à 5 h.

Dispensaire de la Société philomathique, 38, rue de la Verrerie. — Ouvert grat. tous les s., de 8 h. et demie à 9 h. et demie. Lund. : maladies des dents, médecine générale et maladies des enfants ; — mard. : médecine générale et hygiène spéciale de la grossesse ; choix de lunettes et yeux artificiels ; — merc. : maladie de poitrine, tuberculose ; — jeud. : médecine générale ; — vend. : médecine générale ; maladies des femmes ; maladies génito-urinaires des hommes ; — sam. : médecine générale.

La Sté philomathique organise des postes de secours dans les réunions, etc.

Ve ARR.

Dispensaire des Sœurs de Saint-Vincent-de-Paul, 15, rue des Bernardins. — Médecine : mard. et sam. 11 h. ; piqûres au sérum. — Consult. de nourrissons : 1er et 3e vend.

Dispensaire des Sœurs de Saint-Vincent-de-Paul, 32, rue Geoffroy-St-Hilaire. — A la charge des Sœurs de St. V. de P. Petite chirurgie : mard., à 9 h. ; — consult. de nourrissons : 2e et 4e mard. ; — pansements tous les j.

Dispensaire de la Société philanthropique, 32, rue Geoffroy-St-Hilaire. — Sœurs de St. V. de P. Médecine : vend., de 8 h. à 9 h. ; pansements, bains et douches.

— **de la Société philanthropique,** 255, rue St-Jacques. — Sœurs du Calvaire de Gramat. Médecine : mard. et vend., de 2 h. et demie à 3 h. et demie ; — pansements tous les j.

— **de la Société philanthropique,** 9, rue Pierre-Nicole. — Sœurs de St. V. de P. Médecine : jeud., 8 h. ; — pansements : jeud., 8 h. à 10 h. — Pas de médicaments.

Dispensaire Student-Union, 93, boulevard St-Michel. — Tous les j., de 3 h. à 6 h., excepté le dim., où il n'est ouvert que pour les cas urgents. Infirmerie pour malades, sauf pour les contagieux. Voir *Œuv. étrangères.*

Dispensaire, 42, rue du Cardinal-Lemoine. — Yeux : tous les j., de 1 h. à 3 h., sauf dim. ; — maladies des femmes : dim., 10 h. à midi.

Clinique otologique de l'Institution nationale des sourds-muets, 254, rue St-Jacques. — Nez, gorge, oreilles : mard., jeud., sam., à 9 h. et demie.

Association de l'École odontotechnique, 5, rue Garancière. Fond. par les Docteurs Andrieu, Collignon et Gaillard (1892). — Recon. ut. pub. Dispensaire dentaire. Grat. Consult. pour les soins de la bouche et des dents, plombage : tous les j., de 8 h. et demie à 10 h. et demie.

Dispensaire Alphen-Salvador, 10, rue Laromiguière. — Médecine et maladies de la peau : lund., vend., de 10 h. à 11 h. ; — pansements et médicaments grat.

Clinique d'orthopédie et de massage, 21, rue Cujas. — Tous les j., sauf dim., de 4 h. à 5 h. : rhumatismes, maladies articulaires, coxalgie, estomac, maladies nerveuses, maladies de femmes ; massage

VIe ARR.

Dispensaire des Sœurs Auxiliatrices du Saint-Sacrement, 8, rue de la Barouillère (1907). — Médecine : merc. et sam., de 2 h. à 4h. ; — pansements le mat. sur rendez-vous. Grat.

Dispensaire des Sœurs de Saint-Vincent-de-Paul, 1 *bis*, rue de l'Abbaye. — Médecine et système nerveux : lund., 10 h. ; — bouche et dents : mard., 8 h. et demie ; — nez, gorge, oreilles : merc., 10 h. ; — petite chirurgie : jeud., 10 h. et demie ; — maladies de la peau : vend., 10 h. ; — pansements, ventouses, massages, etc., tous les j. sauf dim., de 8 h. et demie à midi ; — médicaments grat.

Dispensaire de la Société philanthropique, 120, rue du Cherche-Midi.

— Sœurs de St. V. de P. — Médecine : mard., vend., de 9 h. à 10 h.

Dispensaire, 19, rue Guénégaud. — Distrib. grat. de bons de médicaments réservée à des concierges.

Dispensaire, 29, rue St-André-des-Arts. — Grat. ou à 2 fr. : mard., jeud., sam., de 1 h. à 9 h. s.

Société des Secouristes français, 11, rue Honoré-Chevalier. — Organise des secours dans les réunions publiques.

Clinique, 10, rue Racine. — Maladies du larynx, du nez et des oreilles (Faculté de médecine) : mard., jeud., sam., de 3 h. à 5 h. s. Grat. Pansements tous les j.

Clinique du Docteur Stapfer, 6, rue Antoine-Dubois. — Grat. ou prix divers. Pour femmes et petits garçons seulement. — Maladies des femmes : tous les j., à 9 h., sauf dim. et fêtes.

Clinique ophtalmologique du Docteur Landolt, 27, rue St-André-des-Arts. — Grat. ou prix divers. — Yeux, nez, gorge, oreilles : tous les j., de midi à 2 h., sauf dim. et fêtes.

Établissement du Docteur Paulin Méry, 18, rue Guénégaud. — Grat. ou payant pour toutes maladies : tous les j., sauf dim. et fêtes, de 9 h. à midi, et de 2 h. à 8 h.

Dispensaire antialcoolique et Dispensaire pédagogique, 49, rue St-André-des-Arts. — Mard., jeud., sam., de 10 h. à midi.

La Maison du peuple, 70, rue Bonaparte. — Médecine : mard., vend., dim., de 8 à 10 h. — Lait stérilisé tous les j. à 5 h. s. ; dim., à 10 h. mat. — Consult. de nourrissons : dim., de 9 h. à 10 h. Grat.

VIIe ARR.

Dispensaire des Sœurs de Saint-Vincent-de-Paul, 66, rue Vaneau. — Médecine : mard., jeud., sam., de 8 h. et demie à 10 h. — Traitement par l'électricité tous les j.

— **des Sœurs de Saint-Vincent-de-Paul,** 31, rue de Babylone. — Médecine et chirurgie : mard. et sam., à 8 h. et demie ; — bouche et dents : jeud., 8 h. ; — yeux : merc., 9 h. ; — gorge, nez, oreilles : vend., 8 h. — Pansements grat., tous les j., de 8 h. à 11 h. — Vaccination : 1er mard. de chaque mois.

Dispensaire de la Société philanthropique, 15, rue de Bellechasse. — Médecine : lund. et vend., de 4 à 5 h.

Dispensaire du Bon Marché, 135, rue du Bac. — Consult. grat., réservées aux employés du Bon Marché. Tous les mat.

Dispensaire antituberculeux, 65, rue Vaneau. — Dépend de l'hôp. Laënnec. Reçoit les malades atteints de tuberculose, qui doivent être dirigés sur Brévannes. Consult. le mat., à 9 h.

Œuvre antituberculeuse des employés, 66, avenue de Saxe. — Direction laïque. Consult. de gynécologie : mard., jeud., sam., de 2 h. à 5 h. ; — voies urinaires : lund., merc., vend., de 2 h. à 5 h. Voir 31, *boulevard Richard-Lenoir* (*XIe*).

Dispensaire laïque, 131, boulevard de Grenelle. — Neurasthénie, rhumatismes, maladies de la croissance, entérites, maladies des femmes : mard., jeud., sam., de 8 h. à 10 h. ; — pansements les j. de consult., de 8 h. à 10 h. mat.

Dispensaire Saint-Pierre, 105, rue St-Dominique. — Rattaché à la Sté française de secours aux blessés militaires. Sœurs de St. V. de P. Chirurgie : lund., mard., jeud., sam., 10 h. et demie ; merc., 4 h. ; — médecine : mard., jeud., 9 h. et demie ; — nez, gorge, oreilles : sam., 9 h. ; — dents : vend., 8 h. ; — pansements : merc., de 4 h. à 5 h. ; tous les autres j., sauf dim., de 9 h. à 11 h. et demie.

Dispensaire de la Société philanthropique, 105, rue St-Dominique. — Sœurs de St. V. de P. Médecine : lund et jeud., de 3 h. et demie à 4 h. et demie.

VIIIe ARR.

Clinique orthopédique, 7, avenue Montaigne. — Sœurs du Sacré-Cœur de Jésus. Prix divers.

Dispensaire de la Société philanthropique, 5, rue d'Artois. — Médecine : lund. et vend., de 4 h. à 5 h.

Clinique, 26, rue du Général-Foy. — Grat. Les lund., merc., vend., de 5 h. à 7 h. s.

Société française de secours aux blessés militaires, 19, rue Matignon. — Organise des postes de secours. Voir *Militaires et marins*.

Dispensaires privés rattachés à la Société :

1° Dispens. St-Joseph, 174, rue Championnet, XVIIIe arr. (1907) ;
2° — du Pré-St-Gervais, 17, rue de la Séparation, au Pré-St-Gervais (Seine), (1907) ;
3° — Ste-Madeleine, 14, rue de la Ville-l'Évêque, VIIIe arr. (1908) ;
4° — de Charonne, 9, rue Croix-St-Simon, XXe arr. (1910) ;
5° — du Gros-Caillou, 105, rue St-Dominique, VIIe arr. (1910) ;
6° — Yvonne-Marie, 81, rue d'Angoulême, XIe arr. (1910) ;
7° — St-Camille, 22, rue Montgolfier, IIIe arr. (1911) ;
8° — 23, rue de la Duée, XXe arr. (1911) ;
9° — 195 *bis*, rue de Vanves, XIVe arr. (1911).
10°. — L'Espérance, 48, rue de la Convention, XVe (1911).

Clinique du Docteur Parenteau, 106, rue du Faubourg-St-Honoré. — Grat. Maladies des yeux : lund., merc., vend., de 1 h. à 3 h.

Dispensaire des Sœurs de Saint-Vincent-de-Paul, 14, rue de la Ville-l'Évêque. — Affilié à la Sté de secours aux blessés militaires. Médecine : mard., 2 h. ; — chirurgie générale : vend., 2 h. ; — gynécologie : mard., 2 h. ; — maladies de la peau : jeud., 2 h. ; — yeux : lund., 2 h. ; — nez, gorge, oreilles : sam., 2 h. ; — dents : sam. mat., 8 h. et demie ; — pansements grat. : les mard., jeud. et sam., de 8 h. et demie à 11 h. mat., et chaque j. à toute h. en cas d'urgence.

Clinique orthopédique du Docteur Callot, 7, avenue Montaigne (1903). — Sœurs du Sacré-Cœur de Jésus. Prix variables, gratuité sur recommandation avec certificat. Consult. pour le mal de Pott, adénite, tumeurs blanches, tuberculose osseuse, maladies congénitales : tous les j., à 2 h.

Clinique du Docteur Apostoli Laquerrière, 60, rue de Rome. — Consult. pour les indigents : Maladies des femmes; maladies nerveuses du tube digestif; rhumatisme chronique et maladies de la nutrition; accidents du travail : mard., jeud., sam., de 4 h. à 5 h.

IXe ARR.

Dispensaire des Sœurs de Marie-Auxiliatrice, 17, rue de la Tour-d'Auvergne, et 25, rue de Maubeuge. — Voir *Sanat. d'enfants*, *Enfants tuberculeux.*

Dispensaire de la Société philanthropique, 32, rue St-Lazare. — Direction laïque. Médecine : lund. et vend., de 2 h. à 3 h.

Fondation Doüaud, 26, rue St-Georges (1840). — Pour adultes hommes seulement. Grat. pour les garçons de recettes de Paris. Consult. : tous les j. de la semaine, de 5 h. à 6 h. et demie s.

Union des femmes de France, 29, rue de la Chaussée-d'Antin. — Organise des postes de secours.

Dispensaire de l'École dentaire de Paris, 45, rue de la Tour-d'Auvergne (1880). — Soins des dents et de la bouche : tous les j., de 9 h. à 11 h. ; — inscriptions : de 8 h. et demie à 10 h. ; — appareils fournis moyennant remboursement de la valeur des matières employées.

X^e ARR.

Dispensaire de la Société philanthropique, 10, rue Alexandre-Parodi. — Sœurs de St. V. de P. Médecine : mard. et vend., de 4 h. et demie à 5 h. et demie ; — pansements les j. de consult.

— **de la Société philanthropique**, 13 *bis*, rue Ambroise-Paré. — Direction laïque. Médecine seulement : mard. et vend., de 2 h. et demie à 3 h. et demie.

Dispensaire, 58, boulevard Magenta. — Consult. pour toutes les maladies. Grat. pour les indigents : mard., jeud., sam., de 8 h. à 9 h. mat. (sauf en juillet, août et septembre).

Clinique dentaire, 84, boulevard Magenta. — Grat. pour les indigents. Consult. : tous les j., de 9 h. à midi, sauf le dim.

Dispensaire, 71, quai de Valmy. — Direction laïque. Médecine : mard., jeud., vend., de 9 h. à 11 h. et demie ; — yeux, nez, gorge, oreilles : merc., de 9 h. à 11 h. et demie ; — peau, cuir chevelu : mard., de 9 h. à 11 h. et demie ; — chirurgie : sam., de 9 h. à 11 h. et demie ; — application de radium ; — pansements et médicaments grat.

Dispensaire Toussaint-Barthélemy, 107, faubourg St-Denis. — Direction laïque. Pour les adultes seulement. Maladies vénériennes : consult. tous les j., même le dim., de 9 h. à 10 h. mat. et de 8 h. et demie à 9 h. et demie s. ; lund., jeud., vend. pour les hommes ; mard. et sam. pour les femmes.

XIe ARR.

Dispensaire du Docteur Cripon, 93, rue d'Angoulême. — Grat. Médecine générale : tous les j., dim. compris, de 9 h. à 11 h.

Dispensaire des Sœurs de Saint-Vincent-de-Paul, 145, avenue Parmentier. — Grat. Soins médicaux et petites opérations, chirurgie : tous les j., à 9 h. mat. ; — oculiste : à 5 h. s.

Dispensaire de la Société philanthropique, 36, rue Faidherbe. — Médecine : lund. et jeud., de 4 h. à 5 h.

— **de la Société philanthropique,** 140, rue du Chemin-Vert. — Sœurs St. V. de P. Médecine : mard. et vend., de 4 h. à 5 h. ; — consult. de nourrissons et pesage : tous les 15 j., le vend.

Dispensaire de l'Antituberculeuse, 5, rue du Commandant-Lamy. Dépend. de la Sté L'Antituberculeuse de l'enseignement primaire de la Seine, fond. par les instituteurs et institutrices de la Seine, pour combattre la tuberculose et les maladies professionnelles (1902). — Réservé aux membres de la Sté pour les consult. grat. — Médecine générale et poitrine : dim. et jeud., de 9 h. à 10 h. et demie ; lund. et jeud., de 4 h. à 5 h. et demie ; — affections de la gorge, du nez et des oreilles : lund., jeud., de 5 h. à 6 h. et demie ; — affections des femmes : mard., de 4 h. à 5 h. et demie ; — maladies des enfants : dim., de 9 h. et demie à 10 h. et demie ; — maladies des yeux : dim., de 9 h. et demie à 10 h. et demie.

Dispensaire Clozel de Boyer, 14, rue de Belfort. — Direction laïque. Médecine et petite chirurgie : mard. et jeud., de 8 h. à 9 h. s. ; — pansements les j. de consult. ; — pas de médicaments.

L'Union familiale, 195, rue de Charonne. — L'œuv. procure des bons de consult. chez des médecins et des bons de médicaments.

Dispensaire chirurgical pour les accidents du travail, 2, rue St-Bernard. — Tous les j., de 8 h. mat. à midi et de 1 h. à 6 h. s. Visite à domicile en cas d'urgence. Consult. juridiques.

Dispensaire, 19, rue Pierre-Levée. — Voir *Dispens. d'enfants.*

Dispensaire de la Jeunesse, 7, rue Daval. — Protest. Médecine : lund. et merc. 1 h. et demie, jeud. 2 h. et demie, vend. 5 h. et demie ; — gorge, nez, oreilles : mard., 9 h. et demie ; — bouche et dents : merc., 11 h. ; — consult. de nourrissons : sam., 10 h. et demie.

Dispensaire Yvonne-Marie, 81, rue d'Angoulême. Rattaché à la Sté française de secours aux blessés militaires. Sœurs St. V. de P. — Médecine et maladies des enfants : lund., 9 h., jeud., 8 h. et demie ; — chirurgie, gynécologie, orthopédie : mard., 9 h., vend., 9 h. ; — nez, gorge, oreilles : merc., 9 h. ; — maladies de la peau : jeud., 8 h. et demie ; — yeux : jeud., 1 h. ; — pansements : tous les j., de 8 h. à midi ; en cas d'urgence toute la journée. — Médicaments grat.

Œuvre de Saint-Antoine, 97, rue de Charonne (1891). — Direction aïque. Clinique dentaire : jeud., de 9 h. à midi.

Œuvre antituberculeuse des employés, 31, boulevard Richard-Lenoir. — Réservé aux sociétaires (2 fr. par an). Direction laïque. Nez, gorge, oreilles : merc., 6 h. s. ; — chirurgie : jeud., 10 h. ; — bouche, dents : merc., 9 h. à 10 h. ; — yeux : tous les j., de 1 h. à 3 h., 62, rue de Clichy. Voir 66, *avenue de Saxe, VIIe arr.*

XIIe ARR.

Dispensaire de la Société philanthropique, 13, rue Ruty. — Sœurs de St. V. de P. Médecine : lund. et vend., de 3 h. à 4 h. ; — pansements grat. : tous les j.

— **de la Société philanthropique**, 77, rue de Reuilly. — Sœurs de St. V. de P. Médecine : mard. et sam., de 11 h. à midi ; — pansements : lund., mard., jeud., sam., à 8 h.

Clinique nationale des Quinze-Vingts, 13, rue Moreau. — Voir *Aveugles.*

Dispensaire de Notre-Dame de Lourdes, 59, avenue Daumesnil. — Sœurs de la Charité de Nevers. Médecine : mard. et jeud., 10 h. ; — petite chirurgie : lund. et vend., 10 h. ; — orthopédie : vend., 10 h. ; — yeux : jeud., 4 h. ; — pansements : tous les j., 9 h. ; — consult. de nourrissons.

Clinique ophtalmologique, à l'Hospice national des Quinze-Vingts, 28, rue de Charenton. — Voir *Aveugles.*

Œuvre de protection contre la tuberculose, 79, avenue Ledru-Rollin. — Poitrine et bronches, maladies des enfants, des femmes, nez, gorge, oreilles, bouche, dents : tous les j., sauf dim. et fêtes, de 5 h. à 7 h. s. Les sociétaires de la Ligue P.-L.-M. contre la tuberculose sont admis de droit aux consult. grat.

Dispensaire des Dames diaconesses, 14, rue du Sergent-Bauchat. — Petite chirurgie, yeux, gorge, nez, oreilles : lund. et jeud., 9 h. et demie ; — bouche et dents : vend., 10 h. ; — pansements tous les j. ; — pas de médicaments.

Institut Doyen, 3, rue Antoine-Vollon. Voir *Œuv. antituberculeuses.*

Dispensaire de la Fondation Rothschild, 8, rue de Prague. — Consult. réservées aux locataires des immeubles de la Fondation Rothschild, moyennant un droit d'entrée de 0 fr. 50 par personne. Pour nourrissons, enfants, adultes, tous les j. en permanence.

XIIIe ARR.

Dispensaire du patronage Saint-Joseph de la Maison-Blanche, 54, rue Bobillot. Fond. par M. Enfert (1891). — Grat. Consult. les dim., jeud., de 9 h. à 10 h. mat.

— **de la Société philanthropique**, 4, rue Jean-Marie-Jégo. — Sœurs de St. V. de P. Médecine et petite chirurgie pour enfants :

les mard., jeud. et sam., de 1 h. et demie à 3 h.; — médecine (adultes) : lund., jeud., 9 h.; — médicaments grat. pour les enfants; — pansements tous les j., de 7 h. et demie à 10 h.; — bains et douches, de 8 h. à 10 h. mat.

Société philanthropique, 39, rue Jenner. — Sœurs de St. V. de P. Médecine : mard., sam., de 8 h. à 9 h. mat.

Dispensaire de l'hôpital-école de la Société française de secours aux blessés militaires, square des Peupliers. — Voir h. de consult. au chapitre *Hôp. spéciaux*.

Dispensaire antituberculeux de la Fondation Loubet, 182, rue du Château-des-Rentiers. — Consult. grat., tous les j., de 8 h. à 10 h. Voir *Hôp. spéciaux*.

Dispensaire Marie-Amélie, 37, rue de la Glacière. — Sœurs de St. V. de P. Médecine : merc., sam., 9 h.; — chirurgie : lund. et jeud., 9 h.; — massage médical et chirurgical : lund., 1 h. et demie; — électricité médicale : mard., 1 h. et demie; — yeux : merc., 1 h. et demie; — dents : jeud., 1 h.; — nez, gorge, oreilles : vend., 9 h. et demie; — consult. de nourrissons : mard., vend., à 9 h.; — pansements : lund., merc., vend., de 2 h. à 4 h.; — soins urgents à toute h. Voir *Écoles d'infirmières*.

Dispensaire Marie Lannelongue. Dépend de la Ligue fraternelle des enfants de France, 129, rue de Tolbiac. — Médecine : jeud., 1 h. et demie, tous les autres j., 10 h.; — chirurgie : lund., merc., jeud., et vend., 2 h.; — orthopédie : mard., jeud., sam., 10 h.; — yeux : mard., 10 h.; — nez, gorge, oreilles : merc., 10 h.; — dents : jeud., 10 h.; — pansements tous les mat., de 9 h. à 11 h.; le jeud., de 3 h. à 5 h. Voir *Ligue fraternelle des enfants de France. Secours aux enfants*.

XIVe ARR.

Dispensaire de Saint-Vincent-de-Paul, 78, rue de la Tombe-Issoire. — Médecine et chirurgie (adultes) : tous les j., 9 h. mat.; — médecine (enfants) et consult. de nourrissons : mard. et vend., 1 h. à 3 h.; — pansements tous les j., 8 h. à 11 h. mat.; — goutte de lait, annexée au dispens.

Dispensaire Jeanne-d'Arc, 7, impasse Reille (1895). — Sœurs franciscaines de Marie. Médecine générale et pansements : lund. et vend., de 9 h. à 11 h.

Dispensaire de la Société philanthropique, 201, avenue du Maine. — Sœurs Auxiliatrices de l'Immaculée-Conception. Chirurgie pour femmes et enfants : mard. et sam., 9 h. à 10 h. et demie; — électrothérapie : lund. et jeud. (excepté le 1er jeud. du mois); — médecine pour adultes : mard., sam., 2 h. à 3 h.; — dents : jeud., 3 h. à 4 h. et demie; — pansements tous les j., sauf dim. et fêtes, à 9 h.; — dispens. gynécologique et infirmerie; — vaccination : 1er jeud. de chaque mois.

— **de la Société philanthropique**, 5, rue Crocé-Spinelli. —

Sœurs Augustines du Saint-Nom-de-Jésus. Médecine et pansements : mard., sam., de 2 h. à 3 h.

Préservatorium-dispensaire antituberculeux, 22, rue d'Alembert. Consult. grat., jeud., 4 h. s. ; dim., 9 h. mat.

Le Foyer maternel, 172, rue de Vanves (1910). — Laïque. Consult. pour femmes enceintes : tous les j., de 9 h. à 11 h. ; — pour enfants jusqu'à 7 ans : le merc., à 9 h. mat. ; — pour nourrissons : les mard. et sam., à 4 h. ; — consult. de laryngologie : le mard., 10 h. mat. ; — soins dentaires : le jeud., 10 h. mat.

Clinique de la Maison commune du XIVe arrondissement, 172 *bis*, rue de Vanves. — (Même administration que le Foyer maternel.) Accidents du travail : — consult. juridiques.

Dispensaire, 195, rue de Vanves (1909). — Rattaché à la Sté française de secours aux blessés militaires. Médecine : mard., vend., à 8 h. et demie s. ; — chirurgie : merc., jeud. et sam., à 4 h. et demie ; — pansements : mard., jeud., sam., de 2 h. à 6 h.

Dispensaire de l'Œuvre des tuberculeux adultes, 23, rue Guilleminot. — Voir *Œuv. antituberculeuses.*

Dispensaire de la mutualité maternelle, 63, rue Vercingétorix. — Gynécologie : merc., 2 h. Consult. grat. à 1 h. et demie. Voir *Assistance maternelle et infantile. Maternité.*

Dispensaire du Comité royaliste du XIVe arrondissement, 41, rue Bénard. — Direction laïque. Médecine : mard., jeud., sam., 10 h. ; — maladies des femmes et des enfants en bas âge : mard., 2 h. ; — pansements : mard., jeud., sam., 10 h. à 11 h. — Médicaments grat.

Dispensaire de l'Institut catholique, 9, rue des Plantes. — Médecine : mard., jeud., sam., 9 h. ; — chirurgie : lund., merc., vend., 9 h. ; — voies urinaires et maladies vénériennes : lund., jeud., 10 h. ; — yeux : lund., 10 h., vend., 2 h. ; — oreilles, nez, gorge : lund., merc., 4 h. ; vend., 9 h. ; — système nerveux : lund., jeud., 9 h. ; — enfants : jeud. et sam., 9 h. ; — femmes enceintes : vend., 10 h.

Clinique Sainte-Anne, 1, rue Cabanis. — Voir *Aliénés.*

Institut Doyen, 44, r. Vercingétorix. — Voir *Œuv. antituberculeuses.*

XVe ARR.

Dispensaire de la Société philanthropique, 223, rue Lecourbe. — Frères de St-Jean-de-Dieu. Médecine : mard. et sam., 3 h. à 4 h. Grat.

Dispensaire, 6, rue Letellier. — Direction laïque. Médecine et gynécologie : lund., 9 h. ; — enfants et femmes enceintes : mard., 9 h. ; — voies respiratoires : merc., 9 h. ; — yeux : jeud., 9 h. ; — nez, gorge, oreilles : vend., 9 h. ; — enfants malades, maladies nerveuses : sam., 9 h.

Dispensaire dentaire, 15, rue de l'Abbé-Groult. — Consult., merc. et sam., de 10 h. à 11 h.

Dispensaire de l'hôpital Pasteur, 213, rue de Vaugirard. — Grat.

Consult. tous les j., de 7 à 9 h., et mard. jeud. à 3 h. — Enf. le vend. à 3 h.

Œuvre de la Chaussée du Maine, 14, rue Vigée-Lebrun. — Dispens. pour les mères avec nourrissons, ouvert le mard., de 2 h. à 4 h.

Dispensaire de l'hôpital Saint-Michel, 9, impasse Ste-Eugénie (rue Dombasle). — Consult. les lund., merc. et vend., de 6 h. mat. à midi. Grat. Voir *Hôp. spéciaux*.

« **L'Espérance** » **du XVe arrondissement**, 48, rue de la Convention. Fond. par Mme Maria Chauvière (1910). — Rattachée à la Sté française de secours aux blessés militaires. Direction laïque. Médecine générale : lund. et jeud., 9 h. à midi ; — yeux : jeud., 9 h. à midi ; — chirurgie, maladies des femmes : mard. et vend., de 9 h. à midi ; — maladies de la peau : mard. et vend., 9 h. à midi ; — maladies des enfants : merc. et sam., 9 h. à midi ; — bouche et dents : merc. et jeud., 9 h. à midi ; — laryngologie : lund., 9 h. à midi ; — électrothérapie, radiologie : mard. et vend. ; — inscriptions : de 8 h. et demie à 10 h. du mat.

Dispensaire maritime du Docteur Quinton, 4, rue de l'Arrivée. — Traitement par les injections de plasma de Quinton. — Maladies de la peau et maladies des enfants : lund., jeud., 9 h. à 11 h. et demie ; — médecine générale : mard. et vend., 9 h. à 11 h. et demie. Pour les malades qui ne sont pas libres le mat., mard.. et vend., de 7 h. et demie à 9 h. et demie du soir ; — pansements les j. et h. de consult.

Fondation de la marquise de Mac-Mahon, 17 et 19, rue d'Ouessant. — Direction laïque. Médecine générale : maladies de la peau ; maladies des enfants ; traitement par les injections de plasma de Quinton : merc. et sam., 9 h. à 11 h. et demie ; — pansements aux j. et h. de consult.

Assistance catholique, 6, impasse Dechambre. — Médecine : merc., à 3 h. ; — médicaments grat. aux familles des enfants du patron. ; — secours et visites à domicile.

Mutuelle des victimes du travail, 18, rue de Garibaldi. — Grat. pour les sociétaires, tous les j., de 9 h. à 11 h. et de 4 h. à 6 h. ; — yeux : mard., vend., 5 h. à 6 h.

XVIe ARR.

Dispensaire, 214, avenue de Versailles. — Consult. pour femmes enceintes : les 1er et 3e mard., de 1 h. et demie à 2 h. et demie.

Dispensaire des Sœurs de Saint-Vincent-de-Paul, 60, rue Raynouard. — Médecine : mard., 5 h. ; — petite chirurgie : jeud., 2 h. ; — gorge, nez, oreilles : lund., 2 h. ; — yeux : vend., midi et demi ; — pansements aux mêmes j. et mêmes h. que les consult.

Dispensaire de la Société philanthropique, 78 *bis*, rue Boileau. — Sœurs de Ste-Marie. Médecine et pansements : lund., jeud., 2 h. à 3 h.

Dispensaire « Pro Vita », 32, rue des Perchamps. — Direction laïque. Pour femmes et enfants. Maladies des femmes et des enfants : lund.

et vend., 4 h. et demie ; — larynx, nez, oreilles : mard., 4 h. et demie ; — yeux ; mard., 4 h. et demie ; — bouche et dents : jeud., 4 h. et demie ; — culture physique : sam., 4 h. et demie.

Institut Doyen, 14, rue du Commandant-Marchand. Voir *Œuv. antituberculeuses.*

Fondation Vanderbilt, 18, rue Léonard-de-Vinci. — Voir *Hôp.*

Dispensaire Suarez de Mendoza, 17, rue de l'Annonciation. — Contre les grands fléaux du vingtième siècle : tuberculose, avariose, alcoolisme, mortalité infantile, nesserose. Direction laïque. Consult. d'adultes : sam., 8 h. mat. ; — consult. d'enfants : jeud., 8 h. mat. ; — consult. de nourrissons : mard., 8 h. mat. ; — consult. spéciales pour les travailleurs : lund., et vend., 8 h. s., — conférences-causeries sur les méfaits des grands fléaux et les moyens de les combattre : mard., 5 h.

Policlinique Suarez de Mendoza, 17, rue de l'Annonciation. — Direction laïque. — Yeux, oreilles, gorge, larynx, nez, électrothérapie, rayons X : lund., merc., vend., 1 h. ; — maladies des femmes, voies urinaires, maladies avariantes : mard., jeud., sam., 1 h.

Société parisienne de sauvetage, 71, avenue Henri-Martin. — Établit des postes de secours (actuellement 81 postes).

Œuvre philanthropique du Radium, 11, rue de Lubeck (1910). — A pour but de mettre facilement à la disposition d'un grand nombre de malheureux un agent thérapeutique de premier ordre, soit dans les hôp. de l'Assist. pub., soit dans les hôp. privés, dispens. et cliniques particulières, par l'emploi du radium et généralement toutes substances radioactives d'un prix très élevé.

XVIIe ARR.

Dispensaire des Sœurs de la Présentation de la Sainte-Vierge, 85, rue de Tocqueville. — Médecine : lund., merc., vend., 9 h. ; — estomac : mard., 9 h. ; — consult. de nourrissons : lund., 9 h. ; — pansements : les j. de consult. ; — pas de médicaments grat. ; — vaccination : 1er lund. du mois, 9 h.

Dispensaire de la Société philanthropique, 77, rue Truffaut. — Sœurs de Ste-Marie. Médecine : lund. et jeud., 1 h. et demie.

Dispensaire, 54, avenue de Clichy (1867). — Recon. ut. pub. Soins et secours médicaux aux membres du Cercle des maçons et tailleurs de pierre.

Dispensaire-école de l'Union des femmes de France, 30, rue de la Jonquière. — Médecine : lund. et vend., avant 10 h. ; — chirurgie : mard., jeud., sam., avant 2 h. ; — massothérapie : tous les j. aux h. de consult., et le merc., avant 10 h. ; — pansements tous les j., aux h. de consult., et le dim., de 8 h. à 10 h. mat. ; — orthopédie. Voir *Militaires et marins.*

Dispensaire, 13, rue d'Alsace. — Consult. de médecine, tous les mard., de 10 h. à 11 h. et demie ; — soins dentaires : le mard., de 9 h. à 10 h.

Œuvre de l'allaitement maternel, 9, rue Jean-Baptiste-Dumas. Fond. par Mme Becquet de Vienne. — Consult. pour femmes et enfants. Médecine générale et chirurgie : lund., merc., vend., 10 h. ; — maladies des femmes : mard., jeud., sam., 10 h. ; — femmes enceintes : merc., sam., 10 h. ; — maladies des dents : lund., jeud., 11 h. ; — maladies du pied : merc., 11 h. ; — maladies des yeux : mard., 4 h. et demie, sam., 11 h. ; — maladies de la gorge et oreilles : merc., 2 h., vend., 2 h. — Laboratoire bactériologique.

Villa du Phénix, Fondation Giffard, 39, rue Dulong. — Consult. médicales et chirurgicales : lund., merc., vend., de 9 h. à 11 h.

Institut Doyen, 126, rue Legendre. — Voir *Œuv. antituberculeuses.*

Clinique chirurgicale du Docteur de Fursac, 64, rue Lemercier. — Consult. réservées aux indigents : le merc., de 10 h. à midi ; — électrothérapie, rayons X.

Dispensaire des VIIIe et XVIIe arrondissements, 54, rue Boursault. — Recon. ut. pub. Pour les tuberculeux : tous les j., de 8 h. et demie à 9 h. mat., sauf le jeud., à 8 h. et demie s.

XVIIIe ARR.

Dispensaire de la Société philanthropique, 48, rue Stéphenson. — Sœurs de St. V. de P. Médecine : lund., jeud., 3 h. à 5 h. ; — nez, gorge, oreilles : mard., 10 h. ; — pansements : tous les j., 8 h. à midi.

— **de la Société philanthropique,** 5, impasse Massonet. — Sœurs de St. V. de P. Médecine et chirurgie : mard., sam., 11 h. à 4 h. ; — pansements tous les j., à partir de 8 h. mat.

— **de la Société philanthropique,** 33, rue Caulaincourt. — Sœurs de St V. de P. Pour adultes. Médecine : lund., vend., 9 h.

— **de la Société philanthropique,** 44, rue Labat. — Sœurs du Calvaire de Gramat. Adultes. Médecine : lund., vend., 3 h. à 4 h.

— **de la Société philanthropique,** 7, rue Jean-Cottin. — Sœurs de St. V. de P. Médecine : lund., vend., 3 h. à 4 h. ; — pansements : tous les j.

— **de la Société philanthropique,** 8, rue Championnet. — Sœurs de St. V. de P. Consult. : 2 fois par semaine ; — pansements : tous les matins.

Dispensaire de la clinique antituberculeuse, 50, avenue de Clichy. — Maladies des femmes et enfants : lund., merc., vend., de 1 h. à 4 h. ; dim., de 10 h. à midi ; jeud., de 8 h. à 10 h. du s. Prix variables, grat. pour les pauvres.

Dispensaire, 18, cité du Midi. — Grat. Maladies du nez, oreilles, gorge : lund., 9 h. ; — yeux : mard., 9 h. et demie ; — maladies de la peau : merc., 10 h. ; médecine générale : vend., sam., dim., à 9 h. (fermé du 1er août au 1er septembre).

Dispensaire Alix Love, 7, rue Eugène-Sue. — Direction laïque. — Tous les j., de 10 h. à 11 h., et lund., merc., jeud. et sam., de 8 h. à 9 h. et demie du s. Traitement homéopathique.

Institut médico-chirurgical des accidents du travail, 136, rue Championnet. — Pour les personnes âgées de plus de 13 ans seulement. Médecine : lund., 5 h. ; — maladies des femmes : mard., 5 h. ; — os et articulations : merc., 5 h. ; — yeux : jeud., 5 h. ; — gorge, nez, oreilles : vend., 5 h. ; — maladies vénériennes : sam., 10 h. mat. ; — voies urinaires et chirurgie générale : sam., 5 h. Consult. grat. Pension : 8 fr. par j.

Dispensaire Théophile Roussel, 74, rue Marcadet (1901). — Soins aux nécessiteux de Paris et la banlieue, malades ou blessés sur la voie publique. Organisation de postes de secours. Matériel de secours. Pansements. Ouv. les lund. et vend. à 4 h., et tous les s. à 8 h., sauf dim. et fêtes. Grat.

Consult. tous les j., de 8 h. à 10 h. du s. ; — médecine générale : lund. ; — bronches, poumons, tuberculose : lund. et vend. ; — maladies des enfants, vaccination : lund. ; — syphilis : mard. ; — yeux : merc. ; — maladies des femmes : jeud ; — bouche et dents : jeud. ; — maladies nerveuses, enfants arriérés, électricité : vend. ; — nez, gorge, oreilles : vend. ; — chirurgie infantile, orthopédie : sam.

Consult. juridiques sur les accidents du travail : sam., de 8 h. à 10 h. s.

Dispensaire Saint-Jean de l'ordre de Malte, de l'Œuv. des pauvres du Sacré-Cœur, 31, rue Lamarck, et 28, rue du Mont-Cenis. — Pour les personnes de plus de 14 ans seulement.

Consult. : les lund., merc., vend., de 2 h. à 4 h. Pansements et médicaments grat.

Dispensaire de Saint-Joseph, 174, rue Championnet. — Rattaché à la Sté française de secours aux blessés militaires. Sœurs du Sacré-Cœur de Coutances. Médecine (adultes) : merc., 10 h. ; — médecine (enfants) : sam., 10 h. ; — maladies de la peau : lund., 10 h. ; — chirurgie : mard., 10 h. ; — voies digestives et maladies nerveuses : jeud., 9 h. Pansements grat. tous les j., de 9 h. à 11 h.

Policlinique H. de Rothschild, 199, rue Marcadet. Consult. générales et spéciales. La gratuité des médicaments n'est pas donnée aux adultes. Le dispensaire reçoit, à toute heure du j. et de la nuit, les victimes des accidents du travail ou de la voie publique, les soigne et les hospitalise ; ou les reconduit à leur domicile, ou les place dans des hôp. 30 lits.

Dispensaire de la Société philanthropique (Dames du Calvaire), 166, rue de Crimée. Médecine : mard., vend., de 3 h. à 4 h. Pansements tous les mat.

Institut Doyen, 39, rue Doudeauville. — Voir *Œuv. antituberculeuses*.

XIXe ARR.

Dispensaire de la Fondation ophtalmologique A. de Rothschild, 29, rue Manin et 56, rue Priestley. — Consult., pansements et petite chirurgie : tous les j., mat., après-midi et s. Pharmacie grat. Services d'ophtalmologie et d'électricité médico-chirurgicale.

Dispensaire Saint-Georges, 22, rue Bouret. — Sœurs de St. V. de P. Médecine : tous les j., sauf dim., de 8 h. à 10 h. — Pansements tous les .

XXe ARR.

Dispensaire de la Société philanthropique, 73, rue de la Mare. — Sœurs de St. V. de P. Médecine : lund., vend., de 2 h. à 3 h. Consult. à domicile tous les j.

— **de la Société philanthropique,** 70, rue des Haies. — Médecine : lund., vend., à 9 h. et demie.

Dispensaire de l'Union populaire catholique, 9, rue Croix-St-Simon. — Rattaché à la Sté française de secours aux blessés militaires. Consult. médecine : jeud., 1 h. et demie (enfants) ; dim., 10 h. et demie, et jeud., 2 h. (adultes) ; — chirurgie : merc., 10 h. — Pansements tous les j., lund., merc., vend., 9 h. ; mard., jeud., sam., 1 h. et demie. — Prochainement, consult. pour les yeux, le nez, la gorge, gynécologie, nourrissons.

Dispensaire du Haut Ménilmontant, 23, rue de la Duée. — Rattaché à la Sté française de secours aux blessés militaires. Médecine : mard. et sam., 9 h. et demie à 10 h. et demie ; — petite chirurgie : lund. et jeud., 9 h. à 10 h. et demie ; — nez, gorge, oreilles : lund., 2 h. à 3 h. — Pansements grat. tous les j., 9 h. à 10 h. — Consult. de nourrissons : mard., 9 h. à 10 h. (Direction de la Mutualité maternelle.)

BANLIEUE

ALFORTVILLE. — **Dispensaire municipal,** 10, rue des Coquelicots. — Consult. pour toutes les maladies : mard. et vend., à 3 h. ; jeud. s., à 8 h.

ASNIÈRES. — **Dispensaire,** 17, avenue d'Argenteuil. — Médecine : lund., merc. et vend., à 3 h.

AUBERVILLIERS. — **Dispensaire,** 19, rue des Postes. — Mard., jeud., sam., à 8 h. — Rue Domart, lund., merc., vend., à 8 h.

BAGNOLET. — **Dispensaire du quartier de la Couture,** 28, rue de l'Égalité (1903). — Consult. grat. pour toutes les maladies : dim., de 8 h. à 9 h. mat., et merc., de 8 h. à 9 h. s.

Dispensaire du Centre, 18, avenue du Centenaire (1908). — Consult. grat. pour toutes les maladies : dim., 8 h. à 9 h. mat., et jeud., 8 h. à 9 h. s.

BOIS-COLOMBES. — **Dispensaire municipal,** avenue de Villebois-Mareuil. — Consult. pour toutes les maladies : les dim. et jeud., de 11 h. à 12 h. ; — pour les nourrissons : tous les lund., de 3 h. et demie à 5 h. s.

BONDY. — **Dispensaire municipal.** — A la Mairie.

CHATILLON-SOUS-BAGNEUX. — **Dispensaire des Sœurs de Saint-Vincent-de-Paul,** 10 *bis*, rue de Bagneux. Fond. par la Supérieure de Ste-Anne d'Auray (1906). — Direction cath. Grat. 15 lits. Reçoit des malades des deux sexes, de tout âge et de toute religion, habitant Châtillon, Bagneux et Fontenay. Consult. pour toutes les maladies, sauf les maladies contagieuses : le dim. et le jeud., à 9 h.

CLAMART. — **Dispensaire de l'Union des femmes de France,** 84, rue de Paris. — Consult. générales et consult. spéciales pour les yeux.

Maison Sainte-Émilie, avenue Schneider. — Consult. pour toutes les maladies : tous les j., sauf les dim. et fêtes, à 9 h.

CLICHY. — **Fondation Gouin (Société philanthropique),** 2, rue des Bournaires. — Grat. Chirurgie : lund., merc., vend., 9 h. et demie mat. ; — médecine : mard., jeud., sam., 8 h. et demie mat. ; — dents, bouche : dim., 8 h. et demie mat. ; — larynx, nez, oreilles : merc., 2 h. s. ; — yeux : mard., vend., 9 h. et demie mat.

Dispensaire municipal, 10, rue Dagobert. — Tous les j., à 8 h. et demie mat., sauf dim.

COLOMBES. — **Dispensaire,** rue Julien-Gallé, à la Mairie. — Grat. Lund., vend., de 11 h. à midi.

L'Aqua Terra, Sté de secours publics, 27, rue Desmont-Dupont. — A des postes à Colombes, Bois-Colombes, Asnières, Gennevilliers.

COURBEVOIE. — **Dispensaire municipal,** 50, rue de Colombes.

Maison Marguerite-Marie, 22, rue Parmentier. — Dispensaire.

Dispensaire des Diaconesses de paroisse, 12, rue de la Montagne.

Société des Sauveteurs de la basse Seine, 52, quai de Courbevoie. — A des postes de secours dans les bassins d'Asnières et Courbevoie (actuellement 10 postes de secours).

DRANCY. — **Dispensaire privé « Ladoucette »,** 18, rue Sadi-Carnot.

ÉPINAY. — **Dispensaire,** à la Mairie.

ISSY. — **Dispensaire,** 7, rue Étienne-Dolet.

KREMLIN-BICÊTRE. — **Dispensaire municipal,** 19, rue de la Chandellerie.

— **Dispensaire,** 1, rue Carnot.

LEVALLOIS-PERRET. — **Dispensaire,** 76, rue de Villiers. Voir *The Hertford British Hospital.* (*Hôp. privés.*)

— **Dispensaire,** 107, rue Gide. — Voir *Hôpital Isaac-Pereire.*

— **Dispensaire,** 80, rue de Villiers. — Voir *Hôpital du Perpétuel-Secours.*

— **Dispensaire,** 7, place du Marché. — Voir *Dispens.* à *Paris, XVII*[e], 9 bis, *rue Jean-Baptiste-Dumas.*

L'HAY. — 6, rue Bronzac. — Pharmacie des Sœurs de St. V. de P.

MONTREUIL-SOUS-BOIS. — **Dispensaire municipal,** 10 *bis*, rue Kléber. — Consult. : lund., 3 h. ; mard., 5 h. ; merc., 2 h. ; jeud., vend., 3 h. ; sam., 9 h. et 3 h.

NEUILLY. — **Dispensaire,** 54, boulevard d'Argenson. Fond. par la Sœur Louise, Supérieure des Dames St-Thomas de Villeneuve. — Pansement grat. tous les j., de 8 h. à 10 h., et de 3 h. à 5 h.

NOGENT. — **Dispensaire,** 100, boulevard de la Liberté. — Grat. pour les indigents inscrits au Bur. de bienf. Médecine et toutes les maladies : lund., merc., vend., de 3 h. à 3 h. et demie.

PANTIN. — **Dispensaire municipal,** rue de l'Alliance. — Grat. pour les pauvres de la commune. Consult. de médecine générale et petite chirurgie : tous les j. — Pansements et distribution de médicaments. Soins médicaux et bains après enquête.

PAVILLONS-SOUS-BOIS. — **Dispensaire municipal,** à la Mairie. — Consult. grat., jeud., dim., 9 h. à 10 h.

PLAINE-SAINT-DENIS. — **L'Union des femmes de France,** 139, rue de Paris. Consult. grat.

PRÉ-SAINT-GERVAIS. — **Dispensaire,** 17, rue de la Séparation. — Affilié à la Sté française de secours aux blessés militaires. Grat. Chirurgie : vend., 9 h. et demie mat. ; — médecine : merc. et sam., 9 h. et demie mat. — Pansements tous les j., de 8 h. et demie à 11 h., excepté dim. et jeud. Fermé du 15 août au 15 octobre.

PUTEAUX. — **Dispensaire Marie-Hélène,** 77, rue Arago. Fond. par Mme Taine et le Docteur Barbarin (1907). — Direction laïque. 7 lits. Grat. Garçons ou filles âgés de 2 à 16 ans. Consult. : les mard., merc., jeud., et sam., à 9 h. et demie du mat.

Dispensaire-hôpital, rue Gambetta.

ROMAINVILLE. — **Dispensaire,** à la Mairie. — 3 fois par semaine dans l'après-midi.

SAINT-DENIS. — **Dispensaire-école de l'Union des femmes de France,** 139, avenue de Paris, à la Plaine-St-Denis. — Grat. pour les indigents. Chirurgie : lund., merc., vend., à 9 h. mat. ; — bouche et dents : vend., à 10 h. et demie mat. ; — consult. de nourrissons : sam., à 3 h. s. — Pansements les mêmes j. que les consult.

SAINT-MAUR-LES-FOSSÉS. — **Dispensaire,** 24, boulevard de Champigny. — Municipal. Toutes maladies, médecine et chirurgie Consult. et opérations : tous les j., de 9 h. mat. à 12 h. ; — consult. dentaires : le dim. mat.

SAINT-MAURICE. — **L'Hôpital du Canton,** 57, Grande-Rue. — Consult. grat. : tous les j., excepté le dim., de 9 h. à midi.

SAINT-OUEN. — **Dispensaire municipal,** 19, rue Edgar-Quinet. — Réservé à la Maison de retraite des invalides du travail. Permanence. Consult. grat. pour les indigents : sam., 1 h. s.

— **Dispensaire,** 8, rue de l'Union. Fond. par la

marquise de Ganay (1905). — Grat. Médecine : jeud., 1 h. à 3 h. ; sam., 9 h. à 10 h. ; — chirurgie : merc., 9 h. à 10 h. — Pansements : lund., 1 h. et demie à 3 h.

Société des dispensaires antituberculeux de la banlieue parisienne, 5, rue du Progrès. — Voir *Œuv. antituberculeuses.*

SURESNES. — **Dispensaire municipal,** 15, rue de Neuilly. — Grat. pour les personnes qui justifient payer moins de 400 fr. de loyer. Consult. pour toutes les maladies. Médecine : mard., merc., vend., sam., 9 h. du mat. ; — chirurgie : mard., 9 h. mat. ; — maladies de la peau : merc., 2 h. ; — bouche et dents : merc., 6 h. ; — nez, gorge, oreilles : jeud., 6 h. ; — yeux : vend., 2 h.

CHAPITRE LI

ŒUVRES PRÉVENTIVES CONTRE LA TUBERCULOSE

IVe ARR.

Asile Saint-Joseph, à Beaumont-en-Véron (Indre-et-Loire). Dépend. de l'Assist. pub. Siège, 3, avenue Victoria (1903). — Pour jeunes filles anémiées, prétuberculeuses ou convalescentes, ouvrières et employées de Paris, de 15 à 25 ans.

VIe ARR.

« Pour l'enfant ». Œuvre de préservation contre la tuberculose par l'assistance familiale des enfants à la montagne ou à la mer, 28, rue Serpente. Fond. par le Docteur Marie (1900). — Envoie gratuitement à la campagne ou à la mer, du 1er juin au 1er octobre, des enfants de familles pauvres, prédisposés à la tuberculose.

Asile pour enfants menacés de tuberculose, à Argelès (Hautes-Pyrénées). Siège, 54, rue du Four. Fond. par le Docteur Douillard (1873). — Pour enfants pauvres nés de parents tuberculeux ou menacés de le devenir. Direction cath. Filles de 5 à 12 ans, gardées jusqu'à 21 ans. Prix de pension : 300 fr. par an, plus 160 fr. d'entrée.

VIIe ARR.

Préservation de l'enfance contre la tuberculose (Œuvre Grancher), 4, rue de Lille. Fond. par le Professeur Grancher (1903). — Recon. ut. pub. Placem. familial à la campagne d'enfants sains de 3 à 10 ans, gardés jusqu'à 13 ans, des deux sexes et de toutes religions, soustraits à un milieu tuberculeux par ce placem. chez des paysans et mis sous la surveillance directe de médecins rattachés à l'œuv. (525 pupilles en 1911, dont 72 des lycées de Paris.) Grat. pour indigents, constituant la presque totalité des pupilles. Caisse d'apprentissage et de placem. pour les anciens pupilles. Vestiaire pour trousseaux des enfants.

S'adresser au siège tous les j., de 9 h. à 5 h.

Pièces requises : 1° certificat médical sur papier libre, constatant que l'un des parents auprès duquel vit l'enfant est atteint de tuberculose ; 2° certificat constatant que l'enfant est sain ; 3° bulletin de naissance ; 4° certificat de vaccin ; 5° livret de famille.

10 filiales en province : Lyon, Marseille Bordeaux, Toulouse, Tours, Lille, Montpellier, Rennes, le Havre et Dijon.

Foyers de l'œuvre en province : Chabris (Indre), la Jonchère (Haute-Vienne), la Motte-Beuvron (Loir-et-Cher), Nérondes (Cher), Courtalain (Eure-et-Loir), Villiers (Loir-et-Cher), Bléré (Indre-et-Loire), Montils (Loir-et-Cher), Nouan-le-Fuzelier (Loir-et-Cher), Pontlevoy (Loir-et-Cher), la Guerche (Cher), Neung-sur-Beuvron (Loir-et-Cher), Marboué (Eure-et-Loir), Ambazac (Haute-Vienne), Couture (Loir et Cher), la Ferté St-Aubin (Loiret).

Alliance d'hygiène sociale, 7, rue Las-Cases (1903). — Voir *Stés d'études et de propagande.*

Association centrale française contre la tuberculose, 15, rue de l'Université. — Voir *Œuv. antituberculeuses.*

VIIIe ARR.

Commission permanente de préservation contre la tuberculose, au Ministère de l'Intérieur, place Beauvau (1903). — Chargée de prendre l'initiative auprès du gouvernement des mesures administratives et législatives propres à prévenir l'extension de la tuberculose.

IXe ARR.

Société de préservation contre la tuberculose par l'éducation populaire, 33, rue Lafayette (1899). — Voir *Stés d'études et de propagande.*

XIVe ARR.

Œuvre d'hivernage des enfants dans le Midi, l'Algérie et la Corse, 26, rue du Faubourg-St-Jacques. Fond. par le Docteur Madeuf. — Voyages collectifs à prix réduits, avec l'assistance de médecins, et placem. des enfants en petits groupes dans diverses localités où les études peuvent être continuées. Direction neutre. Séjour de 4 mois. Prix : 50 fr. pour 1 mois, 70 fr. pour 45 j., voyage compris.

Les cures d'air préventives, 66, rue Vercingétorix. Fond. par Mlle Chaptal (1904). Voir *Colonies de vacances.*

Préventorium pour jeunes garcons, à Tumiac (Morbihan). Siège, 92, rue du Moulin-Vert. Fondation Ulysse Isabelle, sous le patronage du Professeur Guyon. — Destiné à recueillir des jeunes garçons de 5 à 12 ans débilités. Cure maritime. Prix de pension, voyage compris : 50 fr. par mois.

XVe ARR.

Œuvre des asiles agricoles contre la tuberculose, 207, rue de Vaugirard (1889). — Direction non confess. Envoi à la campagne des enfants sains, choisis dans des milieux contaminés. Durée de séjour illimitée. Placem. collectif. Aucune admission grat. Prix : 30 fr. par mois, voyage non compris.

XVIe ARR.

Œuvre des jeunes ouvrières et employées de Paris, 7, rue Magdebourg. Fond. par le Docteur Letulle (1903). — Recon. ut. pub. Direction non conf. 30 lits. Pour femmes et jeunes filles à partir de 14 ans, prétuberculeuses. Grat. en principe. Prix de pension : 3 fr. par j. pour celles qui peuvent payer. Les pupilles sont envoyées à Chennevières, par Pontchartrain (Fondation Villehermose), ou à Clarens (Suisse). Durée de séjour indéterminée.

XVIIe ARR.

Les enfants des chemins de fer français, 30, rue du Rocher. Fond. par le Docteur Boureille (1906). — A pour but de préserver des maladies les enfants sains, des deux sexes, de tous les employés et ouvriers, et de leur donner tous les soins nécessaires quand ils sont malades.

Chacun des 7 grands réseaux, le Métropolitain, les deux Ceintures, le Contrôle commun, et l'ensemble des réseaux secondaires, sont représentés au conseil par un administrateur. 1re section : jeunes gens et jeunes filles de 7 à 13 ans, chétifs, mais non malades, envoyés aux colonies de vacances ; 2e section : enfants malades envoyés dans des sanatoriums, stations de cure d'air, etc.

Conditions d'admission : être Français, employé ou enfant d'employé de chemins de fer depuis six mois ;verser une cotisation de 1 fr. et un droit d'entrée de 0 fr. 50.

CHAPITRE LII

ŒUVRES ANTITUBERCULEUSES

Ier ARR.

Dispensaire antituberculeux des Ier et IIe arr., 11, rue Baillif et 2, rue de Valois (1902). — Dépendance de l'Œuv. de la tuberculose humaine, et de la Sté d'assistance mutuelle l'Union et Fraternité des P. T. T. Consult. grat. pour enfants, merc. et jeud., à 5 h ; pour adultes, lund. et mard., à 5 h. Soins aux malades menacés ou atteints de tuberculose.

Union antituberculeuse des mutualités et des sociétés de prévoyance, 35, rue des Petits-Champs. Fond. par l'Union des présidents des Stés de secours mutuels et par l'Union médicale et pharmaceutique (1903). — A pour but l'assist. des mutualistes et prévoyants des deux sexes. Admission dans les dispensaires tuberculeux et sanatoriums. Secours de maladie à domicile. Sanatorium à Chilly-Mazarin (S.-et-O.).

IIIe ARR.

Dispensaire antituberculeux et de préservation sociale du IIIe arrondissement, 44, rue de Poitou (1898). — Affilié à l'Œuv. de la tuberculose humaine. Traitement grat. pour tous les tuberculeux indigents de Paris, tous les j., de 5 h. à 7 h., sauf dim. Maladies de poitrine, larynx, peau, syphilis. Consult. et désinfection grat.

Institut Doyen (médecine générale et chirurgie), 3, rue Paul-Dubois. — Traitement grat. pour indigents inscrits au Bur. de bienf., payant pour les autres, suivant la situation des malades. Consult. tous les j., de 10 h. à midi, sauf dim. et fêtes, et mard. et vend., de 8 h. un quart à 9 h. et demie s. pour : tuberculose, bronchite, rhumatismes, syphilis ; — merc. et sam. à 2 h. : yeux ; — mard. et vend. à 4 h. et demie : nez, oreilles, et larynx ; — merc., de 4 à 5 h. : petite chirurgie. — Traitement des maladies aiguës, rhumatismes et cancers.

Annexes : 14, rue du Commandant-Marchand ;
— 44, rue Vercingétorix ;
— 126, rue Legendre ;

Annexes : 3, rue Antoine-Vollon ;
— 39, rue Doudeauville.

IVe ARR.

Sanatorium de l'Assistance publique à Angicourt (Oise). Siège à Paris, 3, avenue Victoria (1898). — 148 lits. Personnel laïque. Reçoit grat. des j. gens de plus de 15 ans et des hommes indigents, tuberculeux du premier degré, ayant leur domicile de secours à Paris. Durée de séjour fixée par le médecin en chef. Demande d'admission au siège.

Hospice de l'Assistance publique à Limeil-Brévannes (Seine-et-Oise). Siège à Paris, 3, avenue Victoria (1885). — Personnel laïque. Un quartier de l'hospice est réservé aux tuberculeux des deux sexes en traitement dans les hôpitaux généraux de Paris. Voir *Hôpitaux de l'Assist. pub.*

Ve ARR.

Dispensaire antituberculeux des enfants des écoles du Ve arrondissement, 11, rue des Fossés-St-Jacques. Fond. par la Sté de préservation contre la tuberculose. — Recon. ut. pub. Réservé aux enfants des deux sexes âgés de moins de 15 ans. Consult. pour les maladies de poitrine, tous les j. à 4 h. et demie, sauf jeud. et dim. Secours d'aliments, de vêtements et de médicaments. Placem. familial à la campagne. S'adresser au Maire de l'arr.

VIe ARR.

Sanatorium pour enfants et jeunes filles anémiques ou tuberculeux, à Pellevoisin (Indre). Dépend. des Œuv. de Mlle Bonjean. Siège à Paris, 167, rue de Rennes (1898). — Reçoit des garçons de 1 à 5 ans, des filles de 1 à 18 ans. Admissions grat. d'orphelins ou abandonnés. Prix de pension : 35 à 60 fr. par mois, suivant l'âge et l'état de l'enfant. Asile Crosatier, à Villepreux (Seine-et-Oise), pour garçons de 3 à 7 ans. Asile St-Louis, à Poissy (Seine-et-Oise), pour filles de 3 à 21 ans. S'adresser au siège, le mard., de midi à 5 h.

L'Office antituberculeux, 176, boulevard St-Germain. Fond. sous le patronage de M. Léon Bourgeois (1910). — Organise des cours de prophylaxie et d'hygiène grat. et pub.

VIIe ARR.

Association centrale française contre la tuberculose. Siège chez le président, le Professeur Landouzy, 15, rue de l'Université. Fond. par les Docteurs Brouardel et Landouzy (1902). — A pour but de grouper les Œuv. ou Stés qui s'occupent de combattre la tuberculose, d'offrir son concours à ces œuv., celles-ci gardant leur autonomie, de favoriser la propagande antituberculeuse et la création d'œuv. nouvelles, d'instruire individus et collectivités sur tout ce qui les intéresse au point de vue prophylactique, de créer un Office de renseignements sur toutes les questions antituberculeuses, d'entretenir des communications avec la Commission permanente de la tuberculose au Ministère de l'Intérieur, l'Assoc. internationale contre la tuberculose. Celle-ci se réunit annuellement en Conférence internationale dans les diverses capitales du monde : Berlin (1903), Copenhague (1904), Paris (1905), la Haye (1906), Vienne (1907), Philadelphie (1908), Stockholm (1909), Bruxelles (1910), Rome (1911). Affiliation à l'Alliance d'hygiène sociale, aux Mutualités, Ligues antialcooliques, Ligues contre la mortalité infantile, etc.

15 œuv. antituberculeuses affiliées à Paris, 30 dans les départements.

Dispensaire antituberculeux de l'hôpital Laënnec, 65, rue Vaneau. Dépend. de l'Assist. pub. — Consult. grat. à 9 h. mat. tous les j., et en plus lund., merc. et vend., à 4 h. Cure de repos au dispensaire, de 9 h. à 5 h. s. Secours en argent donnés aux malades admis à la cure. 2 repas grat. à 11 h. et à 5 h. La section de l'Asile de Brévannes réservée aux tuberculeux est rattachée à ce service. Bur. d'inscription.

VIIIe ARR.

Office antituberculeux de l'hôpital Beaujon, 208, rue du Faubourg-St-Honoré. Fond. par M. Jacques Siegfried et le Professeur Albert Robin (1905). — Secours médicaux aux malades indigents, enfants et adultes. Sont éliminés d'office ceux dont le gain quotidien dépasse 4 fr. pour un individu, 2 fr. pour une famille de 3 à 6 membres, 1 fr. 50 pour une famille de 6 à 10 membres.

Sont acceptés les malades pouvant être rapatriés à la campagne, les tuberculeux sanatoriables, les hospitalisables, les non-hospitalisables incurables avec surveillance à domicile au point de vue prophylactique, les prétuberculeux. Inscription des malades tous les j., de 4 h. et demie à 5 h. Consult. tous les j. sauf dim., et 2e jeud. du mois. Consult. des enfants merc. et vend. Distrib. de vêtements, secours d'aliments, de literie, de pharmacie, visites à domicile. Cours d'hygiène. Service de dames assistantes volontaires. Envoi d'enfants à la campagne.

Œuvre des Sanatoriums maritimes pour enfants. Siège, 62, rue de Miromesnil (1887). — Recon. ut. pub. A pour but de soigner par le traitement marin les enfants anémiques, lymphatiques, menacés de tuberculose par contagion ou par hérédité.

Sanatorium de Banyuls-sur-Mer (Pyrénées-Orientales) (1888). — 220 lits. Enfants des deux sexes, de 3 à 14 ans. Les tuberculeux ne sont pas admis. Prix : 2 fr. par j. Personnel laïque.

Sanatorium de St-Trojan, île d'Oléron (Charente-Inférieure) (1896). — 230 lits. Mêmes conditions d'âge, de prix, d'état sanitaire. Personnel laïque.

Adresser les demandes au siège social, avec pièces constatant l'état civil, un bulletin médical, un engagement de payer les frais de séjour.

Œuvre des enfants tuberculeux, 35, rue de Miromesnil (1888). —

Recon. ut. pub. Admission à prix modiques (2 fr. par j.) des enfants tuberculeux, sans distinction de sexe, de culte et d'origine, garçons de 3 à 14 ans, filles de 3 à 10 ans. Hôpital d'Ormesson (1888), 100 lits; hôp. de Villiers-sur-Marne (1891), 150 lits. En voie de réorganisation.

Dispensaire antituberculeux des VIIIe et XVIIe arrondissements, 54 *bis*, rue Boursault. Voir *XVIIe arr.*

Œuvre des tuberculeux, 26, rue du Général-Foy (1894), sous le patronage du Curé de St-Augustin. — A pour but de traiter et d'assister les ouvriers et employés tuberculeux ne pouvant être hospitalisés. Clinique grat. pour hommes, femmes et enfants. Consult. grat. les lund., merc. et vend., de 5 à 7 h. s.

IXe ARR.

Œuvre de la tuberculose humaine, 9, rue de Bellefond. Sté philanthropique des dispensaires antituberculeux français. Fond. par le Docteur Samuel Bernheim (1901). — A pour but de faciliter la création des œuv. antituberculeuses, dispensaires, sanatoriums, cures d'air, colonies de vacances, d'organiser partout des mesures de préservation et d'hygiène sociale, de combattre les logements insalubres, l'alcoolisme, d'encourager l'entreprise des habitations ouvrières à bon marché, en un mot de protéger la santé publique contre les maladies transmissibles et contagieuses par tous les moyens.

Secrétariat ouvert de 9 h. à midi et de 4 h. à 6 h.

Œuvre des Sanatoriums populaires de Paris, 56, rue de la Victoire (1900). — Recon. ut. pub. A pour but de créer des sanatoriums populaires pour tuberculeux et d'en favoriser la création, d'entretenir des tuberculeux pauvres et adultes et de secourir leurs familles.

Bur. d'inscription pour le Sanatorium fondé par l'œuv. à Bligny pour les 2 sexes, et pour celui de Montigny (Nord) annexé (1912).

Le Sanatorium de Bligny, par Limours (Seine-et-Oise), est affecté aux tuberculeux curables (1903). — Section des hommes, 125 lits. Section des femmes, 120 lits. Plus de moitié des lits sont entretenus à l'année par des Stés d'assurances, Compagnies de chemins de fer, grandes banques ou bienfaiteurs. (1 lit annuel, 1 200 fr.; 1 lit de fondation, 40 000 fr.)

Caisse d'assistance en faveur de quelques boursiers. Prix de pension : 4 fr. par j. Droit d'entrée : 30 fr.

Pièces requises : bulletin de naissance, extrait du casier judiciaire, certificat médical, attestation répondant du payement des frais de cure.

Adresser les demandes au siège de l'œuv., 56, rue de la Victoire.

Dispensaire antituberculeux, 17, rue de la Tour-d'Auvergne, et 25, rue de Maubeuge. Fond. par le Docteur Gouel (1875). — Dépend. de l'Œuv. de Villepinte. Direction des Sœurs de Marie-Auxiliatrice. Consult. les merc. et sam., à 9 h. mat.

Œuvre de Villepinte, par Sevran (Seine-et-Oise). Siège, 25, rue de Maubeuge. Fond. et dirigée par les Sœurs de Marie-Auxiliatrice (1877). — A pour but l'assistance et la guérison de jeunes filles atteintes de tuberculose, de 6 à 30 ans, à tous les degrés de la maladie. Admission grat. pour les indigents. Prix de pension variable pour les autres. Droit d'entrée de 20 fr. Les malades présentées par les fondateurs de lits sont reçus gratuitement. (Entretien annuel d'un lit : 1 000 fr. Fondation d'un lit : 25 000 fr.) 4 établ. :

1° Hôp.-sanat. de Villepinte. 290 lits ;

2° Sanat. Minoret (1885), à Champrosay (Seine-et-Oise). 110 lits. Réservé aux jeunes filles anémiques. Pavillon des cures rurales de Champrosay (1904), pour enfants et jeunes filles de 6 à 20 ans. Prix : 2 fr. par j. On n'y accepte ni tuberculeux, ni contagieux ;

3° Sanat. Alice Fagniez, à Hyères (Var). 34 lits. Fond. par M. et Mme Fagniez (1895). Réservé aux jeunes filles malades du premier degré. Ouvert d'octobre à juin ;

4° Station marine du Pradet (Var), pour jeunes filles en traitement au Sanat. Alice Fagniez (1905). Ouvert de juin à octobre.

S'adresser pour admissions au Dispens. de l'œuv., 17, rue de la Tour-d'Auvergne, les merc. et sam., à 9 h. mat., ou joindre à la demande un certificat médical constatant l'état organique des poumons.

Dispensaire de l'Œuvre antituberculeuse de Paris, 53, rue Condorcet. Fond. par le Docteur Constantin Simionesco (1902). — Réservé aux indigents. Consult. grat. pour maladies des voies respiratoires, les mard., jeud., dim., de 10 h. à midi ; — pour maladies internes et externes, les lund., merc., vend., de 8 h. à 9 h. s. Secours de médicaments. Facilités d'admissions dans les sanat. et services spéciaux. Conférences et instructions antituberculeuses. Logements salubres. Prophylaxie générale et désinfection.

L'Assistance antituberculeuse, 78, rue Taitbout (1902). — Secours en médicaments, en vêtements et denrées alimentaires. Traitement et préservation des tuberculeux indigents.

Dispensaire antituberculeux, 60, r. de Dunkerque (1903). — Soins grat. des malades tuberculeux et secours en médicaments, aliments et espèces.

Comité israélite de Paris, 60, rue Rodier. — Secours divers aux tuberculeux placés sous le patronage du Comité.

Xe ARR.

Hôpital Lariboisière, 2, rue Ambroise-Paré. — 145 lits réservés aux malades tuberculeux.

Dispensaire antituberculeux du Xe arrondissement, 35, rue Bichat. Fond. par un Comité de bienf. — Consult. grat. aux malades indigents, les mard., jeud. et sam., à 10 h. mat., et à 8 h. et demie s. Secours en médicaments et en espèces. Service spécial de gymnastique respiratoire réservé aux enfants, le jeud. mat.

XIe ARR.

Dispensaire antituberculeux du XIe arrondissement, 21, rue St-Maur. Fond. par un Comité de bienf. — Consult., médicaments et piqûres au sérum. Grat. Consult. pour maladies de poitrine, tous les j., de 5 à 6 h. s.

Dispensaire antituberculeux, 3, rue Omer-Talon.— Dépend. de l'Assist. pub. Consult. grat. tous les j., à 9 h. mat. Visites à domicile. Distrib. de crachoirs, solutions désinfectantes. Secours d'alimentation. Désinfection des vêtements des malades.

Société antituberculeuse de l'enseignement primaire de la Seine, 5, rue du Commandant-Lamy (1902). — Dispens. grat. pour tous les membres de la Sté, fonctionnaires actifs ou retraités de l'enseignement primaire public, et personnel enseignant et technique des écoles professionnelles de la Seine. Facilités d'admission dans les sanat. et les stations thermales. Prêts d'appareils de désinfection des locaux contaminés. Secours divers à domicile. Désinfection et prophylaxie. Consult. les lund. et jeud., à 4 h. s.; dim. et jeud., à 9 h.

Œuvre antituberculeuse des employés, 31, boulevard Richard-Lenoir. Fond. par le Docteur Bernheim (1908). — Consult. grat. médicales pour les membres de la Mutuelle, tous les j., de 9 h. à midi, et de 2 h. à 5 h. s.

XIIe ARR.

Œuvre de protection contre la tuberculose, 79, avenue Ledru-Rollin. Fond. par le Docteur Lièvre (1904). — Clinique-dispens. au siège. Secours en nature et en espèces, cures d'air et de repos, publicité, etc. Consult. tous les j., de 5 à 7 h. s. Médecine, chirurgie, électricité.

Société du Dispensaire antituberculeux du XIIe arrondissement, 7, place Lachambaudie. Fond. par les Docteurs Himhoff et Quentin (1910). — Recon. ut. pub. Consult. et secours aux malades indigents. Distrib. de vêtements et médicaments. Colonies de vacances. Grat. pour les indigents. Ouvert les lund., 4 h.; merc., 5 h.; jeud., vend. et dim., 10 h.

Institut Doyen. Service antituberculeux, 3, rue Antoine-Vollon (1911). — Grat. pour indigents inscrits au Bur. de bienf., et payant pour les autres. Consult. tous les j., de 10 h. à midi et de 2 h. à 6 h.

Ligue antituberculeuse du P.-L.-M. Siège chez le président, 3, rue de Lyon. — Poursuit deux buts : 1° instruire les agents bien portants; 2° aider pécuniairement les malades. Utilise les œuvres de préservation, envoie membres et enfants, suivant leur état, dans plusieurs colonies de vacances, sanatoriums, etc.

XIIIe ARR.

Dispensaire antituberculeux des mutualistes, 182, rue du Château-des-Rentiers. Fondation nationale Émile Loubet (1905). — Ouvert aux membres de toutes les Stés de secours mutuels. Traitement grat.

pour tous les sociétaires. Consult. grat. tous les j., de 8 à 10 h. Sanat. à Ste-Feyre (Creuse).

XIVe ARR.

Assistance alimentaire du XIVe arrondissement pour la lutte contre la tuberculose. Siège à la Mairie. — Distrib. grat., après enquête sur l'indigence de l'individu menacé de tuberculose, le jeud. à 4 h. s. et le dim. à 10 h. mat.

Hôpital Saint-Joseph, 7, rue Pierre-Larousse. — Salle spéciale réservée aux tuberculeux. Grat. pour les indigents.

Œuvre des tuberculeux adultes, 66, rue Vercingétorix. Fond. par Mlle Chaptal (1894). — Recon. ut. pub. A pour but de créer et d'entretenir des dispens. et des sanat. pour les tuberculeux adultes, indigents, et leurs familles.

3 dispens. fonctionnent actuellement :

XIVe arr. 23, rue Guilleminot.
XVIe — 7, rue Félicien-David.
XIXe — 26 *bis*, rue de l'Argonne.

Ils sont ouverts à tous les indigents tuberculeux, âgés de 16 ans au moins, et aux membres de leurs familles, sans distinc. de sexe, de nationalité et de domicile. Pour les j. et h., voir à chaque arr. Consult. grat. Instructions hygiéniques. Dons de crachoirs de poche. Bons de bains. Bons d'aliments et de charbon. Soins à domicile par une infirmière. Inspection du logement. Désinfection des locaux. Déclarations d'insalubrité. Secours pour changement de logement. Placem. d'enfants à la campagne.

Buanderie mécanique, 23, rue Guilleminot. Désinfection et blanchissage grat. du linge des tuberculeux indigents et contagieux inscrits au Dispens. Sacs imperméables.

Dispensaire antituberculeux, 23, rue Guilleminot (1900). Dépend. de l'Œuv. des tuberculeux adultes. Siège, 66, rue Vercingétorix. — Grat. Réservé aux enfants et adultes. Médicaments et piqûres. Bons d'alimentation aux indigents. Crachoirs antiseptiques. Buanderie à vapeur pour blanchir et désinfecter gratuitement le linge des tuberculeux indigents. Consult. les mard., jeud. et sam., de 5 à 7 h. s.

Dispensaire-Préservatorium, 22, rue d'Alembert. — Grat. Ouvert le jeud. à 4 h. s., et le dim. à 9 h. mat. Distrib. de secours en nature le jeud. à 4 h. s.

Institut Doyen. Service antituberculeux, 44, rue Vercingétorix. — Grat. pour les indigents inscrits au Bur. de bienf., payant pour les autres. Consult. lund. et jeud., de 8 h. et demie à 9 h. et demie s.

Œuvre pour la prophylaxie de la tuberculose et l'assistance des tuberculeux indigents de la banlieue ouest de Paris, 4, rue Delambre. Fond. par le Docteur Bénard (1899). — A pour but de répandre les notions de prophylaxie contre la tuberculose, de favoriser la cure des tuberculeux indigents par des secours et l'assistance à domicile, et de soutenir les œuvres de préservation scolaire. Distrib. de crachoirs antiseptiques. Consult. tous les j., sauf dim., de 9 h. à midi et de 2 h. à 6 h.

XVe ARR.

Dispensaire antituberculeux des XVe et XVIe arrondissements, 29, rue Mademoiselle.— Dépend de l'Œuv. de la tuberculose humaine. Consult. grat. Maladies des nourrissons : les mard. et sam. à 8 h. s., jeud. à 6 h. s. — Maladies de la gorge, du nez et des oreilles : le sam., à 6 h. s.

Dispensaire, 6, rue Letellier (1903). — Service antituberculeux. Voir *Dispensaires.*

Œuvre des asiles agricoles contre la tuberculose, 207, rue de Vaugirard (1889). — Voir *Œuv. préventives contre la tuberculose.*

Œuvre des tuberculeux pauvres. Préventorium antituberculeux, 63, boulevard Garibaldi. Fond. par le Docteur Boureille (1892). — A pour but d'assurer l'assist. médicale aux tuberculeux pauvres, de prévenir la contagion, et d'organiser l'éducation antituberculeuse dans leur milieu, etc. Dispens. grat. pour indigents, sans distinc. de culte et de nationalité. Consult. grat. les lund, merc. et vend., de 5 h. et demie à 7 h. s. Service d'assist. à domicile. Placem. temporaire d'enfants sains à la campagne et des malades dans les sanatoriums. Colonies de vacances. Désinfection des logements. Distrib. de crachoirs. Conférences de prophylaxie.

Hôpital Boucicaut, 78, rue de la Convention. Dépend. de l'Assist. pub. — Pavillons spéciaux (1897), réservés aux tuberculeux adultes, des deux sexes, de Paris et la Seine. 39 lits pour hommes, 27 lits pour femmes. Salles de cure d'air dans les jardins.

Hôpital Saint-Jacques, 37, rue des Volontaires. Fond. par la Sté médicale homéopathique de France. — Recon. ut. pub. Direction des Sœurs de la Présentation-de-Marie. Sanat. grat. pour phtisiques hommes en salle commune ; à 3 fr. par j. en salle de 6 lits ; à 5 fr. par j. en chambre à 2 lits ; à 7 et à 10 fr. par j. en chambre spéciale. Pour les consult. grat. Voir *Hôpitaux.*

XVIe ARR.

Œuvre Sainte-Élisabeth, 182, rue de la Pompe. Fond. par M. l'abbé Ferdinand. — Assist. et traitement grat. à domicile des tuberculeux indigents des deux sexes.

Dispensaire antituberculeux des XVe et XVIe arrondissements, 29, rue Mademoiselle. Voir au *XVe arr.*

Dispensaire antituberculeux, 7, rue Félicien-David. — Dépend. de l'Œuv. des tuberculeux adultes. Voir au *XIVe arr.*

Institut Doyen. Service antituberculeux, 14, rue du Commandant-Marchand. — Assist. médicale suivant les méthodes du Docteur

Doyen. Grat. pour les indigents inscrits au Bur. de bienf., payant pour les autres. Consult. tous les j., de 10 h. à midi, sauf dim. et fêtes.

XVIIe ARR.

Dispensaire antituberculeux des VIIIe et XVIIe arrondissements, 54 *bis*, rue Boursault. Fond. par M. Lalance (1903). — Recon. ut. pub. Assist. et traitement grat. des enfants et adultes des deux sexes. Consult. grat. pour les poumons tous les j. à 9 h., sauf jeud. ; pour les voies respiratoires le jeud., à 9 h. Placem. des enfants à la campagne. Désinfection des logements et du linge. Envoi dans les sanatoriums. Distrib. grat. de lait, œufs, poudre de viande, pharmacie.

Dispensaire antituberculeux, 50 avenue de Clichy. Dépend. de l'Assoc. contre la tuberculose. — Consult. grat. pour les malades indigents, le lund., de 2 h. à 4 h., et le jeud., de 8 à 10 h. s. Consult. payantes à 2 fr., les lund., merc., vend. et sam., de 2 à 4 h. ; le jeud. de 8 à 10 h. s., et le dim., de 10 h. à midi.

Institut Doyen. Service antituberculeux, 126, rue Legendre. — Grat. pour indigents inscrits au Bur. de bienf., et payant pour les autres. Consult. les mard. et vend., de 8 h. un quart à 9 h. et demie s.

Œuvre nationale et philanthropique des tuberculeux indigents, 22, rue Trézel. — Consult. grat. les mard., jeud., sam., de 4 à 5 h. s.

XVIIIe ARR.

Association de bienfaisance du XVIIIe arrondissement, 42, rue Hermel. Fond. par M. l'abbé Garnier. — Clinique des tuberculeux pauvres. Consult. grat. les lund. et vend., de 6 h. et demie à 7 h. et demie s.

Dispensaire Théophile Roussel, 74, rue Marcadet. — Voir *Dispensaires.*

Institut Doyen, service antituberculeux, 39, rue Doudeauville. — Grat. pour indigents inscrits au Bur. de bienf., payant pour les autres.

XIXe ARR.

Dispensaire antituberculeux, 26 *bis*, rue de l'Argonne (1904). Dépend. de l'Œuv. des tuberculeux adultes, 66, rue Vercingétorix. — Consult. grat. les mard., jeud., sam., de 5 à 7 h. s. Médicaments, piqûres et soins grat. aux indigents. Voir au *XIVe arr.*

Dispensaire antituberculeux, 9, rue Mathis (1903). — Assist. et traitement des malades enfants et adultes. Consult. grat. les lund., merc., vend., de 8 h. et demie à 10 h., et le dim., de 9 h. et demie à 11 h. mat.

XXe ARR.

Dispensaire-sanatorium antituberculeux, 190, rue des Pyrénées. Fond. par M. Jouye-Taniès (1905). — Assist. et traitement des tuberculeux, enfants depuis 7 ans et adultes des deux sexes. Consult. grat. pour la poitrine, les lund., merc. et jeud., à 9 h. mat. — Médicaments, mard. et vend., à 1 h. s. Distrib. tous les j. de médicaments grat.

et crachoirs de poche. Cure de repos et d'alimentation. Désinfection des logements et stérilisation du linge.

Dispensaire antituberculeux, 6, passage des Tourelles (1903). — Consult. grat. les lund. et jeud., de 10 h. à midi. Distrib. aux indigents de médicaments, bons de pain, de viande, objets de literie, vêtements et crachoirs. Éducation préventive et antituberculeuse de la famille.

BANLIEUE

BLIGNY. — Voir *Œuvre des sanatoriums populaires de Paris, IXe arr.*

FRESNES. — **Sanatorium Sainte-Marguerite.** Fond. par M. Renaudin. — Direction des Sœurs de St. V. de P. 21 lits. Pour jeunes filles anémiques ou menacées de tuberculose. Certificat médical obligatoire.

LAGNY. — **Asile agricole contre la tuberculose.**

LA RUE (près Bourg-la-Reine). — **Sanatorium pour femmes tuberculeuses.** Fond. par les Docteurs Letulle, Calmette, de Lavarenne, MM. P. Strauss et G. Berry (1903). — Pour femmes et jeunes filles à partir de 11 ans; les enfants des malades sont reçus jusqu'à 7 ans. 34 lits ont été fond. par les Conseils général et municipal. S'adresser pour ces lits à l'Assist. pub., 3, avenue Victoria. 65 lits en chambres particulières. Prix de pension : 2 fr. 50 par j. Un certain nombre d'admissions grat. Le médecin de l'établissement reçoit à l'hôp. Beaujon tous les lund., de 1 h. à 2 h. Visite médicale.

LA VARENNE SAINT-MAUR. — **Dispensaire antituberculeux.** — Siège à la Mairie.

PANTIN. — **Dispensaire antituberculeux.** Siège à la Mairie.

SAINT-DENIS. — **Dispensaire antituberculeux et humanitaire de Saint-Denis**, 31, boulevard Carnot (1903). — Consult. grat. pour indigents. Secours d'aliments et de médicaments.

Dispensaire antituberculeux de Saint-Denis, 4, rue de la Légion-d'Honneur. Dépend de l'Œuv. de la tuberculose humaine. — Consult. grat.

SAINT-OUEN. — **Société des Dispensaires antituberculeux de la banlieue parisienne**, 5, rue du Progrès. Fond. par le Docteur Rochou (1903). — Consult. tous les merc. à 5 h. Service assuré par un médecin assisté d'infirmiers volontaires. Secours médicaux donnés par l'intermédiaire du Bur. de bienf.

CHAPITRE LIII

ŒUVRES ANTIALCOOLIQUES

IIe ARR.

Dispensaire antialcoolique et d'hygiène générale, 60, rue Greneta. — Patronage des buveurs, dans les locaux de la Clairière. — Consult. grat. relatives à l'alcoolisme, le vend., de 5 h. à 6 h. et demie.

VIe ARR.

Ligue nationale contre l'alcoolisme, 147, boulevard St-Germain. Fond. (1872). Reconstituée sous la direction de M. E. Cheysson (1905), par la réunion de l'Union française antialcoolique, la Sté française de tempérance et l'Étoile universitaire. — Recon. ut. pub. Direction strictement neutre au point de vue politique et religieux. Environ 1 300 sections réparties dans toute la France.

La Ligue nationale contre l'alcoolisme a un double caractère :

1° Comme fédération des Stés antialcooliques, elle représente les intérêts généraux de l'antialcoolisme devant les pouvoirs publics et le Parlement. A ce titre, elle a engagé et elle continue activement une campagne en faveur de la limitation des débits, de la prohibition de l'absinthe, de la réglementation du privilège des bouilleurs de cru.

2° Comme Association cherchant à atteindre un but spécial, elle préconise l'abstinence des spiritueux, et la modération dans l'usage des boissons fermentées, vin, bière ou cidre. A cet effet, les habitudes des adultes lui paraissant difficiles à déraciner, elle a tourné son principal effort du côté de la jeunesse, et son action à ce point de vue, pour former une génération ayant des habitudes nouvelles, est triple : elle se manifeste à l'école, dans les œuvres postscolaires, au régiment. Elle forme ainsi une véritable école de volonté.

La Ligue nationale étant la seule Assoc. de tempérance recon. ut. pub., peut recevoir des dons et legs soit pour elle-même, soit pour l'une quelconque de ses Stés adhérentes.

Presque toutes les Stés antialcooliques ont adhéré à la Ligue : Croix-

Blanche, Croix-Bleue, Jeunesse française tempérante, Étoile universitaire, Sté antialcoolique des agents des chemins de fer. Cotisation à partir de 1 fr. Service du journal à tout souscripteur de 2 fr. et au-dessus.

Organe mensuel : *l'Étoile bleue.* Documents de propagande de tout genre.

La Jeunesse française tempérante. Siège central, 147, boulevard St-Germain. Fond. par le Docteur Roubinovitch (1896). — Adhérente à la Ligue nationale contre l'alcoolisme. A pour but d'éclairer la jeunesse française sur les dangers de l'alcoolisme, et de fortifier les habitudes d'hygiène et de tempérance chez les jeunes gens des deux sexes, de 11 ans au moins, de 20 ans au plus. Cette Assoc. constitue aujourd'hui l'Union départementale des sections cadettes que la Ligue nationale possède dans l'enseignement primaire du département de la Seine.

Publication périodique : *la Jeunesse.*

Œuvre de la propagande populaire des idées de tempérance et d'hygiène sociale. Siège, 147, boulevard St-Germain. — Organe mensuel : *la Pensée ouvrière.*

Œuvre de relèvement et de patronage des alcooliques des deux sexes. Siège, 147, boulevard St-Germain. — Direction neutre. Consult. médicales pour alcooliques tous les mat., 57, Grande-Rue, à St-Maurice (Seine).

Clinique antialcoolique, 49, rue St-André-des-Arts. Fond. par le Dr Bérillon (1904). — Consult. payantes les mard., jeud., sam., de 10 h. à midi.

Le Docteur Bérillon, directeur de la clinique, a une maison de cure pour alcooliques à Créteil (Seine). Prix à débattre.

IXe ARR.

La Croix-Bleue, Section française de la Fédération des abstinents, 53 *bis*, rue St-Lazare (1883). — Adhérente à la Ligue nationale contre l'alcoolisme. Travaille principalement au relèvement des victimes de l'intempérance et à leur développement moral et religieux, et accessoirement à la propagande antialcoolique générale. Cherche à amener les buveurs à signer un engagement d'abstinence complète de toute boisson enivrante. A cet effet, organise des conférences et répand des publications spéciales.

Organe périodique : *la Croix bleue.*

Fédération des abstinents français, Secrétariat, 53 *bis*, rue St-Lazare (1910). — Propagande en faveur de l'abstinence en France. Trait d'union entre groupements autonomes. Organise des cours normaux d'antialcoolisme.

Société antialcoolique des agents de chemins de fer, 43, rue St-Lazare (1902). — Adhérente à la Ligue nationale contre l'alcoolisme. Travaille à la propagande antialcoolique parmi les agents de chemins de fer. Réunions mensuelles.

Organe périodique : *la Santé de la famille.*

X^e ARR.

Association des travailleurs antialcooliques, 3, rue du Château-d'Eau. — Créée sous les auspices de la Ligue nationale contre l'alcoolisme. A pour but de mener dans la classe ouvrière une campagne énergique contre l'abus de l'alcool.

Organe mensuel : *le Réveil.*

XIVe ARR.

Œuvre d'hygiène et d'assistance de Plaisance, 64, rue Vercingétorix. — Roulotte antialcoolique. Vente de boissons hygiéniques à 0 fr. 10 le litre.

XVIIe ARR.

La Croix-Blanche, Sté antialcoolique, 11 *bis*, rue de Thann (1900). — Adhérente à la Ligue nationale contre l'alcoolisme. Direction cath. Conférences et publications. Comités départementaux. Même programme hygiénique que la Ligue nationale.

Organe mensuel : *le Péril alcoolique.*

Les Sections normandes de la Croix-Blanche ont un organe spécial, *la Tempérance normande.*

BANLIEUE

SCEAUX. — **Société des Bons Templiers,** 44, rue de Fontenay. — Direction neutre. Les Bons Templiers sont des abstinents totaux qui s'engagent en outre à ne jamais favoriser, sous une forme quelconque, la consommation d'une boisson contenant de l'alcool.

Organe mensuel : *le Pionnier.*

CHAPITRE LIV

ASSISTANCE DES MALADES ET VISITE DANS LES HÔPITAUX

Ce chapitre n'a rien perdu de son importance passée. Abandonné à sa propre initiative, l'élan généreux qui porte tant d'œuv. confes. et laïques à assister les malades indigents est toujours aussi vivace, comme on pourra le constater dans les pages suivantes.

Quant à la visite dans les hôp., cette forme si précieuse de la bienfaisance était autrefois pratiquée par diverses institutions charitables, telles que l'Œuv. de la visite des malades dans les hôp., l'Œuv. de la visite des malades protestants dans les hôp. de Paris, etc. Aujourd'hui, ce mode d'intervention est centralisé et dirigé par le Comité de patronage des hôp., 3, *avenue Victoria.*

Ier ARR.

Comité de patronage des hôpitaux. Siège, 3, avenue Victoria. Créé par M. P. Strauss (1897). — Voir *Stés d'études et de propagande.*

Service médical de nuit à domicile (1875). Dépend. de la Préfecture de Police. — Celle-ci paye pour chaque visite les médecins attachés à ce service, sauf à se faire rembourser par les malades non indigents. S'adresser aux postes de police de chaque quartier. Voir *Bur. de bienf. Œuvres diverses de secours.*

Service pharmaceutique de nuit (1886). — Mêmes conditions que le précédent.

Ligue française des mères de famille, 4, rue Richepanse (1901). — Direction laïque. A pour but d'assister à domicile les femmes et les enfants malades. Le service est assuré dans chaque arr. par des inspectrices et des infirmières. Voir *Maternité.*

IVe ARR.

Administration générale de l'Assistance publique, 3, avenue Victoria. — Fait soigner à domicile les indigents malades, même non inscrits aux Bur. de bienf. Voir *Œuv. div. de secours. Bur. de bienf.*

V^e ARR.

Association pour le développement de l'assistance aux malades, 10, rue Amyot. Fond. par Mme Alphen Salvador (1900). — Voir *Stés d'études et de propagande* et *Écoles d'infirmières.*

Caisse de secours de l'hôpital Broca, 111, rue Broca. Fond. par le Docteur Pozzi (1894). — Comité de dames. A pour but d'adoucir le séjour de l'hôp. aux malades en traitement par l'amélioration de leur nourriture, etc. Assistance des enfants, loyer, placem., etc.

VIe ARR.

Œuvre des pauvres malades, 95, rue de Sèvres. Fond. par saint Vincent de Paul sous le nom de Confrérie des pauvres malades (1617). — Association de dames de charité divisée en sections dans presque toutes les paroisses de Paris, ayant pour but de visiter les pauvres malades et de leur donner tous secours religieux et matériels. Chaque section est présidée par le Curé de la paroisse, et a sa caisse autonome. Réunions une fois par mois. Dames visitantes, suivant indications données par les Sœurs de St. V. de P., et distrib. de bons de pain, viande, chauffage, etc. Dames trésorières, s'engageant à payer 50 fr. par an et à recueillir les aumônes. L'œuv. compte plus de 100 000 dames de charité en France et à l'étranger.

L'Œuv. de Ste Geneviève, fond. pour un but analogue comme filiale de l'Œuv. des pauvres malades dans les faubourgs, par la marquise de Bouteiller (1851), s'est fusionnée avec elle (1892). Elle forme une section spéciale, chargée de répartir les secours alloués, chaque année, à des Maisons de charité libres. Inscriptions et souscriptions chez les Sœurs de St. V. de P., 140, rue du Bac, dans leurs Maisons de charité et au siège de l'œuv.

Œuvre des pauvres malades dans les faubourgs, 95, rue de Sèvres. Section de l'Œuv. des pauvres malades, fond. par le Cardinal Langénieux (1872). — Les comités de dames ne s'occupent que des pauvres malades habitant les paroisses les plus déshéritées de l'ancienne banlieue annexée à Paris en 1860. L'œuv. est établie dans les Maisons des Sœurs de St. V. de P. ci-dessous indiquées :

XIIe arr. Bercy, 63, rue des Meuniers.
XIIIe — La Gare d'Ivry, 26, place Jeanne-d'Arc.
— — Les Gobelins, 39, rue Jenner.
— — La Maison-Blanche, 49, rue Bobillot.
XIVe — Montrouge, 78, rue de le Tombe-Issoire.
— — — 29, rue Gassendi.
— — Plaisance, 43, rue Vercingétorix.
— — — 180, rue de Vanves.
XVIIIe — Montmartre, 33, rue Caulaincourt.
— — Clignancourt, 8, rue Championnet.
— — La Chapelle, 48, rue Stephenson.

XIXe arr. La Chapelle, 7, rue Jean-Cottin.

XXe — Belleville, 73, rue de la Mare.

Œuvre des pauvres malades dans la banlieue, 95, rue de Sèvres (1880). — Rattachée à l'Œuv. générale des pauvres malades. A pour but de visiter les pauvres malades à domicile, dans la banlieue, et de leur donner tous les secours religieux et matériels nécessaires.

Œuvre de la visite des malades dans les hôpitaux, 39, rue Notre-Dame-des-Champs. Fond. par saint Vincent de Paul (1636). — Assoc. de dames, ayant pour but de visiter les malades dans les hôp. et de les secourir matériellement et moralement. Placem. des vieillards et des enfants. Mariages et rapatriements. Comité de dames visitantes divisées par paroisses. Ouvroir et asile de conval. annexés. Siège du Secrétariat des dames visitant dans les hôp., autorisées par le *Comité de patron. des hôp.*

Visite des pauvres malades par les Religieuses Auxiliatrices des âmes du purgatoire. Maison mère, 16, rue de la Barouillère. — Pour les malades du quartier. Secours divers. Dispens. chirurgical, pansements et consult. grat.

Assoc. de dames s'occupant avec les Religieuses de la visite des femmes pauvres et malades.

Succursales : VIIIe arr., 23, rue Jean-Goujon;

XVIIIe arr. 9, rue Antoinette.

Œuvre de la visite des enfants et des apprentis malades dans les hôpitaux, 18, rue du Luxembourg. Fond. par M. l'abbé Fonssagrive (1899). — Direction des membres du Cercle cath. A pour but d'envoyer les étudiants porter des secours moraux et matériels aux enfants et aux apprentis.

Vestiaire des hôpitaux, 23, rue des Grands-Augustins. Voir *Vestiaires.*

IXe ARR.

Œuvre des malades pauvres, 34, rue de Clichy. — Sœurs de l'Espérance. Assoc. de dames s'occupant avec les Religieuses de la visite des malades pauvres.

Succursale, VIIIe arr., 106, faubourg St-Honoré. Voir *Garde des malades à domicile.*

Œuvre de la visite des malades protestants dans les hôpitaux de Paris. Siège chez la présidente, Mme Hottinguer, 14, rue Laffitte (1852). — Comité de dames. A pour but de faire visiter chaque semaine les malades protestants dans les hôp. par les dames de l'œuv. Secours moraux et matériels.

Maison de conval. à Neuilly, 5, rue Chauveau.

Adhérente au Comité de patron. des hôp.

X^e ARR.

Assistance mutuelle, provisoirement 132, rue du Faubourg-Poissonnière. Fond. par Mlle Fruictier (1905). — Direction laïque. A pour but de soigner gratuitement les malades pauvres, principalement ceux habitant les hôtels meublés ; a un service de gardes payantes, infirmiers et infirmières diplômés. Le bénéfice des gardes payantes est employé au profit des pauvres. Gardes-malades grat., vestiaires, etc.

Œuv. filiales : 5, rue Emilio-Castelar, XIIe (payant), permanence ; 56, rue de Reuilly, XIIe (grat.), tous les j., de midi à 1 h., sauf dim. ; 89, rue de la Chapelle, Saint-Ouen (grat.), tous les j., de 9 h. à 5 h. s.

Œuvre des malades pauvres, 190, rue Lafayette. — Sœurs de Saint-Charles. Visite et secours aux pauvres malades. Voir *Préservation.*

XVIe ARR.

Œuvre Sainte-Élisabeth pour l'assistance à domicile des malades pauvres, 82, rue de la Pompe. — Visites, soins médicaux et médicaments grat.

BANLIEUE

LEVALLOIS-PERRET. — **Œuvre des malades et des jeunes enfants pauvres,** 48, rue des Frères-Herbert (1899). Voir *Protection des enfants du premier âge.*

NEUILLY. — **Pansements et soins des malades,** 54, boulevard d'Argenson. — Religieuses de St-Thomas de Villeneuve. Tous les j., de 8 à 11 h. mat. et de 3 h. à 5 h. s.

CHAPITRE LV

GARDE DES MALADES A DOMICILE

IIe ARR.

Sœurs de Jésus-dans-le-Temple, 1, galerie Vivienne, et 6, rue Vivienne (1896). — Vont garder et soigner gratuitement à domicile les malades du quartier.

Succursales au XVIIe arr. et à Maisons-Laffitte. Maison mère à Clifton (Angleterre).

IIIe ARR.

Sœurs Auxiliatrices de l'Immaculée-Conception, 23, rue aux Ours (1858). — Voir au *XVIe arr.*

Sœurs de Saint-Charles de Nancy, 9, rue de Saintonge (1875). — Gardent et soignent gratuitement les malades indigents du quartier.

IVe ARR.

Sœurs de Bon-Secours de Troyes, 12, rue Charles-V (1856). — Gardent et soignent les malades à domicile, grat. pour les indigents, moyennant rétribution spontanément offerte pour les autres.

Succursales dans les VIe, VIIIe, XVIe arr. et à Colombes.

Autre maison, 18, rue du Cloître-St-Merry (1852).

Ve ARR.

Sœurs Servantes des pauvres d'Angers, 60, rue Lhomond. Maison mère (1896). — Soignent à domicile les pauvres malades, et leur donnent gratuitement des secours de toute nature.

Succursales aux VIIIe et Xe arr. et à Joinville-le-Pont.

Sœurs Auxiliatrices de l'Immaculée-Conception, 20, rue Lacépède (1859). — Voir au *XVIe arr.*

VIe ARR.

Sœurs Auxiliatrices des âmes du purgatoire, 16, rue de la Barouillère (1856). — Vont garder et soigner gratuitement les malades indigents et leur distribuent des secours.

Succursales aux VIIIe et XVIIIe arr.

Sœurs de Sainte-Marie, 8, rue Joseph-Bara (1843). — Soins et gardes grat. pour malades indigents, contre légère rétrib. spontanément offerte pour les autres.

Succursales aux XIe et XVIe arr.

Sœurs Franciscaines du Sacré-Cœur, 4, rue Garancière (1885). Maison mère à Villeurbanne (Rhône). — Vont garder et soigner les malades à domicile, grat. pour les indigents, contre rétribution spontanément offerte pour les autres.

Succursales à Charenton et St-Mandé.

Sœurs Franciscaines, 12, rue de Condé (1894). — Voir au *XVe arr.*

Religieuses de Saint-Maur, 8, rue de l'Abbé-Grégoire (1666). — Vont garder et soigner les malades pauvres à domicile.

Sœurs de Bon-Secours de Paris, 20, rue Notre-Dame-des-Champs. — Vont garder et soigner les malades à domicile, grat. pour les indigents, moyennant rétribution spontanément offerte pour les autres.

Sœurs de Bon-Secours de Troyes, 57, rue Madame (1859). — Voir au *IVe arr.*

Gardes-malades diplômées de la famille, 5, rue de l'Abbaye (1907). — Association qui a pour but d'unir les gardes-malades pour la défense de leurs intérêts, et de procurer du travail aux adhérents de l'Assoc. Organisation de dispens., services hospitaliers, etc.

Association générale des infirmiers et infirmières de France, 7, rue de Sèvres. — Direction laïque. A pour but de procurer des gardes-malades à domicile. Transport des malades.

VIIe ARR.

Sœurs Franciscaines, 32, rue de Verneuil. — Voir au *XVe arr.*

Sœurs de la Miséricorde, 34, rue Vaneau (1899). Maison mère à Séez (Orne). — Vont soigner et garder les malades à domicile grat. pour les indigents.

Messieurs de la Charité, 45, rue Vaneau (1892). — Assoc. qui a pour but de procurer des gardes-malades à domicile. Ses membres soignent grat. les indigents du quartier.

VIIIe ARR.

Sœurs de Bon-Secours de Troyes, 48, rue du Rocher (1846). — Voir au *IVe arr.*

Petites Sœurs de l'Assomption, 9, avenue Beaucour (1865). — Voir au *XVe arr.*

Sœurs Servantes des pauvres d'Angers, 26, rue du Général-Foy (1885). — Voir au *Ve arr.*

Sœurs Auxiliatrices des âmes du purgatoire, 23, rue Jean-Goujon (1900). — Voir au *VIe arr.*

Sœurs de la Sagesse, 10, rue Christophe-Colomb (1703). — Vont soigner gratuitement les malades pauvres du quartier.

Sœurs de l'Espérance de Bordeaux, 106, faubourg St-Honoré (1865). — Voir au *IXe arr.*

Institut central des gardes-malades religieuses et religieuses sécularisées. Siège, 27, place de la Madeleine. Fond. par M. l'abbé Gaffre (1907). — A pour but de venir en aide aux religieuses laïcisées, en leur procurant du travail.

IXe ARR.

Sœurs de la Présentation de la Sainte-Vierge, 50, rue de Clichy (1684). — Vont garder et soigner les malades à domicile. Desservent également des hôp. et des hospices.

Autre maison, 27, rue de la Chaussée-d'Antin.

Sœurs de l'Espérance de Bordeaux, 34, rue de Clichy (1853). — Vont soigner les malades à domicile gratuitement pour les indigents, moyennant rétribution spontanément offerte pour les autres.

Succursale au VIIIe arr.

Une Assoc. de dames (1858), affiliée aux Sœurs de l'Espérance, se charge de visiter et assister les malades indigents de tous les quartiers, spécialement les plus pauvres.

Xe ARR.

Sœurs du Très-Saint-Sauveur de Niederbronn (Alsace), 15, rue Philippe-de-Girard. — Voir au *XVIe arr.*

Sœurs Servantes des pauvres d'Angers, 124, rue Lafayette (1885). — Voir au *Ve arr.*

XIe ARR.

Sœurs des Écoles chrétiennes de la Miséricorde, 64, rue St-Maur (1802). — Vont garder et soigner les pauvres malades. S'occupent aussi des patronages de jeunes filles.

Succursale au XIIe arr.

Petites Sœurs de l'Assomption, 19, rue St-Maur. — Voir au *XVe arr.*

Sœurs Franciscaines, 41, rue de la Roquette (1885). — Voir au *XVe arr.*

Sœurs de Sainte-Marie, 64, rue St-Maur (1843). — Voir au *VIe arr.*

XIIe ARR.

Sœurs des écoles chrétiennes de la Miséricorde, 60, rue Picpus (1802). — Voir au *XIe arr.*

Sœurs Dominicaines de Notre-Dame-du-Rosaire, 36, rue Taine. — Vont soigner à domicile les malades pauvres.

Association des Diaconesses, 95, rue de Reuilly. — Garde et assistance des malades pauvres protestants.

XIIIe ARR.

Sœurs Franciscaines, 57, rue de la Santé. — Voir au *XVe arr.*

Société d'infirmiers et d'infirmières mutualistes, 5, rue Véronèse (1906). — Direction laïque. Grat. pour les personnes qui payent une cotisation de 2 fr. par an. A pour but de donner des soins à domicile aux personnes appartenant à une Sté de secours mutuels, et en particulier aux mères de famille atteintes par la maladie, sauf en cas de maladie contagieuse ou opérations chirurgicales.

XIVe ARR.

Sœurs Augustines du Saint-Nom-de-Jésus-et-Marie, 43, rue Vercingétorix (1888). — Vont soigner et garder les malades à domicile, grat. pour les indigents, contre rétribution spontanément offerte pour les autres.

Succursale, 180, rue de Vanves (1893).

Sœurs Auxiliatrices de l'Immaculée-Conception, 201, avenue du Maine (1859). — Gardent et soignent les malades à domicile, grat. pour les indigents, contre rétribution facultative pour les autres.

Sœurs Franciscaines Missionnaires-de-Marie, 7, impasse Reille. — Grat. pour les indigents, contre rétribution facultative pour les autres.

Sœurs de Saint-Joseph de Cluny, 21, rue Méchain (1807). — Garde et soins des malades indigents.

Succursales, 27, rue de la Voie-Verte, même arr., et à Levallois-Perret et Thiais.

XVe ARR.

Petites Sœurs de l'Assomption, maison mère, 57, rue Violet (1870). — Se consacrent exclusivement au soin des malades pauvres à domicile, font le ménage, la cuisine, soignent les enfants. N'acceptent aucune rétribution, pas même leur nourriture, et l'extrême pauvreté est le meilleur titre à faire valoir pour les appeler. Des dames du monde, sous le nom de dames servantes, se font leurs auxiliaires chez les pauvres dont elles s'occupent.

Succursales aux VIIIe, XIe, XVIIe, XVIIIe et XIXe arr., et à Levallois-Perret, Issy, Puteaux, Thiais.

Maisons à Amiens, Cette, Creil, le Teil, Lille, Lyon, Nîmes, Perpignan, Roanne, Saint-Étienne, Londres, Dublin, Cork, Kingstown, New-York, etc.

Sœurs Franciscaines, 31, rue Dombasle. Maison mère (1897). — Gardes-malades des pauvres à domicile. Succursales dans les VIe, VIIe, XIe, XIIIe, XVe arr., à Boulogne, Charenton, Issy, Neuilly, Plaine-St-Denis, St-Mandé et St-Maur.

Sœurs de l'Assistance maternelle, 350, rue de Vaugirard. — Vont donner des soins grat. aux nouveau-nés et aux femmes en couches, des secours d'argent et des layettes. Soignent aussi les personnes aisées dans les mêmes conditions que les autres Sœurs gardes-malades. Voir *Maternité*.

Sœurs de Sainte-Marie de la famille, 99, rue de l'Abbé-Groult (1840). — Vont donner des soins et garder grat. les malades indigents.

Sœurs de l'Enfant-Jésus, 5, impasse du Maine. — Vont soigner les malades à domicile, grat. pour les indigents, moyennant une rémunération spontanément offerte pour les autres.

Sœurs du Saint-Cœur-de-Marie, 15, passage Falguière. — Vont garder et soigner les indigents malades. Elles acceptent une rémunération spontanément offerte de ceux qui le peuvent.

Succursale au XVIIIe arr.

Sœurs Oblates du Sacré-Cœur-de-Jésus, 157, rue de Sèvres. Maison mère à Nantes.

Sœurs de Saint-André, 313, rue de Vaugirard. — Vont garder et soigner les pauvres malades du quartier.

XVIe ARR.

Sœurs du Très-Saint-Sauveur de Niederbronn (Alsace), 23, rue Bizet (1849). — Vont soigner gratuitement à domicile les malades pauvres de leur quartier; acceptent des autres une rétribution facultative.

Succursales dans les Xe, XXe arr., à Fontenay-sous-Bois et au Perreux.

Sœurs Auxiliatrices de l'Immaculée-Conception, 78, rue Lafontaine. Maison mère (1859). — Gardent et soignent les malades à domicile, grat. pour les indigents, moyennant rémunération spontanément offerte pour les autres. Sœurs visiteuses des Assoc. provinciales : le Dauphiné, l'Union bourguignonne, l'Union du Midi, les Limousins.

Succursales aux IIIe, Ve, XIXe arr. et à Boulogne.

Sœurs de Bon Secours de Troyes, 2 et 4, rue de l'Annonciation (1854). — Voir au *IVe arr.*

Sœurs de Sainte-Marie, 18, rue Claude-Lorrain (1843). — Gardent et soignent les malades indigents grat., moyennant rétribution facultative pour les autres.

Succursale, 23, rue Jouvenet.

Institut des gardes-malades, 95, rue Cardinet. — Direct. laïque. Soins et garde des malades à domicile, gratuit. pour les indigents et ouvriers blessés.

Gardes-malades à domicile, 35, rue de l'Annonciation. — Direction laïque. Grat. pour les indigents et ouvriers blessés.

XVIIe ARR.

Sœurs des écoles chrétiennes de la Miséricorde, 14, rue Jacquemont (1802). — Vont garder et soigner les malades pauvres, soit à domicile, soit dans les hospices.

Sœurs de Jésus-dans-le-Temple, 49, rue Ampère (1896). — Voir au IIe arr.

Petites Sœurs de l'Assomption, 57, rue Lemercier (1872). — Voir au *XVe arr.*

Sœurs Servantes du Sacré-Cœur-de-Jésus, 40, avenue de la Grande-Armée (1886). — Visitent et gardent à domicile les malades pauvres.

XVIIIe ARR.

Sœurs du Saint-Cœur-de-Marie, 28, rue Lamarck. — Voir au *XVe arr.*

Petites Sœurs de l'Assomption, 172, rue Championnet (1866). — Voir au *XVe arr.*

Sœurs Auxiliatrices des âmes du purgatoire, 9 et 11, rue Antoinette (1879). — Voir au *VIe arr.*

Œuvre des gardes-malades gratuites à domicile, 74, rue Marcadet (1901). — Direction laïque. A pour but d'assurer le fonctionnement d'un service d'assist. familiale grat. au domicile des tuberculeux, des malades et des blessés nécessiteux. Voir Dispensaire Théophile Roussel, à *Dispensaires* (*IXe*).

XIXe ARR.

Petites Sœurs de l'Assomption, 3, rue des Fêtes (1876). — Voir au *XVe arr.*

Sœurs Auxiliatrices de l'Immaculée-Conception, 121, rue de Flandre (1893). — Voir au *XVIe arr.*

XXe ARR.

Sœurs du Très-Saint-Sauveur de Niederbronn, 48, rue des Pyrénées (1881). — Voir au *XVIe arr.*

BANLIEUE

ASNIÈRES. — **Sœurs de Saint-Régis,** rue St-Denis. — Gardent et assistent les indigents malades.

BILLANCOURT. — **Sœurs Dominicaines de Notre-Dame-du-Rosaire,** 64, rue de Meudon. — Gardent et assistent les indigents malades.

BOULOGNE. — **Sœurs Franciscaines,** 5, Grande-Rue (1895). — Voir au *XVe arr.*

Sœurs de Saint-Charles de Nancy, 4, rue St-Denis.

Sœurs Auxiliatrices de l'Immaculée-Conception, 14, rue Fessart (1859). — Voir au *XVIe arr.*

BOURG-LA-REINE. — **Sœurs de Notre-Dame-du-Calvaire,** 63, Grande Rue (1833).

CHARENTON. — **Sœurs Franciscaines,** 11, rue Marty. — Voir au *XVe arr.*

CHATILLON. — **Sœurs Franciscaines de Notre-Dame-du-Calvaire,** 12, rue de Bagneux.

CHOISY-LE-ROI. — **Sœurs de Saint-André,** 4, rue Rouget-de-l'Isle (1807).

COLOMBES. — **Sœurs de Bon-Secours de Troyes,** 7, rue Bouin (1873). — Voir au *IVe arr.*

FONTENAY-SOUS-BOIS. — **Sœurs du Très-Saint-Sauveur de Niederbronn,** 10, rue de Neuilly (1888). — Voir au *XVIe arr.*

ILE-SAINT-DENIS. — **Sœurs de Saint-Joseph de Cluny,** 12, quai du Moulin (1807). — Soins et garde des malades indigents. S'occupent aussi de l'Œuv. des Mariniers.

ISSY-LES-MOULINEAUX. — **Petites Sœurs de l'Assomption,** 10, route des Moulineaux (1885). — Voir au *XVe arr.*

Sœurs Franciscaines, 13, rue de la Barre (1889). — Voir au *XVe arr.*

Sœurs de Notre-Dame-du-Calvaire, 65, rue Ernest-Renan (1833).

Sœurs des écoles chrétiennes de la Miséricorde, 27, rue J.-J.-Rousseau (1802).

IVRY. — **Sœurs de Saint-André**, 110, rue de Paris (1807).

JOINVILLE-LE-PONT. — **Sœurs Servantes des pauvres d'Angers**, 45, rue de Paris (1883). — Voir au *V^e^ arr.*

LEVALLOIS-PERRET. — **Sœurs de Saint-Joseph de Cluny**, 107, rue Gide (1807). — Voir au *XIVe arr.*

Sœurs du Sacré-Cœur d'Isigny, 100, rue Fazillau (1686).

Petites Sœurs de l'Assomption, 163, rue du Bois (1877). — Voir au *XVe arr.*

LE PERREUX. — **Sœurs du Très-Saint-Sauveur de Niederbronn**, 8, rue des Vignes (1892). — Voir au *XVIe arr.*

NEUILLY. — **Sœurs Franciscaines**, 87, avenue du Roule (1898). — Voir au *XVe arr.*

Sœurs de Saint-Thomas de Villeneuve, 52, boulevard d'Argenson (1658).

Gardes-malades, 7, passage d'Orléans. — Direction laïque. Assoc. qui a pour but de procurer des gardes-malades à domicile, tous soins médicaux, transports, ensevelissements, désinfection, etc. Grat. pour les indigents.

NOGENT-SUR-MARNE. — **Sœurs de Saint-André**, 3, place du Marché-Central (1807).

PUTEAUX. — **Petites Sœurs de l'Assomption**, 109, avenue de Saint-Germain (1888). — Voir au *XVe arr.*

SAINT-DENIS. — **Sœurs Franciscaines**, 205, avenue de Paris (1894). — Voir au *XVe arr.*

Société des visiteurs des malades, 115, rue des Poissonniers.

SAINT-MANDÉ. — **Sœurs Franciscaines**, 9, rue de la Fraternité. — Voir au *XVe arr.*

SAINT-MAUR-LES-FOSSÉS. — **Sœurs Franciscaines**, 3, impasse de l'Abbaye. — Voir au *XVe arr.*

THIAIS. — **Petites Sœurs de l'Assomption**, 8, avenue de Paris (1877). — Voir au *XVe arr.*

Sœurs de Saint-Joseph de Cluny, 27, rue Maurepas. — Voir au *XIVe arr.*

VANVES. — **Sœurs Franciscaines Missionnaires de Marie**, 16, route de Clamart.

Sœurs de la Présentation de la Sainte-Vierge, 63, rue de la Mairie (1684).

CHAPITRE LVI

ÉCOLES D'INFIRMIERS ET D'INFIRMIÈRES

Écoles municipales d'infirmiers et d'infirmières (1878). — Direction laïque. Cours primaires préparatoires, en septembre, de 8 h. à 9 h. du s., à la Salpêtrière, à la Pitié, à Lariboisière, à Bicêtre, admettant avec le personnel hospitalier des élèves libres. Cours primaires annuels (préparation au certificat d'études et cours de perfectionnement) réservés au personnel hospitalier, dans les 4 établ. ci-dessus, ainsi qu'à Tenon, Ivry, St-Louis, Bretonneau, Brévannes et Berck.

IIe ARR.

Écoles d'infirmières de l'Association des Dames françaises. Siège social, 10, rue Gaillon (1876). — Direction laïque. A pour but l'instruction des gardes-malades et ambulancières. 4 écoles : au siège social, et dans les VIe, VIIIe et XVIe arr.

IVe ARR.

Œuvre israélite des gardes, 13, rue de la Cerisaie (1902). — A pour but de former des infirmières israélites diplômées des hôp. de Paris, pour prodiguer des soins aux malades.

V^e^ ARR.

École professionnelle d'assistance aux malades à domicile, 10, rue Amyot. Fond. par Me Alphen-Salvador (1900). — Recon. ut. pub. Direction laïque. A pour but de former des gardes-malades assistantes à domicile. Les élèves signent un engagement de 4 ans, après une année d'études préparatoires. Être âgées d'au moins 18 ans et ne pas dépasser 30 ans ; posséder un diplôme de fin d'études secondaires, ou un des brevets de l'enseignement primaire. Prix de la pension : 800 fr.

Après la 2e année, l'élève devient assistante et reçoit 1 200 fr. par an (logée et nourrie). Le service d'assistance à domicile, pour malades pouvant payer un honoraire journalier, est basé sur le prix de 10 fr.

au moins. Un service volontaire d'assistance à domicile aux malades indigents est assuré par l'École.

École professionnelle municipale des infirmiers et infirmières, Hôp. de la Pitié, 1, rue Lacépède.

VIe ARR.

École d'infirmières de l'Association des Dames françaises, 9, du rue Regard. Siège au IIe arr.

VIIIe ARR.

École des sages-femmes de la Faculté, Hôp. Beaujon, 218, rue du Faubourg-St-Honoré. — Direction laïque. Les postulantes doivent être âgées de 19 ans. Elles sont externes. L'entrée est payante pendant les 2 années scolaires. Droit annuel d'immatriculation : 30 fr.

École d'infirmières de l'Association des Dames françaises, 153, rue du Faubourg-St-Honoré. Siège au IIe arr.

X^e ARR.

École professionnelle municipale des infirmiers et infirmières, Hôp. Lariboisière, 2, rue Ambroise-Paré.

École professionnelle municipale des infirmiers et infirmières, Hôp. St-Louis, 40, rue Bichat.

XIIIe ARR.

Hôpital-école de la Société française de secours aux blessés militaires (Croix-Rouge), square des Peupliers. Siège, 19, rue Matignon (1907). — Direction laïque. A pour but de former des dames infirmières, qui assureront en temps de guerre le service des hôp. de la Sté de la Croix-Rouge. Trois périodes d'instruction de 4 mois chacune. Dispens. grat. de médecine et chirurgie avec pansements. 14 lits d'indigents. 6 chambres à 10 fr. par j. pour civils, 6 fr. par j. pour militaires et leurs familles.

École des infirmières de l'Assistance publique. Hospice de la Salpêtrière, 47, boulevard de l'Hôpital (1907). — 150 lits. Direction laïque. A pour but de former, pour les établissements hospitaliers dépendant de l'Administration générale de l'Assist. pub. de Paris, un cadre d'infirmières pourvues des aptitudes morales et des connaissances professionnelles nécessaires. Les infirmières sont logées, nourries, chauffées, éclairées, habillées et blanchies gratuitement. Elles reçoivent, en outre, un traitement mensuel de 10 fr. en première année, de 20 fr. en seconde année. Durée des études : 2 ans. Diplôme d'infirmière de l'Assist. pub. délivré aux élèves qui ont subi avec succès un examen de fin d'études.

École professionnelle municipale d'infirmiers et d'infirmières. Cours grat. au personnel hospitalier et aux élèves libres. Durée des cours : une année.

École d'infirmières du Dispensaire Marie-Amélie, 35, rue de la Glacière (1905). — Dépend. de la Maison Marie-Joseph. Grat. Direction laïque. Pour les femmes mariées ou non mariées ayant au moins 21 ans, de toutes religions. 36 lits pour l'École professionnelle d'infirmières. 2 ans d'études. Admissions de 18 à 35 ans.

XIVe ARR.

Maison-école d'infirmières privées, 66, rue Vercingétorix. Fond. par Mlle Chaptal (1904). — Recon. ut. pub. Direction laïque. A pour but de former et de placer des infirmières diplômées. 2 années d'études en internat; travail pratique dans les hôp.; enseignement théorique spécial dans la Maison-école. Soins des pauvres à domicile; rétribution par les dispens.

Soins aux malades (pratique et théorie) pour médecine, chirurgie, enfants, femmes, nerveux, spécialités. Cours de pharmacie, massage, gymnastique respiratoire, hygiène professionnelle et alimentaire, cuisine des malades, morale professionnelle.

La Maison-école contient : 16 chambres d'élèves infirmières ; 8 cases en dortoir. Pension : 60 et 100 fr. par mois. 10 chambres d'infirmières diplômées ; 6 cases en dortoir. Pension : 3 fr. par j.

Les infirmières diplômées après 2 ans sont placées par les soins de la Maison-école, pendant au moins 3 ans, avec 2 mois de repos par an.

Assoc. et Caisse de secours des anciennes élèves. Cotisation : 1 fr. par mois.

Maison de repos à St-Andelain (Nièvre). Chambres pour les infirmières : 2 fr. par j. ; dortoir pour enfants : 1 fr. par j.

Maison-école d'accouchement, 119, boulevard de Port-Royal. Maternité. Fond. par Chaptal (1802). — Destinée à former des sages-femmes de 1er classe pour toute la France. Admission de 19 à 35 ans, après examen. L'École n'admet que des élèves payantes, dont la pension, de 1 000 fr., est acquittée par elles-mêmes ou leur département, leur commune ou une administration hospitalière. Toutes les élèves sont internes. Inscriptions du 1er au 30 septembre.

XVIe ARR.

Écoles d'infirmières de l'Association des Dames françaises, 93, rue Michel-Ange. Siège au IIe arr.

XVIIIe ARR.

École professionnelle municipale des infirmiers et infirmières. Hôp. Bretonneau, 2, rue Carpeaux.

XXe ARR.

École professionnelle municipale des infirmiers et infirmières. Hôp. Tenon, 4, rue de la Chine.

BANLIEUE

COURBEVOIE. — **Les Amies des malades**. École de gardes-malades. Fond. par l'Association pour le développement de l'activité féminine dans l'Église évangélique luthérienne de France, 12, rue de la Montagne (1907). — Reçoit des jeunes filles protestantes, de 18 à 30 ans, munies au moins du brevet simple ou d'une instruction équivalente, et leur donne une connaissance théorique et pratique des soins à fournir aux malades. Le prix de la première année de la pension est de 1 200 fr. ; de la deuxième, de 600 fr. ; la troisième, les élèves sont payées 800 fr., et la quatrième année, 900 fr. Le diplôme n'est délivré qu'à la fin de la quatrième année.

GENTILLY. — **École professionnelle municipale d'infirmiers et d'infirmières.** Hospice de Bicêtre.

IVRY-SUR-SEINE. — **École professionnelle municipale d'infirmiers et infirmières.** Hôp. d'Ivry, 7, avenue de la République.

LIMEIL-BRÉVANNES (Seine-et-Oise). — **École professionnelle municipale d'infirmiers et infirmières.** Hôp. Brévannes. Dépend. de l'Assist. pub.

BERCK-SUR-MER. — **École professionnelle municipale d'infirmiers et infirmières.** Hôp. de Berck. Dépend. de l'Assist. pub.

CHAPITRE LVII

SECOURS AUX BLESSÉS ET NOYÉS SOCIÉTÉS DE SAUVETAGE

Secours immédiats aux malades et aux blessés

Ce service, datant du commencement du XIXe siècle et réorganisé (1889), dépend de la Préfecture de police, quai des Orfèvres. — Il comprend des pavillons de secours urbains et fluviaux, et renferme brancards et boîtes de pansements.

S'adresser aux postes de police de chaque quartier.

A) Postes de secours de Paris

ARR.	QUARTIERS	ADRESSES
Ier	St-Germain-l'Auxerrois.	7, quai de l'Horloge.
—	Halles.	27, rue Berger.
—	—	8, rue des Prouvaires.
—	Palais-Royal.	21, rue des Bons-Enfants.
—	—	11, rue Villedo.
—	Place Vendôme.	Place du Marché-St-Honoré.
IIe	Bonne-Nouvelle.	9, rue Thorel.
—	Gaillon.	9, rue Marsollier.
—	—	23, rue de Choiseul.
—	Vivienne.	8, rue de la Banque (Mairie).
—	—	58, rue de Richelieu.
—	—	5, rue d'Amboise.
—	Mail.	43, rue d'Aboukir.
IIIe	Arts-et-Métiers.	60, rue N.-D.-de-Nazareth.
—	Enfants-Rouges.	5, rue Ferrée (Mairie).
—	—	62, rue de Bretagne.
—	Archives.	4, rue de Béarn.
—	St-Avoie.	44, rue Beaubourg.

ARR.	QUARTIERS	ADRESSES
IVe	St-Merry.	44, rue St-Merry.
—	—	16, quai de Gesvres.
—	St-Gervais.	19, rue Vieille-du-Temple.
—	—	Place Baudoyer (Mairie).
—	Arsenal.	1, rue Jean-Cousin.
—	Notre-Dame.	11, quai aux Fleurs.
Ve	St-Victor.	31, rue de Poissy.
—	Jardin des Plantes.	5, rue Geoffroy-St-Hilaire.
—	—	47, rue Cuvier.
—	Val-de-Grâce.	1, rue de Vaugirard.
—	Sorbonne.	R. Soufflot. Pl. du Panthéon (Mairie).
—	—	18, rue de la Huchette.
—	—	7, rue Dante.
VIe	Monnaie.	19, rue des Grands-Augustins.
—	Odéon.	2, rue Crébillon.
—	—	78, rue Bonaparte (Mairie).
—	Luxembourg.	14, rue de l'Abbaye.
—	N.-D.-des-Champs.	58, rue d'Assas.
VIIe	St-Thomas d'Aquin.	10, rue Perronet.
—	Invalides.	116, rue de Grenelle (Mairie).
—	École Militaire.	72, avenue de Breteuil.
—	Gros-Caillou.	6, rue Amélie.
VIIIe	Faubourg du Roule.	90, rue La Boétie.
—	Champs-Élysées.	Rue Jean-Goujon (Gd Palais).
—	Madeleine.	57, rue d'Anjou.
—	Europe,	10, rue Clapeyron.
IXe	St-Georges.	37, rue de la Rochefoucauld.
—	Chaussée d'Antin.	64, rue de Provence.
	—	1, rue Gluck (Opéra).
—	Faubourg Montmartre.	21, rue du Faubourg-Montmartre.
—	—	6, rue Drouot (Mairie).
—	Rochechouart.	16, rue Bochart-de-Saron.
—	—	50, rue de la Tour-d'Auvergne.
Xe	St-Vincent-de-Paul.	179, rue St-Denis.
—	Porte St-Denis.	4, cité d'Hauteville.
—	Porte St-Martin.	1, rue Hittorf (Mairie).
—	—	26, place du Désir.
—	Hôpital St-Louis..	154, quai Jemmapes.
XIe	Folie-Méricourt.	30, rue des Trois-Bornes.
—	St-Ambroise.	19, rue Berlay.
—	Roquette.	71, place Voltaire (Mairie).
—	—	2, rue Camille-Desmoulins.
—	Ste-Marguerite.	21, rue de Chanzy.

ARR.	QUARTIERS	ADRESSES
XIe	Ste-Marguerite.	Fg St-Antoine, carrefour Montreuil.
XIIe	Bel-Air.	13, rue du Rendez-Vous.
—	Picpus.	3, rue Bignon (Mairie).
—	Bercy.	26, boulevard de Bercy.
—	Quinze-Vingts.	59, rue Traversière.
XIIIe	Salpêtrière.	6, rue Rubens.
	—	146, boulev. de l'Hôpital (Mairie)
—	La Gare.	3, passage Ricaut.
—	Maison-Blanche.	103, rue de la Glacière.
—	Gobelins.	10, rue de la Butte-aux-Cailles.
—	Croulebarde.	6, rue Rubens.
—	—	42, avenue des Gobelins.
XIVe	Montparnasse.	17, rue de la Gaîté.
—	—	13, rue Delambre.
—	Petit-Montrouge.	Place de Montrouge (Mairie).
—	Plaisance.	12, rue Boyer-Barret.
—	La Santé.	6, rue Sarrette.
—	—	8 *bis*, rue Sarrette.
XVe	St-Laurent.	14, place Vaugirard.
—	St-Lambert.	141, rue Lecourbe (Mairie).
—	—	42, rue des Morillons.
—	Necker.	45, boulevard Garibaldi.
—	—	Place du Maine.
—	Grenelle.	69, rue Fondary.
—	Javel.	15, rue Lacordaire.
XVIe	Auteuil.	36, boulevard Exelmans.
—	—	14, rue Chardon-Lagache.
—	Muette.	71, avenue Henri-Martin (Mairie).
—	Passy.	19, rue Eugène-Delacroix.
—	—	14, rue Mesnil.
—	—	4, rue du Bouquet-de-Longchamp.
XVIIe	Ternes.	14, rue de l'Étoile.
—	Plaine Monceau.	132, boulevard Malesherbes.
—	Batignolles.	16, rue des Batignolles.
—	—	18, rue des Batignolles (Mairie).
—	Épinettes.	88, rue de la Jonquière.
—	—	3, rue Clairaut.
XVIIIe	Grandes-Carrières.	46, rue Leibnitz.
—	—	5, passage Tourlagne.
—	Clignancourt.	74, rue du Mont-Cenis (Mairie).
—	—	66, rue Marcadet.
—	Goutte d'Or.	50, rue Doudeauville.
—	Chapelle.	68, rue Philippe-de-Girard.

ARR.	QUARTIERS	ADRESSES
XIXe	La Villette.	17, rue de Tanger.
—	Pont-de-Flandre.	37, rue de Nantes.
—	Pont-de-Flandre.	Abattoirs généraux de la Villette.
—	Amérique.	13, rue du Pré-St-Gervais.
—	—	Place Armand-Carrel (Mairie).
—	Combat.	10, rue Pradier.
XXe	Belleville.	46, rue Ramponneau.
—	St-Fargeau.	38, rue Surmelin.
—	Père-Lachaise.	6, place Gambetta (Mairie).
—	Charonne.	66, rue des Oiseaux.
—	—	104, rue Alexandre-Dumas.

Postes de secours de la banlieue de Paris

Alfortville.
Antony.
Arcueil.
Asnières.
Aubervilliers.
Bagneux.
Bagnolet.
Bobigny.
Bois-Colombes.
Boulogne.
Bondy.
Bonneuil-sur-Marne.
Bourget (Le).
Bourg-la-Reine.
Bry-sur-Marne.
Champigny-sur-Marne.
Charenton-le-Pont.
Châtenay.
Châtillon.
Chevilly.
Choisy-le-Roi.
Clamart.
Clichy.
Colombes.
Courbevoie.
Courneuve (La).
Créteil.
Drancy.
Duguy.
Épinay.
Fontenay-aux-Roses.
Fontenay-sous-Bois.
Fresnes.
Gennevilliers.
Gentilly.
Hay (L').
Issy-les-Moulineaux.
Ivry-sur-Seine.
Joinville-le-Pont.
Kremlin-Bicêtre.
Levallois-Perret.
Les Lilas.
Maisons-Alfort.
Malakoff.
Montreuil.
Montrouge.
Nanterre.
Neuilly-sur-Seine.
Nogent-sur-Marne.
Noisy-le-Sec.
Orly.
Pantin.
Pavillons-sous-Bois.
Perreux (Le).
Pré-Saint-Gervais (Le).
Pierrefitte.
Plessis-Piquet (Le).
Puteaux.
Romainville.
Rosny-sous-Bois.

Rungis.
Saint-Denis (Nord).
Saint-Denis (Sud).
Saint-Denis (Ile).
Saint-Mandé.
Saint-Maur-les-Fossés.
Saint-Maurice.
Saint-Ouen.
Sceaux.
Stains.
Suresnes.
Thiais.
Vanves.
Villejuif.
Villetaneuse.
Villemomble.
Vincennes.
Vitry-sur-Seine.

B) Pavillons de secours aux noyés et asphyxiés

A) Sur la Seine :

Ier arr. Pont des Arts, quai du Louvre.
IVe — Quai de Gesvres.
VIIe — Pont Solférino (aval), 99, quai d'Orsay.
VIIIe — Pont des Invalides, quai de la Conférence.
XIIe — Pont National.
— — Pont de Bercy.
— — Pont d'Austerlitz.
XVe — Pont de Grenelle, quai de Javel.
XVIe — Poste Billancourt, quai d'Auteuil.

B) Sur les canaux :

Xe arr. 44, quai de Jemmapes.
— — 102, quai de Jemmapes.
— — 157, quai de Valmy.
— — 203, quai de Valmy.
XIXe — 12, quai de la Loire.
— — 90, quai de la Loire.
— — 29, quai de l'Oise.
— — Boulevard Macdonald.

Œuvres diverses

Ier ARR.

Service des postes volants. Organisé par la Préfecture de Police. Quai des Orfèvres. — Postes de secours volants pour les circonstances qui attirent une grande affluence de public sur certains points de la capitale.

IIe ARR.

Société de secours aux familles des marins français naufragés, 87, rue Richelieu. — Voir *Militaires et marins.*

Association des Dames françaises, 10, rue Gaillon. — Secours aux victimes de désastres publics. Voir *Militaires et marins.*

Société des Sauveteurs ambulanciers de la Seine et de la Marne, 183, rue St-Denis (1890). — A pour but de porter secours à toute personne se trouvant en danger; forme un corps de sauveteurs, infirmiers et ambulanciers, prêts à fonctionner en toutes circonstances; constitue un personnel capable d'organiser les premiers soins en attendant l'arrivée du médecin. Admission depuis l'âge de 16 ans. Cotisation : 5 et 6 fr.

IVe ARR.

Société des sauveteurs mutualistes de France, 2, place du Marché-Ste-Catherine (1904). — A pour but de répandre les notions des premiers soins à donner aux malades et blessés, et surtout de former un personnel capable. S'occupe de la création de postes de secours.

VIe ARR.

Ambulances urbaines. Poste central, 5, avenue Victoria. Fond. par le Docteur Nachtel (1888). — Ont pour but de porter secours le plus rapidement possible à toutes les victimes d'accidents, maladies subites, tentatives de meurtre ou de suicide, etc. Œuv. devenue Service municipal (1895). Transport par voitures automobiles des malades, blessés et victimes d'accidents. Grat. pour les personnes habitant Paris, dont le loyer est inférieur à 400 fr., mais taxe municipale de 5 fr. pour les autres.

Postes d'ambulances : 40, rue Bichat (hôp. St-Louis, Xe);
— 98, rue Falguière (XIIe);
— 21, rue de Chaligny (XIIe);
— 102, rue Caulaincourt (XVIIIe).

Les demandes de transport peuvent être faites soit directement, soit par l'intervention des Mairies et des Postes de police.

VIe ARR.

Société des secouristes francais, infirmiers volontaires, 7, rue Ste-Beuve. Fond. par Mme Funck-Brentano (1892). — Recon. ut. pub. A pour but de vulgariser les notions des premiers soins à donner aux malades, blessés, victimes d'accidents, etc. Constitution d'un personnel capable d'organiser les premiers secours; installation de postes de secours; création d'un corps permanent d'infirmiers volontaires pour le service en temps de guerre. Nombreux postes de secours fixes ou volants.

Admission dès l'âge de 17 ans.

Société française de sauvetage, 30, rue Danton. Fond. par M. Turquet (1877). — Recon. ut. pub. A pour but le sauvetage et l'assistance en cas de sinistres (inondations, incendies, épidémies), la préparation au brevet de brancardier militaire. Encouragements et récompenses pour actes de courage. Secours aux familles de sauveteurs victimes de leur dévouement. Vulgarisation de tous moyens de sauvetage. Filiales à Paris et en province. Admission à partir de 18 ans.

Société des Sauveteurs de la Seine, 60, rue Monsieur-le-Prince (1835) — Recon. ut. pub. Reconstituée (1856). A pour but le sauvetage de toutes personnes en danger de périr par suite d'accident. Elles se propose de donner aux sociétaires malades les soins des médecins, les médicaments et une indemnité par journée de maladie, des secours aux familles en cas de décès, et enfin des pensions de retraite (de 200 fr.).

VIIe ARR.

La Société centrale de sauvetage des naufragés, 1, rue de Bourgogne (1865). — Recon. ut. pub. A pour but : 1° d'organiser les sauvetages maritimes sur toutes les côtes de France, de Corse, d'Algérie et de Tunisie, en confiant aux marins du littoral et en entretenant à ses frais le matériel approprié ; 2° d'accorder des secours aux familles des marins sauveteurs ; 3° de décerner des médailles, récompenses et diplômes pour actes de sauvetage ; 4° d'étudier les questions relatives à la sécurité des navigateurs, etc. 110 canots. 500 postes de secours.

VIIIe ARR.

Association pour l'assistance aux mutilés pauvres, 3, place de la Madeleine. Fond. par le comte de Beaufort (1868). — Direction laïque. Grat. Assiste les amputés et les infirmes en leur procurant des appareils, des secours en argent, ou les moyens d'exercer une profession.

Union des Femmes de France, 29, rue de la Chaussée-d'Antin (1881). — Recon. ut. pub. Secours aux victimes des désastres publics. Voir *Militaires et marins.*

IXe ARR.

Société française de secours aux blessés militaires (Croix-Rouge), 19, rue Matignon. Secours aux victimes de désastres publics. Voir *Militaires et marins.*

Société protectrice des invalides du travail, 23, rue de Londres (1901). — Direction laïque. Procure du travail approprié à la nature et à l'énergie des invalides du travail.

Les Ambulanciers-brancardiers du département de la Seine, 57, rue des Martyrs (1897). — Direction laïque. Secours de toutes sortes sur la voie publique, quelle que soit la nature du danger.

X[e] ARR.

Société des Sauveteurs-ambulanciers volontaires de Paris, 3, rue du Corbeau (1907). — Direction laïque. S'occupe de prévenir et de combattre les sinistres ; porte des secours aux noyés, aux victimes d'épidémies, de catastrophes ou d'accidents de toute nature ; établit des postes de secours ; organise des cours grat. de pansements aux blessés ; récompense les belles actions. Admission dès 18 ans ; cotisation mensuelle : 1 fr.

Société des Sauveteurs du dernier adieu, 21, rue des Écluses-St-Martin (1888). — Œuv. philant. en faveur des veuves et des orphelins des sauveteurs. Matériel d'ambulances à la disposition du public.

Société nationale de sauvetage, 148, rue du Faubourg-St-Denis. Fond. par M. A. Caron (1884). — Direction laïque. Secourt les victimes de toute nature, sur l'eau, la voie publique et dans les incendies. Création de postes de secours garnis de matériel. Récompenses et assistance aux sauveteurs blessés. Postes à Paris et en province.

Société polytechnique de sauvetage, 235, faubourg St-Martin (1896). — Direction laïque. Formation de sauveteurs ; vulgarisation des connaissances élémentaires d'hygiène, des premiers soins aux malades et blessés, et des soins nécessaires aux nouveau-nés.

XIIe ARR.

Grand prix humanitaire de France et des colonies, 8 et 10, av. du Trône (1882). — Direction laïque. Fond. pour venir en aide aux malades et blessés par suite d'accidents survenus en accomplissant un acte de courage.

XVIe ARR.

Société parisienne de sauvetage, 71, avenue Henri-Martin. Siège à la Mairie. Fond. par M. Paysant (1886). — Direction laïque. Secours aux victimes d'accidents de toute nature. Création de postes de secours médicaux. Médailles et récompenses aux sauveteurs. Sections à Paris et la banlieue. Age d'admission : 15 ans.

Caisse de secours immédiats aux cantonniers, éclusiers, gardes-forestiers, gardes-barrières, guides et porteurs en montagne, blessés ou malades, à leurs veuves et orphelins. Siège au Touring-Club, 65, avenue de la Grande-Armée. Voir *Œuvres diverses de secours.*

XVIIIe ARR.

Sté des Mariniers ambulanciers de France, 15, rue Clignancourt (1882). — Prépare aux cadres de la Croix-Rouge. 10 sections à Paris et en banlieue. Sections en province.

Policlinique de Rothschild, 199, rue Marcadet. — Reçoit les malades et blessés sur la voie publique. Envoie les prendre avec une voiture d'ambulance automobile, sur l'appel téléphonique d'un commissariat ou de la Préfecture de police.

XXe ARR.

Société « La Libellule » de Paris, 30, rue de la Mare (1898). — Favorise l'exercice de la natation en facilitant pécuniairement l'accès des bains et piscines. Cotisation pour les scolaires : 6 fr. ; pour les membres actifs : 12 fr. Gratuité pour les pupilles.

BANLIEUE

IVRY. — **Société fraternelle des Sauveteurs français,** 27, rue de Paris (1909). — Établit des postes de secours; donne les premiers soins aux blessés.

MAISONS-ALFORT. — **Société française de sauvetage,** 110, Grande-Rue. — Secours et pansements aux malades.

CHAPITRE LVIII

MAISONS DE CONVALESCENCE ET DE REPOS. SECOURS

Ne sont indiquées dans ce chapitre que les Maisons de convalescence et de repos situées dans le département de la Seine, ou celles qui ont à Paris leur bureau d'inscription, et dont les prix sont accessibles aux petites bourses.

IVe ARR.

Fondation Montyon (1820). Dépend. de l'Assist. pub., 3, avenue Victoria. — 282 577 fr. de rentes à employer en secours aux convalescents sortant des hôp., après séjour de 5 j. au moins. Distrib. d'urgence par les hôp. à la mère du malade, et par les Bur. de bienf., après enquête sur proposition des hôp. Dons de bandages par l'Administration centrale et par les Bur. de bienf. Subventions aux Asiles nationaux de conval. Aucun droit pour les sortants des hôp. Cochin-annexe et Broca.

Les indigents des deux sexes traités à domicile et les femmes indigentes en couches participent à ces allocations.

Asile de la Société de patronage des aliénés guéris, 15, rue Vieille-du-Temple. — Recueille les aliénés guéris, les aide à trouver du travail. Voir *XIIIe arr.*

VIe ARR.

Union centrale des syndicats professionnels féminins, 5, rue de l'Abbaye (1902). — Maisons de repos pour dames et j. filles, à Villers-sur-Mer (Calvados), Orly (Seine), et en Savoie. — Direction des Sœurs de St. V. de P. S'adresser pour admissions et prix à la Sœur supérieure.

Association des villégiatures du travail féminin, 8, rue St-Romain. Fond. par Mme Siegfried (1906). — Recon. ut. pub. Direction laïque. A pour but de faciliter aux dames et jeunes filles de plus de 16 ans, qui vivent de leur travail, des cures d'air ou des séjours de convalescence à la campagne, à la montagne ou au bord de la mer, de 7 à

30 j., dans les meilleures conditions d'économie et d'hygiène. Cotisasation de 10 fr. par an. Prix variables de 1 fr. 50 à 3 fr. par tête et par jour.

Inscriptions pour *le Rayon de soleil* et *Maison Sedaine*, à St-Prix (Seine-et-Oise); *Cordialité, Fraternité, Solidarité, Espoir, Maison bleue, Bonne Humeur*, à Onival-sur-Mer (Somme); *Maison Durand-Claye*, à la Bretèche (Seine-et-Oise).

Maison Blanche, à St-Prix (Seine-et-Oise), fond. par Mme Pernolet (1896), est entièrement grat. 18 places. Conditions spéciales d'admission : être Française, appartenir à une famille vivant à Paris d'un travail honorable, avoir pour seule ressource sa profession (enseignement, administration, etc.), fournir tous renseignements d'honorabilité et certificat médical, être de santé suffisante pour faire son service personnel.

S'adresser à Mlle Korn, directrice, 8, rue St-Romain. Voir *Colonies de vacances, Cercle du travail féminin, IIe arr.*

Asile du Saint-Cœur-de-Marie, 39, rue Notre-Dame-des-Champs. Fond. par l'Œuv. de la visite des malades dans les hôp. (1846). — Grat. 26 lits. Reçoit pendant un mois des jeunes filles de 15 à 25 ans, cath., convalescentes, sortant des hôp. Présenter un billet de sortie de l'hôp., et une lettre de la dame de l'œuv. qui a visité la malade ou de la Religieuse de l'hôp. où elle a été soignée.

Œuvre de Mlle Bonjean. Siège, 167, rue de Rennes. — Inscriptions pour Pellevoisin (Indre). Reçoit les garçons de 18 mois à 5 ans, les filles de 18 mois à 21 ans, convalescents, mais n'ayant aucune maladie contagieuse. École ménagère et professionnelle. Colonie de vacances. Prix variables. S'adresser à la directrice le mard., de midi à 5 h.

VIIe ARR.

Œuvre des Maisons de famille pour jeunes filles isolées. Siège, 101, rue de Lille. Fond. par la baronne de Bully (1891). — Recon. ut. pub. Maison de repos (1908) à Bois-Guillaume, près Rouen (Seine-Inférieure). 200 lits. Ouverte toute l'année, pour jeunes filles travaillant dans l'industrie, le commerce ou les administrations. Les malades non admises. Prix : 55 fr. par mois en dortoir, 65 fr. en chambre. Pour admissions, s'adresser au siège.

L'Oasis, Cercle et Maison de famille, 85, rue de Sèvres. — Les adhérents du Cercle peuvent être envoyés en convalescence dans les maisons de campagne de Paramé et de Buc.

VIIIe ARR.

Le Repos. Maisons de repos et de convalescence pour jeunes ouvrières parisiennes. Siège, 15, cité du Retiro, 35, rue Boissy-d'Anglas. Fond. par M. l'abbé de Maistre (1906). — Direction laïque cath. L'œuv. a pour but de préserver et refaire la santé des jeunes Parisiennes, de leur éviter les inconvénients moraux du chômage, et de leur procurer le séjour sain de la campagne dans un milieu chrétien. Reçoit les jeunes parisiennes de 16 à 28 ans, non atteintes de tuberculose ni de maladies contagieuses. Inscriptions pour Beaumesnil (Eure) et St-Germer-de-Fly (Oise). Prix de pension : 50 fr. par mois, voyage et blanchissage compris.

Établ. ouverts toute l'année, le temps de séjour n'étant pas limité. Un atelier de bonneterie permet aux jeunes filles qui doivent passer au Repos plusieurs mois ou plusieurs années de couvrir les frais de ce séjour par leur travail, si elles le désirent.

Bulletin de naissance et certificat médical obligatoires. Bur. ouverts au siège les lund., merc., vend., de 2 h. à 4 h. s. Voir *Colonies de vacances.*

Société française de secours aux blessés militaires, 19, rue Matignon. — 1° Inscriptions pour le Mont des Oiseaux, à Hyères (Var). Maison de repos pour officiers et assimilés des armées de terre et de mer, en activité, non activité et retraite. Ouverte du 1er octobre au 31 mai. Prix suivant le grade : de 3 à 8 fr. par j. et avec supplément de 1 fr. pour une personne accompagnant l'officier (femme, enfants). — 2° Inscriptions pour le Bastion 84, boulevard Kellermann, Paris. Maison de repos pour sous-officiers et soldats des troupes coloniales et de la légion étrangère, libérés depuis moins d'un mois, convalescents ou non. Grat. — 3° Inscriptions pour l'Ermitage, à Chaville (Seine-et-Oise), 7, rue de la Martinière. Pour jeunes filles de Paris ou d'ailleurs, fatiguées ou convalescentes, au-dessus de 13 ans. Sœurs de St. V. de P. Prix de séjour : 1 fr. 50 par jour ; depuis 2 fr. en chambre avec régime. Recommandation et certificat médical obligatoires.

S'adresser, pour l'Ermitage, à M. l'abbé Gouyon, 8, avenue Portalis. Voir *Militaires et marins.*

Maison de repos et de convalescence, à Beaumont-de-Lomagne (Tarn-et-Garonne). Siège, 22, rue de la Pépinière (1903). — Direction laïque. Pour femmes, jeunes filles et fillettes, sans limite d'âge, anémiées, non tuberculeuses. Certificat médical obligatoire. Prix variables suivant les cas. Quelques admissions grat. Ouverte toute l'année. École ménagère et colonie de vacances annexées. S'adresser au siège.

IXe ARR.

Union des femmes de France, 29, rue de la Chaussée-d'Antin. — Maisons de convalescence pour les soldats de la légion étrangère et hommes de troupe sans famille, à Oran ; pour les soldats sans famille, à Rouen, à Nantes, au Raincy, à Meudon (en préparation).

Reçoivent grat. des militaires en convalescence pendant 1 ou 2 mois, de préférence de la région dépendant du comité directeur de la Maison de convalescence et sur demande des chefs de corps. Voir *Militaires et marins.*

Comité de bienfaisance israélite de Paris, 30, rue Rodier. Œuv. de secours pour convalescents, fond. par le baron Gustave de Rothschild

(1878). — Recon. ut. pub. Donne à des israélites des secours de convalescence de 25 fr. à 100 fr. à leur sortie des hôp.

X^e ARR.

Le Toit familial. Siège, 9, rue Guy-Patin. Fond. par la baronne de Rothschild (1899). — Recon. ut. pub. Maison de repos et de convalescence pour femmes et jeunes filles israélites, anémiées, non atteintes de tuberculose, à St-Germain-en-Laye (Seine-et-Oise). Prix : 2 fr. par j. Caisse de secours et bourses.

XIe ARR.

Maison-annexe de l'Asile national du Vésinet, 6, rue St-Maur. — 40 lits pour convalescentes. Voir *Vésinet, même chapitre.*

XIIe ARR.

Maison-annexe de l'Asile national de Vincennes-Saint-Maurice, 4, rue Rondelet (1886). — 50 lits. Reçoit, à leur sortie de l'Asile, les convalescents sans domicile, sans ressources et sans travail, pendant 3 j. Voir *Vincennes, même chapitre.*

XIIIe ARR.

Société de patronage des aliénés sortis guéris des Asiles et des quartiers d'Hospice de la Seine, 75, rue du Château-des-Rentiers. Fond. par le Docteur Bourneville (1896). — Grat. 4 lits pour hommes, 6 lits pour femmes. A pour but de venir en aide aux indigents nécessiteux, sortis guéris des Asiles publics ou des quartiers d'Hospice, et de combattre les préjugés relatifs à l'hospitalisation des aliénés, à l'incurabilité et au traitement de l'aliénation mentale. Le concours de la Société s'étend aux enfants des aliénés et au besoin de leurs proches. Elle fait fonctionner 2 Asiles, où elle recueille les aliénés guéris et les aide à trouver du travail : l'un, 90, boulevard Kellermann (XIIIe), l'autre au *IVe arr.*

XIVe ARR.

Dispensaire-hôpital Marie-Amélie, 37, rue de la Glacière. Fond. par Mme Fould. — Sœurs de St. V. de P. Accepte gratuitement des fillettes convalescentes, principalement du quartier. Maison de repos à Bernos (Gironde).

Asile maternel, 201, avenue du Maine. Dépend. de la Sté philant. — Voir *Maternité.*

Œuvres d'hygiène et d'assistance de Plaisance. Siège, 66, rue Vercingétorix. Fond. par Mlle Chaptal. — Maison de repos à St-Andelain (Nièvre), pour les infirmières de la Maison-école d'infirmières privées. Prix : 2 fr. par j. Colonie de vacances annexée.

XVe ARR.

Asile-ouvroir Sainte-Marie, 52, rue du Théâtre. Fond. par le Docteur Falret (1841). — Recon. ut. pub. Sœurs de N.-D.-du-Calvaire. 50 lits pour adultes femmes aliénées, sorties convalescentes des Asiles publics du département de la Seine. A pour but d'achever la guérison des aliénées convalescentes, de les prémunir contre la misère, de les protéger, de les placer, de les moraliser, et de patronner leurs enfants pour empêcher chez eux le développement des dispositions héréditaires. Patronage. Secours à domicile. Visite des Sœurs.

XVIe ARR.

Œuvre des cures d'air des jeunes ouvrières et employées de Paris. Siège, 7, r. Magdebourg. Fond. par le Docteur Letulle (1903). — Maisons de repos à Fresnes-les-Rungis (Seine) et à Clarens (Suisse), pour jeunes filles ou femmes, sans limite d'âge, anémiées, non tuberculeuses. Ouvertes toute l'année. Prix variables selon les cas. Quelques admissions grat.

Maison de convalescence, 25, rue St-Fargeau. — Dépend. de la Sté de l'allaitement maternel. Voir *Maternité.*

BANLIEUE

ANTONY. — **Maison pour convalescentes,** 14, rue de Verrière. — Sœurs de St-Joseph de Cluny.

BOULOGNE-SUR-SEINE. — **Maison pour convalescentes,** 5, Grande-Rue. — Sœurs franciscaines.

CANNES (Alpes-Maritimes). — **Villa Louise.** Fond. par M. Ruel (1892). — Direction laïque. 30 lits. Reçoit gratuitement en hiver des jeunes filles de 15 à 25 ans anémiques ou convalescentes. Examen médical et demandes d'admission à Paris, 1, rue des Archives.

DRANCY. — **Maison de convalescence,** 18, rue Sadi-Carnot. Fond. par la baronne de Ladoucette (1859). — Sœurs de St. V. de P. 60 lits. Reçoit des jeunes filles convalescentes des patronages du diocèse de Paris. Pension de 30 fr. par mois. Plusieurs places grat.

ÉPINAY-SOUS-SÉNART. — **Asile Sainte-Hélène.** Maison de convalescence pour dames et jeunes filles, 20, rue du Général-Julien. Fond. par le Docteur Marjolin (1859). — Recon. ut. pub. 100 lits. Grat. ou à prix réduits. Sœurs Augustines de l'Hôtel-Dieu.

ÉPINAY-SUR-SEINE. — **Maison de convalescence de l'Hôpital et Asile N.-D.-de-Bon-Secours,** 66, rue des Plantes, Paris (XIVe arr.). Voir *Hôp. privés.*

FONTENAY-AUX-ROSES. — **Asile Ledru-Rollin,** 2, rue de Bagneux. Dépend. de l'Assist. pub. Fond. par suite d'un legs de Mme Ledru-Rollin (1892). — Reçoit des femmes convalescentes relevant de couches dans les hôp. de Paris. S'adresser pour les renseignements à la Direction des affaires municipales, 3, avenue Victoria.

FRESNES-LES-RUNGIS. — **Sanatorium pour jeunes filles anémiées.** Fond. par M. Renaudin (1910). — 24 lits. Sœurs de St. V. de P. Reçoit des jeunes filles anémiées de 16 à 30 ans, en principe grat., à condition qu'elles ne soient ni tuberculeuses, ni atteintes d'une maladie contagieuse.

ISSY. — **Maison de Notre-Dame-du-Perpétuel-Secours,** 4, rue

Minard. Fond. par la famille Cornudet (1886). — Direction cath. Sœurs de St-Thomas de Villeneuve. Grat. Reçoit des jeunes filles de 13 à 30 ans, convalescentes ou opérées, excepté les incurables, tuberculeuses, nerveuses et infirmes.

Pièces à fournir : Certificat d'un médecin, acte de baptême, recommandation d'un prêtre, d'une religieuse ou d'une personne charitable connue. La conval. dure 1 mois.

Se présenter à la visite du médecin, 4, rue Minard, à Issy, les mard., jeud., sam., à 9 h. mat.

L'HAY. — **Maison Ste-Geneviève,** 6, rue Bronzac. — Sœurs de St. V. de P. Voir *Orphelinats.*

MARY-SUR-MARNE (Seine-et-Marne). — **Hôpitaux de l'Assistance publique** (Lariboisière, St-Louis, Beaujon, St-Antoine, Charité, Hôtel-Dieu). Inscriptions pour l'Asile de la **Fondation Borniche** (1895). — Recon. ut. pub. Reçoit pour une durée moyenne de 20 j. les femmes convalescentes d'opérations chirurgicales ou relevant de couches, sans enfants, provenant des hôp. de l'Assist. pub. Reçoit aussi des convalescentes du traitement à domicile par l'Assist. pub..

MESNIL-VERCLIVES (Eure). — **Villa Jeanne-d'Arc.** — Maison de repos et de conval. pour ouvriers et employés. Siège à Paris, 72, boulevard Raspail. — Prix : 2 fr. par j. Produire : 1° un certificat attestant que le convalescent n'est atteint ni de tuberculose ni de maladie contagieuse ; 2° une lettre des parents mentionnant la liberté de correspondance pour les jeunes filles mineures.

MONTFORT-L'AMAURY (Seine-et-Oise). — « **Notre campagne** », **Maison de repos.** Fondation Henriette et Marguerite Desmazures (1907). — Direction des Sœurs de St. V. de P. Repos, conval. de maladies non contagieuses, de couches et d'opérations, cure d'air, hydrothérapie. Ouverte toute l'année.

Reçoit des petites filles à partir de 5 ans, des jeunes filles, des dames de 50 ans au plus, ouvrières, domestiques, employées, professeurs, pour des séjours n'excédant pas en principe 1 mois l'été, 3 mois l'hiver. Malades non admis. Aucune distinc. de quartier ni de religion, mais un répondant de la moralité est exigé. Certificat de vaccine et de non-contagiosité et visite médicale obligatoires.

Prix de séjour pour enfants de moins de 12 ans en dortoir : 1 fr. par j. (70 places, projet d'agrandissement) ; pour jeunes filles ou dames seules en box : 1 fr. 50 par j. (12 places, projet d'agrandissement) ; en chambre seule : 2 fr. 50 par j. (12 chambres) ; 2 adultes dans la même chambre : 4 fr. par j. ; mère et petit enfant : 3 fr. par j.

Caisse de secours et subvention de 10 à 50 pour 100 suivant les ressources. Ouvroir et colonie de vacances annexés.

S'adresser à la Sœur supérieure des Sœurs de St. V. de P., 15, rue des Bernardins, Paris (V[e]). Voir *Colonies de vacances.*

MONTMORENCY (Seine-et-Oise). — **Maison du Bon-Repos**, 35, rue du Marais. Siège à Paris, 190, rue Lafayette (1900). — Sœurs de St-Charles. 20 places pour jeunes filles cath. de plus de 16 ans. Prix de séjour : 2 fr. en dortoir; prix variable en chambre. Ouverte du 1er juillet au 1er octobre.

MONTREUIL-SOUS-BOIS. — **Maison de Notre-Dame des Blancs-Manteaux**, 74, avenue Victor-Hugo (1900). — Sœurs de St. V. de P. Reçoit pendant l'été, à Montreuil-sous-Bois, des jeunes ouvrières anémiées des patronages de Paris. Prix de pension modiques. Admissions à Paris, 47, rue Vieille-du-Temple.

NEUILLY. — **Cité des Fleurs**, 95 et 97, boulevard Bineau. Fond. par Lady Harriett Cowper et le Docteur Morin (1865). — Direction des Dames diaconesses. Pour hommes protestants et enfants au-dessus de 4 ans, malades ou convalescents. 23 lits. Prix : 3 fr. par j. en dortoir; 2 chambres à 5 fr. par j. Payement d'une journée supplémentaire par quinzaine pour les infirmes. Réduction et gratuité pour indigents.

Maison de convalescence, 5, rue Chauveau, à Neuilly. Fond. par la baronne de Staël (1859). — Grat. Direction des Dames diaconesses. 35 lits. L'œuv. donne 3 semaines de repos, davantage au besoin, aux femmes et jeunes filles convalescentes protestantes. On admet les enfants avec leur mère, mais les garçons seulement jusqu'à 3 ans. Les petites filles au-dessous de 7 ans ne sont pas admises sans leur mère. On refuse les femmes atteintes d'affections contagieuses, d'épilepsie, de maladies mentales, ou trop malades ou infirmes pour faire leur lit, prendre leurs repas en commun, etc.

SAINT-MAURICE. — **Asile national Vacassy**. Dépend. du Ministère de l'Intérieur. — Voir *Asiles temporaires*.

VÉSINET (Seine-et-Oise). — **Asile national du Vésinet**. Fond. par Napoléon III (1859). Dépend de l'Assist. pub., 3, avenue Victoria. — Affecté aux Bur. de bienf. de Paris et communes de la Seine. 350 lits pour convalescentes et 50 berceaux grat. Personnel laïque. Traitement éventuel des maladies contagieuses. Pavillons pour mères nourrices. Sont reçues : les ouvrières atteintes de maladies ou de blessures, et sortant des hôp. de Paris; les ouvrières faisant partie d'une Sté de secours mutuels, abonnées; les ouvrières travaillant chez des patrons abonnés; les convalescentes dont l'admission est prononcée directement par le Ministère de l'Intérieur, par les Bur. de bienf. de Paris ou les communes de la Seine. Sont exclues : les convalescentes atteintes d'affection tuberculeuse des voies respiratoires. Vestiaire annexé à l'Asile.

Maison-annexe à Paris pour convalescentes sans ressources, 6, rue St-Maur, XIe.

VINCENNES-SAINT-MAURICE. — **Asile national de convales-**

cents dit de Vincennes, à St-Maurice (1857). — Dépend. du Ministère de l'Intérieur. 420 lits. Personnel laïque.

Cet Asile reçoit : 1° les ouvriers atteints de blessures ou de maladies dans le cours de leurs travaux sur les chantiers publics ; 2° les ouvriers faisant partie de Stés de secours mutuels abonnées ; 3° les ouvriers travaillant chez les patrons abonnés ; 4° les ouvriers malades sortant des hôp. ou envoyés par les Bur. de bienf. Prix : 0 fr. 75 par j. pour les membres des Stés de secours mutuels ; 1 fr. 50 pour les abonnés ; 2 fr. pour les Compagnies d'assurances. Places grat.

Maison-annexe, 4, rue Rondelet, à Paris, pour convalescents sans ressources et sans travail. Allocations aux plus malheureux.

S'adresser au Ministère de l'Intérieur, 7, rue Cambacérès.

CHAPITRE LIX

INFIRMES ET INCURABLES

TOUS LES ARR.

Secours des Bureaux de bienfaisance. — La loi du 14 juillet 1905, complétée par les décrets du 14 avril 1906, 30 mars 1907, 3 août 1909, règle de quelle façon l'assistance est assurée aux infirmes et incurables.

L'assistance est donnée, soit sous forme de placement dans un hospice public ou un établissement privé, soit sous forme d'une pension mensuelle, incessible ou insaisissable, dont le taux est fixé à 30 fr. à Paris, et dont sont, en principe, totalement ou partiellement défalquées les ressources que l'assisté peut se procurer.

L'infirme ou l'incurable reçoit l'allocation à partir de 16 ans. Le Service d'assistance relève, aux termes du décret de 1907, de la Direction de l'Assist. pub. L'assisté fait une demande au Président du Bur. de bienf. de son arr. Le Directeur de l'Assist. pub. statue, et sa décision, qui a un caractère provisoire, est homologuée par le Conseil municipal. Un délai de 20 j. est laissé à l'intéressé pour se pourvoir contre la décision du Conseil municipal; une commission d'appel statue alors en dernier ressort.

V[e] ARR.

Hospice de la Salpêtrière, 47, boulevard de l'Hôpital (1656). — Dépend. de l'Assist. pub. Direction laïque. Grat. Pour femmes de tous âges, épileptiques, cancéreuses ou infirmes. Visites les dim. et jeud., de midi à 4 h. 1 700 vieillards et infirmes y sont assistés oblig.

VIIIe ARR.

Association pour l'assistance aux mutilés pauvres, 19, rue Matignon. Fond. par le comte de Beaufort (1868). — Voir *Œuv. diverses de secours*.

Commission centrale d'assistance aux vieillards, infirmes et incurables, au Ministère de l'Intérieur, 7, rue Cambacérès.

XIIe ARR.

Hôpital Rothschild, 50, rue de Picpus. Section de l'hôp. fond. par les baron et baronne de Rothschild (1864). — Pour hommes et femmes israélites incurables, impotents, paralysés, habitant Paris depuis 5 ans, de tous âges, de toutes nationalités. 102 lits.

XIVe ARR.

Maison de retraite La Rochefoucauld, 15, avenue d'Orléans (1781). — Dépend de l'Assist. pub. Direction laïque. Pour personnes des deux sexes, de 20 ans au moins, perclues de tous leurs membres ou atteintes d'infirmités incurables. Droit d'entrée : 100 fr. Pension annuelle : 312 fr. 50, ou versement d'un capital variable suivant l'âge. Les pensionnaires s'habillent eux-mêmes et se blanchissent une partie de leur linge.

Pièces exigées pour toute admission : acte de naissance; certificat délivré par le Maire de l'arrondissement, attestant que le postulant habite le département de la Seine depuis 2 ans, qu'il est de bonne vie et mœurs, et qu'il n'a pas de moyens suffisants d'existence; extrait du casier judiciaire. Les admissions se font, en principe, au fur et à mesure des inscriptions. Cependant, un droit de préférence est donné aux anciens employés de l'Administration, à qui il est réservé le quart des places, et aux vieillards, qui ont droit à la moitié de toutes les places.

Lorsqu'une personne admise moyennant le versement de son capital sort volontairement de l'établissement, ou si l'Administration prononce son renvoi, il lui est alloué une pension de 230 fr. ou de 286 fr., selon qu'elle est entrée comme valide ou infirme dans l'établissement, et selon qu'elle y compte ou non 5 ans de séjour.

Comité d'assistance aux vieillards incurables, 88, rue du Moulin-Vert. — A pour but de faciliter à Paris l'application de la loi du 14 juillet 1905. Se fait l'intermédiaire entre les bénéficiaires de la loi et les autorités administratives. Des commissions d'arr., instituées par le Comité de Paris, se mettent à la disposition des postulants. Aucun secours en argent.

XVe ARR.

Asile Sainte-Germaine, 45, rue Desnouettes. — Sœurs hospitalières du Sacré-Cœur. A pour but de recueillir gratuitement de pauvres petites filles, de 5 à 13 ans, couvertes de plaies scrofuleuses, ou rachitiques, repoussées des hôp. comme incurables. 35 lits.

Asile des jeunes garçons incurables, 223, rue Lecourbe. — Fond. et dirigé par les Frères Hospitaliers de St-Jean-de-Dieu (1858). — Pour les jeunes garçons indigents de Paris et des environs, infirmes ou incurables. 400 lits.

Conditions d'admission : enfants de 5 à 12 ans, gardés jusqu'à 20 ans, puis envoyés à cet âge soit dans leur famille, soit dans les Asiles départementaux; bulletins de naissance, de baptême, et certificat médical obligatoires.

Prix de pension : de 15 à 20 fr. par mois. Beaucoup de places grat.

Les pensionnaires reçoivent un enseignement primaire et professionnel (ateliers de cordonnerie, de reliure). Section spéciale pour les aveugles.

L'Asile envoie une partie de ses pensionnaires au Croisic (Loire-Inférieure), à l'hôp. marin tenu par les Frères du même ordre et appartenant à l'œuv. Fondation d'un lit : 12 000 fr.

Œuvre des Dames du Calvaire, 55, rue de Lourmel. Fond. par Mme Garnier (1874). — 65 lits grat. pour cancéreux ne pouvant être gardés dans les hôp. Voir *Hôp. privés spéciaux.*

XXe ARR.

Atelier départemental, 13, rue Planchat (1899). — Administré par le Préfet de la Seine, assisté d'une Commission composée de 3 conseillers généraux et 3 conseillers municipaux. Assist. par le travail aux femmes infirmes, de 18 ans au moins, et comptant 10 ans de résidence dans la Seine. Service médical grat. Voir pour hommes à *Montreuil-sous-Bois.*

BANLIEUE

BICÊTRE. — **Asile**, 78, rue du Kremlin (1656). — Dépend. de l'Assist. pub. Direction laïque. Grat. Pour hommes épileptiques, cancéreux, infirmes, etc., au-dessous de 70 ans, quand ils sont atteints d'infirmités incurables. 1 000 vieillards et infirmes y sont assistés obligatoirement. Visites les dim. et jeud., de 1 à 3 h.

COURBEVOIE. — **Asile Lambrechts**, 46, rue de Colombes. Fond. par le comte Lambrechts (1823). — Pour incurables et infirmes des deux sexes, protestants, hors d'état de travailler. 40 places. Garçons admis de 6 à 14 ans ; hommes à partir de 55 ans ; femmes à partir de 50 ans. Pension modique, garantie par les Consistoires des Églises réformées et luthériennes.

IVRY. — **Hospice**, 50, rue du Clos-de-l'Hospice (1860). — Section réservée aux incurables des deux sexes, adultes. Dépend. de l'Assist. pub. Personnel laïque. Grat. 872 vieillards et infirmes y sont assistés obligatoirement.

Pièces exigées à la section des incurables : acte de naissance ; certificat du Maire de l'arr. constatant la durée de séjour à Paris ; certificat constatant l'inscription au Bur. de bienf.

Visites tous les j., de 1 h. à 4 h.

Section réservée aux enfants incurables. 56 lits grat. Même règlement. Voir *Maisons de santé.*

LIMEIL-BRÉVANNES. — **Hospice de Brévannes**, à Limeil-Brévannes (Seine-et-Oise). — Section des Incurables. Dépend. de l'Assist. pub. (1862). — Réservée aux indigents du département de la Seine. 200 vieillards et incurables y sont assistés obligatoirement.

MONTREUIL-SOUS-BOIS. — **Atelier départemental.** Fond. par

M. Planchat (1899). — Administré par le Préfet de la Seine, assisté d'une Commission composée de 3 conseillers généraux, 3 conseillers municipaux. Assist. par le travail aux hommes infirmes, de 18 ans au moins, et comptant 10 ans de résidence dans la Seine. Travaux de reliure et confection de paillassons. Salaire quotidien de 1 fr. 25 à 3 fr. Service médical grat.

NANTERRE. — **Asile**, 5, rue St-Denis. Fond. par Mmes Harriett Cowper et Ernest Lemaire (1862). — Recon. ut. pub. Reçoit les femmes protest. atteintes d'infirmités incurables, quels que soient leur âge et leur nationalité. Direction de dames diaconesses. 65 lits. Ne reçoit plus les enfants. Admission prononcée par le comité de l'Asile, ou par deux de ses membres au moins, sur présentation d'un certificat d'admission donné par le médecin de l'Asile.

Prix de pension : 30 fr. par mois dans certaines chambres et 60 fr. par mois dans d'autres. Ce dernier prix peut être abaissé à 50 fr., si l'infirme a un bon mobilier.

S'adresser pour admissions à Mme Henri Puérari, 38, avenue Hoche, Paris.

NEUILLY. — **Asile Mathilde** (N.-D. des Sept-Douleurs), 42, avenue du Roule. Fond. par M. l'abbé Moret et Mme Cartier (1853). — Recon. ut. pub. Sœurs de St. V. de P. Pour jeunes filles de 5 à 12 ans, pauvres, infirmes, incurables du diocèse de Paris, qui, une fois admises, peuvent rester indéfiniment dans l'Asile. 300 places. Les admissions sont prononcées par le Conseil de l'œuv. Actes de naissance et de baptême, certificat de vaccine et certificat constatant l'infirmité sont obligatoires.

Prix demandé : 300 fr. par an, sans compter 100 fr. d'entrée.

Les pensionnaires reçoivent une éducation morale et religieuse, et l'enseignement primaire et professionnel, ainsi que tous les soins médicaux appropriés à leur état.

Fondation Belœil, 47, rue Borghèse (1904). — Dépend. de l'Assist. pub. 54 lits. Direction laïque. Grat. pour femmes et jeunes filles incurables, spécialement de Neuilly ou des Ternes.

CHAPITRE LX

AVEUGLES

Ier ARR.

Société des ateliers d'aveugles, 9, rue de l'Échelle. Fond. par M. Lavanchy-Clarke (1881). — Recon. ut. pub. Direction laïque. Grat. 30 places. Ateliers d'apprentissage à Paris et en province. La Sté ouvre un crédit aux aveugles chez des fournisseurs de matières premières, les aide à écouler leurs produits (magasins de vente, 9, rue de l'Échelle et 113, rue de Lafayette), et à s'installer à leur compte. Pour hommes seulement. Age d'admission : de 16 à 40 ans. Bourses d'apprentissage. Atelier à St-Just-en-Chaussée (Oise).

V^e^ ARR.

Cours municipaux d'aveugles, 27, rue de Poissy. — Direction laïque. Pour jeunes gens. Grat.

VIe ARR.

Ligue pour l'amélioration du sort des aveugles, 14, rue St-Guillaume (1908). — Direction laïque. Procure du travail, des secours et des distractions aux aveugles des deux sexes et de tous âges. Grat.

VIIe ARR.

Association Valentin Haüy pour le bien des aveugles, 9, rue Duroc. Fond. par M. Maurice de la Sizeranne (1889). — Recon. ut. pub. A pour but d'unir les personnes qui s'intéressent aux aveugles, de s'occuper de tout ce qui peut concourir à l'instruction, au patron. et au placem. des aveugles, et de vulgariser la prophylaxie de la cécité. Secrétariat ouvert de 9 h. à midi et de 2 h. à 6 h. Groupement d'œuv. diverses :

1° Patron. Conférences. Salles de réunion et de récréation ouvertes le dim., de 1 h. à 5 h. ;

2° Vestiaire, le merc., de 2 h. à 5 h. ;

3° Caisse de loyers ;

4° Consult. médicales et juridiques, le merc., de 2 h. à 5 h. ;

5° Distrib. de secours ;

6° Assist. par le travail à domicile et à l'atelier, 6, rue Bailleul (brosserie, vannerie, tricots, crochets, sacs en papier). Instruction professionnelle ;

7° Placem. chez des travailleurs aveugles, ou comme organistes, musiciens, etc. ;

8° Ouvroir pour jeunes filles ;

9° Asile-école (1900) à Chilly-Mazarin (Seine-et-Oise), pour jeunes filles aveugles et arriérées. Sœurs aveugles de St-Paul.

10° Bourses d'instruction ;

11° Bibliothèque Braille, ouverte le merc., de 2 h. à 5 h. s. Prêt de livres et musique. 25 000 volumes en points saillants. Recueil mensuel et Revue hebdomadaire ;

12° Musée Valentin Haüy, ouvert le merc., de 2 h. à 3 h. s. (collection de travaux, outils et appareils d'enseignement intellectuel ou professionnel).

Institution nationale des jeunes aveugles, 56, boulevard des Invalides. Fond. par M. Valentin Haüy (1784). — Recon. ut. pub. Dépend. du Ministère de l'Intérieur. Direction laïque. Enseignement professionnel comprenant, avec l'instruction religieuse et intellectuelle, pour les garçons, la fileterie, l'empaillage et le cannage des chaises, le tournage, la musique et l'accord des pianos ; pour les filles, la fileterie, les tricots et divers ouvrages d'agrément. Admission entre 10 et 13 ans d'enfants des deux sexes, atteints d'une cécité incurable.

Prix de la pension : 1 200 fr. ; trousseau : 320 fr. Des bourses et portions de bourses peuvent être accordées par le Ministère de l'Intérieur. Durée du séjour : 8 ans pour les musiciens, 5 ans pour les autres élèves.

Maison des jeunes aveugles, à Argenteuil (Seine-et-Oise), 78, rue St-Germain. Dépend de l'Institution nationale.

Société de placement et de secours en faveur des jeunes aveugles anciens élèves, de l'Institution nationale, 56, boulevard des Invalides. Fond. par l'Institution nationale des jeunes aveugles (1849). — Recon. ut. pub. Direction laïque. S'occupe du sort physique et moral des anciens élèves, et s'attache à leur procurer des moyens d'existence. Placem., prêts et secours.

XIIe ARR.

Société d'assistance pour les aveugles, 26, rue de Charenton. Fond. par M. Péphau (1881). — Recon. ut. pub. Direction laïque. A pour but de fournir des secours aux aveugles des deux sexes et de tous âges, et un travail correspondant à leurs aptitudes. Bourses d'apprentissage, ateliers, deux imprimeries. Livrets de caisses de retraite aux pupilles de l'École Braille, etc.

Hospice national des Quinze-Vingts, 28, rue de Charenton. Fond.

par saint Louis (1260). — Personnel laïque. Dépend. du Ministère de l'Intérieur. Hospitalisation familiale, interne ou externe, des aveugles français, adultes et indigents, des deux sexes. Clinique ophtalmologique ; placem. en apprentissage des enfants des aveugles hospitalisés aux Quinze-Vingts.

Grat. pour les Français indigents, âgés d'au moins 40 ans. Examen et admission tous les j. à midi.

Secours donnés aux admis à l'internat : 1 fr. 80 par j. Prix réduit pour leurs femmes et enfants. Cantines dans la maison. On doit apporter son mobilier. Les hospitalisés peuvent garder avec eux leurs filles jusqu'à 21 ans, leurs garçons jusqu'à 14 ans. Les veuves peuvent rester toute leur vie à l'Hospice.

Union des travailleurs aveugles, 28, rue de Charenton (1905). — Direction laïque. Procure à ses membres des emplois dans l'industrie privée et dans les ateliers, manufactures et administrations de l'État et de la Ville de Paris. Admissions des aveugles et demi-voyants des deux sexes.

Clinique nationale ophtalmologique des Quinze-Vingts, 13, rue Moreau. Fond. par la Sté d'assist. pour les aveugles (1880). — Recon. ut. pub. Dépend. du Ministère de l'Intérieur. Direction laïque. Réservée aux nécessiteux des deux sexes. Consult. grat., pansements. Visite des malades. Certificat médical constatant la maladie et certificat d'indigence obligatoires. Ouverte tous les j. à midi.

XIIIe ARR.

Hôpital de la Salpêtrière, 47, boulevard de l'Hôpital. — Direction laïque. Hospitalisation des aveugles. 200 lits. Tous âges et sexes. Grat. Voir *Hôpitaux*.

XIVe ARR.

Œuvre des jeunes filles aveugles, 88, rue Denfert-Rochereau. Fond. par Mlle Bergunion (1853). — Recon. ut. pub. Direction cath. Sœurs aveugles de St-Paul. Fournit un asile et du travail aux jeunes filles aveugles et aux demi-voyantes, et reçoit des dames pensionnaires. Admission depuis l'âge de 4 ans. Prix de pension : 400 fr. ; 250 fr. de trousseau. Grat. pour indigents. Pension variable pour dames aveugles. Ouvroir, atelier de brosserie, imprimerie du système Braille.

XVe ARR.

Asile de jeunes garçons infirmes et pauvres des Frères de St-Jean-de-Dieu, 223, rue Lecourbe. — 50 places pour jeunes garçons aveugles, de moins de 10 ans, aptes à recevoir l'enseignement de la musique. Voir *Incurables*.

XIXe ARR.

Fondation ophtalmologique Adolphe de Rothschild, 27, rue Manin (1905). — Recon. ut. pub. Direction laïque. Consult., soins et remèdes grat. aux indigents des deux sexes et de tous âges, atteints de maladies des yeux.

BANLIEUE

ARGENTEUIL — **Maison des jeunes aveugles**, 78, rue St-Germain. Fond. par la Sté de placem. et de secours en faveur des jeunes aveugles, et le peintre Ziem (1893). — Personnel laïque. 20 places. Logement, nourriture, chauffage et blanchissage grat. de jeunes filles sorties de l'Institution nationale des jeunes aveugles. Atelier de broderie, crochet et filet.

COURBEVOIE. — **Asile Lambrechts**, 46, rue de Colombes (1823). — Reçoit des aveugles indigents, des deux sexes, âgés de 30 ans au moins. Voir ***Infirmes et incurables.***

SAINT-MANDÉ. — **Institut départemental des aveugles de la Seine**, ancienne École Braille, 7, rue Mongenot. Fond. par la Sté d'assist. pour les aveugles (1883). — Recon. ut. pub. Direction laïque. Donne l'instruction primaire et professionnelle, fournit du travail (brosserie, cannage, empaillage de sièges, etc.). Admet les enfants des deux sexes, depuis l'âge de 3 ans jusqu'à 13 ans, à condition qu'ils soient Français, et que leurs ascendants habitent la Seine depuis 2 ans.

Grat. pour indigents. Pension de 1 000 fr. par an pour les autres, jusqu'à l'entrée en apprentissage à l'atelier de l'École Braille.

CHAPITRE LXI

SOURDS-MUETS

Ier ARR.

Société d'éducation, d'assistance et de patronage en faveur des sourds-muets, 32, place du Marché-St-Honoré. Fond. par le Docteur Blanchet (1880). — Dispens. distribuant des secours aux sourds-muets, de 5 à 6 h. du s., 28, rue St-Roch.

IIe ARR.

Patronage des sourdes-muettes, 28, rue St-Roch. Fond. par le Docteur Blanchet (1880). — Direction cath. Sœurs de St. V. de P. Secours en nature aux femmes et jeunes filles sourdes-muettes, cath., indigentes, de Paris et de la banlieue.

V^e^ ARR.

Institution nationale des sourds-muets, 254, rue St-Jacques. Fond. par l'Abbé de l'Épée (1760). — Dépend. du Ministère de l'Intérieur. Direction laïque. 265 places. Admission, depuis l'âge de 6 ans, de garçons seuls.

Internat. Prix de pension : 1 400 fr. ; trousseau, 400 fr. environ. Demi-pension, 500 fr. Externes surveillés, 250 fr. Durée de l'enseignement : 8 ans. Enseignement professionnel à la sortie des classes enfantines : jardinage, cordonnerie, couture, typographie, menuiserie, modelage et sculpture sur bois.

L'Institution accorde des bourses et fractions de bourses aux enfants de 6 à 12 ans munis d'un certificat du Maire de sa commune, constatant ses faibles ressources, et d'un extrait du rôle des contributions délivré par le percepteur.

Les demandes d'admission doivent être accompagnées de l'acte de naissance et d'un certificat médical, constatant l'infirmité de surdi-mutisme, le bon état de santé de l'enfant, et mentionnant sa vaccination.

Clinique otologique (1882). Consult. grat. pour indigents, les mard., jeud., sam., à 9 h. Cours profes. grat. pour les 2 sexes.

Société centrale d'éducation et d'assistance pour les sourds-muets en France, 212, rue St-Jacques (1850). — Recon. ut. pub. Direction laïque. A pour but la protection et le patron. permanents des sourds-muets des deux sexes, dans toutes les circonstances et époques de la vie, de faciliter aux enfants l'accès des écoles maternelles, aux adultes l'exercice d'une profession, et de les secourir en cas de chômage, maladie et vieillesse.

Consult. grat. au siège social. Bureau de secours tous les j., de 11 à 5 h.

VIe ARR.

Société pour l'instruction et la protection des enfants sourds-muets ou arriérés, 28, rue Serpente. Fond. par M. A. Grosselin (1866). — Recon. ut. pub. Direction laïque. Admissions jusqu'à l'âge d'adulte, pour les deux sexes. Grat. Bourses dans les écoles. Patron. et placem.

VIIIe ARR.

Institution nationale des sourdes-muettes, à Bordeaux (Gironde). Dépend du Ministère de l'Intérieur, rue Cambacérès. Fond. par M. l'abbé Sicard pour l'enseignement de jeunes filles sourdes-muettes. Bourses et fractions de bourses.

Adresser les demandes au Ministre de l'Intérieur.

Institution nationale des sourds-muets, à Chambéry (Savoie). Dépend. du Ministère de l'Intérieur, rue Cambacérès. — Recon. ut. pub. Pour l'éducation des sourds-muets des deux sexes. Bourses et fractions de bourses.

Adresser les demandes au Ministre de l'Intérieur.

IXe ARR.

Société d'appui fraternel des sourds-muets de France. Siège à la Mairie du Xe arr. Fond. par M. Cochefer (1860). — Direction laïque. Placem. et secours pour tous les besoins et maladies des sourds-muets de tous âges et des deux sexes.

XIVe ARR.

Imprimerie d'ouvriers sourds-muets, 111 *ter*, rue d'Alésia (1894). — Direction laïque. Occupe des ouvriers sourds-muets, des deux sexes, au même tarif que les ouvriers ordinaires.

XVIe ARR.

Institut des bègues de Paris, 82, avenue Victor-Hugo (1867). — Direction laïque. Traitement des bègues. Admissions des deux sexes, depuis l'âge de 10 ans jusqu'à 60 ans. Prix variables. Quelques places grat. pour indigents. Consult. tous les j., de 1 h. à 2 h. s.

XVIIIe ARR.

Œuvre des sourds-muets, 3, allée des Bains, boulevard Rochechouart (1899). — Direction protestante. Assist. de toute nature. Placem. de sourds-muets de toutes religions et nationalités. Garçons et filles au sortir de l'école. Grat.

S'adresser au Pasteur Vigier, dim. et jeud., de 2 h. à 4 h.

BANLIEUE

ASNIÈRES. — **Institut départemental de sourds-muets**, 29, rue de Nanterre (1892). — Dépendant de la Préfecture de la Seine. Admet grat., dès l'âge de 4 ans, les enfants sourds-muets, de nationalité française, dont les familles sont domiciliées depuis 2 ans au moins dans le département de la Seine. L'Institut reçoit aussi des élèves payants, dont les familles sont domiciliées dans le département de la Seine. Prix de la pension : 1 000 fr. par an. Prix du trousseau : 350 fr. pour toute la durée des études.

Un Comité de patron. s'occupe de faciliter le placem. des élèves à leur sortie.

Admission : demande d'inscription signée par la personne légalement responsable de l'enfant; extrait de l'acte de naissance; certificat du Maire sur la situation de fortune des parents; extrait du rôle des contributions; certificat de surdi-mutité du médecin de l'Institut.

BOURG-LA-REINE. — **Maison de sourdes-muettes**, 63, Grande-Rue. Fond. par les Sœurs de Notre-Dame-du-Calvaire (1856). — Recon. ut. pub. 150 lits. Reçoit des filles et des garçons, depuis 4 ans, à l'école; depuis 16 ans, à l'asile. Prix de pension : 400 fr., 800 fr., 1 200 fr. pour l'école, 200 fr., pour l'asile, pendant le temps d'apprentissage; grat. ensuite. Les garçons ne sont admis qu'exceptionnellement. Ouvroir annexé. Pavillon spécial pour le séjour des mères.

CHAPITRE LXII

ALIÉNÉS

Le Service des aliénés relève de la Préfecture de la Seine (Direction des affaires départementales). L'Asile clinique Ste-Anne, 1, *rue Cabanis, est chargé de l'admission et de la répartition des aliénés du département de la Seine. Le domicile de secours s'établit par un séjour d'un an à justifier. L'admission peut avoir lieu d'office, par les soins de la Préfecture de police. Dans ce cas, le malade est d'abord mis en observation à l'infirmerie du Dépôt, puis dirigé sur Ste-Anne ou sur d'autres Asiles publics de la Seine. L'administration peut envoyer des malades dans des établ. publics de province.*

Nous ne faisons pas mention des établ., Asiles et Maisons de santé privés, destinés à des malades fortunés.

Pièces à produire pour l'internat d'un aliéné :

1° *Demande d'admission écrite et signée par celui qui la forme, contenant les nom et prénoms, profession, âge et domicile de la personne qui demande le placem. et de celle dont le placem. est demandé, l'indication du degré de parenté, ou à défaut de la nature des relations existant entre elles;*

2° *Sauf urgence, certificat de médecin sur papier timbré avec signature légalisée, certificat ayant moins de* 15 *j. de date, et délivré par un médecin qui ne soit ni de l'établ., ni parent, ni allié, jusqu'au deuxième degré inclus, du directeur ou du requérant;*

3° *Pièces d'identité du malade;*

4° *Extrait du jugement d'interdiction pour les interdits.*

La sortie des malades placés volontairement par leurs familles a lieu sans formalité, sur demande de la personne qui a sollicité le placem. ou de toute autre personne autorisée. Pour les Asiles départementaux et les quartiers d'Hospices de l'Assist. pub. (Asile-clinique, Asile de Vaucluse, Asile de Ville-Évrard et Maison-Blanche, Asile de Villejuif, Asile de Moisselles, Bicêtre et la Salpêtrière), les demandes relatives aux dispenses totales ou partielles de payement de la dépense de l'aliéné, placé volontairement, doivent être adressées au Préfet de la Seine. Dans les Asiles départementaux, le prix de pension est fixé chaque année.

IVe ARR.

Asile de la Société de patronage des aliénés guéris, 15, rue Vieille-du-Temple. — Voir *Maisons de convalescence et de repos, XIIIe arr.*

Ve ARR.

Hospice de la Salpêtrière, 47, boulevard de l'Hôpital. — Dépend. de l'Assist. pub. 724 lits pour femmes aliénées ou épileptiques. Mêmes conditions d'admission qu'à Bicêtre.

Consult. pour maladies nerveuses : les lund. et mard., à 8 h. et demie ; merc., à 9 h. un quart ; vend., à 10 h. ; sam., à 9 h. un quart. Voir *Hôpitaux et Asiles de vieillards.*

XIIIe ARR.

Société de patronage des aliénés guéris sortis des Asiles de la Seine, 77, rue du Château-des-Rentiers. Fond. par le Docteur Bourneville (1896). — Voir *Maisons de convalescence et de repos.*

Asile de la Société de patronage des aliénés guéris, 90, boulevard Kellermann. — Dortoir de 12 lits, cantine, atelier de vêture. Le prix des journées est remboursé par la Sté de patron.

XIVe ARR.

Asile départemental de la Seine dit Sainte-Anne, 1, rue Cabanis (1833). — Direction laïque. 1 070 lits pour adultes des deux sexes. Pension de 4 fr. 25 par j., ou grat.

Consult. externes : les lund., jeud., sam., de 9 h. à 10 h. ; — dents : les jeud., de 9 h. à 10 h.

Dans cet Asile a lieu la répartition des malades du département dans les différents Asiles et suivant les places ; envois aux colonies de Dun et d'Ainay. Voir ci-après.

XVe ARR.

Asile-ouvroir Sainte-Marie, 52, rue du Théâtre. — Recon. ut. pub. Pour femmes aliénées, convalescentes et pauvres. Sœurs de Notre-Dame-du-Calvaire. Voir *Maisons de conval. et de repos.*

HORS PARIS

AINAY-LE-CHATEAU (Allier). — **Colonie du département de la Seine.** Fond. par le Docteur Marie (1892). — Pour femmes malades envoyées par l'Asile clinique de Paris. Voir *Asile Ste-Anne XIVe arr.*

BICÊTRE (Seine). — **Hospice départemental de Bicêtre**, 78, rue du Kremlin-Bicêtre, à Gentilly. Dépend. de l'Assist. pub., 3, avenue Victoria. — 1 245 lits d'hommes aliénés. Présentation des malades le sam., à 10 h. Reçoit des aliénés épileptiques hommes.

Consult. médico-pédagogiques pour enfants nerveux, le jeud., à 9 h. et demie. Voir *Hôpitaux.*

CHARENTON (Seine). — **Maison nationale de santé de Charenton,** 57, Grande-Rue, à St-Maurice (Seine). Fond. par M. Sébastien Leblanc, contrôleur général de la guerre, avec le concours des Frères de St-Jean-de-Dieu (1641). — Dépend. du Ministère de l'Intérieur. Personnel laïque. 350 places pour hommes, 350 places pour femmes. Adultes seulement. Ne reçoit que des pensionnaires payants, hommes et femmes. Traitement des maladies mentales et nerveuses.

Prix : depuis 120 fr. par mois ; trousseau à fournir et à entretenir. Bourses et demi-bourses accordées par le Ministère de l'Intérieur.

Placem. volontaire ou d'office par le Préfet de police, les commissaires de police de Paris, les Préfets des départements et les Maires des communes.

DUN-SUR-AURON (Cher). — **Colonie du département de la Seine.** Fond. par le Docteur Marie (1892). — Pour malades envoyés par l'Asile clinique de Paris. Voir *Asile Ste-Anne, XIVe arr.*

ÉPINAY-SUR-ORGE. — **Asile départemental de la Seine dit de Vaucluse** (1869). — 780 lits pour malades adultes des deux sexes, et 250 lits pour jeunes garçons. Pension de 3 fr. 30 par jour.

MOISSELLES (Seine-et-Oise). — **Asile départemental de la Seine** (1905). — 320 lits pour femmes aliénées. Pension de 2 fr. 90 par j.

NEUILLY-SUR-MARNE (Seine-et-Oise). — **Asile départemental de la Seine dit Maison-Blanche** (1900). — 1 180 lits pour femmes aliénées. Reçoit les aliénées épileptiques.

VILLE-ÉVRARD (Seine-et-Oise). — **Asile départemental de la Seine de Ville-Évrard, à** Neuilly-sur-Marne (Seine-et-Oise) (1868). — 974 lits pour aliénés des deux sexes. Reçoit des épileptiques hommes. Pension de 3 fr. 70 par j.

Sous la même direction que l'Asile départemental, mais entièrement séparée, Maison de santé uniquement payante. 280 places environ. Pension de 10 fr. 7 fr. et 5 fr. par j., suivant la classe.

VILLEJUIF (Seine). — **Asile départemental de la Seine.** (1884). — 1 140 lits pour malades adultes des deux sexes. Pension de 3 fr. 30 par j. Reçoit des aliénés épileptiques femmes.

CHAPITRE LXIII

MILITAIRES ET MARINS

Nombreuses sont les œuv. pour militaires et marins en service ou retirés du service pour une cause quelconque. La plupart d'entre elles sont également ouvertes à leurs veuves, à leurs orphelins, à leurs ascendants. En outre, un bel élan de camaraderie et de patriotisme a groupé en de multiples sociétés, dont plusieurs sont fédérées entre elles, les anciens militaires de tels ou tels corps ou les futurs soldats.

Les limites du présent ouvrage ne nous permettent pas de mentionner, à notre grand regret : 1° les œuv. ayant un caractère de mutualité et de prévoyance, plutôt que d'assistance ou de charité; 2° les groupements anciens, dont les statuts n'indiquent pas qu'ils pratiquent l'assistance; 3° les Sociétés de préparation militaire, si intéressantes qu'elles soient.

Ier ARR.

Les Vétérans des armées de terre et de mer, 68, rue J.-J.-Rousseau (1893). — A pour but de servir une pension aux militaires et marins ayant pris part aux campagnes de 1870-71, ou à des campagnes antérieures. Droit d'entrée : 5 fr. Cotisation annuelle : 12 fr.

Société parisienne de secours aux familles des pêcheurs français naufragés, 15, rue des Halles (1900). — En faveur des veuves, enfants et ascendants de pêcheurs embarqués, victimes d'accidents de mer.

La Solidarité militaire des anciens et des jeunes rengagés et commissionnés, 48, rue Saint-Honoré (1902). — Société nationale d'appui mutuel et de prévoyance. Secours, indemnités de naissance et de décès aux militaires et à leurs femmes, aux anciens militaires. Cotisation annuelle : 3 fr.

IIe ARR.

Association des Dames françaises (Croix-Rouge), 10, rue Gaillon. Fond. par le Docteur Duchaussoy (1879). — Recon. ut. pub. A pour but de préparer les divers secours que les militaires et marins peuvent recevoir; de former un personnel d'infirmières, capables de rendre des services dans l'intérieur des ambulances en temps de guerre; de réunir le matériel nécessaire, objets de pansement, etc.; d'offrir, en cas de fléaux ou de désastres publics, son concours aux autorités compétentes.

Secours aux militaires blessés ou malades, en cas de guerre. Cours d'infirmières grat.; dispens.; ouvroirs de dames ambulancières. Comités départementaux.

Hôp. d'instruction pratique, 93, rue Michel-Ange (1896). — 24 lits. Cours grat. du s. : hygiène et soins aux malades et blessés.

Société de secours aux familles des marins français naufragés, 87, rue de Richelieu. Fond. par M. Alfred de Courcy (1879). — Recon. ut. pub. Secours en espèces, payement de loyers, vêtements, filets et autres instruments de travail.

L'orphelinat de N.-D. des Pins, à Bienzy, par Pluvigner (Morbihan), fond. par M. Guilloteaux (1894), reçoit et élève gratuitement des orphelines de marins français naufragés. Sœurs de la Sagesse.

Œuvre des Cercles du soldat, 169, rue Montmartre. Fond. par le général Langlois, MM. A. Mézières et Noblemaire (1907). — A pour but de doter les casernes de constructions démontables, servant aux soldats de salles de jeux, de lecture, de correspondance, de théâtre, etc.

Société fraternelle des anciens officiers de terre et de mer, 12, rue Vivienne. Fond. par le commandant Vernhier (1879). — Secours aux officiers, à leurs veuves et à leurs orphelins.

La Flotte, 88, rue de Richelieu (1891). — Réunion d'anciens marins militaires et du commerce; s'occupe du placem. de ses adhérents.

IIIe ARR.

Société philanthropique amicale du soldat, 57, rue de Rambuteau (1902). — Distrib. de chaussettes aux soldats.

Le Foyer du soldat de Paris, 74, rue du Temple. Fond. par M. Louis Germond (1893). — Salles d'études et de récréation pour les sous-officiers et soldats; ouverte de 6 h. à 10 h. du s. Grat.

IVe ARR.

Caisse du gendarme, 12, boulevard Henri-IV, caserne des Célestins (1887). — Recon. ut. pub. Secours aux gendarmes, à leurs veuves et à leurs enfants. Cotisations mensuelles : célibataires, 1 fr.; mariés ou veufs avec enfants, 1 fr. 50.

Les médaillés militaires, 7, rue de Jouy (1899). — Secours mutuels. Maison de retraite et orphelinat à Joinville-le-Pont. Droit d'entrée : 2 fr. Cotisation annuelle : 12 fr.

Société amicale des anciens du 89e d'infanterie, 1, place de l'Hôtel-de-Ville (1904). — Secours. Placem. Cotisation mensuelle : 0 fr. 50.

V[e] ARR.

Société amicale de secours des anciens élèves de l'École polytech-

nique, 21, rue Descartes (1865). — Aide aux anciens élèves malheureux ou à leurs familles. Cotisation annuelle : 10 fr.

Hôpital du Val-de-Grâce, 277, rue St-Jacques (1814). Dépend. du Ministère de la Guerre. — Personnel laïque. 818 lits. Reçoit gratuitement ou à des tarifs réduits les militaires en activité de service, et, à titre de remboursement, certaines catégories de malades assimilables aux militaires (réfugiés politiques). Voir *Hôp. d'adultes. Section militaire.*

VIIe ARR.

Maisons d'éducation de la Légion d'honneur, 1, rue de Solférino, palais de la Légion d'honneur (1809). — A St-Denis (Seine), Écouen (Seine-et-Oise), et les Loges, près St-Germain-en-Laye (Seine-et-Oise). Internats grat. pour les filles légitimes de membres de la Légion d'honneur sans fortune, et payants pour leurs descendantes, sœurs ou nièces. Enseignement ménager, primaire, supérieur, artistique ou commercial. Direction laïque. Admission de 10 à 12 ans. 800 lits.

Prix d'une élève aux frais des familles : 1 000 fr. par an, plus 300 fr. de trousseau d'entrée, à St-Denis ; 700 fr. par an, plus 250 fr. de trousseau, à Écouen et aux Loges.

Adresser les demandes au grand chancelier de la Légion d'honneur, 1, rue de Solférino.

Association amicale des anciennes élèves des Maisons d'éducation de la Légion d'honneur, 1, rue de Solférino (1892). — A pour but d'assister celles qui auraient été frappées de malheurs immérités. Cotisation annuelle : 6 fr. Adresser les demandes à Mme la Présidente, à la grande chancellerie.

Assistance par le travail, bur. et magasin, 14, rue Laugier. Voir *Assistance par le travail.*

Grande Chancellerie de la Légion d'honneur, 1, rue de Solférino. — Secours aux légionnaires et à leurs veuves ou orphelins.

Adresser les demandes au grand chancelier, même adresse.

Écoles militaires préparatoires d'enfants de troupe. Dépend. du Ministère de la guerre, rue St-Dominique.

Adresser les demandes au Ministre de la guerre.

Orphelinat Hériot, à la Boissière (Seine-et-Oise), pour enfants de troupe, orphelins de l'armée de terre, de 5 à 13 ans. 170 lits. Sœurs de St. V. de P. Dépend. du Ministère de la guerre.

Hôtel des Invalides, esplanade des Invalides. Fond. par Louis XIV (1674). — Dépend. du Ministère de la guerre. Asile pour les anciens soldats de tout grade des armées de terre et de mer. 600 lits. En voie de réduction par extinction et de transformation.

Caisse des offrandes nationales en faveur des armées de terre et de mer, 14, rue St-Dominique (1860). — Secours aux anciens militaires et marins, à leurs veuves et à leurs orphelins.

Adresser les demandes au Ministre de la guerre.

Caisse de prévoyance des marins français, à l'École militaire, avenue de La Motte-Picquet. Dépend. du Ministre de la marine, rue Royale (1898). — En faveur des inscrits maritimes et de certains agents non inscrits, des deux sexes, embarqués. Pensions ou indemnités journalières aux victimes d'accidents professionnels ou à leurs ayants droit. Cotisations variables.

Union centrale des officiers de terre et de mer, 19, avenue de Tourville. Fond. par le général Philibert (1899). — Soins médicaux, secours et majorations. Retraites. Frais de funérailles. Placem. Assurances, etc. Cotisation annuelle : 12 fr.

Pensions militaires aux veuves et secours aux orphelins, 14, rue St-Dominique.

Adresser les demandes au Ministre de la guerre.

Bureau des secours aux anciens militaires, 14, rue St-Dominique. — Secours aux anciens soldats ayant au moins 5 ans de services et des campagnes.

Adresser les demandes au Ministre de la guerre.

Société spéciale de secours pour les veuves et les orphelins des officiers du génie, 39, rue de Bellechasse (1858). — Recon. ut. pub. Cotisation annuelle : une journée de solde pour les officiers ; tarif facultatif pour les autres.

Société amicale de secours pour les veuves et orphelins des fonctionnaires de l'Intendance militaire, 8, boulevard des Invalides (1900). — Cotisation annuelle : 10 fr.

Fondation Orville-Legrand et du général Mylius, 3, rue Oudinot (1875). — Œuv. de loyers, s'intéressant particulièrement aux familles de militaires ou ayant des fils sous les drapeaux, habitant les IIe et VIIe arr.

Fondation Monrival de Kerhallet, 1, rue de Solférino (1903). — Pour servir des pensions à des veuves de membres de la Légion d'honneur, militaires de terre ou de mer du grade de colonel ou assimilés. Adresser les demandes au grand chancelier de la Légion d'honneur.

Œuvre du Cercle national pour le soldat de Paris, 15, rue Chevert. Fond. par M. Thorel (1909). — Direction laïque. Grat. A pour but de protéger le soldat contre les conséquences de l'isolement dans Paris. Salles de correspondance, de lecture, de récréations. Lavabos, bar hygiénique. Dépôt des valises grat.

Ouverte le soir, de 6 h. à 9 h. 30 ; le dim. à partir de 10 h. du mat.

Réunion militaire, 9 *bis*, passage Landrieu. — Cercle pour soldats et sous-officiers en activité de service. Salles de jeux, de lecture et de correspondance.

L'Aumônerie militaire coloniale. Fond. par Me Giraud-Novallet. Siège à Paris, 10, rue de la Chaise (1894). — A pour but de créer aux colonies, près de chaque détachement de troupes important, un poste desservi par un aumônier. Organisation de salles avec bibliothèques destinées à servir de lieu de réunion.

Œuvre du théâtre à la caserne, 117, rue St-Dominique. Fond. par M. Jean de Mayerhoffen (1908). — A pour but de donner gratuitement des soirées récréatives dans les casernes, d'organiser des promenades instructives pour les soldats, et de venir en aide à ceux que leurs faibles ressources empêchent de bénéficier des permissions.

VIIIe ARR.

Société française de secours aux blessés militaires (la Croix-Rouge), 19, rue Matignon (1864). — Recon. ut. pub. Administrée par un Conseil, dont les décisions sont préparées par une Commission d'études. Elle compte actuellement 70 000 membres et 570 comités. Elle avait primitivement pour but unique de secourir les blessés et les malades sur le champ de bataille, en temps de guerre, dans les ambulances et les hôp. Une modification à ses statuts, en 1909, la met de plus sous le régime de la réquisition, en cas de calamité nationale. Pendant les hostilités, elle assure à elle seule le fonctionnement des *Infirmeries de gare*, et, concurremment avec les deux autres Stés de la Croix-Rouge, l'Union des femmes de France et l'Association des Dames françaises, la création et le fonctionnement des *Hôp. auxiliaires de campagne*. Elle est à ce titre l'auxiliaire du Service de santé des armées (décret de 1892).

En temps de paix, les centres d'action de la Sté sont :

1° Hôp.-école, square des Peupliers, XIIIe arr., pour la formation du personnel hospitalier de la Sté (1908). Voir *Écoles d'infirmières;*

2° Œuv. d'assist. aux militaires coloniaux et légionnaires, au Bastion 84, boulevard Kellermann, où sont hospitalisés les hommes de l'armée coloniale et de la légion étrangère à leur sortie du régiment ;

3° Commission de secours à accorder aux anciens militaires blessés ;

4° Maison de conval. et de repos, au Mont-des-Oiseaux, près d'Hyères (Var). 160 lits. Réservée aux officiers des armées de terre et de mer et aux fonctionnaires coloniaux. Séjours de 15 j. à 3 mois. Prix : de 3 à 8 fr. par j. Les officiers peuvent être accompagnés par leur famille ;

5° Envoi aux soldats dans les colonies des dons recueillis pour eux, vêtements, réconfortants, etc. ;

6° Œuv. des livres. Envois de livres, journaux et revues aux soldats dans les hôp., ou cantonnés dans les forts et dans les postes éloignés des colonies ;

7° Œuv. des jeux du soldat. Distrib. de jeux aux hôp. et aux corps de troupe ;

8° Cours du s. (hygiène, tempérance, etc.) ;

9° Dispens. grat. réservés aux indigents, appartenant à la Sté, et desservis par son personnel d'infirmières ;

10° Service des secours aux victimes de calamités publiques, inondations, tremblements de terre, etc.

Société des œuvres de mer, navires-hôpitaux et maisons de marins de Terre-Neuve et d'Islande, 18, rue de la Trémoïlle. Fond. par l'amiral Lafont, les R. P. Bailly et Picard (1894). — Recon. ut. pub. Secours matériels, médicaux, moraux et religieux aux marins, spécialement à ceux qui se livrent à la grande pêche.

La Sté envoie chaque année dans les mers du nord des navires-hôp. portant médecin et aumônier; elle établit des maisons de refuge pour les marins. Consult. et médicaments grat. Rapatriements en France, assist. de naufragés, etc.

Œuvre de l'Adoption des orphelins de la mer, 5, rue Bayard. Fond. par les amiraux des Touches et Serre (1897). — Sert, jusqu'à l'âge de 14 ans, une pension à l'un des orphelins des familles cath. d'inscrits maritimes, naufragés ou morts des fatigues de la mer, orphelin ayant lui-même l'intention d'entrer dans la marine.

Œuvre d'assistance aux militaires coloniaux et légionnaires, 19, rue Matignon. Fond. par M. R. de Cuers (1888). — Secours aux anciens militaires des troupes coloniales et de la Légion étrangère, libérés du service ou en congé de conval. Fusionnée avec la *Sté française de secours aux blessés militaires.*

École des apprentis marins et des mousses, 2, rue Royale. — Admission de 14 ans et demi à 15 ans et 11 mois, les 1er janvier et 1er juillet. Adresser les demandes avant le 15 mai ou 15 novembre au Ministre de la marine.

École des apprentis mécaniciens, 2, rue Royale. — A pour but de recruter des mécaniciens à la flotte de guerre. Admission de 15 ans et 9 mois à 17 ans.

Adresser les demandes au Ministre de la marine.

Établissement des pupilles de la marine, 2, rue Royale (1862). — Recon. ut. pub. A pour but de recueillir les orphelins des marins du commerce ou de l'État, de 7 à 13 ans. Grat. Les prépare à la Marine. Adresser les demandes au Ministre de la marine.

Œuvre des pensions militaires, 11 *bis*, rue Montaigne. Fond. par le général Favé et le comte de Riencourt (1878). — A pour but d'aider les militaires et marins, devenus infirmes dans le service, à faire valoir leurs droits. Elle donne des secours à eux, à leurs veuves ou orphelins, ainsi qu'aux ascendants de militaires décédés dans le service.

Caisse des Invalides de la marine, à l'École militaire, avenue de La Motte-Picquet (1673). — Dépend. du Ministère de la marine, rue Royale. Pensions et secours aux marins militaires et du commerce, à leurs veuves et orphelins. Alimentée par des retenues sur les salaires, primes, parts de primes et d'épaves, amendes, etc.

La Saint-Cyrienne, 13, rue de Laborde (1887). — Recon. ut. pub.

Sté amicale de secours des anciens élèves de l'École spéciale militaire de St-Cyr (pour les anciens élèves et leurs familles). Cotisation annuelle : 10 fr.

Association charitable des femmes du monde, 27, rue d'Anjou (1879). — Secours aux veuves et filles des anciens officiers de terre et de mer et des anciens fonctionnaires de l'État, recommandées par un membre de l'Association.

Union d'œuvres pour l'assistance aux familles des militaires sous les drapeaux, 19, rue Matignon. — Voir *Œuvres diverses de secours, Unions d'œuv.*

Le Souvenir français, 229, faubourg St-Honoré. Fond. par M. Niessen (1889). — Recon. ut. pub. Association nationale pour l'édification et l'entretien des tombes des militaires et marins français morts pour la patrie.

IXe ARR.

Union des Femmes de France (Croix-Rouge), 29, rue de la Chaussée-d'Antin. Fond. par Mme Kœchlin-Schwartz (1881). — Recon. ut. pub. A pour but de prêter son concours, en temps de guerre, aux Services de santé des armées de terre et de mer. Pour accomplir cette mission, elle est placée sous l'autorité du commandement et des directeurs du Service de santé. Création d'hôp. auxiliaires, en cas de guerre. Secours aux malades et blessés militaires. Envois aux colonies et dans les ports. Secours aux rapatriés. Bibliothèques militaires.

Maison de conval. à Oran, Rouen et Nantes.

Dispens., hôp.-école, 32, rue de la Jonquière.

Foyers du soldat. Secours aux victimes des désastres publics.

Cours du s. d'hygiène et soins aux malades et blessés.

Société de protection des engagés volontaires élevés sous la tutelle administrative, 11 *bis*, rue de Milan. Fond. par MM. Fournier et Voisin (1878). — Voir *Relèvement.*

Les Amis du Foyer du soldat, 13, rue Lafayette. Fond. par M. Ed. Goudchaux (1907). — A pour but la création, en dehors mais à proximité de la caserne, pour les hommes de troupe, de centres de famille récréatifs et éducatifs. Placem., logement, secours à la libération.

L'Avenir du soldat, 11, rue Grange-Batelière (1906). — Association nationale d'officiers de réserve pour le placem. grat. des soldats sortant du régiment.

Bibliothèques militaires. — Voir : 1° *Union des Femmes de France;* 2° *Œuv. des livres de la Sté française de secours aux blessés militaires.*

Xe ARR.

Fédération nationale des Unions et Sociétés d'anciens militaires, 28, boulevard de Strasbourg. Fond. par le colonel de Villebois-Mareuil (1898). — Placem. grat. Vestiaire. Secours de toute nature. Cours et conférences.

Le Ralliement des Anciens du 69e d'Infanterie, 28, boulevard de Strasbourg (1894). — Grat. Procure des secours (bons de repas, vestiaire, logement), et des places aux militaires quittant le 69e, et se trouvant sans emploi ou sans moyens d'existence.

Œuvre nationale de la Maison du soldat, 51, rue d'Hauteville. Fond. par Mlle d'Erlincourt (1895). — A pour but de venir en aide au soldat pauvre, orphelin, fils de veuve ou de famille modeste, à qui l'application du service obligatoire cause un préjudice matériel. Elle procure aux sous-officiers, soldats et marins nouvellement libérés, réformés ou retraités, une situation ou du travail. Elle donne des secours et des vêtements. Placem. et rapatriement.

Société des Anciens de la Garde, 26, rue Philippe-de-Girard. — Assist. par le travail, protection et secours aux anciens de la Garde impériale (1854-1870).

« La Chéchia », Association amicale et philanthropique des anciens militaires du 3e zouaves, 116, faubourg St-Martin (1895). — Placem., secours aux membres actifs, malades, blessés ou nécessiteux. Secours, au moment du décès, à leurs veuves ou orphelins. Droit d'entrée : 2 fr. ; cotisation mensuelle : 1 fr.

Union nationale des Anciens Chasseurs d'Afrique, 28, boulevard de Strasbourg (1899). — Secours en nature (pain, logement, vestiaire) et placem.

Hôpital Saint-Martin, 8, rue des Récollets (1860). — Dépend. du Ministère de la Guerre. Personnel laïque. 517 lits. Reçoit grat. ou à des tarifs réduits les militaires en activité de service ; à titre de remboursement, certaines catégories de malades assimilables aux militaires (réfugiés politiques). Voir *Hôp. d'adultes, section militaire.*

XIVe ARR.

Confédération nationale des Anciens militaires des armées de terre et de mer, 105, rue d'Alésia (1909). — Groupement de toutes les Stés d'anciens militaires, dans le but d'obtenir la fondation de maisons de retraites, orphelinats, etc. Cotisation variable.

« L'Isly ». Société amicale des Anciens militaires du 41e d'infanterie, 29, rue Deparcieux. Fond. par M. Ledoux (1909). — Allocations aux veuves ou ayants droit des camarades décédés. Versement de 1 fr. par chaque sociétaire, à chaque décès.

XVe ARR.

Association amicale des Anciens du 88e régiment d'infanterie (1901). — Secours aux anciens militaires de ce régiment. Une couronne mortuaire est déposée sur la tombe de chaque sociétaire décédé. Cotisation annuelle : 3 fr.

XVIIIe ARR.

Œuvre des vieux militaires, 69, rue Lamarck (1900). — Secours aux vieux soldats nécessiteux.

XIXe ARR.

Les Anciens du 129e d'infanterie, 50, rue d'Hautpoul. Fond. par M. Roger. — Procure, moyennant une cotisation variable, des secours et des places aux anciens militaires de ce régiment.

XXe ARR.

Le Foyer du soldat du XXe arrondissement, 17, rue des Gâtines (1900). — Vient en aide au soldat sociétaire, pendant qu'il est au régiment. Admission à partir de 14 ans. Cotisation annuelle : 6 fr.

BANLIEUE

JOINVILLE-LE-PONT. — **Société « Les médaillés militaires »**, 7, rue de Jouy. — Maison de retraite. Voir *Hospices et asiles privés.*

SAINT-MANDÉ. — **Hôpital Bégin**, rue de Paris (1858). — Dépend. du Ministère de la Guerre. Personnel laïque. Reçoit grat. ou à des tarifs réduits les militaires en activité de service, et, à titre de remboursement, certaines catégories de malades assimilables aux militaires (réfugiés politiques). 540 lits. Voir *Hôp. d'adultes, Section militaire.*

CHAPITRE LXIV

ALSACIENS-LORRAINS

Sociétés de secours mutuels destinées à d'anciens Alsaciens-Lorrains : Fédération des Stés d'Alsace-Lorraine de France et des colonies, 91, boulevard Malesherbes ;

Sté des Alsaciens-Lorrains, 31 *bis*, rue de la Gazelle ;

Sté alsacienne, 3, passage St-Antoine ;

L'Alliance d'Alsace-Lorraine, 51, rue Fontaine-au-Roi ;

Sté fraternelle de la vallée de Ste-Marie-aux-Mines, 19, rue d'Arcole ;

Association amicale des Alsaciens-Lorrains, 228, rue Lafayette ;

La Fraternité lorraine, 79, boulevard de Strasbourg.

IVe ARR.

Fondation des Frères A. et C. Birklé (de Strasbourg) (1888). — Somme de 200 000 fr. léguée à la Ville de Paris, pour en employer le revenu en secours à des familles nécessiteuses d'Alsace-Lorraine, ayant opté pour la nationalité française, ou en bourses pour leurs enfants.

S'adresser à la Préfecture de la Seine.

VIIe ARR.

Société de patronage des orphelins d'Alsace-Lorraine, 2, rue Casimir-Perier. Fond par le marquis de Gouvello (1872). — Fusionnée (1893) avec la Sté de patronage des orphelinats agricoles. Voir *Adoption, Sté de patronage des orphelinats agricoles et des orphelins alsaciens-lorrains, VIIe arr.*

IXe ARR.

Société de protection des Alsaciens-Lorrains, 9, rue de Provence. Fond. par le comte d'Haussonville (1872). — Recon. ut. pub. Assiste les Alsaciens-Lorrains ayant opté pour la nationalité française et quitté leur pays au moment de l'annexion. Secours temporaires et annuels. Bons de fourneaux. Vestiaire. Placem. Consult. Naturalisation.

S'occupe de placer les enfants dans divers établ. d'enseignement publics ou privés. Possède elle-même plusieurs établ. :

a) Colonie algérienne d'Alsaciens-Lorrains comprenant 3 villages : Haussonviller, Boukhalfa et Camp du Maréchal;

b) Orphelinat au Vésinet (Seine-et-Oise). Reçoit des jeunes filles de familles d'Alsaciens-Lorrains, de 5 à 10 ans, et les garde jusqu'à 21 ans. Direction cath. 54 lits;

c) Asile Gustave Rieffel, au Ménillet, par Bornel (Oise). Pour vieilles femmes alsaciennes-lorraines encore valides, âgées de 65 ans au minimum. Prix de pension : 420 fr. par an. Plusieurs lits grat. Personnel laïque. Aucune distinc. de culte. 40 lits.

X^e ARR.

Association d'Alsace-Lorraine, 38, rue du Château-d'Eau (1871). — Recon. ut. pub. A pour but de venir en aide à tous les Alsaciens-Lorrains fixés à Paris, ayant conservé ou recouvré la nationalité française. Secours en espèces ou en nature. Placem., subventions et bourses pour éducation des enfants. Naturalisation. Distribution de jouets et vêtements à la fête de l'Arbre de Noël.

Association amicale des Alsaciens-Lorrains, 228, rue Lafayette (1854). — A pour but de secourir et d'aider au placem. des Alsaciens-Lorrains résidant à Paris. Cotisation : 6 fr. par an.

Société de réintégration des Alsaciens-Lorrains, 10, boulevard Bonne-Nouvelle (1883). — Vient en aide aux émigrés d'Alsace-Lorraine, en faisant auprès de l'Administration les démarches nécessaires pour obtenir leur réintégration.

Mission Saint-Joseph des Alsaciens-Lorrains, 30, rue de l'Aqueduc (1851). — Direction cath. Patronne et assiste d'une part des ouvriers alsaciens-lorrains, d'autre part des ouvriers allemands.

XVe ARR.

Œuvre de Notre-Dame-de-Grâce, 29, rue de Lourmel. — Patron. et œuv. diverses pour Alsaciens-Lorrains.

CHAPITRE LXV

SOCIÉTÉS DÉPARTEMENTALES ET PROVINCIALES D'ASSISTANCE

Les Stés groupant les membres d'une province ou d'un département sont sans doute bien plus nombreuses que celles indiquées ci-après. Cela s'explique, car le présent travail a été strictement limité aux œuv. d'assistance proprement dite, et l'on n'y a pas compris, conformément au programme de la publication, les Stés de secours mutuels, fort nombreuses entre originaires de certains départements, et celles qui n'ont d'autre but que faire de la propagande politique ou d'organiser des fêtes ou banquets, pour mieux se connaître.

Ces Associations se réunissent parfois en dehors de leur siège social, à la Salle Jeanne-d'Arc, 166, *rue Jeanne-d'Arc, ou dans certains cafés et restaurants. Il faut ajouter que ce siège est instable pour beaucoup de Stés, par suite des changements d'adresses de leurs présidents.*

A) Sociétés départementales

ARIÈGE. — **Société amicale des Ariégeois de Paris,** 9 *bis,* rue de Maubeuge (1881). — Direction laïque. Admission à partir de 18 ans. Les 2 sexes, de toutes religions. A pour but de secourir, placer, rapatrier au besoin les Ariégeois exclusivement.

AVEYRON. — **Société amicale des Enfants du canton de Bozouls,** 14, rue de Turbigo (1910). — Direction laïque. Pour les deux sexes, de toutes religions. A pour but d'aider et de secourir ses membres. S'occupe de leurs funérailles. Cotissation : 3 fr. par an.

L'Union aveyronnaise, 28, rue Lamarck (1893). — Direction laïque. Sœurs visiteuses : Sœurs du Sacré-Cœur de Marie, même adresse. A pour but de grouper les originaires de l'Aveyron. Distribue des secours. Aide au placem. et au rapatriement. Soins en cas de maladie. Consult. juridiques grat. Vestiaire et ouvroir. Dispens. Colonie de vacances. Patron. de jeunes filles. Cercle de jeunes gens. Assist. par le travail.

La Solidarité aveyronnaise, 41, rue Madame (1906). — Direction laïque. Pour adultes des 2 sexes, de toutes religions. A pour but l'amélioration morale et matérielle de ses adhérents. Cotisation : 2 fr. par an minimum.

L'Aveyronnaise, 43, boulevard de Strasbourg (1895). — Direction laïque. Pour adultes des 2 sexes, de toutes religions. A pour but de secourir, placer et rapatrier ses membres.

BASSES-ALPES. — **Société fraternelle des Bas-Alpins**, 29, rue Le Peletier (1888). — Direction laïque. Pour les 2 sexes, de toutes religions. A pour but de créer entre ses membres des relations amicales, de les aider, de faire connaître le département des Basses-Alpes au point de vue tourisme, commerce et industrie. Alloue des secours soit à ses membres, soit aux Bas-Alpins habitant la Seine. Cotisation : 5 fr. par an au moins.

CALVADOS. — **Association amicale du Calvados**, 12, avenue Trudaine (1881). — Direction laïque. Pour adultes des 2 sexes. A pour but d'aider ses membres. Cotisation : 6 fr. par an.

CANTAL. — **Amicale des Enfants de Vic-sur-Cère**, 20, rue de la Quintinie (1906). — Direction laïque. Pour tous âges, les 2 sexes et toutes religions. A pour but de secourir, placer, rapatrier les membres de la Sté qui sont originaires du Cantal. Cotisation : 3 fr. par an.

Société des Goudots, 7, rue de Lesdiguières (1905). — Direction laïque. Pour adultes hommes. A pour but de réunir amicalement ses membres et de les secourir au besoin. Cotisation : 2 fr. par an.

La Gentiane, 95, rue St-Antoine (1903). — Direction laïque. Adultes des 2 sexes. A pour but de secourir, placer et au besoin rapatrier ses membres. Cotisation : 5 fr. par an.

CORRÈZE. — **Association corrézienne**, 139, boulevard St-Germain (1870). — Direction laïque. Recon. ut. pub. Pour adultes des 2 sexes, de toutes religions. A pour but de secourir et de rapatrier au besoin les originaires de la Corrèze. Cotisation minimum : 6 fr. par an.

COTES-DU-NORD. — **Association amicale des Enfants des Côtes-du-Nord**, 204, boulevard St-Germain (1901). — Direction laïque. Pour tous âges, les 2 sexes et toutes religions. A pour but de réunir ses membres, de les aider, de les placer et les rapatrier le cas échéant. Cotisation : 6 fr. par an.

EURE. — **Union normande de l'Eure**, 40, rue Rouelle (1696). — Direction cath. A pour but de venir en aide aux originaires de l'Eure, habitant Paris, qui se trouvent dans le besoin, de les visiter en cas de maladie, et de leur faciliter les secours religieux. Les jeunes filles sont reçues au patronage des Sœurs de St. V. de P. L'œuv. procure des emplois, aide au rapatriement.

Association amicale des républicains de l'Eure, 8, boulevard de Strasbourg (1881). — Direction laïque. Avoir 21 ans, de toutes religions, et verser une cotisation annuelle de 5 fr. A pour but d'aider, secourir et placer ses membres ou les originaires de l'Eure.

GARD. — **Les Enfants du Gard**, 14, rue Mayet (1892). — Direction laïque. Adultes. A pour but l'aide morale et matérielle des compatriotes. Placem. et rapatriement. Cotisation : 6 fr. par an.

Société « La Brandade », 71, rue de la Pompe. — Direction laïque. Adultes des 2 sexes, de toutes religions. A pour but de réunir ses membres, de les aider, de les placer et les rapatrier au besoin.

HAUTES-ALPES. — **Société fraternelle des Hautes-Alpes**, Mairie du IIIe arr. (1885). — Direction laïque. Deux sexes, à partir de 15 ans, de toutes religions. A pour but d'entretenir des relations amicales entre ses membres : leur accorde son assistance, aide à leur placem., les rapatrie au besoin. Cotisation : 6 fr. par an.

S'adresser, pour les correspondances et secours, à M. Moisson, 71, rue des Sts-Pères.

HAUTE-GARONNE. — **Association toulousaine de Paris**, 31, rue Vivienne (1893). — Direction laïque. Pour adultes hommes, de toutes religions. A pour but de grouper amicalement et d'aider les originaires de la Haute-Garonne. Cotisation : 12 fr. par an.

HAUTES-PYRÉNÉES. — **Société amicale des Hautes-Pyrénées**, 60, boulevard Malesherbes (1890). — Direction laïque. Pour les 2 sexes et toutes religions. A pour but de créer des relations amicales entre les membres, de les secourir, rapatrier au besoin. Cotisation : 12 fr. par an.

HAUTE-MARNE. — **Société philanthropique de la Haute-Marne**, 45, rue de Belleville (1886). — Direction laïque. Avoir 18 ans au moins. Pour les 2 sexes et toutes religions. A pour but de secourir, d'aider à se placer, et au besoin de rapatrier les originaires de la Haute-Marne.

HAUTE-SAVOIE. — **Les Enfants de l'arrondissement d'Annecy** (1910). — Direction laïque. Pour les 2 sexes et toutes religions. Sté de secours mutuels. Donne des indemnités pour accouchements et au décès ; allocations, retraites. Cotisations : 16 fr. par an.

HÉRAULT. — **Société amicale des Parisiens de l'Hérault** (1893). — Aide réciproque morale et matérielle. Cotisation : 10 fr. par an.

ILLE-ET-VILAINE. — **Association amicale des Enfants d'Ille-et-Vilaine**, 48, avenue de la République (1907). — Direction laïque. Pour adultes des 2 sexes, de toutes religions. A pour but de créer des relations amicales entre compatriotes, d'aider à leur placem., de leur venir en aide dans la gêne. Caisse spéciale de secours en faveur des orphelins. Cotisation : 6 fr. par an.

INDRE. — **Amicale de l'Indre**, 59, avenue de la République (1898).

— Direction laïque. Toutes religions. A pour but de créer des relations amicales entre compatriotes, de venir en aide aux nécessiteux du département, même non sociétaires, de former des groupes de prévoyance, d'assistance mutuelle, de musique, etc. Caisse de secours et de rapatriement. Cotisation : 6 fr. par an.

INDRE-ET-LOIRE. — **Union tourangelle à Paris**, 20, boulevard Raspail (1908). — Direction laïque. Pour adultes hommes, de toutes religions. A pour but de grouper les originaires d'Indre-et-Loire, de les secourir, de les placer, de les rapatrier au besoin. Cotisation : 6 fr. par an.

ISÈRE. — **Société amicale des Enfants de l'Isère**, 11, place de l'Hôtel-de-Ville, et 69, avenue des Gobelins (1881). — Direction laïque. Pour les 2 sexes et toutes religions. A pour but de donner des secours, de placer et rapatrier ses membres. Cotisation : 10 fr. par an.

Section alpine de la Société amicale des Enfants de l'Isère, 69, avenue des Gobelins, et 11, place de l'Hôtel-de-Ville (1900). — Direction laïque. Pour adultes des 2 sexes, de toutes religions. Sté philanthropique ayant pour but de faire de la propagande pour les Alpes françaises. Cotisation : 5 fr. par an.

LANDES. — **Société amicale des Landais**, 8, boulevard de Strasbourg (1898). — Direction laïque. Pour les 2 sexes et toutes religions. A pour but d'aider, de placer et au besoin de rapatrier les originaires des Landes. Cotisation : 5 fr. par an.

LOIRE-INFÉRIEURE. — **Société amicale des Enfants de la Loire-Inférieure**, 30, rue de Bondy (1902). — Pour adultes des 2 sexes. A pour but d'aider ses membres, de les placer, de les rapatrier au besoin ; leur consent des prêts d'honneur.

Association parisienne des anciens élèves du Lycée de Nantes, 9 *bis*, rue Michel-Chasles (1884). — Direction laïque. Pour hommes adultes, de toutes religions. A pour but d'entretenir des relations amicales entre ses membres, et de les aider en cas de besoin. Cotisation : 10 fr. par an.

LOT. — **Union amicale et philanthropique des Enfants de Figeac**, 16, rue Bouchut (1906). — Direction laïque. Pour tous âges et les 2 sexes. A pour but de distribuer des secours en nature, bons de repas, de logement. Colonie de vacances pour les membres. Cotisation : 3 fr. par an.

LOZÈRE. **La Marvéjolaise**, 7, rue St-Philippe-du-Roule (1907). — Direction laïque. Pour adultes des 2 sexes, de toutes religions. A pour but de rapprocher les compatriotes, et de leur permettre de s'entr'aider. Cotisation : 10 fr. par an.

MARNE. — **Société amicale de la Marne**, 14, boulevard Poissonnière (1887). — Direction laïque. Cotisation : 10 fr. par an et 2 fr. de droit d'entrée. Avoir 18 ans au moins.

Filiales : **Sté amicale des Champenois de Rouen; Sté amicale de la Marne en Tunisie.**

MEUSE. — **Association meusienne. Société amicale des Enfants de la Meuse,** 34, rue Montpensier (1894). — Direction laïque. Pour toutes religions et les 2 sexes. A pour but d'aider, de placer et de rapatrier les originaires de la Meuse. Cotisation : 6 fr. par an, et droit d'admission : 3 fr. au minimum. (En voie de dissolution.)

OISE. — **Société amicale des originaires de l'Oise,** brasserie Zimmer (Châtelet) (1906). — Pour adultes des 2 sexes, de toutes religions. A pour but d'entretenir des relations amicales entre ses membres, et de leur prêter aide et assistance. Cotisation : 3 fr. par an.

ORNE. — **Œuvre ornaise,** 17, rue Ballu (1899).— Direction cathol. Sœurs de la Miséricorde de Sion. A pour but de distribuer des secours aux indigents, de les rapatrier, de soigner les malades.

SAVOIE. — **Association amicale des Enfants de l'arrondissement d'Albertville,** 51, rue de Turbigo (1910). — Direction laïque. Pour tous âges, les 2 sexes et toutes religions. A pour but d'entretenir des relations amicales entre les originaires d'Albertville; place, aide et rapatrie au besoin ses membres. Cotisation : 3 fr. par an.

Société philanthropique de Peisey, 17, rue St-Sébastien (1876). Direction laïque. Pour adultes des 2 sexes. Conditions : être originaire de Peisey ou y être allié. A pour but de secourir, placer, rapatrier ses membres. Cotisation : 3 fr. par an.

SEINE-INFÉRIEURE. — **Association amicale de la Seine-Inférieure,** 8, boulevard de Strasbourg (1895). — Direction laïque. A pour but de grouper tous les originaires de la Seine-Inférieure, et de leur offrir un centre d'appui. Une caisse de secours vient en aide aux sociétaires malades ou dans le besoin, et facilite leur placement ou leur rapatriement (exceptionnellement pour les non-sociétaires). Cotisation : 6 fr. par an pour un membre ; 10 fr. pour 2 membres, mari et femme. Droit d'entrée : 2 fr.

TARN. — **Société amicale des originaires du Tarn,** 15 *bis*, avenue Victoria. Secrétariat, 77, rue du Chemin-de-Fer, Villemomble (Seine).

TARN-ET-GARONNE. — **Union amicale des Tarn-et-Garonnais (Société Ingres),** 72, rue Cambon (1880). — Direction laïque. Pour adultes hommes, de toutes religions. A pour but de venir en aide matériellement et moralement aux originaires du département, de les rapatrier en cas de besoin.

VAUCLUSE. — **Société amicale vauclusienne,** 131, boulevard Sébastopol (1901). — Direction laïque. A pour but l'assistance par le travail. Secours aux veuves et aux enfants des sociétaires. Organisation de trains à prix réduits pour le Vaucluse. Assist. médicale. Cotisation : 6 fr. par an.

VOSGES. — **Association vosgienne de Paris,** 40, rue des Mathurins

(1866). — Direction laïque. Pour adultes hommes, de toutes religions. A pour but d'intéresser ses membres à des œuv. ayant un caractère d'ut. pub. pour le département des Vosges, de venir en aide aux originaires de ce département, de les rapatrier de préférence. Cotisation : 5 fr. par an.

Union fraternelle des Vosgiens, 76, boulevard de Strasbourg (1904). — A pour but de venir en aide aux Vosgiens des deux sexes, de toutes religions, en leur procurant un emploi ou en les rapatriant. Cotisation annuelle : 3 fr.

YONNE. — **Cercle philanthropique républicain de l'Yonne.** Maison Véfour jeune, 108, galerie de Valois (Palais-Royal). Fond. par M. Paul Bert (1881). — Direction laïque. Pour les 2 sexes, de toutes religions, à partir de 17 ans. A pour but l'aide morale et matérielle de ses membres, les rapatrie au besoin. Cotisation : 12 fr. par an.

Les Enfants de l'Yonne, Salons de l'Hôtel Moderne, place de la République (1899). — Assoc. amicale et philanthropique, ayant pour but l'établ. de relations amicales entre ses membres, pour la création d'un centre d'appui et de renseignements. Donne des secours et s'occupe du placem. des personnes originaires du département.

B) Sociétés provinciales

ADOUR. — **Écho de l'Adour**, 2, boulevard du Temple (1910). — Direction laïque. Pour adultes des 2 sexes, de toutes religions. Cotisation : 5 fr. par an.

ANJOU. — **Société des Artistes angevins**, 74, rue du Cherche-Midi. — A pour but de faciliter le placem. mutuel des adhérents.

Fédération des Sociétés provinciales de l'Ouest, 26, faub. St-Jacques.

L'Union de l'Ouest, 90, rue de Sèvres (1889). — Direction laïque. Sœurs visiteuses des malades : Sœurs de St-André. A pour but de grouper les originaires de l'Anjou, du Poitou, de la Vendée, de distribuer des secours en nature, de placer, de rapatrier au besoin. Soins en cas de maladie. Consult. juridiques et médicales grat.

AUVERGNE. — **Union auvergnate républicaine libérale**, 14, boulevard St-Germain (1892). — Direction laïque. Être âgé de 21 ans au moins. Pour les 2 sexes et toutes religions. Cotisation : 2 fr. par an. Office de placem. grat. Procure des secours. Rapatrie le cas échéant.

L'Union charitable d'Auvergne, passage Franchemont, rue Jean-Macé (1902). — Direction laïque. Sœurs visiteuses Franscicaines du tiers-ordre, 41, rue de la Roquette. A pour but de grouper les originaires du Cantal, du Puy-de-Dôme, de la Haute-Loire. Distribue des secours en nature. Aide au placem. et au rapatriement. Soins en cas de maladie. Consult. médicales et juridiques grat. Secrétariat des familles. Assist. aux vieillards. Comité de mariages.

Les petits Parisiens d'Auvergne, 64, boulevard Beaumarchais (1907). — Direction laïque. Deux sexes. A pour but de faciliter aux enfants de 8 à 14 ans des voyages de vacances aux frais de l'œuv. Cotisation : 5 fr. par an.

Ligue auvergnate, 64, boulevard Beaumarchais (1881). — Direction laïque. Pour tous âges et les 2 sexes. A pour but de secourir, placer et rapatrier ses membres le cas échéant. Distribue des bons de coke. Cotisation : 6 fr. par an.

Union auvergnate républicaine libérale, 14, boulevard St-Germain (1901). — Direction laïque. Pour adultes des 2 sexes. A pour but de secourir, placer, rapatrier ses membres. Cotisation : 2 fr. par an.

BÉARNAIS ET BASQUES. — **Association amicale béarnaise et basque,** 11, rue Gœthe. — Direction laïque. A pour but d'entretenir des relations amicales entre les Béarnais et les Basques résidant dans le département de la Seine, et de créer entre eux un lien de mutuelle assist.

BERRI. — **Cercle amical du Cher et de l'Indre.** Assoc. générale et philanthropique des originaires du Berry, 51, rue de Turenne. — S'occupe de procurer du travail à ses compatriotes sans emploi. Procure des vacances aux enfants du Cher et de l'Indre dans leur pays d'origine.

BOURBONNAIS. — **L'Union bourbonnaise,** 14, place de l'Hôtel-de-Ville (1888). — Direction laïque. Pour adultes hommes, de toutes religions. A pour but d'entretenir des relations amicales entre ses membres, de les aider, de les secourir et de les rapatrier au besoin. Cotisation : 12 fr. par an.

BOURGOGNE. — **L'Union bourguignonne,** 38, rue des Perchamps (1908). — Direction laïque. Sœurs visiteuses : 78, rue Lafontaine. A pour but de grouper les originaires de la Bourgogne (Ain, Côte-d'Or, Saône-et-Loire, Yonne). Distribue des secours, aide au placem., rapatrie au besoin. Visites et soins en cas de maladie. Consult. juridiques grat. Secrétariat.

BRETAGNE. — **Œuvre Saint-Yves,** 7, rue de Sèvres (1890). — Direction laïque. Pour tous âges, les 2 sexes et toutes religions. A pour but de venir en aide aux Bretons malheureux de Paris. Repas grat. Distrib. de vêtements.

La Bretagne, 40, rue du Cherche-Midi (1894). — Direction laïque. Sœurs visiteuses aux adresses suivantes : 40, rue du Cherche-Midi ; 26, place Jeanne-d'Arc ; 29, rue Gassendi. A pour but de créer un lien entre les originaires de la Bretagne. Donne soins et secours. Œuv. filiales :

La Mutualité bretonne, 23, rue de Vaugirard ;

L'Union fraternelle des Bretons de Paris, 16, rue du Cherche-Midi, Paris.

La Paroisse bretonne, 112, rue de Vaugirard (1897). — Direction cathol. Pour les 2 sexes et tous âges. Comprend les départements des Côtes-du-Nord, Finistère, Ille-et-Vilaine, Loire-Inférieure, Morbihan.

Filiale : 21, rue du Refuge, Versailles.

Services de secours, visites dans les hôp., placem. et rapatriement. Maison de famille. Patron. Cotisation : 2 fr. 50 par an.

CHABLAIS. — **Société républicaine démocratique anticléricale du Chablais,** 23, rue d'Arcole (1903). — Pour adultes hommes, de toutes religions. Secourt ses membres, leurs veuves et leurs enfants. Placem. et rapatriement.

CHARENTES ET POITOU. — **Union des républicains des Charentes et du Poitou** (1892). — Pour adultes hommes, de toutes religions. Secours et rapatriement au besoin des compatriotes. Cotisation : 10 fr. par an.

DAUPHINÉ. — **Union des Dauphinois de Paris,** 38, rue des Perchamps (1908). — Direction laïque. Sœurs visiteuses : 78, rue Lafontaine. A pour but de grouper les originaires de l'Isère, de la Drôme, des Hautes-Alpes. Distribue des secours, aide au placem. de ses adhérents, les rapatrie au besoin. Soins en cas de maladie. Consult. juridiques grat.

DAUPHINÉ et SAVOIE. — **Union des Allobroges.** Taverne Zimmer, place du Châtelet (1907). — Direction laïque. Pour adultes des 2 sexes, de toutes religions. A pour but d'établir des relations régulières entre les membres des colonies dauphinoises et savoisiennes à Paris; de faciliter et d'augmenter les relations commerciales et autres avec le Dauphiné et la Savoie. Cotisation : 3 fr. par an.

DORDOGNE. — **La Dordogne,** 61, rue de Passy (1905). — Direction laïque. Pour adultes des 2 sexes, de toutes religions. A pour but de secourir, placer, et rapatrier le cas échéant les originaires de la Dordogne. Cotisation : 5 fr.par an.

FRANCHE-COMTÉ. — **L'Œuvre franc-comtoise,** 22, rue Notre-Dame-des-Champs (1878). — Direction laïque. Sœurs visiteuses de Bon-Secours. A pour but de grouper les originaires de la Haute-Saône, du Doubs et du Jura. Distribue des secours, aide au placem. des membres, les rapatrie au besoin. Soins en cas de maladie. Consult. juridiques grat. Conférence St-Ferréol et St-Fergeux de la Sté de St. V. de P.

Les Francs-Comtois à Paris, 11, rue Vauquelin (1870). — Direction laïque. Pour tous âges, les 2 sexes et toutes religions. A pour but de faciliter les relations amicales entre ses membres et d'aider à leur placem. et rapatriement. Cotisation : 12 fr. par an.

L'Assistance franc-comtoise, 19, rue du Jura (1903). — Direct. neutre. A pour but l'assist. des compatriotes habitant Paris tombés dans l'infortune. Secours en nature et placem.

GUYENNE. — **Union de Guyenne,** 38, rue des Perchamps (1911). — Direction laïque. Sœurs visiteuses : 78, rue Lafontaine. A pour but de grouper dans un esprit de charité chrétienne, en vue de leurs intérêts moraux et matériels, les habitants de Paris originaires de la Gironde, de la Dordogne, du Lot, du Lot-et-Garonne et du Tarn-et-Garonne. Donne des secours à ses adhérents, l'assist. des malades à domicile et dans les hôp., des indications d'emplois, des facilités de logement et de nourriture offertes aux femmes privées de domicile, des transports à prix réduits pour le rapatriement.

LIMOUSIN. — **Association des dames limousines et creusoises,** 20, rue Lacépède (1897). — Direction laïque. Sœurs visiteuses : Sœurs Auxiliatrices de l'Immaculée-Conception, même adresse. A pour but de venir en aide aux originaires de la Creuse et du Limousin, de les placer, de les rapatrier le cas échéant. Visites à domicile et soins des malades. Consult. juridiques grat. Colonies de vacances. Patron. et cercle. Ouvroir de dentelles, 15, avenue Matignon.

Le Clafoutis (anciennement « Le Barbichet »), 5, rue de Chantilly (1859). — Pour hommes de tous âges et de toutes religions. A pour but de secourir et de rapatrier les Limousins. Cotisation : 6 fr. par an.

Association amicale des Limousins à Paris, rue de Chantilly, 5 (1894). — Direction laïque. Pour adultes des 2 sexes. A pour but de secourir et patronner ses membres. Cotisation : 6 fr. par an.

LORRAINE. — **Union lorraine.** — Secours aux originaires des 3 départements lorrains. Président : le comte de Ludre, 25, avenue Bosquet.

LOZÈRE. — **L'Union lozérienne,** 71, rue du Faubourg-St-Honoré (1870). — Direction laïque. Sœurs visiteuses : Sœurs du Sacré-Cœur de Marie, rue Lamarck, 28. A pour but de grouper les originaires de la région, de les secourir, les placer, les rapatrier au besoin. Soins en cas de maladie. Consult. juridiques grat.

LYONNAIS. — **Association lyonnaise,** 91, rue de Prony (1878). — Direction laïque. Pour tous âges, les 2 sexes et toutes religions. A pour but d'entretenir de bons rapports entre ses membres, de les secourir et de les rapatrier le cas échéant. Cotisation : 10 fr. par an.

LYONNAIS et FOREZ. — **L'Union lyonnaise et forézienne,** 64, rue Vaneau (1890). — Direction cath. Sœurs visiteuses, 64, rue Lamarck. Pour tous âges, les 2 sexes et toutes religions. A pour but de grouper les originaires du Rhône et de la Loire, de les secourir, les placer, les rapatrier. Soins à domicile. Consult. juridiques grat. Chambres pour j. filles. S'adresser les lund., merc., vend.

NIVERNAIS. — **Union catholique nivernaise,** 59, avenue Daumesnil. — Direction laïque. A pour but de grouper dans un esprit de charité chrétienne, pour leur prêter aide et assist. au point de vue de leurs intérêts moraux et matériels, les Nivernais habitant Paris.

Fournit des renseignements pour mariage, entrée à l'hôp., dans un orphelinat; consult. juridiques et médicales; donne des soins aux enfants, aux femmes en couches, aux malades à domicile. Elle s'occupe aussi des relations avec les pays d'origine et de rapatriement.

Bureaux dirigés par des Religieuses, ouverts les lund. et vend., de 2 h. à 5 h.

NORD et PAS-DE-CALAIS. — **L'Union des septentrionaux**, 7, rue Crozatier (1906). — A pour but d'hospitaliser pour un temps les indigents originaires du Nord et du Pas-de-Calais. Vestiaire, placem. grat., colonie de vacances. Asile : 9, rue du Colonel-Oudot. 9 lits. Membres participants : 6 fr. par an. Don de lit : 100 fr. Fondation de lit : 200 ou 500 fr. une fois donnés.

NORD. — **La Fraternelle du Nord**, 30, rue des Trois-Bornes (19 7). — Direction laïque. A pour but l'enseignement et l'assist. populaires. Aide au placem. grat.

L'Alliance septentrionale, 20, avenue Bosquet (1893). — Direction laïque. Pour adultes des 2 sexes, de toutes religions. A pour but de secourir, placer et rapatrier, le cas échéant, les originaires des départements du Nord, du Pas-de-Calais et de l'arr. de Vervins. Cotisation : 6 fr. par an.

NORMANDIE. — **L'Union bas-normande et percheronne**, 34, rue Vaneau (1895). — Direction laïque. A pour but de grouper les originaires du Calvados, de la Manche, de l'Orne et du Perche, de les secourir, de les aider à se placer, de les rapatrier au besoin. Soins à domicile en cas de maladie. Consult. juridiques grat Vestiaire.

Les Gars normands. Association amicale et philanthropique des originaires de Normandie. Réunions au Café des Gars normands, 75 *bis*, boulevard de Clichy (1909). — Direction laïque. Réunions les mard. et vend., de 8 à 10 h. s. Colonie de vacances, placem. et rapatriement. Sœur visiteuse, même adresse.

PERCHE. — **Les Percherons de Paris**, 10, avenue Rachel, et 36, rue Richelieu (1900). — Direction laïque. Pour hommes adultes de toutes religions. A pour but de réunir ses membres, de les secourir, de les placer, de les rapatrier au besoin. Cotisation : 6 fr. par an.

PÉRIGORD. — **Pot-au-feu périgourdin**, 49, rue Pigalle (1907). — Direction laïque. Pour tous âges, les 2 sexes et toutes religions. A pour but de venir en aide aux compatriotes malheureux, leur donner des secours en nature, les placer et rapatrier, sans s'occuper s'ils sont sociétaires ou non.

LA PICARDIE, 115, boulev. Sébastopol (1907). — Direction laïque. Avoir 18 ans. Pour adultes des 2 sexes et toutes religions. A pour but de secourir et de rapatrier les originaires de la Somme, de l'Aisne, de l'Oise.

POITOU. — Voir *Charentes*.

PYRÉNÉES. — **Les Montagnards pyrénéens,** 85, rue de la Pompe (1908). — Direction laïque. Pour adultes des 2 sexes, de toutes religions. A pour but de créer des relations amicales entre compatriotes. Aide au placem., donne des secours et facilite le rapatriement. Cotisation : 6 fr. par an.

L'Union pyrénéenne, 105, rue St-Dominique (1890). — Direction laïque. Sœurs visiteuses : 12, rue Amélie. A pour but de grouper amicalement les originaires des Pyrénées (Basses et Hautes-Pyrénées, Landes et Gers), de les aider, de les placer si possible, de les rapatrier au besoin. Soins en cas de maladie. Consult. juridiques grat.

SAONE. — **Cercle républicain de la Saône,** 24 *bis*, rue Rochechouart (1902). — Direction laïque. Pour les 2 sexes et toutes religions. A pour but d'aider les Francs-Comtois de la Saône dans le besoin. Donne des conférences scientifiques. Cotisation : 6 fr. par an.

SAVOIE et DAUPHINÉ. — **Les Savoyards prévoyants,** 57, rue Rambuteau (1908). — Direction laïque. Pour les 2 sexes et toutes religions. A pour but les secours mutuels. Indemnités pour accouchements et au décès. Allocations. Retraites. Cotisation : 19 fr. par an.

SAVOIE. — **Société philanthropique savoisienne,** 17, rue Meslay (1833). — Recon. ut. pub. La doyenne des Associations provinciales à Paris. Admet, après enquête, tous Savoisiens des deux sexes, de tout âge et de toute religion. A pour but de secourir, de procurer des emplois, et au besoin de rapatrier les compatriotes.

L'Alliance catholique savoisienne, 14, rue François-Miron (1903). — Direction laïque, cath. A pour but de défendre les intérêts religieux, moraux et matériels des Savoyards habitant Paris. Placem., secours aux malades, vestiaire, consult. juridiques, rapatriement grat. Bureau permanent, ouvert tous les dim., de 2 h. à 4 h. s. ; le lund., de 9 h. à midi ; les mard., jeud., vend., de 9 h. à midi et 2 h. à 3 h. s. ; le sam., de 2 h. à 5 h. s., pour accueillir les compatriotes qui arrivent à Paris avec une recommandation de leur paroisse.

TARENTAISE. — **Société républicaine de Tarentaise,** 67, rue de Richelieu (1900). — Pour adultes des 2 sexes et de toutes religions. Secours aux adhérents, principalement compatriotes. Cotisation : 4 fr. par an pour les Tarins ; 5 fr. pour les membres honoraires.

TOURAINE. — **La Touraine à Paris,** 324, rue St-Martin (1905). — Sans distinc. de sexe, d'âge, ni de religion. A pour but d'entretenir des relations amicales entre ses membres, et de leur prêter aide et assist. S'occupe de trouver des situations aux compatriotes et de les rapatrier. Bureaux ouverts de 2 h. à 5 h. Cotisation : 4 fr. par an, 3 fr. pour les femmes des membres, 1 fr. pour les enfants au-dessous de 18 ans.

VENDÉE. — **Union fraternelle des Vendéens de Paris,** Café Étienne Marcel, place de l'Hôtel-de-Ville (1893). — Direction laïque. Vient en aide aux Vendéens sociétaires dans le besoin, et secourt ceux qui, sans être sociétaires, sont nécessiteux, en espèces et bons de repas. Cotisation annuelle : 6 fr.

COLONIES

Le Foyer indigène colonial, 280, rue St-Honoré. Fond. par Mme Mohamed Malté de Sémo (1911). — Recon. ut. pub. A pour but de venir en aide aux indigènes de nos colonies pendant leur séjour en France, et de les rapatrier au besoin ; de les aider à connaître notre civilisation ; de leur procurer du travail ; d'aider les anciens soldats et officiers de l'armée coloniale indigène, pendant l'attente du règlement de leur pension ; de faciliter aux étudiants l'entrée dans les écoles françaises.

CHAPITRE LXVI

ŒUVRES EN FAVEUR DES ÉTRANGERS

Les étrangers sont reçus dans les hôp. dans les mêmes conditions que les Français. En cas d'urgence, ils peuvent bénéficier des secours de l'Assist. pub., sans distinc. de nationalité. Il n'en est pas de même pour les hospices, certaines conditions variables étant exigées. Mais il existe à Paris, en faveur des étrangers, un certain nombre d'œuv. d'assist. ci-dessous indiquées.

Œuvres internationales

Home français et international, 120, rue Blomet. — Reçoit les personnes étrangères qui cherchent une occupation, désirent étudier la langue française, ou simplement les dames de passage à Paris. Prix des chambres par personne : 26 ou 28 fr. par semaine, avec la pension complète.

Ruskin House, 21, rue Jacob. — Pour dames, jeunes gens et jeunes filles. Prix : 120 fr. à 150 fr. par mois.

Œuvres anglo-américaines

Anglo-american young men's christian Association, 160, rue Montmartre (1868). — Recon. ut. pub. Patron. protest., spécial aux jeunes gens anglais et américains ayant au moins 16 ans.

The British-american young Women's christian Association, 5, rue de Turin (1904). — Patron. protest., spécial aux jeunes filles anglaises et américaines. Prix divers. Trois fondations :

Student hostel pour étudiantes, 93, boulevard St-Michel ;

Lunch und rest rooms, 44, rue Cambon ;

Central building, 5, rue de Turin.

« **Ada Leigh** » **homes in Paris,** 18 et 18 *bis*, rue de Milan (1872). — Direction laïque. A pour but de procurer asile temporaire et moyens de travail à des femmes d'origine anglaise. Depuis 30 fr. par semaine. 5 fondations :

Britisch and American home Mission, 77, avenue de Wagram (institutrices et governesses) ;

The « Ada Leigh » hostel for governesses and students, 18, rue de Milan ;

The young Women's home for apprenties, 18 *bis*, rue de Milan ;

The english orphanage, 65, boulevard Bineau, Neuilly ;

Chirst church, 81, boulevard Bineau, Neuilly.

American art Student club, 4, rue de Chevreuse. — Direction laïque. A pour but de recevoir et de protéger les jeunes filles américaines qui viennent faire leurs études à Paris. Chambres et pension à prix modérés.

Theatrical home, 4, rue du Faubourg-Montmartre. — Pour jeunes filles anglaises et américaines des théâtres. Prix : 20 fr. par semaine.

Student Union, 93, boulevard St-Michel (1906). — Direction laïque. Reçoit 27 étudiantes anglaises et américaines protest. jusqu'à 35 ans, moyennent un versement de 25 à 35 fr. par semaine. Un restaurant est adjoint. Prix des repas : 1 fr. le déjeuner, 1 fr. 25 le dîner. Dispens. ouvert tous les j., de 10 h. à midi et de 3 h. à 6 h. Filiales :

Britisch american young Women, 5, rue de Turin ;

Christian Association of Paris, 44, rue Cambon. Voir *Dispensaires*.

British charitable fund, 43, rue des Acacias (1823). — Direction laïque. A pour but d'assister ou de rapatrier les Anglais indigents demeurant à Paris ou aux environs, d'instruire les enfants pauvres de fournir des médicaments aux malades.

The Paris-British schools, 43, rue des Acacias (1832). — Direction laïque. Annexe de l'œuv. précédente. A pour but d'instruire les enfants angl. des deux sexes. Reçoit grat. les enfants pauvres.

The Hertford british hospital, 72, rue de Villiers, à Levallois-Perret. Fond. par sir Richard Wallace (1877). — Recon. ut. pub. Confes. protest. anglais. Reçoit les sujets anglais. 40 lits. Admission grat. Consult. les lund., mard., vend., 9 h. mat. Voir *Hôp. privés*.

Victoria home, 55, boulevard de la Saussaye, Neuilly-sur-Seine. Fond. par le Pasteur Howard Gill (1888). — Recon. ut. pub. Direction laïque. A pour but de recueillir les dames anglaises de 65 ans au moins, et comptant 30 ans de résidence à Paris. 15 lits. Prix : 30 fr. par mois.

The american hospital association of Paris, 44, rue Chauveau, Neuilly-sur-Seine (1909). — Direction laïque. Hôp. recevant les sujets américains ; ceux qui sont reconnus indigents y sont soignés grat.

English home, 157, boulevard Péreire (1887). — Direction laïque. A pour but de procurer un asile et assist. aux jeunes filles cath. qui viennent à Paris chercher des places de gouvernantes ou institutrices. 25 places. Prix : 15 à 20 fr. par semaine. Se rattache à l'Assoc. cath. internationale des œuvres de la jeune fille. Voir *Préservation*.

Catholic home, 96, avenue des Ternes (1897). — Confes. A pour but d'accueillir les jeunes filles sans place qui se destinent à être institutrices ou gouvernantes en France, et de leur procurer des emplois ;

The girls' friendly Society, 50, avenue d'Iéna (1875). — Direction confes. A pour but de grouper et protéger les jeunes filles de bonne conduite, et de les aider à gagner leur vie. Homes, 19, rue Bérenger, et 39, rue de Turenne ;

The english Conference of Saint-Vincent de-Paul, 50, avenue Hoche. — Confes. A pour but de venir en aide aux indigents de nationalité anglaise ; toutes les Stés de St. V. de P. anglaises s'y rattachent ;

Mission Work of the american church of the Holy Trinity, 23, avenue de l'Alma (1880). — Confes. A pour but de venir en aide aux Américaines qui se trouvent à Paris sans ressources, ainsi qu'aux femmes anglaises ou même françaises étant dans le dénuement.

Bureaux ouverts tous les j., de 3 à 5 h.

Holy Trinity lodge, Œuv. filiale de la précédente, 4, rue Pierre-Nicole. — A pour but de recueillir et de soigner en cas de maladie les Américains pauvres. Direction des Diaconesses. Voir *Hôp. privés.*

Relief Society of the United States of America, 233 *bis*, rue du Faubourg-St-Honoré (1883). — Direction laïque. A pour but de secourir et de rapatrier les Américains sans ressources à Paris.

Miss de Broen's Belleville Mission, 32, rue de Bolivar. Siège de l'œuv., 3, rue Clavel (1871). — Direction laïque. Œuv. scolaire pour garçons et filles. Soupes populaires pendant les mois d'hiver. Assist. par le travail, ouvroir pour les vieilles femmes, visites à domicile, conférences, bibliothèque grat.

The british and american children's Home, à Neuilly, 35, boulevard Bineau. Fondation Galignani (1876). — Reçoit des enfants protest., anglais ou américains, particulièrement les orphelins. Voir *Orphelinats, Neuilly* (*Seine*).

Œuvres allemandes

Christliches Kellnerheim, 11, avenue Beaucourt (1899). — Confes. A pour but de faciliter aux jeunes gens les moyens de devenir valets de chambre, maîtres d'hôtel, garçons d'hôtel, chasseurs, et de leur assurer le logement et la nourriture en attendant un emploi.

Homes allemands de l'Assoc. catholique internationale des œuvres de la jeune fille. Voir *Préservation.*

VIIe arr. 43, rue Vaneau (institutrices).

XIIe — 91, avenue de Choisy (bonnes, gouvernantes).

XVe — 5, rue Fondary (bonnes, gouvernantes).

Home allemand, 21, r. Brochant (1885). — Confes. A pour but de loger et de nourrir à de bonnes conditions les jeunes filles et femmes protest. allemandes, qui cherchent des emplois à Paris. Réservé aux institutrices et aux personnes pourvues de diplôme. Les cath. y sont admises.

Home allemand, 110, rue Nollet (1887). — Confes. A pour but de loger et de nourrir à de bonnes conditions les jeunes filles et femmes protest. allemandes, qui désirent rester à Paris pour se placer (bonnes d'enfants, femmes de chambre, gouvernantes, etc.). Les cath. y sont admises.

Marienheim, 15, rue Fondary. — Confes. A pour but le placem. des jeunes filles et femmes cath. de langue allemande présentes à Paris (bonnes, femmes de chambre, gouvernantes, institutrices). En attendant leur placem., elles peuvent être logées et nourries à des prix modérés, dans le « home » fonctionnant à l'adresse ci-dessus, et dépendant de l'Assoc. cath. internationale des œuvres pour la protection de la jeune fille. Prix courant : 2 fr. par j. en chambre à 2 lits.

Œuvres de bienfaisance de la Villette, 93, rue de Crimée (1852). — Confes. A pour but de diriger une paroisse dénommée « paroisse allemande évangélique », et de secourir, dans tous les cas, les paroissiens allemands. Asile maternel, visite et soins aux malades.

Sous la même direction évangélique, œuv. filiale, 25, rue Blanche.

Gesellenverein, 236, rue du Faubourg-St-Martin (1888). — Direction laïque. A pour but de faciliter la recherche du travail aux jeunes gens allemands, autrichiens et suisses, de 17 à 28 ans, de toutes religions. Maison de famille, où les adhérents de l'œuv. sont logés à raison de 0 fr. 50 la nuit, ou 3 fr. 50 par semaine, et nourris pour 0 fr. 65 par repas composé de potage, viande et légumes ; la nourriture et le logement peuvent même être grat. pendant 3 j. Placem. moyennant 1 fr. par mois, tant qu'ils bénéficient du travail procuré par l'œuv.

Association cultuelle d'évangélisation parmi les protestants de langue allemande, 28, rue Geoffroy-Lasnier. Fond. (1809), renouvelée (1905). — Direction confes.

Institution Sainte-Élisabeth, 43, rue Vaneau (1901). — Direction laïque. A pour but de placer, secourir et aider les jeunes filles et femmes allemandes cath., et de leur assurer le logement et la nourriture en attendant un emploi.

Deutscher Hulfsverein in Paris, 86, rue de Bondy (1844). — Direction laïque. A pour but de secourir les Allemands des deux sexes se trouvant à Paris, et de les rapatrier au besoin.

Secrétariat de la Mission allemande pour Alsaciens-Lorrains, 214, rue Lafayette. — Tous les j., de 10 h. à 11 h. mat. et de 3 h. à 6 h. s.

Mission Saint-Joseph, 214, rue Lafayette, — Écoles grat. et Patron. pour les jeunes gens et les jeunes filles cath. allemands.

Mission Sainte-Élisabeth, 91, avenue de Choisy (1863). — Direction confes. A pour but de procurer des emplois aux jeunes Allemands cath., et de leur assurer, en attendant leur placem., le logement et la nourriture, moyennant 2 à 3 fr. par j. Visite des malades à domicile et dans les hôp.

Société de bienfaisance allemande, 86, rue de Bondy (1843). — Secours aux indigents allemands sans distinction confess. Rapatriement des femmes et jeunes filles.

Bureaux ouverts les lund. et jeud., de 1 h. à 4 h.

Deutscher-Frauen-Verein, 3, rue Yvon-Villarceaux. — Sté de dames allemandes, venant en aide et donnant des secours aux femmes et enfants allemands.

Œuvres austro-hongroises

Austria, 5, rue d'Hauteville. — Direction laïque. A pour but la protection et l'assist. des Autrichiens et des Hongrois se trouvant à Paris. Lieu de réunions, bibliothèque, assist. par le travail, placem. Cotisation de 24 fr. par an et droit d'entrée de 2 fr.

Société de bienfaisance austro-hongroise, villa St-Michel, 46, avenue de St-Ouen (1873). — Recon. ut. pub. Direction laïque. Donne protection, assist. à domicile en cas de maladie. Placem. des vieillards et enfants. Rapatriement.

Bureaux ouverts tous les j., de 10 h. à midi, sauf le dim.

Œuvres belges

Œuvre des Flamands à Paris, 181, rue de Charonne. Fond. par le chanoine Beyaert (1862). — Direction confes. A pour but de procurer aide et protection aux Belges cath. se trouvant à Paris ou dans les départements français. Secours en argent et en nature (nourriture, vêtements, couvertures, logement), rapatriement, hospitalisation, œuv. des mariages, placem., patron., visites des malades et des pauvres.

Secrétariat ouvrier, ouvert les dim., lund., merc. et vend. s. Œuv. des petits bateliers belges, Œuv. des franschmans, Cercle flamand. Conférence de St. V. de P.

L'œuv. s'occupe des ouvriers belges venant en France pour les moissons.

Bureau de mariage pour les indigents, tous les mat., de 9 h. à 10 h. et demie.

Union belge, 80, rue du Faubourg-St-Denis (1888). — Direction laïque. A pour but l'assist. mutuelle en cas de maladie ou de blessure, la bienfaisance envers les Belges nécessiteux ou infirmes. Bons de nourriture et de logement, secours en argent et en nature, hospitalisation, rapatriement.

Œuvres danoises

Comité de bienfaisance danois, 39, boulevard Haussmann (1908)

— Direction laïque. A pour but de procurer du travail et de rapatrier les Danois habitant Paris.

Œuvres espagnoles

Association hispano-américaine (Asile San-Fernando), 121, boulevard Bineau, Neuilly-sur-Seine (1892). — Recon. ut. pub. Direction cath. A pour but : 1° de protéger ou de recueillir les abandonnés (vieillards, enfants ou malades des deux sexes) de nationalité espagnole et hispano-américaine ; 2° de secourir ou rapatrier les indigents de ces mêmes nationalités ; 3° de procurer des soins médicaux à tous les indigents qui se présentent.

L'Asile comprend un orphelinat de filles et un asile de vieillards ; il est dirigé par les Sœurs de St. V. de P.

Bur. ouverts les mard. et vend., toute la journée.

Œuvres grecques

Société hellénique de bienfaisance de Paris, 17, place de la Bourse (1899). — Direction laïque. A pour but de secourir ou de rapatrier les indigents d'origine grecque se trouvant à Paris.

Œuvres italiennes

Société italienne de bienfaisance, 92, boulevard de Courcelles (1865). — A pour but de venir en aide aux Italiens habitant Paris. Soins aux malades, admissions dans les hôp. et maisons de santé, secours en argent et rapatriement.

Œuvre des Italiens Notre-Dame-du-Rosaire (1885). — Cinq groupements dans les Maisons de charité des Sœurs de St. V. de P. :

Les Ternes, 22, rue Bayen ;
La Villette, 160, rue de Crimée ;
Reuilly, 77, rue de Reuilly ;
St-Étienne-du-Mont, 69, rue du Cardinal-Lemoine ;
St-Sulpice, 80, rue de Vaugirard.

Dans chaque section, une Sœur de St. V. de P., parlant l'italien, visite les malades et secourt les indigents. Œuv. des mariages ; habillement des enfants pauvres pour la première communion.

Sœurs missionnaires du Sacré-Cœur, 149, rue Perronet, à Neuilly-sur-Seine (1899). — 34 lits. Grat. Asile pour les orphelins pauvres et les enfants abandonnés, plus particulièrement ceux de nationalité italienne ; admission grat. de 18 mois à 15 ans.

Œuvres norvégiennes

Société de bienfaisance norvégienne, au Consulat général, 30, rue de Grammont (1907). — Direction laïque. A pour but de secourir, placer ou rapatrier les sujets norvégiens de tous sexes, de tous âges et de toutes religions.

Œuvres néerlandaises

Société néerlandaise de bienfaisance, 9, avenue de l'Opéra (1885). — Direction laïque. A pour but d'assister les Néerlandais indigents, sans distinction de culte, surtout par des secours en nature. Rapatriement s'il y a lieu.

Œuvres orientales

Association orientale de Paris, 7, rue Popincourt (1910). — A pour but de servir d'office aux Ottomans venant à Paris ; prête son concours moral et matériel pour aider à leur amélioration sociale ; facilite leur rapatriement ; accorde des bourses aux jeunes Ottomans pour faire leurs études à Paris. Cotisation : 2 fr. par an.

La Fraternité musulmane, 28, rue Serpente. — Secours divers.

Œuvres polonaises

Œuvre de Saint-Casimir, 119, rue du Chevaleret (1846). — Recon. ut. pub. Sœurs de St. V. de P. A pour but d'assurer un asile et l'éducation aux orphelins et filles pauvres des réfugiés polonais : garçons et orphelins abandonnés, vétérans estropiés, pour lesquels l'État paye une somme de 40 fr. L'administration est française, mais les Sœurs sont polonaises.

Société de bienfaisance des dames polonaises, 2, rue St-Louis-en-l'Ile. Fond. par la princesse Czartoryska (1834). — Secours aux exilés polonais en argent, vêtements, bons de pain, médicaments, etc.

Association polonaise des Imposés volontaires, 6, quai d'Orléans (1831). — A pour but de venir en aide aux Polonais malheureux, moyennant une imposition volontaire. S'occupe spécialement du placement des vétérans et des enfants. Elle accorde aussi des pensions viagères aux invalides polonais.

Œuvres roumaines

Société de secours des Roumains à Paris, 40, rue de Seine (1911). — A pour but de donner un appui moral et matériel aux étudiants roumains de Paris.

Home pour les étudiantes roumaines (1911), 18, rue Pierre-Curie.

Bibliothèque, avec restaurant et salle de réunions annexés, pour les jeunes gens, 40, rue de Seine.

Un bureau d'informations, fonctionnant au siège social, donne gratuitement aux Roumains qui arrivent à Paris les renseignements dont ils pourraient avoir besoin. Secours aux Roumains reconnus indigents et dignes d'intérêt.

Pour tous renseignements, s'adresser au Docteur Levraditi, secrétaire, 52, rue des Volontaires.

Œuvres russes

Société russe de bienfaisance, 7 *bis*, rue Descombes (1891). — Direction laïque. A pour but de secourir les sujets russes en résidence ou de passage à Paris. Soins des malades à domicile ou hospitalisation ; secours en argent, en vivres ou en vêtements ; placem. ; rapatriement.

Œuvres suédoises

Société suédoise de bienfaisance, 22, rue d'Antin (1878). — Direction laïque. A pour but de secourir ou de rapatrier les sujets suédois de tous âges, de tous sexes et de toutes religions.

Le Département scandinave, 22, rue des Grands-Augustins, à l'Association centrale du travail. Fond. par M. Winberg (1911). — Placem. des Scandinaves (Suédois, Norvégiens, Danois). Voir *Placem.*

Œuvres suisses

Société helvétique de bienfaisance de Paris, 10, rue Hérold (1820). — Direction laïque. A pour but d'assister les Suisses nécessiteux en résidence ou de passage dans le département de la Seine, notamment les malades, les vieillards et les enfants. Secours mensuels, secours urgents, rapatriement, vestiaire, visites aux enfants assistés.

Bur. ouverts tous les j., excepté le dim., de 10 h. à midi.

Asile suisse de Paris, 25, avenue de St-Mandé (1865). — Direction laïque. Recueille, sans distinc. de religion, les vieillards d'origine suisse, sans ressources suffisantes et sans famille en mesure de pourvoir à leur subsistance. Conditions : 30 ans de résidence à Paris, 65 ans d'âge, 30 fr. par mois ; apport d'un lit, d'une commode et d'un trousseau. Ne reçoit pas de malades ni d'infirmes.

Fondation Allemandi, 15 *bis*, rue Marignan (1892). — Legs de Mme veuve Allemandi, de Bâle, dont le revenu doit doter chaque année une jeune fille suisse, sans distinc. de culte, de 17 à 30 ans.

Home suisse, 25, rue Descombes (1883). — Direction laïque. A pour but de loger et de nourrir les jeune filles et femmes suisses qui cherchent une situation (bonnes et femmes de chambre). Prix de pension : 1 fr. 50 par j.

VIEILLESSE

CHAPITRE LXVII

LOI SUR L'ASSISTANCE OBLIGATOIRE AUX VIEILLARDS, AUX INFIRMES ET AUX INCURABLES

Loi du 14 *juillet* 1905.

Décrets des 14 *avril* 1906, 30 *mars* 1907, 3 *août* 1909.

L'Assist. obligatoire aux vieillards, aux infirmes et aux incurables privés de ressources est donnée, soit sous forme de placement dans un hospice public, un établissement privé ou une maison particulière, soit sous forme d'une pension mensuelle, incessible et insaisissable, dont le taux varie suivant les communes (à Paris, 30 fr. par mois au maximum).

Pour bénéficier de l'Assist. obligatoire, il faut être Français, privé de ressources, âgé de 70 ans, ou infirme, ou incurable (âge minimum de 16 ans). Une demande écrite doit être adressée au président du Bur. de bienf. de l'arr. ou au Maire de la commune où le postulant réside. Il faut y mentionner l'état civil, l'âge et le lieu de naissance, les domiciles successifs pendant 5 ans au moins, l'incapacité de travail, les infirmités, la situation des enfants et du conjoint, les ressources.

L'Assist. est donnée par la commune où l'intéressé a son domicile de secours, ou par le département, s'il n'a qu'un domicile de secours départemental. Il faut avoir 5 ans de résidence, et n'avoir pas quitté la commune ou le département depuis plus de 5 ans.

A l'âge de 65 ans, le domicile de secours ne peut ni se perdre ni s'acquérir. A défaut de domicile de secours, la charge de l'assist. incombe à l'État.

L'application de la loi sur l'Assist. obligatoire aux vieillards, aux infirmes et aux incurables est assurée à Paris par l'Administration générale de l'Assist. pub. La décision du directeur reçoit exécution provisoire, sauf approbation du Conseil municipal. Un délai de 20 j. est accordé à tout intéressé pour se pourvoir devant une commission d'appel. Sa réclamation est remise au Maire contre un reçu. La décision de la commission est exécutoire, sauf recours jugé par la commission centrale siégeant à Paris, qui prononce définitivement. Dans le département de la Seine, c'est le Préfet de la Seine qui prononce provisoirement, sauf ratification par le Conseil général. Les refus d'assist. ou le retrait d'assist. sont susceptibles de recours devant le Conseil général, et le refus de statuer devant le Ministre de l'intérieur.

Le retrait de l'assist. peut être prononcé par l'autorité qui a accordé la demande, quand il survient au bénéficiaire des ressources suffisantes.

Commission centrale d'assistance aux vieillards, infirmes et incurables, au Ministère de l'Intérieur, 7, rue Cambacérès. — Voir *Administrations et Offices.*

CHAPITRE LXVIII

ASILES NATIONAUX, DÉPARTEMENTAUX, MUNICIPAUX

1° Asiles nationaux et départementaux

IVe ARR.

Colonies familiales des vieillards de la Seine. Siège à la Préfecture de la Seine. Fond. par le Conseil général de la Seine (1901). — Ont pour but d'hospitaliser des vieillards indigents de la Seine chez des nourriciers qui, recevant 30 fr. par mois, doivent les loger, les nourrir et les blanchir. Les frais de vêture, de maladie et de transport restent à la charge du département de la Seine. Les vieillards ne doivent aucun travail, sauf s'ils le demandent, en échange d'une rétribution qui ne saurait être moindre que le taux du pécule payé par l'Administration.

Une colonie a été fondée à Lurcy-Lévy (Allier); elle est administrée et surveillée par le département de la Seine. Des vieillards sont aussi hospitalisés, individuellement, dans les départements du Pas-de-Calais, de la Nièvre, de l'Yonne, de la Saône-et-Loire, dans des familles et aux mêmes conditions.

XVIIIe ARR.

Asile national de la Providence, 77, rue des Martyrs. Fondé par M. et Mme Micault de la Vieuville (1804). — Recon. ut. pub. Direction laïque. Sœurs de la charité de Nevers. Destiné à recevoir des vieillards des deux sexes, de nationalité française, valides, qui, ayant connu l'aisance, n'ont plus les ressources suffisantes pour vivre d'une façon indépendante.

Les places, au nombre de 105, sont payantes, moyennant une pension annuelle de 1 000 à 1 600 fr. en chambres particulières, et un droit d'entrée de 135 fr. Les vieillards sont logés, nourris, et reçoivent les soins nécessaires, quand ils sont malades ou deviennent infirmes Le mobilier, l'éclairage et le chauffage sont à leurs frais. 10 places sont réservées au Ministère de l'Intérieur, qui en assure le payement. La Société de la Providence paye des portions de bourse pour les personnes admises à l'asile, et qui ne peuvent, en raison de leur situation, acquitter la totalité de la pension.

BANLIEUE

ARCUEIL-CACHAN. — **Hospice F.-V. Raspail**, à Arcueil-Cachan. Fond. par M. Benjamin-François Raspail par un legs d'un million au département de la Seine, pour servir de maison de retraite aux vieillards des deux sexes (1900). — Conditions : Être né dans la Seine, habiter un canton suburbain, avoir 65 ans pour les hommes, 60 pour les femmes, être valide, et posséder un casier judiciaire en blanc. Grat. Les admissions sont prononcées par le Préfet de la Seine.

BRY-SUR-MARNE. — **Fondation Favier**, à Bry-sur-Marne (1890). — Maison de retraite départementale, donnée par Mme Favier au département de la Seine. Direction laïque. 100 lits. Reçoit seuls ou en ménage, moyennant une pension annuelle de 600 fr. (payée par eux-mêmes ou par leur commune), dans des dortoirs divisés en chambrettes séparées, des vieillards des deux sexes, domiciliés depuis 3 ans au moins dans le département de la Seine (Paris excepté), les hommes à partir de 65 ans, les femmes à partir de 60 ans.

CLICHY. — **Hospice Roguet**, 58, rue Vasson. Fond. par le général comte Roguet (1899). — Dépend. du département de la Seine. Reçoit gratuitement des vieillards indigents, des deux sexes, de nationalité française, âgés de 65 ans pour les hommes et de 60 ans pour les femmes. 60 lits, dont 20 dans des chambres à 2 lits pour ménages ; 20 pour hommes ; 20 pour femmes. Les deux tiers des lits sont occupés par des personnes ayant leur domicile dans la commune depuis 10 ans. Un tiers est réservé à des vieillards indigents, domiciliés depuis 10 ans dans l'une des communes de la Seine désignées par le Préfet.

NANTERRE. — **Asile départemental**. — Dépend. de la Préfecture de Police de Paris. — Grat. Reçoit des vieillards des deux sexes, indigents ou infirmes, à partir de 70 ans. 4 793 lits pour la totalité des hospitalisés.

Les demandes sont adressées au Préfet de Police.

VILLERS-COTTERETS (Aisne). — **Maison de retraite de la Seine**. — Dépend. de la Préfecture de Police de Paris. — Grat. Reçoit des vieillards des deux sexes indigents, âgés de 70 ans ou infirmes, n'ayant encouru aucune condamnation. 1 775 lits, dont 1 135 au quartier des hommes, et 640 au quartier des femmes. Les hospitalisés ont deux jours de sortie par semaine, plus deux fois par mois un jour de sortie supplémentaire. Ils sont autorisés à travailler au dehors.

Les demandes sont adressées au Préfet de Police.

VILLEJUIF. — **Hospices de vieillards** (1911). — Dépend. de la Préfecture de la Seine. Pour vieillards bénéficiaires de l'Assist. oblig. En voie d'achèvement.

2° Hospices dépendant de l'Assistance publique

V^e^ ARR.

Asile de Sœur Rosalie, 5, rue de l'Épée-de-Bois (1830). — 20 lits. Pour les femmes âgées d'au moins 60 ans, attendant leur placem. dans les hôp. de la vieillesse. Réservé aux indigentes habitant l'arr. depuis 5 ans, présentées par le Bur. de bienf. et désignées par le directeur de l'Assist. pub.

VIIe ARR.

Hospice Leprince, 109, rue Saint-Dominique (1819). — Direction laïque. Grat. 30 lits. Reçoit les vieillards indigents des deux sexes, domiciliés depuis 6 ans au moins dans le quartier des Invalides, et âgés de 70 ans.

X^e^ ARR.

Maison des Veuves. Fondation Lesecq, 24, rue de Belzunce. — Direction laïque. Grat. 20 chambres. Donne seulement le logement à 20 femmes âgées de 50 ans au moins, présentées à tour de rôle par les 20 Bur. de bienf.

XIIIe ARR.

Hospice de la Salpêtrière, 47, boulevard de l'Hôpital (1648). — Direction laïque. Grat. 3 882 lits, dont 1 697 pour l'Assist. obligatoire et 735 pour les vieillards et infirmes.

Reçoit les femmes indigentes, âgées de 70 ans au moins; les femmes incurables, épileptiques, cancéreuses ou infirmes, sans condition d'âge. Sortie libre pour les femmes âgées seulement, les mard., vend. et dim., de 6 h. mat. à 9 h. du s. Parloir ouvert les jeud. et dim., de midi à 4 h. Voir *Hôp. d'adultes* et *Incurables*.

XIVe ARR.

Maison de retraite de la Rochefoucauld, 15, avenue d'Orléans (1781). — Direction laïque. 247 lits, dont 18 lits d'infirmerie. Pour personnes des deux sexes, âgées d'au moins 60 ans, ou infirmes et incurables âgées d'au moins 20 ans. Le prix annuel de la pension pour les vieillards valides est de 250 fr., et pour les infirmes de 312 fr. 50, dont 6 mois acquittés d'avance. Ces payements doivent être garantis par le dépôt d'un titre de rente viagère ou perpétuelle sur l'État, d'un titre de pension sur l'État, les départements, les communes ou les administrations publiques, ou des obligations des chemins de fer garanties par l'État. La pension peut être remplacée par le versement d'un capital, fixé en raison de l'âge, et variant de 4 500 fr. à 875 fr.

A l'entrée, versement d'une somme de 100 fr., représentant la valeur du mobilier. L'habillement et le blanchissage sont à la charge des pensionnaires. En cas d'expulsion ou sortie volontaire d'une personne admise moyennant capital, il lui est alloué une pension de 230 ou 286 fr., si elle compte 5 ans de séjour. En cas de décès, les 6 mois payés d'avance, ainsi que les effets mobiliers du défunt, sont acquis à l'établissement. Tour de faveur, sur 2 vacances, pour les octogénaires. S'adresser à l'Assist. pub., 3, avenue Victoria.

Fondation Tisserand, 134, rue d'Alésia (1878). — Direction laïque. Grat. 48 lits. Donne seulement le logement aux vieillards âgés de 65 ans au moins, habitant depuis 3 ans les quartiers de Montparnasse ou du Petit-Montrouge.

XVIe ARR.

Maison de retraite Chardon-Lagache, 1, rue Chardon-Lagache, à Auteuil (1881). — Desservie par les Sœurs de St. V. de P. 180 lits. Reçoit des époux en ménage, mariés au moins depuis 5 ans, des veufs et veuves, des célibataires, âgés d'au moins 60 ans. Les admissions se font soit en chambre pour les personnes valides seulement, soit en dortoir pour les veufs, veuves, divorcés et célibataires.

Le prix de la pension est de 500 fr. pour une personne en dortoir, de 700 fr. pour les veufs, veuves ou célibataires en chambre, et de 1 300 fr. pour 2 époux. Le payement doit être garanti par le dépôt d'un titre de rente viagère ou perpétuelle, ou de créances sur l'État, les départements, les communes, ou des obligations de chemins de fer garanties par l'État; il s'effectue d'avance par trimestre. Les sorties et les visites ont lieu tous les j.

S'adresser à l'Assist. pub., 3, avenue Victoria.

Institution de Sainte-Périne, 11, r. Chardon-Lagache (1804). — Direction laïque. 281 lits, dont 34 lits d'infirmerie et 16 chambres pour ménages. Pour personnes des deux sexes, à partir de 60 ans révolus, domiciliées depuis 2 ans au moins dans le département de la Seine.

Le prix de la pension est de 1 400 fr. Il faut justifier en plus d'une ressource annuelle de 600 fr. pour l'entretien, le chauffage et l'éclairage. La pension se paye par trimestre et d'avance. Les pensionnaires ont chacun leur chambre, et mangent au réfectoire. Ils sont soignés quand ils sont malades, peuvent sortir et recevoir des visites tous les j.

Les demandes d'inscription doivent être déposées à l'Assist. pub., 3, avenue Victoria.

Maison de retraite Rossini, 29, rue Mirabeau (1889). — Direction laïque. 70 lits, dont 7 d'infirmerie. Maison de retraite destinée aux chanteurs français et italiens infirmes ou âgés de 60 ans. Grat.

S'adresser au directeur de l'Assist. pub., 3, avenue Victoria.

XVIIe ARR.

Fondation Damet, 19, rue Lemercier (1866). — Direction laïque

Grat. 33 chambres. Donne seulement le logement aux vieillards âgés de 60 ans au moins, habitant le territoire de l'ancienne commune des Batignolles, et sur la désignation du Bur. de bienf. du XVIIe arr.

XXe ARR.

Hospice de Belleville, 180, rue Pelleport (1851). — Direction laïque. Grat. 26 lits. Reçoit les indigents des deux sexes, âgés de 70 ans, ou infirmes et domiciliés dans l'arr., qui se trouvent dans les conditions d'admission aux hospices.

Hospice Debrousse, 148, rue de Bagnolet. Fond. en vertu des dispositions testamentaires de la baronne Alquier, née Debrousse (1892). — Sœurs Augustines hospitalières. Grat. 440 lits. Reçoit les indigents des deux sexes, âgés de 70 ans au moins ou infirmes.

BANLIEUE

ARCUEIL-CACHAN. — **Hospice Cousin de Méricourt et Besson.** Fond. par Mme de Provigny (1911). — Direction laïque. Sœurs de St. V. de P. Grat. Pour vieillards de nationalité française, des deux sexes, âgés de 60 ans au moins, n'ayant subi aucune condamnation judiciaire.

L'établissement ne sera pas ouvert avant 1913.

AULNAY-SOUS-BOIS (Seine-et-Oise). — **Fondation Bigottini** (1906). — 155 lits. Reçoit les femmes de nationalité française, âgées de 60 ans révolus, domiciliées depuis plus de 2 ans dans le département de la Seine, n'ayant aucune maladie contagieuse ou ayant un caractère repoussant.

Le prix de la pension est de 250 fr. ; en garantie du payement de cette pension, dépôt doit être fait, entre les mains du receveur de l'Assist. pub., d'un titre de rente ou de créance sur l'État, les départements, les communes, les administrations pub., soit d'obligations de chemins de fer garanties par l'État, soit encore de titres de rente viagère sur la Caisse de retraites pour la vieillesse ou les grandes Compagnies d'assurances. Une somme annuelle de 150 fr. doit être prévue pour l'habillement et l'entretien des pensionnaires.

BRÉVANNES (Seine-et-Oise). — **Hospice de Brévannes** (1885). — Direction laïque. 1 824 lits, dont 197 pour l'Assist. oblig. ; 200 chambres grat. avec cabinets, affectés à des époux en ménage ; 587 lits en dortoir pour vieillards et infirmés, et 26 lits d'infirmerie. Pour vieillards indigents des deux sexes, âgés de 60 ans au moins, ou infirmes, aux mêmes conditions que pour les autres hospices. Les vieillards qui y sont y restent maintenus, mais actuellement il n'en est plus reçu en dortoir. Voir *Incurables.*

COURBEVOIE. — **Asile Lambrechts,** 46, rue de Colombes. Fond. par le comte Lambrechts (1823). — Direct. protest. 110 lits. Reçoit des vieillards des deux sexes, âgés de 70 ans au moins, et des incurables des deux sexes, âgés de 55 ans au moins pour les hommes, de 50 ans pour les femmes. Voir *Aveugles, Incurables.*

GARCHES (Seine-et-Oise). — **Hospice de la Reconnaissance.** Fond. par M. Brézin (1833). — Direction laïque. 357 lits. Desservi par les Sœurs de la Compassion. Reçoit gratuitement les vieillards de 60 ans au moins, indigents, ayant été pendant cinq ans ouvriers de forges de préférence ou ouvriers de divers états, travaillant le bois, le fer, la fonte et le cuivre. Les sorties et les visites sont libres.

Adresser les demandes à l'Assist. pub., 3, avenue Victoria.

Fondation Ernest Gouin (1re annexe de l'Hospice de la Reconnaissance) (1878). — 30 lits pour vieillards, dont un certain nombre réservés par le fondateur aux anciens ouvriers, âgés et incapables de travailler, des ateliers de construction des Batignolles.

Fondation Lemaire (2e annexe de l'Hospice de la Reconnaissance). — 30 lits pour vieillards, anciens ouvriers des ateliers de construction des Batignolles.

GENTILLY. — **Hospice de Bicêtre**, 78, rue du Kremlin. — Direction laïque. Grat. 3 217 lits, dont 998 pour l'Assist. obligatoire, et 472 pour vieillards et infirmes. Reçoit les hommes indigents, âgés de 70 ans au moins. Sortie des vieillards les mard., jeud., dim., avec autorisation du directeur. Parloir les jeud. et dim. Voir *Incurables, Aliénés.*

ISSY. — **Maison de retraite des Ménages**, 13, rue du Vivier (1557). — Direction laïque. 1 462 lits, dont 74 d'infirmerie, 428 chambres pour veufs et veuves, et 396 chambres de ménages. Pour personnes valides d'au moins 60 ans, vieux époux en ménage, veufs et veuves, époux en faveur desquels le divorce a été prononcé, qui n'ont pas de moyens d'existence suffisants, sans être dans un état d'indigence. La Maison reçoit dans des chambres les personnes valides pouvant se pourvoir d'un mobilier, faire face aux frais d'habillement et de blanchissage, et payer une pension de 300 fr. par an ; dans des dortoirs, moyennant une pension de 250 fr. par an, et l'habillement seulement, avec un droit d'entrée de 200 fr. Le payement de la pension est garanti par le dépôt de valeurs, qui peut être remplacé par un capital de 1 800 fr. pour les pensionnaires logés en chambre, et de 1 200 fr. pour ceux qui sont logés en dortoir. En cas d'expulsion ou de sortie volontaire d'une personne ayant payé un capital, ce dernier lui est rendu, moyennant déduction des frais de séjour. En cas de décès, les héritiers n'ont droit à aucune restitution de pension, capital ou mobilier. Tour de faveur sur 2 vacances pour les octogénaires. Adresser les demandes à l'Assist. pub., 3, rue Victoria.

Hospice Devillas, 38, rue Ernest-Renan (1832). — Section pour protest. Direction laïque. Grat. 72 lits. Reçoit les vieillards des deux sexes, de 70 ans au moins, atteints d'infirmités incurables, habitant

Paris et inscrits au Bur. de bienf. Un cinquième des lits est réservé à la nomination des 2 Consistoires de l'Église réformée.

IVRY-SUR-SEINE. — **Hospice d'Ivry**, 7, avenue de la République (1900). — Direction laïque. 2 326 lits, dont 872 pour l'Assist. obligatoire et 1 281 pour les vieillards et infirmes. Reçoit les indigents des deux sexes, qui doivent y obtenir leur admission au bénéfice de l'Assist. obligatoire. Les pensionnaires peuvent sortir tous les j. Infirmerie à l'usage des blessés sur la voie pub.

Hospice Dheur, rue du Clos-de-l'Hospice (1892). — Direction laïque. 60 lits. Pour les vieillards des deux sexes, nés dans les quartiers du Jardin des Plantes et du Val-de-Grâce, ou y habitant depuis 10 ans au moins. Places payantes pour vieillards de 65 ans en dortoir, moyennant une pension de 400 fr., et de 60 ans en chambre, moyennant une pension de 800 fr. pour les deux époux. Places grat. en dortoir.

Fondation Chemin-Delatour. — 37 lits. Grat. Pour anciens ouvriers balanciers, âgés de 65 ans au moins.

MONTROUGE. — **Fondation Verdier** (1873). — Recon. ut. pub. Reçoit des vieillards des deux sexes. Conditions : Pour les indigents, être âgés d'au moins 65 ans, et résider dans la commune depuis au moins 2 ans ; être privés des secours de la famille ; n'être atteint d'aucune affection contagieuse. Les vieillards incurables ou invalides peuvent y être admis comme pensionnaires, moyennant une pension annuelle de 800 fr. Apport d'un mobilier et 100 fr. d'entrée. Par suite d'une subvention de 100 000 fr. accordée par le Conseil général de la Seine, l'Hospice admet des vieillards des communes voisines, Châtillon, etc., moyennant une redevance de la commune, sous forme d'abonnement.

NEUILLY-SUR-SEINE. — **Maison de retraite Galignani**, 55, boulevard Bineau (1889). — Desservie par les Sœurs de St. V. de P. 104 lits, dont 4 d'infirmerie. Reçoit gratuitement 50 personnes, anciens libraires ou imprimeurs français, leurs veuves ou leurs filles, sur présentation du Cercle de l'imprimerie et de la librairie ; des savants français, leurs mères, veuves ou filles, sur la présentation de la Sté de secours des amis des sciences ; des hommes de lettres ou artistes français, leurs pères ou leurs mères, sur la présentation de l'Académie française ou de l'Académie des beaux-arts. 50 places payantes sont réservées à la nomination de l'Assist. pub. Prix de la pension : 500 fr. par an, payables par semestre et d'avance.

Fondation Belœuil, 47, rue Borghèse. — 54 lits. Pour femmes âgées d'au moins 65 ans, de préférence domiciliées à Neuilly ou dans le XVIIe arr.

SAINT-MANDÉ. — **Hospice Lenoir-Jousseran**, avenue Victor-Hugo (1885). — Direction laïque. Grat. 191 lits, dont 10 d'infirmerie. Reçoit des vieillards indigents des deux sexes, âgés d'au moins 70 ans.

Hospice Saint-Michel, avenue Victor-Hugo (1830). — Direction laïque. Grat. 16 lits. Reçoit des vieillards hommes, indigents, de 72 ans, résidant à Paris depuis au moins 2 ans. Sortie et visites tous les j.

VINEUIL-SAINT-FIRMIN (Oise). — **Maison de retraite de Vineuil-Saint-Firmin.** — Direction laïque. 120 lits (20 en chambre et 100 en boxe). Reçoit des femmes âgées d'au moins 60 ans, moyennant une pension de 250 fr. par an en dortoir et de 300 fr. en chambre.

3° Asiles municipaux

ASNIÈRES. — **Asile Aulagnier**, 213, quai d'Asnières (1898). — Direction laïque. Communal. Grat. Reçoit des hommes âgés de 70 ans, domiciliés depuis 10 ans à Asnières.

BOULOGNE-SUR-SEINE. — **Asile de vieillards**, 52, rue des Abondances (1854). — Municipal. Direction laïque. Desservi par les Sœurs de St-Charles de Nancy. 218 lits. Reçoit gratuitement en dortoir des vieillards indigents des deux sexes, nés ou domiciliés depuis 10 ans dans la commune, les hommes à 70 ans et les femmes à 65 ans au plus. Les vieillards qui ne sont pas dans les conditions nécessaires pour être admis gratuitement sont reçus moyennant une pension de 700 fr. au moins en chambre d'un ou deux lits, soit seuls, soit en ménage.

CHAMPIGNY. — **Hospice Guittard** (1822). — Municipal. 11 lits. Direction laïque. Reçoit gratuitement des vieillards indigents de la commune.

COURBEVOIE. — **Hospice du Cayla**, 66, rue Armand-Silvestre. Fond. par la comtesse de Baschi du Cayla (1879). — Municipal. Direction laïque. Hospitalisation grat. de vieillards valides des deux sexes, ayant 20 ans de domicile dans la ville de Courbevoie, sans ressources et âgés de 75 ans.

FONTENAY-SOUS-BOIS. —**Hospice intercommunal de Fontenay-sous-Bois.** — Reçoit des vieillards des communes de Fontenay, Vincennes et Montreuil.

FONTENAY-AUX-ROSES. — **Asile de vieillards. Hospice Boucicaut**, 23, avenue de Sceaux. Fond. par Mme Boucicaut (1889). — Légué à la municipalité. Direction laïque. Grat. 20 lits. Reçoit des vieillards indigents des deux sexes, ayant au moins 65 ans d'âge, et 15 ans de résidence dans la commune.

ISSY. — **Hospice Lasserre**, 6, avenue de l'Hôtel-de-Ville. Fond. par M. Lasserre (1871). — Municipal. Direction laïque. 50 lits. Grat. Reçoit des vieillards indigents des 2 sexes, ayant au moins 65 ans d'âge et 15 ans de résidence dans la commune.

LEVALLOIS-PERRET. — **Maison municipale de vieillards**, 6, rue Poccard prolongée (1883). — Recon. ut. pub. Direction laïque. 67 lits.

Grat. Reçoit des vieillards des deux sexes, âgés de 70 ans, domiciliés depuis 20 ans dans la commune.

MONTREUIL-SOUS-BOIS. — **Hospice intercommunal de Montreuil**, route de Montreuil, à Fontenay (pour les communes de Montreuil, Vincennes, Fontenay). — Direction laïque. 30 lits pour Montreuil. Reçoit des vieillards des deux sexes, âgés de 65 ans, indigents, habitant la commune depuis 10 ans.

NEUILLY. — **Asile municipal de Neuilly**, 5, rue Soyer (1889). — Recon. ut. pub. Direction laïque. Grat. 40 lits. Reçoit des vieillards indigents des deux sexes, comptant les hommes 70 ans, les femmes 65 ans d'âge, les uns et les autres 5 ans de résidence à Neuilly depuis leur cinquantième année, s'ils y sont nés, et 10 ans s'ils sont originaires d'autres communes, et à condition qu'ils n'aient pas de maladies incurables, ou d'infirmités exigeant des soins spéciaux.

PANTIN. — **Hospice intercommunal de Pantin.** — Reçoit des vieillards des communes de Pantin, Bagnolet, les Lilas, le Pré-St-Gervais.

SAINT-DENIS. — **Asile municipal**, 15, rue de la Boulangerie. — Direction laïque. 9 lits. Reçoit gratuitement des vieillards habitant St-Denis depuis 15 ans au moins.

SAINT-OUEN. — **Hospice-Asile municipal**, rue des Abouts (1887). — Direction laïque. 71 lits. Reçoit gratuitement des vieillards indigents des deux sexes, seuls ou en ménage, ayant 10 ans de résidence au moins dans la commune.

SURESNES. — **Asile de vieillards**, 5, rue Pardenat-Lapostol. Fond. par la municipalité (1905). — Direction laïque. Grat. Reçoit des vieillards des deux sexes, âgés de 70 ans, sauf quelques exceptions, sans distinc. de religion.

THIAIS. — **Asile de vieillards**, 7, rue de l'Ancienne-Mairie. Fond. par Mme Chèvre d'Autréville (1835). — Légué à la municipalité. Direction laïque. Affecté au logement d'indigents des deux sexes, âgés de 60 ans au moins, et habitant la commune depuis au moins 5 ans ; donne à tous, chaque semaine, un bon de pain, un bon de viande, et à beaucoup d'entre eux un livret d'épicerie de 120 fr. par an.

CHAPITRE LXIX

HOSPICES ET ASILES PRIVÉS MAISONS DE RETRAITE

IIe ARR.

Fondation de l'Union philanthropique culinaire et de l'alimentation, 13, rue Mandar. — Maison de retraite à Dugny (Seine), pour les vieillards de l'Alimentation, âgés d'au moins 60 ans, ou incapables de travailler, possesseurs d'un certificat du docteur de la maison, de bonne vie et mœurs.

Ve ARR.

Petites Sœurs des pauvres, 277, rue St-Jacques. Œuv. fond. à St-Servan par M. l'abbé Le Pailleur, avec l'aide de Mlles Marie Jamet, Virginie Trédaniel et Catherine Jugan (1849). — Direction cath. A pour but de donner gratuitement un asile, dans des locaux séparés, aux hommes et aux femmes indigents, âgés de 60 ans au moins ; de pourvoir à leur entretien par des dons en argent et surtout en nature, recueillis au jour le jour, l'œuv. s'interdisant de posséder aucun revenu ; de donner des soins à ceux qui sont malades ou infirmes. Les vieillards valides s'occupent dans la maison selon leurs forces.

Maisons dans les arr. suivants :

Ve arr. 277, rue St-Jacques.
VIe — 45, rue Notre-Dame-des-Champs.
VIIe — 62, avenue de Breteuil.
Xe et XVIIIe — 13, rue Philippe-de-Girard.
XIIe — 73, rue de Picpus.
XVIe — 23, rue de Varize.
Levallois-Perret, 45, rue Gide.
St-Denis. A l'Ermitage.

L'œuv. en possède actuellement 111 en France et 182 à l'étranger. Ces maisons ont donné depuis l'inauguration environ 160 millions de journées d'hospitalisation, sans revenus, grâce au dévouement et à l'activité des Petites Sœurs des pauvres, qui ont pu se procurer, en courant de porte en porte, les moyens nécessaires pour parvenir à un pareil résultat.

S'adresser à la Supérieure de chaque maison pour les-admissions.

VIe ARR.

Sœurs Servantes de Marie, 7, rue Duguay-Trouin. — Direction cath. L'œuv. reçoit des dames bien portantes, sans fixation d'âge, moyennant une pension minimum de 1 200 fr.

Petites Sœurs des pauvres, 45, rue Notre-Dame-des-Champs (1854). — Direction cath. Grat. Voir *V[e] arr.*

Asile Saint-Benoît, 14, rue St-Benoît (1889). — Direction cath. Sœurs de St. V. de P. Grat. Exclusivement réservé aux femmes âgées de la paroisse St-Germain-des-Prés.

VIIe ARR.

Asile Sainte-Anne, 9, rue Perronet. Fond. par M. le Curé de St-Thomas-d'Aquin (1824). — Direct. cath. Sœurs de St. V. de P. 17 lits. Réservé gratuit. aux femmes âgées les plus indigentes de la paroisse ; reçoit les autres moyennant une pension annuelle de 500 fr. S'adresser à la Supérieure pour les admissions.

Sœurs de la Croix-de-Saint-André, 190, rue de Sèvres. — Direct. cath. Hospitalisation des Sœurs âgées.

Petites Sœurs des pauvres, 62, avenue de Breteuil (1851). — Direct. cath. Grat. Voir *V[e] arr.*

Hôtel des Invalides, place des Invalides. Dépend. du Ministère de la Guerre. Fond. par Louis XIV (1674). — Destiné à recevoir les militaires de tout grade des armées de terre et de mer, estropiés à la guerre ou vieillis dans le service. Pour y être admis, il faut être amputé ou aveugle ; pensionné pour ancienneté de service et avoir 60 ans au moins ; être atteint d'infirmités équivalentes à la perte d'un membre ou de son usage, ou être âgé de 70 ans. Des secours peuvent être accordés aux veuves nécessiteuses d'invalides domiciliés à Paris, sur demande au général commandant l'Hôtel, avec un certificat de l'autorité civile à l'appui.

VIIIe ARR.

Maison des œuvres paroissiales de Saint-Augustin, 26, rue du Général-Foy (1870). — Sœurs de St. V. de P. Assure gratuitement une chambre à des femmes de la paroisse, âgées de 60 ans au moins, et pouvant se suffire à elles-mêmes.

Maison de la Sainte-Famille, 248, faubourg St-Honoré (1878). — Sœurs de St. V. de P. Assure, moyennant un loyer de 50 à 200 fr., le logement et les soins des Religieuses à des veuves de la paroisse de St-Philippe-du-Roule, n'ayant pas de fils âgé de plus de 14 ans.

X[e] ARR.

Petites Sœurs des pauvres, 13, rue Philippe-de-Girard (1864). —

Direction cath. Grat. Reçoit aussi des vieillards du XVIIIe arr. Voir *Ve arr.*

XIe ARR.

Maison des Sœurs de Sainte-Marie, 64, rue St-Maur. — Direction cath. Grat. 12 lits. Pour les vieillards de la paroisse St-Ambroise, âgés d'au moins 60 ans.

XIIe ARR.

Petites Sœurs des pauvres, 73, rue de Picpus (1853). — Direction cath. Grat. Voir *Ve arr.*

Hospice Rothschild, 76, rue de Picpus (1863). — Reçoit gratuitement des vieillards israélites des deux sexes, âgés de 70 ans au moins, et ayant résidé 10 ans à Paris. 86 lits.

Maison de retraite pour la vieillesse, 46, boulevard Picpus. Fond. par M. Moïse Léon (1883). — Direction laïque. 34 lits. Administrée par un comité, sous le contrôle du Comité de bienf. israélite, auquel le fondateur l'a léguée. Reçoit des femmes israélites, veuves ou célibataires, âgées de 60 ans au moins, de 75 ans au plus, résidant, depuis 3 ans dans le département de la Seine, n'ayant ni infirmités ni maladies contagieuses ou chroniques, moyennant une pension mensuelle de 50 fr. Quelques places peuvent être données à demi-bourse.

S'adresser au Comité de bienf. israélite, 60, rue Rodier.

Asile de la Muette, 43, rue du Sergent-Bauchat (1854). — Recon. ut. pub. Direction laïque. Reçoit des vieillards protest. indigents et isolés, des deux sexes, du département de la Seine, domiciliés depuis 2 ans au moins dans le département, âgés de 65 ans, valides (exceptionnellement à 60 ans). Prix de pension : 35 fr. par mois, plus un droit d'entrée de 50 fr. et un trousseau.

Faire présenter la demande d'admission par le Diaconat de la paroisse.

XIIIe ARR.

Œuvre de Saint-Casimir, 118, rue du Chevaleret. Fond. par le comte de Montessuy. — Sœurs de St. V. de P. Reçoit des vieillards polonais des deux sexes. Voir *Œuv. étrangères.*

Asile de vieillards, 22, rue Vandrezanne. Fond. par Mme Noleval (1872). — Direction cath. Sœurs de St. V. de P. Donne le logement et des secours aux vieillards âgés de plus de 60 ans, demeurant sur la paroisse Ste-Anne de la Maison-Blanche.

XIVe ARR.

Asile Notre-Dame de Bon Secours, 66, rue des Plantes. Fond. par M. l'abbé Carton (1874). Dépend de l'Archevêque de Paris. — Direction cath. Religieuses hospitalières de l'Hôtel-Dieu. 100 lits pour des vieillards des deux sexes, âgés d'au moins 70 ans, moyennant une pension de 600 fr. par an pour les valides, et de 1 000 fr. pour les infirmes ; literie et trousseau à fournir.

Infirmerie Marie-Thérèse, 92, rue Denfert-Rochereau. Fond. par Mme de Chateaubriand (1819). — Recon. ut. pub. Direction laïque. Desservie par les Sœurs de St. V. de P. Grat. (Administration provisoire de l'Assist. pub.) Destinée à recevoir les prêtres du diocèse de Paris âgés ou infirmes.

Les prêtres peuvent s'y faire soigner quand ils sont malades.

XVe ARR.

Asile de Notre-Dame-de-Bon-Repos, 128, rue Blomet (1860). — Direction cath. Sœurs de Notre-Dame-du-Calvaire. 84 lits. Reçoit des femmes célibataires ou veuves, âgées de 60 ans au moins, nées en France, habitant le département de la Seine depuis 20 ans, et n'ayant aucune infirmité exigeant un traitement spécial. Le prix de la pension est de 600 fr. à 700 fr. par an, payable par trimestre et d'avance ; il est demandé un petit mobilier et un trousseau.

Asile Anselme Payen, 77, rue Violet (1874). — Direction cath. Sœurs de St-Paul de Chartres. Reçoit des vieillards des deux sexes, ayant habité la paroisse de St-Jean-Baptiste de Grenelle de préférence, âgés de 70 ans, ou de 65 ans s'ils sont infirmes.

Prix de pension : 660 fr. par an en dortoir ; 1 200 fr. en chambre. Quelques places grat. pour ceux qui ont habité la paroisse depuis 10 ans. 50 lits, dont 20 pour hommes et 30 pour femmes.

XVIe ARR.

Asile François-Delessert, 5, rue Lekain (1872). — Grat. Reçoit un petit nombre de femmes protest. âgées. 20 lits.

Petites Sœurs des pauvres, 23, rue de Varize (1897). — Direction cath. Grat. Voir *Ve arr.*

Maison de retraite du Cercle familial, 128, avenue de Versailles (1907). — Direction laïque. 10 lits. Reçoit des dames âgées de 55 ans au moins, qui ont été dans de belles situations qu'elles ont perdues, moyennant une pension mensuelle de 100 fr., ou le versement, en une seule fois, de la somme de 15 000 fr. de 55 ans à 60 ans, et de 10 000 fr. à partir de 60 ans.

Asile Saint-Joseph, 197, avenue Victor-Hugo. Fond. par le colonel Tiersonnier (1874). — Direction cath. Sœurs de la Sagesse. Reçoit principalement et gratuitement les vieilles femmes de la paroisse, âgées de 65 ans au moins, exceptionnellement des autres paroisses, moyennant 600 fr. de pension par an. 20 lits.

Fondation dite Retraite Dosne, 31, avenue Bugeaud. Fond. par Mlle Dosne (1909). — Recon. ut. pub. A pour but de recevoir comme pensionnaires des vieilles dames sans fortune, ou veuves d'officiers, pour toute leur vie. Grat. complète. Admissions à partir de 50 ans, de préférence de 60 et 70 ans. La santé est de rigueur à l'admission ; soins dans la maison en cas de maladie. 12 places.

Adresser les demandes à Me Bazin, notaire, 7 rue St-Florentin.

Maison des Sœurs de Saint-Vincent-de-Paul, 60, rue Raynouard. Fond. par les familles Thonissen et de Nouville (1882). — Reçoit gratuitement des femmes de la paroisse, âgées de 60 ans au moins. 8 lits.

XVIIe ARR.

Asile Saint-Vincent-de-Paul, 19, rue Salneuve (1852). — Recon. ut. pub. Direction cath. Sœurs de Ste-Marie. Grat. 50 lits. Reçoit des femmes du quartier des Batignolles, âgées de 70 ans au moins. Quelques places sont payantes, moyennant une pension de 600 à 1 500 fr. par an. Les hommes, reçus dans les mêmes conditions, sont envoyés à la succursale de l'œuv., aux Andelys (Eure).

Maison de retraite pour dames et jeunes filles, 30, avenue de St-Ouen. Fond. par les Religieuses du Sacré-Cœur de Coutances (1867). — Direction cath. Reçoit sur références les jeunes filles employées dans les magasins et dans les administrations, et des dames âgées, moyennant une pension de 1 000 à 1 200 fr. par an.

XVIIIe ARR.

Asile Sainte-Marie, 146, avenue de St-Ouen (1895). — Direction laïque. Grat. Donne le logement aux vieillards indigents âgés de 60 ans au moins, ménages ou femmes seules.

XIX ARR.

Hospice de la Société philanthropique, 166, rue de Crimée (1882). Siège social, 15, rue de Bellechasse. — Direction cath. Desservi par les Sœurs du Calvaire de Gramat. Reçoit des dames âgées de 70 ans révolus, n'ayant aucune infirmité chronique, et justifiant d'antécédents honorables. Les dames sont logées, nourries, entretenues, soignées, inhumées aux frais de la Sté. Elles peuvent sortir aux heures fixées par le règlement, et recevoir des visites. Le prix annuel de la pension est de 560 fr. Un dépôt de garantie de pareille somme est versé dans la caisse de la Sté.

Asile de vieillards, 20, rue Bouret. — Direction cath. Sœurs de St. V. de P. Exclusivement réservé aux femmes âgées de 60 ans au moins de la paroisse St-Georges. Sœurs de St. V. de P. 22 chambres.

Asile de vieillards. Fondation Lebaudy, 36, rue Botzaris. — Direction cath. Sœurs de St. V. de P. Exclusivement réservé aux anciens ouvriers de la raffinerie Lebaudy.

HORS PARIS

ARCUEIL-CACHAN. — **Maison Saint-Joseph**, 7, rue Étienne-Dolet (1859). — Direction cath. Sœurs de St. V. de P. Reçoit des pensionnaires des deux sexes, âgés ou infirmes, sans ressources suffisantes, moyennant 60 fr. d'entrée et une pension de 800 fr. à 1 000 fr. en dortoir, 1 200 fr. en chambre (femmes); de 1 200 fr. en dortoir, 1 500 à 1 800 fr. en chambre (hommes), plus un trousseau, un mobilier, et les frais d'éclairage et de chauffage.

ASNIÈRES. — **Asile Sainte-Marie-Élisabeth**, 14, rue de Châteaudun (1888). — Direction cath. Sœurs de St-François-Régis. Reçoit à partir de 60 ans les femmes indigentes de la commune, moyennant pension variable ; quelques admissions grat.

AUBERVILLIERS. — **Hospice de vieillards**, rue Hermet. — 60 lits.

BOBIGNY. — **Asile Sainte-Marthe**, 1, rue du Parc (1891). — Direction cath. Sœurs de Notre-Dame-des-Sept-Douleurs. 70 lits. Reçoit des dames âgées ou infirmes, cath., moyennant une pension de 600 fr. en dortoir et 1 000 fr. en chambre.

BOULOGNE-SUR-SEINE. — **Asile de vieillards**, 52, rue des Abondances (1854). — Direction cath. Sœurs de St-Charles de Nancy. Spécialement réservé aux vieillards de Boulogne. Admission à 70 ans en dortoir, au prix de 700 et 750 fr. par an ; admission à 60 ans, en chambre particulière, au prix de 800 fr. à 1 000 fr. 218 lits.

CHARENTON. — **Maison de la Providence Saint-Joseph**, 10, rue de Bordeaux. — Direction cath. Sœurs de St. V. de P. Procure le logement et les soins à des vieillards. 5 lits.

CHATILLON-SOUS-BAGNEUX. — **Maison Sainte-Anne d'Auray**, 5, rue de Fontenay (1861). — Direction cath. Sœurs de St. V. de P. Reçoit en chambre des dames âgées de 60 ans, n'ayant aucune maladie exigeant un traitement spécial. La pension est de 800 à 1 000 fr. par an, avec les soins médicaux, mais le chauffage, l'éclairage et le blanchissage sont à leur charge, ainsi que le mobilier, qui, en cas de décès, reste à la maison. Quelques places grat.

CLAMART. — **Hospice Ferrari**, place Ferrari. Fond. par la duchesse de Galliera (1876). — Recon. ut. pub. Direction laïque. Sœurs de la Sagesse. Grat. Reçoit des vieillards de classe aisée, des deux sexes, âgés les hommes de 70 ans, les femmes de 60 ans au moins. 100 lits. Demandes d'admission au Président du Conseil d'administration, ou à l'Agent général de la Fondation Galliera, à Fleury-Meudon. L'Hospice possède un orphelinat de garçons (300 lits), et une école d'horticulture, à Fleury-Meudon (Seine-et-Oise).

Maison Sainte-Émilie, 19, avenue Schneider. Fond. par M. Schneider (1890). — Direction laïque. Grat. Desservie par des Religieuses. 30 lits. Reçoit des vieillards, des deux sexes, indigents de la commune, âgés de 70 ans.

Maison Saint-Joseph, 3, rue Fauveau (1870). — Direction cath. Sœurs de N.-D.-des-Anges. Reçoit à tout âge des dames, moyennant une pension de 1 200 fr. par an, plus les frais divers et les soins médicaux.

CLICHY-LA-GARENNE. — **Asile de vieillards**, 84, rue Martre. — Direction cath. Sœurs de St. V. de P. Reçoit des dames cath. valides, moyennant une pension de 900 fr. en chambre. Droit d'entrée : 30 fr. avec apport du mobilier. 30 lits.

Dépend. de la maison mère, 140, rue du Bac, à Paris.

COUILLY (Seine-et-Marne). — **Maison de retraite des comédiens de Pont-aux-Dames.** Fond. sur l'initiative de M. Coquelin par l'Association des artistes dramatiques (1902). Siège de l'œuv., 42, rue de Bondy. — Grat. Reçoit les pensionnaires de l'Association des artistes dramatiques, des deux sexes, âgés et sans ressources, qui ne sont atteints ni d'infirmités incurables ni de maladies contagieuses.

COURBEVOIE. — **Maison de retraite « Les Tilleuls »**, 30, rue Kilford. — Direction de dames Diaconesses. Pour les 2 sexes et ménages. Conditions diverses. 45 chambres.

DUGNY. — **Maison de retraite pour vieillards.** Voir *IIe arr.*

FLEURY-MEUDON. — **Maison de retraite.** Fond. par la duchesse de Galliera. — 100 lits. Reçoit les Frères des écoles chrétiennes âgés ou infirmes.

GENTILLY. — **Asile de vieillards**, 2, rue Frileuse (1860). — Direction cath. Sœurs de St. V. de P. 70 lits. Reçoit des femmes âgées de 70 ans au moins, moyennant une pension de 700 fr. en dortoir, 1 000 fr. en chambre. Trousseau à fournir.

JOINVILLE-LE-PONT. — **Les Médaillés militaires.** Siège social, 7, rue de Jouy, à Paris (1899). — Maison de retraite pour les vieux médaillés militaires adhérents de l'Association. Droit d'entrée : 2 fr. Cotisation annuelle : 12 fr.

L'HAY. — **Maison de retraite Sainte-Geneviève**, 6, rue Bronzac (1851). — Direction cath. Sœurs de St. V. de P. Reçoit des vieillards des deux sexes, âgés d'au moins 60 ans, moyennant une pension de 1 000 fr. en dortoir et de 1 200 à 2 000 fr. en chambre particulière. Le trousseau et le mobilier à fournir.

LEVALLOIS-PERRET. — **Fondation Greffulhe**, 84, rue de Villiers. Fond. par le comte Greffulhe (1873). — Direction cath. Sœurs de St. V. de P. Grat. 50 lits. Reçoit des femmes âgées de 70 ans au moins, non incurables, ayant 5 ans de résidence dans le même quartier.

Petites Sœurs des pauvres, 45, rue Gide (1840). — Grat. Voir *Ve arr.*

MAISONS-ALFORT. — **Asile de vieillards**, 110, Grande-Rue. — Pour les deux sexes. Sœurs de St-Joseph de Cluny.

NEUILLY. — **Maison de retraite de Sainte-Anne**, 68, avenue du Roule. Fond. par M. l'abbé Deguerry (1852). — Direction cath. Sœurs de la charité de Nevers. Reçoit en chambre des femmes âgées de 50 à 75 ans, non atteintes de maladies chroniques ou incurables, moyennant une pension de 1 300 à 1 800 fr., leur mobilier et leur trousseau. Le blanchissage et le chauffage sont à la charge des pensionnaires. 120 lits, dont quelques-uns grat.

Victoria Home, 55, boulevard de la Saussaye (1888). — Recon. ut. pub. Direction laïque. Reçoit des dames anglaises de 65 ans au moins, et comptant 30 ans de résidence à Paris. 15 lits. Prix : 30 fr. par mois. Voir *Œuv. étrangères.*

NOISY-LE-SEC. — **Maison de retraite Saint-Antoine de Padoue,** 11, rue Tripier (1888). — Direction cath. Sœurs de N.-D.-des-Sept-Douleurs. 150 lits. Reçoit des vieillards des deux sexes, valides ou infirmes, domiciliés dans le diocèse de Paris, les hommes à partir de 70 ans, les femmes à partir de 60 ans, sauf pour les infirmes. Le prix de pension est de 365 fr. par an et 250 fr. d'entrée, ou une somme de 1 000 fr. une fois donnée.

ORMES-SUR-VOULZIE (Seine-et-Marne). — **Maison de retraite de la bijouterie, de la joaillerie, de l'orfèvrerie et industries qui s'y rattachent.** Siège social, 2 *bis*, rue de la Jussienne, à Paris. Œuv. fond. par un comité, sur l'initiative et à la suite d'un don de 100 000 fr. de M. Boucheron (1900). — Recon. ut. pub. Direction laïque. A pour but d'hospitaliser les membres desdites professions, des deux sexes, âgés de 60 ans au moins, dont la situation nécessite l'hospitalisation, exceptionnellement les ménages dans lesquels un seul des conjoints aura fait partie d'une de ces industries, ainsi que les personnes âgées de moins de 60 ans, justifiant d'une incapacité de travail définitive et absolue.

Adresser les demandes au Président de la Sté d'encouragement de la bijouterie, 2 *bis*, rue de la Jussienne, Paris.

PUTEAUX. — **Asile Sainte-Marie,** 91, rue de Paris. — Direction cath. Sœurs de St. V. de P. Reçoit gratuitement des femmes âgées de 70 ans, de la paroisse, et d'autres âgées de 60 ans, moyennant une pension de 600 à 1 800 fr., plus l'apport d'un mobilier et les frais de blanchissage.

RIS-ORANGIS (Seine-et-Oise). — **Maison de retraite des artistes lyriques,** Fondation Dranem (1910). En voie d'organisation.

RUEIL (Seine-et-Oise). — **Fondation Cognacq,** à Rueil. Fond. par M. Cognacq, directeur de la Samaritaine (1902). — Destinée à assurer aux vieux employés, âgés de 60 ans, des deux sexes, du commerce de la nouveauté et des professions et industries qui s'y rattachent, une retraite en rapport avec leurs habitudes. 100 lits en chambres de 2 à 6 lits et en chambres particulières. Pension annuelle de 500 fr. en dortoir, 700 fr. en chambres particulières, 1 000 fr. pour les ménages, soins médicaux compris. Les anciens employés de la Samaritaine y sont admis grat.

Les demandes sont adressées au directeur-propriétaire de la Samaritaine.

SAINT-DENIS. — **Petites Sœurs des pauvres,** à l'Ermitage, 25, rue Fermot (1840). — Direction cath. Grat. Voir *Ve arr.*

Autres maisons : Ve, VIe, VIIe, Xe et XVIIIe, XIIe, Levallois.

Asile Saint-Joseph, 82, boulevard Ornano. Fond. par Mlle Meissonnier (1900). — Direction cath. Sœurs de St. V. de P. 120 lits. Reçoit des vieillards des deux sexes, moyennant une pension de 600 fr. par an pour les hommes âgés de 60 ans, et de 500 fr. par an pour les femmes âgées de 60 ans, tout compris.

Villa du Repos, 51, rue Petit. Fond. par le Pasteur Schaffner (1899). — Direction laïque. Reçoit des femmes protestantes, âgées de 65 ans (exceptionnellement de 60 ans), domiciliées depuis deux ans dans le département de la Seine, isolées et indigentes, valides. Droit d'entrée : 100 fr. Pension mensuelle : 40 fr. compris trousseau.

Faire présenter la demande d'admission par le Pasteur de la paroisse.

SAINT-MAURICE. — **Maison de retraite**, 200, Grande-Rue. — Direction laïque. Hospitalise des vieillards payants et non payants.

SAINT-MAUR-LES-FOSSÉS. — **Maison de retraite**, à St-Maur (1840). — Direction cath. Sœurs de St-François. Reçoit des dames infirmes ou malades, moyennant une pension de 800 à 2 000 fr. et un trousseau.

SAINT-OUEN. — **Hospice de vieillards**, rue des Abouts (1887). — Direction laïque. 71 lits. Reçoit gratuitement des vieillards indigents des deux sexes, seuls ou en ménage, ayant 10 ans de résidence au moins dans la commune.

Maison de retraite pour les Invalides du travail, 41, rue St-Denis (1889). — Reçoit des vieillards âgés de 70 ans au moins, et habitant la commune depuis 10 ans.

SCEAUX. — **Hôpital-Hospice Sainte-Marguerite**, 4, rue Marguerite-Renaudin. Fond. par M. Renaudin (1895). — Direct. cath. 36 lits de vieillards et de malades, dont trois sont réservés au notariat. Grat. Sœurs de St-André. Reçoit des vieillards des deux sexes, âgés de 60 ans, domiciliés à Sceaux ou dans les communes circonvoisines.

STAINS. — **Maison des Sœurs de Saint-Vincent-de-Paul**, 68, rue Carnot (1723). — 60 lits. Reçoit des vieillards des deux sexes, âgés de 60 ans au moins, moyennant une pension de 800 à 1 200 fr., plus l'apport d'un trousseau et d'un mobilier.

VANVES. — **Maison de retraite Larmeroux**, 56, rue de la Mairie. — Direction cath. Sœurs de la Providence. Reçoit des vieilles femmes indigentes de Vanves.

CHAPITRE LXX

SECOURS SPÉCIAUX POUR VIEILLARDS

Secours des Bureaux de bienfaisance. — Des secours annuels, variant de 4 à 20 fr. par mois, sont accordés par les Bur. de bienf. aux habitants de chaque arrondissement, de nationalité française, domiciliés à Paris depuis 3 ans, que leur âge (64 ans au moins) rend incapables de pourvoir à leur existence par le travail.

S'adresser à la Mairie de l'arr. de l'intéressé.

Fondation Leblanc. — Secours de 200 fr. à des septuagénaires infirmes, à raison d'un secours par arr. Dépend. de la Ville de Paris.

Fondation Vigée-Lebrun. — Secours annuels et viagers de 100 fr. à quatre vieilles femmes pauvres et infirmes, de préférence artistes peintres. Dépend. de la Ville de Paris.

Legs Napoléon. — Pensions viagères de 200 fr. à de vieux militaires, âgés de 70 ans, domiciliés dans le département de la Seine. Dépend. de la Ville de Paris.

Legs Remoiville et Legs Audiffred. — Secours à des vieillards du personnel de l'enseignement. Dépend. de la Ville de Paris. — Voir *Fondations et legs.*

Ier ARR.

Société philanthropique des maîtres tailleurs de Paris, 21, rue de Richelieu. — A pour but de donner des secours aux vieux ouvriers ayant travaillé spécialement pour les membres de la Sté.

IIe ARR.

Fondations de la Société d'encouragement de la bijouterie, de la joaillerie et de l'orfèvrerie, 2 *bis*, rue de la Jussienne. — Deux pensions de 500 fr. créées par la Sté (1899-1904), sous forme de pensions viagères de retraite à des membres méritants de ces industries.

La même Sté dispose également des pensions suivantes :

Legs Louis Mellerio (1899). — Pension de 400 fr.

Legs Mme Savard et Savard fils (1905-1909-1911). — Trois pensions de 400 fr.

Legs Mme veuve Félix Mellerio-Borgnis (1906). — Pension de 500 fr.

Prix Froment-Meurice (1908). — Pension de 400 fr.

IVe ARR.

Legs Rodriguez (1879). — Rente de 1 637 fr. à la Ville de Paris, pour être répartie entre les vieillards qui attendent leur entrée dans un hospice. Voir *Fondations et legs.*

VIe ARR.

Legs Lavocat. — Huit rentes viagères de 300 fr. à des vieillards, hommes et femmes, domiciliés dans le VIe arr. depuis deux ans.

Legs Servier. — Quatre secours de 219 fr., annuels et viagers, à des vieillards, hommes et femmes.

Fondation Troisvallet. — Secours annuel et viager de 171 fr. à un vieillard indigent de la paroisse de St-Sulpice. Voir *Fondations* et *legs.*

VIIe ARR.

Secours de loyers de la Société philanthropique, 15, rue de Bellechasse. — Legs de Mlle Léonie Morin de 100 000 fr., dont les intérêts servent à payer le loyer de vieillards indigents de Paris, et à leur fournir des objets de literie, lingerie et vêtements (1902). Les demandes de secours de loyer doivent être adressées avant le 20 du dernier mois de chaque trimestre ; les secours de vêtements sont distribués par les directrices des Asiles de nuit et de l'Asile maternel de la Sté. Voir *Œuv. diverses de secours. Sté philant.*

VIII ARR.

Legs Haussmann. — Rente de 100 fr. destinée à des vieillards indigents du prénom de Thérèse ou Nicolas.

Maison de la Sainte-Famille, 248, rue du Faubourg-St-Honoré, et 3, avenue Beaucourt (1878). — Sœurs de St. V. de P. Procure des logements hygiéniques aux vieillards de 70 ans et aux veuves résidant dans le VIIIe arr. Grat. pour une grande partie.

IXe ARR.

Fondation Juliette de Rothschild, baronne Léonino, par le baron Gustave de Rothschild (1897). — Allocation d'une pension annuelle de 600 fr. à 21 vieillards israélites, des deux sexes, âgés de 60 ans au moins, ayant 10 ans de domicile à Paris.

S'adresser au Comité de bienf. israélite, 60, rue Rodier. Voir *Fondations et legs.*

Œuvre du Denier des veuves et des vieillards, 14, rue Grange-Batelière. Fond. par le comte de Laubespin et l'Association des journalistes parisiens (1894). — A pour but de venir en aide aux femmes veuves, mères d'au moins 4 enfants, et aux vieillards de l'un ou l'autre sexe, âgés d'au moins 70 ans, et habitant Paris depuis plus de 2 ans.

Fondation Douaüd, 26, rue St-Georges. — Secours médicaux, secours en espèces pour loyers ou frais de séjour dans les hôp., allocations renouvelables, aux vieillards, veuves et orphelins des anciens garçons de recettes de la Ville de Paris. Voir *Fondations et legs.*

XIVe ARR.

Comité d'assistance aux vieillards, 92, rue du Moulin-Vert. — Voir *Administrations et Offices et Œuv. diverses de secours.*

XVe ARR.

Fondation Bargue. — 18 300 fr. de rente à partager comme secours, par le Bur. de bienf., aux pauvres vieillards de l'ancienne commune de Vaugirard.

XVI ARR.

Œuvre des loyers pour les vieillards du XVe arrondissement, 71, avenue Henri-Martin, Mairie. Fond. par M. Fabien (1883). — Reconn. ut. pub. A pour but de venir en aide aux vieillards nécessiteux, en leur assurant la jouissance du logement par le payement de tout ou partie de leur loyer. Avoir 60 ans au moins, et être depuis 5 ans domicilié dans l'arr.

XVIIe ARR.

Œuvre des loyers pour les vieillards du XVIIe arrondissement, Mairie. Fond. par M. Palazot (1891). — Recon. ut. pub. A pour but de venir en aide aux vieillards malheureux, des deux sexes, veufs, célibataires ou mariés, âgés de 65 ans au plus, habitant le XVIIe arr. depuis 5 ans au moins, en constituant à leur profit des rentes viagères destinées exclusivement à payer leurs loyers.

XVIIIe ARR.

Société de la Providence, 77, rue des Martyrs. Fond. par M. et Mme Micault de la Vieuville (1804). A pour but de seconder le succès et l'agrandissement de l'Asile national de la Providence ; de payer des portions de bourse pour les personnes admises à l'Asile, et qui ne peuvent, en raison de leur situation, acquitter la totalité de leur pension ; de donner des secours pécuniaires aux personnes qui ne sont pas admises, faute de ressources suffisantes. Voir *Vieillesse, Asiles nationaux.*

Œuvre des pauvres femmes de Montmartre, 23, rue Lamarck. — Donne des secours moraux et matériels aux femmes âgées, pauvres, de tous les arr. Distrib. de pain et de vêtements les vend., de 1 h. à 4 h. Visite des malades et démarches pour leur placem., régularisation de leur situation, etc.

XIXe ARR.

Ouvroir de femmes âgées, 32, rue Bolivar. Fond. par miss de Broën.

— Reçoit des femmes du quartier, âgées, sans ressources, et leur donne du travail facile.

BANLIEUE

ARCUEIL-CACHAN. — **Bureau de bienfaisance**, à la Mairie. — Secours mensuels de 2 fr. alloués aux vieillards de la commune, hospitalisés dans des Maisons de retraite.

CLAMART. — **L'Abri aux vieillards et déshérités.** Siège à la Mairie, 1, rue de Paris. — Sté ayant pour but de participer aux frais de logement des vieillards.

CLICHY. — **La Sainte-Famille**, 84, rue Martre. Sœurs de St. V. de P. Secours aux vieillards indigents.

ROSNY-SOUS-BOIS. — **Legs Bruyer.** — Rente de 195 fr.,

Legs Guichard. — Rente de 150 fr.,

Legs Hussenet. — Rente de 318 fr.,

Legs Cavaré. — Rente de 240 fr.,

Legs Gardebled-Bureau. — Rente de 100 fr.

En faveur de vieillards indigents, des deux sexes, habitant la commune de Rosny-sous-Bois. Voir *Fondations et legs.*

SAINT-MANDÉ. — **Legs Durget.** — Rente de 2 154 fr. à partager, par parties égales, entre 3 vieillards de la commune. Voir *Fondations et legs.*

SCEAUX. — **Placements à la Caisse des retraites sur la vieillesse.** — 160 livrets affectés par M. Renaudin aux vieillards de l'arr.

Fondation Renaudin. — Attribution au Bur. de bienf. de Sceaux d'une rente perpétuelle de 4 000 fr. pour vieillards indigents.

THIAIS. — **Legs Muller.** — Secours en nature aux vieillards habitant Thiais depuis 5 ans.

Fondation Chèvre d'Autréville. — Logement d'indigents âgés d'au moins 60 ans, habitant la commune depuis au moins 5 ans. Voir *Fondations et legs.*

FIN

INDEX

ALPHABÉTIQUE ET ANALYTIQUE

A

B

D

E

G

I

J

K

L

M

O

P

Q

R

S

T

U

V

PARIS. — TYP. PLON-NOURRIT ET Cie, RUE GARANCIÈRE. — 15352

www.ingramcontent.com/pod-product-compliance
Lightning Source LLC
Chambersburg PA
CBHW060535280326
41932CB00011B/1302

* 9 7 8 2 0 1 1 2 9 0 5 4 0 *